JÜRGEN MIROW
WELTGESCHICHTE

JÜRGEN MIROW

WELT
GESCHICHTE

Mit 25 Abbildungen,
15 Karten und 10 Grafiken

Piper München Zürich

Mehr über unsere Autoren und Bücher:
www.piper.de

ISBN 978-3-492-05334-1

© Piper Verlag GmbH, München 2009
Satz, Druck und Bindung: Kösel, Krugzell
Printed in Germany

Inhaltsverzeichnis

3 Anhang

Vorbemerkungen

Bezeichnung der Entwicklungsstadien

Die Bezeichnungen, die für die Entwicklungsstadien verwendet werden, sind am Ende des Kapitels »Welche Richtung nimmt die Weltgeschichte?« (S. 82–87) in drei Übersichten zusammengestellt; ausführlich werden sie im Anhang erläutert.

Schreibweise von Eigennamen

Personennamen:
Bei Namen, die im Original nicht in lateinischer Schrift geschrieben werden, wird wie folgt verfahren:

- für **russische, orientalische, chinesische** und **koreanische** Namen wird eine möglichst lautgetreue Umschrift verwendet (bezogen auf deutsche Aussprachegewohnheiten; russisch nach Duden, chinesisch deshalb nach Behrsing anstatt nach Pinyin). Geläufige europäische Namensformen werden in Klammern hinzugesetzt. Im Register wird in Klammern die Namensform der wissenschaftlichen Transliteration ergänzt (Russisch nach DIN, orientalische Schriften nach Transliteration der Deutschen Morgenländischen Gesellschaft, Chinesisch nach Pinyin-Umschrift, Koreanisch nach McCune/Reischauer).
- für **japanische** Namen wird die Hepburn-Umschrift verwendet (als Faustregel gilt: Aussprache der Konsonanten wie im Englischen, Aussprache der Vokale wie im Deutschen; d. h. also vor allem ch = tsch, j = dsch, sh = sch, y = j, z = weiches s, außerdem ei = ee, aufeinander folgende Vokale werden getrennt gesprochen).
- für Namen des **indischen** Subkontinents wird die heute in diesen Ländern verwendete anglo-indische Schreibweise verwendet.

geografische Namen:
Wo verdeutschte Namensformen allgemein üblich sind, werden diese verwendet. Bei Namen, die im Original nicht in lateinischer Schrift geschrieben werden, wird ansonsten analog zu den Personennamen verfahren.

1 Grundlegung

Worum geht es?

Was ist Weltgeschichte?

Zwei Weltkriege, die rund um den Erdball stattfanden, weltweite Handelsverflechtungen und Wirtschaftskonkurrenz, multinationale Unternehmen und Globalisierung der Kapitalmärkte, weltweit gemeinsame Probleme von Klimaveränderung und Endlichkeit der Rohstoff- und Energieressourcen, immer intensivere und schnellere Kommunikation zwischen den Kontinenten, nicht zuletzt durch Internet, dieses alles macht offensichtlich, dass die einzelnen Regionen der Welt heute eng zusammenhängen. Das Schlagwort »Globalisierung« hat diese Erkenntnis in den 1990er-Jahren zur gängigen Münze gemacht, doch der darüber geführten Diskussion fehlt weitgehend die historische Tiefe.[1] Aber müssen wir nicht auch unsere Geschichte aus globaler Perspektive betrachten? Einige Historiker haben in jüngerer Zeit begonnen, auf Konferenzen und in Fachzeitschriften verstärkt über Notwendigkeit, neue Ansätze und Schwierigkeiten von Weltgeschichte zu diskutieren.[2]

Was kann Weltgeschichte sinnvoll als Ganzes sein? Weltgeschichte ist etwas anderes als die bloße Summe von Nationalgeschichten einzelner Staaten oder Regionalgeschichten, und ebenso wenig lässt sie sich sinnvoll als eine Anzahl von Hochkulturen auffassen, die sich unabhängig voneinander entwickelten.[3] Wesentlich gehören zur weltgeschichtlichen Perspektive Verflechtungen und Beziehungen, wie sie von einigen Historikern in jüngster Zeit unter verschiedenen Etiketten diskutiert worden sind[4], und ebenso wichtig sind Vergleiche. Insofern wurden auch die umfangreichen mehrbändigen »Weltgeschichten«, die in den letzten Jahrzehnten durch Zusammenfügen der Kapitel vieler einzelner Fachgelehrter entstanden sind, ihrem Gegenstand nicht gerecht, so nützlich ihre Einzelteile auch sein mögen.[5]

Weltgeschichte gründet in dem inneren Zusammenhang des historischen Geschehens. Doch worin besteht diese Gemeinsamkeit? Wir können uns heute nicht mehr an dem Denkmodell orientieren, die Linie kultureller Tradition von den frühen Hochkulturen des Vorderen Orients über die griechisch-römische Antike zu ziehen hin zum christlichen Europa samt seinen Ablegern, vor allem in Nordamerika, und deren Weiterentwicklung zur demokratischen Industriegesellschaft.[6] Diese Traditionslinie der westlichen Zivilisation wurde gerne als dynamische Entwicklung betrachtet, also als die eigentliche Geschichte, neben der die übrige Welt als eher statisch beiseitetrat, bloß reagierend auf die von Europa ausgehende Dynamik und deshalb ohne sonderliches Interesse. Nichtsdestoweniger prägt dieses Denkmodell auch heute noch weitgehend das Geschichtsbild einer breiten Öffentlichkeit, nicht zuletzt deshalb, weil es unverändert der Stoffauswahl und Stoffanordnung europäischer und teilweise auch noch nordamerikanischer Geschichtslehrbücher zugrunde liegt. In jüngerer Zeit hat eine Reihe von Werken mit teilweise plakativen Titeln das eurozentrische Geschichtsbild kritisiert[7], und viele Welthistoriker neigen dazu, mit Rücksicht auf die außereuropäischen Kulturen Europa klein zu reden. In der Tat wird eine solche »Weltgeschichte Europas«[8] den Realitäten nicht gerecht, und auch eine zwar kulturvergleichende Geschichtsschreibung, die aber doch ausschließlich auf »das Wunder Europa«[9] in seiner Einzigartigkeit fixiert bleibt, ist der Vielfalt historischer Wege nicht angemessen. Es wäre aber falsch, stattdessen in die gegenteilige Einseitigkeit eines etwa sinozentrischen Weltbildes zu verfallen.[10]

Nun hat die intensive weltweite Vernetzung unserer Tage früher nicht bestanden. Vielmehr sind über Jahrhunderte hinweg schubweise immer weiträumigere Vernetzungen gewachsen, und zwar nicht nur von Europa her, sondern auch von China, Indien und anderen Weltregionen aus. Die intensive weltweite Vernetzung wurde dann seit dem späten 19. Jahrhundert mit Macht durchgesetzt, und zwar durch die Kräfte der Industrialisierung und des Imperialismus, die von Europa ausgingen. Von europäischer Seite war sie seit dem 16. Jahrhundert durch die Entdeckungsfahrten und die frühen Kolonialreiche vorbereitet worden, aber auch schon in den Jahrhunderten davor hatte sich ein intensiver Austausch zwischen den verschiedenen Gesellschaften rund um den Indischen Ozean sowie zwischen den Gesellschaften Ostasiens und Südostasiens entfaltet. Je weiter man in der Geschichte zurückgeht, desto mehr beschränkten sich die Vernetzungen zwischen den einzelnen Gesellschaften auf wenige dünne Fäden. Doch auch in der frühesten Zeit war eine Vernetzung gegeben, und diese betraf gerade den Transfer von Basisinnovationen wie beispielsweise Ackerbau, Metallverarbeitung und Schrift. Schließlich steht Gemeinsamkeit auch ganz am Anfang der Weltgeschichte, nämlich in Gestalt der gemeinsamen Urheimat einer relativ kleinen Menschengruppe, deren Nachfahren sich dann über die ganze Welt verbreitet haben und welche die heutige Menschheit bilden. Doch es wäre zu eng, Weltgeschichte nur als Geschichte der Globalisierung zu sehen. Rekonstruiert man, auf welche Weise die einzelnen Weltgegenden schrittweise in die sich intensivierende globale Vernetzung eingebunden wurden, so zeigt sich, dass hierbei oft unterschiedliche Entwicklungsstadien aufeinandertrafen, und das prägte wesentlich die Rolle, die diese Regionen im weltweiten Zusammenhang seitdem gespielt haben, welches Maß an Dominanz oder Abhängigkeit, an Gewinn oder Deformierung für sie damit verbunden war und ist. Unvermeidbar führt das auch zu der Frage, wie sich die einzelnen Regionen jeweils vor diesem Zeitpunkt entwickelt haben, denn das Entwicklungsstadium jeder Region war Ergebnis jener geschichtlichen Prozesse, die dort zuvor abgelaufen sind. Wie sich die Vernetzung zur Weltgesellschaft allmählich ausweitete und intensivierte, ist also ebenso Thema von Weltgeschichte wie die historische Entwicklung jener Strukturunterschiede, die in die heutigen mündeten, nicht nur in Europa, sondern ebenso in Indien und China, Südamerika und Schwarzafrika und anderen Weltregionen. Diese Prozesse in ihren wesentlichen Merkmalen zu beschreiben, darüber hinaus auch zu erklären, warum sie auftraten und in der Weise abliefen, wie sie es taten, das ist Ziel von Weltgeschichte.

Weltgeschichte ist also kein bloßer Haufen von öden Jahresdaten und einzelnen Ereignissen, von Königen und Dichtern, von Feldzügen, Erfindungen und Revolutionen, mehr oder minder nach der zeitlichen Reihenfolge geordnet – wenn Weltgeschichte nichts anderes wäre, bräuchten wir sie nicht, es sei denn mit Anekdoten farbig ausgeschmückt zur Unterhaltung. Weltgeschichte beschäftigt sich mit Strukturen und Prozessen, sie fragt danach, wie sich das Tun der vielen Einzelnen objektiviert in Produktionsverfahren und Wirtschaftsordnungen, in politischen Ordnungen und Religionen, in Wachstumsprozessen, Wanderungen und Expansionsstreben, sie will erklären, wie hieraus die heute auf der Welt bestehenden Verhältnisse in Wirtschaft, Politik und Kultur hervorgegangen sind. Weltgeschichte handelt von Fragen, die sich oft erst aus der Betrachtung des Ganzen ergeben oder sich nur durch den Blick aufs Ganze beziehungsweise im Vergleich mit anderen Weltregionen beantworten lassen. Warum besteht die Welt heute aus einem System formal gleichberechtigter Staaten, haben sich also weder Imperien mit unterworfenen Gebieten noch vorstaatlich organisierte Gesellschaften behauptet? Die Integration in das eine Weltstaatensystem und die zusammenhängende Weltwirtschaft lässt aber auch die krassen Unterschiede deutlich werden. Warum sind einige Länder heute reich und andere arm? Warum war es Europa, das Amerika eroberte und dann bis zum frühen 20. Jahrhundert seinen Einfluss auf die ganze Welt ausdehnte und dadurch in vielerlei Hinsicht eine weltweite Europäisierung bewirkte, die sich in der Ausbreitung angloamerikanischer Massenkultur fortsetzte, warum traten nicht China oder Indien schon früher weltweit auf, wodurch chinesische und indische Sprache und Kultur weltweit zum Standard hätten werden können? Warum entstand die moderne Wissenschaft in Europa und nicht in China oder Indien? Hatte diese Überlegenheit ihre Ursachen in besonderen, weit zurückreichenden Denkweisen und Wirtschaftsstrukturen Europas, oder hatte sie ihren

Grund darin, dass Europa seine überseeischen Kolonien aussog und dadurch zusätzliche Kräfte gewann? Hätte die Weltgeschichte nicht auch so verlaufen können, dass die Menschen des vorkolumbischen Amerika eines Tages als triumphierende Entdecker in Europa landeten? Warum kam es zum Entwicklungssprung der Industrialisierung? Warum zündete diese zuerst in Großbritannien, warum konnten einige europäische Länder rasch Anschluss finden, Japan und dann China erst mit deutlichem Zeitverzug, dann aber rasch aufholen und etliche Länder den Anschluss bis heute nicht gewinnen? Warum haben sich Anglo- und Lateinamerika, die im 17. und 18. Jahrhundert beide durch europäische Einwanderung und Kolonialherrschaft geprägt wurden, im 19. und 20. Jahrhundert so unterschiedlich entwickelt, dass die USA früh den Weg zum demokratischen Industriestaat gingen, ja zur wirtschaftlich dominanten Macht aufstiegen und auch ihre Demokratie als Muster für andere ansahen, wogegen die lateinamerikanischen Staaten wirtschaftlich nicht mithalten konnten, sondern teilweise in wirtschaftliche Abhängigkeiten gerieten und die Demokratie dort bis ins späte 20. Jahrhundert nicht einwurzeln konnte? Unter welchen Bedingungen konnten Demokratien entstehen und dauerhaft bestehen bleiben, wie in Großbritannien, warum brachen Demokratien zusammen, wie in Deutschland, warum sind sie etlichen Ländern bis heute fremd geblieben? Warum geschah der Schritt zu Herrschaft und Schriftkultur gerade in den Stromoasen des Nahen Ostens bedeutend früher als in allen anderen Weltgegenden, warum geschah er überhaupt? Warum vermochten diese Regionen den so gewonnenen Entwicklungsvorsprung gegenüber anderen nicht auf Dauer zu halten? Was lief insbesondere in der islamischen Welt schief, die im hohen Mittelalter einen großen Vorsprung vor Europa gehabt hatte, dann aber hinter Westeuropa zurückfiel? Warum besteht gerade in vielen Ländern des subsaharischen Afrika die größte Rückständigkeit, obwohl die Menschheit dort entstand und mehr Zeit hatte, sich zu entwickeln, als in anderen Weltgegenden? Wurden die heute unterentwickelten Regionen durch den europäischen Kolonialismus zu rückständigen Gebieten gemacht, oder fielen sie umgekehrt dem europäischen Kolonialismus zum Opfer, weil sie in ihrer Entwicklung schon zuvor zurückgefallen waren?

Wie lassen sich Antworten finden?

Genug der Fragen. Sie verdeutlichen die weltgeschichtliche Perspektive dieses Buches. Lassen sich Antworten finden? Etliche dieser Fragen sind hier nicht zum ersten Mal gestellt worden, aber viele bisherige Versuche einer Antwort überzeugen nicht. Der Schlüssel zu den gesuchten Antworten liegt in der richtigen Verbindung von brauchbarer Theorie und umfassenden Faktenkenntnissen. Die universal gemeinten geschichtsphilosophischen und evolutionistischen Entwürfe des 19. und frühen 20. Jahrhunderts haben durchweg zu viel gewollt. Sie standen auf einer erst sehr dünnen Kenntnisgrundlage, die in vielem inzwischen überholt ist, und sie haben die Lücken in starkem Maße spekulativ gefüllt, ja bisweilen die bekannten Fakten auch vergewaltigt, damit sie ihnen ins Schema passten. Ihre Schemata waren im Ganzen zu undifferenziert und unflexibel, und manche waren mit metaphysischen Annahmen belastet. Sie sind inzwischen unter dem Gewicht einer immensen Detailforschung zusammengebrochen, die seitdem eine ganz andere, um ein Vielfaches breitere Ausgangsbasis geschaffen hat. Die gesellschaftswissenschaftlichen Großtheorien der 1960er- und 70er-Jahre, insbesondere Modernisierungstheorien, Systemtheorien und auch (immer noch) Marxismus, haben in den 90er-Jahren ebenfalls viel von ihrem Glanz eingebüßt, da die verschiedenen Länder und Weltregionen sich unterschiedlicher entwickelt haben, überhaupt die Welt bunter geworden ist, als sie vorgesehen hatten. Andererseits leidet eine theorieferne Herangehensweise, wie sie in der Geschichtswissenschaft verbreitet ist, darunter, dass es ihr schwerfällt, die entscheidenden Sachverhalte als solche zu erkennen; sie läuft Gefahr, sich im Dickicht der Einzelfakten zu verstricken und den Wald vor lauter Bäumen nicht mehr zu sehen. Außerdem neigt theorielose Beschreibung dazu, sich unreflektiert und ohne eigene Orientierung an Sichtweisen, Erklärungsansätze und Begrifflichkeiten jener Lehrmeinung anschließen, die bei dem jeweiligen Teilthema gerade Mode ist. Schlimmer noch: Auch viele vordergründig theorieferne Aussagen sind an bestimmte Theorien gebunden, die sie als gewissermaßen »gesunkenes Kulturgut« mitschleppen, ohne sich dessen bewusst zu sein. Eine so angegangene Weltgeschichte würde zu einem kunterbunten, recht zufälligen Flickenteppich geraten.

Weltgeschichtliche Sicht bedarf also eines theoretischen Ansatzes,

- um gezielt auf weltgeschichtlich relevante Fragestellungen hin auszuwählen und damit die verwirrende Fülle der historischen Realität zu reduzieren,
- um das Material zu ordnen, zu strukturieren und damit überschaubar zu machen,
- um mit Aussagen über Regelmäßigkeiten Erklärungsmuster anzubieten, die historische Entwicklungen verständlich machen, und
- um weltgeschichtliche Sachverhalte mit einer theoriegeleiteten Begrifflichkeit darstellen zu können.

Theorien sind das Netz, das wir auswerfen, um »die Welt einzufangen, sie zu erklären und zu rationalisieren«[11]. Dabei dürfen diese Theorien nicht zu abgehoben sein, ihre Aussagen müssen vielmehr operationalisierbar

sein und sich mit konkreten Fakten verknüpfen lassen.[12] Eine Theorie weltgeschichtlicher Entwicklung darf ihren Blick auch nicht auf den
großen Umbruch von traditionellen Gesellschaften zur »Moderne« beschränken, sondern muss für alle Epochen brauchbar sein. Sie muss auch
außereuropäische historische Erfahrung integrieren, um die Beschränkt-
heit jener Theorien zu überwinden, die nur an der europäischen Geschichte
entwickelt worden sind und sich der Vielfalt anderer Weltregionen nicht
gewachsen zeigen.

Da der Mensch und sein Werk komplexer sind als die übrige belebte
Natur (Biologie) und erst recht als die unbelebte Natur (besonders Physik
und Chemie), sind die Gesellschaftswissenschaften stärker ausdifferenziert. Eine Theorie weltgeschichtlicher Entwicklung muss deshalb Elemente aus verschiedenen Wissenschaftsbereichen integrieren, sie ist letztlich nur mit interdisziplinär geöffnetem Blick denkbar. Außer in der
Geschichtswissenschaft (einschließlich ihrer Sondergebiete wie beispielsweise Umweltgeschichte, Wirtschaftsgeschichte und Wissenschaftsgeschichte) und der Archäologie finden sich Überlegungen und Diskussionen, die für Weltgeschichte interessant sind, in (historischer) Soziologie,
Ethnologie (beziehungsweise Kulturanthropologie), Politikwissenschaft,
Volkswirtschaftslehre und Religionswissenschaft, ferner auch in Geografie und Ökologie und darüber hinaus in interdisziplinären Ansätzen wie
Entwicklungsländerforschung und Modernisierungstheorie, Kreativitäts-
und Innovationsforschung sowie Medienwissenschaft. Dabei hat die steigende Spezialisierung dazu geführt, dass die Diskurse der verschiedenen
Disziplinen in ihren jeweils eigenen Fachzeitschriften und Tagungsforen
oft aneinander vorbeilaufen, ohne zu bemerken, dass sie teilweise gleiche
oder ähnliche Probleme diskutieren und dass Fakten, die für ihre Probleme
relevant sind, in anderen Diskursen seit Langem bekannt sind, dass sie
überhaupt viel voneinander lernen könnten; immerhin haben in jüngerer
Zeit erfreulicherweise auch interdisziplinäre Arbeiten zugenommen.

Jede Weltgeschichte aus einer Hand ist ein Wagnis, denn niemand kann
die überquellende Fülle historischer Spezialforschung überblicken, zumal
die Forschungslandschaft durch neue Fragestellungen immer bunter wird.
Arbeitsteilige Teamarbeit hilft hier kaum weiter, weil sie die Einheitlichkeit
der Gesichtspunkte und die enge Verzahnung der Epochen und Regionen
in der Analyse nicht zu leisten vermag und damit die Synthese dem Leser
überlässt, und erst recht bleibt die Aufgabe ungelöst, wenn man sich als
Wissenschaftler auf den sicheren Boden seines vertrauten Spezialgebiets
beschränkt aus Angst vor der Detailkritik der jeweiligen Fachspezialisten.
Der Diskurs über weltgeschichtliche Fragen ist ein kleiner, aber stark
wachsender Teilbereich der Geschichtswissenschaft, der sich immerhin in
den 1990er-Jahren in den USA als eigenständiges Lehrfeld etabliert hat,
hingegen noch kaum an deutschsprachigen Universitäten.[13] Das Bedürfnis

nach weltgeschichtlichem Überblick ist legitim, und die Alternative zu einem Versuch einer Weltgeschichte kann nur ein besser geglückter Versuch sein.

Hat die Weltgeschichte Richtung und Ziel?

Weltgeschichte ist nicht einfach sozialer Wandel, nicht bloße Variation, sondern Entwicklung, also gerichtete, zeitlich geordnete und in sich zusammenhängende Abfolge qualitativer Änderungen. Indem bestimmte Formen sich langfristig mehr und mehr gegen andere durchsetzen, erweisen sie sich als Entwicklungsstadien, die sich grob zu einer Gesamtrichtung ordnen. Das bedeutet nicht, dass jede Gesellschaft von sich aus selbstständig das jeweils nächste Entwicklungsstadium gefunden hätte – tatsächlich waren es meist nur sehr wenige! Es ist nicht einmal gesagt, dass die einzelnen Stadien notwendig in der Weltgeschichte auftauchen mussten – die »Erfindung« der Industriegesellschaft war nicht zwangsläufig. Aber nachdem ein bestimmtes Entwicklungsstadium einmal in einer einzelnen Region entstanden war, setzte es sich schrittweise in immer mehr Gesellschaften gegen ältere Stadien durch.

Dass Weltgeschichte Richtung hat, heißt auch nicht, dass weltgeschichtliche Entwicklung sich stets und überall mit derselben Geschwindigkeit vollzogen habe. Zweifellos gab es in bestimmten Regionen und Zeitabschnitten neben Phasen beschleunigter Entwicklung ebenso solche der Stagnation. Gelegentlich erlebten die Menschen auch Einbrüche und Zusammenbrüche, die den Entwicklungsprozess hier und da auf ein weniger komplexes Stadium zurückwarfen (also nicht einfach nur ein Großreich zerbrechen ließen); der Untergang der Elitenkultur auf dem Gebiet des Weströmischen Reiches und bei den südlichen Mayas sind die bekanntesten Beispiele, und sie stehen keineswegs alleine. Doch mittelfristig und großräumig betrachtet setzten sich die Entwicklungsprozesse stets von Neuem durch, sodass auf die Weltgeschichte als Ganzes gesehen ein gerichteter Prozess entstand.

Für diesen gerichteten Prozess ziehen wir die Begriffe *Entwicklung* und *Geschichte* dem Begriff *Evolution* vor.[14] Von Evolution zu reden ist aus der Biologie in die Ethnologie und Soziologie übernommen, dabei aber mit sehr unterschiedlichen Konzepten verbunden worden[15], weshalb dieser Begriff mehr Missverständnisse nahelegt, als dass hierdurch das Verständnis erleichtert würde. Vor allem ist er oft mit der Vorstellung von zwangsläufigen Veränderungen längs eines bestimmten Weges verknüpft, sodass die Vielfalt der Entwicklungspfade und die Rolle der historischen Akteure, ihrer Deutungen und Entscheidungen unterbelichtet bleiben.

Das Ausmaß, in dem Veränderungen Richtung haben, ist sicher in den verschiedenen Bereichen menschlicher Gesellschaft unterschiedlich. Auf dem Gebiet der Technik, der Medizin, der materiellen Produktionsweise (also der Wirtschaft), der Kommunikation und der Naturerkenntnis besteht am offensichtlichsten ein kumulativer Prozess, nicht in dem Sinne, dass es immer mehr von demselben gibt, sondern im Sinne einer qualitativen Steigerung der Fähigkeit, die Umwelt zu begreifen und in sie einzugreifen.[16] Die Entwicklung vom Handwebstuhl zur Fabrik mit Webmaschinen, vom Schwert zum Panzer, von alchemistischer Goldmacherei zur modernen Chemie bedeutete unzweifelhaft eine Steigerung, die sich allgemein durchsetzte. Im expressiven Bereich der menschlichen Kultur, wie den bildenden Künsten und der Musik, von Tanz und Dichtung, gibt es zwar eine gewisse Akkumulation in der Kenntnis künstlerischer Mittel, beispielsweise durch die Erfindung der Zentralperspektive oder die Einsicht in farbpsychologische Wirkungen. Der Wandel der Ausdrucksweisen selbst weist indes keinen langfristigen Trend auf, sondern kennt nur den Wechsel von Stilen. Der Expressionismus ist der Gotik nicht überlegen, die Musik von Schönberg nicht der von Bach. Die Bereiche menschlichen Verhaltens (z. B. hinsichtlich Manieren, Pünktlichkeit und Einstellung zum Körper) variierten je nach politischer Ordnung, Wirtschaftsweise und Religion, sodass von einem *eigenständigen* langfristigen Trend zur Zivilisierung im Sinne zunehmender Affektkontrolle und sinkender Gewaltausübung nicht auszugehen ist.[17] Politische Ordnung und Weltanschauung liegen, was die Gerichtetheit der Veränderungen angeht, zwischen dem materiellen und dem expressiven Bereich; trotz beträchtlicher Variation lässt sich hier doch auch deutlich eine langfristige Richtung ausmachen. Die Intensität der Machtverflechtung und die Ausdifferenzierung von Herrschaftsinstitutionen weisen durchaus einen langfristigen Trend auf. Die Asymmetrie der Machtbeziehungen (einschließlich der Stellung der Geschlechter zueinander) und damit verbunden auch die Ungleichverteilung von Besitz und Einkommen sind hiermit in komplizierter, vielfältig gebrochener Weise verknüpft. Zweifellos ist insgesamt die gerichtete Entwicklung stark genug ausgeprägt, um das weltgeschichtlich vorherrschende Muster langfristiger Veränderung darzustellen. Dabei muss Weltgeschichte die langfristigen Trends einerseits und die Pluralität der Pfade und Varianten andererseits ins rechte Verhältnis setzen, ohne eines von beidem zu überzeichnen.

Im Unterschied zum Konzept einer langfristig gerichteten Entwicklung erweisen sich zyklische Denkmodelle in weltgeschichtlichen Zeitdimensionen als weitgehend unfruchtbar. Das gilt besonders für jene geschichtsphilosophischen Modelle, die meinen, dass Kulturen als Ganzes in Analogie zu biologischen Organismen einen gleichartigen Ablauf von Aufblühen, Reife und Verfall aufweisen würden[18], und es gilt weitgehend auch für empirisch orientierte Versuche, im Geschichtsverlauf langfristige Zyklen

aufzufinden (was nicht ausschließt, dass kurzfristigere geschichtliche Abläufe gelegentlich auch zyklische Verlaufsformen besitzen, d.h. regelmäßige Schwankungen aufgrund immanenter Ursachen).[19] Die Konzepte
einer Abfolge gleichartiger Zyklen verlieren den langfristigen qualitativen
Wandel aus dem Blick, sie können im Regelfall keine innere Ursache für
die angeblichen Zyklen angeben und müssen die Fakten zurechtbiegen,
damit sie zu den behaupteten Regelmäßigkeiten passen.

Entwicklungstrends setzen sich auch gegen die Pläne und Motive der
vielen einzelnen Handelnden durch. Dies tritt umso deutlicher hervor, je
größer der Abstand des Betrachters zum Geschehen ist, je mehr man den
Blick auf die Makroebene weltgeschichtlicher Entwicklung als Ganzes
richtet; es ist umso weniger der Fall, je mehr man sich der Mikroebene
kleinteiliger Ereignisse nähert, Geschichte aus der begrenzten Perspektive
des Mittendrinseins betrachtet. Das heißt aber nicht, dass der Zusammenhang der Weltgeschichte ein total determinierter wäre. Die Handlungs-
möglichkeiten der Menschen sind durch die historisch entstandenen
Strukturen und die wirkenden historischen Prozesse begrenzt, doch darf
daraus nicht der Fehlschluss gezogen werden, dass ihre Entscheidungen
historisch bedeutungslos wären. Wenn Weltgeschichte Dynamik und Zusammenhang besitzt und deshalb *Richtung* aufweist, also nicht beliebig
verläuft, so bedeutet dieses nicht, dass sie einem vorherbestimmten, festen
Ziel zustreben würde. Eine solche Vorstellung wäre nur sinnvoll, wenn es
eine Art Vorsehung oder höheres Wesen gäbe, das dies steuern würde, und
das wäre eine metaphysische Annahme jenseits der Erkenntnismöglich-
keiten von Wissenschaft.[20]

Weltgeschichte als Fortschrittsprozess?

Unter den Philosophen der Aufklärung kam im 18. Jahrhundert die Vorstellung auf, dass Geschichte nicht nur eine gerichtete Entwicklung sei,
sondern dass man diese als einen Fortschrittsprozess zu bewerten habe. In
diesem würde die Vernunft schrittweise Aberglauben und Gewalt überwinden, sodass die Menschen sich sittlich immer höher entwickeln und
letztlich aus geistigen und gesellschaftlichen Abhängigkeiten selbst befreien könnten. Die gesteigerte Dynamik, welche die Geschichte durch die
Industrialisierung im Westeuropa des 19. Jahrhunderts erhielt, gab der
Idee vom Fortschrittsprozess dann mächtigen Auftrieb und verschob zugleich ihren Inhalt. Die neue Vorstellung sah die Höherentwicklung vor
allem darin, dass die Menschen in immer stärkerem Maße die Natur beherrschen und für ihre Zwecke verfügbar machen könnten.[21] Diese Idee
ist je länger desto mehr aus den Höhen der Geschichtsphilosophie ins Bewusstsein breiter Kreise gesunken und zur kulturellen Selbstverständlich-

keit der Industriegesellschaften geworden. Wer möchte heute noch auf
Elektrizität und moderne Medizin verzichten und zurück in Holzhütten
ohne Fensterglas, ohne Kühlschrank und Fernseher, wo selbst Masern oft
tödlich endeten? Die Selbstverständlichkeit der Fortschrittsidee hat viele
Begriffe und damit unser Denken durchdrungen; »Modernität« und »Modernisierung« sind zu allgemein positiv besetzten Begriffen geworden,
und Länder, die sich nicht auf demselben Stand der Entwicklung befinden,
sehen sich als »unterentwickelt« eingestuft.

Im letzten Drittel des 20. Jahrhunderts begegnete diese Sichtweise indes auch zunehmender Kritik. Aus ökologischer Perspektive wurden die
immer stärkeren Eingriffe der Industrie in die Natur, die steigende Emission an Giften und Abfällen, das Aussterben vieler Arten und der gigan-
tisch ansteigende Ressourcenverbrauch als Vergewaltigung verurteilt,
die schließlich zum Zusammenbruch der Industriegesellschaft führen
würde. Bestrebungen um politische Korrektheit, z.B. mit Blick auf ethnische Minderheiten in den USA und postkoloniale Ansprüche außereuropäischer Regionen auf Gleichberechtigung, ebenso auch postmoderne Fort-
schrittsskepsis vertraten die Ansicht, alle Kulturen seien gleichwertig und
dürften nicht an einem gemeinsamen Maßstab gemessen werden; letztlich
würde dieser nur die Normvorstellungen aus der Tradition weißer europäischer Männer widerspiegeln, aber keinen objektiven Standard darstellen.

Diese Kritik macht deutlich, dass zwei Fragen sorgfältig getrennt werden müssen; zum einen: Gibt es überhaupt eine gerichtete Entwicklung, einen langfristig durchlaufenden Trend qualitativer Veränderungen?
Und zum anderen: Stellt diese Entwicklung eine Veränderung in eine
erstrebenswerte Richtung dar, bedeutet sie eine Tendenz zur Verbesserung, Vervollkommnung und Höherentwicklung, kurzum: Handelt es sich
um Fortschritt? Die erste Frage lässt sich mit wissenschaftlicher Methode
untersuchen und beantworten, sie ist zu bejahen, wie noch im Einzelnen
zu zeigen sein wird. Die Antwort auf die zweite Frage stellt dagegen ein
Werturteil dar, und als solches ist sie gebunden an den jeweiligen Zeitgeist, an von Kultur zu Kultur unterschiedliche Ordnungsvorstellungen,
an subjektive Wertmaßstäbe überhaupt. Dieses Werturteil wird überdies
dadurch erschwert, dass die Wirkungen der weltgeschichtlichen Entwicklung oft ambivalent sind. Was soll denn als Maßstab für Fortschritt dienen? Soll es darum gehen, ob mehr Freiheit verwirklicht worden ist? Ist
die Beherrschung der Natur durch die Menschen vorzuziehen? Liefert die
Zunahme von Gerechtigkeit den Maßstab oder stattdessen das Glück jedes
einzelnen Menschen?

Jedem dieser Urteilsmaßstäbe begegnen eigene Probleme. Bedeutet der
Übergang von vorstaatlichen Gesellschaften zu Staaten, dass die Menschen
von anarchischer Gewaltsamkeit befreit wurden und dass eine Grundlage
für höhere kulturelle Leistungen wie Schrift und komplexe Arbeitsteilung

entstand, ohne welche es nicht denkbar gewesen wäre, dass die Menschen sich auch aus geistiger Enge und Naturabhängigkeit befreiten? Oder hat er nicht auch zur Folge, dass staatliche Unterdrückungsapparate entstanden, mit denen machtgierige Menschen sich selbst feierten und die erniedrigten Untertanen bei Pyramidenbau und ähnlichen Projekten in großer Zahl verschlissen, die schließlich zum massenhaften Abschlachten in zwei Weltkriegen und zum Horror von Stalinismus und Nationalsozialismus geführt haben? War die Tatsache, dass Religiosität im 19. und 20. Jahrhundert in Europa an den Rand gedrängt wurde, eine Befreiung des Individuums von kirchlicher Bevormundung oder ein Verfall von innerem Halt und Moral? Die im Abendland entstandene Menschenrechtsidee hat sich weltweit ausgebreitet, aber bringt sie einen Gewinn an Freiheit mit sich oder ist sie eine kulturimperialistische Bedrohung der Identität außereuropäischer Kulturen, beispielsweise des islamischen Menschenbildes? Zweifellos führten die steigenden Eingriffe in die Umwelt dazu, dass in Europa vor allem im 19. und 20. Jahrhundert der Konsum an materiellen Gütern und die Lebenserwartung langfristig gestiegen sind, aber war dies nicht damit verbunden, natürliche Lebensformen zu vernichten und immer stärker Raubbau an Energie- und Rohstoffressourcen zu betreiben, die letztlich endlich sind? Führte es nicht auch dazu, dass die militärische Vernichtungskraft so gesteigert wurde, dass die Vernichtung der ganzen Welt möglich geworden ist? Machte sie die Menschen und ihre Existenz nicht abhängig von der künstlich geschaffenen zweiten Natur und deren technischen Risiken? Zweifellos haben sich im 20. Jahrhundert in den westlichen Industriestaaten jene Unterschiede verringert, die früher im Umfang des Konsums an materiellen Gütern und Dienstleistungen und im Zugang zu Information und Wissen bestanden, doch heißt das nun mehr Gerechtigkeit für die Unterschichten, die aus proletarischer Enge zu kleinbürgerlichem Lebensniveau aufstiegen, oder bedeutet es Vermassung und den Verfall der Kultur, indem Triviales und Halbbildung wucherten (aus Sicht von Oberschichten und Bildungsbürgertum, die sozial relativ abstiegen)? Besagte die Ausbreitung der griechisch-römischen Kultur in den Provinzen des Römischen Reiches, der islamischen Kultur im Nahen Osten des Mittelalters und der europäisch-nordamerikanischen Kultur weltweit seit dem späten 19. Jahrhundert, dass sich kultureller Fortschritt durchsetzte, oder war es die Verkümmerung und Unterdrückung vielfältiger regionaler Traditionen, wie die Nationalisten des 20. Jahrhunderts (die ihre eigenen nationalen Traditionen für die höherwertigen hielten) in trauter Einmütigkeit mit vielen linken Gegnern der Globalisierung und Vertretern des postkolonialen Diskurses kritisieren? Waren die Menschen früher unglücklich, weil sie zu Fuß wandern mussten und beim trüben Schein blakender Kerzenflammen saßen, oder haben sie nicht vielmehr Eisenbahn, Auto und Glühbirne gar nicht vermisst, weil sie es nicht anders kannten? Sind die

Menschen durch die Errungenschaften des 19. und 20. Jahrhunderts glück-
licher geworden, oder sind nicht mit den steigenden Lebensmöglichkeiten
auch die Bedürfnisse und Erwartungen mitgewachsen, sodass die entscheidende Differenz zwischen beiden unverändert geblieben, ja vielleicht sogar
gewachsen ist? Bringt die steigende Komplexität moderner Industriegesellschaften vielfältigere Entfaltungschancen in einer interessanteren Welt,
oder führen ihre Schnelligkeit und die gestiegenen Anforderungen an
Mobilität und Flexibilität für den Menschen vor allem zu mehr Stress und
Verunsicherung?

Ein Fortschrittsbegriff, der sich seines Charakters als subjektives Urteil
bewusst bleibt, kann bei der Geschichtsschreibung durchaus sinnvoll verwendet werden, wenn die Betrachtung sich auf einen zeitlich und räumlich begrenzten Ausschnitt aus der Weltgeschichte beschränkt[22], für die
Weltgeschichte als Ganzes taugt er nicht, weil es keinen überzeitlichen
und weltweit gültigen Maßstab gibt.

Was treibt die Weltgeschichte an?
Die Dynamik in der Weltgeschichte

Vorbemerkung

Weltgeschichte ist kein zufälliges Gewimmel, kein strukturloses Chaos, sondern sie weist Dynamik und Richtung auf, und diese sind für uns erkennbar. Dieser Gedanke liegt diesem Buche zugrunde. Er soll im ersten Teil zunächst theoretisch erläutert und begründet werden, bevor er dann im Hauptteil anhand des konkreten Verlaufs der Weltgeschichte im Einzelnen ausgeführt wird. Diese Aufteilung ist der Evolution der Arten in der Biologie vergleichbar, wo sich auch unterscheiden lässt zwischen den allgemeingültigen Prinzipien der Evolution und der konkreten Entwicklungsgeschichte einzelner Arten, die für jede anders verlief.

Leser, die es zum konkreten Verlauf zieht, können auch gleich in den Hauptteil einsteigen. Bei Bedarf lassen sich die grundlegenden Überlegungen später nachholen (z.B. die Definitionen der Begriffe für die Entwicklungsstadien in den Übersichten am Ende des Kapitels »Welche Richtung nimmt die Weltgeschichte?«, S. 82–87).

Das Nachdenken über eine Theorie der Weltgeschichte muss zwei Fragen deutlich voneinander trennen[23]:

1. die Frage, welche *Erklärungsmodelle* für weltgeschichtliche Entwicklungen geeignet sind, unter welchen *biologischen* und *ökologischen Voraussetzungen* weltgeschichtliche Entwicklungen verlaufen und welche *Dynamik* die weltgeschichtliche Entwicklung steuert, was also ihre Triebkräfte und Mechanismen sind,

und 2. die Frage, in welche *Richtung* weltgeschichtliche Entwicklungsprozesse verlaufen und welche *Entwicklungsstadien* sich dabei sinnvoll unterscheiden und auf den Begriff bringen lassen.

Wie kann Weltgeschichte erklärt werden?

Um die heutigen Gegebenheiten als Ergebnis von Weltgeschichte zu verstehen, reicht es nicht, geschichtliche Entwicklungen nur zu beschreiben. Wir wollen auch wissen, *warum* es so gekommen ist, die Entwicklungen also auch so weit wie möglich erklären. Nun werden die Gesellschaftswissenschaften von einer Fülle recht unterschiedlicher Erklärungsansätze bevölkert. Welcher davon ist für die weltgeschichtlichen Perspektiven brauchbar? Die Antwort hängt nicht zuletzt davon ab, *was* erklärt werden soll. Nicht jede Art von sozialem Wandel, schon gar nicht jedes Ereignis in der Weltgeschichte ist zu erklären, sondern die weltgeschichtlich wichtigen Entwicklungen, das heißt in erster Linie die gerichteten Veränderungen dauernder Muster.

Sichten wir zunächst kurz die wichtigsten bislang vorgebrachten Erklärungsstrategien.

Die Geschichtswissenschaft hat eine ausgeprägte Tradition, quellennah Handlungsverläufe zu erzählen und diese aus den Motiven der Akteure und ihren Interaktionen zu erklären.[24] Bei diesem handlungsorientierten Ansatz bleibt indes offen, warum diese und nicht jene Motive obsiegen, und es wird weitgehend ausgeblendet, inwieweit die Motive selbst Ausdruck allgemeinerer Kräfte und Strukturen sind. Vor allem werden wichtige geschichtliche Entwicklungsprozesse im Regelfall nicht von einzelnen Menschen oder Menschengruppen zielgerichtet herbeigeführt, sondern verlaufen meist als Ganzes ungeplant, oft überhaupt außerhalb der Aufmerksamkeit der Handelnden. Die Handlungen vieler Einzelakteure wirken ineinander, und das führt zu Ergebnissen, die als langfristige Entwicklungsprozesse ihre eigene Logik und Ordnung haben. Weder ist der Schritt zur Industriegesellschaft im England des frühen 19. Jahrhunderts von Einzelnen geplant gewesen, noch hatten die französischen Aufklärer des 18. Jahrhunderts den Terror der Jakobinerdiktatur beabsichtigt. Dabei ist es müßig, prinzipiell darüber zu streiten, ob Geschichte sich mehr mit Handlungen oder mehr mit Strukturen und Prozessen befassen sollte, vielmehr ist es eine Frage der Zeitperspektive, was stärker in den Blick rückt. Je enger der zeitliche Ausschnitt gewählt ist, den man betrachtet, desto mehr gerinnen die langfristigen Prozesse zu konstanten Strukturen, die bestenfalls als Rahmenbedingungen wahrgenommen werden, und desto mehr rückt das kurzfristige Geschehen der Ereignisse, der kurzen Zyklen, der individuellen Handlungen und ihrer Motive in den Blick; je mehr man indes vom Bild des Geschichtsverlaufs zurücktritt und die Weltgeschichte als Ganzes in den Blick nimmt, desto stärker treten die längerfristigen Entwicklungsprozesse hervor und die Handlungen Einzelner zurück. Es ist dementsprechend ein Unterschied, ob man untersucht, wie das Ineinander verschiedenster Entscheidungen im Juli 1914 eine diplomatische Krise zum Ersten Weltkrieg entarten ließ, oder ob man analysiert, wie sich in Europa im Laufe des 18. und 19. Jahrhunderts die Kommunikation intensiviert hat. Die Sache verhält sich ähnlich wie bei Karten mit unterschiedlichem Maßstab: Bei einem Stadtplan rückt anderes in den Blick als bei einem Autoatlas oder einer Weltkarte, und es hängt vom Verwendungszweck ab, welcher Art von Karte man sich bedient. Die Wahl der angemessenen Perspektive kann durchaus schwierig sein: War der Nationalsozialismus Folge langfristiger Fehlentwicklungen der deutschen Geschichte, oder wurde er durch einen großen Verbrecher namens Hitler verursacht? Die Wahl der weltgeschichtlichen Ebene legt das Schwergewicht eindeutig auf die langfristigen Prozesse. Das schließt nicht aus, dass auch hier Situationen auftreten, in denen Ereignisse und Entscheidungen weitreichende Weichenstellungen bewirken, die auch anders hätten aussehen können, und sei es durch die Zufälligkeiten von Kriegsverläufen, aber eben nur innerhalb des von Prozessen eröffneten Möglichkeitsspektrums.

Zur Erklärung *weltgeschichtlicher* Entwicklung sind also Theorien der systematischen Gesellschaftswissenschaften interessanter, deren Erklärungslogik nicht auf der Ebene der einzelnen Handlungen ansetzt, sondern bei den dahinterstehenden gesellschaftlichen Dynamiken. Sie finden sich vor allem in Gestalt des Historischen Materialismus, der Systemtheorien, Modernisierungstheorien und mit – begrenzterer Perspektive – in wirtschaftswissenschaftlichen Wachstumstheorien. Doch auch diese haben ihre Probleme.

Der Historische Materialismus (beziehungsweise Marxismus) betrachtet Weltgeschichte als einen Entwicklungsprozess, und damit hat er recht. Auch sieht er richtig die menschliche Arbeit als eine äußerst folgenreiche Grundlage geschichtlicher Entwicklung an, doch vereinseitigt er diesen Gedanken, wenn er alle wesentlichen Veränderungen politischer und kultureller Sachverhalte hieraus ableiten will. Indem er die wirtschaftlich-technische Entwicklung als eine primäre Triebkraft ansieht, die sich in einer nicht weiter hinterfragten Selbstentfaltung vollziehe, bleibt überdies die Erklärungslogik unbefriedigend. Dies wird nicht besser durch die Neigung, die Formationsbegriffe (z.B. Kapitalismus) so zu verwenden, als ob diese selbst handelnde Subjekte wären, und dahinter die handelnden Menschen verschwinden zu lassen. Hinsichtlich der Frage, *wie* der Zusammenhang zwischen wirtschaftlichen, politischen und kulturellen Tatsachen konkret aussieht, bleibt die Erklärungslogik letztlich auch deshalb unklar, da dieser Zusammenhang im Grunde gar nicht als ursächlicher aufgefasst wird.[25] Die verschwommene Redeweise von der Dialektik geschichtlicher Entwicklung ist erst recht ohne Erklärungskraft, sondern tendiert im Grunde mehr zum Wortspiel.[26]

Systemtheoretische Vorstellungen haben vor allem mit einem strukturell-funktionalistischen Systembegriff in Soziologie und Politikwissenschaft weite Verbreitung gefunden, sind aber nicht sonderlich gut geeignet, um die Entwicklung der Weltgeschichte zu erklären. Das liegt daran, dass dieser Systembegriff davon ausgeht, dass in einem sozialen System angeblich bestimmte Funktionen erfüllt sein müssen, damit dieses bestehen kann, dass er insofern stärker auf einen bestehenden Gleichgewichtszustand orientiert ist als auf Veränderungen.[27] In der Weltgeschichte sind

Entwicklung und Veränderung aber der Normalfall, während die Verfestigung zu Strukturen eher vorübergehend ist, oft überhaupt nur einen stark verlangsamten Wandel bedeutet. Anzunehmen, dass es bestimmte systemerhaltende Funktionen gibt, stellt auch keine zureichende Erklärung dafür dar, dass bestimmte Entwicklungsprozesse stattfinden; der Funktionsbegriff vermischt in logisch unklarer Form Ursache und Wirkung. Überdies ist es etwas willkürlich, welche Funktionen man als notwendig annimmt. Die in der Ethnologie bzw. Kulturanthropologie vertretenen systemtheoretischen Erklärungsmodelle kulturökologischer Ausrichtung wollen Entwicklungsprozesse dadurch erklären, dass sie als gegebenes Ziel voraussetzen, dass soziale Systeme sich an die Umwelt anpassen[28]; sie ähneln hierin kybernetischen Modellen, die davon ausgehen, dass Rückkopplungsprozesse den jeweiligen Systemzustand auf bestimmte Sollwerte hin regeln. Ein solcher Ansatz, Veränderungen zu erklären, gibt dort einen gewissen Sinn, wo ein politisches Steuerungszentrum einen einzelnen Staat lenkt, jedoch nicht für die Weltgeschichte als Ganzes: Was sollte der vorgegebene Sollwert sein? Er wäre eine metaphysische Annahme. Die oft an systemtheoretische Vorstellungen anschließenden Modernisierungstheorien bieten zwar eine Reihe von hilfreichen Kategorien, um Strukturwandel zu *beschreiben*, können die Dynamik der Transformation von traditionalen zu modernen Gesellschaften aber kaum *erklären*. Ihre Annahme, dass die einzelnen Teilbereiche eng miteinander verflochten seien und sich als ein Gesamtsystem entwickeln würden, hilft hier wenig weiter, und überdies beschränken sie sich auf das 19./20. Jahrhundert.[29]

Während die stark auf das Konkrete und Einmalige orientierte Geschichtswissenschaft eher Gefahr läuft, sich in ihrer Freude am Detail an dessen Vielfalt zu verlieren und Theorien zu meiden, steht am anderen Ende der Gesellschaftswissenschaften die stark deduktiv denkende Volkswirtschaftslehre, welche die komplexe Wirklichkeit zu mathematisch formalisierbaren Modellen generalisiert. Ihr Bemühen, wirtschaftliches Wachstum theoretisch zu erklären, betrifft einen wichtigen Teil geschichtlicher Entwicklung, aber das Streben nach Gesetzmäßigkeiten ist teuer erkauft: Zu vieles muss wegabstrahiert werden (»ceteris paribus«), wodurch der Realitätsgehalt drastisch sinkt. Die neoklassische Wirtschaftstheorie, die sich im Feld der Zentralbegriffe Angebot und Nachfrage, Investition und Konsum, Preis, Lohn und Zins, Kapitalstock und Arbeitsmenge bewegt, ist an bestimmte gesellschaftliche Rahmenbedingungen gebunden, nämlich liberale Märkte, ein gesichertes Privateigentum, ein effizienter Staatsapparat und Menschen mit einer bestimmten Wirtschaftsmentalität (tendenziell der sogenannte Homo oeconomicus). Wo diese Voraussetzungen nicht bestehen[30], wie in früheren Epochen der Geschichte sowie auch in vielen »unterentwickelten« Ländern, greifen solchermaßen beschränkte Erklärungsansätze nicht.[31] Obwohl schon die merkantilistischen

Theoretiker um 1700 in einem weiter gesteckten Bedingungsrahmen argumentiert hatten[32] und ebenso deutsche Wirtschaftswissenschaftler zwischen 1848 und 1920[33], hat die Wirtschaftstheorie sich nur langsam für die Rolle außerökonomischer Faktoren geöffnet, insbesondere in Gestalt der Neuen Institutionenökonomik[34] und der Entdeckung historisch gewachsener Voraussetzungen als Pfadabhängigkeit.[35] Die neoklassische Wachstumstheorie ist für eine theoretische Grundlegung weltgeschichtlicher Entwicklungen nur wenig fruchtbar. Wesentlich lohnender ist dagegen die Innovationsökonomik, die Innovationen als die grundlegende Triebkraft der langfristigen wirtschaftlichen Entwicklung ansieht.[36]

Führen Erklärungsansätze weiter, die sich von den Naturwissenschaften anregen lassen? Versuche, von der Physik inspirierte Erklärungsweisen auf die Geschichte zu übertragen, haben sich als wenig hilfreich erwiesen. Diese erklären den Eintritt eines Ereignisses dadurch, dass man eine allgemeine Gesetzmäßigkeit, das heißt eine invariante Beziehung (wenn … dann …) angibt und dass die Ausgangsbedingungen im konkreten Fall vorhanden sind.[37] Dieser Ansatz geht an den eigentlichen Problemen der Weltgeschichte vorbei, da theoretisch viele Allgemeinsätze denkbar sind und da der Ansatz nicht hilft, hierbei zu sortieren und auszuwählen. Ferner bleiben diese Allgemeinsätze recht trivial, wenn sie einfach dadurch gewonnen werden, dass man von der Beschreibung der Ereignisse her verallgemeinert und keine reflektierte Theorie besitzt. Vor allem ist dieser Ansatz eigentlich statisch, d. h. auf wiederkehrende gleichartige Abläufe orientiert und nicht auf langfristigen Wandel und Vernetzungen; er erfasst also nicht das, was Weltgeschichte eigentlich ausmacht.

Sinnvoller ist der Versuch, die in den Naturwissenschaften entwickelten Theorien der Selbstorganisation komplexer dynamischer Systeme[38] auf Gesellschaftswissenschaften zu übertragen.[39] Dieser Erklärungsansatz geht davon aus, dass Systeme in sich selbst kleine Schwankungen und Veränderungen erzeugen, die meist folgenlos bleiben, aber von denen einige sich durchsetzen und zu neuen und komplexeren Systemstrukturen führen, ohne dass dieser Entwicklungsprozess durch Sollwerte, einen Plan oder die Anfangsbedingungen festgelegt ist. Dieses Konzept der Selbstorganisation bietet im Grundansatz eine Perspektive, die durchaus sinnvoll erscheint, um weltgeschichtliche Entwicklungen zu erklären, indem es nämlich auf langfristige Prozesse orientiert ist, indem es Regelmäßigkeiten und Offenheit der Entwicklung miteinander verbindet und indem es eine Erklärung auf der Makroebene versucht. Da sich manche Elemente dieses Konzepts aber vom naturwissenschaftlichen Bereich nicht in den gesellschaftswissenschaftlichen übertragen lassen[40] und da auch das Zustandekommen von Veränderungen nicht weiter hinterfragt wird, bleibt dieser Erklärungsansatz dann doch ein vages Konzept ohne präzisere Theorie.

Die Biologie ist in unterschiedlicher Weise mit der Erklärung gesellschaftlicher Entwicklungen verknüpft worden. Zunächst stellt sich die Frage, inwieweit biologische Eigenarten der Menschen direkt die Geschichte beeinflussen. Die Versuche der Soziobiologie, die Existenz von gesellschaftlichen Verhaltensweisen auf das genetisch bestimmte Interesse an umfangreicher Nachkommenschaft zurückzuführen, sind dort, wo sie über recht allgemeine Feststellungen hinausgehen, nicht überzeugend.[41] Wo die hieran anknüpfende Evolutionspsychologie eine Reihe spezifischer Verhaltensweisen als genetisch bestimmt ansieht, sind diese meist für die Weltgeschichte nicht bedeutsam.[42] Aber damit ist die Frage nach den biologischen Voraussetzungen von Geschichte noch nicht erledigt, worauf noch zurückzukommen ist. Die von der Biologie inspirierte Idee, die Entwicklung von Kulturen analog zu Pflanzen als Abfolge von Wachsen, Blühen und Verfall eines Organismus anzusehen[43], bleibt weitgehend metaphorisch, bietet keine Erklärung und kann überdies die Einheit der Weltgeschichte nicht erfassen, da sie die einzelnen Gesellschaften voneinander isoliert. Produktiver ist der Gedanke, in Analogie zur Evolution des einzelnen Embryos das Phänomen der zunehmenden funktionalen Differenzierung des Gesamtsystems, seiner dadurch steigenden Komplexität sowie seines Wachstums auf die langfristige Entwicklung von Gesellschaften zu übertragen.[44] Allerdings ist dieser Ansatz mehr beschreibend als erklärend. Lohnend ist vor allem, sich durch die auf Darwin zurückgehende Lehre von der Evolution der Artenvielfalt zu analogen Erklärungsstrategien anregen zu lassen, da diese Erklärungsmechanismen langfristigen Wandel zum Gegenstand haben. Dieser Gedanke ist durchaus umstritten, wurden doch Ende des 19. und Anfang des 20. Jahrhunderts durch den sogenannten Sozialdarwinismus biologische Evolutionsvorstellungen missbraucht, um imperialistische Ideen und Eugenik als »Kampf ums Dasein« zu rechtfertigen. Hingegen gibt es in jüngerer Zeit eine Reihe ernsthafter Versuche, den Ansatz der Darwin'schen Evolutionsdynamik zur Erklärung langfristiger Entwicklungen von Gesellschaft/Kultur/Geschichte im Ganzen[45], speziell der Wissenschaft[46], Politik[47], Wirtschaft[48], Religion[49] und in der Archäologie/Ethnologie[50] fruchtbar zu machen, ohne sich auf das Feld des Inhumanen zu verirren. Diese Ansätze fragen nach Mechanismen, die Variation erzeugen, sowie nach solchen, die unter den entstehenden Varianten selektieren. Dabei unterscheiden die darwinistisch inspirierten Ansätze sich darin, worauf sie die Variation beziehen: auf einzelne Individuen beziehungsweise Institutionen und deren innovative Ideen, Techniken und Verhaltensweisen oder auf die Gesellschaft bzw. Kultur als Ganzes. Dementsprechend differieren sie auch darin, was als selektierende Umwelt angesehen wird: die den Einzelnen oder Institutionen umgebende Gesellschaft, die die Gesellschaft umgebenden anderen Gesellschaften oder die natürliche Umwelt. Viele der darwinistisch orientierten kulturtheoretischen Versuche bleiben aber zu eng am biologischen Vorbild kleben, nehmen zu wenig Problemstellungen auf, die für Weltgeschichte spezifisch sind, und bleiben darum zu allgemein.[51] Zum anschlussfähigen Theorieangebot der Biologie gehören ferner ökologische Ansätze.[52]

Schließlich gibt es auch überambitionierte Versuche, allgemeine Bewegungsgesetze zu finden, deren Erklärungsanspruch von der Entstehung des Weltalls bis zum Verlauf der Weltgeschichte reicht. Solche Universalschlüssel wären zwar bequem, aber leider bleiben sie zwangsläufig sehr oberflächlich und mehr metaphorisch.[53]

Was folgt aus diesem Überblick über bisherige Erklärungsstrategien? Weltgeschichtliche Entwicklungen können nicht primär auf der Ebene einzelner Handlungen und ihrer Motive erklärt werden, sondern das Hauptaugenmerk muss sich auf die Makroebene von Prozessen und deren Dynamik richten. Der weltgeschichtliche Gesamtprozess ist nicht an einem Sollwert oder auf ein vorgegebenes Ziel orientiert, sondern offen, weil die Variations- und Selektionsmechanismen den Entwicklungen ein unterschiedliches Gesicht verleihen können und weil auch einmalige Konstellationen und singuläre Ereignisse eine Rolle spielen. Es ist nicht sinnvoll, von nur zweistelligen Ursache-Wirkung-Beziehungen auszugehen, und es ist noch weniger sinnvoll, mit monokausalen Erklärungen aus einer letzten, nicht weiter hinterfragten Ursache heraus zu argumentieren. Vielmehr sind Rückwirkungen und Wechselwirkungen zwischen verschiedenen Faktoren und Bereichen in Rechnung zu stellen, die einander gegenseitig beeinflussen, dabei hemmen oder beschleunigen und sich zu einem Entwicklungsprozess verflechten. Dies bedeutet nicht, dass alles mit jedem zusammenhinge, aber die Ketten ursächlicher Verflechtungen sind doch umfangreicher, als sich darstellen lässt. Jede Darstellung muss also auswählen. Auswählen muss nicht Willkür bedeuten, vielmehr können gezielte Fragestellungen begründet steuern, was in den Blick gerät: Warum in dieser Region und nicht in jenem Land? Warum zu dieser Zeit und nicht zu jener Epoche? Warum in dieser sozialen oder kulturellen Gruppe und nicht in jener anderen? Anders ausgedrückt: Die Methode des bewussten Vergleichs führt auf die Spur, die im Rahmen dieser Fragestellung wichtigen Unterschiede zu entdecken. Nimmt man theoretische Annahmen darüber hinzu, welche Zusammenhänge möglich sind, gelangt man für das einzelne weltgeschichtliche Phänomen zu einem Satz von Faktoren und Bedingungen, die sich sinnvoll als seine Ursachen angeben lassen.

Sicher ist geschichtliche Entwicklung keine einfache Fortsetzung der biologischen Evolution der Arten nach denselben Prinzipien, so wenig wie die biologische Evolution die chemische Evolution von Kosmos und Erde mit denselben Prinzipien fortsetzt. Sie ist ein eigener Prozess. Trotzdem ist es sinnvoll, sich besonders von dem biologischen Theorieangebot anregen

zu lassen, ohne es zu eng zu kopieren, um darauf aufbauend eine eigentlich historische Erklärung der Weltgeschichte zu entwickeln. Mehrere Fragestellungen bieten sich an.

- Grundlegend ist die Frage, welche **biologischen Eigenschaften** der
  Menschen als Voraussetzung für die Weltgeschichte eine Rolle spielen.
- Der ökologische Ansatz führt zu der Frage nach der Rolle des **Bevölkerungswachstums** und seinen Grenzen und damit auch nach der
  Bedeutung des **Ökosystems** für die Geschichte. Neben der natürlichen
  Ausstattung der Menschen, also den biologischen Grundlagen von Geschichte, stellt das Ökosystem, mit welchem die Menschen ihren Stoff-
  wechsel vollziehen, also die naturgeografischen Grundlagen, den zwei-
  ten Bereich von Voraussetzungen für geschichtliche Entwicklung dar.
  Die Art und Weise, wie die biologische Reproduktion abläuft, wird zwar
  auch von gesellschaftlichen und historischen Gegebenheiten beeinflusst,
  dieser Faktor als solcher stellt aber für die historische Entwicklung eine
  Dynamik dar, die letztlich von außerhalb, nämlich von den biologischen
  Grundlagen her in den Bereich historischer Prozesse hineinwirkt.
- Aufbauend auf dem Grundansatz der Selbstorganisation lassen sich Elemente der Innovationsökonomik und der darwinistischen Evolutionslehre verknüpfen; dieses regt an zu der Frage, wie **Innovationen** zustande kommen, also nach dem Auftreten von Variationen (Neuerungen)
  und deren **Selektion** sowie auch nach dem **Transfer** von Innovationen.
  Das Auftreten von Innovationen sowie deren Selektion (und Transfer)
  sind zentrale Mechanismen weltgeschichtlicher Entwicklung. Das heißt
  indes nicht, dass sie den Charakter einer unabhängigen letzten Ursache
  hätten, denn wie zahlreich sie auftreten, welcher Art sie sind, ob sie sich
  durchsetzen und verbreiten, wird von dem gesellschaftlichen Umfeld
  beeinflusst.

Diese Überlegungen sollen im Folgenden vertieft werden.

Die biologischen Voraussetzungen von Geschichte

Worin besteht die biologische Ausstattung der biologisch modernen Menschen, also des Homo sapiens, insoweit sie für geschichtliche Entwicklung
von Bedeutung ist? Diese Frage zielt nicht darauf ab, Verhalten auf die
Rolle eines bloßen Erfüllungsgehilfen biologischer Vorgaben zu reduzieren[54], aber ebenso wäre es irrig, Kultur als völlig autonomes Handlungs-
gebiet der biologischen Ausstattung entgegenzustellen.[55] Vielmehr ist die
biologische Ausstattung der Menschen eine Voraussetzung für kulturelle
Entwicklung und eröffnet eine Bandbreite von Möglichkeiten (die auch

ihre Grenzen haben – Menschen können nun einmal nicht fliegen). Der Entwicklungsprozess, wie Menschen diese Möglichkeiten allmählich immer stärker genutzt haben, ist ein gesellschaftlich-kultureller, und dieses ist das Thema der Weltgeschichte.

Hierbei nach dem Unterschied zwischen Menschen und Tieren zu fragen würde in gewisser Weise in die Irre führen, denn viele Verhaltensweisen, die für die Geschichte wichtig sind, haben die biologisch modernen Menschen mit Tieren (und auch älteren Menschenformen) gemeinsam, mehr Merkmale mit jenen, die ihnen in der Evolutionslinie näher stehen, weniger mit jenen, die ihnen ferner stehen. Das ist kein Wunder angesichts der genetischen Gemeinsamkeiten; so haben die Menschen mit ihren beiden engsten Verwandten im Tierreich, den Schimpansen und den Bonobos (Zwergschimpansen), rund 98,7 % ihres genetischen Programms gemeinsam. Auch viele Tierarten können durch Laute, Gesten und Bewegungen miteinander kommunizieren. Die meisten Säugetiere können durch Imitation lernen und etwas im Gedächtnis behalten. Menschenaffen und einige andere Tierarten können Wissen ebenfalls durch gezieltes Lehren an Nachkommen weitergeben, und einige Tierarten gebrauchen gelegentlich auch gefundene Gegenstände als Werkzeuge. Wie die Tiere müssen die Menschen Nahrung aufnehmen, insbesondere Energie, um ihre Körperfunktionen und (wie bei allen Warmblütern) ihre Körpertemperatur aufrechtzuerhalten. Ebenso wie die Tiere müssen die Menschen ihre individuelle Existenz gegen natürliche Feinde behaupten, von großen Raubtieren bis zu krankheitserregenden Bakterien. Wie die Tiere sind die Menschen von der Natur darauf programmiert, sich geschlechtlich fortzupflanzen, damit ihre Population weiterexistiert. Wie die Schimpansen und Bonobos (und ähnlich den Gorillas) sind auch die Menschen soziale Wesen, die in Netzwerken persönlicher Beziehungen leben, von Hierarchien über Koalitionen und Verwandtschaftsgruppen bis zu Altersgenossenschaften. Gleich diesen kooperieren sie, besonders um Gefahren abzuwehren und teilweise auch um Nahrung zu gewinnen (bei Schimpansen als gemeinsame Jagd der männlichen Tiere), und wie diese empfinden sie gegenüber näher Verwandten mehr Bindungsbereitschaft als gegenüber Fremden. Ebenso wie bei den letztgenannten Menschenaffen gibt es bei Menschen Rangrivalitäten und angeborenes Dominanzstreben bei männlichen Individuen, das innerhalb der Gruppe hierarchische Rangordnungen entstehen lässt, vorausgesetzt die entsprechenden Mittel sind vorhanden (unterschiedliche Eigenschaften der einzelnen Individuen, Verfügung über geeignete Hilfsmittel und Unterstützung durch Verwandte und Verbündete); desgleichen ist umgekehrt die Fähigkeit gegeben, durch Kooperation Allianzen zu bilden, um solches Dominanzstreben nach Möglichkeit in Schach zu halten.[56] Genauso wie bei den ihnen in der Evolution nahestehenden Tieren neigen bei Menschen Gruppen dazu, ein bestimmtes Territorium mit den darin befindlichen Ressourcen für sich zu beanspruchen, es gemeinsam gegen andere zu verteidigen sowie es auf Kosten schwächerer Gruppen auszudehnen.[57]

Zu diesen Gemeinsamkeiten von Menschen und einigen oder allen Tieren kommen die Besonderheiten der biologisch modernen Menschen hinzu, die im Laufe der Evolution der Menschen schrittweise entstanden und allen Menschen gemeinsam sind. Da die Menschen im Unterschied zu den Primaten (Affen) auf zwei Beinen gehen, werden die Hände nicht mehr zum Abstützen und Festklammern gebraucht, sondern sind für verschiedenste Verrichtungen frei verfügbar geworden; zugleich sind die Finger beweglicher geworden. Der Lautgebungsapparat im Hals der biologisch modernen Menschen ist so gestaltet, dass sie differenzierter artikulieren können als jedes Tier (und als evolutionsgeschichtlich ältere Menschenformen). Vor allem verfügen die Menschen über ein besonders weit entwickeltes Gehirn, das sie viel mehr als alle Tiere befähigt, von dem in einer konkreten Situation unmittelbar Wahrgenommenen zu abstrahieren und Zusammenhänge zu erkennen, zu lernen und im Gedächtnis zu behalten sowie sich eine Vielzahl von bewussten Vorstellungen zu machen.

Diese biologischen Besonderheiten haben weitreichende Folgen. Indem die Menschen durch ihr Gehirn in großem Maße befähigt sind, Informationen aufzunehmen und zu verarbeiten, sind sie in der Lage, ihr Verhalten selbst zu bestimmen und eine Fülle von Formen zu entwickeln, die nicht von Natur vorgegeben sind, das heißt innovativ zu sein und Kultur zu schaffen (Kultur wird hier zunächst in einem allgemeinen Sinne verstanden als Unterschied zur Natur, nicht in dem engeren der Abgrenzung gegen Wirtschaft und Herrschaft). Damit können sie sich an verschiedenste Bedingungen anpassen. Während jede Tierart an bestimmte Ökosysteme gebunden ist und sich deshalb nur begrenzt verbreiten kann, vermögen die Menschen von der Arktis bis zum Äquator aufzutreten, im Wald wie in der Steppe, auf dem Land und auf dem Wasser. Während Tiere von der Natur sozusagen weitgehend fertig geschaffen sind, haben die Menschen im Laufe der Zeiten mit ihren kreativen Fähigkeiten immer wieder neue Werkzeuge, Denkweisen und Institutionen entwickelt. Dabei musste nicht jede Generation von Neuem beginnen, sondern einmal gefundene Deutungen wurden an die folgende Generation weitergegeben, dabei stets aufs Neue für den Gegenwartsbedarf selektiert. Indem diese auf dem vorhandenen Sockel weiterbaute, konnte ein kumulativer Prozess kollektiven Lernens entstehen. Auf diese Weise haben sich die Menschen schrittweise aus ihrer unmittelbaren Einbindung in die natürliche Umwelt gelöst, und immer mehr traten ihnen die bereits angesammelten kulturellen Erfahrungen und Formen als kulturelle, also selbst geschaffene Umwelt entgegen. Richtet man den Blick auf die Kultur als Ganzes, so sind die Menschen die Schöpfer ihrer Kultur; richtet man den Blick auf den einzelnen

Menschen, so ist er mehr Geschöpf der Kultur, die ihm in Gestalt verselbstständigter Strukturen gegenübertritt. Jeder junge Mensch findet kulturell geformte, historisch gewachsene Standardlösungen schon vor und wird in sie eingeführt, sodass er sie für selbstverständlich hält, zumindest zunächst einmal. Das gilt für die verwendete Schrift ebenso wie für das Verhalten bei Beerdigungen oder für Verfahren, Reis anzubauen.[58]

Diese grundsätzlichen Überlegungen sind nun in drei Richtungen zu präzisieren. Die Bedürfnisse der Menschen (zunächst ganz elementar nach Nahrung) und ihre biologischen Fähigkeiten (die geistigen durch das Gehirn wie die praktische Geschicklichkeit durch die feinmotorisch weit entwickelte Hand) führen zusammen dazu, dass die Menschen zielgerichtet auf ihre natürliche Umgebung einwirken, also aus dem Ökosystem durch **Arbeit** Ressourcen mobilisieren. Da Menschen in der Regel in Gruppen leben und kooperieren, tauschen sie darüber hinaus die Ergebnisse der Arbeit untereinander aus, womit es zur Arbeitsteilung kommt. Zum Zweiten: Da Menschen in Gruppen leben, die Territorien beanspruchen und langfristig größer werden, und aufgrund des (männlichen) Dominanzstrebens, sofern es sich mit geeigneten Machtmitteln verbinden kann, entstehen asymmetrische Beziehungen, d.h. **Macht**beziehungen zwischen den Menschen. Drittens ließ die Fähigkeit, sich abstrakte, symbolische Vorstellungen zu machen und differenzierte Laute zu artikulieren, Sprache entstehen, d.h. ein akustisches Symbolsystem, das feste und differenzierte Lautgestalten mit bestimmten Bedeutungen verknüpft und das grammatikalische Strukturen aufweist. Dieses akustische Symbolsystem kommt nur bei Menschen vor[59] und macht eine präzisere **Kommunikation** mit anderen Menschen möglich, als wenn Menschen nur über Gesten, Blickverhalten und unartikulierte Laute verfügen würden. Begriffliches Denken und die Weitergabe dieser Gedanken an andere Menschen und an die nachfolgende Generation sind nun ein entscheidendes Mittel, um einen Schatz an Erfahrungen und Standardlösungen in Gestalt von Deutungen und Verhaltensregeln aufzubauen, der dann im Laufe der Geschichte langfristig immer umfangreicher geworden ist.

Die Frage, inwieweit biologische Voraussetzungen Weltgeschichte möglich machen und mitbestimmen, stellt sich nun nicht nur für die allen Menschen gemeinsamen Merkmale, sondern auch für Unterschiede zwischen Großgruppen von Menschen; behauptet wurde ihre biologische Verwurzelung für Geschlechter und »Rassen«. Verhaltensunterschiede zwischen Männern und Frauen galten im 19. Jahrhundert als biologisch begründet, wogegen umgekehrt radikale Feministinnen seit den 1980er-Jahren überhaupt bestreiten, dass zwei biologische Geschlechter existieren würden.[60] So wie Ersteres die Vorherrschaft der Männer legitimierte, sollte Letzteres den Gleichheitsanspruch von Frauen rechtfertigen. Die durch die historische Forschung gewonnene Erkenntnis, wie sehr sich Geschlechterrollen in verschiedenen Epochen und Gesellschaften voneinander unterschieden, hat dazu geführt, gesellschaftlich geformte Geschlechterrollen (»gender«) von tatsächlich biologisch gegebenen Geschlechtsunterschieden (»sex«) zu unterscheiden.[61] Zu den biologisch gegebenen Unterschieden, welche die geschichtliche Entwicklung mitbestimmt haben, gehört zunächst die ebenso schlichte wie folgenreiche Tatsache, dass es die Frauen sind, welche die Kinder austragen und stillen. Ferner sind Männer im Durchschnitt kräftiger (und insbesondere laufstärker) als Frauen, und außerdem zeigen Männer (hormonal bedingt) stärker physisch aggressives Verhalten und Dominanzstreben.[62]

Wie steht es mit »Rassenunterschieden«? Im Prinzip lief die biologische Evolution, die sich durch Mutationen in den Genen und deren Selektion vollzieht, auch noch weiter, nachdem der Homo sapiens entstanden war und sich über die ganze Erde ausgebreitet hatte. Die regional unterschiedlichen Lebensbedingungen führten im Laufe der Jahrtausende dazu, dass sich innerhalb von großen Populationen bestimmte Mutationen stark ausgebreitet haben oder sogar vorherrschend wurden, beispielsweise hellere Hautfarbe, Laktoseverträglichkeit oder Sichelzellenanämie. Vor allem im späten 19. und frühen 20. Jahrhundert war die Annahme verbreitet, dass man die Menschen nach Hautfarbe, Art der Behaarung und anderen Merkmalen des äußeren Erscheinungsbilds in Großgruppen einteilen könnte, die man als Rassen bezeichnete, und dass zwischen ihnen Unterschiede in der durchschnittlichen genetischen Ausstattung bestünden, die auch Verschiedenheiten in geistiger, psychischer und sozialer Art verursachen würden. Es ist offenkundig, dass diese Annahme nicht zuletzt deshalb populär war, weil sie die imperialistische Herrschaft der Europäer in Schwarzafrika und die Dominanz der Weißen über die Schwarzen in den USA als natürlich zu rechtfertigen schien, und ebenso ist unverkennbar, dass sie inzwischen in Verruf geraten ist wegen genau dieser Funktion, obendrein auch deshalb, weil sie mit dem nationalsozialistischen Massenmord verbunden ist. Ob eine Aussage politisch nützlich oder politisch unkorrekt ist, sagt allerdings nichts über ihren wissenschaftlichen Wahrheitsgehalt. Wissenschaftlich stichhaltig sind zwei andere Feststellungen. Die genetischen Unterschiede zwischen Großgruppen weisen nicht zuletzt aufgrund vielfältiger Wanderungen und Vermischungen so gleitende Übergänge auf, dass Grenzlinien zwischen »Rassen« ein Konstrukt sind. Außerdem stellt es logisch einen Zirkelschluss dar, aus beobachtbaren kulturellen Unterschieden auf biologische Unterschiede zu schließen, um mit diesen dann wiederum das Auftreten der kulturellen Unterschiede zu erklären. Empirischen Gehalt hätte diese Aussage erst, wenn kulturell relevante biologische Unterschiede zwischen Großgruppen direkt beobachtet wären (das heißt durch Untersuchungen der Gene) und wenn diese dann mit kulturellen Unterschieden korreliert und als deren Ursache erwiesen wären.

Das ist aber nie geschehen. Vielmehr lassen alle mit sozialwissenschaftlichen Methoden erfolgten Untersuchungen den Schluss zu, dass z. B. jene Unterschiede, die in den USA in der sozialen Lage, bei Intelligenztests usw. zwischen dem Durchschnitt der Weißen und dem Durchschnitt der Farbigen zu beobachten sind, auf soziale Faktoren zurückgehen, also nicht auf biologische.[63]

Netzwerke durch Arbeit, Macht und Kommunikation

Aus den biologischen Grundlagen von Weltgeschichte ergeben sich also drei Grundbeziehungen, die jeweils ein eigenes Feld von Vernetzungen begründen, nämlich Arbeit, Macht und Kommunikation.

Durch gesellschaftliche Arbeit greifen die Menschen in die Energieflüsse und Stoffkreisläufe ihres Ökosystems ein, um aus der Natur Ressourcen zu mobilisieren und zu Gütern zu verarbeiten, mit denen sie ihre Bedürfnisse befriedigen und die sie teilweise auch mit anderen Menschen austauschen. Daraus ergaben sich im Laufe der Zeit Formen der Produktion (einschließlich Technik), Formen der Arbeitsteilung (zwischen verschiedenen Berufen, zwischen Stadt und Land usw.) und Formen des Austausches und der Verteilung von Gütern (Geschenktausch, Märkte, Handel, Verkehrswesen usw.). Zugleich wirken die arbeitenden Menschen dabei auf die natürliche Umwelt zurück (Emissionen, Umwandlung von Wäldern und Steppe in Äcker, Domestizierung von Tieren usw.).

Wo dem Dominanzstreben entsprechende Mittel zufließen, beispielsweise der Besitz charismatischer Autorität, der Einfluss auf Meinungen anderer, die Verfügung über knappe und begehrte Güter und auch die Fähigkeit, Zwang anzudrohen, entstehen Machtbeziehungen zwischen den Menschen. Diese bestehen aus vielfältigen miteinander verketteten größeren und kleineren Netzwerken; sie existieren auch innerhalb von Produktionsapparaten, Familien, Wissenschaftsbetrieb usw. Allerdings kann die Kooperation der anderen einem Machtgefälle auch deutlich entgegenwirken. Wo ein Machtnetzwerk auf einen Punkt hin zentralisiert wurde, dem ein einseitiger Strom von Ressourcen zufließt, und wo es zu Institutionen wie Bürokratie, Militär und Gesetzgebung kristallisierte, wurde es zu Herrschaftsbeziehungen.

Indem Menschen über gesprochene Sprache, geschriebene Texte, bildliche Darstellungen, rituelle Handlungen usw. miteinander kommunizieren, also Informationen austauschen, haben sie in einem Prozess kollektiven Lernens eine Konstruktion der Wirklichkeit aus symbolischen Formen verschiedenster Art entwickelt. Zu diesen symbolischen Formen gehören die Komplexe der Erfahrung, Weltdeutung und Sinnstiftung (Mythen, Weltanschauung, Religion, Wissenschaft usw.), von Regelungen gesellschaftlichen Handelns (Rechtsordnung, Sitte und Brauch) und von Ausdrucksformen (wie Kunst, Musik, Tanz usw.).

Die Arbeitsteilung in Funktionen mit unterschiedlichen Erwerbschancen, die Knappheit oder Reichlichkeit von Arbeit und bestimmten Gütern sowie die Ausnutzung von Machtbeziehungen führen alle drei zusammen zu sozialer Schichtung, also dazu, dass Besitz, Einkommen, Prestige, Zugang zu kulturellen Gütern und Lebenschancen überhaupt zwischen den einzelnen Gruppen einer Gesellschaft ungleich verteilt sind, und sie bestimmen, wie Eigentumsverhältnisse und Geschlechterrollen ausgestaltet werden. Gesellschaftliche Ungleichheit ist also Folge von Wirtschaft und Machtbeziehungen, aber keine Erscheinung, die als eigenständiges Feld daneben existiert.

Wir gehen von mehreren Netzwerken aus, nicht von einem funktionalen System, nicht von einem Begriff von Kultur bzw. Zivilisation, der diese als Gesamtheiten auffasst[64], nicht vom Begriff der Produktionsweise[65] und nicht vom Nationalstaat. Diese Ansätze wollen alle auf ihre Weise Gesellschaft als Ganzheit erfassen. Der Netzwerkbegriff[66] ist offener und flexibler und ermöglicht darum bei der konkreten historischen Betrachtung gehaltvollere Analysen. Der Systembegriff hat nicht nur in seiner funktionalen Variante die Tendenz, vom Ganzen her zu denken, das nach einem bestimmten Ordnungsprinzip systematisch gegliedert ist, und die einzelnen Elemente primär daraufhin zu betrachten, welche Bedeutung sie für das Ganze haben. Dabei schlüpft dieser Ansatz oft unwillkürlich in die Sichtweise der Mächtigen, die Gesellschaft vom Zentrum her hierarchisch zu integrieren und dazu formale Strukturen aufzubauen.[67] Dies entspricht nicht der Vielfalt des tatsächlichen Lebens, das von den zentralen Eliten bis zu unterschiedlichsten lokalen Volkskulturen reicht, von Kirchenleitungen bis zu Ketzerbewegungen, und auch nicht dem Verbund mehrerer sich gegenseitig antreibender Innovationszentren.[68] Tatsächlich existieren viele gesellschaftliche Elemente nicht, um für das Ganze notwendige Funktionen wahrzunehmen, sondern sie haben sich aus eigenem Interesse selbst organisiert und sich selbst in das Netzwerk eingeklinkt, sei es durch den Austausch von Leistungen, die Verbreitung eigener Ideen oder mit Druck und Gewalt. Für das kulturelle Feld ist der Netzwerkcharakter offenkundig – man denke an den Einzugsbereich von Pilgerstätten, die Kommunikation von Wissenschaftlern über Fachzeitschriften oder die Ausbreitung von Architekturkonzepten. Auch für das wirtschaftliche Feld mit weitgespannten Handelsnetzen und Stadt-Umlandverflechtungen, mit Zunftorganisationen und Konkurrenzbeziehungen ist er leicht nachvollziehbar, hingegen scheint das politische Feld stärker dem Muster systematischer zentralisierter Ordnung zu entsprechen. Aber der Forschung ist nicht nur deutlich geworden, dass das mittelalterliche Lehenswesen viel mehr stückweise gewachsenes Netzwerk persönlicher Beziehungen als systematische Ordnung war, sondern dass man auch den modernen Staat nicht angemessen erfasst, wenn der Blick auf die systematisch geordneten Verfassungsinstitutionen und den bürokratischen Staatsapparat verengt wird und unberücksichtigt bleibt, dass ein vielfältiges Machtgeflecht von Parteien, Großindustrie, Medieneinfluss und Bürgerinitiativen besteht bis zu Machtbeziehungen innerhalb von Betrieben wie auch internationalen Politikverflechtungen.[69]

Die Vorstellung, dass es eine feste Zahl von Kulturen oder Gesellschaften gibt, die deutlich abgegrenzt nebeneinander existieren, vermag weltgeschichtliche Entwicklungen weniger gut zu durchschauen, als es das Konzept wirtschaftlicher, politischer und kultureller Netzwerke kann. Letztere sind nach außen offener und können deshalb Transfervorgänge zwischen Staaten, Kulturen und Gruppen besser erfassen, können ihre Größe verändern und in ihrer Vernetzung unterschiedlich intensiv sein. Die Netzwerke von Wirtschaft, Herrschaft und Kultur sind daran gebunden, dass Verflechtungen bestehen, sei es durch Handel und Verkehr, durch Normsetzung und Steuererhebung, Anordnungen seitens politischer Machthaber oder durch Kommunikation. Die Reichweite und Intensität der Kommunikation ist nicht zuletzt davon abhängig, dass eine gemeinsame Sprache verstanden wird und ein Zugang zu Kommunikationsmedien besteht. Der Barbar war immer jemand, der eine andere Sprache sprach. Durch die Kommunikation mit früheren Generationen, persönlich oder durch Schrift vermittelt, sowie in Gestalt von Erziehung mit der folgenden Generation werden kulturelle Errungenschaften als Traditionen bewahrt und weitergegeben. Die **Größe** der Netzwerke (also ihre räumliche Reichweite), die **Dichte** der Verflechtungen (also die Zahl der Einheiten und Verbindungen), die **Intensität** (Menge und Häufigkeit) der Verflechtungen und ihre **Symmetrie** (oder Asymmetrie) sind nun keine Konstanten, sondern weltgeschichtlicher Entwicklung unterworfen. Diese Entwicklung verläuft aufs Ganze gesehen von einer Vielzahl kleiner und recht gleichartiger Netzwerke, beispielsweise Dorfgemeinschaften und Klane, die zwar innerhalb eine hohe, aber untereinander nur eine geringe Dichte und Intensität an Vernetzungen aufwiesen, hin zu immer weiträumigeren, dichteren und intensiveren Verflechtungen, zu immer größeren und komplexeren Netzwerken, letztlich in Richtung auf eine Weltgesellschaft. Die Verdichtung und Intensivierung der Vernetzungen kann vereinheitlichend wirken, sei es wirtschaftlich, indem sich Preise, Konjunkturschwankungen, Warenangebot oder Qualitätsstandards verschiedener Regionen einander anglichen, sei es politisch, indem kleinräumige Unterschiede der Rechtsordnungen überwunden wurden und bestimmte politische Ordnungsvorstellungen sich in verschiedene Länder ausbreiteten, sei es kulturell, indem beispielsweise regionale Kunststile und Lebensformen durch nationale und letztlich weltweite zurückgedrängt, ja verdrängt wurden. Die Verdichtung der Beziehungen kann aber auch verschiedene Regionen als Zentrum und Peripherie gegeneinander polarisieren, wenn nämlich ihre wirtschaftlichen und politischen Beziehungen asymmetrisch sind. Meist existieren gleichzeitig Netzwerke mit kleinräumigeren, aber dafür intensiveren Verflechtungen und solche mit weiträumigeren, aber weniger intensiven Verflechtungen, sodass es sinnvoll ist, sich ein Gefüge von mehreren Netzwerken mit unterschiedlicher Intensität der Verflechtungen vorzustellen. Die Abgrenzung der einzelnen Netzwerke und ihre Zahl verändern sich dabei durch den weltgeschichtlichen Wandel.

Die bisherigen Überlegungen haben dazu geführt, Wirtschaft, Herrschaft und Kultur als drei verschiedene, gleichgeordnete und einander überlagernde Felder anzusehen.[70] Wir fassen sie also nicht als Subsysteme eines funktional integrierten Gesamtsystems auf, das dann entweder theoretisch recht weit gerät und damit allgemein und nichtssagend wird oder das praktisch vorschnell auf den Nationalstaat eingeengt wird.[71] Die Annahme, die Grenzen von politischen Herrschaftsbereichen, wirtschaftlichen Netzwerken und kulturellen Netzwerken würden im Wesentlichen zusammenfallen, ist unter dem Eindruck der Nationalstaaten des 19. Jahrhunderts entstanden, die als Raumeinheiten besonders prägend waren, und sie liegt auch dem soziologischen Begriff »Gesellschaft« zugrunde. Aufs Ganze gesehen ist diese Annahme offensichtlich nicht realistisch.[72] Nicht erst mit der modernen Weltwirtschaft entstanden wirtschaftliche Verflechtungen, die weit über das Gebiet einzelner Staaten hinausgingen. Das Netzwerk des antiken Griechentums ebenso wie das Netzwerk der christlich-abendländischen Kultur waren stets so groß, dass sie mehrere Staaten umspannten. Umgekehrt gab und gibt es Herrschaftsgebiete, die innerhalb ihrer Grenzen verschiedene kulturelle Netzwerke mit völlig unterschiedlichen Mentalitäten und Lebensformen aufweisen, sei es in Gestalt von Großreichen, die sich immer mehr Gebiete einverleibten, sei es in jüngerer Zeit als Staaten, in denen kulturell traditionelle und europäisch geprägte Bereiche nebeneinander existieren.

Wirtschaft, Macht und Kultur sind nicht nur räumlich nicht deckungsgleich, sie entwickeln sich auch in gewissem Maße autonom voneinander, haben also ihre jeweils eigene Entwicklungsdynamik. Zugleich beeinflussen sie einander. Dabei kann keinem dieser Felder grundsätzlich ein Übergewicht über die anderen zugesprochen werden, sodass diese dann gewissermaßen nur noch abhängige Variable darstellen, weder dem materiellen Feld, also der Wirtschaft[73], noch dem kulturellen Feld.[74] Politik kann gezielt Wirtschaftswachstum fördern wie umgekehrt durch Überlastung mit Steuern und verwüstende Kriege Wirtschaft ruinieren; eine starke Wirtschaft kann Großmachtpolitik oder den Wohlfahrtsstaat ermöglichen, und ebenso kann eine Wirtschaftskrise die politische Ordnung destabilisieren.

Machthaber bedienen sich symbolischer Repräsentationsformen, um sich Legitimität zu verschaffen, und Denkweisen beeinflussen das politische Handeln, seien es adlige Vorstellungen von Ehre, die marxistische Utopie oder die Einschätzung des anderen als Barbarn. Welches Feld geschichtliche Prozesse stärker bestimmt, ist selbst geschichtlichem Wandel unterworfen und muss deshalb von Fall zu Fall konkret bestimmt werden. Verzichtet man auf diese Differenzierung und unterstellt, dass Wirtschaft und Politik sich eng verkoppelt synchron entwickeln, sieht man sich leicht zu einer eurozentrischen Betrachtungsweise verführt, die jene spezielle Verknüpfung bestimmter wirtschaftlicher, politischer und kultureller Strukturen, wie sie die geschichtliche Entwicklung in Westeuropa (und Nordamerika) aufweist, als »normal« ansieht.[75] Tatsächlich können sich die einzelnen Entwicklungsstadien der drei Felder in unterschiedlicher Weise miteinander verkoppeln.

Gerade wenn man von Wirtschaft, Macht und Kultur als jeweils eigenen Feldern ausgeht, lassen sich manche weltgeschichtlich wichtigen Einsichten und Fragen erst richtig formulieren. So waren Großreiche, die mehrere kulturelle Netzwerke überwölbten, in stärkerem Maße durch Separatismus sowie durch das Wechselspiel von Aufstieg und Zerfall geprägt als kulturell weitgehend homogene Nationalstaaten. Man kann fragen, welche Folgen es für die wirtschaftliche und politische Entwicklung hatte, wenn innerhalb eines kulturellen (und wirtschaftlichen) Netzwerks mehrere Staaten existierten, die in einem Konkurrenzverhältnis standen, wie es jahrhundertelang Merkmal der europäischen Geschichte war (im Unterschied beispielsweise zur chinesischen Geschichte). Können Unterschiede zwischen Religionen oder anderen Kulturphänomenen eine unterschiedliche Dynamik des wirtschaftlichen Netzwerks erklären? Ebenso lässt sich fragen, wie sich politische Ordnungen auf die Entwicklung des wirtschaftlichen Felds auswirken, beispielsweise indem sie Innovationen behindern oder ermutigen, bestimmte Wertvorstellungen fördern und damit Arbeit und andere Ressourcen mehr auf die Wirtschaft oder andere Felder gelenkt werden, ob liberale oder autoritäre Ordnungen der wirtschaftlichen Entwicklung förderlicher sind. Können stabile Demokratien nur dann entstehen, wenn das wirtschaftliche und das kulturelle Netzwerk bestimmte Strukturen aufweisen, führt umgekehrt Industrialisierung auf lange Sicht notwendig zur Demokratie? Hiermit sollen nur einige der zahlreichen Gedanken angedeutet werden, die auf der Basis dieses Ansatzes sinnvoll formuliert werden können.

Vermehren Menschen sich wie Tierpopulationen? Die biologische Reproduktion als Dynamik der Weltgeschichte

Die biologischen Grundlagen bestimmen Möglichkeiten und Notwendigkeiten geschichtlicher Entwicklung, sind aber selbst konstant, sodass die Entwicklung eine kulturelle ist. Eine Ausnahme ist die biologische Reproduktion der Menschen, die in Form des Bevölkerungswachstums selbst einen wichtigen dynamischen Faktor der Weltgeschichte darstellt.[76] Die biologische Reproduktion der Menschen ist wesentlich durch Merkmale geprägt, die sich in gleicher Weise bei allen Tierpopulationen finden. Sie stellen also offenkundig ein genetisches Programm dar.[77] Die Reproduktionskapazität, die sich aus der Dauer der Fruchtbarkeit des Weibchens, der Unfruchtbarkeit während bestimmter Phasen (z.B. Tragzeit und Stillzeit) und der Nachkommenzahl pro Wurf/Gelege ergibt, ist bei allen Tierpopulationen größer, als unter günstigen Bedingungen erforderlich wäre, um den Bestand zahlenmäßig zu erhalten. Da der Umfang des Verlusts durch natürliche Feinde und Naturkatastrophen nur schwer vorher kalkulierbar ist und auch stark von Zufällen abhängt, ist dieses Konzept einer Art Sicherheitsreserve bei der Nachkommenzahl sinnvoll, damit der Umfang der Population nicht immer mehr reduziert wird. Das heißt, dass die Population exponentiell wächst, sofern diesem Wachstum keine begrenzenden Faktoren entgegentreten. Zugleich haben alle Populationen, zumindest jene aller Säugetiere, die Tendenz, sich durch Wanderungen räumlich auszubreiten, bis sie an Grenzen stoßen, die sie nicht überwinden können. Welche Faktoren können nun begrenzen, wie weit eine Population in einem bestimmten Gebiet anwächst und sich dort verdichtet, wie weit sie sich in andere Räume hinein ausdehnt?

Die **Wanderungen** enden dort, wo andere Ökosysteme beginnen, an die das Tier nicht angepasst ist, weil es zu heiß oder zu kalt ist, zu feucht oder zu trocken, weil wichtige Nahrungspflanzen oder Beutetiere fehlen usw., sie stoßen auf Grenzen, wo Verkehrsbarrieren ein weiteres Vordringen verhindern, etwa Gebirgsketten oder Meere, und sie stoppen dort, wo das Gebiet bereits durch überlegene Konkurrenten besetzt ist.

Auch für die **Dichte** einer Population innerhalb eines Gebiets gibt es begrenzende Faktoren. So wird die Population immer wieder durch **Naturkatastrophen** dezimiert, beispielsweise Dürrejahre oder Waldbrände. Weiter fordern natürliche **Feinde** ständig ihre Opfer, ebenso wie **Infektionskrankheiten,** die tödlich verlaufen. Die wichtigste Grenze für eine steigende Populationsdichte ist die Tatsache, dass das durch den Energiefluss mobilisierte **Nahrungsangebot** begrenzt ist. Verfügbar ist ohnehin nur jene Nahrungsmenge, welche nicht schon von anderen Tieren gefressen worden ist, die um dieselbe Nahrung konkurrieren. Wo die Nahrung für weitere Individuen nicht mehr reicht, droht der Hungertod, schwächt Unterernährung die Individuen und bietet damit den natürlichen Feinden bequeme Opfer, sofern sich nicht die Alternative bietet auszuwandern. Schließlich kann insbesondere bei größeren und langlebigeren Tieren zu große **Dichte als Stresssituation** empfunden werden, die sich in Kämpfen untereinander entlädt oder dazu führt, die Geburtenrate zu beschränken.

Wie weit sind nun die Menschen in ihrer biologischen Reproduktion Tiere wie alle anderen? Grundsätzlich gelten die geschilderten Prinzipien auch für die Menschen. Sie unterscheiden sich von den Tieren primär darin, wie eng beziehungsweise weit ihnen dabei die Grenzen gesteckt sind. Da die Menschen sich durch kollektives Lernen besonders gut an wechselnde Umweltbedingungen anpassen können, sehen sie sich nicht wie Tierarten auf ein bestimmtes Ökosystem beschränkt. Ihrer räumlichen Ausbreitung sind kaum Grenzen gesetzt. Sie können in den verschiedensten Ökosystemen existieren, und auch Verkehrsschranken vermögen ihre Ausbreitung zwar zu hemmen, aber nicht prinzipiell zu verhindern – selbst das Meer können sie mit dem künstlichen Hilfsmittel von Schiffen überwinden. Von den natürlichen Feinden waren die größeren, die Raubtiere, schon in frühgeschichtlicher Zeit für den Umfang der Menschenpopulation kein ernsthaft begrenzender Faktor, ist der Mensch doch selbst eines der aggressivsten Raubtiere auf der Welt und den anderen an Intelligenz überlegen. Weitgehend gilt das auch hinsichtlich größerer Konkurrenten um die Nahrungsbasis. Gegen die kleineren Nahrungskonkurrenten, beispielsweise Mäuse und Käfer, die (vom Menschen) so genannten »Schädlinge«, besaßen die Menschen dagegen bis ins 20. Jahrhundert weniger durchschlagende Möglichkeiten. Erst recht gelang ihnen im Kampf gegen Infektionskrankheiten erst im späten 19. Jahrhundert der Durchbruch, als die moderne Medizin und Hygiene entstanden. Auch bei Menschen lässt sich beobachten, dass die Geburtenrate durch Dichtestress beeinflusst wird, obwohl die Psyche der Menschen besonders formbar ist. Dichtestress hängt ab von dem traditionell für erforderlich erachteten Lebensstandard, dem für Kindererziehung und -ausbildung nötigen Aufwand im Verhältnis zum Nutzen von Kindern (als Arbeitskraft oder zur Existenzsicherung im Alter) und den verfügbaren Ressourcen. Bäuerliche Siedlergesellschaften mit reichlich ungenutztem Land vermehren sich stark[78], arme (Teil-)Populationen, die sich dauerhaft oder durch eine Phase schlechter Ernten in der Nähe des Existenzminimums befinden, versuchen häufigen Hungerkatastrophen vorzubeugen, indem sie die Geburtenrate verringern. Dabei dominieren je nach Gesellschaft und Epoche verschiedene Praktiken, sei es, dass ungewollte Kinder abgetrieben und getötet oder dass sie vernachlässigt und damit indirekt getötet werden, sei es, dass Jungerwachsene auf Zeit oder ganze Bevölkerungsgruppen dauerhaft auf

Geschlechtsverkehr verzichten (bzw. von der Gesellschaft dazu gezwungen werden), sei es, dass Unterernährung die Fruchtbarkeit der Frauen zeitweilig mindert.[79] In reichen Industriegesellschaften führen steigende Ansprüche an den Lebensstandard und den Ausbildungsaufwand für die Kinder dazu, deren Zahl zu reduzieren. Seit Oberschichten entstanden sind, verbrauchen diese pro Kopf mehr Ressourcen als die Masse der Bevölkerung, entweder direkt für üppigere Mahlzeiten oder an Fläche für Jagdreviere und Parks, die dann dem Ackerbau entzogen wird; die Tragfähigkeitsgrenze liegt also stets niedriger, als wenn die Ressourcen in der Gesellschaft gleichmäßig verteilt wären. Der wichtigste Unterschied zu Tieren besteht jedoch darin, dass Menschen kraft ihrer Intelligenz zu Innovationen und zu kollektivem Lernen fähig sind. Anders als alle Tiere, deren Nahrungserwerb die Stufe des Jagens und Sammelns nie überschreitet, war ihnen deshalb der Schritt zur gezielten Produktion möglich, konnten sie die Produktion je Flächeneinheit und damit das Nahrungsangebot durch eine Kette von technischen und organisatorischen Innovationen immer weiter steigern. Damit haben sie die Tragfähigkeitsgrenze Schritt für Schritt hinausgeschoben.[80]

Die genannten Mechanismen lassen sich im Laufe der Weltgeschichte immer wieder beobachten. Wenn Menschenpopulationen reduziert wurden, wuchsen sie anschließend erneut. Solche Reduktion von Populationen erfolgte durch Seuchenzüge ebenso wie durch Kriege um knappe Ressourcen und durch Mehrsterblichkeit an Krankheiten, wenn Unterernährung die Widerstandsfähigkeit geschwächt hatte, oder durch direkten Hungertod nach Missernten. Die Letztgenannten ereigneten sich vor allem dann, wenn die Populationen in einem besonders instabilen Ökosystem lebten oder sich der Grenze der Tragfähigkeit ihrer Region, den Grenzen des Wachstums stark genähert hatten. Wo diese Grenzen jeweils lagen, ergab sich daraus, wie der Raum von der Natur ausgestattet war und welche Techniken, Organisationsweisen und Machtstrukturen historisch konkret gegeben waren.

Während es also bei Tieren durchaus seinen Sinn hat, wenn sie als Sicherheitsreserve normalerweise mehr Nachkommen erzeugen, als zur Bestandserhaltung nötig wäre, verbindet sich nun dieses Verhalten bei den Menschen mit der Fähigkeit, die Grenzen, die dem Wachstum ihrer Populationen gesetzt sind, unentwegt weiter zu dehnen. In immer neuen Rückkopplungsschleifen drängte wachsende Bevölkerungsdichte zu intensiverer Wirtschaftsweise, und intensivere Wirtschaftsweise ermöglichte weitersteigende Bevölkerungsdichte. Das hatte zur Folge, dass im Laufe der Weltgeschichte die Zahl der Menschen gewaltig angewachsen ist. Kein wild lebendes Säugetier erreicht auch nur annähernd eine so zahlreiche Population wie die Menschen heute! Ökosysteme sind dynamische Systeme; die zahlenmäßige Zunahme oder Abnahme einer Art kann durch die vielfältigen Verflechtungen von Fressen und Gefressen-werden und von Konkurrenz um dieselben Nahrungsressourcen zahlreiche andere Folgen nach sich ziehen. So können auch Tiere, die sich stark vermehren oder in ein Ökosystem neu einwandern, dieses System durchaus verändern. Keine Tierart hat aber je ihr Ökosystem so tief greifend verwandelt wie die Menschen in ihrem Bestreben, die Tragfähigkeit ihres Lebensraums für ihre eigene Art zu erhöhen. Viele Menschen verstehen sich als Krone der Schöpfung, aber es ist nicht zu leugnen, dass die Menschen die übrige Schöpfung gehörig durcheinandergebracht, ja teilweise ruiniert haben, und das je länger desto mehr.

Die biologische Reproduktion und der dadurch verursachte Bevölkerungsdruck sind also im Zusammenwirken mit Innovationen eine wichtige Dynamik der Weltgeschichte. Ihre Folgen sind weiträumige Wanderungsbewegungen und der Kampf gegen die verschiedensten Seuchen, ebenso Bevölkerungsverdichtung und damit die Möglichkeit zu intensiverer Arbeitsteilung sowie raschere kulturelle Entwicklung und Staatenbildung, ferner die immer tiefer greifende Umgestaltung der natürlichen Umgebung durch Rodung, Bebauung, Verkehr und Intensivierung des Energieflusses sowie der Stoffkreisläufe überhaupt. Damit sind entscheidende Grundthemen der Weltgeschichte angesprochen.

Innovationen: ein Schlüssel zur Erklärung der Weltgeschichte

Zu den biologischen Grundlagen gehört, dass die Menschen durch ihr besonders entwickeltes Gehirn in der Lage sind, in großem Umfang Informationen aufzunehmen und zu verarbeiten, dass sie sich bewusste Vorstellungen machen und kollektiv lernen können und dass sie sich dadurch vielfältige neue, nicht schon naturgegebene Formen zu schaffen vermögen, kurzum Innovationen produzieren können. Immer mehr Innovationen zu erdenken, sie weiterzugeben und damit anzuhäufen heißt, Kultur zu entwickeln. Wenn Innovationen fehlen, bedeutet es Stillstand und Stagnation. Das Entstehen und Durchsetzen von Innovationen ist also ein zentraler Mechanismus weltgeschichtlicher Entwicklung.

Innovationen treten in allen Feldern auf, nicht nur in der Technik, sondern ebenso in Wissenschaft und Religion, bei politischen Strukturen (beispielsweise Einführung der Hoplitenphalanx oder der Sozialversicherung) und Organisationsprinzipien der Wirtschaft (z. B. die Erfindung des Giroverkehrs oder der Aktiengesellschaft).

In differenzierten Gesellschaften kann das Neuerungsstreben in den einzelnen Bereichen unterschiedlich stark ausgeprägt sein, sodass einige

Bereiche komplexe und differenzierte Formen entwickeln, während andere weniger dynamisch sind. Darüber hinaus waren und sind verschiedene Gesellschaften und Kulturen auch insgesamt gesehen in unterschiedlichem Maße innovativ, und damit weisen sie ein sehr verschiedenes Entwicklungstempo auf, sind nicht in gleichem Maße dynamisch.

Auf den ersten Blick bestehen Ähnlichkeiten zwischen der historischen Entwicklung der menschlichen Gesellschaften durch eine Kette von Innovationen und der biologischen Evolution der Arten. Gemeinsame Prinzipien sind das Auftreten von Variationen in einer Population, die Selektion einiger Variationen, die sich langfristig behaupten, ihre Weitergabe an spätere Generationen und dadurch die Auseinanderentwicklung von Populationen, die räumlich voneinander isoliert sind. Dabei lassen sich die kulturellen Innovationen als Analogie zu den genetischen Mutationen betrachten.[81]

Aber diese Gemeinsamkeiten haben Grenzen. Die Mechanismen der biologischen Evolution sind nur begrenzt geeignet, die kulturelle Entwicklung zu verstehen, zwischen beiden bestehen wichtige Unterschiede. Genetische Mutationen stellen sich zufällig ein und können von den Individuen nicht zielgerichtet beeinflusst werden, während kulturelle Innovationen weitgehend aus dem Versuch erwachsen, gezielt bestimmte Probleme zu lösen. Während genetische Informationen im Regelfall korrekt kopiert werden und Mutationen selten sind, werden kulturelle Informationen bei der Weitergabe viel eher verändert, meist als bewusste Anpassung oder Innovation. Die für die Weltgeschichte höchst wichtige Frage, warum bestimmte Populationen höhere oder geringere kulturelle Innovationsraten haben, findet in der Biologie keine sinnvolle Entsprechung. Die Selektion der genetischen Variationen erfolgt danach, welche die beste Anpassung an die natürliche Umwelt gewährleisten, während die Selektion von Innovationen in erster Linie durch gesellschaftliche Faktoren geschieht. Diese sind vielfältig, sodass die Selektion also nicht von einem einzigen Selektionskriterium gesteuert wird. Folglich verläuft die kulturelle Entwicklung auch keineswegs in die Richtung, dass die Menschen sich immer besser an das Ökosystem anpassen würden. Die Interessenunterschiede, die in komplexen Gesellschaften zwischen verschiedenen Gruppen bestehen, lassen überhaupt den Begriff der »besten« Anpassung an was auch immer unsinnig werden.[82] Kulturelle Informationen können unabhängig vom physischen Zusammenhang der Individuen durch Kommunikation weitergegeben werden, indem sie gelernt werden. Der Schüler übernimmt sie vom Lehrer, der Leser vom Autor usw. Dagegen können genetische Informationen nur durch Vererbung an die eigenen Kinder weitergegeben werden, sodass ihre Ausbreitung also an den physischen Zusammenhang der Individuen gebunden ist; ein Wurm kann nicht auf Kamel umlernen. Deshalb können sich kulturelle Innovationen viel schneller als im Generationenabstand ausbreiten, deshalb lassen sie sich durch Transfer auch an eine größere Zahl anderer Individuen übertragen.

Daraus ergeben sich Folgen, die wichtige Unterschiede zwischen biologischer Evolution und kultureller Entwicklung markieren. Eine Konsequenz betrifft ältere Entwicklungsstadien. Im Laufe der biologischen Evolution von Einzellern über Vielzeller, höhere Tiere, Wirbeltiere bis hin zum Menschen sind immer komplexere Arten zusätzlich aufgetreten, aber diese haben die einfacheren keineswegs völlig verdrängt. Zwar sind zahlreiche Arten im Laufe der biologischen Evolution ausgestorben, doch andererseits existieren Schnecken und Spinnen, Lurche und Krebse und viele andere Formen niederer Lebewesen in umfangreichen Populationen munter weiter. Dagegen haben die Staaten und die komplexeren Gesellschaften im Laufe der Weltgeschichte die weniger komplexen immer mehr aufgesogen. Jäger und Sammlerinnen und nichtherrschaftlich organisierte, schriftlose Ackerbauern sind gänzlich ausgestorben. Dieser Prozess zunehmender Integration aller menschlichen Populationen findet in der biologischen Evolution kein Gegenstück. Während die biologische Evolution ungerichtet ist, weist die Weltgeschichte aufgrund der Zielgerichtetheit vieler Innovationen und durch die Prozesse des Transfers und der Integration eine grobe Entwicklungsrichtung auf. Aus der Tatsache, dass die Information über kulturelle Innovationen durch Lernen weitergegeben werden kann, folgt darüber hinaus, dass die kulturelle Entwicklung sich im Vergleich zur biologischen Evolution mit wesentlich höherer und dabei ständig steigender Geschwindigkeit vollzieht. Und schließlich: Während sich bei jenen Informationen, die an die Gene gebunden sind, im Laufe der biologischen Evolution zwar die Art der Information verändert hat, ist ihr Umfang im Wesentlichen gleichgeblieben; im Unterschied dazu ist die vorhandene kulturelle Informationsmenge im Laufe der Weltgeschichte gewaltig angeschwollen. Die Symbolsprache des Menschen und die Schrift als Mittel für externe Speicher haben es möglich gemacht.

Entwicklungsdynamik durch die Entstehung von Innovationen

Warum sind einige Gesellschaften, Epochen und Lebensbereiche innovativer und damit dynamischer als andere? Welche Faktoren bestimmen, wie zahlreich realisierte Innovationen sind? Analog zur biologischen Evolution der Arten können wir zunächst davon ausgehen, dass dabei zwei Mechanismen zusammenwirken, einer, der Variationen erzeugt und damit auf Veränderungen drängt, und ein zweiter, der diese durch Selektion wieder reduziert und stabilisierend wirkt. Die Art und Weise, wie diese

Mechanismen funktionieren, kann aber in der Geschichte nicht dieselbe sein wie in der Biologie. Das führt zu den zwei Fragen:

- wovon es abhängt, wie häufig Variationen (Neuerungen) **auftreten,** und
- welche selektierenden Faktoren bestimmen, wie viele und welche Neuerungen sich **durchsetzen** und damit zu Innovationen werden?

Wenden wir uns zunächst der Frage zu, wie kulturelle Variationen entstehen. Überwiegend werden Neuerungen absichtlich geschaffen, um gezielt Probleme zu lösen. Gelegentlich entstehen Neuerungen, indem Menschen zunächst mehr spielerisch Möglichkeiten ausprobieren und einige davon sich später, einmal in der Welt, auch für Zwecke verwenden finden, an die zunächst keiner gedacht hat. Nicht zuletzt erwachsen Variationen auch, indem allgemeine Regeln und Verfahrensweisen auf neue Situationen angewendet und dabei neu interpretiert und modifiziert werden. Bewusste Neuerungen können von Herausforderungen unterschiedlichster Art ausgelöst werden, vorausgesetzt, die Menschen empfinden die vorhandenen Zustände als ungenügend, die Herausforderungen werden also als solche wahrgenommen. Als Herausforderungen wirken unterschiedlichste Situationen; es kann sich um navigatorische Erfordernisse der Schifffahrt handeln, die neue Erkenntnisse in der Astronomie anregen, ebenso wie um den Verwaltungsbedarf früher Staaten, der zur Entwicklung von Schrift führte; es können Bedürfnisse der Handelsorganisation oder des Militärs sein, die Verknappung natürlicher Ressourcen (z.B. aufgrund von Bevölkerungswachstum) oder die Konfrontation mit anderen Gesellschaften, die militärisch, wirtschaftlich oder kulturell überlegen sind; es sind soziale Konflikte innerhalb einer Gesellschaft oder militärische Niederlagen gegenüber anderen Staaten denkbar und vieles andere mehr.[83] Dabei bedarf es gar nicht unbedingt eines Anstoßes von außen, denn kein Zustand ist so optimal, dass er nicht verbessert werden könnte. In welche Richtung einzelne gesellschaftliche Gruppen ihre kreativen Energien lenken, ist auch eine Frage ihrer Interessen und Überzeugungen; eine Priesterelite mag die Göttermythologien und Rituale stark ausbauen, ist aber vielleicht an Naturerkenntnis völlig desinteressiert.

Die bekannten Namen großer Erfinder, Denker, Künstler usw. täuschen leicht darüber hinweg, dass Innovationsprozesse meist nicht aus der einen großen Idee bestehen, sondern aus vielen kleinen Schritten, die aufeinander aufbauen, und dass neben den erfolgreichen Schritten fast immer noch viel mehr vergebliche gegangen wurden. Deshalb ist nicht das Auftreten einzelner Genies, sondern das gesellschaftliche Kreativitätspotenzial im Ganzen wichtig; je mehr Innovationsversuche, desto größer die Wahrscheinlichkeit, dass etliche erfolgreiche dabei sind. Wovon hängt es nun ab, wie häufig Neuerungen sind? Dazu muss man sich zunächst verdeutlichen, was Neuerungen eigentlich sind. Innovationen beziehungsweise kreative Leistungen überhaupt entstehen, indem verschiedene Beobachtungen, Verfahrensweisen, Kenntnisse und Denkansätze auf ein Problem bezogen und dabei neu kombiniert werden, sodass eine neue Gedankenstruktur entsteht, die das bestehende Problem sinnvoll lösen kann. Vor allem die Kreativitätsforschung hat deutlich gemacht, dass zu einem kreativen Akt auch eine bestimmte Mentalität gehört, nämlich in Gedanken flexibel mit den vorhandenen Informationen umzugehen, ein Problem in verschiedene Richtungen zu durchdenken sowie vorhandene Muster gedanklich umzustrukturieren, und darüber hinaus auch die Fähigkeit, jene Unsicherheit aushalten zu können, die durch unklare oder widersprüchliche Informationen und Denkschemata entstehen kann.[84] Neuerungen werden also dort häufiger sein, wo 1. Informationen und verschiedenartige Denkansätze aufgrund intensiverer Kommunikation reichlicher vorhanden sind und wo 2. im Umgang mit diesen Informationen mehr Offenheit und gedankliche Flexibilität besteht.

Ersteres bedeutet in weltgeschichtlicher Perspektive, dass jene Gesellschaften eine höhere Neuerungsrate (bezogen auf die Bevölkerungszahl) aufweisen, in denen das Kommunikationsnetzwerk größer und dichter und der Informationsfluss darin intensiver ist, sodass kreative Köpfe über eine größere Menge von Informationen verfügen können. Konkreter heißt das: Die Neuerungsrate wird also prinzipiell dort größer sein,

- wo bereits mehr Kenntnisse angesammelt worden sind, die rekombiniert werden können,
- wo Menschen nicht in kleinen und weit verstreuten Gruppen, sondern dichter zusammenleben, besonders in Städten,
- wo Menschen nicht allein auf mündliche Kommunikation angewiesen sind, sondern Schrift existiert und dadurch Kommunikationsvernetzungen vervielfältigt werden können,
- wo nicht nur eine kleine Elite lesen und schreiben kann, sondern größere Teile der Bevölkerung durch schriftliche Kommunikation ihren Horizont erweitern können,
- wo Geschriebenes nicht nur mühsam per Hand vervielfältigt werden kann, sondern Druckerzeugnisse und andere Medien rasch und billig Informationen breiteren Kreisen zugänglich machen,
- wo der Informationsfluss nicht dadurch behindert wird, dass die Mächtigen ihn zu kontrollieren versuchen (sei es die spanische Inquisition oder die KPdSU) oder dass bestimmte Gruppen ihre Kenntnisse als Geheimwissen zu monopolisieren versuchen (wie z.B. die Alchemisten), sondern wo Informationen sich frei ausbreiten dürfen,
- wo gute Verkehrserschließung und schnelle Verkehrsmittel die Kom-

munikation fördern; weniger innovative und deshalb rückständige Gebiete liegen im Allgemeinen abseits der großen Verkehrswege, überhaupt in schwer zugänglichen Gegenden,

■ wo die Bevölkerung, deren Kultur sich durch Innovationen weiterentwickelt, groß ist; je größer die Zahl der Menschen, die am Prozess der Kumulation von Innovationen teilnehmen und nicht jede Innovation für sich selbst erdenken müssen, desto schneller vollzieht sich dieser Prozess,

■ wo die Vermehrung und Speicherung der Information durch größere materielle Institutionen staatlich gefördert wird, z.B. durch die Finanzierung von Entdeckungs- und Forschungsreisen, Bibliotheken und Forschungseinrichtungen, Planstellen usw.

Schon diese Überlegungen erklären zu einem guten Teil, warum die Innovationshäufigkeit bei Jägern und Sammlerinnen, archaischen Kulturen, Westeuropa im 18. Jahrhundert und der Welt der heutigen Industriestaaten höchst unterschiedlich war und ist.

Die zweite Voraussetzung für Neuerungen, nämlich ein flexibler und offener Umgang mit den vorhandenen Informationen, ist nun bei bestimmten gesellschaftlichen Strukturen mehr und bei anderen weniger gegeben:

■ Gesellschaften und Gruppen, in denen individualistische Leitbilder vorherrschen, werden im Ganzen innovativer sein als solche, in denen man konformes Denken und Verhalten großschreibt und durch informellen Druck aufrechterhält, in denen überhaupt ein angstgetriebenes Sicherheitsbedürfnis Neuerungen entgegensteht.

■ Ein Netzwerk, das aus einer Anzahl kleinerer Einheiten besteht, seien es Staaten, Firmen oder sonstige Institutionen, die autonom handeln können, ohne gleich von einer gemeinsamen Zentrale ausgebremst zu werden, erzeugt mehr Varianten an neuen Dingen und reagiert auf Herausforderungen oft flexibler als ein großer bürokratischer Apparat, der monopolistisch das Ganze zu kontrollieren versucht.

■ Wo Wettbewerbsgeist und Konkurrenzdruck herrschen, bestehen mehr Flexibilität und Neuerungsbereitschaft als dort, wo Menschen es sich in unangefochtenen Monopolsituationen bequem machen können oder wo die Eliten stark von bürokratischen Denkweisen geprägt sind und sich daher mehr daran orientieren, feste Regeln in oft schematischer Weise zu befolgen. Das gilt in gleicher Weise für die Konkurrenz von Firmen um Märkte, Wissenschaftlern um Posten und Staaten um Macht.

Selektion von Innovationen und Stabilisierung

Neuerungen gehen von einzelnen Menschen oder kleinen Gruppen aus, und viele Neuerungen sind nur flüchtige Erscheinungen, welche Wirtschaft und Technik, Herrschaftsformen und Kultur nicht dauerhaft verändern. Die meisten Erfindungen schaffen nie den Schritt zur kommerziellen Verwertung, und nicht jeder religiöse Neuerer wurde Begründer einer neuen Religion; mancher endete auch als Ketzer auf dem Scheiterhaufen. Neuerungen unterliegen also, einmal erdacht, einer Selektion. Diese Selektion geschieht weniger durch die natürliche Umwelt, die nur in archaischen Gesellschaften eine größere Rolle spielt, als vor allem durch gesellschaftliche Faktoren in Gestalt von Machthabern, Rezensenten, Auftraggebern, Nachfragern am Markt usw. Ausgehend von Einsichten aus Technikgeschichte[85], Wirtschaftswissenschaft[86], empirischer Innovations- und Diffusionsforschung[87], den von der Literaturwissenschaft ausgehenden Untersuchungen zur Kanonbildung[88], der Analyse kultureller Globalisierungsprozesse[89] und den vom darwinistischen Selektionsmechanismus inspirierten gesellschaftlichen Innovationstheorien[90] lassen sich mehrere selektierende Faktoren unterscheiden, die darauf hinwirken, das Bestehende zu stabilisieren. Neuerungen werden danach selektiert,

- ob die Neuerung mit Blick auf die materiellen Voraussetzungen in der Realität machbar ist,
- ob die Neuerung praxistauglich ist,
- wie groß das mit der Neuerung verbundene Risiko ist,
- wie die Neuerung sich mit den in der Gesellschaft bestehenden Normen verträgt,
- in welcher Weise die Neuerung die Interessen der Mächtigen berührt und wie die Machtverhältnisse strukturiert sind,
- ob eine Institutionalisierung der Neuerung gelingt,
- ob der Urheber der Neuerung Prestige besitzt und
- ob die Neuerung für andere verständlich ist.

Diese Faktoren müssen näher erläutert werden.

Manches neu Erdachte scheitert schon daran, dass die materiellen Voraussetzungen nicht ausreichen, um es in die Wirklichkeit umzusetzen, weil das Klima, die natürlichen Ressourcen oder andere physische Gegebenheiten es nicht zulassen oder zu hohen Aufwand erfordern oder weil das technische Vorwissen, das Kapital oder die Arbeitskräfte nicht genügen. Beispielsweise wurden Patente für U-Boote in England schon Anfang des 17. Jahrhunderts angemeldet, aber erst Ende des 19. Jahrhunderts

konnten brauchbare Lösungen verwirklicht werden.[91] Viele Innovationen
können nur mit hohen Investitionskosten realisiert werden.

Von Innovationen wird erwartet, dass sie für die Praxis taugen. Je nach
Bereich kann es sehr unterschiedlich sein, was das Selektionskriterium für
die Praxistauglichkeit ist: Technische Verfahren sollen funktionieren, aus
wirtschaftlicher Sicht wird von Innovationen Rentabilität erwartet, wissenschaftliche Konzepte sollen zu den bekannten empirischen Fakten nicht
im Widerspruch stehen, medizinische Methoden sollen zu Heilungen
führen.

Eine Innovation durchzusetzen bedeutet stets, einen Schritt ins Unge-
wisse zu tun. Wird der Aufwand sich jemals auszahlen, wird er Gefahren
mit sich bringen? Je größer das Risiko ist, das sich damit verbindet, desto
zögerlicher wird die Neuerung von der Gesellschaft aufgenommen. Gerade arme Gesellschaften ohne große Reserven verbessern die bereits vorhandenen Lösungen zwar durchaus in kleinen, überschaubaren Schritten,
stehen aber grundlegenden Neuerungen weitgehend ablehnend gegenüber, ja können sie sich gar nicht leisten, weil jeder Fehlschlag schnell ihre
ganze Existenz bedrohen kann.[92] Aber auch in entwickelten Gesellschaften
spielt das Risiko von Innovationen eine Rolle; Neuerungen, die leicht an
die etablierten Lösungen anschlussfähig sind, treffen generell auf weniger
Widerstände als radikal neue Ansätze. Während man in Zeiten, in denen
sich die Wirtschaft und die Lebensverhältnisse überhaupt problemlos auf-
wärtsentwickeln, mehr zu Verbesserungsinnovationen und Produktvaria-
tionen neigt, können sich unter dem Druck von Krisen auch verstärkt
Basisinnovationen durchsetzen. Oft verhelfen gerade Kriegsniederlagen
dem Neuen zum Durchbruch, auch bei politischen Ordnungen, während
Erfolge und das Funktionieren von etablierten Lösungen das Bestehende
stabilisieren und grundlegende Neuerungen verzögern. Selbst Wissenschaftler bauen lieber etablierte Deutungsmuster weiter aus, solange der
Druck durch die Widersprüche zu den Beobachtungen nicht zu groß
wird.[93]

Darüber hinaus müssen Neuerungen weitgehend mit den in einer Gesellschaft vorhandenen und allgemein anerkannten Wertvorstellungen
vereinbar sein, wenn sie akzeptiert werden wollen. Dabei kann ritterliche
Kampfesethik neuen, auf effiziente Vernichtung abzielenden Kriegfüh-
rungstechniken ebenso im Wege stehen wie religiöse Überzeugung bestimmten naturwissenschaftlichen Erkenntnissen.

Eine besondere Rolle bei der Selektion spielen die Machtinteressen und
Machtverhältnisse. Von Innovationen erhoffen einige sich Vorteile, andere
befürchten indes Nachteile. Wenn diese Verlierer politisch mächtig sind,
haben Neuerungen nur wenig Chancen, sich durchzusetzen, gleich ob die
Ideologien einer sozial führenden Priesterschicht berührt werden oder die
Arbeitsplatzinteressen von frühneuzeitlichen Handwerkszünften und von

Gewerkschaften des 20. Jahrhunderts, die »herrschende Lehrmeinung« führender Mitglieder der »scientific community« oder das Legitimitätsinteresse absolutistischer Fürsten. Dabei unterscheiden sich die Verhältnisse danach, auf welche Weise Neuerungen die Interessen der Mächtigen berühren und wie mächtig diese sind. Machthaber können neue wirksame Kriegswaffen begeistert aufnehmen und gleichzeitig religiöse Neuerungen als Gefährdung ihrer Legitimation scharf unterdrücken. Je differenzierter eine Gesellschaft ist, je mehr Autonomie die einzelnen gesellschaftlichen und kulturellen Teilbereiche haben, desto größer ist die Chance, dass sich dort Innovationen auch gegen den Willen der gesamtgesellschaftlich Mächtigen entwickeln können. Deshalb sind pluralistische politische Ordnungen ein fruchtbarerer Boden für Innovationen als stark zentralistische und diktatorische Ordnungen, die weite Bereiche der Gesellschaft kontrollieren wollen, bedeuten doch autonom auftretende Innovationen für solche Ordnungen stets Unsicherheit. Pluralistische politische Ordnungen mit abstrakten sozialen Regeln sind auch innovationsfreudiger als kleine, erst wenig differenzierte und darum stark integrierte Gesellschaften, in denen konkrete Verhaltensregeln und strikte soziale Kontrolle kaum autonome Freiräume lassen, sodass für Neuerungen ein hoher Selektionsdruck besteht. Pluralistisch muss hier im Übrigen nicht demokratisch heißen, sondern kann ebenso staatliche Vielfalt bedeuten. Außerdem ist auch Willkür der Mächtigen im Allgemeinen nicht günstig, um Innovationen zu realisieren, denn die Rahmenbedingungen müssen hinreichend kalkulierbar sein, man muss einigermaßen planen können und ein Mindestmaß an rechtlicher Sicherheit besitzen.[94]

Grundlegend neue Ideen fallen weniger leicht der Selektion durch etablierte Kräfte zum Opfer, haben eine größere Chance, langfristig zu überleben, wenn es ihnen gelingt, sich selbst zu institutionalisieren, d. h. eigene Kommunikationsstrukturen und Einrichtungen aufzubauen, um die Kenntnisse zu bewahren und an qualifizierten Nachwuchs weiterzugeben, und die dazu nötigen Mittel zu gewinnen. Dabei kann es sich beispielsweise um eine Kirchenorganisation handeln oder im Wissenschaftsbetrieb um eigene Fachzeitschriften, Universitätslehrstühle, Stiftungen usw.[95]

Innovationen setzen sich auch eher durch, wenn sie von Personen stammen, die in ihrer Gesellschaft ein gewisses Prestige besitzen, als wenn sie aus Kreisen stammen, die nur ein geringes Ansehen besitzen. Dabei muss Prestige nicht unbedingt mit Reichtum und Macht einhergehen.

Schließlich müssen Innovationen auch noch hinreichend verständlich und vermittelbar sein, um von anderen aufgenommen zu werden. Auch in dieser Hinsicht fördert intensive Kommunikation die Entwicklung. Unter Umständen setzt dies ein bestimmtes Know-how oder ein allgemeines intellektuelles Niveau voraus.

Diese Überlegungen lassen sich noch einen Schritt weiterführen. Selektionsmechanismen wirken nicht nur gegenüber Neuerungen und damit stabilisierend. Innovationen durchzusetzen ist oft damit verbunden, Bisheriges als veraltet, überholt oder irrtümlich auszusondern. Ebenso sind Transfer- und Assimilierungsprozesse mehr oder weniger damit verknüpft, dass tradierte Verfahren, Überzeugungen usw. einem Selektionsprozess zum Opfer fallen. Selektionsmechanismen können aber auch bisher Tradiertes treffen, ohne dass Neues an seine Stelle tritt. Materielle Verarmung und gesellschaftliche Umbrüche bringen es gelegentlich mit sich, dass Institutionen sich nicht mehr unterhalten lassen und dass Fertigkeiten verloren gehen, weil sie keine Auftraggeber mehr finden. Es kommt vor, dass Kriegsereignisse als plötzliche Katastrophe Bibliotheken und Spezialisten, die Kenntnisse sammeln und weitergeben, unwiederbringlich vernichten. Veränderungen von Wertvorstellungen können dazu führen, dass bestimmte Traditionsbestände nicht weiter gepflegt werden und sie dem Vergessen anheimfallen. Wo derartige Selektionsprozesse scharf zugreifen, führen die Verluste möglicherweise sogar dazu, dass die Gesellschaft auf ein früheres Entwicklungsstadium zurückfällt. Hierfür sind verschiedene Ursachen denkbar. Die häufigsten waren Barbareninvasionen und andere gewaltsame Eingriffe von außen, Verwüstungen durch innere Kriege und schließlich eine so starke Beanspruchung des Ökosystems, dass dadurch Probleme auftraten, für die keine innovative Lösung gefunden werden konnte, was dann die Basis für eine Weiterexistenz des erreichten Stadiums ruinierte.[96]

Transfer von Innovationen

Stets haben sich Innovationen auch durch Transfer in Raum und Zeit ausgebreitet und sind von anderen Gruppen und Gesellschaften übernommen worden. Mit Transfer ist gemeint, dass in einem einmaligen Akt einzelne Kulturelemente übertragen werden, ohne dass die übernehmende Gesellschaft sich dauerhaft an die Herkunftsgesellschaft bindet oder deren Kultur im Ganzen übernimmt. Dabei schränkt der Begriff die Frage nach den Handelnden nicht ein; Transfer umschließt

- die Ausstrahlung der Innovationen (Transfer im engeren Sinne),
- den Vermittlungsprozess und
- ihre Rezeption.

Transferprozesse sind in jedem Feld möglich. So können im wirtschaftlichen Feld Techniken, Buchhaltungsverfahren und Kulturpflanzen übernommen werden, im politischen Feld lassen sich die Konzeption bestimmter Verfassungen, anderer politischer Ordnungsformen oder die Idee des Staates überhaupt nachahmen, und im kulturellen Feld sind wissenschaftliche Erkenntnisse ebenso wie der Glaube an bestimmte Gottheiten, die Art der Schrift genauso wie der Kunststil durch Transfer übertragbar. Sicher wäre es falsch anzunehmen, *alle* kulturellen Tatbestände in der Weltgeschichte seien nur ein einziges Mal oder wenige Male erdacht worden, dass man also von vornherein Transfer unterstellen müsste, wenn gleiche oder ähnliche Kulturelemente in verschiedenen Regionen auftauchen.[97] Ähnlichkeiten verschiedener Gesellschaften können auch darauf zurückgehen, dass diese vor ähnlichen Grundproblemen standen. Transfer von anderen Gesellschaften und eigenständige Entwicklung stehen nebeneinander und mischen sich je nach Epoche und Gesellschaft in unterschiedlichem Maße. Schon in historisch frühen Zeiten sind oft gerade weltgeschichtlich bedeutsame Basisinnovationen weltweit nur wenige Male oder überhaupt nur ein einziges Mal aufgrund einer einzigartigen Konstellation erdacht worden und haben sich dann von ihrem Ursprungsort durch Transfer weltweit verbreitet, und zwar auch in Regionen, die nie die Chance gehabt hätten, sie eigenständig zu entwickeln. Indem weltweite Verflechtungen sich intensivierten, letztlich bis hin zur Globalisierung, nahm auch der Umfang des Transfers von Innovationen immer weiter zu.

Bemühungen, Transferprozesse zu erfassen, gibt es schon lange in der Ethnologie, die diese dabei aber primär als Diffusion auffasst, und bei den in der amerikanischen Soziologie entstandenen Arbeiten zur Diffusionsforschung, wenngleich diese den Blick auf die individualpsychologische Ebene des Empfängers verengen.[98] Auf geistige Güter ausgerichtet, zugleich differenzierter und z.T. mehr auf die Rezeption orientiert sind die Untersuchungen über Kulturtransfer in die von Europa zeitweise kolonialisierten Länder im 19. und 20. Jahrhundert[99] und innerhalb Europas vor allem in der frühen Neuzeit.[100] Ansätze zu einer Theorie des Transfers finden sich überdies in Wirtschaftswissenschaften[101], international vergleichender Politikwissenschaft[102], Technikgeschichte[103], literaturwissenschaftlicher Rezeptionsforschung[104] und Memetik[105], wogegen die Weltgeschichtsschreibung hier eher untheoretisch beschreibend geblieben ist.[106]

Der Transfer von Innovationen kann zwischen miteinander vernetzten Zentren im wechselseitigen Austausch erfolgen[107]; oft indes kommt es zu Transferprozessen dort, wo verschiedene Gesellschaften sich in einer bestimmten Hinsicht ungleich schnell und ungleichartig entwickelt haben, sodass ein Gefälle entstanden ist und einzelne Kulturelemente sich entsprechend dem Entwicklungsgefälle ausbreiten (sofern nicht das Machtgefälle durch die Herrschaft einer Kolonialmacht etwas anderes erzwingt). Kanonen verdrängen Schwerter, Schriftreligionen die nur mündlich tradierten Glaubensformen, aber Missionare einer Schriftreligion haben im

Gebiet einer anderen Schriftreligion meist wenig Chancen. Dabei kann die entscheidende Initiative mehr bei denjenigen liegen, die von der Überlegenheit des Eigenen überzeugt sind und es deshalb verbreiten wollen, sei es als Missionare ihren Glauben, als dominierende Mächte ihre politische Ordnung oder als gewinnorientierte Firmen ihre Produkte, aber sie kann ebenso bei den Rezipienten liegen, die sich davon mehr Macht, Prestige, Konkurrenzfähigkeit oder praktischen Nutzen versprechen. Das gilt für überlegene Waffensysteme in der Konkurrenz von Staaten genauso wie für neue Produkte in der Konkurrenz von Firmen. Fertige Lösungen übernehmen zu können spart die Mühe, sie selbst zu finden, und kann helfen, Entwicklungsrückstände aufzuholen.

Der Transfer von Kulturelementen ist gebunden an Kommunikationsbeziehungen. Die Informationen über Innovationen können durch einzelne Personen vermittelt werden (z. B. aus anderen Gegenden angeworbene Spezialisten, durch Pilger oder durch Studienreisen ins Ausland), seltener durch Wanderungen großer Bevölkerungsgruppen (z. B. von Engländern nach Australien im 19. Jahrhundert); sie können durch ein Exemplar des Gegenstands selbst bekannt werden (der nachgeahmt wird), ebenso durch Bücher, Baupläne oder auch moderne Medien. Meist breiten Innovationen sich nicht flächig aus, sondern innerhalb der ohnehin bestehenden Kontaktnetze, also von Zentren aus beispielsweise entlang der Handelsrouten oder über politische Verbindungen zu anderen Zentren und von dort in deren Umland, wobei die Zwischenräume oft zunächst unberührt bleiben. Die Art des Kontakts beeinflusst dabei den Inhalt des Transfers; Fernhändler, Missionare, Touristen, Migranten und Diplomaten vermitteln nicht dasselbe. Intensive Kommunikation fördert den Transfer, Distanz erschwert ihn. Distanz kann eine räumliche sein, und zwar quantitativ in Gestalt großer Entfernungen, aber auch qualitativ durch unwegsames Gelände wie Meere, Wüsten oder Hochgebirge. Distanz kann auch eine gesellschaftliche sein; diese Wirkung können Sprachbarrieren haben, und ebenso vermögen auch psychologische Barrieren abschirmend zu wirken, etwa wenn die Religion und Weltanschauung der anderen Seite Aversionen auslöst.

Transfer ist kein Sich-selbst-Ausbreiten von Innovationen, vergleichbar einem Ölfleck auf dem Wasser, sondern ein Akt der Rezeption, also des Selektierens, der bewussten Entscheidung über Aufnahme oder Nichtaufnahme und des aktiven Sich-Aneignens und Einpassens in den vorhandenen Kontext (deshalb sprechen wir auch lieber von Transfer als von Diffusion). Transfer kann so ablaufen, dass ein Kulturelement als Ganzes unverändert übernommen wird, aber ebenso ist denkbar, dass es bei der Übernahme umgeformt wird oder dass die Form erhalten bleibt, aber die Funktion und Bedeutung sich verändern, um es der eigenen Umgebung anzupassen und in einen andersartigen Zusammenhang einzubauen. So werden beispielsweise alte Götter mit neu übernommenen verschmolzen oder liberale Verfassungen europäischen Zuschnitts werden als bloße Fassade vor andere, mehr oder minder autoritäre Machtverhältnisse vorgehängt.[108] Es kommt auch vor, dass der Transfer mehr den Charakter eines Impulses hat, der dazu führt, das Grundprinzip nachzuahmen und dabei Eigenständiges zu entwickeln. Die Auswahl bei der Rezeption ähnelt der Selektion von Innovationen überhaupt, worauf schon näher eingegangen wurde. Einige wichtige Besonderheiten sind jedoch zu nennen. So ist die Bereitschaft zur Rezeption abhängig von der Art der Neuerung: Während vor allem Waffentechniken relativ leicht, ja oft begierig übernommen werden, erweisen sich grundlegende, Identität stiftende Wertvorstellungen oft als sehr widerstandsfähig gegenüber Neuem, besonders solche religiöser Art. Die Rolle, die das Prestige des Urhebers einer Innovation für ihre Aufnahme spielt, erfährt beim Transfer von Innovationen eine spezielle Ausprägung: So wird oft prinzipiell und undifferenziert alles abgelehnt, was vom politischen, ideologischen oder religiösen Gegner kommt oder gar von den als »Barbaren« angesehenen Völkern, denen gegenüber man die eigene Kultur für generell weit überlegen hält (wobei diese subjektive Einschätzung sich nicht unbedingt mit dem Urteil des heutigen Historikers decken muss); umgekehrt kann die Einschätzung des anderen als vorbildlich und weiterentwickelt zu der Bereitschaft führen, alle möglichen Dinge von ihm zu übernehmen, auch solche ohne lebenspraktischen Vorteil. Autoritäre Herrschaftsordnungen schließlich produzieren zwar weniger Innovationen aus sich heraus, sind aber gelegentlich durchaus bereit, Innovationen von außen zu übernehmen und mit der Macht ihres Apparates von der Staatsspitze aus in der ganzen Gesellschaft durchzudrücken, dann nämlich, wenn sie die internationale Machtstellung durch eine strukturelle Rückständigkeit des eigenen Landes gefährdet sehen. Wo schließlich der Entwicklungsabstand zur möglichen Herkunftsgesellschaft von Neuerungen zu groß ist, fehlen unter Umständen auch die Voraussetzungen, um erfolgreich lernen zu können.

Unterschiede des Ökosystems – Ungleichheit der Chancen?

Wie die biologische Ausstattung der Menschen ist auch ihre natürliche Umwelt eine Voraussetzung, unter der geschichtliche Entwicklung stattfindet. Das umgebende Ökosystem bietet Möglichkeiten und setzt Grenzen, und es sieht in den einzelnen Weltgegenden recht unterschiedlich aus. Nun ist offenkundig, dass die einzelnen Regionen auf der Welt sich verschieden entwickelt haben und, nimmt man den Trend zu intensiveren Eingriffen in die Natur als Maßstab, unterschiedlich weit entwickelt

waren und sind. Schon in der Antike kam die Idee auf, Entwicklungsunterschiede verschiedener Länder ließen sich dadurch erklären, dass die
naturgeografischen Voraussetzungen nicht die gleichen seien.[109] Im späten
19. Jahrhundert war nicht nur bei Geografen der umweltdeterministische
Denkansatz gängig, also die Meinung, gesellschaftliche Varianten direkt
aus naturgeografischen Unterschieden ableiten zu können.[110] Dieses wurde noch dadurch gefördert, dass in der Zeit des Imperialismus die Auffassung verbreitet war, die Kolonien seien rückständig, weil sie eine ungüns-
tigere natürliche Ausstattung hätten, nicht etwa, weil ihre Geschichte
anders verlaufen war. Das bedeutete in der Konsequenz, dass sie nie anders
als rückständig sein könnten, mithin dazu geschaffen wären, den fort-
schrittlichen Europäern auf ewig als Rohstoffergänzungsräume zu dienen.
Spätestens nachdem die Kolonien unabhängig geworden waren, war dieser Erklärungsansatz verständlicherweise verpönt. In den 6oer- und 7oer-
Jahren war stattdessen die Auffassung beliebt, alle Länder gingen denselben Weg der Modernisierung, nur eben zeitversetzt, ohne dass die
ökologischen Bedingungen dabei eine nennenswerte Rolle spielen würden. Auch der Theorieansatz der Geopolitik, der in der Zeit zwischen den
Weltkriegen nach dem Einfluss von Räumen auf die politischen Gegebenheiten fragte und dabei imperialistischen Interessen dienstbar war[111], trug
dazu bei, dass die Gesellschaftswissenschaften sich von der Frage ab-
gewandt haben, wie ökologische Gegebenheiten auf Geschichte und Politik wirken, und diese Faktoren in ihren Erklärungsmodellen weitgehend
ausblenden, gelegentlich auch im Sinne der demokratischen Vorstellung
einer Chancengleichheit aller Regionen ausdrücklich ablehnen.[112] Unter
Geografen hatte sich in den 1920er-Jahren die Auffassung durchgesetzt,
dass die Menschen in ihrer Kulturentwicklung innerhalb eines von
der Natur gesetzten Rahmens frei seien (Possibilismus)[113], doch blieb diese Position weitgehend formal, und im Laufe der Entwicklung zur modernen Sozialgeografie ging der Bezug zur Geschichte weitgehend verloren.
Neu belebt wurde der Blick auf die Bedeutung der natürlichen Umgebung
für die geschichtliche Entwicklung dann, als man den Ökosystemansatz
aus der Biologie aufgriff. Dies geschah in den 6oer-Jahren durch die
kulturmaterialistische bzw. kulturökologische Richtung der nordamerikanischen Kulturanthropologie mit der Neigung, Wirtschaftsweise und
auch Kulturelemente wie Riten und Wertvorstellungen einfacher Gesellschaften als Ergebnis einer Anpassung an die natürliche Umwelt anzusehen[114], was allerdings eine eher statische Sichtweise mit sich brachte. In
anderer Weise erfolgte der Bezug zum Ökosystem seit den 8oer-Jah-
ren durch die Umweltgeschichte, hier nun vor allem mit Blick auf die
Folgen des menschlichen Handelns für die Umwelt.[115] Dagegen werden
ökologische Unterschiede als Erklärungsansatz von der allgemeinen Geschichtswissenschaft und der historisch orientierten Soziologie und noch

mehr von der wirtschaftswissenschaftlichen Wachstumstheorie weitgehend ignoriert.[116]

Welche Rolle spielen ökologische Gegebenheiten nun für die Weltgeschichte? Sie bewirken nicht in mechanistischer Weise direkt bestimmte
kulturelle Erscheinungen, und gesellschaftliche Entwicklung lässt sich
nicht als bloße Anpassung an natürliche Gegebenheiten begreifen.[117] Selbst
in der biologischen Entwicklung der Arten lassen sich nur einige Merkmale als Anpassung an die Umwelt erklären, wogegen andere eine funk-
tionslose Varianz darstellen. Vielmehr bestehen ökologische Gegebenheiten aus einem Geflecht von Wechselwirkungen zwischen verschiedenen
Arten und deren nichtbiologischer Umgebung, das nicht total determiniert
ist und sich durch die Reaktionen aufeinander verändern kann. Das bedeutet für die Menschen zunächst Möglichkeitenspielräume, in denen sie sich
in ihrer geschichtlichen Entwicklung bewegen. Geschichtlich wichtig sind
vor allem die Grenzen dieser Spielräume, die bestimmte Nutzungsformen
und damit bestimmte gesellschaftliche Entwicklungen ausschließen. Diese
Grenzen sind nicht starr, sondern hängen davon ab, welche Kenntnisse und
Technologien verfügbar sind, welche organisatorischen Möglichkeiten bestehen, welchen Aufwand beziehungsweise welche Kosten (und Risiken)
man in Kauf nehmen will oder kann und wie innovativ Gesellschaften sind.
Das heißt, dass in bestimmten Regionen eine ganz auf sich selbst gestellte
Gesellschaft in einem bestimmten Entwicklungsstadium an Grenzen stoßen kann, die sie aus sich heraus nicht zu überwinden vermag, dass sie also
insofern blockiert wird. Dabei ist die Bandbreite der Möglichkeiten in verschiedenen Regionen durchaus unterschiedlich groß, sodass Entwicklungen auch in unterschiedliche Richtungen gelenkt werden; Steppen legen
Nomadismus eher nahe als andere Ökosysteme. Zugleich wirkt die Nutzung durch die Menschen auf das Ökosystem zurück, indem sie es im
Laufe der Geschichte mehr oder minder verändern. Die Ökosysteme
reagieren darauf nun nicht alle gleich empfindlich; manche sind besonders
instabil, verfallen leicht und reduzieren damit künftige menschliche Nutzungsmöglichkeiten.

Welche der vielen ökologischen Unterschiede sind nun für die weltgeschichtliche Entwicklung wirklich von Bedeutung? Diese Frage lässt
sich nur vor dem Hintergrund einer Theorie weltgeschichtlicher Entwicklung beantworten. Die (meist unausgesprochene) Annahme, dass menschliche Arbeit der entscheidende Faktor für (wirtschaftliche) Entwicklung
sei, hat zu der Ansicht geführt, dass das Klima ausschlaggebend sei, da es
die Psyche der Menschen beeinflusse und zu mehr oder weniger Energie
und Leistungsstreben der Menschen führe.[118] Diese These besitzt zwar
eine lange Tradition, aber sie hat wenig Überzeugungskraft. Ganz davon
abgesehen, dass ihre Verfechter bemerkenswerterweise jene Klimazone, in
der sie selbst leben, für die günstigste halten, nämlich die des gemäßigten

Klimas, hat sie eine gewisse Tendenz zum Zirkelschluss, da die Psyche nicht direkt beobachtet, sondern indirekt aus der kulturellen Entwicklung erschlossen wird. Auch ist Hitze als solche mit höherer Kulturentwicklung durchaus vereinbar, schließlich sind die frühesten Staaten und Schriftkulturen gerade in Ägypten und Mesopotamien entstanden, während die kühlgemäßigten Gegenden Europas und Nordamerikas erst nach einem umfangreichen Transfer von Kulturgütern höhere Entwicklungsstadien hervorgebracht haben. Eher ist die These ernst zu nehmen, dass schwüles Klima den Organismus belaste und deshalb in den feuchten Tropen keine Neigung zu harter und beständiger Arbeit entstehen würde. Man darf aber nicht von der Wirkung ausgehen, die dieses Klima auf dorthin ausgewanderte Europäer ausübt, da Populationen, die seit zahlreichen Generationen unter solchen Bedingungen leben, diesen angepasst sind. Die Auffassung schließlich, tropisches und subtropisches Klima würden es gestatten, die Grundbedürfnisse relativ mühelos zu befriedigen, sodass dort der Anreiz zur höheren Kulturentwicklung fehle, fällt nicht zuletzt dadurch in sich zusammen, dass sie in völlig undifferenzierter Weise recht unterschiedliche Klimazonen zusammenfasst und einfach schlecht informiert ist. Kaum besser steht es mit der Ansicht, feuchtwarmes Klima ohne Frost begünstige die Ausbreitung von Parasiten, reduziere dadurch die Arbeitsfähigkeit der Menschen und sei deshalb für langsamere Entwicklung verantwortlich[119]; bis ins 18. Jahrhundert dürfte der Gesundheitszustand der Europäer nicht wirklich grundlegend besser gewesen sein.

Überhaupt führt der Blick auf die Beeinträchtigung der physischen Arbeitskraft in die Irre. Nicht indem mit Muskelkraft immer mehr Pyramiden aufeinandergestemmt werden, entsteht qualitative Weiterentwicklung, sondern durch Innovationen. Hiervon ist auszugehen. Am häufigsten treten Innovationen dort auf, wo möglichst viele Menschen intensiv miteinander kommunizieren, und auch der Transfer von Innovationen ist an Kommunikation gebunden. Ebenso lohnen arbeitsteilige Spezialisierung und gegenseitiger Austausch der Produkte umso mehr, je zahlreicher die Abnehmer in Reichweite sind, und Staatenbildung als Ausdifferenzierung und Intensivierung von Machtbeziehungen setzt voraus, dass die Machthaber genügend Leistungen anderer für sich mobilisieren können. Kurzum: Höhere Entwicklung erfordert, dass Menschen in großer Zahl ständig und hinreichend intensiv miteinander vernetzt sind. Solange die Kommunikations- und Transporttechniken noch einfach waren, sich Räume also noch nicht mit Eisenbahn, Telefon usw. rasch überwinden ließen, bedeutete das zunächst, dass Bevölkerung sich verdichten und in größerer Zahl vorhanden sein musste. Nun hängt die Existenz von Menschen grundsätzlich erst einmal davon ab, dass es ihnen möglich ist, aus ihrem Lebensraum jene Energie zu gewinnen, die für die Existenz und Reproduktion der menschlichen Populationen langfristig ausreicht, und zwar vorran-

gig in Form von Nahrung, um den eigenen Organismus am Leben zu erhalten, und darüber hinaus, um die unterschiedlichsten Arbeitsprozesse
zu betreiben (besonders Futter für Arbeitstiere und Brennholz). Natürlich liefert Nahrung nicht nur Energie, sondern auch verschiedenste Spu-
renelemente, Vitamine und weitere lebenswichtige Substanzen, die der
menschliche Körper nicht selbst synthetisieren kann; doch wo es um Ver-
hungern oder Überleben geht, lautet die entscheidende Frage, ob die vorhandene Kalorienmenge ausreicht, da ein Mangel der anderen Substanzen
nicht so rasch und unmittelbar wirkt (mit Ausnahme des Mangels an Wasser, doch wo genug Nahrungspflanzen bzw. Tierfutter wachsen kann, gibt
es auch genug Trinkwasser für Menschen). Deshalb steht im Mittelpunkt
der Existenz, dass der Energiefluss gewährleistet ist. Nun stießen die Menschen bei der Gewinnung von Nahrungsmitteln meist zu einem früheren Zeitpunkt an Grenzen als bei der Mobilisierung von Energie für
Arbeitsprozesse, wenngleich Holzmangel durchaus auf die Entwicklung
des Gewerbes hemmend wirken konnte. Anders ausgedrückt: Solange die
Technik noch einfach ist und es damit auch erst begrenzt möglich ist, Nahrungsmittel über weite Strecken zu transportieren, ist es primär eine Frage der agrarischen Tragfähigkeit eines Raumes, wie weit Menschenpopulationen sich verdichten können.

Hinsichtlich der agrarischen Tragfähigkeit bieten die verschiedenen
Ökosysteme nun sehr unterschiedliche Möglichkeiten. Ackerbau auf der
Grundlage von Niederschlag findet seine Grenze dort, wo es für den Anbau von Grundnahrungsmitteln zu trocken ist (also im Übergang zur
Wüstensteppe beziehungsweise Dornstrauchsavanne) oder wo dafür die
Vegetationsdauer zu kurz, es also zu kalt ist (also in Richtung der Polar-
regionen beziehungsweise in zu großen Gebirgshöhen). Jenseits der Tro-
cken- und der Kältegrenzen des Ackerbaus bleiben den Menschen als
Nahrung nur Tiere, die sich aus dem Meer ernähren oder die Pflanzen
fressen, welche für Menschen ungenießbar sind. Menschen können dort
also nur als Jäger oder als Nomaden leben (und von modernen Formen
extensiver Weidewirtschaft für den Export). Beide Wirtschaftsweisen lassen nur eine sehr geringe Bevölkerungsdichte zu und sind eine zu schmale
Basis, um darauf ganz aus eigener Kraft zu höheren Entwicklungsstadien
zu finden.

Der *eigenständige* Übergang von der Wirtschaftsweise der Jäger und
Sammlerinnen zur Nahrungsmittelproduktion war daran gebunden, dass
überhaupt ein ausreichendes Potenzial an wilden Tieren und Pflanzen vor-
handen war, die sich zu Haustieren und Nutzpflanzen (insbesondere als
Grundnahrungsmittel) domestizieren ließen. Das war nur in bestimmten
Regionen der Erde gegeben.[120] Nachdem der Schritt zum Ackerbau in die-
sen Regionen einmal getan war, konnte dann für die anderen Regionen
Transfer diesen Mangel ausgleichen, wobei die besonderen klimatischen

Ansprüche der jeweiligen Kulturpflanze ihre Verbreitung natürlich begrenzten.

Nun weisen die Ökosysteme jener Räume, in denen Ackerbau möglich ist, bedeutende natürliche Unterschiede auf. Zum einen variieren sie hinsichtlich jener Tragfähigkeit, die schon bei sehr einfacher Agrartechnik erreicht werden kann. Unter diesen Bedingungen sind besonders hohe Bevölkerungsdichten vor allem auf den fruchtbaren Schwemmlandböden längs der Flüsse in warmen Gegenden möglich, denen häufige Überschwemmungen durch die Sedimente immer wieder frische Nährstoffe zuführen, beispielsweise Nil, Irawadi und Brahmaputra. Ein weiterer Unterschied liegt in der natürlichen Stabilität oder Instabilität der Ökosysteme. So ist im Bereich der Trockensavanne beziehungsweise Trockensteppe Ackerbau zwar möglich, aber er ist immer wieder dadurch gefährdet, dass die Niederschläge von Jahr zu Jahr und Jahrzehnt zu Jahrzehnt stark schwanken, Dürrephasen also naturgegeben sind. Das ist besonders dann wichtig, wenn die Menschen noch keine Agrartechnik besitzen, die den jeweiligen Bedingungen wirklich gut angepasst ist, beziehungsweise diese nicht sachkundig und sorgfältig genug anwenden. Zum Dritten erweisen sich die verschiedenen Bodentypen als unterschiedlich robust gegenüber den Eingriffen der Ackerbau treibenden Menschen. Dauerhafter ertragreicher Ackerbau ist grundsätzlich nur möglich, wenn es gelingt, die Bodenfruchtbarkeit langfristig zu erhalten. Während die stets neu überfluteten Schwemmlandböden und jene Böden, die unter dem Laub- und Mischwald der gemäßigten Breiten entstanden sind, durchweg ihre Bodenfruchtbarkeit relativ gut bewahren, reagieren andere Böden auf den Eingriff der Ackerbau treibenden Menschen teilweise empfindlich. Künstliche Bewässerung unter Wüsten- und Halbwüstenklima kann bei ungeschickter Handhabung leicht dazu führen, dass sich Salze an der Bodenoberfläche ansammeln und den Boden damit für weiteren Ackerbau verderben. An den Rändern der Trockengebiete (Trockensavanne, Trockensteppe und teilweise auch schon im Mittelmeerraum) kann die Veränderung des Ökosystems durch den Ackerbau leicht zu verstärkter Bodenabspülung, Bodenauswehung und Austrocknung, in Hanglagen auch zu starker Erosion führen, sodass der Boden auf Dauer als Ackerland nicht zu halten ist. Besonders problematisch ist der Ackerbau in den immerfeuchten Tropen, also im tropischen Regenwald (abgeschwächt gilt das auch für die angrenzende Feuchtsavanne). Da dort die hohen Temperaturen und der starke Niederschlag dazu führen, dass zu Boden fallende organische Substanz rasch abgebaut wird, der Boden intensiver chemischer Verwitterung unterliegt und Nährstoffe aus ihm ausgewaschen werden, sind die Nährstoffe mehr in den lebenden Pflanzen als im Boden gespeichert. Werden die Wälder gerodet, besteht die Gefahr, dass der intensive Regen die Nährstoffe in wenigen Jahren auswäscht und dem Boden große Erosionsschäden zufügt. Ackerbau ist hier langfristig nur möglich in Form von Landwechselwirtschaft (Wanderfeldbau) mit vielen Jahren Brachezeit, der aber nur geringe Bevölkerungsdichten erlaubt, oder in Form von komplizierten Fruchtfolgen und Mischfruchtsystemen, die den Boden möglichst ganzjährig bedeckt lassen und in denen der Nährstoffhaushalt der einzelnen Pflanzen sich passend ergänzt. Ausnahmen stellen jene tropischen Böden dar, die von Natur aus von Zeit zu Zeit mineralisch gedüngt werden. Das sind zum einen die häufiger von nährstoffreichem Wasser überschwemmten Böden längs der Flüsse (wozu auch der Nassreisanbau zählt) und zum anderen Böden, die von Schleiern geologisch jüngerer vulkanischer Asche bedeckt sind (insbesondere auf der Insel Java und in Ruanda).

Indem sich die Bevölkerung in Agrargesellschaften zunehmend verdichtete, wurden Güteraustausch und Kommunikation für die geschichtliche Entwicklung immer bedeutsamer. Sie begründen wirtschaftliche Netzwerke beziehungsweise kulturelle Gemeinsamkeiten innerhalb einer Großgruppe und sind Voraussetzung dafür, dass sich Gesellschaften durch Entstehung und Transfer von Innovationen und durch Arbeitsteilung weiterentwickeln. Dieser Austausch von Ideen und Gütern wurde in vorindustriellen Agrargesellschaften durch naturgeografische Gegebenheiten ebenso erleichtert wie auch erschwert. Dasselbe gilt für den Aufbau weiträumiger Machtnetzwerke. Erleichtert wurde der Verkehr durch schiffbare Flüsse, durch leicht befahrbare Küstengewässer (Seetransport kostete zu allen Zeiten nur einen geringen Bruchteil von Landtransport) und auch durch die offenen Steppen (Letztere jedenfalls für Ideen und Wanderungen, weniger für Güter). Behindert wurden die Kontakte durch hohe Gebirgsketten, große, dichte Urwälder, ausgedehnte Trockenwüsten und lange auch durch riesige Ozeanflächen. Es ist kein Wunder, wenn kleingekammerte Gebiete wie der Kaukasus oder Borneo sprachlich stark zersplittert sind und wenig Entwicklungsdynamik aufweisen und wenn Gebiete, die von den weltgeschichtlichen Innovationszentren weit entfernt lagen, in der Entwicklung zurückblieben. Wenn Verdichtungsgebiete mit höherer Innovationsdynamik dann zurückgebliebene, dünn besiedelte Großräume in ihr Netzwerk integrieren, entstehen deutliche Zentrum-Peripherie-Strukturen. Wo dicht besiedelte Agrargebiete mit dünn besiedelten, oft nomadisch geprägten Trockenräumen kleinteilig verschachtelt sind, wie besonders im Nahen Osten und im westlichen Zentralasien, haben sich andere Strukturen gebildet als in Europa und Nordamerika, wo großräumig gleichartige Nutzungsmöglichkeiten bestehen.

Die Wirtschaft zu intensivieren bedeutete, den Energiefluss und die Stoffkreisläufe zu steigern. Je mehr sich dann Gewerbe entwickelte (und erst recht mit dem Schritt zur Industriegesellschaft), desto wichtiger wurde die Frage, inwieweit bestimmte Rohstoffe und Energieträger verfügbar waren, d.h. ob sie überhaupt geologisch vorhanden waren, welcher technologische Aufwand erforderlich war, um sie zu erkennen, abzubauen und zu den Bedarfszentren zu transportieren, und über welche Mengen man so verfügen konnte. Danach zu fragen, ob ein Land die Rohstoffvorkommen innerhalb des eigenen Staatsgebiets liegen hat, ist dabei eine falsche Perspektive; in vorindustrieller Zeit waren oft nur Ressourcen aus einem viel engeren Raum real verfügbar, und indem mit der Industrialisierung Eisenbahn und Dampfschiff die Entfernungen schrumpfen ließen, konnte man auf immer mehr Rohstoffe aus vielen Weltgegenden zugreifen. Das gilt für Eisenerz und Steinkohle ebenso wie für Bau- und Brennholz und vieles andere.

Schließlich muss noch berücksichtigt werden, dass Ökosysteme ihre eigene natürliche Dynamik, ihre eigene Naturgeschichte haben. Was diese für die Weltgeschichte bedeutet, ist je nach Art recht unterschiedlich. Bei dem modischen Interesse an Klimaveränderungen wird oft nicht deutlich genug unterschieden zwischen langfristigem Klimawandel, also der Veränderung der 30-Jahres-Mittelwerte, und kurzfristigen, auf wenige Jahre beschränkten Schwankungen, also der Instabilität eines Klimas. Die großen Klimawandlungen der Eiszeitphasen, insbesondere der Übergang von der letzten Eiszeit zur Nacheiszeit (10 000 bis 7500 v. Chr.), veränderten global Temperatur und Windgürtel, wodurch sich weiträumig die Klima- und Vegetationszonen verschoben, was weltgeschichtlich bedeutsam war. Indem die festländischen Eismassen anwuchsen und abschmolzen, veränderte sich zugleich die Höhe des Meeresspiegels, sodass sich die Küstenlinien teilweise deutlich verlagerten und Landbrücken zwischen Inseln und Kontinenten entstehen und verschwinden ließen. In den letzten Jahrtausenden, der Nacheiszeit, wiesen die langfristigen, sich über Jahrhunderte erstreckenden Klimaschwankungen dagegen nur geringe Werte auf und blieben regional begrenzt (z. B. die sogenannte »Kleine Eiszeit« in Europa und dem Nordatlantikraum im 16. bis 18. Jahrhundert[121]). Diese waren geschichtlich ziemlich bedeutungslos, ausgenommen im Bereich der Anbaugrenzen von Kulturpflanzen, also an der Trocken- und an der Kältegrenze, wo schon geringe Klimaveränderungen darüber entscheiden können, ob Anbau überhaupt noch möglich ist oder nicht. Kurzfristige Klimainstabilitäten können dagegen Gesellschaften erheblich treffen und auch die politische Ordnung destabilisieren, z. B. mehrjährige Dürrekatastrophen oder Schwankungen des südasiatischen Monsunregens, die z. T. durch das El-Niño-Phänomen und die südliche Oszillation gesteuert werden.[122] Dagegen hatten andere kurzfristige natürliche Veränderungen mehr regional begrenzte Bedeutung, beispielsweise wenn große Flüsse in Alluvialebenen ihren Lauf verlagerten oder große Vulkanausbrüche stattfanden.[123]

Welche Richtung nimmt die Weltgeschichte?

Die Möglichkeiten, die durch die biologische Ausstattung der Menschen gegeben sind, die Tendenz zum Bevölkerungswachstum und die Innovationsdynamik führen unter den Rahmenbedingungen des jeweiligen Ökosystems zu Entwicklungsprozessen, welche in der Weltgeschichte langfristig wirksam sind und die sich als gerichtete Entwicklung beschreiben lassen. Sie wirken zwar nicht beständig, setzen aber nach Unterbrechungen stets wieder von Neuem ein. Dabei lassen sich vier Prozesse unterscheiden. Es handelt sich um

- den Prozess funktionaler Differenzierung,
- den Prozess der Intensivierung,
- die Pluralisierung und Homogenisierung gesellschaftlicher Erscheinungsformen,
- den Prozess der Integration immer größerer Räume.

Jeder dieser Prozesse erfasst alle drei Felder menschlicher Netzwerke, also das durch Arbeit begründete wirtschaftliche Feld, das auf Machtbeziehungen beruhende politische Feld und das von Kommunikationsbeziehungen getragene kulturelle Feld. Dieses muss näher erläutert und kann aus der Dynamik der Weltgeschichte erklärt werden.

Funktionale Differenzierung

Die gesellschaftlichen Strukturen zeigen im Laufe der Weltgeschichte eine steigende funktionale Differenzierung, wie von der Volkswirtschaftslehre[124] und von der Soziologie[125] seit Langem erkannt worden ist. Das bedeutet, dass von einer Vielzahl kleiner und relativ gleichartiger Einheiten in Gestalt von Lokalgruppen, Klans und Dörfern, die weitgehend unvernetzt nebeneinander existierten, die Entwicklung hingeführt hat zu Einheiten, die immer mehr auf bestimmte Aufgaben spezialisiert sind, die Leistungen füreinander erbringen und aufeinander angewiesen sind; sie bilden zusammen nicht nur immer größere, sondern auch immer komplexere Netzwerke. Damit ist nicht das Ausmaß gesellschaftlicher Unterschiede überhaupt gemeint; die Unterschiede, ja Gegensätze zwischen Reichen und Armen, Machthabern und Beherrschten, zwischen verschiedenen Ethnien oder Religionen innerhalb einer Gesellschaft können beträchtlich sein, aber funktionale Differenzierung ist das nicht (wenngleich es durch jene mitverursacht sein kann). Funktionale Differenzierung meint, dass sich aus den personengebundenen, lebensweltlichen Verhältnissen eigenständige Rollen herauslösen, durch welche sich dann die Spezialisten von den Laien unterscheiden, sei es als Bäcker oder Offizier, Priester oder Künstler. Durch funktionale Differenzierung entstanden in verschiedenen Teilbereichen eigenständige Netzwerke, Verfahren, um Wissen weiterzugeben, und schließlich auch formale Institutionen und Organisationen, beispielsweise Kirche und Parteien, Schulen und Unternehmen, Märkte und Fachkongresse.

Die funktionale Differenzierung der Arbeit führt weg von der Subsistenzwirtschaft, in der das weitaus meiste des Benötigten im eigenen Haushalt erzeugt wird, und lässt arbeitsteilige Produktion und damit verschiedene Berufe und Branchen entstehen, die sich immer weiter ausdifferenzieren. Wo diese auch räumlich auseinandertreten, sondern sich Städte vom übrigen Land ab. Wenn die Ergebnisse der spezialisierten Arbeit frei ausgetauscht werden, entstehen Märkte, zunächst als allgemeine Märkte, später ihrerseits funktional differenziert, beispielsweise als Fischmarkt, Aktienbörse oder Fachmesse. Der Austausch lässt außerdem eigenständige Hilfsmittel entstehen wie etwa Geld oder Kredit. Indem das wirtschaftliche Feld immer komplexer wird, verselbstständigt sich die wirtschaftliche Aktivität schließlich gegenüber dem Haushalt als Betrieb mit eigener Buchführung, und teilweise wird sie als Kapitalgesellschaft auch rechtlich autonom gegenüber ihrem Besitzer.

Die funktionale Differenzierung von Machtbeziehungen führt weg von Personenverbänden auf Basis von Verwandtschaft, Genossenschaft und Gefolgschaft und hin zur Institutionalisierung als Herrschaft mit Beamten (anstelle lokaler Machthaber mit Macht von Haus aus) und Berufssoldaten (anstelle des Aufgebots aller Haushaltsvorstände). Dieser Herrschaftsapparat hat sich dann in verschiedene Bereiche wie Rechtsprechung, Militär und unterschiedliche Bereiche von Verwaltung mit Abteilungen und Unterabteilungen ausdifferenziert. Wo Amtsinhaber die alte Handlungslogik der persönlichen, oft verwandtschaftlichen Orientierung mit den sich ausdifferenzierenden Amtsrollen vermengten, wurde dieses Verhalten schließlich als Korruption und Vetternwirtschaft bekämpft. Hinzu kam die Ausdifferenzierung von Organisationen nichtstaatlicher Macht insbesondere als Parteien und Interessenverbände und von festen Rollen in den Privatverwaltungen großer Firmen.

Indem Kommunikation sich immer weiter intensivierte und damit der Schatz der gesammelten Gedanken anschwoll, schieden sich große Be-

reiche wie Kunst, Philosophie und auch Religion voneinander. Später ent-
ließ die Philosophie aus sich die verschiedenen Fachwissenschaften wie
Physik, Geschichtswissenschaft, Geologie usw., die sich dann ihrerseits in
immer mehr Teildisziplinen ausdifferenziert haben.

Im Laufe fortschreitender funktionaler Differenzierung kamen in den
ausdifferenzierten Bereichen auch jeweils eigene Handlungsrichtlinien,
Regeln und Verfahrensweisen auf, etwa Rentabilität und Gewinn in der
Wirtschaft (also ohne Rücksicht auf moralische Normen und persönliche
Verpflichtungen), logische oder empirisch überprüfbare Wahrheit in der
Wissenschaft, formales Recht (im Unterschied zu Sitte und Brauch) in der
Justiz, Machterhalt und -steigerung in der Politik usw. Indem die einzelnen Bereiche eigene Rollen, Organisationen und Handlungsrichtlinien
ausbildeten, entwickelten sie tendenziell eine gewisse Autonomie gegenüber den anderen Bereichen, gegenüber der Lebenswelt überhaupt. Dass
Wirtschaft, Staat und Wissenschaft ihre eigenen Handlungsrichtlinien,
ihre eigene Ratio entfalten, ist auch als Prozess zunehmender Rationalisierung bezeichnet worden.[126] So kann wissenschaftliche Wahrheit aus
Sicht religiöser Normen anstößig, mit Blick auf die Machtverhältnisse
inopportun und für Gewinninteressen nutzlos sein. Ob sie trotzdem realisiert werden kann, hängt wesentlich davon ab, wie weit Wissenschaft gegenüber anderen Bereichen ausdifferenziert ist; wo Wissenschaft ihre
Autonomie so weit treibt, dass sie die Bedürfnisse der Gesellschaft ignoriert, handelt sie sich den polemischen Vorwurf ein, sie sitze im Elfenbein-
turm. Dass sich Wissenschaft, Politik und Wirtschaftshandeln aus den
religiösen Bezügen lösten, lässt sich auch als Säkularisierung auf den Begriff bringen. Die einzelnen gesellschaftlichen Bereiche können von der
Ausdifferenzierung unterschiedlich stark erfasst sein; so war im hohen
Mittelalter in Europa der religiöse Bereich stärker institutionalisiert als
der politische, während es in China umgekehrt war. Ausdifferenzierung
der Funktionen bedeutet nicht Isolierung voneinander[127]; in welchem Ausmaß sie sich gegenseitig durchdringen, sei es als Reglementierung der
Wirtschaft durch die Politik, als Konfessionalisierung der Gesellschaft in
der frühen Neuzeit oder als Kommerzialisierung des Gesundheitswesens,
und von welchem Bereich aus dieses am stärksten erfolgt, ist je nach Gesellschaft und Epochen unterschiedlich.

Welches ist nun die Dynamik dieses Prozesses funktionaler Differenzierung? Es ist die Verdichtung einer wachsenden Bevölkerung und damit
das Wachsen der Netzwerke, und zwar in allen drei Feldern. Wo Menschen
in kleinen, verstreuten Gruppen leben und die Kommunikations- und
Transportmöglichkeiten noch begrenzt sind, müssen die kleinen Gruppen
alle existenznotwendigen Aufgaben selbst übernehmen, jeder Einzelne
also zahlreiche Funktionen wahrnehmen. Wenn die Bevölkerung wächst
und sich verdichtet, wenn Austausch und Kommunikation aufgrund tech-

nischer Innovationen leichter werden, dann sind immer mehr Menschen miteinander vernetzt. Wirtschaftlich heißt das, dass spezialisierte Arbeit gefragt ist, sei es durch Aufträge eines Herrscherhofes oder religiösen Zentrums oder durch die Nachfrage eines Marktes. Unter Marktbedingungen bedeutet die Vernetzung von größeren Menschenzahlen für Leistungsanbieter auch das Entstehen von Konkurrenz, seien es Anbieter von Handwerkserzeugnissen oder Dienstleistungen, worauf diese teilweise mit Spezialisierung reagieren, um sich gegeneinander abzusetzen und dadurch Konkurrenz abzubauen.[128] Ähnlich bei Machtbeziehungen; werden Machtnetzwerke groß genug, differenzieren sich eigenständige Rollen von Gehilfen des Herrschers aus, beispielsweise Richter und Kanzleischreiber, Landräte und Marktpolizei. Bei Firmenverwaltungen von Unternehmen ist Entsprechendes zu beobachten. Je größer schließlich die Menge des Wissens ist, das sich in einer Gesellschaft angesammelt hat, handwerklich-praktischer ebenso wie theoretischer Art, desto weniger kann ein Einzelner die ganze Bandbreite beherrschen, desto mehr entstehen Spezialisten, die dann auch besondere Ausbildungsgänge durchlaufen.

Intensivierung

Intensivierung, der zweite grundlegende weltgeschichtliche Prozess, betrifft in gleicher Weise die Bearbeitung der Natur durch die Menschen und deren Güteraustausch untereinander, die Machtbeziehungen und die Kommunikationsvernetzungen. Intensivierung meint, dass die Zahl der Beziehungen und Eingriffe sowie die Menge und Häufigkeit des Durchflusses steigen. Angetrieben wird dieser Prozess von der steigenden Bevölkerungsdichte und von innovativen Problemlösungen. Es ist nicht nur ein quantitatives Phänomen, sondern verbunden mit qualitativen Veränderungen, mit dem Entstehen neuer Strukturen, die höheren Aufwand erfordern und eben deshalb auch leistungsfähiger sind als die alten. Bildlich gesprochen ist es also nicht einfach die Anhäufung von immer mehr Schaufeln, sondern der Schritt von der Schaufel zum Bagger.

Indem die Menschen durch Arbeit auf das umgebende Ökosystem einwirken, um Nahrung für sich und ihre Haustiere, pflanzliche und mineralische Rohstoffe, Wasser und vor allem Energie zu gewinnen, steigern sie langfristig die Energie- und Stoffflüsse zwischen sich und der Natur. Der für den Menschen nutzbare Energiefluss ist dabei die Grundlage für intensiveres Wirtschaften, grundlegend für historische Entwicklung überhaupt.[129] Wenn die aus der Natur mobilisierte Primärenergiemenge wächst oder wenn der Wirkungsgrad, also der bei der Energieumwandlung (z. B. in mechanische Energie) übrig bleibende Anteil nutzbarer Energie, steigt, erhöht sich damit der für die Menschen verfügbare Energiefluss. Das hat weitreichende Folgen: Eine zunehmende Gesamtmenge von Nahrungs-energie ermöglicht Bevölkerungswachstum; mit einem steigenden Ener-giefluss je Kopf erhöht sich jener Überschuss an Produktion, der über den elementaren Eigenbedarf hinausgeht und der die Voraussetzung für jede Entwicklung höherer Kultur ist, vergrößert sich die Produktion je Arbeitskraft, also die Arbeitsproduktivität und damit der Wohlstand, und umso schneller können Personen und Nachrichten Räume überwinden. Die beiden größten Intensivierungsschübe der Energiegewinnung erfolg-ten zunächst mit dem Schritt von der bloßen Aneignung gefundener Nahrung zu ihrer gezielten Produktion durch Landwirtschaft und dann mit dem Schritt der Industrialisierung. Letztere bedeutete im Kern den Übergang von der fast ausschließlichen Nutzung der begrenzten Energie aus Nahrung für menschliche und tierische Arbeitskraft, ergänzt durch Wind- und Wasserkraft, zum massenhaften Einsatz von Kohle und ande-ren fossilen Energieträgern für Maschinen. Wachsende Gütermenge und Raumüberwindung führen zugleich dazu, die Austauschbeziehungen in arbeitsteiliger Produktion zu intensivieren. Die natürliche Umwelt inten-siver zu bearbeiten heißt überdies, sie stärker umzuformen. Das Gefühl, hierdurch eine immer stärkere Kontrolle über die Umwelt zu erringen, er-weist sich allerdings teilweise als Illusion, denn neben den beabsichtigten Veränderungen stehen die ungeplanten und unerwünschten Nebenwir-kungen menschlicher Eingriffe in das Ökosystem, von Bodenerosion und Bodenversalzung bis zur Belastung durch Abfälle, Abgase und Abwässer industrieller Produktion.

Intensiveres Wirtschaften beziehungsweise Wirtschaftswachstum wird sowohl von der neoklassischen Volkswirtschaftstheorie wie von Marxisten als auch vielen Weltsystemtheoretikern und Wirtschaftshistorikern pri-mär als Phänomen der Kapitalakkumulation angesehen. Der Erklärungs-wert dieses Ansatzes ist aber selbst in modernen marktwirtschaftlichen Industriestaaten weitgehend auf kurzfristige Veränderungen begrenzt, während in langfristiger Perspektive die Ansammlung von Innovationen wichtiger ist.[130] Die wertmäßige Akkumulation des Kapitalstocks spiegelt die qualitativen Veränderungen seiner Zusammensetzung durch tech-nische Innovationen nicht wider; Kapitalgüter werden nicht in dem Maße teurer, wie sie effizienter werden. Zugleich macht die Verkürzung der Per-spektive auf Kapitalakkumulation blind für die ökologische Dimension.

Intensivierung von Machtbeziehungen bedeutet vor allem, dass zentra-le Instanzen entstehen und diese zunehmend dichtere Beziehungen zu den vielfältigen Netzwerken der Gesellschaft knüpfen. Das äußert sich in ihrer steigenden Fähigkeit, aus der Gesellschaft Ressourcen zu mobilisieren, z.B. in Form von Geldabgaben, Arbeitsdienst und Militärdienst, und umge-kehrt für die Gesellschaft Leistungen zu erbringen in Form von Schutz,

Infrastrukturaufbau und Umverteilung im sozialen Ausgleich zwischen den verschiedenen Interessengruppen. Dies ist eng verbunden mit dem Übergang von persönlichen Bindungen durch Verwandtschaft, Gefolgschaft und lokale Herrschaft zu zunehmend bürokratischen Formen von Machtausübung, indem ein Staatsapparat institutionalisiert wird. Ebenso intensivierte sich die Normierung zwischenmenschlicher Beziehungen, die von bloßer Sitte und Brauch zu einer steigenden Dichte formeller Regelungen des gesellschaftlichen Lebens in Gestalt von Gesetzen und Verordnungen geführt hat. Intensivierung ist aber nicht nur auf den Zugriff der Herrschaftszentrale auf die Gesellschaft zu beziehen. Die Intensivierung der politischen Kommunikation ließ mit der allmählichen Politisierung immer breiterer Kreise das, was einst die Geheimpolitik von abgehobenen Fürstenhöfen war, zur Sache aller werden. Intensivierung von Machtbeziehungen darf also nicht verwechselt werden mit Unterdrückung, Gewaltherrschaft oder gar Terror, die zu allen Zeiten und auf allen Intensitätsstufen von Macht auftreten können.

Intensivierung der Kommunikation schließlich bedeutet, dass die Kommunikationsnetze langfristig größere Gruppen und Regionen integrieren und dass Informationen in ihnen schneller und in wachsendem Umfang ausgetauscht werden. Ausgehend von der mündlichen Kommunikation innerhalb kleiner Gruppen fanden dabei wichtige Entwicklungsschübe statt, als die Kommunikation der Eliten zunehmend verschriftlicht wurde, als der Buchdruck den Informationsfluss steigerte, als die breite Bevölkerungsmehrheit durch die Massenalphabetisierung an die Elitenkultur angebunden wurde und als schließlich Massenmedien sowie das Internet aufkamen. Indem sich die Kommunikation intensivierte, wuchs auch die Menge der Gedanken über die Weltzusammenhänge, die durch Innovationen und kollektives Lernen erzeugt und kollektiv gespeichert sind. Das gilt für das Wissen über die Gesetzmäßigkeiten und andere Tatsachen der Natur und damit die Fähigkeit der Menschen, zielgerichteter zu handeln, und es gilt ebenso für das Repertoire an expressiven Formen.

Pluralisierung und Homogenisierung

Innovationen und deren Selektion bilden einen Mechanismus, der Unterschiedlichkeit erzeugt. Gesellschaften, die nicht oder kaum miteinander vernetzt sind, entwickeln sich durch die Kette ihrer jeweils eigenen Innovationen und deren jeweils andere Selektion in auseinanderlaufende Richtungen, sodass es zu einer Pluralisierung der Gesellschaften kommt. In vergleichbarer Weise kann die Biologie aus der Isolation von Populationen erklären, dass eine bunte Fülle von Arten entstanden ist. Von Gesellschaft zu Gesellschaft unterschiedliche Umweltbedingungen und gesellschaft-

liche Probleme legen offenkundig verschiedenartige Innovationen nahe.
Überdies können sogar Lösungen desselben Problems stark voneinander
abweichende Formen annehmen, man denke beispielsweise an die Unterschiede zwischen altägyptischen Hieroglyphen, lateinischen Buchstaben
und chinesischen Schriftzeichen. Oft eröffnet eine Innovation bestimmte
weitere Möglichkeiten und macht zugleich bestimmte andere unwahr-
scheinlicher. Das führt zu unterschiedlichen Entwicklungspfaden. Diese
können sich auch als Sackgassen erweisen; so ist moderne Mathematik mit den arabischen Zahlen möglich, aber kaum mit dem System der
römischen Zahlen. Dabei ist nicht ausgeschlossen, dass auch unabhängig
voneinander analoge Lösungen gefunden werden können. Aufs Ganze gesehen lässt sich aber erkennen, dass die Variationsbreite zwischen den einzelnen Gesellschaften umso größer wird, je länger Entwicklungsprozesse
laufen, die voneinander relativ unabhängig sind. Die Gruppen von Jägern
und Sammlerinnen an verschiedenen Stellen der Welt waren einander
ähnlicher als die achsenzeitlichen Kulturen. Diese Pluralisierung erstreckt
sich auf alle Felder, das wirtschaftliche ebenso wie das politische und das
kulturelle. Die Diskussion über Sonderwege, sei es der Europas im Vergleich zu Asien[131], der USA im Vergleich zu Europa[132], Deutschlands im
Vergleich zu Westeuropa[133] oder Japans im Vergleich zum Rest der Welt[134],
werden der Sache insofern nicht gerecht, als sie implizit einen »Normal-
weg« unterstellen, den es nicht gibt.

Der Dynamik der Pluralisierung der Entwicklungspfade steht die Dynamik der Homogenisierung gegenüber. Der Transfer einzelner Innovationen von einer Gesellschaft zu anderen, noch mehr die generelle Intensivierung der Kommunikation zwischen Bevölkerungen und Regionen
schaffen Gemeinsamkeiten, lassen Gesellschaften tendenziell ähnlicher
werden. Welche dieser beiden Dynamiken dominiert, ist von Region zu
Region, von Epoche zu Epoche zu erkunden.

Räumliche Integration

Im Laufe der Geschichte verlängerte sich die räumliche Reichweite wirtschaftlicher, politischer und kultureller Netzwerke langfristig immer mehr,
wie zugleich auch ihre Dichte stieg. Kleinere Netzwerke wurden zu immer
größeren, und räumlich getrennte traten miteinander in Kontakt. Dadurch
fand ein Prozess zunehmender räumlicher Integration statt, der letztlich
von einer riesigen Zahl kleiner Einheiten, die in der Frühgeschichte weitgehend unverbunden nebeneinander existierten, zu weltweiten Vernetzungen geführt hat. Letztere sind in den 1990er-Jahren als Globalisierung
weithin bewusst geworden. Nicht von einmaligen Transfervorgängen ist
hier die Rede, sondern von dauerhaften Vernetzungen[135], von regelmäßig

aktiven Beziehungen. Integration ist hier als räumlich expansives Phänomen gemeint, nicht als ein Gegenstück zum Prozess funktionaler Differenzierung, zu dem ja auch die Verflechtung des sich Spezialisierenden gehört.

Welche Dynamik hat diesen Prozess räumlicher Integration angetrieben? Auch hier begegnen uns wieder Bevölkerungswachstum, ökologische Voraussetzungen, Dominanzstreben und Kooperation sowie Innovationen. Indem die Bevölkerung in Kerngebieten wuchs, stieg ihr Bedarf an Ressourcen, der nur aus größeren Räumen befriedigt werden konnte, umso mehr, wenn intensivere Wirtschaftsweise die Stoff- und Energieflüsse erhöhte. Verstärkt wurde diese Dynamik, räumlich weiter auszugreifen, durch die naturgegebenen Raumunterschiede, insbesondere dass bestimmte mineralische Bodenschätze und Pflanzenarten nicht überall vorkommen. Lapislazulivorkommen sind selten, und Kaffee wächst eben nicht in Europa. Bevölkerungswachstum in Kerngebieten schuf zugleich die Voraussetzung für deren Dominanz über dünn besiedelte Räume, wenn es zur Quelle von Truppenstärke, Wirtschaftskraft und Siedlerströmen wurde. Machtstreben forcierte die räumliche Integration, sei es von Herrschern mit militärischen Mitteln oder von Chefs multinationaler Konzerne. Dabei gingen Prestigedenken und die Gier nach materiellem Nutzen oft Hand in Hand. Bei Staaten konnte auch das Fehlen verlässlicher und friedlicher Nachbarn dazu verleiten, räumlich auszugreifen. Ebenso kann Kooperation die räumliche Integration antreiben; das gilt für das gemeinsame Interesse daran, die spezialisierten Erzeugnisse arbeitsteiliger Produktion auszutauschen, ebenso wie für politische Bündnisse, um sich der Dominanz Mächtigerer zu erwehren. Diese Bestrebungen ließen sich leichter realisieren, wurden z. T. überhaupt erst möglich durch verschiedene Innovationen, mit denen die Fähigkeiten wuchsen, große Räume zu überwinden: schnellere und billigere Transporttechnik für Waren, schnellere Kommunikationstechniken für Informationen aller Art, effizientere Waffensysteme und Logistik, um militärisch über größere Entfernungen überlegen eingreifen zu können.[136] Welche dieser Dynamiken dominierte, variierte je nach Raum und Epoche. Ebenso unterschiedlich war das Verhältnis von Wirtschaftsnetzwerken und Machtnetzwerken: Frühe Großreiche überspannten viele kleinräumige Wirtschaftseinheiten, globalisierte Weltwirtschaft überwindet die Grenzen der Nationalstaaten.

Räumliche Integration kann in zweierlei Weise erfolgen, nämlich durch überwiegend *symmetrische* Beziehungen, also auf Gegenseitigkeit von Gleich zu Gleich, und ebenso durch überwiegend *asymmetrische* Vernetzungen, also als ein Verhältnis zwischen einem dominanten Zentrum und abhängigen, ja vollständig verschluckten Peripherien.

Zu Prozessen **asymmetrischer** Integration kann es kommen, wenn die Entwicklungs- und Wachstumsprozesse in verschiedenen Gesellschaften oder Regionen nicht gleich schnell und kräftig sind, sodass zwischen diesen Entwicklungs- und Machtgefälle entstehen, und wenn sich dann die überlegenen Gesellschaften räumlich ausdehnen und dabei zurückgebliebene, unterlegene Gesellschaften in ihr Netzwerk integrieren. Die hineingesogenen Gesellschaften bleiben nicht einfach weniger entwickelt im Sinne eines früheren Entwicklungsstadiums, sondern werden durch die Integration strukturell verändert, werden zu abhängigen Peripherien. Diese Integration in die einzelnen Netzwerke geschieht auf unterschiedliche Weise. Die Integration in das Austauschnetzwerk der überlegenen Wirtschaft erfolgt vor allem durch Handel, in das Siedlungsgebiet der überlegenen Gesellschaft werden die Unterlegenen durch massive Zuwanderungen integriert, die Integration in das Netzwerk ihrer Herrschaftsbeziehungen beruht auf Druck, Gewalt und meist Eroberungen, und in die überlegene Kultur werden die unterlegenen Gesellschaften durch einseitig dominierte Kommunikation integriert. Das Phänomen, dass der Prozess asymmetrischer Integration Zentren und Peripherien entstehen ließ, ist unabhängig voneinander von verschiedenen Autoren gesehen worden. Einige Beobachter gehen von den kapitalistischen Weltwirtschaftsbeziehungen aus und analysieren diese entweder mit Blick schwerpunktmäßig auf die Zeit des frühneuzeitlichen Kapitalismus[137], bezogen auf den kolonialistischen Kapitalismus des späten 19. Jahrhunderts[138] oder auf den postkolonialen, aber peripheren Kapitalismus der Entwicklungsländer und dessen historische Wurzeln.[139] Dagegen wird von ethnologischer Seite der Blick darauf gerichtet, dass alle großen Hochkulturkomplexe durch Prozesse asymmetrischer Integration rückständige Gesellschaften in ihren Einflussbereich gezogen und mehr oder minder aufgesogen haben und dass diese Integrationskraft auf jeweils umliegende Gebiete nicht nur das abendländische Europa entfaltete, sondern ebenso beispielsweise die islamisch-arabische Kultur, die griechisch-römische Antike, die chinesische Kultur und die der Inkas.[140] Darüber hinaus haben vor allem Soziologen und Archäologen ganz allgemein nach der Rolle der materiellen Austauschbeziehungen zwischen Zentren und Peripherien in allen Epochen gefragt (Weltsystemtheorie).[141] Hinzu kommen Ansätze vonseiten der Wirtschaftswissenschaften[142], Geografie[143], Geschichtswissenschaft[144] und Herrschaftssoziologie[145], die nicht nur zwischenstaatliche Zentrum-Peripherie-Beziehungen in den Blick nehmen, sondern auch solche innerhalb einzelner Staaten; besonders großräumige Flächenstaaten sind intern oft so heterogen, dass die übliche gesamtstaatliche Perspektive den Blick für wesentliche Unterschiede verstellt.

Nun kommt es mit dem Entstehen von Städten, Staaten und Schriftlichkeit grundsätzlich zu einer Trennung von städtischem Handwerk und weitgehend agrarischem Umland, von Herrschersitz und zugeordnetem Herrschaftsgebiet, von zentralen Orten mit höherer Bildung, Bibliotheken usw. und dem hierauf bezogenen Umland. Dieses ist in Begriffen wie Stadt und Staat mit enthalten und sollte nicht unter das Zentrum-Peripherie-Konzept geschoben werden, das den großräumigen asymmetrischen Integrationen vorbehalten bleibt.

Zeitweise konnten auch Gesellschaften, die sich wirtschaftlich und kulturell in einer Peripherieposition befanden, an reiner Militärmacht gegenüber entwickelten Zentren überlegen auftreten und diese in ihre Großreiche integrieren; insbesondere kriegerische Nomadenvölker waren dabei verschiedentlich erfolgreich. Langfristig gesehen war es aber für Gesellschaften, in denen Bevölkerungsdichte und vor allem Innovationskraft und Wachstumsfähigkeit deutlich geringer waren als in jenen Gebieten, die in der weltgeschichtlichen Entwicklung jeweils führten, bloß eine Frage der Zeit, bis sie in den Integrationssog eines Zentrums gerieten. Die Frage lautete nur, welches dies dann jeweils sein würde. Jene Gesellschaften, die nicht aus sich heraus den Schritt zu Staat und Stadt getan haben, sind im Laufe der Weltgeschichte fast alle verschwunden, dem Integrationssog überlegener Gesellschaften zum Opfer gefallen. Auch unter diesem Gesichtspunkt ist die Frage bedeutsam, warum Innovationsfähigkeit und Bevölkerungsdichte der Gesellschaften unterschiedlich waren und sind.

Je größer das Gefälle der Entwicklungsstadien verschiedener Räume ist, desto größer ist die Wahrscheinlichkeit, dass es zur asymmetrischen Integration kommt; ist der Unterschied nur gering oder gar nicht vorhanden, ist die Chance groß, dass die räumliche Integration sich symmetrisch vollzieht. Wodurch unterscheidet sich nun **symmetrische** Integration von der asymmetrischen? Auch hier müssen die drei Felder unterschieden werden, damit die Begrifflichkeit nicht schwammig bleibt. Im wirtschaftlichen Bereich bedeutet symmetrische Integration, dass Handels- und Kapitalbeziehungen zwischen mehreren Regionen entstehen, die ähnliche Strukturen besitzen. Dagegen sind mit asymmetrischer Integration Verhältnisse gemeint, bei denen die Austauschbeziehungen strukturell ungleichartig sind, wobei eine Seite dominant ist, indem sie technisch überwiegend deutlich weiterentwickelte Güter anbietet, denen die andere Seite im Austausch bloß Güter geringeren Verarbeitungsgrades entgegensetzen kann, zumindest überwiegend. Dies gilt unabhängig von der Wirtschaftsordnung, also für kommunistische Zentralverwaltungswirtschaften genauso wie für marktwirtschaftliche Länder, und es gilt zwischen Staaten ebenso wie zwischen Regionen innerhalb großer Staaten.

Bei Machtbeziehungen erfolgt asymmetrische Integration im Allgemeinen mit Gewalt, mit der Folge, dass ein Volk oder Stamm über andere, räumlich getrennte dominiert oder herrscht. Indikatoren für eine solche Abhängigkeit liegen u.a. vor, wenn Führungspositionen in Verwaltung und Militär im Zentrum und darüber hinaus auch in den Peripherien ausschließlich mit Personen aus dem Zentrum besetzt werden, ohne die Eliten der Peripherien zu berücksichtigen, wenn Werte als Tribut oder Steuer von der Peripherie an das Zentrum übertragen werden, ohne dass es eine angemessene Gegenleistung gibt, und wenn das Zentrum in der Lage ist, seine Anweisungen in der Peripherie durchzusetzen. Je nachdem, wie weit diese Merkmale gegeben sind, wie intensiv diese Abhängigkeit also ist, handelt es sich um Herrschaft in einem patrimonialen Imperium, direkte Kolonialherrschaft, indirekte Herrschaft oder Hegemonie. Staaten können sich aber auch auf symmetrischer Basis integrieren, und zwar ebenfalls unterschiedlich intensiv. Sie können regelmäßige politische Kontakte aufbauen und zu einem dezentralen Netzwerk zusammenwachsen, in welchem sie sich als gleichberechtigt anerkennen, wie beispielsweise im europäischen Staatensystem seit etwa 1700. Sie vermögen darüber hinaus internationale Regime aufzubauen, d.h. kooperative internationale Institutionen für ein bestimmtes Problemfeld[146], und Gesellschaften können auch den Schritt zu gemeinsamen übergeordneten Institutionen tun, die vom Stammesbund der nordamerikanischen Irokesen bis zu solchen reichen, die fast staatlichen Charakter gewinnen, wie die Europäische Union.

Schließlich wirkt der Aufbau intensiverer Kommunikation zwischen verschiedenen Bevölkerungen und Regionen kulturell integrierend. Auch hierbei gibt es sowohl die symmetrische Integration, die aus einer ständigen Kommunikation mit mehr oder minder wechselseitigem Geben und Nehmen besteht, wie auch die asymmetrische Integration, bei der die überlegene Kultur oder Gruppe akkulturierend wirkt, die andere Kultur im Extremfall sogar als Ganzes assimiliert, unkenntlich werden lässt und ihre Träger in die eigene Kultur integriert. So ist das Keltentum Galliens durch den Prozess der Romanisierung sprachlich und religiös verschwunden, die Nachfahren ihrer Träger sprechen eine romanische Sprache und gehören überwiegend einer im Römischen Reich entstandenen Religion an. Häufiger als die völlige Assimilierung sind dagegen Verhältnisse, in denen bestimmte Kulturelemente bewahrt bleiben und sich mit den übernommenen vermischen (Hybridisierung[147]). Alle großen Kulturen mit einer komplexen Elitenkultur haben ein kulturelles Überlegenheits- und Sendungsbewusstsein ausgebildet. Die Akkulturation geht oft mit dem Gefälle der politischen Macht einher; manchmal haben Feuer und Schwert der Mission nachgeholfen. Zugleich läuft der Prozess der Akkulturation aber auch zwanglos selbsttragend weiter, weil die differenzierteren, komplexeren Kulturelemente mit dem höheren Prestige behaftet und mit Perspektiven sozialen Aufstiegs verknüpft sind; so wirken sie anziehend wie das Licht auf die Motten.

Ob insgesamt gesehen der Prozess der Integration mehr in symmetrischen oder mehr in asymmetrischen Formen abläuft, ist von Fall zu Fall, von Epoche zu Epoche und auch zwischen wirtschaftlichem, politischem und kulturellem System verschieden; man kann nicht sagen, dass eine der beiden Formen von vornherein das Übergewicht hätte.

Die nebenstehende Tabelle fasst die genannten Prozesse weltgeschichtlicher Entwicklung noch einmal zusammen.

Die geschilderten Prozesse sind Beschreibungsmodelle, die sich eignen, große Teile relevanter weltgeschichtlicher Entwicklung angemessen zu erfassen, sie einzuordnen und auf den Begriff zu bringen. Bei diesen Prozessen gibt es Entwicklungsschübe und beschleunigte Phasen ebenso wie Stagnation und Blockaden. Im Einzelfall kann es auch zu Zerfall und Zusammenbruch kommen im Sinne von weniger differenziert, kleinräumiger, extensiver; dieses darf nicht verwechselt werden mit dem Zusammenbruch einzelner Dynastien, der nur einen Personalwechsel ohne strukturelle Änderungen bedeutet.

Zweifellos stehen die Prozesse der Pluralisierung und der funktionalen Differenzierung einerseits und jene der räumlichen Integration und des Transfers andererseits in einem Spannungsverhältnis zueinander; während Erstere zu mehr Vielfalt auf der Welt führen, der eine zwischen, der andere innerhalb von Gesellschaften, bauen Letztere Vielfalt ab und wirken vereinheitlichend.

Ein Pfad oder viele Pfade?

Alle großen geschichtsphilosophischen oder geschichtssoziologischen Entwürfe des 19. Jahrhunderts hatten eine eurozentrisch begrenzte Perspektive. Sie sahen die europäische Entwicklung als selbstverständlichen Normalfall an und gingen so von einer einlinigen Höherentwicklung von Kultur aus, die durch eine innere Dynamik aus der Kultur selbst heraus zu erklären sei und sich überall in gleicher Weise vollziehen würde.[148] Diese Sichtweise erwies sich als äußerst zählebig bis weit ins 20. Jahrhundert hinein.[149] Nichtsdestoweniger ist das Konzept einer einlinigen Höherentwicklung dem Verlauf der Weltgeschichte nicht angemessen. Dafür gibt es sechs Gründe.

Erstens findet geschichtliche Entwicklung in den einzelnen Regionen unter unterschiedlichen ökologischen Bedingungen statt, sodass die Entwicklungsmöglichkeiten verschieden sind und damit geschichtliche Entwicklung nicht überall dieselbe Richtung nehmen kann, teilweise geradezu in Sackgassen läuft. Es ist schon erstaunlich, wie hartnäckig die spezialisierten Jäger der kalten Zonen und die Nomaden der trockenen Zonen von den geschichtsphilosophischen und evolutionistischen Theorien übersehen werden, um nur die offenkundigsten Fälle besonderer ökologischer Bedingungen zu nennen. Ansätze von Geografen[150], die in dieser Hinsicht

Entwicklungs-prozesse	Arbeit	Macht	Kommunikation
funktionale Differenzierung	Entstehung arbeitsteiliger Produktion sowie eigenständiger wirtschaftlicher Rollen (Berufe) und Institutionen	Entstehung von staatlichen Ämtern und Bürokratie	Entstehung autonomer Kulturbereiche (Religion, Kunst, Einzelwissenschaften usw.)
Intensivierung	steigende Stoff- und Energieflüsse, intensivere Umformung der natürlichen Umwelt, Steigerung der Produktion	Intensivierung von Machtvernetzungen in beide Richtungen	Intensivierung von Kommunikation
■ Pluralisierung	Entwicklung je nach Gesellschaft verschiedener technisch-wirtschaftlicher Verfahrensweisen	Entwicklung je nach Gesellschaft unterschiedlicher politischer Ordnungen	Entwicklung je nach Gesellschaft unterschiedlicher Weltdeutungen und Ausdrucksformen
und			
■ Homogenisierung	Transfer von Techniken und wirtschaftlichen Organisationsformen in andere Gesellschaften	Transfer von politischen Organisationsformen in andere Gesellschaften	Transfer einzelner Kulturelemente in andere Gesellschaften
räumliche Integration: ■ Asymmetrisch	■ ständiger Austausch zwischen zentralen und abhängigen Gesellschaften	■ Entstehung hegemonialer und imperialer Strukturen	■ Akkulturation
■ Symmetrisch	■ ständiger Austausch zwischen gleichartigen Strukturen	■ Entstehung von Staatensystemen und Staatenverbindungen	■ wechselseitiger kultureller Austausch

weiterführten, sind von den Sozialwissenschaften weitgehend ignoriert worden.

Zweitens stellen Innovationen einen entscheidenden Mechanismus geschichtlicher Entwicklung dar, und Variabilität bedeutet ein Potenzial an Unterschiedlichkeit. Auch hierdurch kann Entwicklung verschiedene Pfade beschreiten, kann es zur Pluralisierung kommen.

Drittens ist es sinnvoll, Wirtschaft, Politik und Kultur deutlich zu trennen, weil sie in ihrer Entwicklung eine gewisse Autonomie besitzen. Das bedeutet, dass die drei Felder sich unterschiedlich schnell entwickeln können und nicht in allen Regionen in demselben Verhältnis zueinander stehen müssen. Dementsprechend können sich die einzelnen Formen und Entwicklungsstufen der drei Felder innerhalb eines gewissen Spielraums unterschiedlich kombinieren, woraus sich verschiedene Entwicklungspfade ergeben. Dabei gibt es keinen Grund, jeweils eine bestimmte Kombination als Normalfall anzusehen und andere dann daran gemessen als Abweichungen, als (nicht angepasstes) Hinterherhinken eines Teilsystems anzusehen.

Viertens entwickeln sich verschiedene Regionen und Kulturen nicht unabhängig voneinander aus sich heraus, sondern wirken aufeinander ein. Der Transfer von Ideen beeinflusst sie von außen und überträgt diese Ideen damit in einen Kontext, in dem sie nicht entstanden sind. Das schafft neuartige Kombinationen, andere Möglichkeiten und damit variierende Entwicklungspfade. So kann beispielsweise die Idee einer bestimmten politischen Ordnungsvorstellung, die sich in ein Land mit anderen gesellschaftlichen Gegebenheiten ausbreitet, dort Folgen haben, die sich deutlich von jenen in ihrem Herkunftsland unterscheiden; man denke an die Fernwirkungen der Französischen Revolution auf andere Länder. Ebenso muss nicht jedes Land, das sich industrialisiert, alle Schritte der Pioniergesellschaft noch einmal gehen, sondern es kann fertige Lösungen übernehmen, Schritte überspringen und eventuell fehlende Voraussetzungen durch andere, gleichwertige Lösungen ersetzen; auf diese Weise vermag es aufzuholen, woraus sich unterschiedliche Verläufe des Industrialisierungsprozesses ergeben.[151] Auch an die Rolle von großräumigen Wanderungsbewegungen ist hier zu denken.

Erst recht werden – **fünftens** – Entwicklungspfade massiv umgeformt, wenn Wirtschaft, Politik und Kultur durch Prozesse der asymmetrischen Integration erfasst werden, die von dominanten Zentren ausgehen. Gesellschaften auf unterschiedlichen Entwicklungsstadien treffen aufeinander, und die überlegene verändert massiv den Entwicklungspfad der integrierten Gesellschaften, erzeugt dort also Zustände, die sie selbst auf ihrem eigenen geschichtlichen Pfad nicht durchlaufen hat. Im Extremfall saugt sie die integrierten Gesellschaften auch so stark auf, dass diesen damit eine weitere eigene Entwicklung völlig abgeschnitten ist und die Menschen, welche sie einst getragen haben, danach Teil eines größeren Ganzen sind. Es ist das Verdienst von Dependenz- und Weltsystemtheorie, entgegen den eurozentrischen (und US-amerikanischen) unilinearen Entwicklungsmodellen den Blick auf diese Prozesse asymmetrischer Integration gelenkt zu haben, darauf, dass ein Land nicht einfach auf demselben Pfad hinterherhinkt, sondern einen qualitativ anderen Pfad geht, wenn es in wirtschaftlicher und politischer Hinsicht von dominanten Zentren abhängig wird.[152]

Zum **Sechsten** schließlich dürfen über den geschichtlichen Prozessen die Ereignisse nicht übersehen werden. Ereignisse sind keineswegs einfach Störfaktoren der Entwicklungsprozesse. Sicher sind Entscheidungen, die sich gegen grundlegende geschichtliche Prozesse zu stemmen versuchen, oft vergeblich und wirken bestenfalls verzögernd. Manche Kriege und Revolutionen ebenso wie bestimmte Weichenstellungen in politischen Entscheidungssituationen haben aber auch durchaus weltgeschichtliche Tragweite.

Die Feststellung, dass es in der Weltgeschichte antreibende Dynamik und gerichtete Prozesse gibt, ist also durchaus vereinbar mit der Tatsache, dass jede Kultur, Gesellschaft und Region ihren eigenen, von anderen unterscheidbaren einmaligen Pfad geht, der eben darum ein geschichtlicher ist. Dass Weltgeschichte Richtung hat, bedeutet nicht, dass es nur *einen* Pfad gesellschaftlicher Evolution gäbe, den alle Gesellschaften in gleicher Weise gehen müssten. Es bedeutet aber eben auch keine Beliebigkeit der geschichtlichen Entwicklung, keine bloße Zufälligkeit, die nicht weiter erklärt werden kann. Bezogen auf einzelne Gesellschaften heißt das, dass die wirksam werdenden Prozesse unter den jeweils gegebenen Ausgangsbedingungen und in der Art und Weise, wie sie konkret aufeinandertreffen, deren Entwicklung in eine jeweils bestimmte Richtung drängen. Hierbei gibt es zwischen den Gesellschaften viele Gemeinsamkeiten. Für eine einzelne Gemeinschaft kann das durchaus auch heißen, dass die Entwicklung in eine Art Sackgasse gerät und dort lange Zeit nur noch sehr langsam verläuft bis fast zur Stagnation oder dass ihre geschichtliche Entwicklung dadurch abgebrochen wird, dass sie von einer mächtigeren Gesellschaft aufgesogen wird. Es ist sogar denkbar, dass eine Gesellschaft einen vorübergehenden Zusammenbruch erlebt und danach die gerichteten Prozesse erneut ihre Wirksamkeit entfalten. Bezogen auf die Welt als Ganzes führen die wirksam werdenden Prozesse indes zu einem insgesamt gerichteten Geschichtsablauf, da die grundlegenden Innovationen nicht nur langfristig kumulieren, sondern sich auch durch die Prozesse von Transfer und Integration ausbreiten und dadurch ein Gesamtprozess entsteht, der mit der immer stärkeren Integration letztlich zur Weltwirtschaft, zum Weltstaatensystem und zu einer immer intensiveren Kommunikation zwischen den einzelnen Teilen der Welt geführt hat.

Entwicklungsstadien

Der Wandel durch weltgeschichtliche Entwicklungsprozesse und die unterschiedlichen Entwicklungspfade führen also zu einer Vielfalt von Regierungsarten und Produktionstechniken, Glaubensüberzeugungen und Kommunikationsweisen usw. Man kann diese nicht erfassen und erklären, wenn man keine verständlichen und klaren Begriffe besitzt, d.h. nicht stets ähnliche Erscheinungen unter jeweils einem gemeinsamen Begriff zusammenfasst. Nun entstammen viele Begriffe, die in der Wissenschaft und der gebildeten Öffentlichkeit im Umlauf sind, Beschreibungen der (west-)europäischen Geschichte und spiegeln ihren Verlauf wider, sind aber für die Geschichte Chinas oder Afrikas nicht geeignet.[153] Sie trotzdem zu verwenden bedeutet, heimlich eine eurozentrische Perspektive in die Weltgeschichte einzuschmuggeln, welche nichteuropäische Entwicklungspfade als vom europäischen »Normalfall« abweichende »Sonderwege« abwertet.

Wir definieren deshalb Entwicklungsstadien in einem systematischen Zusammenhang, um so einen analytischen Bezugsrahmen zu schaffen, der hilft, die aus weltgeschichtlicher Sicht wichtigen Fragen zu stellen und unsere Antworten zu vermitteln. Dabei teilen wir schrittweise in Gruppen ein danach, ob ein bestimmtes Merkmal vorhanden ist oder nicht. Dadurch lassen sich die historischen Erscheinungen den Merkmalskombinationen, welche den Begriffen zugrunde liegen, eindeutig zuordnen.

Wir nehmen den Gedanken auf, dass Arbeit, Macht und Kommunikation drei Grundbeziehungen bilden, die jeweils eigene Netzwerke begründen, die voneinander unterscheidbar und nicht deckungsgleich sind[154], und entwickeln deshalb für Wirtschaft, Politik und Kultur getrennte Begriffsgefüge. Daraus ergeben sich Kombinationsmöglichkeiten, die Flexibilität schaffen, um unterschiedliche Entwicklungspfade angemessen zu erfassen. Jedes dieser Begriffsgefüge orientiert sich an den weltgeschichtlichen Prozessen der Intensivierung, funktionalen Differenzierung und (asymmetrischen) Integration. Dadurch ist es möglich, Unterschiede der Entwicklungsstadien abzugrenzen gegen Varianten desselben Stadiums, die durch die Pluralisierung der Entwicklungspfade entstehen.

Die Abfolge der logischen Begriffsentwicklung darf nun nicht verwechselt werden mit dem empirisch zu erforschenden tatsächlichen Verlauf der Weltgeschichte; beides ist nicht identisch. Es wird also nicht behauptet, dass jede Region alle Entwicklungsstadien durchlaufen müsse oder dass eine bestimmte Reihenfolge von Entwicklungsstadien zwangsläufig sei. Das heißt indes nicht, dass die Stadien beliebig austauschbar und kombinierbar wären, doch ihre historische Abfolge ist eine Sache empirischer Forschung. Diese wird also keineswegs darauf reduziert, vorgängig behauptete Gesetzmäßigkeiten des Verlaufs nur noch beweisen zu müssen, wie es in doktrinärer marxistischer Geschichtsschreibung geschehen ist.

Der Bezug auf die Richtung der bereits angeführten weltgeschichtlichen Prozesse und die im Folgenden darauf aufbauend entwickelten Begriffe machen es möglich, in weitgespannten Analysen und zusammenfassenden Darstellungen Aussagen über den Entwicklungsstand einer Region in einer bestimmten Epoche zu machen, gerade auch im Vergleich zu anderen Zeiten und Räumen. Sie sind aussagekräftiger als die in historischen Darstellungen oft anzutreffende Formulierung, diese oder jene Kultur oder Epoche sei »hoch entwickelt« gewesen; eine solche Aussage bleibt ohne offengelegtes Bezugskriterium inhaltsleer, und zu oft ist sie bloß Ausdruck nationalistischen Stolzes (so bei entsprechenden Aussagen in der deutschen Literatur der NS-Zeit über die Germanen), von Political Correctness, die Diskriminierungen vermeiden möchte (so bei Äußerungen mancher europäischer und US-amerikanischer Historiker über frühe Epochen schwarzafrikanischer Geschichte), oder einfach Ausdruck der Tatsache, dass ein Historiker sich in sein Thema verliebt hat. Erst recht gilt diese Kritik für die schwammige Redeweise von »Blütezeit«, »Glanzzeit« oder auch »Verfall« eines Landes. War es nicht oft nur der Herrscherhof, der glänzte, indem er riesige Summen für Schlossbauten und Hofhaltung verbrauchte, die aus der Ausbeutung der vielen namenlosen Untertanen und der Unterjochung anderer Völker stammten, war Verfall nicht oft nur der Machtschwund der Dynastie, während sich gleichzeitig bürgerliches Handwerk und Denken munter weiterentwickelten? War der Verfall des einen nicht oft auch der Beginn eines Neuen, demgegenüber das Alte willkürlich zur höherbewerteten Klassik stilisiert wird? Nicht besser steht es mit dem Modernitätsbegriff. »Die Modernitätsmerkmale von heute sind nicht die von gestern und auch nicht die von morgen, und eben darin liegt ihre Modernität«[155] – und eben darum ist der Begriff »modern« inhaltsleer. Für die Mediävisten setzt die Moderne schon um 1200 ein[156], und für den Frühneuzeitler beginnt sie um 1500[157], während die Soziologen die Scheide zwischen traditioneller und moderner Gesellschaft um 1800 ansetzen[158] und für die Kulturwissenschaftler der Durchbruch zur Moderne erst um 1900 erfolgt.[159] Die Verwendung systematisch begründeter Begriffe hilft hier, den Blick zu schärfen und Aussagen zu präzisieren.

Wir beschränken uns an dieser Stelle weitgehend darauf, die Überlegungen zu Definition und Herleitung der Begriffe für alle Entwicklungsstadien (fett) und die zugehörigen Varianten (kursiv in Klammern dahinter) in grafischen Übersichten zusammengefasst darzustellen; näher erläutert werden sie im Anhang.

In der Grafik zu den *Entwicklungsstadien der Wirtschaft* spiegelt die Abfolge von links oben nach rechts unten zugleich die steigende Intensi-

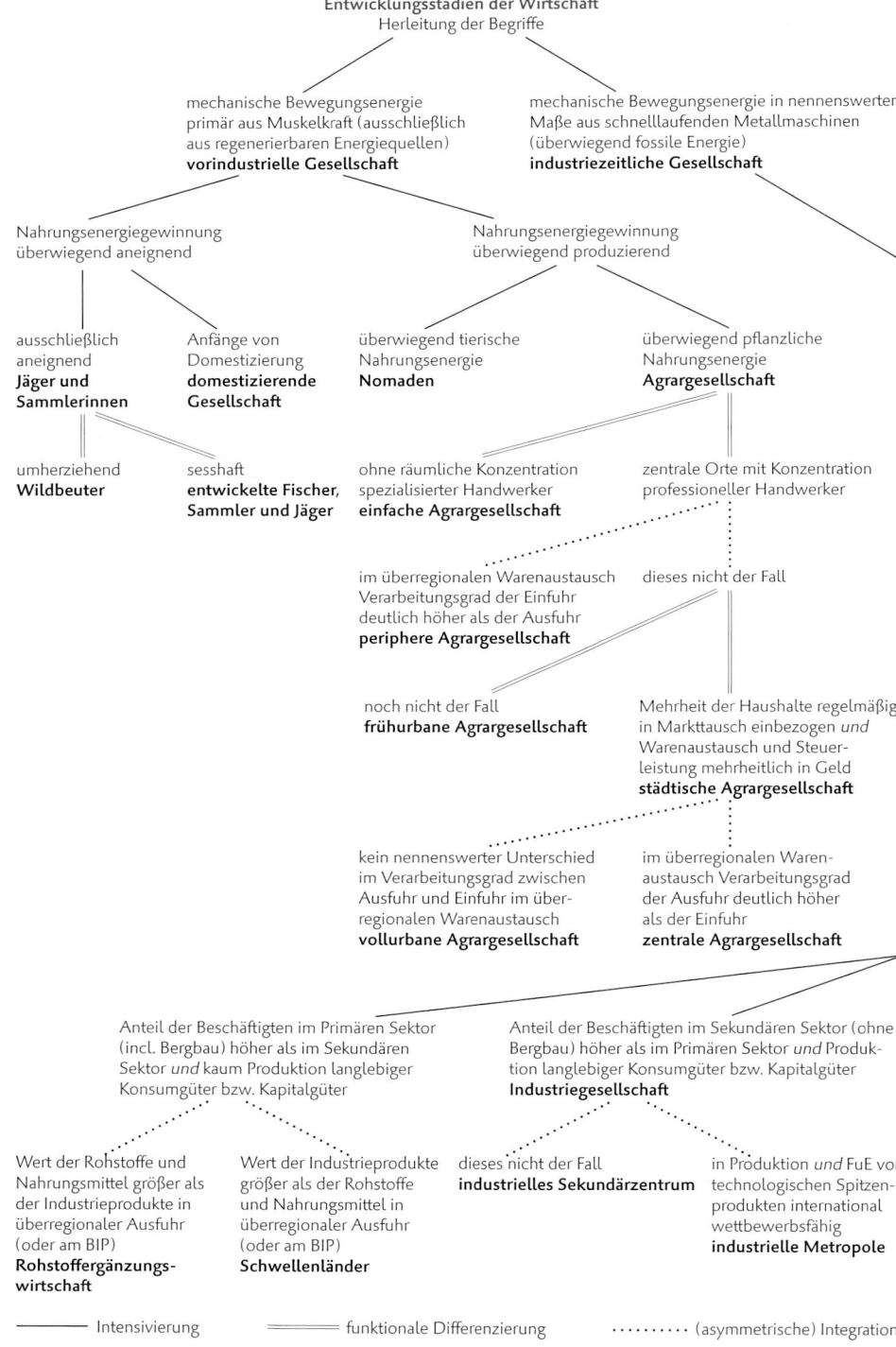

Entwicklungsstadien der Wirtschaft
Herleitung der Begriffe

mechanische Bewegungsenergie
primär aus Muskelkraft (ausschließlich
aus regenerierbaren Energiequellen)
vorindustrielle Gesellschaft

mechanische Bewegungsenergie in nennenswertem
Maße aus schnelllaufenden Metallmaschinen
(überwiegend fossile Energie)
industriezeitliche Gesellschaft

Nahrungsenergiegewinnung
überwiegend aneignend

Nahrungsenergiegewinnung
überwiegend produzierend

ausschließlich
aneignend
**Jäger und
Sammlerinnen**

Anfänge von
Domestizierung
**domestizierende
Gesellschaft**

überwiegend tierische
Nahrungsenergie
Nomaden

überwiegend pflanzliche
Nahrungsenergie
Agrargesellschaft

umherziehend
Wildbeuter

sesshaft
**entwickelte Fischer,
Sammler und Jäger**

ohne räumliche Konzentration
spezialisierter Handwerker
einfache Agrargesellschaft

zentrale Orte mit Konzentration
professioneller Handwerker

im überregionalen Warenaustausch
Verarbeitungsgrad der Einfuhr
deutlich höher als der Ausfuhr
periphere Agrargesellschaft

dieses nicht der Fall

noch nicht der Fall
frühurbane Agrargesellschaft

Mehrheit der Haushalte regelmäßig
in Markttausch einbezogen *und*
Warenaustausch und Steuerleistung mehrheitlich in Geld
städtische Agrargesellschaft

kein nennenswerter Unterschied
im Verarbeitungsgrad zwischen
Ausfuhr und Einfuhr im überregionalen Warenaustausch
vollurbane Agrargesellschaft

im überregionalen Waren-
austausch Verarbeitungsgrad
der Ausfuhr deutlich höher
als der Einfuhr
zentrale Agrargesellschaft

Anteil der Beschäftigten im Primären Sektor
(incl. Bergbau) höher als im Sekundären
Sektor *und* kaum Produktion langlebiger
Konsumgüter bzw. Kapitalgüter

Anteil der Beschäftigten im Sekundären Sektor (ohne
Bergbau) höher als im Primären Sektor *und* Produk-
tion langlebiger Konsumgüter bzw. Kapitalgüter
Industriegesellschaft

Wert der Rohstoffe und
Nahrungsmittel größer als
der Industrieprodukte in
überregionaler Ausfuhr
(oder am BIP)
**Rohstoffergänzungs-
wirtschaft**

Wert der Industrieprodukte
größer als der Rohstoffe
und Nahrungsmittel in
überregionaler Ausfuhr
(oder am BIP)
Schwellenländer

dieses nicht der Fall
industrielles Sekundärzentrum

in Produktion *und* FuE von
technologischen Spitzen-
produkten international
wettbewerbsfähig
industrielle Metropole

——— Intensivierung ═══ funktionale Differenzierung ·········· (asymmetrische) Integration

tät, Differenzierung und Komplexität sowie die wachsende Bevölkerungsdichte wider. Die Abfolge von Jägern und Sammlerinnen über einfache Agrargesellschaften, dann frühurbane Agrargesellschaften, danach vollurbane Agrargesellschaften oder zentrale Agrargesellschaften zu Schwellenländern und schließlich industriellen Metropolen bildet überdies auch jenen Entwicklungsprozess wirtschaftlichen Wachstums ab, durch den die natürlichen Ressourcen intensiver genutzt und die Natur stärker umgeformt werden, Energiefluss und Stoffkreislauf steigen und damit die Produktionsmenge wächst.

Wie die Klassifikation der Entwicklungsstadien der Wirtschaft zu lesen ist, zeigt folgendes Beispiel: Eine »zentrale Agrargesellschaft« meint hiernach eine vorindustrielle Gesellschaft mit Dominanz der Landwirtschaft, in der es ein dichtes Netz von Städten mit spezialisiertem Handwerk gibt, dessen überwiegend geldwirtschaftliche Austauschbeziehungen die Mehrheit der Haushalte erfasst, und in der ein bedeutender überregionaler Austausch existiert, bei dem der Verarbeitungsgrad der Ausfuhr deutlich höher ist als jener der Einfuhr, deren Gewerbe also deutlich weiterentwickelt ist als das der Handelspartner.

Bei den *Entwicklungsstadien der Macht* hängen funktionale Differenzierung und Intensivierung eng zusammen; bis ins 18. Jahrhundert liefert Ersteres, danach Letzteres griffigere Einteilungskriterien. So lässt sich bei der Entwicklung vom monarchischen Personenverbandsstaat über die teilbürokratischen Monarchien zum Territorialstaat ein oft auftauchender Komplex von Indikatoren beobachten (die aber keine Definitionsmerkmale sind); bei Ersteren ist die Beziehung zu abhängigen Gebieten stark zeremoniell, auch Schriftlichkeit, sofern genutzt, hat mehr zeremoniellen Charakter, und es gibt keine Gesetzgebung, während in Territorialstaaten die Zentrale mit Gesetzgebung und Verordnungen zu steuern versucht; der Weg führt von einem umherziehenden Monarchen zu einer festen Residenz, von der Besetzung von Spitzenpositionen vorzugsweise mit Angehörigen des Herrscherhauses zur Verwendung dynastiefremden Personals, von verbreiteter Selbstbewaffnung der Krieger zum Gewaltmonopol des Monarchen, von einer sakral-magischen Auffassung der Monarchie als Garant für Fruchtbarkeit zu einer rein machtpolitischen Auffassung, von gelegentlichen Beutezügen in die Nachbarschaft als wichtiger Ressourcenquelle zu regelmäßigen Einkünften.

Weil es verschiedene Entwicklungspfade gibt, weisen gerade politische Ordnungen innerhalb desselben Stadiums mehrere deutlich ausgeprägte Varianten auf; wichtige werden mit angeführt, aber ohne Anspruch auf Vollständigkeit. Einige dieser Varianten gehen darauf zurück, dass Machtbeziehungen von zwei Seiten her strukturiert werden können: asymmetrisch, indem nach Dominanz strebende Einzelne oder Cliquen Machtmittel in ihrer Hand konzentrieren, oder mehr symmetrisch, indem Gleich-

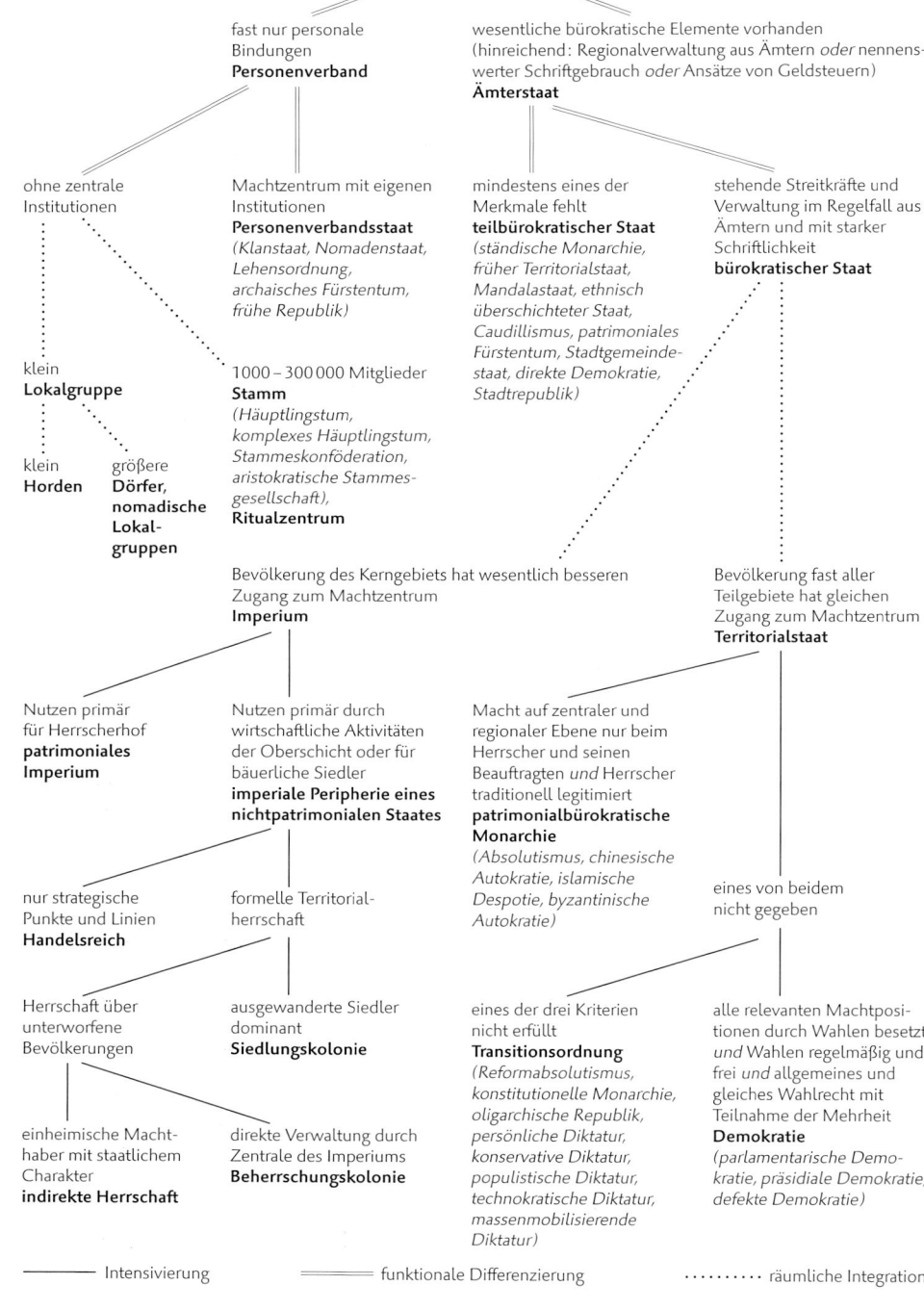

Entwicklungsstadien der Macht
Herleitung der Begriffe

fast nur personale
Bindungen
Personenverband

wesentliche bürokratische Elemente vorhanden
(hinreichend: Regionalverwaltung aus Ämtern *oder* nennenswerter Schriftgebrauch *oder* Ansätze von Geldsteuern)
Ämterstaat

ohne zentrale
Institutionen

Machtzentrum mit eigenen
Institutionen
Personenverbandsstaat
*(Klanstaat, Nomadenstaat,
Lehensordnung,
archaisches Fürstentum,
frühe Republik)*

mindestens eines der
Merkmale fehlt
teilbürokratischer Staat
*(ständische Monarchie,
früher Territorialstaat,
Mandalastaat, ethnisch
überschichteter Staat,
Caudillismus, patrimoniales
Fürstentum, Stadtgemeindestaat, direkte Demokratie,
Stadtrepublik)*

stehende Streitkräfte und
Verwaltung im Regelfall aus
Ämtern und mit starker
Schriftlichkeit
bürokratischer Staat

klein
Lokalgruppe

1000 – 300 000 Mitglieder
Stamm
*(Häuptlingstum,
komplexes Häuptlingstum,
Stammeskonföderation,
aristokratische Stammes-
gesellschaft),*
Ritualzentrum

klein
Horden

größere
**Dörfer,
nomadische
Lokal-
gruppen**

Bevölkerung des Kerngebiets hat wesentlich besseren
Zugang zum Machtzentrum
Imperium

Bevölkerung fast aller
Teilgebiete hat gleichen
Zugang zum Machtzentrum
Territorialstaat

Nutzen primär
für Herrscherhof
**patrimoniales
Imperium**

Nutzen primär durch
wirtschaftliche Aktivitäten
der Oberschicht oder für
bäuerliche Siedler
**imperiale Peripherie eines
nichtpatrimonialen Staates**

Macht auf zentraler und
regionaler Ebene nur beim
Herrscher und seinen
Beauftragten *und* Herrscher
traditionell legitimiert
**patrimonialbürokratische
Monarchie**
*(Absolutismus, chinesische
Autokratie, islamische
Despotie, byzantinische
Autokratie)*

nur strategische
Punkte und Linien
Handelsreich

formelle Territorial-
herrschaft

eines von beidem
nicht gegeben

Herrschaft über
unterworfene
Bevölkerungen

ausgewanderte Siedler
dominant
Siedlungskolonie

eines der drei Kriterien
nicht erfüllt
Transitionsordnung
*(Reformabsolutismus,
konstitutionelle Monarchie,
oligarchische Republik,
persönliche Diktatur,
konservative Diktatur,
populistische Diktatur,
technokratische Diktatur,
massenmobilisierende
Diktatur)*

alle relevanten Machtpositionen durch Wahlen besetzt
und Wahlen regelmäßig und
frei *und* allgemeines und
gleiches Wahlrecht mit
Teilnahme der Mehrheit
Demokratie
*(parlamentarische Demo-
kratie, präsidiale Demokratie,
defekte Demokratie)*

einheimische Macht-
haber mit staatlichem
Charakter
indirekte Herrschaft

direkte Verwaltung durch
Zentrale des Imperiums
Beherrschungskolonie

———— Intensivierung   ═══════ funktionale Differenzierung   ·········· räumliche Integration

gestellte sich vernetzen, um eben solche Dominanz zu verhindern und gemeinsame Interessen besser wahrnehmen zu können, wobei sie dann grundlegende Fragen gemeinsam entscheiden und Führer gemeinsam berufen.

Die Selektion der Herrschaftsordnungen vollzieht sich nicht im Gleichtakt mit dem wirtschaftlichen Wandel, auch wenn die Kriterien der Klassifikation Bezüge zur wirtschaftlichen Entwicklung aufweisen. Politischer Wandel wird auch aus eigener Dynamik beschleunigt oder verzögert. Jede Herrschaftsordnung wird schon dadurch stabilisiert, dass sie längere Zeit existiert, zur Gewohnheit gerät und eigene Traditionen bildet. Umgekehrt kann eine Herrschaftsordnung auch durch eine andere abgelöst werden, und sofern sie nicht durch eine Macht von außerhalb des Landes umgestoßen wird, gibt es für ihre Destabilisierung zwei Gründe. Entweder gelingt es den Machthabern nicht, die mächtigen Gruppen zu integrieren oder zu unterdrücken, seien es adlige Regionalmachthaber, sich in Arbeiterorganisationen formierende Arbeiter oder ethnische Minderheiten mit politisch bewussten Eliten usw., oder es liegt ein schwerwiegendes Leistungsversagen des Staates vor (z. B. eine Kriegsniederlage, eine Wirtschaftskrise verbunden mit der Erwartung, dass die Regierung solche durch Wirtschaftspolitik verhindert, oder Missernten und andere Naturkatastrophen verknüpft mit der Auffassung, dass der Herrscher aufgrund seiner besonderen Beziehung zu Göttern oder zum Himmel solche verhindern kann und soll). Dass es dabei nicht nur zu einem Personal- oder Dynastiewechsel, sondern zu einer anderen politischen Ordnung kommt, setzt überdies voraus, dass ein alternatives Ordnungsmodell vorhanden ist, sei es durch Innovation oder Transfer.

Langfristig gesehen ist es unvermeidlich, dass die Prozesse von Integration, Intensivierung und funktionaler Differenzierung die politische Ordnung verändern. Ob diese Entwicklung sich aber in vielen kleinen Schritten vollzieht und dabei unter der Kontrolle der Eliten bleibt oder ob dieser Weg verstopft ist und der Entwicklungsdruck sich dann in einer plötzlichen Eruption Bahn bricht, die viele politische und gesellschaftliche Strukturen unkontrolliert niederreißt und fortspült, ob die Entwicklung also den Weg der Reformen geht oder den der Revolution, das ist abhängig von den jeweiligen strukturellen Rahmenbedingungen und auch von der Einsicht und vom Geschick der handelnden Personen. Der Revolutionsmythos seit dem 19. Jahrhundert, der von den Ereignissen von 1789 in Frankreich, 1848 in Europa und 1917 in Russland gespeist wird, hat immer wieder dazu verführt, die Bedeutung der schrittweisen Entwicklungen zu unterschätzen. Überdies sind Revolutionen ein Phänomen, das nur in einer bestimmten weltgeschichtlichen Epoche auftritt. So haben beispielsweise in der Geschichte des chinesischen Kaiserreiches mehrfach Bauernunruhen zum gewaltsamen Sturz einer Dynastie geführt, aber keine davon war eine Revolution, weil die Herrschaftsordnung als solche sich hierdurch nicht veränderte. Dazu fehlte das gedanklich vorbereitete Alternativmodell einer anderen Staatsordnung. Umgekehrt passen sich Demokratien so flexibel dem Willen der Bevölkerungsmehrheit an, dass es nicht mehr so leicht zu den revolutionsschwangeren Verstopfungen des Entwicklungswegs kommen kann.

Auch wenn Demokratien am Ende der deduktiven Begriffsbildung stehen, bedeutet das nicht, dass einmal etablierte Demokratien eine Ewigkeitsgarantie hätten. Demokratien können nur dann funktionieren und bestehen bleiben, wenn 1. der Bildungsstand ausreicht, um ernsthaft eigene Interessen vertreten zu können, wenn 2. kein eklatantes Leistungsversagen eintritt, das die Bevölkerung dem System anlastet, wenn 3. die Menschen nicht in politischen Fragen den religiös oder ideologisch begründeten Ansichten den Vorrang vor Mehrheitsentscheidungen einräumen und wenn 4. alle integriert werden können, also nicht die inneren Konflikte zwischen Reich und Arm, zwischen verschiedenen Religionsgruppen und zwischen verschiedenen Ethnien so groß sind, dass sie den Grundkonsens überdecken und Mehrheitsentscheidungen nicht akzeptabel erscheinen lassen.

Für *Stadien der kulturellen Entwicklung* gehen wir von Kommunikationsstrukturen aus. Deren Ausdifferenzierung und Intensivierung führt auch zu einer zunehmenden Differenzierung von Weltbildern. Mit dem Schritt von der primitiven zur archaischen Kultur werden über das unreflektierte Verhalten im Vollzug von Ritualen hinaus deutlicher Weltbilder greifbar, ohne dass Rituale als solche verschwinden; gerade im religiösen Bereich sind sie bis heute grundlegend, um das Geglaubte zu vergegenwärtigen. Weltbilder unterscheiden sich von praktischem Wissen, das unmittelbar in der Alltagserfahrung erworben ist und ohne Theorie und System bleibt, wogegen Weltbilder darauf abzielen, möglichst alle bekannten Erscheinungen zu ordnen und in Zusammenhang zu bringen, sie auf Sinn und Ursachen zu hinterfragen und damit den Menschen geistige Orientierung zu vermitteln. Sie sollen Antwort geben auf verschiedene Arten von Fragen; sie sollen die Welt erklären, also beispielsweise warum es Ebbe und Flut gibt, wie die Erde entstanden ist und die Menschen; sie sollen angeben, wie die einzelnen Menschen anderen gegenüber handeln sollen und wie überhaupt Gesellschaften als Ganzes geordnet sein sollen, also die Frage nach den Normen beantworten; schließlich sollen sie den Menschen bei existenziellen Fragen helfen, wenn sich also angesichts von Leid und Tod, von Schicksalsschlägen und Gefahren Fragen nach Ursachen und Sinn aufdrängen, überhaupt die Frage nach dem Sinn des Lebens im Raum steht oder auch die Sinngebung von Geburt, Reife, Heirat und anderen Schwellenereignissen gefordert ist. In archaischen Kulturen und in archaischen Palastkulturen sind Welterklärung, Normen und existenzielle Fra-

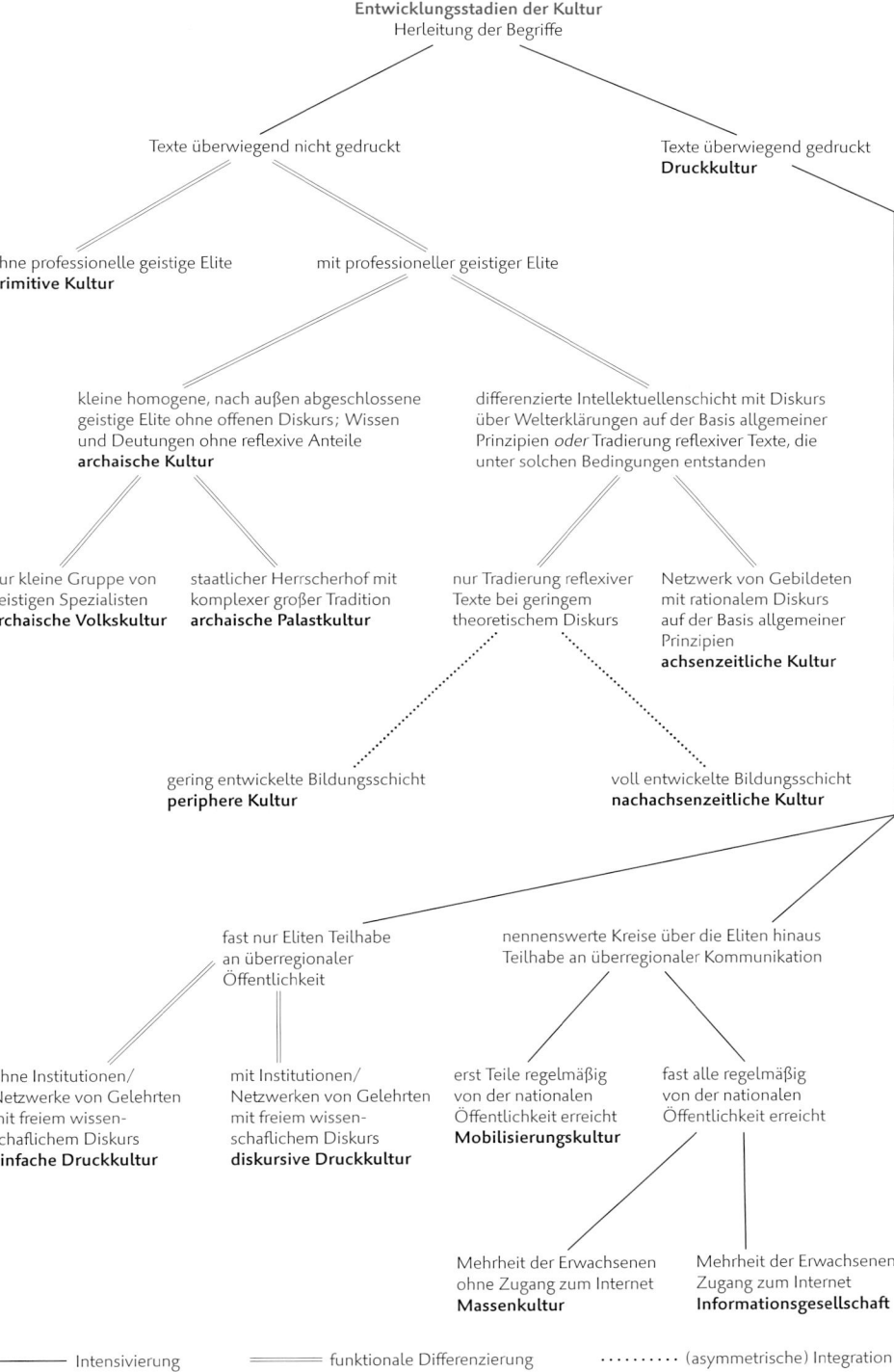

Entwicklungsstadien der Kultur
Herleitung der Begriffe

Texte überwiegend nicht gedruckt

Texte überwiegend gedruckt
Druckkultur

ohne professionelle geistige Elite
primitive Kultur

mit professioneller geistiger Elite

kleine homogene, nach außen abgeschlossene geistige Elite ohne offenen Diskurs; Wissen und Deutungen ohne reflexive Anteile
archaische Kultur

differenzierte Intellektuellenschicht mit Diskurs über Welterklärungen auf der Basis allgemeiner Prinzipien *oder* Tradierung reflexiver Texte, die unter solchen Bedingungen entstanden

nur kleine Gruppe von geistigen Spezialisten
archaische Volkskultur

staatlicher Herrscherhof mit komplexer großer Tradition
archaische Palastkultur

nur Tradierung reflexiver Texte bei geringem theoretischem Diskurs

Netzwerk von Gebildeten mit rationalem Diskurs auf der Basis allgemeiner Prinzipien
achsenzeitliche Kultur

gering entwickelte Bildungsschicht
periphere Kultur

voll entwickelte Bildungsschicht
nachachsenzeitliche Kultur

fast nur Eliten Teilhabe an überregionaler Öffentlichkeit

nennenswerte Kreise über die Eliten hinaus Teilhabe an überregionaler Kommunikation

ohne Institutionen/ Netzwerke von Gelehrten mit freiem wissen-schaflichem Diskurs
einfache Druckkultur

mit Institutionen/ Netzwerken von Gelehrten mit freiem wissen-schaflichem Diskurs
diskursive Druckkultur

erst Teile regelmäßig von der nationalen Öffentlichkeit erreicht
Mobilisierungskultur

fast alle regelmäßig von der nationalen Öffentlichkeit erreicht

Mehrheit der Erwachsenen ohne Zugang zum Internet
Massenkultur

Mehrheit der Erwachsenen Zugang zum Internet
Informationsgesellschaft

—— Intensivierung   ═══ funktionale Differenzierung   ·········· (asymmetrische) Integration

gen in der Weltdeutung untrennbar miteinander verwoben. Insofern das sichere Wissen noch gering ist und dementsprechend alles Nachdenken über diese Fragen noch von unsicheren, dem Menschen nicht verfügbaren Dingen handelt, besteht ein mythologisches Weltbild, das Erscheinungen mit dem Handeln der Götter und anderer höherer Wesen erklärt. Wo in achsenzeitlichen Kulturen daneben die Erklärung aus abstrakten, unpersönlichen Prinzipien tritt, wo Weise systematisch über ethische Fragen nachdenken und Erfahrungswissen systematisiert wird, differenziert sich die zusammenhängende Weltdeutung ansatzweise in verschiedenartige Teile mit je eigener Geltungslogik, sodass religiöser Kult, philosophische Weltdeutung, Ethik und Wissenschaft sich zu trennen begannen. Dabei breiten sich die Weltbilder der jeweiligen geistigen Elite zwar unter den übrigen Mitgliedern der Gesellschaft mehr oder minder aus, werden aber von vielen Menschen und Bereichen nicht oder nicht vollständig übernommen. Das liegt an der großen Diskrepanz zwischen dem Reflexionsniveau der Gebildeten und dem der analphabetischen Masse der Bevölkerung, aber auch religiöse Praxis konserviert oft viele ältere Denkformen, nicht zuletzt um die breite Masse erreichen zu können. In der diskursiven Druckkultur orientieren sich dann Gelehrte immer konsequenter an empirischer Erfahrung und diskursiver Vernunft, was dazu führt, dass sich Wissenschaft wesentlich deutlicher als eigener Bereich ausdifferenziert. Dieses setzt sich mit der Entwicklung zur Massenkultur fort, bei der zugleich die Trennwand zwischen der Kultur der Elite und jener der Massen eingerissen wird.

So weit die theoretischen Überlegungen zu Entwicklungsprozessen und Entwicklungsstadien der Weltgeschichte. Im folgenden zweiten Teil des Buches werden die Grundzüge der Weltgeschichte geschildert, wobei diese theoretischen Überlegungen praktisch zum Tragen kommen. Dabei wird sich ihr Wert zeigen.

2 Verlauf

Von der biologischen Evolution zur Weltgeschichte. 6 000 000 bis 100 000 v. Chr.

Die biologische Evolution des Menschen

Kultur ist aus der biologischen Evolution der Menschen heraus entstanden.

Die Entstehung der Arten ist wie ein sich immer weiter verzweigender Busch. Vor 60 Millionen Jahren lebte der letzte gemeinsame Vorfahre aller Affenarten. Vor 25 Millionen Jahren trennten sich die Evolutionswege der Großaffen von denen der übrigen Affen. Unter den Großaffen des tropischen Regenwalds in Afrika bildeten sich seitdem mehrfach neue Arten, von denen die meisten inzwischen ausgestorben sind. Vor acht Millionen Jahren trennten sich in Afrika die Evolutionswege zum Gorilla und zum Schimpansen. Von den Vorläufern der Letztgenannten gingen vor sechs Millionen Jahren einige Gruppen zum aufrechten Gang über, verließen den tropischen Regenwald und wagten sich in die offenen Savannen Ostafrikas. Während die Nachfahren der im Regenwald Zurückgebliebenen dort heute als Schimpansen durch die Baumkronen turnen, entwickelte sich aus den Affenpopulationen in der Savanne schrittweise der Homo sapiens. Im Laufe von Millionen von Jahren traten in diesen Populationen im ostafrikanischen Savannenraum, den Hominiden, immer wieder genetische Mutationen auf, die dazu führten, dass sich neue Arten abzweigten und neben die bereits bestehenden traten. Die einzelnen Arten konkurrierten miteinander mit mehr oder weniger Erfolg, breiteten sich aus und starben nach einigen Hunderttausenden von Jahren wieder aus, wobei sie anderen Arten den Lebensraum überließen. Sie eroberten für sich jeweils unterschiedlich große Räume Ostafrikas. Zumindest der Homo erectus (Homo ergaster) gelangte auch über Afrika hinaus; vor ca. 1,8 Millionen Jahren stieß er über Südasien bis nach Südostasien vor, um 800 000 auch nach Europa und China. Um 600 000 trennten sich die Entwicklungswege zum robusten Homo neandertalensis, der den Nahen Osten und Europa bevölkerte und dem damals auch in Mitteleuropa herrschenden Tundrenklima angepasst war, und zum schlankeren Homo sapiens in Ostafrika.

Nimmt man die jeweils konkurrenzfähigeren Hominidenarten als eine Kette, so lässt sich eine biologische Evolution in bestimmte Richtungen beobachten, die hier nur stichwortartig skizziert werden kann. Zuerst veränderten sich Skelett und Muskulatur, um sich an den aufrechten Gang anzupassen. Im Zeitraum von 2,5 Millionen bis 400 000 Jahren wuchs das Volumen des Gehirns auf etwa das Doppelte. Wichtiger als das Größenwachstum war indes, dass das Gehirn in komplizierter Weise in sich umstrukturiert wurde. Auch das Gesicht veränderte sich: Der Unterkiefer trat zurück, die Stirn wölbte sich hervor. Die Hände wurden präziser beweglich. Das Haarkleid ging verloren. Zwischen 1 Million und 400 000 Jahren verlagerte sich der Kehlkopf nach unten, sodass es möglich wurde, Stimmbandlaute zu modulieren und damit wesentlich differenziertere Laute zu bilden.

Zur biologischen Evolution trat allmählich zaghaft die Entwicklung des Denkens und damit von Kultur. Dieses lässt sich nur indirekt aus den erhaltenen Gerätschaften erschließen. Die frühen Hominiden lebten nicht wesentlich anders als ihre Vettern im Regenwald. Sie ernährten sich wie diese von ihrer Jagdbeute und dem Gesammelten, und sie benutzten dabei wie diese als Werkzeuge Stöcke, die sie wohl auch veränderten, und unbearbeitete Steine. Vor 2,3 Millionen Jahren begannen Hominiden, scharfkantige Teile von Steinen abzuschlagen und sie als Werkzeug zu verwenden. Vor 1,5 Millionen fingen die afrikanischen Hominiden an, einen Stein durch gezielte Abschläge zu einem Faustkeil zuzurichten, was die Fähigkeit voraussetzt, dessen Gestalt vorher zu planen und danach zielgerichtet zu arbeiten. Diese Werkzeugform blieb dann rund eine Million Jahre im Wesentlichen unverändert. Auch lernten die Hominiden, das Feuer zu kontrollieren, das nun als Lagerfeuer wilde Tiere auf Distanz hielt und Nahrung erhitzte. Ab 400 000 Jahren lassen sich auch etwas differenziertere Steinwerkzeuge, Geräte aus Knochen, Holzspeere für die Jagd und zeltartige Unterkünfte nachweisen.[1]

Was hat diese Entwicklungen vorangetrieben? Die genetischen Mutationen waren zufällig wie die Lottozahlen. Manche Mutationen wirkten schädlich und verschwanden deshalb rasch wieder, andere waren bedeutungslos, zumindest zunächst, wieder andere ermöglichten neue Anpassungsstrategien. Selektiv wirkte die natürliche Umwelt. Die Raubtiere der Steppe bedeuteten eine ständige Herausforderung, und mehrfach veränderte sich in dieser Zeit das Klima und damit das Nahrungsangebot. Das überforderte die Anpassungsfähigkeit einzelner Hominidenarten, die dann ausstarben. Biologische Evolution und beginnende Kulturentwicklung scheinen nun kompliziert miteinander verzahnt zu sein, doch dieses ist ein Feld von Vermutungen. Dass die Hände durch den aufrechten Gang frei wurden, hat vermutlich die Neigung begünstigt Werkzeuge zu benutzen. Der Werkzeuggebrauch könnte eine Anpassung prämiert haben, die im Wachsen des Gehirns bestand anstatt im Herausbilden von Spezialorganen. Der Übergang zu ausdauernder, schweißtreibender Jagd im heißen Savannenklima hat vielleicht den Rückgang der Körperbehaarung gefördert.

Der Startschuss

Auch wenn der Neandertaler unter den Forschern eine Fangemeinde hat, die ihn möglichst modern erscheinen lassen will – würde einer der Neandertaler heute auferstehen, so wäre für ihn ein Platz im Zoo eher angemessen als die Staatsbürgerschaft mit Wahlrecht.[2] Der entscheidende Durchbruch zum Menschsein erfolgte erst zwischen 190 000 und 60 000 bei der Art Homo sapiens. Vor 190 000 Jahren erreichte die anatomische Entwicklung des Homo sapiens in Ostafrika das Aussehen der heutigen Menschen. Um 60 000 v. Chr. brach der Homo sapiens zu seinem Siegeszug über den Erdball auf. Dazwischen liegt der entscheidende Schritt: der Beginn jenes Denkens, das Symbole verwendet, die von den Gegenständen abstrahiert sind, und das dadurch reflexiv wird. Erkennbar wird dieses daran, dass zwischen 80 000 und 50 000 an verschiedenen Stellen Ostafrikas Anfänge künstlerischer Gestaltung auftauchten, nämlich Gravuren, Schmuckketten aus Schneckengehäusen und Malereien auf Felswänden, und dass komplexere Techniken entstanden, insbesondere Harpunen mit Widerhaken und zusammengesetzte Werkzeuge aus kleinen Steinklingen in Holzhalterungen. Die entscheidende Rolle scheint dabei das Entstehen einer Sprache mit Grammatik gespielt zu haben. Dieses alles ist für den Neandertaler nicht nachweisbar.

Die Entwicklung der sprachlichen Fähigkeiten im Laufe der Menschwerdung scheint jener bei heutigen Kindern zu ähneln, die sie also quasi im Zeitraffer wiederholen. Sie verlief von wenig artikulierten Tierrufen (vergleichbar Babys) über zunehmend artikulierte einzelne Wörter zur Reihung weniger Wörter, die noch nicht durch grammatische und syntaktische Strukturen hierarchisiert waren (vielleicht später Homo erectus; Schimpansen können dieses Niveau durchaus mit Hilfe von Bildsymbolen intellektuell bewältigen, wenn auch nicht in Lauten artikulieren; Kleinkinder bis 2 Jahre). Schließlich forciert sich (bei Kindern ab 2 Jahren) die Entwicklung: Grammatische Bezüge werden verwendet, der Wortschatz steigt stark, und durch die sprachliche Interaktion mit anderen bilden sich rasch immer mehr neuronale Verschaltungen im Gehirn, wodurch die Denkfähigkeit enorm anwächst. Durch den Schritt zu einer voll entwickelten Sprache wurden in der Menschwerdung anscheinend Potenziale, die vor längerer Zeit unabhängig voneinander entstanden waren, zusammengespannt und in völlig neuer Weise aktiviert, insbesondere die Möglichkeit zu differenzierter Artikulation sowie die Vergrößerung bestimmter Gehirnareale.[3] Vielleicht lieferte eine weitere Mutation dazu den Anstoß (alle heutigen Menschen haben einen gemeinsamen Ahnen um etwa 100 000). Der Schritt zur voll entwickelten Sprache gehört in diese frühe Zeit[4]; alle Jäger- und Sammlerinnen-Gruppen, auf die Europäer in der

Neuzeit trafen, besaßen Sprachen mit grammatischen Strukturen, die genauso komplex waren wie die der am weitesten entwickelten Völker auf der Welt.

Nachdem eine voll entwickelte Sprache und das Denken in Symbolen entstanden waren, stiegen also nicht nur die geistigen Kapazitäten der einzelnen Menschen, sondern konnten auch Erfahrungen viel besser weitergegeben und damit ein kollektiver Wissensbestand aufgebaut werden. Die Menschen konnten mehr Informationen miteinander verknüpfen, sodass die Innovationsrate stark anzusteigen begann. Damit überholte das Tempo der kulturellen Entwicklung das Tempo der biologischen Evolution und ließ es bald weit hinter sich. Das ist der Beginn der Weltgeschichte.

Mammuts und Mythen.
100 000 bis 10 000 v. Chr.

Wie die Kartoffelkäfer

1824 wurde der Kartoffelkäfer in den Rocky Mountains entdeckt, und bis 1874 hatte er sich durch die ganzen USA bis zur Atlantikküste ausgebreitet. Als am Ende des Ersten Weltkriegs US-amerikanische Soldaten in Frankreich landeten, kam unbemerkt auch der kleine gelbe Käfer mit und breitete sich rasch in Frankreich aus. 1936 überschritt er den Rhein, 1945 erreichte er die Elbe, und schon 1960 drang er über die Ostgrenze Polens noch weiter nach Osten vor. Stets sahen die Teilpopulationen an der Siedlungsfront Gebiete mit geeigneten Nahrungsquellen vor sich, die noch nicht von konkurrierenden Populationen besetzt waren, vermehrten sich besonders stark und drangen weiter vor.

Ähnlich verhielten sich die Menschen. Dabei sahen sie sich mit ökologischen Bedingungen konfrontiert, die erheblich anders aussahen als auf der heutigen Welt. Durch das Eiszeitklima waren Kanada, Skandinavien und Nordwestrussland weitgehend von Gletschereis überdeckt, in Europa nördlich der Alpenlinie und durch das ganze eisfreie Russland bis zum Pazifik erstreckte sich der karge Bewuchs der kalten Tundra, im Amazonas- und im Kongobecken dominierten offene Savannenlandschaften mit nur inselartigen Resten von Regenwald. Da so viel Wasser als Eis auf dem Land gebunden war, lag der Meeresspiegel rund 100 Meter tiefer, sodass heutige flache Meeresteile trocken waren, insbesondere die südliche Nordsee, Teile des Roten Meeres, fast das ganze Gebiet der indonesischen Inselwelt, das Meer zwischen China-Korea-Japan und das Gebiet zwischen Ostsibirien und Alaska.

Wie der Homo sapiens sich ausbreitete, lässt sich nur rekonstruieren, indem man die Erkenntnisse von Archäologie[5], Linguistik[6] und Genetik[7] miteinander verknüpft. Von der Ursprungspopulation des Homo sapiens in Ostafrika drangen Menschen bald in den Süden Afrikas, nach Westen und um 95 000 auch über Afrika hinaus bis ins heutige Israel vor, wo sie erst einmal stoppten. Angehörige der nahöstlichen Population breiteten sich dann um 60 000 relativ rasch über Indien nach Südostasien aus, von wo sie sich nach Südchina und Nordaustralien verzweigten. Der Vorstoß über die Breitenlage des Kaukasus hinaus in den kalten Norden ließ noch

auf sich warten; hierfür musste erst Kleidung aus Tierfellen zum Schutz
vor der Kälte erfunden werden. Um 42 000 v. Chr. drang die so gerüstete
Population in die kalte Steppen- und Tundrazone ein, und bis 33 000 v. Chr.
hatte sie sich dann über Europa, durch Zentralasien und Südsibirien bis in
die Südmandschurei, nach Korea und Japan ausgebreitet. Während der extremen Kältephase um 18 000 v. Chr. mussten Europa nördlich der Alpen
und vielleicht auch große Teile Sibiriens weitgehend geräumt werden,
wurden aber anschließend wiederbesiedelt. Die Nachfahren der in Nordaustralien angekommenen Populationen waren bis 33 000 v. Chr. bis in den
Süden des Kontinents vorgedrungen. Schließlich besiedelten Gruppen aus
Zentralasien die Tundra Nordostsibiriens bis nach Westalaska. Dort blockierte der kanadische Eisschild ein weiteres Vordringen. Um 14 000 v. Chr.
tat sich an der Pazifikküste dann ein eisfreier Streifen in den wärme-
ren Süden Amerikas auf, den relativ kleine Gruppen nutzten[8]; bis um
11 000 v. Chr. hatten ihre Nachfahren sich durch den ganzen Doppelkonti-
nent bis nach Südargentinien ausgebreitet. Ab diesem Zeitpunkt war damit die ganze Welt von Menschen besiedelt, ausgenommen die noch ver-
eisten Gebiete (Teile Nordostkanadas und Grönland), viele Inseln (z. B.
Madagaskar, Neuseeland, Island, die pazifische Inselwelt und die Karibischen Inseln) sowie die großen Wüsten und Hochgebirgsgegenden. Wo
der vordringende Homo sapiens auf Populationen älterer Hominiden traf,
also vor allem von Homo neandertalensis im Nahen Osten und Europa
und Homo erectus in Südostasien, überlebten diese älteren Arten die
Konkurrenz um dieselben Nahrungsquellen nicht und starben aus. Seit
28 000 v. Chr. gibt es keine Neandertaler mehr. Bei diesem Ausbreitungs-
prozess des Homo sapiens gingen Vermehrung und Wanderung Hand in
Hand. Dabei wuchs von 100 000 bis 10 000 v. Chr. die Zahl der Menschen
von einer Ausgangspopulation von wenigen Tausenden auf etwa vier Millionen an.[9]

Während dieser Jahrtausende der Wanderung fanden wichtige Entwicklungen statt, solche weiterer biologischer Evolution von äußeren Körper-
merkmalen wie Haut- und Haarfarbe, Nasen- und Augenform insbesondere als Anpassung an das jeweilige Klima, aber noch mehr solche
kultureller Innovationen im Bereich Sprache, Werkzeuge und Bräuche.
Die Hautfarbe hellte sich im Westen Eurasiens und in Ostasien unabhängig voneinander auf[10]; hellere Haut bot im sonnenärmeren Norden den
Vorteil, dass genug Sonneneinstrahlung, die zur Vitamin-D-Produktion
nötig ist, in die Haut eindrang. Indem die Populationen sich voneinander entfernten und ihr Zusammenhang zerriss, entwickelten sie sich auseinander. Hier liegen die Anfänge der Pluralisierung.[11] Bis 9000 v. Chr.
waren wahrscheinlich die folgenden Großgruppen entstanden: in Ost- und
Südafrika kleinwüchsige Menschen mit gelblich-rötlicher Haut und Khoi-
san-Sprachen (heute nur noch als kleine Gruppen in Südwestafrika), in

Westafrika südlich der Sahara sehr dunkelhäutige Menschen (das Hautpigment Melanin schützt gegen zu viel UV-Strahlung der Sonne) mit Kraushaar der Niger-Kongo-Sprachgruppe (mehr westlich) und der Nilo-Saharischen Sprachgruppe (mehr östlich), in Nordostafrika und dem Westen der Arabischen Halbinsel hochgewachsene, eher hellhäutige Menschen afroasiatischer Sprachgruppen, im iranischen Raum Gruppen mit (proto-)dravidischer Sprache, in Südasien, Teilen Südostasiens und Australien dunkelhäutige Menschen mit Kraushaar und breiten Nasen mit australischen Sprachen in Australien bzw. indo-pazifischen Sprachen in Südostasien (heute vertreten durch Wedda und Andamanesen in Indien, Bevölkerung Neuguineas und Aborigines in Australien), in Europa Menschen mit Sprachen, von denen einige vermutlich im Baskischen und Nordkaukasischen weiterleben, in Innerasien Menschen mit Mongolenfalte (als Schutz gegen innerasiatische Staubstürme?), straffem schwarzem Haar und flächigem Gesicht mit (später) sinotibetischen Sprachen (Nordchina) und altaiischen Sprachen (Mittelsibirien), mehrere weitere relativ hellhäutige Gruppen in Sibirien der tschuktschischen, eskimo-aleutischen und anderer Sprachgruppen sowie in Amerika indianische Bevölkerung mit (proto-)amerindischen Sprachen.

Primitive Armut oder natürliche Überflussgesellschaft?

Wie lebten die Menschen in diesen Jahrtausenden? Archäologische Funde verraten uns über Technik und Wirtschaftsweise nur wenig, über Machtbeziehungen und Denken fast gar nichts. Man hat versucht, diese Lücken durch Beobachtungen aufzufüllen, die im 19. und frühen 20. Jahrhundert an Jägern und Sammlerinnen gemacht worden sind. Doch hier ist Vorsicht geboten. Diese späten Jäger und Sammlerinnen sind keine lebenden Fossilien! Jäger und Sammlerinnen haben ihre Lebensweise auch über 10 000 v. Chr. hinaus weiter verändert, und zwar sowohl durch eigenständige Innovationen als durch Übernahmen im Kontakt mit benachbarten Ackerbauern.[12] Die frühen Menschen haben insofern einfacher gelebt, und je früher desto mehr. Umgekehrt finden sich diese späten Jäger und Sammlerinnen in armen Randgebieten, in die sie im Laufe der Jahrtausende abgedrängt worden sind, während die frühen Wildbeuter die günstigeren Ökosysteme bevorzugten, insofern also reichhaltiger lebten. Da unsere Kenntnisse begrenzt sind, ist unser Bild von den Menschen dieser frühen Jahrtausende reichlich anfällig für ideologische Verzeichnungen.[13] Wo die einen primitive Wilde zu sehen glauben, welche die harte Umgebung mit ihren geringen technischen Mitteln nicht beherrschen konnten und deshalb ein entbehrungsreiches Leben am Rande des Verhungerns fristeten, wähnen andere die Menschen im glücklichen Einklang mit der Natur, die Nahrung im Überfluss bereithielt und ihnen bei viel Freizeit ein bequemes Leben ermöglichte, in dem keinerlei überflüssiger Reichtum Neid und Konkurrenz weckte.[14] Das eine ist so schief wie das andere.

Was wissen wir sicher? Alle Energie, welche die Menschen für sich mobilisierten, war Nahrungsenergie. Indem die Menschen von dem lebten, was sie auf der Jagd erbeuten oder an Früchten, Wurzeln, Nüssen, Eiern usw. sammeln konnten, hatten sie an den natürlichen Energieflüssen teil, ohne dass sie imstande waren, diese durch eine gezielte Neubildung von Pflanzen und Tieren zu steuern. Sie konnten also nur wenig Sonnenenergie für sich einfangen, und ihre Bevölkerungsdichte blieb dementsprechend gering. In Frankreich haben um 15 000 v. Chr. schätzungsweise nur 10 000 Menschen gelebt[15], was 0,02 Einwohner je km² bedeutet. Wildbeuter lebten in kleinen Lokalgruppen von 20 bis 50 Personen, sogenannten Horden, was den Verhältnissen bei Schimpansen entspricht. Trotz dieser geringen Gruppengröße war es ihnen im Regelfall nicht möglich, sich längerfristig aus dem Gebiet zu versorgen, das sich von einem festen Wohnsitz aus hätte erreichen lassen. Dementsprechend zogen die Horden zwischen verschiedenen Lagerplätzen umher, um die Ressourcen eines größeren Raumes zu nutzen. Wie groß die Bevölkerungsdichte in einem Raum werden konnte, hing ab von dessen ökologischer Ausstattung, den verfügbaren Jagd- und Sammeltechniken und auch davon, was die Menschen als akzeptable Nahrung ansahen, denn nicht alles Essbare wurde auch genutzt. Heuschrecken sind zwar Kalorienbomben, aber ihr Verzehr ist nicht jedermanns Geschmacksrichtung, und auch sonst waren die Jäger und Sammlerinnen oft durchaus wählerisch. Bei den Jägern und Sammlerinnen des frühen 20. Jahrhunderts variierten die Bevölkerungsdichten je nach den Bedingungen zwischen 0,004 bis über 1 Einwohner je km².[16]

Nachdem Wildbeuterpopulationen sich in einem Großraum etabliert und entsprechend den Möglichkeiten vermehrt hatten, dürfte ihre Bevölkerungszahl langfristig kaum nennenswert weitergewachsen sein, war aber wohl kurzfristigen Schwankungen unterworfen. Dabei wurde die Bevölkerungszahl durch mehrere Faktoren gesteuert. Da man Krankheiten weitgehend machtlos gegenüberstand, war die Sterblichkeit besonders von Kleinkindern hoch. Frauen konnten nicht mehr als ein Kind mit sich herumtragen, sodass sie sich das nächste erst leisten durften, wenn das vorherige selbst laufen konnte; dementsprechend wurde dann durch lange Stillzeiten der Abstand zwischen den Geburten auf etwa vier Jahre gestreckt. Jahreszeitliche Schwankungen des Nahrungsangebots führten oft zu Hungerphasen[17], und diese förderten Krankheiten bis hin zur Mehrsterblichkeit und verringerten die Fruchtbarkeit der Frauen. Ergänzend sorgten vermutlich Abtreibung und Kindestötung dafür, die denkbare Tragfähigkeit durch die Bevölkerungszahl nicht voll auszuschöpfen, sondern einen

Sicherheitsabstand zu lassen, damit nicht jede Verringerung des Nahrungsangebots zur Hungerkatastrophe geriet.[18]

Die Zigjahrtausende zwischen dem Entstehen des anatomisch und genetisch modernen Menschen und dem Aufkommen differenzierter Symbole, Schrift und anderer höherer Kulturleistungen machen die mit Abstand längste Phase der Weltgeschichte aus, und ihre Lebensverhältnisse
wirken fast statisch. Das ist nicht überraschend[19], denn das Innovationspotenzial war in dieser Zeit noch extrem gering. Die wenigen Menschen,
die existierten, lebten in verstreuten Gruppen, die Kontakte waren minimal und auch nur mündlich, und es gab keine größeren Informations-
mengen, die im Gedächtnis von Spezialisten oder gar schriftlich gespeichert waren. Die Menschen besaßen also nur wenige Informationen, die
sie zu Neuem verknüpften konnten. Was an neuen Gedanken oder Verhaltensweisen entstand, ging außerdem oft mit dem individuellen Tod
wieder unter, ohne institutionalisiert zu werden. Überdies beschränkten
die geringen materiellen Mittel die Möglichkeiten, Neues zu realisieren.
Nichtsdestoweniger sind für die Zeit zwischen 60 000 und 10 000 v. Chr.
einige Innovationen zu verzeichnen, vor allem gegen Ende dieser Epoche.
Dabei geht es um recht elementare Dinge, aber auch diese mussten alle
erst einmal erdacht werden. Die Werkzeuge aus abgeschlagenem oder ab-
gedrücktem (noch nicht geschliffenem) Stein zum Schaben, Schneiden
und Bohren wurden variantenreicher. Die meisten Geräte waren allerdings aus Holz, doch davon ist fast nichts erhalten. Der Umfang der Gerätschaften blieb indes äußerst gering, denn bei der mobilen Lebensweise
wäre es lästig gewesen, zu viel mitschleppen zu müssen. Festzustellen ist
Fellkleidung (noch keine Stoffe) und irgendeine Art von schwimmfähigem
Untersatz, zumindest vorübergehend in bestimmten Gegenden (sonst
wären die Menschen trotz Meeresspiegelabsenkung nicht nach Australien
gekommen). Nachdem man das Seil erfunden hatte, tauchten schätzungsweise um 20 000 v. Chr. mit Schleudern, Schlingen und Fallen effektivere
Jagdgeräte auf sowie Nadeln aus Knochen. Die Speerschleuder als Jagd-
waffe erhöhte die Reichweite gegenüber dem Speer, und erst recht galt das
für Pfeil und Bogen; Letztere sind für Europa seit 15 000 v. Chr. belegt und
tauchten auch in Asien und Afrika vor 10 000 v. Chr. auf. Vielleicht gab es
zu diesem Zeitpunkt auch schon Fischreusen. Zu den Innovationen der
Jagdtechnik gehört auch die Domestizierung des Wolfes zum Hund um
13 000 v. Chr. in Ostasien, der schon wenig später auch in Europa verfügbar war und auch von den ersten Menschen mit nach Amerika genommen wurde.[20] Dabei ist es offen, wer hier wen domestiziert hat: Haben die
Menschen sich einen willigen Jagdhelfer herangezogen, oder haben durch
Fleischabfälle angelockte Wölfe die Menschen dazu gebracht, sie dauerhaft zu versorgen?

Wir wissen nicht, wie oft diese einzelnen Innovationen gemacht worden sind. Sicherlich hat nicht jede kleine Population sie für sich neu erfunden, denn so spärlich die Kontakte zwischen den Gruppen auch waren, es gab sie. So wurden seltene Gegenstände wie Obsidian (ein scharfkantig absplitterndes vulkanisches Glas), bunte, schmückende Gehäuse von Meeresschnecken oder Ocker zwischen den Gruppen getauscht. Sie konnten, von einer zur anderen weitergereicht, ohne reisende Händler über Hunderte von Kilometern wandern. Auch Heiratskontakte und Nachrichtenaustausch zwischen den Gruppen sowie der Wechsel einzelner Personen von einer Gruppe in eine andere sorgten für gewisse Kontakte. Bei den Aborigines in Australien verbreitete sich im 18. Jahrhundert die Nachricht von der Ankunft der Europäer durch den ganzen Kontinent.[21] Dabei erfolgte der Transfer von Innovationen aber nur sehr langsam und erreichte die einzelnen Räume nur ungleichmäßig. Pfeil und Bogen beispielsweise kamen erst 2000 v. Chr. durch Einwanderer von Nordostsibirien nach Alaska und brauchten bis 500 n. Chr., bis sie sich über ganz Nordamerika ausgebreitet hatten[22], erreichten Zentralmexiko erst um 800, wo sie aber nicht recht aufgenommen wurden, und kamen in Australien, das nach dem Untergang der Landbrücken recht isoliert war, bis ins 19. Jahrhundert nicht an (dafür entstand dort mit dem Wurfholz eine Alternative).

Da die ökologischen Bedingungen sehr unterschiedlich aussahen und da der Kontakt und damit der Transfer zwischen den Populationen gering war, bedeuteten Innovationen zwangsläufig, dass sich die Lebensweisen der Populationen auseinanderentwickelten. Diese Pluralisierung ist in allen Bereichen erkennbar. Regionale Varianten der Werkzeuge entstanden. Als vorübergehende Unterkünfte dienten oft Zelte oder Windschirme aus Fellen über Holzstangen, in der baumlosen Tundra hingegen Hütten aus Mammutknochen. Während man im kalten Europa nicht ohne Fellkleidung auskam, gingen die Menschen im warmen Australien bis ins 19. Jahrhundert ebenso wie im Ägypten der Pyramidenzeit weitgehend nackt (warum auch nicht?). Auch die Sprachen entwickelten sich aufgrund der geringen Kommunikation zwischen den Populationen auseinander. In Australien gab es um 1800 n. Chr. bei etwa 300 000 Einwohnern ca. 250 verschiedene Sprachen.[23]

Die Pluralisierung zeigte sich erst recht bei den Methoden des Nahrungserwerbs. Nun waren Wildbeuter, gemessen an der bürgerlichen Arbeitsmoral der Industriegesellschaften, faul. Sie waren keine regelmäßige Arbeit gewohnt und schätzten ihre Freizeit, sie legten im Allgemeinen keine Vorräte an und planten überhaupt nicht lange voraus, und sie erstrebten keinen steigenden Wohlstand.[24] Diese Faulheit war auch vernünftig. Wenn man satt war, machte es keinen Sinn, mehr zu arbeiten, da man nicht imstande war, mehr aufzuessen, und man es kaum gegen etwas anderes eintauschen konnte, weil alle Horden im Prinzip das Gleiche erwirtschafteten. Es machte auch keinen Sinn, sich zusätzlichen Hausrat zu schaffen, der bei der mobilen Lebensweise nur eine Last gewesen wäre. Je nach Ökosystem war es höchst unterschiedlich, wie man am bequemsten satt wurde, also welche Tiere besonders gejagt wurden, und ob Jagd, Fischfang oder Sammeln mehr zur Ernährung beitrugen.[25] Dementsprechend variierte auch die Arbeitszeit (d. h. Zeitaufwand für Jagen, Sammeln und Zubereiten); bei Jägern und Sammlerinnen im frühen 20. Jahrhundert streute sie von 12 bis zu 70 Wochenstunden.[26] Wenn der Tierbestand dafür ausreichte, brachte die Jagd auf große Pflanzenfresser pro Arbeitszeit den höchsten Kalorienertrag, erlaubte allerdings nur eine sehr geringe Bevölkerungsdichte. In der Tundra und Steppe Eurasiens und Nordamerikas stand deshalb die Jagd auf Mammuts, Bisons, Rentiere und Pferde im Mittelpunkt, zumal in der kalten Tundra nur wenige Pflanzen wuchsen, die für Menschen essbar waren. Wo große Tiere seltener waren, wurde ein breiteres Spektrum von Kleintieren und Pflanzen genutzt (z. B. von den Khoisan in Ostafrika). Glücklich konnte sich auch schätzen, wer reichlich kalorienhaltige Nüsse greifbar hatte. Nachdem entsprechende Techniken entwickelt worden waren, spezialisierten sich manche Gruppen auf Fische, Muscheln und andere Wassertiere. Wo das Nahrungsangebot es erlaubte, verzichteten die Wildbeuter gerne auf das anstrengende Umherziehen und wurden sesshaft. Insbesondere Fischer an Flüssen oder Meeresküsten neigten dazu. Wir wissen nicht, inwieweit Sesshaftigkeit um 10 000 v. Chr. verbreitet war. Gesichert ist sie für Gruppen auf Kyushu/Japan, die von Fischen, Muscheln und Krustentieren lebten und ab 10 500 v. Chr. Gefäße aus Keramik herstellten. Weltweit war es die erste Keramik; und welcher mobile Wildbeuter schleppt schwere Keramiktöpfe mit sich herum? Vielleicht dienten sie zum Kochen, was bisher nicht möglich war. Dieses lässt zugleich erkennen, warum Sesshaftigkeit den Schritt von den Wildbeutern zur Stufe der entwickelten Fischer, Sammler und Jäger bedeutete: Es bot die Chance, das Inventar an Techniken und Gerätschaften deutlich zu erweitern sowie Vorräte anzulegen. Bei den entwickelten Fischern, Sammlern und Jägern mit höherer Bevölkerungsdichte konnte auch die Größe der Gemeinschaften deutlich über das Niveau einer Horde hinauswachsen.

Da die Wildbeuter nicht planmäßig Ackerpflanzen und Haustiere vermehrten, lebten sie mehr in der gegebenen Natur, als dass sie intensiv auf diese eingewirkt hätten. Sie veränderten ihre Umwelt also eher wenig. Vielleicht hat in den Savannengebieten Afrikas und Australiens die Jagd mithilfe von künstlichen Flächenbränden die Zusammensetzung der Pflanzengesellschaften langfristig unbeabsichtigt verändert.[27] Schwerer wog die Neigung, die großen pflanzenfressenden Säugetiere, die nur begrenzte Bestände und geringe Reproduktionsraten aufwiesen, zu überjagen. Das geschah weniger dort, wo diese Tierarten schon frühere Hominiden mit ihren noch begrenzten Jagdtechniken kennen und fürchten gelernt hatten und sich im Laufe der Evolution auf diese einstellen konnten, als vielmehr dort, wo gleich das gefährliche Raubtier Homo sapiens in ihre Populationen einbrach, also in Australien, dem Norden Eurasiens und Amerika. Wo solche geschwächten Bestände dann mit den Folgen konfrontiert wurden, die das Ende der letzten Eiszeit mit sich brachte (in Nordamerika und Eurasien starke Verschiebung der Vegetationszonen nach Norden, in Australien Austrocknung), brachen sie zusammen, ein Effekt, den die Wechsel zwischen Kalt- und Warmzeiten vor dem Auftreten der Menschen nicht gehabt hatten. So starben nach dem Erscheinen des Homo sapiens in Australien im Laufe einiger Jahrtausende und in Nordamerika in nur rund tausend Jahren die meisten großen Säugetiere aus, und auch in Eurasien reduzierte sich die Artenzahl etwas.[28] Von einem Leben der Menschen in Harmonie mit der Natur kann man hier kaum sprechen.

Niemand kann herumkommandieren

Menschen sind biologisch darauf programmiert, dass Verwandte sich unterstützen, damit die Ausbreitung der Gene gesichert ist. Dabei kann das Gefühl der Verbundenheit aber die Verwandtschaft durch Abstammung, die überdies kulturell unterschiedlich definiert wurde, nur begrenzt von der Wohn- und Lebensgemeinschaft unterscheiden.[29] Auf dieser Grundlage bestand zwischen den Menschen ein Netzwerk von Beziehungen, die rein persönlichen Charakter hatten. Am engsten waren diese innerhalb einer Kernfamilie, von denen mehrere eine Horde bildeten. Die Horde war zwar die Hauptlebensgemeinschaft und beanspruchte auch ein bestimmtes Territorium als ihr Revier[30], aber die einzelnen Horden waren wenig stabil; Einzelne oder Familien spalteten sich ab und fanden sich zu neuen Horden zusammen. Gelegentlich trafen auch mehrere Horden zusammen, um Geschenke, Nachrichten und Frauen auszutauschen. Nicht asymmetrische Machtbeziehungen, sondern das Prinzip der Reziprozität, der Gegenseitigkeit zwischen Gleichen dominierte die Beziehungen zwischen den Menschen. Dies galt in erster Linie für die verwandten und die zusammenlebenden Menschen, und je geringer die verwandtschaftliche und die räumliche Nähe wurden, desto schwächer wurde das Gefühl gegenseitiger Verpflichtung. Innerhalb der Horde wurde Jagdbeute geteilt (Werkzeuge und Kleidung waren dagegen individueller Besitz). Man half sich gegenseitig und war verpflichtet, sich zu revanchieren, was aber nicht sofort und auf gleiche Art erfolgen musste. Dieses Netz freundschaftlicher Beziehungen wurde auch über die Horde hinaus ausgedehnt, indem benachbarte Horden untereinander tauschten. Dabei waren mehrere Zwecke undifferenziert miteinander verwoben: der materielle Nutzen von Gaben, die Vermeidung von Inzest (Frauentausch) und die Bekräftigung freundschaftlicher Beziehungen.[31] Jenseits davon herrschte Unfrieden, was beispielsweise einen Beutezug in die Nachbarschaft bedeuten konnte. Das Beziehungsnetz war auch nicht so fest, dass nicht auch innerhalb einer Horde gewaltsame Rivalitäten zwischen einzelnen Personen mit Mord und Totschlag vorkommen konnten.[32]

Männliches Dominanzstreben gab es auch unter Wildbeutern, aber es traf stets auf eine starke Gegenwehr der Gruppe, deren Mitglieder ihre Freiheit liebten und auf Gleichheit bedacht waren. Wer sich zu sehr herausheben wollte, wurde verspottet, wer zu viel hatte, musste abgeben. Im Unterschied zur Schimpansengruppe mit ihrer Rangordnung hatte die Wildbeutergruppe gegenüber dem ehrgeizigen Einzelnen mehr Macht, wohl weil sie durch die Sprache bei der Gegenwehr besser kooperieren konnte und weil Waffen die Körperkraft des Stärkeren ausbalancieren konnten.[33] Zwar waren Einzelne aufgrund von Kraft, Intelligenz, Erfahrung oder besonderem Geschick angesehener, aber es gab Gruppenführung nur vorübergehend, z. B. für einen einzelnen Jagdzug, jedoch nicht als dauerhafte formelle Führung innerhalb der Horde. Erst recht kannte man keinen erblichen höheren Rang. Entscheidungen wurden von der Horde gemeinsam getroffen, indem man diskutierte, bis ein Konsens erzielt war. Wer den Kurs bestimmen wollte, musste überzeugen, aber er konnte nicht befehlen. Wem es gar nicht passte, der wechselte zu einer anderen Horde. Zwischen den Geschlechtern gab es eine Aufgabenteilung, die einzige Form von Arbeitsteilung in dieser Zeit (die im Übrigen der Arbeitsteilung bei Schimpansen entsprach): Ausdauernde Verfolgungsjagd auf Großwild und schweres Ziehen waren fast ausschließlich Männersache, Kleinkindbetreuung dagegen Aufgabe der Frauen, und da diese dadurch in ihrer Beweglichkeit begrenzt waren, fiel auch Sammeln und Nahrungszubereitung meist in ihren Bereich. Ein Unterschied an Rang und Macht war damit aber nicht verbunden.

Die Welt als Spiegelbild des Menschen

Nichts ist hinsichtlich der frühen Jäger und Sammlerinnen so umstritten wie ihre symbolische Konstruktion der Wirklichkeit. Die Deutungen reichen von der kolonialzeitlichen Meinung, Primitive seien aufgrund einer »prä-logischen Mentalität«[34] dem »wilden Denken«[35] verfallen gewesen, bis zur politisch korrekten Position, sie hätten genauso pragmatisch und rational gedacht wie heutige Menschen, da alle Menschen die gleichen Denkstrukturen hätten.[36] Die Zugriffe auf das Problem reichen von der Frage nach dem Ursprung der Religion[37] über archäologische Deutungsversuche von Höhlenmalereien bis zum entwicklungspsychologischen Ansatz.[38] Doch die Begriffe rational und Religion helfen nicht weiter; der

Religionsbegriff ist von abendländischen Gegebenheiten geprägt und projiziert diese unzulässigerweise zurück[39], und rational ist ein recht mehrdeutiger Begriff. (Handeln Menschen heute rational, wenn sie glauben, Börsenprofis könnten Aktienkurse besser als Laien voraussagen?[40]) Nun sind Menschenpopulationen aller Regionen und Zeiten genetisch grundsätzlich in gleicher Weise vernunftbegabt, aber das heißt nicht, dass das Training dieser Fähigkeiten und die verwendeten Deutungsschemata die gleichen sind, denn die Denkweisen der Menschen erwachsen, indem diese sich mit ihrer jeweiligen Umwelt auseinandersetzen, der Natur wie den Mitmenschen. Um hier klar zu sehen, muss man deutlich zwischen vier Bereichen unterscheiden, nämlich Erfahrungswissen, weltanschaulichen Deutungen, deutungsbezogenen Handlungen (z. B. Ritualen) und expressiven Gestaltungen.

Wildbeuter haben ihre natürliche Umgebung neugierig und findig untersucht und mit den Dingen, die sie mit ihren Sinnen unmittelbar wahrnehmen konnten, konkrete Erfahrungen gesammelt: Holz schwimmt auf dem Wasser, Bären sind gefährlich, Schwarzes Bilsenkraut ist giftig. Indem Erfahrungen weitergegeben wurden, wuchs dieser Erfahrungsschatz langfristig an, und die Gedächtnisleistungen waren nicht schlechter als jene heutiger Menschen. Natürlich waren große Teile heutigen Wissens noch nicht erkannt, aber dafür wussten die Wildbeuter ihren Bedürfnissen entsprechend zahlreiche Arten von Pflanzen und ihren Nutzwert zu unterscheiden, wo der heutige Stadtmensch nur grünes Durcheinander sieht. Im Bereich dieses praktischen Erfahrungswissens verfügten die Menschen über Urteile mit gesundem Menschenverstand und verlässliche Alltagsroutinen. Schwieriger war es bei Dingen, wo der zeitliche Abstand zwischen Ursache und Wirkung größer war. Den Zusammenhang von Zeugung und Geburt hatten zumindest nicht alle Wildbeuter entdeckt[41], und über die Heilwirkung manchen Krauts bestanden Irrtümer. Darüber hinaus gibt es auch noch Fragen wie z. B.: Warum regnet es nicht? Woher kommt das Fieber? Was ist nach dem Tod? Bei Problemen dieser Komplexität versagt die unmittelbare Wahrnehmung, und es kommen Deutungsschemata mit ins Spiel.[42]

Die Deutungsschemata primitiver Kulturen hingen eng damit zusammen, dass die Lebensverhältnisse noch fast undifferenziert waren; es gab keinen abstrakten Wertmaßstab (Geld), kein formalisiertes staatliches Recht und keine ausdifferenzierten Spezialisten für das Geistige (Priester). Nun entwickeln alle Menschen von früher Kindheit an bestimmte Deutungsschemata aus der unmittelbaren Erfahrung im Umgang mit konkreten Gegenständen und Menschen heraus; kausale Deutungsschemata sind indes historisch erst entstanden, nachdem sich in entwickelteren Gesellschaften ein Diskurs einer professionellen Intellektuellenschicht ausdifferenziert hatte. Primitive Kulturen konnten diese kausalen Deutungsschemata noch nicht kennen, wogegen solche heute durch schulisches Training allgemein verbreitet werden und die zunächst entstehenden kindlichen Deutungsschemata beiseiteschieben, weshalb sie uns nun selbstverständlich erscheinen. Kennzeichnend für die Weltanschauung primitiver Kulturen ist dementsprechend 1., dass das Denken stark an anschauliche, gegenständliche Erfahrung und Handlungskontexte gebunden ist und kaum über Verallgemeinerungen der Erfahrung zu abstrakten, d.h. von Situation und Gegenstand gelösten Kategorien verfügt[43], und 2. dass es zu subjektivistischen Deutungen neigt.[44]

Worin zeigte sich die geringe Abstraktionsfähigkeit? Die Menschen waren nicht in der Lage, aus zwei Prämissen, die jenseits ihrer Lebenserfahrung lagen, eine formallogisch richtige Schlussfolgerung zu ziehen (Syllogismus).[45] Logische Argumentationen und präzise Begrifflichkeiten lagen den Menschen fern. Sie konnten zwar Sachverhalte zu Gruppen klassifizieren, taten dies aber nicht nach hierarchischen Gattungsbegriffen, die nach abstrakten Kategorien gebildet wurden, sondern nach äußerlich wahrnehmbaren Merkmalen oder danach, was in einer praktischen Situation zusammengehört (z.B. Jagdspeer zu Rentier und nicht zu Werkzeug). Außerdem konnten die Wildbeuter nicht mit abstrakten Zahlbegriffen umgehen, d.h. über 2 oder höchstens 10 hinauszählen, dementsprechend auch nicht rechnen und mit abstrakten Maßeinheiten messen.[46]

Wo für komplexe Zusammenhänge das Erfahrungswissen nicht reichte und keine kausalen Deutungsschemata zur Verfügung standen, griffen die Menschen auf das subjektivistische Deutungsschema zurück. Dieses wurzelte darin, dass Menschen aufgrund der biologischen Evolution in der Lage sind, sich in Handlungen und Absichten anderer hineinzuversetzen, sie zu verstehen und gedanklich zu simulieren, und dass sie sich vom Säuglingsalter an in Interaktion mit der Mutter und dann auch anderen Bezugspersonen befinden. Daraus bilden Menschen von klein auf das Deutungsschema, Objekte, die ihnen entgegentreten, als handelnde Personen mit eigenem Willen zu deuten. Die Menschen primitiver Kulturen projizieren diese Deutung für menschliches Handeln dann in die Welt der Dinge. Die Ursache für ein Ereignis wurde so nicht kausal im heutigen Sinne in physikalischen Kräften gesehen, sondern als Folge von Handlungen von unsichtbaren Wesen. Die Welt war erfüllt von solchen Wesen, die mit eigenem Willen gedacht waren; sie steckten in Fluss und Baum, Donner und Berg. Es waren keine jenseitigen Mächte, sondern Subjekte in dieser Welt. Es waren also keine Götter mit einem persönlichen Profil, die verehrt oder gefürchtet wurden; wo es unter den Menschen keine politischen Autoritäten gab, wurden auch keine göttlichen Autoritäten vermutet. Tiere und Menschen sowie Menschen und Gegenstände wurden nicht so scharf getrennt wie heute, vielmehr nahm man überall Subjekte an. Fragen, die für die Gemeinschaft wichtig waren, wie die nach der Entstehung der Welt oder nach dem Tod, wurden nicht durch Argumentation, sondern durch das Erzählen eines Handlungsablaufs erklärt, also durch Mythen. Mythen gaben Sinn und Orientierung, waren aber noch recht unbestimmt und wenig festgelegt.

Die Weltsicht der Menschen prägte ihre Handlungen. Wo Erfahrungswissen zugrunde lag, bediente man sich technischer Mittel. Wo das subjektivistische Deutungsschema zum Zuge kam, versuchte man, durch Rituale mit den Wesen in Kontakt zu treten und damit Sicherheit zu schaffen. Wo nichttechnische Verfahren direkt auf die Natur einwirken sollten, hatten die Rituale den Charakter von Magie. Rituale wurden zu verschiedenen Gelegenheiten wie Geburt und Tod oder vor und nach einer Jagd vollzogen. Dies geschah an unterschiedlichen Orten, aber es gab auch besondere Kultstätten, z. B. an Quellen, besonderen Bäumen oder in Höhlen; nur Letztere sind, soweit sich dort Wandmalereien erhalten haben, für uns als solche kenntlich. Jeder führte Rituale aus, teils alleine und teils in Gemeinschaft mit anderen. Ob daneben schon in dieser Zeit einzelne Menschen auftraten, die als Schamane oder Heiler besondere Fähigkeiten besaßen und dann neben ihrer normalen Tätigkeit zeitweise in die Sonderrolle eines Vermittlers zwischen Menschen und den besonderen Wesen schlüpften, ist unsicher.[47] Da die Rituale fluktuierender Horden durch keine wirklichen Spezialisten oder Institutionen gestützt wurden, waren sie ebenso wie die Mythen im Ganzen kaum ausgebaut und wenig festgelegt.

Nachdem ab etwa 80 000 v. Chr. expressive Gestaltungen entstanden waren, wurden diese ganz langsam vielfältiger und reichlicher. Für diese Zeit lassen sich verschiedene Formen nachweisen: Bilder von Tieren und (seltener) Menschen, die auf Felswände gemalt wurden, kleine Tier- und Menschenfiguren aus Stein, Elfenbein, Knochen und Ton, Perlenketten und Musik (Flöte); zu vermuten (aber archäologisch nicht greifbar) sind ferner Holzschnitzereien, Körperbemalungen und Tätowierungen, Tänze und Masken. Dabei werden zunehmendes handwerkliches Geschick und künstlerisches Gespür erkennbar. All dies stellt keine autonome Kunst im heutigen Verständnis dar, sondern war zweckgebunden. Die Felsmalereien waren sicher mit Ritualen verknüpft, anderes war wohl reiner Schmuck, und manches (wie z. B. die Figuren) können wir nicht einschätzen (man muss nicht alles Mehrdeutige immer gleich für sakral halten).

Weizenähren und Lehmhäuser.
10 000 bis 3500 v. Chr.

Fische und Wildgräser

Vielleicht ist die biblische Geschichte von der Vertreibung aus dem Paradies ein ferner Nachhall eines wichtigen historischen Schritts der Menschheit: Nachdem Adam und Eva im »Paradies« gelebt hatten, einer Gegend, wo man mit dem Sammeln von Früchten bequem existieren konnte, mussten sie zu einer deutlich anstrengenderen Lebensweise wechseln, und ihre Söhne Kain und Abel lebten als Ackerbauern und Viehzüchter.[48] In Wirklichkeit erfolgte dieser Schritt natürlich nicht innerhalb einer Generation, und auch der Begriff »neolithische Revolution«[49] ist hierfür irreführend, da er die lange Dauer der Entwicklung nicht angemessen widerspiegelt und genauso wenig die Tatsache, dass es sich um mehrere Stufen handelte.

Den ersten Anstoß zu den grundlegenden Veränderungen, um die es hier geht, lieferte das Ende der Eiszeit. Zwischen 10 000 und 7500 v. Chr. stieg die durchschnittliche Temperatur um etwa 5 °C auf ungefähr heutiges Niveau. Das hatte eine Reihe von Veränderungen zur Folge, an welche die Menschen sich anpassen mussten. Durch das Abschmelzen des Inlandeises stieg der Meeresspiegel, die fruchtbaren Küstenebenen wurden überflutet, und die Menschen mussten schrittweise zurückweichen. Zugleich gingen die eiszeitlichen Landbrücken unter. Die eurasische Tundra verschob sich stark nach Norden, und wo sie gewesen war, breiteten sich dichte Wälder aus. Diese boten zwar besonders im südlichen Laubwaldbereich viel mehr essbare Früchte als die bisherige Tundra, waren aber vor allem im Norden deutlich wildärmer. Die Zeit der Großwildjagd ging zu Ende. Manche Menschen folgten der sich zurückziehenden Tundra in bisher vereiste und deshalb unbewohnte Räume. Viele stellten sich indes um, indem sie anfingen, ein breiteres Spektrum von Ressourcen zu nutzen. Von der europäischen Atlantikküste über Sibirien bis Korea hin konzentrierten sich Menschen dabei anscheinend besonders an Flüssen und Küsten, wo es als Nahrung reichlich Fische und Muscheln gab, die man durch Beeren, Nüsse und gelegentliches Wild aus dem Waldhinterland ergänzen konnte. Dabei wurden sie zu einem großen Teil sesshaft, traten also in das Stadium der entwickelten Fischer, Sammler und Jäger ein. Im östlichen

Waldland Nordamerikas scheint sich dieselbe Veränderung abgespielt zu haben. Im Nahen Osten, genauer gesagt im sogenannten »Fruchtbaren Halbmond«, der sich von Israel über West- und Nordsyrien, die südöstliche Türkei und Nordirak bis in den südwestlichen Iran erstreckt, also jenem Gebiet, in dem genug Niederschlag fällt, um dichten Pflanzenwuchs zu ermöglichen, wurde es am Ende der Eiszeit feuchter. Hier breiteten sich Wildgräser aus. Die Menschen begannen deren Samenkörner verstärkt zu sammeln und konnten um 9000 v. Chr. zu einem beträchtlichen Teil ebenfalls sesshaft werden. In Afrika dehnte sich der Regenwald von kleinen Gebieten her über das ganze Kongobecken und Teile Westafrikas aus, die Savanne verschob sich in Westafrika nach Norden, und in der Sahara wurde es feuchter, sodass sich dort Flüsse und Seen bildeten. Auch hier konzentrierten sich Menschen in den Gunsträumen, und vom Westen der Sahara bis zum ostafrikanischen Victoriasee hin wurden sie weitgehend an Flüssen sesshaft, wo es Fische gab und andere Tiere zur Tränke kamen. Dieser Schritt zum Stadium der entwickelten Fischer, Sammler und Jäger zeigte sich ebenso darin, dass im Sudan ab 8500 v. Chr. Keramikgefäße aufkamen, die sich durch die ganze Sahara und bis nach Ostafrika verbreiteten. Auch in Teilen Südostasiens gab es wohl ähnliche Entwicklungen (vielleicht ab 6000 v. Chr. in Nordthailand Keramikgefäße[50]). Ferner sind für Amerika im tropischen Regenwald am oberen Amazonas ab 5500 v. Chr. sesshafte Fischer mit Keramik nachweisbar sowie an der Westküste Südamerikas ab 3500 v. Chr. eine sesshafte Bevölkerung, die sich dort ausschließlich von Meerestieren ernährte (ihr Hinterland bestand aus der Küstenwüste).

In beträchtlichen Teilen der Welt erfolgte also mit dem Ende der Eiszeit der Schritt von Wildbeutern zum Stadium der entwickelten Fischer, Sammler und Jäger.[51] Dörfliche Siedlungen mit festen Häusern entstanden, und die Größe menschlicher Gemeinschaften konnte über die begrenzte Zahl kleiner Horden hinauswachsen. Mit der Sesshaftigkeit wurde Vorratshaltung möglich. Die Herausforderung durch Schädlingsfraß fand innovative Antworten in Gestalt unterschiedlicher Behältnisse aus Keramik, geflochtenen Körben oder Holz. Nicht nur hierdurch wurde der Besitz reichhaltiger, sondern auch durch Netze und andere Fischfanggeräte sowie Boote, meist als Einbäume. In Palästina tauchten um 10 000 v. Chr. Mahlsteine und Steinmörser auf.

Das Ende der Eiszeit hatte also den Anstoß gegeben zum Stadium der entwickelten Fischer, Sammler und Jäger, nicht aber zu Agrargesellschaften. Dieses Stadium war auch keine kurze Übergangsphase, sondern dauerte oft jahrtausendelang.

Auf die Körner kommt es an

Sehr langfristig gesehen blieb es indes nicht beim Stadium der entwickelten Fischer, Sammler und Jäger. An einigen wenigen Stellen auf der Welt entstanden domestizierende Gesellschaften autochthon, d. h. Menschen taten den Schritt zu diesem neuen Stadium aus eigener Kraft, bevor sie mit anderen Agrargesellschaften Kontakt bekommen hatten. An diesen Stellen waren die Menschen schon vorher zur Sesshaftigkeit übergegangen[52], abgesehen von Zentralmexiko. Wenn wir vom Beginn der Domestizierung reden, meinen wir, dass die Domestizierung von Pflanzen und Tieren durch den Menschen zu Veränderungen gegenüber der Wildform geführt hat, indem z. B. die Ähren der Gräser größer wurden, und dass diese archäologisch nachweisbar sind. Nun darf der Beginn der Domestizierung nicht mit dem Auftreten von Agrargesellschaften verwechselt werden, in denen der größte Teil der Nahrung von domestizierten Pflanzen und Tieren stammt. Zunächst wurden stets nur sehr wenige Pflanzen oder Tiere domestiziert, und die Menschen wären schlecht beraten gewesen, sich ausschließlich hierauf zu stützen: Es hätte ihren Speisezettel gefährlich vereinseitigt und ihnen damit üble Mangelerkrankungen beschert. Die domestizierten Bestände haben also anfangs die Nahrung aus Fischfang, Sammeln oder Jagd nur ergänzt, und erst als ein ganzer Komplex von domestizierten Nahrungsquellen zur Verfügung stand, konnte man das Fischen, Sammeln und Jagen weitgehend aufgeben und sich überwiegend auf Landwirtschaft stützen. Erst ab diesem Zeitpunkt kann man von einfachen Agrargesellschaften sprechen.[53] Die Phase der domestizierenden Gesellschaften dauerte dabei mindestens 2000 Jahre, und nur zum Teil führte sie eigenständig zum Stadium der Agrargesellschaft.

Entsprechend dem ökologischen Umfeld sind nun bei den autochthonen domestizierenden Gesellschaften[54] unterschiedliche Entwicklungspfade erkennbar.[55] Im *Fruchtbaren Halbmond* begann 8000 v. Chr. fast gleichzeitig die Domestizierung von Wildgräsern zu Emmerweizen, Einkornweizen und Gerste, von Schafen und Ziegen (beide nur wegen des Fleisches); hinzu traten Hülsenfrüchte (Linse, Erbse und Kichererbse) und um 7000 Schweine und Rinder, außerdem Keramikgefäße. Eine Ergänzung bildeten Katzen, die sich vermutlich selbst domestizierten, angelockt durch die zahlreichen Nagetiere bei den Getreidevorräten.[56] Auf der Basis dieses Pakets war um 6000 in großen Teilen des Fruchtbaren Halbmonds das Stadium einfacher Agrargesellschaften erreicht. An der Mündung des *Jangtse* begann die Domestizierung des Sumpfgrases Reis ab 7000, dazu kamen bald Schwein und Huhn und um 4500 Wasserbüffel, sodass die Menschen um 4000 in das Stadium der Agrargesellschaft eintraten. In *Nordchina* setzte am Mittellauf des Hwangho und im umliegenden Lössbergland

6500 die Domestizierung von Borstenhirse, Besenhirse und Schweinen ein, bis ab 4000 von Agrargesellschaften gesprochen werden kann. In ganz China waren bis 6000 Keramikgefäße bekannt geworden. Im Hochland *Tibets* nahm man die Domestizierung des Yaks auf (schon 6000 v. Chr.?), die aber isoliert blieb. In der östlichen *Sahara* begann 7000 die Domestizierung von Rindern, der sich aber keine weiteren Tiere und Pflanzen beigesellten. Reis wurde unabhängig von Südchina in einer zweiten Region domestiziert[57], möglicherweise im Raum Bangla Desh (5000 v. Chr.?). Vielleicht um 5000 wurde im Hochland von *Äthiopien* die Domestizierung von Ensete (einer bananenähnlichen Pflanze, von welcher der innere Teil des Stammes gegessen wurde) und Tef (einem Süßgras) aufgenommen. Am oberen *Amazonas* begannen vielleicht um 4500 sesshafte Fischer Maniok zu domestizieren, dem sich noch Süßkartoffeln, aber keine Tiere beigesellten; ab 2800 lässt sich hier von Agrargesellschaften sprechen. Möglicherweise schon deutlich vor 4000 setzte im Hochland von *Neuguinea* die Domestizierung der Wurzeln Taro und Jams und dann auch von Bananen ein. Vielleicht auch schon deutlich vor 3000 begann in der *afrikanischen Savanne* südlich der Sahara die Domestizierung von Perlhirse und Sorghum und im Westen am Waldrand auch von Jams. Im peruanischen *Andenhochland* wurden ab 3500 v. Chr. Lamas, dann Chilipfeffer, Bohnen und Meerschweinchen und seit 2500 Kartoffeln domestiziert, in Perus Küstentälern ab 3200 Baumwolle. In *Zentralmexiko* begannen Wildbeuter um 3500 verstärkt Teosinte zu Mais zu domestizieren, ergänzt vor allem durch Bohnen, wozu als einziges essbares Tier erst um 300 v. Chr. der Truthahn kam. Angesichts dieser einseitigen Basis wurden die Menschenpopulationen dort erst um 1500 v. Chr. zur Agrargesellschaft. Schließlich begannen sesshafte Fischer und Sammlerinnen am *Mississippiflussnetz* ab 2500 Kürbis (als Behälter) und ab 1500 v. Chr. Sonnenblumen und Sumpfholunder (beide wegen der Kerne) zu domestizieren, jedoch keine Tiere.

Für den Schritt zur Agrargesellschaft war entscheidend, dass eine ausreichende Basis an Grundnahrungsmittel domestiziert worden war. Das erforderte zunächst einen Lieferanten von Kohlehydraten, d. h. im Wesentlichen Getreidekörner, die überdies gut lagerfähig waren, oder auch Wurzeln. Da diese aber arm an Eiweißen und Vitaminen sind, waren zusätzlich Eiweißlieferanten nötig, vor allem Hülsenfrüchte und Tiere. Im Falle von Nordamerika (weder Grundnahrungsmittelpflanzen noch Tiere), Tibet und der Sahara (keine Pflanzen) und vielleicht auch Äthiopien und Neuguinea (wo die Wurzeln nur begrenzt Kalorien und Eiweiß lieferten) war die Ressourcenbreite zu gering, als dass auf dieser Basis der eigenständige Schritt von der domestizierenden Gesellschaft zur Agrargesellschaft getan werden konnte, ohne weitere domestizierte Pflanzen bzw. Tiere durch Transfer von anderen Regionen zu übernehmen.

Zwei Fragen drängen sich hier auf: Warum gingen einige Menschen vom Leben als entwickelte Sammler und Jäger zu domestizierenden Gesellschaften über und blieben nicht weiter beim bisher Gewohnten?[58] Warum taten die Menschen nur an so wenigen Stellen der Welt eigenständig diesen Schritt und nicht viele andere ebenso, warum erreichten noch weniger eigenständig das Stadium der Agrargesellschaft? Niemand hat die Landwirtschaft bewusst erfunden, sondern es war in der domestizierenden Gesellschaft ein unbeabsichtigter Prozess der vielen kleinen Schritte. Sesshaftigkeit führte dazu, dass Frauen nicht mehr beim Umherziehen Kleinkinder tragen mussten, wodurch die Geburtenintervalle kürzer werden konnten, und dass saisonale Versorgungsschwankungen besser durch Vorratshaltung ausgeglichen werden konnten. Beides zusammen erhöhte die Fruchtbarkeit der Frauen, und die Bevölkerung begann ganz langsam zu wachsen. Zugleich wurden die vorhandenen Ressourcen allmählich intensiver genutzt, die Menschen wurden mit ihnen immer vertrauter und gingen über aktive Pflege zur gezielten Manipulation über. Beides, die intensivere Nutzung bis hin zum gezielten Anbau und die Neigung, entstehende Nahrungsspielräume durch Bevölkerungswachstum auszufüllen, haben sich durch Rückkopplung gegenseitig verstärkt. Sie ließen die Menschen allmählich in eine neue Lebensweise hineinrutschen, hinter die es dann kein Zurück mehr gab, da die Bevölkerungsdichte nun entsprechend gestiegen war.[59] Da Sammeln, Nahrungszubereitung und Vorratshaltung primär Sache der Frauen waren, spricht vieles dafür, dass sie bei der Domestizierung von Pflanzen und bei der Erfindung von Keramikgefäßen und Körben die entscheidende Rolle spielten.

Viele Gegenden der Welt sind für Ackerbau geeignet, wie sich in den folgenden Jahrtausenden zeigen sollte, aber in nur ganz wenigen erfolgte der Schritt zur Agrargesellschaft autochthon. Dass dieses nicht in zahlreicheren Gegenden geschah, hat zum großen Teil damit zu tun, dass dort keine Wildformen existierten, die für die Domestizierung zum Grundnahrungsmittel geeignet gewesen wären.[60] Die weitaus meisten größeren Säugetiere lassen sich nicht domestizieren, da sie keine soziale Rangordnung in Herden kennen, in die der Mensch als Leittier eintreten könnte, nervös zu panikartiger Flucht neigen, als erwachsene Tiere zu gefährlich werden, sich in Gefangenschaft nicht fortpflanzen oder als Fleischfresser zu viel Futter verbrauchen. Außer Hund und Katze sind nie Fleischfresser domestiziert worden, und diese beiden dienten als Jagdgehilfen auch nicht zum Verzehr. In Nordamerika waren bald nach dem Eintreffen der Menschen mit Pferden, Rindern, Schweinen und Kamelen alle denkbaren Kandidaten für eine Domestizierung ausgestorben, in Australien sah es nicht besser aus, und in Südamerika war nur das Lama übrig geblieben. An Pflanzen ist zwar auch in den Jahrtausenden nach 2500 v. Chr. noch so manches schmackhafte Obst und Gemüse domestiziert worden, aber es war kein weiteres Grundnahrungsmittel darunter. So wie die zur Domestizierung geeigneten Pflanzen und Tiere weltweit verteilt waren, erhielt der Nahe Osten eine Schlüsselstellung: Nur hier kamen Wildgetreide mit besonders dicken Samenkörnern vor, und hier bestand auch das größte Potenzial an zur Domestizierung geeigneten Wildtieren. Deshalb verwundert es nicht, wenn hier der Schritt zur Agrargesellschaft am frühesten gelang. Dieser Vorsprung aber hatte weitreichende Folgen.

Haben die Bauern die Jäger verdrängt?

Nachdem Agrargesellschaften einmal entstanden waren, breitete sich diese Lebensweise aus. Das geschah nicht flächendeckend, vielmehr wählten die Bauern die für sie günstigsten Stellen aus; noch gab es Land im Überfluss. Der Weizen-Gerste-Ziegen-Schweine-Rinder-Keramik-Komplex expandierte vom Nahen Osten in sieben verschiedene Richtungen. Nach Osten hin erreichte er um 7000 Westpakistan, wo er durch die Domestizierung des Zeburinds ergänzt wurde, und breitete sich gleichzeitig über den Kaukasus in die Kaspische Senke aus. Nach Westen dehnte er sich über Griechenland (7000 v. Chr.) zum einen längs der Mittelmeerküste nach Spanien (ab 5500) aus, zum anderen längs der Donau nach Mitteleuropa (5500–4500) bis zu den Britischen Inseln (im 4. Jahrtausend) und außerdem in die Ukraine (ab 5000). Nach Süden wanderte der Ackerbaukomplex seit 6000 über Ägypten längs der afrikanischen Mittelmeerküste bis Marokko und ebenso zu beiden Seiten des Roten Meers nach Äthiopien und Jemen. War der Ackerbau in den bisher genannten Regionen auf Regen angewiesen, so stieß er mit der Besiedlung Mesopotamiens und der aus dem nordiranischen Randgebirge nach Norden gerichteten Flüsse Turkmenistans (beides ab 5500), des Niltals (ab 5000) und der Indusebene (ab 4000) in Gegenden vor, wo die Niederschläge nur gering waren oder gänzlich fehlten und Pflanzenwuchs deshalb auf Wasser angewiesen war, das aus den durchströmenden Flüssen stammte. Da der Schwemmlandboden dieser Flussoasen aber fruchtbar war, konnte sich gerade hier die Bevölkerung besonders stark verdichten. Die Ausbreitung des nahöstlichen Agrarkomplexes stieß aber auch auf Grenzen: Das tropische Klima behagte den aus einem Klima mit wechselnden Jahreszeiten stammenden Getreidepflanzen nicht, sodass in die Savannenzone Afrikas nur die trockenresistenten Ziegen übernommen wurden. Die zentralasiatischen Wüsten geboten einer weiteren Ausbreitung nach Nordosten Einhalt, und im europäischen Norden begrenzte die Kälte die Anbaumöglichkeit. Dagegen verbreitete Keramik sich auch über die Anbaugrenze hinaus und wurde ab 4500 in Skandinavien, Nordosteuropa und Sibirien von den sesshaften Fischern weithin aufgenommen.[61]

Die nordchinesische Hirse-Schwein-Wirtschaft breitete sich bis 5000 über die ganze Große Ebene, in die Südmandschurei und nach Nordwesten gegen die Trockengrenze aus. Der südchinesische Reis-Schwein-Huhn-Komplex erreichte im 4. Jahrtausend den mittleren Jangtse und den Norden Vietnams und Thailands. Reis wurde auch in Nordchina eingeführt, blieb dort allerdings nebensächlich. In Westafrika wurden Sorghum und Perlhirse in der ganzen Savannenzone aufgenommen.

Dagegen konnten die in Äthiopien domestizierten Pflanzen nirgends sonst Fuß fassen, da sie auf das Hochlandklima spezialisiert waren, ebenso der tibetanische Yak. Im Falle Neuguineas verhinderten Gebirgsketten und malariaverseuchte Küstenebenen eine Expansion. Die saharische Rinderwirtschaft musste sich nach Süden zurückziehen, als die Sahara ab 4000 v. Chr. zunehmend austrocknete. Die amerikanischen Domestikationszentren waren vor 3500 v. Chr. noch nicht weit genug entwickelt, um eigene Expansionszentren zu sein.

Wie ging diese Ausbreitung vonstatten? Wo die Landwirtschaft die Nahrungsbasis erweitert hatte, ließ sie die Bevölkerungsdichte steigen, und aus diesen Räumen wanderten Menschen mit den Agrartechniken ins Umland ab, gründeten neue Bauerndörfer und übertrafen die Vorbevölkerung bald an Zahl. Teile der Jäger und Sammlerinnen gingen beim Aufeinandertreffen durch eingeschleppte Krankheiten oder Kämpfe unter, der Rest wurde dann über kurz oder lang von der Bauernbevölkerung aufgesogen. Die Nachfahren der Siedler trugen diese Bewegung weiter fort. Vor allem in größerer Entfernung waren es wohl nur kleine Siedlergruppen, welche die neue Lebensweise mitbrachten, sodass sie innerhalb der Vorbevölkerung eine Minderheit darstellten. Ihr Demonstrationseffekt brachte die dort bereits lebenden Menschen dazu, die neue Lebensweise zu übernehmen. Im ersten Fall erfolgte die Ausbreitung also primär durch die Wanderung von Bauern, im zweiten Fall überwog der Transfer der neuen Agrartechniken die Siedlungsbewegung. In Europa überwog nur im Südosten die Wanderung, ansonsten aber der Transfer.[62] Wo die Siedler dominierten, nahmen diese auch ihre Sprache mit und setzten sie durch; die afroasiatischen Sprachen in Nordafrika und wahrscheinlich das Dravidische in Indien haben sich auf diese Weise ausgebreitet. Wo nur wenige Pioniere die Innovationen vermittelten, werden sie sich langfristig der Sprache der Einheimischen angepasst haben.[63]

Der Stoffwechsel der Agrargesellschaft

Bedeutete der Übergang zur Agrargesellschaft für die Menschen einen Fortschritt? Ob die Arbeitszeit damit länger wurde oder nicht, lässt sich pauschal nicht sagen, da die alten Verhältnisse zu unterschiedlich waren. Vorratshaltung bot eine größere Versorgungssicherheit, Missernten indes

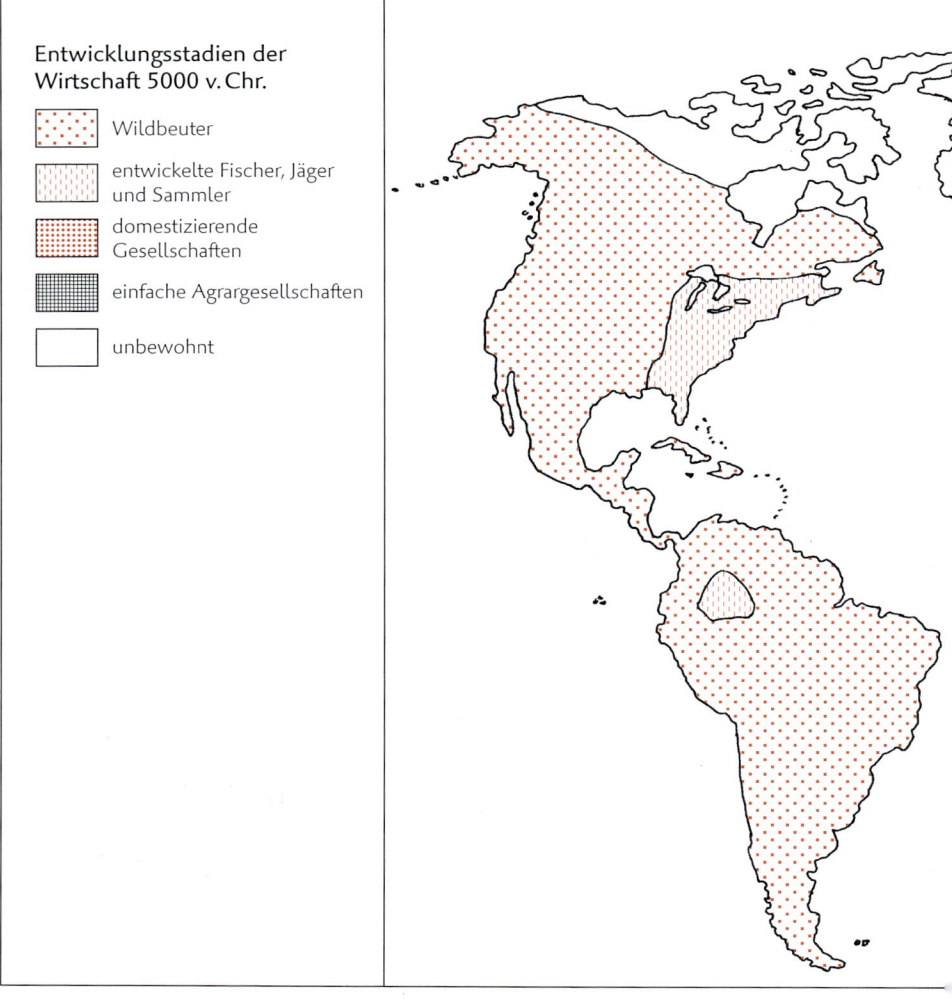

Entwicklungsstadien der
Wirtschaft 5000 v. Chr.

Wildbeuter

entwickelte Fischer, Jäger
und Sammler

domestizierende
Gesellschaften

einfache Agrargesellschaften

unbewohnt

bedeuteten eine neue Gefahr. Durch den engen Kontakt mit den Haustieren sprangen einige Krankheitserreger über, und ihre Mutanten wurden
beim Menschen heimisch. Pocken, Masern und Tbc fingen die Menschen
sich vom Rind, die Grippe vom Schwein und Lepra vom Wasserbüffel ein.
Die Menschen teilen sich heute 65 Krankheiten mit dem Hund, 50 mit
dem Rind, 46 mit Schaf und Ziege und 42 mit dem Schwein.[64] Indem die
Bevölkerung sich verdichtete, wurden Epidemien möglich. Gesundheit
und Lebenserwartung stiegen also nicht. Das Entscheidende enthüllt sich
überhaupt nicht mit dem Blick auf das Individuum, sondern nur mit dem
Blick auf das Ganze: Erst durch den mit der Landwirtschaft je Fläche steigenden Fluss genutzter Energie[65] konnte Bevölkerung sich verdichten,

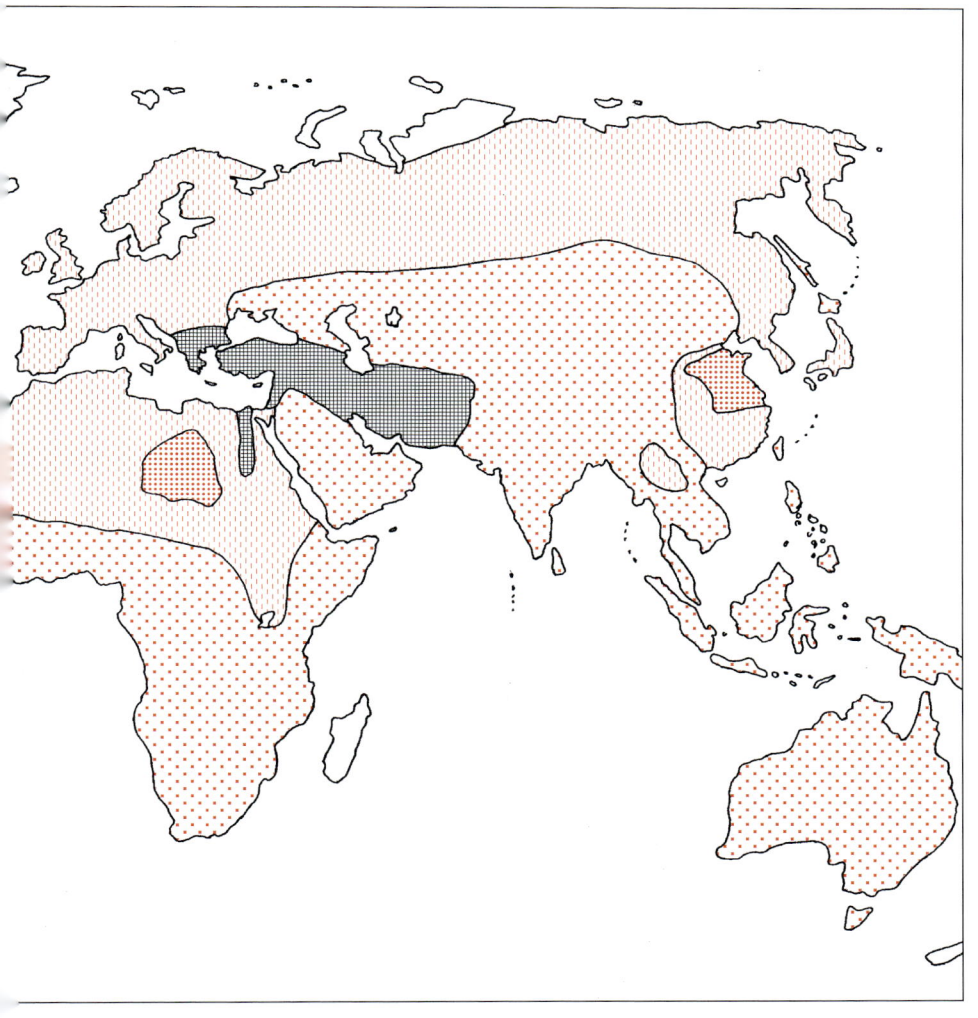

und erst dichtere Bevölkerungen konnten innovativer sein und Städte, Staaten und Schrift entwickeln und alles, was daraus folgte.

Da der Fruchtbare Halbmond das Gebiet mit der größten Bevölkerungsdichte der Welt war, überrascht es nicht, dass er auch das Zentrum der Innovationen darstellte, die sich von dort ausbreiteten; in China als zweitem Zentrum erfolgte ein Teil dieser Basisinnovationen mit mehr oder weniger Zeitverzug. In die übrigen Regionen gelangten diese Basisinnovationen dann meist durch Transfer und nicht durch eigene Erfindung. Die Menschen entdeckten, wie sie bekannte Materialien besser bearbeiten konnten: Das Abschlagen und Abdrücken von Steinen wurde um 6000 durch die Technik des Steinschleifens verfeinert, sodass man in steinerne Axtklingen ein Loch für den Griff bohren oder Perlen formen konnte. Diese Technik breitete sich überwiegend schon zusammen mit dem Ackerbaukomplex weiträumig aus. Um 4500 entstand die Töpferscheibe, mit der sich vollkommenere Gefäße formen ließen. Beides wurde wenig später auch in China erfunden. Die Menschen begannen auch neue Materialien zu nutzen. Um 7000 setzte in der Osttürkei das Weben von Kleidung ein, zunächst aus Flachs, ab 4000 auch aus Schafwolle, in Pakistan ab 4000 aus Baumwolle, und bis 3500 wurde diese Technik auch in Mitteleuropa und Ägypten bekannt (Nordchina 4000 aus Hanf und 2800 aus Seide). Bei den Metallen fand man den leichtesten Zugang zu jenen, die in der Natur in gediegener Form zu finden waren und sich durch kaltes Hämmern bearbeiten ließen. 7000 v. Chr. begann in der Osttürkei die Nutzung von Kupfer, die sich bis 3500 über den ganzen Nahen Osten, Europa und Pakistan ausgebreitet hatte (unabhängig davon auch 4000 in Nordamerika und erst 3000 in Nordwestchina, vielleicht auch 3000 in der Südsahara). Ab 5000 verarbeiteten Menschen auch Gold. Kupfer war so weich und selten, dass es nicht für Werkzeuge, sondern nur für Ringe, Perlen und Nadeln verwendet wurde, erst recht das glitzernde Gold.

Für mechanische Arbeitsenergie waren die Menschen zunächst ausschließlich auf ihre eigene Muskelkraft angewiesen. Was zu transportieren war, mussten Menschen auf den Schultern tragen oder ziehen, die Felder wurden mit Hacke und Grabstock aufgelockert, Boote gerudert. 6000 v. Chr. machten die Menschen sich in Nordmesopotamien dann ergänzend die Kraft des Ochsen nutzbar, indem sie Pflug und Schlitten erfanden. Der Pflug verbreitete sich bis 3500 über ganz Mittel- und Westeuropa. In China wurde er ca. 3000 v. Chr. erfunden, blieb dort aber mangels Zugtier noch bis 400 v. Chr. selten. Der vierrädrige Ochsenwagen mit hölzernen Scheibenrädern, vielleicht um 4000 ebenfalls im Nahen Osten erfunden, war um 3500 außer in Nordmesopotamien schon von Norddeutschland bis in die Steppe nördlich des Kaspischen Meeres verbreitet[66] (in China bis zur Einführung von außen 1200 keine eigenständige Erfindung des Wagens). Die Ägypter übernahmen den Wagen erst 1700, dafür erfanden sie gegen 4000 für die Nilboote das Segel, die erste Nutzung der Windkraft, und domestizierten wenig später den Esel als Lasttier. Um 4000 wurde außerhalb des Fruchtbaren Halbmonds in der ukrainischen Steppe auch noch das Pferd domestiziert, schneller und beweglicher als der Ochse, aber auch anspruchsvoller. Damit waren die wichtigsten Quellen für mechanische Arbeitsenergie entdeckt, über welche Menschen bis ins 18. Jahrhundert n. Chr. verfügen konnten. Nach heutigen Maßstäben war das alles keine dynamische, sondern eine höchst langsame Entwicklung, aber gegenüber den vorangegangenen Zeiten hatte sich das Tempo doch beschleunigt.

Der Transfer von den Innovationszentren nach außen zeigt, dass die vielen kleinen Netzwerke miteinander verknüpft waren, aber eben mit nur sehr geringer Intensität, weshalb Innovationen sich nur langsam ausbreiteten und die einzelnen Räume deutliche regionale Traditionen ausbildeten. Diese Pluralisierung wird archäologisch greifbar in der Art der Werkzeuge und der Kleidung, des Keramikstils und der Bestattungsbräuche sowie des Hausbaus. Tote bestattete man je nach Regionalkultur in der Hocke oder gestreckt, auf dem Rücken oder auf der Seite. Baute man im waldreichen Mitteleuropa Häuser aus Holzpfosten, deren Zwischenräume mit Flechtwerk gefüllt und mit Lehm bestrichen waren, so verwendete man im holzarmen Nahen Osten für Häuser luftgetrocknete Lehmziegel oder auch Stein; konstruierte man im regnerischen Mitteleuropa Spitzdächer, so verwendete man im trockeneren Nahen Osten Flachdächer. Über diese großräumigen Unterschiede hinaus entstanden etliche Regionalvarianten.

Mit der Agrargesellschaft war eine Lebensweise entstanden, deren Grundzüge bis 1800 n. Chr. unverändert Bestand hatten. Gemessen an heutigen Industriegesellschaften waren Geburten- und Sterberate hoch, und die durchschnittliche Lebenserwartung lag langfristig unverändert bei 35 Jahren. Die ganze Lebensweise basierte darauf, Sonnenenergie durch die Fotosynthese der gezielt produzierten Pflanzen einzufangen. Dieses geschah hauptsächlich zur menschlichen Ernährung, und zwar entweder direkt durch Nahrungspflanzen oder über den Umweg, pflanzliches Tierfutter in Fleisch zu verwandeln (wobei 90 % der Kalorien verloren gingen). Hinzu kam die Nutzung durch Tierfutter für tierische Arbeitsleistung sowie durch Holz, um damit Wärmeenergie zu erzeugen (die man noch nicht weiter in mechanische Energie umwandeln konnte). Sich mit der Natur auseinandersetzen hieß deshalb primär Landwirtschaft betreiben. Energie war knapp. Deshalb wurde sie hauptsächlich verwendet, um Menschen zu ernähren, und dieses geschah dann auch mehr durch die einfachen Kalorien aus Pflanzennahrung als durch jene aus Fleischnahrung, deren Produktion viel aufwendiger war. Die Ernährungssituation wies für die Masse der Bevölkerung keinen langfristigen Trend zur Verbesserung auf, spürbar waren hingegen kurzfristige Schwankungen. Regionale Hungerkrisen durch Missernten überfielen die Menschen immer wieder; in Mitteleuropa zuletzt 1847. Zur Energiegewinnung kam ergänzend die Produktion von Materialien wie Pflanzenfasern, Bauholz und tierischer Wolle hinzu. Da ihr Umfang recht begrenzt war, blieb auch der Wohlstand gering und ebenso die Menge an Abfall und Emissionen. Die ganze Pflanzenproduktion beanspruchte Fläche. Solange ökologisch geeignete Flächen zur Verfügung standen, neigte die bäuerliche Bevölkerung stets dazu, zu wachsen und sie durch neue Siedlungen auszufüllen. Das bedeutete, die Vielfalt natürlicher Pflanzen und Tiere in Gestalt von Wald oder auch Steppe und Feuchtsavanne immer mehr flächenhaft zu beseitigen und durch die Einfalt menschlicher Kulturpflanzen und Haustiere zu ersetzen (wobei sich unbeabsichtigt auch einige Tierarten stark vermehrten, die auf diese Futterquellen spezialisiert waren). Widerstrebende Pflanzen wurden als Unkraut, störende Tiere als Schädlinge und Raubtiere verfolgt. Dabei waren die Menschen fortwährend mit der Herausforderung konfrontiert, dieses System langfristig stabil zu halten, das hieß vor allem die Bodenfruchtbarkeit zu erhalten. Das ist im Regelfall durchaus geglückt.[67] Teilweise gelang es aber auch nicht; schon der frühe Ackerbau löste im Nahen Osten und im Mittelmeerraum an den Hängen erhebliche Erosion aus, da die Wälder in diesen relativ trockenen Räumen einen schweren Stand hatten.[68]

Klan und Ahnen werden wichtig

Indem einfache Agrargesellschaften aufkamen, in Ausnahmefällen auch schon bei domestizierenden Gesellschaften oder noch früher, verdichtete Bevölkerung sich so weit, dass stabile dörfliche Gemeinschaften entstanden. Als noch gewichtigeres Strukturelement bildeten sich feste Verwandtschaftsverbände aus, in denen Gruppen sich als eine Abstammungsgemeinschaft von bestimmten realen oder fiktiven Toten definierten. Dabei variierte, was als relevante Verwandtschaft konstruiert wurde, z. B. ob man die männliche oder die weibliche Abstimmungslinie als maßgeblich erachtete und ob man nur biologisch Verwandte oder auch Verschwägerte einbezog. Ein Pluralismus von Verwandtschaftssystemen begann sich zu entfalten. Diese Personenverbände boten dem Einzelnen Hilfe, Identität und Zugang zum Boden, der im Besitz der Verwandtschaftsverbände lag. Die Weltanschauung primitiver Kultur änderte sich nicht grundlegend, aber Rituale wurden im Ganzen differenzierter und fester, und als neues Element trat der Ahnenkult hinzu. Der Ahnenkult spiegelte die Verehrung des lebenden Klanchefs ins Jenseits, indem man annahm, der Ahnherr habe übernatürliche Kräfte und könne den Lebenden Schutz und Segen gewähren. In einigen Regionen fand der Ahnenkult Ausdrucksformen, die archäologisch greifbar geblieben sind: Ab 8000 v. Chr. wurden in Palästina Schädel Verstorbener kunstvoll aufbereitet und im Haus aufbewahrt, und ab 4500 v. Chr. breitete sich in ganz Westeuropa von Portugal bis Dänemark der Brauch aus, Erdhügel mit einer steinernen Grabkammer zu errichten, generationenlang immer wieder nachbelegte Sammelgräber der lokalen Gemeinschaften, die ihrer Ahnenverehrung dienten, oder auch aufrecht gestellte Steine (Menhire) als Orte des Ahnenkultes zu setzen. Inwieweit von Ackerbaugesellschaften auch Fruchtbarkeit in Ritualen thematisiert worden ist, lässt sich nicht klar erkennen.[69]

Zumindest in einigen Räumen und für bestimmte Epochen ging die räumliche Integration auch über die dörfliche Ebene hinaus. Anscheinend errichteten schon entwickelte Sammler und Jäger um 9000 v. Chr. in Göbekli Tepe in Südostanatolien das erste Ritualzentrum.[70] Diese große Steinanlage fand aber wohl zunächst keine Nachfolger. Zwischen 4900 und 4500 existierten von Österreich bis Sachsen zahlreiche kreisförmige Ritualzentren aus Holzpalisaden und umschließendem Graben[71], denen ab 3500 v. Chr. in England die zunächst ebenfalls aus Holz, später aus Stein errichteten Henges entsprachen (von denen Stonehenge am bekanntesten ist). Sie dienten offenbar dazu, die Sonnenwenden zu bestimmen und damit im Interesse der landwirtschaftlichen Gemeinschaft eine kalendarische Orientierung zu erstellen, sowie zu Versammlungen. In Südmesopotamien und im benachbarten Chusistan (Südwestiran) entstanden ab 4000 v. Chr. Ritualzentren in Gestalt von Tempelgebäuden auf einer künstlichen Plattform. Da alle diese Ritualzentren wahrscheinlich mit Spezialisten für geistig-religiöse Belange verbunden waren, bedeuten sie zugleich ein Zeichen für den Schritt zur archaischen Volkskultur. Mit dem Auftreten solcher Spezialisten werden die bewahrten Traditionen deutlich angewachsen sein. Ob die Ritualzentren nur kultischen Zwecken dienten oder auch Zentren von Stämmen als machtpolitische Einheiten von Hunderten oder Tausenden von Menschen waren, die z. B. gemeinsam kriegerisch nach außen auftraten, ist nicht erkennbar. Es ist aber durchaus damit zu rechnen, dass Dörfer sich zu solchen Stämmen zusammenschlossen. Auf diese Weise entstand auch Krieg als gewaltsame Auseinandersetzung größerer Gruppen gegeneinander mit einer größeren Zahl von Toten.[72] Dabei darf man sich solche Stämme nicht als allzu feste Größe vorstellen, sondern sie konnten sich durchaus auflösen und anders formieren, verschmelzen und teilen.[73] Ein Stamm muss kein Ritualzentrum besessen haben, und sein Versammlungsplatz kann schlicht und ohne architektonischen Ausbau gewesen sein, sodass er archäologisch nicht erkennbar ist. Umgekehrt kann ein Ritualzentrum als Wallfahrtsort auch einen wesentlich großräumigeren Einzugsbereich gehabt haben.[74] Politischer Stammesverband, Verwandtschaftsverbände und kultische Verbände mussten sich nicht decken, sondern konnten überlappende Netzwerke bilden.[75]

Sind die Machtverhältnisse mit dem Entstehen von Dörfern und Stämmen asymmetrisch geworden? Für das Verhältnis zwischen Männern und Frauen brachte die Pflanzendomestizierung zunächst keine Veränderung, denn der frühe Pflanzenanbau war weitgehend Sache der Frauen und gab diesen eine starke Stellung. Die Arbeitsteilung zwischen den Geschlechtern setzte sich aber nicht nur mit dem Schritt der Frauen vom Sammeln zum Pflanzen fort, sondern auch mit dem Schritt der Männer vom Jagen zur Großviehzucht und dann zum Pflügen. Mit Letzterem wurden die Männer auf dem Acker präsent, und anscheinend begann sich nun die häusliche Autorität der Frauen zu verschlechtern.[76] Wo man den Pflug nicht aufnahm und beim Grabstock blieb, war Feldarbeit auch weiter im Wesentlichen Sache der Frauen, wie es dann die Europäer im 16. Jahrhundert bei den Indianern und im 19. meist in Schwarzafrika vorfanden. Innerhalb der Verwandtschaftsverbände entstand wohl eine gewisse Asymmetrie der Beziehungen, indem sich eine Autorität von Klanältesten herausbildete. Allgemeinverbindliche Entscheidungen in Dörfern und Stämmen fielen weiter, indem man auf einer allgemeinen Versammlung in einer Diskussion alle in den Konsens zu integrieren versuchte, wobei aber jetzt das Wort der Klanältesten sicher ein höheres Gewicht hatte. Zwar lebten Menschen nun dichter zusammen, und mit Stämmen entstanden wohl auch größere Verbände, aber es ist nicht zu sehen, dass dieses eine Führung durch eine dauerhafte Häuptlingsautorität erfordert hätte. Zweifellos gab es auch mehr Konflikte, aber innerhalb der Verwandtschaftsverbände regelten diese die Angelegenheit selbst, und ansonsten versuchten Freunde und Verwandte bei Konflikten zu vermitteln. Notfalls griff man zur gewaltsamen Selbsthilfe mit Unterstützung durch Verwandte, sprich zur Blutrache. Wo es mehr Ressourcen und Vorräte gab, bot dies nun dem biologisch geprägten Dominanzstreben ehrgeiziger Männer Chancen, sich über andere zu erheben, die es bisher nicht gegeben hatte: Man konnte einigen etwas abgeben und sie sich dadurch verpflichten, und auf diese Weise formierte Gefolgschaften und Klientelbeziehungen konnten Rang und Einfluss verleihen. Das traf aber auf starke Gegenkräfte, die Gleichheit und Freiheit verteidigten.[77] Das Prinzip der Gegenseitigkeit war nach wie vor bestimmend. Es ist durchaus damit zu rechnen, dass es zu bestimmten Zeiten und Regionen einzelnen Männern gelang, für sich persönlich eine herausgehobene Stellung zu erringen und der Stammesgesellschaft aristokratische Züge zu geben; beweisen lässt es sich nicht, da die Grabbeigaben weltweit bis 3500 v. Chr. keine hierarchischen Unterschiede erkennen lassen, ausschließen aber auch nicht, da soziale Rangunterschiede im Bestattungsbrauch nicht erkennbar sein müssen.[78] Dass Häuptlingstümer mit einem dauerhaften Führungsamt entstanden sind, ist für diese frühe Zeit höchst unwahrscheinlich.[79]

Pyramiden, Zikkurats und Ahnentempel. 3500 bis 650 v. Chr.

Große Wanderungen

Die aus der ägyptischen Wüste aufragenden Pyramiden demonstrieren noch heutigen Touristen eindrucksvoll, dass etwas Neues in die Geschichte eintrat: der Staat. Das bedeutete nicht nur neue Machtverhältnisse, sondern auch einen Motor für wirtschaftliche und kulturelle Innovationen.

Zunächst war aber nur eine sehr begrenzte Weltgegend davon berührt; für große Teile der Welt wurde die Geschichte dieser Epoche dadurch bestimmt, dass sie sich zum ersten Mal mit den Innovationen der vorangegangenen Epoche konfrontiert sahen. Im Scheinwerferlicht der beginnenden schriftlichen Überlieferung sind die frühen Staaten und ihre Kulturen für uns deutlich besser sichtbar, und die nur archäologisch fassbaren Geschehnisse der anderen Weltgegenden wirken für uns wie Schemen im Schatten, aber übersehen sollten wir sie trotzdem nicht.

Die Weltbevölkerung wuchs zwischen 3500 und 500 v. Chr. von rund 10 auf 100 Millionen an[80], und dieser Zuwachs entfiel kaum auf Jäger und Sammlerinnen, sondern fast ganz auf die Agrargesellschaften. Dementsprechend dehnte sich die Lebensweise einfacher Agrargesellschaften auf Kosten der Jäger und Sammlerinnen weiter aus, vor allem nach Süden.

Die nordchinesische Landwirtschaft hatte sich über die Große Ebene zunächst nur inselartig ausgebreitet. Bis 900 v. Chr. rodeten bäuerliche Siedler der sich vermehrenden Bevölkerung dort den Urwald immer weiter, sodass Elefanten, Tiger und Nashörner schließlich verschwanden.[81] Im 2. Jahrtausend wurde die nordchinesische Landwirtschaft auch in Korea übernommen. Die südchinesische Landwirtschaft (Reis auf von Natur aus feuchten Feldern, Schweine und Keramikgefäße) dehnte sich weiträumig aus. Einerseits wanderte sie ins Rote Becken am oberen Jangtse. Ebenso wurde sie ab 3500 v. Chr. von Taiwan aus von bäuerlichen Siedlern mit austronesischer Sprache mit Kanus über die Philippinen und die ganze indonesische Inselwelt und Südvietnam verbreitet (ausgenommen Neuguinea, wo bereits Agrargesellschaften entstanden waren). Diese Siedler stießen mit Kanus von einer Insel zur nächsten vor, wobei sie zunächst nur die Küstenebenen besetzten, und ab 1500 v. Chr. dehnten sie sich auch über den Westteil der pazifischen Inselwelt aus. Gleichzeitig verbreiteten Siedler mit austroasiatischer Sprache die südchinesische Landwirtschaft längs der großen Flusstäler nach Yünnan und über das Festland Südostasiens (3500–1000 v. Chr.), wobei sie sich in den Flussniederungen niederließen[82], und erreichten 2500 v. Chr. Nordostindien. Die Vorbevölkerung der Jäger und Sammlerinnen hielt sich noch lange in den Bergländern und übernahm später vor allem im festländischen Südostasien teilweise die Landwirtschaft.

Dravidisch sprechende bäuerliche Siedler breiteten sich von Pakistan zwischen 2500 und 2000 v. Chr. bis Südindien aus und erreichten um das Jahr 1000 Ceylon. In den trockeneren Teilen Indiens etablierten sich zunächst nur Rinder- und Ziegenhalter, bis um 2000 das trockenresistente Sorghum aus Afrika in Indien ankam und der Landwirtschaft auch dort Chancen bot. Auch in Indien lebten in den Bergländern noch lange weiterhin Jäger und Sammlerinnen. Der Dschungel der Gangesebene wurde erst ab 1000 zunehmend durch Siedler gerodet.

In Afrika drangen bantusprechende und keramikbesitzende Jams-Bauern von Südostnigeria durch die offene Feuchtsavanne nach Osten vor, erreichten um 1000 v. Chr. die großen Seen Ostafrikas und drangen längs der Flüsse auch in den verkehrsfeindlichen Regenwald des Kongobeckens ein.[83] Zugleich breitete sich vom Nordsudan aus eine sudanesisch und sahelisch sprechende Bevölkerung mit Rindern, Ziegen und Sorghum auch ins trockene Somalia und bis ins Gebiet der ostafrikanischen Seen aus (3000–1000), wo sie sich mit den Bantus vermischte. Die Khoisan-Wildbeuter wurden verdrängt oder assimiliert. Die Rindviehhaltung konnte im größten Teil der Feuchtsavanne und im tropischen Regenwald hingegen nicht Fuß fassen, da sie dort gegen die Tsetsefliege keine Chance hatte.

Nachdem Bauern in der ukrainisch-südrussischen Steppe um 4000 das Pferd domestiziert hatten, formierte sich dort in den folgenden Jahrhunderten eine Gemeinschaft mit indoeuropäischer Sprache, die dann stark expandierte. Ab 3000 breiteten die Indoeuropäer sich durch die Steppe nach Osten aus und erreichten 2000 den oberen Jenissei und Sinkiang (Tocharer). Während sie hierbei nur auf Jäger und Sammlerinnen trafen, sahen sie sich bei ihrem Vormarsch nach Westen und Süden mit etablierten Agrargesellschaften konfrontiert. Da sie diesen offenbar organisatorisch oder militärtechnisch überlegen waren, konnten die indoeuropäischen Stämme, die eine aristokratische und kriegerisch gesinnte Führungsschicht besaßen, trotzdem in mehreren Schüben vordringen und sich als kleine, aber dominierende Gruppen etablieren, weshalb sich ihre Sprachen langfristig allgemein durchsetzten. Da sich mit dem Auseinanderstreben die Kontakte verdünnten, entstand ein Pluralismus indoeuropäischer Sprachen; hierauf gehen die in Europa noch heute gesprochenen Sprachen zurück.[84] 2900 bis 2400 breiteten die Indoeuropäer sich über Ost- nach Mittel- und Westeuropa aus (später germanische und keltische Sprachen) und ab 1000 in Italien (italische Sprachen, u. a. Latein). Nach dem Aufkommen des Streitwagens noch eindeutiger überlegen, drangen sie um 2000 nach Anatolien, Griechenland (Griechisch) und in den Iran (Indo-Iraner) ein und ab 1700 nach Nordpakistan (Sanskrit sprechende Aryas[85]), von wo sie sich zwischen 1000 und 600 über ganz Nordindien verbreiteten. Unabhängig davon hat sich auch in Europa die zunächst nur inselartig siedelnde Agrarbevölkerung langsam auf Kosten des Waldes verdichtet.

Auch in Amerika gewannen Agrargesellschaften und Keramik an Raum, aber nicht durch Wanderungen oder Überlagerung, sondern langsam durch Transfer. Agrargesellschaften auf Maniokbasis breiteten sich wohl über das ganze Stromnetz des Amazonas aus, allerdings beschränkt auf das Schwemmland der Flussniederungen, da nur dieses hinreichend fruchtbar ist. Agrargesellschaften auf Basis von Mais breiteten sich von Zentralmexiko her nach Süden längs der Pazifikküste aus, wo sie 2000 die Küste von Peru erreichten, sowie nach Norden, bis die nordostmexikanische Trockenzone um 500 v. Chr. ihrem weiteren Vordringen nach Nordamerika eine Schranke setzte. So wurden die Wildbeuter an der Nordwestküste Nordamerikas zwar ab 1000 v. Chr. zu sesshaften Jägern und Sammlerinnen, indem sie stark die Ressourcen des Meeres nutzten, bekamen aber bis 1800 n. Chr. keinen Kontakt zur Landwirtschaft. Nun sind sowohl das Hochland von Mexiko als auch Küste und Hochland von Peru weitgehend unfruchtbar, sodass Landwirtschaft hier nicht flächendeckend möglich ist, dafür aber an begrenzten Stellen umso intensiver. In den Küstentälern Perus und an wenigen Stellen im Hochland Zentralmexikos (vielleicht ab 1000 v. Chr.) entstand eine Landwirtschaft mit stark wachsender Bevölkerung, und ab 1000 drangen die Mayas hiermit auch in das Regenwaldgebiet des mexikanischen Tieflandes ein. Die Techniken waren indes ganz verschieden: In Peru bewässerte man Felder mit dem von den Gebirgsketten der Anden her durch die Küstenwüste strömenden Flusswasser, in Mexiko wurden in Sümpfen und flachen Seen aus ausgehobenem Schlamm inselartige längliche Felder aufgeschichtet. Die Herstellung von Keramikgefäßen verbreitete sich in Amerika unabhängig vom Ackerbau, wurde also auch von sesshaften Jägern und Sammlerinnen übernommen: Bis 1200 v. Chr. wurde sie wohl überall im Nordwesten Südamerikas und im Amazonasbecken bekannt, 1800 erreichte sie die Küste Perus und 1500 das zentrale Mittelamerika.

Ganz am Rande dehnte die Menschheit sich auch noch weiter in den letzten größeren, bisher ganz unbewohnten Raum aus, indem die Vorfahren der Inuit ab 2500 v. Chr. die arktischen Regionen Nordkanadas in Besitz nahmen. Sie hatten herausgefunden, wie man in diesem extrem ressourcenarmen und damit lebensfeindlichen Land alle Nahrung, Energie und Rohstoffe gewinnen konnte, indem man sich auf die Jagd von Meeressäugetieren spezialisierte, also von Robben und Walrössern.

Zwang oder Bedarf? Der Weg zum Staat

Woher kommt der Staat? Philosophen haben sich über diese Frage schon seit Jahrhunderten den Kopf zerbrochen, und in jüngerer Zeit haben Gesellschaftswissenschaftler auf der Basis viel breiterer empirischer Kenntnisse hierüber diskutiert, und zwar ebenso umfangreich wie kontrovers.[86] Dabei ist die Frage nach dem Beginn des Staates, also der Ausdifferenzierung erster Machtinstitutionen, eng verbunden mit der Frage, wie die ersten Städte entstanden sind, also die Arbeitsteilung durch Ausdifferenzierung einer größeren Zahl von Spezialisten für Handwerke und Dienstleistungen und deren räumliche Konzentration. Pauschale Erklärungsversuche wie die Vorstellung, wirtschaftliche und politische Komplexität würden Hand in Hand zunehmen[87], die Erklärung durch einen angeblichen Bevölkerungsdruck[88] oder die Ansicht, mit wachsender Bevölkerung würden sich die Kommunikationsmöglichkeiten exponentiell vervielfachen, sodass staatliche Institutionen die Informationsverarbeitung übernehmen müssten[89], verfehlen alle die historische Wirklichkeit. Gesellschaften waren am Beginn von Staatlichkeit sehr unterschiedlich komplex[90], von Bevölkerungsdruck ist nichts zu sehen[91], und Staatlichkeit begann auch nicht ab einer bestimmten Bevölkerungsgröße.[92]

Um bei dem Schritt vom nichtherrschaftlichen Personenverband zum Staat klar zu sehen, muss man zunächst einmal deutlich unterscheiden zwischen Staaten, die autochthon, also ohne jedes Vorbild ganz eigenständig entstanden sind, und jenen, bei deren Entstehung in irgendeiner Weise Einflüsse von bereits bestehenden Staaten eine Rolle gespielt haben. Die autochthone Staatsbildung, und nur um die soll es hier zunächst gehen, geschah nun in der Weltgeschichte nur wenige Male. Die Menschen liebten das freie Leben und schätzten das Prinzip der Gegenseitigkeit. Wo Einzelne sich als »big man«, Aristokraten oder gar Häuptlinge heraushoben, blieb ihre Stellung meist instabil. Der autochthone Weg zum Staat war kein Automatismus; umso mehr ist er erklärungsbedürftig.

An seinem Anfang stand die Verdichtung der Bevölkerung; ohne sie war keine autochthone Entstehung von Staaten und Städten möglich, sie allein bietet allerdings auch noch keine hinreichende Erklärung. Es war kein Zufall, dass die ersten Staaten dort entstanden, wo die Bevölkerung sich am frühesten verdichtet hatte. In Europa hingegen, aber auch in Nordchina wurde in einer von Natur aus bewaldeten Gegend Wanderfeldbau betrieben: Man rodete Wald, bestellte die frisch angelegten Felder einige Jahre und ließ den erschöpften Boden dann mehrere Jahre ruhen, damit er sich erholte. Die Bevölkerungsdichte war dementsprechend relativ gering, in Nordchina aber wegen der besonderen Fruchtbarkeit des Löss- und Alluvialbodens wohl höher als im größten Teil Europas. Am Nil, an

Euphrat und Tigris in Mesopotamien, in Chusistan und Turkmenistan sowie am Indus sah das Ökosystem grundlegend anders aus: Nur ein schmaler Streifen Sumpfland rechts und links der Flüsse war saftig begrünt, jenseits davon dehnte sich öde Steppe, Halbwüste oder Wüste, da es an Regen mangelte. Dafür war der ständig mit neuem Schlamm versehene Boden der Flusstäler extrem fruchtbar und konnte jährlich bestellt werden: Das Verhältnis von Aussaat zu Ertrag lag in Mesopotamien bei 1:20 oder gar 1:50, während es im antiken Italien und im mittelalterlichen Deutschland nur 1:4 betrug![93] Die Anbauverfahren sahen indes unterschiedlich aus: In Ägypten wurde das Tal durch die Herbstflut überschwemmt, und nachdem das Wasser versickert war, säten die Menschen in den feuchten Schlamm; ähnlich am Indus. In Mesopotamien dagegen wurde das Wasser von Nebenarmen durch Bewässerungskanäle auf die Felder abgezweigt. Letzteres war nicht unproblematisch, denn bei ungenügender Drainage drohten Felder in dem ariden Klima zu versalzen, was sich in Südmesopotamien schon seit 2400 v. Chr. zeigte.[94] Aufgrund dieser extremen Bodenfruchtbarkeit wuchs die Bevölkerung im Niltal und in Mesopotamien im Laufe des 4. Jahrtausends drastisch an, und bis etwa 2000 wurde mehr und mehr Neuland gewonnen. Im Niltal verdrängten immer neue Dörfer das Sumpfdickicht, sodass bis Anfang des 3. Jahrtausends Nilpferde, Krokodile, Nashörner und Giraffen aus Ägypten verschwanden, in Mesopotamien wurde das Netz der Bewässerungskanäle immer weiter ausgebaut. Für Ägypten, Mesopotamien, das Indusgebiet und die Große Ebene Nordchinas kann man für 2500 vielleicht jeweils ein bis drei Millionen Menschen veranschlagen, was möglicherweise eine Art kritische Masse darstellte und zusammen rund einem Drittel der Weltbevölkerung entsprach. Dass zwei voneinander unabhängige Dinge zusammentrafen, nämlich die besonders fruchtbaren Schwemmlandböden (die es auch anderswo gab, z.B. in Südostasien) und der frühe Übergang zur Agrargesellschaft, führte dazu, dass sich gerade hier die Bevölkerung so weit verdichtete.

Ernsthaft konkurrieren nun zwei grundverschiedene Ansätze darum zu erklären, wie der Staat und damit eng verbunden die frühurbane Agrargesellschaft entstand. Der eine knüpft an das biologisch begründete Streben nach Rang und Macht an, das die neuen Mittel nutzte: Bei einer verdichteten Bevölkerung in fruchtbaren Gebieten ließen sich Überschüsse abschöpfen, um dann letztlich mit mehr oder weniger Gewalt ein Machtmonopol zu erringen. Der andere Erklärungsansatz knüpft daran an, dass Menschen von Natur aus auf Kooperation angelegt sind und sie dann dort, wo Bevölkerungsverdichtung neue Herausforderungen mit sich brachte, im Konsens gemeinsam innovative Formen leistungsfähigerer Organisationen schufen. Der erste Ansatz sieht Staaten in Agrargesellschaften als Zwangsveranstaltungen, der andere als funktionale Notwendigkeiten.[95]

Tatsächlich haben beide recht! Es gab *mehrere* Pfade, wie Staaten ent-standen.[96] Das Schwergewicht konnte dem ersten oder dem zweiten Erklärungsmodell entsprechen, und auch innerhalb dieser Grundmodelle gab es Varianten. Im ersten Falle gelang es den machtgierigen Kräften, die nach Gleichheit strebende Kooperation der vielen zu überfahren und sich zu Herren zu machen. An den Herrschaftszentren lagerte sich spezialisier-tes Handwerk an, sodass der Schritt zur frühurbanen Agrargesellschaft logisch folgte, wenngleich die Städte auch zunächst eher klein blieben. Da Machtstreben tendenziell grenzenlos ist, wuchsen hieraus flächenmäßig große Herrschaftsgebiete heran. Im zweiten Falle verdichteten Menschen sich zunächst in Städten, deren Lebensweise staatliche Organisationswei-sen erforderte, die kooperativ bewältigt wurden. Hier waren die Städte größer, und das Herrschaftsgebiet blieb auf Stadt und Umland beschränkt und entsprechend klein. Da man kooperierte, indem man persönlich zu-sammentrat, waren der räumlichen Ausdehnung enge Grenzen gesetzt. Dem ersten Erklärungsmodell entsprach vor allem die Entstehung des Staates in Ägypten und China und später bei den indischen Aryas, dem zweiten jene in Mesopotamien und wahrscheinlich auch am Indus.

Wer waren nun in Ägypten und in China diejenigen, die nach Macht strebten? Weder waren es ganze gesellschaftliche Besitzklassen, die einen Staat hätten aufbauen wollen, um ihren Besitz abzusichern, da es Privat-eigentum am Boden noch nicht gab[97], noch waren es von außen kommen-de Stämme, die andere unterwarfen und sich zur Herrenschicht machten; Letzteres geschah in der Weltgeschichte zwar öfter, aber stets nur sekun-där, wo staatliche Modelle bereits verfügbar waren.[98] Tatsächlich war es das Dominanzstreben einzelner Männer, das die neu entstandene Chance nutzte. Sie bestand nun keineswegs darin, dass diese Männer sich als Lei-ter bei der Anlage von großen Bewässerungsanlagen hätten profilieren können, da diese erst viel später entstanden.[99] Stattdessen war es primär die Möglichkeit, einen Schatz zu sammeln, sei es durch Agrarüberschüsse oder Raubzüge in der Nachbarschaft, sich mit Gaben daraus Klientel und Gefolge zu verpflichten und damit letztlich asymmetrische Macht-verhältnisse schaffen zu können. Die Möglichkeit, den Zugang über Fern-handel zu seltenen und deshalb prestigeträchtigen Gütern zu nutzen, um sich durch solche Gaben Klanoberhäupter, andere Häuptlinge und sonst einflussreiche Personen zu verpflichten[100], und die Praxis, sich durch Weitergabe von Grundnahrungsmitteln und Beuteanteilen eine Truppe aus niederrangigen, aus den Familienverbänden entwurzelten Männern aufzubauen und damit Gewalt auszuüben[101], sollten dabei nicht als zwei sich ausschließende Alternativen gegenübergestellt werden; beides wird sich eher ergänzt haben. So entstanden erst Häuptlingstümer, von denen dann im gegenseitigen Ringen der Weg zum Personenverbandsstaat füh-ren konnte. Zur wachsenden Machtstellung gesellte sich deren ideologische Rechtfertigung: Der Häuptling und dann König vermittle zwischen den Menschen und übernatürlichen Mächten. Für die Entstehung von Herrschaft waren die Ressourcen wichtiger als die Ideologie; wo eine bestimmte Herrschaft sich einmal etabliert hat, findet sie bei entsprechender Entlohnung auch stets jemanden, der sie legitimiert, seien es Priester, marxistische Philosophen oder andere Ideologen.

In Ägypten wie in China gab es bis 3500 v. Chr. nur Dörfer ohne archäologisch erkennbare soziale Unterschiede. In Ägypten vollzog sich 3500 bis 3200 eine Entwicklung, in der Einzelne sich immer deutlicher aus der Masse abhoben, wie man an ihren Gräbern erkennen kann, anscheinend also mehrere Häuptlingstümer entstanden. Gleichzeitig sammelten sich an ihren Sitzen spezialisierte Handwerker für den Bedarf der Elite, sodass wir vom Entstehen städtischer Siedlungen sprechen können. Im ständigen Konkurrenzkampf nahm die Zahl der Häuptlingstümer ab und die Macht der verbleibenden zu, sodass sich um 3200 zwei Königreiche herauskristallisierten, eines im Nildelta (d. h. Unterägypten) und eines in Oberägypten. Letzteres fasste 3100 beide zu einem Staat zusammen. Es kann kein Zweifel bestehen, dass dieser Prozess mit Gewalt erfolgte[102]; der vermutliche Reichsgründer, König Narmer, präsentiert sich auf seiner Palette als Streitkolben schwingender Sieger.

Dieser ägyptische Staat war ein Personenverbandsstaat; er bestand aus kaum mehr als dem Königspalast und der königlichen Leibwache. Alle hohen Ämter wurden mit Verwandten des Königs besetzt, dieser monopolisierte den Zugang zu Prestigegütern wie Gold, Elfenbein und Edelsteinen und zog selbst im Land umher, da es außerhalb des Palastes keine Verwaltungsbeamten gab, von herumreisenden Inspektoren abgesehen. Im Laufe der Zeit konnte das Königtum seine Macht deutlich steigern. Symbolisch kam das seit 2680 im Pyramidenbau zum Ausdruck, real erfolgte um 2500 der Schritt zum teilbürokratischen Staat (als frühem Territorialstaat). In der Zentralverwaltung verdrängten Beamte die Verwandten des Pharaos, und Schrift diente nicht mehr nur der kultischen Repräsentation, sondern auch der Verwaltung. Auch auf der Ebene der rund 40 Kreise, den ehemaligen Häuptlingstümern, wurde eine Verwaltung aus königlichen Beamten aufgebaut, teilweise noch mit gekauften oder erblichen Ämtern. Draußen im Land lösten sich die Verwandtschaftsstrukturen und andere personale Bindungen oberhalb der Kernfamilien schrittweise auf, wodurch das Land sich zum Privatbesitz der Kernfamilien wandelte. Diese Ordnung wurde auch nach dem vorübergehenden Zusammenbruch der Königsgewalt zwischen dem Alten Reich (2070–2170), Mittleren Reich (2020–1793) und Neuen Reich (1550–1100) wiederhergestellt. Mit Beginn des Neuen Reiches ließen die Pharaonen zwar keine Pyramiden mehr bauen, aber das signalisiert keinen Machtverfall, im Gegenteil. Als Streitwagen eingeführt wurden, die trainierte Spezialisten erforderten, ging man vom bisherigen

Bauernaufgebot zum stehenden Heer mit bezahlten Berufssoldaten über, sodass wir nun von einer patrimonialbürokratischen Monarchie sprechen können.

In Nordchina verlief die Entwicklung langsamer als in Ägypten, wahrscheinlich weil die Bevölkerungsdichte geringer und der Raum größer war. Zwischen 3500 und 2000 entstanden am mittleren Hwangho und in der Großen Ebene schrittweise Tausende Häuptlingstümer, die häufig miteinander rivalisiert haben werden. Um 2000 kann man den mit Stampflehmwällen umgebenen Zentren der Häuptlingstümer auch frühurbanes Niveau zusprechen. Seit 2000 schaffte zumindest mit den Ssja am mittleren Hwangho, wo der Fluss in die Große Ebene eintritt, ein Klan den Schritt zum Personenverbandsstaat, wie Palast und Königsgräber in Erlitou erkennen lassen. Vielleicht kam ein wichtiger Impuls dafür von außen durch den Transfer von Bronze für Waffen.[103] Um 1600 wurden die Ssja von dem weiter östlich ansässigen Schang-Klan gestürzt, der das Netzwerk seiner Macht in der Folgezeit in ständigen Kriegen über einen größeren Raum ausdehnte.

Die Gesamtstruktur blieb in Nordchina bis ins 6. Jahrhundert v. Chr. die eines Personenverbandes. Die Ämter am Königshof waren erblich und weitgehend in der Hand von Verwandten des Königs. Dabei wurde nur eine kleine Kernzone vom König direkt kontrolliert, indem er dort umherreiste oder sie von Verwandten verwalten ließ. In einem viel größeren Umland integrierte der König die dort herrschenden Häuptlingsklane und königlichen Nebenlinien durch ein Netzwerk von Ritualen, Heiratsbeziehungen und Geschenktausch, wobei der König beispielsweise wertvolle Waffen und Muscheln verschenkte und dafür Getreide, regionale Besonderheiten wie Schildkrötenpanzer und Leckerbissen sowie militärische Unterstützung bekam.[104] Die Außengrenze dieses Netzes war fließend; vielleicht waren jenseits davon noch andere Häuptlingstümer zu Staaten geworden, z. B. in Ss'tschwan.[105] Streitkräfte wurden nur im Bedarfsfall aufgeboten, und zwar von den einzelnen Klanen. In Kriegen ging es um persönliche Motive wie verletzte Ehre, Ruhm und Schutz von Verwandten, und das Land blieb im Besitz von bäuerlichen Familienverbänden. An dieser Struktur änderte sich zunächst auch nichts Wesentliches, als die Schang-Dynastie 1050 vom Dshou-Klan gestürzt wurde, der das Machtnetzwerk der Schang übernahm und es dann über ein wesentlich größeres Gebiet ausdehnte. Langfristig wurden etliche der integrierten Klane immer mächtiger, indem sie benachbarte Konkurrenten verdrängten und im Zuge der ständigen Neulandbesiedlung mehr Ressourcen gewannen, mit denen sie große Hofhaltungen aufbauten. Die Zahl der Zentren sank 2100 bis 770 v. Chr. von 10 000 auf 1200.[106] Es wurde unter den Dshou üblich, dass diese Klane durch eine Belehnungszeremonie die Macht übertragen bekamen, wogegen die Verwandtschaftsbeziehungen verblassten.

Überdies breiteten Streitwagen sich stark aus, womit die aristokratischen Profikrieger wichtiger wurden als das Bauernaufgebot. Sie lebten von übertragenem Landbesitz und prägten die Kampfweise mit ihren Vorstellungen von Ritterlichkeit. So kann man für das 9. Jahrhundert davon sprechen, dass der Klanstaat sich zur Lehensordnung wandelte. 771 v. Chr. verlor die Dshou-Dynastie dann durch den Einfall von fremden Völkern den größten Teil ihres direkten Herrschaftsgebiets, sodass ihr Machtnetzwerk staatlichen Charakter einbüßte und sich zum bloß Rituellen verdünnte.

Einen anderen Entwicklungspfad wiesen das südliche Mesopotamien auf, das Land der Sumerer, und das benachbarte Chusistan. Dort entstanden 3500 bis 3200 mehrere städtische Siedlungen mit spezialisierten Handwerkern, die Verwaltungsorgane entwickelten, welche man spätestens ab 3200 als staatlich bezeichnen muss. Hier lief die Entwicklung nicht über ein Häuptlingstum, und dementsprechend gab es auch keine Dynastie. Im Mittelpunkt von jedem der rund zwei Dutzend Gemeinwesen stand stattdessen der Tempel. Er war eine multifunktionale Gemeinschaftseinrichtung, die Rituale für das Wohl der Gemeinschaft durchführte, Deiche und lokale Bewässerungskanäle organisierte, Vorratsspeicher für Notzeiten unterhielt, Rechtsprechung gewährte und der Hauptauftraggeber für Handwerker war. In diesen Funktionen wird auch die Ursache der Staatsbildung sichtbar: Das Zusammenziehen in Städten von 2000 bis 8000 Einwohnern, in Uruk auch deutlich mehr, und die Organisation der Bewässerungslandwirtschaft erforderten neue Strukturen. Die Gesellschaft bestand aus Familienverbänden mit ausgeprägtem Ahnenkult[107], denen auch das Land gehörte[108] und deren Oberhäupter als gemeinsamer Rat den Staat leiteten[109], sodass man von einer frühen Republik sprechen kann.

Nun waren die Beziehungen zwischen den mesopotamischen Staaten keineswegs friedlich, und das bedeutete langfristig, dass die Republiken stärker asymmetrischen Machtbeziehungen weichen mussten. Die stadtinterne Verwaltung ließ sich gut mit konsensorientierten Kollegialorganen regeln, aber bei Feldzügen waren rasche Entscheidungen nötig. So ernannte man im Bedarfsfall einen Feldherrn. Als die Kriege zunahmen, wurde er zur dauernden Institution, gewann immer mehr Einfluss und machte sich ab 2700 zum erblichen Herrn der Stadt (»lugal«), wie am Aufkommen von Palästen und Herrscherlisten erkennbar ist. Dieses archaische Fürstentum regierte zusammen mit dem Stadtrat. Die Verwandtschaftsverbände wurden im 3. Jahrtausend anscheinend bedeutungslos, das Land Privateigentum der Kernfamilien (soweit es nicht Palast und Tempel gehörte). Der Machthunger der Fürsten ließ ab 2110 frühe Territorialstaaten entstehen, indem sie jeweils mehrere Städte unter ihre Kontrolle brachten. Sie bauten eine Zentralverwaltung auf, die sich von jeder Mitsprache befreite und Abläufe stärker verschriftlichte, und sie setzten

in den Städten Statthalter ein, neben denen die Stadträte aber als Stadtverwaltung und Gerichtshöfe durchaus bestehen blieben.[110] Der Schritt
zur patrimonialbürokratischen Monarchie kam über Ansätze nicht hinaus,
insofern stehende Truppen gegenüber dem allgemeinen Aufgebot nachrangig blieben.

Mehr Mesopotamien als Ägypten ähnlich verlief die Entwicklung am
Indus. Von 3500 bis 2600 wandelte sich die einfache Agrargesellschaft zur
frühurbanen Agrargesellschaft mit Dutzenden von Städten. Deren Größe,
die Organisation von Kanalisation und Getreidespeichern und die Normierung von Maßen und Gewichten lassen auf Institutionen schließen,
die man wohl staatlich nennen muss.[111] Doch ist archäologisch nichts von
Palästen und Herrschergräbern und auch kein Tempel erkennbar, sodass
frühe Republiken anzunehmen sind, in denen Verwandtschaftsverbände,
Ratsgremien und Verbände von Kaufleuten die Gemeinschaften organisierten und dabei möglichst symmetrische Machtbeziehungen bewahrten.
Vielleicht ist die Landwirtschaft mit natürlicher Überflutung anstatt mit
Bewässerungskanälen[112] der Grund, warum es nicht wie in Mesopotamien
Tempel als zentrale Einrichtungen gab. Um 1800 verfielen Städte und
Staaten im Indusgebiet, sodass der Raum auf das Niveau einer einfachen
Agrargesellschaft zurücksank. In den Stromoasen Turkmenistans entstan-
den schon um 3000 Städte, die dann etwa gleichzeitig wie jene am Indus
wieder zu Dörfern wurden. Diese Gleichzeitigkeit lässt vermuten, dass die
entscheidende Ursache darin zu sehen ist, dass die Niederschläge in dieser
Zeit zurückgingen.[113] Auch für die turkmenischen Städte ist der Schritt
zum Staat anzunehmen, ohne dass wir die Machtverhältnisse dort näher
erkennen können.[114]

Noch drei weitere autochthone Staats- und Stadtbildungsprozesse setzten schon in dieser Epoche ein, die aber erst nach 650 v. Chr. das Niveau
von Stadt und Staat erreichten. In den kleinen Flussoasen der Küstenwüste Perus tauchten schon ab 3000 pyramidenförmige Plattformen und ver-
senkte Plätze auf, als diese domestizierenden Gesellschaften noch überwiegend von Meerestieren lebten[115], und um 1000 entstand im Hochland
von Peru in Chavín de Huántar ein weiteres Ritualzentrum. Die in Gräbern erkennbaren sozialen Unterschiede deuten darauf hin, dass diese
Ritualzentren Mittelpunkt von Stämmen waren.[116] In Mittelamerika gab
es seit 1200 am Südende des Golfes von Mexiko im Gebiet der Olmeken
einige wenige (komplexe) Häuptlingstümer mit erkennbaren Eliten, bei
denen Erdplattformen auf Tempel und steinerne Kolossalköpfe auf Häuptlinge oder Götterglaube hinweisen. Einige Jahrhunderte später entstanden
solche Eliten auch im südmexikanischen Tal von Oaxaca. Ferner bildeten
sich bei den Stämmen der nach Nordpakistan eingewanderten Aryas im
9. Jahrhundert erbliche Häuptlingstümer heraus. Kennzeichnend für die
Machtverhältnisse war hier, dass sich die Klanchefs (Kriegeradel) und

Brahmanen (Priester) immer deutlicher von den einfachen Bauern und Hirten und der unterworfenen Vorbevölkerung abhoben, die Wurzeln der späteren Kastengesellschaft. Wesentlich später entstand auch an den großen ostafrikanischen Seen noch einmal ein Staat autochthon. Alle anderen Staaten der Weltgeschichte müssen dagegen als sekundäre Bildungen angesehen werden.

Erste Staaten: Gemeinsamkeiten und Unterschiede

Mit dem Schritt zur frühurbanen Agrargesellschaft stieg der Materialfluss deutlich an: Paläste und Tempel benötigten Steine, Bauholz und Metalle, für die man auf Lieferungen aus einem größeren Umkreis angewiesen war, und sie brauchten Nahrung für ihr Personal, die von den Bauern des Umlands mit erwirtschaftet werden musste. Während die Energiequellen im Wesentlichen dieselben blieben und sich die Alltagstechnik der einfachen Leute kaum weiterentwickelte, stieg der Lebensstandard der Eliten deutlich an. Die handwerkliche Qualität der uns als Grabbeigaben erhaltenen Luxusgegenstände ist beachtlich. Die Nachfrage nach handwerklichen und geistigen Leistungen stammte in frühurbanen Agrargesellschaften hauptsächlich von den Palästen und Tempeln, kaum von privaten Haushalten. Diese Großhaushalte bildeten damit den Motor für den Schub an Arbeitsteilung in Maurer, Weberinnen, Bronzegießer, Steinschneider, Bierbrauer, Einbalsamierer und andere professionelle Handwerker, in Schreiber, Priester und Ärzte.

Diese neue Arbeitsteilung hatte aber auch ihre Grenzen: In frühurbanen und städtischen Agrargesellschaften war bis um 1800 n. Chr. der weitaus größte Teil der Bevölkerung weiter als Bauern damit beschäftigt, Nahrungsmittel zu erzeugen, und die Bauern verbrauchten den größten Teil ihrer Produktion im eigenen Haushalt. Noch ein weiteres neues Merkmal hatte bis gegen 1800 Bestand: Die Verdichtung von Menschen in Städten erhöhte die gegenseitige Ansteckungsgefahr, die Verdichtung von Fäkalien und Gewerbeabfall schuf hygienische Probleme, die nur teilweise gelöst wurden. Dementsprechend lag die Sterberate in den Städten höher als die Geburtenrate. Städte blieben also auf einen dauernden Zuzug vom Land angewiesen.

Nachdem in Ägypten, Mesopotamien und China das Königtum entstanden war, demonstrierte der Herrscher seinen Rang symbolisch mit dem Großhaushalt des Palastes (der Titel »Pharao« bedeutet »großes Haus«), mit Ehrfurcht einflößendem Zeremoniell und prunkvoller Kleidung sowie mit dem Vorrecht auf kostbare Gegenstände. Meist leistete er sich auch das Vergnügen eines Harems. Der König gebot über die Zwangsmittel, indem er an der Spitze der Verwaltung stand und oberster

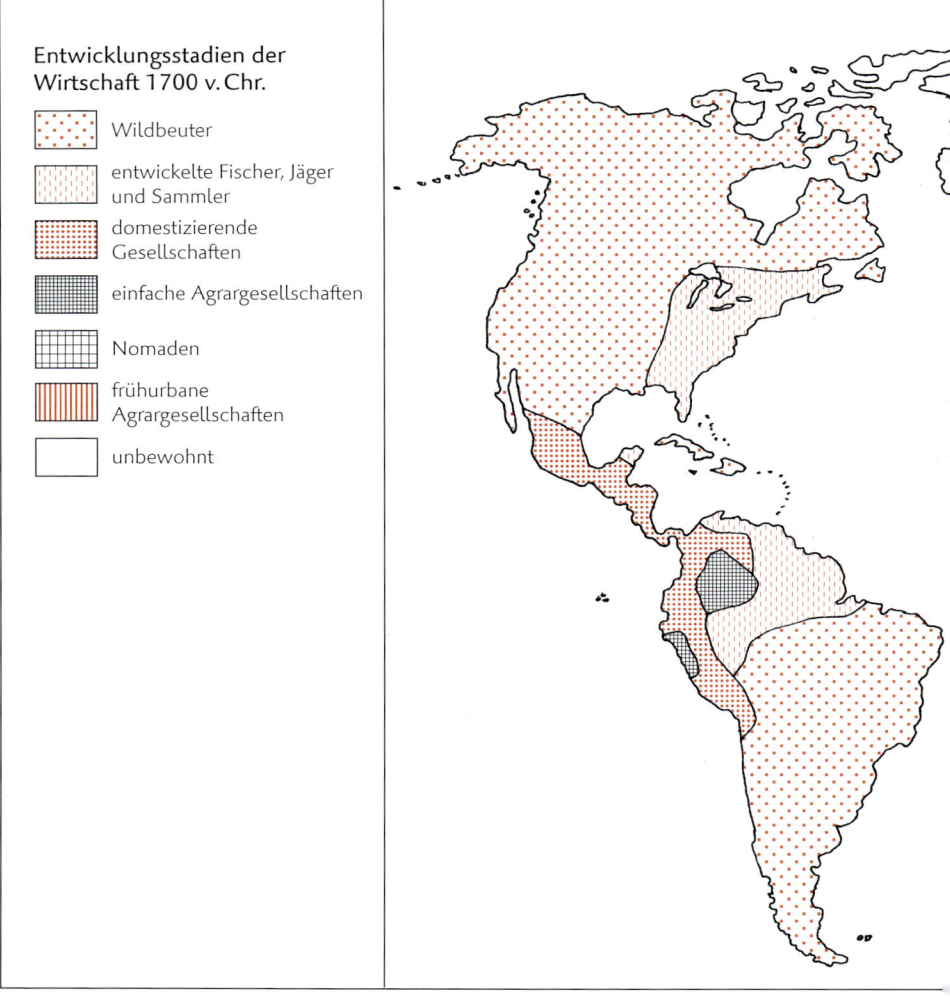

Entwicklungsstadien der
Wirtschaft 1700 v. Chr.

- Wildbeuter
- entwickelte Fischer, Jäger und Sammler
- domestizierende Gesellschaften
- einfache Agrargesellschaften
- Nomaden
- frühurbane Agrargesellschaften
- unbewohnt

Heerführer war. Bevor Streitwagen aufkamen, bestanden die Heere aus Bauernkriegern mit Äxten und Keulen sowie Pfeil und Bogen. Unabdingbare Voraussetzung für diese Machtstellung war, dass der König laufend die erforderlichen Ressourcen mobilisieren konnte.[117] Dazu leistete die Bevölkerung, die in der Masse aus rechtlich freien Bauern bestand, Arbeitsdienste für öffentliche Bauten, vor allem Paläste und Stadtmauern, Kanäle und Pyramiden, sie wurde bei Bedarf zum Kriegsdienst aufgeboten und erbrachte Naturalabgaben. Diesen Arbeitsdienst als Zwangsarbeit zu bezeichnen ist etwas irreführend, denn auch die Wehrpflicht des 19. und 20. Jahrhunderts hat Zwangscharakter. In einer Wirtschaft ohne Geld (und damit ohne *Zwang* zur Steuerzahlung) waren Naturalabgaben

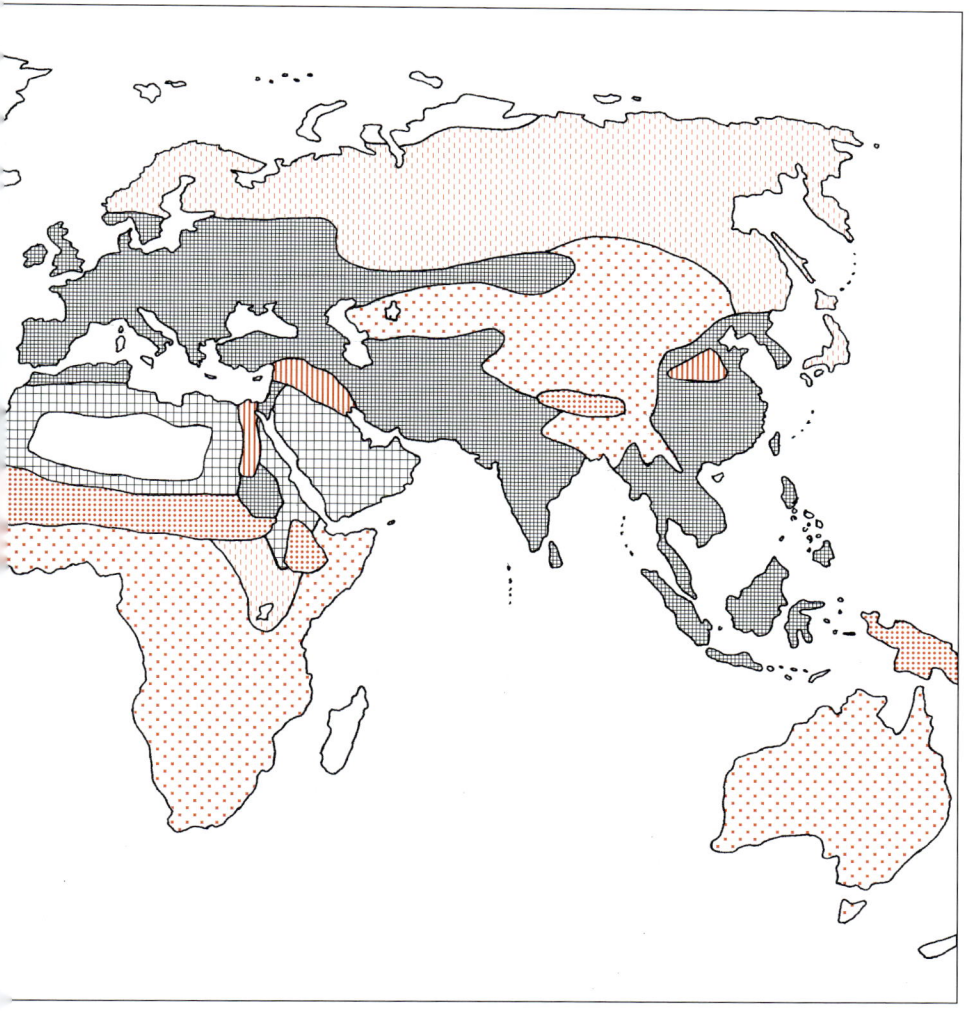

und direkte Arbeits- und Kriegsdienstleistung die einzig möglichen Formen von Leistungen an den Staat. Aus den Mitteln seines Schatzes verteilte der König Gaben an die Menschen seines Hofstaates und andere wichtige Personen, entlohnte Handwerker, die für den Bedarf des Hofes arbeiteten, und ernährte die Arbeits- und Kriegsdienstleistenden. Dabei bediente die Elite sich aus diesen Mitteln reichlich für ihren eigenen Bedarf; so ergab sich eine Ungleichheit des Lebensstandards durch die Asymmetrie der Machtverhältnisse (nicht etwa durch den Besitz von Produktionsmitteln).

Bedeutete diese Umverteilung (Redistribution) nun Ausbeutung? Keine Herrschaft wird dauerhaft akzeptiert, wenn sie nicht auch Leistungen erbringt. Der König beanspruchte, immaterielle Leistungen zu erbringen. Das war zunächst einmal innerer Frieden, wobei die Blutrache unterbunden und durch öffentliche Strafen oder durch Pflicht zur Bußezahlung an die geschädigte Seite ersetzt wurde, sodann Schutz gegen äußere Angriffe. Vor allem aber pflegte er in besonderen Ritualen den Kontakt zu den Göttern, um das Wohlergehen der Gemeinschaft, die Fruchtbarkeit des Landes und die Weltordnung überhaupt aufrechtzuerhalten. Wie weit man das als angemessene Gegenleistung akzeptiert, ist eine Glaubensfrage. Diese sakrale Rolle des Königs war durchaus ambivalent: Zum einen legitimierte sie den Herrscher und bot ihm überdies eine Handhabe, viel zu fordern, andererseits wirkte sie auch machtbegrenzend, indem z. B. Hungerkatastrophen genutzt werden konnten, seine Legitimität infrage zu stellen. Die in China von den Dshou entwickelte Lehre vom Mandat des Himmels, das der Schang-Dynastie entzogen und auf die Dshou übertragen worden sei, und die seitdem von einer Dynastie zur nächsten tradiert wurde, lässt diese beiden Seiten deutlich erkennen.

Wie mächtig waren diese frühen Herrscher? Die ersten Könige gingen so weit, dass sie einen Teil ihrer Gefolgsleute mit ins Jenseits nehmen wollten, d. h. sie ließen sie töten und nahmen sie mit ins Grab.[118] Doch so mächtig die Herrscher an ihrem eigenen Hofe waren, keiner versuchte die Lebensverhältnisse der Menschen draußen im Lande durch Gesetzgebung zu steuern. Die Intensität der Verflechtung im Machtnetzwerk war gering: Recht galt als nicht von Menschen gesetzt, denn nach der archaischen Weltdeutung, welche Natur, Gesellschaft und Sakrales kaum zu differenzieren wusste, waren Sitte und Brauch genauso wie die natürliche Weltordnung unabänderlich. Die Könige beschränkten sich weitgehend auf Kriege und Rituale und darauf, Ressourcen für ihren Bedarf zu mobilisieren. Nichtsdestoweniger durchzog mit den asymmetrischen Machtverhältnissen ein Geist der Unterordnung und des Gehorchen-Müssens die Gesellschaft immer mehr. Samuel, der letzte Richter, warnte das Volk Israel 1020 mit eindringlichen Worten davor, nach dem Modell der Nachbarstaaten das Königtum einzuführen: »Eure Söhne wird er nehmen für seine Wagen und Gespanne, und dass sie vor seinem Wagen herlaufen ... Eure besten Äcker und Weinberge und Ölgärten wird er nehmen und seinen Großen geben. Dazu von euren Kornfeldern und Weinbergen wird er den Zehnten nehmen und seinen Kämmerern und Großen geben. ... Von euren Herden wird er den Zehnten nehmen, und ihr müsst Knechte sein.«[119] Diese Schlechterstellung betraf in besonderer Weise die Frauen, denn zumindest in Ägypten und Mesopotamien wurden die Verhältnisse im Laufe der Zeit zunehmend patriarchalischer. Die Rollen, die sich als Verwaltung und politische Führung ausdifferenzierten, waren fast ausschließlich den Männern vorbehalten, ebenso das Kriegführen. Hier kam biologisch angelegtes Dominanz- und Aggressionsverhalten von Männern zum Tragen. Generell wurden die Frauen wirtschaftlich und sexuell den Männern immer mehr untergeordnet.[120]

Über diese Gemeinsamkeiten hinaus führten die unterschiedlichen Entwicklungspfade von Mesopotamien, Ägypten und China zu einer Pluralität der Machtstrukturen, die teilweise schon äußerlich sichtbar wurden.[121] In China bildete die hierarchische Verbindung der Klane den Kern des Machtgefüges. Dementsprechend stellten die hölzernen Ahnentempel der mächtigen Klane die wichtigsten Kultstätten dar, und sie blieben in die Paläste der Mächtigen integriert. Die Städte waren primär Residenzen und auf den Palast ausgerichtet. In Ägypten waren hingegen auch in der Zeit des Personenverbandsstaates keine Klane sichtbar; hier stand von Beginn an der König im Mittelpunkt des politischen, wirtschaftlichen und kulturellen Netzwerks. Seine steinernen Mastabagräber waren die auffälligsten Bauwerke. Sechs aufeinandergestapelte Mastabas ergaben 2680 die Stufenpyramide, den ältesten Monumentalbau der Welt, deren Form dann wenige Jahrzehnte später zur glatten Pyramide weiterentwickelt wurde. An ihrem Fuß befand sich der Totentempel für den Pharao. Die regionalen Göttertempel waren anfangs eher unauffällig; sie blühten erst nach dem ersten Zusammenbruch der Königsmacht ab 2000 durch die regionalen Machthaber auf und wuchsen dann zu gewaltigen Anlagen aus Stein heran, blieben aber zumindest bis 1000 weitgehend von der königlichen Verwaltung abhängig. In Mesopotamien stand hingegen die Stadt am Anfang. Die Städte waren hier größer als in Ägypten und China, die Staaten hingegen zunächst begrenzt. Die zentralen Bauwerke waren die städtischen Tempel, die teilweise im späten 3. Jahrtausend durch mehrstufige Plattformen aus Lehmziegeln, die Zikkurats, immer sichtbarer herausragten. Dagegen kamen die Paläste erst später dazu und blieben immer deutlich von den Tempeln getrennt.

Der Unterschied zwischen einer Staatsbildung durch Kooperation und einer durch Zwang zeigte sich auch darin, dass die Machtverhältnisse in Mesopotamien der Gesellschaft mehr Freiraum ließen. So wurde um 2000 das Rechtswesen durch besondere Gerichtsinstitutionen und eine Kodifizierung von Teilen des Rechts aus Tempelverwaltung und Brauchtum ausdifferenziert, was beides in Ägypten nicht geschah und im China dieser Epoche erst recht nicht. Das kodifizierte Recht blieb noch stark dem personalen Gegenseitigkeitsprinzip verhaftet: Böse Taten wurden meist mit Gleichem vergolten, konkret Auge um Auge, Zahn um Zahn, abstrakter durch Bußeleistung an den Geschädigten. Auch das Wirtschaftsleben war in Mesopotamien stärker aus dem Machtnetzwerk ausdifferenziert. In allen drei Ländern organisierten die Paläste und Tempel die benötigten Handwerksleistungen zum großen Teil in Manufakturen und durch fest angestellte Handwerker, da es zunächst keinen Markt gab, auf dessen Angebot sie hätten zurückgreifen können. Teilweise führten die Handwerker zugleich auch Aufträge für Privathaushalte aus. Dieser Bereich freien Austauschs war schon bei den Sumerern vorhanden[122] und entwickelte sich dann in Mesopotamien stärker als in Ägypten[123]; in China existierte er fast gar nicht. In Ägypten monopolisierte der König den Außenhandel und organisierte ihn als Geschenktausch mit anderen Herrschern oder in Gestalt königlicher Expeditionen. Dagegen entfaltete sich in Mesopotamien im Laufe der Zeit ein freies Kaufmannstum, das Familienfirmen betrieb. Die Zeit reiner Tauschwirtschaft war im Nahen Osten um 2500 vorüber, aber Geld als ein eigens dem Zahlungsverkehr dienendes Mittel war noch nicht ausdifferenziert. So dienten bestimmte Güter gleichzeitig als allgemein akzeptiertes Tauschmittel und als Wertmaßstab, insbesondere Getreidesäckchen und gehacktes oder barrenförmiges Silber (nach Gewicht).[124] Die in China verwendeten Kaurischnecken wird man vielleicht schon eher als echtes Geld ansehen können. Auch bei der Entwicklung spezieller Finanzierungsinstrumente spielte Mesopotamien den Vorreiter: Um 2000 kamen Kredite gegen Zins auf, ferner für den Fernhandel mit einer Art Kreditbriefen oder Wechseln Formen bargeldlosen Zahlungsverkehrs.

Bronze, Eisen, Schrift – drei große Basisinnovationen

Mit dem Schritt zur frühurbanen Agrargesellschaft stieg prinzipiell die Innovationsfähigkeit. Handwerkliche Spezialisierung bot die Möglichkeit, praktische Erfahrungen weiterzuentwickeln, professionelle Priester und Schreiber hatten mehr Zeit, Wissen zu sammeln und zu durchdenken, dichteres Zusammenleben der Menschen in Städten und Schrift erleichterte die Kommunikation. Doch zugleich wurde die Innovationsfähigkeit auch wieder eingeschränkt.[125] Metallhandwerker und andere Spezialisten hüteten ihre Betriebsgeheimnisse und gaben sie nur mündlich vom Meister an den Schüler weiter, Priester schotteten ihr Wissen gegenüber dem einfachen Volk als geheimes Herrschaftswissen ab. Die Schrift mit ihren Hunderten von Zeichen war schwer zu lernen, und die geistige Elite war extrem klein; um 2000 dürfte die Zahl der Alphabeten in Ägypten und Mesopotamien jeweils nur wenige Tausende betragen haben. Das ließ an sich schon kaum Alternativen an den Blick gelangen, und überdies war die geistige Elite in den Konformitätszwang des Dienstes als Priester oder königlicher Verwaltungsbeamter eingebunden. Königshof und geistige Elite waren darauf aus, die Ordnung von Welt und Staat zu bewahren, nicht auf Originalität. In den Anfangsjahrhunderten von frühurbaner Agrargesellschaft und archaischer Palastkultur führten neue Herausforderungen zu einem Innovationsschub; hier entwickelte man grundlegende Muster, z. B. in Form, Anordnung und Proportionen künstlerischer Konventionen, sei es die halbfrontale Darstellungsweise von Figuren in Ägypten oder die

Bauweise chinesischer Tempel- und Palasthallen. Diese wurden in der folgenden Zeit zwar variiert und im Detail ausgebaut, aber es gab bis 600 v. Chr. kaum Raum für Durchbrüche zu grundlegend Neuem. Aufs Ganze gesehen war die auf den Königshof zentrierte ägyptische Elitenkultur besonders konservativ.[126] Dagegen stellte das stärker verstädterte und auf mehrere Staaten aufgeteilte Südmesopotamien, das mehr Raum für Privatinitiative ließ und höher alphabetisiert war, die innovativste Gegend dieser Epoche dar.

Trotzdem waren die frühurbanen Agrargesellschaften Ursprungsort einiger grundlegender technischer Verfahren. An verschiedenen Orten experimentierten die Handwerker damit, das weiche Kupfer mit Blei, Arsen, Antimon und Zinn zu legieren. 3100 fanden sie im Raum Ägypten/Palästina heraus, dass ein Zusatz von 10 % Zinn ein deutlich härteres und im Vergleich zu Stein zäheres Material ergab, nämlich Bronze. Hieraus ließen sich Dolche und (Streit-)Äxte bisher unbekannter Schärfe herstellen, längliche Schwerter (was aus Stein wegen der Bruchgefahr nicht möglich gewesen war) sowie Schmuck und kultische Objekte in einer Vielfalt von Formen, die man so bisher nicht verwirklichen konnte. Da Zinn aber nur an wenigen Orten vorkam und selten war, blieb Bronze im Wesentlichen eine Sache von Waffen, Kultgeräten und Schmuck der Oberschichten. Mit Eisen experimentierte man im Nahen Osten seit etwa 4000, doch es blieb zunächst relativ weich und extrem selten. Erst als man in der Türkei um 1200 durch den Blasebalg die Schmelztemperaturen deutlich erhöhen konnte und etwas Kohlenstoff zusetzte, gelang der technologische Durchbruch zu einem Werkstoff, der Bronze an Härte noch übertraf und damit für Waffen und Werkzeuge prädestiniert war und der dann allmählich auch häufiger wurde. Dabei behinderte im Nahen Osten weniger der Mangel an Eisenerz die Verbreitung als der allmählich eintretende Mangel an Holz zur Verhüttung. Auch in den frühurbanen Agrargesellschaften bestand also bis zur Mitte des 1. Jahrtausends v. Chr. das Alltagswerkzeug aus Stein und Holz; ägyptische Diorithämmer waren erstaunlich hart. Viel breiter als die Metalltechniken wurden also andere verwendet; aus Holz und Elfenbein wurde geschnitzt, und mit den Techniken des Bohrens, Schleifens und Schneidens bearbeiteten Spezialhandwerker Stein für Werkzeuge und figürliche Darstellungen wie auch seltene Schmucksteine – die chinesische Oberschicht liebte grüne Jade, die mesopotamische blauen Lapislazuli. Schließlich erfand man als weiteren Werkstoff Glas, eigentlich der erste Kunststoff im Sinne eines von Menschen geschaffenen Materials. Nach anfänglichen Glasperlen tauchten um 1600 kleine Glasgefäße auf, verbreitet von Ägypten über Syrien bis Mesopotamien. Während das Schmiedehandwerk Männersache war, da es weitgehend der Waffenproduktion diente, waren es wohl Frauen, die in Mesopotamien um 3500 v. Chr. das Bierbrauen erfanden.

Noch langwieriger war die Erfindung der Schrift. Diese Innovation erfolgte weltweit fünfmal unabhängig voneinander. Dabei war der Ablauf stets gleich. Um Missverständnisse zu vermeiden, ist es wichtig, den Begriff »Schrift« nicht undifferenziert zu verwenden, sondern zwischen Merkhilfe, Notationssystem und Vollschrift zu unterscheiden. Vorläufer waren vereinzelte auf Keramik geritzte oder gestempelte Symbole, die z. B. eine Besitzzuordnung angaben, Zählmarken, die eine Mengeninformation speicherten, Knotenschnüre oder ähnliche, allesamt kontextgebundene Merkhilfen. Während solche Merkhilfen vereinzelt ab 5000 v. Chr. auftauchten und auch in der Neuzeit in Gesellschaften ohne zentrale Institutionen vorkamen[127], setzte die Entwicklung von Notationssystemen und Vollschrift voraus, dass es Staaten gab. Schrift entstand als Herrschaftsinstrument, um den Großhaushalt eines Königspalastes oder Tempels zu verwalten und um mit übernatürlichen Mächten zu kommunizieren, vor allem beim Wahrsagen. Ein Notationssystem bestand zunächst darin, dass das Gemeinte durch ein Bildzeichen dargestellt wurde; das Zeichen stand für eine bestimmte Bedeutung und hatte keinen Bezug zur Aussprache. Auf diese Weise wurden Eigentümer- und Herrschernamen, Bezeichnungen für Güter und Mengen notiert. Das Ganze hatte den Charakter eines Stichwortzettels und war nur verständlich, wenn man den Kontext kannte. Allmählich kamen Kombinationen aus mehreren Zeichen hinzu, um auch abstrakte und komplexe Dinge benennen zu können. Einige Zeichen wandelten sich von Bedeutungsträgern zu reinen Lautzeichen. Da bestimmte Zeichenkombinationen mehrdeutig sein konnten, traten ergänzende Determinative hinzu. Auf diese Weise entstand eine Vollschrift, die in der Lage war, einen gesprochenen Text komplett wiederzugeben. Das Notationssystem setzte bei den Sumerern in Mesopotamien und den Ägyptern 3200, in Chusistan 3100, am Indus 2400 und bei den Olmeken Mittelamerikas 650 v. Chr. ein, von einer Vollschrift kann man in Ägypten, Mesopotamien und Chusistan ab 2600, in China ab etwa 1300 v. Chr. und in Mittelamerika erst mit der Mayaschrift ab 300 n. Chr. sprechen, während die Induskultur (und wohl ebenso die archaische Palastkultur Turkmenistans) dieses Niveau vor ihrem Ende wohl nicht erreichte. Bei den Ägyptern (jedenfalls bei in Stein gehauenen Inschriften) und bei den Mayas blieb die Form der Schriftzeichen sehr bildnah (Hieroglyphen). Dagegen abstrahierten die Sumerer ihre Schriftzeichen rasch zur Keilschrift, da sie diese durch Holzgriffel in feuchten Ton eindrückten, und auch die chinesischen Zeichen streiften alle gegenständlichen Assoziationen ab. Der Schritt zur praktischen Alphabetschrift, die nicht mehr Hunderte von Zeichen, sondern nur noch eine geringe Zahl von reinen Lautzeichen ohne inhaltliche Bedeutung verwendet, geschah dann, obwohl er uns rückblickend betrachtet logisch erscheint, nur einmal, und zwar zwischen 1600 und 1100 im Libanon durch die Phönizier. Diese Innovation gelang nur im Kontaktbereich von Keilschrift und Hieroglyphen-schrift, indem beides als Steinbruch benutzt wurde. Sie glückte sicher nicht zufällig privaten Kaufleuten, die nicht in die fest gefügten Selbstver-ständlichkeiten der kulturtragenden Elite einer bestimmten Kultur einge-bunden waren, sondern als Vermittler von Austausch beides kannten, und die nicht primär daran interessiert waren, geheiligte Traditionen aufrecht-zuerhalten, sondern an Geschäftstauglichkeit. Ab dem 9. Jahrhundert ent-stand daraus die aramäische Schrift, und da sie praktischer war als die Keilschrift, verdrängte sie diese im Nahen Osten in der Folgezeit als Ver-kehrsschrift zunehmend. China blieb dagegen bis heute bei einer Schrift, die weitgehend aus einer Vielfalt von Symbolzeichen besteht, vielleicht weil Chinesisch eine isolierende Sprache ist, also ohne Flexion von Wör-tern.

Modelle finden Nachahmer (und einige bekommen nichts mit)

Bronze und Glas wurden in der Weltgeschichte nur einmal[128], Eisen wahr-scheinlich zweimal[129], Staat und Schrift nur wenige Male erfunden; zu al-len anderen Völkern sind diese Innovationen mehr oder minder durch Transfer gelangt, über wie viele Zwischenstationen und wie stark verän-dert auch immer. Dabei verliefen diese Transferprozesse sehr unterschied-lich, abhängig von der Selektion je nach der Art der Innovationen und von der Kontaktintensität. Scharfe Waffen und Beile konnte jeder gebrauchen; hier war die Offenheit für das Transferierte hoch. Wertvolle Oberschicht-geräte konnten nur da Fuß fassen, wo es entsprechende aristokratische Schichten gab. An der Idee des Staates und dem Herrschaftsinstrument Schrift waren zunächst fast nur machtgierige Individuen interessiert, wäh-rend sie den anderen zumeist zuwider waren; hier blieb die Ausbreitung viel begrenzter. Und schließlich: Wer kaum oder keine Kontakte hatte, be-kam die Basisinnovationen erst spät oder gar nicht mit.

Von den älteren Innovationen breitete sich der Pflug noch weiter aus: 2600 erreichte er Ägypten und das Industal, 1000 Südindien und Äthio-pien. Das Pferd wanderte erst mit den Indoeuropäern mit, dann wurde es auch darüber hinaus übernommen, wodurch es 1800 nach Ägypten ge-langte und 1400 in Südindien und 1200 in Nordchina ankam. Wo es vor-her keine Wagen gegeben hatte, wurden diese zusammen mit dem Pferd bekannt. Bronzeherstellung breitete sich um 2000 schlagartig durch den Mittelmeerraum, nach Pakistan und durch die eurasische Steppenzone bis Nordwestchina aus, bis 1500 dann über Mittel- und Westeuropa und ganz China und bis 1000 auch über Festlandsüdostasien und Korea. Der Trans-fer der Eisentechnologie aus der Türkei erfolgte dann rascher als alles frühere: In den nur dreihundert Jahren von 1000 bis 700 wurde Eisen im gesamten Nahen Osten, in ganz Europa, ganz Indien, der eurasischen Steppenzone und ganz China bekannt und bald zu einem wichtigen Werkstoff für Waffen und Werkzeug. Ab 1000 breitete Eisen sich auch in Afrika nördlich und östlich des Kongobeckens aus, wahrscheinlich aufgrund einer unabhängigen Erfindung. Glas erreichte im 6. Jahrhundert Mitteleuropa, Nordindien und China.

Als die Indoeuropäer sich im eurasischen Steppenraum ausbreiteten, scheinen sie um 2000 den Nahen Osten mit China vernetzt zu haben; genau zu diesem Zeitpunkt tauchten in Nordwestchina Weizen, Gerste, Ziegen und Bronze auf. Dass Kulturgüter aber auch einen sehr langsamen Transfer über viele Zwischenstationen erleben können, wird am Beispiel des Huhns deutlich: Um 6000 in Südchina domestiziert, gelangte es 2500 nach Pakistan und 700 v.Chr. nach Ägypten und Mitteleuropa. Überdies konnten auch eher unscheinbare Innovationen dieser Zeit eine weltweite Karriere machen, wie ein Blick auf den Stuhl zeigt: Schon Anfang des 3. Jahrtausends in Ägypten und Mesopotamien als Zeichen hochgestellter Personen bekannt, übernahmen ihn im 8. Jahrhundert v.Chr. die Griechen, von wo er über die Römer im Abendland bekannt wurde, und durch die innerasiatischen Steppen gelangte er nach China, wo er sich im 8. Jahrhundert n.Chr. in der Oberschicht durchsetzte, wogegen bis weit in die Neuzeit Japaner, Indianer, Schwarzafrikaner sowie fast alle anderen Asiaten auf dem Boden sitzen blieben.

Bemerkenswert ist nun, welche Regionen von den wichtigen Basistechnologien Pflug, Wagen, Bronze und Eisen *nicht* erreicht wurden. Die Jäger und Sammlerinnen in der sibirischen Taiga konnten mit den beiden Erstgenannten wenig anfangen, importiertes Eisen wurde aber bis Ende des ersten Jahrtausends v.Chr. auch hier überall bekannt. Bedingt durch die Entfernung und die Insellagen wurden Festlandsüdostasien und Korea nur von einem Teil der genannten Innovationen erreicht, Inselsüdostasien und Japan noch gar nicht; hier sollte das Fehlende in den nächsten Jahrhunderten folgen. In Afrika verstärkte sich die gegen 5000 einsetzende Austrocknung der Sahara um 2600 so sehr, dass diese zur unbewohnbaren Wüste wurde und Schwarzafrika vom Mittelmeerraum abschnitt (erst um 800 n.Chr. wurde die Verbindung mit Kamelen wiederhergestellt). Pflug und Wagen kamen südlich der Sahara bis ins 19. Jahrhundert n.Chr. nicht an, Bronze erst im 11. Jahrhundert n.Chr. und auch nur regional begrenzt. Dabei wären Wagen südlich der Sahara durchaus brauchbar gewesen, denn Rinder als Zugtiere waren in der nördlichen Feuchtsavanne und in der Trockensavanne vorhanden, und das Gelände ist dort überwiegend eben. Dass der Feldbau mit Hacke und Grabstock für die erosionsgefährdeten afrikanischen Böden besser geeignet war als der Pflug, der Verzicht also eine ökologische Anpassung bedeutete, wird man nur für bestimmte Gegenden behaupten können. Amerika, durch die Atlantik- und Pazifikbarriere isoliert, blieb von den eurasischen Innovationen bis zu Columbus gänzlich unberührt. Nun gab es hier durchaus eigene Entwicklungen: In Peru begann man um 1500 v.Chr. Gold und 800 v.Chr. Kupfer zu nutzen (Zentralmexiko erst um 800 n.Chr.) und verwendete ab 1000 v.Chr. mit Baumwolle auch eine Pflanzenfaser für Kleidung. Aufs Ganze gesehen waren die indianischen Kernregionen aber weit davon entfernt, mit den eurasischen Schritt zu halten. Metalle für Waffen und Werkzeuge blieben bis zur Ankunft der Europäer fremd. Nach dem Aussterben der Pferde und der meisten anderen großen Säugetiere in Amerika waren keine Tiere übrig, die als Zugtier für Wagen und Pflug oder als Reittier geeignet gewesen wären, und das Lama leistete als Tragtier wenig und blieb auf das Andenhochland beschränkt. Es besteht aber auch kein Grund, die vorhandenen amerikanischen Eigeninnovationen als solche infrage zu stellen und zu behaupten, sie seien durch einen transpazifischen Transfer aus Ostasien nach Amerika gekommen.[130] Im abgeschnittenen Australien schließlich lebten bis ins 19. Jahrhundert Wildbeutergesellschaften von alledem unberührt.

Regionen, die alle Innovationen selbst erdenken mussten, wo andere ihre austauschten, blieben zwangsläufig im Laufe der Jahrtausende immer weiter zurück. Es war dann langfristig nur eine Frage der Zeitdauer und der konkreten Umstände, bis sie sich mit technologisch überlegenen Gesellschaften konfrontiert sahen, durch die sie dann in schmerzhaft asymmetrischer Weise in deren Netzwerk integriert wurden.

Nicht nur technische Verfahren, sondern auch Städte und Staatlichkeit breiteten sich aus. Angestoßen durch das von Mesopotamien und Ägypten ausstrahlende Fernhandelsnetzwerk geschah an weiteren Stellen des Nahen Ostens der Schritt zur frühurbanen Agrargesellschaft und zu Staaten. Dieser Transfer von Staatlichkeit gehorchte in Grundzügen denselben Prinzipien wie die autochthone Staatsbildung, aber doch mit einigen wichtigen Verschiebungen. Die sekundären Staatsbildungen waren weniger als die autochthonen daran gebunden, dass Bevölkerung sich besonders verdichtet hatte und sich agrarische Überschüsse abschöpfen ließen. Fernhandelsbeziehungen transportierten Informationen über das Königtum, die ehrgeizige Männer als attraktives Modell aufnahmen; zugleich schufen diese Beziehungen für solche Männer die Möglichkeit, durch die Kontrolle von Transithandel Ressourcen abzuschöpfen, mit denen sich eine Gefolgschaft aufbauen ließ, die den Einstieg in eine Staatsbildung bedeuten konnte. Ein solcher Transfer von Staatlichkeit über Fernhandelsverbindungen begünstigte die Staatsbildung von oben her, und er konnte über größere Entfernungen wirksam sein. Zugleich konnten bereits bestehende Staaten auch eine sekundäre Staatsbildung in ihrer unmittelbaren Nachbarschaft auslösen, wenn nämlich die Gefahr, von dem an

Macht überlegenen Staat aufgefressen zu werden, dessen Nachbarstämme dazu brachte, sich ebenfalls staatlich zu organisieren, um sich effektiver verteidigen zu können.

Nach mesopotamischem Muster entstanden ab spätestens 2500 in Syrien mehrere archaische oder patrimoniale Fürstentümer mit einem städtischen Zentrum (Ebla, Mari, Ugarit u. a.) und in der Türkei ab 2300 etliche Häuptlingstümer und Fürstentümer, zwischen denen aber auch weiterhin allerlei nicht herrschaftlich organisierte Stämme existierten, außerdem auch in Oman 2500 ein Häuptlingstum. Bei den Fürstentümern stand im Zentrum der Herrscherpalast, der sich zur Verwaltung der mesopotamischen Keilschrift bediente, mit der umgebenden Stadt, deren Handwerker stark auf den Bedarf des Palastes ausgerichtet waren. Die Naturalabgaben der umliegenden Bauerndörfer und die Zwischenhandelsgewinne stellten die wirtschaftliche Basis des Zentrums dar. Indoeuropäische Gruppen gründeten 1650 in Mittelanatolien Hatti und 1500 in Nordsyrien Mitanni, beides flächenmäßig große Staaten, die stark durch personale Machtbeziehungen geprägt waren, vor allem anfangs. Dieses gilt sowohl für das Verhältnis des Königs zu den unterworfenen Fürsten wie für die Aristokratenschicht mit ihren Streitwagen, die für ihre Dienste Großgrundbesitz als Lehen bekam, während bei den abgabenpflichtigen Bauern weitgehend Verwandtschaftsstrukturen herrschten. Beide Staaten nutzten Keilschrift und andere mesopotamische Herrschaftstechniken. Auf Basis der Kontrolle über den Gold- und Elfenbeinexport nach Ägypten erwuchs 2500 in Nubien (Nordsudan) das archaische Fürstentum Kerma. Angestoßen durch die Handelskontakte mit Ägypten bildeten sich 2000 auch auf Kreta patrimoniale Fürstentümer mit städtischen Zentren und einer von Ägypten inspirierten eigenen Schrift (Notationssystem), die sogenannte minoische Kultur. Sie gingen aber 1450 durch eine Invasion von außen oder durch Erdbeben unter. Deutlich von Kreta beeinflusst kamen 1600 auf Zypern und 1450 in Südgriechenland patrimoniale Fürstentümer auf mit Herrscherpalast, städtischer Siedlung und Schrift für die Palastverwaltung, die ins Fernhandelsnetzwerk des östlichen Mittelmeers eingebunden waren. Mykene, Theben, Pylos und Tiryns waren in Griechenland die wichtigsten Herrschersitze. Im 8. Jahrhundert konnten sich auch im Jemen, wo Bewässerungsfeldbau an Flussoasen eine Bevölkerungsverdichtung erlaubt hatte, mit dem steigenden Export des dort gewonnenen Weihrauchs nach Ägypten und Mesopotamien Häuptlingstümer oder archaische Fürstentümer formieren. Die Fernhandelsbeziehungen des Nahen Ostens strahlten so weit nach Europa hinein, dass in Teilen Mitteleuropas und auch Westeuropas aristokratische Schichten und dann ab 1500 ebenfalls Häuptlingstümer entstanden, deren Führer Prestigegüter aus dem östlichen Mittelmeerraum importierten, vor allem aus Bronze. Sie blieben aber noch ohne Städte und Schrift. Wohl ähnlich bildeten sich ab 2000 in der Steppe Südwestsibiriens aristokratische Schichten und Häuptlingstümer.

In den Jahrzehnten um 1200 durchflutete dann eine Welle sogenannter »Seevölker« von Norden her raubend und plündernd die Ägäis, Syrien und Palästina bis hinunter nach Ägypten, wodurch das Fernhandelsnetz im östlichen Mittelmeerraum zerriss samt seiner Ausläufer nach Europa. Als Folge davon brachen die Staaten Hatti und Mitanni, die Fürstentümer der mykenischen Kultur und Zyperns und einige in Syrien sowie die mittel- und westeuropäischen Häuptlingstümer zusammen. Staat, Schrift und Stadt verschwanden in Griechenland, Zentralanatolien und Zypern ganz, in Syrien und Palästina teilweise. In Anatolien gab es jetzt eine Fülle von Häuptlingstümern. In Griechenland waren nur noch Stämme mit einer Oberschicht aus großgrundbesitzenden Aristokraten zu finden. Diese pflegten einen ritterlichen Lebensstil und wetteiferten mit Besitz, Festgelagen und sportlichem Kräftemessen um Prestige. Ein geeignetes Forum boten dafür nicht zuletzt die Olympischen Spiele, die ab 776 regelmäßig stattfanden.

Einige Zeit nach diesem Rückschlag keimten Staaten und Städte dann neu auf und breiteten sich vor allem nach Westen weiter aus als zuvor. In Anatolien kam neue Staatlichkeit mit Urartu im Osten 900 und mit Phrygien in West- und Mittelanatolien 800 auf. Nilaufwärts entstand um 800 in Obernubien der Staat Kusch mit Zentrum in Napata, später nach Meroë verlegt. Er stützte sich auf den Transithandel zwischen Südsudan und Ägypten, auf Eisenerzeugung auch für den Export und Landwirtschaft im Gebiet südlich des 3. Katarakts. Die Vorbilder für den kuschitischen Herrscherhof kamen aus Ägypten, dessen Süden die Herrscher von Kusch ab 750 sogar für einige Jahrzehnte unter ihre Kontrolle brachten. In den Mittelmeerraum hinein wurde der Impuls, Städte und Staaten zu gründen, dann vor allem durch die Phöniker getragen. Diese bauten von ihren Küstenstädten im Libanon aus zwischen 1000 und 800 ein Seehandelsnetzwerk auf, das den ganzen Mittelmeerraum erfasste. Dabei gründeten sie städtisch geprägte Handelsstützpunkte auf Zypern und Sizilien, in Tunesien (824 Karthago) und Südspanien. Einheimische Eliten klinkten sich in diese neuen Fernhandelsbeziehungen ein, und so entstanden im 7. Jahrhundert rund um die Ägäis griechische Städte und in der Toskana die etruskischen Städte. Während der griechischen Auswandererwelle der Jahre 750 bis 600 trugen Siedler diese städtische Lebensform auch an die Küsten Unteritaliens, Siziliens und des Schwarzen Meeres. Für die Städte der Etrusker (und der Latiner) kann man von Häuptlingstümern[131] sprechen, in denen der Häuptling im Wesentlichen sakrale Aufgaben hatte, wobei die größeren etruskischen Städte gemeinsam eine Stammeskonföderation bildeten. Die Griechen kannten keine Häuptlinge.[132] In Südspanien entstand dort, wo das phönikische Seehandelsnetz auf Zinnlieferungen aus Cornwall und der Bretagne sowie Silber aus dem spanischen Hinterland traf, um 900 das patrimoniale Fürstentum Tartessos. Die Verlängerung des phönikischen und griechischen Fernhandelsnetzes nach Südfrankreich und Süddeutschland bot auch hier an Stellen, an denen sich Transithandel kontrollieren ließ, ehrgeizigen Aristokraten die Chance, sich zu Häuptlingen aufzuschwingen, wie ab 900 zunehmend zu beobachten war. Städte entstanden hier nicht. Dabei spielten jetzt Salz- und Eisenbergbau sowie Transithandel von Zinn (Bretagne, Cornwall) und Bernstein (von der Ostseeküste) eine wichtige Rolle.[133] Auch die phönikische Alphabetschrift ging den Weg der phönikischen Handelsbeziehungen. Sie wurde um 800 von den Griechen übernommen und zur griechischen Schrift weiterentwickelt. Diese übernahmen dann 690 wiederum die Etrusker und von diesen modifiziert die Latiner, die sie zur lateinischen Schrift umgestalteten, und in Tartessos wurde sie zur iberischen Schrift variiert. Wo es keine Städte gab, blieb man ohne Schrift.

Auch in Ostasien breitete sich der in Staaten organisierte Raum aus, doch ohne eine Dynamik, die dem Nahen Osten vergleichbar gewesen wäre, da Verstädterung und Fernhandel geringer waren. Die Staatsbildung griff über die Große Ebene hinaus und ließ im 13. Jahrhundert auch im Roten Becken von Ss'tschwan und Anfang des 1. Jahrtausends am mittleren Jangtse Staaten mit städtischen Zentren entstehen, aber ohne Schrift.

Altes Deutungsschema, neue Reichhaltigkeit

Während der Schritt zu Staat und Stadt einen großen Sprung bedeutete, waren die Veränderungen in der symbolischen Konstruktion der Welt aufs Ganze gesehen geringer. Das subjektivistische Deutungsschema der primitiven Kultur lebte auch in der archaischen Kultur ungebrochen weiter, jene auf den Menschen zentrierte Weltsicht, die jenseits des sicheren Erfahrungswissens überall mit handelnden Subjekten rechnete, darauf mit Ritualen und Magie reagierte und zwischen den Daseinsbereichen wenig zu differenzieren wusste. Dieses Deutungsschema wurde nicht grundsätzlich infrage gestellt, aber ebenso wie das Erfahrungswissen deutlich ausgebaut. Dabei wurde es systematischer, differenzierter und reichhaltiger. In Mesopotamien und Ägypten entstanden aus der Verschriftlichung von Wissen Wortlisten von Pflanzen und Königen, Krankheiten und Örtlichkeiten usw. Hinter diesem inventarisierenden Zugriff auf die Welt stand die Vorstellung, der Name sei nicht von Menschen gemacht, sondern Eigenschaft der Dinge, man würde damit also schon die Dinge selbst erfassen.[134] Das ordnende Denken der Palastbürokratie führte dabei zu einem gewissen Streben nach hierarchischer Klassifizierung der Dinge, das sich aber meist an äußerlichen Merkmalen orientierte. Aber ob Medizin, Wahrsagung oder Mathematik: Es gab keine Verallgemeinerungen zu abstrakten Regeln, keine reflektierende Theologie und schon gar keine formale Beweisführung. Als Erklärungen dienten weiter die Erzählungen mythologischer Handlungsabläufe. Für die Praxis existierten Sammlungen von typischen Fällen und mathematischen Lösungswegen anhand von Beispielaufgaben, ebenso von Sprichwörtern.[135] Auch die geistigen Eliten der archaischen Palastkulturen taten nicht den Schritt zur Reflexion über grundlegende Deutungsprinzipien und Methoden, waren zu formallogischen Schlussfolgerungen nicht in der Lage. Es gab keinen freien Diskurs, kein kritisches aufeinander Bezugnehmen von Texten. Als in Ägypten in der ersten Zwischenzeit der Griff des zentralen Hofes entfiel, sprossen zwar neue Denkansätze, aber die Auflockerung war nicht nachhaltig genug, um zum grundsätzlichen Reflexivwerden zu führen.[136]

Wenn es zur Ausdifferenzierung professioneller Geistesarbeiter kam, seien es Barden und Sänger von Epen oder Priester, setzte die archaische Volkskultur ein. Wo Tempel archäologisch nachweisbar sind, können wir solche Spezialisten annehmen. Die spätere schriftliche Überlieferung für die griechischen Sänger der Zeit zwischen 1200 und 700, die Brahmanen der vedischen Aryas und die keltischen Druiden und Barden zeigt darüber hinaus, dass solche geistigen Spezialisten auch in Gesellschaften vorhanden sein konnten, die keine Tempel besaßen, sondern Kultstätten in der Natur. Wohin schließlich weder archäologische Tempelfunde noch schriftliche Überlieferung einen Lichtstrahl werfen, wissen wir nicht, wann das Stadium archaischer Volkskultur begann. Wenn ein Kreis solcher Spezialisten entstanden war, bauten sie schlichte Mythen und Rituale zu deutlich komplexeren Erzählungen und Handlungsabfolgen aus, begannen astronomische Beobachtungen für Kalenderzwecke und gezielt medizinisches Heilwissen zu sammeln, ohne dass sich die Reichweite dieser Bestrebungen näher bestimmen lässt. Professionelle Barden, die mythologische Stoffe als Epen vortrugen, meist in gebundener Sprache, scheinen ein Phänomen aristokratischer Gesellschaften zu sein; es gab sie in dieser Epoche im homerischen Griechenland, im frühen Mesopotamien und auch in China[137], während für Ägypten keine Epen bekannt sind.

Einen großen Entwicklungsschub brachte dann der Beginn der archaischen Palastkulturen, denn die Großhaushalte von Palast und Tempel steckten in ganz neuem Maße Ressourcen in die Nachfrage nach Wissen, Deutung, Ritual und künstlerischer Gestaltung, sodass auf dieser Basis eine viel größere Zahl von Menschen vollberuflich in diesen Bereichen tätig war. Damit wurden Spezialisierungen in Priester, Orakeldeuter, Ärzte, Musiker usw. möglich, und schon das reine Volumen kultureller Produktion wuchs drastisch an. Indem sich im Nahen Osten eine Priesterschaft ausdifferenziert hatte, gestaltete sie die Rituale immer komplizierter und aufwendiger. Das ist nicht funktional mit neuen Bedürfnissen zu erklären, sondern dadurch, dass die zunehmend gut ausgestatteten Tempel, einmal institutionalisiert, eine Eigendynamik entfalteten. In China hatten die Zauber- und Orakelpriester eine schwächere Stellung, da sie in den Hof integriert blieben und der Ahnenkult von den Oberhäuptern der Klane vollzogen wurde. Zugleich spaltete sich die Elitenkultur von der Kultur des einfachen Volkes ab. Die Elitenkultur hatte anders als die Volkskultur ausdifferenzierte Institutionen und konnte deshalb wesentlich komplexer sein. Außerdem wurde sie überregional von einer einheitlichen Hochsprache und einem gemeinsamen Bildungskanon getragen, während die Volkskultur weiter durch eine Vielfalt kleinräumig gebundener Bräuche und Dialekte, Lokalgötter und ortsgebundener Geister geprägt blieb. Durch die Elitenkultur setzte sich die Elite vom einfachen Volk als sozial höherstehend ab, und zugleich sickerten einzelne Elemente nach unten und überformten die Volkskultur, oft in vulgarisierter Form, ohne sie zu verdrängen.

Oft in etwa zeitnah mit dem Übergang von der primitiven zur archaischen Kultur erwuchs aus dem subjektivistischen Deutungsschema die Vorstellung von Göttern (und Göttinnen). Dieses Phänomen war eigentlich nicht mit dem Entstehen von kulturellen Spezialisten verbunden, sondern vielmehr mit Veränderungen der Machtverhältnisse.[138] Wo einige Menschen sich als Häuptlinge oder zumindest Aristokraten aus der Masse heraushoben, da gewannen auch einige der zahlreichen Subjekte um die Menschen herum persönliches Profil und hoben sich frei beweglich aus der Natur heraus, wurden also zu Göttern, während andere Subjekte weiter als mehr diffuse Geister in Quellen, Bergen und sonstigen Orten und Naturbereichen sitzen blieben, vor allem dem einfachen Volk vertraut. Götter wurden im Himmel oder doch zumindest auf Berggipfeln angesiedelt und damit aus dem unmittelbaren Aktionsbereich der Menschen weggeschoben, bedeuteten also Ansätze zu einer Differenzierung in Diesseits und Jenseits. Aber das Jenseits funktionierte nach denselben Prinzipien wie das Diesseits. Schöpfungsmythen entstanden, nach denen die Welt durch einen Gott gemacht worden sei. Zu den Göttern traten die Menschen in ein anderes Verhältnis als zu den Geistern. Es orientierte sich an dem alten Gegenseitigkeitsprinzip, dem »do ut des«: Götter bekamen Opfer, damit sie im Gegenzug Hilfe leisteten. Wie Häuptlinge und Könige waren Götter vor allem mächtig. Sie wurden verehrt, bewundert und gefürchtet, aber sie waren kein Objekt der Liebe oder mystischer Intimität. Für die Wirksamkeit der Rituale galt als maßgeblich, dass sie formal korrekt ausgeführt wurden, während die innere Einstellung der Menschen dabei belanglos blieb.

War der Glaube an Götter in archaischen Kulturen allgemein, so variierte doch die konkrete Gestalt von Götterglauben und Kult erheblich. In China und bei den Indoeuropäern (Aryas, Griechen vor 750, Indoiranern) waren Götterbilder unbekannt, und den Göttern wurde an besonderen

Örtlichkeiten in der Natur geopfert, nicht in Tempeln. In China stand die Verehrung der Ahnen der führenden Klane im Mittelpunkt, die götterähnliche Qualitäten erhielten. Um sie zu verehren, wurden Ahnentempel und vielfältige Bronzegefäße geschaffen, während die (übrigen) Götter unpersönlicher blieben und bestenfalls bildlose Erdaltäre erhielten. Die Sumerer und Ägypter machten sich die plastischsten Vorstellungen: Ihre Götter ähnelten den Menschen darin, dass sie Pläne hatten und handelten, Zorn und Trauer empfanden, zeugten und kämpften; anders als die Menschen waren sie aber viel mächtiger und kannten im Regelfall weder Krankheit noch Tod. Als in Südmesopotamien und in Ägypten eine überlokale Elitenkultur entstand, fügten die Priester die verschiedenen lokalen Götter durch spekulative Verbindungen zu einem Pantheon zusammen. In Analogie zur Verwandtschaft der Menschen konstruierten sie dabei Verwandtschaftsverhältnisse der Götter, nach dem Vorbild der staatlichen Bürokratie und Hierarchie machten sie Götter für bestimmte Bereiche zuständig und hierarchisierten sie in Ober- und Untergötter, und manchmal erklärten sie verschiedene Götter für Aspekte eines Gottes und schoben sie zusammen. Auf- und Abstieg einzelner mesopotamischer Staaten und Dynastiewechsel ließ deren spezielle Götter im Götterpantheon mit auf- und absteigen. Die Sumerer und Ägypter erfanden den Göttertempel mit der Götterstatue im geheimnisvollen Dunkel des innersten, nur den Priestern zugänglichen Bereichs, die von diesen gespeist und gekleidet wurde. Dabei wurden die mesopotamischen Götter genauso wie Menschen dargestellt, wogegen die Ägypter vielfältige Mischwesen aus Tieren und Menschen erdachten. Wo die Machtstellung des Herrschers ausgeprägter war, scheinen also insgesamt auch die Götter profilierter gewesen zu sein. Spezifisch ägyptisch war dann der extreme Totenkult, angeregt durch die konservierende Wirkung der Wüstentrockenheit, der den Körper der Toten durch Mumifizieren dauerhaft vor dem Verfall bewahren wollte. Nach dem Vorbild des Königs investierte die Elite dabei riesige Mittel in ihre Grabanlagen.

Die Innovation Schrift bedeutete dagegen für das Denken nicht jenen großen Einschnitt, der ihr oft zugeschrieben worden ist. Das in ihr liegende Potenzial wurde nämlich lange gar nicht realisiert. Zwar klingt es theoretisch plausibel, dass Schrift es ermöglicht habe, Denken vom Handlungskontext des Sprechens zu lösen und eine größere Wissensmenge zu speichern, und dass sie damit zu Abstraktion, Reflexion und mehr Komplexität geführt habe.[139] In Wirklichkeit ist Schrift jedoch im Nahen Osten als Herrschaftsinstrument für Buchhaltung und repräsentative Königsinschriften erfunden worden und in China für rituelle Zwecke, hatte aber mit literarischen Texten zunächst nichts zu tun. Diese wurden weiterhin mündlich tradiert, zumal Schrift sich jahrhundertelang nur auf dem Niveau des Notationssystems befand; man hat diese Texte in Mesopota-

mien erst ab dem 18. Jahrhundert verschriftlicht[140], in China kaum vor
800 v. Chr. Neben die mündliche Tradierung bäuerlichen und handwerklichen Praxiswissens trat jetzt das verschriftlichte Erfahrungswissen der
Elite. Mit der Schrift entstanden ferner Schulen für Schreiber und Priester, um sie zu vermitteln, aber sie blieben beim Einüben von Fertigkeiten
und reinem Auswendiglernen. Einen Durchbruch zu mehr Abstraktion
hat Schrift in dieser Epoche nicht bewirkt, und umgekehrt sollte später in
Indien der Durchbruch zur Reflexivität in einem mündlichen Milieu erfolgen. Überhaupt darf man sich den Umfang der kollektiven Wissensbestände in den archaischen Palastkulturen nicht zu groß vorstellen. Der
gesamte Korpus mesopotamischer Literatur bestand aus 28 000 Zeilen[141],
das Wissen einer ägyptischen Tempelbibliothek ließ sich in 42 Büchern
unterbringen.[142]

Die schon in der primitiven Kultur bestehende Weltanschauung, welche
Menschen und Berge, Pflanzen und Gestirne, Gesellschaft und Natur nicht
in prinzipiell unterschiedliche Sphären zu differenzieren wusste, bestand
grundsätzlich weiter. Sie wurde nun aber konkretisiert, indem Priester
umfangreiche kosmologische Lehren über die Zusammenhänge zwischen
diesen Bereichen konstruierten. Symbolisch kam diese Vorstellung darin
zum Ausdruck, dass wichtige Bauwerke nach den Himmelsrichtungen
ausgerichtet wurden, chinesische Stadtgrundrisse und Ahnentempel seit
der Schang-Zeit ebenso wie ägyptische Pyramiden und mesopotamische
Bauwerke in frühdynastischer Zeit. Grundsätzlich gingen alle archaischen
Palastkulturen davon aus, dass die Herrscher durch rituelle Handlungen
die Weltordnung aufrechterhalten müssten gegen Anarchie, Hungerkatastrophen und sonstiges Chaos. Die Ägypter bezeichneten diese gesellschaft-
lich-moralisch-natürlich-kosmologische Gesamtordnung als »Maat«. In
Mesopotamien und China waren die Priester der Meinung, dass höhere
Mächte den Menschen Hinweise auf ihren Willen und auf künftiges Geschehen geben würden. Unerbetene Hinweise würden die Götter im Traum
oder durch Sonnenfinsternisse und Naturkatastrophen vermitteln. Zeichen der Götter ließen sich aber auch gezielt durch Wahrsagen einfordern.
In Mesopotamien meinte man Vorzeichen besonders aus den Eingeweiden
der Opfertiere und aus dem Vogelflug, in China aus dem Verlauf der Risse
erhitzter Schulterknochen und Schildkrötenpanzer ablesen zu können. In
Mesopotamien kam ab 1500 ferner die Vorstellung auf, dass sich der Wille
der Götter auch aus der Stellung der Planeten und Sterne erforschen ließe,
womit die Astrologie entstand. Auf dieser Lehre aufbauend, wurden
Horoskope erstellt, bis ins 5. Jahrhundert nur für das Schicksal des Herrschers und des Landes im Ganzen, nicht für Einzelpersonen. Eine Sonderform dieser Kommunikation mit den Göttern bestand darin, im Gerichts-
verfahren ein Gottesurteil (Ordal) einzufordern, indem der Angeklagte
z. B. in einen Kessel mit heißem Wasser greifen musste und die Götter

dann an dem (Heilungs-)Verlauf zu erkennen geben würden, ob er unschuldig war. Den Ägyptern waren Wahrsagerei und Astrologie hingegen fremd.

Worin lag nun der Entwicklungsschub an Erfahrungswissen, der mit dem Schritt zur archaischen Palastkultur verbunden war? Da die Großhaushalte der Paläste und Tempel die Triebkräfte waren, bestimmten ihre Bedürfnisse auch, welche Bereiche weiterentwickelt wurden. Großbauten führten dazu, Bauingenieurwissen zu entwickeln (wie bekommt man die schweren Steinblöcke die Pyramiden hoch?), der Luxusbedarf der Elite ließ kunsthandwerkliche Fähigkeiten reifen (die Gegenstände aus dem Grab Tutenchamuns geben uns ein anschauliches Beispiel). Kunst war nicht Selbstzweck, sondern diente als Auftragsarbeit dem Kult, der symbolischen Repräsentation der Macht des Königs oder dem Luxusleben der Eliten. Die Verwaltung umfangreicher Abgaben, die Planung großer Bauprojekte und die Vermessung von Feldern (besonders wenn die Flut die Feldmarkierungen überspült hatte) führten dazu, ein System gegenstandsunabhängiger Zahlzeichen zu schaffen, mit dem man beliebige Mengen darstellen konnte, und Rechentechniken zu entwickeln. Bis dahin hatte man wohl nur kleine Mengen gezählt und nicht gerechnet. Während Ägypter, Induskultur und überwiegend auch Chinesen das Dezimalsystem verwendeten, benutzte man in Mesopotamien das Sexagesimalsystem. Es waren die beiden natürlichen Systeme: Entweder zählt man mit den Fingern beider Hände durch bis 10, oder man zählt mit den Fingern einer Hand vor und zurück und dazu mit den Fingern der anderen Hand die jeweils vollen Zehner, womit man bis 60 kommt. Die Mesopotamier gingen um 2000 von der additiven Schreibweise der Zahlzeichen zur leistungsfähigeren Stellenwertschreibweise über, anders als die Ägypter (und später Griechen und Römer). Damit konnten die Gebildeten Mesopotamiens in den folgenden Jahrhunderten Mathematik über unmittelbare Praxisprobleme hinaus entwickeln; sie fanden Rechenverfahren für Quadrat- und Kubikwurzeln sowie Potenzen. Um Kalender für den Ablauf des Landwirtschaftsjahres und für rituelle Zeremonien zu haben sowie für astrologische Zwecke wurden Sterne beobachtet, also Astronomie betrieben. Das Interesse an einem längeren Leben nährte die Medizin, ohne dass der Körperaufbau näher erforscht worden wäre. So blieben die Kenntnisse über Anatomie und die Funktionen der Organe gering; die Ägypter lokalisierten das Denken im Herzen und nicht im Gehirn und hatten vom Blutkreislauf keine Ahnung. Die Ursache für Krankheiten sah man unverändert weitgehend in einer Strafe der Götter und im Einfluss von bösen Dämonen und Schadenszauber. Dementsprechend standen Gebete, Opfer und Magie gleichberechtigt neben pflanzlichen Heilmitteln. Physikalische und chemische Fragestellungen rückten noch nicht in den Blick. Mit Häuptlings- und Königsdynastien und ihrem Interesse, sich zu legitimeren, kam historische Erinnerung auf, aber sie beschränkte sich auf dürre Herrscherlisten sowie die propagandistische Selbstdarstellung der Könige in Inschriften. Für eine davon unabhängige erzählende Geschichtsschreibung oder sonstige Gesellschaftswissenschaften war kein Platz.

Die Entstehung des Barbarentums

»Barbar« ist einer der wenigen Begriffe, die sich aus dem Sumerischen erhalten haben (babylonisch »barbaru«, altindisch »barbara«, griechisch »barbaros«).[143] Er spiegelt wider, dass mit dem Entstehen archaischer Palastkulturen eine Entwicklungsstufe erreicht war, in welcher deren Eliten deutlich wahrnahmen, dass es ein Gefälle von sich selbst zu den staaten- und schriftlosen Völkern um den eigenen Kulturbereich herum gab. Dieses Empfinden tauchte in Mesopotamien, Ägypten und Schang-China in gleicher Weise auf. Staat und Kultur bedeuteten nach dem Selbstverständnis ihrer Träger auch die Bändigung des Chaos, und zur äußeren Disziplinierung der Untertanen trat die innere Selbstdisziplinierung der Menschen. In der Sinuhe-Geschichte lässt der Ägypter den ungestümen Barbaren im Kampfesrausch alle Pfeile verschießen, um ihn dann kühl kalkuliert mit einem einzigen Schuss zu töten.[144]

Die Ägypter mussten sich über das Barbarenthema nicht allzu sehr den Kopf zerbrechen, da die Wüste rechts und links des Nils diesen wenig Unterschlupf bot. Anders in Mesopotamien: Im Fruchtbaren Halbmond lebten in den Nischen zwischen den Staaten etliche Nomadenstämme mit Schafen und Ziegen, und in der nordarabischen Steppe und Halbwüste zogen Nomaden hin und her, die nach der Domestizierung des Dromedars 2700 z.T. gefährlich mobil wurden. Diese Nomaden waren aus der gemischten Acker-Vieh-Landwirtschaft heraus als Spezialisierung entstanden, welche auch die für Ackerbau zu trockenen Landstriche nutzte. Sie waren stolz auf ihre Freiheit, und vielleicht liefen ihnen auch Menschen zu, die sich der Disziplinierung durch Herrschaft entziehen wollten. Der Reichtum der Städte in Mesopotamien und Syrien lockte die Nomaden immer wieder an, sei es für einen schnellen Raubzug oder für langfristige Kontrolle.

Auch die Westseite des Nahen Ostens wurde mit dem Barbarenphänomen konfrontiert, als um 1200 mit den »Seevölkern« plündernde Gruppen unbekannter Herkunft von der Seeseite hereinbrachen, doch dieses blieb eine untypische Ausnahme.

Langfristig bedeutsamer waren die Entwicklungen im eurasischen Steppenraum, der im Prinzip von Ungarn über die Ukraine und Nordkasachstan bis in die Mongolei reicht. Während Ochsenwagen mit vier plumpen Scheibenrädern nur langsam dahinrumpelten, erfanden die indogermanischen Stämme in der südwestsibirischen Steppe kurz vor 2000 den zweirädrigen Streitwagen mit leichten Speichenrädern, der mit Pferden ein flottes Tempo erreichte.[145] Mit Fahrer, Bogenschütze und einem weiteren Krieger als Besatzung stellte er ein Kriegsgerät dar, das bei Masseneinsatz in offenem Gelände den bisherigen Fußtruppen eindeutig überlegen war. So ausgerüstet drangen indogermanische Gruppen ab 1700 in Nordpakistan ein (Aryas) und ab 1900 im Nahen Osten, was zur Gründung der Staaten Hatti und Mitanni führte. Nichtindogermanische Stämme nahmen die neue Kriegstechnik auf und eroberten 1650 Unterägypten (Hyksos) und 1600 große Teile Mesopotamiens (Kassiten). So blieb auch den etablierten Staaten und anderen Häuptlingstümern nichts anderes übrig, als die neue Kriegstechnik möglichst rasch zu übernehmen, um sich zu behaupten (Ägypten 1600, Schang-China um 1200, ganz Europa 1400 bis 1000). Sogar als der Streitwagen durch die Reiterei militärisch längst überholt und außer Gebrauch war, diente er bei römischen Wagenrennen der Show, in Konstantinopel bis ins 6. Jahrhundert n. Chr.

Die Indogermanen des eurasischen Steppenraumes betrieben Ackerbau und Viehzucht, doch als es dort ab 2500 zunehmend trockener wurde, gaben sie die Landwirtschaft schrittweise auf und gingen um 900 zum reinen Nomadismus über mit Schafen, Pferden und Rindern. Gleichzeitig kam das Pferdereiten auf und breitete sich rasch in der ganzen Steppe aus, sodass eine hochmobile Lebensweise entstand. Die Nomadenstämme begannen im jahreszeitlichen Rhythmus zwischen verschiedenen Arealen zu pendeln, je nach Wasser- und Nahrungsangebot, und konnten auch rasch über große Strecken wandern. Für die angrenzenden Agrargesellschaften wurde es jetzt richtig gefährlich. Die kriegerischen Nomadenstämme aus den innerasiatischen Steppen besaßen schnelle Pferde und waren durch keinen großen Versorgungstross belastet, da ihre Pferde sich vom Steppengras ernährten; so konnten sie blitzartige Überfälle auf Städte und Dörfer starten und rasch wieder in die Weiten der Steppe verschwinden, in welche die Infanteriearmeen der Agrarstaaten kaum zu folgen vermochten. Im Gefecht waren sie fähig, aus vollem Galopp zu schießen, sie überschütteten ihren Gegner auf große Distanz mit einem Pfeilhagel, konnten Infanterieverbände durch schnelle Flankenangriffe in Bedrängnis bringen und überlegenen Kräften rasch ausweichen. Im 9. Jahrhundert erfolgten die ersten Angriffe berittener Nomaden auf den Iran und die Nordwestgrenze Chinas.[146] Während die europäischen Waldgebiete und die japanischen Inseln weitgehend geschützt waren, sahen der Nahe Osten, Nordindien und besonders Nordwestchina sich ab jetzt mit einem Dauerproblem konfrontiert, das z. T. bis Mitte des 17. Jahrhunderts n. Chr. anhalten sollte. Staaten außerhalb der Steppe ergänzten ihre Heere durch berittene Verbände, als Erste die Assyrer im 9. Jahrhundert, im Osten die Chinesen im 4. Jahrhundert. Allerdings fehlte es Letzteren in den folgenden Jahrhunderten für eine starke Kavallerie stets an ausreichender Weidefläche. In den aristokratischen Stammesgesellschaften Europas ging im 8. Jahrhundert der Adel dazu über, beritten zu kämpfen.

Integration durch Dominanz oder Partnerschaft?

Mit dem Schritt zur frühurbanen Agrargesellschaft stiegen nicht nur Energie- und Stoffflüsse an, auch die räumliche Integration bekam eine neue Qualität. Dabei sollte man deutlich trennen zwischen der Vernetzung durch den Austausch von Gütern, durch politische Kontakte und Abhängigkeiten und durch kulturellen Austausch, da diese drei Netzwerke sich räumlich keineswegs deckten.[147] In allen drei Feldern entstanden von mehreren Kernregionen aus Netzwerke, von denen einige auch zusammenwuchsen.

Die Landstriche längs Euphrat und Tigris, Nil und Indus und der turkmenischen Flüsse waren zwar extrem fruchtbar, sodass sich Bevölkerung dort stark verdichtete, aber bar jeder Rohstoffe, abgesehen von Lehm für Ziegel. Auch so elementare Materialien wie Holz, Naturstein und Metalle fehlten. Holztüren waren in Mesopotamien Wertobjekte, die man vererbte. Während die Bauern für Nahrung und ihren Alltagsbedarf autark waren, griffen seit Mitte des 4. Jahrtausends die Eliten der Städte in das weitere Umland aus, um das Fehlende zu erwerben: Mesopotamien nach Syrien (Öle und Harze), Ostanatolien (Obsidian, Kupfer, Gold und Holz) und ins iranische Hochland (Kupfer, Zinn, Lapislazuli), Ägypten die Küste nordwärts nach Israel und Libanon (Zedernholz), den Nil hinauf zu Natursteinbergwerken in der Wüste und bis Nordsudan (Gold, Elfenbein und Ebenholz) und über das Rote Meer bis zu dessen Südende (Weihrauch), ähnlich die pakistanischen und turkmenischen Städte. Um 2300 wuchsen die Netzwerke Mesopotamiens, der Industädte und Turkmenistans zusammen – Schiffe segelten durch den Persischen Golf über Bahrein (Perlen) und Oman (Kupfer) zur Indusmündung und zurück, Eselskarawanen zogen durchs iranische und afghanische Hochland. Organisiert wurde dieser Güterverkehr z. T. als Geschenktausch zwischen den Eliten, besonders in Mesopotamien auch durch reisende Kaufleute, im Falle Ägyptens vor allem bei den Bergwerken in der Wüste auch durch staatliche Expeditionen. Mesopotamien bot im Austausch Getreide, Wolle, Textilien und Häute, aus Pakistan kamen Holz, Kupfer und Baumwolle, und Ägypten lieferte Edeltextilien, Papyrus und Gold- und Silbergefäße.

Mit dem Ende der Städte in Pakistan und Turkmenistan löste der östliche Teil des mesopotamischen Güternetzwerks sich um 1800 auf. Jetzt expandierten vor allem die Kaufleute von Aschschur (Assyrien) in Nordmesopotamien nach Westen zur Mittelmeerküste, und das mesopotamische

Netzwerk wuchs nun auch mit dem ägyptischen zusammen, mit dem es bisher kaum Kontakte gehabt hatte. Indem benachbarte Eliten sich mit jenen Gütern einklinkten, die sie zu bieten hatten, pflanzte dieses Netzwerk sich über Zypern (Kupfer) und die mykenischen Griechen (Keramik) bis an die Nord- und Ostsee (Bernstein) fort, wobei der Transport sich möglichst der großen Flüsse (Donau, Rhein) bediente, ferner über den Kaukasus zu den indoeuropäischen Stämmen der Steppenzone (Wolle) bis Sibirien (Pelze) und in den Altai (Gold).[148] Mit dem Seevölkersturm zerriss dann um 1200 das ganze Netzwerk im östlichen Mittelmeerraum mit seinen Ausläufern nach Mitteleuropa weitgehend.

Zwischen 1000 und 800 wurde das Seehandelsnetzwerk über das Mittelmeer neu aufgebaut, jetzt aber nicht mehr auf Initiative der Paläste, sondern durch die selbstständig handelnden Kaufleute der phönikischen Küstenstädte, die ihrerseits Purpurfarbstoff und Bronzefiguren bieten konnten. Seit dem 7. Jahrhundert erhielten sie Konkurrenz durch die Griechen, die im östlichen Mittelmeer und im Schwarzen Meer ein eigenes Handelsnetzwerk organisierten und selbst Wein, Öl und Keramik beisteuerten. Auch Süddeutschland (Salz), Südspanien (Silber), Cornwall und die Bretagne (beide Zinn) und das südliche Baltikum (Bernstein) fanden Anschluss.

Der Gesamtraum dieser Vernetzung ist erstaunlich. Dabei gab es keine durchgehenden Handelsreisenden, sondern die Güter wurden von Etappe zu Etappe ins nächste Einzelnetzwerk weitergereicht. Man darf auch nicht übersehen, dass die Dichte und Intensität gerade der weitgespannten Beziehungen gering waren, höchst dünne Fäden, die über die genannten Güter auch nicht hinausgingen, auch wenn diese für die bronzezeitlichen Eliten wichtig waren.[149] So war auch die Asymmetrie dieser Beziehungen noch gering. Man kann nur ansatzweise von peripheren Agrargesellschaften sprechen, zumal viele der Rohstofflieferanten noch gar keine städtischen Siedlungen aufwiesen, und erst recht bildeten Mesopotamien und Ägypten noch keine zentralen Agrargesellschaften, da sie von allgemeiner Geldwirtschaft noch weit entfernt waren und auch ihr Export noch keineswegs deutlich zu Fertigwaren verschoben war.

Auch in Nordchina integrierten sich regionale Austauschnetzwerke zunehmend zu einem größeren, ohne dass sich dieses näher nachvollziehen lässt.

Selbst dort, wo erst autochthone Häuptlingstümer entstanden waren, ließ der Bedarf ihrer Eliten ein Austauschnetzwerk entstehen. Jenes der Olmeken in Mittelamerika reichte vielleicht 500 km nach Norden und Süden; hier ging es um Jade, Muscheln, bunte Federn, Obsidian und Salz. Auch in Peru entspann sich zwischen den einzelnen Küstentälern, dem Andenhochland und dem östlich angrenzenden Urwald ein vergleichbarer Austausch von Prestigegütern.

Die räumliche Integration der Machtbeziehungen unterschied sich deutlich von der wirtschaftlichen, insofern die politischen Netzwerke wesentlich kleiner waren, dafür aber asymmetrische Beziehungen eine viel größere Rolle spielten.

Die Entwicklung im Nahen Osten war durch einen zunehmenden Integrationsprozess gekennzeichnet, den wie ein roter Faden das Ringen zwischen symmetrischen und asymmetrischen Machtverhältnissen durchzog. Die Frage der räumlichen Integration stellte sich zunächst einmal für jede der beiden großen Flussoasen Nil und Euphrat-Tigris einzeln. Nachdem das Niltal von der Mündung bis zum ersten Katarakt (bei Assuan) 3100 in einem gemeinsamen Staat zusammengefasst worden war, galt in Ägypten die Integration in den Gesamtstaat als selbstverständlich. Nur in den drei Zwischenzeiten war Ägypten nicht in einem Staat vereint, doch wurde die staatliche Einheit jedes Mal wiederhergestellt: Von 2170 bis 2020 war Ägypten in zwei rivalisierende Staaten zerfallen, nachdem die Zentralgewalt die Kontrolle über die Kreise verloren hatte, von 1793 bis 1550 gab es nach der Besetzung des Nildeltas durch die Hyksos etliche Fürstentümer unter deren Oberhoheit, und zwischen 1100 und 946 hatten die Pharaonen die Kontrolle über Mittelägypten verloren.

Anders sah es in Mesopotamien aus (einschließlich des angrenzenden Chusistans). Schon durch das sich verzweigende Stromnetz von Euphrat und Tigris mehrteiliger als die eine Linie des Niltals, überdies nicht so scharf nach außen abgegrenzt wie Ägypten durch die Wüste, ließ Mesopotamien sich offenbar schwerer zusammenfassen als das Niltal. Zwischen 3300 und 2350 bestanden mehrere sumerische Staaten nebeneinander, die in ein symmetrisches Staatensystem integriert waren. Sie unterhielten diplomatische Beziehungen, führten Kriege gegeneinander, bildeten Koalitionen und schlossen Verträge. Dann eroberte Scharru-kinu von Akkad vom nördlichen Rand her ganz Mesopotamien und Chusistan, der weltweit erste Versuch eines patrimonialen Imperiums. Es blieb aber noch instabil, da es mehr auf die Gewaltandrohung durch die umherziehende Armee als auf die Integration der Eliten setzte. Angesichts wiederholter Aufstände schrumpfte der Machtbereich der Dynastie nach wenigen Generationen auf ein enges Gebiet zusammen. 2110 errichtete die dritte Dynastie von Ur ein neues Imperium über Babylonien und Chusistan, stabiler als das bisherige, das rund hundert Jahre Bestand hatte. Die nächsten vierhundert Jahre waren in Mesopotamien erfüllt von dem Neben- und Gegeneinander mehrerer mittelgroßer Staaten wie Larsa, Babylon, Uruk, Aschschur, Eschnunna und Elam. Nur kurzzeitig konnte Hammurapi von Babylon den größten Teil Mesopotamiens unter seine Kontrolle bringen.

Die Situation änderte sich im 16. Jahrhundert, als mit Hatti und dann auch Mitanni weitere große Staaten entstanden und die wirtschaftliche Vernetzung sich im Westteil des Nahen Ostens intensivierte, was jetzt in diesem größeren Gesamtraum regelmäßige Kontakte der Staaten untereinander entstehen ließ. Dabei hoben sich mehrere große Mächte heraus. Ägypten begann eine imperiale Politik, indem es Kerma in Nordnubien eroberte und die Fürstentümer in Palästina unter seine Oberhoheit zwang, auch Hatti und Mitanni brachten umliegende Fürstentümer in ihre Abhängigkeit, und in Mesopotamien formierten sich mit Aschschur im Norden und Babylonien im Süden zwei große Staaten. Doch keiner dieser Staaten konnte die anderen dominieren. Damit war ein zusammenhängendes Staatensystem entstanden, das von Hatti (in Anatolien) über Mitanni, Aschschur und Babylon bis Elam (in Chusistan) und Ägypten reichte und in dem die genannten großen Mächte sich als gleichberechtigt anerkannten. Deren Königshöfe korrespondierten miteinander, tauschten Geschenke und Prinzessinnen zur Heirat und konkurrierten in Kriegen um Territorien.[150] Mit dem Seevölkersturm zerbrach dieses symmetrische Mächtesystem um 1200, und von Palästina bis Anatolien trat eine unübersichtliche Vielfalt kleinerer Staaten an seine Stelle. In diesen diffusen Machtverhältnissen wanderten halbnomadische semitische Stämme nach Palästina ein, und mehrere gründeten Staaten, unter anderem um das Jahr 1000 David den Staat Israel.

Der Erbe der Staatenwelt hieß indes Aschschur. Seine Könige konnten zwischen 910 und 730 in immer neuen Feldzügen schrittweise Palästina, Syrien und ganz Mesopotamien erobern und auf dem Höhepunkt ihrer Macht um 650 vorübergehend sogar große Teile Ägyptens und Elam unter ihre Kontrolle bringen. Zum ersten Mal war damit dieser Gesamtraum hierarchisch in ein patrimoniales Imperium integriert, größer als jedes bisherige Machtnetzwerk. Mit terroristischen Unterdrückungsmaßnahmen und Deportationen versuchten die Könige von Aschschur die abhängigen Gebiete gefügig zu halten, aus denen sie Beute und Tribute ins Kerngebiet saugten. Kein Wunder, dass ihr Imperium immer wieder von Aufständen erschüttert wurde.

In Nordchina sah der Prozess der räumlichen Integration anders aus als im Nahen Osten, da es hier wahrscheinlich von Anfang an nur einen einzigen Staat gab, der dann immer mehr der umliegenden Häuptlingstümer in das Magnetfeld seiner Macht hineinzog. Das Verhältnis war also von vornherein ein grundsätzlich asymmetrisches.

Für das Gebiet der Industädte, das fast so groß war wie der ganze Nahe Osten zusammengenommen, und auch für Turkmenistan ist eine Integration in einem Gesamtstaat eher unwahrscheinlich. Ob die Integration von Teilräumen im Laufe der Zeit zunahm und ob dabei mehr symmetrische oder asymmetrische Formen politischer Integration bestanden, wissen wir nicht.

Das Verhältnis der kulturellen zu den machtpolitischen Netzwerken hatte in den einzelnen Teilräumen ein unterschiedliches Gesicht. In Ägypten entstand mit dem Gesamtstaat ein Königshof, an dem sich eine Elitenkultur formierte, die in Pyramiden, bestimmten Bildkonventionen, Baustil und Hieroglyphenschrift ihren sichtbaren Ausdruck fand. Schrittweise wurden dann im Laufe des 3. Jahrtausends die bisherigen lokalen Traditionen, die ihre eigenen Stile und Tempel besaßen, von oben im Stil der Hofkultur umgeformt und homogenisiert. So weit der ägyptische Staat reichte, wurde die Kultur damit ägyptisch.[151] Einige Elemente dieser Kultur wurden auch außerhalb Ägyptens aufgenommen, z. B. nilaufwärts in Kerma, und dabei variiert. Umgekehrt in Mesopotamien: Obwohl von Anfang an die Mehrstaatlichkeit dominierte, kommunizierten die Eliten miteinander, sodass Deutungsmuster, Götterwelten, Keilschrift und Elitenwissen eine gemeinsame Kultur begründeten, zuerst mit Sumerisch als gemeinsamer Elitensprache, später auf Akkadisch. Manche Elemente strahlten auch weit in die Umgebung aus, viel stärker als im wüstenumgrenzten Ägypten. Nachdem schon der Staat Hatti einzelne Kulturelemente an die mykenischen Griechen vermittelt hatte[152], reiste im Handelsnetzwerk der Phöniker im 8. und 7. Jahrhundert eine Fülle von Anregungen aus dem Nahen Osten zu den Küsten Griechenlands und dann weiter zu denen Italiens und Südspaniens, wobei die Hinterländer davon zunächst weitgehend unberührt blieben. Bei diesem Transfer wählten die Übernehmenden aus und passten das Rezipierte ihren Bedürfnissen an. Die Griechen übernahmen z. B. die Idee des Tempels mit Götterbild im Gebäudeinneren (zunächst als Holzbau), Bildmotive für Keramikgefäße (statt ihres bisherigen geometrischen Stils), Alphabetschrift (die sie um Zeichen für Vokale ergänzten), von Ägypten die frei stehende menschliche Statue (deren steife Körperhaltung sie bald lösten), die babylonische Vorzeichenschau und viele Mythenmotive.[153]

In China bildeten sich im Gebiet der Agrargesellschaften im Laufe des 4. Jahrtausends mehrere Regionalkulturen heraus, die ab 3000 zunehmend in engeren Kontakt traten. Nachdem die Ssja eine dominante Hofkultur begründet hatten, führten die Schang-Dynastie und die frühe Dshou-Dynastie diese fort, und durch ihren Einfluss homogenisierten sie die Elitenkultur noch mehr. Dabei strahlte diese wesentlich weiter aus, als der politisch beherrschte Raum reichte. Auf diese Weise wuchs im Gebiet der Großen Ebene und des Wei-Tals eine chinesische Kultur heran, deren Träger sich auch als Einheit empfanden. Parallel entstanden mit der Staatsbildung im Roten Becken und am mittleren Jangtse auch dort höfische Regionalkulturen mit Großbronzen eigener Art[154], aber ohne Schrift. Sie galten als nichtchinesisch, wenngleich ihre Eliten sich zunehmend für chinesische Einflüsse öffneten. Auch in der Sprache war der Großraum noch uneinheitlich: Die Menschen der chinesischen Kultur in der Großen Ebene gehörten sprachlich zu den Sino-Tibetern, während im Norden Altaiisch-Sprechende und am Jangtse Miao-Yao angrenzten, und an der Südostküste Chinas lebten Austroasiaten sowie ganz im Süden des heutigen Chinas Tai-Sprechende.

Für Pakistan ist ab 2600 ebenfalls eine zunehmende Homogenisierung der Elitenkultur auf Kosten der bisherigen Regionalkulturen feststellbar, ohne dass die Triebkräfte erkennbar sind. Ähnliches galt ab 1000 für die Elitenkultur in Südmexiko.

Aristoteles, Buddha und Kungfuds'. 650 v. Chr. bis 350 n. Chr.

Menschen und Räume

Die weltanschaulichen Konzepte des achsenzeitlichen Stadiums, seien sie mehr philosophischer oder mehr religiöser Natur, haben von den Innovationen dieser Epoche die nachhaltigsten, noch heute spürbaren Wirkungen gehabt. Ohne griechische Philosophie gäbe es keine moderne Wissenschaft, und Teile der Lehren von Buddha, Kungfuds' (Konfuzius) und Jesus sind noch heute weithin gegenwärtig, sei es bewusst, sei es, dass sie verbreiteten Überzeugungen unbewusst durch die Adern fließen. Neue Stufen wurden aber auch beschritten, indem Geldwirtschaft sich mit steigender Arbeitsteilung verbreitete, sodass erstmals in der Geschichte vollurbane Agrargesellschaften auftraten. Zugleich griff die räumliche Integration weiter aus als je zuvor; politisch, indem mit den Reichen der Perser, Mauryas und Römer Imperien bisher unbekannter Größe zusammenerobert wurden, und ebenso wirtschaftlich, indem die Fäden des Fernhandels sich zunehmend durch ganz Eurasien spannten. Daneben fanden die wichtigsten Innovationen der vorangegangenen Epoche ihren Weg in neue Räume, d. h. vor allem Staatlichkeit und Städte.

Drei Kernregionen waren es, in denen die entscheidenden Innovationen aufkamen, die auf das ganze übrige Eurasien ausstrahlten, und diese drei fingen zugleich an, sich zu vernetzen: der Nahe Osten samt dem Mittelmeerraum, sodann Nordchina (im Sinne hauptsächlich der Großen Ebene und das Wei-Tals) und schließlich Nordindien. Daneben standen die hiervon isolierten Großräume: Mittelamerika und Südamerika mit jeweils eigenen kleinen Kernräumen, ferner Nordamerika, Schwarzafrika und Australien. Während der Nahe Osten (im eigentlichen Sinne) in der vorangegangenen Epoche der eindeutig wichtigste Raum gewesen war, so hatte er diese Stellung jetzt verloren.

Hinter dieser Gewichtung der Regionen standen grundlegend die Bevölkerungsstärken. Nachdem der Nahe Osten (einschließlich Ägypten) im 4. und 3. Jahrtausend die meisten Menschen beherbergt hatte, wurde er in der ersten Hälfte des 1. Jahrtausends von Nordchina und ebenso von Nordindien und einige Jahrhunderte später auch von dem Gesamtraum Süd-, West- und Mitteleuropa überrundet. Die Gründe dafür, dass die

Anteil an der Weltbevölkerung
nach C. McEvedy und R. Jones 1978

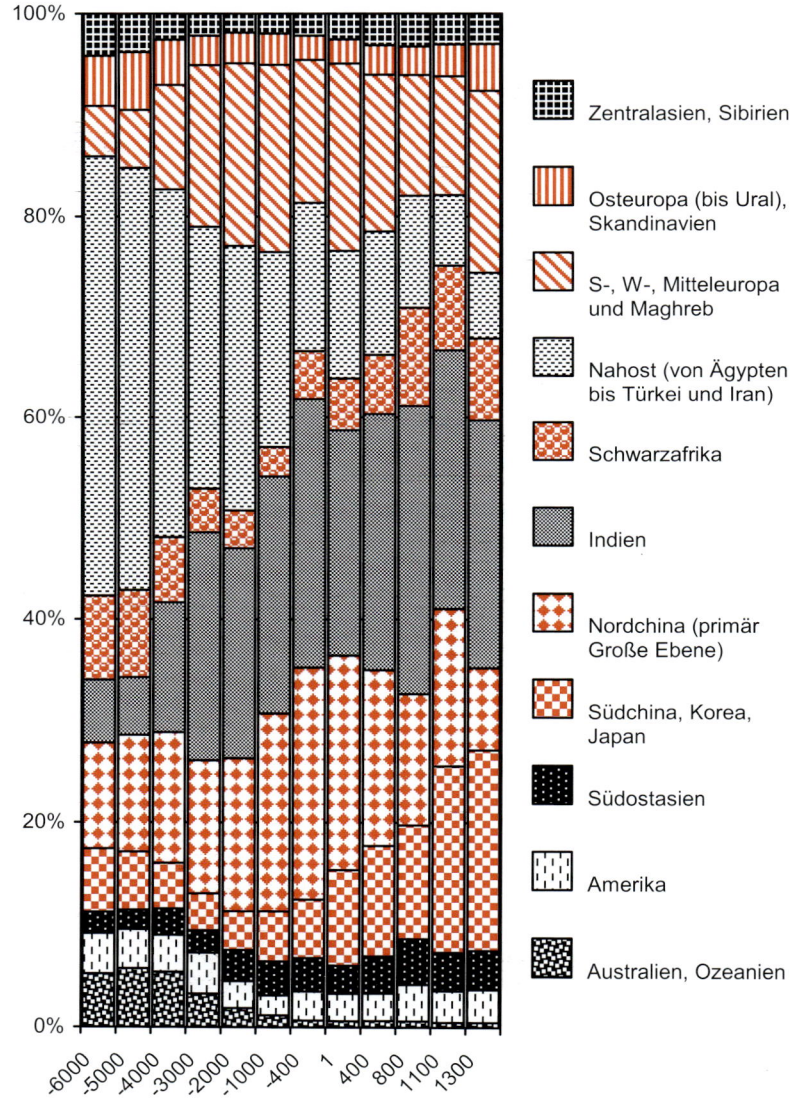

Bevölkerung in den drei »Aufsteiger«-Regionen rascher wuchs als im Nahen Osten, waren vor allem ökologischer Natur: Die Waldländer dieser drei Räume boten mehr Möglichkeiten, durch Rodungen neues Ackerland zu erschließen, als der von Trockengebieten durchsetzte Nahe Osten. Auf die vier genannten Räume konzentrierten sich in dieser Epoche durchgehend rund Dreiviertel der Weltbevölkerung, die von 500 v. Chr. bis 200 n. Chr. von 100 auf 190 Millionen anstieg.[155]

Dieses Wachstum hatte zur Folge, dass das Ökosystem intensiver ausgenutzt wurde. In Nordchina begann seit dem 6. Jahrhundert v. Chr. der Deichbau in der Großen Ebene, und die Sumpfwildnis am weitverzweigten Unterlauf des Hwangho verschwand bis 100 v. Chr. fast ganz. Die an Steuereinnahmen interessierten Herrscher der miteinander konkurrierenden Staaten förderten diese Neulandgewinnung kräftig. Auch für Weideland blieb in der Großen Ebene kein Platz, sodass Weidetiere in die randlichen Steppen abgedrängt wurden. Als Fleischlieferant dominierte nun in der immer intensiver genutzten Ackerbaulandschaft das Schwein, das sich als Resteverwerter platzsparend in den Bauernhaushalt integrieren ließ. Außerdem begann Weizen sich gegen die weniger ertragreiche Hirse durchzusetzen. Hier begann ein spezifisch chinesischer Pfad intensiver Landwirtschaft in den Ebenen, bei dem die Menschen ihre Existenzgrundlage an einen großen Aufwand für Eindeichungen, Wasserregulierungen des Reisanbaus und Binnenschifffahrtskanäle banden. In Nordindien erschloss man durch Nassreisanbau seit dem 6. Jahrhundert v. Chr. die weitgehend versumpfte untere Gangesebene. Im Mittelmeerraum wurde im küstennahen Bereich zuerst in Griechenland und etwas später in Italien der Wald weitgehend abgeholzt, sodass der Winterregen den Humus von den Hängen abspülte und diese zu verkarsteten Gestrüpplandschaften verkamen, wogegen die küstenfernen Inlandgebiete teilweise bis ins 19. Jahrhundert weiter waldreich blieben. Damit verschwanden in dem genannten Raum auch bald die größeren Wildtiere, und die Tierschlächter-Shows im Rom der frühen Kaiserzeit ließen dann in Nordafrika Nilpferde, Elefanten und Nashörner aussterben.[156] Auch im Mittelmeerraum waren Ackerbau und Viehhaltung weitgehend getrennt; die Ziegen- und Schafherden bekamen die kargen Hang- und Gebirgslagen zugewiesen, während der Ackerbau sich auf die Tallagen mit tiefgründigeren Böden konzentrierte. Anders als in den nahöstlichen Stromoasen war dabei die weniger intensive Zweifelderwirtschaft vorherrschend, die jedes zweite Jahr eine Brache einschaltete. Angetrieben wurde dieses aufs Ganze gesehen immer intensivere Eingreifen in die Natur in erster Linie vom Bevölkerungswachstum. Ob Philosophen Lehren von einer harmonischen Einheit von Mensch und Kosmos verkündeten, blieb dabei ohne Belang.[157]

Dichtere Besiedlung schob sich auch über die genannten Kernräume hinaus in Zonen bisher nur extensiv produzierender Wirtschaft vor, besonders durch Wanderungen. Von Nordchina aus drangen chinesische Bauern seit dem 6. Jahrhundert nach Süden ins Jangtsegebiet und ab 400 v. Chr. auch ins Rote Becken vor, beides Gebiete, in denen eine nichtchinesische Bevölkerung überwiegend Wanderfeldbau betrieb und die entsprechend dünn besiedelt waren. Der chinesische Siedlerstrom richtete sich aber auch nach Nordwesten gegen die Trockengrenze am Ordos-Bogen. Das führte dort einerseits zu Konflikten mit den Steppennomaden, worauf chinesische Herrscher mit dem Bau von Grenzwällen reagierten, den Vorformen der späteren »chinesischen Mauer«. Andererseits verursachte es eine verstärkte Erosion im trockenen Lössgebiet, und erst die dadurch entstehende gelbe Sedimentfracht ließ den Hwangho zum »*Gelben Fluss*« werden und verstärkte massiv dessen Neigung, sein Flussbett in der Großen Ebene zu erhöhen und dann immer wieder die Dämme zu durchbrechen und die Felder und Dörfer zu überschwemmen.[158] In der Mitte und im Süden Indiens verdichtete sich die Bevölkerung in den Jahrhunderten v. Chr. vor allem in den Küstenebenen und den unteren Flusstälern, getragen besonders vom Reisanbau, während es auf der relativ trockenen Hochebene bei halbnomadischer Viehwirtschaft und wenig ertragreichem Hirseanbau blieb. Wo aber die Landwirtschaft extensiv war, meist als Wanderfeldbau betrieben, da blieb auch die Bevölkerungsdichte gering, und damit konnten Arbeitsteilung und Innovationsfähigkeit sich nur schwach entwickeln. Das galt weltweit.

An den Rändern der Agrargesellschaften breiteten sich einfache Agrargesellschaften auf Kosten der Jäger und Sammlerinnen noch weiter aus. Dies geschah hauptsächlich in Afrika, wo die Bantus sich als bäuerliche Siedler mit Eisenwerkzeugen von 500 v. Chr. bis 300 n. Chr. die Savannen Ost- und Südafrikas und das östliche Kongobecken erschlossen, sodass den Jägern und Sammlerinnen nur noch der trockene Südwesten und Nischen im Kongobecken verblieben, Ersteres den Khoisan, Letzteres den Ba Twa (Pygmäen). Am Ostrand Asiens bewirkten Wellen von Einwanderern aus Korea seit 400 v. Chr. in Süd- und Zentraljapan den Übergang zur Landwirtschaft auf der Basis von Nassreis. In Amerika gewannen Agrargesellschaften kaum an Raum, sieht man von Nordchile, den Kleinen Antillen, Kolumbien und ersten Ansätzen in den Flusstälern im trockenen Südwesten der USA ab. Schließlich drangen einfache Ackerbauern ganz am Rande auch noch in bisher gänzlich unbesiedelte Räume vor: Seit 500 v. Chr. besiedelten Melanesier mit hochseetüchtigen Doppelrumpfkanus eine polynesische Insel nach der anderen und erreichten schließlich um 400 n. Chr. die Hawaii-Inseln und die Osterinsel, und im 3. Jahrhundert n. Chr. erreichten indonesische Siedler über See Madagaskar.

Jenseits der Agrargesellschaften lagen jene Gebiete, in denen die Menschen weiter als Jäger und Sammlerinnen oder Nomaden lebten, weil sie zu weit entfernt waren oder weil es ökologisch nicht anders möglich war, so in Nordasien, fast ganz Nordamerika, im Süden Südamerikas und auf dem Kontinent Australien sowie an den Rändern der von der Sahara über den Nahen Osten nach Innerasien reichenden Trockengebiete. Im Vergleich zu den dichter besiedelten Räumen wirkten diese nun fast leer.

Große Städte, stagnierende Technik?

100 n.Chr. hatten die weltweit fünf größten Städte zwischen 300 000 und 650 000 Einwohner: Rom und Alexandria am Mittelmeer, Lojang und Ssian in Nordchina sowie Seleukeia (Bagdad); die nächstgrößten rund 60 Städte wiesen zwischen 40 000 und 200 000 Einwohner auf.[159] Jede war größer als irgendeine Stadt des 4. bis 2. Jahrtausends v. Chr. Diese Konzentrationen signalisierten neue Entwicklungen: eine stark gestiegene Arbeitsteilung, die sich zum Austausch auch des Geldes bediente, Anfänge asymmetrischer Austauschbeziehungen, um diese Menschenkonzentrationen zu versorgen, großräumige Herrschaftsgebiete, deren Zentren Ressourcen von weither ansogen, und neue Techniken, um dieses alles zu bewältigen. Doch der Reihe nach.

Im 4. bis 3. Jahrtausend hatten die Menschen erst in wenigen Gebieten den Schritt zur frühurbanen Agrargesellschaft getan. Diese weitete sich jetzt deutlich aus, wobei die meisten Städte an Meeren oder großen Flüssen lagen. Das überrascht nicht, denn die Kosten für Transport über Land betrugen damals wie heute ein Mehrfaches der Kosten für Seefracht. Der Aufbau des phönikischen und dann des griechischen Handelsnetzes im 7. Jahrhundert v. Chr. hatte rund um die Ägäis, in Süditalien und Etrurien Städte entstehen lassen, und die Ausweitung dieses Netzwerks in den folgenden Jahrhunderten löste den Schritt zur frühurbanen Agrargesellschaft auch im übrigen Italien, Südfrankreich, Ostspanien und rund ums Schwarze Meer aus, anschließend zwischen 150 und 20 v. Chr. ebenso in Mittelfrankreich und Süddeutschland. Im 1. und 2. Jahrhundert n. Chr. baute dann römische Herrschaft darüber hinaus im Donauraum, der nördlichen Balkanhalbinsel, Südengland und im Westteil Nordafrikas Städte auf, primär als Verwaltungszentren. Die vom Nahen Osten nach Mittelasien laufenden Impulse ließen im 7. bis 6. Jahrhundert in Turkmenistan und Ost-Usbekistan und im 3. Jahrhundert v. Chr. auch in Oasen des Tarimbeckens Städte entstehen. Ebenso wirkten die von Ägypten nach Süden laufenden Impulse im Nordsudan, im 6. Jahrhundert im Jemen und später in Nordäthiopien. Davon unabhängig entstanden Städte in der Gangesebene, verursacht durch die Bevölkerungsverdichtung und vor allem durch die Entstehung von Staaten im 6. Jahrhundert v. Chr. In den folgenden Jahrhunderten v. Chr. wurden die dicht besiedelten Küstenlandschaften Indiens ebenfalls zu frühurbanen Agrargesellschaften, angestoßen durch den überregionalen Fernhandel, und ab 200 n. Chr. tauchten Städte dann auch im Deccan-Hochland auf. Als die Chinesen ihre Herrschaft gegen 100 v. Chr. nach Süden ausweiteten, richteten sie vereinzelte Städte als Verwaltungszentren bis zur Südküste Chinas hin ein.

Intensivere Bearbeitung äußerte sich nicht nur in Urbarmachung, sondern auch in effizienteren Techniken. Besonders wichtig war der Siegeszug des Eisens. Dieses Metall wurde in der 2. Hälfte des 1. Jahrtausends v. Chr. im Mittelmeerraum, Nordindien und Nordchina auch für Alltagswerkzeuge von Bauern und Handwerkern üblich, die bisher nur aus Holz und Stein gewesen waren, z. B. Pflugschar und Spaten. Das Gleiche galt für solche Waffenarten, die man z. T. bisher aus Bronze gefertigt hatte. Darüber hinaus gelangte Eisen auch in Räume, die es bisher noch nicht gekannt hatten: zwischen 500 und 100 v. Chr. nach Festlandsüdostasien, Westafrika und mit den Bantuwanderungen nach Ost- und Südafrika, gleichzeitig mit Bronze 400 bis 100 v. Chr. nach Korea, Japan und Inselsüdostasien.

Im Mittelmeerraum hatten die Griechen im 8. und 7. Jahrhundert wichtige Technologien aus dem Nahen Osten übernommen, von ihnen lernten dann die Römer, die sie später ihrerseits im westlichen Teil ihres Reiches verbreiteten. Wurde nun in der griechisch-römischen Antike nur das bereits Bekannte verbreitet, stagnierte die Technik danach, weil die reichlich verfügbare Arbeitskraft von Sklaven technischen Fortschritt verhinderte?[160] Diese These geht von der falschen Annahme aus, Ziel technischer Neuerungen sei primär, vorhandene Arbeitskräfte zu ersetzen. Das war aber selbst bei der Erfindung der Dampfmaschine im 18. Jahrhundert nicht der Fall! Außerdem existierten große Sklavenmassen nur zu bestimmten Zeiten und in bestimmten Räumen, vor allem in Athen im 5. und 4. Jahrhundert v. Chr. und in Italien 240 v. Chr. bis ins 1. Jahrhundert n. Chr.; sie waren für die Wirtschaft aber nicht allgemein bestimmend. Außerdem schlossen große Sklavenzahlen und technische Innovationen einander nicht aus, eher im Gegenteil.[161] Oder wurde technischer Fortschritt dadurch verhindert, dass die großgrundbesitzenden Eliten und Intellektuellen Handarbeit verachteten?[162] Dieses ist ein Blick in die falsche Richtung, denn diese Kreise haben auch im Europa der Neuzeit nicht den technischen Fortschritt getragen.

Sehen wir genauer hin! Die Energiebasis antiken Wirtschaftens bestand aus menschlicher und tierischer Arbeitskraft sowie aus Brennholz. Letzteres wurde zwar nicht durchgehend, aber doch in größeren Städten knapp. Steinkohle nutzte man als Brennstoff nur in ganz geringem Umfang, da nur sehr wenige Lagerstätten bekannt waren, vor allem im erst spät eroberten und abseits gelegenen Britannien. Für Schritte zur Industrialisierung hätte also die Energiebasis nicht ausgereicht, auch wenn die Kraft des Dampfes durchaus schon erkannt wurde, und auch bestimmte

Metallbearbeitungstechniken hätten hierfür gefehlt. Insofern konnten die Stoff- und Energieflüsse nicht nennenswert intensiviert werden. Um die Wasserkraft zu nutzen, wurde 60 v. Chr. im Westen Kleinasiens die Wassermühle erfunden, die im Mittelmeerraum aber wegen der Sommertrockenheit nur wenig Anklang fand, mehr hingegen im feuchteren Gallien. Indes machten mehrere Erfindungen es möglich, Muskelkraft besser auszunutzen: Flaschenzüge für Baustellen und Lagerhäuser (7. Jahrhundert v. Chr.), die archimedische Schraube und andere Wasserhebegeräte, Getreidemühlen mit Antrieb durch Esel- und Pferdegöpel (um 100 v. Chr., statt Handmühlen), die Handkurbel, Treträder als Antrieb für Bau- und Hafenkräne und Wasserschöpfräder im Bergbau (spätestens 1. Jahrhundert n. Chr.).

Vom 4. bis 2. Jahrhundert v. Chr. erlebten die hellenistischen Staaten des Nahen Ostens einen deutlichen Schub an technischen Innovationen im öffentlichen Bereich, der bis zu den Römern des 2. Jahrhunderts n. Chr. fortwirkte. Er beruhte auf zwei Sachverhalten. Zum einen entstand ein neuer *Bedarf* an Problemlösungen durch Staaten, in denen das Machtzentrum ein wesentlich größeres Gebiet beherrschte als die kleinen griechischen Stadtrepubliken, zumal diese Staaten sich in häufige Kriege verstrickt fanden und ein monarchisches Repräsentationsbedürfnis hatten, ferner durch das Entstehen von Großstädten. Zum anderen bedeutete die Ausdifferenzierung von professionellen Ingenieuren/Architekten im Dienst der neuen Berufsarmeen und der Herrscherhöfe ein neues *Innovationspotenzial*, da diese Menschen praxisnäher waren als die politischen und intellektuellen Eliten und zugleich einen weiteren Horizont besaßen als normale Handwerker.[163] Letzteres wurde auch dadurch gefördert, dass um 300 v. Chr. eine Fachliteratur entstand, die technisches Wissen verbreitete, auch für Landwirtschaftsgüter.[164] Verschiedene Katapultgeschütze mit Torsionstechnik und andere Belagerungsgeräte erweiterten um 400 v. Chr. die Möglichkeiten der Kriegführung. Um die neuen Großstädte versorgen zu können, entstanden Aquädukte, Hafenanlagen und größere Schiffe, zu ihrer Entsorgung diente ein Kanalisationsnetz. Damit sich große Räume besser beherrschen ließen, entwickelten vor allem die Römer den Bau gepflasterter Landstraßen und Brücken. Im 3. Jahrhundert n. Chr. waren dann kaum noch weitere Innovationen zu verzeichnen, da keine neue Aufgaben drängten, vielmehr jetzt der Druck an den Landesgrenzen und Bürgerkriege alle Kräfte beanspruchten.

In Nordchina steigerte sich das technologische Niveau ähnlich wie in der griechisch-römischen Antike leicht. Aufgrund von Holzmangel in der Lösszone verwendete man für Schmelzöfen im Laufe der letzten Jahrhunderte v. Chr. zunehmend Steinkohle, die für die Chinesen günstiger lag als für die Römer. Die Wassermühle kam 20 n. Chr. auf und wurde zum Antreiben von Blasebälgen, Stampfen und später auch Mühlen genutzt.

Mehrere Erfindungen machten es möglich, Muskelkraft besser zu nutzen. Der Ochsenpflug löste ab 400 v. Chr. die Hacke ab, das Brustgeschirr anstelle des Nackenjochs im 5. Jahrhundert v. Chr. verdoppelte die Zugkraft des Ochsen, und im 2. Jahrhundert n. Chr. kam der Göpel auf. Mit Spinnrad (5. Jahrhundert v. Chr.), Flaschenzug (vor 147 n. Chr.), Handkurbel (2. Jahrhundert n. Chr.) und Schubkarre (150 n. Chr.) ließ sich die menschliche Kraft effizienter nutzen. Zahnräder tauchten im 2. Jahrhundert v. Chr. in China und im hellenistischen Raum gleichzeitig auf.

In Indien wurden dagegen mechanische Hilfen offenbar weniger entwickelt; jedenfalls blieben Flaschenzug, Kurbel, Nockenwelle und Zahnrad bis 1200 unbekannt.[165]

Auch unterschiedliche Pfade mit gleichwertigen Problemlösungen kamen vor. Während die Mittelmeerwelt als Schreibmaterial mit ägyptischem Papyrus gut versorgt war, nutzten die Chinesen ab dem 5. Jahrhundert v. Chr. Bambusstreifen, auf denen man von oben nach unten schrieb, ferner Holztafeln und Seide, bis sie 50 v. Chr. das Papier erfanden. Während in der Antike Glas zunehmende Verbreitung fand, jetzt auch als geblasenes Glas und Fensterglas, entstanden aus der chinesischen Keramikherstellung allmählich frühe Formen von Porzellan. Vielleicht hing dieses damit zusammen, dass im Mittelmeerraum Wein zum Standardgetränk wurde, wogegen sich in China seit dem 1. Jahrhundert v. Chr. allmählich der aus dem Roten Becken stammende Tee durchsetzte. Während die westliche Welt Eisen schmiedete, praktizierten die Chinesen den Eisenguss. Nachdem die Griechen um 600 vom Holzbau zum nahöstlichen Steinbau übergegangen waren, lebten die Eliten rund ums Mittelmeer in Steinhäusern, wogegen die Eliten in China und weitgehend auch in Indien weiter in Holzhäusern wohnten, was den Wohnkomfort nicht minderte (die Ausstattung dürfte allerdings spärlicher gewesen sein).

Geld und Märkte

Wirtschaftswachstum erfolgte aufs Ganze mehr durch zunehmende Arbeitsteilung als durch technische Innovationen. Hierbei fällt auf, dass unabhängig voneinander in West-Kleinasien (Lydien, 640), der Gangesebene (500) und Nordchina (500) Münzen aufkamen, also staatlich normierte und garantierte Metallstücke speziell für den Zahlungsverkehr. In Lydien waren es zunächst mit Prägestempeln gestaltete runde Scheiben aus Elektron, später aus Silber und Gold, in Indien handelte es sich um punzierte Silber- und Kupferstücke, und die Chinesen benutzten gegossene Kupferstücke verschiedener Form, zunächst vor allem messer- und spatenförmig, bis 221 v. Chr. kreisrunde Kupferstücke mit einem Loch in der Mitte verbindlich wurden. Münzgeld wurde im Laufe der Epoche schrittweise von allen anderen städtischen Agrargesellschaften Eurasiens und Nordafrikas übernommen. So begann Münzprägung um 550 in Athen und Phönikien, 510 im westlichen Perserreich, kurz nach 400 in Karthago, um 300 in Ägypten, Rom und im Jemen, 200 v. Chr. in Gallien. Münzen erleichterten den Warenverkehr und beschleunigten damit die funktionale Differenzierung des Wirtschaftslebens, sie förderten Kreditvergabe (und damit auch Verschuldung). Aber wir sollten ihr Auftauchen nicht überschätzen: Weder waren sie dafür eine notwendige Voraussetzung, noch stiegen diese Entwicklungen durch die Einführung von Münzen automatisch stark an, wie der Vergleich verschiedener Länder zeigt. Überhaupt dienten Münzen zunächst nur dem kleinen Bereich des Fernhandels und für staatliche Ausgaben, nicht dem täglichen Zahlungsverkehr. Geld (Kaurischnecken) und allgemein akzeptierte Tauschmittel (z. B. Hacksilber nach Gewicht) hatte es schon lange vor der Erfindung der Münzen gegeben, und sie bestanden auch neben den Münzen oft noch lange weiter, ebenso wie reiner Tauschhandel. Das bloße *Vorhandensein* von Münzen sagt also relativ wenig über den Grad der Arbeitsteilung aus.

Wie weit differenzierte sich das Wirtschaftsleben nun tatsächlich aus? Für die griechisch-römische Antike lässt sich darüber nur dann Sinnvolles sagen, wenn man die zeitliche Entwicklung und die räumlichen Unterschiede berücksichtigt.[166] Nachdem Phönikien vorangegangen war, entfalteten sich nun auch hier vier ineinander verschränkte Teilprozesse: 1. entstanden an einigen Orten Konzentrationen freier Handwerker, die besonders Keramik-, Metall- oder Textilwaren für den Fernabsatz produzierten, 2. differenzierte sich mit dem Aufblühen des überregionalen Handels eine Schicht von Fernhandelskaufleuten aus, die diese Gewerbeerzeugnisse vertrieben, vor allem über See, ebenso landwirtschaftliche Überschüsse an Getreide, Wein und Olivenöl zur Versorgung großer Städte und außerdem selten vorkommende Güter wie Metalle und Salz; 3. differenzierten sich immer mehr Märkte aus, auf denen Bauern einen kleinen Teil ihrer Produktion verkauften und Produkte des lokalen Handwerks erwarben, und 4. breitete sich Geldwirtschaft aus, wobei die Staaten zunächst Münzen prägten, um damit Söldner und öffentliche Bauten zu bezahlen sowie Steuern zu kassieren, bis schließlich auch Handwerker ihre Alltagsgeschäfte zunehmend mit Geld abwickelten. Das Gewerbe spezialisierte sich immer mehr, blieb aber im Wesentlichen handwerklich. Staatliche Manufakturen spielten keine Rolle, private entstanden nur in geringem Umfang, beides vor allem für den Bedarf von Herrscherhof und Militär. Aufs Ganze gesehen war für das Gewerbe die Nachfrage durch ortsansässige Eliten meist wichtiger als der Absatz über den Fernhandel.[167] Indem Geldwirtschaft zunahm, wurde auch Lohnarbeit üblich. Ansatzweise differenzierten sich Bankgeschäfte aus, die sich vor allem mit Handelskrediten zur Zwischenfinanzierung des Fernhandels, mit Geldwechsel und

Konsumkrediten für Arme befassten, aber nur selten mit Gewerbefinanzierung.

Dieser Entwicklungsprozess schritt von Osten nach Westen fort. Er begann in den griechischen Städten rund um die Ägäis um 600, in Mittelitalien mit dem Einströmen von Kriegsbeute seit 240 v. Chr. und in Gallien und Südspanien im 1. Jahrhundert n. Chr. Indem die zuvor rückständigen Gebiete aufholten, verloren die bisher führenden Wirtschaftsregionen ihre herausgehobene Stellung; das traf zuerst besonders Milet und Athen, später Mittel- und Unteritalien. Dabei darf der Blick auf die jeweiligen Zentren nicht zu Täuschungen führen: Während Athen, Korinth und Milet im 5. Jahrhundert eine entwickelte städtische Wirtschaft besaßen, war unweit davon in Sparta und auf dem übrigen Peloponnes von Fernhandel nichts zu sehen. So weit ausdifferenziert, dass die Mehrheit der Haushalte in die Marktwirtschaft einbezogen war und die Mehrheit der Käufe und Steuern mit Geld abgewickelt wurden, was zugleich mit einem entsprechenden Niveau an Fernhandel verbunden war, dass also das Stadium der vollurbanen Agrargesellschaft erreicht wurde, war die Wirtschaft an der Ostküste des Mittelmeers und rings um die Ägäis um 350 v. Chr., in Ägypten um 300 und im größten Teil Italiens 50 v. Chr. Außer noch Mesopotamien entwickelte sich in dieser Epoche kein anderer Raum so weit. Das Niveau zentraler Agrargesellschaften erreichten aber auch diese Räume nicht, denn der Anteil von Agrarprodukten am Export blieb hoch. Es gab auch noch keine Ansätze dazu, dass sich Kapital verselbstständigt hätte; Fernhandel wurde von Einzelkaufleuten oder auch Familiennetzwerken abgewickelt.[168] Die anderen genannten Räume blieben auf frühurbanem Niveau. Bürgerkriege, Barbareneinfälle und Inflation in den Jahren 235–85 warfen die städtische Wirtschaft im Römischen Reich zurück, die sich davon im 4. Jahrhundert nicht wieder ganz erholen konnte.

Die gleichen Entwicklungen setzten im 6. Jahrhundert v. Chr. in Nordchina und im 5. Jahrhundert in der mittleren Gangesebene ein. Während das Mittelmeer (mit anschließendem Schwarzen Meer, Nil und Rhône) es möglich machte, dass das Netz der relativ günstigen Seeverbindungen mit den davon ausgehenden Impulsen einen großen Raum erfasste, waren in Indien und Nordchina die zentralen Verkehrsachsen Binnenwasserstraßen, nämlich der mittlere Ganges beziehungsweise der Hwangho mit dem Wei. Die von dort ausgehenden Ochsenkarawanen waren viel weniger leistungsfähig, und erst um einiges später setzte in Indien die Entwicklung räumlich getrennt auch an der Küste ein. In Indien war sie ebenso wie bei Griechen, Römern, Galliern und Iberern mit Stadtentwicklung überhaupt verbunden. Dagegen knüpfte sie in Nordchina an die schon lange vorhandenen frühurbanen Zentren an, indem der begrenzte Geschenktausch zwischen den Fürstenhöfen und Adelsfamilien durch einen bald rasch wachsenden Handel freier Kaufleute abgelöst wurde und außer dem Auftragshandwerk an Adelssitzen auch freies Handwerk und Märkte aufkamen. Im Unterschied zu Phönikern, Griechen und Römern, aber ähnlich wie in Mesopotamien und noch mehr Ägypten spielte in Nordindien und Nordchina der Staat in der Wirtschaft eine größere Rolle. In Nordindien gab es zumindest im 4. und 3. Jahrhundert v. Chr. staatliche Waffenmanufakturen und Bergwerke sowie Handelsaktivitäten. In China existierten ebenfalls neben den privaten auch staatliche Manufakturen für Waffen und Luxusbedarf der Höfe, und ab 117 v. Chr. waren mit Salzgewinnung und Eisenerzeugung einige Jahrzehnte lang die beiden ertragsreichsten Gewerbe verstaatlicht. Anders als im Mittelmeerraum waren die Handwerker in China und Indien in Zünften organisiert. In Nordindien wurde im Kernbereich am mittleren Ganges vielleicht im 2. Jahrhundert n. Chr. das Niveau vollurbaner Agrargesellschaften erreicht. Dagegen gingen in Nordchina große Teile des Warenaustausches und die Mehrzahl der Steuerleistung noch nicht zur Geldwirtschaft über, und die Bauern waren erst zum Teil in die Märkte integriert, die stark von der Staats- und Elitennachfrage lebten. Die Kriege der Jahre 190 bis 220 schädigten die chinesischen Städte dann nachhaltig.

So wichtig die Fernhandelskaufleute für das Wirtschaftsleben auch waren, in allen genannten Gesellschaften blieben die großgrundbesitzenden Eliten reicher, mächtiger und angesehener, und weder sie noch die geistigen Eliten hatten für die Kaufleute viel übrig: Kaufleute »arbeiten« nicht und bringen moralisch unerwünschten Luxus, und Zinsnehmen für Geldleihe an Arme ist natürlich sowieso unmoralisch. Die Argumente der Etablierten gegen die gesellschaftlichen Aufsteiger waren überall ziemlich ähnlich. Ausnahmen bildeten nur Phöniker, Karthago und ansatzweise Athen.

Die eurasischen Handelsnetze wachsen zusammen

Als primär von Kaufleuten getragenes Fernhandelsnetzwerk gab es im 8. Jahrhundert v. Chr. nur das der Phöniker im östlichen Mittelmeer mit seinem karthagischen Ausläufer im Westen (im Imperium von Aschschur hatten Tributbeziehungen den Fernhandel zurückgedrängt). In den folgenden Jahrhunderten wuchsen von verschiedenen Kaufmannsgruppen her Fernhandelsnetze heran, die sich manchmal verdrängten, öfter aber durchdrangen und vernetzten, sodass sie im 1. Jahrhundert v. Chr. zu Teilen eines Gesamtnetzes wurden[169], das alle städtischen Agrargesellschaften Eurasiens einbezog und dessen Fäden sich von der europäischen Atlantikküste bis China und Südostasien spannten. Der Warendurchfluss stieg aufs Ganze gesehen deutlich über das Volumen der vorigen Epoche hinaus; im 1. und 2. Jahrhundert n. Chr. erreichte er den Höchststand. Seit

Mitte des 3. Jahrhunderts führten dann die politischen Krisen im Römischen Reich und in China dazu, dass die Intensität des Austauschs zwischen Indien und der Mittelmeerwelt sowie China stark zurückging, wogegen die Beziehungen Indiens mit Südostasien hiervon unberührt blieben.

Welche Einzelnetze wuchsen hier zusammen? Die Griechen bauten im 7. Jahrhundert ein Handelsnetz im östlichen Mittelmeer auf, das sie im folgenden Jahrhundert bis an den Nordrand des Schwarzen Meeres und Südfrankreich verlängerten. Im Gefolge der Eroberungen des Makedonenkönigs Alexander dehnte es sich auch Richtung Mesopotamien und Nordiran aus, und 100 v. Chr. erweiterte es sich durch das Rote Meer bis Südwestindien. Im Windschatten der römischen Legionen verdrängten römische Kaufleute seit 240 v. Chr. die karthagischen, breiteten sich dann ins östliche Mittelmeer und schließlich über das eroberte Westeuropa aus, wobei auch der römische Fernstraßenbau hilfreich war. In Iran und Mesopotamien endete griechische Herrschaft indes bald, und die neuen Machthaber reservierten diesen Raum den einheimischen Kaufleuten, was dem Durchfluss der Waren aber keinen Abbruch tat. Diese Kaufleute reisten ihrerseits bis Nordwestindien. In Indien entfaltete sich seit dem 5. Jahrhundert ein Handelsnetzwerk in der Gangesebene und ein zweites, bald damit verbundenes längs der Ostküste und rund um den Golf von Bengalen, ferner später unabhängig davon ein weiteres längs der Westküste. Nachdem von der Gangesebene aus Fernstraßen für Ochsenkarawanen nach Süden gebaut worden waren, wuchsen diese Netzwerke in Indien seit 200 v. Chr. zusammen. Die indischen Kaufleute aus Nordwestindien wurden über mehrere Landrouten durch Iran und Küstenschifffahrt zum Persischen Golf bis Mesopotamien aktiv, und die Kushanaherrscher ebneten ihnen Mitte des 1. Jahrhunderts v. Chr. den Weg nach Zentralasien. Die indischen Händler an der Südwestküste nahmen die direkte Route ins Rote Meer auf, nachdem man 117 v. Chr. entdeckt hatte, wie sich die jahreszeitlich wechselnden Monsunwinde für Hin- und Rückfahrt nutzen ließen. In den seit dieser Zeit verstärkten Handelsstrom durch das Rote Meer klinkten sich bald auch Jemen und Nordäthiopien (Aksum) ein. Indische Kaufleute der Südostküste erweiterten ihre Aktivitäten schließlich über die Landenge von Kra (Südthailand) bis zum Mündungsdelta des Mekong (Südvietnam). Nachdem in der Großen Ebene Nordchinas seit dem 6. Jahrhundert ebenfalls ein Handelsnetzwerk entstanden war, dehnten chinesische Kaufleute ihre Aktivitäten im 4. und 3. Jahrhundert auch in die angrenzende Mandschurei und Mongolei, nach Korea und in das Rote Becken aus. Im 1. Jahrhundert v. Chr. stießen sie nach Süden bis zur Mekongmündung in Südvietnam vor. Hier entstand ein Umschlagplatz zwischen indischen und chinesischen Kaufleuten, und in diesen klinkten sich auch malaiische Händler ein, die Verbindungen zu indonesischen Inseln herstellten. Mit dem Entstehen der Oasenstädte in Ost-Usbekistan und im

Tarimbecken, zwischen denen Kamelkarawanen pendelten, ergab sich eine Kette, über die seit 500 v. Chr. chinesische Seide von Nordwestchina durch Zentralasien nach Iran und von da bis ins östliche Mittelmeer und Nordwestindien gelangte, die sogenannte Seidenstraße. Waren es zunächst auf dieser gefährlichen Route nur spärliche Mengen, so schwoll der Warenstrom im 1. Jahrhundert v. Chr. deutlich an.

Auch nachdem ein eurasisches Handelsnetz entstanden war, blieben die Teilnetze als Aktionsräume der einzelnen Kaufmannsgruppen bestehen. Keine von ihnen hatte einen Überblick über das Ganze, während die Waren von Teilnetz zu Teilnetz weiterwandern konnten. So gelangten chinesische Seide nach Griechenland, indonesische Gewürze nach Rom und römische Bronzelampen nach Thailand und Südchina, ohne dass in dieser Epoche ein chinesischer oder römischer Kaufmann so weit gereist ist.

Welche Region speiste nun im 1. und 2. Jahrhundert n. Chr. welche Waren in das eurasische Handelsnetz ein? Da die Entwicklungsunterschiede zwischen den Regionen größer geworden waren als in früheren Jahrhunderten, nahmen die Austauschbeziehungen jetzt deutlich sichtbar asymmetrischen Charakter an. Die vollurbanen und die entwickelten frühurbanen Agrargesellschaften konnten sowohl Gewerbeerzeugnisse als auch regionstypische Agrarerzeugnisse anbieten, dagegen benötigten sie vermehrt Rohstoffe, Nahrungsmittel für die Großstädte und spezielle Luxuswaren für die Eliten. Ägypten lieferte Weizen, Papyrus, Glasartikel, Textilien, Parfum und Metallwaren, aus Syrien fanden Wein, Olivenöl, Kunsthandwerk aus Glas und Metall sowie Purpurfarbstoff Absatz, Mesopotamien bot Textilien und Getreide an. Aus der Gegend rund um die Ägäis einschließlich des westlichen Kleinasiens kamen Keramikerzeugnisse, Textilien, Marmor, Olivenöl und Wein. Italien war mit Olivenöl, Keramik-, Eisen- und Wollwaren im Geschäft, Gallien mit Wein, Keramik und Textilien. Die Gangesebene exportierte Textilien, Eisenwaren, Glas und Keramik, das westlich davon gelegene Gujarat Weizen und Baumwollwaren. Aus Nordchina stammten Seide und Bronzespiegel, ferner Bronzegefäße und Lackarbeiten.

Um diese vollurbanen und entwickelten frühurbanen Gebiete herum bildeten sich jetzt periphere Agrargesellschaften. Hier waren erst wenige Städte entstanden, und deren Gewerbe hatte nur lokale Bedeutung. So wurden diese Räume von den weiterentwickelten in die Rolle der Rohstoff- und Nahrungsmittellieferanten gedrängt. Aus Tunesien kam fast nur Weizen, aus Spanien stammten Getreide, Olivenöl, Weizen und Silber und aus Britannien Zinn und Blei. Die Ostalpen, die Donauländer sowie der küstenferne und der westliche Teil der Balkanhalbinsel bildeten die nördliche Peripherie; hier holten die Römer von verschiedenen Stellen Eisenerz, aus dem westlichen Balkan auch Silber und ansonsten Häute

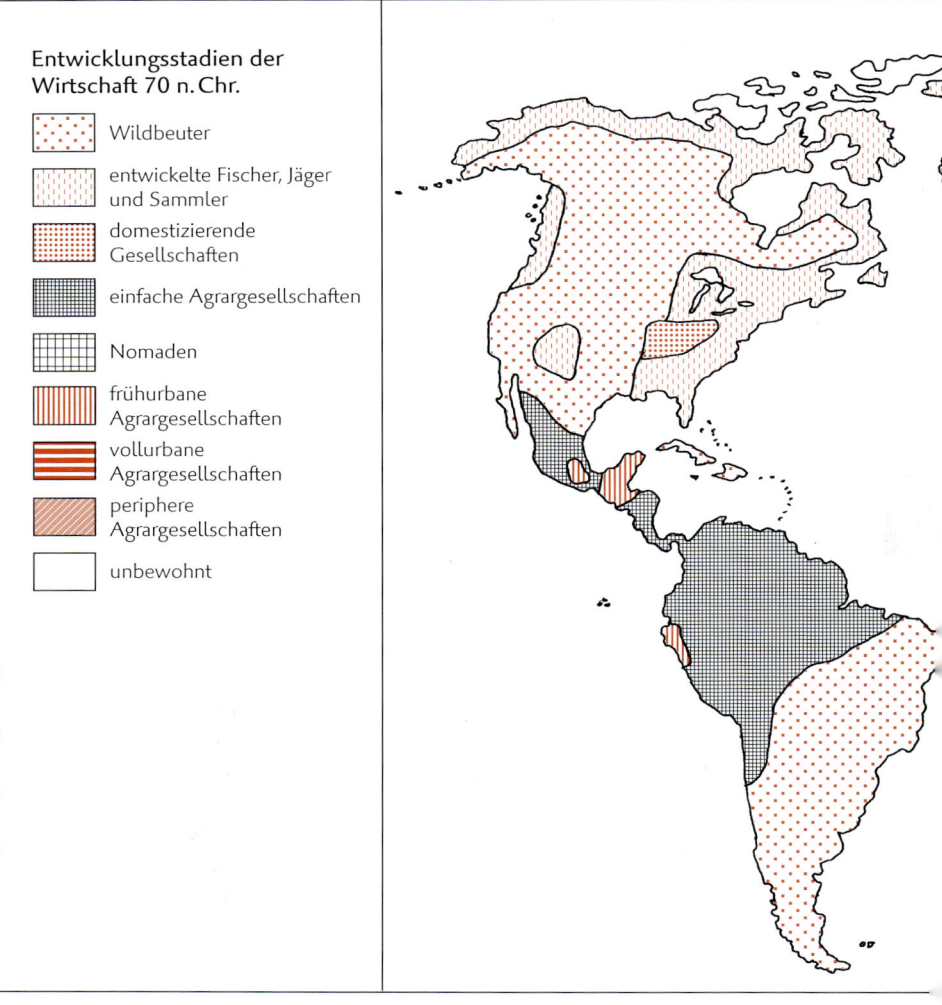

Entwicklungsstadien der Wirtschaft 70 n. Chr.

- Wildbeuter
- entwickelte Fischer, Jäger und Sammler
- domestizierende Gesellschaften
- einfache Agrargesellschaften
- Nomaden
- frühurbane Agrargesellschaften
- vollurbane Agrargesellschaften
- periphere Agrargesellschaften
- unbewohnt

und Felle. Auch das innere Anatolien lieferte nur Bergbauprodukte, Pferde und Holz. Vom Jemen kamen Weihrauch und Myrrhe, von Iran Datteln, Weizen und Indigo. Aus Südindien stammten Perlen, Diamanten und Edelsteine, Elfenbein und Korallen sowie Pfeffer.

Noch weiter entfernt lagen einige einfache Agrargesellschaften und Nomaden, die als äußerer Rand dem Austauschnetzwerk angegliedert wurden. Ihre aristokratischen Eliten führten gerne Prestigegüter aus den Gewerbezentren ein, hatten aber für den Austausch wenig anzubieten. Die randlich gelegenen Steppenzonen traten teilweise als Pferdelieferanten auf, so Arabien für Rom, das westliche Zentralasien für Indien und die Mongolei für Nordchina. Vom Nordrand des Schwarzen Meeres kamen

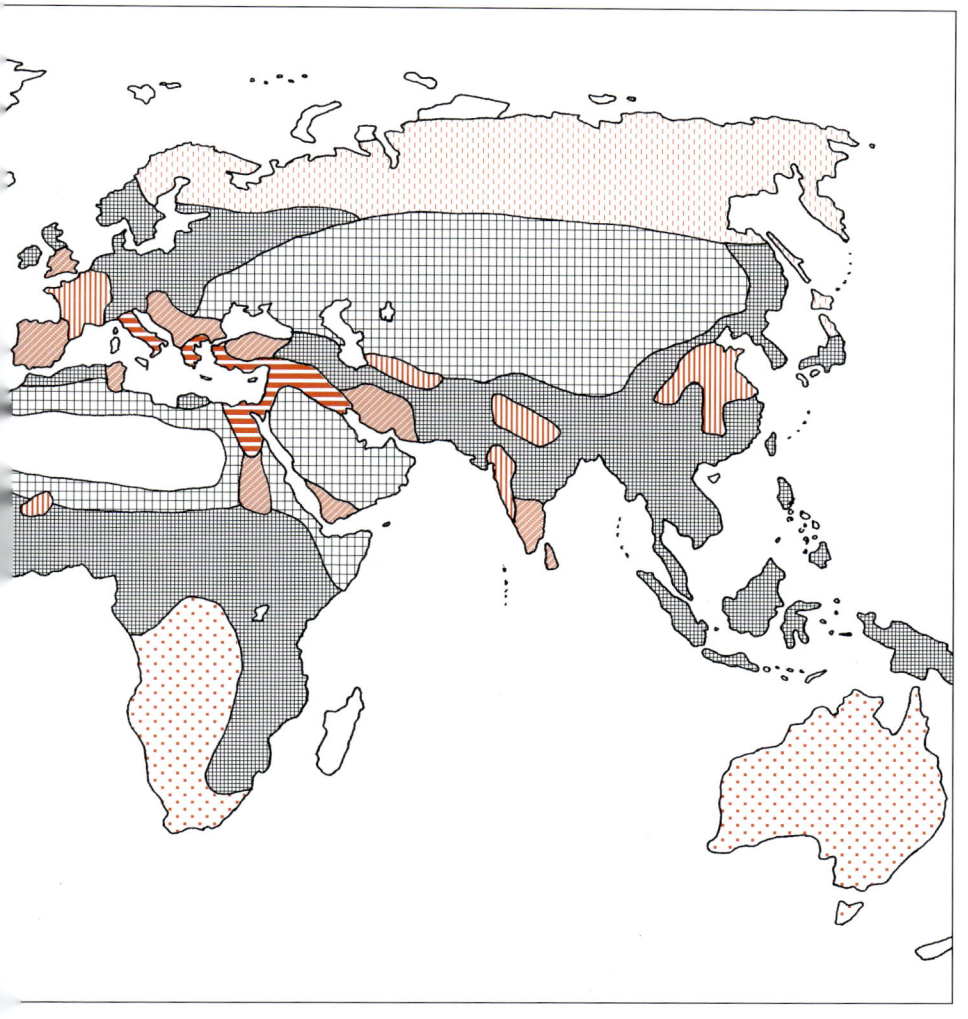

Getreide, Häute und Sklaven, von der Ostseeküste Bernstein und aus dem übrigen Germanien bestenfalls Häute. Aus dem Sudan gelangten Gold und Elfenbein ins Handelsnetz. Südostasien konnte Gewürznelken, Zimt und Sandelholz von indonesischen Inseln bieten sowie malaiisches Zinn.

Über die weitgespannten Kontakte fand nicht nur Handel statt, sondern es wurde auch der Anbau wichtiger Kulturpflanzen transferiert, allerdings nur in Ausnahmefällen. So gelangte der Pfirsichanbau von Nordwestchina 200 v. Chr. nach Persien und Indien und war im 1. Jahrhundert n. Chr. im ganzen Mittelmeergebiet verbreitet. Der Anbau von Zuckerrohr kam von Südostasien 300 v. Chr. nach Indien und wenig später in den Irak. Umgekehrt erreichte im 1. Jahrhundert n. Chr. Baumwollanbau von Indien her

Südchina, wurde dort aber erst wesentlich später bedeutend. Mindestens ebenso wichtig war, dass indonesische Siedler um 300 n.Chr. Bananen, Taro und Zuckerrohr nach Madagaskar und Ostafrika brachten.

Viele wollen König werden

Um 650 gab es weltweit nur zwei Regionen mit staatlich organisierten Machtstrukturen. Einmal den Nahen Osten, wo fast alle staatlich organisierten Gebiete zu diesem Zeitpunkt unter die Fuchtel von Aschschur geraten waren, was aber nicht von Dauer war, zum anderen Nordchina, wo die Staatlichkeit der Dshou-Herrschaft sich zersetzte und aus ihren Teilen eine Reihe neuer Staaten entstand, deren Entwicklung 221 v.Chr. in den chinesischen Gesamtstaat der Tjin- und Han-Dynastie einmündete. Als dritte Region im Wesentlichen autochthoner Staatsbildung trat jetzt das Gebiet der Bevölkerungsverdichtung in Nordindien hinzu, wo sich Anfang des 6. Jahrhunderts mehrere Staaten unterschiedlicher Art formierten. Als das Perserreich 514 bis zum Indus vordrang und damit ein bereits bestehender Staat in »Sichtweite« rückte, war der autochthone Staatsbildungsprozess schon in vollem Gange, sodass ein denkbarer Transfer persischer Vorbilder höchstens beschleunigend gewirkt hat. Häuptlingstümer und auch komplexe Häuptlingstümer entstanden an vielen Stellen der Welt, teils autochthon als Folge der Bevölkerungsverdichtung, teils angestoßen durch Machtkonzentrationen in der Nachbarschaft oder durch Fernhandelskontakte. Der Schritt zum Staat geschah in Eurasien dagegen nur dreimal autochthon. Von diesen drei Kernen ging eine Welle sekundärer Staatsbildungen aus, alle in irgendeiner Weise durch die Staaten der drei Kernräume angestoßen. Dabei spielte die Vorbildfunktion bestehender Staaten ebenso eine Rolle wie die von ihnen ausgehende Bedrohung, gegen die es eine Gegenstrategie sein konnte, nun die eigenen Kräfte ebenfalls als Staat zu organisieren. Die von bestehenden Staaten ausgehenden Wirtschaftsverflechtungen boten die Chance, materielle Ressourcen für Machtentfaltung zu erwerben, sei es für viele Aristokraten oder für einen einzelnen Machtmonopolisten. Im Einzelnen war die Art dieses Transfers durchaus verschieden, und die jeweiligen Entwicklungspfade führten dementsprechend zu einer Pluralität von Formen.

Im Mittelmeerraum unterschieden sich zwei Hauptpfade: Entweder entstanden zunächst Städte, und erst danach differenzierten sich staatliche Institutionen aus, oder machtgierige Individuen schafften es, ein Machtzentrum mit zentralen Institutionen aufzubauen, an das sich dann eine Stadt anlagerte. Aus dem Nahen Osten standen dafür zwei Organisationsmodelle zur Verfügung: das monarchische und das republikanische. Letzteres war bei den Phönikern entstanden.[170] Nachdem die Seevölkereinfälle das archaische Fürstentum geschwächt hatten, hatten die hochrangigen Spezialisten der Palastwirtschaft sich als Fernhändler und Kunsthandwerker auf eigene Rechnung verselbstständigt. Durch Reichtum auch mächtig geworden, hatten die phönikischen Fernhandelskaufleute dann im 8. Jahrhundert als Kollektiv die Macht übernommen und in einem Ratsgremium institutionalisiert. Das Stadtkönigtum wurde auf sakrale Aufgaben reduziert und stattdessen für die Regierungsgeschäfte Beamte auf Zeit gewählt, sodass die ersten Stadtrepubliken entstanden.

Bei den Griechen rund um die Ägäis und in Süditalien entstanden nun zunächst Städte, angestoßen durch die aufblühenden Fernhandelsbeziehungen in den Nahen Osten. An geeigneten Stellen zogen die Adelsfamilien eines Gebietes zusammen, errichteten einen Tempel als Ausdruck ihrer Gemeinschaft, und die Verdichtung machte es dann erforderlich, das Zusammenleben stärker zu organisieren, Streit zu regeln und sich gemeinsam zu verteidigen. In diesen frühen Republiken rangen zwischen 650 und 550 in etlichen Städten zwei Kräfte miteinander: Auf der einen Seite gab es das Machtstreben einzelner Adliger, die sich eine Leibwache aus Söldnern zulegten und mit mehr oder weniger Gewalt ein Fürstentum nach dem Vorbild nahöstlicher Monarchen begründen wollten, die sogenannten Tyrannen, auf der anderen Seite standen die übrigen Adligen, die dieses verhindern und Adelsmacht lieber kooperativ ausüben wollten nach dem republikanischen Vorbild der Phöniker. Letztlich wurden alle Tyrannen gestürzt, spätestens in der zweiten Generation, und der Stadtgemeindestaat setzte sich durch, die sogenannte Polis. Hier entstanden Staaten also mehr durch Kooperation als durch Zwang. Das Polismodell wurde auch im ländlichen Griechenland von Hunderten kleiner Orte übernommen, die aber zu klein waren, um damit Staatscharakter zu gewinnen. Das Geschehen bei den Griechen steckte die Etrusker an. Hier wurden um die Wende vom 6. zum 5. Jahrhundert in etlichen Städten die Häuptlinge durch den Adel gestürzt, so auch in Rom. An seine Stelle trat ein jährlich wechselnder Wahlhäuptling, in Rom deren zwei, später Konsuln genannt. Diese frühe Republik blieb in Rom noch länger ein Personenverband und wurde erst Mitte des 4. Jahrhunderts zum Stadtgemeindestaat, als man eine Reihe weiterer Ämter einführte und die ganze Bürgerschaft integriert war. Im ländlichen Italien bestanden noch weiter Stämme. Schließlich Frankreich: Nachdem sich Fernhandelsströme verlagert hatten und der Zustrom von Prestigegütern versiegt war, brachen im 5. Jahrhundert die Häuptlingstümer zusammen. Vielleicht hierdurch ausgelöst, breiteten sich zwischen 450 und 250 aus dem Marne-Mosel-Gebiet Adelsgruppen mit kriegerischen Gefolgschaften über ganz Frankreich, die britischen Inseln und bis nach Norditalien und auf die Balkanhalbinsel aus, die Kelten. Neue Häuptlingstümer entstanden, und als sich mit dem wiederauflebenden Handel zum Mittelmeer Städte bildeten und viele Adlige reicher wurden, stürzten diese ab 100 v. Chr. in Mittelfrankreich die Häuptlinge und nahmen auch hier das Modell der Republik auf.[171] Ob Griechen, Etrusker oder Kelten: Zunächst begegnet überall eine grundbesitzende Aristokratenschicht, deren Familienoberhäupter als Adelsrat zusammentraten, die sich deutlich von der Masse der freien Bauern absetzte und die auch in der Volks(= Heeres-)versammlung den Ton angab. Die Bauern besaßen zwar ihr Land als Eigentum, waren aber mehr oder weniger klientelmäßig an die Adligen gebunden, wobei Schutz durch die Mächtigen gegen Abgaben und politische Unterstützung getauscht wurde.

Anders verlief die Entwicklung im städtelosen Norden Griechenlands: Um 600 entstand hier ein komplexes Häuptlingstum mit dem Häuptling der Makedonen als Feldherrn und Richter. Nach einigen Generationen baute der Makedonenhäuptling Philipp II. ein stehendes Heer auf, wobei er erstmals die Fußsoldaten der griechischen Phalanx und die Reiterei kombinierte, und aus der Eroberungsbeute finanzierte er wiederum sein Heer. Auf diese Weise trat Philipp eine Machtkumulation los, aus der in wenigen Jahren bis 352 v. Chr. eine patrimonialbürokratische Monarchie mit einem großen Territorium in Nordgriechenland erwuchs. Die Impulse der Staatlichkeit pflanzten sich nach Norden fort: In Thrakien (heute Bulgarien) konnte, angestoßen durch den Kontakt mit dem vordringendem Perserreich, Mitte des 5. Jahrhunderts ein Häuptling mehrere Stämme zu einem Klanstaat zusammenfügen, und in Epirus (Albanien) entstand im 4. Jahrhundert ein ebensolcher Klanstaat. Im noch weiter nördlich gelegenen Dakien (inneres Rumänien) zerfiel zwar der um 70 v. Chr. gegründete Klanstaat nach dem Tod des Gründers in einzelne Fürstentümer und Häuptlingstümer, wurde aber 86 n. Chr. erfolgreich erneuert. Um die Zeitenwende versuchten auch zwei aristokratische Germanen, die beide im römischen Heeresdienst die Herrschaftstechniken der Römer kennengelernt hatten, sich eine große Gefolgschaft aufzubauen und darauf gestützt dann aus mehreren germanischen Stämmen einen Staat zu gründen. Der Markomanne Marbod hatte damit in Tschechien 9 v. Chr. Erfolg. Als der Cherusker Arminius dasselbe aus der Aufstandsbewegung gegen die römische Herrschaft in Westdeutschland in den Jahren nach 9 n. Chr. heraus versuchte, scheiterte er am Widerstand des germanischen Adels.[172] In Südengland entstanden ebenfalls zwei Staaten, nachdem die Römer durch die Eroberung Galliens herangerückt waren und 55/54 v. Chr. auch zwei Vorstöße nach England unternommen hatten, womit sie als Quelle von Handelsgewinnen sowie als militärische Bedrohung präsent geworden waren.

Im Nahen Osten führte der Druck der Expansion von Aschschur dazu, dass sich die Häuptlingstümer in Nordwestiran 625 unter Führung der Meder zu einem Klanstaat zusammenschlossen.

In Indien wurde die Ausbreitung von Staaten über die Gangesebene hinaus durch Magadha angestoßen, das um 400 Nordindien und dann im

3. Jahrhundert v. Chr. unter der Maurya-Dynastie fast den ganzen indischen Subkontinent unterworfen hatte. Ihr Imperium zerfiel zwar nach wenigen Jahrzehnten, aber nun waren viele unterworfene Häuptlinge in Zentralindien auf den Geschmack gekommen und versuchten nach dem Vorbild der Mauryas ihrerseits Herrscherhöfe zu gründen. Vor allem Häuptlinge in den dichter besiedelten Gebieten, wo sich genug Ressourcen abschöpfen ließen, also in den Flusstälern und Küstenebenen sowie auf Ceylon, hatten gute Chancen, Staaten aufzubauen. Dabei kamen ihnen Brahmanen und auch buddhistische Mönche zu Hilfe, die aus der Gangesebene nach Süden wanderten und gegen einen Job als Hofpriester oder Fürstenberater bereit waren, den Emporkömmlingen Herrschaftswissen jeder Art zu vermitteln. Dieses reichte von Schrift über Zeremonien und Titel bis zu Verwaltungsverfahren. Der Schritt zum Staat pflanzte sich im Laufe von drei Jahrhunderten allmählich von Norden bis zur Südspitze Indiens fort. In Südindien wirkten die Einflüsse aus dem Norden schwächer, dafür lieferte hier das Aufblühen des Überseehandels einen ebenso wichtigen Impuls. Dazwischen blieben aber weiter etliche Häuptlingstümer bestehen, in Bergländern auch einfache Stämme.

An einigen Stellen entstanden Staaten nicht in der Nachbarschaft, sondern in größerer Entfernung von den schon bestehenden Staaten, aber auch sie waren Ergebnisse eines Transfers. Der Impuls kam in diesen Fällen über den Fernhandel. In Südarabien verschaffte der Aufschwung des Weihrauchhandels die Ressourcen, mit denen Häuptlinge der dortigen Bewässerungsoasen um 500 v. Chr. die Klanstaaten Saba, Qatabān und Hadramaut gründen konnten.[173] Unter dem Einfluss von Gruppen, die von Saba aus einwanderten, formierten sich in Nordäthiopien Häuptlingstümer. Daraus erwuchs im 2. Jahrhundert n. Chr. der Klanstaat Aksum, dessen Herrscherhof nicht nur die Tribute der integrierten Häuptlingstümer und Kriegsbeute besaß, sondern auch den Fernhandel aus dem afrikanischen Hinterland zum Roten Meer anzapfen konnte.[174] Ebenso existierten die Fürstentümer in den Oasen des Tarimbeckens, die mit dem Aufblühen des Handels über die Seidenstraße im 2. Jahrhundert v. Chr. entstanden, auf der doppelten Basis von Abgaben der Bauern und Fernhandelsabschöpfungen. Als sich im Mekongdelta der indisch-chinesische Fernhandelsumschlag entwickelte, entstanden im 2. Jahrhundert n. Chr. auch dort mehrere Häuptlingstümer. Ihre Gefolgschaften unterhielten sie mit Beutezügen in die Nachbarschaft und Fernhandelsabgaben. Inwieweit eines davon, Funan, diese dauerhaft zu einem Klanstaat zusammenschließen konnte, ist unklar. Jedenfalls tauchten auch hier indische Berater auf.

Noch wichtiger waren von außen zufließende Ressourcen dafür, dass ein Staat entstehen konnte, bei den Nomadenstaaten, einem Typ, der jetzt das erste Mal in Erscheinung trat.[175] In den dünn besiedelten Steppen gab es keine Agrarbevölkerung, bei der ein Herrscher Ressourcen hätte abschöpfen können, und die Nomaden boten dafür keine hinreichende materielle Basis, zumal ihre Freiheitsliebe und Beweglichkeit Herrschaft erschwerte. Konnte ein Häuptling aber die Kontrolle über eine Fernhandelslinie monopolisieren, die aus einer benachbarten städtischen Agrargesellschaft kam, sah es anders aus: Mit den hier abgezapften Mitteln ließen sich ein Herrscherhof finanzieren, eine kriegerische Gefolgschaft unterhalten und auch andere Häuptlinge mit ihren Stämmen als Gefolge gewinnen. Diese Nomadenstaaten boten nach außen das Bild eines teilweise durchaus großen Herrscherhofes mit ausdifferenzierten Ämtern. Dagegen blieb es im Innern des Staates primär bei verwandtschaftlichen und anderen personalen Beziehungen, da die Herrscher hier auf eine intensive Kontrolle gar nicht angewiesen waren, vielmehr materielle Mittel eher vergaben als eintrieben. Das erste derartige Staatswesen realisierten die Skythen, aus Zentralasien herangewanderte Stämme, im 6. Jahrhundert nördlich des Schwarzen Meeres, indem sie den Transithandel von Griechenland Richtung Baltikum, Indien und Zentralasien kontrollierten. Verwaltungsbeamte rekrutierten die Skythen von den Griechen.[176] Als diese Handelsverbindung im 3. Jahrhundert v. Chr. ihre Bedeutung an andere Routen verlor, verfiel die Macht der Skythen. In Ostalgerien formte der Berberhäuptling Massinissa um 200 v. Chr. aus den Nomadenstämmen der Gebirgssteppen den Nomadenstaat Numidien, indem er nach der Niederlage Karthagos gegen die Römer die Kontrolle über den Getreideexport aus Karthagos Hinterland gewann und mit dem Erlös ein stehendes Heer zu finanzieren vermochte. Die Berberstämme in Westalgerien und Marokko kopierten sein Vorbild einige Jahrzehnte später (Mauretanien). In Nordwestarabien konnten die Nabatäer einen Nomadenstaat gründen, nachdem das Seleukidenreich im 2. Jahrhundert v. Chr. geschwächt worden war; die Kontrolle der Handelswege von Südarabien zum Mittelmeer lieferte ihnen die materielle Basis. Auch das erste zentralasiatische Nomadenreich entstand in dieser Zeit, als der Stamm der Ssjungnü an der Nordwestgrenze Chinas 209 v. Chr. weiträumig altaiischsprachige Stämme zur Abwehr vereinte, eine Reaktion auf das Vordringen chinesischer Siedler und Truppen in ihre Weidegebiete in der Ordos-Region. Chinesische Überläufer bauten Hof- und Verwaltungsämter in der Machtzentrale auf.[177] Die Ssjungnü fielen immer wieder in chinesisches Gebiet ein und zwangen damit China, ihnen Tribute zu zahlen, da die schnellen Steppenreiter für die chinesischen Infanteriearmeen schwer zu greifen waren, und sie dehnten ihre Kontrolle über den Handel auf der Seidenstraße durch das Tarimbecken aus.[178] Als die Chinesen 56 v. Chr. von Gansu aus das Tarimbecken eroberten, zerfiel dieser Nomadenstaat, endgültig 48 n. Chr. Die Stammeskonföderation der Ssjän bi trat später die Nachfolge an.

Nicht von außen zufließende Ressourcen, sondern machtpolitische Impulse lösten bei den nichtchinesischen Bevölkerungen um China herum weitere Staatsgründungen aus, nachdem die Verdichtung der Agrarbevölkerung in den großen Tälern ab 500 v. Chr. Häuptlingstümer hatte entstehen lassen. Dabei stimulierte China den Schritt zum Personenverbandsstaat in mehrfacher Weise: Chinesische Militärvorstöße bedrohten die Stämme und legten gemeinsame Abwehr nahe, chinesische Staatsorganisation und Militärtechnik lieferten Vorbilder[179], und eine Rolle spielten auch einzelne Chinesen, die zuwanderten. So entstand im 3. Jahrhundert v. Chr. in Jünnan der Klanstat Diän. Nach einem vorübergehenden Vorstoß Chinas bis zur Südküste bildeten sich 210–206 in den Ebenen der Küste und Flussunterläufe die drei Staaten Min Jüä (Südostküste), Nan Jüä (Perlfluss) und Au Lac (Roter Fluss in Nordvietnam), jeder als Zusammenschluss dortiger Stämme durch eine chinesische Führungsgruppe. Ähnlich machte 194 v. Chr. in Nordostkorea ein Chinese, der dort mit militärisch überlegener Gefolgschaft aufkreuzte, aus der Stammeskonföderation Tschoson einen Staat. Nachdem China Nordwestkorea 108 v. Chr. erobert hatte, befanden sich die Häuptlingstümer auf der koreanischen Halbinsel in ständiger Auseinandersetzung mit China, und diese Impulse reichten weiter bis nach Mittel- und Südjapan. In einem Prozess zunehmender Integration zu größeren Einheiten entstanden dabei aus Häuptlingstümern über komplexe Häuptlingstümer um 300 n. Chr. Staaten, und zwar auf der koreanischen Halbinsel Kogurjo im Nordosten, Schilla im Südosten und Päktsche im Südwesten sowie in Mitteljapan Yamato. Ähnlich erwuchsen Pujo in der mittleren Mandschurei, das im 1. Jahrhundert n. Chr. von einer Stammeskonföderation zum Staat wurde, und in Mittelvietnam um 200 n. Chr. Tschampa.

Entstehung und Untergang der Staatensysteme

Wo die Zahl der Staaten stark anstieg, stellt sich die Frage, ob daraus Staatensysteme gleichberechtigter Partner erwachsen würden oder ob die asymmetrische Integration mit Gewalt dominieren würde. Während die Handelsverflechtungen schon zu einem eurasischen Netz zusammenwuchsen, blieb die politische Integration begrenzter, sodass wir es hier mit mehreren getrennten Machtnetzwerken zu tun haben.

Im Nahen Osten dominierte die imperiale Lösung. Hier hatte Aschschur bis zum 8. Jahrhundert fast den ganzen Raum unerbittlich in sein Imperium integriert. 626 löste sich Babylonien aus der Herrschaft von Aschschur und vernichtete wenig später im Bündnis mit den Medern das Reich von Aschschur; beide teilten es untereinander auf, wobei die Meder ihre Macht bald über ganz Iran und den Osten Kleinasiens ausdehnten. Doch zu einem dauerhaften Staatensystem aus Babylonien, Medien und Ägypten kam es nicht. Die Meder holten sich jetzt aus Mesopotamien keilschriftkundige

Beamte und Architekten, um eine bürokratische Herrschaftszentrale aufzubauen und ihren Klanstaat in ein patrimoniales Imperium zu verwandeln. 550 wurde die Dynastie der Meder von dem unterworfenen Perserhäuptling Kurusch II. gestürzt, der die Macht im Mederimperium übernahm und Babylonien und den Rest Kleinasiens hinzu eroberte. Sein Nachfolger Kambudschija II. unterwarf 525 überdies Ägypten, und bis 512 dehnten die Perser die Macht im Osten bis zum Indus aus. Mehr denn je zuvor war der Nahe Osten in einem Imperium vereint.

Hingegen entstanden im klassischen Griechenland, im hellenistischen Nahen Osten, im spätvedischen Nordindien und im China der »kämpfenden Staaten« tatsächlich zeitweise Staatensysteme, doch langfristig lag die größere Dynamik bei den patrimonialen Imperien. Warum sind diese Staatensysteme letztlich gescheitert?[180]

Nachdem sich bei den Griechen an der Ägäis Mitte des 6. Jahrhunderts allgemein Stadtgemeindestaaten etabliert hatten, war die politische Zersplitterung zementiert, weniger weil die durch Gebirgszüge getrennten kleinen Ebenen und die Inseln dieses nahegelegt hätten, sondern weil die persönliche Mitwirkung der vielen in der republikanischen Ordnung territoriale Erweiterungen behinderte. Die griechischen Staaten erkannten sich gegenseitig als gleichberechtigt an und vernetzten sich zunehmend durch Gesandtschaften, eine Art Honorarkonsulsystem, durch Staatsverträge und Bündnisse sowie gemeinsame Kongresse. Die Nichtgriechen blieben als »Barbaren« außen vor. Diese griechische Staatenwelt wurde ständig durch Kriege zerrissen, auch durch Hilfen für unterlegene Bürgerkriegsparteien anderer Staaten, aber keine Polis versuchte zum Territorialstaat anzuwachsen. Dabei waren die Staaten deutlich ungleich an Stärke. Angesichts der vorherrschenden Gleichheitsideologie versteckten sich Machtasymmetrien hinter Bündnissen formal gleichberechtigter Partner, die tatsächlich hegemonialen Charakter hatten. Verglichen mit dem persischen Imperium war die Rhetorik von Gleichberechtigung der Bundesmitglieder jener von königlicher Allmacht genau entgegengesetzt; die realen Machtverhältnisse dagegen lagen nicht weit auseinander: Die Abhängigen zahlten Beiträge zur Zentralkasse, stellten Truppen, wurden durch einen Beauftragten der Zentrale überwacht und besaßen ansonsten innere Autonomie. Sparta hatte Ende des 6. Jahrhunderts fast alle Stadtgemeindestaaten der Halbinsel Peloponnes zu einem Bund unter seiner Führung zusammengefasst. Um die Perserabwehr fortzusetzen, schloss Athen 478 mit beinahe allen Küstenstaaten und Inseln der Ägäis einen Seebund, in dem die Machtverhältnisse im Laufe der Zeit immer asymmetrischer wurden, bis Athen schließlich Bundesmitglieder mit Gewalt am Austritt hinderte. Die Rivalität zwischen Athen und Sparta führte zum Peloponnesischen Krieg 431–404, an dem fast sämtliche Staaten Griechenlands beteiligt waren. Athen verlor, der Attische Seebund wurde aufgelöst. In den nächsten Jahrzehnten herrschten weiter ruinöse Kriege; dabei wechselten sich Sparta, Athen und Theben in der Hegemonialrolle ab. Da die griechischen Stadtgemeindestaaten keine großräumigere Friedensordnung schaffen konnten, weder indem einer von ihnen alle anderen aufsog, noch indem man sich kooperativ zu einer friedlichen Integration zusammenfand, erwies sich der Stadtgemeindestaat letztlich als Sackgasse.[181] Das eröffnete Mächten von außerhalb den Weg zur Herrschaft. 338 v. Chr. unterwarf der halbgriechische Makedonenkönig Philipp II. die griechische Staatenwelt und schloss diese im Korinthischen Bund zusammen, wieder mit dem Schein freier, gleichberechtigter Staaten, tatsächlich unter erdrückender Hegemonie.

Ein neues, das hellenistische Staatensystem entstand, als das von Philipps Sohn Alexander eroberte Perserreich nach seinem Tod 323 in Machtbereiche seiner Generale zerfiel, die vier Jahrzehnte miteinander rangen. Dabei etablierten sich schließlich Ptolemaios und Nachfolger in Ägypten, Makedonien verselbstständigte sich, und Seleukos und Nachfolger gewannen den Löwenanteil des Imperiums mit den beiden Kernräumen Mesopotamien und Syrien, von dem sich aber in Kleinasien und im Osten im Laufe der Zeit immer mehr selbstständige Königreiche abspalteten. Diese hellenistische Staatenwelt, in der griechische Dynastien und Eliten herrschten, reichte von Griechenland bis Afghanistan. Die griechischen Stadtgemeindestaaten, die sich aus Makedoniens Griff lösen konnten, wirkten neben den neuen Monarchien zwergenhaft; dass sie sich jetzt zu mehreren Bundesstaaten zusammenschlossen, half da auch nicht mehr viel. Die hellenistischen Monarchien waren aus dem Krieg geboren, das Gleichgewicht zwischen den drei größeren Mächten blieb labil. Seit 168 v. Chr. fiel der Westen der hellenistischen Staatenwelt in einer hundertjährigen Kette von Kriegen der römischen Expansion zum Opfer. Die größeren hellenistischen Staaten kämpften gegen Rom, aber meist nacheinander, mehr noch: In ihren gegenseitigen Kämpfen wandten die Schwächeren sich wiederholt um Hilfe an Rom und trugen so erst recht zum Untergang des hellenistischen Staatensystems im Westen bei. Dessen Osten wurde parallel dazu von den Parthern aufgefressen.

In der Gangesebene Nordindiens kristallisierten sich aus der Machtkonkurrenz einer Vielzahl von Häuptlingstümern, die sich in zahlreichen Kriegen und Raubzügen zeigte, Anfang des 6. Jahrhunderts einige Staaten heraus, teilweise durch kooperierenden Zusammenschluss zu frühen Republiken, teilweise durch gewaltsame Integration schwächerer Häuptlingstümer in Klanstaaten. Diese Staatenbildung feuerte den Machtwettbewerb weiter an, denn alle Könige wussten: Die großen Fische fressen die kleinen. Das führte einerseits dazu, dass jeder König bestrebt war, seine Machtressourcen zu vergrößern. Andererseits war die Folge, dass die Könige sich durch Gesandtschaften und Bündnisverträge weiträumiger vernetzten, getreu dem Motto: Meines Feindes Feinde sind meine Freunde. Damit entstand ein nordindisches Staatensystem, in dem sich im 6. Jahrhundert sechzehn große Machteinheiten herausschälten. Eine von ihnen, das am mittleren Ganges gelegene Magadha, konnte schließlich dieses System zerstören, da es in der Akkumulation von Macht einen deutlichen Vorsprung gewonnen hatte. Magadha hatte nicht nur den Vorteil eines günstigen Zugangs zu Eisen, das sich jetzt für Waffen durchsetzte, und zu Kriegselefanten aus den nahen Wäldern. Es schritt auch auf dem Weg zur Bürokratisierung radikaler voran, indem es hinzugewonnene Gebiete nicht wie bei Klanstaaten oder Mandalastaaten integrierte, sondern die vorgefundenen Machthaber vertrieb und zu direkterer Verwaltung überging. So unterwarf Magadha Mitte des 4. Jahrhunderts v. Chr. unter der Nanda-Dynastie alle übrigen Staaten Nordindiens. Doch schon im späten 3. Jahrhundert schrumpfte die Macht Magadhas zunehmend wieder auf den Kernbereich ein, und die Mehrstaatlichkeit lebte in Nordindien wieder auf. Von 200 v. Chr. bis 320 n. Chr. war dann das Staatensystem konkurrierender Einzelstaaten für Nordindien Normalfall. Als Staaten auch in Zentral- und dann Südindien entstanden, begann diese Struktur sich auch dort herauszubilden. Dass die Shatavahana-Dynastie von der Gondvari-Flussebene in Zentralindien aus einen größeren Raum zusammenfasste (100 v. bis 220 n. Chr.), blieb untypisch. Angesichts der Größe Indiens und der naturgeografischen Trennlinien bildete sich kein gesamtindisches Staatensystem, vielmehr agierten die Staaten faktisch im Rahmen mehrerer Regionalsysteme.

Die Entwicklung des Staatensystems in Nordchina ähnelte zunächst den indischen Verhältnissen. Nachdem die Dshou-Dynastie 771 den größten Teil ihres direkten Herrschaftsbereichs verloren hatte, strebten die großen lehensabhängigen Klane nach immer mehr Macht, und ihre Herrschaft nahm ab 600 den Charakter früher Territorialstaaten an. Im Prozess ständiger kriegerischer Machtkonzentration schrumpfte ihre Zahl von rund 1000 aristokratischen Klanen (um 800) über 170 Staaten (um 600) auf sechzehn große (480) und schließlich nur noch sieben große Staaten (256 v. Chr.), neben denen etliche kleinere existierten. Auch hier bildete sich gegen 600 ein Staatensystem, indem die chinesischen Herrscherhöfe sich vernetzten; wie bei Griechen und Indern entstanden Gesandtschaften, aber noch keine ständigen Botschafter, ferner diplomatische Spielregeln und Bündnispolitik, um Mächtigere auszubalancieren. Die Bündnisse hatten oft hegemonialen Charakter. Es gab auch Konferenzdiplomatie, so z. B. 546 eine Abrüstungskonferenz aller großen Staaten. Auch hier trieb die Machtrivalität die Monarchen dazu an, immer mehr Machtmittel zu mobilisieren. Schließlich eroberte der am nordwestlichen Rand im Wei-Tal gelegene, erst halbchinesische[182] Staat Tjin zwischen 230 und 221 alle anderen chinesischen Staaten; er hatte einen Machtvorsprung erreicht, indem er früher und entschiedener als alle anderen den Weg von personalen Bindungen zur bürokratischen Ordnung beschritten hatte und über nennenswerte Eisenproduktion verfügte, welche für die sich jetzt durchsetzenden Eisenschwerter wichtig war. Sein König nannte sich ab jetzt Tjin sch' hwangdi, »Erster Gott-Herrscher von Tjin«, was bis 1911 der chinesische Kaisertitel blieb. Indem das Kaisertum sich für vier Jahrhunderte stabilisieren konnte, also wesentlich länger als Magadha, wurde der chinesische Einheitsstaat zum Ideal, das bis heute gilt. Die Idee der symmetrischen Integration in einem Staatensystem war in China für immer tot.

Schneller Aufstieg, langsames Wachstum

Wenden wir nun den Blick auf die vier Großstaaten. Diese waren von ganz anderer Dimension als alles Bisherige, schon an Einwohnerzahl und Heeresstärke. Erlebte die vorangegangene Epoche Heere von einigen Tausenden, so begegnen uns jetzt stehende Heere von 200 000 bis 300 000 Mann.[183] Von der Einwohnerzahl her waren die Großstaaten vergleichbar: Das persische Imperium besaß etwa 50 Millionen[184], ebenso Maurya-Indien[185], China bei der Volkszählung 2 n. Chr. 57,6 Millionen[186] und das Römische Reich zur selben Zeit 54 Millionen.[187] Nach Entstehungsweise, Dauer und innerer Struktur gab es zwischen ihnen indes beträchtliche Unterschiede.

Die monarchischen Großstaaten wurden alle in ein bis zwei Herrschergenerationen, also in wenigen Jahrzehnten zusammenerobert, getrieben vom unersättlichen Machtwillen einzelner Monarchen. Die entscheidende Expansionsphase des Perserreiches dauerte nur zwei Jahrzehnte, wobei allerdings die Meder einige Vorarbeit geleistet hatten. Den griechischen Angriff auf das Perserreich hatte schon Philipp II. von Makedonien geplant, nachdem er ein schlagkräftiges Heer aufgebaut und Griechenland unterworfen hatte, sein Sohn Alexander III. (der Große) setzte dieses ab 334 in die Tat um. Innerhalb von vier Jahren brach die Macht der persischen Dynastie zusammen, eine Folge der Schlachten von Issos und Gaugamela. So wie die Meder und Babylonien das Imperium von Aschschur übernommen hatten, ähnlich dann die Perser die Herrschaft der Meder und in Babylonien, so schlüpfte jetzt Alexander in die Herrscherrolle im nahöstlichen Imperium. Nachdem die Dynastie besiegt und die Hauptstadt erobert worden war, wandten sich die meisten Beamten und Regionalmachthaber jeweils rasch dem neuen Herrn zu. Maghada unterwarf unter der Nanda-Dynastie (362–321) ganz Nordindien; nachdem diese von den Mauryas gestürzt worden war, eroberten Chandragupta Maurya (321–293) und sein Sohn Bindusara (293–268) fast den ganzen übrigen

indischen Subkontinent mit Ausnahme des Südens. Nachdem die Tjin-
Dynastie schon einige Jahrzehnte zuvor das Rote Becken eingenommen
hatte, brauchte sie nur neun Jahre, um alle anderen chinesischen Staaten
zu überrennen.

Ganz anders das republikanische Rom; der Weg vom Stadtgemeindestaat zum Imperium war ein Prozess, der sich über vier Jahrhunderte hin-
streckte. Hier gab es auch keinen monarchischen Ehrgeiz als Triebkraft.
Vielmehr hatte die gemeinsam herrschende Elite eine starke Abneigung
gegen jede direkte Herrschaft; sie wusste, dass diese leicht eine Bürokratie
mit sich brachte, die dann ein Eigengewicht gegenüber dem Senat gewinnen konnte. So zog man hegemoniale Machtausübung der imperialen
Herrschaft vor. Nachdem die Etrusker 474 durch eine Niederlage deutlich
geschwächt worden waren, konnten die latinischen Städte sich aus deren
Macht lösen und schlossen sich zu einem Bund zusammen. 340–38 rang
Rom die anderen latinischen Städte nieder und integrierte ihre Bürger
als (fast) gleichberechtigt in den römischen Stadtgemeindestaat. In einer
Serie von Kriegen unterwarf Rom dann zwischen 326 und 272 alle übrigen Stämme und Stadtgemeindestaaten in Mittel- und Süditalien. Mit
jedem schloss Rom anschließend ein Verteidigungsbündnis, im republikanischen Geiste formal auf Basis der Gleichberechtigung, faktisch als Element römischer Hegemonie: Die Bundesgenossen mussten Truppen stellen, Rom den Oberbefehl überlassen und durften auch nicht austreten,
blieben aber darüber hinaus unbehelligt. Da weiterhin das Prinzip allgemeiner Wehrpflicht der männlichen Bürger galt, konnte Rom damit
225 v. Chr. im Bedarfsfall unter seinem Kommando bis zu 700 000 Fußsoldaten und 70 000 Reiter aufbieten[188], d. h. mehr als alle Staaten mit Berufsarmeen, weltweit übertroffen nur von der chinesischen Armee, die
ebenfalls auf bäuerlicher Aushebung beruhte.

Ausgelöst durch einen nebensächlichen lokalen Konflikt innerhalb Siziliens stieß Rom 264 v. Chr. mit Karthago zusammen. Einst als phönikische
Siedlung entstanden, hatte Karthago die Bindungen an die Heimatorte
inzwischen längst gelöst und im 6. Jahrhundert als Reaktion auf das
Vordringen der Griechen in Unteritalien und Sizilien die Westhälfte des
Mittelmeers weitgehend unter seine Kontrolle gebracht. Dieses war kein
patrimoniales Imperium, das Völker und Territorien zu kontrollieren
suchte, um Tribute für einen Herrscherhof einzutreiben, sondern ein Handelsreich, das aus einem Netz von Stützpunkten von Südspanien über
Marokko bis Tunesien und Westsizilien bestand und dazu diente, die Seeverbindungen im Interesse der kaufmännischen Oberschicht Karthagos
abzusichern, insbesondere die Griechen von diesen fernzuhalten. Es war
das erste dieser Art in der Weltgeschichte. Mit den römischen Bauern-
legionen und den karthagischen Flotten und Söldnertruppen trafen zwei
ungleiche Kontrahenten aufeinander. Nach 23-jährigem Ringen, dem ers-

ten römisch-karthagischen Krieg[189], musste Karthago 241 seine Niederlage eingestehen und Sizilien und wenig später auch Sardinien an Rom abtreten. Hier ließ Rom die Gleichheitsrhetorik fallen und organisierte die neu gewonnenen Gebiete offen als Beherrschungskolonie (»provincia«) mit einem römischen Statthalter und Tributpflicht, wobei die lokale Selbstverwaltung unangetastet blieb. Die Karthager suchten Ersatz, indem sie in Ostspanien nun ebenfalls eine Beherrschungskolonie aufbauten. Da die Römer gleichzeitig ihre Macht über Norditalien ausweiteten und ihre Fühler längs der südfranzösischen Küste vorstreckten, stießen beide Mächte erneut zusammen. Im zweiten römisch-karthagischen Kriegs (218–201) siegte Roms Durchhaltevermögen über Hannibals Feldherrenkunst. Karthagos Macht wurde auf Nordtunesien beschränkt und Rom zum Herrn des westlichen Mittelmeers.

Mit ihrem Streben, die den Karthagern abgenommene Beherrschungskolonie Spanien auf die Stämme im Hinterland zu erweitern, halsten die Römer sich einen jahrzehntelangen Kleinkrieg auf. Nicht zuletzt deshalb blieb der Appetit der römischen Eliten auf weitere Beherrschungskolonien gering. Die Bitten kleinerer hellenistischer Staaten um Hilfe gegen Makedonien und dann gegen den Seleukidenstaat ließen Rom zwar in drei Kriegen 200 bis 197, 191 bis 188 und 171 bis 168 im östlichen Mittelmeerraum eingreifen und deren Großmachtstellung zerstören, aber ohne dort anschließend direkt Verantwortung zu übernehmen. Mit gelegentlichen Eingriffen durch römische Gesandtschaften versuchte Rom eine Hegemonie über die machtlosen hellenistischen Staaten auszuüben. Die Raffgier der einströmenden römischen Händler und die aus den Machtlücken aufblühende Piraterie führten jedoch zu einer instabilen, teilweise chaotischen Situation, sodass Rom schließlich widerwillig auch im Osten direkte Beherrschungskolonien einrichtete, zuerst 146 Makedonien.

Rückblickend wirkt die Expansion der römischen Macht vom Stadtgemeindestaat zum Imperium wie ein konsequentes Fortschreiten, doch dahinter steckte kein imperialistischer Masterplan. Bei den zahlreichen Kriegsausbrüchen handelte es sich um eine Kette von Einzelentscheidungen, die mehr auf äußere Herausforderungen reagierten und von subjektivem Sicherheitsdenken getragen waren als von zielstrebigem Expansionswillen. Dass daraus trotzdem ein kumulativer Prozess wurde, lag daran, dass Rom zwar viele Schlachten verlor, aber die Kriege letztlich gewann. Was war das Geheimnis dieses Erfolgs? Es ist in der hohen Durchhaltefähigkeit der Römer zu suchen, und für diese gab es mehrere Gründe: das große Reservoir der mobilisierbaren Wehrpflichtigen, die hohe Disziplin der in autoritäre gesellschaftliche Strukturen eingebundenen Soldaten, das Interesse der Männer der aristokratischen Elite an Feldherrenruhm und der Mannschaften an Siedlungsland. Erst am Ende der Republik trat als neue Triebkraft das Interesse einzelner mächtiger Politiker hinzu, durch neue Provinzen Ressourcen zu gewinnen, um damit Anhänger und Soldaten für den Kampf gegen die Rivalen in Rom zu finanzieren.[190] So unternahm Pompeius 66–63 einen Feldzug im Osten und richtete in Westanatolien und Syrien Beherrschungskolonien ein, Caesar eroberte 58–51 ganz Gallien, Crassus scheiterte 53 v.Chr. mit dem Versuch, den Staat der Parther zu erobern. Rein ökonomische Motive nach Absatzmärkten oder Rohstoffquellen spielten keine Rolle.

Augustus setzte diese Expansionsversuche 29 v. bis 6 n.Chr. in die staaten- und städtelosen Gebiete im Norden fort: Die Römer eroberten den Nordbalkan- und Alpenraum bis zur Donau, den sie trotz des dalmatisch-pannonischen Aufstands 6–8 halten konnten, sie besetzten Germanien zwischen Rhein und Elbe, das sie bei dem anschließenden Aufstand aber wieder aufgaben, und sie versuchten Tschechien zu erobern, was abgebrochen werden musste. Seit dem Eingreifen des Pompeius wurden die verbliebenen hellenistischen Staaten im östlichen Mittelmeerraum zu »Freunden« (»amici«) Roms erklärt, dann auch jene in Nordwestafrika und Britannien. Diese »Freunde« waren formal unabhängig, mussten jedoch Truppen stellen und mit Eingriffen der Römer in die Thronfolge rechnen. Bis 70 n.Chr. wandelten die Römer diese Klientelstaaten fast alle in Beherrschungskolonien um, womit die Hegemonialzone zugunsten des Imperiums verschwand.[191]

Was machte Großstaaten dauerhaft?

Dauer und Stabilität der Großstaaten waren höchst unterschiedlich, wie rasch erkennbar ist. Am flüchtigsten war das »Alexanderreich«, eigentlich weniger ein Staat als ein gewaltiger, elfjähriger Abenteuerzug bis in ferne Regionen, von denen viele den Griechen bislang völlig unbekannt waren. Zum Regieren ist Alexander gar nicht gekommen. Seine Idee, aus persischen Aristokraten und seinen griechischen Offizieren eine neue Herrenschicht zu formen, war durchaus nicht ohne Perspektive; ähnlich hatten es die Perser auch gemacht, als sie das Mederreich übernommen hatten. Nicht nationale Aufstände zerrissen das Reich nach Alexanders Tod, sondern der Streit seiner Generäle, da ein handlungsfähiger Thronfolger fehlte. Auch Magadhas Imperium hielt nicht sehr lange; es erreichte unter Ashoka (268–233) den Gipfel der Macht, bröckelte aber nach dessen Tod rasch ab und schrumpfte wieder auf seinen Kernbereich ein. Das Perserimperium dauerte dagegen 220 Jahre an. In China wurde zwar die Tjin-Dynastie schon 202 v.Chr. von der Han-Dynastie gestürzt, aber unter dieser blieb das Land sogar fast vierhundert Jahre zusammen. Erst ein Bauernaufstand, verursacht durch zunehmende Verelendung der Bauern und akute Überschwemmungskatastrophen, erschütterte 184 n.Chr. ihre

Macht, die sie dann weitgehend an die zur Niederschlagung eingesetzten Generale verlor. Der mächtigste stürzte 220 n. Chr. die Han-Dynastie und gründete eine eigene. Dabei verselbstständigten sich das Rote Becken und der Jangtseraum vorübergehend als zwei eigenständige Königreiche, beides dünn besiedelte Randgebiete, bis sie 263 bzw. 280 wieder eingegliedert wurden. Das Römische Reich schließlich, seit 31 v. Chr. monarchisch regiert, bestand trotz aller Dynastiewechsel und Militärputsche bis zur Teilung 395 n. Chr., ohne dass jemand seine Einheit infrage gestellt hätte.[192] Während die Kaisermacht im Westteil dann wenige Jahrzehnte später zusammenbrach, existierte das Ostreich noch jahrhundertelang weiter, in seinen letzten Resten bis 1453.

　　Wie sind diese Unterschiede zu erklären? Nicht alles, was auf unseren Geschichtskarten als große Farbfläche erscheint, war ein patrimoniales Imperium. Die Mauryas kontrollierten in ihrem patrimonialen Imperium nur die östliche Gangesebene direkt durch bürokratische Verwaltung, und auch diese war ohne Schrift.[193] Im übrigen Nordindien herrschten sie indirekt über weiter bestehende Könige und Fürsten, Republiken und Stämme und nach Süden nur noch über Häuptlingstümer und andere Stämme; sie alle hatten Tribute zu liefern, blieben ansonsten aber autonom. Überdies war das Ganze durchsetzt mit Gebieten unbesiegter Waldstämme. Ashoka förderte den Aufbau eines Netzes buddhistischer Klöster, das der Zentrale in Ermangelung einer Bürokratie Verbindungen ins Land verschaffen sollte.[194] Doch die Intensität der Machtvernetzung blieb im größten Teil des Imperiums gering, besonders zum wenig entwickelten Süden. Es wirkt beinahe mehr wie ein überdimensionierter Mandalastaat, und die Dauer war entsprechend kurz.[195]

　　Auch das patrimoniale Imperium der Perser war heterogen, schon von der Naturgeografie her, wies aber verglichen mit den Mauryas wesentlich größere Teile auf, in denen staatliche Machtverhältnisse seit Langem selbstverständlich waren. In Babylonien, Ägypten und Lydien (westliches Kleinasien), also den Kernräumen von Bevölkerung und Wirtschaft, trat der Perserkönig an die Stelle der bisherigen Dynastien und übernahm den bestehenden Verwaltungsapparat. In den meisten übrigen Gebieten blieben unterhalb der zwanzig Satrapen (Provinzgouverneure) die bisherigen Monarchen, Häuptlinge und autonomen Städte bestehen, und dünn besiedelte Bergregionen und Halbwüsten waren weitgehend unkontrolliert. Anknüpfend an Vorbilder des Imperiums von Aschschur bauten die Perser ein gepflastertes, also allwettertaugliches Fernstraßennetz auf, ferner eine berittene Post (nur für den Verwaltungsbedarf) und einen Nachrichtendienst zur Information des Herrschers, um das Imperium zusammenzuhalten. Die höchsten Hof- und Verwaltungsämter und die Offiziere des stehenden Heeres wurden nur aus Persern und Medern rekrutiert, die übrigen Eliten hatten hier keinen Zugang. Trotzdem akzeptierten diese die persische Herrschaft weitgehend. Am wenigsten war das in Ägypten der Fall, wo es die meisten Aufstände gab (522/21, 486/85, 460−54, 404−343), die aber letztlich ebenso niedergeworfen wurden wie alle anderen (vor allem Babylonien 522/21, 484−81, 479, griechische Städte an der Westküste Kleinasiens 499−94, Phönikien und Kleinasien 351). Der Königshof in Susa bzw. Persepolis (Südwestiran) forderte zwar jährliche Tributleistungen in Geld oder Naturalien, bot aber Frieden und Ordnung und ließ Kulte, Bräuche und Sprachen der Beherrschten unangetastet, um diese nicht gegen sich aufzubringen. So war die persische Herrschaft durchaus dauerhaft und ohne Verfallstendenzen.[196]

Kein Volk hatte die Römer eingeladen, über sie zu herrschen, aber trotzdem gab es ab dem Beginn der Kaiserzeit kaum mehr Aufstände gegen die römische Herrschaft. Auch die Römer nutzten den Aufbau von Fernstraßen und eines Postnetzes für staatlichen Bedarf als Herrschaftsinstrumente. Ferner legten sie als Machtstützpunkte zunächst in Italien und dann auch darüber hinaus in Afrika und dem Westen Siedlungskolonien an, wo ehemalige Soldaten und arme Römer Land erhielten. Doch das Geheimnis der römischen Stabilität lag darin, dass die Römer anders als andere Imperien oder hegemonialen Bündnisse die Eliten der Unterworfenen nicht einfach ruhig stellten und dabei in der Rolle der Unterworfenen ließen, sondern sie schrittweise als gleichberechtigt integrierten.[197] Nachdem die mittel- und süditalienischen Bundesgenossen viele Jahrzehnte die Kriegslasten an der Seite der Römer mitgetragen hatten, wandten sie sich mit einem Aufstand gegen ihre untergeordnete Stellung, worauf die Römer ihnen 90 v. Chr. das volle römische Bürgerrecht zugestanden. Im Laufe des 1. und 2. Jahrhunderts n. Chr. wurde das römische Bürgerrecht an immer mehr loyale Angehörige lokaler Eliten, an ganze Städte und an Soldaten nach der Entlassung aus dem Heeresdienst verliehen. Männer aus den Provinzen machten im Militär Karriere, fanden Eingang in den Senatorenstand und ab 98 n. Chr. auch zum Kaisertum. Schließlich erhielt 212 n. Chr. die ganze freie Bevölkerung das römische Bürgerrecht. Die Tausendjahrfeier Roms 249 n. Chr. erfolgte unter einem Kaiser, der Sohn eines arabischen Scheichs war. Die räumliche Machtasymmetrie eines hegemonialen Bündnisses und Imperiums, in dem die Eliten Roms über Eliten anderer Regionen herrschten und in dem zeitweise autonome Dynastien einer gleichmäßigen Erfassung des Territoriums im Wege standen, wurde also schrittweise abgebaut, sodass ein Territorialstaat entstand, und eben das schuf Dauerhaftigkeit.

Das galt noch viel mehr für China. Als der Herrscher von Tjin in China einen Großstaat und das Kaisertum gründete, war dieses von vornherein kein Imperium. Er ließ die Herrscher und Minister der eroberten Staaten umbringen und versuchte sein ganzes Herrschaftsgebiet einheitlich zu verwalten, in dem schon vorher überall teilbürokratische Strukturen entstanden waren. Dazu wurde das Gesamtgebiet in 36 Provinzen und über 1000 Kreise eingeteilt. Schrift, Münzen, Maße und Gewichte wurden vereinheitlicht. Aus allen Regionen bestand der gleiche Zugang zu Beamtenstellen.

Der imperiale Rand

Da die Großstaaten nicht Teil eines Staatensystems waren, sich also auch nicht von anderen gleichartigen Staaten umgeben sahen, andererseits ihre Expansion aber auch nicht endlos sein konnte, wiesen sie alle einen Rand auf, jenseits dessen andersartige, im Allgemeinen weniger differenzierte Machtbeziehungen bestanden. Diesen zumeist »barbarischen« Gebieten gegenüber gab es vier Strategien: 1. konnte man sie erobern und in das eigene Herrschaftsgebiet integrieren, 2. konnte man zu ihnen Beziehungen unterhalten, welche sie unabhängig ließen, aber die eigene Dominanz widerspiegelten, 3. konnte man sich durch Schutzwall oder -mauer gegen äußere Bedrohungen abgrenzen und 4. konnte man alles, was weit genug entfernt lag, einfach ignorieren. Welche dieser Strategien Erfolg versprach, hing wesentlich von der Struktur der »barbarischen« Umgebung ab. Agrargesellschaften, die als Staaten oder zumindest komplexe Häuptlingstümer organisiert waren, konnte man unterwerfen oder zu ihnen asymmetrische Beziehungen unterhalten. Problematischer waren dünn besiedelte Agrargesellschaften, die noch nicht so weit entwickelt waren. Hier liefen Eroberungsversuche oft ins Leere, weil die »Barbaren« in Wälder, Sümpfe oder Gebirge auswichen, und hatte man die einen vernichtet, rückten andere Gruppen nach. Stämme spalteten sich und gruppierten sich neu, sie hatten keine dauerhafte Führung, und so gab es keine ausdifferenzierten Machtstrukturen, die als Unterbau eigener imperialer Herrschaft oder als Partner anderer Beziehungen hätten dienen können. Am schwierigsten war der Umgang mit berittenen Nomaden, staatlich wie nichtstaatlich organisierten, da diese überraschend angreifen und schnell wieder ausweichen konnten, was die schwerfälligen Infanteriearmeen vor unlösbare Aufgaben stellte.

Das Perserreich hatte alle angrenzenden agrargesellschaftlichen Staaten unterworfen, ausgenommen die griechischen an seinem Westrand. Die beiden Griechenlandfeldzüge scheiterten, der von 490 in der Schlacht von Marathon, der von 480 in der Seeschlacht von Salamis. Der anschließende Kleinkrieg der Jahre 479–49 brachte keine nennenswerte Machtverschiebung. Dabei mag eine Rolle gespielt haben, dass hier der Seekrieg bedeutsam war. Nichtsdestoweniger begannen persische Propaganda und Bestechungsgelder in der Folgezeit zunehmend die Konflikte im griechischen Staatensystem zu beeinflussen. Ansonsten war rund ums Perserreich

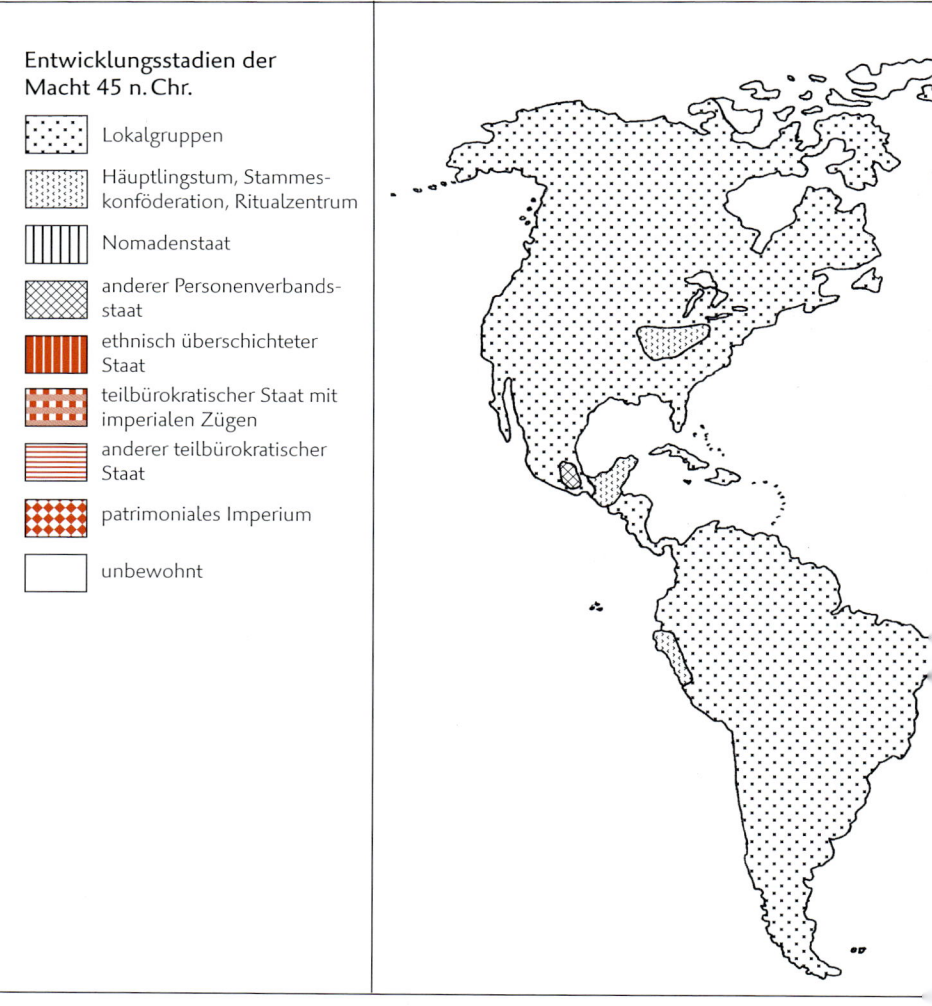

Entwicklungsstadien der
Macht 45 n. Chr.

- Lokalgruppen
- Häuptlingstum, Stammes-konföderation, Ritualzentrum
- Nomadenstaat
- anderer Personenverbands-staat
- ethnisch überschichteter Staat
- teilbürokratischer Staat mit imperialen Zügen
- anderer teilbürokratischer Staat
- patrimoniales Imperium
- unbewohnt

Steppe, Wüste und Meer, vom Indus abgesehen. Ein Feldzug gegen die no-madischen Skythen in der Ukraine war 512 gescheitert.

Der römische Herrschaftsbereich dehnte sich seit der Eroberung Britanniens (ab 43 n. Chr.) fast nicht mehr weiter aus. In seinem Umkreis waren keine Staaten übrig geblieben, ausgenommen jener der Parther im Osten (und Armenien als Zankapfel dazwischen sowie der Bosperanische Staat am Norden des Schwarzen Meeres als Puffer gegen die Skythen). Römer und Parther mussten sich als gleichrangig anerkennen, pflegten aber kaum Kontakte, misstrauten einander und bekriegten sich wiederholt. In Nordafrika vor allem im Atlasgebirge und in Tripolis sowie zur Arabischen Wüste hin grenzten Nomadenstämme an, hinter der Nord-

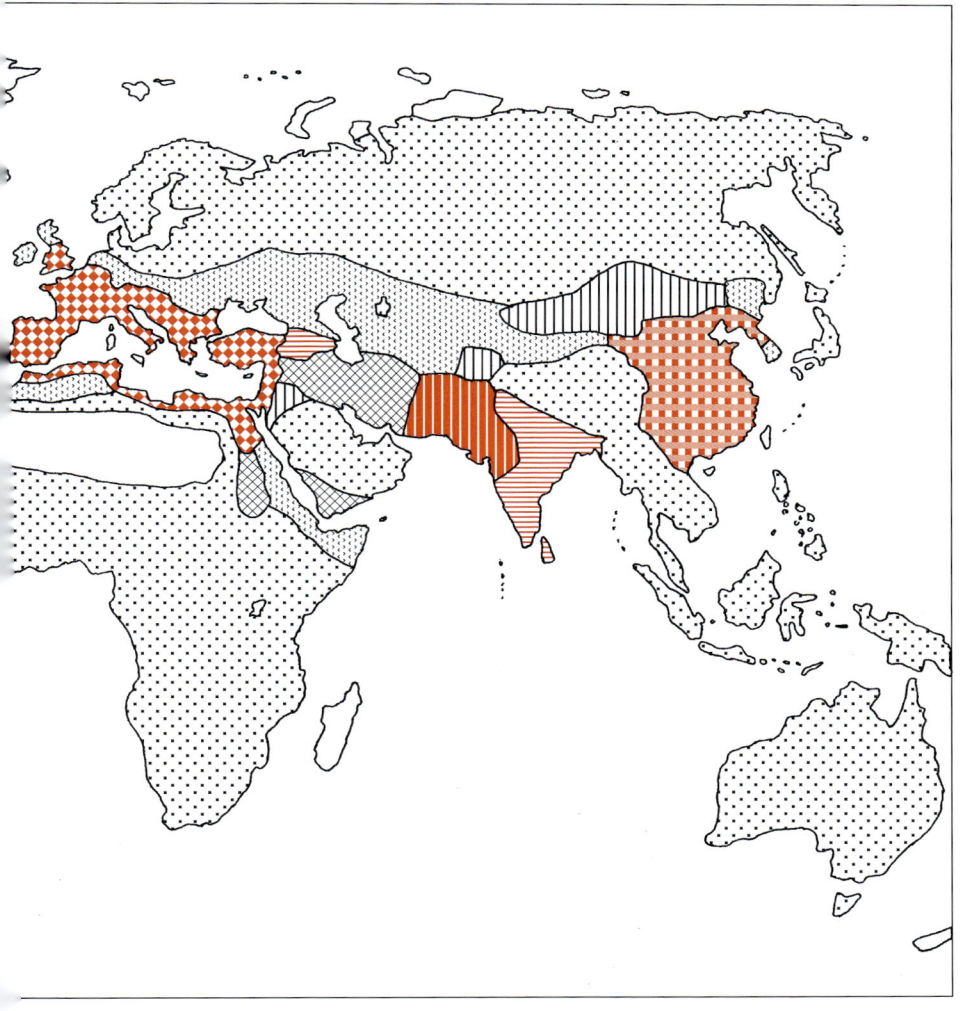

grenze lebten Stämme einfacher Agrargesellschaften, ansonsten umgaben Meer und Wüste das Imperium. Da die Römer diese Stämme nicht beherrschen konnten, bauten sie ab 90 n. Chr. ihre Verteidigungslinie aus. Sie bestand aus einer Kette von Truppenstützpunkten hinter Rhein und Donau von der Nordsee bis zum Schwarzen Meer, in Nordwestafrika und am Rand zur Arabischen Wüste, ferner dem Limes in Gestalt von Mauer oder Wall in der Lücke zwischen den beiden germanischen Flüssen sowie an der Nordgrenze Britanniens.

Um das Vorfeld im Norden, in Nordwestafrika und Arabien hegemonial zu beeinflussen, versuchten die römischen Kaiser die Stämme gegeneinander auszuspielen und Häuptlinge mit Geldzahlungen und Waffenlieferungen romfreundlich zu halten. Während Augustus die aristokratischen Stammesgesellschaften der Germanen wegen ihres geringen Entwicklungsstandes noch nicht unter dauerhafte Kontrolle bringen konnte, veränderten die grenznahen Germanen sich in den folgenden drei Jahrhunderten unter dem Einfluss der Römer[198], ohne dass Letztere diesen Wandel bemerkten.[199] Der Kontakt mit den Römern, auch durch Söldnerdienst im römischen Heer, führte zu einem Transfer von römischer Waffentechnik: hatten die Germanen zur Zeit Caesars noch mit bloßem Oberkörper, zu Fuß und weitgehend mit Holzspeeren gekämpft, so fanden im Laufe der Zeit Eisenwaffen und Kettenhemden, Reiterei und schließlich Mitte des 4. Jahrhunderts Belagerungstechnik für Städte bei den Germanen Eingang. So wurden sie allmählich den römischen Truppen ebenbürtig. Durch römische Geldzahlungen, Handel und Raubzüge von Aristokraten mit ihren Gefolgschaftskriegern hatten diese auch verstärkt Ressourcen in den Händen, mit denen sie wiederum ihre Gefolgschaften vergrößern konnten. So bildeten sich Häuptlingstümer und komplexe Häuptlingstümer heraus, und im 3. Jahrhundert schlossen sich etliche davon zu Stammeskonföderationen zusammen: die Franken am Niederrhein, die Alemannen zwischen Oberrhein und Donau, die Sachsen an der Nordsee. Mit den Vandalen in Ungarn und den Goten in der Ukraine bildeten sich hier aus komplexen Häuptlingstümern durch Anlagerung weiterer Stämme ebenfalls Großverbände. Damit waren neue Machtverhältnisse entstanden. Seit 233 fielen einige Jahrzehnte lang immer wieder Germanen tief ins Römische Reich ein, nicht um zu erobern, sondern um Beute zu machen, bis die Römer Anfang des 4. Jahrhunderts nach einer Heeresreform die Front einigermaßen stabilisieren konnten.

Während die Germanen also für die Römer zunehmend ein Problem wurden, hatten Letztere immerhin das Glück, dass die Nomadenzonen am Rand ihres Imperiums nur schmal waren. Das sah für die Chinesen schlechter aus: Der chinesische Großstaat war praktisch von Anfang damit konfrontiert, dass sich an seinem Nordrand der Nomadenstaat der Ssjungnü befand, der sich trotz wiederholter Feldzüge nicht unterwerfen ließ und eine ständige Bedrohung darstellte. So blieb der chinesischen Führung nichts anderes übrig, als hier auf die Politik der »Großen Mauer« zu setzen, die seitdem jahrhundertelang wiederholt weiter ausgebaut wurde. Nach dem kurzfristigen Vorstoß von Tjin sch' hwangdi nach Süden blieb die seit 202 v. Chr. regierende Han-Dynastie überhaupt jahrzehntelang defensiv darauf bedacht, das Bestehende zu sichern.

In dieser Konstellation entwickelte der Kaiserhof für die Beziehungen zu nichtchinesischen Mächten eine außenpolitische Ordnungsvorstellung, die dann bis 1860 maßgeblich bleiben sollte.[200] Sie knüpfte an die Beziehungen des Personenverbands der Schang-Dynastie an. Der Kaiser erwartete, von allen nichtchinesischen Machthabern als einziger vom Himmel autorisierter Herrscher, als Vermittler zwischen Kosmos und Menschheit anerkannt zu werden, neben dem es keine weiteren geben konnte. Dazu sollten sie Gesandtschaften an seinen Hof schickten (nie andersherum!), die ihm »Tribute« brachten und das Verehrungsritual vollzogen. Im Gegenzug durften sie »Geschenke« mit nach Hause nehmen, und ihre Entsender bekamen teilweise Titel und legitimierende Symbole verliehen, z. B. Siegel. Die chinesische Machtelite strebte an, die als Ausdruck der zivilisierten Menschheit angesehene chinesische Kultur auch den »Barbaren« zu vermitteln. In einer Zeit intensiverer Machtnetzwerke teilbürokratischen und bürokratischen Charakters konnten solche personalen Beziehungen aber keine relevanten Abhängigkeiten mehr schaffen. Während die Hegemonialbeziehungen der Athener und Römer danach strebten, reale Asymmetrien der Macht rhetorisch zu verdecken, bedeutete das sogenannte »Tributsystem« Chinas eine Dominanzrhetorik des Kaisers, der oft keine reale Machtstellung entsprach. Die »Geschenke« des Kaisers an die Ssjungnü und später zeitweise auch andere Nomadenstaaten in Form von Seide, Lack- und Jadearbeiten bedeuteten faktisch, sich mit großem materiellem Aufwand Frieden zu erkaufen.

Unter Kaiser Wudi griff China dann von 128 bis 87 v. Chr. erobernd aus, nach Süden bis einschließlich Perlflussdelta, Nordvietnam und Jünnan, nach Norden unterwarf es die Südmandschurei und Nordkorea, nach Nordwesten brachte es den Ostausläufer der Seidenstraße unter Kontrolle. Die dort existierenden Staaten wurden zerstört. Indem China hierdurch Herrschaft über große Gebiete mit nichtchinesischer Bevölkerung errichtete und dort bestehende Häuptlingstümer nach dem »Tributsystem« integrierte, gewann es imperiale Züge. Das äußerte sich auch wiederholt in regionalen Aufständen. Im Unterschied zum Imperium der Römer hatten die Chinesen aber langfristig einen Bevölkerungsüberschuss, und so strömten in die von der Großen Ebene nach Süden hin gelegenen, durchweg nur sehr dünn besiedelten Gebiete nicht nur chinesische Soldaten und Beamte, sondern langfristig auch zunehmend bäuerliche Siedler ein. Der dadurch bewirkte Sinisierungsprozess führte zu einer dauerhaften politischen Integration. Die Herrschaftsstrukturen wurden hier schrittweise der normalen Verwaltungsstruktur Chinas angeglichen. Dagegen mussten Versuche, an der Nordgrenze die Nomaden durch bäuerliche Siedlungen zurückzudrängen, an der ökologisch gegebenen Trockengrenze des Ackerbaus weitgehend scheitern.

Die eurasische Steppenzone gehörte im weiteren Sinne zum Randbereich aller drei demografisch-wirtschaftlichen Kernräume. Die Nomaden lebten dort in einem Ökosystem, in dem der Niederschlag von Jahr zu Jahr sehr stark schwanken konnte, und Dürren ebenso wie schneereiche Winter vermochten die Viehherden in kurzer Zeit auf die Hälfte zu reduzieren. Auch mächtig werdende, besonders staatenbildende Nachbarn konnten für die freiheitsliebenden Nomaden Stress bedeuten. Da die berittenen Nomaden äußerst mobil waren, reagierten sie bei Problemdruck teilweise damit, in neue Räume auszuweichen, was wiederum die dort lebenden Nomaden unter Druck setzte. Auf diese Weise war ein weiträumiger Dominoeffekt möglich, der durch große Teile der Steppe lief, was in dieser Epoche zum ersten Mal geschah. Der Weg von den zentralasiatischen Steppen, deren Nomadenstämme in dieser Zeit indoeuropäischer Herkunft waren, über Afghanistan wurde überdies zum Einfalltor in Agrargesellschaften. Dabei geschah es jetzt zum ersten Mal, dass nomadische Stämme staatlich organisierte frühurbane Agrargesellschaften als Herrenschicht überlagerten und damit einen ethnisch überschichteten Staat gründeten. Solche Staaten veränderten sich meist bald, und zwar in unterschiedlicher Weise.

Die Seleukiden versuchten Druck auf die Nomaden südöstlich des Aralsees auszuüben, indem sie ihnen Handelskontakte verweigerten. Das löste in der Steppe Wanderungsbewegungen aus, wobei die Sarmaten die Skythen in der Ukraine verdrängten, ebenso wie Raubzüge in den Iran. Schließlich setzte sich ein Nomadenstamm in Nordostiran fest und gründete dort 247 v. Chr. unter der Dynastie der Arsakiden den Staat der Parther. Mitte des 2. Jahrhunderts v. Chr. eroberte er den ganzen Iran und Mesopotamien und verdrängte den Seleukidenstaat. Im aristokratischen Personenverbandsstaat der Parther[201] herrschte eine ritterlich lebende Adelsschicht ehemaliger Nomaden, die jetzt als erbliche Grundherren von Abgaben der Landbevölkerung lebte und im Kriegsfall den Kern des Aufgebotsheeres bildete. Um Einfällen von Steppenreitern gewachsen zu sein, erfanden die Parther die Eisenrüstung für Reiterkrieger, die im 3. Jahrhundert n. Chr. von den Römern und später von Arabern und Europäern übernommen wurde. Als 224 n. Chr. ein Teilfürst die Arsakiden vertrieb und an ihrer Stelle die Dynastie der Sasaniden gründete, änderte sich an dem weitgehend personalen, noch kaum bürokratischen Machtnetzwerk nichts Wesentliches.

Im Osten vertrieben die Ssjungnü 170 v. Chr. den Nomadenstamm der Jüä dsh' aus Gansu, worauf diese nach Westen wanderten und nun ihrerseits die nomadischen Saken aus dem Tianschangebiet verdrängten. Letztere etablierten sich daraufhin in Pakistan als Herrenschicht und gründeten dort einen ethnisch überschichteten Staat. Einige Jahrzehnte später machten sich die erneut vertriebenen Jüä dsh' auch hier breit und errichteten kurz nach der Zeitenwende unter dem Häuptling der Kushanas einen ethnisch überschichteten Staat, der sich über Pakistan, Afghanistan und weit nach Zentralasien hinein erstreckte. Die eingewanderte Herrenschicht übernahm, wie schon zuvor die Saken, zunehmend Sprachen, Schrift und manche bürokratische Verfahren der unterworfenen agrargesellschaftlichen Bevölkerung. 240 n. Chr. zerfielen die Kushanas nach Angriffen der Sasaniden in etliche Fürstentümer.

Republiken oder Despoten?

Nicht selten gingen Herrscher so weit, die eigenen Brüder und andere enge Verwandte umzubringen, damit diese ihnen den Thron nicht streitig machen konnten, so z.B. bei den Persern,[202] der Nanda-Dynastie Magadhas,[203] Alexander III. von Makedonien[204] und den Sasaniden.[205] Der gnadenlosen Machtgier einzelner Herrscher standen jene aristokratischen Kreise gegenüber, die stärker kooperativ entscheiden wollten. Das Verhältnis dieser beiden Kräfte variierte. Im Nahen Osten setzte sich die Tradition von Monarchien bürokratischer Staaten ungebrochen fort, in Nordchina entstand die teilbürokratische Monarchie. In Nordindien und im Mittelmeerraum traten hingegen Republiken ebenso wie Monarchien auf, wobei Letztere auf Dauer obsiegten. Das wirkt über die Jahrhunderte nach bis in die Gegenwart hinein. Im Nahen Osten lebt der Geist monarchisch-diktatorischer Führung bis heute kräftig weiter, ebenso in China die hierarchische Tradition patriarchalischer Obrigkeit, verbunden mit der Rolle autoritärer Familienverbände. In Indien sind die Republiken ohne Erinnerung verschwunden, während das römische (und griechische) Modell der Republik, der Sicherung des Individuums gegen Machtmissbrauch in Europa durch die Jahrhunderte latent vorhanden blieb.

Wie ist es zu dieser Pluralität der Pfade gekommen? Warum sind alle Republiken dieser Epoche letztlich gescheitert? Zwei Sachverhalte waren hierfür letztlich entscheidend. Bei Monarchien ebenso wie bei Republiken spielte die Organisation der Streitkräfte eine Schlüsselrolle, denn das Militär machte den zentralen Bereich vorindustrieller Staaten aus. Außerdem war der Trend zur Integration größerer Räume für die Republiken fatal; während Monarchien durch den Einsatz beauftragter Beamter weite Gebiete kontrollieren konnten, erforderten die Republiken, dass alle, die mitbestimmten, sich auch koordinieren konnten. Das blieb lange daran gebunden, sich persönlich zu gemeinsamer Debatte und Beschlussfassung zu treffen, und war entsprechend räumlich begrenzt. Erst mit der Erfindung von Beauftragten kooperativer Machtausübung, also dem Repräsentationsprinzip, und einer durch Buchdruck vermittelten politischen Öffentlichkeit eröffneten sich später Perspektiven, dieses Hemmnis zu überwinden.

In Mesopotamien und Ägypten waren in der vorangegangenen Epoche Traditionen monarchischer Herrschaft entstanden, die sich als enorm zählebig erwiesen. Der große Herrscherpalast mit Harem, die Legitimierung des Herrschers als Vertreter der Götter, seine kultische Verehrung durch Opfer und Gebet, das Hofzeremoniell und die bürokratischen Verwaltungsstrukturen, das alles wurde von Medern und Persern, Alexander, Ptolemäern und Seleukiden weitgehend übernommen und nur mit geringen Beimischungen persischer und griechischer Traditionen modifiziert.

In der griechischen Welt (und Rom) waren Staaten hingegen als städtisch geprägte Republiken und als ländliche Monarchien entstanden, hinzu kamen die Stämme mit mehreren Klein-Poleis. Vor allem die Republiken verdienen näher betrachtet zu werden. In ihren Anfängen als Personenverbände, die man angesichts ihrer geringen Institutionalisierung kaum als frühe Republiken bezeichnen kann, waren die Aristokraten dominant: Sie bildeten als Reiterkrieger das Heer und stritten in der Schlacht als heldenhafte Einzelkämpfer, und die Oberhäupter der Adelsfamilien berieten gemeinsam im Ältestenrat. Bäuerliches Gefolge spielte im Krieg keine nennenswerte Rolle und hatte dementsprechend in der Volks(= Heeres-)versammlung nichts zu sagen. Die ständigen Rivalitäten zwischen den griechischen Republiken führten nun zu dem Streben, für den Krieg mehr Kämpfer zu mobilisieren. So kam die geschlossene Kampfformation aus Fußsoldaten auf, die Phalanx, Mitte des 7. Jahrhunderts im küstennahen Griechenland, Anfang des 5. Jahrhunderts in Rom. Die Kleinbesitzer, also Bauern und Handwerker, die wohlhabend genug waren, sich mit Lanze, Schild und Bronzerüstung selbst auszurüsten, bildeten als Hopliten in mehreren hintereinander marschierenden, dichtgepackten Reihen einen festen Block. In dessen gemeinsame Bewegung ordneten die Krieger sich diszipliniert ein, sodass die Wucht dieser Formation adligen Einzelkämpfern überlegen war. Wer im Krieg seinen Kopf hinhalten musste, forderte jetzt aber auch politische Mitspracherechte. Daraus entstand in Griechenland in den Jahrzehnten um 600 der Stadtgemeindestaat, in dem alle Männer mit Bürgerrecht als Bürger mit Rechten und Pflichten in den Staat integriert und in dem politische Institutionen ausdifferenziert waren. Diese Bürger waren überwiegend außerhalb der städtischen Mittelpunktssiedlung wohnende Bauern (Ausländer, Sklaven und Frauen blieben außen vor). Der Weg zu dieser Ordnung und die konkrete institutionelle Ausgestaltung variierten von Polis zu Polis; stets kam es zu einem Machtkompromiss zwischen großgrundbesitzenden Aristokraten und Mittelschicht.[206] Die griechischen Stadtgemeindestaaten wurden im 5. und 4. Jahrhundert v. Chr. immer wieder von Machtkämpfen zwischen Aristokraten und der Masse der Bürger erschüttert.

Der Stadtgemeindestaat lebte im Wesentlichen von der unmittelbaren Leistung seiner Bürger, und zwar als Kriegsdienst aller und als Stiftung der Reichen für öffentliche Bauten, Feste und Kriegsschiffe. Dementsprechend forderte er von ihnen keine regelmäßigen direkten Steuern auf Besitz oder Einkommen. Ein stehendes Heer war also nicht ausdifferenziert, aber es waren mehrere Ratsgremien, Verwaltungsämter und regelmäßige Volksversammlungen institutionalisiert, wobei die Befugnisse der öffentlichen Ämter deutlich vom Inhaber als Privatperson differenziert wurden. Nun erwuchsen Bürokratien mit bezahlten Amtsträgern in der Geschichte stets aus den Gehilfen der Monarchen; dagegen versuchten die aristokratischen Führungsschichten der Stadtgemeindestaaten von Anfang an, denkbare autonome Machtpositionen zu verhindern und den Staat selbst zu regieren. So beschlossen sie Grundlegendes möglichst im Ältestenrat gemeinsam und bedienten sich im Übrigen Wahlbeamter aus ihren Kreisen, die stets auf ein Jahr befristet und unbesoldet waren. Formal entwickelten sich die meisten Stadtgemeindestaaten im Laufe der Zeit zu einer »Demokratie« im Sinne gleichen Wahlrechts für alle Bürger, aber das veränderte nicht die weitgehend aristokratische Führung. Auch wenn die Beamten im Regelfall von der Volksversammlung gewählt wurden, hatten doch nur Reiche Zeit, sich anstatt dem täglichen Broterwerb solchen Ämtern zu widmen. Als Parteien organisierte Interessenvertretungen der Masse gab es nicht, und die nur gelegentlich tagende Volksversammlung segnete meist die von den politischen Führern vorgelegten Vorschläge ab.[207] Um die Position der einfachen Leute gegenüber der Willkür der Aristokraten zu sichern, wurden in einigen Republiken aus dem tradierten Brauchtum wichtige Regelungen als schriftlich fixierte Gesetze ausdifferenziert. Religiöser Kult, vollzogen durch städtische Beamte, und gemeinsame Feste dienten dazu, die Bürger des Stadtgemeindestaates zu integrieren. Herrschaft legitimierte sich nicht durch Berufung auf die Götter, sondern war sichtbar ein delegiertes Amt und zugleich umkämpft. Das führte dazu, dass man intensiv und auch kontrovers über Fragen von Macht und Herrschaft nachdachte sowie über mögliche Alternativmodelle der politischen Ordnung, was letztlich den Weg zur Staatstheorie bereitete.

Dieser Stadtgemeindestaat konnte durch mehrere Entwicklungen von innen heraus infrage gestellt werden: Wo die armen Bürger, die sich keine Kriegsausrüstung leisten konnten, als Besatzung der Kriegsschiffe wichtig wurden, verschob sich die Macht nach unten, was zur direkten Demokratie führte; wo man zum stehenden Heer überging, verschob sich die Macht zu dessen Befehlshaber, sodass Alleinherrschaft möglich wurde. In Stämmen mit etlichen kleinen Poleis konnten Bundesstaaten entstehen. Drei Fälle, deren Entwicklung vom normalen Stadtgemeindestaat wegführte, sind besonders bemerkenswert: die Großpolis Athen, die überhaupt die einwohnerstärkste griechische Polis war, die Bundesstaaten und Rom.

In Athen markierte eine Reihe institutioneller Innovationen den Weg zur direkten Demokratie. 624 wurden Gesetze fixiert und damit auch die Blutrache der Sippen überwunden. Der Übergang zur Hoplitenphalanx stürzte die aristokratische frühe Republik in eine Krise, und diese wurde dadurch verschärft, dass die beginnende Geldwirtschaft viele Bauern in die Überschuldung lockte. Dadurch an den Rand des Bürgerkriegs geraten, bedeutete Solons Reform 594 für Athen den Schritt zum Stadtgemeindestaat. Der Ältestenrat (Areopag) verlor das Machtmonopol, indem daneben ein neues Ratsgremium geschaffen wurde, und alle Bürger erhielten das Recht, Beamte zu wählen und Ämter zu bekleiden, und zwar abgestuft nach vier Einkommensklassen entsprechend dem Gewicht ihrer Kriegsdienstleistung. In Athen trieb die Entwicklung aber darüber hinaus. 507 veränderte Kleisthenes die Gliederung der Volksversammlung, wodurch die Bürger aus dem Einfluss adliger Klientelbeziehungen gelöst wurden; das trug momentan ihm selbst viel Gefolgschaft ein, verringerte mittelfristig aber Adelseinfluss überhaupt. Letzteres wurde forciert, als man bald dazu überging, alle Ämter anstatt durch Wahl durch Losentscheid zu besetzen, ausgenommen das des Strategen (Feldherrn). Durch die große Bedeutung der Flotte seit 480 stieg das Gewicht der Armen, die Kriegsdienst als Ruderer leisteten. 462 entmachtete die Reform des Ephialtes den Areopag weitgehend zugunsten von Volksversammlung, Volksgericht und Rat der 500. Seit 457 erhielten die Mitglieder der beiden Letztgenannten Sitzungsgelder bezahlt, damit auch Ärmere diese Ämter wahrnehmen konnten. Damit war der Schritt zur direkten Demokratie getan, die dann im Prinzip bis 322 v. Chr. bestand. Dass die Athener Verhältnisse da landeten, war weder zwangsläufig noch geplant, sondern die direkte Demokratie bildete einen Sonderfall, der in den literarischen Kreisen der übrigen griechischen Welt meist negativ beurteilt wurde. Wo andere Stadtgemeindestaaten nachfolgten, geschah es immer durch direkte Intervention Athens, das seine Ordnung durch ein gleichartiges Umfeld absichern wollte.[208] Ermöglicht wurde die direkte Demokratie in Athen durch die Gelder aus den staatlichen Silberbergwerken (wo man Sklaven schuften ließ) und zeitweise aus der Seebundskasse. Um 440 waren in Athen rund 40 000 erwachsene Männer zur politischen Teilnahme berechtigt bei 250 000 bis 300 000 Einwohnern, von denen außer auf Frauen und Kinder ein Teil auch auf Ausländer (30 000) und Sklaven (100 000) entfiel.[209] Bei jährlich mindestens 40 Tagungen der Volksversammlung, an denen um die 6000 Bürger teilnahmen, sowie über 1200 Bürgern in öffentlichen Ämtern stellte diese direkte Demokratie die intensivste politische Beteiligung dar, die es in der Weltgeschichte gegeben hat! Moderne Staaten, welche die Bezeichnung »Demokratie« von den Athenern entliehen, haben zwar den Teilnehmerkreis noch erweitert, aber die Mitwirkung der Bürger darauf reduziert, alle vier Jahre ihre Stimmzettel abzugeben, und die eigentlichen Geschäfte den Parteipolitikern überlassen. Kritiker haben angemerkt, die Athener Bürger hätten sich von wortgewaltigen »Demagogen« verführen lassen, doch schlimmer als bei heutigen Wahlkämpfen und Wirklichkeitsverzerrungen durch Massenmedien war es damals auch nicht.[210]

Der zweite bemerkenswerte Fall sind die griechischen Bundesstaaten. Im mittleren und südlichen Griechenland waren ländliche Stämme, die 100 000 bis 200 000 Einwohner zählten, im Zuge der Polisbildung in lauter kleine Poleis mit wenigen Tausend Einwohnern zerfallen, ohne dass die Gemeinsamkeit ganz zerrissen war und ohne dass diese Kleingebilde wirklich staatlichen Charakter gewinnen konnten. Angesichts äußeren Drucks bildeten sich hier vor allem im 4. Jahrhundert durch freiwillige Kooperation Bundesstaaten (Koinón), indem man oberhalb der Polisebene staatliche Organe einer Bundesebene schuf. Die gemeinsame Volksversammlung trat, soweit überhaupt vorhanden, aus praktischen Gründen nur sehr selten zusammen, aber es gab mehrere Bundesbeamte, ein gemeinsames Heeresaufgebot und eine große Bundesversammlung, zu der die einzelnen Mitgliedspolis Vertreter schickten, die also einen gewissen Repräsentativcharakter hatte. Zu nennen sind vor allem der Böotische Bund (447–386), der Ätolische Bund (366–188) und der Achaiische Bund (280–146). Diese Bundesstaaten sind deshalb bemerkenswert, weil sie den einzigen Ansatz boten, dem Schicksal zu entrinnen, dass Staaten mit mehr symmetrisch strukturierten Machtbeziehungen durch das Prinzip persönlicher Teilnahme dazu verdammt waren, klein zu bleiben und deshalb irgendwann von einem großen monarchischen Staat aufgefressen zu werden. Allein, sie kamen zu spät, und auch sie blieben noch zu klein.[211]

Rom war der einzige Stadtgemeindestaat, der immer weiter wuchs, aber eben darum ging er letztlich ebenfalls zugrunde, nun zwar nicht durch Gewalt von außen, sondern durch innere Strukturprobleme. Anders als in den meisten griechischen Poleis pflegte die römische Aristokratie den Konsens, und anders als dort verstand sie es, durch Klientelbeziehungen die meisten einfachen Leute, die Plebejer, langfristig an die einzelnen Aristokratenfamilien zu binden. Dabei wurden Schutz und Fürsorge durch Höherstehende gegen Unterstützung bei Wahlen getauscht. So löste der Übergang zur Phalanx zwar auch hier politische Ansprüche der Kleinbesitzer aus, die aber nur schwer durchsetzbar waren; das Ringen darum, die sogenannten Ständekämpfe, zog sich über rund 200 Jahre hin und führte erst in den Jahrzehnten zwischen 367 und 287 wirklich zum Übergang in den Stadtgemeindestaat mit mehreren Ämtern und dem Ende der Privatrache. Im Ergebnis dieser Auseinandersetzungen blieb der Ältestenrat (Senat) dominant, und nur wenige plebejische Familien schafften den Zugang zu politischen Ämtern; andererseits wurden die Amtsinhaber von der Volks(= Heeres-)versammlung (mit stark gestuftem Wahlrecht) gewählt, und die plebejische Volksversammlung konnte ebenfalls allgemeinverbindliche Beschlüsse fassen und wählte mit den Volkstribunen eigene Interessenvertreter mit definitivem Einspruchsrecht (Veto). Die Aristokratie glaubte auch hier, das Heft am besten in der Hand behalten zu können, wenn sie so weit wie möglich die Ausdifferenzierung einer Bürokratie vermied. So blieben gerichtliche Streitigkeiten faktisch Privatangelegenheiten, Heeresversorgung und Steuereintreibung in den Beherrschungskolonien wurden an Private verpachtet und ebenso öffentliche

Bauten Privatfirmen überlassen. Die Aristokraten übertrugen die personalen Beziehungen der Klientel auch auf die Eliten der abhängigen Gebiete.

Kriegsverwüstungen und langer Kriegsdienst ruinierten indes in den Jahrzehnten um 200 viele Bauern in Italien, sodass die Römer 108 v. Chr. vom bäuerlichen Aufgebot abgehen und Arme als Zeitsoldaten gegen Sold in die Armee aufnehmen mussten. Überdies spülten die siegreichen Feldzüge im Osten und in Gallien riesige Beute in die Kassen einzelner siegreicher Feldherren, die damit durch Feste und direkte Zuwendungen massenhaft klientelartige Anhänger gewinnen konnten. Auf diese Weise wurden Kräfte freigesetzt, welche durch die wenig ausdifferenzierten Strukturen der römischen Republik nicht eingefangen werden konnten. An diesem Missverhältnis ist die Republik zugrunde gegangen, nicht am Ehrgeiz Einzelner[212], nicht am Übergang zum Berufsheer an sich oder an der Größe des Machtgebietes; alles das gab es auch anderswo. Die Lösung konnte nicht im Zurück zu Bauernsoldaten und Senatskonsens liegen, wie Zeitgenossen meinten, die im Denken des Stadtgemeindestaates gefangen waren, sondern nur darin, Heeresorganisation und militärisches Kommando zu trennen und die Feldherren durch einen ausdifferenzierten Staatsapparat zu kontrollieren. So aber erhielten die Soldaten laufende Besoldung, Beute und Versorgung mit Land nach dem Ausscheiden aus dem Dienst nicht von der Verwaltung des Staates, sondern von der Person ihres Feldherrn, und damit konnten diese sie als innenpolitisches Instrument missbrauchen. In den Jahren von 88 bis 31 v. Chr. erschütterte eine Kette von Bürgerkriegen ehrgeiziger Politiker den Staat, wobei der größte Teil der römischen Aristokratie unterging. Die Macht des Senats wurde faktisch von Militärmachthabern überlagert. 88 bis 86 und 82 bis 79 waren es Marius beziehungsweise Sulla, 60 bis 49 Pompeius zusammen mit Caesar, 46 bis 44 herrschte Caesar allein, dessen Ermordung die Senatsherrschaft aber auch nicht wiederbeleben konnte, 43 bis 33 dominierten Octavianus und Antonius. Keiner von ihnen besaß ein Konzept für eine alternative Ordnung.[213] Schließlich setzte mit dem Sieg des Octavianus-Augustus über den zum Rivalen gewordenen Antonius 31 v. Chr. dauerhaft die monarchische Alleinherrschaft ein.

Augustus begann ein patrimoniales Imperium eigener Art. Zwar begründete er einen monarchischen Hofstaat und die dynastische Erbfolge, aber angesichts der im Senat tief verwurzelten republikanischen Traditionen durfte die Monarchie lange nicht als solche erscheinen. Erst seit dem 3. Jahrhundert fand Monarchenzeremoniell nahöstlicher Herkunft in Rom Eingang. So ließ Augustus die republikanischen Ämter bestehen, doch sie wurden immer mehr zur bloßen Fassade. Die Volksversammlungen schliefen bald ein, und die unruhige Stadtbevölkerung Roms wurde mit naturalen Sozialleistungen (Brotspenden) für Arme und Liveshows im Circus und im Colosseum abgespeist. Der Senat fand sich darauf beschränkt, den Herrscherwillen abzunicken, die Magistrate wurden weitgehend vom Monarchen vorwegausgewählt. Kern der monarchischen Macht waren seit Augustus der Oberbefehl über das stehende Heer und die Kontrolle über die Finanzverwaltung. Die Bindung des Kaisers an die militärische Rolle wurde deutlich, als Wellen von »Barbaren« ins Land schwappten: Zwischen 235 und 285 gab es einen Militärputsch siegreicher Generale nach dem anderen. Erst danach wurden Militärkommando und Zivilverwaltung auf Provinzebene getrennt. Mit dem Beginn der Monarchie verfiel die Klientel, und bürokratische Beziehungen entstanden. Aus dem kaiserlichen Hof wurde eine Zentralverwaltung ausdifferenziert, ebenso wurden kleine Provinzverwaltungen aufgebaut, ein allmählicher Prozess, der im 3. Jahrhundert einen gewissen Bürokratisierungsschub erfuhr.[214] Die Verwaltungsaufgaben der Orts- und Kreisebene wurden aber zumindest bis ins 3. Jahrhundert weiter durch Selbstverwaltung in rund 2000 Einheiten nach dem Muster von Stadtgemeindestaaten wahrgenommen. Auch Steuererhebung und Gerichtsbarkeit wandelten sich im 1. Jahrhundert n. Chr. zur staatlichen Angelegenheit.

Karthago war kein Stadtgemeindestaat griechisch-römischer Art, vielmehr entsprach es dem phönikischen Modell einer Stadtrepublik: Die Bewohner von Stadt und Umland waren politisch keine Einheit, sondern die Stadt beherrschte das Umland; nicht Großgrundbesitzer stellten die Aristokratie, sondern vor allem Fernhandelskaufleute; nicht das Aufgebot der Bürger bildete das Heer, sondern Söldner. Letzteres war für die dominierende Aristokratie ambivalent: Einerseits musste sie kaum Kompromisse mit den Kleinbesitzern eingehen, andererseits war die latente Macht ihrer Heerführer brisant, weshalb sie stets argwöhnisch versuchte, diese durch besondere Kontrollvorkehrungen im Griff zu behalten. Ob die karthagische Republik einen siegreichen Feldherrn Hannibal überlebt hätte, ist eine offene Frage. Im nahen Syrakus hatte der Feldherr den Stadtgemeindestaat 406 v. Chr. in eine Monarchie verwandeln können.

In Nordindien entstanden Anfang des 6. Jahrhunderts aus den Häuptlingstümern mit erblichem Häuptlingsrang, Ältestenrat und Volks(= Heeres-) versammlung monarchische ebenso wie republikanische Staaten. Die kriegerische Konkurrenz der Staaten trieb die Monarchen an, ihre Macht zu intensivieren. Einige Häuptlinge steigerten ihre Machtansprüche, wobei ihnen die Brahmanen-Priester mit den sakralen Ritualen zur Legitimation derselben zu Diensten waren. Die aufstrebenden Machthaber setzten eine regelmäßige Abgabenpflicht der Bauern durch und vergrößerten ihre Einnahmen, indem sie auf Kosten des Urwalds Neuland gewinnen ließen. Aus dem Schatz konnten sie dann Palast, Verwaltungsbeamte und vor allem immer mehr Soldaten sowie Kriegsgerät finanzieren, Letzteres in Form von Streitwagen, Flussflottillen, Katapulten und besonders Kriegselefanten. Im 5. Jahrhundert entstanden stehende Heere. Gerade die Innovation der teuren Kriegselefanten, dem Kern der Heere, den sich nur reiche Herrscher leisten konnten, förderte die Machtkonzentration. Fast zweitausend Jahre lang wurden Schlachten in Indien nun von gemischten Verbänden geprägt, zusammengesetzt aus schwerfälligen Kriegselefanten, auf deren schwankendem Rücken ein Kastenaufbau mit Bogenschützen thronte, dynamischer Reiterei (welche die Streitwagen abgelöst hatte) und schlecht trainiertem Fußvolk. Später übernahmen auch die hellenistischen Staaten Kriegselefanten, und von ihnen lernte dann Hannibal, der sich 218 v. Chr. mit einigen Elefanten auf den Weg über die verschneiten Alpen machte (die dabei fast alle umkamen). Mit der entstehenden Bürokratie zersetzten die nordindischen Könige die Klanbeziehungen; die rechtliche Selbsthilfe der Klane wich staatlichen Gerichten, die Ältestenräte der aristokratischen Klanchefs wurden verdrängt, sie selbst zu Beamten und Offizieren. Manche gingen auch in andere Berufe. Ebenso verschwanden die Volksversammlungen, zumal die erfolgreichen Königreiche sich immer mehr andere Häuptlingstümer einverleibten und dadurch räumlich größer wurden. In rund zweihundert Jahren waren damit aus Personenverbänden weit entwickelte teilbürokratische Staaten des Mandalatyps entstanden.

In anderen Häuptlingstümern Nordindiens wehrten sich hingegen die Kshatriyas, die zum Kriegerstand werdenden aristokratischen Klanchefs, Anfang des 6. Jahrhunderts gegen die steigenden Machtansprüche. Sie setzten die Häuptlinge ab, entmachteten ihre Brahmanen, ließen auch die Volksversammlungen einschlafen und machten die Versammlung der Kshatriyas zum entscheidenden Machtorgan. Indem diese jetzt auch einige Exekutivbeamte wählte, entstanden rund zwei Dutzend frühe Republiken.[215] Anders als in Griechenland waren es die ländlicheren, randlich gelegenen Regionen, in denen Aristokraten die Macht ergriffen. Es handelte sich um nicht so fruchtbare, hügelige Gegenden, wo es auch weniger Handel gab. So blieben die Ressourcen der Republiken kleiner als die der großen Monarchien, meist ebenso ihr Gebiet. Die Ausdifferenzierung öffentlicher Ämter war gering, ihr Heer als Adelsaufgebot nicht erweiterbar. Letztlich wurden diese Republiken in Nordindien ebenso wie die anderen Monarchien alle von den Eroberungen der Nandas von Magadha verschlungen. In Zentralindien gab es hingegen noch im 2. und 1. Jahrhundert v. Chr. zahlreiche Republiken. Da die indischen Republiken vor allem darauf zielten, alte personale Machtstrukturen zu bewahren, hingegen nicht mit den Trends von Urbanisierung, Geldwirtschaft und Ausdifferenzierung von öffentlichen Ämtern verbunden waren, blieben sie ohne Ausstrahlung auf die Nachwelt.

Wie in der Gangesebene war auch in Nordchina die Machtkonkurrenz der Staaten die Triebkraft, die Machtbeziehungen zu intensivieren, besonders im 5. und 4. Jahrhundert. Die Heere wurden größer, und zugleich veränderten mehrere Innovationen ihre Struktur. An die Stelle der aristokratischen Streitwagenkrieger traten gedrillte Bauernaufgebote mit Eisenspeeren und Eisenschwertern, ergänzt durch die im Vergleich zum Bogen durchschlagkräftigere Armbrust sowie durch schnelle Reiterei. Letztere kopierte die Nomaden. An die Stelle aristokratischer Ritterlichkeit im Kampf trat bedingungsloser Vernichtungswille: Besiegte Herrscher wurden vertrieben, ihr Land annektiert, die abgeschnittenen Ohren der toten Feinde wurden im Tempel zur Schau gestellt. Das personale Netzwerk der Lehensordnung musste bürokratischen Beziehungen weichen. Naturalsteuern traten an die Stelle von Dienstleistungen und wurden von Beauftragten der Herrscher direkt bei den Bauern eingesammelt; Neulanderschließung erhöhte die mobilisierbaren Ressourcen und erleichterte den direkten Zugriff auf die Bauern. Anstatt erblicher Funktionsträger in Gestalt hochrangiger Aristokraten und Verwandter bedienten die Herrscher sich absetzbarer, mit Geld oder Getreide entlohnter Beamter aus Kreisen des niederrangigen Adels für Aufgaben am Hofe, als Offizier und in der neu entstehenden Kreisverwaltung. In Bronze fixierte Strafrechtsnormen differenzierten das Recht gegenüber dem Brauchtum. So löste sich die Lehensordnung der Dshou-Dynastie auf, und mehrere teilbürokratische Staaten entstanden.

Mit dem Sieg Tjin sch' hwangdis 221 v. Chr. wurde diese Ordnung überall in China durchgesetzt. Seine ständigen Feldzüge ließen faktisch ein riesiges stehendes Heer entstehen. Er mobilisierte große Menschenmassen für seine Bauprojekte, die von der Großen Mauer zur Nomadenabwehr über Fernstraßen und Kanäle bis zum größten Herrschergrab der Weltgeschichte reichten (Letzteres dürfte für Archäologen noch einige Überraschungen bereithalten). Hätte sich diese Ordnung auf Dauer stellen lassen, hätte das den Übergang zur patrimonialbürokratischen Monarchie bedeutet. Aber angesichts der drückenden Last brachen bald nach Tjin sch' hwangdis Tod Aufstände los, und im Verlauf des folgenden Bürgerkriegs gründete der Bauernsohn Lju Bang 202 die neue, langlebige Han-Dynastie. Um sie zu stabilisieren, musste er Zugeständnisse machen. Nur eine kleine Elitetruppe hatte den Charakter eines stehenden Heeres von Berufssoldaten, die Masse der Armee wurde aus Bauern auf Zeit rekrutiert. Ein großer Teil des Landes wurde rund ein Jahrhundert lang als erbliche Teilherrschaften vergeben, erst an Mitstreiter Lju Bangs, dann an Verwandte des Kaiserhauses. Die Bauern mussten Arbeitsdienst für öffentliche Bauten, Militärdienst und Steuern leisten, Letztere im Regelfall in Naturalien und noch nicht in Geld. Hinzu kam, dass nach den Eroberungen Wudis beträchtliche Gebiete von nichtassimilierten Nichtchinesen bevölkert waren. So hatte China unter der Han-Dynastie erst teilbürokratischen Charakter.[216] Die übrigen Grundstrukturen des neuen Einheitsstaates blieben indes bestehen. Anders als in Rom wurden Zivilverwaltung und Militärkommando auch auf Provinzebene getrennt. Der Kaiser und die übrigen entscheidenden Ämter waren betont zivil; der Kaiser pflegte die kultische Verehrung des Himmels und der Erde, trat aber nicht als Feldherr auf. Die großen Adelsfamilien waren untergegangen. Die groß-grundbesitzenden lokalen Eliten, die mehrere Tausende Familien um-fassten, blieben aber einflussreich. Auf sie mussten die Han-Kaiser zu-rückgreifen, um Beamte zu rekrutieren, und indem deren persönliche Beziehungen die Beamtenschaft durchzogen, konnten die Kaiser nichts durchsetzen, was grundlegend gegen die Interessen dieser lokalen Eliten verstieß. Nach unten hatten diese Familien die lokale Selbstverwaltung der Dörfer in der Hand. In der späten Han-Zeit zogen sie immer mehr Land an sich, was den Zugriff der Zentralverwaltung nach unten er-schwerte.

Warum traten nicht auch in China Republiken auf? Republiken wurden stets von Aristokraten gegen (noch) schwache (Möchtegern-)Monarchen erstritten, und es setzte voraus, dass diese Aristokraten gewohnt waren zu kooperieren, sei es als Ältestenrat eines Stammes oder als spätmittelalter-licher Stadtrat. Dieses war aber der chinesischen Lehensordnung der Dshou-Zeit fremd, in der jeder Lehensträger einzeln zu Hofe ging. Auch das Entstehen der Stände im spätmittelalterlichen Europa fand keine Par-allele, zum einen, da diesen die gemeinsame Beratung auf Hoftagen vor-ausging, zum anderen, da die chinesischen Monarchen es schafften, an den Lehensträgern vorbei direkt auf die Bauern zuzugreifen, vermutlich weil hier die umfangreiche Neulanderschließung dafür Chancen bot und weil es in den übrigen Gebieten keine Grundherrschaft gab. So blieb das repu-blikanische Ordnungsmodell der chinesischen Geschichte bis gegen 1900 völlig fremd, die Monarchie als solche unhinterfragt. Auch jede Art insti-tutioneller Kontrolle des Monarchen und die Idee der politischen Mitwir-kung von Bürgern blieben unbekannt.

Zwischen Befreiung des Individuums und Versklavung

Überall von Rom bis China, wo Bürokratie mit bezahlten Beamten die per-sonalen Machtbeziehungen abgelöst hatte, blieb die Amtsführung der Funktionsträger noch weiter stark von persönlichen Interessen beeinflusst, was man nach heutigen Maßstäben als Vetternwirtschaft und Korruption ansehen würde. Die Intensität der Machtvernetzung war auch insofern gering, als monarchische Staaten sich weitgehend auf Hofhaltung und Heer beschränkten und auch Ressourcen in erster Linie für diese Zwecke mobilisiert wurden, hingegen niemand auf die Idee kam, die Gesellschaft durch aktive Gesetzgebungstätigkeit steuern zu wollen.

Aber die verschiedenen Entwicklungspfade der politischen Ordnung zeitigten auch Unterschiede, die besonders im Rechtswesen lange nachwirkten. In den ersten zwei Jahrhunderten der römischen Kaiserzeit entfalteten die Verwaltungsbeamten eine zunehmende Rechtsprechungstätigkeit, wobei aus den Gutachten gelehrter Juristen, die sich als staatsunabhängige Spezialisten etabliert hatten, aus Senatsbeschlüssen und auch aus kaiserlichen Verordnungen ein umfangreiches Zivilrecht erwuchs. Dieses regelte vor allem die Rechtsbeziehungen der besitzenden Hausväter der Oberschicht untereinander, beließ die Verhältnisse innerhalb ihrer Familien aber weiterhin im Bereich der Sitte. Durch diese Ausdifferenzierung des Rechtswesens konnten aristokratische Kreise ihre Interessen auch in der Monarchie weiter zur Geltung bringen. Hier wurden grundlegende Vorstellungen ausgearbeitet wie z. B. das Konzept des Rechtssubjekts, der Eigentumsbegriff im heutigen Sinne und verschiedene Vertragsarten. Dieses 438 und zwischen 528 und 542 kodifizierte »römische Recht« sollte später in der europäischen Geschichte noch Karriere machen. Geradezu umgekehrt in China: Nachdem Tjin sch' hwangdi ein Strafgesetzbuch mit drastischen Strafen erlassen hatte, war die Idee, mit Gesetzen zu regieren, in den Augen der Eliten diskreditiert. Hier setzte sich die ebenfalls bis ins 20. Jahrhundert wirkende Auffassung durch, formales Recht als Kontrollmittel des Herrschers anzusehen und es deshalb möglichst zu meiden, stattdessen zwischenmenschliche Beziehungen lieber durch moralisches Verhalten, die guten Vorbilder von Familienoberhäuptern und Beamten, durch Erziehung und Rituale zu ordnen. So blieben die weichen Normen von Sitte und Brauch viel wirkmächtiger, wurde abstraktes Recht weit weniger aus der Lebenswelt ausdifferenziert, ein eigener Juristenstand schon gar nicht. Man griff eher zur Schlichtung als zum Prozess, insbesondere in zivilrechtlichen Sachen. Wieder anders in Indien: Hier wurden in den Jahrhunderten vor der Zeitenwende fast alle klassischen Gesetzbücher des Straf- und Zivilrechts kodifiziert (»dharmashastra«), aber nicht durch den Staat, da ein solcher als einheitliche Autorität fehlte, sondern durch Brahmanen, also keine speziellen Juristen. Dementsprechend blieb Recht in vielerlei Hinsicht weltanschaulich gebunden.

Asymmetrische Machtbeziehungen gingen in den staatlich organisierten Gesellschaften nicht nur von der Zentralgewalt aus, sondern bestanden auch zwischen mächtigen und abhängigen gesellschaftlichen Gruppen, besonders zwischen Freien und Unfreien, zwischen Klanoberhaupt und Klanmitgliedern, Männern und Frauen. Hier gab es einerseits vielerorts einen Trend zur Individualisierung, indem durch den Schritt zum teilbürokratischen Staat und zur Geldwirtschaft enge lebensweltliche Abhängigkeiten aufgelockert wurden, andererseits zeigte sich auch eine deutliche Pluralität.

In Nordindien und Nordchina löste sich im 5. bis 3. Jahrhundert v. Chr. die Einbindung der Bauern in größere Verwandtschaftsverbände mit Gemeineigentum am Boden auf, und dieser wurde verkäufliches Privateigentum, was er bei Griechen und Römern schon früher gewesen war. Nichtsdestoweniger blieb in China auch danach der Familienklan und damit die patriarchalische Autorität des Familienoberhaupts ein wichtiges Strukturelement, da auf der lokalen Ebene staatliche Macht nicht direkt präsent war und da die Lehren von Kungfuds', die sich verbreiteten, innerfamiliäre Hierarchien als gesellschaftliches Ordnungselement für wichtig erachteten.

Asymmetrische Machtbeziehungen innerhalb der Gesellschaften bildeten sich aber jenseits von Verwandtschaftsverbänden teilweise in neuen Formen. Bei den Griechen war die Lösung des Individuums aus formaler Ungleichheit und informellen Abhängigkeiten in Athen am weitesten gegangen, eine Folge des Demokratisierungsprozesses. Hingegen waren in Sparta die wenigen Tausend Spartaner zwar rechtlich gleichgestellt, aber ihnen gegenüber stand die Masse der durch diese Herrenschicht unterworfenen und in Unfreiheit gehaltenen Bevölkerung. Da die Spartaner diesen Zustand mit Gewalt bewahren wollten, ordneten sie sich völlig in militarisierte Kriegergemeinschaften ein und gehorchten dem Willen von Ältestenrat und Magistraten. In der römischen Gesellschaft wiederum bestanden die Jahrhunderte über stets ausgeprägte, formalrechtlich festgelegte Standesunterschiede. Die informellen Klientelabhängigkeiten, die es bei den Griechen in der Form nie gegeben hatte, wurden in der späten Republik zunehmend abgebaut, sodass in der frühen Kaiserzeit ebenso wie im hellenistischen Osten eine Fülle freier Vereinigungen für unterschiedlichste Zwecke aufblühte. Die Krise des späten 3. Jahrhunderts n. Chr. erzeugte dann allerdings wieder neue Formen von Abhängigkeiten. In Nordindien erwuchs aus dem Willen der Aryas, sich als Herren einer unterworfenen Vorbevölkerung zu behaupten, die Kastenordnung. Diese unterteilte die Bevölkerung im Laufe der Jahrhunderte in immer mehr hierarchisch übereinandergeordnete Gruppen und zementierte diese Rangungleichheit dadurch, dass ihnen unterschiedliche rituelle Reinheit zugeschrieben wurde. In China hatte das Entstehen teilbürokratischer Staaten die Lehensaristokratie zerstört und die Bauern rechtlich gleichgestellt, aber nichtsdestoweniger bildeten sich zwischen lokalen Eliten und Pachtbauern informelle Abhängigkeiten.

Der Brauch, Kriegsgefangene zu unfreiem Hauspersonal zu machen, war in Häuptlingstümern und Personenverbandsstaaten weltweit verbreitet. Während solche Unfreien in Indien und China aber keine große Rolle spielten, führten in der griechisch-römischen Zeit Geldwirtschaft und die Feldzüge der späten römischen Republik zeitweise zu riesigen Beständen an Sklaven, die wie Gegenstände verkauft wurden. Man setzte die Sklavenmassen überwiegend in Landwirtschaft und Bergbau ein (ob es dem Aufgebot chinesischer Bauern bei Großbauprojekten nennenswert besser ging als diesen Sklaven, ist durchaus fraglich). Hausklaven wurden meist besser behandelt, besonders solche für qualifizierte Tätigkeiten, z. B. als Hauslehrer oder Verwalter. Im Laufe der römischen Kaiserzeit verschwand die Sklaverei weitgehend. Allerdings entstanden hier neue Formen von Abhängigkeit, indem Bauern als Colonen an den von ihnen bearbeiteten Boden gebunden wurden. Grundsätzlich infrage gestellt wurde die Sklaverei nirgends.

Warum kam es zu achsenzeitlichen Kulturen?

Aristoteles, Buddha und Kungfuds' – diese drei Namen stehen für andere mit und symbolisieren, dass in drei Regionen, nämlich in Griechenland, Nordindien und Nordchina, ein geistiger Aufbruch erfolgte; dabei überwanden die Eliten in einem großen Schub an Reflexion die subjektivistische Weltdeutung und den Glauben an die existenzielle Bedeutung von Ritualen und gelangten zu neuen Weltdeutungen. Vieles davon verlieh den Kulturen, die in diesen Traditionen standen, bis ins 19. Jahrhundert ein deutliches Profil, und etliches ist auch noch Basis heutigen Denkens. Es war das Entstehen achsenzeitlicher Kulturen, in denen in einem rationalen Diskurs neue Weltdeutungen auf der Basis allgemeiner Prinzipien formuliert wurden.[217] Auch die Vielfalt der Denkansätze und das Gesamtvolumen der Texte stellten einen Sprung gegenüber den archaischen Palastkulturen dar. Dass dieses in den drei Regionen etwa gleichzeitig geschah, schwerpunktmäßig im 6. bis 3. Jahrhundert, ist Zufall[218]; die Ähnlichkeit der Konstellationen, in denen es möglich wurde, nicht.[219] Das Entstehen von Moral im Sinne eines Bewusstseins von persönlicher Schuld gehörte nicht zum achsenzeitlichen Entwicklungsschritt. Es setzte schon eher ein, so in Ägypten im frühen und in Mesopotamien im späten 2. Jahrtausend[220], wenige Jahrhunderte später auch bei Juden und mit dem Zoroastrismus in Ostiran. Wohl gehörte zur Achsenzeit dagegen, dass über moralische Fragen eine Reflexion von philosophischem Niveau aufkam. Während Moses laut Bibel die Gebote mit Blitz und Donner als verbindlich mitgeteilt bekam[221], hinterfragte Sokrates Normen, die selbstverständlich zu sein schienen.

In allen drei Regionen entstanden innovative Milieus, wie es sie zuvor noch nie gegeben hatte. Geistige Innovationen erblühen, wo man sich mit alternativen Meinungen und neuen Gegebenheiten, etwa Veränderungen der politischen und gesellschaftlichen Ordnung, auseinandersetzen und auf neue Informationen zugreifen kann oder muss. Sie setzen also eine intensive Kommunikation voraus, wie sie nur denkbar war, nachdem städ-

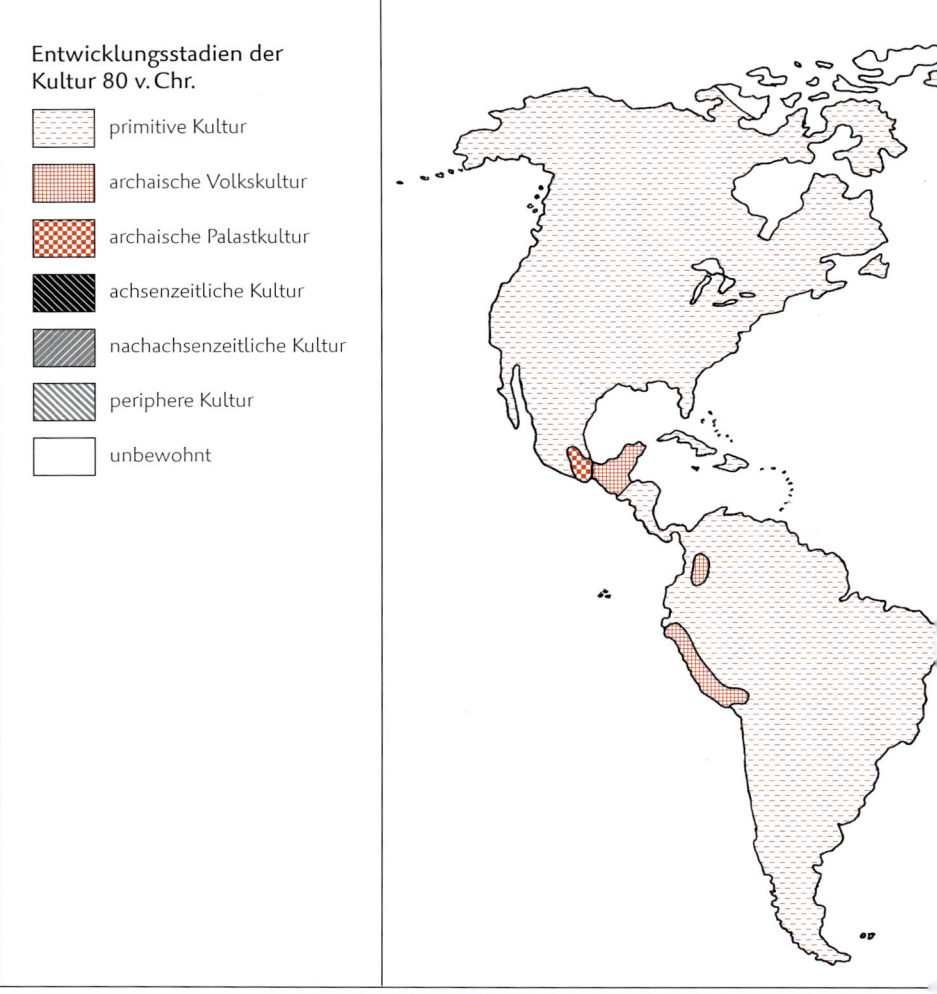

Entwicklungsstadien der Kultur 80 v. Chr.

- primitive Kultur
- archaische Volkskultur
- archaische Palastkultur
- achsenzeitliche Kultur
- nachachsenzeitliche Kultur
- periphere Kultur
- unbewohnt

tische Menschenansammlungen und Handelskontakte entstanden waren. In Griechenland bildeten die Handelsstädte die geistigen Zentren, im 6. Jahrhundert Milet, nach dessen Zerstörung seit etwa 450 Athen, während der ländliche Raum und das nach außen abgeschottete Sparta vom neuen Denken lange unberührt blieben. In Indien wirkten Buddha und Mahavira im städtischen Milieu. Frühe griechische Philosophen und Logographen suchten den Kontakt nach Ägypten, im Hellenismus intensivierte sich der Gedankenaustausch im Nahen Osten, und die Ptolemäer ließen in der Bibliothek von Alexandria gezielt die Schriften der Griechen, Ägypter und Babylonier sammeln. In der östlichen Gangesebene verbanden sich Traditionen der Aryas mit solchen der dravidischen Vorbevölke-

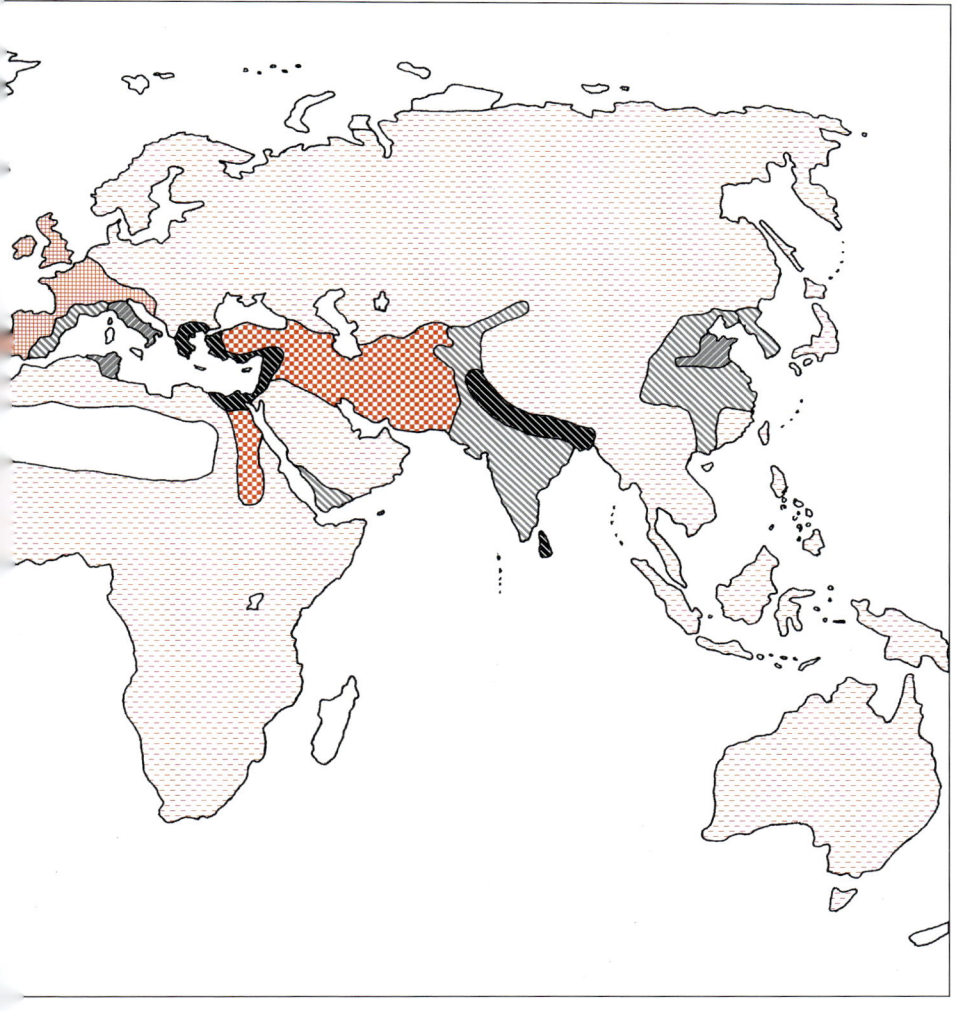

rung.²²² Schrift spielte hingegen für den geistigen Durchbruch selbst keine Rolle; die (frühen) griechischen Philosophen lehrten in einer Zeit erst
geringer Verschriftlichung zumindest bis 400 v. Chr. durch Vortrag und
Gespräch²²³, und in Indien, wo Schrift überhaupt erst um 300 v. Chr. entstand, wurden die Weisheitslehren die ganze Epoche hindurch nur mündlich weitergegeben.²²⁴ Dafür, dass sich später Wissenschaft entfalten
konnte, war allerdings Verschriftlichung durchaus eine wichtige Voraussetzung, die sich besonders im östlichen Mittelmeerraum der hellenistischen Zeit stark ausprägte.

Grundlegend für den achsenzeitlichen Innovationsschub war nun, dass
eine neue geistige Elite entstand, die nicht in den Konformitätsdruck einer

etablierten Priesterschaft eingebunden war, sondern sich Zweifel und eigene Ideen erlauben konnte. Die geschlossenen Priestereliten Mesopotamiens und Ägyptens machten weiter wie bisher, sieht man davon ab, dass in Mesopotamien astronomische Beobachtungen und Mathematik im 5. Jahrhundert zu Gesetzmäßigkeiten über den Lauf der Planeten verbunden wurden. Die bahnbrechenden Innovationen keimten hingegen in ungebundenen aristokratischen Kreisen der griechischen Handelsstädte auf. Da in den griechischen Stadtgemeindestaaten der Staatskult von Beamten wahrgenommen wurde, gab es hier nicht einmal eine professionelle Priesterschaft, die auf Rechtgläubigkeit gepocht hätte. In Indien wurden durch die Staatsbildung viele Kshatriyas entwurzelt, die neue Orientierungen suchten. Das eigentliche Milieu geistiger Innovationen bildeten in Nordindien Menschen, die ihre sozialen Bindungen aufgegeben hatten und als Weise, Wahrsager und Heiler umherzogen, dagegen nicht die an den Höfen etablierten Brahmanen, die sich abschotteten, indem sie ihr Wissen anderen Ständen gegenüber geheim hielten und auch umgekehrt keinen Umgang mit anderen Völkern als den Aryas pflegten.[225] In China waren es nicht die traditionellen Zauber- und Orakelpriester, sondern eine neue Elite, die das innovative Milieu bildete. Als sich das Lehenswesen auflöste, erwuchs sie aus freigesetzten ehemaligen niederen Adligen, die z. T. von Herrscherhof zu Herrscherhof wanderten.

Wichtig war auch, dass in allen drei Regionen zu dieser Zeit kein den Gesamtraum umfassender Staat existierte, der eine bestimmte kanonisierte Weltanschauung mit Macht gestützt hätte, sondern eine Mehrzahl von Herrscherhöfen und Republiken; wer mit seinen Gedanken an einem Ort nicht gelitten war, konnte ausweichen und sich nach einem anderen Patron oder einem passenderen Ort umsehen. Dass Athen im 5. und 4. Jahrhundert eine besonders freie Atmosphäre öffentlicher Diskussion besaß, machte diese Stadt zu *dem* Anziehungspunkt für Intellektuelle[226], und in Indien entstanden die innovativen Ideen mehr in den Republiken als in den Monarchien.

Außer Freiheiten förderte auch Wettbewerb den Schritt zur Achsenzeit. In Streitgesprächen auf öffentlichen Plätzen und an Herrscherhöfen warben die geistigen Neuerer Indiens um Anhänger und Spenden. In China konkurrierten Angehörige der neuen Aristokratenschicht um Jobs im Dienst der neuen Herrscher, was die Neigung förderte, sich durch neue Ideen zu profilieren. In Griechenland feierte die Aristokratie traditionell die Sieger von Sport- und Gesangswettstreit, und dieser Wettbewerbsgeist wirkte jetzt auch in Philosophie und Theater.[227] Letzteres stellte zunächst einen öffentlichen Dichterwettbewerb dar.

Zwei Bereiche waren es in allen drei Regionen zunächst, die sich durch den Schritt zur achsenzeitlichen Kultur veränderten: Das eine war die Reflexion über die Deutung der Welt und über den Menschen – diese überwand das mythologische Denken, versuchte also nicht mehr Phänomene jenseits der Alltagserfahrung durch Handeln der Götter zu erklären, sondern stieß durch Abstraktion zu Theorien und Weltanschauungen über große Zusammenhänge, Sinn und Normen vor (von Religion oder Philosophie zu reden, ist im kulturvergleichenden Kontext nur sehr eingeschränkt sinnvoll); das andere war die Erkundung und Sammlung von Erfahrungswissen, womit das Niveau praxisorientierter Verfahrensweisen überwunden wurde und reflektierte Wissenschaft entstand. Beides hatte noch wenig Berührung miteinander, und zwar bis ins 17. Jahrhundert hin. Doch Vorsicht: Wir dürfen die Reichweite dieses Durchbruchs nicht überschätzen. Das Ganze betraf nur intellektuelle Kreise der Eliten. Der amtliche Kult der Götter lief weiter, auch dort, wo Eliten Geschehnisse im Lichte der achsenzeitlichen Weltanschauung interpretierten und nicht mehr damit rechneten, dass die Götter in ihren Alltag eingreifen, denn Letzteres bedeutete nicht, dass sie die Existenz des Göttlichen an sich bestritten, von Ausnahmen abgesehen. Ebenso lebte mündlich tradierter Volksglaube davon unberührt weiter, der viele Elemente archaischer und primitiver Kultur bewahrte, z. B. magische Praktiken und den Brauch, Götter vor der Seefahrt oder bei Krankheit anzurufen. Außerdem gab es auch weiter das unreflektierte Praxiswissen der Bauern, Handwerker und Soldaten.

In breitere Kreise der Bevölkerung wirkte langfristig eine dritte Innovation, dass nämlich jener Umgang mit Gottheiten, bei dem es vor allem darauf ankam, die Rituale formal richtig auszuführen, durch eine persönliche Gottesbeziehung des einzelnen Menschen überwunden wurde. Sie wurzelte darin, dass sich die enge Einbindung des Einzelnen in bisherige personale Gemeinschaften auflöste, womit sich Chancen für Individualität und Reflexion eröffneten. Diese neue Beziehung blieb aber mit der religiösen Lehre dem subjektivistischen Weltbild verhaftet. Was der Schritt zur philosophischen Ethik für die Gebildeten war, bedeutete das Aufkommen des persönlichen Gottesbezugs für die ungebildeten Massen.

Weltdeutung, Wissenschaft und Erlösung

Die Pfade der drei Regionen zu achsenzeitlichen Kulturen waren durchaus unterschiedlich. Unter den Griechen begannen zunächst vor allem in Milet einige Köpfe, an der mythologischen Weltanschauung zu zweifeln, nämlich die Naturphilosophen, die Logographen und die Ärzte von Kos. Mehrere von ihnen reisten persönlich nach Ägypten und anderen nahöstlichen Ländern und brachten von dort Kenntnisse mit.[228] Die Naturphilosophen begannen seit Anfang des 6. Jahrhunderts nach abstrakten Prinzipien in der Natur, nach dem Urgrund des Kosmos sowie Erklärungen für besondere Naturereignisse zu fragen. Einige dieser Naturphilosophen

suchten die Lösung in verschiedenen Urstoffen, was Empedokles zur Lehre der vier Elemente zusammenfasste, nämlich Erde, Wasser, Feuer und
Luft, aus deren unterschiedlicher Mischung alle Dinge entstünden; Demokritos dachte sich alles auf der Welt aus zahllosen kleinsten, unteilbaren
Materiebausteinen zusammengesetzt, den Atomen; Pythagoras versuchte
das Wesen aller Dinge und der Musik in harmonischen Zahlenverhältnissen zu erfassen. Obwohl die Naturphilosophen Erfahrungswissen aus
dem Nahen Osten übernahmen, war die empirische Basis für ihre Theorien viel zu dünn. Auch da, wo sie Theorien mittlerer Reichweite entwickelten, z. B. zur Entstehung von Gewittern und Erdbeben, blieben ihre
Lehren mithin spekulativ. Pythagoras und seine Schüler konnten allerdings durch reines Nachdenken Mathematik als zweckfreies logisches
System aus Lehrsätzen und Beweisen begründen. Parallel zu den Naturphilosophen begannen ab 500 die Logographen mit der »istorie«, der Erkundung, indem sie konkrete Informationen über Völker und Geografie
des angrenzenden Nahen Ostens sammelten. Durch Herodotos († 425)
ging dieses in Geschichtsschreibung über. Anders als die bisher im Nahen
Osten vorhandenen annalistischen Aufreihungen oder propagandistischen
Herrscherinschriften schilderte diese jetzt einen komplexen Ablauf im Zusammenhang und suchte ihn als Ergebnis menschlicher Motive und Handlungen zu verstehen. Im 5. Jahrhundert begann die Ärzteschule von Kos
eine Medizin, die Krankheitssymptome genau beobachtete und von der
Vorstellung übernatürlicher Ursachen und magischer Mittel Abstand
nahm. Ihre Erkenntnisse wurden von Hippokrates gesammelt. Die Thematik der Naturphilosophen hat dann Sokrates († 399) um die Frage nach
den Maßstäben für rechtes Handeln und nach den Möglichkeiten für Erkenntnis erweitert, und Platon († 348) fügte das Nachdenken über die
ideale Staatsordnung hinzu. Während Platon und seine Nachfolger in spekulativer Philosophie verharrten, erreichte die Philosophie mit Aristoteles
(† 322) ihren Höhe- und Wendepunkt. Höhepunkt, indem er als Erster
eine Lehre von Methoden schlussfolgernden Denkens, der Beweisführung
und Begriffsbildung entwickelte, also Logik. Höhepunkt auch, indem er
die Frage nach dem Wesen der Dinge, das hinter dem Erscheinungsbild
liegt, in seiner Metaphysik zur Lehre von vier Typen von Ursachen in der
Natur entwickelte, nämlich die Form, den Stoff, das Bewirkende und den
Zweck. Allerdings wirkte in Letzterem in abstrahierter Form noch immer
subjektivistisches Denken weiter. Wendepunkt war Aristoteles, indem er
den Schritt schaffte, Theorie eng mit der Erfahrungswelt zu verknüpfen
und damit die Naturphilosophie zu überwinden. Er und seine Mitarbeiter
sammelten umfangreiche Informationen insbesondere über Tiere (er
kannte 581 Tierarten), Polis-Verfassungen, Wetterkunde und Gesteine
und verarbeiteten sie in Form von Beschreibung, Klassifizierung und verallgemeinernden Theorien.

Seit Aristoteles entfalteten sich mit zunehmendem Wissen ausdifferenzierte Einzelwissenschaften[229], besonders im Museion in Alexandria, während philosophisches, also spekulatives Denken sich nach Aristoteles dementsprechend weitgehend auf die Frage nach dem Lebensziel und dem rechten Verhalten des einzelnen Menschen konzentrierte. Das Nachdenken über Letzteres teilte sich um 300 v. Chr. in zwei recht unterschiedliche Richtungen. Während die Epikureer das höchstmögliche Wohlbefinden des Individuums in den Mittelpunkt rückten, propagierte die Stoa Besonnenheit, Pflichterfüllung und Tapferkeit als Tugenden. Die verschiedenen Bereiche der Einzelwissenschaften fanden unterschiedliches Interesse. Die zweckfreie Naturwissenschaft war am wenigsten gefragt: Der Aristoteles-Nachfolger Theophrastos leistete zwar für die Botanik, was Aristoteles für die Zoologie getan hatte, aber beides fand keine rechte Fortsetzung. Günstiger stand es um jene Naturwissenschaften, die mehr Verwertungsmöglichkeiten aufwiesen. Die Astronomie wurde schrittweise weiter ausgebaut, bis Ptolemaios († 168 n. Chr.) eine Synthese verfasste. Ebenso entwickelte die Medizin sich weiter, auch durch Beobachtungen beim Sezieren; sie wurde durch Galenos († 199 n. Chr.) zusammengefasst. Man betrieb auch Mechanik, Hydrostatik und mathematische Geografie, dagegen kaum Optik und Chemie. Die Mathematik wurde durch Eukleides († um 300 v. Chr.) zu einem System integriert, das man aus Axiomen deduzierte, ohne sich danach noch deutlich zu verändern. Die Staatsformenlehre fand kaum noch Interesse, nachdem die hellenistischen Monarchien sich durchgesetzt hatten. Dagegen blühte eine breite Geschichtsschreibung, auch noch weit über die Antike hinaus, teilweise stärker quellenkritisch, oft mit mehr rhetorisch-literarischen Ambitionen. Nachdem Rhetorik und Grammatik sehr früh aufgekommen waren, entstand in Alexandria auch Philologie, die sich mit Methoden der Textkritik, Klassikereditionen und Grammatik beschäftigte. Ferner entfaltete sich im Hellenismus ein anwendungsorientiertes Fachschrifttum ohne theoretischen Anspruch, besonders zu Gutswirtschaft, Architektur, Militärwesen und Tiermedizin.[230] Dieses Erblühen von Philosophie und Wissenschaft war eine Sache des griechischsprachigen Raumes, der seit Alexander den ganzen hellenistischen Osten des Mittelmeers umfasste; im lateinischen Westen kam es zu eigenständigen Leistungen nur in Geschichtsschreibung und anwendungsorientiertem Fachschrifttum. Der einflussreichste Beitrag der Römer zur Mathematik bestand wohl darin, dass ein römischer Soldat bei der Eroberung von Syrakus 212 v. Chr. den genialen Mathematiker Archimedes umbrachte.

Neben den öffentlichen Kulten der Polis, deren Opferrituale nicht mit tiefer gehenden Empfindungen und Überzeugungen verbunden waren, lebten bei den Griechen lokal unterschiedliche volkstümliche Kulte und magische Praktiken. Nach Anfängen seit dem 6., vor allem dann seit dem

3. Jahrhundert v. Chr. entwickelte sich daneben im hellenistischen Raum eine neue Art von Kulten, die besonders bei den einfachen Leuten Anhänger fanden, bei jenen, deren Verstand durch die Philosophien der Gebildeten überfordert war und deren Herz durch die offiziellen Kulte nicht gewärmt wurde. Diese neuen Kulte knüpften an fremde Gottheiten an, z. B. Dionysos (aus Thrakien), Isis (Ägypten), Kybele (Kleinasien) und Mithras (Iran), sie formten diese um und thematisierten jetzt das Schicksal des Individuums, insbesondere Leid und Tod und die Aussicht auf eine schönere Existenz in einem Jenseits nach dem Tode. In diesen sogenannten Mysterienreligionen wurde jeweils eine einzelne Gottheit verehrt. Gemeinsame Rituale, z. B. gemeinsames Festmahl, Singen und Tanzen, sprachen die eigenen Empfindungen an; man versuchte, die Gottheit als persönlich nah zu erleben. Kultische Reinheit verband sich hier mit sittlichem Verhalten. Diese Kulte wurden von privaten Gemeinschaften gepflegt, die eine besondere Aufnahmezeremonie praktizierten.

Im 1. Jahrhundert n. Chr. formierte sich am Ostrand des Mittelmeers mit dem Christentum eine weitere Religion. Sie zweigte aus dem Judentum ab, warf zwar dessen vielfältige Gesetzesvorschriften über Bord, übernahm von ihm aber den monotheistischen Jahwe-Glauben und die Messiasidee. Dass ein Kult sich auf eine einzelne Gottheit konzentrierte, war durchaus verbreitet, wobei aber die Existenz anderer Götter nicht bestritten wurde; der Schritt zum intoleranten[231] Monotheismus, der keine anderen Götter neben dem eigenen anerkannte, stellte einen Sonderfall dar und keine Entwicklungsstufe.[232] Er war bei den Juden in einer Krisensituation geschehen, als der jüdische Staat zerschlagen und die jüdische Elite von 687 bis 639 nach Babylonien deportiert worden war, wo etliche sich assimiliert hatten und die Priesterschaft des jüdischen Stammesgottes Jahwe verzweifelt versucht hatte, auch ohne den zentralen Tempel die Identität der Juden zu bewahren. Die Messiashoffnung flammte unter Juden Ende des 1. Jahrhunderts v. Chr. auf. Sie war eine Reaktion auf die Krise, die das Eingreifen der Römer ausgelöst hatte, und äußerte sich in unterschiedlicher Weise. Die Zeloten bereiteten sich auf den Endkampf vor, die Essener machten sich durch eine heilige Lebensführung für den Tag der Entscheidung bereit, Johannes der Täufer rief zur Buße auf, und der Zimmermannssohn Jesus predigte drei Jahre lang von der inneren Umkehr angesichts des nahen Weltendes, bis die Römer ihn hinrichteten. Jesus galt seinen Anhängern nach seinem Tod als der Christos (griechisch für hebräisch Messias; er selbst hatte dieses nicht für sich beansprucht[233]). Als das erwartete Gottesgericht ausblieb, richteten sich die Jesus-Anhänger sich mit ihrem Glauben wohl oder übel in dieser Welt ein. Durch organisierte Armen- und Krankenpflege bekamen sie Zulauf besonders aus den städtischen Unterschichten des östlichen Mittelmeerraums. In die entstehenden christlichen Glaubensvorstellungen flossen etliche Überzeugungen und Legenden ein, die in der hellenistischen Welt im Umlauf waren. Beispielsweise gab es den Glauben an die Himmelfahrt des Gottes sowie seine Wiederkehr als triumphierender Weltenrichter und die sieben Sakramente schon im Mithrasglauben, und manche Erzählungen um Jesus stammten aus dem Mythenbestand um Dionysos.[234] Wunderheilungen wurden auch etlichen anderen Personen zugeschrieben, und mit Erlösungsglauben, Abendmahl als kultischem Mahl, Gemeindeleben und Taufe als Aufnahme in die Gemeinde teilte das Christentum grundlegende Merkmale mit den Mysterienreligionen. Besonders im 2. und 3. Jahrhundert entstanden ferner etliche Erlösungslehren, die Elemente von Christentum, Mysterienreligionen und hellenistischer Philosophie verbanden und von der entstehenden christlichen Kirche als Verfälschung abgelehnt wurden, die Gnosis, ferner um 240 auch noch der Manichäismus. Bei dem Streben, sich gegen diese Konkurrenten abzugrenzen, fand in das Christentum im 3. Jahrhundert zunehmend eine an der griechischen Philosophie geschulte Reflexion Eingang, woraus Theologie als theoretisch argumentierendes Lehrgebäude entstand. Damit ließ das Christentum den Geruch des naiven Kleine-Leute-Glaubens hinter sich und wurde auch für gebildete Kreise akzeptabel. Allerdings bescherte die Reflexion ihm auch, vor allem im 4. Jahrhundert, heftige Kontroversen über jene Probleme, die logisch nicht gut aufgingen, nämlich das Verhältnis von (monotheistischem) Gott zu Christus und zum Heiligen Geist sowie die menschlich-göttliche Doppelnatur von Jesus Christus.

Wie sahen nun die vergleichbaren Entwicklungen in Nordindien aus? Bei den Aryas waren die Brahmanen die Träger der archaischen Kultur, deren Basis die Veden bildeten, eine im Laufe der Zeit erwachsene Sammlung von Hymnen und Sprüchen. Im 7. und vor allem im 6. Jahrhundert entstand Kritik an den immer ausgefeilteren Ritualen der Brahmanen der Königshöfe mit ihren reichlichen Tieropfern, die den Kosmos erhalten sollten. Zugleich keimte eine Reflexion über den Kosmos und den Menschen auf, die ihren Niederschlag in den Texten der Upanishaden fand. Die vielen Götter verblassten zur Belanglosigkeit hinter der Suche nach dem Wesen hinter den Erscheinungen. Verschiedene Ansätze brachten Erde, Feuer, Wasser, Wind und die Substanz »akasha« in die Diskussion, woraus eine Vier- oder Fünf-Elemente-Lehre erwuchs, die alles aus deren Wechselwirkung erklären wollte. Daneben entstanden atomistische Vorstellungen. Besonders einflussreich wurde die Idee von einem alles durchdringenden unpersönlichen, aber geistigen Urprinzip oder Absoluten, das als »brahman« bezeichnet wurde. Es kam die Vorstellung auf, dass die individuelle Seele des Einzelnen (»atman«) sich in einem ewigen Kreislauf von Wiedergeburten (»samsara«) befinde, wobei die Frage, ob man in einer höheren oder einer niedrigeren Existenz wiedergeboren wird, von der Lebensweise im vorherigen Leben abhinge. Wenn »atman« sich aus der Verbindung mit dem Materiellen löse, könne es sich mit »brahman« vereinigen und damit aus dem Kreislauf der Wiedergeburten erlöst werden (»moksha«). Die Tatvergeltungslehre (»karma«) war natürlich gut geeignet, um die bestehenden sozialen Unterschiede zu rechtfertigen; wer arm war, hatte das im letzten Leben selbst verbockt! Spekulative Naturphilosophie entwickelte auch die Vorstellung, der Kosmos bestünde aus einer Erdscheibe mit dem Berg Meru als Zentrum, die von sieben Ringmeeren und Ringkontinenten umschlossen sei, und der Kosmos bestehe ewig ohne Schöpfung und erlebe eine zyklische Abfolge von Weltaltern.

Der hier begonnene Reflexionsprozess wurde in unterschiedliche Richtungen fortgesetzt. Die Rituale der Brahmanen und die noch intuitiv, also ohne logische Begründungen entwickelten Vorstellungen der Upanishaden sahen sich im späten 6. und 5. Jahrhundert aus dem Kreis umherziehender Weiser der Kritik ausgesetzt, woraus neue Weltanschauungen entstanden, die jetzt auch differenziert argumentierten. Einflussreich wurden vor allem die Lehren von Gosala, Mahavira und Buddha (alle vermutlich um 480 gestorben), welche zwar Grundpositionen der Upanishaden übernahmen, aber die Opferrituale, die Ungleichheit der Kasten, brahmanisches Priestertum und die damit zusammenhängenden Veden ablehnten, sowie die Charvakas, die darüber hinaus auch »atman«, »karma« und »samsara« verwarfen. Indem sie sich mit dieser Kritik auseinandersetzten, erarbeiteten dann Brahmanen, welche an der Tradition einschließlich Veden und Upanishaden festhielten, zwischen 400 v. und 400 n. Chr. allmählich sechs Philosophenschulen, die sich als orthodox verstanden. Für Gosala, Mahavira und Buddha stand im Mittelpunkt des Denkens die Frage, wie das Individuum aus dem Wiedergeburtenkreislauf erlöst werden könne. Alle drei befürworteten dazu eine asketische Lebensführung, also den Verzicht auf möglichst vieles, was dem Körper Freude macht. Während Gosala und seine Anhänger, die Ajivikas, den Einfluss der Menschen auf den Wiedergeburtenkreislauf gering einschätzten und auf besonders radikale Askese setzten, sahen Mahavira und Buddha ein Mittel zur Erlösung in moralischer Lebensführung. Dabei verkündete Mahavira, dessen Anhänger sich als Jainas bezeichneten, eine extreme Gewaltlosigkeit, selbst kleinsten Tieren wie Insekten gegenüber, wogegen für Buddha Meditation eine wichtige Rolle spielte. Die Charvakas (auch Lokayata) waren ganz auf ein vergnügtes Leben im Diesseits orientiert und vertraten eine materialistische Weltdeutung, die Dinge aus natürlichen Ursachen erklärte und dabei von empirischer Erfahrung ausging. Die sechs »orthodoxen« Philosophenschulen hatten unterschiedliche Schwerpunkte. Sankhya baute besonders die spekulative Naturphilosophie aus, Nyaya befasste sich vorzugsweise mit Argumentationslogik und Erkenntnistheorie, und Mimamsa konzentrierte sich auf die Analyse ritueller Handlungen. Vedanta ging es vor allem um Selbsterkenntnis, während Vaisheshika primär eine atomistisch orientierte Naturphilosophie war, die im perfekten Wissen den Weg zur Erlösung sah. Yoga schließlich versuchte durch eine vollkommene Beherrschung des Körpers und der Sinne zu tiefster Erkenntnis vorzustoßen, wozu der Mensch psychisch und physisch studiert wurde und wirksame Techniken entwickelt wurden, um das vegetative Nervensystem zu kontrollieren.

Neben diesen vielfältigen Lehren der Weltdeutung entstanden auch in Indien seit dem 6. Jahrhundert Wissenschaften im Sinne von theoretisch aufgearbeitetem Erfahrungswissen. Dieses ging von drei Bedürfnissen aus, nämlich dem der Menschen nach Gesundheit, dem der Brahmanen nach Unterstützung der vedischen Rituale und dem der Staatsführung nach Beratung. Medizin war unabhängig von den Brahmanen entstanden und konnte nur langsam die Idee magischer und übernatürlicher Krankheitsursachen verdrängen; das Schwergewicht der seit dem 6. Jahrhundert greifbaren Ayurveda-Medizin lag auf der Vorbeugung, besonders durch Diät. Dabei wurden zwei Deutungsansätze grundlegend, nämlich die Fünf-Elemente-Lehre und die Theorie eines Gleichgewichts von Atem, Gallenflüssigkeit und Schleim als Voraussetzung von Gesundheit. Mit dem Aufkommen der Monarchien entstand eine Staatslehre, die sich unter der Leitfrage, wie ein König mächtig wird und bleibt, mit Außenpolitik, Verwaltung, Wirtschaftsförderung und Militärwesen beschäftigte. Sie wurde von Kautilya zusammengefasst. Hingegen entwickelten sich weder Geschichtsschreibung noch Geografie (was nicht heißt, dass Kaufleute und Herrscherhöfe nicht durchaus gewisse geografische Kenntnisse besaßen). Außerdem erwuchs eine ganze Reihe von Wissenschaften zunächst als Hilfswissenschaften für vedische Rituale: Geometrie zur Konstruktion der Opferaltäre, Astronomie und Arithmetik, um die Kalenderdaten für Opfer zu berechnen, Phonetik zur richtigen Aussprache alter magischer Formeln, Grammatik und Etymologien zur Interpretation der Veden. Schließlich kamen noch anwendungsorientierte Lehrbücher für den ästhetischen Bereich hinzu, so Dramen- und Verslehre.

Diese seit dem 6. Jahrhundert entstandenen indischen Weltdeutungslehren und Wissensbestände waren im Wesentlichen Sache kleiner geistiger Eliten, der Brahmanen sowie buddhistischer und jainistischer Mönche. Gottheiten spielten in ihnen keine Rolle. Volkstümliche Rituale und Magie, stark in dravidischer Tradition, lebten unverbunden daneben. Doch auch in Indien entwickelten sich Formen religiöser Verehrung durch breite Kreise, die sich das Göttliche in konkreten Personen vergegenwärtigten und die über bloßes Ritual hinaus durch Glauben und emotionale Empfindungen getragen wurden. Sie entstanden, indem sich die Weltdeutungen der Eliten auf die einfachen Leute zubewegten, sich ihren Bedürfnissen nach konkreter Anschaulichkeit und emotionalem Halt anpassten und dabei ältere volkstümliche Kulte verschiedenster Art integrierten. In der Nachfolge Buddhas bildeten sich zunächst kleine weltabgewandte Gruppen von Mönchen und Nonnen, die durch asketisches Leben den Weg zu ihrer eigenen Erlösung suchten. Mahavira reformierte einen bestehenden Mönchsorden. Im Laufe der Zeit bekamen buddhistische Mönche Land geschenkt und begannen im Gegenzug durch Lehre sowie Unterstützung von Armen und Kranken in die Gesellschaft hineinzuwirken. Buddhas Lehre wurde durch umfangreiche Spekulationen erweitert, wobei Buddha allmählich in eine gottähnliche Stellung rückte. Vor allem mit dem Mahayana-Buddhismus veränderte sich der Buddhismus dann seit dem 1. Jahrhundert v. Chr. zu einer Religion für weltliche Gläubige. Es entstanden Kultbauten in Gestalt von Stupas, d.h. künstlichen Hügelbauten für Reliquien, der Glaube an heiligenähnliche Boddhisattvas kam auf, die durch ihre Verdienste den einfachen Menschen zur Erlösung helfen sollen, Buddhisten begannen Buddhas (im Plural!) kultisch zu verehren und öffneten sich für volkstümliche Gottheiten und Magie. Ähnliche Entwicklungen verzeichnete auch der Jainismus. Parallel dazu entfaltete sich auch im »orthodoxen« Lager ein volkstümlicher Traditionsstrom; dieser knüpfte teilweise an Gottheiten der Veden an, teilweise an volkstümliche Lokalgottheiten. Mit zahlreichen Legenden, Heldensagen und Königsgenealogien verbunden, von wandernden Barden für ein aristokratisches Publikum episch gestaltet und von Brahmanen überformt, erwuchs hieraus im Laufe der Jahrhunderte als literarische Tradition das Epos Mahabharata. Gegen Ende der Epoche entstand als Reaktion auf die buddhistische Konkurrenz eine Götterverehrung in Tempeln mit Priestern und bildlichen Darstellungen. Diese repräsentierten die Götter entweder als Götterbild oder als Symbol wie das Linga, der stilisierte Penis als Zeichen für Shivas Kraft. Dabei wurde zunehmend das persönliche Verhältnis der Gläubigen zur Gottheit betont. Dieser sogenannte »Hinduismus«[235] war äußerst vielgestaltig, wobei einige wenige Gottheiten immer deutlicher herausragten, insbesondere Shiva und Vishnu, deren Kulte und Mythologien praktisch eigene Religionen bildeten.

Bei den in Nordchina im 6. bis 3. Jahrhundert aufbrechenden Reflexionsprozessen stand die Frage nach der gesellschaftlichen Ordnung im Mittelpunkt. Das ist verständlich vor dem Hintergrund der Kämpfe, dem Zwang, sich umzuorientieren, als die Machtstrukturen von Personenverbänden zu teilbürokratischen Staaten übergingen. Dabei wurden vor allem vier Richtungen einflussreich. Die Legalisten redeten diesem Trend das Wort, indem sie im Interesse einer starken Monarchie eine gesellschaftliche Ordnung propagierten, die auf unpersönlichen und verschriftlichten Gesetzen, effektiven Institutionen, schriftlichen Berichten und statistischer Erfassung sowie starkem Militär und strenger Strafjustiz beruhte. Hier sollte der Herrscher die ganze Macht haben, und alle anderen sollten rechtlich gleichgestellte Untertanen sein. Kungfuds' († 479) versuchte dagegen in der Umbruchszeit die Möglichkeit aristokratischer Existenz neu zu definieren. Die alten Lehensbindungen und ererbten Ränge sanken dahin, aber die Nivellierung durch die neuen staatlichen Gesetze und die kriegerische Macht des Monarchen waren für den Adel eine Gefahr, weshalb Kungfuds' diese Mittel möglichst vermieden sehen wollte. Stattdessen propagierte er, traditionelle Riten zu beachten und Höherstehende zu respektieren, aber dabei wollte er die hierarchische Gesellschaft dadurch neu fundieren, dass man jetzt herausgehobene Stellungen nicht mehr durch Geburt und Erbe, sondern aufgrund von Erziehung und persönlichem Bemühen erlangen sollte. Sein neues Leitbild war ein Aristokrat, den moralisches Verhalten und Bildung, Selbstbeherrschung und Pflichtbewusstsein prägten. Dagegen wandte Mo ds' († 390) sich im Interesse der städtischen Unterschichten sowohl gegen traditionelle Klanhierarchien wie gegen Kriege der Monarchen, Gewinne der Kaufleute und Luxus der Aristokraten. Er forderte eine egalitäre, auf gegenseitige Hilfe und Menschenrechte gegründete Gesellschaft. Die Dauisten wiederum traten für ein einfaches ländliches Leben autarker Dörfer ein, die im ruhigen Einklang mit der Natur lebten, wie es dieses angeblich vor Urzeiten gegeben habe, jenseits von herausgehobenen Aristokraten, höfischer Zivilisation, Technik und Zwängen durch staatliche Macht. Sie lehnten aber auch die alten Klanbindungen ab und träumten vom Glück freier Individuen, die ein möglichst langes Leben erlangen konnten.

Zugleich überwanden die chinesischen Eliten die subjektivistische Weltdeutung: Die Götter und Geister verblassten, die bronzenen Ritualgefäße gerieten außer Kurs, der Himmel wurde vom Obergott zu einer abstrakten innerweltlichen Kraft. An die Stelle der Beziehung der Menschen zu Göttern und Ahnen trat der Glaube an abstrakte Naturkräfte.[236] Man suchte mit dem »dau« einen unpersönlichen Urgrund aller Erscheinungen zu fassen. Ein anderer Ansatz wollte alles Werden und Vergehen aus dem Wechselspiel der fünf Elemente Holz, Feuer, Erde, Metall und Wasser erklären. Diesen Elementen wurden allmählich assoziativ alle möglichen Dinge zugeordnet, von denen man aufgrund äußerer Ähnlichkeit einen Zusammenhang annahm, also z. B. dem Feuer Sommer, Süden, Mars, Sehen, Krieg, rot, Bohnen, die Zahl 7, Geflügel usw. In Anlehnung an ein altes Wahrsagebuch, das »Buch der Wandlungen«, welches mit langen und kurzen Strichen, die jetzt als Ausdruck der komplementären Urkräfte »jin« und »jang« gelesen wurden, 64 unterschiedliche Kombinationen erzeugte, ordnete man diesen jetzt abstrakte Situationen zu und glaubte damit die Totalität der Welt erfassen zu können. Die spekulative Naturphilosophie ging davon aus, dass die einzelnen Teile des Kosmos untereinander und mit den Menschen in unablässigen wechselseitigen Abhängigkeitsbeziehungen stünden und sich in ständiger Wandlung befänden. Diese Vorstellung unsichtbarer Einflussströme wurde in unterschiedlicher

Weise konkretisiert. Die Idee, die Gestirne hätten einen Einfluss auf die Menschen, führte zur Astrologie. Aus der Vorstellung von Energieleitbahnen im Körper wurden besondere Punkte abgeleitet, über die Heilwirkungen erzielt werden könnten, wenn man dort mit Metallnadeln reizt, die Akupunktur. Die Annahme von Energieströmen in der Landschaft, die Menschen in Gebäuden und Gräbern schaden könnten, führte dazu, diese Ströme vor deren Anlage durch Feng-Shui zu berücksichtigen. Schließlich erwuchs aus diesem Denkansatz auch das Interesse an Zusammenhängen ohne physischen Kontakt wie Optik, Magnetismus und Akustik. Das Interesse der Dauisten an lebensverlängernden, ja sogar unsterblich machenden Maßnahmen motivierte jahrhundertelang geheime alchemistische Versuche, ein entsprechendes Elixier herzustellen sowie sich mit Diät und Atemtechnik zu beschäftigen. Auch wenn die Chinesen bei diesen Anwendungen im Laufe der Zeit auf einzelne richtige Beobachtungen stießen, standen diese Bestrebungen aufs Ganze gesehen im Banne spekulativer Naturphilosophie, nicht von Erfahrungswissen.

Verschriftlichtes Erfahrungswissen entfaltete sich in China vor allem dort, wo staatliches Interesse dazu antrieb. Die Sorge um unheilverkündende Himmelszeichen und um einen korrekten Kalender führte zur Astronomie, die in staatlichem Auftrag immer genauer beobachtete. Seit 720 v. Chr. sind alle Sonnen- und Mondfinsternisse, seit 613 alle Kometen verzeichnet. Ebenfalls in staatlichem Auftrag begann, nachdem seit 772 Annalen vorangegangen waren, 100 v. Chr. mit Ss'-ma Tjän die bis 1912 fortgesetzte Reihe offizieller Dynastiegeschichten. Diese verarbeiteten umfangreiches historisches und überhaupt gesellschaftswissenschaftliches Material chronologisch und thematisch und stützten sich dabei auf kaiserliche Archive, Texte und Erkundungen. Auch Kartografie – ab etwa 200 v. Chr. Landkarten – und anwendungsorientierte Fachliteratur über geografische Gegebenheiten, Militärwesen und Landwirtschaft entstand jetzt aus diesem Interesse heraus. Arithmetisch-algebraische Rechenverfahren zu entwickeln wurde durch Fragen der Steuererhebung, Landvermessung und Großbauten herausgefordert, wogegen Geometrie wenig Aufmerksamkeit fand. Anders als die Griechen entwickelten die Chinesen weder theoretische Modelle für die Planetenbewegung noch mathematische Beweise. Aus dem medizinischen Erfahrungswissen verschiedener Krankheiten erwuchs bis zum 1. Jahrhundert v. Chr. die Textsammlung *Nee Djing*, wobei Diagnose und Therapie stark von den naturphilosophischen Theorien beeinflusst waren und sich daneben auch weiter magische Methoden hielten. Enzyklopädien stellten seit dem 3. Jahrhundert v. Chr. Fachwissen für die Eliten zusammen.

Auch wenn die chinesischen Eliten die Götter und Geister in ihrem Denken beiseiteschoben, liefen doch manche Rituale als Staatskult der Beamten und des Kaisers weiter, und die Eliten akzeptierten auch lokale

Rituale der einfachen Bevölkerung, um die Massen zu integrieren. Mit den Lehren von Kungfuds' breiteten sich überdies die Rituale der Ahnenverehrung neu aus, und zwar stärker denn je. Die Experten für Schamanismus wurden hingegen als böse Zauberer aus dem öffentlichen Leben verdrängt. Eine über formale Rituale hinausgehende Gläubigkeit, die an den Bedürfnissen der bäuerlichen Massen orientiert war, kam erst im späten 2. Jahrhundert n. Chr. auf, und zwar aus dem Dauismus heraus, wobei buddhistische Missionare wohl die Vorbilder lieferten. Hier entstanden verschiedene Offenbarungen geheimer Schriften sowie der Glaube an umfangreiche Götterwelten und an Heilige. Es bildeten sich Klöster und Tempel mit professionellen Priestern für Rituale, Exorzismus und Heilungen. Dabei spaltete sich dieser volksnahe religiöse Dauismus bald in unterschiedliche Traditionslinien. Teilweise waren diese auch von einer Hoffnung auf eine bessere Welt getragen, ohne dass man von Erlösungsvorstellungen sprechen kann.

Traditionsstiftung oder Untergang?

Der Schritt zur achsenzeitlichen Kultur war in allen drei Regionen wie das Erblühen einer bunten Blumenwiese, doch dann kamen die Gärtner und selektierten. Wichtig wurde dabei vor allem, ob die neuen Weltdeutungen in der Lage waren, sich über persönliche Lehrer-Schüler-Ketten hinaus zu institutionalisieren. Ebenso wichtig war, wie sie zu den Machteliten standen, die fördern oder unterdrücken konnten, und es spielte auch eine Rolle, wie die Weltdeutungen sich zu den menschlichen Bedürfnissen und bestehenden Normen verhielten.[237]

In Griechenland konnten sich mehrere Philosophengruppen als private, selbst finanzierte Vereinigungen mit Bibliothek und Lehrbetrieb institutionalisieren, alle im relativ liberalen Athen: die Nachfolger von Platon als Akademie, die von Aristoteles im Lykeion, später die Epikureer und die Stoa. Am wichtigsten wurde dann das Museion in Alexandria, 280 v. Chr. vom Ptolemäerkönig als staatlich finanzierte Forschungseinrichtung mit großer Bibliothek und Sternwarte gegründet. Andere hellenistische Herrscher schufen kleinere Kopien davon, besonders in Pergamon. Die reinen Naturwissenschaften fanden hier keine rechte Förderung, sondern mehr die anwendungsnäheren. Während das klassische Athen gegenüber kritischen Lehren recht tolerant war[238], ließen die römische Republik und die ersten römischen Kaiser als gefährlich geltende Schriften vernichten.[239] In Indien waren die Priester-Brahmanen zunächst an den Herrscherhöfen gut etabliert, wurden aber geschwächt, als Magadha die meisten davon zerstörte. Die Jainas, Buddhisten und Ajivikas organisierten sich als Mönchsorden, die alle von Kaufleuten durch Schenkungen unterstützt wurden und außer der Erlösungslehre auch Medizin und anderes Wissen pflegten. Dabei fanden die extremen Ajivikas weniger Resonanz, und die Jainas konnten im landwirtschaftlichen Bereich keinen Anhang finden, weil dem ihr striktes Tötungsverbot gegenüber Tieren im Wege stand. Dagegen wurden die Buddhisten von Ashoka und durch den Kushana-Herrscher Kanishka stark gefördert. Die Charvakas hingegen verschwanden völlig – welcher Herrscher unterstützt schon eine Lehre, die seine göttliche Legitimation bestreitet? In China fanden die Legalisten an den Fürstenhöfen im 4.–3. Jahrhundert breite Resonanz, und Tjin sch' hwangdi versuchte diese Richtung zur Staatsdoktrin zu machen. Bücher anderer Denker ließ er so weit wie möglich verbrennen. Mit dem Scheitern der Tjin-Dynastie wurde das legalistische Konzept dann zum Tabu; die Regierungspraxis blieb zwar weiter stark davon geprägt, aber man durfte sich nicht dazu bekennen. Als Kaiser Wudi 124 v. Chr. die Han-lin-Hochschule gründete, bestimmte man zum Lehrstoff das »Buch der Wandlungen«, vier weitere angeblich von Kungfuds' redigierte Werke und die Lehrgespräche des Kungfuds'. Damit breiteten sich Naturphilosophie und Kungfuds' Lehren in den Eliten aus. Fünf-Elemente-Lehre und Jin-Jang-Lehre behaupteten sich bis ins 19. Jahrhundert. Während Kungfuds' Betonung der Autorität den Herrschenden genehm war, wurden Mo ds' egalitäre Lehren ebenso wie etliche andere Denkansätze in der frühen Han-Zeit verdrängt. Der Dauismus blieb als dritte Strömung bestehen, öffentlich von den Herrschenden wegen seiner egalitären Vorstellungen kritisch beäugt, zugleich aber privat interessant wegen seiner Bemühungen um lebensverlängernde Mittel. Überdies diente seine Vision eines freien Lebens in der Natur auch immer wieder Beamten als gedankliche Kompensation für die Zwänge des Amtes. Als mit den politischen Wirren nach 184 n. Chr. die staatlich gestützte Hochschule unterging, gewannen Dauismus und andere Ideen gegenüber Kungfuds' Lehren wieder deutlich an Boden.

Bemerkenswerterweise entstanden infolge der achsenzeitlichen Kultur in allen drei Regionen hochschulartige Institutionen, allerdings nur an sehr wenigen Orten, die damit eine zentrale Rolle für die Elitenkultur eines großen Gebietes gewannen. Im hellenistischen Raum waren es Athen und Alexandria. In Indien lehrte im 5. Jahrhundert v. Chr. in Taxila (Nordpakistan) eine Schar von Weisheitslehrern in vedischer Tradition, und um 200 n. Chr. erwuchs im Nordosten in Nalanda aus einem buddhistischen Kloster eine zweite Hochschule. In China war es die kaiserliche Hochschule, deren Studentenzahl bis 167 n. Chr. auf 30 000 gestiegen sein soll.[240]

Der Geist kreativen Diskurses zwischen den Lehrmeinungen blieb nicht dauerhaft erhalten. In China wurden seit der Gründung der Han-lin-Hochschule lediglich die zu Klassikern erhobenen Werke interpretiert, sodass man nur noch von einer nachachsenzeitlichen Kultur sprechen kann. Auch bei Dauisten, Buddhisten und Jainas entstand im Laufe der Jahrhunderte ein Kanon maßgeblicher Texte. Die Vielfalt der Weltdeutungen blieb in Indien dagegen stärker erhalten, da dort kein selektierender Einheitsstaat bestand. Im Museion in Alexandria begann man bestimmte Literatur als Klassiker zu pflegen, während die anderen Schriften nach dem 2. Jahrhundert v. Chr. in Vergessenheit gerieten, so auch die als überholt geltende griechische Naturphilosophie. Die hellenistischen Forschungsaktivitäten versandeten zunehmend und machten im Laufe des 2. Jahrhunderts v. Chr. einer Bewahrung des Erbes Platz.[241] Zweimal wurde ihre Hauptstütze, das Museion, schwer getroffen: Nach den Zerstörungen im Verlaufe der ägyptischen Thronfolgekämpfe 145 v. Chr. arbeitete es auf geringerem Niveau, nach den Kriegszerstörungen 270 n. Chr. praktisch nicht mehr.[242] Als in der zweiten Hälfte des 3. Jahrhunderts Germaneneinfälle und Bürgerkriege das Römische Reich in eine Krise stürzten und Not und Angst wuchern ließen, wandten sich viele Menschen Mithraskult und anderen Mysterienreligionen, Christentum, Gnosis und Manichäismus zu. Traditionelle Staatsrituale und diesseitsorientierte Weltdeutungen verloren an Überzeugungskraft, die Athener Philosophenschulen endeten. Alles zusammengenommen bedeutet dieses, dass spätestens seit dem 3. Jahrhundert n. Chr. auch für den östlichen Mittelmeerraum nur noch von einer nachachsenzeitlichen Kultur gesprochen werden kann.

Das Angebot an Heilslehren im Mittelmeerraum war breit – warum setzte sich gerade das Christentum durch, warum nicht einer der Konkurrenten? Wegen ihrer Intoleranz gegenüber anderen Göttern, denen sie deshalb die Opfer verweigerten, welche die Öffentlichkeit aber als staatserhaltend ansah, zogen die Christen zunächst einmal Anfeindungen auf sich. Diese eskalierten mehrfach zu staatlichen Verfolgungen, besonders 249–50, 258–60 und 303–11. Dass die Christen als Einzige eine Kirchenorganisation aufbauten, indem sie Bischofsämter einführten, dass sie außerdem Fürsorge boten und eine Theologie entwickelten, verschaffte ihnen indes Vorteile gegenüber den Konkurrenten. Nachdem das Christentum 313 vom römischen Kaiser Constantinus I. als gleichberechtigt anerkannt worden war, wurde es von den Kaisern massiv unterstützt, und zugleich begann die staatliche Verfolgung anderer Religionen, Kulte und Philosophien, ja auch abweichender Interpretationen des Christentums selbst (»Ketzer«!). Dadurch wuchs das Christentum im Laufe des 4. Jahrhunderts aus der Rolle einer kleinen Minderheit heraus, und 391 wurde es zur alleinigen und verbindlichen Staatsreligion erklärt.[243] Um die Anhänger der Konkurrenz zu sich herüberziehen zu können, übernahm es einiges von ihr: Der Heiligen- und Märtyrerkult schloss an den antiken Heroenkult an, der Reliquienkult kam den magischen Bedürfnissen des Volkes entgegen, auch Bilder (von Jesus und den Heiligen) nahm das bis dahin in jüdischer Tradition bildlose Christentum auf, ebenso Prozessionen und Weihrauch. Philosophie und Naturwissenschaft wurden verdrängt, und parallel dazu wich auch in der Porträtkunst die realistische Darstellungsweise einer mehr symbolisch ausgerichteten. Institutionell kopierte die Kirche mit dem Aufbau der Hierarchie von Bischöfen – Metropoliten (= Erzbischöfen) – Patriarchen den spätrömischen Staatsaufbau mit Stadt – Provinz – Diözese. Eine solche Kirchenorganisation stellte weltweit eine Besonderheit dar.

Was unterschied das Denken von Griechen, Indern und Chinesen?

Mit dem Schritt zur achsenzeitlichen Kultur gewannen Weltdeutung und Wissen der Eliten bei Griechen, Indern und Chinesen durch die Pluralisierung der Pfade spezifische Profile, die nachhaltig prägten.[244] Gewiss war manches gleich: Alle drei entwickelten reflektierte Ethik, naturphilosophische Konzepte, Medizin, Mathematik und Astronomie. Während allerdings die griechische und die indische Ethik sich auf das Individuum richteten, zielte die chinesische primär auf die Einordnung in die Gesellschaft. Das Niveau medizinischer Kenntnisse war trotz unterschiedlicher Ansätze im Ganzen in etwa vergleichbar, d.h. ähnlich begrenzt. In Mathematik, Ethik und Astronomie blieben die Chinesen indes in der theoretischen Durchdringung hinter Griechen und Indern deutlich zurück. Hier werden tief gehende Unterschiede sichtbar: Während Griechen und Inder sich mit formallogischen Schlussfolgerungen und mit der Analyse grammatischer Strukturen beschäftigten, gab es Derartiges in China nicht. Ansätze bei Mo ds' wurden nicht weiter verfolgt. Die Begrifflichkeiten chinesischer Texte blieben unschärfer, mehrdeutiger und weniger abstrakt, die strukturelle Komplexität der Argumentation war geringer, oft verwendeten Chinesen Beispiele und Analogien und nicht logische Argumente. Zum Teil hat dieses mit der Struktur der Sprache zu tun.[245] In Griechisch und Sanskrit als flektierenden Sprachen schuf man mit dem Entstehen von Philosophie auch die Möglichkeit, durch Konjunktionen und Präpositionen logische Relationen zu verdeutlichen und durch Substantivierungen Abstraktes von Konkretem zu unterscheiden (»das Kalte« statt »kaltes Wasser«). Das Chinesische als nichtflektierende Sprache hingegen reiht unveränderliche Elemente und tut sich deshalb schwerer, Konkretes von Abstraktem zu trennen und logische Bezüge auszudrücken. Es spielte aber wohl auch eine Rolle, dass die griechischen Philosophen der klassischen Zeit durch öffentliche Debatten miteinander dazu getrieben wurden, sich mit Argumentationslogik zu beschäftigen und zum Grundsätzlichen ihrer Positionen vorzudringen, während die chinesischen Denker jener Zeit Fürstenhöfe für sich zu gewinnen trachteten, wo das historische Beispiel vielleicht mehr überzeugte als das logische Argument.[246] In den Zeiten danach standen dann Legalisten, Kungfuds'-Anhänger und Dauisten aus unterschiedlichen Motiven Disputationen ablehnend gegenüber.[247]

Auch die Einstellung zur Existenz nach dem Tod war sehr unterschiedlich. Während sie für die Inder infolge der Wiedergeburtslehre ein zentrales Thema darstellte, spielte sie im chinesischen Denken keine Rolle – auch die Lebensverlängerungsversuche der Dauisten zielten auf das Leben im Diesseits, nicht auf eine Erlösung nach dem Tod. Vielleicht entfaltete sich die persönliche Religiosität in China weniger, weil die Menschen nicht so stark aus den Familienbindungen gelöst waren. Griechische Philosophen waren ebenfalls diesseitsorientiert; erst mit den Mysterienreligionen kam das Erlösungsthema von unten hoch und drang schließlich immer mehr auch in das Denken der Eliten ein. Mit diesem Unterschied der Interessen hing auch ein Unterschied der Sichtweisen zusammen, des Weges zu Erkenntnissen. Während Griechen und Chinesen relativ nüchtern den Blick auf die Wirklichkeit um den Menschen herum richteten, gewann bei den Indern jene Haltung Oberhand, die sich auf den einzelnen Menschen konzentrierte. Hier wurden Intuition und Meditation wichtig als Versuche, zu Wahrheiten vorzudringen, hier entstand Askese, um diesen Weg physisch zu unterstützen. Während Erfahrungswissen gering geschätzt wurde, beschäftigte man sich mit Bewusstsein und Empfindung.

Unterschiede wurden auch darin sichtbar, wie stark und auf welche Weise sich Kulturträgerrollen aus der übrigen Gesellschaft ausdifferenzierten. In China war dieses am wenigsten der Fall; der Vollzug der Rituale blieb Sache der Autoritäten von Staat und Familie, die Pflege und Tradierung der Elitenkultur blieb weitgehend an die Elitenrolle überhaupt gebunden, von den professionellen Geistlichen des religiösen Dauismus abgesehen. Auch die Griechen kannten die Pflege von Kult durch staatliche Beamte beziehungsweise mit den Mysterienreligionen und dem Frühchristentum durch die sich selbst organisierende Gemeinde; deutliche Professionalisierungen entstanden aber mit Philosophen und Wissenschaftlern sowie auch mit den Amtsträgern der christlichen Kirche. In Indien waren die Träger der Elitenkultur dagegen viel deutlicher ausdifferenziert, zunächst als Priester-Brahmanen, wozu dann das Mönchtum trat. Letzteres lebte ortsfest in Klöstern, war aber ohne zentrale Autorität.

Diese Varianten der Sichtweise und der Professionalisierung führten nun dazu, dass der Bereich der Erfahrungswissenschaften unterschiedlich stark entwickelt war, am wenigsten bei den Indern, am weitesten bei den Griechen. Geschichtsschreibung konnte sich sowohl bei Griechen wie Chinesen entfalten, bei Letzteren thematisch breiter angelegt als bei Ersteren, indem sie auch Geografie, Wirtschaft und Staatsorganisation einschloss. In Indien fehlte sie hingegen völlig. Zu Naturwissenschaften als Verbindung von Theorie und Erfahrungswissen kam es überhaupt nur bei den Griechen, wenn man von Astronomie absieht, während das chinesische und indische Denken bei naturphilosophischen Spekulationen stehen blieben. Legalisten und Kungfuds'-Anhänger standen Naturwissenschaft desinteressiert gegenüber, und die Dauisten waren zwar an der Natur interessiert, misstrauten aber wissenschaftlicher Logik und Methodik. In Indien waren selbst astronomische Beobachtungen ungenauer, wogegen die Entwicklung der Mathematik durch diese Geringschätzung äußerer Erfahrung nicht beeinträchtigt wurde, da sie ein reines Geisteskonstrukt darstellt. Insbesondere mit Mechanik beschäftigten sich nur die Griechen theoretisch, was später noch sehr bedeutsam werden sollte. Zaghafte Ansätze dazu bei den Nachfolgern von Mo ds' wurden nicht fortgesetzt, vielmehr lehnte die in China dominant gewordene Tradition mechanistische und atomistische Erklärungsansätze ab und zog es vor, in organischen Beziehungen und in Klassifikationen zu denken.

Auch das verschriftlichte anwendungsorientierte Wissen wuchs bei den hellenistischen Griechen zu viel größerem Umfang als in den anderen beiden Regionen. Das dürfte mit dem allgemein unterschiedlichen Grad der Verschriftlichung zu tun haben. Die Griechen hatten günstig ägyptisches Papyrus zur Verfügung, und die Schriftlichkeit und Alphabetisierung stiegen von 600 v. Chr. bis 250 n. Chr. durchgehend an und reichten auch über die Eliten hinaus.[248] Private Bibliotheken entstanden, und die Bibliothek des Museion soll in der Blütezeit 700 000 Schriftrollen umfasst haben.[249] In China zählte dagegen die kaiserliche Palastbibliothek Anfang des 1. Jahrhunderts n. Chr. nur 677 Buchtitel.[250] Erst als um 200 n. Chr. Papier als Schreibmaterial Bambusstreifen und Seide verdrängte, nahm die Verschriftlichung stark zu. In Indien dominierte weitgehend die mündliche Weitergabe vom Lehrer an die Schüler auch beim Elitenwissen, wobei Sutras als kurze Merksprüche wichtig wurden. Dahinter stand sowohl die brahmanische Neigung zu Geheimhaltung als auch das Problem, dass Palmblätter und Birkenrinde kein leistungsfähiges Schreibmaterial waren.

Die expressiven Kulturformen spiegelten Denkweisen und Machtverhältnisse wider. Einiges war ähnlich; so ließ der beginnende Individualismus in allen drei Regionen als Ausdruck persönlichen Empfindens die Gattung Lyrik entstehen. Doch die Unterschiede waren ausgeprägter. Während in Griechenland und Indien das Drama als eine Gattung entstand, in der Konflikte thematisiert wurden, bot die an Fürstenhöfe und dann an den Kaiserhof gebundene Elitenkultur Chinas hierfür offenbar keinen Nährboden. Während in Griechenland und China in einem Milieu realitätszugewandter Weltsicht auch die bildende Kunst Formen recht realistischer Menschendarstellungen entwickelte, war die indische hier zurückhaltender und stärker von Symbolen geprägt. In der Architektur entstanden einige kulturspezifische Formenkomplexe, die langfristig prägend werden sollten. Dabei handelte es sich um so unterschiedliche Dinge wie die übergiebelten Säulenreihen griechischer Tempelfronten seit dem 6. Jahrhundert, die buddhistischen Stupas seit dem 2. Jahrhundert v. Chr. und die han-zeitlichen Paläste als Baugruppe aus eingeschossigen Holz-skelettbauten mit großem überkragenden Dach. Dabei sind die Ruinen der griechischen Steinbauten uns heute viel präsenter als die verschwundenen Holzpaläste Indiens und Chinas.

Multikulti, Hellenisierung, Romanisierung, Indisierung, Sinisierung

Die kulturellen Innovationen der achsenzeitlichen Kulturen strahlten weiträumig aus. Deutlich unterscheiden muss man dabei zwischen dem symmetrischen Austausch der achsenzeitlichen Kulturen untereinander und dem asymmetrischen Transfer aus den achsenzeitlichen Kulturen in weniger entwickelte Regionen, ja deren Akkulturation und Assimilierung.

Meder und Perser, Seleukiden und Ptolemäer, Parther und Sasaniden – sie alle haben den mächtigen Strom mesopotamischer und altägyptischer Traditionen keineswegs ausgetrocknet. Vielmehr brachte jeder etwas von seiner eigenen Tradition mit ein. Im Palast des Perserkönigs in Persepolis verschmolzen künstlerische Einflusse aus Aschschur, Ägypten, Babylo-nien, Griechenland und Medien zu einer Gesamtheit. Die Verwaltungs-sprache des Imperiums der Perser wurde nicht einmal das Persische, die Sprache des rückständigen Randvolkes, sondern das ohnehin schon am weitesten verbreitete Aramäische. Hybridisierungen waren aber nicht nur eine Sache der Höfe. Durch Kontakte innerhalb des persischen Imperiums übernahm beispielsweise das Judentum vom iranischen Zoroastrismus die Vorstellungen von Hölle und Teufel sowie eines apokalyptischen Welt-endes.

Als Folge von Alexanders Eroberungen fand Griechisches den Weg nach Osten. Die Griechen des Seleukiden- und Ptolemäerreiches gründeten in ihrem Herrschaftsraum etliche Städte nach griechischem Muster, aber nur die Herrscherhöfe und die städtischen Eliten besonders am Ostrand des Mittelmeers bestanden aus eingewanderten Griechen oder übernahmen griechische Sprache, Kunstformen und Lebensstil in großem Umfang. Die ländliche Bevölkerung blieb davon unberührt, und die einheimische Pries-terschaft als Träger der bisherigen Elitenkultur verweigerte sich. So war Keilschrift bis 70 n. Chr. in Gebrauch, ägyptische Hieroglyphenschrift so-gar bis 394 n. Chr., und auch die alten Götter fanden weiter ihre Verehrer. Auf den Tempelwänden ägyptischer Tempel erschienen die Ptolemäer-könige und die römischen Kaiser bis ins 4. Jahrhundert n. Chr. wie ein Pha-rao. Von einer durchgehenden Hellenisierung des Nahen Ostens konnte also keine Rede sein.[251] Umgekehrt wirkten nahöstliche Traditionen nach Westen. Wie schon erwähnt, lernten nicht nur die griechischen Naturphilosophen von Ägypten und Mesopotamien, auch die hellenistischen Mysterienreligionen knüpften an nahöstliche Gottheiten an. Babylonische Astrologie und Zeiteinteilung im 60er-System fanden ihren Weg nach Westen ebenso wie ägyptische Zauberkünste.

Nachdem in Nordindien Schrift in Anlehnung an die aramäische Schrift des Perserreiches entstanden war, führte der verstärkte Handel der Zeit von 300 v.Chr. bis 200 n.Chr. zwischen dem Nahen Osten und Indien auch einige Ideen mit im Gepäck. So beeinflussten mesopotamische Astrologie und hellenistische Astronomie Indien.[252] Das Erscheinungsbild hellenistischer Münzen diente den Indern als Vorbild, und die in der formalen Gestaltung hellenistisch geprägte Kunst Nordpakistans im 2. und 3. Jahrhundert führte zu den klassischen Buddhadarstellungen. Umgekehrt reisten von Nordindien in den hellenistischen Raum Märchen- und Fabelmotive[253], mönchische Askese (um 300 n.Chr. begann in Ägypten das christliche Mönchstum)[254] und einige Geschichten, die wohl von Buddha auf Jesus übertragen wurden.[255] Im Partherstaat war die Kultur der Eliten dann mehr von griechischen als von iranischen Traditionen geprägt. Die Sasaniden drängten zwar hellenistische Kulturformen zurück und förderten besonders den iranischen Zoroastrismus, bemühten sich aber zugleich gezielt um westliches und auch indisches Know-how.

Markante Produkte dieser Verschmelzung vielfältiger Einflüsse waren dann Alchemie und Manichäismus. Alchemie entstand im 2. Jahrhundert n.Chr. in Ägypten; sie verband die Untersuchung von Stoffumwandlungen mit Deutungselementen aus griechischer Naturphilosophie, ägyptischer Magie und jüdischem Glauben, und möglicherweise nahm sie auch Anregungen der über Indien vermittelten dauistischen Alchemie Chinas auf. Sie machte im Laufe der Jahrhunderte zwar manche wichtige Beobachtung, war aber durch ihre Deutungsmuster blockiert, welche chemische Vorgänge fälschlich in Analogie zu organischen Vorgängen wie Geburt, Vereinigung der Geschlechter, Verwesung usw. zu erklären versuchten. Der Manichäismus war ein neuer asketischer Erlösungsglaube. Als seit dem 2. Jahrhundert n.Chr. christliche Gemeinden auch in Mesopotamien und Iran Fuß fassten, schuf der persische Priester Mani ihn um 240 n.Chr. aus Elementen des iranischen Zoroastrismus, von Christentum und Buddhismus. Die neue Lehre breitete sich umgekehrt nicht nur in Iran, sondern über Ägypten bis Spanien und auch längs der Seidenstraße nach Zentralasien aus.

Im Nahostraum intensivierte sich also seit dem 3. Jahrhundert v.Chr. die kulturelle Vernetzung, sodass sich verschiedenste Traditionen vermischten, wobei Staatengrenzen keine Rolle spielten; hingegen lag China weiter ab und blieb hiervon faktisch unberührt. Zwar tauchten ab 65 n.Chr.

buddhistische Mönche aus Indien auf, blieben aber jahrhundertelang ohne Resonanz.

Aus den drei Großräumen achsenzeitlicher Kultur fand ein Transfer in die angrenzenden Regionen archaischer Volkskultur und primitiver Kultur statt, wobei die Mechanismen sich aber unterschieden. Die Makedonen griechisierten sich im 5. bis 4. Jahrhundert selbst. Die Römer waren später dran; sie verknüpften noch 216 v. Chr. die Niederlage von Cannae mit den sexuellen Verfehlungen der Vesta-Priesterinnen und versuchten die Götter mit Menschenopfern zu besänftigen.[256] Nachdem sie dann als Eroberer des Ostens die überlegene hellenistische Kultur intensiver kennengelernt hatten, nicht zuletzt durch erbeutete Kunstgegenstände, Bücher und versklavte griechische Fachleute, übernahm die römische Elite im Laufe des 2. und 1. Jahrhunderts die ganze hellenistische Kultur mit Philosophie, verschriftlichtem Wissen und Mysterienreligionen, Theater und Literatur (was sie alles vorher nicht gekannt hatte). Sie begann anstelle ihrer Holztempel nach griechischem Muster zu bauen und wurde selbst zweisprachig lateinisch-griechisch. Dabei blieb es weitgehend ein Kopieren von Vorbildern und Zusammenfassen älterer Erkenntnisse, beispielsweise in Enzyklopädien, ohne diese im Diskurs schöpferisch fortzusetzen. So erreichte die römische Kultur nur nachachsenzeitliches Niveau. Plinius († 79 n. Chr.) sammelte zwar die naturwissenschaftlichen Erkenntnisse zusammen, aber ohne sie wissenschaftlich zu durchdringen. Varro († 27 v. Chr.) bereitete griechisches Wissen für die Bildung römischer Aristokraten auf und organisierte es in die neun Bereiche Grammatik, Rhetorik, Logik (auch Dialektik genannt), Arithmetik, Geometrie (einschließlich Erdkunde), Astronomie (besonders als Kalenderlehre), Musiktheorie, Medizin und Architektur. Später ließen die letzten zwei weg, und daraus wurden dann die sieben freien Künste der mittelalterlichen Lateinschulen. Überhaupt gerieten die Zusammenfassungen im Laufe der Jahrhunderte immer dünner.

In der Form, wie die Römer die hellenistische Kultur aufgenommen und vereinfacht hatten, gaben sie diese im Laufe des 1. bis 3. Jahrhunderts n. Chr. an ihre weniger entwickelten Provinzen im Westen und auf dem nördlichen Balkan weiter, nun im Medium der lateinischen Sprache und Schrift. Die provinzialrömische Kultur war schon äußerlich in der Kleidung und am Erscheinungsbild der Städte sichtbar. Diese Romanisierung wurde nicht erzwungen, sondern das Prestige der weiterentwickelten Kultur und Aufstiegschancen lockten zur Assimilierung, zunächst die städtischen Eliten, dann auch die ländliche Bevölkerung. Nachdem die Römer im 2. und 1. Jahrhundert v. Chr. ganz Italien assimiliert hatten, wurde nun in der Kaiserzeit auch der Westen fast gänzlich lateinischsprachig. Dabei gelangten Britannien, Nordwestgallien, Nordwestspanien und Nordwestafrika wohl nur bis zur peripheren Kultur. Die alten Umgangssprachen blieben hier im ländlichen Raum lebendig, also das Keltische, Iberische, Berberische und Punische. Dagegen hatte das Lateinische im östlichen Mittelmeerraum gegen das Griechische keine Chance. Durch Solddienst von Germanen und durch Händler gelangten einzelne Elemente der römischen Kultur auch über die Nordgrenze des Imperiums hinaus; z. B. kam dadurch in der primitiven Kultur der Germanen im 1. Jahrhundert n. Chr. die Vorstellung von Göttern auf. [257]

Kulturtransfer aus dem Nahen Osten ging nicht nur nach Westen, sondern lief auch durch das Rote Meer nach Süden. Auf diese Weise kamen die Staaten im Jemen zur Schrift. Als sich die Seehandelsbeziehungen in den letzten Jahrhunderten v. Chr. intensivierten, nahmen sie auch verstärkt hellenistische Kulturelemente auf und integrierten diese in ihre arabischen Traditionen. Teilweise reichten sie diese später nach Aksum weiter. Im 4. Jahrhundert n. Chr. kam im Jemen und in Aksum überdies das Christentum an.

In Indien wanderten seit etwa 500 v. Chr. Brahmanen aus der Ganges-ebene nach Süden bis nach Ceylon und vermittelten Häuptlingen und Herrscherhöfen Wissen und Techniken der aryanischen Kultur. In einem jahrhundertelangen Prozess sahen sich die Stämme an die aryanische Kultur assimiliert. Oft wurden sie dabei komplett als eigene Kasten in die Kastenhierarchie eingegliedert und ihre regionalen Gottheiten mit den vedischen Traditionen mythologisch verknüpft. Dieser ungesteuerte und verzweigte Prozess ließ vielfältige Varianten sprießen. Das Sanskrit der Aryas setzte sich als Elitensprache überall durch, ausgenommen der Süden, der dauerhaft dravidischsprachig blieb. Außerdem breiteten sich buddhistische und auch jainistische Mönche missionierend über ganz Indien aus und gründeten zahlreiche Klöster. Seit dem 3. Jahrhundert v. Chr. stießen sie auch längs der Handelsstraßen nach Zentralasien bis ins Tarimbecken vor, wo sie ebenfalls eine Kette von Klöstern etablierten. Einzelne Brahmanen wagten sich sogar auf den Seefahrtsrouten Richtung Südostasien vor; in Funan konnten im 2. Jahrhundert n. Chr. Sanskrit und Shivakult Wurzeln schlagen.

Auch von Nordchina gingen Assimilierungsprozesse aus. Basis waren hier die bäuerliche Siedlung und die militärische Eroberung. Wo die von Wudi unterworfenen Gebiete dauerhaft unter chinesischer Herrschaft blieben, war chinesische Kultur zwar zunächst nur durch Militär- und Verwaltungszentren präsent, aber langsam folgten auch bäuerliche Siedler. In einem jahrhundertelangen Prozess wurden zunächst die Eliten, dann immer größere Teile der nichtchinesischen Bevölkerung sinisiert, sodass deren Sprache und Bräuche heute bestenfalls noch bei kleinen Minderheiten im Bergland lebendig sind. Bei einzelnen chinesischen Kulturelementen reichte der Transfer auch über den chinesischen Machtbereich hinaus, indem die Höfe der Ssjungnü und von Pujo sich chinesische Fachleute holten.

Die isolierten Gesellschaften

Unberührt von dem ganzen Geschehen in den eurasischen Kernräumen und ihren Vernetzungen lebten die Menschen in den hiervon isolierten Gesellschaften, abgetrennt vor allem durch Atlantik und Sahara. Die von ihnen beanspruchte Landfläche betrug ein Mehrfaches der genannten Gebiete, ihre Bevölkerung aber nur einen Bruchteil davon, und eben diese geringe Bevölkerungsdichte war neben der Isolierung das Haupthemmnis rascherer Entwicklung, behinderte Innovationen und Arbeitsteilung. Nur an drei Stellen, nämlich in Mexiko, Peru und am westafrikanischen Niger-bogen gab es Bevölkerungsverdichtungen, und auch diese blieben jeweils auf sich gestellt, umso mehr, als die Hochländer von Mexiko und Peru sowie die Sahelzone keine billigen Verbindungswege übers Meer besaßen. Überdies bildeten sowohl Mexiko wie Peru zwar jeweils einen Interaktionsraum, aber aus ökologischen Gründen keine flächendeckende Agrarlandschaft, sondern stellten mehr eine Ansammlung einzelner ökologischer Nischen dar.

In Mittelamerika pluralisierten sich die Anstöße der Olmeken zu verschiedenen Regionalentwicklungen. An einigen Stellen, wo die ökologischen Voraussetzungen für eine Verdichtung der Bevölkerung günstig waren, entstanden in den folgenden Jahrhunderten Häuptlingstümer und Ritualzentren. Im Gebiet der Mayas erwuchs hieraus gegen 300 n.Chr. eine Anzahl von archaischen Fürstentümern mit städtischen Zentren.[258] In den beiden mexikanischen Hochtälern, wo sich Bevölkerung durch intensive Landwirtschaft besonders verdichtete, reiften herausragende Zentren heran. Im Tal von Mexiko entwickelte sich aus mehreren Häuptlingstümern mit Teotihuacán eine große Stadt, die zur Blütezeit 100 n.Chr. über 100 000 Einwohner erreichte[259] und als Staat organisiert war, vielleicht als frühe Republik.[260] Das Netz ihrer Austauschbeziehungen erstreckte sich über weite Teile Mittelamerikas. Im Tal von Oaxaca entstand aus drei Häuptlingstümern ein Staat mit Monte Albán als großer Stadt. In Teilräumen wurde in Mittelamerika also auch das Niveau frühurbaner Agrargesellschaften erreicht, und die Priesterschaft der großen Tempelanlagen trug eine archaische Palastkultur. Besonderheiten wie das rituelle Ballspiel und pyramidenförmige Tempelplattformen aus Stein weisen Mittelamerika als eigenständigen und dabei zusammenhängenden Kommunikationsraum aus. Das olmekische Notationssystem wurde verschiedentlich weiterentwickelt, gelangte aber nur bei den Mayas zur Vollschrift, und zwar um 300 n.Chr.

In Peru entstanden aus den Anfängen der vorangegangenen Epoche sowohl an einigen Stellen des Hochlandes wie in den Bewässerungsoasen der Küstentäler eine Reihe von Ritualzentren mit Regionalkulturen. Dem

Kult dienende Pyramiden aus luftgetrockneten Ziegeln kannte man überall an der Küste, aber manche Kulturen wiesen auch ausgeprägte Eigenarten auf, so die südperuanischen Nazca mit riesigen rituellen Bildern aus Linien im Wüstensand. Vom Moche-Tal an der peruanischen Nordküste aus, dessen Eliten aufwendige Ritualgeräte aus Edelmetall besaßen, entstand im 3. Jahrhundert n. Chr. vermutlich ein Klanstaat. Auch in Ecuador und Südkolumbien wurden einige Ritualzentren gebaut, wobei deren Gesellschaften aber nur spärliche Kontakte nach Peru und Mittelamerika hatten.

In Schwarzafrika kam es nur im Binnendelta des Niger mit seinen fruchtbaren Überschwemmungsböden zu einer Bevölkerungsverdichtung. Von dieser entfaltete sich ein eigenständiges regionales Fernhandelsnetz mit Kupfer, Eisen und Baumwolle, getragen von Booten auf dem mittleren Niger und von Eseln. Mit Jenne entstand hier im 3. Jahrhundert v. Chr. auch eine Stadt.[261] Die Differenzierung der Machtnetzwerke ging dagegen in ganz Subsaharaafrika über Lokalgruppen und einfache Häuptlingstümer nicht hinaus, vor allem angesichts geringer Bevölkerungsdichte. Die Stufe primitiver Kultur wurde nicht überschritten.

Auch in den übrigen Gebieten entwickelten sich die Verhältnisse hier und da weiter. In den fruchtbaren Flussauen des mittleren Mississippigebiets kamen ab 300 v. Chr. aristokratische Stammesgesellschaften auf, wie an den Grabhügeln erkennbar ist (Hopewellkultur). Wirtschaftlich waren diese aber erst domestizierende Gesellschaften und noch keine Agrargesellschaften, da ihre einheimischen Kulturpflanzen als Basis für eine Agrargesellschaft nicht ausreichten (Mais aus Mittelamerika wurde zwar bekannt, spielte aber noch keine Rolle). Im arktischen Nordostamerika wurden die Wildbeuter zu entwickelten Jägern und Sammlerinnen. Nachdem sie den Iglu erfunden hatten, konnten sie auch im Winter Robben jagen gehen. In Nordsibirien gingen die entwickelten Jäger und Sammlerinnen teilweise zum Rentiernomadismus über. Diese Schritte lassen aber zugleich erkennen, wie groß der Abstand dieser isolierten Gesellschaften zu den Kernräumen weltgeschichtlicher Entwicklung inzwischen geworden war.

Todespfeile aus der Steppe
oder Schriften frommer Männer?
350 bis 1400

Die Barbaren kommen!

Der Brauch zentralasiatischer Steppennomaden, den Triumph über ihre Feinde im wahrsten Sinne des Wortes auszukosten, indem sie aus den Schädeln der Anführer der Besiegten tranken, wird den Angehörigen (nach-)achsenzeitlicher Kulturen als symbolisch für »Barbaren« erschienen sein. In dem Jahrtausend, das für die europäische Geschichte auch mit dem Verlegenheitsbegriff »Mittelalter« bezeichnet wird, waren Bevölkerungswachstum und Innovationen, Intensivierung und zunehmende Vernetzung sowie der Transfer höherer Entwicklungsstufen in rückständige Regionen, kurz die »normale« Dynamik der Weltgeschichte durchaus weiter wirksam, aber die Entwicklung der Kerngebiete wurde zugleich mehrfach durch Einbrüche peripherer Völker von außen massiv unterbrochen, z.T. sogar schwer beschädigt. Die Diskrepanz war eine des Entwicklungsstandes: Die peripheren Völker waren arm, kannten im Regelfall keine Städte, ja waren oft sogar ausgesprochen städtefeindlich, und sie gehörten als Analphabeten archaischen Volkskulturen oder primitiven Kulturen an. Sie besaßen noch keine staatliche Organisation, sodass ihre Kriegsmacht aus ungestümen Stammeskriegern bestand, denen kriegerische Gewalt gegenüber Stammesfremden als normal galt und die auf Raub und Plünderung aus waren. Auf der anderen Seite standen staatlich organisierte Kulturen in achsenzeitlicher Tradition mit schriftbesitzenden Eliten und mit Städten. Dort war Kriegführung weitgehend eine Sache der Spezialisten, mit der die friedlichen Zivilisten nichts zu tun hatten.

Es gab mehrere Wellen, welche die Kernräume überrollten, und zwar nicht nur in einzelnen Raubzügen, sondern indem sie sich dort als Herren etablierten. Im 4. bis 6. Jahrhundert expandierten vor allem türkisch-mongolische Gruppen aus der Mongolei und brachen Richtung Südosten in Nordchina ein, drangen nach Westen vor, als Hunnen bezeichnet, überfluteten Nordindien und schoben Germanen an, die ihrerseits in den Westen des Römischen Reiches einfielen; im 7. Jahrhundert drangen Araber in die Agrargesellschaften des Nahen Ostens ein, im 10. und 11. Jahrhundert Türken von Zentralasien her in den Nahen Osten und um 1200 auch nach Indien, im 11. und 12. Jahrhundert Berber nach Nordwestafrika, im 12. Jahrhundert Tungusen nach Nordchina, im 13. Jahrhundert Mongolen in China und in den Nahen Osten und im 14. Jahrhundert noch einmal mongolisch-türkische Gruppen in den Nahen Osten, und das waren nur die Wichtigsten.

Germanen, Türken und Mongolen empfanden sich dabei nicht selbst als Gemeinschaften, sondern diese Fremdbezeichnungen meinen, dass größere Gruppen ähnliche Sprachen hatten. Die Stämme als militärisch handlungsfähige Verbände umfassten einige Zehntausende, manchmal wenige Hunderttausende unter Führung eines Häuptlings, strukturiert durch Klane und Gefolgschaften. Dabei waren bei Arabern und Berbern Klane dominant, während Türken und Mongolen ausgeprägte Aristokratien mit Gefolgschaften aufwiesen und bei den Germanen im Laufe der Zeit die Hierarchisierung deutlich zunahm. Wenn die Stämme über größere Entfernungen wanderten, bildeten sie sich ständig um: Neue Gruppen wurden integriert, einige spalteten sich ab, oder die Stämme schlossen sich mit anderen zusammen. Dabei spielten Unterschiede der Sprache oder zwischen Schlitzaugen und blonden Haaren keine Rolle. Die Identität solcher Stämme über größere Zeit und Strecken lag also nur in den Führungsgruppen.[262] Der Mythos gemeinsamer Abstammung war ein Konstrukt. Im Unterschied zu den bäuerlichen Germanen waren Türken, Mongolen, Araber und Berber immer Reiternomaden. Türken und Mongolen stammten aus der eurasischen Steppenzone, wobei das Zentrum der Wanderungswellen in den schier endlosen Weideflächen der nördlichen Mongolei lag, hingegen stammten Araber aus Innerarabien und Berber aus dem Atlasgebirge und den Steppen südwestlich davon.

Die Eroberung durch Araber, Türken und Mongolen begann stets mit einer Phase von Mord, Verwüstung und Raub, aus dem die Stammeskrieger entlohnt wurden. Danach setzte eine gewisse Konsolidierung ein: Die Häuptlinge wurden zu Monarchen und die Stammeskrieger zum Heer, und die Besitzaneignung wurde in die geordneteren Bahnen der Steuererhebung geleitet, die in den Händen der bisherigen Verwaltung lag. Da die herrschenden Dynastien keine klare Nachfolgeregelung kannten, kam es oft zu Morden innerhalb der Herrscherfamilie. Was zählte, war nur der militärische Erfolg; zwischen einem Räuberhauptmann mit seiner Bande und einem Herrscher mit Armee bestand nur ein Unterschied in der Dimension, nicht im Prinzip. Mit der Produktion von Werten beschäftigte man sich nicht, sondern nur damit, sie abzuschöpfen. Meist zerfiel die Herrschaft dann nach wenigen Generationen.

Keine andere Epoche der Weltgeschichte erlebte vergleichbare Einbrüche peripherer Völker in die städtischen Agrargesellschaften. Warum mussten gerade diese Jahrhunderte sie erleiden? Es gibt keine einfache Formel, um dieses zu erklären.[263] Das Entwicklungsgefälle war deutlich geworden und wahrscheinlich weiter in die Peripherie hinein wahrnehmbar als zuvor; das ließ Begierden auf Teilhabe wachsen, und sei es durch Raub. Umgekehrt hatten die Germanen mit den Römern militärtechnisch allmählich gleichgezogen, und auch die östlichen Nomaden lernten bestimmte Kriegstechniken von den Chinesen, ohne dass die staatlichen Armeen mit durchschlagenden Innovationen einen deutlichen Vorsprung bewahren konnten. Mehr noch, die mit Pfeil und Bogen bewaffneten Reiterkrieger der Steppen besaßen Vorteile gegenüber den schwerfälligen Infanteriearmeen der Agrarstaaten, auch gegenüber den indischen Elefanten, vor allem durch ihre Beweglichkeit. Diese erlaubte Überraschungsangriffe, Ausflankieren in der Schlacht, Hinterhalte und Ausweichen vor überlegenen Gegnern. Seit etwa 400 verfügten die Nomaden im Osten, seit 550 auch im Westen überdies über Steigbügel, die ihnen im Sattel einen festeren Halt verliehen. Als in späteren Jahrhunderten die Herkunftsgebiete der peripheren Stämme alle ebenfalls staatlich organisiert waren und außerdem die Agrarstaaten über Feuerwaffen verfügten, änderten sich die Rahmenbedingungen.

Die Auslöser für die konkreten nomadischen Angriffswellen waren im Einzelnen unterschiedlich. Wiederholt kam es zu einem Druck durch Dürren[264] oder expansive Nachbarn, dem die hochmobilen eurasischen Nomaden auszuweichen suchten, was zu weiträumigen Kettenreaktionen führen konnte. Eine Rolle spielte außerdem das Auftreten charismatischer Führer, ebenso günstige Gelegenheiten durch momentane Schwächen der Agrarstaaten, gelegentlich auch ein Impuls durch religiöse Neuerungen.

Auffällig ist, dass der Nahe Osten durch nomadische Eroberungen schwerer getroffen wurde als die übrigen Regionen. Dieses dürfte daran liegen, dass hier die städtischen Agrargesellschaften mit nomadisch nutzbaren Steppen kleinräumig verzahnt waren, bedingt durch Klima und Stromoasen; hierdurch wurden Nomaden stärker in die Agrargesellschaften hineingezogen und konnten dort langfristig leben. In Europa war es hingegen aufgrund der ökologischen Gegebenheiten möglich, den Raum peripherer Stämme gänzlich durch Agrarstaaten zu konsolidieren. Anders sah die Situation auch in China aus, wo städtische Agrargesellschaft und nomadische Steppe dauerhaft als zwei scharf geschiedene Großräume nebeneinanderlagen.

Schon die erste Welle peripherer Stämme war außerordentlich folgenreich. Nordchina wurde 304 bis 316 von türkisch-, mongolisch- und tungusischsprachigen Nomadenstämmen überschwemmt, als ein Bürgerkrieg zwischen Angehörigen des Kaiserhauses die chinesischen Abwehrkräfte geschwächt hatte. Die Nomaden gründeten in Nordchina mehrere ethnisch überschichtete Staaten, während das chinesische Kaiserhaus nur den dünner besiedelten Süden unter Kontrolle behielt, vor allem das Jangtsetal. Ab 386 unterwarfen die türkisch-mongolischen Tuoba den ganzen Norden und etablierten sich dort als Wee-Dynastie. Schließlich wurde von dort 581 auch der Süden erobert und damit die Staatseinheit wiederhergestellt (Ssuee-Dynastie, ab 618 Tang-Dynastie). Ein Teil der chinesischen Aristokratie war im 4. Jahrhundert in den Süden geflüchtet, ein Teil verschmolz im Norden mit den eingedrungenen Nomaden zu einer neuen Aristokratie, wobei bis ins 8. Jahrhundert hinein die kriegerischen Elemente nomadischer Herkunft dominant blieben.

In den Steppen nordwestlich Chinas begann nicht nur die nomadische Wanderungswelle nach China, sondern gleichzeitig auch eine nach Westen, die Mitte des 4. Jahrhunderts als Hunnen östlich des Aralsees erschien. Diese eroberten den Nordosten des sasanidischen Iran und um 500 auch Nordwestindien. Ihre Herrschaft dauerte dort zwar nur wenige Jahrzehnte, aber in ihrem Gefolge drangen andere Stämme nach Nordwestindien ein, die Rajputen, die dort viele kleine archaische Fürstentümer aufbauten, die von Klanherrschaft und Gefolgschaften bestimmt waren. Ihr kriegerisch-ritterlicher Lebensstil blieb dort bis ins 15. Jahrhundert prägend. 375 erschienen die Hunnen auch nördlich des Schwarzen Meeres. Vor ihnen flüchteten Teile der germanischen Goten aus Rumänien über die Donau ins Römische Reich, wo sie als Bundesgenossen aufgenommen wurden. Um gotische Einfälle nach Italien abzuwehren, wurden 406 römische Truppen von der Rheingrenze abgezogen, mit der Folge, dass diese gegen die Germanen nicht mehr gehalten werden konnte. Innerhalb weniger Jahre waren Gallien, Spanien, Nordwestafrika und Italien weitgehend unter der Kontrolle der eingedrungenen germanischen Stämme. Um die Grenzen besser verteidigen zu können, hatten die Römer 395 ein Doppelkaisertum geschaffen, von dem ein Herrscher die Westhälfte und einer die Osthälfte befehligen sollte. Da dem Westkaisertum durch den plötzlichen Germaneneinbruch nicht nur die Gebietskontrolle, sondern auch die meisten Steuereinnahmen verloren gingen, ohne die sich kein schlagkräftiges Heer finanzieren ließ, verschwand es nach wenigen Jahrzehnten. Hierin einen »Untergang des Römischen Reiches« zu sehen, ist indes völlig verfehlt, denn dieses existierte im Osten mit der zweiten Hauptstadt Konstantinopel als Zentrum ungebrochen weiter, faktisch ebenso wie in seinem Selbstverständnis. In weltgeschichtlicher Perspektive reiht dieses Geschehen sich in die analogen Fälle dieser Epoche ein; es gibt keinen Grund, die Ursachen dafür in einer angeblichen längerfristigen Dekadenz der Römer zu suchen.[265] Die eingedrungenen Germanenstämme wurden zunächst von den römischen Kaisern als Streitkräfte in Dienst genommen, doch tatsächlich gründeten sie bald ethnisch überschichtete Staaten: die Franken in Nordfrankreich, die Burgunder in Burgund, die Westgoten in Südfrankreich und Spanien, die Sweben in Nordwestspanien, die Vandalen in Nordwestafrika, schließlich auch noch die Ostgoten in Italien. Dabei bildeten die Germanen, die nur wenige Prozent der Bevölkerung ausmachten, die herrschende Schicht, unter der römische Verwaltung und Steuerwesen weitgehend bestehen blieben. Die Germanenherrscher erkannten im 5. und 6. Jahrhundert den Vorrang des (ost-)römischen Kaisers weiter an, erhielten von ihm Titel und kopierten Elemente seiner Hofhaltung. Kaiser Justinian versuchte die Germanen wieder zu vertreiben und konnte 534 bis 540 immerhin Nordwestafrika und für einige Jahrzehnte auch Italien zurückerobern.

Doch der Druck peripherer Völker auf das (Ost-)Römische Reich, das nun auch als byzantinisches bezeichnet wurde, ließ nicht nach. In den Jahrzehnten um 600 ging die Balkanhalbinsel bis auf die Küstenstriche verloren, als sich dort immer mehr Gruppen slawischer Bauern ansiedelten. Aus slawischer Sicht setzte sich damit nur jener Prozess der vorangegangenen zwei Jahrhunderte fort, in dessen Verlauf sich slawische Gruppen über ganz Osteuropa bis zur Elbe ausgebreitet hatten. Die Slawen an der unteren Donau wurden um 680 von den Bulgaren unterworfen, einem türkischen Nomadenvolk, das von den Chasaren nach Westen verdrängt worden war. Die Bulgaren gründeten hier einen Staat, der Konstantinopel in der Folgezeit schwer zu schaffen machte.

Noch schwerer wog die Bedrohung durch die Araber. Nachdem Mohammed in Medina eine islamische Gemeinde gegründet hatte, vermochte er die bisher zerstrittenen arabischen Nomadenstämme fast der ganzen Halbinsel zu einem komplexen Häuptlingstum zusammenzuschweißen. Da sich zufälligerweise gleichzeitig das (Ost-)Römische Reich und der sasanidische Iran in einem Krieg gegenseitig geschwächt hatten, konnten die islamischen Araber nach Mohammeds Tod 632 innerhalb von nur zwei Jahrzehnten dem Oströmischen Reich Ägypten und den ganzen Südosten entreißen sowie den Sasanidenstaat erobern, obwohl es sich bei den Muslimen um relativ kleine Stammeskriegergruppen ohne zentrale Leitung handelte. In einer zweiten Expansionsphase von 696 bis 713 gewannen die Araber auch das restliche Nordafrika und Spanien hinzu und dehnten ihre Herrschaft im Osten bis an den Indus aus, wogegen Angriffe auf die Franken, auf Konstantinopel und Nordwestindien scheiterten. Die Nachfolger Mohammeds, die Kalifen, konsolidierten die Herrschaft der arabischen Stammeskrieger zum ethnisch überschichteten Staat, in dem die bisherige Verwaltung weitgehend erhalten blieb. Nachdem die Abbasiden 750 die vorherige Dynastie gestürzt hatten, bauten sie in Bagdad eine differenzierte Zentralverwaltung nach iranischem Muster auf, und arabische und nichtarabische Muslime vermischten sich zunehmend, auch in Machtpositionen. So nahm der Staat den Charakter einer patrimonialbürokratischen Monarchie an. Indem die Provinzgouverneure sich im Laufe des 9. Jahrhunderts faktisch unabhängig machten, schrumpfte der tatsächliche Machtbereich des Kalifen dann zunehmend auf den Irak ein; seine rituelle und legitimierende Oberhoheit blieb aber meist weiter anerkannt, indem er im Freitagsgebet genannt wurde.

Der (ost-)römische Kaiser in Konstantinopel, durch den Überlebenskampf gegen Bulgaren und Araber geschwächt, konnte sich seit dem 7. Jahrhundert um den Westen nicht mehr kümmern. Dort waren als größere germanische Monarchien also nur noch die der Franken, die um 500 herum ganz Frankreich erobert hatten, und die der Langobarden in Italien übrig geblieben. 774 wurde Letztere ebenfalls weitgehend von den Franken geschluckt. Auch die Franken sahen sich Raubzügen neuer peripherer Völker ausgesetzt. Aus der ungarischen Tiefebene heraus unternahmen zwischen 567 und 740 die Awaren und von 896 bis 970 die Magyaren, beides von Osten her dorthin vorgedrungene Reiternomaden, Raubzüge ins östliche Frankengebiet und ins (Ost-)Römische Reich. Von Norden her plünderten ca. 830 bis 910 Gefolgschaften von Wikingern aus Skandinavien, denen ihre schnellen Schiffe eine nomadengleiche Mobilität verliehen, die Küsten und die flussaufwärts gelegenen Gegenden des Frankenstaats und Englands. Im Frankenstaat sesshaft wurden aber nur kleine Wikingergruppen in der Normandie.

Damit hörte die Bedrohung durch periphere Völker für (West-)Europa auf, nicht jedoch für Byzanz, den Nahen Osten, Indien, China und Russland. Die Herrschaft der muslimischen Araber sah sich durch das Eindringen nichtarabischer Nomadenstämme gefährdet, die zwar vorher mehr oder minder äußerlich den islamischen Glauben angenommen hatten, aber aus peripheren Steppenräumen kamen und deshalb trotzdem ein starkes Entwicklungsgefälle verkörperten. Das betraf den Westen mit Marokko und Südspanien, als raue Berberstämme, ausgelöst durch eine religiöse Erneuerungsbewegung, diese Länder eroberten und sich dort als Herren etablierten. Einmal geschah dies 1060 unter der Dynastie der Al-Murabitun und dann noch einmal 1140 unter den Al-Muwahhidun. Nachhaltiger wirkte das Eindringen der Türken in den Nahen Osten. Bei ihnen war die Ausbeutungsmentalität stärker ausgeprägt als zuvor bei den Arabern. Türkische Nomadenstämme wanderten seit dem 9. Jahrhundert immer zahlreicher von Nordosten in den Raum östlich des Aralsees ein, wo sie oberflächlich islamisch wurden und sich als Herrenschicht einrichteten. Unter dem Klan der Seldschuken eroberten Türken 1025 bis 1080 ganz Iran, Irak, Syrien und das byzantinische Inneranatolien, wobei ihr ethnisch überschichteter Staat aber nach wenigen Jahrzehnten in eine ganze Anzahl von kleinen Herrschaften zerfiel. Sowohl im Raum östlich des Aralsees als auch in Inneranatolien setzte sich durch den Zustrom immer neuer türkischer Nomaden im Laufe der Zeit das Türkische als Umgangssprache durch. 975 etablierte sich in Afghanistan die auf türkische Söldner gestützte Dynastie der Ghasnawiden, die auch zahlreiche Plünderungszüge nach Nordindien unternahm, und schließlich unterwarfen Türken von Afghanistan aus Nordindien. In dem daraus 1206 entstandenen Sultanat von Delhi blieben die islamischen Türken eine fremde Herrenschicht, die von wenigen Festungsstädten aus mit einer großen Söldnerarmee dem andersgläubigen Land ein Maximum an Steuern abpresste, ohne die Hindu-Eliten zu integrieren. Trotz wiederholter Aufstände kontrollierte das Delhi-Sultanat Nordindien weitgehend. Um 1300 unterwarf es dann in wenigen Jahren sogar auch noch fast ganz Zentral- und Südindien, doch schon wenige Jahrzehnte später erklärten sich fast alle Provinzgouverneure für unabhängig und gründeten eigene Staaten.

Die gefährlichste Bedrohung braute sich aber jetzt im Osten Eurasiens zusammen. Die tungusischen Dschurdschen und die Mongolen waren schon stärker organisiert, bevor sie Agrargesellschaften eroberten, und ihre Armeen waren schwer gerüstet, ja verfügten durch übergelaufene chinesische Spezialisten über Belagerungsgerät zum Sturm auf Städte.[266] Dadurch war ihre Durchschlagskraft stärker als die aller bisherigen »Barbaren«. Außerdem standen die Mongolen den städtischen Agrargesellschaften extrem fremd und räuberisch gegenüber und versuchten ihre geringe Zahl durch planmäßigen Terror zu kompensieren.

Zunächst wurden Stämme der Dschurdschen in der Nordostmandschurei zu einem komplexen Häuptlingstum vereint, das 1125 ganz Nordchina eroberte; als Djin-Dynastie regierten sie dort von der neuen Hauptstadt Peking aus. Reste der chinesischen Kaiserfamilie der Ssung wichen nach Hangdshou an der Jangtsemündung aus und setzten von dort die Herrschaft über Südchina fort.

Dann kamen die Mongolen. Aus kleinen Anfängen kommend, fasste Dschingis Khan bis 1206 alle mongolischen Stämme zu einem komplexen Häuptlingstum zusammen. In den folgenden Jahren baute er ein rasch wachsendes Heer auf, das nicht mehr nach Stammesverbänden organisiert war, sondern straff diszipliniert. Damit konnte Dschingis Khan alle Stämme und Nomadenstaaten des gesamten asiatischen Steppenraums unterwerfen. Nach seinem Tod 1227 übernahmen seine vier Söhne den Machtapparat, und in der Enkelgeneration wurden daraus um 1260 faktisch vier selbstständige Herrschaftsgebiete. Dschingis Khan hatte einen Nomadenstaat gegründet, der sich auf die Steppe beschränkte und agrargesellschaftliche Staaten zwar durch Terrorfeldzüge zu regelmäßigen Tributzahlungen zwang, sie aber ansonsten sich selbst regieren ließ, vor allem Korea, Tibet und die russischen Fürstentümer. Während das Khanat der Goldenen Horde zwischen Schwarzem Meer und Aralsee (mit Oberhoheit über Russland) und das Khanat der Nachfolger Dschagatais zwischen Aralsee und Altaigebirge Nomadenstaaten in der Steppe blieben, deren Herrscher mit Lagern aus Filzzelten umherzogen, eroberten zwei andere Enkel Gebiete städtischer Agrargesellschaften und gründeten damit ethnisch überschichtete Staaten: Hülägü unterwarf 1255 bis 1258 Iran und Irak, wo seine Nachfolger als Ilkhane herrschten, im Osten eroberten die Mongolen das Nordchina der Dschurdschen und unter Dschingis' Enkel Khubilai 1276 bis 1279 auch das Südchina der Ssung-Dynastie. Zwischen den Mongolen, die nur 0,1 % der Bevölkerung Chinas ausmachten[267], und der chinesischen Elite bestand eine tiefe Kluft. Während sich bei den Dschurdschen, ebenso wie letztlich schon einige Jahrhunderte zuvor bei den Tuoba-Wee, jene Kräfte durchgesetzt hatten, die sich für die überlegene chinesische Kultur öffneten, war dieses bei den Mongolen nicht der Fall. Zur Verwaltung Chinas zogen die Mongolen vielfach Perser, Türken oder andere Fremde heran. Die Expansion der Mongolen in Gebiete städtischer Agrargesellschaften fand aber auch ihre Grenzen. Die Vorstöße gegen das Nordindien des Delhi-Sultanats 1248, 1285 und 1297 bis 1306 sowie gegen Ägypten 1260 wurden abgewehrt, wohl weil hier die Verteidiger, die in gewissem Maße selbst aus nomadischer Tradition kamen, über starke Kavallerie verfügten. Ebenso scheiterten alle Flottenvorstöße 1274 und 1281 gegen Japan, 1283 nach Tschampa und 1293 auf Java. Die Europäer hatten einfach Glück; die Mongolen brachen ihren Vorstoß nach Ungarn und Polen 1241/42 ab, weil der Anführer bei der Regelung der Nachfolgefrage nach dem Tod des Großkhans in der Mongolei anwesend sein wollte. Sie nahmen ihn auch nicht wieder auf, obwohl sie Europa sicher hätten erobern können, wenn sie nur gewollt hätten, wie sie es auch in China geschafft haben. Die Herrschaft der Ilkhane, die weitgehend die islamisch-persische Kultur übernommen hatten, zerfiel nach 1335 in mehrere Teilherrschaften. In China kam es gegen die chaotische und terroristische Mongolenherrschaft zu immer mehr Aufständen, sodass die Mongolenmacht in den 1350er-Jahren zusammenbrach und 1368 die chinesische Ming-Dynastie entstand, die sich in ganz China durchsetzte. Die Russen konnten erst 1480 die mongolische Tributhoheit abschütteln.

Timur Leng eroberte ab 1369 noch einmal mit türkisch-mongolischen Nomadenverbänden das Gebiet östlich des Aralsees, dann Iran und Irak und stieß bis Anatolien und Delhi vor. Die prachtvollen Bauten seiner Hauptstadt Samarkand konnten aber nicht darüber hinwegtäuschen, dass die meisten Gebiete sein Auftreten mehr als reine Plünderungs- und Vernichtungszüge erlebten denn als dauerhafte, geregelte Herrschaft. Schädelpyramiden zur Einschüchterung waren sein Markenzeichen. Nach seinem Tod 1405 zerfiel sein Herrschaftsgebiet rasch.

Staaten gründen – Chancen und Notwendigkeiten

Die Dynamik zwischen staatlich organisierten Agrargesellschaften und vorstaatlichen peripheren Völkern ging in beide Richtungen; nicht nur drangen die Barbaren in die Staatenwelt ein, sondern zugleich geschah auch weiterhin der Transfer von Staatlichkeit in die umgekehrte Richtung, d.h. bisherige Stammesgesellschaften taten unter dem Einfluss von Kontakten zu bereits bestehenden Staaten den Schritt zu sekundären Staaten. Vor allem in Europa vom Rhein bis zur oberen Wolga, in Südostasien, um China herum und in der westafrikanischen Savannenzone formierten sich neue Staaten. Immer waren es Häuptlinge oder Gefolgschaftsherren, welche die Chancen ergriffen, ihre Macht zu steigern, die sich aus den Kontakten zu staatlichen Agrargesellschaften ergaben; funktional erforderlich durch eine gestiegene wirtschaftliche Komplexität war die Staatsentstehung in keinem dieser Fälle. Nun ließen Menschen sich im Allgemeinen ungern beherrschen, und sofern nicht äußere Bedrohung ein Motiv lieferte, einen Zusammenschluss unter einheitlicher Führung hinzunehmen, lautete die entscheidende Frage damit immer, ob ein Einzelner genug Ressourcen an sich ziehen konnte, um Gefolgschaften zu entlohnen, mit denen man andere unterwerfen konnte, und um Mächtige an sich zu binden. Ein Herrscher musste freigiebig sein. Oft stand am Anfang der Staatsgründung eine relative rasche Expansion, die in einer Art Schneeballsystemeffekt zur Ressourcen- und Machtakkumulation führte. Die Frage war stets, ob sich diese Macht auf Dauer stellen ließ. Die Ressourcen konnten aus Abschöpfungen der bäuerlichen Bevölkerung oder des Transitfernhandels stammen, aus Raubzügen bei den Nachbarn oder aus Tributen von Nachbarstaaten. Die konkrete Form des Staates variierte dementsprechend je nachdem, ob er sich in direkter Nachbarschaft bestehender Staaten befand oder nur durch Fernhandel Kontakt hatte, welche Möglichkeiten die ökologische Ausstattung und der Entwicklungsstand der Landwirtschaft naheIegten, nicht zuletzt ob das Modell für institutionalisierte Herrschaft von Indern, Chinesen, Byzantinern, Franken oder Muslimen geliefert wurde. In Eurasien fand dieser Prozess um 1100, in Schwarzafrika um 1700 sein Ende; was dann noch nicht als Staat organisiert war, wurde später im Regelfall durch Eroberungen überrollt, lernte staatliche Organisation also durch asymmetrische Integration kennen.

Geradezu brutal wurde die Ressourcenfrage an den Nomadenstaaten in der eurasischen Steppe außerhalb der Agrargesellschaften sichtbar, in denen es wegen der Armut und der leichten Fluchtmöglichkeit nicht denkbar war, im Innern genug abzuschöpfen. Sie waren also entscheidend auf Ressourcen von außen angewiesen.[268] Wie schon in der vorangegangenen Epoche entstanden sie deshalb fast alle entweder im Osten der Steppenzone oder an deren Westende in Ungarn. Im Osten bildete sich 380 der Nomadenstaat der Shwanshwan, der 552 durch die bisher von ihnen abhängigen Gök-Türken zerstört wurde. Letztere konnten ihre Herrschaft in wenigen Jahren von der nordwestlichen Mongolei bis zur chinesischen Grenze einerseits und zur Wolga andererseits ausdehnen. Nach dem Zusammenbruch durch den Vorstoß Tang-Chinas 630 konnte der Gök-Türken-Staat im Osten 682 neu gegründet werden und hielt bis 745, als die türkischen Uiguren ihn vernichteten. Daraufhin beherrschten diese ein Jahrhundert lang die östlichen Steppen. Nach dem Ende der Tang-Dynastie gründeten die aus der Südmandschurei kommenden Kitan 907 nordöstlich von China einen Nomadenstaat, ebenso die aus dem Ordosgebiet stammenden tibeto-burmesischen Tanguten 990 im Gansu-Korridor und der Westmongolei. Die Kitan wurden 1125 durch die bisher von ihnen abhängigen Dschurdschen zerschlagen, beide zusammen dann von Dschingis Khan. Die Führungen der Gök-Türken, Tanguten und Uiguren lebten vor allem von der Kontrolle über den Seidenstraßen-Handel, die der Kitan stützte sich primär auf Tribute, die sie von China erhielt. Kitan, Tanguten und Dschurdschen nahmen übergelaufene chinesische Verwaltungsbeamte und Soldaten als Berater in Dienst, die für den Aufbau von Staatsstrukturen eine wichtige Rolle spielten[269], und gründeten Dynastien nach chinesischem Muster (Ljau-, Ssi Ssja- und Djin-Dynastie). Selbst die Gök-Türken warben Chinesen an.[270]

Unruhen in den östlichen Steppen trieben aber auch wiederholt Stammesgruppen nach Westen. Bei den 375 in der ungarischen Tiefebene erschienenen Hunnen versuchte Attila, die Stammeskonföderation in einen Nomadenstaat umzuwandeln, gestützt auf Tribute von Byzanz und Beute aus Raubzügen nach Europa und Byzanz. Als die Feldzüge 451 und 452 aber keine Beute mehr einbrachten, brach das System zusammen.[271] Danach waren es vermutlich von den Gök-Türken vertriebene Shwanshwan, die 567 als Awaren in Ungarn auftauchten und mit großräumigen Plünderungszügen und Tributen aus Byzanz einen Nomadenstaat unterhielten. Als der Frankenkönig Karl 796 ihren Schatz erbeutete, löste sich auch die Awarenherrschaft rasch in nichts auf. 895 erschienen schließlich von Osten her die finno-ugrischen Magyaren in Ungarn und unternahmen für einige Jahrzehnte Plünderungszüge in weitem Umkreis. Anders als Hunnen und Awaren verschwanden sie nach militärischen Niederlagen aber nicht in der Zerstreuung, sondern erwiesen sich als lernfähig: Sie wechselten das Staatsmodell, indem sie sesshaft wurden und sich zum frühen Territorialstaat wandelten. Schließlich bot auch der Transithandel mit Pelzen von Norden über die Wolga die Basis für Nomadenstaaten, und zwar seit 660 für die von Osten kommenden türkischen Chasaren am Unterlauf, bis sie 965 durch die Kiewer Rus' einen entscheidenden Stoß erhielten, sowie vom 9. Jahrhundert bis zur Eroberung durch die Mongolen für die Wolgabulgaren an der mittleren Wolga.

Während die Nomadenstaaten alle zerbrechlich waren, da hier eine Serie von Niederlagen dazu führen konnte, dass die Ressourcenzufuhr ausblieb und damit die Zentralmacht tödlich geschwächt wurde, entstanden im agrargesellschaftlichen Europa dort, wo keine römischen Verwaltungsinstitutionen bestehen geblieben waren, eine Reihe von Staaten, die sich primär auf Agrarabschöpfungen einer hinreichend verdichteten Bevölkerung stützen konnten und nicht zuletzt deshalb überwiegend eine sehr lange Lebensdauer hatten. Auf diese Weise erwuchs Europa als politischer Raum. Dabei gab es von Gallien und Italien aus nach Skandinavien und Polen hin ein starkes Gefälle an Bevölkerungsdichte, und entlang diesem Gefälle breitete sich Staatlichkeit schrittweise aus. Die Integration von 400 000 Menschen scheint eine kritische Mindestgröße gewesen zu sein.[272] Für jede Region des werdenden Europa war die Frage: Was würde zuerst geschehen, die Eroberung und asymmetrische Integration durch die nächstgelegene, schon zu staatlicher Organisation formierte Macht oder die Vereinigung mehrerer benachbarter Häuptlingstümer unter gemeinsamer, als Staat organisierter Führung, um dieser Gefahr begegnen zu können? Nun waren mit dem Eindringen der Germanen die römischen Eliten aus Britannien, Nordgallien und Süddeutschland abgezogen, sodass hier keine staatlichen Verwaltungsinstitutionen bestehen blieben. Zur Frage, ob sich die zur Staatsgründung nötigen Ressourcen mobilisieren ließen, trat damit das Problem hinzu, die nötigen Verwaltungskompetenzen zu gewinnen, d. h. zunächst vor allem die Fähigkeit zu Schriftverkehr. Deshalb war die Staatsgründung in jedem Fall damit verbunden, dass der Herrscher zum Christentum übertrat und aus dem Ausland Geistliche für den Kanzleibetrieb an seinen Hof holte.

Die Franken gingen voran, setzten manche Standards und gaben Anstöße. In der fränkischen Stammeskonföderation brachte Chlodovech, der Staatsgründer, seit 486 alle anderen Häuptlinge[273] um, sodass der Staat hier nicht als Klanstaat entstand, und zugleich eroberten er und seine Söhne fast ganz Gallien, Burgund und die Stammeskonföderationen der Thüringer und Alemannen, schließlich auch die Stämme Bayerns. Diese fünf Jahrzehnte dauernde Expansionsphase brachte reichlich Land und Beute ein, die der König verteilen konnte, um Anhang zu gewinnen.[274] In den nachfolgenden Generationen zerfleischte sich die Dynastie der Merowinger indes in Erbfolgekriegen, wodurch ihr viele Eroberungen wieder entglitten, bis sie schließlich 751 von den Karolingern gestürzt wurde. Zugleich verlor Südgallien im 7. Jahrhundert den Charakter ethnisch überschichteter Staatlichkeit, indem Steuerwesen und andere Verwaltungsämter verfielen und die gallorömische Oberschicht mit der fränkischen Elite verschmolz. Die Karolinger gewannen Verlorenes zurück, und der Karolingerkönig Karl I. (768–814) eroberte darüber hinaus auch das langobardische Ober- und Mittelitalien, die Stammeskonföderationen der Friesen und Sachsen und den Awarenschatz hinzu. Da inzwischen von den anderen Germanenstaaten nichts mehr übrig geblieben war, von kleinen Restherrschaften in Nordspanien abgesehen, und da der byzantinische Kaiser ganz im Banne der Gefahren aus dem Osten stand, orientierte sich der Papst in Rom auf den Frankenkönig um. Die Hilfe gegen die Langobarden dankte er, indem er Karl 800 einen Kaisertitel verlieh (eine Anmaßung, die der Kaiser in Konstantinopel dem fränkischen Barbaren zunächst sehr übel nahm). Karls Enkel gewannen keine neue Kriegsbeute, begannen vielmehr 843 den Staat erneut zu teilen, und um bei ihren Streitigkeiten Anhänger zu gewinnen, verschleuderten sie immer mehr Besitz an mächtige Adlige. Schließlich verfestigte sich Mitte des 10. Jahrhunderts unter neuen Dynastien eine Zweiteilung in ein Westfrankenreich, bald Frankreich genannt, und ein Ostfrankenreich, das wir den römisch-deutschen Staat nennen. In Letzterem stellte nicht mehr der Adel der Franken, sondern jener aus den vereinten germanischen (jetzt auch als deutsch bezeichneten) Stämmen gemeinsam die Herren. Mit ihm waren auch Norditalien und der Anspruch auf den in Rom vom Papst vergebenen Kaisertitel verbunden.

In der Bretagne ließ die Bedrohung durch die Franken im 9. Jahrhundert aus mehreren komplexen Häuptlingstümern einen Staat entstehen, der fränkische Institutionen kopierte und von den Franken nie recht unterworfen werden konnte; erst um 1100 etablierte sich eine französische Oberhoheit. In England waren mit dem Eindringen der germanischen Angeln und Sachsen im 5. Jahrhundert etliche Häuptlingstümer entstanden, aus denen in einem langwierigen Prozess voller Kämpfe bis Mitte des 7. Jahrhunderts mehrere Staaten erwuchsen, die bis Ende des 10. Jahrhunderts zu einem einzigen zusammengeschlossen wurden. Um sich gegen die englischen Könige behaupten zu können, fanden sich um 850 auch die Häuptlingstümer des schottischen Tieflands zu einem Staat zusammen. Im armen Wales konnte sich dagegen von den komplexen Häuptlingstümern der Kelten keines gegen die anderen durchsetzen, sodass sie im 12./13. Jahrhundert von den Engländern schrittweise erobert wurden. Im nur dünn besiedelten Irland blieb es erst recht bei vielen Häuptlingstümern, die sich gegenseitig das Vieh raubten, aber mit so schwachen Ressourcen war eben kein Staat zu machen, im wörtlichen wie im übertragenen Sinne; selbst komplexe Häuptlingstümer konnten sich nicht längerfristig etablieren.

In Südskandinavien formierten sich im 8. Jahrhundert mehrere komplexe Häuptlingstümer, die miteinander rangen, woraus sich im 9. Jahrhundert auf Seeland, in Südnorwegen und in Mittelschweden, also den landwirtschaftlichen Gunsträumen mit dichterer Bevölkerung, jeweils eine größere Einheit herausbildete. Das seeländische Machtzentrum wurde Mitte des 10. Jahrhunderts stark expansiv und unterwarf den ganzen Raum bis zur Grenze Ostfrankens, sogar Norwegen und Teile Englands, bis sich Anfang des 11. Jahrhunderts die Machtverhältnisse mit Dänemark, (Süd- und Mittel-)Schweden und (Süd-)Norwegen als drei Personenverbandsstaaten konsolidierten.

Die Südslawen kamen letztlich zu spät. Hier versuchte sich seit Mitte des 9. Jahrhunderts in Kroatien und Serbien ein Königtum zu konsolidieren, Ersteres nach fränkischem Vorbild, Letzteres nach byzantinischem

Muster. Doch beide fielen letztlich ihren größeren Nachbarn zum Opfer, Ungarn beziehungsweise Byzanz. Bei den Westslawen, die sich als kleine Gruppen ausgebreitet hatten, entstanden seit dem 7. Jahrhundert Häuptlingstümer. Als die Bevölkerung sich allmählich verdichtete, unter dem Druck ostfränkischer Expansionsbestrebungen und mit zunehmender Kenntnis von fränkischer Herrschaftsorganisation entstanden dann Stammeskonföderationen und komplexe Häuptlingstümer, die miteinander um Macht rangen. Diejenigen Häuptlinge, die Zugriff auf eine der wenigen Fernhandelsverbindungen zwischen Ostsee und Südeuropa hatten, konnten eine größere Gefolgschaft aufbauen, damit benachbarte Häuptlingstümer unterwerfen und Staatsgewalt institutionalisieren: So entstand nach dem Zusammenbruch der Awarenherrschaft zuerst Mähren, bis es 907 durch die Magyaren vernichtet wurde, dann Mitte des 10. Jahrhunderts von Prag aus Böhmen und von dem Raum um Gnesen aus Polen, das gleich in den ersten Jahrzehnten stark expandierte.[275] Die sich konsolidierende Staatsgewalt begann Naturalabgaben bei den eigenen Bauern einzutreiben, und damit hörten im 11. Jahrhunderts die Beutezüge jenseits der Landesgrenzen allmählich auf, bei denen auch Menschen zum Verkauf als Sklaven eingefangen wurden.[276] Die ärmeren Gruppen der Westslawen schafften es nicht mehr, unabhängige Staaten zu gründen; bei den Abodriten im westlichen Mecklenburg und bei den Pommern konnte sich erst im 11. Jahrhundert eine Staatsgewalt festigen, bei den weiter südlichen Elbslawen gar nicht, und so wurden sie alle vom römisch-deutschen Staat überrollt.

Damit hatte sich bis 1100 der ganze europäische Raum mit Staaten gefüllt, die alle bis gegen 1800 existierten, wenn auch z. T. in Personalunion mit anderen verbunden. Die überwiegend extrem dünn besiedelten Randgebiete Europas, in denen 1100 noch weiter Stammesstrukturen bestanden, wurden dann in den nächsten Jahrhunderten von den schon etablierten Mächten unterworfen: die Prussen und die baltischen Stämme im 13. Jahrhundert vom Deutschen Orden, die Klane des schottischen Hochlands im 12. bis 16. Jahrhundert vom Königtum des Tieflands, Irland seit dem 12. Jahrhundert von England, außerdem Finnland und Nordskandinavien schrittweise zwischen 1250 und 1600 weitgehend von Schweden. Einen Sonderfall stellten die ganz am Rande gelegenen Litauer dar, die als Letzte um 1250 angesichts der Bedrohung durch den Deutschen Orden und die Mongolen doch noch den Schritt zum eigenständigen Staat schafften. Sie konnten 1307 bis 1362 sogar das durch die Mongolen verwüstete Westrussland erobern.

Auch bei den Ostslawen entstanden allmählich Häuptlingstümer und kleine Stammeskonföderationen. Ab 830 drangen dann schwedische Wikinger, die Rus', mit ihren Schiffen über die Flüsse vor, besonders auf der Linie Newa – Wolchow – Dnjepr und weiter über das Schwarze Meer bis

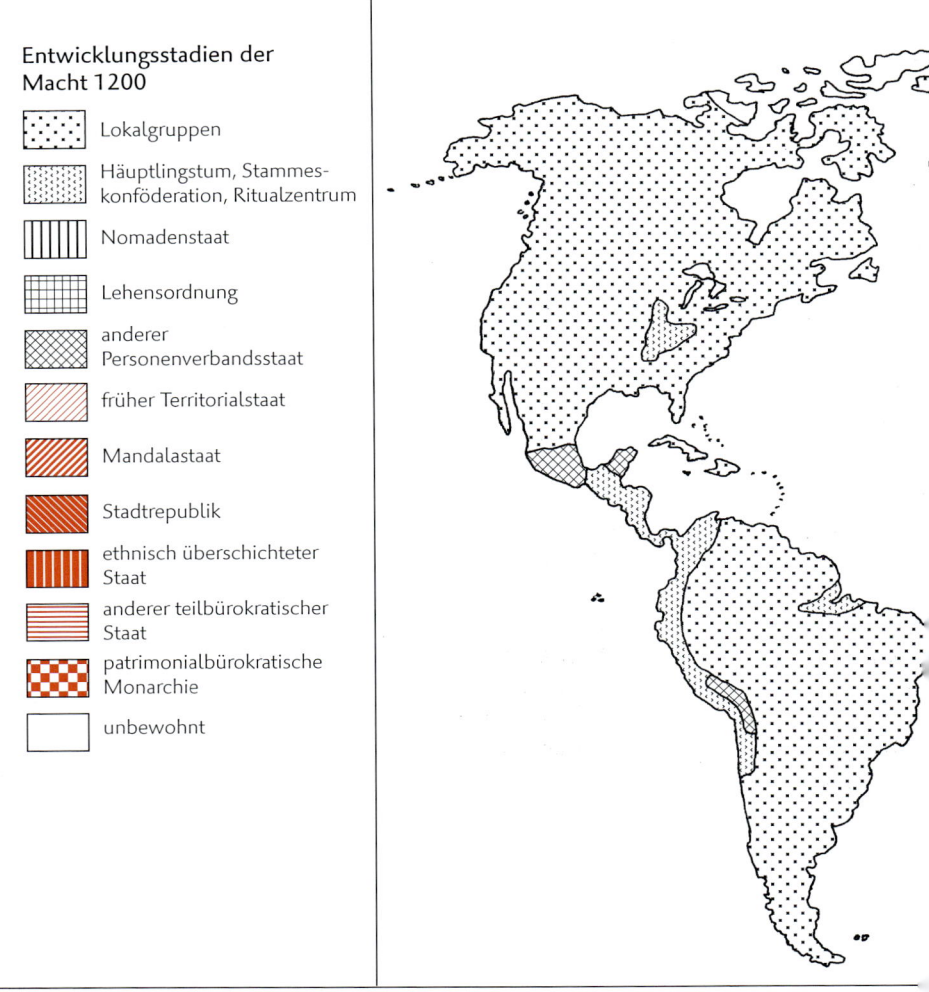

Entwicklungsstadien der
Macht 1200

- Lokalgruppen
- Häuptlingstum, Stammes-
  konföderation, Ritualzentrum
- Nomadenstaat
- Lehensordnung
- anderer
  Personenverbandsstaat
- früher Territorialstaat
- Mandalastaat
- Stadtrepublik
- ethnisch überschichteter
  Staat
- anderer teilbürokratischer
  Staat
- patrimonialbürokratische
  Monarchie
- unbewohnt

nach Konstantinopel. Sie begannen, Pelze, Honig und Sklaven nach Konstantinopel zu verkaufen, die sie bei den slawischen Häuptlingstümern mit
Gewalt eintrieben oder einfingen. Mit dem Gewinn wuchsen die Wikin-
gergefolgschaften, und so entstand um 880 ein Personenverbandsstaat mit
Zentrum in Kiew.[277] Die Führungsschicht slawisierte sich im 10. Jahrhundert und holte Fachleute aus Byzanz. Um das ganze Waldgebiet zwischen
Finnischem Meerbusen und dem Nomadenland der ukrainischen Steppe
zu erfassen, wurden regionale Stützpunkte geschaffen. Diese verselbstständigten sich indes, sodass der Personenverbandsstaat der Rus' Mitte des
12. Jahrhunderts faktisch in ein Dutzend erbliche Herrschaften zerfiel. In
den beiden nordwestlichen, Nowgorod und Pskow, wurden mit den Kon-

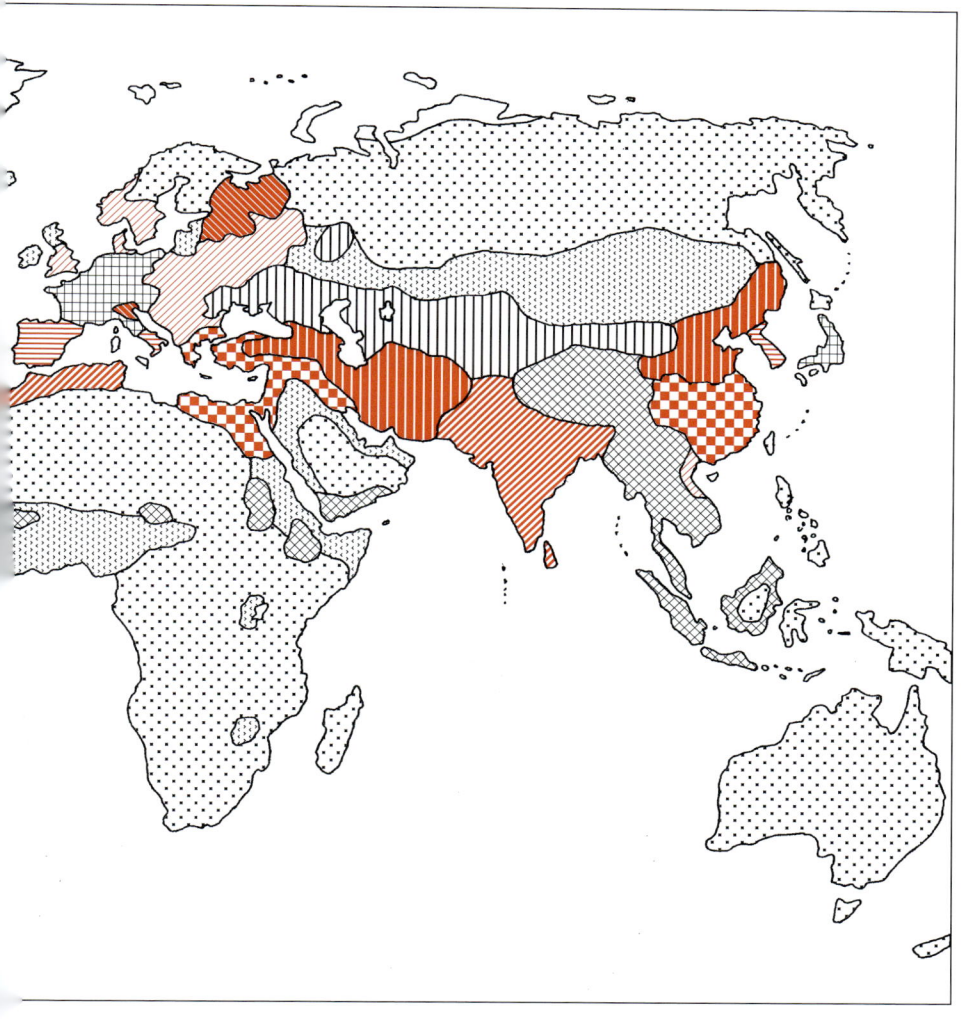

takten zur Hanse die Fernhandelskaufleute immer mächtiger. Sie ergriffen zusammen mit der städtischen Volksversammlung die Macht, wählten ihre Stadtverwaltung und machten sogar den Fürsten zum Wahlbeamten. Damit entstanden hier im 12. Jahrhundert Stadtrepubliken. Die anderen russischen Herrschaften entwickelten sich zu frühen Territorialstaaten. Die Stammesstrukturen verschwanden, die Angehörigen der Gefolgschaften erhielten Land und wurden zum Adel, der seit dem 13. Jahrhundert als leichte Reiterei das Heeresaufgebot bildete. Seit dem 13. Jahrhundert setzten die Fürsten Dienstleute als Kreisverwaltung über die sich verdichtende Bevölkerung ein und erhoben von jedem Haushalt Steuern, auch vom Adel, um den Tribut an die Mongolen zahlen zu können. Diese stärkten den Fürsten im Übrigen gegenüber dem Adel den Rücken. So hörten um 1300 auch die städtischen Volksversammlungen auf.

Im Osten Eurasiens wirkte China nicht nur auf die Staatenbildungen in der Steppe ein, sondern bot auch ein Modell für benachbarte agrargesellschaftliche Staaten. Muster war vor allem das teilbürokratische China der Tang-Dynastie. Die Transferversuche waren allerdings nur z.T. erfolgreich. Um 600 wurden die Stämme im tibetanischen Brahmaputra-Tal zu einem Klanstaat vereint, und der Hof holte buddhistische Gelehrte aus Indien und Verwaltungsfachleute aus China. Über das weitgehend menschenleere tibetanische Hochland hinweg unternahm der neue Staat bald Beutezüge bis nach China und an die Seidenstraße. Als diese Expansionsphase zu Ende war und das Königtum dazu übergehen wollte, Ressourcen verstärkt intern auf Kosten des Adels aufzubringen, stürzte das Land in den Bürgerkrieg, durch den der Staat um 840 in eine Anzahl archaischer Fürstentümer und Häuptlingstümer zerfiel. Als Reaktion auf die tibetanische Expansion schlossen sich um 750 die tibeto-burmesischen Häuptlingstümer südwestlich von Tang-China, in Jünnan, mit chinesischer Hilfe zum Klanstaat Nandshau (später Dali) zusammen, der bald chinesische Verwaltungsinstitutionen übernahm. Er existierte, bis die Mongolen ihn 1253 vernichteten.[278] Nachdem Nordvietnam sich von China gelöst hatte, als dieses von Bürgerkriegen geschwächt war, formierten die Stämme sich 968 zum Klanstaat Đại Việt, der zwischen 1040 und 1075 eine Reihe von bürokratischen Strukturen nach chinesischem Vorbild einführte und zum frühen Territorialstaat wurde.[279]

In der Mandschurei und Nordkorea errichteten aus Korea geflüchtete Eliten bei tungusischen Stämmen 690 den Staat Bohai, der zumindest die Organisation des Königshofes aus China übernahm. 926 wurde er von den Kitan vernichtet.[280] In Schilla, das seit 774 fast die ganze koreanische Halbinsel kontrollierte, versuchte der König seit Mitte des 8. Jahrhunderts die adligen Klane zurückzudrängen, indem er nach chinesischem Vorbild das Heer selbst organisierte und Kreisbeamte ernannte, doch die Neigung zum Erblichwerden der Ämter, der Widerstand des Adels und der Bauern ließen schließlich um 900 den Staat zerbrechen. Der Nachfolgestaat Korjo schaffte es bald mit mehr Erfolg, den Amtscharakter von Zentral- und Kreisverwaltung zu bewahren, wenngleich der Zugang trotz Beamtenprüfungen chinesischen Stils auf Adelskreise beschränkt blieb, und er vermochte auch ein stehendes Wehrpflichtheer aufzubauen; so konnte er teilbürokratisches Niveau erreichen. Durch Wirren ab 1170 und die Mongoleninvasion verlor der Monarch dann aber den Zugriff auf die freien Bauern weitgehend wieder.

In Yamato, das bis 600 schrittweise die japanischen Inseln integrierte, ausgenommen Hokkaido, hatte der Herrscher weniger Erfolg. Ab 646 strebte er danach, aus dem Klanstaat einen teilbürokratischen Staat nach

Muster von Tang-China zu machen, indem er die Führer der Adelsklane in Beamte zu verwandeln versuchte und allgemeine Naturalsteuern sowie bäuerliche Wehrpflicht einführte. Doch das Ganze blieb Fassade und fiel um 800 wieder auf das Niveau eines Personenverbandsstaates zurück. Im Laufe des 9. Jahrhunderts privatisierte der Hofadel die Macht über immer größere Gebiete und Steuerressourcen, sei es durch kaiserliche Schenkungen, Neulandgewinnung oder willkürliche Aneignung. Die kaiserliche Provinz- und Kreisverwaltung verfiel. Als im Ringen der führenden Adelsfamilien 1185 die Minamoto siegten, versuchten sie nicht mehr die Hofämter zu kontrollieren, sondern errichteten parallel zum Kaiserhof ein eigenes Machtzentrum mit dem Titel eines Shoguns (obersten Feldherrn), neben dem der Kaiser schließlich 1336 zur reinen Repräsentationsfigur herabsank. Die Adelsfamilien hatten ab 800 eigene Gefolgschaften aufgebaut, woraus die Kriegerschicht der Samurai entstand. Dieses waren weitgehend berittene Profikrieger mit Schwert und Rüstung, die ritterlich lebten und ihrem Herrn gegen ein Lehen Kriegsdienst leisteten. Indem diese in den Jahrzehnten um 1100 auf der lokalen Ebene dominant wurden, nahm der Staat den Charakter einer Lehensordnung an. Dabei gewannen die Großvasallen, die Daimyos, im 14. Jahrhundert gegenüber dem Shogun viel Spielraum.

Die Ausbreitung staatlicher Organisation über Zentral- und Südindien vollendete sich bis zum 9. Jahrhundert, von schwer zugänglichen Berggegenden abgesehen. Darüber hinaus fand das Modell indischen Königtums Nachahmer in Südostasien. Nun weist Südostasien kleinräumig große ökologische Unterschiede auf, ganz im Unterschied zur europäischen Laub- und Mischwaldzone, in der sich Ackerbaubevölkerung ziemlich gleichmäßig verdichten konnte und wo sich dementsprechend Staaten flächendeckend ausbreiteten. Während Reis in Südostasien bisher überwiegend im nicht so ertragreichen Regenfeldbau angebaut worden war, verdichtete sich jetzt die Bevölkerung inselartig in ökologischen Gunsträumen, wo durch den Aufbau von Wasserregulierungssystemen für Nassreisanbau sogar relativ hohe Bevölkerungsdichten erzielt werden konnten. Dies geschah auf Java mit seinen fruchtbaren Vulkanascheböden, auf den fruchtbaren Schwemmlandböden der großen inneren Flussebenen Festlandsüdostasiens und in den vielen kleinen Flussmündungsebenen Indonesiens und Mittelvietnams. Hier wurden ab 500 zahlreiche Häuptlingstümer zu komplexen Häuptlingstümern, und wo die Ressourcen reichten, entstanden daraus Staaten. Dabei existierte das schon 200 gegründete Tschampa weiter. Brahmanen und buddhistische Mönche übernahmen hohe Ämter an den Höfen und brachten aus Indien Königszeremoniell und Herrschaftssymbole zur Legitimation sowie Verwaltungswissen mit. Aber selbst die größeren Staaten kamen kaum über das Niveau von Personenverbandsstaaten hinaus.[281] Spitzenämter wurden weitgehend von Angehörigen der

Königsfamilie besetzt, und als Streitkräfte gab es nur bäuerliche Aufgebote mit wenig entwickelter Kampftechnik. Die Macht des Königs verdünnte sich vom Kerngebiet über die von Mitgliedern der Königsfamilie beherrschten Gebiete hin zu unterworfenen Machthabern und ins dünn besiedelte Bergland. Wie groß der kontrollierte Raum war, schwankte im Laufe der Jahrhunderte meist stark. Außer in einem begrenzten Kerngebiet war die Macht des Königs mehr zeremonieller Natur; er vergab Prestigegüter und legitimierende Titel, und er sollte als sakraler Herrscher und Repräsentant der kosmischen Ordnung auf magische Weise für die Fruchtbarkeit des Landes sorgen. Um einen Ausgleich dafür zu schaffen, dass die staatliche Verwaltung erst gering institutionalisiert war, bauten größere Staaten im 8. bis 13. Jahrhundert als unpersönliche Institutionen ein Netzwerk von Tempeln oder Klöstern auf, durch das die Teilgebiete auf das Zentrum hin integriert werden sollten. Tatsächlich neigten die religiösen Anlagen dazu zu wuchern und fraßen immer mehr Ressourcen. Größere politische Zentren hatten in Kambodscha die Khmer von 802 bis 1440 in Angkor, in Südbirma die Mon 500 bis 1047 in Thaton und 1281 bis 1535 in Pegu, die von Nandshau nach Oberbirma verdrängten Burmesen von 900 bis 1287 in Pagan, die von Norden in den Raum zwischen Burmesen und Khmer eingewanderten Thai 1240 bis 1378 in Sukhotai (Nordthailand) und seit 1351 in Ayutthaya (Südthailand), die Malaien 680 bis 1200 nahe Palembang auf Südostsumatra (Srivijaya), und auf Java waren es vor allem 760 bis 860 Borobudur und 1220 bis 1400 Majapahit. Die meisten Königshöfe lebten von Abgaben und Arbeitsdienstleistungen der Bauern des zentralen Bereichs sowie von gelegentlichen Beutezügen, bei denen angesichts der geringen Bevölkerungsdichte auch Menschen geraubt wurden. Abweichend davon bezog Srivijaya Ressourcen daraus, dass es den Seehandel nach Indien und China kontrollierte, worin es dann von Majapahit abgelöst wurde.

Noch mehr als Südostasien war fast ganz Schwarzafrika erst dünn besiedelt und die Agrarproduktivität gering, was das Entstehen von Staaten stark behinderte. Hier ließ sich nur wenig Agrarüberschuss abschöpfen, und meist konnten ganze Dörfer vor Machtansprüchen leicht in noch unbesiedeltes Land ausweichen.[282] Nennenswert verdichtete sich Bevölkerung nur an drei Stellen: am Nigerbogen mit den fruchtbaren Überschwemmungsböden des Nigerbinnendeltas, ab 900 westlich des Victoriasees, wo mit der Ankunft der Banane zusammen mit den vulkanischen Böden ein besonderes ökologisches Potenzial entstand[283], und auch in Südwestnigeria, in geringerem Maße in ganz Westafrika. In diesen Gebieten bildeten sich allmählich Häuptlingstümer, und auch das nicht flächendeckend. Da Boden reichlich war, entstand hieran kein Privatbesitz und keine darauf aufbauende gesellschaftliche Hierarchie. Zur Staatsbildung reichte die Bevölkerungsverdichtung für sich genommen vor 1400 nicht aus, ausgenommen das völlig isolierte Gebiet westlich des Victoriasees, wo Kitara wohl um 1400 das Niveau eines Klanstaates erreicht haben dürfte, die letzte autochthone Staatsbildung der Weltgeschichte.

Ansonsten entstanden Staaten in Afrika nur dort, wo Fernhandelsabschöpfungen möglich waren.[284] Nachdem sie das Kamel übernommen hatten, eröffneten Nordafrikaner seit dem 7. Jahrhundert Handelsrouten durch die Sahara zur westafrikanischen Trockensavanne. Häuptlinge, die am Südende einer der ganz wenigen Transitrouten saßen, konnten den Händlern aus dem Norden zweierlei verkaufen: Gold aus dem westafrikanischen Waldgebiet und Menschen, die sie bei den Nachbarstämmen eingefangen hatten, also Sklaven. Der Erlös versetzte sie dann in die Lage, militärische Gefolgschaften aufzubauen und damit umliegende Häuptlingstümer in einen Klanstaat zu integrieren. Verstärkt wurde diese Fähigkeit, überlegene militärische Gewalt zu entwickeln, als seit 1200 allmählich Panzerreiterei aus Ägypten in die Sahelzone übernommen wurde. Auch hier fand sich die Vorstellung eines sakralen Königtums mit magischen Fähigkeiten, das die wichtigsten Ämter aus dem herrschenden Klan besetzte und dessen Macht zu den umgebenden nichtstaatlichen Gebieten diffus auslief. Wie bei den Nomadenstaaten blieben die unterworfenen Häuptlinge weitgehend bestehen, war das Streben nach bürokratischer Durchdringung gering; es kam ja gar nicht darauf an, die Agrarbevölkerung für Abgabenleistungen zu erfassen. Für den Kanzleibetrieb und als Berater holten die Herrscher sich islamische Gelehrte aus dem Norden. Für viele Ämter am Hof, als Soldaten und als Landarbeiter im Kerngebiet setzten die Herrscher dagegen gerne Sklaven ein, da sie sonst nur schwer Menschen fanden, die sich nicht anderen Klanen verpflichtet fühlten. Verlagerten sich die Handelsrouten, schrumpfte der Klanstaat wieder zum Häuptlingstum, und ein anderes Häuptlingstum expandierte zum Klanstaat. So folgten aufeinander Gana 700 bis 1100 (zwischen Senegal und Nigerbogen), Tekrur im 11. bis 13. Jahrhundert (am unteren Senegal) und Kanem seit dem 11. Jahrhundert (am Tschadsee) sowie, größer als die bisherigen, Mali 1230 bis 1400 (vom oberen Niger aus). Auch bei den Haussa in Nordwestnigeria, die im Fernhandel aktiv waren, scheinen einige Häuptlingstümer im 14. Jahrhundert Ämter so weit ausdifferenziert zu haben, dass sie staatlichen Charakter gewannen. Aber wenn König Mansa Musa von Mali auf seiner Pilgerfahrt nach Mekka 1325 in Kairo so viel Gold ausgab, dass er dort eine Inflation verursachte[285], zeigt das nur, wie viel sich abzocken ließ, wenn man an der richtigen Stelle saß; ein Indiz für höher entwickelte Staatsstrukturen ist es nicht.

Außer in der westafrikanischen Savanne lieferten Fernhandelsbeziehungen auch noch an zwei ganz anderen Stellen Afrikas Impulse zur Machtkonzentration. Nachdem im südlichen Simbabwe um 900 Goldminen gefunden und Kontakte zu arabischen Fernhändlern im Indischen

Ozean hergestellt worden waren, bildeten die dortigen Viehzüchter Dutzende von Häuptlingstümern. Durch ihre runden Steinbauten hoben sie sich von der sonst in Schwarzafrika üblichen Holz- oder Lehmbauweise ab. Ob die beiden größten, Mapungubwe von 1150 bis 1250 und Groß-Simbabwe 1250 bis 1430, komplexe Häuptlingstümer waren oder schon Klanstaaten, ist unklar. An der Kongomündung ließ die Kontrolle vor allem über den Kupferfernhandel bis zum 14. Jahrhundert ein komplexes Häuptlingstum entstehen. Ob die Häuptlingstümer der Yorubastädte in Südwestnigeria schon vor 1400 als Staaten anzusprechen sind[286] und wie weit Fernhandelsimpulse von außen hier eine Rolle spielten, ist schwer zu sagen. Offenkundig ist aber, dass der Staat Aksum um 900 zerfiel, nachdem die islamischen Araber diesen christlichen Staat vom Roten Meer verdrängt hatten und damit die Einnahmen des Königs aus dem Fernhandel sanken. Er reorganisierte sich dann zwar im 12. Jahrhundert als Binnenstaat Äthiopien im Gebirgsland, konnte sich aber bis ins 18. Jahrhundert nicht über einen Personenverbandsstaat hinaus entwickeln.

Kulturverlust – neue Identitäten

Die Einbrüche von Barbaren ins Römische Reich, nach Nordindien und Nordchina im 4. bis 7. Jahrhundert führten zu einer gewaltsamen Selektion, in der große Teile der achsenzeitlichen Wissensbestände verloren gingen; von den Schriften Han-Chinas und der griechischen Antike waren es bis heute mindestens 85 %.[287] Zugleich wurden die eingedrungenen Barbaren mehr oder weniger an die höhere Kultur akkulturiert. Auf diese Weise formierten sich auch neue kulturelle Identitäten, vor allem in Gestalt des christlichen Abendlandes und des islamischen Kulturkreises, aber auch indem China sich tief gehend verwandelte.

Am geringsten war der Einschnitt in Indien, wo nur der Nordwesten betroffen war. Die Hunnen vernichteten zwar mit Taxila das Hauptkulturzentrum, aber die Traditionen achsenzeitlicher Kultur wurden an etlichen anderen Orten ungebrochen weitergetragen und ausgebaut.

In China gerieten hingegen die zu Klassikern erhobenen Traditionen, vor allem die Lehren von Kungfuds', ohne die Rückendeckung durch die Han-Dynastie ziemlich außer Kurs. Die gebildete chinesische Aristokratie, die im 4. bis 6. Jahrhundert im Süden herrschte, entwickelte stattdessen einen individualistischeren Lebensstil. Hier wurde Malerei von einem Handwerk zu einer Sache der Gebildeten, ebenso Kalligrafie als Mittel subjektiven Ausdrucks. Mit Kunst- und Literaturkritik begann eine Reflexion über das Ästhetische. Hier wurde auch Landschaft zum Thema der Malerei. Im Norden dominierten dagegen im 4. und 5. Jahrhundert die eingedrungenen kriegerischen Eliten, zunächst Angehörige primitiver

Kultur schamanistischer Prägung und oft analphabetisch, neben denen einige auf lokaler Ebene verbliebene chinesische Aristokratenfamilien noch mühsam Traditionen chinesischer Elitenkultur aufrechterhielten. Damit fiel der Norden auf das Niveau peripherer Kultur zurück. Jetzt fanden hier buddhistische Mönche starken Anhang, die bisher angesichts des Widerstands der chinesischen Kulturelite für ihre fremde, aus Indien stammende Botschaft kaum Resonanz gefunden hatten. Das einfache Volk, für dessen Glaubensbedürfnis die elitären Kungfuds'-Lehren bislang nichts angeboten hatten, fühlte sich durch Erlösungsgedanken und Magie angesprochen. Auch große Teile der neuen Aristokratien, die von den chinesischen Eliten als Barbaren verachtet wurden, wandten sich den Buddhisten zu, die ihnen mit Bildung und magischen Praktiken zu Diensten waren. So entstand ein Netz von buddhistischen Klöstern mit Bibliotheken, aus Felswänden wurden Felsgrottenanlagen herausgeschlagen, und die Idee der indischen Stupas wandelte sich zu turmartigen Pagoden. Buddhistische Weltanschauung ebenso wie indische Astronomie, Astrologie, Medizin und Mathematik fanden Verbreitung. Dabei führte schon die Übersetzung in chinesische Begrifflichkeiten teilweise dazu, sie stark an chinesische Denktraditionen anzupassen. Innerhalb der Eliten der Nordchina beherrschenden Tuoba-Wee kam es Mitte des 5. Jahrhunderts zu heftigen Auseinandersetzungen zwischen jenen, die an den Steppentraditionen festhielten, und jenen, die für eine Akkulturation an die chinesische Kultur eintraten. Letztere setzten sich durch, zogen chinesische Aristokratenfamilien zur Mitarbeit als Verwaltungsbeamte heran und gingen dann selbst zur chinesischen Sprache und Lebensweise über. So entstand eine neue chinesische nachachsenzeitliche Kultur, in der buddhistische Weltdeutung dominierte, aber auch Dauismus und Kungfuds'-Traditionen ihren Platz hatten. Diese setzte sich nach der Wiedervereinigung Chinas unter der Ssuee- und der Tang-Dynastie fort, ergänzt um die in Südchina entstandenen ästhetischen Traditionen. Gerade das 7. und 8. Jahrhundert unter der ursprünglich nichtchinesischen Tang-Dynastie waren für vielfältige Moden und Bräuche offen, die fremde Kaufleute über die Seidenstraße mitbrachten. Die Tang-Herrscher nahmen dann aber auch die Pflege klassischer chinesischer Traditionen wieder auf, es formierte sich ein zunehmender Widerstand der chinesischen Gebildeten gegen die reich gewordenen buddhistischen Klöster, und schließlich ließ der Kaiser im Jahr 845 über 4600 buddhistische Klöster zerstören und die Mönche ins Zivilleben überführen. Buddhismus war zwar weiterhin erlaubt und lebte in gewissem Umfang als Volksreligion weiter, aber als Elitenkultur war ihm damit das institutionelle Rückgrat gebrochen.

Im Westen des Römischen Reiches, das von Germanenstämmen überschwemmt worden war, ging der Einbruch eher noch tiefer als in Nordchina.[288] Wo die römischen Eliten abzogen, wich auch die römische Kultur rascher Germanisierung. In Südgallien, Italien und Spanien hielten sich römische Institutionen länger. Hier akkulturierte die eingefallene kriegerische Herrenschicht sich insofern, als sie ihre germanischen Dialekte zugunsten der provinziallateinischen Umgangssprache aufgab, die sich dann bis zum 9. Jahrhundert allmählich in die französische, italienische und spanische Volkssprache entwickelte, und indem sie im 5. Jahrhundert zum Christentum übertrat, jedenfalls äußerlich. Aber sie blieb fast gänzlich analphabetisch, sodass das Schulwesen für die römischen Oberschichten im 5. und 6. Jahrhundert mangels Nachfrage fast vollständig abstarb. Griechische Sprachkenntnisse gingen im westlichen Mittelmeerraum überhaupt verloren, und damit endete auch die Tradierung aller griechischen Texte. Lateinischsprachige literarische Bildung wurde nur an Bischofssitzen und in einigen seit dem 6. Jahrhundert entstehenden Klöstern bewahrt, da zumindest höhere Geistliche weiter mit Texten umgingen, aber auch das nur, so weit sie für Geistliche nützlich erschienen. Nur Extrakte der Spätantike, aber keine Ganzschriften bedeutender weltlicher Autoren blieben aus der Antike erhalten, und im Wesentlichen reduzierte sich das Interesse auf die sieben freien Künste. Auch aus der Architektur wurde mit Säulenreihe, Rundbogen und Basilikaform nur weniges zitathaft bewahrt, das sich nun in kleinen plumpen Bauten wiederfand. Aus diesen Resten erwuchs dann der »romanische« Baustil. Bei Abschriften stellten die Mönche jetzt von Papyrusrollen auf Bücher mit Pergamentseiten um; lateinische Texte, die diesen Selektionsprozess nicht überlebten, gingen unwiederbringlich verloren. Der Frankenherrscher Karl I. versuchte um 800 zu retten, was noch zu retten war, ja eine Trendwende einzuleiten. Er stattete einige Klöster reich aus und ließ dort von dem, was noch vorhanden war, mehrere Abschriften anfertigen und verteilen. Ferner richtete er Klosterschulen ein, um wenigstens die Alphabetisierung von Geistlichen zu sichern und bei ihnen eine gewisse Mindestbildung zu verbreiten. Sein Sohn Ludwig I. legte das spätantike Latein als alleinige Schrift- und Kirchensprache fest und ordnete an, gezielt germanische Heldensagen zu vernichten. Germanisches blieb auf mündliche Tradierung verwiesen.

Während der Westen also nach dem Germaneneinbruch bald auf das Niveau peripherer Kultur zurückfiel, konnte das Oströmische Reich noch lange das Niveau nachachsenzeitlicher Kultur halten. Um 600 verschwand hier die Kenntnis des Lateinischen. Damit geriet zwar das lateinischsprachige römische Recht außer Kurs, aber die wissenschaftlich und philosophisch relevante Literatur war ohnehin die griechische gewesen, wie auch alle bedeutenden Gelehrtenzentren sich im Osten befanden. Der Kaiserhof in Konstantinopel mit seiner großen Bibliothek, die Gelehrtenzentren in Alexandria, Athen, Antiochia und Edessa sowie die Verwaltungselite trugen eine weltliche Kultur, bei der Rhetorik einen besonderen Stellenwert hatte, aber auch Medizin, Geschichtsschreibung und anderes Fachschrifttum gepflegt wurden. Sie war nicht innovativ, sondern orientierte sich an tradierten hellenistischen Mustern, aber sie bewahrte ein breites Erbe. Die Klöster spielten demgegenüber in Byzanz als Bildungszentren keine Rolle. Sie bewahrten zwar geschenkte Handschriften auf, waren aber intellektuell desinteressiert und schrieben sie auch kaum weiter ab, sondern widmeten sich ganz einem weltabgewandten asketischen Leben. Als Anfang des 7. Jahrhunderts große Gebiete des Oströmischen Reiches an die Araber verloren gingen, sodass Konstantinopel als einziges Kulturzentrum übrig blieb und die weltliche Elite unter dem Druck der äußeren Bedrohung ein mehr militärisches Gepräge gewann, schrumpfte der Umfang der weltlichen literarischen Produktion deutlich. Umso mehr waren die Gebildeten jetzt auf das Erbe glorreicher Vergangenheit fixiert. Nichtsdestoweniger blieb der Bildungsstand der byzantinischen Eliten jenen Westeuropas bis 1200 deutlich überlegen, ebenso der Prunk des Kaiserhofes in Konstantinopel dem an westeuropäischen Königshöfen.

Für Selektion genauso wie für Tradierung antiker Kultur spielte die christliche Kirche also eine wichtige Rolle, ebenso für Innovationen und neue Identitäten. Sie etablierte sich im Laufe des 5. und 6. Jahrhunderts rund ums Mittelmeer: Kirchengebäude wurden in jeder Stadt präsent, und auch Klöster breiteten sich aus. Theater und andere Showveranstaltungen sowie öffentliche Bäder verschwanden in dieser Zeit unter ihrem Druck, desgleichen große Steinstatuen. Dafür entstanden in ihrem Schoß mit Buchmalerei und Mosaiken, liturgischem Wechselgesang und Kultgerät neue expressive Formen. Die Kirche orientierte sich auf ewige Wahrheiten und verfolgte Abweichler als Ketzer, und damit trug sie zu dem innovationsfeindlichen geistigen Klima bei. Wozu weltliches Wissen und Philosophie, wo doch Gott die Dinge ordnet und lenkt? Während die Kirche im Westen in die Rolle geriet, selbst weltliche Bildung tradieren zu müssen, blieb die Kirche in Byzanz rein geistlich und setzte Institutionen weltlicher Gelehrsamkeit zunehmend unter Druck. 529 schloss der Kaiser schließlich alle nichtchristlichen Bildungseineinrichtungen. Einige Gelehrte, die von diesem Druck auf nestorianische Christen und nichtchristliche Bildung betroffen waren, wichen in den Sasanidenstaat aus, wo sie in der Hauptstadt Gondischapur in Chusistan mit königlicher Unterstützung ein Institut etablierten, an dem überliefertes griechisches Denken bewahrt und auch ins Persische übersetzt wurde, vor allem griechische Medizin und aristotelische Philosophie.[289] Die christliche Kirche im Westen und jene im Osten wurden einander im Laufe der Zeit immer fremder. 787 fand das letzte gemeinsame Konzil statt. Eine Mischung aus dogmatischen, politischen und persönlichen Animositäten zwischen dem Patriarchen in Konstantinopel und dem in Rom führte schließlich 1054 zum endgültigen Bruch. Der Autoritätsbereich des Ersteren firmierte seitdem als orthodoxe, der des Letzteren, des Papstes, als katholische Kirche.

Im Unterschied zu den von Norden nach China, Indien und ins Römische Reich eindringenden Barbaren hatten die islamischen Araber bereits ein Buch, wenn auch nur ein einziges, nämlich die Sammlung von Mohammeds Offenbarungen, den Koran. Der Koran knüpfte an die jüdisch-christliche Gottesvorstellung an und trat mit dem Anspruch auf, diese von den Verfälschungen durch Juden und Christen zu reinigen. Da die muslimische Identität am Koran hing und er auch nicht übersetzt werden durfte, kam es zwischen eingedrungenen Nomadenstämmen und unterworfener Bevölkerung zu einer gegenseitigen Akkulturation.

Einerseits entfaltete und verbreitete sich der vom Koran ausgehende Islam. Nachdem sich 656 über einen persönlichen Streit um die Nachfolge im Kalifat eine unterlegene Gruppe abgespalten hatte, die zu den Schiiten wurde, entwickelte sich in der dominierenden Richtung des Islam eine Sammlung Mohammed zugeschriebener Worte, die Sunna, die um 900 abgeschlossen wurde und seitdem zusammen mit dem Koran als Grundlage des sunnitischen Islam gilt. Zugleich entstand mit den Ulama die Gruppe der Korangelehrten. Die unterworfene Bevölkerung trat allmählich zum Islam über, und dabei übernahm sie in großem Umfang die arabische Sprache und Schrift; nur Persisch hielt sich in beträchtlichem Maße dauerhaft, lange auch Berberisch in Nordwestafrika. Rasch geschah der Übertritt im ehemaligen Sasanidenstaat, wo die Araber die zoroastrische Staatskirche und den Zoroastrismus vernichteten. Im Laufe des 9. und 10. Jahrhunderts trat auch die Masse der Christen von Syrien bis Marokko über, die zwar als Bibelbesitzer geduldet, aber vielfach diskriminiert wurden.

Während so islamische Religion Gestalt gewann, akkulturierte gleichzeitig der Kalifenhof die Araber an die vorgefundenen nachachsenzeitlichen Kulturen. Nach der Machtübernahme der Abbasiden begannen die Kalifen, für den Aufbau ihrer weltlichen Herrschaft in Bagdad nützliche Fachkräfte heranzuziehen. So ließen sie Wissen sammeln, vor allem aus Gondischapur, Edessa und Alexandria. Auf ihre Initiative hin übersetzten vor allem in den Jahrzehnten um 800 nestorianisch-christliche und persische Gelehrte hellenistische Schriften über Medizin, Astronomie und Astrologie, Alchemie, Mathematik, Mechanik und Magie. Hellenistische Dichtung, Rhetorik und Geschichtsschreibung wurden hingegen nicht übernommen, da es eine eigene arabische Tradition mündlicher Bardendichtung gab, an die islamisch-arabische Dichtung anschließen konnte, und da antike Geschichte viel von republikanischen Traditionen erzählt.[290] Es entstand aber eine eigene Geschichtsschreibung. Auch einige indische Schriften über Medizin, Astronomie und Mathematik, z.T. bereits im Auftrag der Sasaniden ins Persische übersetzt, wurden ins Arabische übertragen. Die griechische Philosophie blieb lange umstritten: Sollte man sie als nützliches Denkinstrument übernehmen oder als konkurrierende Weltanschauung unterdrücken? Die Kalifen orientierten sich am persischen Hofzeremoniell, und für den Bau von Schlössern und Moscheen griffen sie mit den vorhandenen Baumeistern auch etliche Stilelemente auf, die man in eine neue künstlerische Synthese einbaute. So übernahmen sie beispielsweise aus altmesopotamischer Tradition glasierte Fliesen als Fassadendekor, aus parthischer Tradition die Portalanlagen (Iwan) und von der christlichen Basilika die Apsis als Gebetsnische. Der strenge Monotheismus des Islam förderte dabei im religiösen Bereich die Entwicklung des Ornaments und der Kalligrafie auf Kosten menschlicher Bilder und Statuen. Aus altmesopotamischer Tradition entlehnten die Muslime im Übrigen auch den Schleier für Frauen, mit dem sich dort ursprünglich die Frauen der Oberschicht gegen die handarbeitende Masse abgesetzt hatten.

In den Jahrhunderten von 400 bis 800 waren damit auf dem Boden des Römischen Reiches (und des Sasanidenstaates) drei getrennte kulturelle Netzwerke mit unterschiedlichen Identitäten entstanden: das abendländische Europa (zunächst im Wesentlichen im Frankenstaat), Byzanz und die (noch werdende) islamische Welt. In der Schriftsprache unterschieden sie sich durch den Gebrauch des Lateinischen im Westen, des Griechischen in Byzanz und des Arabischen (bzw. Persischen). Weltanschaulich wirkten das katholische Christentum, das orthodoxe Christentum und der Islam trennend. Alle drei tradierten Teile der griechisch-römischen Antike, hatten aber unterschiedlich selektiert. Byzanz pflegte kontinuierlich Teile des griechisch-hellenistischen Erbes, bis es dessen wissenschaftlichen Teil in den Bibliotheken verstauben ließ. Die Araber nahmen in einer einmaligen Rezeptionsphase große Teile griechischen Wissens als Übersetzung auf und tradierten es dann längere Zeit alleine weiter, legten die Originale indes nach dieser Rezeption auf Dauer beiseite. Der Westen hatte am dürftigsten und nur Lateinisches geerbt, griff dann aber in späteren Jahrhunderten wiederholt auf das Erbe der lateinisch-griechischen Antike zurück, was dadurch erleichtert wurde, dass das Lateinische als Bildungssprache bis ins 17. Jahrhundert weiterlebte. So wurde er langfristig zum Haupterben.

Lässt sich kulturell Anschluss finden?

Nicht nur ein Transfer von Staatlichkeit in weite, bisher nichtstaatliche Räume fand in dieser Epoche statt, sondern auch ein Transfer von Elementen achsenzeitlicher Kulturen in Räume primitiver Kultur oder bestenfalls archaischer Volkskultur. Beides hing in gewissem Umfang zusammen. Idealtypisch wurde dabei ein Komplex von Kulturgütern übernommen, die alle noch nicht vorhanden waren. Er bestand vor allem aus Schrift für Verwaltung und literarische Texte, dem Wissen über Verwaltungsorganisation, der architektonischen Fähigkeit zu Großbauten (oft aus Stein) und bestimmten ästhetischen Konventionen, aus Ideologien und Zeremonien zur Herrschaftslegitimierung sowie einer Sammlung von Texten mit reflektierter Weltanschauung einschließlich moralischer Normen und mit verschiedenem praktischem, z.B. medizinischem Wissen. Aus der Ferne heranreisende Kaufleute und Mönche konnten eine Rolle spielen, um ein Bewusstsein davon zu vermitteln, dass es anderswo weiterentwickelte Kultur gab, gegenüber der man im Rückstand war. Die entscheidende Initiative zur Übernahme ging aber im Regelfall von den Herrschern der neu gegründeten Staaten aus, die durch diese Mittel ihre Herrschaft nach innen konsolidieren wollten, und oft dienten sie ihnen auch dazu, von anderen Herrschern akzeptiert zu werden. Der Transfer durch Gewalt von außen stellte eher Sonderfälle dar. Je nachdem, welches Muster räumlich am nächsten lag, kam dieser Komplex von Kulturgütern in unterschiedlichem Gewand daher: lateinisch-katholisch-romanisch, orthodox-byzantinisch, arabisch-islamisch, indisch und chinesisch, um die entscheidenden Varianten zu nennen. Hier von Christianisierung, Islamisierung usw. zu reden greift zu kurz, weil es auf das Religiöse verengt, was doch der Griff nach dem Standard achsenzeitlicher Kultur war. Allerdings: Das zu überwindende Entwicklungsgefälle war groß, zu groß, um es gleich ganz zu überspringen, sodass stets zunächst nur ein verdünnter Aufguss des Originals erreicht wurde. Es gab keinen intellektuellen Diskurs, und selbst die Eliten waren weiterhin stark von archaischer Mentalität geprägt und teilweise schriftlos, ganz davon zu schweigen, dass die Massen von dieser Entwicklung zunächst nur wenig berührt wurden. Es entstanden also erst einmal nur periphere Kulturen. Im Einzelnen kamen dabei etliche regionale Variationen vor.

Europa als kulturelles Netzwerk gewann Gestalt, indem Geistliche vom fränkischen bzw. ostfränkisch/römisch-deutschen Staat aus die lateinisch-christliche Kultur verbreiteten. Mit dem Schwert aufgezwungen wurde dieses dort, wo es als Begleiterscheinung zur Eroberung noch nicht staatlich organisierter Stämme geschah, also 772 bis 804 in Sachsen und im 12. und 13. Jahrhundert bei Elbslawen, Pommern, Prussen und baltischen Stämmen; häufiger geschah dieses aber als freiwillige Entscheidung der Herrscher neu formierter Staaten, so zwischen 960 und 1008 in Polen, Böhmen, Ungarn, Dänemark, Schweden und Norwegen, wozu als Nachzügler 1386 Litauen trat.[291] Von Anfang an sorgte der Geist monotheistischer Intoleranz dafür, dass die Verehrung anderer höherer Gewalten unterdrückt und das Christentum für alle verbindlich wurde. Maskiert als Dämonen hatten die nichtchristlichen Götter im Volksglauben indes teilweise ein zähes Nachleben. In Polen und Skandinavien wurde erst im 13. Jahrhundert ein flächendeckendes Netz von Pfarrkirchen aufgebaut, das die Bevölkerung wirklich erfasste. Indem Lateinisch als Liturgie- und

Bildungssprache überall durchgesetzt wurde und ebenso der römische Gottesdienstritus, auch in England und zuletzt in Irland, die beide schon seit dem 7. bzw. 5. Jahrhundert christlich waren, erfolgte eine gewisse Homogenisierung. Damit gewann zugleich ein zentrales Identitätsmerkmal Europas Gestalt.

Weiter östlich kamen die kulturvermittelnden Geistlichen und Kunsthandwerker aus Konstantinopel, ab 865 nach Bulgarien und seit 988 zu den Kiewer Rus'. Hier lieferte Byzanz das Muster für höfisches Zeremoniell und Baustil sowie das Christentum in der orthodoxen Variante. Schriftsprache wurde aber nicht Griechisch, sondern man passte sich an die Volkssprachen an und schuf hierfür Kirchenslawisch. Schrift wurde das vom Griechischen abgeleitete Kyrillisch. Weltliches Wissen und Philosophie der Antike übernahm man indes nicht, weder jetzt noch später. In Konstantinopel waren diese bereits weitgehend außer Kurs geraten, Berührungen mit dem lateinischen Westen wurden misstrauisch vermieden, seitdem dieser ab 1054 als ketzerisch galt, und auch zum antiken Traditionsstrom im Arabischen ergaben sich keine Kontakte. So blieb in Russland bis 1700 nicht nur der Adel überwiegend analphabetisch, sondern Elitenkultur war fast ganz Sache einer weltabgewandten Kirche, die stets dem byzantinischen Vorbild treu blieb, also gegenüber der weltlichen Macht kein Eigengewicht besaß, die Spirituelles, Kontemplation und Rituale in den Vordergrund stellte und keine systematische, begrifflich genaue Reflexion entwickelte.[292] Auch Universitäten und römisches Recht lernten die Russen dementsprechend nicht kennen. Bis 1700 verharrte Russland auf dem Niveau peripherer Kultur.

Nach Schwarzafrika wurden Elemente achsenzeitlicher Kultur in der islamischen Form transferiert, als arabische Kaufleute hierher vordrangen. Seit dem 11. Jahrhundert übernahmen dann die Eliten der ostafrikanischen Küstenstädte und die Herrscher der westafrikanischen Staaten den Islam, die arabische Schrift, Ulama als Berater usw. Aber bis gegen 1800 beschränkte sich der Islam in Westafrika auf Herrscherhöfe und städtische Kaufleute, während die Masse der Bevölkerung der Ahnenverehrung und dem Geisterglauben primitiver Kultur treu blieb. Mit Häuptlingen und aristokratischen Eliten kamen in Westafrika ab dem 12. Jahrhundert Sänger als Träger epischer Überlieferung auf, die Griots. Jenseits des islamischen Einflussbereiches taten nur die Yoruba von sich aus den Schritt über die primitive Kultur hinaus, und zwar zur archaischen Kultur.

Auch die indische Variante achsenzeitlicher Errungenschaften wurde in neue Räume transferiert, einmal in jene Lücken in Mittel- und Südindien, wo Häuptlingstümer zu Herrscherhöfen aufwuchsen, an die dann Brahmanen strömten und aryanische Kultur einschließlich Kastenordnung mitbrachten, vor allem aber nach Südostasien. Die Herrscher der in Südostasien entstehenden Staaten luden Brahmanen und auch buddhistische

Mönche an ihre Höfe ein, damit sie ihnen nützliche Kulturerrungenschaften vermittelten. Dabei vermischten sich Elemente aus Vishnu-, Shiva- und Buddhatraditionen. Die einheimischen Eliten selektierten, was passte: Für das Königszeremoniell waren Brahmanen gut geeignet, indische Epen und Musikinstrumente waren unterhaltsam, und das Kastenwesen blieb als ungeeignet beiseite.[293] Um 600 hatte indischer Kultureinfluss an vielen Stellen Südostasiens Fuß gefasst, ausgenommen Nordvietnam, und im 9. und 10. Jahrhundert wurde er in imposanten Tempelbauten und aufwendigen Königsritualen sichtbar. Dabei blieb er aber eine Sache der höfischen Eliten und berührte die primitive Kultur der Masse des Volkes kaum. Erst als in Birma, Thailand und Kambodscha der Theravada-Buddhismus aus Südindien Fuß fasste, vor allem im 13. und 14. Jahrhundert, wurde diese Kluft überbrückt: Nun trug ein Netz von Klöstern buddhistische Weltdeutung und Elementarbildung auch in die Dörfer. Anders als bei der Ausbreitung der monotheistischen Religionen Christentum und Islam wurden in Indien und Südostasien die vorgefundenen Kulte nur teilweise verdrängt. In gewissem Umfang existierten sie in den Dörfern bis ins 19. Jahrhundert weiter, ganz besonders in den Bergländern, und manches wurde auch von oben ideologisch integriert. So konnte sich bei Shivaismus und Vishnuismus der zentrale Gott in vielen Gestalten zeigen und setzte auch niedere Götter ein, und der Buddhismus ordnete andere Götter der Scheinwelt zu, hinter der das eigentliche Absolute zu suchen sei.

Auch in Tibet holten die Herrscher nach der Staatsgründung im 7. und 8. Jahrhundert buddhistische Gelehrte aus Indien, doch traf der Buddhismus hier auf heftigen Widerstand der archaischen Volkskultur, dem vom Adel gestützten Bon-Kult. So wurde der Buddhismus mit dem Untergang des Königtums wieder ausgerottet. Im Laufe des 12. und 13. Jahrhunderts konnte er sich dann durch missionierende Mönche in Tibet erneut ausbreiten, gestützt auf mächtig werdende Klöster. Dabei nahm er etliche Elemente des Bon-Kultes auf und mutierte so zum Lamaismus. Nachdem der Buddhismus in Indien untergegangen war, sah sich der Lamaismus dann geistig weitgehend isoliert und verfiel so der Stagnation.

Im westlichen Zentralasien überlagerten sich Transfers verschiedener Herkunft. Über den Iran kamen von Westen nestorianisches Christentum, Manichäismus und Judentum (um 800 traten die türkischen Chasaren zum Judentum über), aus Indien missionierte der Buddhismus, dazu traten iranische Einflüsse. Schrift, Weltanschauung und künstlerische Impulse wurden von Kaufleuten und Mönchen vermittelt, und die regionalen Eliten selektierten à la carte, welche Elemente ihnen passend schienen. So entstand eine multikulturelle Welt voller Hybridisierungen, in der Anregungen auch vielfach weiterverarbeitet wurden und die sich über die Oasen der Seidenstraße nach Osten fortpflanzte.[294] Beispielswei-

Transfer und Pluralisierung: Schriften

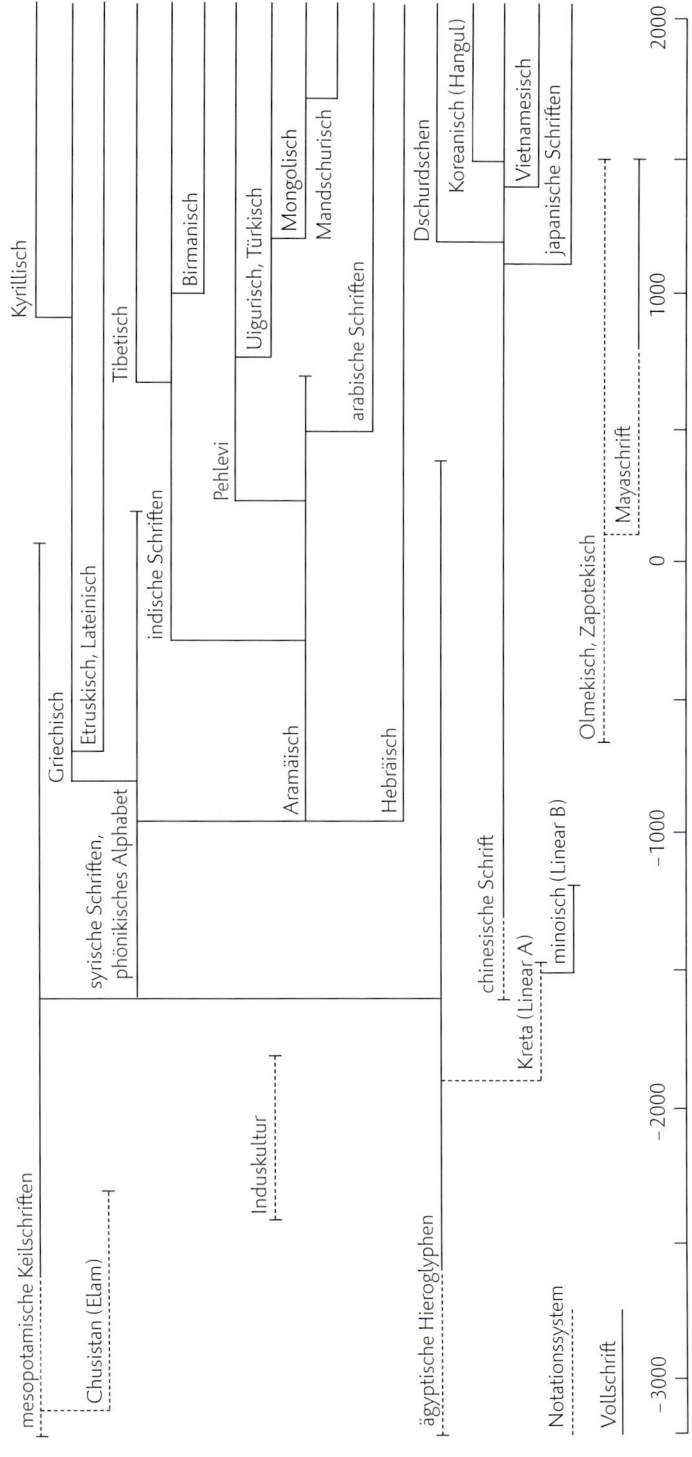

se entstand aus der aramäischen Schrift im 2. Jahrhundert die sogdische, aus der dann im 8. Jahrhundert die Uiguren eine eigene Schrift entwickelten, welche wiederum 1204 die Mongolen zu ihrer Schrift umbauten. Der Islam färbte dann vom 10. bis 13. Jahrhundert das ganze westliche Zentralasien einheitlich mit dem Grün des Propheten, und zwar mehr oder minder gewaltsam. Von Osten her, aus China, strahlte kein vergleichbarer Einfluss herüber; chinesische Kaufleute reisten kaum über die Seidenstraße, und Angehörige der traditionellen chinesischen Bildungsaristokratie schon gar nicht, da sie auf die Rolle als Staatsbeamte orientiert waren und die klassische chinesische Weltanschauung nicht von staatsunabhängigen religiösen Institutionen getragen wurde, die hätten missionieren können. Selbst die nahe an China liegenden Kitan, Ssi Ssja und Dschurdschen nahmen zwar die chinesische Schrift als Ausgangspunkt, um eigene Schriften zu entwickeln, und übernahmen auch sonst manches Nützliche, aber so weit sie unverändert Nomaden in der Steppe blieben, kam es zu keiner weitergehenden Akkulturation.

Umso intensiver war der chinesische Einfluss in Südchina. Hier wurde innerhalb des chinesischen Staates der Prozess der Assimilierung der Vorbevölkerung dadurch unterstützt, dass chinesische Siedler zuströmten und dann die Druckerzeugnisse chinesische Elitenkultur verbreiteten. Die angrenzenden Agrarstaaten in Korea, Japan, Nandshau und Nordvietnam waren aktiv bemüht, von der chinesischen Kultur zu lernen, aber ohne sich ganz an China zu verlieren. Nach früheren gelegentlichen Kontakten übernahmen die höfischen Eliten in Korea zwischen dem 3. und 7. Jahrhundert und in Japan von 600 bis 838, teils über Korea vermittelt, in einem breiten Strom chinesische Elitenkultur, die weltanschaulich primär buddhistisch geprägt war. Rund die Hälfte des heutigen japanischen und zwei Drittel des heutigen koreanischen Wortschatzes sind chinesischen Ursprungs. Die primitive Kultur wurde aber nicht verdrängt, sondern lebte als dörfliche Tradition bis ins 20. Jahrhundert weiter. In Korea war sie schamanistisch geprägt, in Japan reagierte der Ahnen- und Geisterglaube auf die Herausforderung durch den Buddhismus, indem er sich selbst systematisierte und verschriftlichte und so zum Shinto wurde. In der Naturverbundenheit der Japaner sollte der Shinto nachhaltige Spuren hinterlassen. Nachdem der Buddhismus zunächst nur Sache der Aristokratie gewesen war, wurde er in Korea im 10. und in Japan im 12. Jahrhundert Sache breiter Volksschichten. Eine Variante, der Zen-Buddhismus, entwickelte sich in Japan im 13. Jahrhundert zur geistigen Grundlage des Rittertums; ohne von intellektuellen Ambitionen beseelt zu sein, formte er die mönchische Askese in ritterliche Selbstdisziplinierung um und ästhetisierte den Lebensstil der Samurai. In Nordvietnam war der chinesische Kultureinfluss schon in der Zeit chinesischer Herrschaft stark und wirkte nach der Unabhängigkeit weiter.

Homogenität der Kulturräume?

Durch diese ganzen Transferprozesse waren fünf großräumige kulturelle Netzwerke mit jeweils eigener Identität entstanden und hatten ihre Einflussbereiche auf der Nordhalbkugel der Alten Welt bis heute im Wesentlichen abgesteckt. Wie weit die neu gewonnenen Gebiete an die bisherigen Kerne akkulturiert wurden, wie intensiv die Teilregionen eines Netzwerks miteinander kommunizierten und damit auch das Maß seiner Homogenisierung, das war indes unterschiedlich. In Europa wurde die Kommunikation zwischen den Teilräumen vom 12. bis 14. Jahrhundert intensiver, getragen durch eine europaweite Kirchenorganisation und mehrere europaweite Mönchsorden, außerdem durch Heiratsverflechtungen zwischen Herrscherhäusern sowie durch Fernhandelskontakte der Städte. Als Maß mag dienen, dass Brille und Turmuhr, Innovationen aus Oberitalien, im 12. bis 14. Jahrhundert 50 bis 60 Jahre brauchten, bis sie die städtischen Zentren in England und Norddeutschland erreichten. Das griechisch-orthodoxe Netzwerk hatte dagegen langfristig keine vergleichbare Perspektive angesichts der Tatsache, dass der byzantinische Staat zunehmend von seinen Nachbarn erwürgt wurde. Der islamische Gesamtraum besaß einen dauerhaften kulturellen Zusammenhalt, in dem Gelehrte, Kaufleute, Pilger und Künstler sich frei hin- und herbewegten. Die kulturellen Kontakte zwischen Indien und Südostasien wiederum rissen um 1200 ab, als Nordindien und damit das dominierende Kulturzentrum Nalanda unter islamische Herrschaft geriet, was nur bedingt dadurch kompensiert wurde, dass die Verbindungen Südostasiens zu Ceylon sich intensivierten. In Ostasien zog Japan, das in der Zeit der chinesischen Tang-Dynastie viel gelernt hatte, sich anschließend stark auf sich zurück und nahm erst im 13. Jahrhundert wieder regelmäßige Kontakte zu China auf, wogegen Korea durchgehend intensiver mit China kommunizierte.

Wie weit die kulturelle Homogenität innerhalb dieser weitgespannten Netzwerke der kulturellen Eliten ging, hing auch von der politischen Gliederung ab. Wo es mehrere große Herrscherhöfe gab, entfaltete jeder seine eigene homogenisierende Wirkung auf die hier zusammentreffenden weltlichen Eliten, insbesondere hinsichtlich Dialekten und Bräuchen. Daraus erwuchsen eigene Identitäten, von denen wesentlich später einige auch politisch für die Bildung von Nationalstaaten bedeutsam wurden. Wo Mehrstaatlichkeit dominierte, insbesondere in Europa und in Indien, entstand so die Doppelung von Gesamtkultur der Bildungseliten einerseits und Pluralität der Regionalkulturen mit volkssprachlicher schriftlicher Literatur und regionalen Varianten in der künstlerischen Gestaltung andererseits. In Europa blieben lateinische Sprache und Schrift bis ins 17. Jahrhundert Basis der gemeinsamen Kultur von Kirche und Gelehrten, während im 12. und 13. Jahrhundert auf der Basis von romanischen, germanischen und slawischen Dialekten volkssprachliches Schrifttum einsetzte. Gotik variierte von französischer Kathedralgotik über englischen Perpendicular Style bis zu nordostdeutscher Backsteingotik. In Indien waren aus der Sprache der Aryas das grammatisch verregelte Sanskrit der Brahmanen und verschiedene regionale Umgangssprachen geworden. Hier blieb Sanskrit bis ins 12. Jahrhundert weiterhin Hof- und bis ins 18. Gelehrtensprache, während zwischen 1000 und 1300 die ersten regionalen Schriftsprachen aus den aryanischen Dialekten entstanden (besonders Orissa, Bengali, Marathi und Gujarati). In Südindien entstanden regionale Schriftsprachen schon früher, und zwar aus dravidischen Dialekten, da der Einfluss der brahmanischen Traditionen dort nicht so intensiv gewirkt hatte (zuerst Tamil und Telugu). Dasselbe vollzog sich im 10. Jahrhundert in Java und im 13. in Birma und Thailand, wobei hier wie auch in Indien (aber anders als in Europa) auch regionale Schriften entstanden. Im islamischen Bereich entwickelten nach dem Zerfall des Kalifats die drei Teilräume Nordwestafrika/Spanien, Ägypten/Syrien und Irak/Iran künstlerisch und sprachlich deutliche Eigenarten. Sprachlich blieb in den beiden Erstgenannten das Hocharabische wegen seiner Bindung an den Koran dauerhaft bis heute als einzige Schriftsprache bestehen, sodass die daraus entstandenen Regionalvarianten im Stadium der Umgangssprache verharrten, während persische und dann auch türkische Eliten eine eigene Schriftkultur (mit arabischer Schrift) entfalteten. In Ostasien entstanden im Laufe der Jahrhunderte auch im Chinesischen etliche regionale umgangssprachliche Varianten, die einander kaum mehr verstanden, aber da die Kulturelite seit der Tang-Zeit stets die Einheit bewahren wollte und da die Schriftzeichen zugleich Bedeutungsträger waren, blieb die Schrift bis heute die entscheidende kulturelle Klammer, was die regionalen Varianten auf die Aussprache beschränkte. In Korea, Nordvietnam und Japan beherrschten die Bildungseliten bis ins 19. Jahrhundert ebenfalls das Chinesische, und in Korea war es bis dahin auch Hofsprache. Eine volkssprachliche Schriftliteratur, die auch eine eigene Schrift erforderte, entstand als Erstes im 11. Jahrhundert in Japan, später im 15. Jahrhundert auch in den anderen beiden Ländern. Überhaupt entwickelte Japan stärker eigenständige Traditionen. Im expressiven Bereich setzten die Japaner sich in besonderer Weise mit der formalen Gestaltung auseinander, wobei sie gezielt das Einfache ästhetisierten.

Alle fünf Großräume wiesen also ein gewisses Maß am Heterogenität auf. Dass Europa vielfältiger als die anderen gewesen sei[295], kann man nicht sagen, erst recht nicht, wenn man die Monokultur des Christentums und die Spannbreite weltanschaulicher Traditionen in Indien und Ostasien einbezieht.

Das Entwicklungsgefälle innerhalb dieser kulturellen Netzwerke zwischen alten Kernen und neu hinzugekommenen Regionen hielt sich zäh. In Europa bestand bis mindestens ins 17. Jahrhundert das Gefälle von Italien und Frankreich aus über den deutschen Raum hin nach Skandinavien und Polen, wie sich in der Richtung verschiedenster Transferprozesse immer wieder zeigte. Im islamischen Netzwerk blieben Westafrika und der kasachische Steppenraum gegenüber dem nahöstlichen Kernraum bis weit ins 20. Jahrhundert deutlich zurück.[296] In Ostasien erreichten Japan und Korea wohl gegen 1000 nachachsenzeitliches Niveau, aber hier ebenso wie in Südostasien entstanden keine intellektuellen Diskurse achsenzeitlichen Charakters.

Buchdruck bringt China an die Spitze

Entwicklungsunterschiede bestanden nicht nur innerhalb der kulturellen Netzwerke, auch deren Kernräume standen auf unterschiedlichen Entwicklungsstufen, und ihre Relation verschob sich: China setzte sich an die Spitze, Europa, im 9. Jahrhundert am weitesten zurück, holte Indien und den islamischen Nahen Osten ein. Wie war das möglich?

Die Suche nach der Antwort muss den Blick zunächst auf die Intensität der Kommunikation richten und auf die Institutionen, welche Elitenkultur trugen. In China und Korea wurde der Buchdruck mit geschnitzten Holztafeln, von buddhistischen Klöstern Ende des 6. Jahrhunderts erfunden[297], zur Vervielfältigung von Buchtexten im 10. Jahrhundert allgemein üblich (in Korea brach er allerdings um 1130 wieder weitgehend zusammen). Ein Druck kostete nur rund ein Zehntel einer handschriftlichen Kopie.[298] Auch der Druck mit beweglichen Einzelbuchstaben aus Keramik war ab 1041 durchaus bekannt, konnte sich aber gegen den Blockdruck nicht durchsetzen, da die Zahl der chinesischen Schriftzeichen zu groß war. Nach der nachachsenzeitlichen Kultur der Tang-Zeit wurde China also zum Vorreiter der einfachen Druckkultur, lange vor allen anderen Weltregionen. Damit intensivierte sich im 10. bis 13. Jahrhundert die Kommunikation drastisch; der Umfang des verfügbaren Wissens stieg ebenso stark wie der Umfang der Bildungselite. Diese wuchs auch durch die Verstädterung sowie durch die Tatsache, dass die Kaiser Bildung zur Voraussetzung für die Karriere als Beamter machten. Im kaiserlichen Auftrag wurden als klassisch geltende weltanschauliche Texte und Standardfachliteratur gedruckt und verbreitet, buddhistische Klöster druckten mit missionarischer Absicht, und private Druckereien produzierten, was sich vermarkten ließ. Die Ssung-Dynastie (960 bis 1279) ließ im 11. Jahrhundert ein flächendeckendes Netz von staatlichen Schulen aufbauen, um dem Beamtennachwuchs höhere Bildung zu vermitteln (die Elementarbildung in Hochchinesisch erfolgte in den Familien), und bald gesellte sich vor allem im unteren Jangtsetal und an der Südostküste eine steigende Zahl privater »Akademien« mit einem zunächst breiteren Bildungsprogramm hinzu, sie alle mit Bibliotheken. Um 1200 gab es 600 staatliche Schulen und über 400 Akademien.[299] Letztere waren primär höhere Schulen, aber zugleich auch eher als andere Institutionen ein Ort eigenständiger Wissenschaft und Philosophie, denn die kaiserliche Hanlin-Akademie diente für Politikberatung, Editionsprojekte und andere Spezialaufgaben, und die ab 620 und noch einmal ab 1072 eingerichteten Spezialhochschulen für Medizin, Recht, Militär und Mathematik waren nicht von Dauer. Die Medizinausbildung blieb bis ins 19. Jahrhundert auf Lehrer-Schüler-Ketten angewiesen. Die buddhistischen Institutionen waren 845 weitgehend zerstört worden, und die dauistischen Traditionen waren ohnehin nur schwach institutionalisiert. Während im 7. bis 9. Jahrhundert die Aristokraten des Kaiserhofes mit ihrer Vorliebe für Reiten und Jagd sowie buddhistische Klöster kulturell maßgeblich waren, wurde es um 1000 die Schicht literarisch gebildeter Beamter und Großgrundbesitzer mit Interesse an Literatur, Malerei, Kalligrafie und Gartenkunst. Etliche von ihnen sammelten auch privat Bücher und Antiquitäten. Im Unterschied zur Tang-Zeit gab es öffentliche Debatten. So bot die Ssung-Zeit also gute Voraussetzungen für kulturelle Innovationen. Die Mongolenherrschaft bedeutete dann einen schweren Schlag: Zahlreiche Bildungseinrichtungen wurden zerstört und Überlieferungsketten rissen ab. Manches gelehrte Wissen der Ssung-Zeit war Gelehrten und Ärzten im 17. Jahrhundert nicht mehr bekannt.[300]

In den anderen drei Regionen intensivierte sich die Kommunikation nicht in vergleichbarer Weise, gerade in Indien nicht. Getragen wurde die Elitenkultur hier zwischen dem 6. und 12. Jahrhundert von den Herrscherhöfen, von buddhistischen Klöstern, vor allem in Nalanda, und von brahmanischen Bildungseinrichtungen unterschiedlichen Niveaus, die sich zunehmend an Hindu-Tempel anlagerten. Dabei waren Klöster und Tempel darauf angewiesen, durch Herrscher materiell unterstützt zu werden. Nicht nur blieb Buchdruck unbekannt, selbst verschriftlicht wurden etliche mündlich tradierte Texte überhaupt erst seit dem 11. Jahrhundert.[301] Die jahrhundertelange mündliche Tradierung auswendig gelernter Texte trug wohl dazu bei, die persönliche Bindung an Lehrer-Schüler-Ketten zu verfestigen, zwischen denen zwar Debatten stattfanden, in denen man aber auch oft aneinander vorbeiredete. So gab es nicht nur weiterhin sechs philosophische Hindu-Systeme, sondern auch sechs verschiedene astronomische Schulrichtungen. Außerdem kommunizierten die Brahmanen möglichst wenig mit anderen Kasten, und erst recht durften sie nicht übers Meer in die Fremde reisen. So war aufs Ganze gesehen die Intensität des Informationsflusses eher gering, das geistige Klima dementsprechend wenig innovativ. Auch die höfische Kultur erstarrte zunehmend.

Noch mehr als in China bedeutete dann der erneute Einbruch von außen für die Elitenkultur einen tiefen Einschnitt. Als die islamischen Türken um 1200 Nordindien eroberten, zerstörten sie zahlreiche buddhistische Klöster und Hindu-Tempel samt ihrer Bibliotheken, und auch die Hindu-Höfe gingen weitgehend unter. Die Hindu-Kultur der Herrscherhöfe und Brahmanen überlebte als Elitenkultur nur in regionalen Nischen und in Südindien. Der Buddhismus verschwand völlig aus Indien, von den Randgebieten Ceylon, Nepal und Tibet abgesehen, nachdem er schon zuvor in Konkurrenz gegen die volkstümlichen Hindu-Kulte an Boden verloren hatte, die von fast allen Herrschern unterstützt wurden. Im Osten und Nordwesten, wo der Buddhismus bis zuletzt stark geblieben war, konnte der Islam jetzt Massenanhang gewinnen, im übrigen Indien nur begrenzt bei Hindus aus diskriminierten Unterkasten. Mit den Türken kamen auch die islamische Ulama (und Sufis) ins Land, ebenso Dichter und Handwerker aus Persien, sodass gestützt auf die neuen Herren eine arabisch-persischsprachige Elitenkultur entstand. Ein Anstoß zu innovativer geistiger Auseinandersetzung entstand daraus aber nicht. Brahmanen und Ulama weigerten sich in den folgenden Jahrhunderten standhaft, voneinander zu lernen; Erstere sahen Letztere als unreine Barbaren an, und umgekehrt blickten die strikt monotheistischen Ulama voll Abscheu auf die »Götzendiener« des Hindu-Götterpantheons. Die muslimischen Herrscher und Kaufleute waren hier pragmatischer: In der Architektur mischten sich Elemente persischer und einheimischer Architekten, und auf Initiative der Herrscher wurde medizinisches und anderes praxisrelevante Wissen vom Sanskrit ins Persische übersetzt. Im Wesentlichen blieben aber in Indien bis ins 18. Jahrhundert zwei Elitenkulturen nebeneinander bestehen.[302] Indem die überlebende brahmanische Gelehrsamkeit sich jetzt erst recht in ihr Schneckenhaus zurückzog und ihr die Unterstützung durch Hindu-Herrscher weitgehend verloren gegangen war, stagnierte sie die nächsten Jahrhunderte. Spätestens seit diesem Einbruch kann man für Indien nicht mehr von achsenzeitlichem Kulturniveau sprechen.

Auch im islamischen Netzwerk intensivierte sich die Kommunikation, als im 9. Jahrhundert Papier als billigeres Schreibmaterial eingeführt wurde. Dagegen wurde der Blockdruck, wohl ebenfalls aus China bekannt geworden, nur gelegentlich in einer speziellen Subkultur verwendet und auch dieses nur zwischen 900 und 1350, worauf er selbst dort wieder verschwand; die Ulama hatten kein Interesse daran, dass ihnen die Kontrolle über das Koranwissen verloren ging.[303] Überhaupt pflegten die Ulama eine Tradition mündlichen Rezitierens und Memorierens und standen stärkerer Schriftlichkeit ablehnend gegenüber.[304] Immerhin waren im islamischen Raum im 10. bis 13. Jahrhundert die weltweit größten Bibliotheken des Mittelalters zu finden, mehrere mit über 100000 Bänden[305], die auch das antike Erbe aufnahmen. Gerade an ihnen wird deutlich, wie

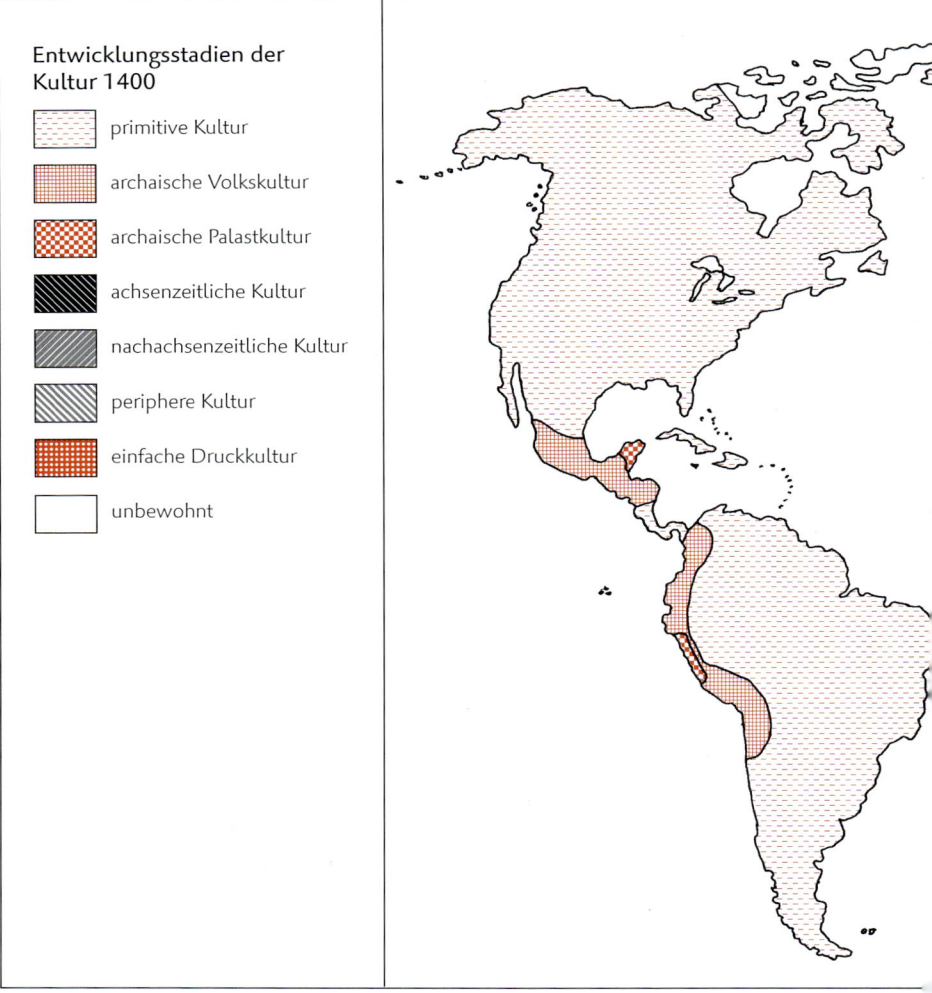

problematisch der institutionelle Rückhalt der Elitenkultur dieses Netzwerks war. Sie alle waren Palastbibliotheken der Herrscher, zwar den Gelehrten zugänglich, aber ohne Lehrbetrieb. Nicht anders stand es mit den
Observatorien. Bei beiden Arten von Einrichtungen führte gelegentlich
der Druck der Ulama dazu, dass sie zerstört wurden.[306] Die drei größten
Bibliotheken, nämlich in den Residenzen Bagdad (seit 832), Cordoba (929)
und Kairo (966), gingen alle durch Eroberungen von außen unter (1258,
1170 und 1236). Überhaupt verloren fürstliche Bibliotheken im 12. Jahrhundert an Bedeutung[307], und viele Usurpatoren, denen die Legitimation
fehlte, suchten den Schulterschluss mit den Ulama auf Kosten von Philosophie und Wissenschaft.[308] Umgekehrt gewannen die Madrasas an Ge-

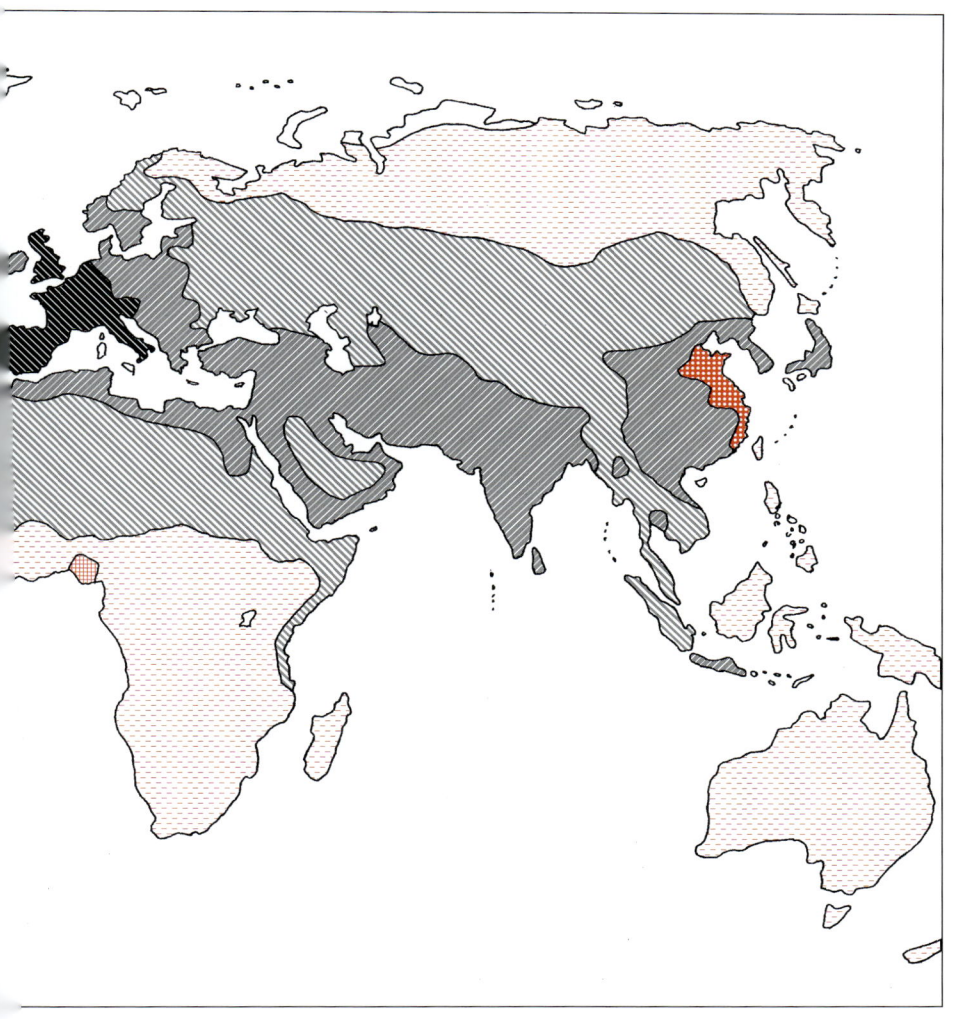

wicht, d.h. Vereinigungen von Korangelehrten als höhere Schulen. Diese entstanden seit dem 11. Jahrhundert unabhängig von den Herrschern, organisierten sich selbst und besaßen durch das von privater Seite gestiftete Vermögen eine eigenständige und dauerhafte Basis. Hier wurden indes nur islamische Theologie und islamisches Recht tradiert, ergänzt durch arabische Sprachlehre, wogegen Naturwissenschaften und Philosophie als fremdes Wissen griechischer Herkunft ausgeschlossen waren. Wo man annahm, dass Gott die Welt lenkte, war ein Weltbild auf der Basis abstrakter Prinzipien verdächtig. Außerdem entstanden Hospitäler, an denen teilweise auch medizinisches Wissen weitergegeben wurde. Gelehrte Interessen, die sich auf Naturwissenschaften richteten, blieben also von den Herr-

scherhöfen abhängig, fanden gelegentlich an Hospitälern unter dem Deckmantel der Medizin Unterschlupf und waren sonst auf den Privatbereich
einzelner Gelehrter verwiesen.

Das benachbarte Europa war vom 8. bis 11. Jahrhundert am weitesten
zurück, sowohl im ehemals römischen Italien und Frankreich wie in den
dazugekommenen Gebieten. Die großräumige Kommunikation war gering. Der Adel lebte vereinzelt auf seinen Burgen in einer fast ganz mündlichen Kultur, und selbst die verfeinerte ritterliche Hofkultur des 12. und
13. Jahrhunderts blieb nahezu ausschließlich mündlich. Verschriftlichtes
Wissen gab es lediglich in Klöstern, die aber ebenfalls nur gelegentlich
miteinander kommunizierten und deren Bibliotheken bloß wenige Hunderte Bücher umfassten. In dieser peripheren Kultur war Wissen dementsprechend gering und verstreut, und auch die Elite war von archaischer
Mentalität geprägt. Doch dann intensivierte sich die Kommunikation
immer mehr: Auch Kaufleute und Adel lernten den Umgang mit Schrift,
sodass bisher mündlich Tradiertes, Verwaltungsabläufe, Recht und Ge-
schäftsleben verschriftlicht wurden. Klöster und Burgen sahen sich als
Träger der Elitenkultur von den Städten abgelöst, in denen Kaufleute,
Bettelmönchsorden, Universitäten und Herrscherhöfe saßen. Diese vernetzten sich zunehmend, wozu ein städtisches Botenwesen von Briefträ-
gern aufkam.[309] Diese Entwicklung begann im 12. Jahrhundert in Italien
und setzte sich in Deutschland im 14. Jahrhundert durch, während der ungarische Adel noch bis Ende des 15. Jahrhunderts fast ganz in mündlicher
Kultur lebte. Dass im Laufe des 14. Jahrhunderts billiges Papier das Perga-
ment verdrängte, trug auch hier wesentlich dazu bei, die schriftliche Kommunikation zu intensivieren. In Bologna und Paris fanden sich um 1200
Gelehrte bzw. Lernende zu festen Gemeinschaften zusammen, und nach
diesen Mustern entstanden auch an anderen Orten Universitäten: im
13. Jahrhundert in Italien, Frankreich, England und Spanien, Ende des
14. Jahrhunderts in Westdeutschland, im 15. Jahrhundert auch in den weiter nördlich und östlich gelegenen Teilen des lateinischen Europa. Im Jahr
1400 zählte man hier 33 Universitäten.[310] Die Herrscher und auch der
Papst garantierten ihnen durch Privilegien rechtliche Autonomie und stat-
teten sie mit einer Vermögensbasis aus, da sie an qualifiziertem Verwaltungspersonal interessiert waren. Damit gab es selbstverwaltete Institutionen, an denen intellektuelle Diskurse einsetzten und zwischen denen
Akademiker und Ideen wanderten.

Nun hing die Dynamik der Kultur nicht nur von der Intensität der
Kommunikation und den unterstützenden Institutionen ab, sondern auch
von dem Ausmaß an gesellschaftlicher Differenzierung, und zwar einmal
zwischen weltlicher Macht und kulturellem Feld und zum anderen zwischen Glauben und Vernunft. Beides sollte nicht verwechselt werden, und
beides bestimmte wesentlich den Freiraum für geistige Innovationen.

Nachdem im 4. Jahrhundert im Römischen Reich der Kaiser eine starke Stellung gegenüber der christlichen Kirche gehabt hatte, was sich in Byzanz fortsetzte, fiel diese Rolle im Westen nach dem Ende des weströmischen Kaisertums den regionalen Machthabern zu. Könige setzten Bischöfe und Äbte ein, vorzugsweise aus dem Kreis ihrer Verwandten und Freunde, mächtige Adelsfamilien gründeten Klöster als Familiengrablegen und setzten Dorfpfarrer ein, und die Papstwahl geriet in die Hände des stadtrömischen Adels. Mitte des 11. Jahrhunderts erhob sich, ausgehend von italienischen Geistlichen, Widerstand dagegen, dass die Kirche so sehr von den führenden Adelsfamilien abhängig war, und das Papsttum griff diese Reformbewegung dann für seine eigenen Machtinteressen auf. Die Papstwahl wurde 1059 zur innerkirchlichen Angelegenheit, indem man dafür das Kardinalskollegium schuf, und im sogenannten Investiturstreit, der sich von 1076 bis 1122 hinzog, konnten die Päpste erreichen, dass der römisch-deutsche Kaiser sowie der französische und englische König ihnen das Recht überließen, die Bischöfe in ihre geistlichen Ämter einzusetzen. Zugleich drängten die Päpste darauf, dass Geistliche entgegen bisher verbreitetem Brauch keine Partnerin mehr haben sollten, um ihre Verpflichtungen gegenüber dem Familienanhang abzubauen und gegenüber dem Papst zu stärken. Die Päpste entfalteten eine europaweite Aktivität, um die Kirche durch Legaten, Briefverkehr und eigene Reisen zentral zu steuern. Die katholische Kirche konnte sich also deutlich aus den weltlichen Machtverhältnissen ausdifferenzieren. Das wurde auch noch dadurch gestärkt, dass man 1140 das kanonische Recht als eigenes Kirchenrecht kodifizierte.

Wenig später begann sich auch die Vernunft gegenüber dem Glauben auszudifferenzieren, als die kirchliche Autorität des Glaubens durch neu entdeckte Zugänge zur Antike herausgefordert wurde. Nachdem die Christen Mittelspanien und Sizilien der muslimischen Herrschaft entrissen hatten, übertrug man dort im 12. Jahrhundert arabische Übersetzungen des griechischen Erbes ins Lateinische. Erstmals wurde dieser geistige Schatz im abendländischen Europa bekannt: die Hauptschriften von Aristoteles, die Medizin von Hippokrates und Galenos, die Astronomie des Ptolemaios, die Mathematik des Eukleides, ferner Alchemie und Astrologie. Auf dieser drastisch erweiterten Überlieferungsgrundlage begannen die gelehrten Geistlichen, systematischer und analytischer zu denken sowie Begriffe zu schärfen. Sie folgten nicht mehr einfach tradierten Autoritäten, sondern begannen Widersprüchlichkeiten kritisch zu prüfen und logisch argumentierend über theoretische Fragen zu diskutieren. Dieses neue Denken, die Scholastik, versuchte den an der aristotelischen Philosophie geschulten Gebrauch der eigenen Vernunft mit dem christlichen Glauben zu verbinden, gipfelnd in der großen Synthese Thomas von Aquins († 1274). Hinzu kam, dass man in Italien ein Exemplar des Corpus

Juris Civilis auffand und dass nun das römische Recht, ebenfalls systematisch und begrifflich genau, ab 1100 von Bologna aus verbreitet wurde. Einige Bischöfe wandten sich gegen den Rationalismus der Scholastik, jedoch langfristig erfolglos, denn scholastische Diskurse und römisches Recht fanden an den neuen Universitäten einen festen Ort. Der Hauptteil der Universitäten bestand aus der Artistenfakultät, an der die sieben freien Künste durch die Scholastik auf deutlich höherem Niveau als an den bisherigen Kloster- und Domschulen gelehrt wurden, und darüber hinaus gab es für einen kleinen Teil der Studenten zur Fachausbildung Fakultäten für Theologie, Medizin sowie römisches und kanonisches Recht. Hier tat Europa den Schritt zur achsenzeitlichen Kultur.[311] Mit den Diskussionen der Scholastik begann auch das eigenverantwortliche Individuum Kontur zu gewinnen.[312]

Anders als das Christentum, das in der differenzierten hellenistischen Gesellschaft erwachsen war und deshalb auch dem Kaiser geben mochte, was des Kaisers war, entstand der Islam in der archaischen Gesellschaft der Stämme in der Umgebung von Mekka, welche die Differenzierung von Recht und Sitte, Staat und Gesellschaft, Wirtschaft und Familie sowie Kult nicht kannte. Dementsprechend erfassten die Regelungen des Korans diesen weiten Bereich der Lebensverhältnisse, waren die Kalifen als Mohammeds Nachfolger zunächst allzuständig. Als die islamische Gesellschaft dann Gestalt gewann, fielen indes in der Realität die weltliche Macht der Kalifen und späterer islamischer Herrscher (und ihr Machtapparat) einerseits und die Ulama andererseits auseinander. Letztere waren durchaus unabhängig und ließen sich vom Kalifen keine Lehrmeinungen diktieren, sondern hier galt der Konsens der Korangelehrten (ohne dass eine kirchenähnliche Organisationsstruktur entstand). Sie legitimierten die faktischen Inhaber weltlicher Macht (wie blutig diese sie auch errungen haben mochten), standen ihnen aber auch durchaus mit kritischer Distanz, z.T. auch mahnend gegenüber. Während Religion und Staat also durchaus in gewissem Maße getrennt waren, galt das für Religion und Gesellschaft weit weniger. Die Undifferenziertheit archaischer Verhältnisse wirkte insofern weiter, dass die Ulama zugleich Richter, Prediger und Lehrer waren und dass sie der islamischen Gesellschaft mit dem Anspruch gegenübertraten, die Lebensverhältnisse in ganzer Breite zu regeln, und dieses auf der lokalen Ebene auch wirklich taten. Das geschah durch Normen, die sie durch gelehrte Interpretation aus der vorgegebenen göttlichen Offenbarung und den frühen Kommentaren ableiteten, ohne diese zu hinterfragen. So kam es zwangsläufig zum Konflikt, als einzelne Gelehrte die Philosophie des Aristoteles aufnahmen und die menschliche Vernunft neben der Offenbarung zur Erkenntnisbasis machten, insbesondere Al-Farabi († 950), Ibn Sina († 1037) und Ibn Ruschd († 1198). Anders als die Ulama mit ihren Madrasas konnte die Philosophie, konnte ein kritischer Diskurs sich aber letztlich nicht institutionalisieren und erlag deshalb um 1200 dem Totalitätsanspruch der Korangelehrten.[313] Nachdem die islamische Gesellschaft in der Zeit ihrer Formierung an der Schwelle zur achsenzeitlichen Kultur gestanden hatte, war damit entschieden, dass sie doch für Jahrhunderte nur eine nachachsenzeitliche und damit weniger innovative war.[314] Nun wurden Koran und Sunna seitdem im Laufe dieser Zeit durchaus unterschiedlich gedeutet, aber dass so weite Bereiche gesellschaftlicher Normen an fest kanonisierte Überlieferungen angekettet wurden, dass obendrein der Korantext als Wort Gottes angesehen und deshalb bis heute auch nicht textkritisch hinterfragt wird, erschwerte der islamischen Gesellschaft innovative Antworten auf neue Herausforderungen. So verhielten Europa und die islamische Welt sich genau gegensätzlich: Gerade als die islamische Welt die Fackel des griechischen Erbes fallen ließ, nahm Europa sie auf; als die geistige Welt des Islam den Schritt in eine weitgehende Stagnation tat, baute die europäische ein Potenzial für dynamische Entwicklung auf.

In China war der kulturelle Bereich gegenüber der übrigen Gesellschaft vergleichsweise am wenigsten ausdifferenziert. Diese Tatsache war nun mit Blick auf die Entwicklungsdynamik durchaus ambivalent. So gab es keine Offenbarungsreligion mit dogmatischen Festlegungen, die forschender Neugier hätten in die Quere kommen können. Im Gegenteil: Nachdem die buddhistischen Klöster weitgehend aufgehoben worden waren, gewannen die chinesischen Klassiker wieder an Resonanz. Indem Dshu Ssi († 1200) die Ideen von Kungfuds' mit Jin-Jang-Lehre, traditioneller Kosmologie, Elementen des Dauismus sowie bestimmten Themen und der logischen Argumentation des Buddhismus verschmolz, entwickelte er eine vernunftorientierte Philosophie, die Kosmos und Gesellschaft als Zusammenhang erfassen und erklären wollte und die der Moral große Bedeutung einräumte, den sogenannten Neokonfuzianismus. Relativ eng war der Kulturbereich an das politische Zentrum gebunden. Zwei Bereiche galten bis ins 19. Jahrhundert als Monopol kaiserlicher Behörden, zum einen seit 629 die Dynastiegeschichtsschreibung, zum anderen die Astronomie, da der Kaiser den Kalender verkündete (Privatbesitz astronomischer Instrumente war verboten![315]). Im Übrigen war der Staat in der Tang- und Ssung-Zeit aber nicht allzu engherzig – solange Gelehrte sich nicht gegen die herrschende Dynastie wandten, konnten sie frei schreiben.[316] Auch förderten die Kaiser die Verbreitung von Wissen, indem sie Enzyklopädien und andere Texte drucken ließen und indem für den Zugang zu höheren Beamtenstellen aristokratische Herkunft durch ein staatliches Bildungsexamen abgelöst wurde. Doch gerade dieses wirkte langfristig einengend: Durch die Auswahl der Texte und noch mehr des vorgeschriebenen Prüfungsstoffs lenkte es geistige Aktivitäten in die neokonfuzianische Richtung, die damit im 13. Jahrhundert bei den Gebildeten zur dominierenden

Weltanschauung wurde. Insofern waren auch die Akademien als Ausbil-
dungsstätten für Beamte geistig nicht wirklich autonom. Der 1071 unter-
nommene Versuch, Fachwissen in den Stoff der Beamtenprüfungen aufzunehmen, z.B. Geografie, scheiterte, woraufhin die Prüfungen bis 1905
rein philosophisch-literarisch blieben.

Ganz anders in Indien. Klöster und Tempel verschafften den geistigen
Eliten ein beträchtliches Maß an Eigenständigkeit gegenüber weltlichen
Machthabern. Die Vielfalt der brahmanischen Geistestraditionen wurde
auch weder durch ein einheitliches Dogma noch durch eine einheitliche
Kirchenorganisation eingeengt. Zugleich waren religiöse und philosophische Fragestellungen nicht so sehr voneinander differenziert wie dort,
wo mit dem Erbe griechischer Philosophie einerseits und dem monotheistischen Gottesglauben andererseits Anschauungen aus unterschiedlicher
Wurzel aufeinandertrafen. Auch in Indien zog die Vernunft gegenüber
dem Glauben langfristig den Kürzeren. Die Vedanta-Philosophie wurde
zwar von Shankara († 820) noch einmal neu begründet, doch in der Folgezeit gewannen zunehmend religiöse Fragestellungen die Oberhand.

Wie entwickelte sich nun unter diesen Bedingungen das verschriftlichte
Erfahrungswissen? Die arabische Wissenschaft gelangte über die von den
Griechen übernommenen theoretischen Konzepte nicht hinaus. Sie neigte
aber mehr als diese dazu, auch praktisch zu erproben und zu beobachten.
Dadurch konnte sie, motiviert vom Streben der Herrscher nach nützlichen
Kenntnissen, das übernommene Wissen zwischen dem 9. und 12. Jahrhun-
dert an einigen Stellen ergänzen. Dieses galt besonders für Alchemie (z.B.
Technik der Destillation), Pharmazie und Medizin (z.B. Pocken und Au-
genheilkunde), für astronomische Beobachtungen, Optik, geografische
Kenntnisse durch Reiseberichte sowie auch Mathematik. Doch über die
genannte Zeit hinaus setzte sich dieser Ausbau kaum fort. Umgekehrt in
Europa: Das verschriftlichte Wissen war jahrhundertelang höchst gering
und voll von Phantastischem, und auch die Scholastik war im Wesentlichen theoretisch und untersuchte kaum die konkrete Wirklichkeit. Erst
im 14. Jahrhundert setzten Beobachtungen und Experimente ein, zumindest in England. Bemerkenswerterweise wich auch in der europäischen
Malerei jetzt die typisierte Darstellung von Ideen einem Bemühen, Realität wiederzugeben, also die symbolhaft stilisierte Pflanze dem konkreten
Apfelbaum, der Goldgrund der realistischen Landschaft.

In welcher Weise verschriftlichtes Erfahrungswissen wuchs, hing in Indien und China stark von den Entwicklungspfaden ab, welche die vorangegangene Epoche eingeschlagen hatte. Ein arabischer Indien-Kenner
schrieb um 1030, die mathematischen und astronomischen Kenntnisse der
Inder glichen einer Mischung aus Perlen und sauren Datteln, weil es an
wissenschaftlicher Methode fehle, um beides voneinander zu unterscheiden.[317] Das war aus arabischer Perspektive auch verständlich, denn die

Neigung der Brahmanen, der spirituellen Einsicht den Vorrang einzuräumen vor der Sinneswahrnehmung, überhaupt die äußere Welt als Schein abzuwerten und die dahinterliegende letzte Wahrheit zu suchen, nicht zuletzt den materiellen Bereich als Sache der niederrangigen handarbeitenden Kasten abzuwerten, dies alles stand wissenschaftlicher Erkenntnis im Weg. So gab es unter den Gelehrten zwar reichlich Debatten, aber wenig Beobachtung der Wirklichkeit. Unter diesen Bedingungen konnte sich in Indien einzig das Geistesprodukt Algebra wirklich weiterentwickeln. Naturwissenschaften wurden außer Medizin und Astronomie/Astrologie praktisch nicht betrieben, ebenso wenig Landeskunde und Geschichtswissenschaft. Die verherrlichenden Herrscher- und Dynastiegeschichten waren von Fiktionen und Mythologien durchwuchert und gehörten mehr zur Dichtung. Kosmologie und Geografie blieben mythologisch. Wissenschaftliche Bemühungen kreisten primär um Sprache im weitesten Sinne, insbesondere Grammatik, Rhetorik und Poetik, und im Wesentlichen beschäftigte die geistige Elite sich ohnehin mit religiös-rituellen Fragen. Die im höfischen Umfeld tradierten Handbücher, beispielsweise für Ästhetik, Veterinärmedizin und Staatsführung, konnten das nicht kompensieren, zumal sie kaum innovativ waren. Anstatt auf die Wirklichkeit bezog brahmanisches Denken sich umso mehr in Gestalt von Kommentaren auf tradierte Schriften. Das Selbstverständnis, damit den Traditionsstrom zeitloser Wahrheiten zu bewahren, war allerdings eine Täuschung, denn unter diesem Deckmantel waren vielfältige Umdeutungen faktisch durchaus innovativ.

Im China der Ssung-Zeit verloren die gebildeten Eliten den Glauben daran, dass Katastrophen vom Himmel gesandte Strafen seien, sondern untersuchten mit nüchternem Blick die Wirklichkeit und erweiterten ihre empirischen Kenntnisse. In der Medizin wurde dazu jetzt auch seziert (was im Islam verboten blieb), die Astronomie sammelte genauere Beobachtungen, und auch in Botanik und Zoologie bot ein wachsendes Fachschrifttum immer mehr Kenntnisse. Dagegen blieb die Mechanik weiterhin unbeachtet, und Optik kam mangels Geometrie kaum voran. Zahlreiche Reiseberichte vermittelten Wissen über Südostasien, und für China entstand die Gattung der Lokal- und Regionalbeschreibungen, in denen historisches, geografisches, wirtschaftliches und biografisches Material zusammengetragen wurde. Das Sammlerinteresse der Literaten ließ eine wissenschaftlich erforschende Archäologie entstehen, die sich besonders für alte Jade, Inschriften, Münzen und Siegel interessierte. Gelehrte machten sich textkritisch an die überlieferten Schriften, um unechte auszusondern.[318] Die wissenschaftliche Theoriebildung blieb aber weiterhin unter dem Niveau der antiken Griechen (und ihrer Erben im Nahen Osten und in Europa).[319] Die organisch denkende Naturphilosophie und die Struktur der chinesischen Sprache waren hier anscheinend wenig hilfreich.

Elitenlehre und Volksglauben

Wo weltanschauliche Prinzipien der Elitenkultur breitere Kreise erreichten, entstand ein Spannungsverhältnis, vor allem zwischen abstrakter Lehre und dem volkstümlichen Bedürfnis nach konkreter Anschauung, teilweise auch zwischen dem Vermittlungsmonopol der religiösen Elite und dem Bedürfnis nach direktem Zugang zur Gottheit.

In Indien entfaltete sich der Übergang von den elitären vedischen Ritualen zu volkstümlichen Hindu-Kulten. Die sogenannten Puranas, vor allem zwischen dem 4. und 7. Jahrhundert verfasst, erzählten von Schöpfungsmythen, Göttergenealogien und Königsdynastien. Wallfahrten und religiöse Feste kamen auf, die dem Einzelnen die Möglichkeit der Teilhabe boten. Das Bild rückte in den Mittelpunkt der Verehrung. Damit wuchsen die Tempelanlagen aus schlichten Anfängen vom 5. bis zum 12. Jahrhundert zu immer größeren und komplexeren Anlagen mit imposanten Türmen, Kulthallen, Prozessionskorridoren usw. Ihre Steinreliefs boten reichlich Anschauung in Gestalt von üppigem Pflanzen- und Tierornament und Scharen von Götterfiguren, oft mit lebhaftem sinnlichem Ausdruck bis hin zu sexuellen Darstellungen. In Südindien kam im 6. Jahrhundert die volkssprachliche Bhakti-Bewegung auf, in der Gläubige aus dem einfachen Volk eine persönliche, stark emotionale Beziehung, ja Liebe zu einer Gottheit entwickelten, hinter der die Vermittlung durch die Brahmanen zurücktrat. Anfangs von den Brahmanen abgelehnt, wurde diese Bewegung dann von ihnen integriert und breitete sich im 13. und 14. Jahrhundert über ganz Indien aus.

Christentum und Islam hatten das Spannungsverhältnis zwischen dem einen monotheistischen Gott und dem Volksbedürfnis, das Übernatürliche in Personen sinnlich wahrzunehmen, gemeinsam. Indem die christliche Kirche im Oströmischen Reich das Volk erfasste, drang dessen Bedürfnis nach konkreter Anschauung in die Kirche ein und ließ im Osten immer mehr Bilder von Jesus, Maria und den Heiligen entstehen. Wo diese Ikonen als zauberkräftig angesehen und selbst angebetet wurden, geriet das Prinzip des Monotheismus ins Wanken. Zwischen 726 und 843 erschütterten deshalb heftige Angriffe der Ikonoklasten, der Bilderstürmer, die östliche Kirche, ohne die Bilder letztlich aus der Kirche verdrängen zu können. Bei den Franken und den erst später christianisierten germanischen und slawischen Völkern blieb Christentum lange eine äußerliche Tünche über der archaischen Mentalität auch der Eliten: Jesus wurde vor allem als mächtige Herrengestalt aufgefasst, Gottesdienst bestand aus Ritualen, ohne dass durch Predigt Glaubensinhalte vermittelt wurden, und magische Praktiken waren innerhalb und außerhalb der Kirche verbreitet. Als Laien sich in Städten verdichteten und das Lesen lernten, fanden sie dann allmählich einen Zugang zu den Inhalten christlichen Glaubens, beginnend im 12. Jahrhundert in Italien und Südfrankreich. Unvermeidlich stießen einige dabei auf das subversive Potenzial des Neuen Testaments, das unter der Decke der hierarchisch vermachteten Kirche schlummerte. Die Armutsbewegung entdeckte Armut und Gleichheitsidee neu und begann unter Umgehung der Amtskirche in der Volkssprache zu predigen. Ein Teil der Armutsbewegung wurde ab 1170 als Ketzer unterdrückt, so die Waldenser und Katharer, während die Franziskaner gerade noch die Kurve kriegten und sich als neuer Orden integrierten. Nach ihrem Vorbild wurden bald weitere Bettelorden gegründet. Umgekehrt ging die katholische Kirche auf das Volk zu: Vom 13. bis 15. Jahrhundert wuchs die Konkretisierung durch Heiligenkulte und bildliche Darstellungen stark an, ebenso die Predigttätigkeit der Bettelorden. Auch die Darstellungen des leidenden Jesus, oft ausgemergelt und mit drastischen Wundmalen, luden jetzt zum Miterleben ein. Zugleich stieg die individuelle Teilnahme in Gestalt von Prozessionen, Wallfahrten und Laienbruderschaften. Manche Christen suchten auch eine direkte und subjektive Beziehung zu Gott, woraus sich die Mystik entfaltete.

Die islamischen Ulama kamen den Bedürfnissen des einfachen Volkes weniger weit entgegen als die christliche Kirche; sie pochten strikter als diese auf den Monotheismus und lehnten deshalb Bilder in der Moschee ebenso ab wie Heilige. Aber als der Islam die bäuerlichen Massen durchdrang, konnten die Korangelehrten nicht verhindern, dass auch traditionelle Formen der Volksreligiosität in ihn einströmten, vom Wunderglauben über Pilgerfahrten bis zur Verehrung zahlreicher lokaler Heiligengräber, obwohl sie deren Kult nicht anerkannten. Als Reaktion auf die Formierung der Ulama, ihre Kanonisierungen und ihre Verschwägerung mit der Macht entstanden im 9. Jahrhundert die Sufis – Menschen, die persönliche spirituelle Erfahrungen suchten, nonkonformistischer als die Ulama waren und sich teils in Bruderschaften organisierten. Oft waren sie volksnah lehrend und heilend tätig.

In China hatten die Kultureliten solche Probleme nicht. Die nüchterne Weltanschauung der Gebildeten strahlte nicht bis nach unten aus und versuchte es auch nicht. Vielmehr fand sich dort in der Ssung-Zeit eine verwirrende Fülle von lokalen Kulten mit Elementen primitiver Kultur und archaischer Volkskultur, dauistisch inspirierter Religiosität, auf volksreligiöses Niveau herabgesunkenem Buddhismus, Heilern und charismatischen Lehrern. Zugleich entstand jenseits der Elitenkultur seit dem 12. Jahrhundert im großstädtischen Milieu der Handwerker und Ladenbesitzer eine eigenständige Unterhaltungskultur. Sie war vor allem von volkssprachlicher Literatur und Oper gekennzeichnet.

Zwischen Waldvernichtung und Pestkatastrophe

Der Drang der Menschen, sich zu vermehren, war weiterhin eine wichtige Dynamik der Weltgeschichte, wurde allerdings mehrfach durch katastrophale Einschnitte unterbrochen. Als Folge der germanischen Völkerwanderung ging im westlichen Mittelmeerraum die Bevölkerungszahl leicht zurück, und in Nordchina führte das Chaos durch den Einbruch der Nomadenstämme im 4. Jahrhundert dazu, dass viele Menschen aus der Großen Ebene nach Süden flohen. In den folgenden Jahrhunderten standen die Zeichen dann wieder auf Bevölkerungswachstum, das aber regional sehr ungleich ausfiel. In Europa wuchs zwischen 600 und 1300 im Raum nördlich der Alpen (einschließlich Frankreich) die Bevölkerung von 12 auf 44 Millionen Einwohner an, hingegen im europäischen Mittelmeerraum (einschließlich Balkanhalbinsel) nur von 11 auf 25.[320] Zwei Innovationen, die sich nördlich von Alpen und Loire verbreiteten, trugen dazu bei, mehr Nahrungsenergie zu mobilisieren. Das eine war die Dreifelderwirtschaft, die im 8. Jahrhundert in Nordfrankreich entstand, sich ausbreitete und im 13. Jahrhundert auch in Polen ankam. Durch sie sank der Anteil der Brache gegenüber der bisherigen Feldgraswirtschaft von der Hälfte auf ein Drittel der Ackerfläche. Das andere war der schwere Wendepflug mit eisernem Strichbrett, der es im Unterschied zum bisherigen hölzernen Hakenpflug ermöglichte, auch schwere, aber fruchtbare Lehmböden als Ackerland zu nutzen. Das mediterrane Europa blieb dagegen wegen der Sommertrockenheit weitgehend bei der Zweifelderwirtschaft und wegen der dünnen Humusschicht auch beim Hakenpflug. Vom 10. bis 13. Jahrhundert erfasste außerdem eine große Rodungsbewegung das nichtmediterrane Europa, in Frankreich beginnend, dann in Westdeutschland und schließlich auch in Skandinavien und Polen. Damit verdichtete sich die Bevölkerung, und der in West- und Mitteleuropa vorher noch massenhaft verbreitete Wald wurde um rund 60% reduziert[321], größere Waldgebiete blieben überwiegend in Gebirgslagen erhalten. Die Tragfähigkeitsgrenze war um 1300 erreicht, der Verbrauch von Getreide erhöhte sich zulasten des in der Produktion flächenaufwendigeren Fleisches, und weitere Rodungen wurden zunehmend verboten. In Russland (noch ganz westlich des Urals) stieg die Bevölkerung ebenfalls deutlich an, sodass seit dem 10. Jahrhundert eine jahrhundertelange Siedlungsbewegung die Mischwaldzone immer weiter durchdrang, im Norden auf Kosten finnischer Jäger und Fischer. In die ukrainisch-südrussischen Steppen wagten sich die russischen Bauern allerdings wegen der Nomaden nicht. Trotzdem blieb in Russland die Bevölkerungsdichte im Ganzen wesentlich geringer als im lateinischen Europa. Ackerbau wurde als Brandrodungswanderfeldbau mit hohem Bracheanteil betrieben, also wenig intensiv, und weiterhin war noch viel Wald übrig.

Auch in Ostasien stieg die Bevölkerung der rückständigen Randgebiete stärker als im Kernraum. Chinas Bevölkerung wuchs zwischen 600 und 1200 von 45 auf 115 Millionen; dabei erhöhte sich der Anteil des Südens (unteres und mittleres Jangtsegebiet und weiter südlich) gegenüber dem Norden (Große Ebene und direkt angrenzende Gebiete) von etwa einem Viertel auf weit über die Hälfte.[322] Der Siedlerstrom aus der Großen Ebene nach Süden, schon in der vorangegangenen Epoche beginnend und durch die Nomadeneinbrüche im 4. Jahrhundert verstärkt, setzte sich fort. Zeitweise forcierten ihn die Überschwemmungskatastrophen des Hwangho, der 983, 1000, 1048, 1077 und 1194 aus seinem durch Dämme künstlich eingeengten Flussbett ausbrach und es verlagerte. Die bisher großenteils versumpften und unbewohnten Ebenen des unteren und mittleren Jangtse wurden jetzt im Wesentlichen in Reisfelder umgewandelt und zunehmend von Bewässerungskanälen und Deichen durchzogen. Dagegen blieben die Hügel noch weitgehend stark bewaldet, bestenfalls für Wanderfeldbau genutzt und dementsprechend nur sehr dünn besiedelt. Damit gewann die typische chinesische Reisanbaulandschaft Gestalt. Seit dem 10. Jahrhundert führte man schneller reifende Reissorten ein, die zwei Ernten im Jahr möglich machten; ihre Flächenproduktivität betrug ein Mehrfaches der europäischen Landwirtschaft, und zugleich erforderten sie einen hohen Arbeitsaufwand je Fläche, sodass die Tragfähigkeit sich entsprechend erhöhte. Am Ostrand Ostasiens konnten Korea und Japan, beide bisher eher dünn besiedelt, bei stetigem Landesausbau deutliche Bevölkerungszuwächse verzeichnen. Was am Jangtse in großem Maßstab geschah, erfolgte in Südostasien in viel geringerem Maßstab in den kleinräumigen, inselartigen Schwemmlandebenen, wo die Bevölkerung entsprechend anstieg; dagegen blieben die eigentlich fruchtbaren Deltaregionen der großen Festlandflüsse wegen der extremen jahreszeitlichen Wasserstandsschwankungen noch bis 1800 weitgehend unbesiedelt. Die unwegsamen Bergländer Südostasiens mit ihren unfruchtbaren Tropenböden trugen weiter nur wenige Wanderfeldbauern oder Jäger und Sammlerinnen.

Auch in Indien gingen Waldrodungen und bäuerliche Siedlungstätigkeit weiter, wobei zwischen dem 6. und 12. Jahrhundert die Grenzwälder zwischen den Staaten verschwanden. Zwischen Nord- und Zentralindien blieb aber noch weiter eine unwegsame und waldreiche Berglandzone bestehen. Im trockenen Inneren Südindiens legten die lokalen Autoritäten zunehmend Stauseen an, die Tanks, die das Regenwasser des Sommermonsuns speicherten und damit auch dort Landwirtschaft möglich machten. Selbst in Westafrika drangen bäuerliche Siedler in kleinen Gruppen immer stärker in den Urwald ein. Das Potenzial des fruchtbaren Nigerbinnendeltas wurde hingegen nur ansatzweise ausgeschöpft, da die Menschen hier bis Mitte des 20. Jahrhunderts kaum künstlich bewässerten, wohl auch wegen der extremen Wasserstandsschwankungen.

In Europa, Russland, China, Indien und Westafrika war es letztlich dasselbe Bild: Die praktischen Notwendigkeiten, eine wachsende Bevölkerung zu versorgen, und die verfügbaren technischen Möglichkeiten trieben dazu an, die Wälder immer weiter zu roden, um das Ackerland zu vermehren. Solange Wald reichlich war, galt er den Menschen als finsterer Ort der Ungeheuer und Räuber. Weltanschauliche Positionen hatten demgegenüber kein Gewicht, die biblische Trennung von Natur und Menschen (»Macht euch die Erde untertan!«) ebenso wenig wie dauistisches Naturharmoniedenken.[323] Abstrakte Prinzipien haben eben eine Nase aus Wachs, die sich je nach konkretem Alltagsbedarf und Machtverhältnissen biegen lässt (ist nicht das Christentum vom Armutsgebot bis zum Kirchenprunk, vom Pazifismus bis zum Waffensegnen gedehnt worden?).

Der Nahe Osten (von Ägypten und Türkei bis Afghanistan) wies indes keine vergleichbare Dynamik auf. Hier gab es im Unterschied zu den schon genannten Kernräumen keine Wälder, auf deren Kosten man neues Ackerland hätte gewinnen können, und die Steppen waren für Regenfeldbau zu trocken. Trotzdem wurde auch hier unter den Sasaniden und dann den Arabern bis ins 11. Jahrhundert die landwirtschaftliche Produktion gesteigert, und zwar indem man die Bewässerungsanlagen ausbaute. Die Ausbreitung von Wasserschöpfrädern (Noria) und unterirdischen Bewässerungskanälen, den Qanaten, trug dazu bei. So konnte die Bevölkerung sich hier noch geringfügig bis auf 27 Millionen erhöhen.[324] Danach stagnierten Produktion und Bevölkerung, in einigen Regionen schrumpften sie sogar. Dieses lag daran, dass Bodenversalzung Probleme bereitete und die störanfälligen Bewässerungsanlagen vernachlässigt wurden, noch mehr jedoch am Eindringen von immer mehr türkischen Nomaden in Iran, Irak und Anatolien, die Ackerland in Weiden für ihre Herden umwandelten.[325]

Dann kamen die Katastrophen. Im späten 13. Jahrhundert brachten die Mongoleneinbrüche in (Nord-)China und Iran/Irak mit ihren Massakern und Zerstörungen nicht nur massenhaftes Leid, sondern auch massive Einbrüche der Bevölkerungszahlen mit sich. Anfangs hätten die Mongolen am liebsten ganz Nordchina in Weideland verwandelt. 1320 brach in Nordchina die Pest aus, die sich durch die Mongolen und über die innerasiatischen Fernhandelswege rasch verbreitete und bis 1354 ganz China, Russland, den Nahen Osten und fast ganz Europa durchseuchte. In China forderte der Bürgerkrieg am Übergang von der Mongolenherrschaft zur Ming-Dynastie noch einmal zahlreiche Opfer, wenig später ebenso in Iran/Irak Timur Lengs brutale Feldzüge. Im Ergebnis sank die Bevölkerung Europas um fast ein Drittel, wohl ähnlich die des Nahen Ostens, die Chinas als Ganzes sogar um fast die Hälfte (was viel mehr den Norden und Ss'tschwan betraf als das untere Jangtsegebiet).[326] Die Auswirkungen auf Indien sind dagegen nicht erkennbar, und Schwarzafrika war mit

Eurasien so wenig vernetzt, dass es verschont blieb. 1380 lagen damit der europäische Mittelmeerraum und der Nahe Osten an Bevölkerungszahl etwa wieder auf dem Stand von 200 n.Chr. und Nordchina sogar deutlich darunter, während einige der ehemals dünn besiedelten angrenzenden Gebiete beträchtlich zugelegt hatten.

Geld und Wasserräder

Nicht nur die Zahl der Menschen, sondern ebenso die funktionale Differenzierung der wirtschaftlichen Aktivitäten erlebte ein Wechselbad aus innerer Wachstumsdynamik und äußeren Schlägen, und wie im kulturellen Feld verschoben sich auch hier die Relationen zwischen den Kernräumen. Aber die Ursachen waren nicht ohne Weiteres dieselben. Wer z.B. nach den Gründen für die Stagnation der islamischen Welt oder für den Aufstieg Europas fragt, ohne zwischen wirtschaftlicher und kultureller Dynamik zu unterscheiden, wird zwangsläufig in die Irre gehen.

Die Rückschläge am Beginn der Epoche trafen die städtische Wirtschaft noch stärker als die Bevölkerungszahl. In Nordchina ließen Bürgerkriege und Nomadeneinbrüche im 4. Jahrhundert die städtische Wirtschaft weitgehend zusammenbrechen, sodass das frühurbane Niveau kaum gehalten werden konnte. In Europa verschwanden unter dem Druck der Völkerwanderung Städte und Geldwirtschaft in Britannien, Nordfrankreich, Süddeutschland und dem mittleren und unteren Donauraum im 5. Jahrhundert fast ganz, d.h. man fiel hier in die einfache Agrargesellschaft zurück, ebenso im 7. Jahrhundert unter dem Druck der Slawen im Inneren der Balkanhalbinsel. In Italien, Südfrankreich und Ostspanien, wo sich nur wenige Germanen ansiedelten, schrumpfte die städtische Wirtschaft zwar etwas, hielt aber durchaus frühurbanes Niveau. Auch in Indien verfielen in der Gangesebene Stadt- und Geldwirtschaft im 5. und 6. Jahrhundert, nicht zuletzt durch die Einfälle der Hunnen, während das übrige Indien hiervon nicht berührt wurde.[327]

Als die kleinen Gruppen der islamischen Araber den Nahen Osten eroberten, blieben hier indes die Städte unangetastet. Die Kernräume des Nahen Ostens waren weiter vollurbane Agrargesellschaften, und bald brachten die Araber auch Südspanien auf dieses Niveau. Damit war der von Muslimen kontrollierte Raum wirtschaftlich weltweit am weitesten entwickelt, abgesehen von Byzanz. Die großen Städte boten als Sitz von Statthaltern und Herrschern mit ihren Garnisonen, von großgrundbesitzenden Eliten, die wie schon in der Antike in den Städten saßen, und von Fernhandelskaufleuten einen Absatzmarkt für ein umfangreiches und differenziertes Gewerbe. Wechsel und andere Handelspraktiken sowie Produktionstechniken lebten aus antiker bzw. sasanidischer Zeit weiter. Gewerbliche Arbeitsteilung, Fernhandel und Geldwirtschaft intensivierten sich, und dazu trug auch bei, dass durch das Kalifat bisherige Grenzen fortfielen und dass jetzt Gold aus Westafrika zuströmte. Kaufleute bildeten bei den Arabern einen angesehenen Teil der städtischen Gesellschaft, und von wenigen staatlichen Manufakturen für besonderen Staatsbedarf abgesehen, blieb das Wirtschaftsgeschehen privater Initiative und marktwirtschaftlicher Organisation überlassen. Aber diese Entwicklung stieß in den Jahrzehnten um 1200 an ihre Grenzen[328], glitt in langfristige Stagnation hinüber. Die Gründe sind umstritten und wohl auch nicht für alle Teilräume gleich. Am Islam als Religion lag es nicht; in der Fernhandelsstadt Mekka entstanden, stand er Kaufleuten keineswegs ablehnend gegenüber und hemmte Handel und Gewerbe nicht.[329] Wo der Islam Zinsnehmen aus moralischen Gründen verbot, entwickelten findige Interessenten eine Reihe von Tricks, um dieses Verbot formal zu umgehen.[330] Eher spielten die Grenzen der natürlichen Ressourcen eine Rolle. Die landwirtschaftliche Expansion konnte sich nicht über etwa 1050 hinaus fortsetzen, wie schon erwähnt. Die Gewerbeentwicklung wurde dadurch gehemmt, dass Bau- und Feuerholz knapp waren, z.T. auch einige Erze[331], und für Wasserräder fehlte es an Wasser. Eine große Rolle spielten die Gefährdungen von außen. Die vom 11. bis 15. Jahrhundert schubweise eindringenden türkischen Nomaden standen den Städten fremd gegenüber. Richtig verheerend war dann die Zerstörung der Städte und die Ermordung ihrer Menschen in Iran und Irak durch die Mongolen, worauf ein Jahrhundert später die Verwüstungen durch Timur Leng folgten; hier kamen auch Wiederaufbauversuche auf lange Zeit nur begrenzt dagegen an.[332] Der Bevölkerungsverlust durch die Pest an sich war für den Entwicklungsstand von Handel und Gewerbe nicht so kritisch, aber dass in Ägypten die herrschenden Mamluken die daraus folgende Minderung der Steuereinnahmen durch erhöhte Abschöpfungen und Staatsmonopole zu kompensieren suchten, wirkte offenbar ungünstig.[333]

Während also im Nahen Osten die Kontinuität vollurbaner Verhältnisse in Stagnation hinüberglitt, setzte in China, Nordindien und im mediterranen Europa nach den Rückschlägen vom Anfang der Epoche eine neue wirtschaftliche Dynamik ein, und diese reichte auch über die bisherigen Kernregionen hinaus. Am stärksten war sie in China. Noch in der Zeit der Tang-Dynastie diente das städtische Handwerk vor allem dem Bedarf von Hof und Regionalverwaltung, die Märkte waren begrenzt und eng kontrolliert, und die Steuern wurden überwiegend in Naturalien eingetrieben. Dann entfalteten sich vom 10. bis 13. Jahrhundert unter der Ssung-Dynastie mehrere ineinander verflochtene Prozesse. Die Produktion des städtischen Gewerbes stieg stark an und richtete sich nun mehr auf den Bedarf der in der Stadt lebenden Großgrundbesitzer und der reich und zahlreich geworden Kaufleute, dann auch auf breiteren Massenbedarf aus. In den beiden Kernräumen am mittleren Hwangho und am unteren Jangtse wuchsen mehrere Städte auf einige Hunderttausende Einwohner an, darunter jetzt mit Hangdshou und Sudshou auch ausgeprägte Handelsstädte. Der Fernhandel stieg stark, wobei er sich weitgehend des Flussnetzes und auch der Küstenschifffahrt bediente. Die Steuern wurden auf Geld umgestellt, und ein Netz von kleinen Städten spannte sich ausgehend von den beiden Verdichtungsräumen über das Land und bezog die Bauern in den Markttausch mit ein. Bei all dem schwoll die umlaufende Geldmenge stark an. Zusammengefasst bedeutete dies, dass im 10. Jahrhundert die beiden Kernräume zu vollurbanen Agrargesellschaften wurden, im Laufe des 11. Jahrhunderts dann immer größere Teile Chinas.[334] Die Produktion von Bronzemünzen stieg zwischen 834 und 1080 von 100 000 auf 6 000 000 Schnüre an. Da es an Silber mangelte, wurde Papiergeld eingeführt, um den weiter steigenden Bedarf an Zahlungsmitteln zu decken; im 12. Jahrhundert wurde es dann zum Hauptzahlungsmittel, was es bis zum Ende der Mongolenherrschaft blieb.[335] Freie Märkte setzten sich durch, auch freier Handel mit Land, und im Gewerbe breitete sich Lohnarbeit aus. In einigen Bereichen entstanden große Manufakturen, so in Bergbau und Salzgewinnung, Keramik-, Papier- und Eisenerzeugung. Doch dann kam die Mongoleninvasion, und mit ihr brach diese Wirtschaftsdynamik ab. Angesammelter Reichtum ging in Plünderungen unter, und unternehmerische Tätigkeit wurde durch staatliche Kontrollen eingeschränkt.

In Indien nahmen Verstädterung und Geldwirtschaft seit dem 10. Jahrhundert wieder zu, gefördert wohl auch dadurch, dass sich mit der Ausbreitung von Staatlichkeit neue Machtzentren bildeten. Allerdings richteten die Raubzüge der Ghasnawiden und die Eroberungskriege durch die Gründer des Delhi-Sultanats in Nordindien schwere Schäden an. Marktintegration und Geldwirtschaft dürften im 14. Jahrhundert im größten Teil Indiens, insofern er dichter besiedelt war, so weit entwickelt gewesen sein, dass man von vollurbanen Agrargesellschaften sprechen kann.

Wo in Agrargesellschaften Stämme zu Staaten wurden, also in Mittel- und Nordeuropa, Russland, Japan und Südostasien, lagerte sich an die Herrschaftszentren auch Handwerk an, sodass Städte entstanden. In Westdeutschland geschah dies im 10., in Südskandinavien und Polen im 11. Jahrhundert. Wo viel Macht konzentriert wurde, konnten diese Machtzentren sogar die Basis für relativ große Gewerbekonzentrationen sein, während das übrige Land von Arbeitsteilung noch kaum berührt wurde. In Japan war die kaiserliche Residenz lange die einzige Stadt, auch der Adel versorgte sich auf seinen Besitzungen selbst. Erst seit dem 13. Jahrhundert entstand infolge der politischen Dezentralisierung Japans ein Netz von Marktorten und Städten, denen Handel und Geldwirtschaft folgten, und erst im 17. Jahrhundert verdrängte Geldwirtschaft den Austausch gegen

Reis so weit, dass man von einer vollurbanen Agrargesellschaft sprechen kann. In Korea wurde diese Stufe etwa gleichzeitig erreicht. Als in Russland der Kiewer Staat in einzelne Fürstentümer zerfiel, entstand auch dort eine größere Zahl von Städten. Doch nicht zuletzt angesichts der nur geringen Besiedlungsdichte blieb das russische Städtenetz sehr weitmaschig, und überdies gingen viele Städte durch den Mongoleneinbruch 1237/40 wieder unter. Im lateinischen Europa waren hingegen die Machtverhältnisse extrem dezentralisiert, sodass sich wirklich große Städte hier lange kaum bilden konnten. Das galt erst recht nördlich der Alpen, wo der Adel auf Herrensitzen auf dem Lande lebte – im Unterschied zum mediterranen Europa, dem christlichen wie dem islamischen, wo der Adel in antiker Tradition weitgehend in der Stadt saß. In Deutschland versorgte der Adel sich im 10. bis 12. Jahrhundert fast ganz aus seinem jeweiligen Fronhofsverband, und seltener Luxusbedarf wurde durch einzelne Wanderhandwerker oder Geschenktausch zwischen hohen Adligen gedeckt. Der Aufbruch zu neuer gewerblicher Spezialisierung, wachsenden Städten und steigendem Austausch, zur Ablösung der Natural- durch Geldwirtschaft und städtische Lohnarbeit ging in Europa vom mediterranen Raum aus. Dort hatten sich Städte aus der Antike erhalten. Vollurbane Verhältnisse erreichte als Erstes Oberitalien im 12. Jahrhundert, dann der verkehrsgünstig gelegene Bereich der Rheinmündung im weiteren Sinne (bis Köln hin). In Westdeutschland hatte sich um 1300 das Städtenetz so weit entfaltet, und Ungarn, Polen und Skandinavien waren als deutlich dünner besiedelte Regionen auch um 1400 noch nicht auf diesem Niveau. Die Balkanhalbinsel schließlich blieb von alledem weitgehend unberührt. Der Widerstand der Geistlichen gegen das Zinsnehmen wurde in Europa ebenso wie im islamischen Raum umgangen. Den bargeldlosen Zahlungsverkehr durch Wechsel übernahm im 13. Jahrhundert Oberitalien von jenseits des Mittelmeers und gab ihn dann später nach Norden weiter, ebenso die hier entwickelte Technik der doppelten Buchführung. Von freier Marktwirtschaft lässt sich in Europa nur mit erheblichen Einschränkungen sprechen, da hier lokale Kräfte einschränkend reglementierten: Zünfte der Handwerker regulierten die Produktion ihrer Mitglieder, für fremde Kaufleute galten Sonderrechte. Nachdem Westeuropa durch die Germaneneinbrüche der Völkerwanderung besonders stark zurückgeworfen worden war, hatte Europa im Unterschied zu anderen Regionen das Glück, dass keine weiteren Nomadeneinbrüche diese neue Dynamik durchkreuzten.[336]

Der Grad der Arbeitsteilung der vollurbanen Agrargesellschaften, gleich ob in China oder Europa, sollte aber auch nicht überschätzt werden. Während städtische Haushalte sich ganz über den Markt versorgten, gingen von der Produktion der bäuerlichen Haushalte nur 10 bis 20 % in den Markttausch, während das Übrige im eigenen Haushalt verbraucht wurde.

Wenn sich in Afrika am mittleren Niger, an der ostafrikanischen Küste und dann auch in Nordnigeria (Hausa) und Südwestnigeria (Yoruba) einige Städte bildeten, lag die Dynamik dafür weniger bei staatlichen Residenzen und deren Gewerbebedarf als bei den entstehenden Fernhandelsbeziehungen. Dass die Bevölkerungsdichte hier mäßig war, machte es schwierig, die Arbeitsteilung zu intensivieren, und so blieben diese Städtenetze sehr weitmaschig.

Die Hauptdynamik der Wirtschaft in dieser Epoche bestand also darin, dass Menschen sich vermehrten, was zusätzliches Ackerland erforderte, und dass die Produktion sich stärker arbeitsteilig differenzierte, wodurch auch der Austausch stieg. Dagegen spielte die Intensivierung der Stoff- und Energieflüsse durch neue Techniken nur eine geringe Rolle. Sicher gab es überall kleine Verbesserungen bestehender Verfahren, die durchaus ihren Wert hatten; wirklich neue und grundlegende technische Innovationen waren aber selten. Größeres Gewicht hatte demgegenüber, dass sich Techniken weiter ausbreiteten, die an sich schon länger bekannt waren. Das galt gerade für das lateinische Europa. In Byzanz, der islamischen Welt und Indien waren fast keine technischen Innovationen zu verzeichnen, eher im lateinischen Europa seit dem 12. Jahrhundert und vor allem in China seit dem 10. Jahrhundert. Während in Indien die Handwerke auf verschiedene Kasten verteilt waren, die sich gegeneinander abschotteten, schufen in den chinesischen Kerngebieten intensivere Kommunikation und Freiräume für individuelle Initiative offensichtlich ein innovativeres Milieu, bis dieses Mitte des 14. Jahrhunderts endete.

Am auffallendsten war, wie immer, die Entwicklung der Kriegstechnik. Das lateinische Europa mit seinen ständigen Kleinkriegen regionaler Machthaber bot ein aufnahmewilliges Milieu, als die hellenistischen Belagerungsgeräte, die im östlichen Mittelmeerraum weiter existierten, den Europäern auf ihren Kreuzzügen ab 1100 wieder bekannt wurden. Anknüpfend an antike Vorbilder kam im 13. Jahrhundert in Europa die Armbrust auf, und als Reaktion auf die dadurch gesteigerte Durchschlagskraft wurde das ritterliche Kettenhemd weiterentwickelt zum Plattenharnisch mit geschlossenen Blechen. In Byzanz erfand ein Admiral unter dem Druck der Araberinvasionen um 660 Flammenwerfer für die Seekriegführung (»griechisches Feuer«). Die Ssung-Dynastie förderte waffentechnische Innovationen durch Prämien, und so entstand eine Reihe bemerkenswerter Erfindungen, erst recht als die Bedrohung durch die Dschurdschen solche überlebensnotwendig machte. Dazu gehörten Katapulte und Sturmwagen sowie allerlei Anwendungen von Schießpulver, das dauistische Kreise um 900 bei alchemistischen Experimenten gefunden hatten: Nebel-, Brand- und Sprenggranaten, Brandpfeile und schließlich 1280 Metallrohre als Abschusseinrichtung, also Kanonen.[337]

Mindestens ebenso wichtig waren jene Innovationen, welche die

menschlichen Kräfte durch neue Geräte, Maschinen und neue Energiequellen erweiterten. Gerade hier konnte Europa mit China bis 1400 zumindest gleichziehen. Die in der Antike erfundenen Wassermühlen, die
im sommertrockenen Mittelmeerraum nie großen Anklang fanden, breiteten sich seit dem 9. Jahrhundert nördlich der Alpen stark aus und
waren im 11. Jahrhundert in England, Nordfrankreich und (West-)Deutsch-
land allgemein geworden. Seit dem 12. Jahrhundert wurden Wasserräder
hier auch zum Antrieb von Stampfen zum Erzzerkleinern und Tuchwal-
ken, von Blasebälgen und Hammerwerken zur Eisenbearbeitung und von
Sägen genutzt. Sie lieferten zwar nur 5 bis 10 PS Leistung, aber dafür
waren sie zahlreich. In England kam 1086 eine Wassermühle auf 300 Einwohner.[338] Die im östlichen Mittelmeerraum seit dem Hellenismus vorhandenen Kräne, auch mit Treträdern, wurden seit 1100 in Europa bekannt
und beim Bau großer Kirchen und in Häfen genutzt. Um 1200 erfand man
in England auch die Schubkarre. Da nördlich der Alpen im Unterschied
zur mediterranen Landwirtschaft Ackerbau und Weiden mit Großvieh in
denselben Betrieben integriert waren, standen mehr Zugtiere zu Verfügung, und als im 12. Jahrhundert das Kummet als neue Form der Anspan-
nung eingeführt wurde, konnten Ochsen als Zugtiere auch durch die
schnelleren Pferde ersetzt werden. Dagegen blieb es im Mittelmeerraum
und in Asien als Zugtier fast ganz bei Ochse und Büffel. Seit dem 12. Jahrhundert wurde bei Newcastle/England und bei Lüttich auch oberflächen-
nahe Steinkohle verwendet, aber nur in kleinem Umfang. Ergänzend
wurde die Windkraft seit dem 12. Jahrhundert in Nordwesteuropa durch
Windmühlen genutzt, vor allem aber durch Segelschiffe; hier war im
12. Jahrhundert die schlechtwetterfähige Kogge mit Heckruder entwickelt
worden.

In der islamischen Welt konnten Wasserräder wegen der allgemeinen Trockenheit nicht Fuß fassen, und die um 700 im Iran erfundene
Windmühle vermochte dieses nicht ausgleichen. So blieb man für mechanische Antriebe weitgehend auf Göpel angewiesen. Überdies verdrängte
im Nahen Osten mit den Arabern das Kamel als Tragtier den Einsatz von
Rad und Wagen. Das war zwar für Strecken durch Trockengebiete mit stei-
nigen Pisten günstiger, langfristig aber anders als der Wagen für weitere
Mechanisierung nicht anschlussfähig. Überdies führte es dazu, dass die
Straßenbreite nahöstlicher Städte schrumpfte.

Indien war von den Kernräumen offenbar der am wenigsten mechani-
sierte. Ganz im Unterschied dazu China. Hier machte das im 4. Jahrhundert erfundene Tretspinnrad die menschliche, das etwas später aufgekommene Kummet die tierische Arbeitskraft effektiver. Seit dem 6. Jahrhundert
wurden Wasserräder immer häufiger eingesetzt, so zum Sägen, Dreschen,
Pumpen und Spinnen, dagegen weniger als in Europa für Getreidemühlen; schließlich wird Reis nicht zu Mehl gemahlen. Da die zunehmende

Abholzung in Nordchina Holzkohle knapp werden ließ, verwendete man seit dem 9. Jahrhundert immer mehr Steinkohle; sie wurde im 11. Jahrhundert beim Hausbrand der Hauptstadt Kaiföng und zur Eisenerzeugung sogar dominant.[339] Auf dieser Basis entstand die mit Abstand größte Eisenproduktion, die bis dahin existierte. Allerdings ging diese stark zurück, als die Dschurdschen Nordchina eroberten und die Hauptstadt der Ssung nach Süden verlegt werden musste. Ferner entstanden im 10. Jahrhundert hochseefähige Dschunken mit vier bis sechs Masten. Auf ihren Fahrten erleichterte ab etwa 1000 der Magnetkompass die Orientierung, der aus der geomantischen Tradition entstanden war.

Erwähnt werden sollte noch, dass der Zeitrhythmus des städtischen Lebens zur Erfindung der mechanischen Uhr führte, und zwar in China im 8. Jahrhundert und offenbar unabhängig davon um 1300 auch in Europa. Außerdem gipfelte die chinesische Keramikentwicklung Ende des 8. Jahrhunderts in echtem Porzellan.

Die eurasischen Handelsnetze

Die Fernhandelsbeziehungen des Mittelalters knüpften an die eurasischen Handelsnetzwerke aus der Antike an, wobei sich langfristig gesehen die Netze der einzelnen regionalen Kaufmannsgruppen, die auch als solche in der Fremde auftraten, stärker als zuvor überlappten und das daraus entstehende Gesamtnetzwerk sich räumlich weiter als zuvor spannte. Auch die Intensität des Warenflusses stieg. Das alles war aber mit etlichen Schwankungen und Verlagerungen verbunden. Die großräumige Integration durch dieses Gesamtnetzwerk existierte also schon vor dem Zeitalter europäischer Entdeckungsfahrten um 1500.[340] Zwar gab es kleine transporttechnische Innovationen, aber das änderte nichts an der Tatsache, dass die Transportkosten unverändert hoch waren und Ferntransporte deshalb nur über Meere und große Flüsse lohnten, es sei denn, es handelte sich um eine außerordentlich wertvolle Ware, für die sich dann sogar die teuren Kamelkarawanen rechnen konnten. Auch der Zeitaufwand blieb beträchtlich: Von Lübeck nach Brügge brauchte man je nach Windverhältnissen drei bis 31 Tage, und die abenteuerliche Fahrt vom Persischen Golf über den Indischen Ozean nach Südchina dauerte vier Jahre. Dementsprechend war das Netzwerk noch nicht so stark integriert, dass es aus sich heraus eine Eigendynamik pulsierender Schwankungen hätte bewirken können.[341] Die Teilnetzwerke entwickelten sich durchaus nicht synchron, und ihre Dynamik ging von den regionalen Kaufmannsgruppen aus. Sie erhielt Impulse durch Räume mit sich stark verdichtender Bevölkerung und zunehmender Verstädterung, insbesondere Südchina sowie seit dem 12. Jahrhundert Frankreich und Deutschland.

Auf die Dynamik hatten auch die politischen Rahmenbedingungen großen Einfluss, zerstörerisch wie fördernd. Mit dem Zerfall der Westhälfte des Römischen Reiches im 5. Jahrhundert und erst recht durch die christlich-islamische Konfrontation im Mittelmeer seit dem 7. Jahrhundert zerrissen die meisten Handelsfäden in diesem Raum. Ähnliches geschah schon zuvor im späten 3. Jahrhundert im östlichen Nahen Osten, als der Kushanastaat zerfiel, und dann im 4. Jahrhundert im Osten durch den Nomadeneinfall in Nordchina. Dass große Teile der chinesischen Eliten dabei ins Jangtsetal flohen, markierte zugleich für den bis dahin marginalen Handel zwischen Südchina und Südostasien den Beginn einer jahrhundertelangen Wachstumsphase. Als die Kalifen im 7. Jahrhundert einen von Südspanien bis Turkmenistan durchgehenden Machtbereich zusammeneroberten und China im 8. Jahrhundert seine Macht längs der Seidenstraße durch Zentralasien ausdehnte, konnten Kaufleute leichter durchgehend große Strecken reisen und die Verteuerung durch Zwischenhändler vermeiden; nach dem Ende der Tang-Dynastie wurde es auf den zentralasiatischen Routen wieder schwieriger. Die Mongolenherrschaft eröffnete dann um 1300 einige Jahrzehnte lang für Kaufleute die Möglichkeit, relativ unbehindert durch die ganze asiatische Steppenzone zu reisen, d. h. vom Schwarzen Meer bis Nordchina. Dabei entfalteten die Mongolen selbst keine kaufmännischen Aktivitäten. Zugleich beeinträchtigten ihre Feldzüge im Iran/Irak die Mittelmeer/Persischer Golf/Indischer Ozean-Route.

Wie veränderten sich nun die Netzwerke der einzelnen regionalen Kaufmannsgruppen? Die Griechen aus Byzanz hielten im östlichen Mittelmeer und im Nahen Osten bis ins 7. Jahrhundert die Handelsverbindungen der Römerzeit aufrecht. Die machtpolitischen Verschiebungen nach dem Ende des antiken Imperiums überleben konnte das jüdische Handelsnetzwerk, zumal es im christlich-islamischen Konflikt neutral war; es erstreckte sich von Ägypten/Syrien bis ins Frankenreich und über das Rote Meer nach Südindien und seit dem 8. Jahrhundert bis Südchina und blieb auch das ganze Mittelalter hindurch aktiv. Ganz im Norden betrieben im 9. und 10. Jahrhundert die Wikinger einige wenige Handelsverbindungen von Norwegen und Schweden nach England und über die russischen Flüsse bis ins Schwarze Meer, auf denen aber nur sehr wenige Luxuswaren flossen. Im lateinischen Europa waren es als Erste seit etwa 900 vor allem Venedig und Amalfi, seit dem 11. Jahrhundert auch Genua, die ein Handelsnetzwerk im östlichen Mittelmeer aufbauten. Mit Rückendeckung durch die Eroberungen der Kreuzfahrer in Palästina konnten sie die griechischen und arabischen Kaufleute hier sogar ein gutes Stück zurückdrängen, nach der Eroberung von Byzanz auf dem 4. Kreuzzug 1204 erweiterten sie ihr Netz ins Schwarze Meer, und in der Mongolenzeit reisten einzelne italienische Kaufleute vorübergehend durch die Steppenroute bis China und Indien; Marco Polo war aufgrund seiner Reisebeschreibung nur der bekannteste auf diesen Routen. Im späten 12. Jahrhundert bauten norddeutsche Kaufleute mit ihren Koggen quer durch Nord- und Ostsee ein Handelsnetz auf, das vom Niederrhein und Südengland bis nach Schweden und Nordrussland reichte. Als ihre Herkunftsstädte seit 1358 als Hansebund kooperierten, erhielt dieses Netzwerk einen politischen Rückhalt, der bis zum gemeinsamen Einsatz von Kriegsschiffen gehen konnte. Diese beiden europäischen Handelsnetze, das mediterrane und das norddeutsche, wurden dann zunehmend verknüpft: Im 13. Jahrhundert dienten dazu vor allem die Fernhandelsmessen in der Champagne, seit etwa 1300 fuhren genuesische und venezianische Schiffe regelmäßig bis Flandern, und im 14. Jahrhundert wurde der Rhein zur wichtigsten Nord-Süd-Verbindung.

Arabische und persische Händler konnten im 8. Jahrhundert ihren Aktionsradius über den bisherigen Raum hinaus, also das Rote Meer, den Persischen Golf und den nordwestlichen Indischen Ozean, enorm erweitern. Längs der nordafrikanischen Küste entstanden konstant genutzte Verbindungen bis Marokko und Spanien. Mit Kamelen begannen jetzt regelmäßige Karawanenrouten von der nordafrikanischen Küste durch die Sahara (wobei die Transporteure weitgehend Berber waren), sodass an deren Südrand Waren mit dem westafrikanischen Handelsnetz der Soninke und anderer Schwarzer getauscht werden konnten. Längs der afrikanischen Ostküste entstanden Stützpunkte bis zur Limpopomündung, allerdings ohne dass die Kontakte hier nennenswert ins nur sehr dünn besiedelte Hinterland hineinreichten. Über Südindien hinaus fuhren die Muslime bis Gwangdshou (Südchina) und über die Seidenstraße bis nach Nordchina. Anders als die Kaufleute aus den italienischen und den norddeutschen Handelsstädten wurden die arabischen nicht durch staatliche Machtmittel unterstützt; Kaufleute waren hier angesehen, aber nicht an der Macht.

Im westafrikanischen Handelsnetz in der Savannenzone rund um die Bevölkerungsverdichtung am Nigerbinnendelta blieb der Warenstrom gering, da er zum Transport auf den Niger, auf Lasttiere und in dem mit Tsetsefliegen verseuchten feuchteren Gebiet ganz auf menschliche Träger angewiesen war. Räumlich erweiterte sich der Handel der Savannenzone aber: Ab 1000 entstand ein Handelsnetz der Igbos auf dem unteren Niger und ein weiteres auf dem Volta sowie später eines der Yoruba-Städte in Südwestnigeria, die sich dann mit dem Handelsnetz der Savanne verbanden.

Westindische Kaufleute waren von Nordindien bis in den Persischen Golf und Aden aktiv, blieben aber in der westlichen Hälfte des Indischen Ozeans gegenüber den Muslimen nachrangig. Anders im Osten: Im Golf von Bengalen und auf der Route nach Südostasien, die seit dem 4. Jahrhundert anstatt über den Isthmus von Kra durch die Straße von Malakka lief, dominierten südostindische Kaufleute. Seit dem 8. Jahrhundert fuhren sie ebenfalls bis Gwangdshou. Der seit dem 7. Jahrhundert stark steigende Warenaustausch zwischen den indonesischen Inseln und Südchina wurde vor allem von Malaien getragen, die an Srivijaya auch politischen Rückhalt hatten. Nordchinesische Kaufleute erschlossen seit dem 4. Jahrhundert das ihnen bis dahin kaum bekannte südchinesische Bergland. Um 600 ließen die Kaiser ein Kanalnetz anlegen, das den Jangtse mit dem Hwangho verband, wodurch sich der Güteraustausch zwischen dem nördlichen Kernraum und den aufstrebenden Gebieten im Süden stark intensivierte. Der innerchinesische Handel blieb durch die Regierung chinesischen Kaufleuten vorbehalten. Während nordchinesische Händler sich nicht selbst auf die Seidenstraße begaben, fuhren südchinesische seit 800 zu den Philippinen und seit dem 10. Jahrhundert, als sie über leistungsfähigere Schiffe verfügten, verstärkt selbst zu den indonesischen Inseln und auch nach Südindien, und im 12. Jahrhundert erreichten einige auch den Eingang des Persischen Golfs. Nachdem die Ssung-Regierung den Norden an die Dschurdschen verloren hatte, ermunterte sie die chinesischen Kaufleute bei diesen Überseeaktivitäten, sodass die Malaien hier zunehmend zurückgedrängt wurden. Seit dem 9. Jahrhundert entwickelten einige chinesische und koreanische Kaufleute auch Handelsbeziehungen zwischen China, Korea und Japan, die aber nicht sonderlich intensiv wurden; vor allem Japan blieb stark auf sich orientiert.

Im eurasischen Handelsnetzwerk gab es kein Zentrum, das alle anderen dominiert hätte, gleichwohl wiesen die Warenströme deutliche Asymmetrien auf. Um die Kernräume aus meist vollurbanen, teilweise auch entwickelteren frühurbanen Agrargesellschaften lagerten sich breite Zonen peripherer Agrargesellschaften. Das Interesse war gegenseitig. Die Eliten der Kernräume hatten Interesse an Produkten, die aus klimatischen Gründen bei ihnen grundsätzlich nicht vorkamen, ebenso an mineralischen Rohstoffen, die ihnen fehlten, oder auch Agrarprodukten, für deren Produktion in den dichter besiedelten Räumen nicht mehr genug Fläche verfügbar war. Die politisch durchaus unabhängigen Eliten der peripheren Agrargesellschaften hatten Interesse an den Qualitätswaren, die ihre Länder nicht selbst herstellen konnten, und sie konnten im Austausch eben nichts anderes als das Genannte anbieten.

Von wirklich zentralen Agrargesellschaften kann man bei den Kernräumen aber auch weiterhin noch nicht sprechen, da sie weiterhin in nennenswertem Maße auch Rohstoffe und Agrarprodukte in das eurasische Handelsnetz einspeisten. Die nahöstlichen Kernräume Irak, Syrien, Ägypten und ebenso Byzanz lieferten Metall-, Glas- und Keramikwaren sowie Qualitätsstoffe, aber gleicherweise Getreide (Ägypten) und Zucker. Aus Nordindien kamen Baumwolltextilien und Kaschmirwolle, aber auch Reis und Indigo. Nordchina und dann überdies das untere Jangtsegebiet

produzierten für den Fernhandel Seide und Lackarbeiten und seit Ende des
8. Jahrhunderts auch Porzellan, andererseits daneben Metalle. Europa, vor
allem nördlich der Alpen, hatte im 10. Jahrhundert den anderen Regionen fast gar nichts anzubieten, von wenigen einfachen Naturprodukten
abgesehen. Dieses änderte sich im 12. und 13. Jahrhundert; verschiedene
Regionen in Italien, Frankreich, Spanien, Westdeutschland und England
lieferten nun Stoffe verschiedener Art und Metallwaren, Venedig auch
Glas, aber von hier gingen ebenso Wein, Wolle und Salz in den Fernhandel.

Auf diese Kernräume waren die peripheren Agrargesellschaften bezogen. Als sich der Hansehandel entfaltete, wurde Südnorwegen und der
ganze Raum der Ostseeanlieger zur Peripherie, so weit er sich von der
Küste und über große Flüsse erschließen ließ. Hier lieferten verschiedene
Gebiete Holz, aber auch Eisen und Kupfer (Schweden), Fisch (Norwegen),
Bernstein, Wachs und Honig (Baltikum) und Getreide (Nordpolen). Im
14. Jahrhundert trat Ungarn mit Kupfer und Leder hinzu. Primär auf
die islamischen Kerngebiete orientiert waren mehrere Räume, die deutlich
die Merkmale peripherer Agrargesellschaften zeigten. Sie reichten von
Marokko (Früchte und Häute) über den Rand des Schwarzen Meeres (Holz
und Getreide), den Kaukasus (Silber, Kupfer und Zinn), Jemen (Weihrauch) bis zum Rand Ostafrikas (Sklaven, Elfenbein und das Gold Simbab-
wes), aber auch die westafrikanische Savanne als Sklavenlieferant gehörte
dazu. Möglicherweise wurden 650 bis 1500 aus Ostafrika 5 Millionen, 650
bis 1600 aus Westafrika 6 Millionen Schwarze als Sklaven in arabische
Länder verschleppt.[342] Südindien lieferte vor allem Edelsteinen, Pfeffer,
Perlen, Korallen und Elfenbein und war damit auch weiterhin eher den
peripheren Agrargesellschaften zuzurechnen. In der indonesischen Inselwelt waren es einzelne begrenzte Regionen, die hierzu gehörten: Gewürznelken und Muskatnüsse kamen von den Molukken, Pfeffer und Kampfer
von Sumatra und Java, Sandelholz und andere Edelhölzer von Timor. Die
meisten dieser indonesischen Handelsgüter wurden nicht produziert, sondern im Wald gesammelt. Als innerhalb Chinas der überregionale Handel seit dem 9. Jahrhundert stark anstieg und Regionen sich dabei spezialisierten, bekam die mittlere Jangtseregion als Lieferant von Reis, Tee
und Salz an die chinesischen Verdichtungsgebiete den Charakter einer peripheren Agrargesellschaft. Randlich gelegen war auch Japan als Lieferant
von Schwefel, Perlen und Silber so einzuordnen, weniger Korea.

Von den sehr dünn besiedelten Räumen ohne Städte spielten einige
gleichwohl als Anbieter besonderer Produkte für den Fernhandel eine
Rolle. Das waren einmal Waldgebiete: Aus der nordrussischen Taiga
stammten Pelze und aus dem tropischen Regenwald Westafrikas Gold,
das über die Saharapisten auch Europa und den islamischen Raum versorgte, sowie Kolanüsse für den innerwestafrikanischen Fernhandel. Zum

anderen waren es Steppengebiete, die besonders als Pferdelieferanten in Erscheinung traten, nämlich Mongolei und Westmandschurei für China, ferner Innerarabien, Inneriran und das Gebiet nördlich Irans (auch für den indischen Bedarf).

Nützliche Dinge reisen weit

Wo Handelsverbindungen bestanden, konnten nicht nur Waren reisen, sondern auch Ideen. Bestand ein Gefälle des kulturellen Entwicklungsstands, waren die rückständigen Eliten an Transfers interessiert, um Anschluss zu finden (nie andersherum). Waren dagegen auf beiden Seiten geistige Eliten in achsenzeitlicher Tradition einmal etabliert, waren diese nicht mehr bereit, fremde weltanschauliche oder wissenschaftliche Ideen aufzunehmen, auch wo sie ihnen bekannt wurden; zu sehr waren sie von der eigenen Überlegenheit überzeugt. Letzteres galt für China auch im 5. bis 8. Jahrhundert und in der Mongolenzeit, als Machteliten fremder Herkunft viele Ausländer ins Land ließen, und es galt ebenso für das lateinische Europa in der Phase der Rezeption von den Arabern, als die Gelehrten selektierten und nur das übernahmen, was sie als Teil der eigenen antiken Wurzeln ansahen, also nicht spezifisch islamisches Denken oder Wissen asiatischer Herkunft.[343] Anders stand es mit praktisch nützlichen Dingen, und hier handelte es sich dann im Regelfall weniger um die Angehörigen der Kulturelite als um die wirtschaftlich oder auch militärisch Interessierten, die durchaus offen waren. Natürlich gab es hier Transfers von mehr regionalem Charakter, sei es die Ausbreitung des in Ss'tschwan beheimateten Teeanbaus über ganz China bis zum 8. Jahrhundert, wo er Nationalgetränk wurde, oder der Banane von Madagaskar her um 800 bis 1000 über Ostafrika bis Westafrika. Da deren Ertrag zehnmal so groß war wie jener der dort bisher verfügbaren Jams[344], machte dieses eine deutlich höhere Bevölkerungsdichte möglich. In einem bisher nie dagewesenen Maße kam es aber jetzt zu einem gesamteurasischen Transfer wichtiger Innovationen, und zwar durch zwei besondere Kommunikationskanäle: Zum einen durch die muslimischen Araber im 7. bis 11. Jahrhundert von China und Indien über den Nahen Osten nach Südspanien und von dort dann weiter ins lateinische Europa, zum anderen kurzzeitig in den Jahrzehnten um 1300 durch den zentralasiatischen Herrschaftsraum der Mongolen hindurch von China bis nach Europa. Letzteres war hierbei stets der nehmende Teil. Ebenso wie die Wiederentdeckung des hellenistischen Geisteserbes trug auch dieser Transfer dazu bei, dass das rückständige Europa aufholte. Die geistig aufgeschlossene Situation im zurückeroberten Spanien erleichterte den Übergang vom islamischen in den christlichen Bereich; die Konfrontationssituation der Kreuzzugszeit in

Palästina war dazu weniger geeignet. Byzanz nahm an diesen Transfers kaum teil, dementsprechend auch Russland nicht. Westafrika war jetzt zwar mit den eurasischen Netzwerken verknüpft, doch die Fäden waren sehr dünn, jedenfalls wurden selbst jetzt Pflug und Wagen nicht aufgenommen.

Was trat hier die lange Reise an? Seidenraupenkultur auf Maulbeerblättern gelangte schon im 5. Jahrhundert von China in den Nahen Osten und 552 durch Schmuggel nach Byzanz. Sie erreichte im 11. Jahrhundert Süditalien und im 12. das islamische Südspanien sowie Südindien. Um 550 kam auch das Schachspiel aus Indien nach Persien; es hatte in seinem Ursprungsland um 500 als Simulationsspiel einer indischen Schlacht mit Elefanten, Kavallerie, Streitwagen und Infanterie seine heutige Form gefunden. Seit dem 11. Jahrhundert breitete es sich rasch von Südspanien über die europäischen Adelshöfe aus. Auch etliche Märchenstoffe, Fabeln und anderes Erzählgut wanderten im Mittelalter von Indien über den islamischen Raum nach Europa.[345] Die indischen Zahlen mit Positionsschreibweise und Null, in Indien um 500 entwickelt, wurden um 600 in Südostasien aufgenommen, um 800 von den Arabern und ab 1000 in Europa. Sie blieben allerdings bei Muslimen und Christen noch jahrhundertelang eine Sache nur der Gelehrten, während die Kaufleute weiter römische Zahlen schrieben und fürs Rechnen den Abakus verwendeten. Ebenfalls aus Indien kamen Zuckerrohr und Bauwollanbau im 7. Jahrhundert nach Mesopotamien und erreichten im 10. Jahrhundert Südspanien, Baumwolle im selben Jahrhundert auch die ostafrikanische Küste und die westafrikanische Sahelzone. Im 12. Jahrhundert gelangte Baumwollanbau auch nach Südchina, wo er sich bis zum 15. Jahrhundert überall verbreitete und Hanf als Hauptkleidungsfaser ablöste. Orangen und Zitronen übernahmen die Araber im 8. Jahrhundert aus Südchina und verbreiteten sie dann bis zum 10. Jahrhundert durch den ganzen Mittelmeerraum. Ebenso nahmen die Araber im 8. Jahrhundert Reis auf und ließen ihn nach Ostafrika, Italien und Spanien gelangen. Die in China schon seit Langem heimische Produktion von Papier begann um 620 in Korea und Japan, 751 in Samarkand (durch gefangene Chinesen vermittelt), 793 in Bagdad, etwa zu der Zeit auch in Indien (wo sie sich aber erst im 13./14. Jahrhundert gegen die Palmblätter durchsetzte), 1150 in Südspanien, 1348 in Südfrankreich und schließlich 1576 auch in Russland. Der größte Teil Südostasiens blieb dagegen bis Ende des 18. Jahrhunderts bei Palmblättern. Der Kompass fand im 9. Jahrhundert den Weg aus Südchina zu den Arabern und wurde dann ebenfalls im ganzen Mittelmeerraum bekannt. Nicht Vermittler, sondern Quelle waren die Muslime vor allem bei der Windmühle: Um 700 in Persien erfunden, erreichte sie im 13. Jahrhundert China und auf dem Westweg um 1000 Spanien, im 12. Jahrhundert Nordwesteuropa und im 14. auch Polen und Russland.

Mehrere chinesische Innovationen tauchten zwischen 1240 und 1360 gleichermaßen im Nahen Osten, in Europa und in Indien auf, offensichtlich durch die mongolisch kontrollierte Steppe vermittelt: der Blockdruck (z.B. für Spielkarten und andere bildliche Darstellungen), das Spinnrad (das die Produktivität des Handspinners vervierfachte), und das Schwarzpulver samt seinen Anwendungen als militärisches Sprengmittel, als Rakete und als Belagerungsgeschütz.[346] Auch die Nudelherstellung wurde über das mongolische Netzwerk transkontinental verbreitet.[347]

Nahost, Indien und China: Wie stark wird der Staat?

Hochtönende imperiale Ansprüche und sakrale Legitimierung der Herrscher kannten alle drei Kernräume. Die realen Machtstrukturen hinter diesen Fassaden wurden dagegen von der Art der Heeresorganisation sowie dem Ausmaß an Geldwirtschaft und Schriftlichkeit der Gesellschaften bestimmt, und die unterschiedlichen Kombinationen dieser Faktoren ließen die Kernräume verschiedene Entwicklungspfade gehen.

Ein bürokratischer Staat existierte im 4. Jahrhundert nur in Byzanz, das die Tradition des Römischen Reiches im Osten bruchlos fortsetzte. Geldwirtschaft und Schriftlichkeit der Verwaltung blieben stark genug, um weiterhin durchgehend Geldsteuern erheben und damit Beamte und Soldaten bezahlen zu können. Die Lasten trugen vor allem die freien Bauern. Theoretisch bestand eine Autokratie mit unbeschränkter Kaisergewalt, in der Realität setzten die Kirche, die Bevölkerung der Hauptstadt Konstantinopel und vor allem das Militär der kaiserlichen Macht Grenzen.[348] Das Heer blieb bei der Kaisererhebung weiter entscheidend, und von den rund 90 byzantinischen Kaisern kamen 28 durch einen erfolgreichen oder gescheiterten Putsch ums Leben. Die hellenistische Neigung, den Herrscher zu vergöttlichen, pflanzte sich nach der Christianisierung im Konzept des Herrschers »von Gottes Gnaden« fort; seit 474 wurde er durch den Patriarchen kirchlich gekrönt. Im 4. und 5. Jahrhundert versuchten die Kaiser die Lebensverhältnisse durch eine Flut von Erlassen intensiv zu regeln. Justinian ließ 528 bis 542 das bestehende Recht zusammenstellen, später Corpus Juris Civilis genannt. Im 13. Jahrhundert schrumpfte dann der Machtbereich des Kaisers infolge der Angriffe von außen stark, ebenso seine Ressourcen.

Im benachbarten Iran der Sasaniden konnte Chusro I. (531–79) in starkem Maße Adelsmacht und adliges Aufgebotsheer durch königliche Provinzbeamte, stehendes Berufsheer und die dazu nötige regelmäßige Besteuerung vor allem der Bauern ersetzen. Damit erfolgte der Schritt von Machtverhältnissen, die zu großen Teilen der Lehensordnung entsprachen, bis (fast) zur patrimonialbürokratischen Monarchie.

An die byzantinischen und iranischen Verwaltungsstrukturen der eroberten Gebiete knüpfte das islamische Kalifat zunächst an, entwickelte dann aber mit der islamischen Despotie eine besondere Form bürokratischer Herrschaft. Seit etwa 830 stellte der Kalif eine Leibgarde aus türkischen Söldnern und Sklaven auf, was die anderen islamischen Dynastien als Heeresorganisation nachahmten. Junge Männer wurden als Sklaven erbeutet oder gekauft, meist Türken, aber ebenso aus dem Kaukasus, teilweise auch osteuropäische Slawen und Schwarze. Mit Sorgfalt bildete man sie dann für den Militärdienst aus. Diese Männer konnten unabhängig von ihrer Herkunft Karriere machen, und aus ihnen rekrutierten sich auch Generäle, Minister und Provinzstatthalter. Die Herrscher versuchten sich auf diese Weise loyales Personal zu verschaffen, das nicht in Klanbeziehungen verstrickt war. Andererseits entstand so eine von außen stammende Staatsklasse, die nicht in den arabischen und persischen Eliten der Städte, also den Ulama, Kaufleuten und Großgrundbesitzern verwurzelt war, sondern diesen fremd gegenüberstand, auf sie mit Verachtung herabsah und sich um deren Interessen wenig kümmerte.[349] Die auf diese Weise entstandene islamische Despotie stellte eine Machtkonstellation dar, die im Nahen Osten bis ins 20. Jahrhundert nachwirken sollte. Männer, welche die nötige Heeresmacht um sich scharen konnten, stiegen z.T. aus dem Nichts auf und gründeten eine Dynastie, die meist nach wenigen Generationen wieder verschwand. Vater-Sohn-Erbfolgen waren nicht fest etabliert, und so gab es in der islamischen Politik viel Gewalt und wenig Legitimität. Von den 37 Abbasiden-Kalifen zwischen 749 und 1258 starben nur elf eines natürlichen Todes. Da die Herrscher sich nur auf ihr Militär stützten, waren sie auch von diesem abhängig; die Kalifen wurden teilweise geradezu zum Spielball der Offiziere, und in Ägypten ergriffen die Mamluken, die Sklavensoldaten, 1250 die ganze Macht und bestimmten die Politik des Landes bis 1811.

Innerhalb des Hofes regierten die islamischen Herrscher mit schrankenloser Willkür; wer ihnen in die Quere kam, war schnell einen Kopf kürzer. Und doch war es keine allgemeine Terrorherrschaft, denn die Intensität der Machtausübung war außerhalb des Hofes durchaus begrenzt.[350] Die Herrscher konnten zwar beträchtliche Geldsteuern mobilisieren und davon erhebliche Streitkräfte finanzieren, waren bei der Steuererhebung aber auf die Unterstützung durch die lokalen Eliten angewiesen. Nur einen engen Bereich konnten die Herrscher durch eigene Rechtsetzung gestalten; viel stärker prägten die Ulama durch ihre Normen die Gesellschaft. Bei Hungerrevolten kritisierten volksnahe Prediger unter Rückgriff auf das islamische Ideal einer gerechten Ordnung durchaus auch Unterdrückung, aber ohne eine konkrete Alternative anbieten zu können. An der Basis organisierte die Gesellschaft sich selbst, wobei die Menschen rechtlich frei waren, von den Sklaven abgesehen, und es auch keine rechtlichen

Standesunterschiede gab. Die Städte waren nach Klangruppen, Religionen und Ethnien in Stadtviertel gegliedert, die viel Autonomie besaßen, und manche Aufgaben wurden auch von religiösen Stiftungen (»waqf«), Handwerkergilden und Sufi-Bruderschaften wahrgenommen. Stadtbefestigung und Marktpolizei galten indes als Sache des Herrschers, und eine Selbstverwaltung der Stadt als Ganzes gab es nicht (die hatte schon in spätrömischer Zeit aufgehört). Als die Steuereinnahmen der Kalifen durch die Verselbstständigung der Provinzen stark schrumpften, gingen die Kalifen Anfang des 10. Jahrhunderts davon ab, sich der Steuerpächter zu bedienen, die das Geld an die zentrale Kasse ablieferten. Stattdessen begannen sie große Teile des Steueranspruchs als »iqta« an Heerführer zu vergeben, die daraus ihre Truppen direkt entlohnten. Diese »iqta« blieben aber von der übrigen Verwaltungs- und Gerichtstätigkeit getrennt und wurden im Regelfall auch nicht privatisiert, also nicht erblich, sodass sie keinen Rückfall in Personenverbandsstrukturen bedeuteten.

Während die Städte und Agrargebiete des Nahen Ostens also bürokratisch kontrolliert wurden, hatten die Nomadenstämme in den dünn besiedelten, randlich gelegenen Steppengebieten eigene Häuptlinge; z. T. wurden diese überhaupt erst durch die Staatsgewalt geschaffen, um Autoritäten als Transmissionsriemen zu haben. Der Zustrom von Nomaden nach Iran und Anatolien seit dem 11. Jahrhundert schwächte dort bürokratische Strukturen. Wüsten und schwer zugängliche Gebirgsgegenden wie Innerarabien, Kurdistan, Atlasgebirge und Inneriran waren faktisch kein Teil der Staaten, sondern hier bestanden Klanstrukturen ohne Häuptlingstümer, auf welche die Herrscher höchstens gelegentlich durch das Gewähren und Entziehen von Subsidien hegemonialen Einfluss ausübten. In Marokko war der bürokratisch verwaltete Kern überhaupt nur klein, und der umherwandernde Hof integrierte weite Bereiche der Stämme mehr durch personale Beziehungen, sodass man hier bis ins 19. Jahrhundert nicht von einer patrimonialbürokratischen Monarchie, sondern nur von einem Mandalastaat sprechen kann.

Würde auch China zu einer patrimonialbürokratischen Monarchie werden? Seit dem Ende der Han-Dynastie 220 dominierten einige Hunderte große Aristokratenfamilien die politische Bühne der Nachfolgestaaten, auch als nach den Nomadeneinbrüchen im Norden ethnisch überschichtete Staaten entstanden. Als die Ssuee-Dynastie 581 die staatliche Einheit Chinas wiederherstellte, begann sie im legalistischen Geist zu regieren und mobilisierte in großem Umfang Steuern und Arbeitsdienstleistungen für öffentliche Bauten, z. B. für Kanäle und die Große Mauer. Dieses hätte längerfristig zur patrimonialbürokratischen Monarchie führen können, doch wie schon bei der Tjin-Dynastie kam es auch diesmal zu Aufständen gegen die exorbitanten Lasten, sodass die Dynastie in der zweiten Generation zusammenbrach. Unter der 618 folgenden Tang-Dynastie war China zunächst weiter ein früher Territorialstaat, in dem die großen Aristokratenfamilien mit ihren persönlichen Beziehungen Hof und Verwaltung dominierten. Im Laufe des 8. und 9. Jahrhunderts wandelten sich dann die Machtstrukturen zur patrimonialbürokratischen Monarchie. 722 begann mit Blick auf die Nomaden an der Nordgrenze der Übergang vom bäuerlichen Aufgebotsheer zu einem stehenden Heer aus Söldnern. Ab 669 gab es für Beamtenanwärter Prüfungen, und in der Folgezeit wurde die bisherige Aristokratie immer mehr durch eine literarisch gebildete Beamtenschaft abgelöst, die der Kaiserhof durch neokonfuzianisch geprägte Beamtenprüfungen rekrutierte. Auch stellte man die Steuern zunehmend von Naturalien auf Geld um. Die Professionalisierung des Militärs erwies sich jedoch bald als problematisch: Den Aufstand eines Militärgouverneurs im Jahre 755 konnte die Dynastie zwar letztlich niederschlagen, doch verlor sie dadurch stark an Macht an die regionalen Militärgouverneure, und nach weiteren Aufständen büßte sie 885 faktisch den Rest ihrer Macht ein. Danach wechselten im Norden die Dynastien rasch, und etliche Regionen verselbstständigten sich faktisch. Trotzdem blieb der Gedanke der Einheit Chinas bestehen und wurde schließlich durch einen General wieder realisiert, der 960 die Ssung-Dynastie gründete.

Unter den Ssung war die Autokratie chinesischer Prägung dann voll entwickelt, die nach dem Zwischenspiel der Mongolenzeit von der darauf folgenden Ming-Dynastie ab 1368 fortgesetzt wurde und deren Grundzüge auch unter den nachfolgenden Mandschu bis 1905 weiterbestanden. Unter den Tang und Ssung entstand eine funktional differenzierte Zentralverwaltung, wobei Militär und Zivilverwaltung deutlich getrennt waren und es ein gesondertes Ministerium für Personalpolitik und ein Zensorat gab. Letzteres sollte die Beamtenschaft mit Blick auf Korruption und Unfähigkeit kontrollieren. Die Zentrale übte ihre Macht unter den Ssung intensiver aus als zuvor. Das Heer wurde unter dem Druck der Bedrohung an der Nordgrenze zeitweilig bis auf 1 259 000 Mann (1045)[351] ausgebaut, die größten Streitkräfte, welche die Welt bis dahin gesehen hatte. Mit dem wachsenden Heeresbedarf stieg auch das Volumen der mobilisierten Steuern, lange im Wesentlichen durch den direkten Zugriff der Zentrale auf die freien Bauern, dann unter den Ssung zunehmend auch aus Handel und Gewerbe. Nachdem die großen Aristokratenfamilien in den Kämpfen am Ende der Tang-Dynastie untergegangen waren, regierten die Kaiser im Einklang mit der neuen, breiten Schicht der lokalen großgrundbesitzenden Elitenfamilien. Diese Kreise waren betont unmilitärisch und stattdessen durch literarische Bildung geprägt. Aus ihnen rekrutierte der Hof über ein jetzt dreistufiges Prüfungssystem die kaiserlichen Beamten. Unterhalb der Ebene der rund 1200 Kreise, deren kaiserliche Beamte regelmäßig versetzt wurden, übernahmen sie kraft ihrer informellen Autorität die lokalen Verwaltungsaufgaben, arbeiteten den kaiserlichen Beamten zu, z. B. bei der Steuererhebung, und sorgten für Ordnung auf den Dörfern. Indem die Menschen ortsmobiler wurden, entstanden in den großen Städten anstatt von Klientelverhältnissen Zusammenschlüsse zu Kaufmannsgilden und Handwerkerzünften, die lokale Ordnungsaufgaben wahrnahmen, und auch vereinsartige Gemeinschaften verschiedener Art. Die Städte selbst entwickelten kaum Verwaltungsorgane. Geburtsständische Privilegien gab es nicht, und im Regelfall bestand ein freies Bauerntum, besonders im Norden. Zivilrechtliche Beziehungen wurden weiter kaum formalisiert; im Streitfall schlichteten Schiedssprüche durch Autoritäten aus den lokalen Elitenfamilien oder Gilden, wogegen man den Schritt zum Prozess vor dem kaiserlichen Beamten möglichst zu vermeiden suchte. Die Ausbreitung des Neokonfuzianismus gab nicht nur der Ahnenverehrung Auftrieb, sondern stärkte auch die patriarchalische Autorität auf Kosten der Frauen. Seit dem 10. Jahrhundert kam in der Oberschicht die Sitte auf, die Füße von Mädchen durch enges Binden künstlich klein zu halten und Frauen damit zu hilflosen Trippelschritten zu zwingen.

In Indien blieben Intensität der Herrschaft und Bürokratisierung hinter den bisher genannten Regionen zurück. In Nordindien gewann im 4. Jahrhundert jene spezifisch indische Machtstruktur Gestalt, die bis zur Türkenherrschaft ab 1200 maßgeblich war. Die Könige wurden von brahmanischen Hofpriestern als vergöttlichte »Weltenherrscher« verherrlicht, die in alle Richtungen siegreich sind. Tatsächlich handelte es sich bei den größeren Staaten um Mandalastaaten: Einen begrenzten Kernbereich, d. h. ein Gebiet verdichteter Bevölkerung z. B. in einer fruchtbaren Fluss- oder Küstenebene, kontrollierten die Könige direkt, was von ihrer Hauptstadt aus kaum mehr als 200 km weit reichte. Dort erhoben sie von den Dörfern Naturalsteuern, aus denen sie ihren befestigten Palast und den Kern des stehenden Heeres mit Elefanten, Reitern und Fußsoldaten unterhielten, der bei Bedarf durch ausgehobene Bauern und sich selbst ausrüstendes Adelsaufgebot ergänzt wurde. Mit Waffengewalt hatten sie die Herrscher oder komplexen Häuptlingstümer in einem weiteren Umkreis unterworfen. Diese mussten Tribute abliefern, am Hofe erscheinen und auch das Heer mit ihren Kontingenten verstärken, verwalteten ihr Gebiet aber selbst. Oft unternahmen die Könige persönlich mit ihrem Heer im Herbst einen Plünderungsfeldzug, der bis 800 km weit reichen konnte; dabei vergrößerten die Heldentaten ihren Ruhm und die Beutestücke ihre eher schwache materielle Basis. Durch erfolgreiche Feldzüge wuchsen Schatz und Machtgebiet, aber da die Tributfürsten nach Unabhängigkeit strebten, schrumpften die Staaten auch leicht wieder ein. Die Zentralverwaltungen waren noch wenig nach Funktionen differenziert, und die Regionalverwaltungen im Kerngebiet hatten zwar im Regelfall den Charakter von Ämtern, aber oft wurden die Söhne als Nachfolger eingesetzt. Wo in

Zentral- und Südindien Herrschaft in bisher nicht herrschaftlich organisierte Gebiete vordrang, bekamen Brahmanen auch lokale Hoheitsrechte für bestimmte Gebiete erblich verliehen, allgemein üblich wurde das jedoch nicht. Die Bauern waren überall rechtlich frei und wirtschaftlich unabhängig. Sie verwalteten ihre Dörfer selbst, wobei die dörflichen Eliten dominierten. Die ständisch-rituelle Abgrenzung zwischen den Kasten verschärfte sich, auch innerhalb der Dörfer. Zugleich wurde das Kastenwesen komplexer, indem mit der Entwicklung der Städte neue Berufsgruppen entstanden, die sich als Kasten organisierten.

Dieses Modell indischen Königtums setzte sich ab 500 bei den Regionalstaaten Indiens allgemein durch. In Nordwestindien gingen ihnen die zahlreichen kleinen Fürstentümer der Rajputen voran, bis die Gurjara-Pratiharas viele von ihnen Ende des 8. Jahrhunderts integrierten. In Zentral- und besonders Südindien war in einigen Regionen zu beobachten, wie von komplexen Häuptlingstümern über Klanstaaten zu Mandalastaaten die räumliche Integration zunahm und die Machtbeziehungen intensiver wurden. Teilweise versuchten die Könige dort, wo ausdifferenzierte Institutionen staatlicher Macht noch nicht verfügbar waren, den Raum durch ein Netzwerk von Tempeln zu integrieren. Das Machtnetzwerk der Cholas im Süden blieb noch bis ins 11. Jahrhundert ohne stehendes Heer, hatte auch im Kerngebiet nur wenige Ämter, und die Beziehungen des Königs zu den abhängigen Machthabern waren primär von Ritualen und Geschenktausch bestimmt, sodass es den Charakter eines Personenverbandsstaates aufwies.[352] Nach 1206 führten die Türken des Delhi-Sultanats dann Elemente islamischer Herrschaftsorganisation in Indien ein, so das stehende Kavallerieheer und die »iqtas« zu seinem Unterhalt.

Europa: Machtzerfall und Mitwirkung

Das lateinische Europa war von bürokratischen Machtstrukturen weiter entfernt als die anderen Kernräume; eben darum wurde es zur »Brutstätte« neuer Formen genossenschaftlicher Herrschaftsformen, in deren Schoß sich später besondere Freiheiten entfalten konnten. Zunächst einmal muss man dabei trennen zwischen dem Staat der Franken und den übrigen europäischen Staaten, die im 8. bis 10. Jahrhundert entstanden. Der Unterschied war schon schlicht einer der Größe: Während um 1000 die anderen Staaten jeweils zwischen 0,4 und 1,2 Millionen Einwohner zählten, kam Frankreich auf über 5 und der römisch-deutsche Staat (mit Italien) auf 10 Millionen.[353] Beim Zerfall der fränkischen Karolingermacht formierten sich um 900 unterhalb der Königsgewalt staatenähnliche Machtkomplexe mit eigenen Dynastien, die dann zu den Bausteinen der beiden Nachfolgestaaten wurden: im deutschen Raum sechs Herzogtümer, die zusammen mit Burgund und (Ober-)Italien die Bausteine des römisch-deutschen Staates bildeten, in Frankreich rund ein Dutzend Herzogtümer und Großgrafschaften. Die Könige besaßen jeweils nur einen dieser Bausteine direkt, und es war die Frage, wie ihr Einfluss auf die übrigen sich entwickeln würde. Für die anderen europäischen Staaten stellte sich diese Frage gar nicht, da sie jeweils nur der Größe etwa eines dieser Bausteine entsprachen.

Zum anderen unterschieden sich die Machtstrukturen. Im Frankenstaat der Merowinger verfielen im 7. Jahrhundert die Reste staatlicher Institutionen römischer Herkunft, da die Schriftlichkeit zu gering wurde, um die Steuerverwaltung aufrechtzuerhalten (der allgemeine Rückgang von Geldwirtschaft war dafür eher unwichtig[354]). In seinem Norden dominierten seit der Völkerwanderung ohnehin Verwandtschafts- und Gefolgschaftsbeziehungen aus germanischer Tradition. Der Karolinger Karl I. versuchte demgegenüber das Königtum mit drei verschiedenen Mitteln wieder zu stärken. Er betonte den Charakter der Grafen, also der Träger von Gerichtsbarkeit und Verwaltung auf Kreisebene, als absetzbare Beamte, aber es ist recht fraglich, wie weit dieses Realität wurde, vor allem in den germanisch besiedelten Gebieten. Mehr Erfolg hatte Karl damit, dass er verstärkt die Bischöfe und die großen Klöster zu Kriegsdienstleistungen heranzog, die einzigen aus der Lebenswelt ausdifferenzierten Institutionen. Zum Dritten verwendete er die Vasallität, die insbesondere aus der germanischen Gefolgschaftsbindung erwuchs, um durch dieses persönliche Treueverhältnis auch mächtige Adlige an sich zu binden. Letztlich brachte sein Bemühen keine dauerhaften Erfolge. Großgrundbesitzende Adlige übten Macht aus eigener Machtvollkommenheit aus.

Um die Kriegsdienstpflicht des freien Mannes loszuwerden, die durch Karls jährliche Kriege zur drückenden Last geworden war, flüchteten sich immer mehr freie Bauern in die Abhängigkeit von Mächtigen, die Schutz boten gegen Abgaben und Dienste. Zugleich fingen die Karolinger an, Gefolgsleute nach byzantinischem Vorbild als Reiterkrieger mit eisernem Panzerhemd, Schwert und Lanze auszurüsten (sowie Steigbügel, um sich beim Zusammenprall im Sattel halten zu können). Das jahrelange Training erforderte hier Profikrieger. Da der Staatsschatz zu klein war, um diese mit laufenden Zahlungen zu besolden, erhielten sie als Entlohnung ein Lehen in Gestalt von Grundbesitz mit Ansprüchen auf Arbeitsdienstleistungen und Abgaben unfreier Bauern. Solche Grundherrschaften, die seit dem 7. Jahrhundert nachweisbar sind, breiteten sich von Nordfrankreich her auch insbesondere über Deutschland aus. Im Laufe des 9. und 10. Jahrhunderts ersetzten die Truppen aus Panzerreitern, die im Bedarfsfall zusammengerufen wurden, das Aufgebotsheer bäuerlicher Fußsoldaten schließlich ganz. Damit schrumpften die Heeresstärken; europäische Panzerreiterheere des 11. bis 14. Jahrhunderts umfassten nie mehr als einige Tausende von Kämpfern. In ganz England gab es im 12. Jahrhundert 7500 Ritterlehen.[355]

In den Jahrzehnten um 1000 wurden in Frankreich und Deutschland auch Herzogs- und Grafengewalten und französische Kastellane (Burggrafen) weitgehend erblich und die Reste von Ansprüchen auf Steuerleistungen von den Mächtigen privatisiert. Nachdem der Frankenstaat unter den Karolingern zwischen persönlichen und teilbürokratischen Strukturen geschlingert hatte[356], hatten sich nun die Strukturen des Personenverbandsstaates durchgesetzt, und zwar in Gestalt der Lehensordnung. Diese war kein festes System, sondern bestand aus einem Netzwerk vielfältiger personaler Beziehungen. An der Basis dominierte eine Schicht aus Reiterkriegern mittels grundherrlicher Beziehungen unterschiedlicher Art über abhängige Bauern.[357] Darüber spannte sich das Machtnetzwerk der Herren, das vom König über die großen Adelsfamilien bis zum einfachen Reiterkrieger reichte und aus Verwandtschaftsbeziehungen, Vasallentreue und Freundschaften geknüpft wurde.[358] Konflikte lösten die Herren weniger über Gerichtsinstitutionen als durch Verhandlungen, über Vermittler oder gewaltsam in einer Fehde. Das Handeln der Mächtigen wurde weniger von reflektierten politischen Konzepten als von Stolz und Rangbewusstsein bestimmt, der Schlachtverlauf weniger von überlegter Taktik als vom Messen persönlicher Tapferkeit in einer Fülle von Zweikämpfen. Während es kaum allgemeingültige Reglementierungen gab, waren öffentliche Rituale umso wichtiger.[359] Mächtige Adlige mussten freigiebig sein, um sich andere zu verpflichten und ihren Rang zu demonstrieren.

Die übrigen europäischen Staaten waren nicht nur wesentlich kleiner, auch die um 1000 bestehenden inneren Machtstrukturen sahen anders aus. England, Polen, Böhmen und Ungarn waren frühe Territorialstaaten, in denen der König über ein Heer aus seiner Gefolgschaft und vor allem aus dem bäuerlichen Aufgebot verfügte und Naturalsteuern erhob. Auf der Kreisebene bestanden Burgen, von denen aus Burgkommandanten, die der König ein- und absetzen konnte, Gerichts- und Verwaltungsaufgaben wahrnahmen (»shires« mit Sheriffs in England, »comitate« in den anderen). In Dänemark und Schweden wurde die königliche Kreisverwaltung erst im 11. bzw. 13. Jahrhundert aufgebaut, und bis dahin wurden deren Aufgaben weiter von regionalen Volksversammlungen germanischer Tradition wahrgenommen, den Thingen.

Im Verhältnis zu den Herzögen bzw. Großgrafschaften war der römischdeutsche König zunächst stärker als der französische. Letzterer ließ sich lange kaum außerhalb seines eher kleinen »Bausteins« blicken, der sogenannten Krondomäne mit Schwerpunkt in der Île-de-France. Während Frankreich sich somit als Staat faktisch aufzulösen schien, trat der römischdeutsche König zwischen 962 und 1218 von (Nieder-)Sachsen bis Rom in Erscheinung. Erst recht in den Schatten gestellt sah sich der französische

König, als die Grafen von Anjou 1044 bis 1154 ganz Westfrankreich in ihre Hand brachten und obendrein auch noch die englische Königskrone errangen. Doch 1204 gelang es dem französischen König, Anjou-England weitgehend aus Frankreich zu vertreiben, und auf diese Weise und durch günstige Heiraten vergrößerte sich die Krondomäne auf ein Drittel Frankreichs. Als dann der französische König 1328 ohne Sohn und Bruder starb, erhob auch der englische König Thronfolgeansprüche, was den Hundertjährigen Krieg entzündete. Im Hin und Her seines Verlaufs sah der französische König seine Macht zeitweise auf ein kleines Gebiet zurückgeworfen. Doch am Kriegsende 1453 stand er als Sieger da: Der englische König verlor sämtlichen Besitz auf dem Kontinent. Nun umfasste die französische Krondomäne fast ganz Frankreich.

Während die französische Zentralgewalt also von einer schwachen Ausgangsposition aus langfristig alle inneren Machtkonkurrenten aufsog, entwickelte sich der römisch-deutsche Staat geradezu in umgekehrte Richtung, und zwar aus zwei Gründen. Dass auch Oberitalien dazugehörte und jeder römisch-deutsche König danach strebte, nach Rom zu ziehen, um sich vom Papst die Kaiserwürde abzuholen, brachte nicht nur Glanz ein, sondern belastete das Königtum mit einer besonderen Konfliktquelle. Und während in Frankreich zwischen 987 und 1316 im Königtum stets der Sohn auf den Vater folgte, starben von den 16 römisch-deutschen Königen der Jahre 936 bis 1254 sechs, ohne einen Sohn oder wenigstens Bruder zu hinterlassen, und bei weiteren sechs war der älteste Sohn beim Tod des Herrschers noch unmündig. Aufgrund dieser Diskontinuitäten gewann in Deutschland bei den Königserhebungen Anfang des 13. Jahrhunderts das Wahl- gegenüber dem Erbprinzip Oberhand, wogegen in Frankreich gleichzeitig das Erbprinzip endgültig wurde. Im 11. und 12. Jahrhundert war der römisch-deutsche König einerseits stark genug, die sechs Herzogtümer im wahrsten Sinne des Wortes klein zu bekommen: Bis 1200 wurden aus ihnen die Machtbereiche von 22 weltlichen und 92 geistlichen Landesherren. Andererseits führte der Investiturstreit zu einem jahrzehntelangem Bürgerkrieg zwischen der kaiserlichen und der päpstlichen Partei, bei dem das Kaisertum viel an Macht verlor, nicht zuletzt an Einfluss auf die Bistümer, die seit Zeiten der Karolinger mit seine Hauptstütze gewesen waren. Als die Königsdynastie der Staufer dann 1194 überraschend Unteritalien erbte und damit ganz Italien dominierte, stieß sie erneut auf heftige Gegnerschaft des Papstes. In den damit losgetretenen Kämpfen ging sie 1254 unter, und das Königtum verlor umfangreiche Machtressourcen an die Landesherren. In den folgenden zwei Jahrhunderten, 1248 bis 1439, wechselten die zur deutschen Königswahl wahlberechtigten Landesherren, die sieben Kurfürsten, im Interesse ihrer eigenen Machtpositionen bei fast jeder Königswahl die Dynastie. So gab es keine Krondomäne, die sich kontinuierlich im Besitz des römisch-deutschen Königtums befunden hätte und dadurch über Generationen hätte wachsen können. Vielmehr nutzten die Könige im 14. und 15. Jahrhundert ihre Macht immer mehr, um den Länderbesitz ihrer eigenen Familie zu vermehren. Dadurch schrumpften die nicht mit der jeweiligen Dynastie, sondern mit dem Königtum verbundenen Rechte bis Anfang des 15. Jahrhunderts auf das Spenden von Legitimation. Von einem Staat kann hier ernsthaft nicht mehr gesprochen werden.

Langfristig boten dann steigende Schriftlichkeit und Geldwirtschaft für französische und deutsche Herrscher die Chance, ihr Machtnetzwerk zu intensivieren und damit den Personenverbandsstaat durch die Ausdifferenzierung teilbürokratischer Strukturen zu überwinden. Herrscher begannen schriftlich anzuweisen und schriftlich Rechenschaft zu fordern, insbesondere Abrechnungen über Einnahmen und Ausgaben. Frühe Experimente der römisch-deutschen Kaiser, seit Mitte des 11. Jahrhunderts Ministeriale mit nichterblichen Dienstlehen als Kreisverwaltung einzusetzen, versackten letztlich doch wieder in der Erblichkeit und scheiterten damit. Dagegen bauten in Frankreich die Könige in ihrer Krondomäne und ebenso die Herzöge und Großgrafen in ihren Machtbereichen seit Anfang des 12. Jahrhunderts eine Kreisverwaltung aus einem Netz von Burgen mit absetzbaren Beamten auf, ebenso in Deutschland die Landesherren im 13. und 14. Jahrhundert. Im 13. Jahrhundert begannen diese Herrscher auch einzelne, zunächst unregelmäßige Geldsteuern zu erheben, und hierdurch wurde es möglich, dass zu den ritterlichen Aufgebotsheeren seit dem 14. Jahrhundert Söldner hinzutraten. Für das römisch-deutsche Königtum kamen diese neuen Instrumente allerdings zu spät, als dass es sie noch hätte nutzen können.

Die übrigen europäischen Staaten entwickelten sich von einem anderen Ausgangspunkt her in die gleiche Richtung wie die Nachfolgestaaten des Frankenstaates, nicht zuletzt durch einen Transfer von Herrschaftselementen. Panzerreiter und Burgen französisch-deutschen Stils fanden auch hier Eingang, sei es durch Eroberung, wie 1066 England durch den Herzog der Normandie, 1017 bis 1077 Unteritalien-Sizilien durch normannische Ritter und 1231 bis 1283 (Ost-)Preußen und Livland durch den Deutschen Orden, sei es weil die Herrscher französische und deutsche Ritter ins Land riefen und nachahmten, um militärisch mithalten zu können, wie auf der Iberischen Halbinsel, im lateinischen Osteuropa und in Schottland und Skandinavien vor allem im 12. Jahrhundert.[360] Dieses verstärkte die Herausbildung einer Adelsschicht. Auch lehensrechtliche Formen der Besitzübertragung wurden übernommen, die hier aber im Ganzen keine große Bedeutung gewannen. In Böhmen, Polen und Ungarn geriet im 13. Jahrhundert die königliche Kreisverwaltung teilweise in erblichen Adelsbesitz, sodass der frühe Territorialstaat zersetzt wurde. In England blieben dagegen die Sheriffs absetzbare Beamte, und im 12. Jahrhundert wurde die

Ritterdienstpflicht zunehmend durch Geldzahlungen abgelöst, für die der König dann Söldner anwerben konnte. Vor allem in jenen Ländern blieb der direkte Zugriff der Staatsspitze über eine königliche Kreisverwaltung auf die Bevölkerung trotz ritterlicher Herrenschicht stark, wo sie durch eine Eroberung begründet war, welche die bisherige Elite entmachtet hatte, also in England seit 1066 (bis gegen 1400 war Englands Ritterschaft französischsprachig), im normannischen Unteritalien-Sizilien, im Gebiet des Deutschen Ordens sowie auf der Iberischen Halbinsel, wo das muslimische Herrschaftsgebiet 1030 bis 1250 zurückgedrängt worden war. Hinzu kam, dass in Unteritalien Traditionen von Geldsteuern und Amtsverwaltung aus byzantinischer und arabischer Zeit weiterlebten und dass im Deutschen Orden als einer Gemeinschaft unverheirateter Ritter der Amtsgedanke nicht durch Familieninteressen gefährdet war. Auch in den genannten Staaten außerhalb Frankreichs und Deutschlands setzten durchweg im 13. Jahrhundert Geldsteuern ein.

Nun ließ gerade der Wunsch der Herrscher, Geldsteuern zu erheben, um Söldner anwerben zu können, im Laufe des 13. Jahrhunderts in fast allen unabhängigen europäischen Staaten Ständeversammlungen entstehen, im 14. und 15. Jahrhundert auch im Gebiet der deutschen Landesherren und Böhmens sowie für das römisch-deutsche Reich als Ganzes (lateinisch »parlamentum«, spanisch »cortes«, deutsch Landtag bzw. Reichstag). Diese Beratungsgremien erwuchsen aus der Praxis der Lehensordnung, dass die Monarchen mit Zustimmung ihrer Getreuen regierten, »consensus fidelium«, und deshalb hin und wieder einflussreiche Adlige zur gemeinsamen Beratung an ihren Hof riefen.[361] Diese Praxis wurzelte letztlich in der gemeinsamen Beratung in der Volksversammlung germanischer Stämme. Die Stände wurden nur unregelmäßig einberufen, wobei die Initiative beim Herrscher lag, und sie entwickelten im Allgemeinen auch wenig eigenen Gestaltungswillen. Eher waren sie darauf aus, Machtansprüche des Herrschers abzuwehren. Gelegentlich gingen die Stände dabei so weit, sich durch einen Vertrag vom Herrscher bestimmte Rechte verbriefen zu lassen; frühe Beispiele waren die Magna Charta Libertatum 1215 in England, die Goldene Bulle 1222 in Ungarn, das Generalprivileg 1283 in Aragon und die Goldene Bulle 1356 im römisch-deutschen Staat. In Deutschland, Frankreich und Spanien waren die Stände in Adlige, höhere Geistliche und die Vertreter großer Städte gegliedert. In England, Polen, Ungarn und Schweden entstand eine Zweigliederung in die Kammer des höheren Adels und die Kammer aus Vertretern von niederem Adel, Geistlichen, Stadtbürgern und z. T. auch Bauern, in England Ober- und Unterhaus genannt.

Überall in Europa begannen also Geldsteuern und schriftliche Verwaltung, an den Herrscherhöfen differenzierten sich über die vier Hofämter aus karolingischer Tradition hinaus Ansätze von Zentralverwaltung aus. Dabei wurden hier mit steigender Alphabetisierung im 14. Jahrhundert die schreibkundigen Geistlichen durch römisch-rechtlich ausgebildete Juristen abgelöst. Im 13. Jahrhundert kodifizierte man in vielen europäischen Staaten bestehendes Recht, und zugleich begann eine Gesetzgebung durch den Herrscher. Hier entstanden also teilbürokratische Strukturen, und in Gestalt der ständischen Monarchie gewannen diese ein besonderes europäisches Profil, das sich im ganzen lateinischen Europa durchsetzte.

Der Gedanke ständischer Monarchie drang auch in die katholische Kirche ein. Hier wurde das Konzil als Kontrollorgan gegenüber dem Papst gesehen, insbesondere in den Jahrzehnten des Schismas von 1378 bis 1417, als es zwei konkurrierende Päpste gab.

Wo Verstädterung, Arbeitsteilung und Geldwirtschaft sich schon deutlich in Richtung auf die vollurbane Agrargesellschaft entwickelten, das Machtnetzwerk aber noch von der geringen Intensität des Personenverbandsstaates geprägt wurde und dieses überdies auch noch durch den Investiturstreit geschwächt war, sowohl als erschütterte römisch-deutsche Königsgewalt wie als in gewisser Weise delegitimierte Ausübung weltlicher Macht durch Bischöfe, da entstanden Freiheitsräume, in denen eine weitere europäische Besonderheit keimen und aufblühen konnte: die autonome Stadtkommune. In Oberitalien und der Toskana im 11., im unteren und mittleren Rheinland im 12. Jahrhundert, dann auch in Frankreich und England taten sich in großen Städten reiche Kaufleute und stadtsässige Adlige zu einer Schwurgemeinschaft zusammen und ergriffen die Stadtverwaltung. Der zunächst stets von den führenden Familien besetzte Stadtrat übernahm die Verwaltungsgeschäfte, daneben traten von Zeit zu Zeit die Bürger als Bürgerversammlung zusammen. Die Bezeichnung Konsuln für leitende Beamte knüpfte an die römische Republik an, und Rathaus und eigenes Siegel wurden zum Symbol der Eigenständigkeit. Das Prinzip genossenschaftlicher Selbstorganisation pflanzte sich innerhalb der Städte fort, und so entstanden seit dem 12. Jahrhundert die Zünfte der Handwerker, daneben Bruderschaften, die sich vor allem religiöse Ziele setzten, teilweise auch Patriziergesellschaften und Gesellenvereinigungen, in einigen Städten ferner selbstorganisierte Universitäten. In etlichen italienischen und deutschen Städten versuchten die Zünfte im 13. bis 15. Jahrhundert, sich Mitsprache in der Politik des Stadtrats zu erkämpfen, mit wechselndem Erfolg und unterschiedlichen Organisationsformen. Vor allem in Oberitalien, der Toskana und Südwestdeutschland bot der Zerfall der römisch-deutschen Königsmacht die Chance, dass die selbstverwalteten Städte auch das umliegende Land in ihre Macht brachten und zu echten Stadtrepubliken wurden. Gegen Alleinherrschaft sollte kollektive Amtsführung sichern, den Einfluss der Oberschichten sollte der ehrenamtliche Charakter wahren. Die Verteidigung der Stadt war Sache der Bürger. Die oberitalienischen Städte wurden dabei durchweg von heftigen Auseinandersetzungen verschiedener Interessengruppen zerrissen. Die meisten von ihnen glitten in den Jahrzehnten um 1300 in eine Alleinherrschaft über, nicht zuletzt da sie seit dem 13. Jahrhundert zunehmend Söldner in Dienst nahmen, auf die sich ein Alleinherrscher stützen konnte. Die deutschen Stadtrepubliken blieben dagegen meist bis 1803 als solche bestehen.

Auch die bäuerliche Bevölkerung bekam von den Freiheiten einen Zipfel zu fassen. Indem Arbeitsteilung und Güteraustausch sich zur vollurbanen Agrargesellschaft intensivierten, löste sich im 13. Jahrhundert in Nordfrankreich und Deutschland die Selbstversorgungswirtschaft der Grundherrschaftsverbände auf. Die Frondienste und Naturalabgaben wurden zunehmend durch Geldzahlungen abgelöst, und die bis Ende des 18. Jahrhunderts fortbestehende Grundherrschaft bezog sich immer mehr auf den Boden als auf die Person des Bauern. Nach dem Vorbild städtischer Kommunen organisierten sich die Dörfer nun als im Alltag selbstverwaltete Landgemeinden.[362]

Die verschiedenen Entwicklungspfade der Kernräume führten also zu einer Pluralität der Machtverhältnisse. Die Machteliten hatten in jedem Kernraum ein anderes Profil. Die in Europa um 1000 entstandene, ständisch abgegrenzte und erbliche Adelsschicht mit militärischer Prägung fand am ehesten in Japan Ähnliches, teilweise in Nordwestindien. Die bäuerlichen Lebensverhältnisse waren in Europa eher weniger freiheitlich als in China oder im islamischen Raum, bedingt durch die grundherrschaftlichen Bindungen. Durch Erbadel und Grundherrschaft, in welcher Form auch immer, verloren aber zugleich im einfachen Volk die weitreichenden Verwandtschaftsbeziehungen jede Bedeutung, während sie in China und im Nahen Osten ein wirkmächtiges Strukturelement blieben. Dieses mag es in Europa erleichtert haben, familienunabhängige Genossenschaften zu bilden[363], allerdings gab es in gewissem Umfang auch im Nahen Osten, Indien und Ssung-China an der Basis Formen gesellschaftlicher Selbstorganisation. Einzigartig war dagegen in Europa, dass horizontale Zusammenschlüsse bis auf die politische Ebene reichten, vor allem in Gestalt von Ständen und von städtischer Selbstverwaltung. Warum entstanden solche Stände nur in Europa? Politische Entscheidungen mit breitem Konsens zu treffen war in Häuptlingstümern weltweit üblich, doch nachdem Staaten entstanden waren, wurde diese Praxis durch monarchischen Machtwillen früher oder später verdrängt. Das Besondere bestand wohl darin, dass durch die Schwäche europäischer Monarchen und durch die Stärke der Adelsschicht die Idee von Konsens und Gegenseitigkeit bis zum Beginn intensiverer Geldwirtschaft weiterleben konnte. Diese Konstellation ergab sich auch in Japan nicht, wo die Geldwirtschaft weniger entwickelt war, und erst recht hatte sie früher im China der Dshou-Dynastie nicht bestanden. Schließlich breitete sich durch die römischrechtlich ausgebildeten Beamten römisches Recht aus, im 12. Jahrhundert in Norditalien und Südfrankreich, bis zum 14. auch im übrigen Frankreich, auf der Iberischen Halbinsel und in Deutschland, dagegen nie in England. Unter seinem Einfluss wurde insbesondere Privatrecht zu einem gegenüber der Lebenswelt wie der Religion ausdifferenzierten Bereich mit eigenen Normen und Spezialisten, was in China, Indien und dem Nahen Osten nichts Vergleichbares fand.

Dieser Entwicklungspfad des lateinischen Europa ließ die hiermit kaum kommunizierende christlich-orthodoxe Welt des Balkans und Russlands unberührt, die benachbarte islamische erst recht. Und er hatte wichtige Folgen: In embryonaler Form finden sich in diesen Jahrhunderten Strukturelemente, die weitreichende Perspektiven eröffneten, und zwar spezifisch europäische. Aus den Ständen konnte später der Parlamentarismus erwachsen, der auch kaufmännischen Interessen die Möglichkeit politischer Einflussnahme bot, noch später sogar den Unterschichten. Die schriftliche Fixierung politischer Rechte und Aufgaben in Verträgen zwischen Ständen und Herrschern konnte sich später zu Verfassungen auswachsen. Die Rezeption des römischen Rechtsdenkens bot den Ansatzpunkt, die gesellschaftlichen Beziehungen in besonderem Maße zu verrechtlichen und damit Interessen der Individuen zu sichern. Die genossenschaftliche Selbstorganisation konnte zum Keim einer Bürgergesellschaft werden.

Hegemonie zwischen Anspruch und Realität

Sieht man von der extrem weiträumigen, aber kurzlebigen Mongolenherrschaft ab, so erfasste die räumliche Integration der Staaten kaum nennenswert größere Räume als in der vorangegangenen Epoche. Zwar gab es z.B. 643 eine Gesandtschaft von Byzanz an den chinesischen Kaiser, 798 eine des Kalifen an den chinesischen Kaiser und 1253/55 des französischen Königs an den mongolischen Großkhan in Karakorum (Mongolei), aber derartige Kontakte waren isolierte Ausnahmefälle und ohne nachhaltige Wirkung.

Wo größere Räume längerfristig politisch integriert wurden, bestimmten in diesen Jahrhunderten weder symmetrische Staatensysteme noch große Imperien das Bild, sondern Hegemonialansprüche großer Staaten gegenüber den umgebenden Staaten.

Der größte politisch vernetzte Raum war Ostasien. Der Gedanke, dass China *ein* Staat sein sollte, war bei den Eliten seit der Tang-Zeit fest etabliert, auch wenn die Wirklichkeit ihm am Ende der Tang-Dynastie einige Jahrzehnte lang nicht entsprach – ein letztes Mal, sieht man von der Eroberung von Teilen chinesischen Territoriums durch Fremdherrscher ab. Dieser Bereich direkter chinesischer Herrschaft konnte nicht dauerhaft über jenen Raum hinaus erweitert werden, den schon die Han-Dynastie kontrolliert hatte, während sich die Räume um China herum zunehmend als Staaten konsolidierten. Diese setzten weiterer Expansion Widerstand entgegen, und für nachhaltige Vorstöße in die nördlichen Steppen fehlte den Chinesen meist auch die nötige Kavallerie. Nur die Tang-Dynastie griff von 630 bis 683 erobernd aus und brachte die Seidenstraße bis Samarkand, die südliche Mandschurei und Nordkorea (Kogurjo) unter die Kontrolle Chinas, das damit imperiale Züge annahm. Geschwächt durch den Bürgerkrieg, büßte China Mitte des 8. Jahrhunderts diese Gewinne indes wieder ein. Auch Nordvietnam ging 939 verloren, und die späteren Wiedereroberungsversuche scheiterten (1076 und 1258) bzw. blieben vorübergehend (1406 bis 1427). Gegenüber den umgebenden selbstständigen Staaten hielt der chinesische Kaiser aber unverändert an der Vorstellung asymmetrischer Außenbeziehungen fest. Von Chinas kultureller Überlegenheit zutiefst überzeugt, forderte er, dass die umliegenden Herrscher Tributgesandtschaften an seinen Hof schicken und ihn als einzigen vom Himmel autorisierten Herrscher anerkennen sollten, wofür er Gegengeschenke gab, gelegentlich auch Herrschaftssymbole und Titel verlieh. Seit dem 7. Jahrhundert kam die Idee hinzu, die Ausstrahlung der kaiserlichen Tugend würde für Respekt der anderen Länder sorgen, eine für Kungfuds' Konzept moralischer Ordnung typische Denkweise. Die Realität schwankte je nach den tatsächlichen Machtverhältnissen. Einige Staaten schickten über lange Zeiträume öfter Tributgesandtschaften, vor allem die koreanischen Staaten, Bohai, Nordvietnam und Tschampa, andere nur vereinzelt, z. B. Nandshau, Srivijaya, Angkor und Häuptlingstümer auf Sumatra. Aus Japan kamen zwischen 607 und 838 16 Gesandtschaften, aber danach hatte das Land dann bis 1871 keinerlei diplomatische Kontakte mehr zu China. Nachdem die Ssung-Dynastie 1125 Nordchina an die Dschurdschen verloren hatte, gingen am Kaiserhof kaum noch Tributgesandtschaften ein. Teilweise musste China die Nachbarstaaten aber als gleichrangig anerkennen[364] und ihnen sogar beträchtliche Zahlungen leisten, um Frieden zu erkaufen, auch wenn dieses nach außen möglichst vernebelt wurde (an die Türken ab 721, an Tibet 821, an die Kitan jahrzehntelang ab 1005 und an die Dschurdschen 1141 bis 1161). Mit den mongolischen Eroberungen gingen dann die nördlich und westlich an China angrenzenden Staaten unter. An diese Konstellation konnte die 1368 folgende Ming-Dynastie anknüpfen.

Die indischen Staaten hatten keine Kontakte über Indien hinaus. Auch untereinander fügten sie sich nicht zu einem Staatensystem zusammen, und erst recht entstand kein dauerhafter indischer Gesamtstaat. Die Gupta-Dynastie eroberte zwar im Laufe des 4. Jahrhunderts ganz Nordindien, dabei wie schon die Nandas/Mauryas wieder von Magadha ausgehend. Doch nur drei begrenzte Gebiete ihres patrimonialen Imperiums

beherrschten die Guptas direkt[365], und um 500 zerfiel es durch Thronfolgekämpfe und Unabhängigkeitsbestrebungen der unterworfenen Herrscher. Danach zwang Harsha von Kanauj (606–47) noch einmal die ganze
Gangesebene in einem patrimonialen Imperium zusammen, das aber den
Tod seines Gründers nicht überlebte. Es waren die großen Regionalstaaten, die von 500 bis 1206 die indische Politik bestimmten, und zwar jetzt
auch in Zentral- und Südindien. Unzählige regionale Kriege, Kriegsbünd-
nisse und Heiratsverbindungen erfüllten diese Jahrhunderte. Die Dynastien der großen Regionalstaaten schafften es, zeitweise eine Hegemonie
über mehrere Herrscher ihrer Teilregion zu erringen oder sie in ihren
Mandalastaat einzugliedern, aber keiner vermochte ein neues Imperium
zusammenzuerobern. Im Nordwesten dominierten vom 8. bis 10. Jahrhundert die Gurjara-Pratiharas, in Bengalen vom 8. bis 12. Jahrhundert
die Palas, in Südindien vom 6. bis 9. Jahrhundert die Pallavas, vom 9. bis
13. die Cholas und ab dem 13. die Pandyas, in Zentralindien vom 6. bis
8. Jahrhundert die Chalukyas und vom 8. bis 12. die Rashtrakutas. Das
Delhi-Sultanat unterbrach die lange Phase indischer Regionalstaaten dann
weitgehend.

Das islamische Kalifat trat zunächst mit einem Weltherrschaftsanspruch
an, der durch den Dschihad gegen die Ungläubigen realisiert werden sollte. Die Realitäten der Macht setzten dem indes Grenzen. Als die Kalifen-
macht im 9. Jahrhundert zerfiel, entstand vielmehr faktisch ein musli-
misches Staatensystem.

Wie stabil die Integration in einem Staat war, hing nun nicht zuletzt da-
von ab, wie intensiv die Zentrale sich mit den lokalen Eliten vernetzte. In
China war die Integration eines großen Gebiets mit zahlreicher Bevölkerung in einen Staat dauerhaft, weil seit der Ssung-Dynastie die lokalen
Elitenfamilien über die Karrieren in der Bürokratie mit der politischen
Zentrale verbunden waren. Dagegen blieben in Indien die integrierten
Herrscher stärker in der Rolle der Unterworfenen, die nach Autonomie
und Unabhängigkeit strebten. Die Machtstruktur der islamischen Despotie vermochte die lokalen Eliten überhaupt nicht an die Zentrale zu binden, weshalb gerade islamische Staaten wenig Stabilität aufwiesen.

Byzanz unterhielt zu mehreren umliegenden Staaten Gesandtschafts-
beziehungen, gleich welche Religion diese hatten. Während es Sasaniden,
Hunnen, Awaren und Kalifen als gleichberechtigt anerkennen musste,
beanspruchte es gegenüber den von Germanen im 5. Jahrhundert gegründeten christlichen Staaten einen Vorrang, was von diesen zunächst auch
anerkannt wurde. Nachdem sich die Beziehungen zum lateinischen Europa im 8. Jahrhundert weitgehend verflüchtigt hatten, baute Konstantinopel im 9./10. Jahrhundert mit der Christianisierung der Balkanslawen und
Russen eine christlich-orthodoxe Zone auf, in der es Einfluss zu nehmen
suchte. Dieser erfolgte teils durch direkte Beherrschung, mehr noch durch

die Vergabe von Titel und Kronen, mittels dynastischer Heiraten und indem die Kirchenhierarchie an den Patriarchen von Konstantinopel gebunden wurde. Letzteres galt für Russland bis 1448. Doch auch hier blieb die Realität der Macht oft deutlich hinter den Ansprüchen aus Byzanz zurück.

Das lateinische Europa erscheint in diesen Jahrhunderten als der Raum, welcher am wenigsten durch asymmetrische Machtbeziehungen zwischen Herrschern geprägt war. Zur Expansion direkter Herrschaft gegenüber nichtchristlichen Staaten kam es in zwei Fällen; zum einen machten Ritter vor allem aus Frankreich und Deutschland sich auf sieben Kreuzzügen ins »Heilige Land« auf und brachten Teile Palästinas von 1096 bis 1291 vorübergehend in christliche Hand, zum anderen eroberten christliche Krieger die muslimisch beherrschte Iberische Halbinsel und Sizilien zurück, was dauerhaft blieb. Der römisch-deutsche Herrscher hatte zwar als Kaiser einen höheren Rangtitel als alle übrigen europäischen Könige, aber die römisch-deutschen, französischen und englischen Herrscher behandelten einander in der Praxis stets als gleichgestellt.[366] Gegenüber seinen östlichen und nördlichen Nachbarstaaten hatte der römisch-deutsche König/Kaiser in deren Gründungs- und Christianisierungsphase um 1000 eine hegemoniale Position, aus der diese sich dann aber rasch lösten. Die bis ins 13. Jahrhundert wiederholten Bestrebungen, Polen gegenüber eine Lehenshoheit zu behaupten, hatten wenig Substanz, und letztlich wuchs nur Böhmen in das römisch-deutsche Reich hinein. Wenn das Papsttum unter Innozenz III. um 1200 vorübergehend versuchte, sich zum weltlichen Lehensherrn der europäischen Könige aufzuschwingen, so blieb dieses erst recht wolkig und Episode. Überhaupt waren die Gesandtschaftskontakte der europäischen Herrscher vom 10. bis 13. Jahrhundert selten und unregelmäßig, Bündnisse existierten bloß bilateral, und die Herrscherhöfe wussten auch nur wenig voneinander. So kann man von einem integrierten europäischen Staatensystem noch nicht sprechen, wenngleich die Herrscherdynastien sich durchaus einer Gemeinschaft christlicher Könige bewusst waren, was sich auch in ihren Heiratsbeziehungen zeigte. Im 13. Jahrhundert kam es zum ersten Mal zu einer weiträumig integrierenden Bündniskonstellation, als sich Frankreich-Schottland gegen England-Aragon-Kastilien-Deutschland zusammenfanden, aber sie war nur kurzlebig. Dass die Mehrstaatlichkeit Europas von der Geografie vorherbestimmt gewesen sei, wird man nicht behaupten können; zwischen Frankreich – Deutschland – Polen gab es ohnehin keine naturgeografischen Grenzen, und selbst wo die Natur Grenzen nahezulegen schien, wie den Ärmelkanal zwischen Frankreich und England und die Alpen zwischen Deutschland und Oberitalien, griffen die Herrschaftsbeziehungen munter darüber hinweg.

Auf sich gestellt und abgehängt

Die miteinander vernetzten Teile Eurasiens und Nordafrikas profitierten durch den Transfer von Innovationen aus anderen Regionen. Trotz aller Rückschläge durch Barbareninvasionen stieg sehr langfristig gesehen in den meisten Regionen die Komplexität von Wirtschaft, Kultur und Machtverhältnissen. Insbesondere konnten einige sehr rückständige Regionen, die an die bisherigen Kernräume angrenzten, nicht zuletzt durch diese Transfers stark aufholen. Große Teile der Welt blieben davon indes nach wie vor davon unberührt, nämlich ganz Amerika, Zentral- und Südafrika, Sibirien, Australien und Ozeanien.

Von diesen Räumen ziehen jene beiden Gegenden das besondere Augenmerk auf sich, wo sich schon in der letzten Epoche Bevölkerung deutlich verdichtet hatte, also Zentral- und Südmexiko sowie Peru. In deutlichem Kontrast zu den weiträumigen Transfers in Eurasien blieben beide durch das Urwaldtiefland von Panama und das Kettengebirge am Westrand Mittelamerikas voneinander isoliert. Kulturpflanzen und Haustiere aus dem Andenhochland und aus dem mexikanischen Hochland wurden nicht in die jeweils andere Region transferiert, obwohl dieses klimatisch möglich gewesen wäre, ebenso wenig gelangte die Idee der Schrift von Mexiko in die Anden. Nur Gold- und Kupferverarbeitung kamen von Süden her um 800 in Mexiko an. Güteraustausch fand zwischen diesen beiden Räumen überhaupt nicht statt. Selbst innerhalb beider Netzwerke war er schwierig, da schiffbare Flüsse und Zugtiere fehlten, sodass er ganz auf Träger angewiesen war. In Hochlandperu stand zwar ergänzend das Tragtier Lama zur Seite, aber es war wenig leistungsfähig und die starken Höhenunterschiede bildeten dort ein erhebliches Hemmnis. Dementsprechend blieb Fernhandel auf wertvolle Güter wie Kakao, bunte Vogelfedern, Edelsteine, hartes Obsidian und schillernde Spondylusmuschelschalen begrenzt. Diese geringe Verflechtung hemmte Arbeitsteilung und Innovationen, und von den zahlreichen Innovationen Eurasiens waren die Indianer ohnehin abgeschnitten. Auch innerhalb der beiden Netzwerke blieben Entwicklungen, die über einfache Agrargesellschaften und Stämme hinausgingen und das Niveau von frühurbanen Agrargesellschaften und archaischen Palastkulturen erreichten, auf wenige ökologische Nischen beschränkt, in denen intensiver Anbau und damit hohe Bevölkerungsdichte möglich waren.

Überdies war die Entwicklung dieser beiden am weitesten entwickelten Räume Amerikas erstaunlicherweise noch stärker als in Eurasien von massiven Brüchen geprägt. In Mittelamerika brachen die dominierenden Städte Teotihuacán im Tal von Mexiko und Monte Albán im Tal von Oaxaca um 750 zusammen und wurden weitgehend verlassen. In den folgenden

Jahrhunderten existierten in beiden Tälern jeweils einige Dutzend kleiner archaischer Fürstentümer nebeneinander. Im 10. bis 13. Jahrhundert strömten immer wieder neue barbarische Gruppen aus Nordwesten ins zentralmexikanische Hochland und setzten sich dort fest, was zu insgesamt recht kriegerischen Verhältnissen führte. Vom 13. bis 15. Jahrhundert wurde im Tal von Mexiko die Intensivlandwirtschaft am See stark ausgeweitet, wodurch die Bevölkerung deutlich steigen konnte. Auch auf der Halbinsel Yucatán nahm die Bevölkerung der Mayas rasch zu, wohl auf mehrere Millionen, nachdem diese im 3. Jahrhundert vom Wanderfeldbau zur Intensivlandwirtschaft übergegangen waren. Die Innovationen des Anbaus in drainierten Sumpfgebieten und an terrassierten Kalksteinhängen hatten diesen Schritt möglich gemacht. Auch bei den Mayas bestanden mehrere Dutzend archaischer Fürstentümer nebeneinander. Sie kontrollierten eine weitgehend durch Verwandtschaftsstrukturen geprägte Gesellschaft, und ihr Verhältnis zueinander wurde von einer Mischung aus Raubzügen, Hegemonialbestrebungen, Heiratsverbindungen und Bündnissen bestimmt. Wenn ein Fürstentum zeitweise mehrere Nachbarn in seine Abhängigkeit brachte, die stark rituell geprägt blieb, konnte es auch Züge eines Klanstaates annehmen. Von allen archaischen Palastkulturen der Indianer war jene der Mayas die am weitesten entwickelte. Die Priester der Mayas besaßen die einzige indianische Vollschrift und entwickelten besondere astronomische und mathematische Fähigkeiten, beides vor allem als Hilfen zum Wahrsagen. Im südlichen Tiefland von Yucatán brach im 9. Jahrhundert die Bevölkerungszahl der Mayas dramatisch ein, und Städte, Staaten und Elitenkultur verschwanden weitgehend. Die Gründe kennen wir nicht.[367] Im nördlichen Yucatán entwickelte sich die Mayakultur indes auch in den nächsten Jahrhunderten weiter; hier waren von 800 bis 1000 Chichén Itzá und von 1250 bis 1450 Mayapán die dominierenden Städte.

In den nordperuanischen Küstenoasen brachen um 600 Bevölkerungszahl und Elitenkultur der Moche zusammen, vielleicht aufgrund des El-Niño-Phänomens. Dafür stiegen im 6. Jahrhundert im Andenhochland zwei Orte zu Städten auf, die eine größere Region dominierten, sei es nur kulturell-wirtschaftlich oder vielleicht auch machtpolitisch als Staat[368], nämlich Tiwanaku am Titicacasee (Bolivien) und Wari in Südperu, beide in Nischen mit intensivem Kartoffelanbau und Lamahaltung. Doch um 1000 gingen beide weitgehend unter, vielleicht durch eine Trockenheitsphase. Danach finden sich dort bis ins 14. Jahrhundert eine größere Zahl miteinander rivalisierender Häuptlingstümer und auch archaischer Fürstentümer. Vom Moche-Tal aus wurden die nordperuanischen Küstenoasen dann im 12.-14. Jahrhundert schrittweise zum Klanstaat der Chimú zusammengefasst.

Jenseits der Welt komplexer Gesellschaften breiteten sich einfache

Agrargesellschaften auch in diesen Jahrhunderten weiter aus. Im ostbrasilianischen Bergland setzte sich vom Amazonastiefland her ab etwa 800 Wanderfeldbau mit Maniok und Keramik durch. Der Maisanbau übersprang von Mittelamerika aus die nordostmexikanische Trockenzone und etablierte sich zusammen mit Bohnen, Kürbis und Keramik in den Flusstälern des trockenen Südwestens der USA, wo Bewässerung möglich war (Anasazi- und Mogollon-Kulturen). Mit ihren Felsenhaussiedlungen (Pueblos) entstand ab 1100 eine auffällige Besonderheit. Um 1300 wanderte die Bevölkerung aber weitgehend ab, vermutlich nach extremen Dürren. Zu einfachen Agrargesellschaften auf der Basis von Mais gingen außerdem um 700 die größeren Karibikinseln und zwischen 800 und 1000 die Indianer im östlichen Waldland der USA über. Bei alledem dürfte es sich im Wesentlichen um den Transfer von Agrartechniken gehandelt haben. Anders in den letzten menschenleeren Ecken der Pazifikwelt. Als melanesische Bauern um 1000 mit ihren Kanus Neuseeland erreichten und besiedelten, fand die Erstbesiedlung der Welt ihren Abschluss.

Bei einigen der Agrargesellschaften entstanden Häuptlingstümer, so unter dem Einfluss Mittelamerikas im Süden der zentralamerikanischen Landbrücke, in Nordwestmexiko und auf den größeren karibischen Inseln, außerdem in sehr losem Kontakt mit Mittelamerika und Peru auch in Teilen Kolumbiens und Ecuadors. In drei besonderen Gunsträumen bildeten sich autochthon komplexe Häuptlingstümer, nämlich ab 800 am Unterlauf des Amazonas mit seinen Nebenflüssen, ab 1000 am mittleren Mississippi und seinen Nebenflüssen und ab 1200 in Afrika am unteren Kongo. Hier boten die fruchtbaren Zonen periodischer Überschwemmung längs der Flussufer und Fischfang die Chance für dichtere Bevölkerung, und Kanubetrieb auf den Flüssen erleichterte Austausch und Kommunikation. Doch gingen am Mississippi und am Amazonas Bevölkerungszahl und als Folge davon schließlich gesellschaftliche Komplexität wieder stark zurück, vielleicht schon gegen 1350 bzw. 1450, entscheidend dann infolge der aus Europa eindringenden Seuchen des frühen 16. Jahrhunderts. Auch auf Hawaii und einigen anderen Pazifikinseln entstanden Häuptlingstümer. Ansonsten ist für die einfachen Agrargesellschaften Südamerikas, Afrikas und wohl auch Nordamerikas weitgehend von Wanderfeldbau mit Brandrodung und langjähriger Waldbrache auszugehen, der nur recht geringe Einwohnerdichten erlaubte.

Noch dünner besiedelt waren jene Räume, in denen die Menschen als Nomaden lebten, also die innerasiatischen Steppen, Teile des Nahen Ostens, Nordafrikas und Ostafrikas sowie Sibirien, wo der Rentiernomadismus weiter nach Norden vordrang. Schließlich gab es auch um 1400 weiter Jäger und Sammlerinnen, wenige an Zahl, aber auf immer noch beträchtlichen Flächen der Welt. In Eurasien waren es nur noch kleine Gruppen, sie lebten am arktischen Rand, in Nordostsibirien bis nach Hokkaido hin und auch in den Wäldern Südostasiens und Indiens, ähnlich in Afrika in dessen Südwestecke. Dagegen sahen die Steppengebiete des südlichen Südamerika, der größte Teil Nordamerikas und ganz Australien ausschließlich Jäger und Sammlerinnen. Dabei war unter den Kulturen von Jägern und Sammlerinnen die Pluralität durchaus erheblich. In Kalifornien hatten entwickelte Fischer und Sammler sich auf Nüsse und Lachse spezialisiert, und in den nordamerikanischen Prärien dominierte die Jagd auf Bisons, und zwar zu Fuß, da es in Amerika keine Pferde gab. In der Arktis breitete sich ab 900 von Thule aus die klassische Eskimokultur aus, die jetzt auch Walfang einschloss und eine differenziertere Palette an Technologien entwickelt hatte, die von Kajakflotten über Hundeschlitten bis zu Walöllampen reichte. Am anderen Ende stand Tasmanien, seit Jahrtausenden ohne Kontakte selbst zu Australien und durch diese Isolation völliger Stagnation ausgeliefert; als 1642 die Europäer kamen, waren selbst so elementare australische Techniken wie Speere mit Widerhaken, geschliffene Steinwerkzeuge, Netze, Bumerangs und Fischfang unbekannt.

Die Entwicklungsunterschiede auf der Welt waren größer geworden als je zuvor. Dabei macht es keinen Sinn, ganze Kontinente gegenüberzustellen (war Europa oder Asien überlegen?). Die relevanten Unterschiede bestanden meist zwischen kleineren Räumen. Allerdings gab es auch einzelne großräumige Abweichungen: So waren Eisenwerkzeuge vor 1492 in ganz Amerika, Australien und Ozeanien, aber auch auf den Kanarischen Inseln unbekannt.

Mit Columbus wird die Erde rund.
1400 bis 1770

Wehe den schwachen Nachbarn!

Eine neue Weiträumigkeit der Vernetzung kennzeichnete die Epoche, wirtschaftlich, politisch und kulturell. Zum ersten Mal in der Geschichte wurden auch Eurasien und Amerika verbunden, sodass man von weltweiter Vernetzung sprechen kann. Der europäische Hegemonialkrieg 1744 bis 1763 wurde nicht nur in Mitteleuropa, sondern von Briten und Franzosen auch in Nordamerika und Indien ausgetragen.

Zahlreicher als je zuvor wurden in diesen Jahrhunderten großräumige Gebiete unter einer Herrschaft integriert. Wer dabei wem zum Opfer fiel, bestimmten jetzt nicht mehr nomadische Steppenreiter, sondern meist überlegene Feldartillerie (also nicht nur Belagerungsartillerie mit sehr langsamer Schussfolge) und effizientere Organisation. Diese Expansionsbestrebungen gingen von verschiedenen Stellen der Welt aus; Westeuropa war nur eine von ihnen. Motive und Formen sahen dabei höchst unterschiedlich aus.

Den Anfang machte China. Nachdem der Gründer der Ming-Dynastie sich ganz darauf konzentriert hatte, die Herrschaft im Innern zu konsolidieren, wollte sein Nachfolger, der Junglö-Kaiser (1402–24), den traditionellen, moralisch und kulturell begründeten Hegemonieanspruch stärker zur Geltung bringen als je ein chinesischer Kaiser zuvor. Dazu schickte er Dutzende von Gesandtschaften in alle ihm bekannten Länder, über Land bis Persien hin sowie über See mit sieben großen Flottenexpeditionen unter Dshöng Ho, die Südostasien, Südindien, den Persischen Golf und Ostafrika erreichten. Warum haben die Chinesen dabei nicht auch schon vor den Europäern Amerika in Besitz genommen?[369] Die Antwort ist einfach: Alle für China interessanten Länder waren auf direktem Wege viel besser zu erreichen als einmal rund um den Globus herum; auch Columbus hat schließlich nicht Amerika gesucht, sondern ist auf dem erzwungenen Umweg über die Westroute nach Indien unplanmäßig darüber gestolpert. Es ging dem chinesischen Kaiser nicht darum, direkt beherrschte Gebiete zu gewinnen, vielmehr sollten alle Herrscher ihn durch Tribute als Himmelssohn anerkennen (bei Gegengeschenken). Die meisten taten es. In den nächsten fünfhundert Jahren schickten Korea und die südostasiatischen Festlandstaaten Tributgesandtschaften an den Kaiserhof, Ersteres jährlich, die anderen in größeren Zeitabständen. Doch die Politik der Flottenexpeditionen wurde nach 1433 nicht fortgesetzt. Folglich stießen die Europäer auf keine Präsenz chinesischer Macht, als sie wenige Generationen später im Indischen Ozean und in Südostasien auftauchten. War es also eine eklatante Fehlentscheidung des chinesischen Kaiserhofs, die Flotte abzuwracken? Handelsgewinne waren mit den chinesischen Flottenvorstößen nicht beabsichtigt gewesen, vielmehr wurden exotische Tribute wie eine Giraffe aus Afrika Prestigeobjekte des kaiserlichen Haushalts. Im Gegenteil: Die Expeditionen erwiesen sich als außerordentlich kostspielig, schließlich umfasste die erste Expedition 317 Schiffe (wogegen Columbus nur drei hatte!). So war es nur vernünftig, dass diese Prestigepolitik abgebrochen wurde, umso mehr als zwischen 1438 und 1449 Angriffe der Mongolen eine Konzentration aller Kräfte an der Nordgrenze erforderten.[370]

In Amerika bauten indianische Herrscher zwei Staaten mit mehreren Millionen Einwohnern auf[371], weiträumiger als je zuvor auf diesem Kontinent. In Mittelamerika unterwarfen die Azteken im Laufe des 15. Jahrhunderts erst alle übrigen Häuptlings- und Fürstentümer im Tal von Mexiko und dann die umliegenden. Dabei verwandelten sie sich aus einem kleinen Häuptlingstum in einen Mandalastaat, in dem die drei herrschenden Städte bei allen übrigen Gebieten, die weitgehend ihre eigenen Herrscher behalten hatten, Tribute kassierten, von denen der aztekische Kriegeradel lebte. Seine Kriegszüge schafften reichlich Kriegsgefangene herbei, und so steigerte sich die mittelamerikanische Tradition, diesen auf den Tempelstufen das zuckende Herz herauszureißen, um durch solche Menschenopfer den Bestand der Welt zu sichern, ins Massenhafte. Ebenfalls im Laufe des 15. Jahrhunderts eroberten die Inkas von Cuzco im peruanischen Hochland aus den ganzen Andenraum bis Ecuador und Mittelchile. Hier transformierte sich das kleine Häuptlingstum in kurzer Zeit über einen Personenverbandsstaat zu Anfängen eines frühen Territorialstaates, wobei die Ämter der Zentral- und Kreisverwaltung ausschließlich von Angehörigen des Inkaklans wahrgenommen wurden. Bei beiden Indianerstaaten differenzierten sich im Laufe dieser Jahrzehnte zunehmend bürokratische Institutionen und eine Adelsschicht aus, doch waren die Verwandtschaftsverbände im lokalen Bereich weiter vorherrschend, vor allem im Inkastaat. Ebenso blieb es bei Aufgebotsheeren von Aztekenkriegern bzw. Andenbauern. Während sich im stärker urbanisierten Tal von Mexiko Märkte ausdifferenzierten, organisierten die Inkas den Güteraustausch weitgehend über den Staat; sie forderten von den Bauern im ganzen Land Arbeitsdienste für Bauarbeiten und auf Staatsfeldern, deren Ertrag durch die Verwaltung umverteilt wurde. Geld war bei diesen frühurbanen Agrargesellschaften unbekannt. Auch Vollschriften besaßen beide nicht, sondern nur Notationssysteme, bei den Azteken comicartig, bei den Inkas als Knotenschnüre. Die Flächengröße des Inkastaates darf nicht darüber hinwegtäuschen, dass sein Entwicklungsniveau nicht über das Ägyptens um etwa 3300 v. Chr. hinausging.

In der islamischen Welt entstanden drei Großstaaten, die alle von türkischsprachigen Gruppen mit nomadischem Hintergrund gegründet wurden. Dabei spielte aber zumindest bei Osmanen und Moguln für den Aufbau ihrer Herrschaft Artillerie eine wesentliche Rolle. Die Osmanen, die eines der vielen türkischen Fürstentümer in Anatolien nach dem Zerfall des Seldschukenstaates besaßen, konnten zwischen 1430 und 1470 ganz Anatolien und die Balkanhalbinsel erobern, und von 1514 bis 1551 kamen Ungarn, die Mittelmeerküste von Syrien bis Algerien, ferner Mesopotamien und Jemen hinzu. Mit dem Untergang des byzantinischen Kaisertums 1453 wählten die Osmanen Konstantinopel, jetzt Istanbul genannt, zu ihrer neuen Hauptstadt. Das Geheimnis des osmanischen Erfolgs bestand darin, dass sie in den Jahrzehnten um 1500 im Vergleich zu allen Nachbarstaaten eine stärkere Infanteriearmee besaßen und als Erste eine nennenswerte Feldartillerie aufbauten. Um 1570 endete die Expansionsphase; Vorstöße nach Mitteleuropa scheiterten 1529 und 1683 vor Wien. In die osmanische Herrenschicht durfte jeder aufsteigen, gleich welcher religiösen und sprachlichen Herkunft er war, sofern er sich kulturell an das Osmanentum assimilierte. Letztlich konnte sich der Trend zum Territorialstaat aber doch nicht durchsetzen. Ende des 17. Jahrhunderts fiel von Algerien bis Ägypten und im Jemen die entscheidende Macht in die Hände regionaler Machthaber unter osmanischer Oberhoheit, im Laufe des nächsten Jahrhunderts auch auf der arabischen Halbinsel. Damit gewann der imperiale Charakter gegenüber dem Territorialstaat Oberhand.

Weiter östlich übernahm einer der vielen Nachkommen Timur Lengs von den Türken die Feldartillerie, setzte sich in Afghanistan fest, drang von dort aus nach Nordindien ein und schlug 1526 mit seiner so verstärkten Armee die Kavallerietruppen des Sultans von Delhi. Damit entstand die sogenannte Mogul-Dynastie. Sein Enkel Akbar (1556–1605) führte auch Musketen ein und eroberte ganz Nordindien von Pakistan bis Bengalen, seine Nachfolger Shah Jahan (1628–58) und Aurangzeb (1659–1707) auch fast das ganze übrige Indien. Der Versuch, überdies noch Zentralasien zu unterwerfen, scheiterte 1646/47. Wie schon in der Zeit des Delhi-Sultanats und dessen muslimisch geführten Nachfolgestaaten herrschte im Indien der Mogule eine islamische Machtelite über eine Mehrheit von Hindus, wobei ihr laufend weitere militärische, künstlerische und gelehrte Talente und Abenteurer aus Persien zuströmten. Die persischsprachige Hofkultur übertraf an Größe, Prunk und Luxus wohl jeden anderen Herrscherhof dieser Zeit; die Einnahmen der Mogule betrugen ein Mehrfaches

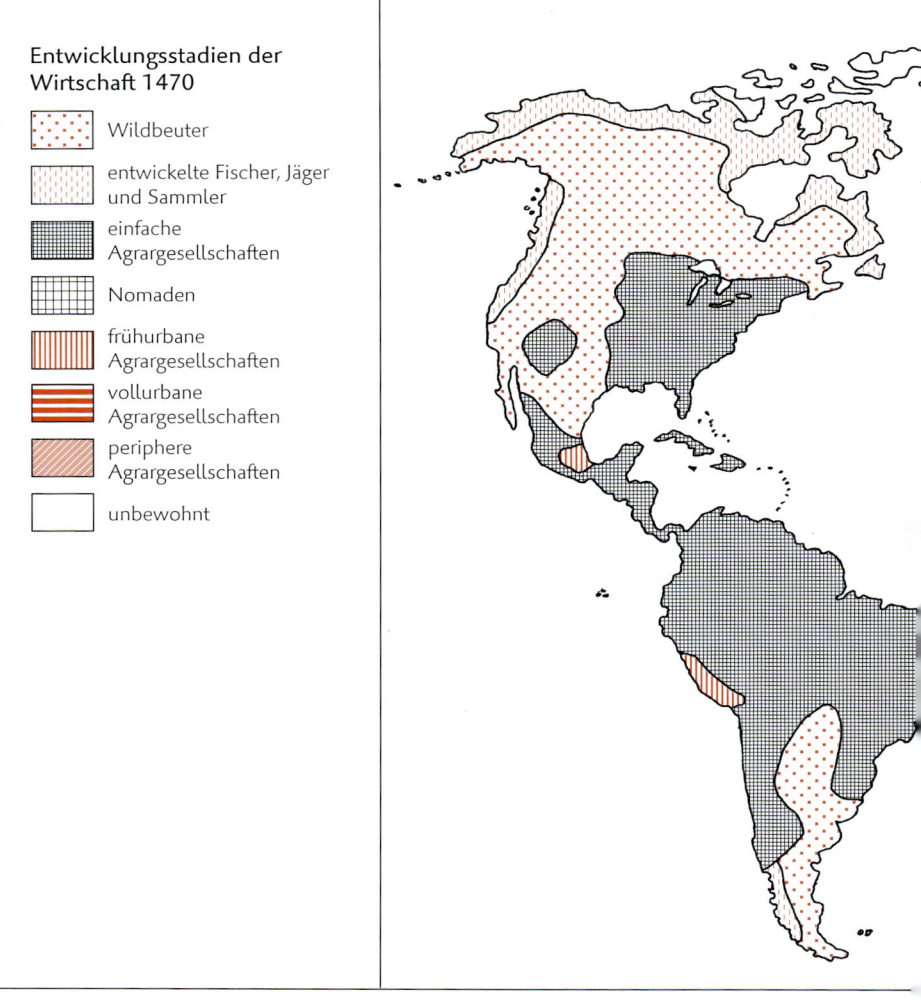

jener Ludwigs XIV. von Frankreich.[372] Im Unterschied zum Delhi-Sultanat gab Akbar seinem Staat stärker bürokratische Strukturen, und er begann auch Angehörige des indischen Adels in die Machtelite zu integrieren. Hingegen verfolgte Aurangzeb eine einseitig proislamische Politik, verdrängte Hindus aus Führungsstellungen und fing an, Hindu-Tempel zu zerstören. Auch der Mogulstaat wurde also letztlich doch nicht zur patrimonialbürokratischen Monarchie, sondern fiel auf den imperialen Charakter zurück. Sehr zu seinem Schaden: Er entfachte damit eine Fülle von Aufständen, verstärkt durch den massiven Steuerdruck. Wenige Jahre nach Aurangzebs Tod schrumpfte der Herrschaftsbereich der Moguln auf die Umgebung Delhis zusammen, und ehemalige Gouverneure, Hindu-

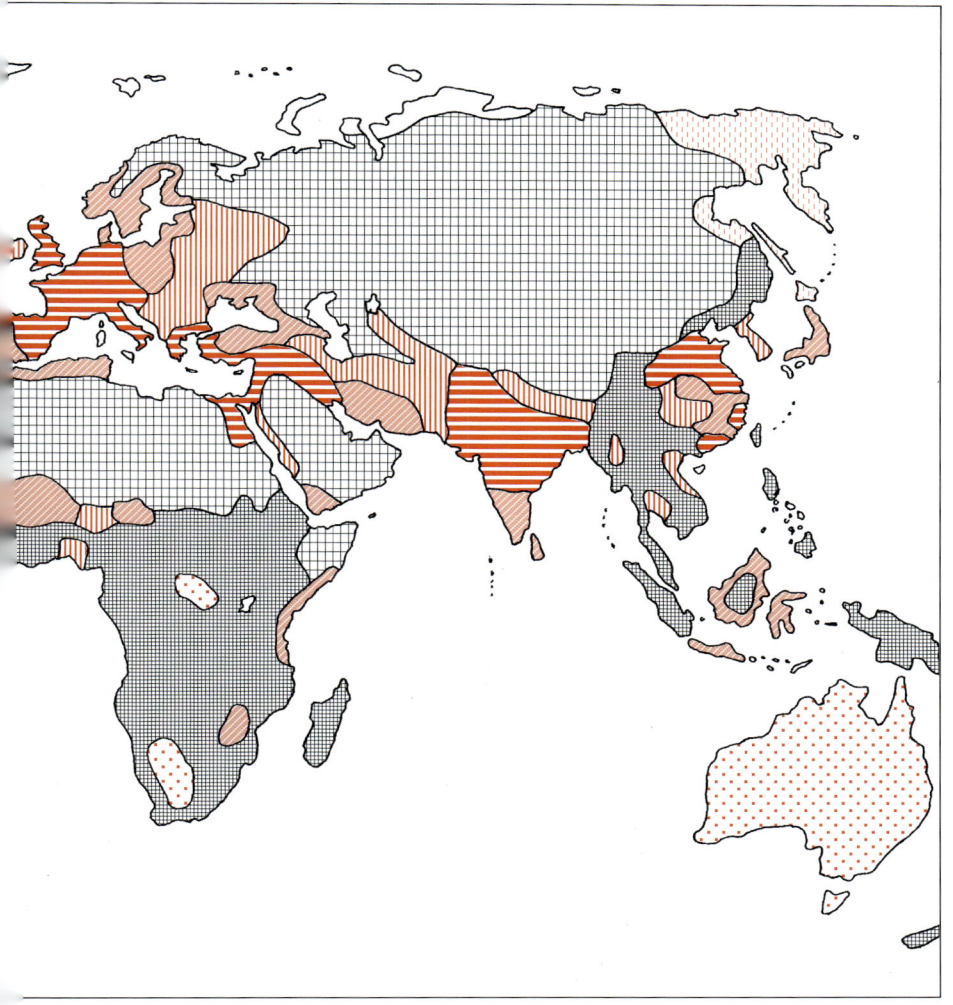

Herrscher und Abenteurer gründeten eine Reihe neuer Regionalstaaten, die sich gegenseitig heftig bekämpften.

Das iranische Machtvakuum zwischen den Herrschaftsgebieten der Osmanen und der Moguln, seit dem Ende Timurs chaotisch zersplittert, wurde 1501 bis 1524 von dem charismatischen Führer eines schiitischen Sufi-Ordens mithilfe türkischer Nomadenstämme erobert. Er gründete die weltliche Herrschaft der Safawidendynastie im Iran. Seine Nachfolger ersetzten dann diese Nomadenkrieger durch ein stehendes Heer mit Artillerie.

Während der Osmanen- und der Mogulstaat letztlich durch den brutalen Machtwillen einzelner tatkräftiger Herrscher entstanden, steckten hinter der europäischen Expansion primär andere Triebkräfte. Zwei verschiedene Momente fanden hier zusammen. Zum einen war es die Machtkonkurrenz von Spanien und Portugal. Beide vertrieben die Muslime von der Iberischen Halbinsel und wollten ihre Expansion weiter fortsetzen. Portugal tat dies bereits seit 1415 längs der nordwestafrikanischen Küste, zumal es dafür eine abenteuer- und beutelustige Kriegerschaft hatte. Mit Frankreich und England gesellten sich noch weitere Konkurrenten hinzu. Die andere Triebkraft waren norditalienische Kaufleute, die in der Mongolenzeit ihr Handelsnetz über das Schwarze Meer weit nach Innerasien ausgedehnt hatten, dieses aber Mitte des 15. Jahrhunderts durch die Expansion der Osmanen verloren. Nun suchten sie nach einem Direktzugang zu Indiens Gewürzen westlich aus dem Mittelmeer heraus (insofern ist auch verständlich, warum die Inder und Chinesen keine Entdeckungsfahrten nach Europa unternahmen: Sie hatten ja freien Zugang zu den begehrten Gewürzen). Mehrere Innovationen im Schiffbau und in nautischen Verfahren halfen, diesen Weg zu meistern. Zwei Seewege nach Indien waren denkbar: Zu sehen, ob sich Afrika im Süden umschiffen ließ, oder es im Gedanken an die Idee von der Kugelgestalt der Erde, die man aus der Antike wiederaufnahm, mit einer Fahrt nach Westen sozusagen hintenherum zu versuchen. Dafür brauchten die italienischen Kaufleute aber einen Herrscher als strategischen Partner. Es war ein Wettlauf. Auf der Suche nach diesen beiden Seewegen erreichte 1487 Diaz im portugiesischen Auftrag die Südspitze von Afrika, 1492 der Genuese Columbus für die Spanier die mittelamerikanische Inselwelt, 1497 der Genuese Caboto für England Kanada, 1498 Vasco da Gama (Portugiese) südlich um Afrika herum Indien und 1499 der Florentiner Vespucci (für Spanien) Nordbrasilien. Letzterer erkannte dann auch, dass es sich bei Amerika um einen eigenen Kontinent handelte.

Die Portugiesen hatten gewonnen. Rasch bauten sie an der afrikanischen Küste und im Indischen Ozean sowie an der Nordostküste Brasiliens ein Netz von Küstenforts auf, um die übrigen europäischen Mächte auszuschließen, und schalteten sich in den Seehandel im Indischen Ozean ein. So entstand ein Handelsreich ohne Ambitionen auf Herrschaft über Land und Leute. Die Portugiesen erreichten 1516 auch Südchina und 1542 Japan. Die Spanier waren erst enttäuscht, doch dann lockten Gerüchte über mittelamerikanische Goldvorkommen bewaffnete Abenteurergruppen über den Atlantik. Dass Amerika in eurasische Vernetzungen integriert werden würde, war weltgeschichtlich nur eine Frage der Zeit gewesen. Da die Indianer gegenüber der Kumulation eurasischer Innovationen isoliert gewesen waren, erlebten sie diese Integration jetzt in einer aussichtslosen Unterlegenheit. Die indianischen Staaten brachen rasch zusammen: Etliche der von Azteken und Inkas Unterworfenen schlugen sich auf die Seite der Angreifer, Spanier in Eisenrüstung hoch zu Pferd mit

Stahlschwertern und Feuerwaffen standen gegen Fußsoldaten mit Äxten und Keulen aus Stein und Holz, und Menschen aus einer einfachen Druckkultur mit deren Informationshorizont und geistiger Flexibilität manövrierten die Angehörigen einer archaischen Palastkultur auch geistig aus.[373] Außerdem brachten die Eindringlinge noch einen unsichtbaren und darum umso unheimlicheren Verbündeten mit: Gegen die von ihnen unbewusst eingeschleppten Krankheitserreger bestand bei den jahrtausendelang von Eurasien isolierten Indianern keine Grundimmunisierung, sodass sie massenhaft starben, besonders an Pocken und Masern. Die Indianerbevölkerung in Süd- und Nordamerika schrumpfte in den nächsten Jahrzehnten um bis zu 90 %, auch in Gebieten, die noch gar kein Europäer betreten hatte. Warum traf die Europäer nun nicht umgekehrt der Schlag indianischer Krankheiten? Des Rätsels Lösung dürfte darin liegen, dass die Krankheitserreger meist ursprünglich von Haustieren stammten, die Indianer aber fast keine hatten.[374]

1519 bis 1550 eroberten die Spanier die karibischen Inseln, Mittelamerika sowie den Andenraum von Venezuela bis Nordchile, also alle Indianergebiete, die bereits Machtasymmetrien in Gestalt von Staaten oder Häuptlingstümern kannten. Hier konnten die Spanier die bisherigen Machteliten beseitigen und sich dann an deren Stelle setzen. Die spärlich besiedelten Gebiete mit freiheitsliebenden Lokalgruppen ließen sich dagegen kaum unterwerfen. Die Spanier setzten die Expansion von Mexiko aus sogar über den Pazifik hinweg fort und besetzten 1563 bis 1576 die Philippinen. Zwischen 1500 und 1650 wanderten 400 000 Spanier nach Amerika aus[375], und ihre Nachkommen etablierten sich dort als neue Herrenschicht, die Kreolen. Diese lebten meist als bessere Handwerker und Beamte in den Städten oder auch als Großgrundbesitzer. Nach einer abenteuerlichen Anfangsphase, in der die Indianer bei Zwangsarbeit verschlissen wurden, baute die spanische Krone in ihren Beherrschungskolonien eine bürokratische Verwaltung auf, die sie möglichst detailliert von Spanien aus zu steuern versuchte. Dabei blieben die selbstverwalteten Dorfgemeinschaften der Indianer weitgehend erhalten. Da neben dem Nutzen für die Kreolen und die spanischen Kaufleute auch die Silbergewinnung für die spanische Krone eine große Rolle spielte, wies die spanische Herrschaft noch deutliche Züge eines patrimonialen Imperiums auf. Dabei bildeten die Institutionen der katholischen Kirche eine wesentliche Stütze der Staatsmacht.

Engländer und Niederländer forschten zwischen 1553 und 1610 nach einem eigenen Weg nach Indien/China, indem sie Amerika oder Asien nördlich zu umfahren versuchten, doch ihre Expeditionen scheiterten im Packeis. Nachdem Portugal 1580 an Spanien gefallen war, den Hassgegner der Niederländer, drangen die Niederländer in das portugiesische Handelsreich ein, rasch gefolgt von den Engländern. Damit zerfiel der portugiesische Monopolanspruch im Indischen Ozean um 1610. Während die Spa-

nier die entwickelten Indianer überrennen konnten, mussten die kleinen
Gruppen von Europäern sich im Bereich der großen asiatischen Staaten
weitgehend daran orientieren, was deren Herrscher ihnen erlaubten, wollten sie nicht schlicht verhaftet werden. In der politisch fragmentierten indonesischen Inselwelt traten sie hingegen auch gewaltsamer auf. So
bauten die Handelsgesellschaften der Niederländer, Engländer und Franzosen nur Handelsreiche aus einem Netz von Handelsstützpunkten auf,
aber bis 1760 keine Herrschaft über größere Gebiete; Ausnahmen waren
nur die Molukken, Westjava und Ceylon, welche die Niederländer unter
ihre direkte Herrschaft brachten. Das nur dünn besiedelte Nordamerika
war demgegenüber unattraktiv, da man hier nichts verdienen konnte,
weder an interessanten Handelspartnern noch durch die Ausbeutung
Unterworfener. Dafür entsprach sein Klima europäischen Verhältnissen.
Unter dem Schutzmantel der weitgehend desinteressierten englischen
Krone ließen sich an der Ostküste Nordamerikas ab 1607 Gruppen nieder,
die hier als Bauern von eigener Hände Arbeit lebten, sodass Siedlungskolonien ohne Indianer entstanden. Bis 1776 wanderten hier etwa 500 000
Europäer ein.[376] Im feuchttropischen Afrika schließlich waren die Europäer zwar durch ihre Feuerwaffen militärisch deutlich überlegen, aber
Malaria, Gelbfieber und andere Tropenkrankheiten machten die Gegend
zum Grab des weißen Mannes. So begnügten die Europäer sich mit Handelsstützpunkten an der westafrikanischen Küste.

Während diese ganzen Geschehnisse durch das Interesse am Zugang zu
indischen Gewürzen angestoßen worden waren, lieferte etwas später die
steigende europäische Nachfrage nach Pelzen einen weiteren Expansions-
impuls. Zwischen 1582 und 1654 eroberten russische Kosakengruppen
Sibirien, von 1608 bis 1684 durchdrangen die Franzosen in Nordamerika
über den St. Lorenz-Strom das Gebiet der Großen Seen, und ab 1668 setzte
sich die englische Hudson Bay Gesellschaft von Norden her an der kana-
dischen Hudsonbai fest. Während Franzosen und Engländer hier nur Handelsreiche mit einzelnen Holzforts errichteten, um von den Indianern
Pelze einzutauschen, vor allem gegen Waffen und andere Eisenwaren,
wurde die zerstreute und waffentechnisch hoffnungslos unterlegene sibi-
rische Bevölkerung im Auftrag des russischen Zaren unterworfen und
musste Pelze als Naturalsteuern liefern. Die lokalen Machtverhältnisse
tasteten die Russen aber nicht an. Nur der westliche Südrand Sibiriens
verwandelte sich mit dem Zustrom russischer Bauern bald in eine Siedlungskolonie. Überdies waren in Russland auch monarchische Machtinteressen am Werk. Zwischen 1350 und 1520 eroberten die Großfürsten
von Moskau schrittweise alle anderen russischen Staaten, soweit sie nicht
inzwischen litauisch geworden waren, und nannten sich seitdem Zar von
ganz Russland. Nach mehreren kriegerischen Anläufen gewann Russland
1721 auch einen Zugang zur Ostsee.

Ostasien erlebte in den Jahrzehnten um 1600 ebenfalls imperiale Bestrebungen. Nachdem Hideyoshi Japan geeint hatte, versuchte er China zu erobern. Seine beiden Vorstöße über Korea 1592/93 und 1597/98 konnten aber dort von den Chinesen gestoppt werden. Steuererhöhungen, durch die Kriegskosten verursacht, und mehrere Missernten führten dann jedoch ab 1627 in China zu einer Welle von Aufständen, wodurch das Land zur Beute eines anderen Nachbarn wurde. Durch die Monopolisierung des Pelz- und Ginsenghandels zu Ressourcen gekommen, konnte ein Häuptling die Stämme der Dschurdschen in der Mandschurei 1599 bis 1613 unter seiner Führung einen. Er und sein Nachfolger riefen die Tjing-Dynastie aus, nannten die Dschurdschen in Mandschu um und bauten mithilfe von vielen Überläufern aus China anstelle der Klanstruktur eine effiziente Militärorganisation und Artillerie auf. Damit eroberten die Mandschu zwischen 1637 und 1650 fast ganz China. In den ersten vier Jahrzehnten erlebten die Chinesen eine terroristische Ausbeutung in einem ethnisch überschichteten Staat, doch dann sinisierten sich die Mandschu schnell. Obwohl bis 1905/11 die Mandschurei für chinesische Siedler gesperrt blieb, Heiraten zwischen Mandschu und Chinesen verboten blieben und hohe Ämter mit einem Mandschu und einem Chinesen doppelt besetzt wurden, kann man im Wesentlichen seit den 1680er-Jahren doch von einer patrimonialbürokratischen Monarchie sprechen.

Das nomadische Zentralasien, das im Mittelalter für die Agrargesellschaften eine Quelle des Schreckens gewesen war, verlor diese Rolle jetzt. Mehrere Versuche, im Laufe des 15. und 16. Jahrhunderts die mongolischen Stämme wieder zu einem Staat zu integrieren, scheiterten. Zwar setzten die mongolischen Angriffe 1438 bis 1449 und 1540 bis 1570 China noch einmal erheblich unter Druck, aber die Ming ließen die Große Mauer stark ausbauen, spielten die Stämme gegeneinander aus und vermieden es, den Mongolen Tribute zufließen zu lassen. Die Zeit der Nomadenmacht lief ab. Mit den neuen Seewegen zwischen Europa und Asien schrumpfte der Handel über die Seidenstraße, und damit sanken die Mittel, die Nomadenstämme hier abschöpfen konnten. So fehlten ihnen die Ressourcen, um eine Zentralgewalt aufzubauen und um mit der Einführung von Feuerwaffen in den Armeen der Agrargesellschaften mitzuhalten.[377] Die Nachfolgestaaten der Goldenen Horde wurden von den Russen erobert: 1552 bis 1554 die Khanate an der unteren Wolga und 1783 in der Südukraine. Die Russen bemühten sich, hier mit einer scharfen Assimilierungspolitik alle nomadischen und islamischen Spuren auszutilgen. 1635 konnten die Oiraten (Westmongolen) dann in der Westmongolei noch einmal einen stark expandierenden Nomadenstaat gründen. Aus Angst davor unterstellten sich 1678 die ostmongolischen Stämme unter chinesischen und 1731 die türkischen Stämme nördlich des Aralsees (Kasachen) russischem Schutz. Dann holten die Chinesen zum Gegenschlag aus, um die

Nomadengefahr ein für alle Mal zu bannen. 1720 vertrieben sie die Oiraten aus Tibet und machten dieses zum chinesischen Protektorat, und auf einem Vernichtungsfeldzug massakrierten sie 1756/57 die Oiraten weitgehend und behielten dann das Gebiet aus Sicherheitsgründen als Beherrschungskolonie (Sinkiang/Westmongolei). Eine Sinisierungspolitik begannen die Chinesen hier indes nicht.

Hegemonie oder Staatensystem in Europa?

In Ostasien, im Nahen Osten und zeitweise auch in Indien war also jeweils eine Macht weithin herrschend. Würde auch in Europa eine einzelne Herrschaft die anderen weitgehend verschlucken? Europäischen Dynastien war das Streben nach mehr Macht keineswegs fremd. Aber hier ließ sich nicht so einfach ein Imperium zusammenerobern wie z. B. in der islamischen Welt. Angesichts des Erbadelsprinzips und der stärkeren Verrechtlichung achteten die Machteliten im Allgemeinen darauf, dass sich irgendeine Art von Rechtsanspruch vorweisen ließ, am besten als Erbe, und sei er auch noch so hergeholt (dafür hatte man findige Juristen). Außerdem waren die europäischen Staaten ständische Monarchien geworden und damit relativ feste »Bausteine«, welche die Jahrhunderte überdauerten, denn ein neuer Herrscher musste meist den Ständen versichern, ihre hergebrachten Rechte zu achten, und diese wollten ihr Land weder zerrissen noch mit anderen zusammengelegt sehen. Großgebilde waren also zusammengesetzte Monarchien.[378] Diese konnte der Monarch dauerhaft über die Personalunion hinaus eigentlich nur dann integrieren, wenn er entweder alle Stände ausschaltete und absolutistisch von oben eine gemeinsame Zentralverwaltung einsetzte oder wenn er die Ständevertretungen fusionierte.

Die größte Ländersammlung kam in den Händen der Habsburger-Dynastie zusammen. Die Habsburger vereinten von 1282 bis 1363 schrittweise die Territorien des Ostalpenraums, waren seit 1437 (bis 1740) stets im Besitz der römisch-deutschen Kaiserkrone und erheirateten 1477 Burgund, d. h jene deutsch-französischen Länder im Bereich Niederlande-Belgien-Oberrheingebiet, welche die burgundischen Herzöge zwischen 1384 und 1473 gesammelt hatten. Durch Zufall erbten sie außerdem 1516 den iberischen Länderkomplex; dieser war 1469 entstanden aus der Vereinigung von Kastilien mit Aragon-Sizilien-Neapel (1282 bis 1443 zusammengebracht), bald Spanien genannt, wozu 1580 noch Portugal kam. Schließlich erbten die Habsburger 1526 auch noch (West-)Ungarn-Böhmen. Karl V. (1516/19 bis 1555/56) war damit der mächtigste Herrscher Europas. Aber sein Sammelsurium von Ländern hatte keinen Zusammenhalt außer seiner Person, und mit seiner Abdankung wurde es auf eine spanische und eine österreichische Linie aufgeteilt. Die spanische Linie erlebte als Reaktion auf ihre absolutistischen Bestrebungen und die Dominanz Kastiliens, dass in mehreren Ländern die Stände die Unabhängigkeit erklärten: die Niederlande 1579, Portugal 1640, Katalonien 1640 und Neapel 1648. Die ersten beiden gingen verloren, den anderen musste die spanische Krone Autonomie zugestehen. So wurde Spanien erst seit 1707 verwaltungsmäßig integriert. Die österreichische Linie konnte zwar ab 1620 die österreichischen und böhmischen Länder schrittweise absolutistisch-bürokratisch integrieren, aber Ungarn, wo der Adel seine Macht erfolgreich verteidigte, blieb nur lose angebunden.

Demgegenüber sammelten die Hohenzollern aus Brandenburg von 1611 an mit (Ost-)Preußen und etlichen kleineren deutschen Territorien ein Konglomerat zusammen, das sie absolutistisch durch eine gemeinsame Zentralverwaltung integrierten und für das die Gesamtbezeichnung Preußen üblich wurde. Polen kam 1386 durch Heirat mit Litauen zusammen, und hier verschmolzen 1569 mit den Staaten auch die beiden Reichstage. Dagegen blieb die Personalunion Polens mit Sachsen 1697 bis 1763 vorübergehend. Die dänische Krone brachte 1376 Norwegen, 1389 Schweden und 1460 Schleswig-Holstein in ihre Hand. Doch Dänemark dominierte zu sehr, weshalb Schweden sich schließlich 1523 wieder verselbstständigte, während die anderen bis 1814 bzw. 1864 in Personalunion verbunden blieben. Auf den Britischen Inseln erbten 1603 die schottischen Stuarts die englische Krone, und 1707 wurden beide Parlamente zusammengelegt und die Staaten dauerhaft zu Großbritannien vereint. Dagegen blieben die Verbindungen der englischen Krone mit den Niederlanden 1689 bis 1702 und mit dem Kurfürstentum Hannover 1714 bis 1837 reine Personalunionen. Das zwischen 1560 und 1690 eroberte Irland wurde eher zu einer Beherrschungskolonie, in der sich eine englische Herrenschicht über irischen Bauern etablierte. Und natürlich gab es auch viele gescheiterte Pläne; so machten sich die bayerischen Wittelsbacher um 1700 zeitweilig Hoffnungen auf die spanische Königskrone und eine niederländische, sie griffen 1742 bis 1745 glücklos nach der Kaiserkrone und bekamen letztlich bis 1799 doch nur eine Reihe kleinerer deutscher Territorien in die Hand.

Man sieht: Ob langfristig erfolgreich beim Ländersammeln oder nicht – die Idee eines Nationalstaats war allen Handelnden dieser Jahrhunderte fremd.

Während die Machtverteilung in Europa um 1400 diffus war, schälten sich mit der Ausweitung der Krondomäne auf fast ganz Frankreich am Ende des Hundertjährigen Kriegs und dem Aufstieg der Habsburger Ende des 15. Jahrhunderts zwei große Mächte heraus. Dass Habsburg 1477 auch das französisch-burgundische Gebiet erbte, löste dann Kämpfe zwischen beiden Dynastien aus, die bis 1493 andauerten. Wenig später traten der

Habsburger Karl V. und der französische König Franz I. zum Ringen um eine Hegemonie in Europa an, wie es sie bisher nicht gegeben hatte.[379] 1518/19 bewarben sich beide um die römisch-deutsche Kaiserkrone, wobei Karl das Rennen machte, sodass Frankreich nun erst recht durch das deutsche und spanische Gebiet der Habsburger umklammert wurde. Karl V. trat an der Spitze seiner Truppen von Spanien bis Sachsen und Tunis auf. Der französische König reagierte mit Krieg. Die Jahre 1521 bis 1544 waren von wechselvollen Kämpfen zwischen beiden Monarchen erfüllt. Dabei war es keineswegs zwangsläufig, dass keiner der beiden Kontrahenten sich durchsetzte; Karl hat die Chancen, welche ihm die Gefangennahme seines Gegners 1525 bot, nur nicht konsequent ausgenutzt.[380] In der zweiten Hälfte des 16. Jahrhunderts waren die Franzosen dann von Bürgerkriegsauseinandersetzungen gelähmt und die österreichischen Habsburger, durch die konfessionellen Gegensätze im römisch-deutschen Reich vorsichtig geworden, ohne gesamteuropäische Ambitionen. Nun setzte der spanische König den hegemonialen Anspruch in Europa fort, stark nicht zuletzt dank dem Silberzufluss aus den neuen amerikanischen Kolonien und dem mit Abstand stärksten Heer. Doch sein Versuch, mit der Armada England zu erobern, scheiterte 1588, ebenso sein Eingreifen in den französischen Bürgerkrieg. Schließlich verflochten sich die Konfessionsgegensätze innerhalb des römisch-deutschen Reiches, der habsburgisch-französische Gegensatz, der Kampf der Niederlande um Unabhängigkeit von Spanien und das Eindringen der Niederlande und Englands in das portugiesisch-spanische Überseehandelsmonopol zu einem umfassenden Krieg, in den auch noch Dänemark und Schweden gegen den römisch-deutschen Kaiser eingriffen. Er verwüstete Mitteleuropa als Dreißigjähriger Krieg 1618 bis 1648 und dauerte zwischen Spanien und Frankreich noch bis 1659. An seinem Ende war Spanien, das seine Kräfte weit überdehnt hatte, völlig entkräftet. Dafür waren das expansive und hochgerüstete Schweden und die nun endgültig unabhängigen Niederlande, die den innereuropäischen Seehandel dominierten, zu großen Mächten aufgestiegen.

Das Ringen des spanischen und des französischen Königs um einen auch protokollarischen Vorrang eskalierte 1661 in London sogar zu einer regelrechten Straßenschlacht zwischen dem spanischen und dem französischen Botschafter und ihren Gefolgen. Nachdem Spanien machtpolitisch hatte zurückstecken müssen, sahen sich die europäischen Staaten durch die Ruhmsucht des französischen Königs Ludwig XIV. herausgefordert. Dieser demonstrierte seinen Hegemonialanspruch nicht nur, indem er die anderen europäischen Monarchen mit seiner glänzenden Hofhaltung in Versailles übertrumpfte, sondern versuchte auch in mehreren Kriegen zwischen 1667 und 1697 die französische Ostgrenze gegen den Rhein vorzuschieben. Doch hiergegen formierte sich der Widerstand mehrerer Staaten, vor allem der Niederlande, Englands und Spaniens. Das galt noch mehr, als Ludwig nach dem Aussterben der spanischen Habsburger auch nach Spanien griff, sodass er sich im Spanischen Erbfolgekrieg 1701 bis 1714 durch eine neue Allianz ausgebremst sah. Als Folge schied Spanien endgültig aus dem Kreis der Großmächte aus. Dafür stieg England zur Großmacht auf, nachdem es schon zuvor in drei Kriegen 1652 bis 1674 die Niederlande als Seemacht klein gekämpft hatte. In den anschließenden Jahren von 1715 bis 1789 erlebte Europa dann keine neuen Hegemonialversuche, vielmehr bestimmte die Idee eines Gleichgewichts der Kräfte das Handeln der europäischen Herrscherhöfe. Dabei entstanden mehrfach wechselnde Allianzen. Und es kamen zwei neue Mächte hinzu. Nachdem Schweden in der zweiten Hälfte des 17. Jahrhunderts nach einer Hegemonie im Ostseeraum gestrebt hatte, brach seine Großmachtstellung im Nordischen Krieg 1701 bis 1721 gegen Russland und dessen Verbündete zusammen. Nun drängte Russland unter Peter I. als neue Großmacht auf die europäische Bühne. Schließlich stieg Preußen auf; nachdem es 1740 den österreichischen Habsburgern Schlesien geraubt hatte, verknüpften sich in zwei Kriegen 1740 bis 1744 und 1755/6 bis 1763 der preußisch-österreichische Gegensatz und die britisch-französische Rivalität miteinander. Als Konsequenz konnte sich Preußen unter Friedrich II. als neue Großmacht behaupten. Zugleich verlor Frankreich seine überseeischen Besitzungen in Amerika und Indien an Großbritannien, das damit zur führenden Seemacht aufstieg.

Im Ergebnis sind die habsburgischen und französischen Hegemonialbestrebungen gescheitert[381], und damit wurde der Weg frei für die symmetrische Integration der europäischen Staaten. Im 15. Jahrhundert hatte es im katholisch-lateinischen Europa mehrere regionale Politikräume und vorwiegend bilaterale Beziehungen gegeben, vor allem England-Frankreich, die deutschen Staaten, Norditalien, den Ostseeraum und die Iberische Halbinsel. Im Laufe des 16. und frühen 17. Jahrhunderts vernetzten diese sich miteinander, nicht zuletzt als Reaktion auf die weitgespannten habsburgischen Aktivitäten, und 1686 trat das orthodoxe Russland hinzu. Vom Dreißigjährigen Krieg bis zum Ersten Weltkrieg gab es ein europäisches Staatensystem mit etwa fünf Großmächten, wobei allerdings wechselte, wer dazu zählte, und vielen kleinen Staaten. Die Herrscherhöfe fingen an, mit mehreren anderen gleichzeitig und mit ihrer Wechselwirkung zu rechnen, und sie begannen, europaweite Bündnisse zu bilden. Dabei erkannten die Monarchen sich seit Anfang des 18. Jahrhunderts auch als formal gleichrangig an, und zwar unbeschadet der realen Machtunterschiede. Mehrere Innovationen intensivierten diese symmetrische Integration der europäischen Staaten. Während einzelne Gesandtschaften zu besonderem Anlass seit Langem gang und gäbe waren, entstanden jetzt ständige diplomatische Vertretungen, die laufend über Kräfte und Interessen nach

Hause berichteten. Auf diese Weise konnten die Herrscher die Mitspieler im Theater der Mächte besser einschätzen. Zuerst richteten Ende des 15. Jahrhunderts die italienischen Staaten solche ständigen Vertretungen untereinander ein, dann Ende des 17. Jahrhunderts die größeren europäischen Höfe. Neu war auch die Kongressdiplomatie. 1646 bis 1648 tagten Vertreter fast aller europäischer Staaten in Münster und Osnabrück, um den Dreißigjährigen Krieg zu beenden, und handelten detaillierte Friedensdokumente aus. Weitere Friedenskongresse folgten. Im Zuge dieser Verrechtlichung, die auch durch die Juristen in den Regierungskanzleien gefördert wurde, bemühten sich die Kriegsparteien seit Ende des 17. Jahrhunderts immer mehr, ihr Verhalten gegenüber den anderen Höfen umfangreich zu rechtfertigen. Zugleich bildete sich eine Sammlung von allgemein akzeptierten Regeln heraus. Sie legten fest, welche Rechte fremde Gesandte hatten und welche Stellung Neutrale im Krieg, dass im Krieg Soldaten die Zivilbevölkerung nicht mehr ausplündern und vergewaltigen sollten und dass auch Kriegsgefangene zu schonen waren. Es waren die Anfänge eines Völkerrechts. Unter den vielfach miteinander verschwägerten Mitgliedern der europäischen Familie der Könige wäre es undenkbar gewesen, dass sie mit einem besiegten Monarchen so umgingen wie die Osmanen 1517 mit dem besiegten Mamlukensultan Ägyptens, den sie einfach an Kairos Stadttor henkten. Das werdende Völkerrecht praktizierten die Europäer nur innerhalb des christlichen Europa, nicht bei Kriegen in Übersee und gegenüber den Türken.

Diese Form symmetrischer Integration von Staaten fand anderswo auf der Welt nichts Vergleichbares. In Indien entstand, als das Delhi-Sultanat schrumpfte, Mitte des 14. Jahrhunderts erneut eine Reihe großer Regionalstaaten, zwischen denen viele kleine Staaten und Häuptlingstümer lagen. Zu einem dauerhaften Staatensystem konsolidierten diese Machtverhältnisse sich aber nicht. Vielmehr wurden sie im 16. Jahrhundert durch die Mogul-Dynastie gewaltsam beiseitegeschoben, bis sie nach deren Zerfall Anfang des 18. Jahrhunderts wiederauflebten. Die Chinesen akzeptierten außenpolitische Beziehungen ausschließlich nach der Logik ihres Tributsystems; auch mit dem Schiff anreisende europäische Gesandtschaften mussten sich dem unterordnen.[382] Dabei stand Japan weiter beziehungslos abseits. Die Osmanen orientierten sich an der islamischen Auffassung, die zwischen der islamischen Welt als »Haus des Friedens« und der christlichen als »Haus des Krieges« unterschied. Mit Letzterer könne es eigentlich nur zeitlich befristete Waffenstillstände geben, aber keine gleichberechtigte Partnerschaft. Sie weigerten sich, am europäischen Staatensystem teilzunehmen; so richteten zwar die europäischen Mächte ständige Botschafter in Konstantinopel ein, jedoch nicht umgekehrt. Aber auch zum Iran und zum Mogulstaat blieben die diplomatischen Kontakte der Osmanen gering. Dabei waren die Beziehungen zu Ersterem zusätzlich zur Machtrivalität durch den ideologischen Gegensatz zwischen sunnitischen Türken und schiitischen Safawiden belastet.

In Schwarzafrika breitete Staatlichkeit sich weiter aus. Damit stieg zwar die Zahl der Staaten, aber nicht die Intensität ihrer Beziehungen. In der westafrikanischen Savannenzone konnte Songhai vom späten 15. Jahrhundert bis 1591 vom Nigerbinnendelta aus einen größeren Raum integrieren, aber danach war die Region durch eine Reihe mittelgroßer Staaten gekennzeichnet: am oberen Niger bis zum 17. Jahrhundert Mali, dann ab 1700 Segu, am oberen Volta seit dem 15. Jahrhundert mehrere kleine Mossi-Staaten, am mittleren Niger Songhai, in Nordnigeria mehrere Haussa-Staaten, am Tschadsee Kanem-Bornu und noch weiter östlich die Oasenstaaten Wadai und Darfur. Doch die Beziehungen zwischen ihnen blieben spärlich, zumal sie nicht aneinandergrenzten, sondern nichtstaatlich organisierte Gebiete dazwischenlagen. Kontakte nach außen fehlten fast ganz. Erst recht gegenüber allen anderen isoliert waren die um 1600 in der Savanne südlich des Kongoregenwaldes entstandenen Staaten Lunda und Luba sowie die im Gebiet der ostafrikanischen Seenkette im 17. Jahrhundert von Kitara-Bunyoro aus entstehenden Staaten Buganda, Ruanda, Burundi und Karagwe. Hinzu kamen die küstennahen Staaten, die durchaus auch Kontakte zu Europäern hatten, aber voneinander räumlich weit getrennt waren, nämlich Kongo ca. 1500 bis 1665 am unteren Kongo, Benin seit 1400 an der Nigermündung und die Yorubastaaten in Südwestnigeria, außerdem seit dem 17. Jahrhundert Futa Toro und Futa Jalon am Senegal, Asante (heutiges Ghana) und Dahomey.

Militär als Motor der Staatsentwicklung

Um 1400 gab es weltweit nur zwei Staaten, die man schon als bürokratische Staaten bezeichnen kann, China und Ägypten, abgesehen von den kläglichen Resten des stark geschrumpften Byzanz. In den folgenden Jahrhunderten erlebten verschiedene Regionen einen Trend, staatliche Bürokratien und Militärinstitutionen auszudifferenzieren und damit von der Zentrale aus intensiver auf die Gesellschaft einzuwirken, am stärksten in Europa.

Fast alle größeren europäischen Staaten wurden im späten 17. Jahrhundert zu Territorialstaaten. Klare Grenzen entstanden, indem die Herrscher räumlich überlappende Rechtsansprüche beseitigten. Die wichtigste Triebkraft auf dem Weg zu Territorialstaaten war die Machtkonkurrenz der Dynastien, welche den Aufwand für die Streitkräfte hochtrieb.[383] Das Aufgebot von persönlich verpflichteten Lehensrittern wurde im Laufe des 15. und 16. Jahrhunderts immer mehr durch für Geld dienende Söldner verdrängt, die man für die Zeit eines Feldzugs in Dienst hielt. Dann kam der Schritt zum stehenden Heer. Kleine Vorläufer gab es ab 1445 in Frankreich, dann begann Mitte des 16. Jahrhunderts Spanien damit, noch mit amerikanischem Silber und nicht aus Steuern finanziert, und schließlich geschah dieser Schritt mit dem Ende des Dreißigjährigen Kriegs in allen größeren Staaten. Parallel dazu gingen um 1650 einige Staaten zu stehenden Flotten über. In England war diese das Entscheidende, bedingt durch seine Insellage. Während im 16. Jahrhundert vom Herrscher beauftragte Söldnerführer ihre Truppen auf eigene Rechnung anwarben und organisierten und Besitzer von Kaperschiffen mit staatlicher Lizenz gegen den Feind fuhren, wurden Heere und Flotten seit Mitte des 17. Jahrhunderts staatlich organisiert. Die Ausdifferenzierung des Militärapparates zeigte sich auch noch in anderer Weise. So wurden spezielle Kriegsschiffe mit Kanonen in Breitseitenanordnung entwickelt, anstatt einfach umgerüstete Handelsschiffe einzusetzen. Die Regierungen bauten Arsenale und Marinewerften auf und versorgten jetzt das Heer während eines Feldzugs durch eine eigene Logistik, statt die Zivilbevölkerung auszuplündern. Man schuf Reglements für Verhalten und Führung der Truppen, uniformierte die Soldaten und professionalisierte die Offiziere durch Ausbildung in speziellen Schulen. Zugleich stiegen die Heeresgrößen: Waren es im 15. Jahrhundert Tausende, so sah das 16. und 17. Jahrhundert Zigtausende, und im 18. Jahrhundert verfügten die Großmächte über 200 000 bis 400 000 Mann.[384] Dieses alles kostete Geld, weshalb die Monarchen regelmäßige Steuern einführten und dementsprechend auch Steuerverwaltungen aufbauten. Es gab direkte Steuern vor allem auf Grundbesitz und indirekte besonders auf bestimmte Verbrauchsgüter, z. B. Salz oder Mehl. Im 16. Jahrhundert differenzierten sich an den Herrscherhöfen aus der Hofverwaltung Ämter einer Zentralverwaltung aus, die aber noch weitgehend im Schloss des Monarchen ihren Sitz hatten. Die zunehmende Bürokratisierung produzierte steigende Mengen an Akten (Ende des 17. Jahrhunderts kam der Schreibtisch auf). Zunehmend zogen Juristen in höhere Beamtenpositionen ein (kaum in England), und nicht zuletzt unter ihrem Einfluss wurden in vielen Staaten rechtliche Regelungen gesammelt und kodifiziert. Um 1500 vermochten die Monarchen dank der neuen Kanonen ein staatliches Gewaltmonopol durchzusetzen; dem fehdelustigen Adel konnte der Monarch jetzt die Mauern der Burgen zusammenschießen. An ihre Stelle traten große Festungen mit dicken Erdwällen, die sich nur noch der Herrscher leisten konnte, und der Adel machte es sich in unbefestigten Wohnschlössern mit großen Fenstern bequem. In der politischen Diskussion kam der Begriff »Staatsräson« auf, der die Ausdifferenzierung des Staatsapparates widerspiegelte: seinen Anspruch auf eigene Zielsetzungen gegenüber den konfessionellen Interessen der streitenden Kirchenparteien, die das 16. Jahrhundert vergifteten, gegenüber den Familieninteressen der jüngeren Söhne des Monarchen, die neidisch Erbteilungen oder Apanagen wünschten, und auch den allgemeinen moralischen Normen, indem die Monarchen weiter kriegerische Gewalt anwenden durften.

Die Verwaltung Chinas war nicht weniger bürokratisch als die der patrimonialbürokratischen Staaten Europas[385], und das schon länger. Aber in diesen Jahrhunderten intensivierte die Zentrale ihre Machtausübung nicht weiter, denn hier gab es keinen Impuls durch Machtkonkurrenz zu anderen Staaten. Zwar wurden zwischen Zentrale und Provinzen zwei neue Verwaltungsebenen eingeschoben, was die Steuerungsmöglichkeit erhöhte, aber auf Kreisebene baute man die Verwaltung nicht weiter aus, obwohl mit dem allgemeinen Bevölkerungswachstum die Größe eines Kreises auf durchschnittlich 200 000 Einwohner anstieg. Die Mandschu übernahmen die Ming-Institutionen weitgehend, nachdem sie ihre Anfangsphase überwunden hatten.

Zwei weitere Staaten fanden jetzt ebenfalls den Weg zur patrimonialbürokratischen Monarchie, Russland und Korea. Im 16. Jahrhundert war Geldwirtschaft in Russland noch nicht so weit entwickelt, dass der Zar Söldner hätte bezahlen können; deshalb gab er massenhaft Dienstgüter an adlige Reiterkrieger aus, vor allem aus erobertem Land. Indem diese erblich wurden, breitete sich in Russland Grundherrschaft aus. Damit die zunehmend bedrückten Bauern nicht flüchteten, wurden sie im 17. Jahrhundert ihrer Freizügigkeit beraubt und sanken im 18. Jahrhundert zu Leibeigenen herab. Nachdem die Zarenmacht fast eineinhalb Jahrhunderte lang zwischen gewaltsamer Machterweiterung und schwächenden Wirren geschwankt hatte, baute Zar Peter I. (1682/89–1725) für seine Eroberungsfeldzüge mithilfe westeuropäischer Fachleute ein stehendes Heer und eine Flotte auf, ebenso das dazugehörige Steuerwesen und eine Verwaltungsorganisation nach westeuropäischem Muster. In Korea enteignete die 1392 an die Macht gekommene Dynastie die mongolenfreundlichen Adelsfamilien, wodurch ihr umfangreiche Ressourcen zuflossen, führte neokonfuzianische Beamtenprüfungen nach chinesischem Muster ein, beseitigte Privatarmeen und professionalisierte das Militär. Durch das Chaos infolge der japanischen Invasionen 1592 und 1597, in dem auch die Steuerregister untergingen, verlor die Monarchie dann aber den Zugriff auf einen großen Teil ihrer Ressourcen, sodass sie das patrimonialbürokratische Niveau kaum noch halten konnte. Das Land wurde danach bis ins 19. Jahrhundert durch heftige Machtkämpfe zwischen verschiedenen Aristokratenfraktionen zerrissen.

Die beiden islamischen Großstaaten der Osmanen und Moguln waren stärker bürokratisiert als ihre türkisch-mongolischen Vorgänger. Bei den Osmanen trat im 15. Jahrhundert das nomadische Element in den Hintergrund, und sie übernahmen teilweise Verwaltungsstrukturen und Hofzeremoniell von Byzanz. Beide besaßen eine stark ausdifferenzierte Zentralverwaltung. Bis ins späte 16. Jahrhundert verwendeten sie zur Heeresaufstellung Systeme, die in der Tradition der »iqta« standen, indem sie nichterbliches Land ohne Herrschaftsrechte an Reiterkrieger oder truppenstellende Offiziere vergaben. Später wurde mit Geld bezahlt, wobei die Truppenaufstellung bei den Moguln überwiegend dezentral organisiert blieb. Typische Merkmale islamischer Despotie, ein Erbe der nomadischen Wurzeln, bestanden weiterhin, so das hohe Maß an Gewaltsamkeit und Willkür innerhalb der herrschenden Kreise. Die Osmanen etablierten zwar 1385 als Prinzip, dass ihr Staat nicht mehr unter die Söhne des Herrschers aufgeteilt wurde, konnten dieses aber bis 1595 nicht anders realisieren als dadurch, dass jeder Herrscher unmittelbar nach seinem Regierungsantritt seine Brüder ermorden ließ; ähnlich die Moguln. Während im Laufe des 18. Jahrhunderts die großen europäischen Staaten ihre Verwaltung und Einnahmen tendenziell ausbauten, wurde bei den Osmanen mit dem Ende der Expansion der Ressourcenzufluss von unten geringer, sodass sie im 17. Jahrhundert in eine Finanzkrise schlidderten. Außerdem verlor der Zugriff der osmanischen Zentrale nach unten an Intensität: Vielerorts schwangen sich Steuerpächter zu autonomen Lokalmachthabern auf, die immer größere Teile des Steueraufkommens für sich behielten. Die Herrschaft der Moguln zerfiel Anfang des 18. Jahrhunderts sogar fast ganz.

Mit dem Schritt zum patrimonialbürokratischen Staat traten überall personale Bindungen zurück. Dass Kaiser Karl V. 1536 König Franz I. aufgefordert hatte, die Machtstreitigkeiten zwischen ihnen in einem persönlichen Zweikampf zu entscheiden, wäre wenige Jahrzehnte später undenkbar gewesen. Aber auch der Beamtenapparat bürokratischer Staaten war von Frankreich über Russland bis China noch von allerlei personenbezogenen Verpflichtungen durchsetzt, sei es verwandtschaftlicher oder klientelistischer Art. Überdies steckten die Amtsinhaber Staatsgelder in die eigene Tasche und waren auch für finanzielle Gefälligkeiten offen.[386] In Europa wurde dieses dann im 19. Jahrhundert als Korruption delegitimiert, die man nun auszumerzen versuchte. Zwar wurden in Europa personale Lehensbindungen bedeutungslos, aber in etlichen europäischen Ländern ebenso wie im osmanischen Imperium waren Steuerpacht und Ämterkauf bekannt. Beamte hatten im Regelfall weder Fachausbildung noch feste Laufbahnen. Überhaupt fand die Macht der Monarchen auch in den bürokratischen Staaten überall deutliche Grenzen.[387] Der Anteil der Staatseinkünfte am Volkseinkommen war für heutige Begriffe noch begrenzt; er dürfte in Friedenszeiten in Europa ebenso wie in China nicht mehr als 4 bis 10 % betragen haben[388], wovon ein Drittel oder mehr die Zentrale nicht erreichte, sondern unterwegs hängen blieb. Die Zentrale gab dann 70 bis 90 % für das Militär aus. In den Alltagsbereich der lokalen Ebene reichte die Staatsgewalt ohnehin außer in größeren Städten nicht hinab. Dort bestimmten örtliche Eliten aus eigener Macht, sei es als (ost-)europäische und russische Grundherren, indische Dorfgemeinden und chinesische Literatenfamilien, sich selbst verwaltende europäische Städte und islamische Stadtviertel, europäische und osmanische Gilden und Zünfte oder als Solidarität chinesischer Familienverbände. Der patrimonialbürokratische Staat des 18. Jahrhunderts erreichte in dieser Hinsicht also noch keineswegs die bürokratische Effizienz der europäischen Transformationsordnungen des späten 19. Jahrhunderts.[389]

Die Intensität, mit der die Herrscher die Lebensverhältnisse durch Normen zu regulieren versuchten, war ebenfalls noch gering, wies aber zwischen den Großregionen bemerkenswerte Unterschiede auf. Der chinesische Staat blieb hier recht passiv, da neokonfuzianisches Denken die Gesellschaft lieber über Moral und sittliches Vorbild als durch formale Gesetze steuern wollte. In den islamischen Staaten war ein beträchtlicher Teil der Lebensverhältnisse der Regelung durch den Herrscher entzogen, weil er durch das islamische Recht der Ulama geregelt war. Da von hierher Grenzen der Staatstätigkeit definiert waren, wurde Entsprechendes auch den anderen Religionsgemeinschaften und ihren autonomen Organisationen (»millet«) zugestanden, d. h. vor allem den Christen und Juden unter den Osmanen und den Hindus unter den Moguln. Während also bei den Muslimen Verordnungs- und Gesetzgebungstätigkeit weitgehend auf die unmittelbaren Interessen des Staatsapparats beschränkt war, versuchten die europäischen Staaten seit der Reformation im 16. Jahrhundert immer mehr, moralisches Verhalten der Untertanen durch vielerlei Verordnungen zu steuern, im Ganzen mit mäßigem Erfolg. Seit etwa 1650 begannen europäische Regierungen auch, im Interesse wachsender Staatseinnahmen Handel und Gewerbe zu fördern. Eine solche Politik blieb der osmanischen, mogulischen und chinesischen Regierung fremd, die sich allerdings darum bemühten, die Versorgung ihrer Hauptstadt sicherzustellen, insbesondere mit Grundnahrungsmitteln. Dazu gehörte z. B. auch der Unterhalt des chinesischen Kaiserkanals. Ebenso sah die chinesische Regierung Hilfe bei Katastrophen als ihre Aufgabe an. Wo die Siedlungsdichte geringer war, blieb die Intensität bürokratischer Durchdringung ohnehin schwächer. »Gott ist hoch, und der Zar ist weit«, sagten die Russen. Erst recht war sie in extrem dünn besiedelten Regionen wie Spanisch-Amerika und Sibirien weniger intensiv, dafür das personale Moment der Patronagenetzwerke umso stärker.

Eine ganze Reihe von Staaten schaffte trotz gewisser Bürokratisierungstendenzen nicht den Schritt zur patrimonialbürokratischen Monarchie. Dazu gehörten auch zwei größere in Europa, und für beide bedeutete dieses den Untergang. In Polen konnte der Adel im Laufe des 15. Jahrhunderts eine dominierende Stellung erringen, sah dann in seiner Lokalbeschränktheit keine Notwendigkeit zum Steuerzahlen und blockierte jede Staatsreform. Das gelang ihm erst recht, als seit 1652 jeder einzelne Adli-

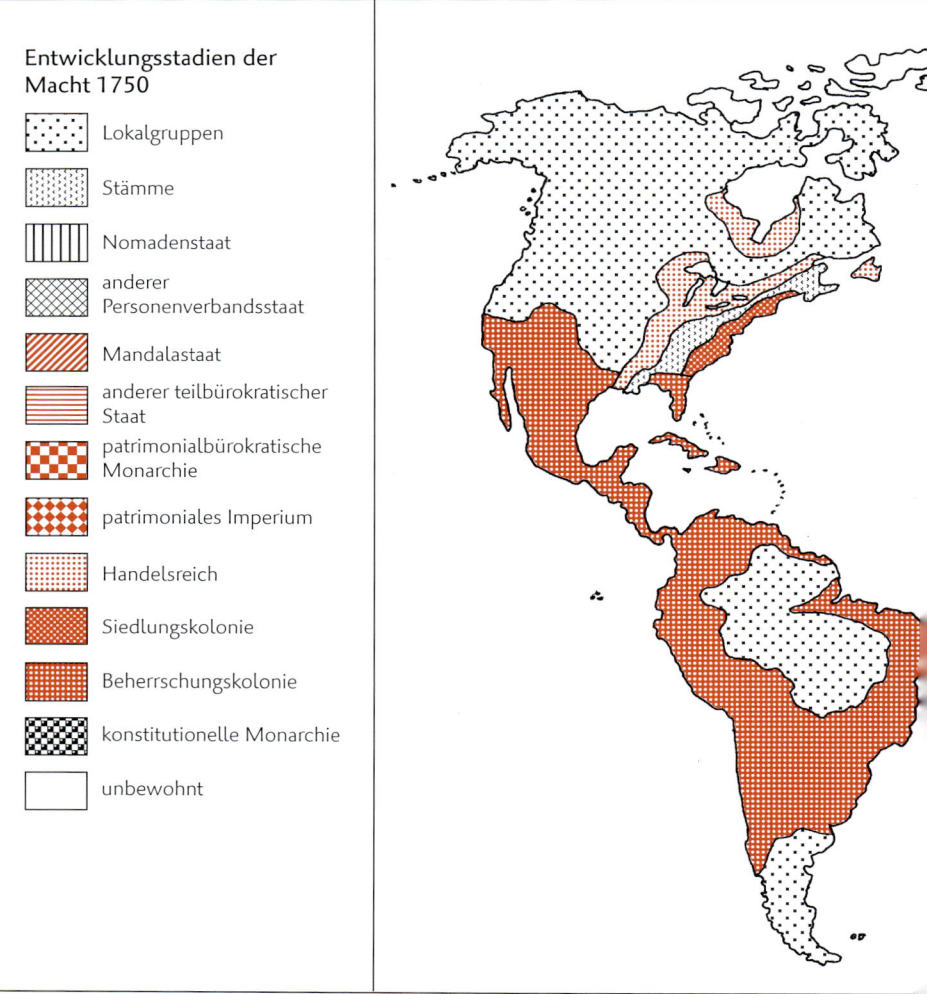

Entwicklungsstadien der Macht 1750

- Lokalgruppen
- Stämme
- Nomadenstaat
- anderer Personenverbandsstaat
- Mandalastaat
- anderer teilbürokratischer Staat
- patrimonialbürokratische Monarchie
- patrimoniales Imperium
- Handelsreich
- Siedlungskolonie
- Beherrschungskolonie
- konstitutionelle Monarchie
- unbewohnt

ge im Reichstag ein Vetorecht hatte. Folglich stand Polen im 18. Jahrhundert ohne nennenswertes Heer und Steuerwesen da, und so wurde es 1772 bis 1795 von seinen hochgerüsteten Nachbarn aufgeteilt. In Mitteleuropa, wo der römisch-deutsche Staat um 1400 seinen Staatscharakter verloren hatte, versuchten zwischen 1486 und 1527 vor dem Hintergrund intensiverer Kommunikation einzelne Landesherren und die Reichsstädte, ihn wiederherzustellen. Institutionalisieren konnten sie dabei immerhin öfter tagende Reichstage, ein Finanzierungssystem für ein Heer, das bei Bedarf aufgestellt wurde, ferner das Reichskammergericht als Obergericht. Doch dann trieb ab 1526 die Reformation einen Keil zwischen die Deutschen. Da in den entscheidenden Jahren Kaiser Karl V. zugleich

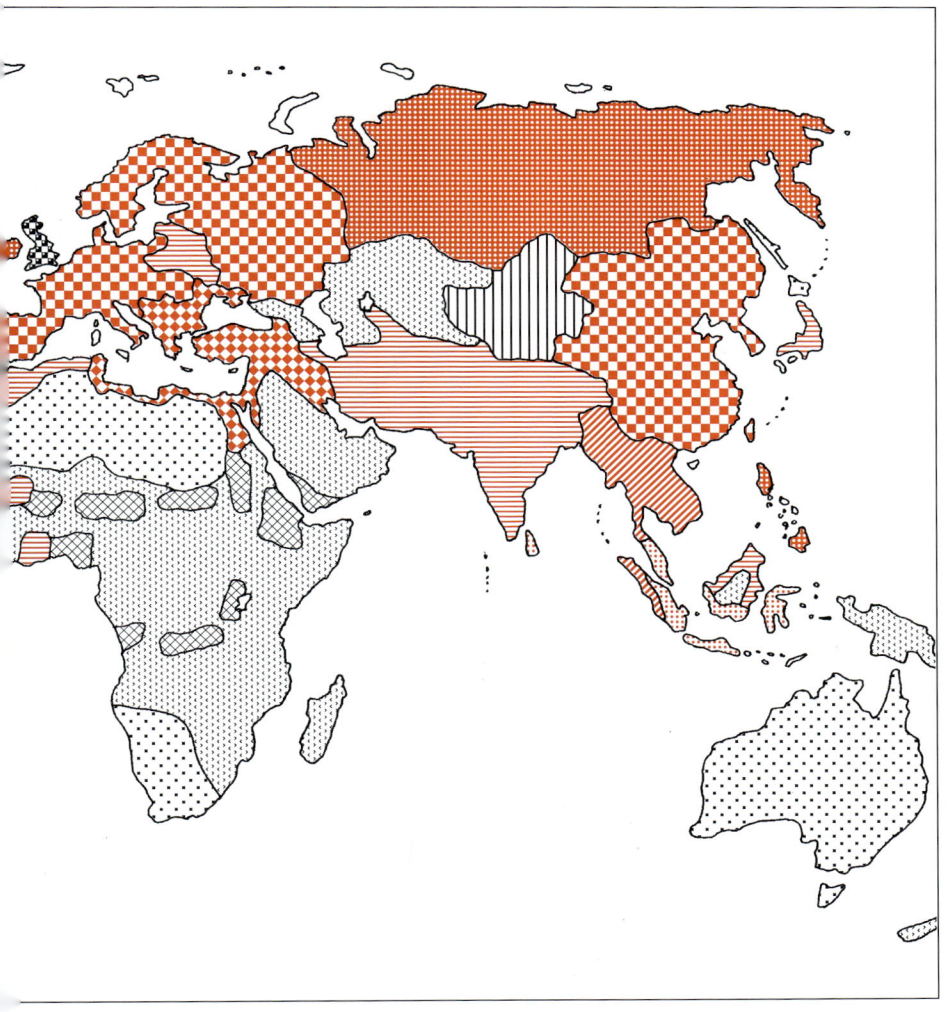

Herrscher des unerschütterlich katholischen Spanien war, blieb der
Weg zu einer reformierten deutschen Nationalkirche blockiert, ebenso
der Aufbau weiterer gesamtstaatlicher Institutionen. Im Hin und Her des
Dreißigjährigen Kriegs blitzte noch einmal die Chance für eine grundlegende Wende auf, als der Kaiser 1629 die militärische Kontrolle über
ganz Deutschland errang, doch er nutzte diese einmalige Macht nicht, um
den römisch-deutschen Gesamtstaat zu stärken. Ihm war die (aussichts-
lose) Rekatholisierung wichtiger! Damit war endgültig entschieden, dass
sich der Schritt zur patrimonialbürokratischen Monarchie am Ende des
17. Jahrhunderts auf der Ebene der großen deutschen Territorien vollzog.
Die Reste römisch-deutscher Staatlichkeit behielten nur für jene zahl-

reichen Territorien eine gewisse Bedeutung, die zu klein waren, um sich zu wirklichen Staaten zu entwickeln. Etliche der deutschen Mittel- und Kleinstaaten verharrten letztlich auf teilbürokratischem Niveau. Wie die europäischen Staaten, so entwickelte sich auch Japan aus einer Lehensordnung heraus. Zwischen 1467 und 1573 zerrissen ständige Kriege der Daimyos das Land, während Kaiser und Shogun machtlos waren. Als portugiesische Musketen eingeführt wurden, fand eine rasche Machtkonzentration statt. 1590 konnte Hideyoshi alle Macht vereinen und damit den Bürgerkrieg beendeten. Sein Nachfolger Ieyasu Tokugawa wurde Shogun, und seine Familie blieb es bis 1868. In der Tokugawa-Zeit verwalteten die Shogune nur ein Viertel Japans bürokratisch direkt, während das Übrige sich im Besitz von etwa 200 Daimyos befand, die dem Shogun lehenspflichtig waren. Damit er sie besser im Blick hatte, mussten sie zeitweise in der Hauptstadt leben. Die Samurai verwandelten sich zunehmend in eine gut ausgebildete, besoldete Beamtenschicht, deren ritterlicher Auftritt und Ehrbegriff zum leeren Formalismus gerieten. Da in Japan seit 1590 Frieden herrschte, gab es mehr eine Polizeitruppe als ein echtes stehendes Heer. Die Machtstrukturen verharrten insgesamt in diesem teilbürokratischen Zustand.[390]

Auch die großen Regionalstaaten Indiens vom 14. bis 16. Jahrhundert blieben trotz weitgehend stehender Heere in Heeresorganisation[391] und Verwaltungsstruktur noch hinter patrimonialbürokratischem Niveau zurück, die Sultanate mit muslimischer Elite ebenso wie das hindugeführte Vijayanagara in Südindien. Noch weniger reichten zwei größere islamische Staaten außerhalb Indiens an patrimonialbürokratisches Niveau heran. In Iran versuchte vor allem Abbas I. (1587–1629) die Macht der autonomen Stammesverbände gewaltsam zu brechen und den Staat nach osmanischem Vorbild zu bürokratisieren, aber in den folgenden Jahrzehnten zerfiel die Macht der Safawidendynastie wieder; zu groß war der Anteil der Nomadenstämme. Als Nadir Schah mit afghanischen Stammeskriegern 1722 die Safawiden beseitigte, lösten sich geordnete Staatsstrukturen in Iran völlig auf. Seine Plünderungszüge nach Nordindien 1737 bis 1739 waren der letzte große Nomadeneinbruch in städtische Agrargesellschaften. In Marokko blieb die Macht des Herrschers, der ein kleines stehendes Heer besaß, ebenfalls durch die autonomen Stämme begrenzt. In Algerien und Tunesien sah es nicht viel anders aus. Die Ökologie trug dazu bei, intensiverer Durchdringung im islamischen Raum Grenzen zu setzen: Stämme in unattraktiven und leicht zu verteidigenden Gebirgsgegenden wie Ostanatolien, Afghanistan und Atlasgebirge waren von den islamischen Staaten kaum bürokratisch zu kontrollieren, egal ob sesshafte Bauern oder kriegerische Nomaden, ebenso alle anderen Nomaden in den Steppengebieten. Mit Letzteren war vor allem Iran gesegnet, wo sie etwa ein Drittel der Bevölkerung ausmachten. Besonders die

Nomaden nährten den Geist personaler Beziehungen in den islamischen Gesellschaften.

Die Staaten Südostasiens und Afrikas wurden vor allem durch die weithin geringe Bevölkerungsdichte daran gehindert, zu Territorialstaaten zu werden, verstärkt durch die schwierigen Verkehrsverhältnisse südostasiatischer Gebirgsgegenden beziehungsweise Afrikas überhaupt.[392] Hier gelang es staatlicher Gewalt in keinem Fall, eine größere Fläche gleichmäßig intensiv zu durchdringen. Gewiss gab es auch hier Tendenzen zu intensiverer Machtausübung.[393] Die großen Festlandstaaten Südostasiens, also Birma, das mehrfach zwischen Gesamtstaat und Teilstaaten pendelte, Ayutthaya, das sich im 16. Jahrhundert gegen die anderen Thaistaaten durchsetzte und sich im 17./18. Jahrhundert mit Birma etliche Kriege lieferte, das stark schrumpfende Kambodscha (als Nachfolger Angkors) und Vietnam, das vom 16. bis 18. Jahrhundert von Norden her die ganze Küste bis zur Mekongmündung integrierte, dabei während des 18. Jahrhunderts aber weitgehend in zwei Teile zerfiel, sie alle waren zwar keine Personenverbandsstaaten mit Ritualbeziehungen mehr, wurden aber eben auch noch keine bürokratischen Staaten. Dabei waren die Herrscher durchaus imstande, beträchtliche Ressourcen zu mobilisieren: Als Heer konnten über 100000 Mann aufgeboten werden, die Arbeitsdienstpflicht für den König erreichte vor allem in Birma und Ayutthaya beträchtlichen Zeitumfang, und die Könige schöpften auch vom Außenhandel ab. Aber ein großer Teil der Regionalverwaltung war erblich (ausgenommen Vietnam, das sich hier am chinesischen Vorbild orientierte), und die Machtverhältnisse wurden von Patronagenetzwerken geprägt. Die Armeen bestanden aus Ad-hoc-Bauernaufgeboten. Um die intensiver beherrschte Kernzone der Beckenlandschaften mit Nassreisanbau lagerten sich Tributherrscher und Häuptlingstümer, die nur indirekt kontrolliert wurden, vor allem im Gebirge. Feste Staatsgrenzen konnten sich bei diesen Mandalastaaten nicht ausbilden.[394] Auf der indonesischen Inselwelt und in Malaysia bestand eine bunte Fülle von Fürsten- und Häuptlingstümern an der Küste, die in ständigem Auf- und Abstieg fluktuierten, auf Java auch größere Staaten. Eine Bürokratisierung war hier kaum möglich, da die Bevölkerung bei höheren Steuerforderungen in andere Gebiete auswich. Außerdem lebten im Inneren der anderen großen Inseln weiter staatenlose Stämme.

In Afrika waren die Staaten östlich und südlich des Kongobeckens Personenverbandsstaaten, während etliche westafrikanische Staaten an teilbürokratischen Charakter heranreichten, vor allem Kongo, Songhai, Segu und Asante. Da Menschen knapp waren, blieb die Verfügung über Menschen wichtiger als die Kontrolle von Land. Einerseits förderte dieses personale Beziehungen, andererseits führte es zu der gängigen Praxis, auf Raubzügen bei Nachbargesellschaften eingefangene Menschen als Sklaven im eigenen Kerngebiet anzusiedeln, um die eigene Gruppe zu vergrößern und über verwandtschaftsungebundene Kräfte zu verfügen. Diese Räubereien nahmen zu, als in die Sahelzone seit dem 15. Jahrhundert vermehrt Kavalleriepferde und Rüstungen für aristokratische Reiterkrieger importiert wurden, im Laufe der Zeit durch Musketen aus dem Norden ergänzt, und als an der westafrikanischen Küste im 17. Jahrhundert durch die Europäer Musketen verfügbar wurden. Dabei waren Sklaven wiederum fast das Einzige, was die Afrikaner den Europäern im Austausch anbieten konnten. Auf diese Weise verstärkte sich die räuberische Herrschaft in der Sahelzone bzw. entstand im küstennahen Bereich überhaupt erst, z.T. auch mit einem kleinen stehenden Heer. Aber da angesichts der Einnahmen aus den Exporten über den Atlantik oder durch die Sahara wenig Interesse an regulären Agrarsteuern bestand und da Schriftlichkeit nur gering war oder ganz fehlte, wurden Bürokratien kaum weiter ausgebaut. Im Übrigen gab es in Schwarzafrika weiter etliche kleine Klanstaaten und unzählige Stammesgesellschaften vielfältiger Struktur, im extrem dünn besiedelten äquatorialen Regenwald auch weiter Lokalgruppen.

Militärische Innovationen spielten also für die Intensivierung der Machtbeziehungen eine erhebliche Rolle, und dabei hob Europa sich heraus, je länger desto mehr. Die Feuerwaffen waren zwar in China erfunden worden, aber es waren die Europäer, die sie immer weiter entwickelten (allerdings ausschließlich als Schusswaffen, während sie das Raketenprinzip nur für Feuerwerk nutzten). In der zweiten Hälfte des 15. Jahrhunderts entstand eine brauchbare Belagerungsartillerie, sodass Burg- und Stadtmauern überholt waren. Um 1500 kam eine funktionstüchtige Feld- und Schiffsartillerie auf, deren Schussfolge in den nächsten drei Jahrhunderten ständig weiter erhöht wurde. Sie wurde ab 1600 billiger und damit zahlreicher, als man von Bronze- zu Eisenrohren überging. Ab 1550 gab es mit den Musketen langrohrige Handfeuerwaffen, die Ritterrüstungen durchschlugen und dann zu den schnelleren Gewehren weiterentwickelt wurden. Neben den waffentechnischen standen die taktischen Innovationen. Ende des 15. Jahrhunderts setzten die Schweizer die Fußsoldaten mit Langspießen als disziplinierten geschlossenen Block ein, der dem lockeren Ritterhaufen mit Einzelkämpfermentalität standhalten konnte. Ab 1590 führten dann die Niederländer in ihrem Kampf gegen die Spanier den Einsatz von Infanteristen mit Musketen in Dreierreihe ein, die jede Bewegung auf Kommando im Gleichtakt ausführten und Salvenfeuer schossen, was sie in Friedenszeiten im Verband einexerzierten, und die darauf aus waren, den Gegner zu vernichten. Analog dazu kam im Seekrieg um 1640 die Kiellinie mit Breitseitsalven auf.[395] Warum geschah dies alles gerade in Europa? Es lag nicht einfach daran, dass durch häufige Kriege Bedarf bestand; die gab es in vielen anderen Regionen auch. Wichtiger war, welche gesellschaftliche Gruppe die Macht hatte und selektierte, welche Innovationen erwünscht waren.[396] Türkische Reiterkrieger mit nomadischem Hintergrund im Nahen Osten und Indien und ebenso europäische Ritter wollten den ehrenvollen Heldenkampf Mann gegen Mann und keine handwerksmäßige Kanonentechnik, und das Fußvolk bäuerlicher Herkunft verachteten sie ohnehin. Die entscheidende Kanonenentwicklung bis Mitte des 16. Jahrhunderts fand in oberitalienischen, niederländischen und süddeutschen Städten statt, wo kaufmännisch kalkulierende Eliten das Sagen hatten, denen Effizienz wichtiger war als Heroismus und die auch für verbesserte Handwerkstechnologien offen waren.[397] Für die niederländische Heeresreform gilt Entsprechendes. Hier kam als weiterer Faktor hinzu, dass mit der neuen Lektüre antiker Kriegsschriftsteller auch deren disziplinierte Infanterietaktik, die in den antiken Stadtgemeindestaaten entstanden war, als Modell wiederentdeckt wurde.[398]

Nachdem diese militärischen Innovationen einmal in der Welt waren, gerieten die Nachbarn unter Druck, sie zu übernehmen. Innerhalb Westeuropas geschah dieser Transfer angesichts der Machtkonkurrenz jeweils relativ schnell. In Russland lösten Infanterie und Artillerie das Adelsaufgebot erst Mitte des 17. Jahrhunderts ab, und dass der polnische Adel noch länger an der Adelsreiterei festhielt, bekam ihm nicht gut. Auch die übrige Welt rezipierte bald europäische Militärinnovationen, aber mit unterschiedlichen Einschränkungen.[399] In China war die eigene Kanonentechnik nur langsam weiterentwickelt worden; flinke Nomadenreiter ohne Burgen boten hier keine geeignete Herausforderung. Als die Chinesen in den Jahrzehnten um 1600 die nun leistungsfähigeren europäischen Kanonen kennenlernten, bauten sie diese auch nach, doch wurde die chinesische Artillerie bis ins 19. Jahrhundert nur wenig vorangetrieben und blieb klein, da es kaum äußere Gegner gab. Noch viel weniger hatten die Inder ihre frühe Kenntnis von Feuerwaffen eigenständig weiterentwickelt. Die Moguln ergänzten zwar schon in den 1520er-Jahren ihre Heere durch Artillerie, aber die Mogulelite blieb doch immer stark vom Kavalleriedenken nomadischer Tradition mit seiner kühnen Einzelkämpfermentalität geprägt; so nahm sie Musketen kaum und gemeinsames Exerzieren gar nicht auf. Es gelang ihr auch nicht, Artillerie, Kavallerie, Elefanten und Infanterie taktisch sinnvoll zu integrieren. Noch weniger mochten die Safawiden sich mit Artillerie anfreunden. Die Japaner hingegen, in heftige Bürgerkriegsnöte verstrickt, nahmen 1543 die Modelle europäischer Musketen sofort begierig auf und bauten sie massenhaft nach, ebenso einige Kanonen; angeblich gab es 1556 in Japan 300 000 Musketen[400], mehr als in jedem anderen Land der Welt. Am Ende des Bürgerkriegs wurden die Feuerwaffen jedoch alle eingesammelt, und da Japan Außenkontakte weitgehend abbrach, entfielen auch von dorther alle Herausforderungen, Militärtechnik weiterzuentwickeln. So wurde der ritterliche Samuraigeist konserviert. Die Türken waren in den Jahrzehnten ihres Aufstiegs um

1500 offen und übernahmen sehr schnell modernste Kanonen und Musketen aus Mitteleuropa; bei der Eroberung Konstantinopels 1453 halfen deutsche und ungarische Kanoniere. Aber nachdem die Türken Mitte des 16. Jahrhunderts den Gipfel ihrer Macht erreicht hatten, hielten sie sich für überlegen. Sie verschliefen die weiteren militärischen Innovationen der Europäer und gerieten diesen gegenüber in Rückstand. Infolge der Finanzkrise verfiel im 17. Jahrhundert sogar der Ausbildungsstand ihrer Infanterie, die sich Nebenerwerbsgeschäften hingab. Reformversuche im 17. und 18. Jahrhundert wollten immer zur glorreichen osmanischen Vergangenheit zurückkehren, anstatt von den Europäern zu lernen. Die Herrscher größerer Staaten in Indien, Iran und Südostasien sahen im 16. Jahrhundert durchweg zu, dass sie von den Portugiesen oder Türken Kanonen, Geschützgießer und Kanoniere bekamen; große Armeen mit Feuerwaffen oder moderner Taktik entstanden hier aber nicht.

Während Türken, Inder, Chinesen, Japaner und viele Südostasiaten im 16. und 17. Jahrhundert noch in der Lage waren, europäische Feuerwaffen nachzubauen, konnten die Schwarzafrikaner es von Anfang an nicht; hier mussten alle Gewehre importiert werden, und für Kanonen fehlten auch Zugtiere. Das galt erst recht für noch weniger entwickelte und isoliertere Regionen. Bei den nordamerikanischen Indianern breiteten sich importierte Gewehre zwischen 1650 und 1800 von den Europäern an der Ostküste und der Hudsonbai her schrittweise bis zur Westküste aus; sie führten zu dauernden Raubüberfällen auf Nachbarstämme. Auf Neuseeland kamen Feuerwaffen erst 1818 an und lösten für 15 Jahre heftige Kriege aus. Die ostafrikanischen Staaten an den großen Seen erreichten Feuerwaffen überhaupt erst Mitte des 19. Jahrhunderts.

Krone oder Stände?

Die Forderungen der europäischen Monarchen, mehr Ressourcen für ihre Heere zu bekommen, und ihr Streben, zusammengesetzte Monarchien zu Gesamtstaaten zu machen, trafen auf den Widerstand des Adels. So kam es überall in Europa besonders im 17. Jahrhundert zum Ringen zwischen Monarchen und den in Ständen organisierten Eliten. Der Ausgang war durchaus unterschiedlich. Dabei stehen England und Frankreich für gegensätzliche Alternativen: 1649 wurde der englische König Karl I. öffentlich geköpft, nachdem er den Bürgerkrieg verloren hatte, 1652 konnte der französische König Ludwig XIV. wieder in Paris einziehen, nachdem er den Adelsaufstand der Fronde siegreich überwunden hatte. Die Frage, wie intensiv die Vernetzung der Macht von unten nach oben war, d. h. wie weit die Eliten bei politischen Entscheidungen an der Staatsspitze mitreden durften, darf nun nicht verwechselt werden mit der bereits eben näher betrachteten Frage, wie intensiv die Machtvernetzung von oben nach unten war, also wie weit die Zentralgewalt mit ihrer Macht in die Gesellschaft eindringen konnte.[401] Die schwammige Redeweise von der »Stärke« und »Schwäche« der Monarchen verwischt diesen wichtigen Unterschied.

In der ständischen Monarchie, für Europa um 1400 allgemein üblich, regierten Monarch und Stände gemeinsam, wobei dem Monarchen die aktive Rolle zukam. Dieses Miteinander äußerte sich darin, dass man gemeinsam beriet und dass der Monarch im Regelfall ohne Zustimmung der Stände keine Steuern erheben konnte, die er zur Söldnerfinanzierung brauchte. Teilweise ließen sich die Stände ihre Freiheiten auch in förmlichen Verträgen zusichern. England war hier kein Sonderfall. Sieht man von dem Vorreiter Kastilien ab, wo die Stände schon ab 1538 nicht mehr einberufen wurden, nachdem ein Aufstand der Städte niedergeschlagen worden war, verließen dann im 17. Jahrhundert Monarchen auf breiter Front die Konsenspolitik, griffen die Mitwirkungsrechte der Stände an und beriefen sie nicht mehr ein. Letzteres war z. B. in Frankreich seit 1615, in Böhmen seit 1620, Brandenburg und Bayern seit den 1650er-Jahren, Dänemark seit 1660 und Portugal seit 1697 der Fall. Warum taten die Monarchen diesen Schritt? Verschiedene Motive flossen hier zusammen. Nachdem an Stelle von situationsbezogenen einmal regelmäßige Steuern etabliert waren, brauchten die Monarchen nicht mehr jedesmal wieder die neue Zustimmung der Stände. Einer ganz auf das Interesse der Dynastien in ihrer Machtkonkurrenz (und nicht auf die Interessen des Landes) gerichteten Politik konnten Stände im Wege stehen. Ebenso behinderten die Stände, die ganz auf ihr jeweiliges Territorium fixiert waren, das Streben z. B. der brandenburgischen Hohenzollern, ihre verschiedenen Territorien enger zu verbinden. In Frankreich nährten überdies die Wirren der konfessionell gefärbten Bürgerkriege, die das Land zwischen 1562 und 1598 ruiniert hatten, die Idee einer starken einheitlichen Führung.

Hier von Absolutismus zu reden[402] meint, dass Monarchen Entscheidungen an der Staatsspitze nun ohne Beratung mit den Ständen trafen, ohne Gesetze von und ohne Verträge mit ihnen regierten. Diesen Machtanspruch repräsentierten die Monarchen auch symbolisch nach außen, indem sie sich mit ihren wachsenden Hofhaltungen in Szene setzten. Ludwig XIV. von Frankreich, dessen Hof seit 1682 ständig in Versailles residierte, setzte vielerorts bewunderte Maßstäbe, mit seinem imposanten Schlossbau ebenso wie mit seinem ausgeklügelten Zeremoniell und mit seiner Propaganda durch Medaillen und Bildprogramme. Bemerkenswerterweise wandten die Schlösser der absolutistischen Monarchen sich mit großen Schaufassaden an die Öffentlichkeit, während der osmanische und der chinesische Kaiserhof sich gegenüber der Öffentlichkeit abkapselten. Selbstverständlich blieben absolutistische Monarchen aber an christliche Normen gebunden (so wie im Übrigen theoretisch auch Osmanen und

Moguln an Koran und Sunna und chinesische Kaiser an neokonfuzianische Normen). Absolutismus als Machtstruktur, also das Regieren ohne Mitwirkung des Adels, darf nicht verwechselt werden mit der Selbstregierung als Regierungsstil, bei dem der Monarch alle wesentlichen Entscheidungen persönlich traf; auch wo ein Monarch das Regieren weitgehend einem leitenden Minister überließ, änderte das nichts am Absolutismus.[403] Das galt im Übrigen analog auch für die islamische Despotie, wo manche Sultane die eigentlichen Regierungsgeschäfte weitgehend ihrem Wesir überließen.

Den Adel von der Mitentscheidung an der Staatsspitze zu verdrängen bedeutete nun nicht, ihn aus dem Machtgefüge gänzlich auszuschalten. Der Adel hat den Absolutismus mehrheitlich nicht gewollt und ihm allerorts Widerstände entgegengesetzt; so griffen die Monarchen zu Rechtsbruch und Gewaltdrohung und spielten die Ständefraktionen gegeneinander aus, aber sie kamen dem Adel eben auch mit Kompromissen entgegen.[404] Nicht nur ließen sie die grundherrliche Stellung des Adels unangetastet. Auf regionaler Ebene blieben auch Reste ständischer Organe bestehen, z. B. behielten in den deutschen Ländern der österreichischen Habsburger die Stände die Steuerverwaltung, und selbst in Frankreich gab es die Parlament genannten Obergerichte der Regionen, die faktisch gewisse Kontrollrechte ausübten, und in einigen randlichen Provinzen sogar weiter Provinzialstände. Adlige brauchten auch keine direkten Steuern zu zahlen. Um den Adel in ihr Machtnetzwerk zu integrieren, boten die absolutistischen Monarchen ihm außerdem neue Chancen an; sie lockten mit ehrenvollen Titeln und Stellungen bei Hofe sowie mit Karrieren im höheren Beamtentum und besonders im Offizierskorps. Letzteres fand der europäische Adel wegen seiner Herkunft aus dem Rittertum besonders attraktiv. Absolutismus drängte den Adel nur so weit wie nötig zurück, war aber nicht darauf aus, die Gesellschaft zu nivellieren, im Gegenteil; vom Hof ausgehend, erfasste die Neigung, sich ständisch nach unten abzugrenzen, alle Bevölkerungsgruppen.

In etlichen Ländern konnten die Monarchen im 17. Jahrhundert den Absolutismus mehr oder minder durchsetzen, in anderen aber auch nicht. Letzteres galt nicht nur für die deutschen und italienischen Stadtrepubliken und die Schweizer Kantone, die in einer Welt wachsender Heeresstärken zu Nischenexistenzen gerieten. In Polen wurden die Stände im 15. Jahrhundert gegenüber dem König immer mächtiger, bekamen 1505 die Gesetzgebung in die Hand und setzten 1572 die Wahlmonarchie durch, sodass Zeitgenossen von einer Adelsrepublik sprachen. Auch in einigen deutschen Mittelstaaten konnten die Stände eine starke Stellung bewahren, ohne dass es zu heftigen Konfrontationen kam. Gelegentlich pendelte die Entwicklung, so in Schweden. Hier setzte der König 1680 mit Hilfe der nichtadligen Stände den Absolutismus gegen den Adel durch, der immer

mehr Krongut in seine Hand gebracht hatte, aber nach dem Ruin durch
die abenteuerliche Kriegspolitik Karls XII. wurde die Verfassung 1719 wieder im ständischen Sinn geändert; 1772/1789 führte der König mit Waffendrohung erneut den Absolutismus ein, worauf er 1792 einem Attentat
zum Opfer fiel. In etlichen Ländern erlitten die Machtbestrebungen der
Monarchen auch völligen Schiffbruch. In den Niederlanden eskalierte der
Konflikt zwischen den Ständen und dem spanischen Monarchen, der den
Konfessionsstreit in absolutistischer Manier lösen wollte, zum Aufstand,
wobei die Stände der sieben nördlichen Provinzen sich 1581 von ihm lossagten und ihre Unabhängigkeit durchsetzen konnten. Hier regierten seitdem (bis 1795) in komplizierten Entscheidungsabläufen die Generalstaaten, zusammengesetzt aus Vertretern der Provinzialstände, zusammen mit
den einzelnen Provinzialständen. Tatsächlich leitete dabei Holland, die
mit Abstand größte Provinz, das Gesamtsystem weitgehend. Das Ganze
war nicht ohne konfliktreiche Rivalität zum faktisch erblichen militärischen Oberbefehlshaber (»Statthalter«) aus der Dynastie Oranien, der
aber zweitrangig blieb. In England regierten Monarch und Parlament im
16. Jahrhundert im Konsens, doch dann versuchte der König seit 1603
zunehmend das Parlament beiseitezudrängen, und dieser Konflikt eskalierte zum Bürgerkrieg von 1642–48. Die Parlamentsseite gewann zwar,
aber die folgenden Experimente mit einer neuen republikanischen Ordnung mündeten schließlich in die weitgehend diktatorische Regierung
Cromwells, des Führers des Parlamentsheeres. Nach seinem Tod wurde
1660 die ständische Monarchie wiederhergestellt. Doch die englischen
Könige waren anscheinend nicht lernfähig und strebten erneut nach dem
Absolutismus. Das führte dazu, dass das Parlament den Stuart-König 1688
in einem unblutigen Dynastiewechsel durch Wilhelm von Oranien ersetzte, seinen Neffen und Statthalter der Niederlande. Man kehrte zur
konsensualen Regierung von Parlament und Monarchen zurück (weshalb
die Zeitgenossen von der glorreichen *R*evolution sprachen). Dabei wurden
jetzt in Herrschaftsverträgen, insbesondere der Bill of Rights, Rechte genauer festgeschrieben, die Bürgerrechte ebenso wie das Recht des Parlaments vor allem auf Steuerbewilligung und Gesetzgebung. Das Parlament
tagte seitdem auch wesentlich häufiger als früher und wurde damit zu einer echten Institution. Auch in Ungarn kam es 1703 bis 1711 zu einem
Aufstand des Adels, der den Monarchen absetzte, da dieser seit der Vertreibung der Türken 1687 bis 1699 absolutistisch zu regieren versuchte;
zwar konnten die Habsburger den Aufstand niederschlagen, mussten aber
die starke Stellung der ungarischen Stände weiterhin anerkennen (bis
1764). Ähnliches galt für die Aufstände der Stände in Neapel-Sizilien 1648
und Katalonien 1640 bis 1652 gegen die spanischen Habsburger.

Warum setzte sich hier die eine, dort die andere Seite durch? Hatten die
Monarchen erst einmal ein stehendes Heer in der Hand, waren sie im Vor-

teil; das erinnert an das frühe Mesopotamien, die griechischen Stadt-gemeindestaaten und das Ende der römischen Republik. Dass für England aufgrund seiner Insellage primär die Flotte wichtig war, mit der man schlecht gegen das Parlament marschieren konnte, erleichterte die Situation für das englische Parlament.[405] Dieses hatte überdies den Vorteil, dass es schon zuvor stärker institutionalisiert gewesen war als die französischen Generalstände. Nach wirtschaftlichen Gruppen von Adel und Bürgertum sortierten sich die Königs- und Ständeparteien jedenfalls nicht, Sieger und Besiegte ebenso wenig nach wirtschaftlichem Entwicklungsstand des Landes.[406] Und hatte nicht auch Ludwig XIV. die Fronde nur knapp überwunden, war nicht der Sieg des englischen Parlaments auf Cromwells Organisationstalent angewiesen gewesen?

Wie Absolutismus bedeutete, dass die Ruhm- und Machtinteressen des Monarchen in der Politik dominierten, so führte es zu einer Politik im Interesse der Stände, wenn die Konsensinstitutionen bewahrt blieben. Je nach wirtschaftlichem Entwicklungsstand war nun aber die soziale Struktur der Stände höchst unterschiedlich, und dementsprechend war es auch das Ergebnis ihrer Politik. In peripheren Agrargesellschaften, z. B. in Polen und Mecklenburg, wo seit dem 16. Jahrhundert getreideexportierender Adel dominierte und Stadtbürgertum keine Rolle spielte, nutzte dieser seine Macht, um sein selbst bewirtschaftetes Gutsland auf Kosten der Bauern auszudehnen und deren Arbeitsdienstpflichten und Leibeigenschaft zu verschärfen. Da sein Interessenhorizont lokal begrenzt blieb, gelang hier der Schritt von der ständischen Monarchie zum bürokratischen Staat nicht recht. In Ungarn und Neapel-Sizilien sah es kaum anders aus. Wo in den Ständen städtische Patrizier eine starke Stellung hatten oder sogar Bauern vertreten waren, z. B. in Württemberg und Ostfriesland, wurden die Lasten in der Gesellschaft dagegen gleichmäßiger verteilt.

Ganz anders in den Niederlanden und England, wo Verstädterung und Kommerzialisierung höher waren. In den Niederlanden war das Amsterdamer Kaufmannspatriziat der Provinz Holland im politischen Entscheidungsprozess dominant, das sich zwar in den Ständen selbst ergänzte, aber den Abstand gegen die übrige Gesellschaft nicht so sehr herauskehrte. In England dominierten im 17. Jahrhundert noch die erblichen Lords des Oberhauses das Parlament, bis dann vor allem die Vertreter Londons im Unterhaus auch den Interessen des niederen Landadels, der städtischen Kaufleute und freien Berufe Ausdruck verliehen. Zum Unterhaus durften 3 % der Bevölkerung wählen, wobei der Adel die offene Stimmabgabe vielfältig beeinflussen konnte. Der niedere Landadel, die Gentry, war in England seit dem 16. Jahrhundert für kommerzielle Interessen, Bildung und Stadtleben offener als der Adel auf dem Festland, da jeweils nur der älteste Sohn den Adelstitel erbte und die anderen bürgerlich lebten, seit dem 16. Jahrhundert vielfach als Kaufleute. Auch in England beherrschte der

Landadel die ländliche Gesellschaft, wozu ihm nicht zuletzt das ehrenamtlich ausgeübte Amt des lokalen Friedensrichters und das Kirchenpatronat dienten. Er nutzte es gehörig für sich aus, indem er vom 16. bis 18. Jahrhundert das Land der selbstständigen Bauern weitgehend an sich brachte. Aber hier entstanden keine Zwangsarbeits-, sondern Pachtverhältnisse mit Produktion für den Markt. Ebenso lösten sich in den Niederlanden mit der Kommerzialisierung der Landwirtschaft die ohnehin schwachen grundherrlichen Bindungen auf. Aus demselben kommerziellen Geist heraus verschwanden in England und den Niederlanden im 17. Jahrhundert auch die Zünfte, ebenso bis auf Reste die Ständeprivilegien. Damit entstanden Gesellschaften, in denen nicht mehr Machthierarchien mit ständisch abgestuften Privilegien dominierten, sondern freiwillige Vertragsbeziehungen zwischen formalrechtlich gleichgestellten Individuen prägend wurden, zwischen denen dann der Markt vermittelte. In den Niederlanden und in England versuchte die Oligarchie, die zentrale Bürokratie möglichst klein zu halten; so wurden in England Münze, Post, Landstraßen und Kanäle weitgehend verpachtet oder Privatfirmen überlassen, ähnlich in den Niederlanden. Aber auch in diesen beiden Staaten gab es stehende Streitkräfte, gerade hier eine effektive Finanzverwaltung. Da es auch *ihr* Staat war, zahlte in beiden Ländern auch die Oberschicht Steuern, und der Staat bekam von ihr auch reichlich Staatskredit gewährt.[407] Das alles zusammen bedeutete, dass die Niederlande ab dem frühen und England seit dem späten 17. Jahrhundert die ersten Staaten waren, die teil- und patrimonialbürokratische Verhältnisse überwanden, indem sie zu Transitionsordnungen wurden, die Niederlande als oligarchische Republik, England als konstitutionelle Monarchie oligarchischen Zuschnitts. Während absolutistische Monarchen den Staat als Privateigentum ihrer Dynastie behandelten[408] und dementsprechend auch eine rein dynastisch orientierte Außenpolitik betrieben, was sich in Erbfolgekriegen äußerte, sah dieses bei den beiden Seemächten anders aus; hier kamen durch Generalstaaten bzw. Parlament und durch den Einfluss der öffentlichen Meinung auch andere Interessen zum Tragen.

Der autochthone Schritt zur Transitionsordnung erfolgte also weder dort, wo Stadtrepubliken als solche verharrten und nicht zu bürokratischen Staaten wurden, noch da, wo Monarchen die Mitwirkung der Stände beseitigten, noch in Ländern, wo die Stände keine Verbindung zu kommerziellen Interessen fanden; er geschah ausschließlich in jenen zwei Staaten, in denen sich der Schritt zum bürokratischen Staat und seinen stehenden Streitkräften mit der Bewahrung überkommener Ständemacht und mit einem Erstarken kommerzieller Interessen verband.[409]

Der Unterschied der Machtnetzwerke spiegelte sich auch darin wider, wie Kolonialhandel und Kolonien organisiert waren. Die spanische Krone organisierte die Konvois zwischen Amerika und Spanien selbst und kontrollierte den Handel der Kaufleute durch den Westindienrat. In England und den Niederlanden gründeten dagegen 1600 bzw. 1602 Kaufleute je eine Ostindiengesellschaft als dauerhafte Kapitalgesellschaft unter Kontrolle der Anteilseigner, und der Staat verlieh unter dem Einfluss der Kaufleute diesen privaten Gesellschaften das Recht, in Übersee wie ein Staat Militär zu unterhalten und Krieg zu führen, um ihren Monopolanspruch durchzusetzen. Weitere Überseehandelsgesellschaften für andere Regionen folgten später. In die Kolonien transferierten die europäischen Kolonialmächte tendenziell ihre eigenen Herrschaftsstrukturen. So herrschte in Spanisch-Amerika eine schwerfällige Bürokratie im Verbund mit der Hierarchie der katholischen Kirche, durchsetzt mit starken informellen Einflüssen über Klientelverbände. Hingegen durften die englischen Siedlerkolonien in Nordamerika sich als Selbstverwaltungskörperschaften organisieren; der Gouverneur wurde vom englischen König eingesetzt, aber nach dem Vorbild des englischen Parlaments standen neben ihm zwei Kammern, nämlich ein Rat (später Senat) und eine Volksvertretung. Zu dieser durften 50 bis 80 % der Männer wählen[410], also wesentlich mehr als in England. Dementsprechend dominierten hier die Interessen der Mittelschicht aus Kaufleuten, Bauern und Handwerkern, umso stärker als es keinen Adel gab. Während in den spanischen Kolonien eine aristokratische Herrenmentalität den Ton angab, wurde das politische Klima in den englischen Kolonien, jedenfalls in den nördlichen, stark von Gruppen geprägt, die gerade wegen ihrer antiabsolutistisch-puritanisch-calvinistischen Haltung aus England ausgewandert waren. Sie legten Wert darauf, öffentliche Angelegenheiten möglichst durch lokale Selbstverwaltung zu regeln, gerade anfangs auch stark durch Kirchengemeinden.

    Das Ringen zwischen Monarchen und Ständen ließ in der zweiten Hälfte des 16. Jahrhunderts einen Diskurs über die Staatsordnung entstehen, in dem die Interessen der Konfliktparteien theoretisch legitimiert wurden, zunächst vor allem in Frankreich und den Niederlanden. Dieser war anfangs stark mit den konfessionellen Positionen des Reformationsjahrhunderts verquickt, die von der hierarchisch-autoritären Ordnungsvorstellung des (gegenreformatorischen) Katholizismus bis zur Orientierung der Calvinisten und (puritanischen) Presbyterianer an der autonomen, selbstverwalteten Gemeinde reichten. Jene weltlichen Staatstheorien, die oligarchische Interessen vertraten, knüpften an die politischen Theorien der Antike an. Dort ließen sich beispielsweise Vorstellungen von Naturrecht, Republik und Widerstandsrecht ausgraben, die jetzt innovativ weiterentwickelt wurden. Aber auch das Gottesgnadentum byzantinischen Ursprungs trieb mit dem Absolutismus neue Blüten. Unter dem Eindruck des von Bürgerkriegsparteien zerrissenen Frankreich postulierte Bodin 1576 die Konzentration aller Staatsgewalt in einer Hand und formulierte das Prinzip der Souveränität in der Hand des absoluten Monarchen. Dagegen rechtfertigte Althusius 1603 die Unabhängigkeitsbestrebungen der Niederlande, indem er die höchste Gewalt bei dem durch die Stände vertretenen Volk sah, von einem Herrschaftsvertrag zwischen Volk bzw. Ständen und Herrscher ausging und ein Widerstandsrecht gegen den vertragsbrüchigen Herrscher annahm. Die letztgenannten Gedanken griff Locke auf und führte sie weiter, als er 1690 die zwei Jahre zuvor in England entstandenen Machtverhältnisse theoretisch überhöhte. Das Zusammenspiel von Monarch und Parlament wurde bei Locke zur Lehre von den zwei Staatsgewalten, Exekutive und Legislative. Den Staat sah er überhaupt durch den (fiktiven) freiwilligen Zusammenschluss der Individuen gegründet, den Gesellschaftsvertrag. Hieraus leitete er ab, dass es die Hauptaufgabe des Staates sei, Leben, Freiheit und Eigentum der Individuen zu wahren, denen er ansonsten aber Handlungsfreiheit lassen solle. Hier entstand das Konzept einer Bürgergesellschaft, die im Interesse der männlichen Haushaltsvorstände von Landadel, Kaufleuten und Akademikern lag. Welches der staatstheoretischen Konzepte wo dominant wurde, selektierten dann die realen Machtverhältnisse.

Im späten 18. Jahrhundert zollten einige absolutistische Herrscher dem Zeitgeist des intellektuellen Diskurses Tribut, indem sie sich auf die Aufklärung beriefen, aber eher um ihre Machtausübung effektiver zu machen als sie einzuschränken. Bei Friedrich II. von Preußen endete das Liebäugeln mit der Aufklärung dort, wo es die Macht des Königs oder die Interessen des Adels berührte oder Geld kostete. Joseph II. von Österreich missbrauchte Aufklärungsideen für hektische Reformen, um die staatliche Effizienz ohne Rücksicht auf die Interessen der Bevölkerung zu steigern; sie fuhren dann weitgehend gegen die Wand. Karl III. von Spanien vermochte kaum etwas umzusetzen, und bei Katharina II. von Russland war aufgeklärter Absolutismus ohnehin mehr rhetorische Fassade.

Die Frage, wie das Machtverhältnis zwischen Monarchen und Eliten aussah, lässt sich auch an die außereuropäischen Staaten richten. Hier gab es keine Stände, ebenso wenig entstand hier ein Diskurs über alternative politische Ordnungsmodelle und deshalb erst recht kein autochthoner Übergang zu Transitionsordnungen. Im Großfürstentum Moskau hatte der Zar als Herrscher eines frühen Territorialstaates ohne autonome Adelsmacht schon im 14. und 15. Jahrhundert gegenüber der Gesellschaft eine stärkere Stellung als die Herrscher der ständischen Monarchien Europas. Überdies war er durch die Tradition byzantinischer Autokratie und den Einfluss der Mongolenzeit gestärkt. Nowgorod, als Stadtrepublik ein Gegenmodell, wurde 1478 von Moskau unterworfen, seine Oberschicht deportiert und seine republikanische Tradition geknickt. Zwar berief der russische Zar ab 1549 gelegentlich Landesversammlungen (»sobor«) aus Vertretern von Adligen, Kirche und auch Kaufleuten ein, um gemeinsam zu beraten, aber ein Steuerbewilligungsrecht erlangten sie nicht, und

1653 schliefen sie mit der sich festigenden Autokratie ein. Der russische Adel blieb als Dienstadel vom Zaren abhängig, die Kaufmannschaft war angesichts der geringen Handelsentwicklung klein und schwach. Überdies ließ die orthodoxe Kirche kein Widerstandrecht gegen den Zaren zu und kannte weder scholastisch geschultes Rechtsdenken noch differenzierte politische Theorie. Der Übergang zum bürokratischen Staat stärkte die Autokratie erst recht; Peter I. verpflichtete den Adel zu lebenslänglichem Staatsdienst, was bis 1762 galt. Sucht man in der russischen Geschichte des 15. bis 18. Jahrhunderts nach Freiheit, so findet man sie am ehesten dort, wo Bauern in die Steppenzone am ausfasernden Rand des Machtnetzwerks flohen; hier konnten sich freie Kosaken organisieren.

Auch in China wurden die autokratischen Züge im Vergleich zur Ssung-Dynastie stärker. Die Kaiser der seit 1368 regierenden Ming-Dynastie standen der Bürokratie, die in der gebildeten Aristokratie verwurzelt war, von Anfang an misstrauisch gegenüber. Um ein Gegengewicht zu haben stützten sie sich stark auf die verwandtschaftsunabhängigen Eunuchen in ihrem Palast. Beliebt machte die Dynastie sich damit bei der gebildeten Aristokratie nicht. Die nachfolgende Mandschu-Dynastie konnte die anfängliche Verbitterung der Aristokratie über die fremden Eroberer allmählich überwinden und zu einem Miteinander gelangen, und bei ihr ging auch der Einfluss der Eunuchen deutlich zurück. Stände und Geistlichkeit als Gegengewichte blieben der chinesischen Autokratie zwar fremd, aber die Erwartungshaltung von Zensorat, Öffentlichkeit und für die Nachwelt schreibender Historiografie, dass der Herrscher sich an die neokonfuzianischen Normen hielt, war nicht ohne Wirkung. Auch hatten die gebildeten Aristokratenfamilien über die Beamtenkarrieren einzelner Mitglieder in gewisser Weise Anteil an der Macht. Dieses markierte durchaus einen Unterschied zum Bereich islamischer Machteliten. Osmanen und Moguln herrschten mit dem Recht desjenigen, der seinen Besitz mit Waffengewalt erobert hat. Hier gab es weiterhin keinen islamischen Erbadel, der ein Gegengewicht gegen die Macht des Staatsapparats hätte darstellen können. Dessen Mitglieder bedienten sich dann reichlich auf Kosten sowohl des Monarchen wie auch der Untertanen. Gerade weil diese beiden Imperien die gesellschaftlichen Eliten nicht wirklich an die Zentralgewalt binden und auf eine gemeinsame Identität verpflichten konnten, fielen sie letztlich zurück.

Sucht man außerhalb Europas nach Formen konsensorientierter Machtverhältnisse, wird man am ehesten jenseits der bürokratischen Staaten fündig, und zwar vor allem in schwarzafrikanischen Klanstaaten und Stämmen. Hier fand die Macht von Königen und Häuptlingen meist Gegengewichte in Form von Ratsversammlungen, Geheim- und Kultgesellschaften, allerdings ohne dass diese demokratisch im Sinne des Gleichheitsprinzips gewesen wären.[411]

Der transatlantische Biotausch

Bereits Columbus nahm nicht nur handfeste Männer und Waffen, sondern darüber hinaus ein Sortiment europäischer Kulturpflanzen und Haustiere mit auf die Reise. Andere folgten ihm, und sie brachten auch umgekehrt amerikanische Pflanzen mit zurück. So wurden im 16. und 17. Jahrhundert von Spaniern und Portugiesen sowie außerdem Niederländern in ihren Seehandelsnetzen wichtige Kulturpflanzen und Haustiere weltweit transferiert wie nie zuvor und niemals später.[412] Wo was aufgenommen oder als ungeeignet selektiert wurde, hing ab von den durch das Klima gesetzten Grenzen und ebenso davon, ob der Bedarf schon durch eine gleichwertige Alternative gedeckt war, ferner vom Image des neuen Angebots.

Columbus und die ihm folgenden Siedler transferierten innerhalb von rund drei Jahrzehnten das volle südwesteuropäische Landwirtschaftspaket nach Amerika, insbesondere Weizen und Gerste, Orangen und Zitronen, Pfirsich, Aprikosen und Kirschen, Kohl und Salat, Wein und Oliven, Flachs, ferner Reis, Zuckerrohr und Bananen, ebenso Pferde, Rinder, Schafe, Schweine, Ziegen, Esel, Hunde, Katzen und Hühner. Dazu kamen im Laufe der Jahrzehnte die »blinden Passagiere« wie Mäuse und Ratten sowie Unkräuter, die in irgendwelchen Ritzen und Nischen den Atlantik überquerten. Im weitesten Sinn kann man auch die unbewusst mitgeschleppten Krankheitserreger diesem biologischen Transfer zurechnen. Ebenso transferierten die Europäer die gewohnten Werkzeuge, insbesondere Pflug und Wagen sowie Eisengeräte. Die gemeineuropäischen Pflanzen konnten sich zunächst vor allem im Hochland von Mexiko und im Andenraum etablieren, später auch in den klimatisch gemäßigten Teilen Nordamerikas und in Nordargentinien, hingegen nicht im Bereich des feuchttropischen Tieflandklimas. Die subtropischen Kulturpflanzen der Mittelmeerwelt waren auf Zonen vergleichbaren Klimas beschränkt und gewannen später vor allem in Florida und Kalifornien Bedeutung. Zuckerrohr, das die Europäer kannten, aber in Europa fast nicht anbauen konnten, ließ sich vor allem auf den karibischen Inseln kultivieren. Nachdem die Europäer hier im 17. Jahrhundert Zuckerplantagen aufgebaut hatten, konnte in Europa der Konsum von Zucker, bisher ein höchst seltenes Luxusgut, drastisch ansteigen. Pferde, Rinder und Schweine eroberten allmählich auch von sich aus neue Lebensräume, indem ausgerissene Exemplare in den gemäßigten und subtropischen Gegenden, insbesondere in den Graslandschaften der argentinischen Pampa und der nordamerikanischen Prärie, zu großen Herden verwilderter Tiere heranwuchsen, zumal es hier an Konkurrenten und natürlichen Feinden fehlte.

Die Indianer der dichter besiedelten Agrargebiete in Mittel- und Südamerika blieben ihren Grundnahrungsmitteln weitgehend treu, übernahmen aber begeistert, wofür sie als gewissermaßen Steinzeitvegetarier bislang kein Äquivalent besessen hatten, nämlich Schwein, Huhn und Katze sowie Eisenwerkzeuge. Die Indianer der nordamerikanischen Prärien fingen verwilderte Pferde ein, die Mustangs, und gingen zwischen 1630 und 1730 zur berittenen Bisonjagd über; etliche gaben die Landwirtschaft ganz auf. Auch die Pampaindianer übernahmen in diesen Jahrzehnten das Pferdereiten.

Einen nennenswerten Transfer europäischer Nutzpflanzen und Haustiere nach Afrika und Asien gab es indes nicht.

Was hatte Amerika den übrigen Kontinenten zu bieten? An Haustieren waren es nur die eher unbedeutenden Meerschweinchen und Truthähne, aber umso interessanter waren die Nutzpflanzen. Diese transferierten die Europäer im Wesentlichen schon im Laufe des 16. Jahrhunderts nach Europa, an die Küste Westafrikas, nach Indien, China und die Philippinen, wo sie z.T. aber erst später in bedeutendem Maße angebaut wurden. Darunter waren mehrere Grundnahrungsmittel. Kartoffeln aus dem Andenhochland, für kühles Klima und arme Böden geeignet, breiteten sich seit 1573 von Spanien bis Osteuropa aus. Doch die schmutzigen Knollen trafen auf erheblichen Widerstand, zumal sie zwar einen höheren Flächenertrag mit sich brachten, aber auch einen höheren Arbeitsaufwand. Erst seit etwa 1800 setzten sie sich im Europa nördlich der Alpen angesichts steigenden Bevölkerungsdrucks in großem Umfang durch, zunächst vor allem als Nahrung für arme Leute. Rings ums Mittelmeer wurde im 16. Jahrhundert Mais bereitwillig aufgenommen. In Westafrika und an der Kongomündung kamen im 16. Jahrhundert Mais, Süßkartoffeln und Maniok an und breiteten sich von dort aus. Da sie wesentlich höhere Flächenerträge lieferten als Sorghum und Rispenhirse, verdrängten sie diese, wobei Maniok weitgehend aber erst nach 1850 wichtig wurde. In Südchina, Indonesien und Korea kamen Mais und Süßkartoffeln um 1560 an und wurden vor allem im 18. Jahrhundert in starkem Maße an Hanglagen angebaut, die für Reis ungeeignet waren. Die Inder nahmen Mais, Süßkartoffeln und Maniok hingegen vor 1850 kaum auf. Außerdem fand der Anbau von Erdnüssen im 16. Jahrhundert den Weg von Brasilien nach Westafrika und Kongo, Indien und Südchina, wurde aber weitgehend erst im 19. Jahrhundert bedeutsam. Von den beiden mittelamerikanischen Genussmitteln Tabak und Kakao fand Ersteres eine wesentlich größere Resonanz. Der Anbau von Tabak wurde in der zweiten Hälfte des 16. Jahrhunderts in Südeuropa, Virginia (Nordamerika) und Westafrika aufgenommen und dann um 1600 ziemlich gleichzeitig auch in der Türkei, Persien, Indien, Südchina, Japan und der südostasiatischen Inselwelt. Obwohl fast überall die Obrigkeiten mit Verboten dagegen vorgingen, verbreitete sich das Schnupfen und Rauchen von Tabak im 17. Jahrhundert in ganz Europa, Russland und in den genannten Anbaugebieten. Der Konsum von Kakao fand zwar in West-

und Mitteleuropa in der Oberschicht begrenzten Anklang als Getränk, aber kaum darüber hinaus, und auch sein Anbau wurde im 17. und 18. Jahrhundert außerhalb Mittelamerikas erst wenig aufgenommen. Außerdem kamen aus Amerika auch Pflanzen wie Tomaten, Paprika und Ananas, die zwar schon im 16. Jahrhundert Europa und Indien erreichten, aber meist zunächst noch wenig gezogen wurden.

Rein afrikanische und asiatische Pflanzen (und Tiere) nahmen an dem weltweiten Austausch fast nicht teil. Sieht man von den Bananen ab, welche die Europäer gleich am Anfang in die Karibik und dann nach Mittelamerika transferierten, bildete der Kaffeestrauch die wichtigste Ausnahme. Er war in Äthiopien zu Hause. Dort bereiteten seit 1440 Mönche Kaffee als Getränk, im 16. Jahrhundert breitete der Kaffeegenuss sich im osmanischen Imperium aus und seit 1650 auch im Bürgertum Westeuropas, während er in Indien und China nicht angenommen wurde. Um Kaffee selbst produzieren zu können, verpflanzten die Niederländer ihn 1671 nach Java und 1718 nach Guyana, von wo der Kaffeeanbau in den 1780er-Jahren den Weg nach Zentralamerika und in den Nordwesten Südamerikas fand. Mit Tee gelangte seit Mitte des 17. Jahrhunderts der Konsum eines weiteren Getränks nach Westeuropa, wo es aber nur in England und den Niederlanden im 18. Jahrhundert stärkeren Anklang fand, dann auch in Russland, also in Ländern, wo er nicht die Konkurrenz zu Wein bestehen musste. Trotz der europäischen Versuche, selbst Teesträucher zu bekommen, blieb er aber fast immer Importware aus Südchina; europäisch kontrollierte Teeproduktion begann erst 1827 auf Java und 1877 auf Ceylon.

Mehr Menschen, genug Nahrung?

Da menschliche Populationen dazu neigen zu wachsen, war es erforderlich, die vorhandenen Ressourcen intensiver zu nutzen oder neue zu erschließen; umgekehrt setzten begrenzte Ressourcen und politische Turbulenzen dem Wachstum der Populationen Grenzen. Weil es sich unverändert um Agrargesellschaften handelte, war die entscheidende Ressource weiter in erster Linie der Boden zur Produktion von menschlicher Nahrung, Viehfutter und Holz. In China, das 1400 rund 60 Millionen Menschen zählte, stieg die Bevölkerung während der Ming-Dynastie nur wenig und erlebte durch die Kämpfe der Mandschu-Eroberungen einen Einbruch, doch in der politisch stabilen Mandschu-Zeit, in der auch Epidemien zurückgingen, wuchs sie dann umso mehr und erreichte 1770 mindestens 213 Millionen.[413] Etliche Millionen bäuerliche Siedler wanderten aus den Kerngebieten in die noch weniger dicht besiedelten Randgebiete und Bergländer aus, insbesondere nach Ss'tschwan, Jünnan, Taiwan und ins südchinesische Bergland, aber auch in die nordwestlichen Steppen. Weiterhin wurde bäuerliche Siedlung auf Kosten der »barbarischen« Wald- und Sumpflandschaften gefördert. Nur die Mandschurei schützten die Mandschuherrscher ca. 1640 bis 1850 vor chinesischen Siedlern, um Jagdgebiete und das Stammesgebiet der Mandschu zu bewahren. Ende des 18. Jahrhunderts wurde praktisch alles reisanbaufähige Land auch entsprechend genutzt, und der Reisanbau kletterte zunehmend mit Terrassen selbst an Hanglagen empor. Überhaupt wurde das Hügelland verstärkt in Angriff genommen, einmal für die neuen Grundnahrungsmittel Mais und Süßkartoffeln sowie Erdnüsse, andererseits um Holz zu gewinnen. Die südchinesischen Bergwälder verschwanden im 18. Jahrhundert fast ganz, und da die Hänge bei Trockenfeldbau und Holzeinschlag zeitweise unbedeckt waren, setzte eine starke Bodenabspülung und Erosion ein, sodass teilweise nach einiger Zeit nur noch der nackte Fels übrig war und die Nutzung aufgegeben werden musste.[414] Aber es wurden nicht nur neue Flächen erschlossen, sondern die Agrartechnologien der Ssung-Zeit verbreiteten sich weiter, insbesondere die schneller reifenden Reissorten. So konnte die Nahrungsmittelproduktion aufs Ganze gesehen zwar mit der wachsenden Bevölkerung Schritt halten, aber der Boden wurde durch Bewässerungswirtschaft, Düngung mit Exkrementen und arbeitsaufwendige Terrassierung immer intensiver bearbeitet und die Naturlandschaft dabei immer mehr umgeformt, viel stärker als in Europa üblich. Auch die Bodenproduktivität war entsprechend höher. Für Weidevieh war keinerlei Platz übrig. Holz wurde jetzt in vielen Gegenden knapp.[415] Der zunehmende Brennholzmangel konnte durch Kohle nur begrenzt ausgeglichen werden, da die Entwässerungstechnik nicht für tiefere Schächte reichte und Kohlevorkommen entfernt von den Zentren des Bedarfs lagen.

Auch in Europa wuchs die Bevölkerung seit der großen Pestkatastrophe wieder an, jedoch nicht so stark wie in China; zwischen 1400 und 1750 etwa von 51 auf 114 Millionen (ohne Russland).[416] Während die Verwüstungen der Kriegsphasen 1618–48 in Deutschland und 1655–67 in Polen und die gleichzeitige Wirtschaftskrise in Spanien die Bevölkerungszahlen einbrechen ließen, stiegen die Populationen im übrigen Europa kontinuierlich an. Um die Tragfähigkeitsgrenze nicht zu strapazieren, breitete sich in Europa seit dem 16. Jahrhundert der Brauch aus, dass nur derjenige heiraten und Kinder zeugen durfte, der einen eigenen Bauern- oder Handwerkerhaushalt besaß.[417] Das führte zu einer wachsenden Zahl von ledigen Handwerksgesellen, Knechten und Mägden. Die spätmittelalterlichen Agrartechniken wurden zwar immer mehr bekannt, aber es kamen kaum neue hinzu, sodass die landwirtschaftliche Produktivität letztlich nur wenig stieg. Dementsprechend sank in weiten Gegenden Europas im Laufe des 18. Jahrhunderts in den Unterschichten ebenso wie in China der Anteil von Fleisch an der Nahrung. Ausnahmen waren die Agrargebiete der verdichteten Städtelandschaften in Norditalien im 15. bis 17., der niederländischen Rheinmündung im 16. und 17. und Südenglands im 18. Jahrhundert. Hier konnte intensivere Bewirtschaftung die Bodenproduktivität steigern. In Italien geschah dies durch Bewässerung, Reis- und Obstanbau, in den Niederlanden durch den Übergang von der Dreifelderwirtschaft mit Brachejahr zur innovativen Fruchtwechselwirtschaft mit Klee und Rüben als Futterpflanzen, durch intensive Düngung mit Tierdung und durch Gemüseanbau. Für die zunehmend marktorientierten Betriebe in der Nähe großer städtischer Absatzmärkte lohnte es in wachsendem Maße, sich zu spezialisieren, auch auf tierische Produkte (z. B. niederländischen Käse). Die Engländer lernten dann von diesen Innovationen durch den Blick über den Kanal.

Aber es ging nicht nur um ausreichende Nahrungsenergie, sondern auch um Holzressourcen für Bauten und um Wärme zu erzeugen. In Mitteleuropa und Frankreich wurden Wälder seit dem 16. Jahrhundert durch herrschaftliche Forstordnungen vor dem weiteren Vordringen der Landwirtschaft geschützt, wobei adliges Jagdinteresse und das Interesse an hinreichender Holzversorgung Hand in Hand gingen. Klagen über Holzmangel tauchten seitdem immer wieder auf.[418] England und die Niederlande wurden hingegen weitgehend entwaldet und importierten seit dem 16. Jahrhundert in steigenden Mengen Holz aus dem Ostseeraum. Auch das ebenfalls entwaldete Spanien war zunehmend auf Holzimporte angewiesen. Überhaupt wurde Holz im ganzen Mittelmeerraum im 16. Jahrhundert knapp.[419] Teilweise versuchte man Brennholz zu substituieren. Die Niederländer wandten sich dem Torf zu, der aber wenig energiehaltig war, und an einigen Stellen wurde Steinkohle genutzt, was aber wegen der hohen Transportkosten über Land lokal begrenzt blieb. Bei Kohle gab es nur zwei Ausnahmen: Die Steinkohle von Lüttich fand mehr Interesse, und in England stieg die Fördermenge der Steinkohle von Newcastle, die küstennah und damit transportgünstig lag, zwischen 1530 und 1750 von 0,2 auf 5 Mill. t.[420]

Auf dem indischen Subkontinent wuchs die Bevölkerung wohl weniger stark als in Europa; sie stieg von 1600 bis 1800 vielleicht von 140 auf 200 Millionen an.[421] Dabei scheint sich die Rodung der Wälder fortgesetzt zu haben. Die Bevölkerung Japans legte zwischen 1400 und 1700 von 12 auf 29 Millionen kräftig zu. Möglich wurde dieses, indem man Neuland erschloss und neue Agrartechnologien verbreitete. Danach stagnierte die Bevölkerung[422], nicht zuletzt durch Abtreibungen und Kindestötungen, da die Tragfähigkeitsgrenze erreicht war. Anders als in China wurden die Bergwälder hier nicht radikal gerodet, sondern bewirtschaftet und geschützt. Im islamischen Raum blieb von Marokko bis Irak die Bevölkerung langfristig mit ca. 13 Millionen konstant, während Türkei und Iran von 1400 bis 1750 Zuwächse von zusammen 9 auf 14 Millionen verzeichneten.[423] Langfristig gesehen boten im Nahen Osten weder potenzielles Neuland noch Innovationen der Agrartechnologie Chancen für Wachstum; kurzfristig wechselten Phasen stabiler politischer Verhältnisse, in denen auch Bewässerungsanlagen weiter ausgebaut wurden, mit Niedergangsphasen, in denen Steuerdruck übermäßig lastete, Bewässerungsanlagen vernachlässigt wurden, Nomadenübergriffe Unsicherheit schufen und immer wieder Pestepidemien aufflackerten. Erinnert man sich an den Vorsprung und das demografische Übergewicht, das der Nahe Osten in den Jahrtausenden von 6000 bis 500 v. Chr. einmal gegenüber anderen Weltregionen gehabt hatte, wirkt sein Bedeutungsverlust geradezu dramatisch.

In den übrigen Agrargesellschaften sah es anders aus, denn dort gab es eher noch reichlich Boden. Der russische Raum (bis zum Ural) wies weiterhin ausgeprägte Züge einer Siedlergesellschaft auf. Im 15. bis 17. Jahrhundert wurden in starkem Maße Wälder gerodet, und nach dem Sieg über die Nomadenkhanate 1556 begannen bäuerliche Siedler in die südlichen Steppen zu wandern, teilweise auch nach Nordosten in die Taiga und nach der Eroberung Sibiriens in dessen Südwesten. Verursacht wurden diese Wanderungen nicht zuletzt durch den steigenden Druck von Staat und aufkommender Grundherrschaft im Kernraum. Obwohl die Bevölkerung zwischen 1400 und 1750 von 9 auf 26 Millionen erheblich zunahm[424], gab es so reichlich Neuland, dass kein Zwang bestand, die Landwirtschaft zu intensivieren. So blieb bis ins 18. Jahrhundert der jährliche Wechsel von Anbau und Brache (Zweifelderwirtschaft) verbreitet, nur im Kerngebiet wurde die Dreifelderwirtschaft seit Ende des 15. Jahrhunderts aufgenommen und zum Regelfall.

Auch in Südostasien nahm die Bevölkerung in diesen Jahrhunderten zu (vielleicht von 14 auf 25 Millionen[425]), doch blieb sie damit angesichts der Weite des Raumes knapp; in Kriegen waren die Herrscher meist weniger darauf aus, Land zu erobern, als dem Gegner Arbeitskräfte zu rauben, indem man sie deportierte. Die Bevölkerung konzentrierte sich fast ganz auf die Reisanbaugebiete und Seehandelsstädte, die wie Inseln im Meer aus Urwald und Brandrodungswanderfeldbau lagen. Warum vermehrten die Menschen Südostasiens sich nicht stärker? Wahrscheinlich lag es vor allem daran, dass ihre Lebensverhältnisse durch Kriegszüge, Wanderungen und hohe Arbeitsdienstverpflichtungen zu instabil waren.[426]

In Westafrika und dem westlichen Zentralafrika boten einerseits Mais und Süßkartoffeln die Chance, eine wachsende Bevölkerung zu ernähren, andererseits entzog der Export von Sklaven laufend Menschen, sodass die Bevölkerung hier von 1500 bis 1800 wohl aufs Ganze gesehen weitgehend stagnierte. Da es auch noch genug Neuland für Siedler gab und man lieber billige Sklaven einsetzte, als Verfahrensinnovationen zu erdenken, intensivierte die landwirtschaftliche Produktion sich nicht.

In Amerika dauerte die Phase des Zusammenbruchs der indianischen Populationen bis etwa 1610. Danach vermehrte die Bevölkerung sich wieder, vor allem dadurch, dass über das Meer Weiße und Schwarze hinzukamen. Trotzdem blieb die Bevölkerungsdichte gering; in ganz Spanisch-Amerika stieg die Zahl zwischen 1650 und 1776 von vielleicht 10 auf 14 Millionen (zum Vergleich: in Spanien selbst, an Fläche nur ein Zweiundzwanzigstel so groß, lebten 1750 auch 9,5 Millionen).[427]

Jenseits der Agrargesellschaften lagen unverändert jene riesigen Räume, in denen sich wenige Nomaden sowie Jäger und Sammlerinnen verloren, vor allem in Sibirien, Zentralasien, Nordamerika und Australien.

Wer interessiert sich für Mechanik?

Nicht nur die Relation der Populationen zu den natürlichen Ressourcen, auch die verfügbaren Werkzeuge und mechanischen Antriebsmittel bestimmten die Intensität der Stoff- und Energieflüsse. Bei den folgenden Innovationen geht es nicht um Produktinnovationen wie neue Tucharten in Indien und Europa oder die Nacherfindung des chinesischen Hartporzellans in Europa (1709), sondern um den Mechanisierungsgrad, und hier drifteten die Entwicklungspfade der vier vollurbanen Großregionen nun auseinander. Während am Ende des 18. Jahrhunderts in Europa die Dampfmaschine verfügbar war, gab es in Indien noch nicht einmal Schubkarren.

Indische Handwerker konnten teilweise aufgrund ihres handwerklichen Geschicks und ihrer außerordentlichen Spezialisierung qualitativ sehr hochwertige Luxuswaren herstellen, die international keinen Vergleich zu scheuen brauchten, aber die Produktion war weniger mechanisiert als in Europa und China. Die Werkzeuge waren einfacher, Wasser- und Windmühlen kaum verbreitet. Der Bergbau kannte keine mechanischen Pumpen, sodass man die Bergwerksschächte nicht unter das Grundwasserniveau treiben konnte, und das Eisengewerbe war dadurch begrenzt, dass es keine mechanischen Blasebälge gab.[428] Überhaupt fanden sich in Indien im 18. Jahrhundert weniger Metallarbeiten als in Westeuropa. Wie in Indien gab es auch im osmanischen Imperium keine nennenswerte Entwicklung von Mechanik, sodass das Niveau der Werkzeuge um 1750 niedriger war als in Europa, und Wind- und Wasserkraft wurden weiterhin nicht genutzt.[429] In China war hingegen die Mechanisierung schon in der Ssung-Zeit deutlich höher gewesen, doch über die Mongolenzeit hinweg setzten sich im Gewerbe sowohl die technischen Innovationen als auch die Ausbreitung von Wasserrädern kaum fort.[430] West- und Mitteleuropa hatten in den vorangegangenen Jahrhunderten aufgeholt und um 1400 mit dem technischen Niveau Chinas gleichgezogen, und hier nahm die Mechanisierung der gewerblichen Produktion dann im 15. bis 18. Jahrhundert durchaus weiter zu. Dabei ging es nicht um Basisinnovationen, aber es gab zahlreiche kleine Verbesserungen. Der Antrieb durch Wasserräder breitete sich immer mehr aus, nicht nur für Getreidemühlen, sondern auch für Hammerwerke und Blasebälge, Säge- und Papiermühlen, Entwässerung in Bergwerken, diverse Manufakturen usw. Im Laufe des 17. und 18. Jahrhunderts verdoppelte sich die Zahl der Wasserräder in Europa beinahe.[431] Für das späte 18. Jahrhundert werden für Europa 500 000 bis 600 000 Wasserräder mit 1,5 bis 3 Mill. PS, dazu Windmühlen mit 0,5 bis 1 Mill. PS und Handelssegelschiffe mit 0,23 Mill. PS kalkuliert.[432] Innovativer als bei diesen groben Holzmaschinen war in Europa der Bereich präziser, insbesondere feinmechanischer Metallbearbeitung, von Handfeuerwaffen bis hin zu immer genaueren Uhren und nautischen Geräten. Dazu fand sich ebenfalls in den anderen Weltregionen nichts Vergleichbares. Auch im Werkzeugbereich gab es Innovationen, z. B. in Süddeutschland um 1500 den Schraubstock. Überdies verfügte Europa, vor allem nördlich der Alpen, über zahlreiche Pferde als Zugtiere für zivile Zwecke, während Pferde in den anderen vier vollurbanen Gesellschaften dem Militär vorbehalten waren. Als Arbeitstiere verwendete man im islamischen und indischen Raum vor allem Ochsen, und in China gab es fast keine tierische Arbeitskraft, vom Büffel für den Pflug abgesehen, da der Bevölkerungsdruck kaum noch Boden für Weidenutzung übrig ließ. Dementsprechend sah man in China selten Wagen, dafür umso mehr Sänften und Menschen mit Tragstangen.

Wie sind diese Unterschiede der Entwicklungspfade zu erklären? An den Zünften lag es nicht; diese waren in Europa genauso wie im osmanischen Imperium und in China gegen jene technischen Innovationen, die durch Mechanisierung Arbeitskräfte brotlos zu machen drohten. So traf der Bandwebstuhl für mehrere Bänder, 1586 in Danzig erfunden, in Deutschland wie in England auf heftige, auch gewaltsame Gegenwehr der Zünfte und wurde weitgehend verboten. Der gesellschaftliche Ort technischer Innovationen lag in Europa im 16. und vor allem 17. und 18. Jahrhundert weniger bei Zunfthandwerk und ländlichen Heimarbeitern, die für Textilverleger arbeiteten, sondern eher bei Bergwerken, Manufakturen und im Umfeld der Herrscherhöfe mit ihrem Luxus- und Militärbedarf. Doch diese gesellschaftlichen Orte gab es bei Osmanen, Indern und Chinesen ebenso, ohne dass dort eine vergleichbare Mechanisierung stattfand.

Auch eine Überzahl von Menschen, durch die viele arbeitsfähige Hände billig zur Verfügung standen, wie vor allem in China[433], kann nicht als Hemmnis für technische Innovationen angesehen werden: Im England des 18. Jahrhunderts dienten diese nämlich überwiegend dem Ziel, Kapital zu sparen oder die Produktqualität zu steigern, aber nur zu 4 % der Ersparnis von Arbeitskräften, wobei auch Letzteres mehr auf Unzuverlässigkeit der Arbeiter als auf deren Löhne abzielte.[434] Selbst eine Steigerung der Arbeitsproduktivität muss nicht bedeuten, bestehende Arbeitskräfte zu ersetzen, sondern kann darauf abzielen, bisher Unmögliches durch stärkere Kräfte möglich zu machen. Das galt gerade für die wichtige Mechanisierung der Bergwerke, wo es um das Problem ging, Wasser aus größeren Tiefen hochpumpen zu müssen – erst im 16. Jahrhundert im deutschen Erzbergbau durch die Entwicklung riesiger Wasserräder und dann im 18. Jahrhundert im englischen Kohlebergbau als Anstoß, Dampfmaschinen zu entwickeln.

Der Verweis darauf, dass die asiatischen Intellektuellen und Philosophen technisch-handwerklichen Fragen fernstanden[435], führt ebenfalls nicht wirklich weiter, da dieses mehr oder minder für alle Gesellschaften dieser Zeit galt und da technischer Fortschritt bis weit ins 19. Jahrhundert nicht einfach angewandte Wissenschaftstheorie, technische Innovation nicht direkte Folge neuer wissenschaftlicher Erkenntnisse war.

Wichtig waren dagegen das Innovationspotenzial und die Richtung, für die es genutzt wurde. Das Innovationspotenzial in Indien und im islamischen Raum war viel geringer als in Europa und China, da technisches Wissen fast nur mündlich weitergegeben wurde. Eine technische Literatur existierte fast nicht, schon gar nicht gedruckt. Überhaupt beschäftigte sich in Indien fast niemand mit mechanischen Fragen.[436] Hinzu kam, dass eine Fragmentierung der Gesellschaft, im osmanischen Imperium in Stadtviertel sowie in sprachliche und religiöse Gruppen, noch mehr in Indien durch das Kastendenken, die Kommunikation behinderte, was dazu führte, dass hochspezialisierte erbliche Handwerkergruppen sich gegeneinander abschotteten und Wissen möglichst geheim hielten. Die Kenntnis europäischer Uhren, Drucktechnik, nautischer Geräte, mechanischer Blasebälge und Pumpen gelangte im Laufe der frühen Neuzeit zwar durchaus nach Indien, doch die Inder nahmen nichts davon auf.[437]

In China und seit dem ausgehenden 15. Jahrhundert auch in Europa wurde dagegen technisches Wissen durch Buchdruck in der Volkssprache verbreitet. Damit verbunden war eine Schicht von Menschen, die an Bildung und geistigem Horizont deutlich über Handwerker hinausragten, indem sie auch gedrucktes Fachwissen aufnahmen, aber ohne systematisch und theoretisch denkende Gelehrte zu sein. Je nach Schwerpunkt ihrer Tätigkeit erscheinen diese Männer mehr als Architekten, Mechaniker oder Künstler. In diesem Milieu, das man als ingenieurmäßig bezeichnen kann, war es möglich, viel mehr Informationen als in einem rein mündlichen Umfeld zu vereinen, wobei diese Informationen dann leichter und öfter zu Innovationen verknüpft wurden.

In Europa setzte um etwa 1550 eine gedruckte technische Literatur ein, die sich vor allem mit Bergbau, Architektur, Festungsbau, Navigation und Artillerie beschäftigte, zunächst in Italien, Deutschland und England.

Dabei verschob sich in Europa der Raum, welcher technisch am innovativsten war. Im 15. und 16. Jahrhundert war es Oberitalien, im 16. Jahrhundert kamen die Städte Süddeutschlands hinzu, im 17. Jahrhundert lag der Schwerpunkt in den Niederlanden, und im 18. rückte England in den Vordergrund. Intensivere Kommunikation durch höhere Alphabetisierung und ein geistig offeneres Klima, auch gegenüber Andersdenkenden, hoben diese Regionen vom übrigen Europa ab. England gewann dadurch eine besondere Rolle, dass sich hier im Laufe des 18. Jahrhunderts stärker als irgendwo sonst jener Bereich zwischen geistig beschränktem Handwerk einerseits und theoretischer Wissenschaft andererseits entwickelte, in dem ein breiterer Horizont und gewisse Grundeinsichten in Mechanik, Hydrostatik und Dynamik sowie der Sinn für genaues Messen und Experimentieren eine Verbindung eingingen mit praktischen Erfordernissen und Handwerkskenntnissen. Dazu trugen auch wissenschaftliche Gesellschaften und öffentliche Vorlesungen bei.[438] In anderen Regionen Europas standen handwerkliches Know-how und Innovationen deutlich dahinter zurück, z. B. in Spanien und erst recht in den spanischen Kolonien Amerikas.

Worin unterschied sich nun die Situation in China von jener der technisch innovativen Regionen Europas? Während die Ssung-Dynastie aktiv bemüht gewesen war, technische Innovationen zu fördern, blieb die Mandschu-Dynastie hier passiv.[439] In England versuchte die 1660 gegründete Royal Society innovative Problemlösungen durch Wettbewerbe zu fördern. Im Ganzen entwickelte sich der ingenieurmäßige Bereich in China weniger als in Nordwesteuropa. Noch wichtiger war aber die Richtung der Bemühungen. Das ingenieurmäßige Milieu Chinas beschäftigte sich zwar viel mit Wasserbau und Agrartechnik, aber deutlich weniger mit mechanischen Fragen, bei denen es sich dann auch nicht nennenswert weiterentwickelte.[440] In Europa lenkte dagegen vor allem das Interesse der Herrscher an Feuerwaffen, das Interesse der englischen Marine an nautischen Fragen und das Problem der Entwässerung der englischen Kohlengruben Aktivitäten in die Richtung, sich mit mechanischen Problemen zu beschäftigen (z. B.: Wie bohrt man Kanonenrohre genauer aus? Wie baut man exakt gehende Uhren, um auf hoher See die geografische Länge bestimmen zu können? Wie baut man leistungsfähigere Pumpen?). Diese Impulse fanden in China nichts Vergleichbares.[441] Der Blick auf diese Impulse zeigt aber auch, dass der Unterschied nicht in erster Linie darin lag, dass in China Kaufleute in der Gesellschaft weniger einflussreich waren als in Teilen Westeuropas.[442] Wichtiger war vielmehr, dass es in China keinerlei theoretische Beschäftigung mit Mechanik gab, sodass alle Aktivitäten auf diesem Gebiet auf praktisch-handwerkliches Niveau beschränkt blieben, ungenauer und mit weniger mechanischer Phantasie.[443] Europa hingegen besaß das antike Erbe einer auch theorieorientierten Mechanik aus hellenistischer Zeit. Nachdem dieses schon im 13. Jahrhundert wieder als dünnes Rinnsal zu fließen begonnen hatte, wurde es mit Renaissance und Buchdruck im 16. Jahrhundert breit aufgenommen.

Gerade die Erfindung der Dampfmaschine, die Basisinnovation der kommenden Epoche, lässt diese Zusammenhänge gut erkennen. Heron hatte sich im 1. Jahrhundert n. Chr. am Museion in Alexandria u. a. auch damit beschäftigt, wie man die Kraft des Dampfes als Antrieb nutzen könnte, und darüber in seiner *Pneumatika* berichtet. Nachdem diese hellenistische Schrift 1575 vollständig gedruckt worden war, setzte in Westeuropa eine zusammenhängende Kette der Beschäftigung mit der Dampfkraft ein.[444] Um nur die wichtigsten Stationen zu nennen: Giambattista della Porta versuchte damit 1601 Wasser zu heben, Papin beschäftigte sich ab 1690 mit Zylinderdampfmaschinen, Savery (1698) und Newcomen (1712) wendeten das Dampfkraftprinzip auf das Problem der Bergwerkspumpen an, ohne dass ihre Ergebnisse schon ernsthaft praxistauglich gewesen wären, und erst Watt erfand schließlich 1776 die doppelt wirkende und damit hinreichend zugkräftige Dampfmaschine. Dabei war gerade Watt als zeitweiliger Universitätsinstrumentenbauer und Landvermesser ein typisches Beispiel für einen Vertreter der technisch innovativen Schicht zwischen Handwerk und Wissenschaft. Überdies hätten sich ohne die Fähigkeit zu genauer Metallbearbeitung, insbesondere durch die Entwicklung der Geschützbohrmaschinen, keine hinreichend genauen Zylinder herstellen lassen.

Hieran wird auch deutlich, dass die Ansicht, China habe schon in der Ssung-Zeit die technologische Basis für eine industrielle Revolution besessen[445], an den Realitäten vorbeigeht.

Wie eigenständig war die Handelswelt?

So wichtig die Offenheit für mechanische Problemlösungen mit Blick auf das folgende 19. Jahrhundert auch war, aus der Sicht der Zeit war wirtschaftliches Wachstum, wirtschaftliche Entwicklung überhaupt kaum mit einer Intensivierung durch Mechanisierung verbunden, sondern vor allem mit der Differenzierung durch zunehmende Arbeitsteilung und Spezialisierung. Konkreter bedeutete das eine steigende Verstädterung, eine Ausdifferenzierung von freien Märkten für Waren, Lohnarbeit und Boden, die Herauslösung eines Bereichs gewinnorientierter Geldwirtschaft aus der Lebenswelt vielfältiger Motive und personaler Bindungen, letztlich auch die zunehmende Eigenständigkeit von Handelsfirmen gegenüber dem Privathaushalt ihrer Eigentümer. Oft hat man diese Ausdifferenzierung der Wirtschaft aus hauswirtschaftlicher Lebenswelt, religiösen Normen (Zinsverbot!) und Machtnetzwerken als Entstehung des Kapitalismus thematisiert, doch ist dieser Begriff mehrdeutig, was zu verwirrten Diskussionen geführt hat.[446] Als Merkmalsbündel lässt er sich nicht gut handhaben; waren z. B. die osteuropäischen Gutswirtschaften und die karibischen Plantagen, die beide gewinnorientiert Agrarprodukte für den Export produzierten, aber dabei unfreie Leibeigene beziehungsweise Sklaven einsetzten, kapitalistisch oder nicht? Man sollte auf diesen Begriff also besser verzichten.

Fiel Europa nun bei der Ausdifferenzierung der Handelswelt ähnlich aus dem Rahmen, wie es (Nordwest-)Europa bei mechanischen Fragen tat? Mit Blick auf die weltweite Rolle europäischer Wirtschaftsaktivitäten und die Suche nach ihren Wurzeln ist diese Frage bedeutsam. Analysieren wir zunächst die vier durchgehend städtischen Agrargesellschaften, also Süd-, Mittel- und Westeuropa sowie die größten Teile der islamischen Welt, Indiens und Chinas, um dann einen Blick auf die im Wesentlichen frühurbanen und peripheren Agrargesellschaften zu werfen. Wo Menschen sich in großen Städten zusammenballten, bestand ihre Existenzbasis primär aus Exportgewerbe, Fernhandel und großen Herrscherhöfen, und zwar in unterschiedlichem Mischungsverhältnis. Die drei größten Städte der Welt, die 500000 bis 700000 Einwohner zählten, waren bezeichnenderweise die Hauptstädte Chinas und der Imperien der Osmanen und Moguln, also der drei größten Staaten. Um 1600 entfielen von den fast 10 Millionen Menschen, welche die 50 größten Städte der Welt bevölkerten, 26% auf China, 21% auf das lateinische Europa, 19% auf das osmanische Imperium und Persien, 16% auf Indien und 11% auf Japan. 600 Jahre früher war das lateinische Europa hierbei noch gar nicht vertreten gewesen, was zeigt, wie sehr es seitdem aufgeholt hatte; dass seine Verstädterung nennenswert höher gewesen wäre als die der anderen Regionen, ergibt sich aus den Zahlen aber nicht.[447] Der Blick auf die Großstädte darf aber die Grenzen gesamtwirtschaftlicher Arbeitsteilung in den städtischen Agrargesellschaften dieser Jahrhunderte nicht aus der Sicht geraten lassen: Rund 80 % des Produktionswerts entfielen auf den landwirtschaftlichen Bereich, und davon wiederum wurden 60 bis 80% im eigenen Haushalt verbraucht, während städtisches Gewerbe und Dienstleistungen fast ganz für den Verkauf bestimmt waren.[448]

Märkte und Arbeitsteilung, auch als regionale Spezialisierung, sowie der Fernhandel zunehmend auch mit Massengütern wuchsen vom 15. bis 18. Jahrhundert aufs Ganze gesehen in Europa, Indien und China deutlich weiter[449], kaum hingegen im Nahen Osten. Phasen der Kriegswirren, besonders in China im Übergang von den Ming zu den Mandschu oder in Mitteleuropa im Dreißigjährigen Krieg, bedeuteten Rückschläge, die den langfristigen Gesamttrend aber nicht prinzipiell infrage stellten. Das Volumen des innerchinesischen Handels dürfte im 18. Jahrhundert größer gewesen sein als das des innereuropäischen.[450] Die Intensität der räumlichen Integration über Märkte unterschied sich weniger zwischen diesen Großräumen als Ganzes denn zwischen Teilräumen innerhalb dieser Großräume. Höher war sie dort, wo Meere und große schiffbare Flüsse billige Transporte ermöglichten. Das galt für fast ganz Europa, da Mittelmeer, Atlantik, Nord- und Ostsee in Verbindung mit Rhône, Loire, Rhein, Elbe, Oder und Weichsel günstige Bedingungen boten. Ungünstig sah es vor allem für das Innere der Iberischen Halbinsel aus, und im binnenländischen Podolien und Wolhynien vergammelten die Getreideüberschüsse im 18. Jahrhundert. Die Bevölkerungszentren der islamischen Welt lagen zwar am Mittelmeer und Nil sowie am Indischen Ozean mit Rotem Meer, Persischem Golf und Tigris, aber die Karawanenstrecken zwischen Irak und Syrien sowie durch Iran hindurch waren für Massengüter viel zu teuer und durch Nomaden unsicher. Binnenländische Agrarräume wie das Innere der Balkanhalbinsel, Inneranatolien und Teile Irans konnten keine Marktdynamik entfalten. Die Bevölkerungszentren Indiens wurden durch die Küstenschifffahrt und den Ganges gut erschlossen, das schwächer besiedelte Zentralindien blieb hingegen auf Karawanen aus Packochsen und Ochsenkarren angewiesen. Die dicht besiedelten Ebenen Chinas waren weitgehend durch das verzweigte Stromnetz des Jangtse, die Küstenschifffahrt und den Kaiserkanal verbunden, während die Teile der Großen Ebene abseits des Kaiserkanals und die Bergländer auf Karren, Tragtiere und Träger angewiesen waren und Ss'tschwan hinter Gebirgsketten und Stromschnellen ziemlich isoliert lag. Gefördert wurden Arbeitsteilung und Marktvernetzung ferner durch dichte Besiedlung; auch hier schnitt der Nahe Osten schlechter ab.

Wo mehr Waren zirkulierten, mussten auch mehr Zahlungsmittel umlaufen. In Europa wurden dazu ab 1500 Großsilbermünzen geprägt, die Taler, zuerst aus erzgebirgischem Silber, dann im Laufe des 16. Jahrhunderts zunehmend aus amerikanischem Silber. Zwischen 1500 und 1800 gelangten rund 100 000 t Silber aus Amerika nach Europa, wovon fast die Hälfte nach Asien weiterfloss; die auf der Welt verfügbare Silbermenge dürfte sich in dieser Zeit verfünffacht haben.[451] Daneben breitete sich im 16. Jahrhundert unter europäischen Kaufleuten der bargeldlose Zahlungsverkehr aus. Für Giroverkehr und zum Verrechnen von Wechseln entstanden spezielle öffentliche Depositen- und Wechselbanken, zuerst 1584 in Venedig, 1593 Mailand, 1605 Rom, 1609 Amsterdam und 1619 Hamburg. Seit 1661 begannen einige europäische Banken Papiergeld auszugeben, das durch Metallgeldeinlagen gedeckt war; als man in Frankreich große Mengen Papiergeld ohne dieses Deckungsprinzip in Umlauf brachte, führte es 1720 prompt zum Chaos. In China setzte die Ming-Dynastie die Ausgabe von Papiergeld bis 1450 fort, um dann nach einer Inflation ebenfalls zu Silbergeld (in Barrenform) überzugehen. Das Silber stammte zunächst aus Japan, bis sich Ende des 16. Jahrhunderts der Zustrom von Silber aus

Amerika, über Ketten von Handelsgeschäften weitergeleitet, auch in China und Indien bemerkbar machte, die beide praktisch ohne eigene Silberbergwerke waren. In Europa, China, Indien und mit Abstrichen auch im Nahen Osten erfassten Geldwirtschaft und Arbeitsteilung vor allem im 16. Jahrhundert verstärkt Räume, die bis dahin davon erst wenig berührt worden waren, sodass sich vollurbane Agrargesellschaften auch über jene Kernräume hinaus ausdehnten, die diesen Stand schon vor 1400 erreicht hatten.

Kaufleute, die darauf aus waren, Gewinn zu erzielen, und die über Buchhaltungstechniken verfügten, um bei ihren Geschäften den Überblick zu behalten, gab es in allen städtischen Agrargesellschaften. Katholische Fernhandelskaufleute in Oberitalien und Süddeutschland schon vor der Reformation, calvinistische Kaufleute in den Niederlanden und indische und chinesische Fernhandelskaufleute ließen keinen grundsätzlichen Unterschied an »kapitalistischem Geist« erkennen. Wo sich in einer Gesellschaft ein Fernhandelsmilieu ausdifferenzierte, das in der Fremde frei von persönlichen Bindungen und anderen gesellschaftlichen Rücksichten agieren konnte, wurde dort das rücksichtslose Streben nach Geldgewinn zur spezifischen Handlungsmaxime. Dieses als Ausdruck besonderer Rationalität anzusehen[452] ist indes irreführend. Warum sollte die Vermehrung von Geldgewinn vernünftiger sein, als adlige Ehre standesgemäß zu repräsentieren, nach frommem Lebenswandel um des Seelenheils willen zu streben, sich auf die Sicherheit der Existenz zu orientieren statt auf hohe Gewinnchancen, aber eben auch Verlustrisiken, oder als knappe Ressourcen nachhaltig zu bewirtschaften, statt Raubbau für kurzfristigen Gewinn zu treiben?

Nichts bot so große Gewinnmöglichkeiten wie der Fernhandel (von Plünderungen im Krieg einmal abgesehen), bedingt durch die großen Preisunterschiede der räumlich weit auseinanderliegenden und erst mäßig vernetzten Märkte. Zugleich waren jedoch die Risiken enorm, sei es durch Schiffbruch, Überfälle oder aufgrund unübersichtlicher Marktverhältnisse. Deshalb legten Kaufleute, einmal zu Reichtum gekommen, meist einen beträchtlichen Teil ihres Vermögens in Grundbesitz an, der zwar nur mäßigen, aber dafür relativ sicheren Ertrag versprach, um ihr Vermögen langfristig zu erhalten. Das galt nicht nur für China, sondern bis ins 18. Jahrhundert genauso für ganz Europa.[453] In die gewerbliche Produktion investierten Kaufleute praktisch nicht. Diese war im Wesentlichen in Form kleiner Handwerksbetriebe organisiert, die mit wenig Kapital auskamen. Seit dem 15. Jahrhundert breitete Textilproduktion sich in West- und Mitteleuropa, Indien und China zunehmend auch in ländliche Bereiche aus, oft als Nebengewerbe von Bauernhaushalten, wo billige Arbeitskraft verfügbar war. Kapital war auch hier fast nicht erforderlich. Nur wenige Gewerbeproduktionen waren in Großbetrieben organisiert, den Manufakturen, die durchaus 100 und mehr Arbeiter beschäftigen konnten. Sie dienten vor allem der Produktion von staatlichem Rüstungsbedarf wie Geschützen, Pulver, Uniformen und Schiffen und von Luxusbedarf der Oberschicht wie Gobelins, Seide, Porzellan und Papier. Hinzu kamen Bergwerke, mitteleuropäische und chinesische Erzbergwerke ebenso wie indische Edelsteinminen. Die Manufakturen waren mehr staatlich als durch private Unternehmer organisiert, da Staatsbetriebe nicht so darauf achten mussten, ob sie wirklich rentabel waren. Geschäftszweige, die sich eher als der Gewerbebereich mit dem Fernhandelskapital verbanden, waren Bankgeschäfte und Steuerpacht. Nennenswerte Unterschiede zwischen den vier städtischen Agrargesellschaften waren bei dem, was in diesem Absatz gesagt worden ist, nicht zu verzeichnen.

Kaufmannsgeschäfte waren erst wenig gegenüber der Person des Kaufmanns ausdifferenziert. Im Mittelalter hatte es ohnehin nur Einzelkaufleute gegeben, die sich bestenfalls für die Dauer einer einzelnen Fahrt zu einer vorübergehenden Gesellschaft zusammenschlossen. Für viele Kaufleute blieb es auch bis ins 18. Jahrhunderte dabei. Jetzt entstanden aber auch Kaufmannsgesellschaften, die über Generationen hinweg existierten und Niederlassungen an verschiedenen Ort besaßen, in Oberitalien seit dem 14. Jahrhundert, in Süddeutschland seit dem 15., ebenso in China und Indien. Im Regelfall waren es Familiengesellschaften, die von Vätern, Söhnen, Brüdern und anderen Verwandten getragen wurden, manchmal auch durch fremde Teilhaber erweitert. Herausragende Beispiele waren die Florentiner Medici vor allem im 15. Jahrhundert, die Augsburger Fugger in den Jahrzehnten um 1500 und die chinesischen Salzhandelskaufleute. Nur in wenigen Ausnahmefällen löste sich die Firma schon ganz von der Person des Eigentümers, indem sie zur Kapitalgesellschaft wurde, weil die benötigte Kapitalmenge die Möglichkeiten einer Familienfirma überstieg. Hier besaßen die Eigentümer Anteilsscheine am Kapital der rechtlich selbstständigen Firma, die frei handelbar waren und auf welche die Haftung der Besitzer sich beschränkte. Dieses war aber nur im oberdeutschen Erzbergbau seit dem späten 15. Jahrhundert und bei der niederländischen und der englischen Ostindienhandelsgesellschaft ab 1600 sowie deren Nachahmungen der Fall. Eine Ausdifferenzierung gegenüber der Person des Kaufmanns kann man auch darin sehen, dass die von Zeit zu Zeit stattfindenden Handelsmessen, auf denen die Einzelkaufleute persönlich aufeinandertrafen, in Europa durch ständige Warenbörsen zurückgedrängt wurden, welche Märkte für bestimmte Güter abstrakt organisierten (zuerst Amsterdam 1531, Lyon 1546, Rouen 1566, London 1571). Kapitalgesellschaften und Börsen waren niederländische Innovationen, die nur in Westeuropa bekannt wurden.

Die Stellung der Kaufleute innerhalb der Gesellschaft, ihr Prestige und Einfluss variierten. Zur gesellschaftlichen und politischen Führungsschicht gehörten sie nur in den italienischen und deutschen Stadtrepubliken sowie seit etwa 1600 in den Niederlanden. Umgekehrt im osmanischen Imperium: Hier beschäftigten die herrschenden Türken sich fast gar nicht mit Fernhandelsgeschäften, sondern überließen diese von ihnen gering geachtete Tätigkeit fast ganz Griechen, Armeniern und Juden, hinter denen Araber zunehmend zurücktraten. In China kamen Kaufleute seit dem 16. Jahrhundert zwar durchaus zu großen Vermögen, aber die gesellschaftlich führenden Stellungen blieben von der neokonfuzianisch gebildeten Aristokratie und der aus ihr hervorgehenden Beamtenschaft besetzt. An deren Lebensstil Anschluss zu gewinnen und den Söhnen den Aufstieg in ihre Kreise zu ermöglichen blieb Ziel auch herausragender Kaufleute. Doch Letzteres war im Grunde in Europa nicht anders: In Frankreich strebten reiche Bürger danach, sich Adelstitel zu erkaufen, und selbst in England behielten Karrieren im Staatsdienst bis ins 18. Jahrhundert das höhere Prestige.

Lag es an den jeweiligen Machtstrukturen, wie weit sich Handel und Märkte ausdifferenzieren konnten? Eine Tradition städtischer Selbstverwaltung, die auch Kaufleuten politische Einflussmöglichkeiten bot, kannte zwar nur Europa[454], aber offenbar ließen auch die Machtstrukturen der islamischen, indischen und chinesischen Gesellschaften an der gesellschaftlichen Basis genug Freiräume, in denen Fernhandelsaktivitäten sich schon im Mittelalter entfalten konnten. Eher als die kommunale machte die gesamtstaatliche Ebene einen Unterschied. Hier hob sich die niederländische Republik von allen anderen ab; nirgends sonst außer in den großen Stadtrepubliken war der Einfluss der Handelsinteressen auf die Politik so groß. Ihr Fernhandelsreichtum löste in den rivalisierenden Nachbarstaaten Bestrebungen aus, durch Zollpolitik und andere wirtschaftspolitische Maßnahmen den Ex- und Import gezielt so zu beeinflussen, dass ebenfalls per Saldo Edelmetall ins eigene Land hineinströmte. Dazu diente in England seit 1651 die Politik der Navigationsakten und in Frankreich seit 1661 die vom Finanzminister Colbert betriebene merkantilistische Politik, welche dann auch andere europäische Staaten zu kopieren versuchten, jedenfalls die größeren. Die Erfolgsbilanz dieser merkantilistischen Politik blieb zwiespältig, insbesondere der Gewerbeförderung; jedenfalls konnte bis 1800 kein Land mit ihrer Hilfe die Niederlande oder Großbritannien wirtschaftlich einholen. Ob nun Chinesen oder Muslime – hier hatten Kaufleute keinerlei Einfluss auf die Staatsführung. Weder ihr nüchternes Effizienzdenken noch ihre kommerziellen Interessen gingen dort ein. So kamen chinesische Kaiser und Mogulherrscher auch nie auf die Idee, die Kaufleute ihrer Länder in Übersee zu unterstützen. Den mit staatlichen Gewaltbefugnissen ausgestatteten Überseehandelsgesellschaften hatten die Asiaten nichts Vergleichbares entgegenzusetzen.

Angesammeltes Geldkapital konnte natürlich bei Monarchen, die knapp bei Kasse waren, Begehrlichkeiten wecken. Seine Sicherheit vor willkürlichen Zugriffen dürfte den allgemeinen Machtstrukturen entsprochen haben. Am höchsten war sie dort, wo die gesellschaftlichen, insbesondere auch die kommerziell interessierten Eliten selbst direkten politischen Einfluss hatten, also unter den Flächenstaaten seit dem 17. Jahrhundert in den Niederlanden und England. In den absolutistischen Staaten Europas war die Gefährdung etwas höher; die spanischen Staatsbankrotte 1557, 1575, 1596, 1607, 1627, 1647, 1653 und 1680 waren letztlich auch nur eine vornehme Art, die Besitzer von Geldvermögen zu berauben. Auch andere absolutistische Monarchen Europas zahlten im 17. und 18. Jahrhundert öfter ihre Schulden nicht zurück.[455] In China dürfte das Kaufmannskapital aufs Ganze nicht unsicherer gelebt haben als im europäischen Durchschnitt.[456] Etwas kritischer sah es anscheinend im Bereich der osmanischen und mogulischen Imperien aus. Da hier entsprechend der Tradition der islamischen Despotie die Machthaber stärker von den gesellschaftlichen Eliten abgehoben waren, bestand eine größere Neigung, willkürlich deren Vermögen zu konfiszieren.[457]

Wie weit waren nun Märkte für Waren, Arbeit und Boden aus den Machtvernetzungen ausdifferenziert, also in diesem Sinne freie Märkte? In China hatten die Mongolen anders als die Ssung-Dynastie stärker durch staatliche Befehle zu steuern versucht und die Berufe erblich gemacht, und der aus dem Bauernstand stammende erste Ming-Kaiser verstärkte diese Politik staatlicher Reglementierung, getragen vom Ideal einer einfachen agrarischen Gesellschaft. Im Laufe des 15. und 16. Jahrhunderts zerfielen diese staatlichen Beschränkungen indes. So wurden in China im 17. und 18. Jahrhundert die Arbeitsverhältnisse durchgehend von freien Bauern, Pächtern und auch Lohnarbeitern bestimmt. Boden war schon seit Langem frei handelbarer Privatbesitz gewesen, und die staatlichen Handelsmonopole waren außer für Salz bedeutungslos geworden. Nur der Außenhandel wurde noch staatlich reguliert. Es kann keine Rede davon sein, dass eine drückende staatliche Bürokratie die Privatinitiative gehemmt hätte.[458] Auch Zölle belasteten innerhalb Chinas den Handel nicht, im Unterschied zu Indien und Europa, wo sie sowohl zwischen wie innerhalb der Staaten vorkamen.

In Indien spielten rechtliche Beschränkungen der Märkte keine nennenswerte Rolle, wohl aber die kulturell geprägte Neigung, sich stark auf seine Gilde oder den Umgang mit Mitgliedern der eigenen Kaste zu orientieren. Dieses führte zu einer gewissen Fragmentierung, die den Wettbewerb freier Märkte behinderte. Im osmanischen Imperium konnten sich zwar Großkaufleute frei betätigen, wenngleich der Staat stark in den Getreidehandel intervenierte, um durch günstige Brotpreise Unruhen der städtischen Massen zu verhindern. Land konnte frei verkauft werden. Die vom Staat unterstützten Handwerkerzünfte ließen im Gewerbe indes kaum Wettbewerb zu und engten den Handlungsspielraum der einzelnen Gewerbetreibenden stark ein.

In Europa war das Bild uneinheitlich. In Westdeutschland beschränkten die Grundherrschaft mit grundherrlichem Ober- und bäuerlichem Untereigentum sowie der Flurzwang der Dreifelderwirtschaft den Verkehr landwirtschaftlichen Bodens und die freie Nutzung bäuerlicher Arbeitskraft. Erst recht waren die landwirtschaftlichen Verhältnisse seit dem 16. Jahrhundert in Deutschland östlich der Elbe, Polen und Ungarn vermachtet, also im Gebiet der Leibeigenschaft mit hohen Frondienstpflichten. Europäische Produzenten hatten für den Wettbewerbsdruck freier Märkte im Allgemeinen wenig übrig: Etliche Manufakturen erhielten vom Staat Monopole, und die Handwerker einer Branche in einer Stadt schützten ihren Markt durch die Zwangsmitgliedschaft in ihrer Zunft und deren Regeln. Anders sah es in den Transitionsordnungen, also in den Niederlanden und England aus, wo im Zuge allgemeiner Kommerzialisierung im 16. und 17. Jahrhundert bäuerliche Hörigkeit und Zünfte verschwunden waren und sich damit allgemein freie Märkte durchgesetzt hatten. Dabei waren Weg und Ergebnis unterschiedlich. An der friesischen Nordseeküste hatte Grundherrschaft ohnehin im Mittelalter nur begrenzt Fuß fassen können, sodass hier freie Bauern flexibel auf Marktanreize reagierten. In England zogen die aristokratischen Großgrundbesitzer das Bauernland weitgehend ein, teilten die Allmenden auf und vergaben das Land an marktorientierte Pächter. Aber auch diese beiden Länder versuchten den Handel mit den eigenen Kolonien zu monopolisieren und die Konkurrenz unter den eigenen Kaufleuten in Übersee zu beseitigen, indem diese sich zu Überseehandelsgesellschaften zusammenschlossen.

Blicken wir noch auf die frühurbanen und peripheren Agrargesellschaften. Hier fällt sofort die zentrale Rolle von Bevölkerungsdichte und Transportkosten auf. Von jenen Ländern, die um 1400 noch keine städtischen Agrargesellschaften waren, gewann in dieser Epoche nur Japan wirklich Anschluss. Durch das starke Wachstum verdichtete sich die Bevölkerung in den zentralen Ebenen, was vom 15. bis 18. Jahrhundert Verstädterung, Arbeitsteilung, Austausch über Märkte und Geldwirtschaft gewaltig steigen ließ. Seit dem 17. Jahrhundert kann man von einer vollurbanen Agrargesellschaft sprechen. Kaufleute blieben gegenüber den Samurai deutlich ständisch ausgegrenzt, aber nichtsdestoweniger entstanden im 18. Jahrhundert reiche Handelshäuser. Dass Kaufleute ihr Geld nicht in Land investieren durften, wird das Ansammeln von Geldkapital eher gefördert haben. Gilden und andere Hemmnisse für freien Warenverkehr wurden in den 1570er-Jahren weitgehend beseitigt.

Korea stand dahinter deutlich zurück. Nachdem die Kämpfe der Mongolenzeit frühe Städte vernichtet hatten, entstanden im 16. Jahrhundert erneut Märkte und Handwerk, gingen aber durch die japanischen Invasionen und die Einfälle der Mandschu 1592 bis 1637 wieder weitgehend unter. So waren erst Anfang des 18. Jahrhunderts Markttausch, Handwerksprodukte und Geldwirtschaft so weit entwickelt, dass sie die Masse der Bevölkerung erreichten. Warenzirkulation und Handwerk blieben dabei wesentlich geringer als in Japan, zumal der Handel an staatliche Lizenzen gebunden war.

Für Südostasien kann man, obwohl sich die Marktbeziehungen ausweiteten, nicht wirklich von städtischen Agrargesellschaften sprechen. Zwar erreichten die Hauptstädte der Festlandsmonarchien und einige Handelsstädte, die verkehrsgünstig am Meer lagen, beträchtliche Größe, aber große Teile der Bevölkerung in der dünn besiedelten, z. T. gebirgigen Fläche wurden von Arbeitsteilung und erst recht von Geldwirtschaft kaum erreicht. Die Zirkulation von Gütern über große Entfernungen lag weitgehend in den Händen chinesischer Händler, oder sie geschah im Auftrag der Monarchen, sei es als Naturalsteuern oder als Monopolhandel. Eine eigenständige Kaufmannsschicht konnte sich unter diesen Umständen kaum herausbilden.

In Russland hatte die Mongolenzeit nur wenige funktionierende Städte übrig gelassen. In den folgenden Jahrhunderten entwickelte sich dann allmählich ein neues Städtenetz, gefördert auch durch die Siedlungsverdichtung, woraufhin die politischen Wirren der Jahre 1560 bis 1620 die Städte in den zentralen Landesteilen für einige Zeit erneut stark schrumpfen ließen. Angesichts der Meeresferne und der nach wie vor geringen Bevölkerungsdichte blieben viele Russen bis ins 18. Jahrhundert ohne nennenswerte Kontakte zu dem noch weitmaschigen Städtenetz und zu Geldwirtschaft, etliche Städte halb dörflich. Als am Ende des 17. Jahrhunderts ein stehendes Heer ausgerüstet werden sollte, musste der Zar die Initiative ergreifen, um mit ausländischen Fachleuten Manufakturen aufzubauen.

Erst recht konnten sich in jenen Regionen Afrikas, die Städte kannten, also Teile Westafrikas und die Ostküste, Märkte kaum weiter ausdifferenzieren. Die unverändert schlechten Transportbedingungen hielten die Transportkosten extrem hoch. Die Bauern sahen sich weitgehend zur Selbstversorgung gezwungen und blieben ohne Anreiz zur Mehrproduktion, weil nahe Märkte fehlten. Da es reichlich freies Land gab, war niemand zu Lohnarbeit bereit, sodass keine Arbeitsmärkte entstanden (aber dafür die Sklaverei blühte). Nur bei den Haussa in Nordnigeria verdichtete sich Bevölkerung stärker und ließ in nennenswertem Maße Städte mit differenziertem Gewerbe entstehen, die also nicht nur vom Transithandel lebten.

In Gesellschaften jenseits der Reichweite von Städten war der Handel noch weniger entwickelt, z. T. überhaupt noch nicht als eigener Bereich ausdifferenziert. Bei nordamerikanischen Indianern war er auch im

17. Jahrhundert noch in den Geschenktausch integriert, bei dem wirtschaftlicher Nutzen und die Festigung sozialer Beziehungen sich untrennbar miteinander verwoben.

Zentrale Agrargesellschaften dominieren den Welthandel

Um 1700 war für europäische Oberschichten Zucker aus der Karibik normal geworden, der dort mit schwarzen Sklaven aus Westafrika produziert wurde; die Reichen Europas hatten an bunt bedruckten Baumwollstoffen aus Indien Gefallen gefunden, und Chinesen zahlten mit Silbergeld aus mexikanischem Silber. 200 Jahre zuvor wäre dieses alles undenkbar gewesen. Die räumliche Integration der Wirtschaft war weiträumiger geworden als je zuvor, indem sie jetzt Amerika mit der Alten Welt verband, und zugleich deutlich intensiver. Dabei wurde sie asymmetrischer: Während Kernräume von vollurbanen zu zentralen Agrargesellschaften aufstiegen, nahm der Umfang der peripheren Agrargesellschaften zu, wurde die Arbeitsteilung zwischen den Regionen stärker und damit die strukturelle Abhängigkeit der Peripherien tiefer.[459] Waren in den Jahrhunderten des Mittelalters periphere Agrargesellschaften im Regelfall politisch unabhängig gewesen und auf die asymmetrischen Austauschbeziehungen freiwillig eingegangen, sahen sich nun einige Gegenden auch von den Kolonialherren gezielt zu peripheren Agrargesellschaften gemacht; allerdings blieben solche noch recht begrenzt.

Wie wurden nun vollurbane zu zentralen Agrargesellschaften? Hier wuchs die Bevölkerung einer ganzen Region, also nicht nur einer einzelnen Stadt, so weit an, dass sie nicht mehr aus ihrem Gebiet versorgt werden konnte, sondern Grundnahrungsmittel und Rohstoffe von Massengutcharakter wie Holz aus der Ferne importieren musste, und zugleich »bezahlte« sie diese auch, lebte also nicht vom Strom der Steuern aus dem ganzen Land an den Herrschersitz und dessen Nachfrage nach Waren und Dienstleistungen. Diese Regionen bezahlten mit dem Export von Fertigwaren, und das setzte den Aufbau von Gewerbeproduktion voraus, die im Wettbewerb überlegen war. Wenn hierdurch im überregionalen Warenaustausch der Verarbeitungsgrad der Ausfuhr deutlich höher wurde als jener der Einfuhr, kann man von zentralen Agrargesellschaften sprechen. Diese beeinflussten zunehmend das Wirtschaftsgeschehen auch der peripheren Agrargesellschaften, die sich spiegelbildlich dazu bildeten. Die Spannung zwischen zentralen und peripheren Agrargesellschaften war also Folge eines Gefälles von Bevölkerungsdichte und Innovationskraft.

Wer waren die Aufsteiger? In Europa knüpfte die Entwicklung an die Gebiete dichtester Verstädterung an, also Oberitalien und die Rheinmündung. Oberitalien schien im 15. Jahrhundert auf dem Weg zur zentralen

Agrargesellschaft zu sein, und im 16. Jahrhundert griff diese Dynamik auf Süddeutschland und dann auch auf das Gebiet um Antwerpen über. Doch sie erlahmte um 1600 in diesen Räumen, während die unabhängig gewordene niederländische Republik nun Anfang des 17. Jahrhunderts tatsächlich die Merkmale einer zentralen Agrargesellschaft voll ausbildete, wobei Amsterdam den Kern darstellte. Im Laufe des 18. Jahrhunderts trat England hinzu. Dass die europäischen Kernräume sich in dieser Weise verlagerten, hat seine Ursache in den Fernhandelsverbindungen und in den Machtverhältnissen. An jenen Handelsnetzwerken, die Europäer seit 1500 über die Ozeane spannten, konnten die italienischen und süddeutschen Handelsstädte kaum teilhaben, zum einen aufgrund ihrer geografischen Lage, zum anderen weil ihnen für den Kampf um die überseeischen Handelsnetze die Rückendeckung durch einen starken Staat fehlte. Das römisch-deutsche Kaisertum vermochte einen solchen nicht zu schaffen, hinterließ vielmehr gerade diese Regionen in kleinstaatlicher Zersplitterung. Außerdem drängte die niederländische und englische Konkurrenz ab 1600 die italienischen Handelsstädte sogar im Mittelmeerraum zurück, und die Verwüstungen des Dreißigjährigen Kriegs schädigten die deutschen Handels- und Gewerbestädte wie Augsburg und Nürnberg schwer. In ihrem Unabhängigkeitskrieg blockierte die Republik der Niederlande seit 1585 die unter spanischer Herrschaft verbliebene Rhein- und Scheldemündung, sodass die Wirtschaft Belgiens zu stagnieren begann.

Auf den ersten Blick ist es überraschend, dass statt der Niederlande nicht Spanien das Rennen machte, in das sich seit 1545 der Reichtum amerikanischen Silbers ergoss. Des Rätsels Lösung lag darin, dass die Niederlande schon im 15. Jahrhundert stärker verstädtert waren und jetzt zur innovativsten Region der Welt wurden, während der plötzliche Reichtum in Spanien auf eine wenig aufnahmefähige Gesellschaft traf. Niederländische Innovationen zeigten sich nicht nur in der Intensivierung der Landwirtschaft und in den neuen Unternehmens- und Finanzinstitutionen, sondern auch in der Schiffstechnik, z. B. der Fleute als besonders transportkostengünstigem Schiffstyp. Während in Spanien Zünfte das Gewerbe einengten, bestand in den Niederlanden faktisch Gewerbefreiheit. In Spanien wurden 1492 die Juden vertrieben, womit auch beträchtliches Finanzkapital und Handwerksgeschick verloren gingen, und den Informationsfluss kontrollierten die Jesuiten relativ engherzig. Dagegen führten die calvinistisch dominierten Niederlande religiöse Toleranz für Juden (1593), Lutheraner (1605) und Katholiken (1620) ein, womit sie wie ein Magnet aktive Kräfte aus der Fremde anzogen, und organisierten durch die Zeitung einen besseren Informationsfluss für Kaufleute (ab 1618). Während in Spanien der adlige Lebensstil den Maßstab setzte, auch für Kaufleute, zählte in den Niederlanden Tüchtigkeit mehr als vornehme Geburt. So konnte das spanische Gewerbe nicht einmal den Bedarf der

eigenen Kolonien decken und sah sich ab etwa 1600 auch auf dem heimischen Markt durch überlegene niederländische und dann auch englische
Konkurrenz zurückgedrängt. Der Silberreichtum floss aus Spanien wieder
ab. Die Engländer kopierten dann seit dem späten 17. Jahrhundert zunehmend Elemente der niederländischen Erfolgsstory. Die institutionellen
Rahmenbedingungen, die sich aus dem Übergang zu Transitionsordnungen ergaben, förderten das Innovationspotenzial[460]; die theologischen Unterschiede der Konfessionen spielten dabei indes für sich genommen keine
große Rolle.[461]

In China erreichte die Städteballung am unteren Jangtse gegen 1600
den Charakter einer zentralen Agrargesellschaft, und in der Folgezeit entwickelte sich auch die Bevölkerungsverdichtung am Unterlauf des Perlflusses um Gwangdshou zunehmend in diese Richtung. In Indien wurde
Gujarat im Westen im 16. Jahrhundert zur zentralen Agrargesellschaft. Im
Nahen Osten entstand dagegen keine zentrale Agrargesellschaft; die Kern-
zonen stagnierten auf vollurbanem Niveau. Warum blieb die osmanische
Welt wirtschaftlich zurück? Hier kam Verschiedenes zusammen. Die
Machtstrukturen und seit dem 17. Jahrhundert auch die Mentalitäten
waren für Innovationen nicht günstig. Diesen Räumen lieferte der stark
wachsende transozeanische Handel keine Wachstumsimpulse, im Gegen-
teil. Der Transithandel vom Indischen Ozean zum östlichen Mittelmeer,
sei es über den Persischen Golf und Irak oder über das Rote Meer und
Ägypten, hatte im 15. Jahrhundert durch die Kriege Timurs und die osma-
nischen Eroberungen sowie durch die Monopolpolitik der ägyptischen
Mamluken gelitten. Unter der Osmanenherrschaft belebte er sich im
16. Jahrhundert zwar wieder, doch im 17. Jahrhundert verkümmerte der
Gewürztransit durch die Konkurrenz des Weges südlich um Afrika herum.
Nur die ägyptischen Kaufleute fanden dafür im Handel mit Kaffee aus
Jemen einen gewissen Ersatz. Auch die Bevölkerungsentwicklung des
Nahen Ostens bot keine wachsenden Märkte, sondern fiel relativ zu den
anderen Räumen zurück. Überdies blieben die inneren Verkehrsverbin-
dungen weiter ungenügend.

Wie schon in den vorangegangenen Jahrhunderten flossen die Welthan-
delsströme in den Netzwerken deutlich unterscheidbarer Kaufmannsgruppen, deren Mitglieder jeweils aus einer Region stammten, miteinander
kooperierten und danach strebten, bestimmte Handelswege zu dominieren. Teils ergänzten diese Handelsnetze sich, teils konkurrierten sie
und überlappten sich. Keine Kaufmannsgruppe konnte den Welthandel
als Ganzes dominieren.[462] Die indischen Kaufleute, die sich ihrerseits in
mehrere regionale Teilgruppen gliederten, beherrschten unverändert den
ganzen Handel auf dem indischen Subkontinent und waren im gesamten
Indischen Ozean von Ostafrika bis in den malaiischen Raum und nach Persien hinein aktiv. Armenische Kaufleute waren im osmanischen Imperium,

Persien und Nordindien tätig, und als nach der Eroberung Astrachans durch die Russen 1556 der Handelsweg Persien – Kaspisches Meer – Wolga geöffnet wurde, dehnten sie ihre Aktivitäten nach Russland aus, später auch bis Italien. Jüdische Kaufmannsgruppen agierten unverändert von Tunesien über den Nahen Osten bis Indien. Nach ihrer Vertreibung aus Spanien wurden sie im 16. Jahrhundert verstärkt in den Niederlanden und Mitteleuropa aktiv. Die Osmanen verdrängten die italienischen Kaufleute im 15. Jahrhundert aus dem Schwarzmeerraum; sie ließen europäische Kaufleute im Gebiet ihres Imperiums nicht über die Mittelmeerhäfen hinaus eindringen und sperrten ihnen auch Rotes Meer und Persischen Golf. Stattdessen konnten rund ums östliche Mittelmeer, auf dem Balkan und im Schwarzen Meer viele griechische Kaufleute Geschäfte machen.

Auch Kaufleute und Regierung Chinas hielten die Europäer aus dem eigenen Land heraus; sie durften nur über Gwangdshou Kontakt halten. Innerhalb Chinas waren ausschließlich chinesische Kaufmannsgruppen aktiv. Der private Handelsverkehr südchinesischer Kaufleute nach Südostasien, der nicht mit den staatlichen Flottenexpeditionen Dshöng Hos verwechselt werden darf, erlebte zwischen 1368 und 1567 wechselnde Beschränkungen durch die misstrauische Ming-Regierung, die am liebsten nur kontrollierte Tributgesandtschaften zugelassen hätte, lief aber trotzdem durchgehend weiter, teilweise auch als Schmuggel an den offiziellen Restriktionen vorbei. Nach 1567 nahmen Handel und Präsenz chinesischer Kaufleute in Südostasien einen starken Aufschwung, bis sie von 1662 bis 1684 weitgehend unterbrochen wurden, als die neuen Herren, die Mandschu, den letzten Widerstand in den südlichen Küstenregionen brechen wollten. Danach konnte der Überseehandel sich erneut entfalten, wenn auch stärker staatlich kontrolliert. Dass die Chinesen sich nach dem Abbruch der Dshöng-Ho-Expeditionen vom Meer zurückgezogen hätten[463], lässt sich aufs Ganze gesehen nicht behaupten. Außerdem gab es auch vom 15. bis 18. Jahrhundert durchgehend Kontakte südostchinesischer Kaufleute nach Japan und Korea, und nachdem die östliche Mongolei unter die politische Kontrolle Chinas geraten war, durchdrangen chinesische Händler diesen Raum. Im 15. und 16. Jahrhundert bauten Kaufleute aus Südjapan ihrerseits Seehandelsbeziehungen mit stark steigender Intensität nach China, Festlandsüdostasien und den Philippinen auf. Wo sie auf chinesische Verbote trafen, setzten sie sich auch als Piraten durch. 1635/39 wurde dieses japanische Überseehandelsnetz dann vom Shogun gekappt, indem er Japanern Überseereisen und hochseegängige Schiffe verbot. Der Grund war sicherheitspolitischer Art: Missionsaktivitäten von Europäern hatten in Japan Konflikte ausgelöst, denen der Shogun den Nährboden entziehen wollte, indem er Japan nach außen abschloss. Zwischen 1641 und 1854 durften deshalb nur noch Chinesen und zwei niederländische Schiffe im Jahr Japan anlaufen. Koreanische Händler beschränkten sich hingegen weitgehend auf ihre Halbinsel, und nach den Invasionen der Japaner und der Mandschu begann hier 1637/40 ebenfalls eine Politik der Abschließung nach außen, die bis 1876 anhielt. Auch südostasiatische Kaufleute spielten im Fernhandel keine nennenswerte Rolle.

Von den entdeckungslustigen Europäern bauten die Portugiesen um 1500 in wenigen Jahren ihr Handelsnetz längs der afrikanischen Küste, nach Brasilien und im Indischen Ozean auf, das 1544/47 bis nach Japan und China verlängert wurde. Mit Kriegergesinnung und dank ihrer überlegenen Schiffsartillerie machten sie im bisher friedlichen Kaufmannshandel des Indischen Ozeans gewaltsame Geschäfte, aber angesichts ihrer geringen Zahl spielten die Portugiesen dort mengenmäßig nur eine marginale Rolle. Dabei verdienten sie am Handel zwischen den asiatischen Teilregionen mehr als am Europa-Asien-Handel. Als ihr indisches Handelsnetz unter dem Ansturm der Niederländer um 1610 weitgehend zerfiel, konzentrierten sie sich auf ihre Verbindungen nach Brasilien. Die Spanier errichteten Mitte des 16. Jahrhunderts ihr Handelsnetz nach Süd- und Mittelamerika, von wo sie es bis zu den Philippinen verlängerten; sie konnten es erfolgreicher als die Portugiesen gegenüber anderen europäischen Kaufleuten verteidigen. Die Niederländer bauten ihr Handelsnetz anfangs auf Kosten der deutschen Hansekaufleute auf, indem sie zunächst im Nordseeraum dominant wurden und ab 1544 in den Ostseeraum vorstießen. Ab 1590 drangen sie auf Kosten der Italiener in den Mittelmeerhandel ein und bauten ihre Handelwege um Afrika herum in den Indischen Ozean, zu den indonesischen Gewürzinseln und bis Japan (1609) auf. Die Engländer, deren Außenhandel im 15. Jahrhundert ganz von der Hanse abhing, folgten den Niederländern im Abstand von nur ein bis zwei Jahrzehnten auf dem Weg in die Ostsee, das Mittelmeer, den Indischen Ozean und nach Nordamerika. Einige Jahrzehnte später versuchten auch die Franzosen nach Westafrika und Indien zu folgen, konnten sich hier aber nur in Nischen etablieren. Dagegen waren sie in Kanada erfolgreicher. Im Siebenjährigen Krieg setzten die Briten sich dann in Indien mit Waffengewalt gegen die europäischen Konkurrenten durch und nahmen den Franzosen Kanada ab. Von den kleinen karibischen Inseln fügten alle drei Länder mehrere ihrem Handelsnetz hinzu. Bis Mitte des 18. Jahrhunderts blieb im Indischen Ozean und in Südostasien der europäische Seehandel weitaus geringer als der von Asiaten betriebene, und in Ostasien war das ohnehin der Fall.[464] In den innerindischen Handel drangen die Europäer nicht wirklich ein, abgesehen von den Briten in Bengalen im 18. Jahrhundert. Die norddeutschen Kaufleute verloren an Terrain und blieben ebenso wie die süddeutschen, die unter Karl V. kurzzeitig ihre Fühler nach Venezuela ausstrecken konnten, von Überseekontakten ausgeschlossen. Intensivere Kontakte nach Osteuropa seit dem 15. Jahrhundert glichen das nicht aus. Die oberitalienischen Kaufleute konnten zwar ihre Stellung in Westeuropa im 15. Jahrhundert ausbauen, verloren diese aber ebenso wie ihre starke Stellung im Mittelmeerraum seit 1600 wieder, ohne Überseebeziehungen zu gewinnen.

Der russische Außenhandel lag in der Hand ausländischer Kaufleute, aber russische Kaufleute konnten seit 1582 Handelsverbindungen durch ganz Sibirien und seit 1653 bis nach Nordchina aufbauen. Das Handelsnetz innerhalb der westafrikanischen Sahelzone, besonders von Haussas betrieben, und der von Arabern und Tuareg betriebene Transsaharahandel stagnierten weitgehend.

So beeindruckend gerade die transkontinentalen Vernetzungen auch sind, man darf doch die Relationen nicht aus dem Blick verlieren. Es gab zwar einige Verbesserungen im Schiffbau und bei Navigationsmitteln, aber einen Durchbruch bei den hohen Transportkosten bedeuteten sie nicht. Das setzte dem Fernhandel weiter enge Grenzen. Die Portugiesen schickten im 16. Jahrhundert jährlich durchschnittlich sechs Schiffe nach Asien, Niederländer, Engländer und Franzosen zusammen im 17. Jahrhundert jährlich durchschnittlich 27 und im 18. Jahrhundert 61 Schiffe.[465] Seit 1580 verkehrte einmal im Jahr die spanische Silberflotte als Konvoi zwischen Mexiko und Spanien, und die transpazifische Verbindung Manila-Mexiko bestand zwischen 1572 und 1811 nur aus einer einzigen Galeone pro Jahr. Der niederländische Ostseehandel war um 1700 wesentlich größer als der Überseehandel des Landes. Noch Ende des 18. Jahrhunderts dauerten Hin- und Rückfahrt zusammen über den Atlantik zwei Monate, zwischen Südchina und Java zwölf Monate und auf der Route Europa-Südafrika-Indien 18 Monate, vorausgesetzt alles ging gut (was es oft nicht tat). Angesichts dieser zwar zunehmenden, aber noch geringen Intensität weltweiter wirtschaftlicher Integration kann man noch nicht wirklich von einer Weltwirtschaft sprechen, deren Märkte sich im Gleichklang einheitlicher Preise bewegt hätten. Für einzelne Luxusgüter begann aber schon ein globaler Wettbewerb; so konkurrierten Seide aus Italien gegen solche aus China, der blaue Textilfarbstoff Indigo aus Nordindien gegen Färberwaid aus Deutschland und Felle aus Kanada gegen solche aus Sibirien.

Was konnten nun die zentralen Agrargesellschaften an Besonderem bieten, das transkontinentalen Absatz fand? Der untere Jangtseraum lieferte nach Übersee fast ausschließlich Porzellan und Seide, Papier, Baumwolltextilien und geschnitzte Lackarbeiten. Gujarat war vor allem Zentrum der Produktion von Baumwollstoffen aller Qualitätsstufen. Für die Niederlande spielte im 17. und 18. Jahrhundert der Zwischenhandel eine große Rolle, aber auch die Exportproduktion von Textilien, Papier, Schiffen und Keramikerzeugnissen. Die Engländer kamen im Laufe des 18. Jahrhunderts vorzugsweise mit Baumwolltextilien auf den Markt.

Wichtige, in den Jahrhunderten dieser Epoche durchgehend vollurbane Regionen waren Süd- und Westdeutschland (Exportproduktion besonders von Metallwaren und Leinentextilien), Oberitalien (Wollstoffe, Glaswaren, Rüstungen und andere Metallwaren), Belgien (Textilien), Syrien (Seide und Waffen) und Bengalen (Baumwollstoffe, Seide und Reis). Außerdem gab es jene vollurbanen Regionen, deren Gewerbeproduktion schwächer entwickelt war oder die erst im Laufe dieser Jahrhunderte hinzukamen.

Die Peripherien gewinnen Gestalt

Peripherien stellten kein weltweites Ganzes dar, sondern Räume, die jeweils auf bestimmte Kerngebiete ausgerichtet waren, was nicht ausschloss, dass einzelne ihrer Produkte durch diese hindurch weitergeleitet wurden.

In Europa nahm im Laufe des 15. und 16. Jahrhunderts die regionale Differenzierung stark zu. Dabei lag um die bevölkerungsreichen Kernräume in Oberitalien, Mitteleuropa, den Niederlanden und England herum eine dünner besiedelte, städtearme Zone, die diesen zunehmend die fehlenden Grundnahrungsmittel und Rohstoffe von Massengutcharakter lieferte und die damit zur Zone peripherer Agrargesellschaften wurde oder diesen Charakter verstärkte. Getreide kam auf dem Wasserweg aus Ostdeutschland und Polen sowie Sizilien, Rinder wurden in großen Ochsentrecks von den Weidegebieten Jütlands, Ungarns und Südostpolens herangeführt sowie für London seit dem 16. Jahrhundert aus Irland. Holz stammte aus Schweden, Norwegen, dem Baltikum und Dalmatien. Wichtige Wollexporteure waren seit dem späten 16. Jahrhundert das trockene Innerspanien, wo riesige Schafherden heranwuchsen, Süditalien und das afrikanische Atlasgebirge. Flachs und Hanf lieferte das Baltikum. Die extrem flächenaufwendigen Waldprodukte stammten aus noch größerer Entfernung aus noch dünner besiedelten Räumen, soweit diese über Flüsse erschließbar waren, nämlich Pech, Pottasche, Wachs und Honig aus Nordschweden, dem Baltikum und Nordrussland. Hinzu kamen Erze, die nicht überall zu finden waren: Kupfer aus Ungarn, Schweden und Tirol, Roheisen aus Nordspanien, den Ostalpen und Schweden sowie seit dem 18. Jahrhundert aus Russland. Dass sie sich in dieser Weise stärker vernetzten, wirkte teilweise beträchtlich auf die Struktur der peripheren Agrargesellschaften zurück. In Polen und Ungarn wurde der Adel stark, der Exportnahrungsmittel produzierte, diese direkt ausländischen Kaufleuten lieferte, von denen er im Gegenzug Luxusgüter aus dem westlichen Ausland kaufte, während er für den Grundbedarf Gewerbe auf den eigenen Gütern errichtete. Die heimischen Städte verkümmerten dadurch, da ihnen Handelsgeschäft und Massenmarkt fehlten, zumal die Bauern unter dem Druck des Adels verarmten. In Spanien unterstützte die Krone die Vereinigung der Schafzüchter auf Kosten der Ackerbauinteressen.

Der Versorgungsbedarf von Istanbul an Getreide, Holz und Vieh ließ in ähnlicher Weise die Balkanhalbinsel, den Schwarzmeerraum und Inneranatolien zu peripheren Agrargesellschaften werden. In China weiteten sich ebenfalls um die Bevölkerungsverdichtungen herum die Peripherien aus. Diese dünner besiedelten Gebiete versorgten die Kernräume vor allem mit dem fehlenden Reis und Holz und bezogen von dort Gewerbeprodukte: am deutlichsten der mittlere Jangtseraum und die angrenzenden Bergländer für das untere Jangtsegebiet, ebenso Teile des südlichen Berglands, Nordvietnam und Teile Thailands für die Mündungsregion des Perlflusses, ferner die Außenränder von Ss'tschwan für das Rote Becken.[466]

Jenseits davon lagen jene peripheren Agrargesellschaften, die vor allem spezielle Genussmittel, Wertsachen oder seltene Rohstoffe bieten konnten, welche sich besonders aus Gründen des Klimas oder der Lagerstättenvorkommen nicht dichter an den Bedarfszentren produzieren ließen, und die dafür überwiegend Fertigwaren importierten, für deren Produktion ihr eigenes Gewerbe nicht weit genug entwickelt war. Ihre Produkte wurden weiträumig gehandelt und oft von einem Handelsnetzwerk ins nächste weitergereicht. Hier lebte eine Reihe von Vernetzungen weiter, die schon in den vorangegangenen Jahrhunderten entstanden waren: Elfenbein, Gold und Sklaven aus Ostafrika (1500 bis 1900 zwei Millionen Menschen), Sklaven aus der westafrikanischen Savanne durch die Sahara in den islamischen Raum (zwischen 1500 und 1900 drei Millionen), Edelsteine aus Afghanistan, Weihrauch aus Südarabien, Perlen vom Persischen Golf, Pfeffer, Zimt und Edelsteine aus Südindien, Gewürznelken und Muskatnüsse von den Molukken.

Südostasien wurde vor allem im 17. und 18. Jahrhundert in wesentlich größerem Maße als in den vorangegangenen Jahrhunderten zur peripheren Agrargesellschaft. Die Niederländer hatten zwar Anfang des 17. Jahrhunderts über die Gewürzinseln der Molukken ihre Monopolherrschaft erkämpft, aber der größte Teil der südostasiatischen Exporte ging durch chinesische Kaufleute nach China, in geringerem Maße auch nach Indien. Südchina lieferte Tee, aus Birma kamen vor allem Elfenbein, Rubine und Teak, aus Thailand Zinn, Zucker und Elfenbein. Die indonesische Inselwelt war Quelle von Zucker, Elfenbein, aromatischen Hölzern, Kampfer, schwarzem Pfeffer und anderen Gewürzen, sie bot Harze, Betelnüsse und für Gourmets Vogelnester.

Während die Europäer sich in Asien in bereits bestehende Handelsnetze einklinkten, bauten sie an einigen Stellen Amerikas neue Exportproduktionen für den europäischen Markt auf, sodass sich weitere periphere Agrargesellschaften formierten. Dabei handelte es sich zunächst um die Silberminen von Potosí (Peru) und der Gebirge Westmexikos, die ab 1545 bzw. 1548 erschlossen wurden. Von diesen beiden Punkten stammte der gesamte amerikanische Silberstrom. Um von fremden Produzenten und

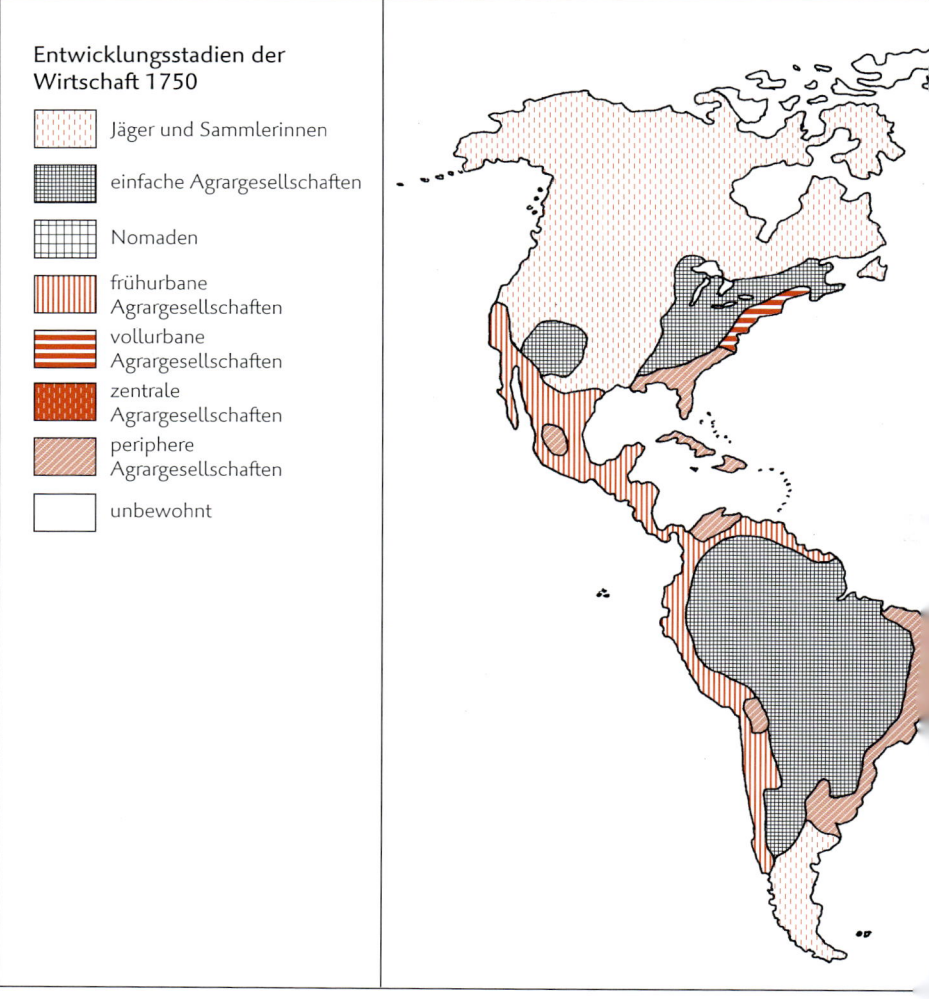

Händlern unabhängig zu sein, bauten die Europäer ihre eigenen Zucker-
rohrpflanzungen auf, zuerst ab 1530 die Portugiesen an der Küste Nord-
ostbrasiliens, dann seit 1640 die Niederländer, Engländer und Franzosen
auf den karibischen Inseln. Ergänzend kamen der Anbau von Tabak und
des Strauches für den Farbstoff Indigo hinzu. Hauptexportgut wurde Tabak ab 1650 in den südlichen der englischen Kolonien in Nordamerika.
Aber die Zucker- und Tabakplantagen standen anfangs vor einem Problem:
Es fehlte an Arbeitskräften. Die dortigen Indianer waren zu regelmäßiger
Arbeit zu unwillig und gar nicht zahlreich genug, und die Europäer ver-
trugen das feuchttropische Klima mit Malaria und anderen Tropenkrankheiten nur schlecht. Als Lösung kauften die Europäer ab 1532 an der Küste

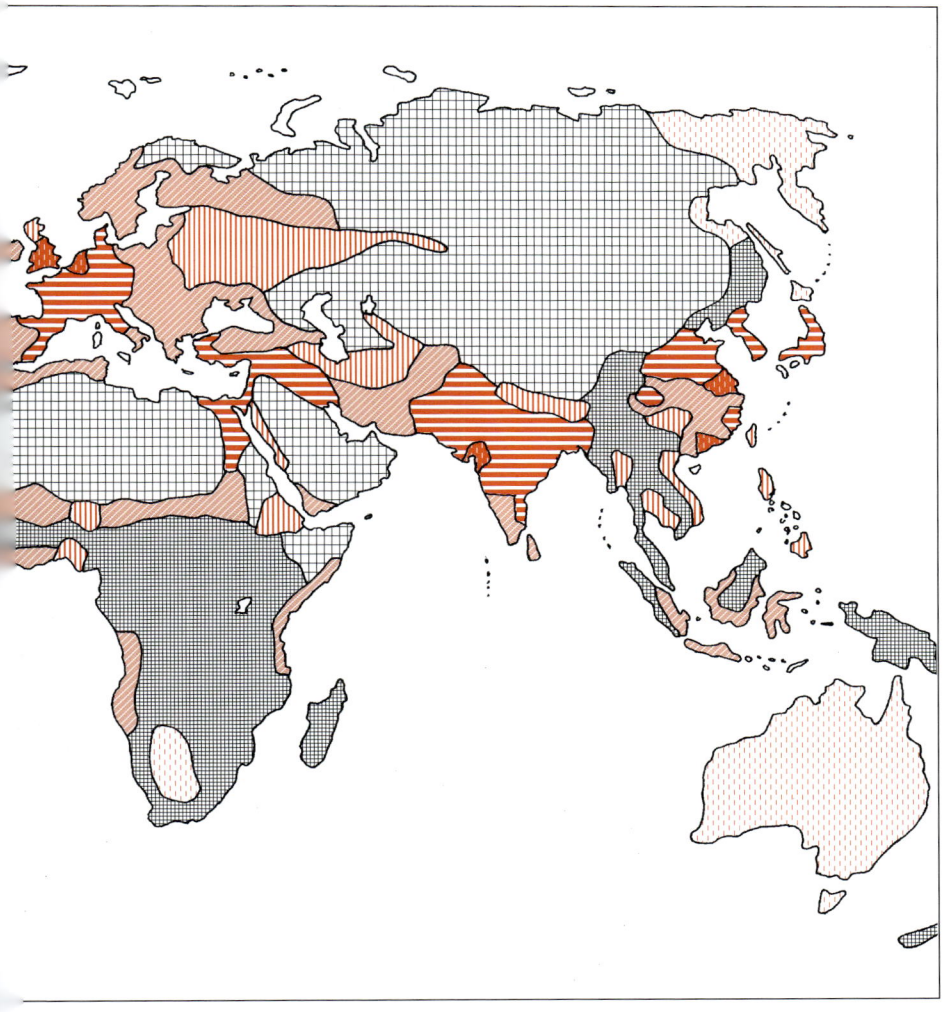

Westafrikas und Angolas schwarze Sklaven, die eine höhere Immunität gegen tropische Krankheiten besaßen. Die neue europäische Nachfrage gab dem schon lange bestehenden schwarzafrikanischen Sklavenhandel kräftigen Auftrieb. Der Verkauf von Sklaven war für schwarze Machthaber und Händler fast die einzige Möglichkeit, an europäische Fertigwaren heranzukommen, insbesondere an Waffen, Textilien, Schnaps und Metallwaren. Von 1500 bis 1900 gingen elf Millionen Menschen zwangsweise als Sklaven auf die Reise über den Atlantik.[467] Sie wurden vor allem nach Brasilien und in die Karibik gebracht, dagegen relativ wenige nach Nordamerika, da dort ihre Überlebensdauer und Reproduktionsrate höher waren, sodass weniger »Nachschub« benötigt wurde. Europäische Sklavenhändler kauften die Sklaven ebenso skrupellos ein, wie schwarze Machthaber Sklaven für den Export »produzierten« und verkauften. Zwingen konnte bei diesem Geschäft keine Seite die andere, denn es bestand zwar ein wirtschaftliches Entwicklungs-, aber kein Machtgefälle. Die »Produktion« geschah durch Raubüberfälle auf Nachbarstämme und -staaten und auch aus Straftätern. Auf diese Weise wurde auch das küstennahe Westafrika zur peripheren Agrargesellschaft.

Auf der anderen Seite des Atlantiks entstand in den Plantagengebieten eine europäischstämmige Besitzerschicht mit aristokratischer Lebensweise. Die ins portugiesische und spanische Amerika ausgewanderten Europäer waren vor allem Männer, die dann auch auf indianische Frauen zurückgriffen; so entstand eine abgestufte Hierarchie verschiedener Mischungsgrade von Kreolen über Mestizen bis hin zu Schwarzen. Dagegen wanderten nach Nordamerika meist ganze Familien aus. Hier grenzten die Weißen sich stärker rassistisch gegen die Schwarzen ab, und auch Kinder aus der unehelichen Verbindung von schwarzen Sklavinnen mit Weißen wurden als schwarz klassifiziert.

Der europäische Überseehandel bestand im 16. Jahrhundert fast nur aus Gewürzimport aus Asien. Im 17. Jahrhundert kamen dann in wachsendem Maße Zucker und Tabak aus Amerika und Baumwolltextilien aus Indien hinzu, die in Europa zunehmend dem Woll- und Leinengewerbe Konkurrenz machten, und im 18. Jahrhundert Tee aus China. Nach Indien und China lieferten die Europäer im Gegenzug vor allem amerikanisches Silber, da diese beiden silberarmen Länder hieran wesentlich mehr interessiert waren als an europäischen Fertigwaren.

Die meisten peripheren Agrargesellschaften waren politisch unabhängig, und umgekehrt führte politische Kolonialherrschaft nicht zwangsläufig zu peripheren Agrargesellschaften. Im spanischen und portugiesischen Amerika existierten außer den genannten Silberbergwerken und Plantagen, die sich mit Bezug auf die Gesamtfläche eher wie Inseln ausnahmen, kaum Gebiete, die in nennenswertem Umfang nach Europa exportierten. Umgekehrt war der Gewerbeimport aus Spanien gering und Gewerbe in Südamerika durch die Kolonialmacht keineswegs generell verboten.[468] Angesichts der weithin geringen Bevölkerungsdichte gab es aber nur wenige Städte, die überdies mehr Verwaltungs- als Wirtschaftszentren darstellten und ebenso wie die Bergbaugebiete von den umliegenden Großgrundbesitzern versorgt wurden, während die indianische Bevölkerung fast gar nicht in den Markttausch einbezogen war. Damit glichen die Verhältnisse im größten Teil Lateinamerikas im Ganzen mehr einer frühurbanen Agrargesellschaft. Von den englischen Kolonien in Nordamerika nahmen die nördlichen im Unterschied zu den südlichen nur schwach peripheren Charakter an. Im Norden dominierten Familienfarmen und Kleinstädte, die Europa nichts Interessantes anzubieten hatten, allerdings Fleisch und

Getreide in die Karibik lieferten. Die merkantilistische Politik Londons war an den nordamerikanischen Kolonien als Absatzmarkt für britische Woll-textilien und Eisenwaren interessiert, ließ dort aber angesichts des eng-lischen Holzmangels Schiffbau für den Export nach England zu.

Jenseits von alledem lagen die städtelosen Räume. Von ihnen spielten die innerasiatischen Steppengebiete unverändert die Rolle als Lieferant von Kriegspferden und auch Schafen für Indien und China. Dagegen wur-den im Laufe des 17. und 18. Jahrhunderts die gesamten nördlichen Wäl-der zu Pelzlieferanten, Sibirien vor allem von Eichhörnchen, Zobel und Silberfuchs, Nordamerika besonders von Bibern.

Zwischen erzwungenem Lernen und überzeugendem Vorbild

Die Elitenkulturen städtischer Agrargesellschaften verbreiteten sich, wenn auch in recht unterschiedlicher Weise. Vor allem die europäische und isla-mische konnten neuen Anhang gewinnen in Räumen, deren kulturelle Entwicklungsstufe geringer war. Bei den europäischen Kolonien half das Machtgefälle der Ausbreitung. Als Europäer Teile Amerikas eroberten und dorthin übersiedelten, nahmen sie ihre heimische Kultur mit, sei es spa-nischer, portugiesischer oder englischer Prägung. Europäische Bildungs-einrichtungen wurden ebenso wie Baustile transferiert. Es entstanden Pro-vinzkulturen, welche die Entwicklung ihres jeweiligen Mutterlandes weitgehend mitmachten. In Spanisch-Amerika sah die katholische Kirche die indianische Elitenkultur der Tempel und Priester als teuflisch an, zer-störte sie und versuchte die Unterworfenen an die europäische Kultur zu assimilieren, also Christentum und spanische Sprache allgemein durch-zusetzen. Die Masse der ländlichen Indianer erreichte das Spanische aller-dings nicht, und ihr Christentum wurde mit traditionellen Bräuchen und Überzeugungen untermischt. Auch auf den Philippinen etablierten die Spanier die spanisch-katholische Kultur, wobei die weitgehend primitive Kultur dem kaum Widerstände entgegensetzte. Unter der Decke ober-flächlicher Assimilierung an das Christentum lebten insbesondere in der Karibik und Brasilien auch bei den dorthin verschleppten schwarzen Skla-ven Reste anderer Traditionen fort, hier aus Westafrika transferiert. Durch Hybridisierung von Ahnenkult und Magie der Schwarzen mit dem Katho-lizismus entstanden eigene Kulte, so auf Haiti der Wodu-Kult. Auch die stark auf Schlaginstrumente gestützte Musik und die schnelle, aktive Art des Tanzens lebte unter den Schwarzen in Amerika weiter, woran spä-ter in Brasilien Samba und in den USA Gospelmusik, Jazz und Blues anknüpften.

Außerhalb ihrer Kolonien konnten die Europäer nur im Kongostaat (an der Mündung des gleichnamigen Flusses) und vor allem in Südjapan nennenswerte Missionierungserfolge verbuchen, wo die Jesuiten ab 1546 bzw. 1549 tätig waren. Jedoch wurde das Christentum in Japan 1612 bis 1623 von den Tokugawa aus Angst um die politische Stabilität wieder ausgerottet.

Aus eigener Initiative und dauerhaft orientierte sich nur Russland auf die europäische Kultur. Die orthodoxe Kirche, welche die russische Elitenkultur seit Jahrhunderten völlig beherrschte, stand den lateinischen Christen feindlich gegenüber; so durften Russen nicht ins westliche Ausland reisen, der Besitz lateinischer Bücher war verboten, und ausländische Kaufleute mussten in Russland abgesondert leben. Der Zarenhof realisierte aber zunehmend, dass Europa in militärischer und technischer Hinsicht überlegen war. So warb er vereinzelt im Laufe des 16., verstärkt in der zweiten Hälfte des 17. Jahrhunderts Fachleute für Architektur, Militärwesen und Technik an, besonders aus Italien, ohne dass die Abschottung grundsätzlich aufgegeben wurde. Zar Peter I. begann dann nach seiner Europareise 1698 eine radikale Verwestlichungspolitik, die Hof, Staatsapparat und Adel an europäische Kultur so weit akkulturieren wollte, dass Russland bei den europäischen Großmächten mitspielen konnte. Um den Anschluss an europäisches Wissen zu gewinnen, wurden viele Adlige auf neu gegründete Schulen westlichen Stils oder zur Ausbildung ins Ausland geschickt, Tausende westlicher Experten wurden angeworben, besonders aus den Niederlanden und Deutschland, und zahlreiche westliche Bücher übersetzt. Auch das äußere Erscheinungsbild war betroffen: Adel und Kaufleute mussten westliche Kleidung übernehmen und ihre traditionellen Bärte abschneiden, und die neue Hauptstadt St. Petersburg erwuchs in den Sümpfen der Newamündung ganz nach westlichem Barockstil. Adel und Kirche reagierten auf Peters Reformen mit massivem Widerstand, doch der Zar stellte 1721 die Kirche unter Staatsaufsicht. Mitte des 18. Jahrhunderts setzte europäischer, besonders französisch orientierter höfischer Lebensstil sich beim russischen Adel weitgehend durch. Das einfache Volk blieb dagegen altrussischer Lebensweise treu, sodass sich die Kluft zwischen Eliten und Volk noch vergrößerte. Gegenüber der unterworfenen sibirischen Bevölkerung legte die orthodoxe Kirche, anders als die katholische in Amerika, keine brutale Assimilierungspolitik an den Tag; nichtsdestoweniger gewannen hier Christentum und russische Sprache im 18. Jahrhundert an Boden.

Der Islam gelangte von Nordwestindien aus durch Kaufleute und Sufis über die Handelsverbindungen zur malaiischen Halbinsel. Nachdem dort 1400 der einflussreiche Herrscher von Malakka zum Islam konvertiert war, breitete der Islam sich im späten 15. Jahrhundert friedlich durch die ganze indonesische Inselwelt bis zu den Südphilippinen aus, indem Herrscherhöfe und Kaufleute sich akkulturierten und dann missionierende

Sufis förderten. Als wenige Jahrzehnte später portugiesische Missionare dieses Gebiet erreichten, konnten sie dort kaum noch Fuß fassen. Die bisher bestehenden indischen Traditionen, die kaum über die Herrscherhöfe hinausgereicht hatten, blieben nur am Hof von Bali lebendig. Aber auch der Islam blieb lange auf die Küstenstädte konzentriert. Das bäuerliche Hinterland durchdrang er nur in einem langsamen Prozess, der sich bis um 1800 hinzog, wobei er vielfach Kompromisse mit Geisterglauben und Bräuchen der primitiven Kultur des einfachen Volkes einging. Das vorislamische Gewohnheitsrecht (»Adat«) blieb bestehen. In der westafrikanischen Sahelzone konnte der Islam im 15. bis 17. Jahrhundert einige weitere Herrscherhöfe für sich gewinnen, blieb hier aber noch mehr als in Südostasien Sache der Eliten, ohne die Massen zu berühren.

Im 17. und 18. Jahrhundert bekehrten ferner Mönche von Tibet aus die Mongolen, die bis dahin in einer primitiven Kultur mit Schamanen lebten, mehrheitlich zum Buddhismus lamaistischer Form. Für deren Nachbarn hatte das den angenehmen Nebeneffekt, dass die kriegerischen Nomaden friedlicher wurden.

Zwischen China, Europa, Indien und dem islamischen Raum fand hingegen kein bedeutender Transfer von Ideen und Überzeugungen statt, da hier weder ein vergleichbares Gefälle des kulturellen Entwicklungsstandes noch ein Machtgefälle bestand. Hier war jede der herrschenden Eliten felsenfest davon überzeugt, dass die eigene Weltanschauung, ihre Kultur überhaupt überlegen sei. Von den Jesuitenmissionaren, die sich im 17. Jahrhundert am chinesischen Kaiserhof aufhielten, übernahmen die Chinesen nur einige astronomische und mathematische Ideen, die offenkundig treffender waren, und umgekehrt blieb die Mode eines von China inspirierten Dekorationsstils, die vereinzelt an europäischen Höfen Anfang des 18. Jahrhunderts auftauchte, erst recht punktuell und nebensächlich. Das osmanische Imperium war in seiner Formierungsphase in den Jahrzehnten um 1500 offener; so knüpfte die offizielle Architektur an byzantinische und persische Vorbilder an, um den imperialen Anspruch zu unterstreichen, und die Türken übernahmen auch nützliches Wissen aus Europa.[469] Doch dann fand zwischen Europa und dem osmanischen Imperium im Grunde gar kein Gedankentransfer mehr statt, zumal die häufigen Kriege die gegenseitige Ablehnung verstärkten. Nur 1703 bis 1730 öffnete der Sultanshof in Istanbul das Fenster nach Europa und übernahm einige Elemente europäischer Barockhöfe, vom Stuhl (statt Sitzkissen auf dem Boden) bis zur gerade modischen Tulpenzwiebel, dann brach diese Öffnungsphase nach einem Aufstand der Stadtbevölkerung gegen die Westeinflüsse ab. In Indien bestand während der Mogulherrschaft ein deutliches Machtgefälle zwischen dem islamischen, persischsprachigen Mogulhof und der Masse der Hindubevölkerung. Durch die Integrationspolitik Akbars fanden persische Sprache, ästhetische Normen, Miniaturmalerei und Umgangsformen unter den indischen Eliten durchaus breitere Resonanz, und zugleich verschmolz die Hofarchitektur persische und indische Elemente. Als Hybridsprache mit Hindugrammatik und persisch-türkischem Vokabular entstand Urdu. Weltanschaulich blieben dagegen die Abgrenzungsfronten klar. Die Brahmanen ignorierten die Muslime und Europäer faktisch.[470] Die Muslime konnten in Indien nur begrenzt neuen Anhang gewinnen, da die Nichtmuslime (anders als in der malaiischen Inselwelt) über genügend politischen und wirtschaftlichen Rückhalt verfügten. Der Versuch Kaiser Akbars, den Graben zwischen Hindus und Muslimen zu überwinden, indem er eine neue synkretistische Religion stiftete, blieb ohne Resonanz. Die Lehre des Hindu-Gurus Nanak († 1539), der den Ritualismus des Hinduglaubens durch die Verschmelzung mit muslimischem Monotheismus überwinden wollte, führte nicht, wie von ihm erhofft, beide Religionen zusammen, sondern etablierte sich später neben diesen als eigenständige Religion, die der Sikhs.

Dass Elitenkultur sich räumlich ausbreitete, war nicht nur ein Phänomen zwischen Gesellschaften, sondern fand auch innerhalb von Staaten statt, indem lokale Eliten sich der Kultur des Machtzentrums anpassten und das Staatsgebiet damit kulturell homogenisiert wurde. Im Laufe des 17. und 18. Jahrhunderts wurden in Frankreich mit der Zentralisierung der Macht gezielt die okzitanische Sprache in Südfrankreich, das Bretonische sowie Dialekte zurückgedrängt und das Pariser Französisch überall durchgesetzt, ebenso auf den britischen Inseln das Englische gegenüber dem Irischen und Gälischen in Irland bzw. Schottland. Als Ludwig XIV. 1685 die Hugenotten vertrieb wurde Frankreich einheitlich katholisch. Umgekehrt wurde England protestantisch, nicht indes das katholisch bleibende Irland. Als sich in Deutschland durch den Buchdruck die Kommunikation intensivierte und durch die Reformation eine moderne deutsche Schriftsprache entstand, setzte diese sich im Laufe des 16. und 17. Jahrhunderts als einheitliche Schriftsprache durch, welche die Spaltung in einen ober- und einen niederdeutschen Sprachraum überwand. Andererseits führte hier die Reformation dazu, dass sich um 1600 die Spaltung in einen katholischen Süden und Westen und einen lutherischen Norden verfestigte. Wenn sich in europäischen Staaten die Sprache der jeweiligen Machtelite durchsetzte, so bedeutete das zugleich, dass die gesamtkulturelle Bildungssprache, also Latein, auch unter den Gelehrten verdrängt wurde. Während sich also in Europa die einzelnen nationalen Kulturräume innerhalb der europäischen Gesamtkultur stärker ausprägten, waren in Ostasien chinesische Elitenkultur und Staatsgebiet fast deckungsgleich. Gegenüber den ethnischen Minderheiten in den südöstlichen und südwestlichen Bergländern betrieben die Dynastien der Ming und Mandschu weiterhin eine Politik der Sinisierung. Diese löste dort zusammen mit dem Einwanderungsdruck chinesischer Bauern im 18. Jahrhundert mehrere Aufstände aus. Im Iran iranisierten sich die Safawiden und setzten im 16. Jahrhundert den schiitischen Islam als Staatsreligion gegen den sunnitischen durch, während gleichzeitig die Osmanen beim Türkischen blieben, außerdem in ihrem Machtbereich endgültig die Sunna verpflichtend machten und die Reste der Schia unterdrückten. Beide Dynastien setzten sich also gegeneinander ab, indem sie Unterschiede der Identität schärften. Doch das osmanische Imperium blieb heterogen. Die christliche Kultur der unterworfenen Balkanvölker tasteten die Osmanen nicht an. Türkisch wurde zwar imperiumsweit Militär- und Verwaltungssprache und setzte sich in Anatolien auch bei der Masse durch, aber die Ulama blieben überall beim Arabischen, ebenso die Eliten des arabischen Raumes. Indien war erst recht unverändert heterogen, und die Eliten der südostasiatischen Festlandsstaaten entfalteten eine Homogenisierungskraft nur in den Tiefländern, ohne die Bergvölker zu erreichen.[471] Ausmaß und Richtung dieser Homogenisierungsprozesse schufen Weichenstellungen, die bedeutsam werden sollten, als sich im 19. und 20. Jahrhundert nationale Identitäten formierten.

Während bisher die vielfältigen lokalen Volkskulturen nur begrenzt mit den Elitenkulturen vernetzt gewesen waren[472], versuchten die Eliten vor allem in den Druckkulturen jetzt zunehmend, Normen ihrer Kultur stärker beim einfachen Volk durchzusetzen. In Europa ergoss sich zumindest in Frankreich und den protestantischen Ländern seit dem 16. und verstärkt im 17. und 18. Jahrhundert eine Wortflut von Flugschriften, Predigten und später auch Volkskalendern über das einfache Volk. Angetrieben durch das Ringen zwischen den Konfessionen versuchten Geistliche, das oberflächliche, weitgehend rituelle Christentum des einfachen Volkes auf die richtige Konfession festzulegen und es durch die Erziehung zu christlich-moralischem Verhalten zu vertiefen. Regelmäßiger sonntäglicher Gottesdienstbesuch und Gebet im Familienkreis verbreiteten sich jetzt. Im 18. Jahrhundert bemühten sich überdies die Aufklärer, dem ungebildeten Volk den Glauben an Hexen, Gespenster und Magie als Aberglauben auszutreiben. Parallel dazu gingen die Obrigkeiten seit dem 17. Jahrhundert daran, Randgruppen durch Zucht- und Arbeitshäuser bürgerliche Arbeitsmoral aufzuzwingen, ebenso indem sie die bisher eher großzügig vergebene Armenfürsorge an wirkliche Arbeitsunfähigkeit banden. Auch Polizeiordnungen sollten Unarten abstellen. Allerdings hatte das Ganze wenig Erfolg.[473] Ein Gegenstück fanden diese Bestrebungen in China, wo im 17. und 18. Jahrhundert Regierung und Literaten bemüht waren, die neokonfuzianischen Moralvorstellungen bei den einfachen Leuten zu verbreiten, nicht zuletzt durch Schulen und gutes Vorbild der Beamten.[474] Erst jetzt begannen neokonfuzianische Ideale von Familienpietät, Frauenrolle, Bildungsstreben, Loyalität usw. über die Eliten hinaus auch die Bauern zu erreichen. Ähnliches geschah ansatzweise seit dem 16. Jahrhundert in Vietnam.

Diese Versuche, die Massen zu einer moralischen Lebensführung im Sinne der Eliten zu erziehen, waren kein Teil eines allgemeinen, langfristigen Zivilisationsprozesses.[475] Unabhängig von diesen Bestrebungen gab es andere eigenständige Kräfte, welche ebenfalls Mentalitäten und Verhaltensweisen formten, insbesondere disziplinierten, und zwar jeweils in einer bestimmten Hinsicht. Dabei war es je nach Epoche und Region unterschiedlich, welche eine größere oder geringere Rolle spielten. Wo sich das staatliche Gewaltmonopol durchsetzte, ging die Gewaltsamkeit in der Gesellschaft zurück. So wurde in Europa und Japan der kriegerische Adel im 17. Jahrhundert gezähmt. In China, wo dieser Zustand schon seit Jahrhunderten bestand, steigerte sich die Ablehnung von Aggression in den Eliten so weit, alles Militärische überhaupt gering zu schätzen, negative Gemütsregungen anderen gegenüber zu unterdrücken und Messer vom Esstisch zu verbannen. Dagegen blieb in weniger stark bürokratisch kontrollierten Gesellschaften wie Lateinamerika und Russland Gewaltverhalten stärker verbreitet. Wo große Herrscherhöfe entstanden, setzten die höfischen Eliten sich durch feiner geformtes Verhalten, sei es bei Manieren oder Tänzen, von der Masse ab; hier vollzogen die Höfe des absolutistischen Europa nur nach, was an anderen großen Herrscherhöfen schon Jahrhunderte zuvor erfolgt war. Wo schließlich große arbeitsteilige Apparate mit abhängigen Beschäftigten entstanden, fingen die Herren an, auf Zuverlässigkeit, Disziplin und Pünktlichkeit zu drängen; das begann in absolutistischen Bürokratien und in Manufakturen, und im 19. Jahrhundert verstärkte es sich mit dem Aufkommen großer Fabriken.

Steigende Innovationsfähigkeit oder Stagnation?

Wo vielfältigeres Wissen verfügbar war, das rekombiniert werden konnte, wo Medien die Verbreitung und Zirkulation von Informationen erhöhten und wo der Informationsfluss nicht durch die Kontrolle der Mächtigen eingeschränkt wurde, da waren Gesellschaften innovativer. Hierbei bestanden nun deutliche Unterschiede zwischen den Großregionen.

Nach Anfängen im 16. bereisten vor allem im 17. und 18. Jahrhundert etliche Europäer, besonders Kaufleute und Missionare, Amerika, das osmanische Imperium, Indien, Teile Südostasiens und dann auch Russland, außerdem in der Zeit um 1600 vereinzelt auch Japan und China. Aus ihren Reiseberichten sammelte sich in Westeuropa ein Haufen an Informationen über Pflanzen, Tiere, Geografie und politische Verhältnisse dieser Länder an. Dem stand aufseiten der Muslime, Inder und Chinesen keine vergleichbare Neugier gegenüber. Von ihnen reiste fast niemand nach Europa. Die Ulama rieten Muslimen von Reisen in nicht-islamische Länder ab, auch chinesische Obrigkeiten verhielten sich hier recht restriktiv, insbesondere zwischen etwa 1720 und 1850, und Japanern und Koreanern waren ab Anfang des 17. Jahrhunderts Auslandsreisen strikt verboten. Die Eliten des osmanischen Imperiums und Irans hielten die Europäer für rückständig und bekamen bis Ende des 18. Jahrhunderts fast nichts davon mit, dass bei diesen wichtige Innovationen auftraten, und im geistigen Horizont indischer und chinesischer Eliten tauchte Europa praktisch gar nicht auf. Um 1750 gab es in Europa zwar zahlreiche Bücher über Asien, aber dort fast keine über Europa.[476] Birma reagierte auf das Erscheinen der Europäer damit, dass es sich weitgehend abschloss, ebenso 1688 bis 1809 Thailand; in beiden Ländern fiel die nachachsenzeitliche Kultur praktisch in einen Dornröschenschlaf. Im Unterschied zu Muslimen, Brahmanen und Neokonfuzianern waren die Japaner nicht von dem Bewusstsein der eigenen kulturellen Überlegenheit durchdrungen, sondern sich durchaus bewusst, wie sehr sie einst Schüler der Chinesen gewesen waren. Als die Europäer ab 1542 in Japan auftauchten, reagierte man dort neugierig, stellte viele Fragen und sandte 1582 bis 1590 sogar eine Delegation auf Europareise. Nachdem die Japaner diese Auslandskontakte 1638 abgebrochen hatten, blieb ein kleines geistiges Guckloch erhalten, indem weiter europäische Bücher importiert wurden, um Fortschritte Europas in nützlichem Wissen und in der Technik zu beobachten. Sie waren aber nur einer kleinen Gruppe von Gelehrten zugänglich.

Noch wichtiger als die Offenheit für Informationen von außerhalb war die Intensität der Kommunikation. Einfache Druckkultur bestand um 1400 nur in China. Nach dem Rückschlag in der Mongolenzeit verlief die Entwicklung hier weiter auf dem einmal eingeschlagenen Pfad. Im Laufe des 16. und frühen 17. Jahrhunderts nahm die Menge des Gedruckten stark zu, von kommerziellen Verlagen und Privatpersonen ebenso wie vom Staat produziert, wobei man beim Blockdruck blieb. Darunter war auch ein beträchtlicher Teil populärer Literatur, der sich statt des Gelehrtenchinesisch der umgangssprachlichen Dialekte bediente. Immer mehr private Akademien wurden gegründet, unterhalten von lokalen Aristokraten und Kaufleuten. Diese »Akademien« waren z. T. nur Bibliotheken, z. T. Schulen, z. T. clubartige Treffpunkte von Gebildeten, z. T. dieses alles zusammen.[477] Der Staat baute dagegen keine Wissenschafts- und Bildungsinstitutionen auf. Die zentrale kaiserliche Hanlin-Akademie diente nicht der Forschung, sondern sollte die Regierung beraten und Editionsprojekte steuern. Manche Akademien bauten nennenswerte Bibliotheken auf, ebenso einige Kaufleute. Gleichzeitig weitete sich der Kreis der Gebildeten stark aus. Um 1600 dürften schätzungsweise 20 % der erwachsenen Männer eine klassische Bildung besessen haben, wobei weniger als 2 % den ersten Beamtenprüfungsgrad und weniger als 0,02 % das Palastexamen bestanden hatten.[478] Damit entstand vor allem im unteren Jangtsegebiet eine nennenswerte Intellektuellenschicht, die nicht in die Beamtenloyalität eingebunden war und in der freie Diskurse einsetzten. Ihr institutioneller Kern waren die Akademien.

Dieses Innovationspotenzial traf indes auf starke Schranken. Die späte Ming-Dynastie ging gegen systemkritische Kräfte vor, besonders 1579 und 1625/27, indem sie einzelne Gelehrte verfolgte, Listen verbotener Bücher erstellte und missliebige Akademien schloss. Die folgende Mandschu-Dynastie setzte diese Repressionsmaßnahmen verstärkt fort, massiv vor allem in der Anfangszeit. 1663 wurden 70 Gelehrte hingerichtet, weil sie am staatlichen Monopol vorbei eine private Geschichte der Ming-Dynastie schreiben wollten.[479] Der Kaiserpalast selektierte nicht nur ihm Unerwünschtes, sondern steuerte auch indirekt, indem er den Stoff für die Beamtenprüfungen vorgab und gezielt Bücher und Enzyklopädien drucken und verbreiten ließ. Seit den mittleren Ming gab es zwar auch Zeitungen, die aber ausschließlich amtliche Mitteilungen enthielten.[480] Bezeichnend für diese Struktur der chinesischen Öffentlichkeit war das größte kaiserliche Editionsprojekt: 1772 bis 1782 sammelte ein Team von 350 Gelehrten sämtliche gedruckten Werke und Manuskripte, die zu finden waren, notfalls als Zwangsablieferung; 3461 Werke mit zusammen 2,3 Millionen Seiten wurden kopiert, weitere 6793 bibliografisch registriert, wobei alle buddhistischen und dauistischen Schriften außen vor blieben, 3000 Werke wurden vernichtet.[481] So wurden im 17. und 18. Jahrhundert kritische Stimmen nicht völlig erstickt und manches auch entgegen den Zensurbestimmungen veröffentlicht, dazu war der Umfang der Öffentlichkeit zu groß, aber es bestand doch eine gewisse Formierung und Einschüchterung, die innovative Geister entmutigte.

Noch stärker als in China intensivierte sich die Kommunikation in Europa[482], das den bisherigen Vorreiter dabei überholte. Nachdem Flugblätter im Blockdruckverfahren schon seit dem späten 14. Jahrhundert verbreitet gewesen waren, meist mit religiösem Inhalt, erfand 1454 Gutenberg in Deutschland den Buchdruck mit beweglichen Bleilettern. Er wurde rasch aufgenommen. Bis 1500 waren 252 Druckorte mit der neuen Technik entstanden, im Wesentlichen aus privater Initiative und verteilt über ganz Europa.[483] In den amerikanischen Beherrschungs- und Siedlungskolonien setzte jeweils wenige Jahrzehnte nach ihrer Gründung ebenfalls Buchdruck ein; nur in Brasilien blieb er bis Ende des 18. Jahrhunderts verboten. Indem der Preis von Büchern durch Gutenbergs Erfindung auf einen Bruchteil fiel, fanden sie jetzt viel größere Verbreitung. Für die Gelehrten wurden dadurch um 1500 Beobachtungen und Texte, die bisher verstreut waren, für eine vergleichende Betrachtung verfügbar, was zur kritischen Überprüfung anregte.[484] Der Kreis der Gelehrten wuchs im 16. Jahrhundert über jene hinaus, die in Universität und Kirche eingebunden waren. Dabei entstand jetzt auch außerhalb der Universitäten ein institutioneller Rückhalt für Wissenschaft. Seit dem 16. Jahrhundert nahmen

Herrscherhöfe diese Rolle auf, indem sie alchemistische Labors einrichteten (konnten die Alchemisten nicht Gold machen?), Observatorien errichteten (Dänemark 1576, Frankreich 1667, England 1675) und botanische Gärten schufen (Paris 1635), wenn auch noch mit bescheidenen Summen. Zugleich formierten sich Gelehrtenvereinigungen, oft Akademie genannt, mit unterschiedlichen Zielsetzungen und meist von einem Herrscher unterstützt, zuerst seit 1540 in Italien, ab 1617 in Deutschland und 1635 in Frankreich. Seit dem 16. Jahrhundert entstanden auch an Herrscherhöfen und in Haushalten reicher Adlige und Kaufleute nennenswerte Bibliotheken, und Universitätsbibliotheken wuchsen. Viel breitere Kreise wurden von Informationen erreicht, umso mehr, als im 16. Jahrhundert in Italien, Frankreich und Spanien und im 17. in Deutschland die volkssprachliche Literatur die lateinische überholte. Die Kirchenoberen erkannten bald, welche Gefahren eine sich ausweitende Kommunikation für sie bedeuten könnte, und richteten zur Selektion eine Zensur ein, zuerst 1486 das Erzbistum Mainz und kurz darauf der Papst.

Insoweit war die Entwicklung noch etwa derjenigen in China ähnlich, wenn man davon absieht, dass in Europa Gelehrsamkeit mehr institutionellen Rückhalt hatte und europäische Herrscher zwar ihre Verordnungen gedruckt verbreiten ließen, aber keine Texteditionen. Doch dann kam es zu einer entscheidenden Abweichung: In einigen Ländern verloren die etablierten Kräfte die Kontrolle über die sich ausweitende Kommunikation. Das geschah dort, wo zwei Dinge zusammentrafen, nämlich die innere Zerstrittenheit der Eliten in der Reformationsfrage und oligarchische Machtverhältnisse. Keine Rolle spielte dagegen, dass es in Europa mehrere Staaten gab, zwischen denen verfolgte Intellektuelle hätten wechseln können, und in China nur einen. Als Luther 1517 zum Disput über den Ablass aufrief, fand er ein breites Echo. Die Zensur brach zusammen, da die deutschen Landesherren bei der aufbrechenden Kontroverse unterschiedliche Meinungen stützten und es keine starke römisch-deutsche Zentralgewalt gab. Nachdem ab 1555 jeder deutsche Landesherr in seinem Territorium eine einheitliche konfessionelle Meinung verbindlich machte, wurde dieser Aufbruch indes wieder durch eine neue Kanonisierung eingefangen. Polen wurde ab 1573 zum Land konfessioneller Toleranz, in den multikonfessionellen Niederlanden löste Zensur sich um 1600 weitgehend auf, und in England brach sie in den Bürgerkriegskontroversen 1641 fast gänzlich zusammen, wurde 1660 wiederhergestellt und 1695 endgültig aufgegeben. In diesen drei Ländern hatte die Oberschicht als Ganzes wesentlichen Einfluss auf die Politik, war aber in sich in den konfessionellen Streitfragen vielfach unterschiedlicher Auffassung; damit verlor das Prinzip, eine bestimmte Ansicht durch Zensur als verbindlich durchzusetzen, seine Machtbasis. Während sich in Polen um 1720 die Gegenreformation durchsetzte, war in den Niederlanden und England dauerhaft das Tor zur freien öffentlichen Debatte aufgestoßen, eine Folge des Übergangs zu einer liberalen Transitionsordnung. Wie schon in Deutschland vorübergehend in den Sturmjahren der Reformation ließ das die Menge des Gedruckten enorm anschwellen. Die religiösen und politischen Kontrahenten versuchten durch populäre Pamphlete Massenanhang zu gewinnen. Das Streben, die eigene Kritik derb zu veranschaulichen, führte nebenbei zur Geburt der Karikatur. Im 17. und 18. Jahrhundert strahlte dieses auch auf den protestantischen Teil Deutschlands aus, wo die einzelnen Staaten die Zensur unterschiedlich handhaben und den Informationsfluss wegen der territorialen Zersplitterung nicht gut kontrollieren konnten, und im 18. zunehmend auch auf Frankreich. Letzteres hatte zwar Anfang des 17. Jahrhunderts zunächst eine strenge Zensur etabliert, die aber zunehmend unterlaufen wurde, indem verbotene Schriften in den Niederlanden oder Genf gedruckt und über die Grenze geschmuggelt wurden.

Ganz anders in Spanien mit Portugal und den angeschlossenen Kolonien: In dem von der Reformation unberührten Land unterbrachen die starke Monarchie und die mit ihr liierte katholische Kirche Ende des 16. Jahrhunderts die Kontakte zur protestantischen Kulturwelt und etablierten eine straffe Zensur der Öffentlichkeit. Diese wurde durch die Jesuiten ausgeübt und dauerte bis gegen 1770 an. Nicht viel weniger restriktiv sah es im Herrschaftsgebiet der österreichischen Habsburger und in Bayern aus, seit Ende des 16. Jahrhunderts die Gegenreformation begann. In diesen streng katholischen Ländern erstarben intellektuelle Innovationen. In Italien, im 15. und 16. Jahrhundert geistig innovativer als das übrige Europa, setzte die Inquisition ein Zeichen, als sie wegen falscher Lehren 1600 den Philosophen Giordano Bruno verbrannte und 1633 Galilei verurteilte. Im folgenden Klima der Einschüchterung begann das intellektuelle Leben Italiens zu stagnieren. Stattdessen wurden die Niederlande zum Kernraum intellektueller Innovationen, einige Jahrzehnte später auch England.[485]

Die konfessionellen Profile verstärkten den Unterschied in der Intensität der Kommunikation. Während die Protestanten in Nachfolge Luthers dafür waren, dass jeder die Bibel selbst lesen sollte, tendierte die katholische Kirche dazu, Wissen zu monopolisieren und seine Ausbreitung zu begrenzen; dazu pflegte sie seit 1559 den Index der verbotenen Bücher (bis 1967), und in Spanien war Bibellektüre in der Muttersprache bis 1782 verboten. Während dementsprechend dort wie in Italien die Alphabetisierung gering blieb, wurde in den protestantischen Ländern teilweise das Elementarschulwesen stark ausgebaut, schon im 16. Jahrhundert in Deutschland und im 17. und 18. besonders in den Niederlanden, England und dem nördlichen Teil seiner nordamerikanischen Kolonien sowie in Teilen der Schweiz.

Der kritische Diskurs in Nordwesteuropa konnte sich umso mehr entfalten, als er durch neue Organisationsformen gefördert wurde. 1464 begannen der französische König und 1490 Kaiser Maximilian mit dem Aufbau von Postverbindungen, gedacht nur für den Staatsbedarf, so wie es bei Persern, Römern und in China schon längst erfolgt war. Da Maximilian der Unterhalt aber zu teuer war, öffnete er sie gegen Gebühr auch für die Briefe von Privatpersonen. Damit entstand etwas qualitativ Neues, nämlich die öffentliche Post. Diese machte in Europa Schule und ermöglichte Gelehrten einen intensiveren Gedankenaustausch durch Briefe.[486] Aus den an Poststationen auflaufenden Nachrichten entstanden regelmäßig erscheinende Zeitungen mit aktuellen Informationen über Politik und Wirtschaft, zunächst wöchentlich (Deutschland ab 1609, Niederlande 1618, Frankreich 1631, England 1666). Diese öffneten für viele erstmals ein Fenster zum politischen Geschehen, waren aber kein Ort kritischer Überlegungen. Dafür entstand im späten 17. Jahrhundert ein neues Medium, die Zeitschrift. Die ersten richteten sich an die bis dahin weitgehend unkoordinierte Gelehrtenwelt, nämlich das *Journal des Savants* ab 1665 in Frankreich, die *Philosophical Transactions* ab 1665 in England und die *Acta Eruditorum* ab 1682 in Deutschland, denen dann auch fachwissenschaftlich ausdifferenzierte Zeitschriften folgten. Schließlich erschien ab 1700 in diesen Ländern eine zunehmende Fülle von Zeitschriften, die allgemeine Fragen für ein breiteres gebildetes Publikum diskutierten. Als weniger wichtige Ergänzung zu diesen Orten kritischer Debatte lassen sich die Londoner Kaffeehäuser und Pariser Aristokratensalons erwähnen.[487] Damit entstand Ende des 17. Jahrhunderts die Infrastruktur für eine diskursive Druckkultur. Neben der religiösen Öffentlichkeit setzte damit Wissenschaft als öffentlicher Diskurs ein (was die Geheimwissenschaft Alchemie nicht überlebte), gefolgt von der populären Öffentlichkeit der gebildeten Laien.

Wer außer Europa tat noch den Schritt zur einfachen Druckkultur? Überzeugend geschah das in diesen Jahrhunderten nur in Japan, sehr knapp auch noch in Korea und Russland. In Japan war Buchdruck als Blockdruck zwar bereits seit dem 8. Jahrhundert bekannt gewesen, aber bislang nur ein wenig von buddhistischen Klöstern genutzt worden. Nachdem die lange Bürgerkriegszeit beendet war, nahm im 17. Jahrhundert die Menge des Gedruckten stark zu, jetzt für den kommerziellen Absatz, und verdrängte handgeschriebene Bücher. Flugblätter vermittelten aktuelle Informationen, aber es gab noch keine Zeitungen. Parallel dazu entstand im Laufe des 17. und 18. Jahrhunderts ein Netz von Schulen, sodass um 1800 über die Samurai hinaus auch Kaufleute und reichere Bauern lesen und schreiben konnten. Warum gerade Japan? Hier gab es keine geschlossene geistige Elite mit Zugang zur Macht, die hätte blockieren können. Die Intensivierung der Kommunikation war Frucht vielfältiger, weitgehend privater Initiativen, und sie wurde im politisch dezentralisierten Japan auch nicht durch zentrale Beamtenprüfungen beeinflusst.

Dagegen lag in Korea und Russland die Initiative vor allem beim Herrscher. In Korea, wo ebenso wie in Japan Blockdruck schon jahrhundertelang bekannt war, wurde 1403 der Druck mit beweglichen Metalllettern erfunden, doch monopolisierte der König diesen für offizielle Zwecke. Im 15. und 16. Jahrhundert verbreiteten die Herrscher Enzyklopädien mit nützlichem Wissen, und es entstand ein Netz von staatlichen und privaten neokonfuzianischen Akademien, andererseits wurden regierungskritische Intellektuelle mehrfach massiv verfolgt. Zwar erwuchs seit Ende des 17. Jahrhunderts auch eine volkssprachliche Elitenkultur, aber die Gelehrten blieben bis ins 18. Jahrhundert beim Chinesischen und schützten damit ihr Wissen davor, stärker verbreitet zu werden. Russland stand bis Ende des 17. Jahrhunderts als periphere Kultur noch weiter zurück; Provinzadlige und niedere Geistliche waren meist Analphabeten, es gab keine Hochschulen, und Buchdruck war fast unbekannt. Peter I. gründete einige Elementarschulen und Fachschulen und zwang die widerstrebenden Adelssöhne hinein, zugleich überrundeten jetzt die gedruckten die handgeschriebenen Bücher. Aber auch im 18. Jahrhundert erhielt die Drucktätigkeit in Russland ihre Impulse vor allem vom Staat und unterlag strenger Zensur, und erst in den 1750er-Jahren wurden höhere Schulen und eine Universität gegründet. In Korea und Russland betrug die Buchproduktion Ende des 18. Jahrhunderts nur einen Bruchteil derjenigen Deutschlands oder Japans.[488] Eine innovative und diskursive Öffentlichkeit konnte sich hier unter diesen Bedingungen nicht entfalten.

Letzteres galt mindestens ebenso für die arabischsprachige Gelehrtenwelt der Ulama[489], deren Netzwerk sich von Marokko bis Indien erstreckte, für die Gelehrten der persischsprachigen muslimischen Hofkultur, deren Netzwerk von Iran über Indien bis in die indonesische Inselwelt reichte, und für die sanskritsprachige Brahmanenwelt Indiens. Hier stagnierten Weltdeutung und Wissen der geistigen Eliten auf nachachsenzeitlichem Niveau. Das schloss nicht aus, dass dort, wo Moguln, Safawiden und Osmanen viel Geld für repräsentative Hofhaltungen aufwendeten, auch beeindruckende künstlerische Leistungen zustande kamen. Der Taj Mahal, das von Shah Jahan erbaute Mausoleum, ist noch heute ein Touristenmagnet. Buchdruck wurde hier zwar Mitte des 16. Jahrhunderts durch die Europäer bekannt, aber nur von kleinen jüdischen und christlichen Minderheiten im osmanischen Imperium und einigen wenigen christlichen Missionaren in Indien aufgenommen. Muslimen wurde der Buchdruck rasch verboten, und auch Brahmanen verweigerten sich ihm. Dabei blieb es bis gegen 1800. Einzige Ausnahme war eine 1727 in Istanbul errichtete Druckerei, die aber nach 15 Jahren wieder geschlossen werden musste und kaum produziert hatte.[490] Die islamischen Gelehrten wollten Wissen monopolisieren und nicht in die Hände der Massen gelangen lassen, weshalb sie auch Kopisten und Buchhändler kontrollierten[491], mindestens ebenso die Brahmanen, die sich überdies noch durch Kastengrenzen von der Masse getrennt wussten. Außerdem wurde der Transfer des Buchdrucks wohl auch dadurch blockiert, dass er nicht als neutrale Technik wahrgenommen wurde, sondern als eng mit der Vermittlung christlicher Weltdeutung verbunden.[492] Im Vergleich zu Europa, China und Japan waren im muslimischen und indischen Raum im 18. Jahrhundert Bücher weiterhin recht selten, ließ sich Wissen schwerer erreichen, blieb die Alphabetisierung geringer.[493] Unverändert hatte weltliche Gelehrsamkeit keinen Rückhalt an autonomen Institutionen. Muslimische Madrasas blieben religiös-juristische Hochschulen, und nur wenige hatten nebenbei weltliches Wissen zu bieten. Als der Sultan 1577 in Istanbul ein Observatorium bauen ließ, musste es drei Jahre später nach Intervention der Geistlichkeit wieder zerstört werden; es fand keinen Nachfolger. In Indien war Hindu-Gelehrsamkeit überhaupt mehr in persönlichen Lehrer-Schüler-Ketten organisiert, zumal viele Brahmanen immer noch den geschriebenen Text als die unterlegene Methode ansahen, Wissen zu bewahren. Dementsprechend verschwand Wissen mit dem Tod eines Gurus auch leicht wieder, und es formierte sich nur wenig schulübergreifender Konsens. Islamische und brahmanische Gelehrte beschäftigten sich mit Kommentaren zu Autoritäten und enzyklopädischen Zusammenfassungen, warfen aber kaum einen Blick auf die Realitäten. Indische und muslimische Herrscher ließen durchaus Informationen zusammentragen, aber selbst das geografische und kartografische Wissen über ihre eigenen Länder blieb recht ungenau. Osmanen und Moguln investierten letztlich nicht ernsthaft darin, Wissen zu erweitern.

In Thailand und Birma weiteten zwar die buddhistischen Klöster im Laufe des 17. und 18. Jahrhunderts die Elementarschulbildung auf einen höheren Anteil der Bevölkerung aus als in fast jedem anderen Land der Welt[494], aber in der Elitenkultur herrschte weiter der Geist brahmanischer Geheimniskrämerei, der treu die alten Rituale und Anschauungen pflegte, und die Bergstämme blieben analphabetisch. In Schwarzafrika verharrte der islamisch beeinflusste Teil der Sahelzone auf dem Niveau peripherer Kultur, wo Schrift nur von wenigen Gelehrten, aber selbst für Regierungszwecke und Handelgeschäfte nur selten verwendet wurde. Der Rest Schwarzafrikas verharrte bei vollständig mündlicher Kommunikation, sei es als archaische Volkskultur oder primitive Kultur, deren geringe Kommunikationsintensität Innovationen ungemein hemmte.

Auf dem Weg zu wissenschaftlicher Weltsicht und aufgeklärtem Mündigkeitsanspruch

Welche weltanschaulichen Innovationen ersprossen nun aus diesen Kommunikationsbedingungen? Entsprechend den unterschiedlichen Innovationspotenzialen waren sie in Europa tief greifend und grundlegend, in China und Japan durchaus sichtbar, aber begrenzt. Ausgangspunkt war in Europa der doppelte Rückgriff auf die beiden Hauptquellen der europäischen Kultur: der Versuch, die Kultur der griechisch-römischen Antike wiederzubeleben, die schon von den Zeitgenossen so genannte Renaissance (Wiedergeburt), und die von Martin Luther ins Rollen gebrachte Reformation, also die Erneuerung der Kirche durch den Rückgriff auf ihre biblischen Grundlagen.

In Mittel- und Oberitalien, wo die Antike durch Ruinen und Münzfunde am ehesten nahe geblieben war und wo die Stadtrepubliken die römische Republik als Vorbild entdeckt hatten, begannen Gelehrte um 1400, ausgehend von Florenz, wieder an das antike Erbe anzuknüpfen. Das geschah einmal im expressiven Bereich. Baumeister griffen die Prinzipien aus dem wiederentdeckten Architekturlehrbuch des Vitruvius auf, wobei die Ergebnisse mangels konkreter Anschauung zu durchaus neuartigen Gestaltungen führten. Künstler nahmen antike Porträtbüsten, Kaiserporträts römischer Münzen und das Reiterstandbild des Marcus Aurelius zum Vorbild. Später entstand aus dem missglückten Versuch, die griechische Tragödie wiederzubeleben, um 1600 die Oper. Sogar die antiken Götter feierten ein Comeback, zwar nicht als Glaubensobjekte, aber als Figurenschmuck in Schlossanlagen des 17. und 18. Jahrhunderts und in der Malerei. Ebenso betraf die Renaissance das Wissen und Denken. Als es mit Byzanz zu Ende ging, flohen etliche griechische Gelehrte von dort nach Italien und brachten Manuskripte mit Originaltexten der griechischen Antike mit, die europäische Gelehrte bis dahin bestenfalls auf dem Umweg über eine spätlateinische oder arabische Übersetzung, überdies oft unvollständig oder auch noch gar nicht kannten. Es war ein bunter Strauß von verschiedenen philosophischen Richtungen ebenso wie von medizinischem Wissen und Hydraulik, er beinhaltete Konzepte wie Perspektive in der Malerei, mathematisierte Weltordnung, heliozentrisches Weltbild und Kugelgestalt der Erde, und er reichte bis zu Astrologie und gelehrter Magie. Als Autoritäten angesehen, gab man diese Schriften neu heraus, und der Buchdruck verschaffte diesen Ideen bald eine Verbreitung, die sie noch nie gehabt hatten. Um 1500 griff die Renaissancebewegung auf das übrige Europa über, indem italienische Gelehrte und Künstler dort Aufträge suchten und nichtitalienische Herrscherhöfe und Intellektuelle sich für die italienischen Innovationen zu interessieren begannen; außerdem wanderten auch die gedruckten Texte. Bei diesem Transfer wurde die Renaissance meist regional variiert. Die Gebildeten Europas setzten sich im 16. und 17. Jahrhundert immer aufs Neue mit den vielfältigen Anregungen des antiken Erbes auseinander, die Künstler kaum weniger.

Während das Kirchenleben bisher weitgehend aus Ritualen bestanden hatte, fanden im 15. Jahrhundert vor allem im städtischen Milieu Süddeutschlands zunehmend Menschen Zugang zu den Inhalten christlicher Lehre; vermittelt durch steigende Verschriftlichung und durch die Predigttätigkeit der Bettelmönche, stieg der Bedarf der Menschen nach Predigt und Seelsorge. Dabei wurde vielen die Diskrepanz bewusst zwischen der urchristlichen Armuts- und Gleichheitsidee und den hierarchischen Machtstrukturen der etablierten Kircheninstitutionen, und oft konnten ungebildete Priester den steigenden seelsorgerischen Bedürfnissen auch nicht nachkommen. Die Zeitgenossen deuteten diese Situation als Verfall der Kirche, weshalb Luther die Lösung darin suchte, auf den Wortlaut der Bibel als einzige Quelle zurückzugreifen und spätere Kirchentraditionen abzutun. Dieses führte ihn dazu, Papsttum, besonderen Priesterstand und Mönchtum abzulehnen und jedem getauften Christen den direkten Zugang zu Gott und zu Bibellektüre einzuräumen. In welchen Territorien Luthers Anhänger sich 1525 bis 1555 durchsetzen konnten, hing von den jeweiligen Obrigkeiten ab. Die Dynastien der Habsburger und der bayerischen Wittelsbacher blieben beim alten Glauben, fast alle anderen deutschen Herrscher gründeten lutherische Landeskirchen, ebenso die skandinavischen Könige. Dabei musste Luther Kompromisse eingehen: Es blieb bei Kirchenhierarchie, professioneller Geistlichkeit und Glaubenskanon, und Luthers Anspruch auf geistige Selbstständigkeit, aus dem plötzlich ein ungeahnter Pluralismus an Deutungen ersprossen war, wurde weitgehend an die Innerlichkeit verwiesen. Jene Kräfte, die diesen Anspruch konsequent ernst nahmen und in Deutschland für autonome Kirchengemeinden selbstbestimmter Individuen eintraten, die Täufer, wurden von den Obrigkeiten weitgehend unterdrückt.

Dann gingen die konfessionellen Auseinandersetzungen in die zweite Runde: Die Calvinisten, die in den Schweizer Stadtrepubliken an Luthers ursprüngliche Ideen angeknüpft hatten, breiteten sich seit den 1550er-Jahren in Frankreich, den Niederlanden, Polen, Ungarn, England und Schottland aus, und auf der anderen Seite ging die auf dem Konzil von Trient 1545 bis 1563 reorganisierte katholische Kirche seit 1570 zur Gegenoffensive über und versuchte in Mitteleuropa, Polen und Frankreich verlorenes Terrain zurückzugewinnen. Sie hielt an einer autoritären Kirchenstruktur mit Papst und herausgehobenem Priesterstand fest und forderte von den Anhängern Glauben und Gehorsam. Sie wandte sich vor allem an das ungebildete einfache Volk, weshalb sie besonders darauf setzte, visuelles Erlebnis und Gefühl der Gläubigen durch eindrucksstarke Bilder, Schauspiele und reichhaltige Rituale anzusprechen. Im Gegensatz dazu forderten die Calvinisten weitgehend autonome, selbstverwaltete Gemeinden mit Laienpredigern ohne Klerus und setzten darauf, mit der Wortpredigt logisch zu überzeugen. Mit ihrem individualistischen Menschenbild sprachen sie vor allem städtische Oberschichten und Intellektuelle an. Außer in Schottland gewann der Calvinismus nirgends flächendeckend Anhang, blieb aber in den Niederlanden und England lange wirksam. Die aus dem Calvinismus hervorgegangenen extremeren Strömungen, die im 17. Jahrhundert aus England in dessen nordamerikanische Kolonien verdrängt wurden, gelangten dort zu dauerhaftem Einfluss. In England etablierte sich die anglikanische Staatskirche, die 1535 von König Heinrich VIII. wegen seiner Eheprobleme gegründet worden war; sie verband die katholischen Hierarchien und Rituale mit weitgehend lutherischer Theologie. Alles zusammen war die römische Kirche damit in vier Kirchen auseinandergebrochen, die sich im 16. und 17. Jahrhundert aufs Heftigste gegenseitig befehdeten.

Zum doppelten Rückgriff auf die Quellen der europäischen Kultur trat als Drittes die Hinwendung zur Wirklichkeit; immer mehr strebten die kulturellen Eliten in allen Bereichen danach, sie genau zu erfassen und darzustellen. In der Malerei gewannen in Italien im Ausgang des 14. Jahrhunderts Menschen und Landschaften naturalistische Gestalt. Im 16. Jahrhundert setzten genaue Beschreibungen und Abbildungen von Pflanzen- und Tierarten ein, durch Sezieren wurde die Anatomie des menschlichen Körpers erkundet, und auch die Kartografie machte große Fortschritte. Nach der Erfindung von Mikroskop und Fernrohr (beides um 1600 in den Niederlanden) ließen sich Feinstrukturen von Lebewesen ebenso wie Gestirne genauer beobachten. Die experimentelle Methode förderte seit dem 17. Jahrhundert gezielte Beobachtungen im physikalischen Bereich. Um 1600 hatte das Faktenwissen, das den Gelehrten Europas zur Verfügung stand, den Kenntnisstand des Hellenismus auf breiter Front überholt, und es wuchs rasch weiter. Gespeist wurde dieser Realismus aus verschiedenen Quellen: aus dem Vorbild antiker Porträts und Statuen, aus dem Realitätssinn von Kaufleuten, die im 16. Jahrhundert in Süddeutschland und im 17. in den Niederlanden als kaufkräftige Nachfrager von Kunst neben die Aufträge von Adel und Kirche traten und nach realitätsbezogenen Themen wie Landschaften und Alltagsszenen verlangten, und auch aus dem Interesse von Herrschern an praktisch nützlichen Kenntnissen. Mikroskope und Fernrohre waren nicht denkbar ohne präzise geschliffene Linsen aus hochwertigem Glas. Solche wurden möglich, nachdem Timur Leng 1403 die nahöstlichen Glasmacherzentren, welche die antiken Traditionen fortführten, zerstört hatte und 1453 Konstantinopel fiel, woraufhin etliche Glasmacher nach Oberitalien flüchteten, von wo die Glasmachertechnik Mitte des 16. Jahrhunderts nach Antwerpen und dann in die Niederlande gelangte. Im Nahen Osten verschwand die Glasherstellung dagegen ebenso wie schon zuvor in Indien, und in China blieb sie angesichts der Dominanz von Porzellan stets unbedeutend.[495]

Der Pluralismus antiker Denkansätze und konfessioneller Varianten sowie der Reichtum empirisch gesammelter Kenntnisse einschließlich der Beobachtungen aus Übersee erschütterten die Selbstverständlichkeiten scholastischen Denkens bei den Gebildeten immer mehr. Diese Fülle bot zugleich nie dagewesene Möglichkeiten, Gedanken und Informationen zu Neuem zu rekombinieren. Auf dieser Basis wurden vor allem im Laufe des 17. Jahrhunderts Wissen und Weltanschauung neu begründet. Neu hieß dabei, dass überlieferte Autoritäten und Traditionen nicht mehr als Argument galten, seien es antike oder religiöse. Was zählte, war nur noch die Realität selbst (die »Natur«) oder das logische Denken (die »Vernunft«). Dabei gab es keine einheitliche Wissenschaft, die als Ganzes durch eine »wissenschaftliche Revolution« umgewälzt worden wäre, sondern etliche Einzelbereiche mit je eigener Struktur.[496] Unterscheiden lassen sich grob vier Bereiche: das anwendungsorientierte Wissen, das rein beschreibende und auch klassifizierende Wissen ohne darüber hinausgehende Theorie, die normativen Staatslehren und die Theorien über Ursachen und Zusammenhänge in der Natur. Die wissenschaftlichen Innovationen des 16. bis 18. Jahrhunderts erfolgten zwar im Regelfall durch Männer mit Universitätsausbildung, aber weitgehend außerhalb der Universitäten in dem neuen Gelehrtennetzwerk, während die Universitäten an traditionelleren Auffassungen festhielten.

Primär anwendungsorientierte Literatur entstand nicht nur zu den verschiedensten technischen Bereichen vom Bergbau über Waffentechnik und Architektur bis zum Schiffbau. Seit etwa 1600 gab es, anknüpfend an antike Vorbilder, Hauswirtschaftslehre für adlige Großhaushalte und Fürstenspiegel als Ratgeber für Herrscher. Hieran knüpfte Mitte des 17. Jahrhunderts die merkantilistische Literatur an, die für den Königshaushalt danach fragte, wie man dessen Einnahmen durch eine Regulierung von Ex- und Import, Finanzverwaltung und Gewerbeförderung erhöhen konnte; sie entwickelte sich damit zu einer Wirtschaftslehre, die den Staat als Ganzes erfasste. Mit stehenden Streitkräften kam auch eine Literatur über Organisation und Taktik der Land- und Seestreitkräfte auf, die zunehmend systematischer wurde.

Als nicht unmittelbar anwendungsorientierte Wissensgebiete, die aber weiter praktisch ohne Theorie blieben, wurden seit dem 16. Jahrhundert Botanik, Zoologie, Mineralogie, Kartografie, Geschichtsschreibung und die Sammlung von Wissen über Amerika und Asien betrieben. Aus dem Interesse der Höfe entstanden im 17. Jahrhundert weitere Fachgebiete, besonders Genealogie und Numismatik sowie die Staatenkunde als Sammlung von wirtschaftlichen, politischen und geografischen Informationen über andere europäische Staaten. In einigen dieser Fachgebiete bemühte man sich um sinnvolle Klassifizierungen, wobei vor allem die der Pflanzen und Tiere durch Linné 1735 grundlegend wurde. Auch wenn sie keine Theorien über Ursachen besaßen, sollte man diese Fachgebiete nicht unterschätzen. Es entfaltete sich ein kritischer Geist, der mittelalterliche Phantasiegeschöpfe aus der Zoologie verbannte und anfing, manche historische Überlieferungen und Urkunden als Fälschungen zu entlarven. Vor allem der Umfang des Wissens nahm dramatisch zu: Die Zahl der den Pflanzenbüchern bekannten Pflanzenarten stieg von 258 (1530) über 6000 (1623) auf 18 000 (1686 bis 1704) an.[497]

Normative Theorien darüber, wie Machtverhältnisse gestaltet werden sollten, erwuchsen ab etwa 1600 aus den Kämpfen um die Macht. Diese Theorien waren stets mit bestimmten Machtinteressen verbunden. Das galt für die von Grotius 1625 begründete Völkerrechtslehre als Ordnung gleichberechtigter Staaten ebenso wie für die von Hobbes (1651) über Locke (1690) bis Rousseau (1762) entwickelte Lehre vom Gesellschaftsvertrag und für die ab etwa 1600 wiederbelebte Naturrechtslehre, welche dazu diente, politische und juristische Normen zu begründen.

Die Naturphilosophie wurde dadurch grundlegend erneuert, dass Theorie und Erfahrung jetzt zueinander fanden. Damit verwandelte sie sich zur Naturwissenschaft. Von den naturphilosophischen Konzepten der Antike war im 13. Jahrhundert die Physik des Aristoteles unter den Gelehrten dominant geworden, wenngleich einige wenige scholastische Gelehrte auch die Idee einer mathematisierten Naturbeschreibung wiederaufgenommen hatten. Aristoteles' Konzept wurde Anfang des 17. Jahrhunderts von Galilei und Kepler für die Astronomie überwunden; sie knüpften dabei an die Vorstellung von Pythagoras an, dass die Welt aus mathematischen Beziehungen bestehe, konnten jetzt aber auf die nun vorhandenen genaueren Beobachtungen aufbauen. Damit entstand eine mechanistische Vorstellung, die Naturvorgänge als Bewegungen toter Körper auffasste, welche unveränderlichen Beziehungen gehorchten, den Naturgesetzen; diese wurden dann mit mathematischen Gleichungen beschrieben. Dieses Denkmodell erwies sich im 17. Jahrhundert auch in Mechanik und Optik als fruchtbar, dagegen scheiterten die Versuche, es auf Lebewesen, Medizin und Chemie zu übertragen. Um 1700 setzte sich das neue Denken, das von Logik, Beobachtungen, mathematisierter Beschreibung und mechanistischer Kausalität bestimmt war, unter den Gebildeten Nordwesteuropas als neue Naturphilosophie durch. Dabei entstanden zunächst zwei Varianten. Unter den aristokratisch geprägten Intellektuellen Frankreichs hatte, anknüpfend an Descartes (Hauptwerk 1637), das reine Denken den Vorrang vor der Empirie, was zu spekulativen philosophischen Systemen führte und die Mathematik mehr als die Naturwissenschaft beflügelte. Hingegen besaßen die Intellektuellen in den Niederlanden und England stärkere Verbindungen zu Handwerk und Handel, sodass hier, anknüpfend an Newton (Hauptwerk 1687), der experimentellen Erfahrung ein höherer Stellenwert zugemessen wurde und dementsprechend die empirischen Naturwissenschaften stärker vorankamen, in denen man konkret Strecke, Zeit, Temperatur, Luftdruck usw. maß. Wenn nun das Naturgeschehen als Folge von Naturgesetzen gedeutet wurde, war kein Platz mehr für das Treiben von Geistern, die Kräfte der Magie und unbewiesene astrologische Fernwirkungen, aber auch kein Raum mehr für Seuchen als Strafen Gottes und von Gott bewirkte Wunderheilungen, für Transsubstantiationslehre und Hölle. Astrologie verschwand Ende des 17. Jahrhunderts von den Universitäten, und Gott verblasste im Denken der Intellektuellen zum abstrakten Inbegriff der mathematischen Naturordnung oder zum Schöpfergott, der sich nach einem einmaligen Schöpferakt zurückgezogen hat und den geregelten Lauf der Welt ruhig betrachtet.

Während diese weltanschaulichen Innovationen Spanien und Portugal (und deren Kolonien) nicht erreichten, entfaltete sich vor ihrem Hintergrund im Laufe des 18. Jahrhunderts in Großbritannien (und seinen Kolonien) und Frankreich, verzögert und begrenzt auch im protestantischen Deutschland, unter den Intellektuellen ein Diskurs, der sich über das Naturgeschehen hinaus auch für die gesellschaftlichen Lebensbereiche auf die Vernunft und die Natur berief. Als »Aufklärung« wollte er Licht ins Dunkel des Denkens bringen. Damit war ein Programm von weitreichendem Gültigkeitsanspruch entstanden. Die menschliche Vernunft zum Maßstab aller Dinge zu machen bedeutete, keine Autorität und Tradition unbesehen anzuerkennen, sondern zu verlangen, dass diese sich mit logischen Argumenten und empirischen Tatsachen rechtfertigen kann. Was dem nicht standhalten konnte, wurde jetzt als Aberglauben oder Vorurteil abgetan. Wenn im Diskurs nur Argumente zählten, hieß das zugleich, dass der höhere ständische Rang hier keinen Anspruch auf Überlegenheit mehr begründen konnte. Alle Autoritäten der Kritik durch das Argument auszusetzen zielte ferner darauf ab, die Individuen aus der Abhängigkeit von ungerechtfertigten Autoritäten zu befreien. Aus dem Vertrauen in die Kraft der menschlichen Vernunft ergaben sich zugleich die Aufforderung, sich des eigenen Verstandes zu bedienen, und die Forderung, den Individuen möglichst weitreichenden Handlungsspielraum zu gewähren. Jener Individualismus, dessen Anfänge bis ins hohe Mittelalter zurückreichen, der in der Renaissance bei wenigen Intellektuellen bereits angeklungen war[498], der in Luthers Ideen als Potenzial enthalten und dann doch durch die lutherische Amtskirche weitgehend wieder eingekapselt worden war, kam mit der Aufklärung bei den geistigen Eliten wirklich zum Tragen.

Doch vertraten die Aufklärer wirklich das objektiv Vernünftige, wie sie selber von sich glaubten?[499] Aufklärer neigten oft dazu, das Vernünftige zu verengen auf das bloß Nützliche, später auch auf das kurzfristig ökonomisch Profitable oder das technisch Machbare. Religion trat eine Kette von Rückzugsgefechten an, wobei sie zur Welterklärung immer unbedeutender wurde und sich schließlich darauf reduziert sah, Trost zu spenden und Moral zu vermitteln sowie in Krisensituationen Sinn und inneren Halt zu verleihen. Umgekehrt konnten Wissenschaft und Wirtschaft stärker ihrer eigenen Handlungslogik folgen, nach beweisbarer Wahrheit bzw. nach Gewinn zu streben. Dadurch entfaltete sich ihre Eigendynamik, zugleich wurde aber auch die Natur stärker zum technisch manipulierbaren Objekt, und der Zusammenhalt der Gesellschaft konnte durch entfesselten Wirtschaftsegoismus gefährdet werden. Die Aufklärer verkannten, dass Wertentscheidungen sich nicht objektiv begründen lassen, weder als Individualmoral noch als gesellschaftliche Ordnung; wenn sie sich darauf beriefen, dass Prinzipien wie Freiheit und Gleichheit von Natur gegeben seien, war dieses ebenso eine Setzung, ein Abschneiden weiterer Diskussion wie die traditionelle Berufung auf göttliche Offenbarung. Indem Denken und Handeln des Einzelnen weniger strikt durch überlieferte Schemata festgelegt wurden, entstand ein Spielraum zu einer bewusst gestalteten Lebensführung, die das eigene Selbst zu verwirklichen strebte, und zu neuen Erkenntnissen, indem sie von den geistigen Zwängen ungeprüfter Überlieferung befreite. Doch das war ambivalent, denn es brachte auch den Verfall allgemein verbindlicher Selbstverständlichkeiten und vieler bisher gewiss geglaubter Überlieferungen und »Wahrheiten« mit sich, führte langfristig zu einer Pluralität von Weltanschauungen und zu einer Vielzahl subjektiver Standpunkte. Das konnte auch überfordern und verunsichern. Die Zwiespältigkeit der Aufklärungsideale zeigte sich schließlich auch darin, dass die aufgeklärten Intellektuellen des 18. Jahrhunderts einerseits Mündigkeit gegenüber der Bevormundung durch Kirche und Monarchen beanspruchten, andererseits nicht auf die Idee kamen, dass dieser Anspruch auch für Frauen und Bauern gelten könnte, und dass sie dem ungebildeten Volk gegenüber mit einem erzieherischen Anspruch auftraten, der dem Autoritätsanspruch der Kirche kaum nachstand. Während Ersteres auf die liberale Demokratie vorauswies, so Letzteres auf die Versuche, Visionen von Intellektuellen durch eine Erziehungsdiktatur Wirklichkeit werden zu lassen, sei sie jakobinisch oder kommunistisch.

Die neue Weltanschauung der Naturwissenschaft und Aufklärung in Nordwesteuropa im 17. und 18. Jahrhundert war Sache kleiner gebildeter Kreise. Daneben blühte weiter eine umfangreiche religiöse Literatur mit traditionellen Überzeugungen, und beide lieferten sich heftige Kontroversen. Noch Ende des 18. Jahrhunderts gab es Widerstände gegen Blitzableiter und Versicherungen, da diese der göttlichen Macht ins Handwerk pfuschen würden, welche Katastrophen als Strafe schicke. Bei der ungebildeten Masse der Bevölkerung, vor allem auf dem Land, blieb das magische Weltbild mit Glauben an Geister, Teufel und Hexerei ohnehin weitgehend bestehen. Als 1784 acht Meilen von Berlin ein Heißluftballon niederging, hielten die Bauern ihn für einen Teufel und griffen ihn mit Waffen an.[500] Auch in China kam Ende des 17. Jahrhunderts eine wissenschaftlich-kritische Betrachtungsweise auf, angestoßen durch Gu Jänwu, die das geistige Erbe neu aufnahm und sich im 18. Jahrhundert breit entfaltete. Diese textkritische Schule wandte sich von den abstrakten Spekulationen und moralischen Reflexionen der Intellektuellen des 15. und 16. Jahrhunderts ab und nahm mit philologischer Textkritik die konfuzianischen Klassiker kritisch unter die Lupe. Sie erfasste auch Mathematik, Astronomie und Geografie. Manches wurde dabei als spätere Hinzufügung entlarvt, manches Alte neu entdeckt. Durchaus realitätsorientiert beschäftigten die neo-konfuzianischen Gelehrten sich auch mit Geschichte und Archäologie. Daneben gab es noch über andere Gebiete Fachliteratur mit deskriptivem Wissen, insbesondere zu Botanik, Medizin, Landwirtschaft und Kriegskunst, und 1708 bis 1718 wurde ganz China kartografisch erfasst. Doch die Innovationen gingen weniger tief als in Nordwesteuropa. Weder wurde die Gültigkeit überlieferter Autoritäten so grundsätzlich infrage gestellt, noch entstand das Konzept mathematisierter Naturgesetze, das in Europa das Tor zur modernen Naturwissenschaft aufstieß, noch wiesen die deskriptiven Wissensgebiete einen starken Zuwachs an Faktenkenntnissen auf wie in Nordwesteuropa.

Wie lassen sich diese Unterschiede erklären?[501] Zum einen war die chinesische Elitenkultur weniger innovativ, weil sie nicht den Schritt zur diskursiven Druckkultur tat. Es gab keine systematische Vernetzung der Gelehrten etwa durch Zeitschriften, auch keinen Rückhalt an Universitäten, mit denen die Akademien nur eingeschränkt vergleichbar waren.[502] Zum zweiten wurde die neokonfuzianische Weltanschauung nicht wirklich durch Alternativen infrage gestellt. Das chinesische Geisteserbe aus dem Altertum, auf das man zurückgreifen konnte, war weniger umfangreich und weniger vielfältig als das griechische, und Buddhismus und Dauismus blieben Parallelströmungen, mit denen die neokonfuzianischen Intellektuellen sich nicht auseinandersetzten, ganz davon zu schweigen, dass sie die Schriften von Mo ds' und der Legalisten neu studiert hätten. Die Regierung stützte den Neokonfuzianismus nicht nur, indem sie Klassikeredditionen herausgab und allzu kritische Intellektuelle verfolgte, sondern auch indem sie ihn zum verbindlichen Stoff für die Beamtenexamen machte, den Gipfel gesellschaftlichen Prestiges. Der dabei seit 1487 vorgeschriebene »achtgliedrige Aufsatz« förderte erst recht starren Schematismus.[503] Zum Dritten bewegte sich konfuzianische Naturphilosophie schon seit dem Altertum auf anderen Pfaden als die griechisch-europäische. Mathematisierung, formale Logik sowie erst recht Mechanik lagen ihr fern, wogegen sie sich für nichtmechanische Wechselwirkungen und Verbindungen interessierte, sei es innerhalb der Natur, im menschlichen Körper oder zwischen Kosmos, menschlichem Handeln und Gesellschaft. Das förderte zwar das Verständnis beispielsweise für Magnetismus, aber von diesem Denkansatz war nur schwer ein Weg zu finden zum analytischen Zerlegen, um dann Einzelphänomene genau zu messen. Die Struktur der chinesischen Sprache mag die Neigung zu einer eher assoziierenden als kausalen Betrachtung gefördert haben. Überhaupt interessierten die Neokonfuzianer sich primär für gesellschaftliche Beziehungen und das moralisch rechte Handeln, aber nur wenig für die Natur als solche. Viertens schließlich fanden philosophische Theorie und Empirie der Natur nicht zueinander. Die neokonfuzianischen Intellektuellen standen jenen Bereichen distanziert, ja herablassend gegenüber, die mit Naturgegebenheiten auf einer praktischen, empirischen oder gar technischen Ebene zu tun hatten. Umgekehrt blieb die durchaus empirische Astronomie ohne Theorie. So überholten die europäischen Naturwissenschaften die chinesischen allmählich; zuerst Physik und Astronomie um 1610, dann Botanik um 1700, Chemie und Medizin um 1800.[503]

Japan folgte China ansatzweise. Im 17. Jahrhundert löste der Neokonfuzianismus den Buddhismus als dominante Weltanschauung ab, und es wurden viele neokonfuzianische Akademien gegründet, vor allem für Samurai und Kaufleute, aber ohne dass eine den chinesischen Verhältnissen vergleichbare Literatenschicht entstand und ohne dass der Neokonfuzianismus zur Orthodoxie wurde. Unter dem Einfluss der chinesischen textkritischen Schule entstand in Japan seit dem Ende des 17. Jahrhunderts die Gelehrtenschule der Kokugaku, die überlieferte Traditionen mit den Mitteln kritischer Philologie untersuchte. Diese wandte sich zugleich von chinesischen Geistestraditionen ab, indem sie sich auf die japanischen Wurzeln der eigenen Kultur besann und den Shinto-Kult aufwertete.[504]

Europa – eine Nasenlänge voraus?

Der Aufstieg Europas, zumindest von seinem Westen, war von weltweiter Bedeutung. Aber wann hat dieser Aufstieg begonnen? Die Einschätzungen reichen von einem Europa, das im 16. bis 18. Jahrhundert munter voranschritt und die stagnierenden asiatischen Gesellschaften dabei immer mehr hinter sich zurückgelassen habe[505], ja das schon im Mittelalter einen besonderen Erfolgsweg eingeschlagen habe[506], bis zum Bild einer Gleichrangigkeit der asiatischen Kernräume und Europas, ja sogar einer Überlegenheit Asiens oder zumindest Chinas noch Ende des 18. Jahrhunderts[507], aus der Europa dann in den folgenden Jahrzehnten nur durch Zufälle habe ausbrechen können.[508] Doch alle Pauschalurteile sind falsch. Das gilt in doppelter Weise. Oft werden undifferenziert »Europa« und »China« oder andere Großräume, manchmal sogar der »Westen« und das Konstrukt »Orient« gegenübergestellt[509], doch tatsächlich waren Großräume wie Europa, China und Indien keineswegs homogen, sondern wiesen in sich beträchtliche Entwicklungsunterschiede auf. So lassen sich sinnvoll keine Kontinente und Subkontinente, sondern nur kleinere Räume vergleichen. Weil sich außerdem die Komplexität von Arbeitsteilung, Produktionstechnik, Machtverhältnissen, Militärwesen und Wissenschaft keineswegs im Gleichtakt veränderten, müssen auch sie unterschieden werden. Ein Großteil der Kontroversen lebt von falschen Pauschalierungen und unpräzisen Kategorien.[510] Überdies sollte man auseinanderhalten, ob zwei Gesellschaften mit Blick auf die langfristigen weltgeschichtlichen Entwicklungsprozesse unterschiedlich weit entwickelt waren oder ob die Unterschiede nur als eine Pluralität der Entwicklungspfade anzusehen sind, auch wenn nicht alle Pfade die gleichen Zukunftsperspektiven eröffneten. Hierdurch lässt sich vermeiden, nichteuropäische Gesellschaften immer wieder nur am »Modell« Europa zu messen.

Vergleichen wir die Weltregionen mit vollurbanen oder zentralen Agrargesellschaften im 17. und 18. Jahrhundert; dass die übrigen deutlich anders strukturiert waren, ist ohnehin offenkundig. Das Bruttosozialprodukt pro Kopf bzw. das durchschnittliche Konsumniveau dieser zentralen und vollurbanen Agrargesellschaften, soweit man darüber angesichts zeitlicher und regionaler Unterschiede auch innerhalb der Großregionen überhaupt etwas aussagen kann, scheint sich bis 1750 nicht wesentlich unterschieden zu haben[511]; es waren eben Agrargesellschaften derselben Entwicklungsstufe. Die wirtschaftlich führenden Regionen Europas, Chinas und Indiens, nicht aber des Nahen Ostens, lagen im 17. und 18. Jahrhundert hinsichtlich Arbeitsteilung, Geldwirtschaft, Marktintegration und Umfang des Fernhandels etwa gleichauf. Die Rechtssicherheit mag in Indien etwas schlechter gewesen sein, und die Ausdifferenzierung von Kapitalinstitutionen war in Westeuropa größer (und auch das Zinsniveau niedriger). Jene Literatur, die erklären will, warum in Europa im 16. bis 18. Jahrhundert der Kapitalismus aufgeblüht sei, aber nicht in den Kernräumen Asiens, bemüht sich also darum, Unterschiede zu erklären, die nach heutigem Forschungsstand so gar nicht bestanden; sie fällt insoweit in sich zusammen.[512]

Deutlich unterschiedliche Entwicklungspfade zeigten sich indes bei der Intensivierung der Wirtschaftsweise; während Antriebskräfte in Ostasien durch den Einsatz von menschlicher Arbeitskraft gesteigert wurden, spielte im Europa nördlich der Alpen der Einsatz von Wasser- und Windkraft und der dazugehörigen Mechanik eine bedeutende Rolle. Hinzu kam, dass auch theoretische Interessen divergierten und sich nur bei den Europäern auch auf mechanische Fragen erstreckten. Ebenso entwickelten sich im Militärbereich unterschiedliche Profile, wobei die Chinesen die Infanterie, die Muslime die Kavallerie und die Europäer Feuerwaffen (zu Land und See) und gedrillte Infanterie akzentuierten. Damit gewannen die Europäer die durchschlagkräftigere Lösung, besonders auf dem Meer. Doch selbst die europäischen Entwicklungen im Militärbereich kann man nur teilweise als Folge der Machtkonkurrenz europäischer Staaten ansehen; ebenso wie bei der Mechanik spielten hier auch die Stellung des städtischen Bürgertums im Machtnetzwerk und der Rückgriff auf das Erbe der Antike eine Rolle.

Die politischen Ordnungen wiesen sowohl Unterschiede der Entwicklungsstufen wie der Entwicklungspfade auf. Die Machtnetzwerke islamischer Machteliten und Japan blieben hinter China und den aufholenden europäischen Staaten zurück, wenn man darauf sieht, wie intensiv die Zentrale die Gesellschaft herrschaftlich durchdrang und wie weit Bürokratie ausdifferenziert war. Dabei führte das Erbe der europäischen Lehensordnung zu anderen Entwicklungspfaden als in China; in Europa wurden die Beziehungen stärker verrechtlicht, und nur hier wurde autochthon der Weg zur Transitionsordnung eingeschlagen. Dass bei dieser kommerzielle Interessen stärkeren Zugang zu den Machtzentralen fanden, kam dann der wirtschaftlichen Entwicklung zugute, besonders dem Handel; dass hier eine freiere Kommunikation möglich war, förderte wissenschaftliche Innovationen.

Wirklich große Unterschiede der Entwicklungsstufe entstanden bei Kommunikationsstrukturen und Wissen.[513] Um 1750 reichten sie von der diskursiven Druckkultur Nordwesteuropas über die einfache Druckkultur besonders Chinas und Japans bis zur nachachsenzeitlichen Kultur des islamischen Nahen Ostens. Nur in Europa oder Teilen davon gab es oder entstanden Universitäten, Zeitschriften, Akademien, weitgehende Druckfreiheit, Zeitungen, öffentliche Post und weltweit gesammelte Informationen, außerhalb Europas wurde nur noch in China und Japan Buchdruck in nennenswertem Maße genutzt. Damit erwuchs vor allem in Nordwesteuropa die Infrastruktur für ein neuartiges geistiges Innovationspotenzial. Dass die gesellschaftlichen Teilbereiche in (West-)Europa generell besonders stark ausdifferenziert gewesen wären, lässt sich indes nicht sagen; viel eher traf das auf Indien zu, wo diese dann aber relativ wenig miteinander kommunizierten. Die Autonomie der christlichen Kirche gegenüber der staatlichen Gewalt, die sie im Investiturstreit erstritten hatte, ging mit der Reformationszeit weitgehend unter, da Kirchen sich überall in Europa nur durch staatlichen Schutz gegen die konfessionelle Konkurrenz behaupten konnten. Im späten 17. Jahrhundert verloren die christlichen Kirchen auch ihren Einfluss auf politische Grundentscheidungen. Da die Weltdeutung der europäischen Eliten auf zwei Quellen zurückging, das Christentum und die griechische Philosophie, und da Erstere bürokratisch als Kirche organisiert war, wurde es als scharfe Ausdifferenzierung von »Religion«

und weltlichem Wissen erfahren, als der Bereich des nichtkirchengebundenen Denkens sich zunehmend entfaltete. »Säkularisierung« versucht das auf den Begriff zu bringen. Anderswo gab es nichts Vergleichbares: In China kannte die Weltanschauung der neokonfuzianischen Elite gar keine Religion im europäischen Sinne, in der islamischen Welt blieb umgekehrt die weltliche Reflexion jenseits der Ulama marginal. Der Unterschied zwischen den naturphilosophischen Traditionen Europas und Chinas stellte dagegen nur verschiedene Entwicklungspfade dar, nicht Entwicklungsstufen.

Bei Reisenden des 17. und 18. Jahrhunderts hinterließ das äußere Bild der zentralen Agrargesellschaften nicht den Eindruck eines Niveauunterschieds, ebenso wenig die verschiedenen vollurbanen Agrargesellschaften; erst um 1800 kippte die Entwicklung.[514] Und trotzdem: Hinter dieser Fassade bestanden deutliche Unterschiede des Entwicklungspotenzials. Im 19. Jahrhundert sollte sich das dramatisch zeigen.

Zwei Pfade zum Staat

.1 Asymmetrisch: Narmerpalette, ägyp-
sch um 3100 v. Chr. König Narmer stellt
en Sieg über Unterägypten und damit das
ntstehen des ägyptischen Gesamtstaates
ymbolisch dar: der Pharao schlägt seine
einde, der Falke hält das (unterägyptische)
apyrus-Land gefangen.

2 Symmetrisch: Sitzung des
adtrates der Reichsstadt Augsburg,
n 1500.

2.1 Handschmiede; attische Amphora, 510 v. Chr. Der kleine Handwerksbetrieb stützt sich ganz auf die menschliche Arbeitskraft.

2.2 Blasebälge mit Wasserradantrieb; chinesisch um 1300 (aus Wang Zhen's *Nong Shu*). Die Wasserkraft unterstützt den Menschen, was höhere Temperaturen ermöglicht. Während in Europa Schmiedetechnik dominierte, spielte in China der Eisenguss eine große Rolle (siehe Vordergrund).

Eisenwalzwerk; Gemälde von Menzel um 1875. Der große Fabriksaal ist mit Gestänge
d Arbeitern angefüllt. Trotz industrieller Technik beanspruchen die Arbeitsabläufe weiter
el Muskelkraft.

Walzstraße 1986. Mit der Automatisierung ist die große menschenleere Halle der
ysischen Produktion völlig vom Leitstand der Anlage getrennt. Die Arbeit verlagert sich
f Tätigkeiten der Steuerung, Wartung usw. Der Kapitaleinsatz je Arbeitsplatz und
mentsprechend die Arbeitsproduktivität sind hoch.

3.1 Das älteste Verfahren: Spinnen mit der Handspindel (deutsches Altarbild 1379).

3.2 Abhaspeln und Verspinnen von Seiden-fäden; chinesisch um 1300 (aus Wang Zhen's *Nong Shu*). Mehrere Kokons schwimmen in kochendem Wasser, wodurch sich die Seidenfäden lösen. Diese werden dann durch einen Metallring geführt und dabei verspon-nen; anschließend werden sie aufgewickelt.

Mechanisierung vor der Industrialisierung: Arkwrights Spinnmaschine um 1785. Auf der vom Wasserrad angetriebenen Achse sitzt eine Trommel, die mittels Treibriemen die hölzernen Spinnmaschinen bewegt.

Automatisierung: Perlonspinnmaschine um 1960.

4.1 Hierarchisches Zentrum eines Personenverbandes: Ruinen von Groß Simbabwe, Südafrika (14. Jahrhundert)

4.2 Patrimonialbürokratisches Machtzentrum: Kaiserpalast in Peking (erbaut seit dem 15. Jahrhundert). Der Monarch mit dem Personal des Herrscherhaushalts stand im Mittelpunkt, und daneben befand sich auch die Zentralverwaltung mit im Palastkomplex. Imposante Mauern riegeln die »Verbotene Stadt« des Kaiserhofes gegenüber der Bevölkerung ab.

3 Patrimonialbürokratisches Machtzentrum: Vorderfront von Schloss Schönbrunn
i Wien (Gemälde von Bellotto um 1760). Die österreichische Kaiserresidenz repräsentiert
it einer großen Schaufassade gegenüber der Gesellschaft.

Bürokratische Machtausübung: das Pentagon in Washington, seit 1947 Sitz des US-Vertei-
ungsministeriums. Mit steigender Bürokratisierung gewannen politische Zentrale und
ntralverwaltung einen solchen Umfang, dass sie auch räumlich in viele Gebäude ausdifferen-
rt wurden. Funktionale Erfordernisse von Bürotätigkeiten bestimmen das Erscheinungsbild.

5.1 Runenstein von Jelling, Dänemark (um 990). Vom Dänenkönig Harald nach seinem Übertritt zum Christentum errichtet, zeigt der Stein den gekreuzigten Christus ohne Kreuz, eingebunden in ein bandartiges Ornament, zu dem die Wikinger von Gedenksteinen auf den britischen Inseln angeregt wurden. Unten Runenschrift aus der vorchristlichen Tradition Nordeuropas.

5.2 Goldmünze des Kushanaherrschers Kanishka I. in Nordwestindien (2. Jahrhundert n. Chr.). Auf der Vorderseite wird der Herrscher nach hellenistischer Anregung als Person dargestellt, während frühere indische Münzen nur Symbole kannten; der iranischsprachige Titel »König der Könige« erscheint in baktrischen Schriftzeichen. Auf der Rückseite ist Buddha in hellenistischem Stil abgebildet, daneben in griechischer Schrift »Boddo«.

.3 Mihrab (Gebetsnische) der Muai-
d-Schech-Moschee in Kairo (1420).
ie Apsis, d.h. die Rundbogennische
ömischer Tempel und Paläste, fand
re Fortsetzung nicht nur im Chor-
schluss christlicher Kirchen, sondern
ch in der Gebetsnische islamischer
Moscheen.

4 Pakistanische Lastwagen. Indu-
rielle Technik im bunten Schmuck
iherer Kamelkarawanen.

6.1 Anfänge der Schriftlichkeit: die mesopotamische Ton
tafel (Anfang 3. Jahrtausend
v. Chr.) listet Getreidepro-
dukte und die zur Herstellung
jeweils benötigten Mengen a
Getreide auf. Vollständige
Texte konnten mit diesem
Notationssystem noch nicht
fixiert werden.

6.2 Zwischen Universitätsgelehr
(aus Arnoldus de Villa nova: Reg
men sanitatis Salernitanum, 150
Der kritische Diskurs war konsti
tiv für die achsenzeitliche Kultur

3 Besonders durch das Aufkommen von wis-
enschaftlichen Zeitschriften intensivierte sich
ie Kommunikation zur diskursiven Druckkultur.
rste Ausgabe der Philosophical Transactions.
ondon 1665.

Nachdem die Verbreitung der
tung in fast alle Haushalte die
ssen in Westeuropa an die natio-
e Öffentlichkeit angekoppelt
te, besiegelte und intensivierte
Rundfunk diesen Schritt zur
ssenkultur. Werbung für den
ndfunk, Deutschland 1936.

7.1 Die Frühform: der große Stupa von Sanchi, Zentralindien (1. Jahrhundert v. Chr.).
An der Spitze des halbkugeligen Grabhügels befindet sich eine Reliquienkammer.

7.2 Monumentale Variante als Identitätskern eines frühen Staates: Terrassentempel
von Borobudur, Java (9. Jahrhundert). 72 Stupas umringen den zentralen Stupa.

.3 Über Ceylon führte die Entwick-
ung zur birmanischen Dagoba.
Shwedagon in Rangun, Birma
im Laufe der Jahrhunderte mehrfach
erändert).

. Der nördliche Entwicklungsweg
rte zur chinesischen Pagode.
nghua-Pagode, Shanghai (977).
s dem Stupa ist ein innen
gehbarer Turm geworden.

8.1 Germanisches Opfer für die Götter in der Natur. Inszenierung in Lejre, Dänemark.

8.2 Der Tempel als Wohnung des Götterbildes: sogenannter Concordia-Tempel in Agrigent (440 v. Chr.). Hinter dem Säulenumgang erkennt man die ummauerte Cella, den Raum für das Götterbild.

3 Chinesischer Ahnentempel. Aus der Ausgabe 1602 von Zhu Xi's Familienhandbuch. Vom Hof führen drei Stufen zur Halle für die Speiseopfer für die Ahnen; in der Rückwand sind die Ahnentafeln der Sippe sichtbar.

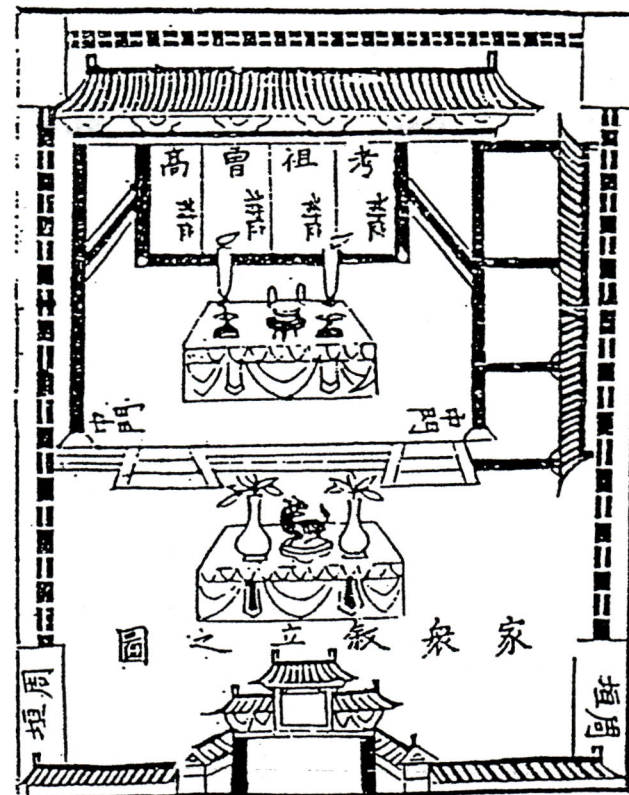

4 Ort der Versammlung der Gläubigen zu gemeinsamem Gebet (und Predigt): Hof der Ibn-Tulun-Moschee, Kairo (876–79).

9.1 Asymmetrisch: im Palast des Perserkönigs in Persepolis schreiten Tributbringer aus allen Provinzen mit ihren Gaben die Treppen zur Empfangshalle empor (6. Jahrhundert v. Chr.).

9.2 Symmetrisch: Die Regierungschefs (und Außenminister) der EU treffen sich als Europäischer Rat zu gemeinsamen Entscheidungen.

Kohle, Zeitungen und Parlamente. 1770 bis 1917

Erfindung der Nation

Das 19. Jahrhundert erlebte eine Dynamik wie keines zuvor, ausgehend von Westeuropa und Nordostamerika. Das betraf alle weltgeschichtlichen Prozesse und Felder. Die Bevölkerung wuchs vor allem in Europa und China drastisch, was Ströme transkontinentaler Wanderungen auslöste. Die Intensivierung der Energie- und Stoffflüsse äußerte sich als Industrialisierung, die Intensivierung der Kommunikation als Schritte zur Massenkultur und die Intensivierung der Machtvernetzungen als Weg zu Demokratisierung und Bürokratisierung. Besonders in Wirtschaft und Wissenschaft schob Wachstum funktionale Differenzierung gewaltig an, und die weitausgreifende räumliche Integration ließ die Zeitgenossen um 1900 von Weltwirtschaft und Weltmächten sprechen. Konkret: Wo ein rheinländischer Bauer um 1780 über den nächstgelegenen Marktort in seinem Leben nicht hinausgekommen war und Fernerliegendes als Analphabet nur vom Hörensagen erfuhr, Machtträger vor allem als Grundherren wahrnahm, für Konsumgüter überwiegend auf die auf seinem Hof selbst erstellen Produkte angewiesen war, sein Brennholz im Wald sammelte und abends nur das dürftige Licht eines Kienspans kannte, lebte sein Ururenkel um 1900 in einer Mietwohnung in der Stadt, die mit Kohlen geheizt wurde, welche eine Eisenbahnfahrt hinter sich hatten, fuhr mit der Straßenbahn zur Arbeit und kaufte von seinem Lohn im Laden Fabrikwaren und Bananen aus Übersee, las bei elektrischem Licht in der Zeitung über die nationale Politik und ging zur Wahl – und möglicherweise war einer seiner Onkel nach Amerika ausgewandert. Das alles war jedoch kein allgemeiner Durchbruch zur Moderne im Sinne eines eng miteinander zusammenhängenden Wandels aller Bereiche; die Veränderungen der politischen Ordnung und der Wirtschaft wiesen nur wenig Zusammenhang auf.[515] Die Gründungsphase der USA 1776–87 und die Französische Revolution 1789–95 fielen noch in die vorindustrielle Zeit und beflügelten die Wirtschaft auch nicht unmittelbar.

Dafür markierten diese beiden politischen Großereignisse aber die Geburt der modernen Nation. Was ist mit diesem schillernden Begriff gemeint, der in Europa im 19. Jahrhundert zu einem Zentralbegriff poli-

tischer Integration wurde? Das bis in die Antike zurückreichende Wort
gewann jetzt eine neue, eine politische Bedeutung. Anknüpfend an die
politische Mitwirkung des englischen Parlaments und an die Theorie, dass
staatliche Macht durch einen (fiktiven) Gesellschaftsvertrag begründet
worden sei, meinte Nation jetzt jene weit über den Adel hinausreichende,
potenziell die ganze Bevölkerung umfassende Großgruppe von Menschen,
die an der Macht im Staate teilhat oder teilhaben will, ja ihn geradezu ausmacht. Wegen ihrer Größe konnte diese Gemeinschaft keine durch persönliche Kontakte erfahrene sein, sondern wurde durch die gedruckte
Kommunikation in einer gemeinsamen großräumigen Öffentlichkeit begründet.[516] Sie konnte also erst entstehen, wenn diese weit genug entwickelt war, setzte mithin ein gewisses Maß an Alphabetisierung und öffentlich zugänglichen Medien voraus. Zugleich musste sie breitere Kreise
erfassen als nur die lateinischsprachige Gelehrtenwelt und den stark fran-
zösischsprachigen Adel, weshalb sie sich in Europa im Unterschied zu diesen gesamteuropäischen Netzwerken der Volkssprache bediente. Dementsprechend war Nation zunächst eine Sache der städtischen Mittel- und
auch Oberschichten, ganz besonders intellektueller Kreise, während Bauern und Arbeiter mit ihrem lokal begrenzten Horizont lange abseits standen. Außer dem Willen zur politischen Mitbestimmung gehörte zu einer
Nation das Bewusstsein einer gemeinsamen Identität, das mehr war als
die persönliche Loyalität zu einer bestimmten Herrscherdynastie. Diese
Identität konnte unterschiedliche Wurzeln haben: historische Erinnerung,
gemeinsame Verfassungsordnung, gemeinsame Kämpfe und Erfolge, gemeinsame Sprache und Literatur (schließlich war Kommunikation konsti-
tutiv!) und auch gemeinsame Religion. Diese Identität war nicht naturgegeben, wie sie von sich selbst gerne behauptete, vielmehr überschnitten
sich Loyalitäten zur Dynastie, Dialekte, Religion und Region zunächst oft.
Nationale Identität war Produkt einer bestimmten Selektion der Realität,
teilweise auch fiktiv, in jeden Fall Ergebnis eines historischen Prozesses.[517]
Um sie sinnlich erfahrbar zu machen, schuf man nationale Symbole wie
Nationalhymne (zuerst 1795 die französische Marseillaise), nationale Ge-
dächtnisorte (z. B. kolossale Nationaldenkmäler) und Feiertage, und man
machte sie in Personen greifbar, indem man einige zu Nationalhelden ver-
klärte (von Arminius bis Wilhelm Tell). Wirtschaftliche Triebkräfte
spielten dagegen beim Entstehen von Nationen im 19. Jahrhundert keine
nennenswerte Rolle.[518]
   Die Entstehung der modernen Nation war eng mit der Frage räumlicher
Integration verbunden. Wo politische Mitbestimmung sich nach unten
ausweitete und dabei den ganzen Staatsraum erfasste, wuchs die Nation
im Gehäuse des bestehenden Staates heran, so z. B. in Frankreich, Großbritannien oder Schweden. Sie strebte dann danach, ihre Identitätsmerkmale
für alle Staatsbürger verbindlich zu machen und damit regionale Unter-

schiede, insbesondere sprachlicher Art, einzuebnen. Das konnte Konflikte mit kulturellen Minderheiten entzünden. Im Falle einer asymmetrischen Integration, also in Imperien, wurde die Idee der Nation zum Sprengmittel: Konnten regional klar getrennte Eliten keine ausreichende politische Teilhabe erringen und bildeten sie eine eigene Identität aus, so drängte sich ihnen der Gedanke auf, ihren eigenen Nationalstaat zu gründen.

Die Sprengkraft der Nationsidee erlebte als Erstes Großbritannien mit seinen nordamerikanischen Kolonien. Nachdem sich britische Kolonialverwaltung bisher kaum bemerkbar gemacht hatte, führte das britische Parlament seit 1763 für die Kolonien mehrere Steuern ein, obwohl die Bewohner der Kolonien in London nicht repräsentiert waren, sodass die Beziehungen zunehmend asymmetrisch wurden. Das traf in den Siedlerkolonien auf Widerstand, da es dem britischen Prinzip, politische Entscheidungen im Konsens mit den Betroffenen, zumindest mit deren Eliten zu fällen, ebenso widersprach wie den politischen Theorien der Aufklärung. Als das britische Parlament eine gleichberechtigte Teilhabe der Nordamerikaner starr ablehnte, erklärten 13 der 17 nordamerikanischen Kolonien sich 1776 für unabhängig und schlossen sich im folgenden Jahr als Vereinigte Staaten zu einem Staatenbund zusammen. In den bis 1783 dauernden Kämpfen konnten sie sich gegen die Briten behaupten, nicht zuletzt dank französischer Hilfe; nur Kanada blieb weiter britische Kolonie. 1787 stärkte man die Bundesebene in den USA so weit, dass sie zu einem echten Bundesstaat wurden.

Als wenig später die Revolution Frankreich ergriff, erwies sich ihr Verhältnis zur Nation als ambivalent. Einerseits kam mit der plötzlichen politischen Mobilisierung in Frankreich selbst die Nation zum Durchbruch, andererseits versuchte Frankreich noch einmal Europa asymmetrisch zu integrieren. Das revolutionäre Frankreich marschierte 1792 bei seinen östlichen Nachbarn ein, getrieben gleichermaßen vom Willen, mit den politischen Errungenschaften seiner Revolution auch andere zu beglücken, wie von der Angst vor einer absolutistischen Konterrevolution. Auch unter Napoleons Kaisertum gingen diese Kriege bis 1815 weiter. Dreierlei Widerstände stellten sich Frankreich entgegen. Zum einen das gewohnte Streben der europäischen Mächte, eine Hegemonie zu verhindern, was zu wechselnden Koalitionen führte. Doch diesmal gelang es Frankreich, bis 1809 fast den ganzen Kontinent unter seine Hegemonie zu bringen; nur Großbritannien, geschützt durch Ärmelkanal und Flottenmacht, blieb unbezwungen. Indem Napoleon 1806 alle Handelskontakte zwischen dem Kontinent und Großbritannien unterbrach, hoffte er London zum Nachgeben bewegen zu können; um Russland zum Mitmachen zu zwingen, marschierte er 1812 bis Moskau. Zweitens traf das revolutionäre Frankreich auf die ideologische Abwehr der alten Monarchien; unter Napoleons Kaisertum verebbte dieser Gegensatz. Zum Dritten war ein Imperium mit

der Idee der modernen Nation – also der Idee von Freiheit, Gleichheit
und Mitbestimmung – nicht vereinbar. Frankreich versuchte sein Dominanzstreben zu kaschieren, indem es zwischen 1797 und 1808 aus den
italienischen und deutschen Staaten, Holland, Polen und Spanien schrittweise eine Hegemonialzone formal selbstständiger und befreundeter Staaten errichtete. Doch durch das schöne Kleid der Freiheitsphrasen schien
immer sichtbarer französisches Ausbeutungsverhalten durch, das nur daran interessiert war, Tributzahlungen und Soldaten als Kanonenfutter für
französische Expansionskriege zu ergattern. Als Napoleons Russlandfeld-
zug in Schnee und Eis kläglich scheiterte, brach das System zusammen.
Zumindest in Spanien und Deutschland gaben die Abwehrkämpfe gegen
Napoleon nationalem Gemeinschaftsgefühl Nahrung.

Die Beispiele der USA und der Französischen Revolution strahlten nach
Lateinamerika aus, und zugleich rezipierten die lateinamerikanischen Eliten in den 1780er- und 90er-Jahren auch die Gedanken der Aufklärung,
nachdem Spanien sich diesen geöffnet hatte. Als die spanische Dynastie
von den französischen Besatzern 1808 abgesetzt wurde, begannen Kräfte
in den Kolonien der neuen Dynastie den Gehorsam aufzukündigen. Die
Cortes von Cádiz, die unter Beteiligung lateinamerikanischer Abgeord-
neter Teilhabe im Rahmen einer liberalen Verfassung eröffnete, blieb Episode. Der Versuch der spanischen Krone, ab 1814 die absolutistische Kolonialherrschaft wiederherzustellen, vergraulte große Teile der kreolischen
Elite dann völlig. So setzten sich in den folgenden Bürgerkriegen bis 1825
in allen Beherrschungskolonien Spanisch-Amerikas jene Kräfte durch, die
nach Unabhängigkeit strebten, ausgenommen auf Kuba. Ebenso trennte
sich Brasilien 1822 von Portugal. Da Spanisch-Amerika an Fläche 15-mal
so groß war wie die dreizehn nordamerikanischen Kolonien und außerdem von trennenden Gebirgen, Urwäldern und Wüsten durchzogen
wurde, war es kein Wunder, dass die Idee einer Konföderation scheiterte.
Stattdessen bildeten sich mehrere Einzelstaaten, meist angelehnt an die
Verwaltungszentren der Kolonialzeit und deren Einzugsbereich.

In Europa setzte sich zwischen 1815 und 1919 schrittweise der »Nationalstaat« durch, wodurch sich manche Grenzen änderten. Die Identität der
sie tragenden Nationen knüpfte dabei oft, aber keineswegs immer an eine
eigene Sprache an. Stets war aber die Frage der gleichberechtigten politischen Teilhabe zentral. In der Schweiz wurde ebenso wie in den USA die
gemeinsame politische Ordnung zum Kern der nationalen Identität; sie
schlug sich in der Verfassung von 1848 nieder, nachdem ein gesamtschwei-
zerisches Nationalbewusstsein in den vorangegangenen Jahrzehnten herangewachsen war. Obwohl die Schweiz aus drei verschiedenen Sprach-
gebieten bestand, flammten keine ethnischen Konflikte auf, da die drei
Sprachen seit 1803 gleichberechtigt waren und der föderalistische Aufbau ein gleichberechtigtes Miteinander erleichterte. In Belgien und Irland

wurde die katholische Religion zum Identitätsmerkmal. Als Belgien, das nach der Unabhängigkeit der (nördlichen) Niederlande 1579/1648 weiter bei den Habsburgern und katholisch geblieben war, 1814 mit den überwiegend calvinistischen Niederlanden vereint wurde, fanden die Belgier sich nicht damit ab, von den Holländern dominiert zu werden. In Irland herrschten im 18. Jahrhundert protestantische englische Großgrundbesitzer über arme irische Pächter; letztere hatten zwar ihre gälische Sprache aufgegeben, aber nicht die katholische Religion. Nachdem amerikanische Unabhängigkeit und Französische Revolution einen Aufstand für eine unabhängige irische Republik angeregt hatten, der 1798 allerdings scheiterte, vereinte Großbritannien Irland 1801 in Realunion. Trotz dieser formalen Gleichstellung blieben die Iren faktisch diskriminiert: Anders als Schottland hatten sie am Aufschwung durch die Industrialisierung keinen Anteil und waren weiterhin in gehobenen Positionen nur schwach vertreten. So entstand eine nationale Bewegung, die in den 1870er- und 8oer-Jahren »home rule« für Irland forderte. Die Identität der Polen gegenüber ihrem westlichen und ihrem östlichen Nachbarvolk beruhte auf dem Unterschied der Sprache genauso wie dem der Religion (katholische Polen zwischen protestantischen Deutschen und orthodoxen Russen). Auch nachdem Polen 1795 aufgeteilt worden war, lebte die Adelsnation zunächst noch weiter. In dem zu Deutschland gehörenden Teil formierte sich dann seit den 1870er-Jahren eine moderne polnische Nation, die von wachsenden bürgerlichen Kreisen getragen wurde, und zwar als Reaktion auf den Germanisierungsdruck, durch den die polnischsprachigen Staatsbürger des Deutschen Reiches sich diskriminiert fühlten. Norwegen, das eine eigene Staatstradition besaß, aber seit 1814 mit Schweden verbunden war, mochte Ende des 19. Jahrhunderts angesichts seiner stark gewachsenen Handelsflotte nicht mehr akzeptieren, dass es auf die Außenvertretung durch Schweden keinerlei Einfluss hatte. Eine norwegische Schriftsprache als Identitätsmerkmal musste allerdings erst etwas künstlich geschaffen werden.

Während es in den genannten Fällen um die Frage einer nationalen Abspaltung ging, erfassten die deutsche und die italienische Nation jeweils einen Raum, in dem als Erbe des 17./18. Jahrhunderts mehrere Staaten bestanden. Aber entstanden diese beiden Nationen wirklich zwangsläufig aufgrund gemeinsamer Sprache? Die napoleonische Zeit sah ein erstes Aufflackern gesamtnationaler Ideen in kleinen Intellektuellenkreisen, jedoch ohne nachhaltige Wirkung. Die größeren Einzelstaaten hatten die Chance, selbst zu modernen Nationen zu werden, aber in den 1820er- und 3oer-Jahren verspielten sie diese: In Deutschland kamen sie den Wünschen vor allem des gehobenen Bürgertums auf politische Mitbestimmung in liberalen Verfassungen nicht nach, in Italien eröffnete Österreich, zu dem die Lombardei gehörte, italienischen Adligen keinen angemessen

Zugang zur Verwaltung und blockierte liberale Mitwirkungsforderungen, ebenso die weitgehend von ihm abhängigen italienischen Staaten. Daraufhin orientierten sich die liberalen, reformorientierten Kräfte in Deutschland in den 40er-Jahren verstärkt an der gesamtnationalen Alternative, desgleichen in Italien, wo sie in den 50er-Jahren ihre Hoffnungen auf Piemont-Sardinien als einzigen liberalen Staat in Italien setzten.[519] Italien wurde erst nach der politischen Einigung 1860 auch sprachlich homogenisiert, indem man das florentinische Italienisch zur verbindlichen Sprache machte und die stark ausgeprägten regionalen Dialekte zurückdrängte.

Als in Österreich Nationen entstanden, führte dieses umgekehrt zur Kleinteiligkeit. Seit den 1820er-Jahren entwickelten sich bei den kleineren slawischen Völkern eigene Intelligenzschichten, die damit begannen, muttersprachliche, bisher nur mündliche Traditionen zu verschriftlichen und zu pflegen. Die Donaumonarchie als Ganzes entwickelte dagegen keine identitätsstiftende Idee, die über die Loyalität zur Dynastie hinausging. 1867 musste die deutsche Machtelite den Teilhabeansprüchen der magyarischen Oberschicht entgegenkommen, indem Österreich in die Doppelmonarchie Österreich-Ungarn zergliedert wurde. Die deutsche und die magyarische Führungsschicht, die zahlenmäßig Minderheiten darstellten, gerieten in ein Dilemma: Kamen sie den politischen Teilhabeansprüchen der slawischen Mittelschichten nach, die durch den Ausbau des Bildungswesens erwachten, so mussten sie ihre Führungsrolle im Staat aufgeben; da sie dazu aber wenig Neigung hatten, fühlten sich die Slawen zunehmend diskriminiert. Dieses ließ im ausgehenden 19. Jahrhundert Konflikte aufbrechen und bei einigen Volksgruppen den Willen zur eigenen Nation reifen.

Die Nationalstaatsidee drang auch ins osmanische Imperium ein, zunächst bei den Griechen, dann bei den anderen christlichen Balkanvölkern. Hier rekonstruierten einige Intellektuelle eigene kulturelle Identitäten, und da die Christen nach islamischem Staatsverständnis nur minderberechtigte Schutzbefohlene waren und keinen Zugang zur Macht hatten, wurden die neuen Eliten zu Trägern eines separatistischen Nationsverständnisses. Das osmanische Imperium vermochte es im Laufe des 19. Jahrhunderts nicht, sich in einen Nationalstaat zu verwandeln: Der Versuch, eine an die Dynastie gebundene gemeinsame Identität zu schaffen – den Osmanismus –, entfaltete keine Integrationskraft. Die Sultane boten auch keine Möglichkeit politisch mitzubestimmen, versuchten vielmehr im letzten Drittel des Jahrhunderts die zunehmend auseinanderdriftenden Strömungen mit polizeistaatlichen Mitteln gewaltsam zu integrieren. Ende des 19. Jahrhunderts kamen nationale Ideen auch im islamischen Bereich an und wurden von westlich gebildeten Arabern und Türken aufgenommen. Als 1908 in der türkischen Regierung die »jungtürkischen« Reformpolitiker die Macht ergriffen und eine massive Türkisierungspolitik begannen, um einen ethnisch homogenen türkischen Nationalstaat zu schaffen, entfremdeten sich nun auch die Eliten der arabischen Städte dem Staat.

Die Nationalstaatsidee wurde sogar auf die diskriminierten osteuropäischen Juden übertragen: Auch die Juden seien eine Nation, und ein eigener Judenstaat in Palästina sei die Lösung ihres Elends. Damit entstand 1897 der Zionismus. Die Literatursprache Hebräisch wurde als gesprochene Sprache wiederbelebt, und Juden begannen nach Palästina auszuwandern, das zu diesem Zeitpunkt ein fast rein arabisches Land war. Damit wurde dort der Samen für einen Konflikt gepflanzt, der später kräftig austreiben sollte.

Dass sich eine Nation als Großgruppe mit politischem Gemeinschaftswillen und eigener Identität formierte, bedeutete noch nicht, dass ihr damit schon ein eigener Nationalstaat in den Schoß fiel. Wann er sich realisieren ließ und ob überhaupt, war auch eine Frage der internationalen Machtverhältnisse. Wer dafür Rückendeckung durch eine Großmacht hatte, kam rasch zum Ziel. Belgien konnte sich mit Unterstützung durch Großbritannien, das am Rheinmündungsgebiet interessiert war, 1830 in einem Aufstand unabhängig machen. Für den Erfolg des griechischen Freiheitskampfes von 1821 bis 1830 war die Unterstützung durch Großbritannien, Frankreich und Russland entscheidend, und auch die Autonomie und spätere Unabhängigkeit Rumäniens, Serbiens und Bulgariens von osmanischer Herrschaft wurde durch eine verdeckte Unterstützung von Österreich und Russland gefördert; hier wollten die europäischen Großmächte auf Kosten des osmanischen Imperiums Einfluss gewinnen. Nationen, die eine Großmacht zum Gegner hatten, mussten dagegen lange warten. Die polnischen Aufstände 1830, 1848 und 1863 wurden von Russen und Preußen niedergeschlagen, genauso wie die nationalen Aufstände in Österreich 1848 nicht zuletzt am Eingreifen Russlands scheiterten. Die Polen und die slawischen Völker Österreichs mussten bis zur Niederlage der drei Kaiserreiche 1918 warten, um eigene Staaten gründen zu können. Irland konnte sich erst 1922 die Unabhängigkeit erkämpfen. Auch Norwegen brauchte bis 1905. Die deutsche und die italienische Nationalbewegung scheiterten beide ebenfalls zunächst mit ihren revolutionären Aufständen 1848 an den Großmächten. Zum Zuge kamen sie dann dadurch, dass sie sich mit dem Machtegoismus eines Staates verbanden. In Italien eroberte 1859–61 Piemont-Sardinien mit Rückendeckung durch Frankreich (fast) ganz Italien, vertrieb, unterstützt durch nationale Aufstände, die anderen Monarchen und wuchs auf diese Weise zum Königreich Italien. In Deutschland nahm Preußen die nationale Idee auf. Es verdrängte durch einen Krieg 1866 die rivalisierende Großmacht Österreich aus dem deutschen Raum und gründete 1867 den Norddeutschen Bund als Bund der deutschen Fürsten unter preußischer Führung. 1871 wurde er durch die süddeutschen Staaten zum Deutschen Reich erweitert. In beiden Fällen waren die Ministerprädenten die eigentlichen Motoren der Einigung, Cavour in Piemont-Sardinien und Bismarck in Preußen.

Die Entstehung von modernen Nationen hatte also in jedem Fall mit eigenen Identitäten und mit politischem Mitbestimmungsstreben zu tun, besonders von Bildungseliten und anderen Mittelschichten. Auf einem anderen Blatt steht, dass nationales Denken in den einmal etablierten Nationalstaaten seit dem späten 19. Jahrhundert teilweise seinen Charakter wandelte. Nun wurde es von konservativen Machteliten genutzt, um Massenanhang zu gewinnen, um die Teilhabeansprüche von Unterschichten abzuwehren, schließlich auch um die Massen für gemeinsamen Krieg nach außen zu mobilisieren.

Partner oder Rivalen?

Als 1793 Lord Macartney im Auftrag des britischen Königs den chinesischen Kaiserhof aufsuchte, sahen die Chinesen dieses als Gesandtschaft eines tributpflichtigen Barbarenvolkes an und weigerten sich, gleichberechtigte diplomatische und wirtschaftliche Beziehungen einzugehen. In Europa brachte Napoleon ab 1803 fast den ganzen Kontinent unter seine Kontrolle, und in manchen Staaten setzte er seine Verwandten als Herrscher ein oder diktierte ihnen die Verfassung. Doch diese monozentrischen Ordnungsvorstellungen erwiesen sich als Auslaufmodelle. Nachdem Napoleons Hegemonie von den übrigen europäischen Staaten mit vereinten Kräften überwunden worden war, stellten diese auf dem Wiener Kongress 1814/15 das europäische Staatensystem als Form symmetrischer Integration wieder her. Frankreich wurde trotz seiner Niederlage als gleichberechtigte Großmacht aufgenommen. Langfristig wuchs sich diese Ordnung zum Weltstaatensystem aus, indem auch alle außereuropäischen Staaten integriert wurden. Das bedeutete, dass die Europäer sie als gleichberechtigte souveräne Staaten anerkannten, was voraussetzte, dass diese bereit waren, die völkerrechtlichen Standards des europäischen Systems zu übernehmen.[520] Äußerlich zeigte die Integration sich in einer Vernetzung durch die Akkreditierung gegenseitiger ständiger Botschafter. In den 1840er-Jahren brach die Idee einer eigenständigen islamischen Weltordnung, in den 1860ern auch Chinas Anspruch auf ein asymmetrisches chinazentriertes Staatensystem zusammen. An dem Pariser Friedenskongress 1856 nahm zum ersten Mal das osmanische Imperium teil. Die USA und die lateinamerikanischen Staaten waren zwar nach ihrer Unabhängigkeit von den Europäern gleich als souveräne Staaten anerkannt worden, blieben aber politisch noch jahrzehntelang außerhalb der Bündnisse und politischen Affären Europas. Um die Jahrhundertwende kam dann der Durchbruch: An der Haager Konferenz 1899 nahmen außer den Europäern und den Osmanen auch die USA, Mexiko, China, Japan, Iran und Thailand teil, und auf der Haager Konferenz von 1907 kamen noch die übrigen 16 lateinamerikanischen Staaten hinzu. Rechnet man das ebenfalls anerkannte Äthiopien mit ein, waren damit alle souveränen Staaten in das europäische Staatensystem integriert. Dabei wurden die USA seit ihrem Sieg über Spanien 1898, Japan seit seinem Sieg über Russland 1905 als Großmächte angesehen. Die Integration wirkte in beide Richtungen: Nachdem die Europäer ihre Streitigkeiten schon seit Mitte des 18. Jahrhunderts auch in Übersee ausgetragen hatten, wurde im Ersten Weltkrieg mit den USA 1917 zum ersten Mal eine außereuropäische Macht militärisch massiv in Europa präsent.

Das europäische Staatensystem wuchs nicht nur räumlich zum Weltstaatensystem, sondern die Integration wurde langsam auch intensiver. Das galt weniger für die Intensität der diplomatischen Kontakte. Zwar gab es 1818–22 zum ersten Mal regelmäßige Monarchenkonferenzen der Großmächte, doch diese wurden nicht weiter fortgesetzt, wenngleich auch später gelegentlich Kongresse stattfanden, um einen gemeinsamen Interessenausgleich zu schaffen, vor allem der Berliner Kongress 1878, die Kongokonferenz 1884/85 und die Algecirasconferenz 1906. Im Wesentlichen lief der Kontakt zwischen den europäischen Staaten über die Botschafter; Regierungschefs und Monarchen trafen sich nur in Ausnahmefällen persönlich. Die steigende Intensität zeigte sich mehr in der Verregelung der politischen Beziehungen. Der Wiener Kongress legte einen Kanon fester Regeln für den diplomatischen Verkehr fest. Die Genfer Konvention zum Schutz verwundeter Soldaten schuf 1864 erstmals verbindliche Regelungen für die Kriegführung, und die Haager Abkommen 1899 und 1907 erweiterten das Kriegsvölkerrecht zu einer umfassenden Rechtsordnung. Als die Industrialisierung die internationale Wirtschaftsvernetzung intensivierte, mussten die Staaten gemeinsame Regeln vereinbaren, damit Handelsgeschäfte, Verkehr und Nachrichtenwesen über die Grenzen hinweg reibungslos funktionieren konnten. Die ersten Internationalen Regierungs-Organisationen (IGOs) waren der Welttelegrafenvertrag 1865 und der Weltpostverein 1874, und ihre Zahl stieg bis 1914 auf 49 an, die vom Patentrecht bis zum Seuchenschutz reichten.[521] Hinzu kamen aus privater Initiative Internationale Nicht-Regierungs-Organisationen (INGOs[522]), die weder staatlich noch gewinnorientiert waren. Als Erste entstanden 1823 die Internationale Gesellschaft gegen Sklaverei, 1855 der CVJM (YMCA) und 1864 das Rote Kreuz. Bis 1919 wurden es 355.[523]

Das Verhältnis der europäischen Mächte zueinander schwankte im Laufe der Jahrzehnte zwischen Kooperation und Rivalität. Nachdem die fünf Großmächte, also Russland, Großbritannien, Österreich, Frankreich und Preußen, im 18. Jahrhundert in einem Gleichgewichtssystem mit wechselnden Koalitionen um Positionsverbesserungen gerungen hatten, warf das revolutionäre Frankreich das Gleichgewichtssystem dann völlig über den Haufen und zog alle Mächte in eine Kette erschöpfender Kriege hinein. Daraufhin strebten die Großmächte zwischen 1815 und 1848 danach, als »Konzert« der Mächte gemeinsam den europäischen Frieden zu bewahren. Sie vermieden Kriege gegeneinander, unterdrückten liberale und nationale Bestrebungen, die den mühsam ausgehandelten Status quo gefährden konnten, und intervenierten dazu auch 1820/21 in Spanien und Italien. In den 1850er- und 60er-Jahren löste sich diese konservative Konsenspolitik der Großmächte auf. Im Krimkrieg 1854–56 stießen Großbritannien und Frankreich mit Russland zusammen, wenngleich auch nur peripher und mit begrenztem Einsatz, und in den 60ern verbanden Frankreich, Preußen und Piemont-Sardinien ihre Machtinteressen mit den nationalen Bewegungen. In den Kriegen in Italien 1859, in Deutschland 1866 und der deutschen Staaten gegen Frankreich 1870/71 stießen auch Großmächte militärisch ernsthaft aufeinander, aber es waren jeweils relativ kurze Kriege, sodass die anderen Mächte nicht so schnell eingreifen konnten. Indem Preußen, bisher schwächste der fünf Großmächte, 1871 zum Deutschen Reich mutierte, gewann es beträchtlich an Gewicht. Zugleich handelte die Regierung in Berlin sich ungeschickterweise die dauerhafte Feindschaft Frankreichs ein, als sie diesem Elsass-Lothringen als Siegesprämie entriss.

In den folgenden Jahrzehnten entfalteten sich dann langfristige Dynamiken, die es immer schwerer machten, das Mächtesystem im Gleichgewicht zu halten.[524] Während zwischen 1815 und 1848 die zwischenstaatlichen Beziehungen von den Herrscherhöfen untereinander ausgemacht wurden, gewann seitdem durch das Aufkommen der Massenpresse die öffentliche Meinung immer mehr Einfluss auf die Außenpolitik. Konnten die Höfe bisher Absprachen ungestört im Geheimen auskungeln, entfaltete jetzt nationalistisches Prestigedenken seine Eigendynamik. Da die Bevölkerung Deutschlands und erst recht Russlands stärker wuchs als jene Frankreichs, verschoben sich die Potenziale der Wehrpflichtarmeen. Deutschland überholte ebenso an Wirtschaftskraft erst Frankreich und dann auch Großbritannien, da seine Industrialisierung zwar später einsetzte, aber dafür rascher verlief. Andererseits fielen die mitteleuropäischen Mächte Deutschland und Österreich-Ungarn insofern zurück, da die außen liegenden Mächte Russland, Großbritannien und Frankreich im späten 19. Jahrhundert in weiträumige Territorien in Zentralasien und Übersee expandierten und so zu Weltmächten heranwuchsen. Diese vier Dynamiken nährten eine zunehmende Rivalität der europäischen Großmächte um Positionsverbesserungen und Positionsbehauptung.

Bismarck versuchte als deutscher Reichskanzler durch Geheimbündnisse ab 1873 Russland und Österreich an Deutschland zu binden, um Erreichtes zu sichern und einem französischen Revanchekrieg die Basis zu nehmen. Der Schulterschluss mit Russland ließ sich aber nicht über 1890 hinaus aufrechterhalten. Seit den 90er-Jahren nahm das Deutsche Reich für sich in Anspruch, eine Machtstellung zu gewinnen, die seinem gewachsenen wirtschaftlichen und demografischen Gewicht entsprach, auch in Übersee. Das wurde von den etablierten Weltmächten als offensiv, ja aggressiv empfunden, nicht zuletzt wegen des auftrumpfenden Stils der Reichsregierung, ganz besonders Kaiser Wilhelms II. selbst. Umgekehrt versuchten Frankreich und Großbritannien krampfhaft, ihren langfristigen relativen Abstieg zu verhindern. Zugleich empfand Berlin den raschen russischen Aufstieg in den Jahren vor dem Ersten Weltkrieg als Bedrohung. Die Folge dieser Konkurrenz war ein immer schärferes Wettrüsten zu Land und zwischen Großbritannien und Deutschland seit 1898 auch zu Wasser.

Zwischen 1865 und 1914 gab es eine Reihe von internationalen Krisen, in denen jedoch die Bereitschaft zum Nachgeben jedes Mal verhindern konnte, dass sie zu Kriegen eskalierten.[525] Im Sommer 1914 geriet hingegen das Krisenmanagement außer Kontrolle, obwohl der Auslöser, die Ermordung des österreichischen Thronfolgers durch einen serbischen Nationalisten, an sich so schwerwiegend nicht war. Aber in dieser Krise meinte Österreich-Ungarn, von nationalen Gegensätzen gebeutelt, gegenüber Serbien und seinem Nationalismus keine Schwäche zeigen zu dürfen. Die reichsdeutsche Führung wollte Österreich-Ungarn als letzten Bündnispartner nicht verlieren und fürchtete, demnächst mit einem zu sehr erstarkten Russland konfrontiert zu sein. Das innerlich labile Zarenregime glaubte keine diplomatische Schlappe verkraften zu können, wie es eine Strafaktion Österreichs gegen seinen Schützling Serbien gewesen wäre. Die Führungen der drei Kaiserreiche, allesamt diffus und schlecht koordiniert, gingen leichtfertig Risiken ein, und ohne dass eine Seite einen Eroberungskrieg geplant hatte, entflammten sie damit den Ersten Weltkrieg.[526]

Das Deutsche Reich, Österreich-Ungarn und das osmanische Imperium standen im Ersten Weltkrieg gegen Russland, Frankreich und Großbritannien, zu denen noch Japan, 1915 Italien und 1917 die USA stießen, ferner zahlreiche außereuropäische Staaten, die aber kaum im Krieg engagiert waren. Die deutsche Strategie, die russisch-französische Überlegenheit dadurch zu unterlaufen, dass man die beiden Länder nacheinander schlug, eigentlich ein Akt der Verzweiflung, scheiterte trotz deutlicher Anfangserfolge rasch. Auch der Versuch, Großbritannien in die Knie zu zwingen, indem man die neue U-Boot-Waffe gegen seine Zufuhren aus Übersee ansetzte, um es auszuhungern, blieb letztlich erfolglos. Er provozierte nur den Kriegseintritt der USA, wo sich die Ostküstenelite ohnehin kulturell und politisch den Briten näher verbunden fühlte. Nachdem der Krieg zu einem langwierigen, zähen Ringen unter Mobilisierung aller Kräfte entartet war, musste derjenige siegen, der das größere Potenzial an Menschen und Wirtschaftskraft besaß. Russland erwies sich bald als Koloss auf tönernen Füßen, dessen Widerstandskraft durch die Revolution 1917 erst recht zersetzt wurde. Aber das half den zunehmend ausgelaugten Mittelmächten nichts. Ende 1918 hielten sie ebenfalls den steigenden Druck nicht mehr aus: Österreich-Ungarn und das osmanische Imperium zerfielen, und auch Deutschland musste sich geschlagen geben, nachdem sich das Gewicht frischer US-amerikanischer Truppen an der Westfront immer mehr bemerkbar gemacht hatte. So stand am Ende der verschärften Rivalität der europäischen Mächte die bis dahin größte Katastrophe Europas; eine zwangsläufige Folge war sie indes nicht.[527]

Die Weißen machen sich weltweit zu Herren

Der Prozess zunehmender räumlicher Integration auch in politischer Hinsicht, der sich durch die ganze Weltgeschichte zog, machte es letztlich nur zu einer Frage der Zeit, bis die ganze Welt zu einem Netzwerk zusammengefügt war. 1914 gab es außer der Antarktis auf der Welt kein Stück Land mehr, das nicht entweder zu einem der souveränen Staaten gehörte oder dessen Kolonie war. Die Welt vorstaatlicher Gemeinschaften war untergegangen. Aber nur ein Teil der Staaten war symmetrisch in das neue Weltstaatensystem integriert worden, weite Gebiete hingegen asymmetrisch als beherrschte Gebiete, und zwar fast gänzlich von Europäern. Wie kam es zu dieser Expansion europäischer Herrschaft, welche 1914 ihren Höhepunkt fand und die vorangegangenen drei Jahrzehnte als ein Zeitalter des europäischen Imperialismus erscheinen ließ? Versuche, hierfür einen allgemeingültigen Erklärungsschlüssel zu finden, sind fruchtlos geblieben; zu vielfältig waren Triebkräfte und Formen der Machtausweitung.[528] Dabei darf man den Blick nicht nur auf die Triebkräfte in Europa richten, sondern muss ebenso die Machtverhältnisse in nichteuropäischen Räumen sehen: Dass das Mogul-Imperium Anfang des 18. Jahrhunderts zerfiel und dass die chinesische Zentralgewalt durch die Taiping-Revolution ab 1851 geschwächt wurde, erleichterte es den Europäern; erst recht half ihnen, dass in großen Teilen Afrikas, Nordamerikas und Australiens bisher noch keine staatlichen Strukturen entstanden waren.

Deutlich lassen sich drei Phasen erkennen.

In den Jahrzehnten zwischen 1770 und 1820 gingen die bisherigen europäischen Imperien weitgehend unter, indem erst die Briten Nordamerika (außer Südostkanada) und dann die iberischen Staaten fast ihren ganzen amerikanischen Kolonialbesitz verloren, aber zugleich begann Neues. Von absolutistischem Machtwillen getrieben, dehnte Russland seine Herrschaft in alle Richtungen aus: nach Westen zwischen 1772 und 1815 schrittweise über den größten Teil Polens, nach Süden 1783 über die türkische Südukraine und von 1801 bis 1829 über den Kaukasus, außerdem nach Osten seit 1799 über Alaska. Anders lagen die Antriebe bei den Briten, nachdem sie die Franzosen schon im Siebenjährigen Krieg bis 1763 aus Nordamerika und Indien verdrängt hatten. Nun entfalteten die Vertreter der britischen Ostindiengesellschaft in Indien eine erstaunliche Eigenaktivität. Als ihr Arrangement mit dem Herrscher von Bengalen zusammenbrach, übernahmen sie in Bengalen 1865 die faktische Territorialherrschaft und legten sich eine Armee aus indischen Söldnern zu. In einer Kette von Kriegen, in die sie z.T. durch Angriffe indischer Staaten hineingezogen wurde, sich aber auch durch den persönlichen Ehrgeiz ihrer Offiziere und die Angst vor französischer Konkurrenz hineingetrieben sah, brachte die Ostindiengesellschaft bis 1818 ganz Indien unter ihre Kontrolle. Dabei wurden die Gangesebene und die Küsten zu Beherrschungskolonien, das Übrige wurde indirekte Herrschaft über indische Fürstentümer. In den Napoleonischen Kriegen konnten die Briten die Überseekontakte aller übrigen Europäer unterbrechen. Um den eigenen Seeweg nach Asien abzusichern, nahmen sie 1806 den Niederländern die Südspitze Afrikas weg, hissten ihre Flagge auf den kleinen Inseln im Atlantik und Indischen Ozean ebenso wie auf Malta und legten 1819 Singapur an. Außerdem gründeten sie 1788 im erst jüngst entdeckten Südostaustralien eine Sträflingskolonie, um asoziale Elemente möglichst weit abzuschieben (die Russen benutzten dafür das unwirtliche Sibirien).

In den Jahrzehnten zwischen 1820 und 1880 wurden vier von Weißen regierte Staaten in außereuropäischen Räumen expansiv, wobei ihre Motive sich deutlich unterschieden. Die USA dehnten ihr Gebiet bis 1853 an die Pazifikküste aus, getrieben vom Landhunger der Siedlerwellen, und kauften den Russen 1867 Alaska ab. Russland eroberte 1847 bis 1881 Zentralasien (westlich des chinesischen Machtbereiches), teils aus Machtkonkurrenzdenken des Zarenhofes zur Stellung der Briten in Indien, teils aus Eigeninitiative der örtlichen Generäle. Die französische Regierung wurde vor allem durch das Streben, mit Kolonialerfolgen innenpolitisch zu punkten, dazu verleitet, in Übersee militärisch Fuß zu fassen. Ihre Opfer waren seit 1830 Algerien und seit 1858 Südvietnam. Großbritannien etablierte seine Herrschaft auch über das übrige Australien und Neuseeland, die ein Machtvakuum darstellten, über Westkanada, um es nicht den westexpandierenden USA zu überlassen, und ferner über Pakistan und die Küste Birmas, um so Indien abzusichern. Dabei waren Westkanada und Australien nur sehr wenig besiedelt. Eigentlich war man aber in London, wo die kommerziellen Interessen den Ton angaben, weniger an weiteren Beherrschungskolonien interessiert, weil diese im Zweifel ein Zuschussgeschäft waren, als vielmehr an guten Handelsverbindungen. Als erste Industriegesellschaft der Welt vertrauten die Briten darauf, überall im Wettbewerb überlegen zu sein. Wenn sie auf willige Handelspartner trafen, so war ihnen das recht. Dementsprechend hatten sie die neuen lateinamerikanischen Staaten sofort anerkannt, da sich ihnen so der Zugang zu diesen Märkten öffnete. Wo Staaten britischen Kaufleuten den freien Zugang zu ihren Märkten verweigerten, wurden sie zu Verträgen gezwungen, die ihre Häfen zu niedrigen Zöllen öffneten. Dies erlebte China, obwohl es dagegen hinhaltenden Widerstand leistete, 1840 bis 1895 schrittweise vor allem durch Großbritannien, Japan 1854 durch die USA und Thailand 1855. Der westlichen Schiffsartillerie hatten die Ostasiaten nur veraltete Festungsgeschütze entgegenzusetzen. Außerdem erzwang Großbritannien 1838 auch vom osmanischen Imperium günstige Zollsätze. Die übrigen interessierten Handelsnationen schlossen jeweils rasch ähnliche Verträge ab. Durch das Stützpunktnetz des britischen Handelsreiches waren die britische Kriegsmarine und Handelsflotte weltweit präsent und führten unzweifelhaft mit großem Abstand vor allen anderen. Von einer allgemeinen Hegemonie Großbritanniens kann man trotzdem nicht sprechen; Kontinentaleuropa, die USA und der größte Teil Asiens und Afrikas lagen außerhalb des politischen Einflusses aus London, und selbst wenn beispielsweise lateinamerikanische Staaten ihre Anleihen nicht zurückzahlten, konnte Großbritannien sie nicht dazu zwingen.[529] Es bestanden auch keine formellen Handelsmonopole mehr, sondern Freihandel, der im Prinzip allen zugänglich war, sofern sie denn wettbewerbfähig waren und nicht an Beziehungsnetzen scheiterten.

In den 1880er-Jahren änderte sich das Bild plötzlich. Während die Europäer in den vorangegangenen Jahrzehnten schwarzafrikanische Machthaber als gleichberechtigte Vertragspartner behandelt hatten, unterwarfen die europäischen Mächte jetzt in relativ kurzer Zeit Afrika unter ihre Herrschaft. Warum dieser Wandel? In einigen Fällen brach die bisherige Kooperation zusammen, sodass die Europäer stärker eingriffen, um ihre Interessen zu wahren, so z.B. 1882 die Briten in Ägypten und die Franzosen in Tunis. Mit der Industrialisierung verstärkten sich wirtschaftliche Interessen an Überseegebieten, doch waren das zu diesem Zeitpunkt noch eher die Aktivitäten einzelner Abenteurer als die tonangebender Wirtschaftskreise. Entscheidend war, dass mit Deutschland und Belgien zwei neue Kolonialinteressenten auf den Plan traten. Die dadurch verschärfte Konkurrenz brachte die europäischen Staaten dazu, 1884 fast ganz Afrika am grünen Tisch untereinander aufzuteilen, ohne dass man nähere Kenntnisse von den dortigen Ethnien und Verkehrsräumen hatte, sodass diese oft von den neuen Kolonialgrenzen zerschnitten wurden. Großbritannien erhielt das Gebiet von Ägypten bis Kenia, den Süden Afrikas und Nigeria, Frankreich den Nordwesten, Belgien das Kongobecken und Deutschland Stücke im Osten und Südwesten, um die wichtigsten zu nennen. Das bedeutete zunächst bloß, die Claims abzustecken. Die noch offenen Reste wurden bis zum Ersten Weltkrieg verteilt, wobei die Regierungen sich nun zunehmend vom Prestigedenken einer nationalistischen Öffentlichkeit unter Druck gesetzt sahen und in Torschlusspanik hektisch nach den letzten Pazifikinseln grapschten. Dass die Europäer diese Gebiete auch tatsächlich erobern konnten, lag grundlegend daran, dass Schwarzafrika über Jahrtausende hinweg gegenüber dem Nahen Osten und Europa immer weiter zurückgefallen war, und es wurde jetzt durch zwei Innovationen möglich, die ein extremes Machtgefälle entstehen ließen: Mit Chinin als Malariaprophylaxe konnten die Europäer sich in den feuchten Tropen längerfristig aufhalten, und das MG verschaffte ihnen plötzlich eine überwältigende militärische Überlegenheit.[530] Bei der Schlacht von Omdurman 1898 büßten die Derwische 11000 Mann ein, während die siegreichen Briten nur 20 Tote zählten. Hätten die Kolonien sich nicht durch billige Siege nebenbei erobern lassen, hätten die europäischen Öffentlichkeiten diese Kolonialpolitik nicht mitgetragen. Nachdem Frankreich und die Niederlande in Südostasien als Konkurrenz zu den Briten aktiv geworden waren, teilten die Europäer in den 80er-Jahren auch diesen Raum untereinander auf. Die von Java aus expandierenden Niederlande erhielten den Raum des späteren Indonesien, Großbritannien das spätere Malaysia, und Frankreich bekam Vietnam, Laos und Kambodscha. In den 90ern stießen noch zwei »late comer« hinzu. Die USA sahen sich nach dem Ende der Siedlungsbewegung ab 1890 nach neuen Märkten in Lateinamerika und Ostasien um und starteten ein Flottenbauprogramm. 1898 annektierten sie Hawaii und übernahmen nach einem eher zufällig ausgebrochenen Krieg gegen Spanien deren Kolonie Philippinen. Das modernisierte Japan eroberte 1895 Korea und vertrieb 1905 die Russen aus der Mandschurei.

Vier Staaten wurden nicht in die neuen Imperien integriert, weil die Konkurrenten sich gegenseitig blockierten und es auch vorteilhaft fanden, die Ordnung nicht selbst aufrechterhalten zu müssen: Das osmanische Imperium und Persien lagen zwischen Russlands und Großbritanniens Machtsphäre, Thailand zwischen Großbritanniens und Frankreichs, und an China waren Briten, Franzosen, Russen und US-Amerikaner interessiert. Rechtliche Unabhängigkeit bedeutete aber nicht automatisch, dem Einfluss der Großmächte zu entgehen, denn über deren Imperien hinaus entstanden auch noch Hegemonialzonen. Aufgrund ihrer Überschuldung mussten Ägypten 1878 (bis 1914) und das osmanische Imperium 1881 einen großen Teil ihrer Staatsfinanzen unter ausländische Kontrolle stellen. China geriet seit 1895 faktisch unter eine kollektive Hegemonie; es war gezwungen, große Teile der Steuern an die imperialen Mächte zu verpfänden, den Europäern exterritoriale Gebiete in den Vertragshäfen zuzugestehen und fremde Truppen zu dulden, nämlich auf dem Jangtse britische Kanonenboote sowie in der Mandschurei von 1900 bis 1905 russische, danach japanische Truppen. Schließlich wurde der mittelamerikanische Raum zur

Entwicklungsstadien der Macht 1910

- Stämme
- Personenverbandsstaat
- patrimonialbürokratische Monarchie
- Siedlungskolonie
- Beherrschungskolonie
- indirekte Herrschaft
- konstitutionelle Monarchie
- parlamentarische Monarchie
- oligarchische Republik
- persönliche Diktatur
- Demokratie

Hegemonialzone der USA. Zwischen 1902 und 1933 intervenierte Washington wiederholt militärisch in Kuba, Nicaragua, Panama, Honduras, Haiti, der Dominikanischen Republik und Mexiko, wenn es Interessen US-amerikanischer Firmen verletzt sah.

Die Formen asymmetrischer Integration variierten innerhalb der Imperien. Am besten kamen die weißen Siedler weg, welche die europäischen Verhältnisse kannten und vergleichbar behandelt werden wollten. Wo ihre Gebiete räumlich an das Kernland anschlossen, waren sie gleichberechtigter Teil des Staates, so für Russland (Süd-)Sibirien und seit 1822/48 Kasachstan, und ebenso wurden in den USA die Gebiete westlich des Mississippi 1812 bis 1912 schrittweise von abhängigen Territorien zu Bundes-

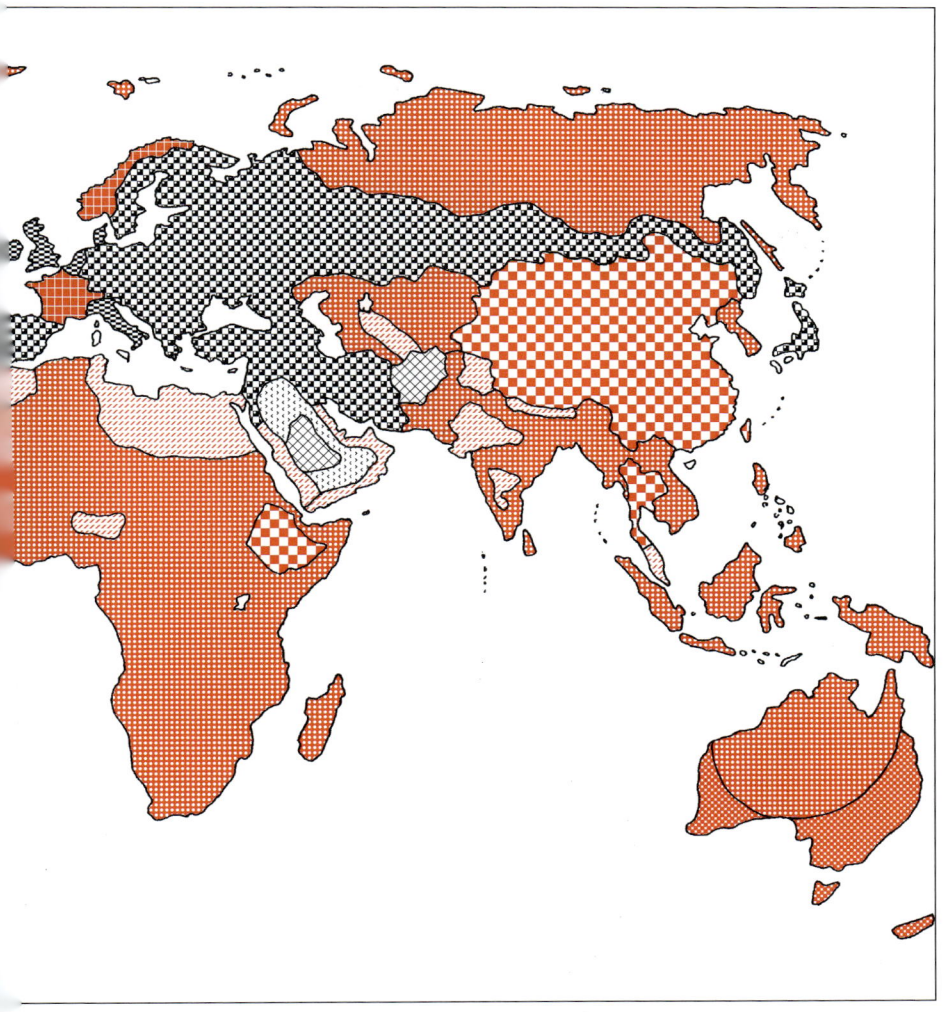

staaten. Großbritannien gestand seinen überseeischen Siedlungskolonien in Kanada, Neuseeland und Australien zwischen 1848 und 1859 Selbstverwaltung mit gewählten Parlamenten und Ministerverantwortlichkeit nach britischem Vorbild zu, 1872 auch der Kapkolonie.

Am schlechtesten ging es den vorstaatlichen, oft nomadisch oder als Jäger und Sammlerinnen lebenden Einheimischen im Bereich der Siedlungskolonien. Wo sie in direkter Konkurrenz zu landsuchenden Siedlern standen, wurden sie gewaltsam verdrängt. In Australien sahen die Siedler das Land als herrenlos und die Aborigines kaum als Menschen an, vertrieben und erschossen sie. Die Reste, überdies durch die neuen europäischen Krankheiten dezimiert, fanden sich in trockenen Reservaten oder als trostlose Asoziale am Rand der Großstädte wieder. Als steinzeitliche Lokalgruppen waren sie von vornherein hoffnungslos unterlegen und kaum zu Widerstand fähig. Den Indianern im Süden Argentiniens erging es kaum besser. Die USA schlossen mit den in Stämmen organisierten Indianern Nordamerikas immerhin zahlreiche Verträge ab, doch die Weißen brachen alle. Obwohl die Indianer sich hier zwischen 1811 und 1890 in einer Serie von Kriegen heftig wehrten, wurden sie von Siedlern und Militär gewaltsam immer weiter nach Westen verdrängt. Ihre Reste sahen sich auf einige quasikoloniale Reservate beschränkt, unwirtliche »lebende Museen« für »Wilde«, die als nicht assimilierbar angesehen wurden. In Nordkasachstan wurden die Kasachen nach mehreren ergebnislosen Aufständen durch die russischen Siedler weitgehend verdrängt. Wo das kalte Klima bäuerliche Siedlung verhinderte, wie im größten Teil Kanadas und Sibiriens, blieben die einheimischen Lokalgruppen und Stämme der Indianer, Inuit und sibirischen Völker zwar weitgehend unangetastet, aber in diskriminierter Rechtsstellung. Als gleichberechtigte Staatsbürger wurden sie erst spät anerkannt, die Reservats-Indianer der USA 1924, die Indianer und Inuit Kanadas 1960 und die Aborigines 1967.

Im Unterschied zu den Siedlungskolonien tauchten die Europäer in ihren Imperien in Afrika und dem (nichtsibirischen) Asien fast nur als Minderheit von Verwaltungsbeamten und Kaufleuten auf, abgesehen von Südafrika und Nordalgerien. Wo sie hier kooperationswillige Staaten vorfanden, beschränkten sie sich auf die bequeme und billige indirekte Herrschaft, insbesondere bei den Dutzenden größerer Herrscher Indiens (zu denen noch zahlreiche kleinere Fürstentümer kamen), den arabischen Herrschern von Ägypten (ab 1914), Marokko und Tunesien sowie am Persischen Golf, den Sultanen der malaiischen Halbinsel, den Emiren Nordnigerias, den »Regenten« im niederländischen Teil Südostasiens und den Khanaten Turkestans. Ansonsten mussten sie das Gebiet als Beherrschungskolonie organisieren, was in Schwarzafrika der Regelfall war. Die Herrschaftsbefugnisse der niederländischen und der britischen Ostindiengesellschaften wurden 1792 bzw. 1857 vom Staat übernommen. In den Beherrschungskolonien in Indien, Südostasien und erst recht Schwarzafrika wurde die Verwaltung effizienter als bisher; regelmäßige Steuern waren für Schwarzafrika weithin neu, in Südostasien zumindest in Geldform meist nicht gewohnt. Damit erreichte die koloniale Verwaltung das Niveau patrimonialbürokratischer Staaten, mehr aber auch nicht. In allen Beherrschungskolonien kamen Zigtausende Einheimische auf einen weißen Beamten, was bedeutete, dass die lokale Verwaltung zumindest auf dem Lande in den Händen autonomer einheimischer Eliten lag. Wo die Europäer insbesondere in Schwarzafrika auf Lokalgruppen und Stämme ohne Oberhaupt trafen, schufen sie Häuptlingstümer, um über das nötige Zwischenglied zu verfügen. Teilweise blieb der bisher nichtstaatliche Teil

Schwarzafrikas auch noch hinter der patrimonialbürokratischen Verwaltungsintensität zurück. So konnte es z.B. vorkommen, dass die Bevölkerung ihre Dörfer einfach verlegte, um dem Steuerzugriff auszuweichen.

Niemand hatte die Europäer eingeladen, die Herren zu spielen. Als der Druck europäischer Herrschaft voll spürbar wurde, reagierten an vielen Stellen die bisherigen Eliten und ihr Anhang mit Aufständen; diese reichten, je nach dem Beginn intensiverer europäischer Herrschaft, von Java 1825 bis 1830 über Nordindien 1857 bis Deutsch-Ostafrika 1905. Sie scheiterten alle. Die überlebenden aristokratischen Machteliten arrangierten sich dann mit den Europäern, nicht zuletzt da diese auch deren Autorität nach unten oder gegen Konkurrenten stützten. Manche Einheimische entdeckten persönliche Aufstiegschancen, etwa durch Bildung, als Unterbeamter oder im Militärdienst. Ohne die Kooperationsbereitschaft der Häuptlinge, einheimischen Unterbeamten und Soldaten, die den Großteil der Truppen ausmachten, hätte die europäische Kolonialherrschaft nicht bestehen können. Wo schon vor dem Beginn europäischer Herrschaft geistige Eliten nachachsenzeitlicher Kulturen existiert hatten und europäische Bildung und Wirtschaft besonders stark eindrangen, entstanden nach einiger Zeit neue, westlich gebildete Eliten. Nicht zuletzt unter dem Einfluss der europäischen Nationsidee forderten diese zunächst vor allem Teilhabe an Verwaltungsstellen und Macht, zuerst in Indien (seit 1885 Indischer Nationalkongress) und Ägypten und vor dem Weltkrieg auch noch auf den Philippinen (1908 Nationalistische Partei) und auf Java. Im Unterschied zu den weißen Siedlerkolonien machten die Briten den Indern nur schrittweise kleine Zugeständnisse; immerhin gab es seit 1892 Provinzialparlamente. Aufs Ganze gesehen neigten die Europäer aber angesichts ihrer weltweiten Herrenstellung dazu, nicht nur auf Schwarze und Indianer als unzivilisierte »Wilde« herabzusehen, sondern alle »Farbigen« einschließlich der Chinesen, Japaner und Inder in rassistischer Weise als den Weißen prinzipiell unterlegen zu betrachten.

Nutznießer der europäischen Imperien waren die weißen Siedler und einzelne private Handelsfirmen, Reedereien und Plantagenbesitzer, ferner Mittelschichtangehörige, die als Kolonialoffiziere den Herren mimen konnten. Für die Staatskasse der Kolonialmacht waren ernsthaft nur Indien und Java gewinnbringend. Bei allen anderen dürfte das Steueraufkommen den Aufwand für Verwaltung, Militär und Straßen- und Eisenbahnbau bestenfalls gerade gedeckt haben, und viele schwarzafrikanische Kolonien waren Subventionsfälle. Die europäischen Überseeimperien dieser Zeit dienten nicht dazu, die Steuerkassen der Herrscher zu füllen, vielmehr sollte der Staat primär private Gewinnmöglichkeiten eröffnen und absichern; hier lag eben der Unterschied zwischen einem patrimonialem Imperium und der imperialen Peripherie von Staaten mit Transitionsordnungen, in denen Wirtschaftsinteressen politisch einflussreich waren.

Aufbruch zu neuen Ufern

Als 1848 in Kalifornien Gold gefunden wurde, strömten massenhaft Menschen nicht nur aus Europa und den USA, sondern auch aus China dorthin; die Spitzen der europäischen und der chinesischen Auswandererbewegung stießen zusammen. Anfang des 19. Jahrhunderts grasten 50 bis 60 Millionen Bisons in den nordamerikanischen Prärien, am Ende des Jahrhunderts waren sie fast gänzlich ausgerottet; Felder und Ranchbetriebe bedeckten ihren ehemaligen Weidegrund, so weit das Auge reichte. Dahinter steckte eine gewaltige Expansion der Bevölkerung, quantitativ wie räumlich. Von 1750 bis 1900 stieg die Weltbevölkerung von 720 auf 1625 Millionen[531] an, rascher als je zuvor. Dabei verschoben sich die Anteile der einzelnen Regionen an der Weltbevölkerung erheblich. Jener der Europäer und ihrer Abkömmlinge erhöhte sich deutlich von 18,0 auf 27,0 % (nichtrussisches Europa, Nord- und Südamerika und Australien), der Russlands stieg sogar von 3,6 auf 6,5 % (europäisches Russland und Sibirien) und jener Südostasiens von 3,6 auf 5,1 %. Dagegen verloren die anderen, d. h. vor allem China, Indien, die islamische Welt und besonders Schwarzafrika.[532] Die einen konnten neue Ressourcen für ein starkes Wachstum von Existenzmöglichkeiten erschließen, insbesondere Nahrung, die anderen nicht.

Warum vermehrten sich die Europäer so extrem? Sie durchliefen als Erste den demografischen Übergang von einer agrargesellschaftlichen Bevölkerungsweise mit hoher, durch Hungerkrisen und Epidemien stark schwankender Geburten- und Sterberate zu einer industriegesellschaftlichen Bevölkerungsweise[533], in Westeuropa früher, in Süd- und Osteuropa zwanzig, dreißig Jahre später. Die Sterberate sank seit Mitte des 19. Jahrhunderts, und zwar aus drei Gründen. 1846/48 fand die letzte jener erntebedingten Hungerkrisen statt, deren Mehrsterblichkeit und Geburtenausfälle das Bevölkerungswachstum immer wieder dämpften. Seitdem konnten durch den Eisenbahntransport regionale Ernteausfälle ausgeglichen werden. Dann verbesserte die Hygienebewegung gezielt die Hygiene, was von der Kanalisation über häufigeres Waschen von Körper und Wäsche bis zur üblich werdenden Benutzung von Unterhosen reichte. Schließlich konnte Ende des Jahrhunderts auch die Medizin wesentliche Fortschritte erzielen. Damit erhöhte sich die Lebenserwartung in Westeuropa im Laufe des Jahrhunderts von gut 30 auf 50 Jahre. Die Geburtenrate stieg Ende des 18. Jahrhunderts sogar leicht an, als traditionelle Heiratsbeschränkungen wegfielen und auch bisher ledige Knechte und Gesellen verstärkt Familien gründeten, und sie blieb aus Gewohnheit noch länger hoch. Die durch die Industrialisierung veränderten Lebensverhältnisse führten dann aber zu einem Dichtestress, sodass die Geburtenrate in West- und Nordeuropa um 1900 zu sinken begann. Das geschah zunächst in den städtischen Mittel-

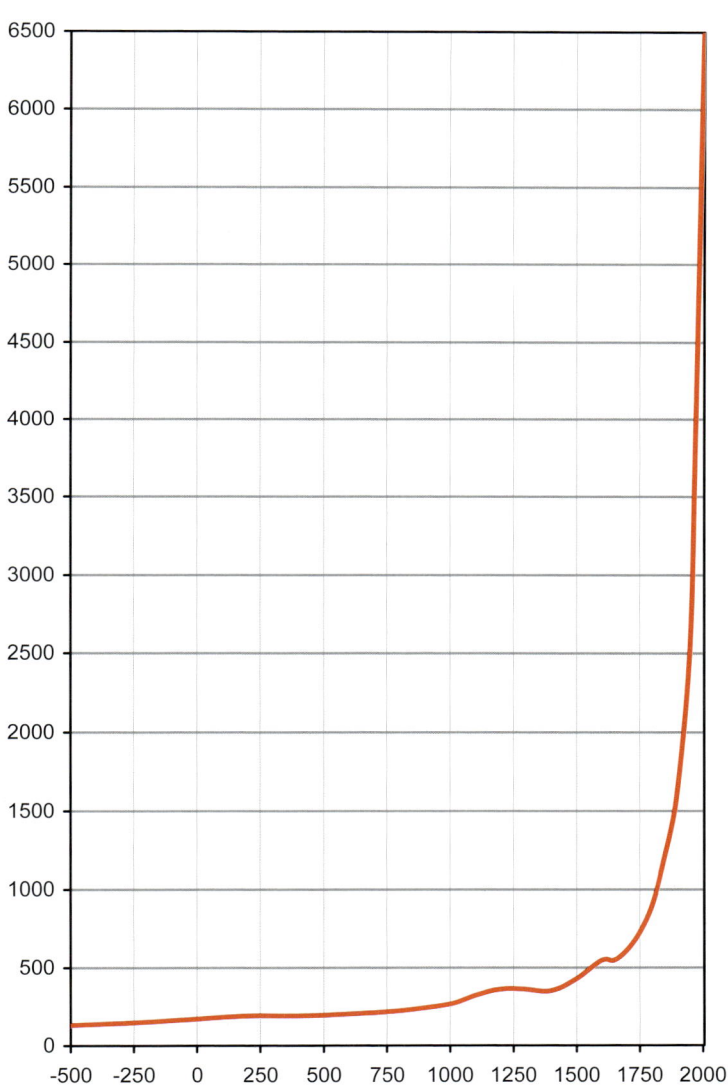

Weltbevölkerung
in Mill.
nach C. McEvedy und R. Jones 1978, S. 344, ergänzt nach
UN Pop. Div. 2006

schichten, für die Kinder keine nützlichen Familienarbeitskräfte mehr waren, wo vielmehr die neue Aufstiegsmentalität mehr Aufwand für Erziehung und Bildung erforderte. Für einige Jahrzehnte tat sich also eine Schere zwischen Geburten- und Sterberate auf, was ein höheres Bevölkerungswachstum bedeutete, bis sich dann durch das Sinken der Geburtenrate beide wieder annäherten, nun auf einem niedrigeren Niveau.

Als die europäische Bevölkerung seit Mitte des 18. Jahrhunderts verstärkt wuchs, geriet sie an die Grenzen der Tragfähigkeit. Holz und Nahrung wurden knapp.[534] Um den Boden intensiver zu nutzen, wandte man sich verstärkt dem Kartoffelanbau zu, teilte Anfang des 19. Jahrhunderts den nur extensiv genutzten Gemeinbesitz des Dorfes (Allmende) auf und ersetzte die Dreifelderwirtschaft mit Brache durch die niederländische Fruchtwechselwirtschaft. Nachdem England vorangegangen war, geschah dies auch auf dem Kontinent. Die Zunahme von gewerblicher Heimarbeit auf dem Lande schuf neue Verdienstmöglichkeiten. Doch das reichte nicht, und in der ersten Hälfte des 19. Jahrhunderts breitete sich in den überproportional wachsenden Unterschichten extreme Armut aus, die fast kein Fleisch mehr auf dem Teller kannte; Charles Dickens hat sie in seinen Romanen anschaulich geschildert. Die Lösung brachte erst die Industrialisierung. Mit ihr entstanden zahlreiche neue Arbeitsplätze. In vorindustrieller Zeit hatte sich das Gewerbe dezentral verteilt, da Wasserkraft an Flüsse gebunden war, Eisenverhüttung die Nähe zu großen Holzvorkommen brauchte und da überhaupt die Transportkosten hoch waren. Mit dem Aufkommen kohlebetriebener Dampfmaschinen und Eisenbahnen änderte sich dies, und jetzt konzentrierte sich Gewerbe an Verkehrsknotenpunkten und in den Kohlenrevieren. So fand im späten 19. Jahrhundert innerhalb Europas eine Wanderung von den (noch) ländlichen Räumen in die neuen Industriezentren statt. Städte bisher unbekannter Größe entstanden: von 1800 bis 1910 wuchs London von 1,12 auf 7,26 Millionen Einwohner, Paris von 0,58 auf 2,89, Berlin von 0,17 auf 2,07 und Wien von 0,25 auf 2,03.[535]

Solange die Industrialisierung noch nicht griff, sorgte ein gewaltiges Ventil dafür, dass der Bevölkerungsüberschuss nicht zu sehr zum sozialen Sprengstoff wurde: In den 1840er-Jahren setzte eine Massenauswanderung nach Übersee ein, die in den Jahren vor dem Ersten Weltkrieg ihren Gipfel erreichte und mit der 1929 einsetzenden Weltwirtschaftskrise endgültig abbrach. 1846 bis 1932 machten sich insgesamt rund 55 Millionen Europäer auf diese Reise.[536] Die höchsten Auswanderungsraten wiesen jene Regionen Europas auf, in denen die Industrialisierung noch nicht in Gang gekommen war. Von den Auswanderern gingen 34 Millionen in die USA, genauer in den Nordosten und Westen, dagegen nur 12 Millionen ins subtropische Südamerika (Nordostargentinien, Südbrasilien, Uruguay und Chile). Die freiheitlichen USA waren attraktiver als die instabilen lateinamerikanischen Staaten, und in den USA gab es bis 1891 spottbillige Familienfarmen zu kaufen, was in Lateinamerika die Großgrundbesitzer weitgehend blockierten. Die Auswanderer in die USA stammten anfangs vor allem aus Nordwesteuropa, dann auch aus Italien; dagegen gingen ins subtropische Südamerika ganz überwiegend Italiener und auch Spanier. Damit bekamen die USA die qualifizierteren Menschen ab. Die tropennahen lateinamerikanischen Staaten warben weitgehend vergeblich um europäische Einwanderer. Von den Europäern gingen vielmehr noch 5,2 Millionen nach (Südost-)Kanada, 3,5 nach Australien und Neuseeland (fast nur Briten) und nach den Goldfunden in Südafrika 1886 auch noch 0,9 Mill. ans Kap.[537] Dampfschiff und Bahn ließen die lange Fahrt in den 60er-Jahren erschwinglich werden, die Expansion europäischer bzw. europäischstämmiger Herrschaft machte die Ressourcen der Zielgebiete politisch verfügbar. Durch diesen Menschenstrom kletterte von 1820 bis 1914 die Einwohnerzahl der USA von 10,0 auf 99,5 Millionen und überrundete damit jeden europäischen Staat, aber beachtlich stiegen auch Brasilien von 4,5 auf 24,2, Kanada von 0,8 auf 8,1 und Argentinien von 0,5 auf 7,9 Millionen Menschen an.[538]

Obwohl vom demografischen Übergang noch nicht berührt, wuchs die Bevölkerung Russlands noch viel stärker als die Europas; 1782 bis 1914 schwoll sie im europäischen Russland von 28 auf 134 Millionen an.[539] Die enorm hohe Geburtenrate wurde durch den Brauch genährt, das Ackerland regelmäßig nach der Familiengröße neu zu verteilen. Die bisherige bäuerliche Siedlungsbewegung setzte sich fort, durch weitere Rodung in der Waldzone ebenso wie in den neu erschlossenen Steppen der Südukraine. Allmählich füllte sich das bisher unterbevölkerte europäische Russland, und die Dreifelderwirtschaft verbreitete sich auf Kosten der bisher oft noch mehrjährigen Brache. Bei dieser geringen Intensität der Landwirtschaft wurden Existenzmöglichkeiten schließlich knapp. In den 1880er-Jahren begannen auch hier die Menschen verstärkt auszuwandern. Außer nach Amerika zogen zwischen 1887 und 1913 auch 5,4 Millionen nach Südsibirien und Nordkasachstan.[540]

So fraß sich jahrzehntelang bis zum Ersten Weltkrieg hin eine Pionierfront europäischstämmiger Siedler immer weiter in Neuland vor und verwandelte es schrittweise und letztlich flächendeckend in Ackerlandschaften, vor allem die Steppenräume – die US-amerikanische und westkanadische Prärie, die argentinische Pampa, die ukrainisch-südsibirische Steppe und Südostaustralien. Während von 1850 bis 1920 das Ackerland in Europa nur noch von 132 auf 147 Mill. ha anwuchs, erhöhte es sich in Nordamerika von 50 auf 179, in Russland von 94 auf 178 und in Lateinamerika von 18 auf 45 Mill. ha.[541] Wo die Steppe für Ackerbau zu trocken war, verwandelten die Pioniere sie in großflächige Ranchen für Rinderzucht bzw. (in Australien) Schafzucht. Vor allem in Australien krempelten die Siedler das Ökosystem völlig um, da sie in ein seit Langem isoliertes Ökosystem das europäische Paket aus Haustieren und Nutzpflanzen einführten, die sich dort mangels natürlicher Feinde teilweise auch verwildert ausbreiteten. Die in Australien einheimischen Tiere und Pflanzen wurden durch diese ungewohnte Konkurrenz stark zurückgedrängt, wobei 22 Säugetierarten ausstarben.[542] An den Siedlergrenzen prägte sich in den USA ebenso wie in Australien und Argentinien der Typ des robusten, männlichen Pioniers aus, der allen Gewalten der Natur und Gesellschaft trotzte. Während man im dicht besiedelten West- und Mitteleuropa mit seinem knappen Boden versuchte, die Flächennutzung zu intensivieren, und Verfahren intensiver, aber nachhaltiger Forstnutzung entwickelte, ließen die neu erschlossenen und scheinbar unerschöpflichen Ressourcen der Pioniergegenden eine Mentalität der Verschwendung aufkommen, die lieber ganze Wälder kahlschlug und Neuland erschloss als bestehende Böden und Bestände zu pflegen. Diese Neigung zu Verschwendung und Raubbau wirkt in den USA und Russland bis heute nach, in den USA auch die hier entstandene Neigung zum kurzfristigen Gewinn ohne Langzeitperspektive. Ins Extrem steigerte sich diese Haltung des Raubbaus bei der Jagd auf Wildtiere, die durch kein Eigentumsrecht geschützt waren. In den 1830er-Jahren brachen in Kanada die überjagten Biberbestände zusammen, in den 1860er-Jahren die Pottwalbestände auf den Ozeanen.

Die Chinesen und Inder konnten für sich keine vergleichbaren neuen Naturpotenziale erschließen wie die Europäer, eine Folge der weltweiten Machtverhältnisse, und hier entstanden auch fast noch keine industriellen Arbeitsplätze. Die Bevölkerung Chinas wuchs zwischen 1774 und 1851 zwar kräftig von 221 auf 436 Millionen an, doch dann fielen in der zweiten Jahrhunderthälfte Zigmillionen[543] den Kämpfen der Taiping-Revolution, Hungersnöten und Überschwemmungskatastrophen zum Opfer, sodass diese Zahl erst um 1911 wieder erreicht wurde.[544] In den Kerngebieten Chinas wurde der Ackerbau, der ohnehin schon intensiver war als in Europa, noch weiter intensiviert. Vor allem düngte man stärker, besonders mit Schweine- und Menschenkot, im Norden auch mit Sojabohnen. Auch hier wurde Holz knapp. Angesichts dieses Bevölkerungsdrucks drangen seit Ende des 18. Jahrhunderts verschärft chinesische Siedler in Gebiete ein, in denen ethnische Minderheiten wohnten. Das löste dort etliche Aufstände aus. Sie gipfelten in den Jahren 1855 bis 1873, als die Autorität der Dynastie ohnehin durch die Taiping-Revolution erschüttert war, in großen Erhebungen der Muslime im Nordwesten und in Jünnan sowie von Minderheiten im Südosten und auf Taiwan, die Millionen Tote forderten. Nachdem in der ersten Hälfte des 19. Jahrhunderts Millionen Chinesen nach Ss'tschwan gewandert waren, blieb als einziges noch weitgehend naturnahes, aber ackerbaufähiges Land die bisher für Siedler gesperrte Mandschurei, in die von 1860 bis 1930 18 Millionen Chinesen auswanderten.[545] Im Laufe des 19. Jahrhunderts wandten Südchinesen sich auch verstärkt nach Südostasien, und hieraus wurde ein Massenstrom von Millionen Menschen, seit die europäischen Kolonialherren ab 1845 Chinesen für Plantagen, Bergwerken und Eisenbahnbau in Südostasien anwarben und z. T. bis Peru und Kuba verfrachteten. Diese sogenannten Kulis waren billige und (im Unterschied zu den weniger an intensive Arbeit gewöhnten Malaien) auch willige Lohnarbeiter für harte Arbeit. Im Regelfall kehrten sie aber nach ein paar Jahren mit ihren Ersparnissen in ihre Heimat zurück. Diejenigen, die in Südostasien blieben, hatten keine Chance, sich als bäuerliche Siedler zu etablieren, konnten aber den Zwischenhandel weitgehend zu ihrem Monopol machen, da sie hierin mehr Erfahrung mitbrachten, als Malaien, Vietnamesen und Thais besaßen. Als die Spitzen der chinesischen Wanderungsbewegung Kalifornien und Australien erreichten, mussten sie bald feststellen, dass sie zu spät kamen: Die USA und Australien schlugen die Tür zu und verboten 1882 bzw. 1901 weitere chinesische Zuwanderung, um das Land für weiße Arbeitskräfte zu reservieren.

Auf dem indischen Subkontinent sah es nicht viel besser aus. Dessen Bevölkerung stieg 1820 bis 1914 von 209 auf 304 Millionen[546], wobei zwischen 1875 und 1900 in 18 Hungersnöten zusammen 26 Millionen Menschen umkamen.[547] Hier warben die Briten ebenfalls Arbeitskräfte an, besonders für die Plantagen und Bergwerke in Malaya, Birma und auch Südafrika, die aber ebenso wie die Chinesen meist nach einigen Jahren zurückkehrten. Zwischen 31 und 45 Millionen sollen sich von 1834 bis 1937 auf die Reise begeben haben.[548] Immerhin blieben auf der malaiischen Halbinsel so viele Chinesen und Inder hängen, dass die Malaien in die Minderheit gerieten.

Der islamische Nahe Osten blieb ganz auf sich gestellt. Hier wuchs die Bevölkerung nur mäßig, wenn auch stärker als zuvor, da Pest und Cholera eingedämmt und durch den Ausbau des Verkehrsnetzes Hungersnöte bei Ernteausfällen überwunden werden konnten. Der Zuwachs musste ganz von der Landwirtschaft aufgefangen werden. Möglich wurde das durch bessere Organisation, vor allem durch intensivere Bewässerung, sowie durch neue Absatzmärkte infolge der neuen Verkehrsmittel und der erhöhten Sicherheit. Insbesondere galt das für Ägypten: hier konnte man nach neuen Dammbauten schrittweise beginnen, ganzjährig statt nur saisonal zu bewässern.

Südostasien und Schwarzafrika wiesen im Unterschied zu China und Indien aufs Ganze gesehen noch reichlich ungenutztes Land auf. In Südostasien sorgten die europäischen Kolonialherren an geeigneten, aber letztlich begrenzten Räumen mit Ingenieuren und Malariabekämpfung dafür, dass die Fläche insbesondere für Nassreisanbau auf Kosten der Wälder stark ausgeweitet wurde. Ein extremes Bevölkerungswachstum folgte. Auf Java stieg von 1815 bis 1920 die Anbaufläche von 1,5 auf 8,1 Mill. ha und die Bevölkerung von 5 auf 34 Millionen.[549] Ähnliches geschah in geringerem Maße, als zwischen 1880 und 1930 in den bisher weitgehend menschenleeren Sumpfdeltas der großen Flüsse in Unterbirma, Südvietnam und Thailand die Mangrovenwälder gänzlich dem Reisanbau weichen mussten. Diese Gebiete wurden damit zu den am dichtesten besiedelten Räumen. In Schwarzafrika gab es keine vergleichbare Dynamik. Hier konnte der Sklavenexport erst im Laufe der zweiten Hälfte des 19. Jahrhunderts zum Erliegen gebracht werden. Noch im 19. Jahrhundert wurden 3,5 Millionen Sklaven über den Atlantik und 2,1 Mill. in den islamischen Nahen Osten exportiert, wozu noch die hohe Sklavenhaltung innerhalb Afrikas selbst kam.[550] Angesichts der instabilen Machtverhältnisse vor der Kolonialzeit begann allem Anschein nach die Bevölkerung in Schwarzafrika erst gegen Ende des 19. Jahrhunderts leicht zu wachsen.

Ausbruch aus der Agrargesellschaft

Wenn ein Beamter aus dem pharaonischen Ägypten mit einer Zeitmaschine durch die Jahrtausende ins Europa des Jahres 1760 katapultiert worden wäre, hätte er sicher manches an Werkzeugen, Kleidungsmode und künstlerischen Darstellungsformen kennenlernen können, was ihm unbekannt war, und das Denken der Aufklärungsphilosophen hätte ihn wahrscheinlich höchst verwirrt, aber die Grundtatsachen der materiellen Existenz hätte er mühelos verstanden: dass die meisten Menschen in der Landwirtschaft arbeiten mussten, um die Städter zu ernähren, wie Segelschiffe und Zugtiere mit Gespann funktionierten, dass Gerätschaften vor allem aus Holz sein mussten, dass überhaupt die schweißtreibende menschliche Körperarbeit die Basis allen materiellen Lebens war. Städtische Agrargesellschaften waren eben städtische Agrargesellschaften. Wäre er hundert Jahre später in England gelandet, hätte er vor unlösbaren Rätseln gestanden: Fauchende Eisenbahnern rasten ohne sichtbaren Antrieb durch die Landschaft, Sätze konnten durch Telegrafen minutenschnell über Hunderte von Kilometern transportiert werden, und riesige Eisenkonstruktionen ließen sich bestaunen.

Dieser gewaltige Schritt von der städtischen Agrargesellschaft zur Industriegesellschaft, zunächst vor allem in Westeuropa und Nordostamerika, war keine industrielle Revolution, also kein plötzlicher Umbruch, sondern ein sich über längere Zeit hinziehender Prozess tief greifenden Wandels, der immer weitere Lebensbereiche erfasste. Man spricht also besser von Industrialisierung. Dieser Prozess bedeutete nicht den Übergang zu einem neuen Plateau, vielmehr wurde Dynamik nun zum Dauerzustand. Wirtschaftliches Wachstum *pro Kopf* wurde zu einer völlig neuartigen Erfahrung: Von 1820 bis 1913 stieg das Bruttoinlandsprodukt pro Kopf in

Deutschland und Großbritannien auf das 2,8-Fache, in den USA sogar auf das 4,6-Fache.[551] Gewiss hat es auch in vorindustrieller Zeit Wirtschaftswachstum gegeben, doch wurde dieses stets fast gänzlich vom Bevölkerungswachstum aufgezehrt, sodass der Wohlstand kaum stieg, und wenn doch, dann fast nur bei den Oberschichten. Was man bisher wie eine statische Struktur wahrgenommen hatte, die nur durch Ernteausfälle oder Kriege in kurzfristige Schwankungen versetzt wurde, begann sich mit der Industrialisierung in einem Tempo langfristig zu verändern, dass die Zeitgenossen es bewusst miterlebten. »Fortschritt« wurde in den 1870er-Jahren zu einem der gängigsten Begriffe.

Was war der Kern dieser Entwicklung? Industrialisierung bedeutete den Übergang von einer vornehmlich handorientierten zu einer primär maschinenorientierten Produktionsweise. Das setzte voraus, dass man von der Nutzung der eingestrahlten Sonnenenergie durch Pflanzen, Wasser- und Windkraft überging zur Nutzung von fossilen Energielagern, ebenso dass man diese nicht nur verwendete, um Wärme zu erzeugen, sondern für mechanische Bewegungsenergie. Mit den neu erschlossenen Energiequellen wurden jetzt auch schnelllaufende Maschinen betrieben, und indem die arbeitenden Menschen mit immer mehr Maschinen ausgestattet waren, erhöhte sich die Produktivität ihrer Arbeit. Dieses war die Grundlage dafür, dass sich das Sozialprodukt pro Kopf und damit der Wohlstand erhöhte, und es bedeutete zugleich, dass die Energie- und Stoffflüsse stark anstiegen. Am Beginn dieser Entwicklung standen mehrere eng miteinander verflochtene Innovationen. Durch die Dampfmaschine wurde es möglich, die in der Kohle gespeicherte chemische Energie in mechanische Arbeit umzuwandeln und damit für Antriebskräfte riesige Energieressourcen anzuzapfen. Die hiermit betriebenen Maschinen mussten präzise gearbeitet sein und große Kräfte, Drehgeschwindigkeiten und Verschleiß aushalten, sodass man sie nicht mehr aus Holz, sondern nur aus Eisen und Stahl bauen konnte, und dieses war in größerer Zahl erst möglich, nachdem man Eisenerz anstatt mit Holzkohle mit Steinkohle verhütten und dadurch Eisen massenhaft und billig erzeugen konnte. Die für Dampfmaschinen und Eisenhütten benötigten Kohlenmengen wurden nur dadurch überall verfügbar, dass sich mit Dampfpumpen zur Entwässerung der Bergbau in größere Tiefen vortreiben ließ und dass man Kohle mit der Eisenbahn billig über größere Entfernungen verteilen konnte. Überdies lieferte der Aufbau der Eisenbahnen einen wesentlichen Nachfrageimpuls für die Entwicklung der Eisen- und Stahlindustrie und des Maschinenbaus.

Bisher war die Energieproduktion dadurch beschränkt gewesen, dass Brennholz ebenso wie Nahrung und Futter für menschliche und tierische Arbeitskraft Forst- bzw. Ackerfläche benötigte, um zu wachsen, und die ließ sich in Westeuropa nicht nennenswert vermehren. Der Zugriff auf die fossilen Energieträger überwand diese Grenze. Die Energie der 1913 in

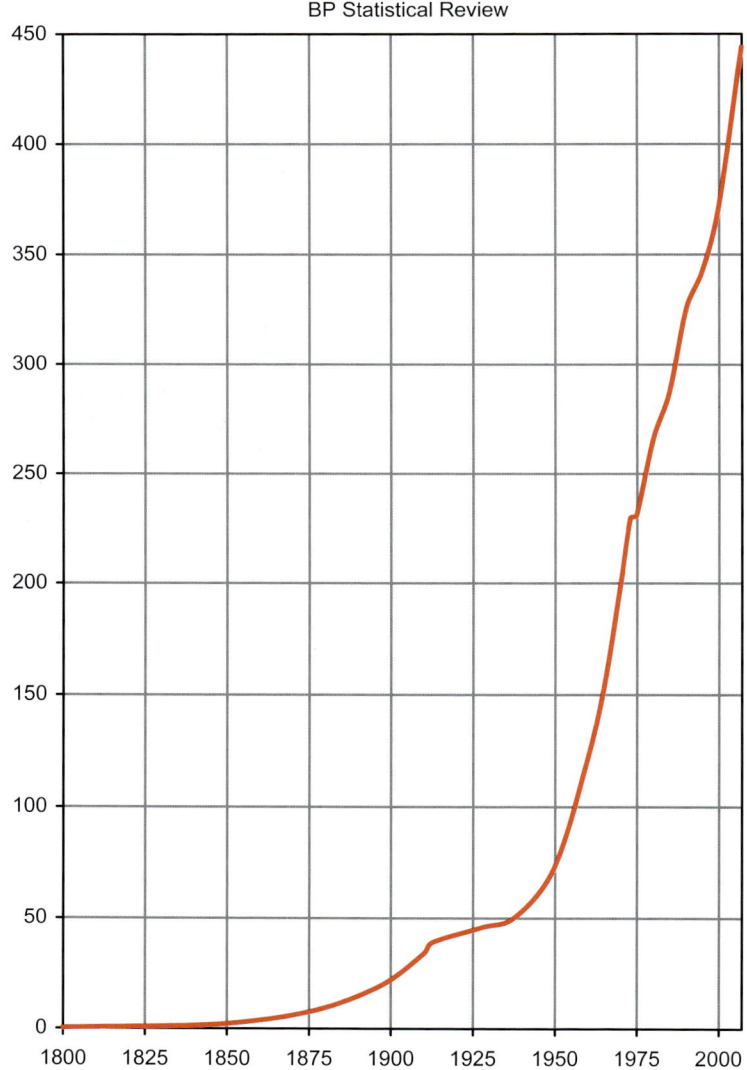

Weltenergieverbrauch
fossile Energie, kommerzielle Wasserkraft, Kernenergie

in 10^{28} Joule

nach B. Etemad und J. Luciani 1991, S. 262, ergänzt nach
BP Statistical Review

Großbritannien geförderten Steinkohle entsprach einer Holzmenge, für die 2 874 000 km² Anbaufläche erforderlich gewesen wären – und ganz Großbritannien war nur 228 000 km² groß! 1850 bis 1913 stieg die Weltkohleproduktion von 86 auf 1147 Millionen t, die Weltroheisenproduktion von 3 auf 79 Millionen t.[552] Der tatsächlich in mechanische Bewegungsenergie umgesetzte Energiefluss wuchs noch wesentlich stärker als die Kohleproduktion, da der anfangs sehr geringe Wirkungsgrad der Dampfmaschinen, Hochöfen usw. durch eine Kette kleiner Innovationen verbessert wurde.[553] Nachdem 1866 der Generator erfunden worden war, konnte die mechanische Energie in elektrische umgewandelt und dann bequem durch Stromleitungen überallhin verteilt werden, um Elektromotoren oder andere elektrische Geräte zu betreiben. Als weiterer fossiler Energieträger kam Erdöl hinzu, nachdem 1857 in Pennsylvania und 1860 in Baku Erdölfelder entdeckt worden waren. Es wurde zunächst zur Beleuchtung genutzt und konnte nach der Erfindung des Benzinmotors 1876 auch in Bewegungsenergie umgewandelt werden, blieb aber bis 1914 mengenmäßig noch weit hinter der Kohle zurück. Ab 1880 erlebte durch Metallräder und Generatoren auch die Wasserkraft ein gewisses Comeback, blieb aber im Vergleich zu den fossilen Energieträgern nachrangig.

Durch die Industrialisierung intensivierte sich nicht nur der Energiefluss drastisch, sondern auch der Stoffkreislauf mit der Umwelt, und er änderte sich zudem qualitativ. In vorindustrieller Zeit waren als Rohstoffe überwiegend Holz und andere Pflanzen eingesetzt worden und nur wenige mineralische Rohstoffe. Die Abfälle waren also meist organischer Natur gewesen, sodass sie verrotteten. Mit Industrialisierung und Verstädterung konnten immer mehr Abfälle aus Produktion und Haushalt nicht länger schadlos in die Umwelt zurückgeführt werden, sondern wurden zu ungenutztem Müll und vergiftenden Schadstoffen. Die schwarzen Rauchwolken der Schornsteine wurden zum Markenzeichen der neuen Industriegebiete. Über den Ballungsgebieten bildeten sich mehrere hundert Meter hohe Dunstglocken, was die Nebelbildung förderte, und die Wälder der Umgebung erlitten deutliche Rauchschäden. In den durch Abwässer verfärbten und stinkenden Flüssen machten sich die Fische rar. Im Ganzen blieben diese Schäden aber noch auf die Industriegebiete im engeren Sinn begrenzt, sieht man davon ab, dass die neuen Bahndämme die Landschaft zerschnitten. Die Reaktionen waren angesichts der politisch einflussreichen Industrieinteressen eher hilflos: Selten wurden Produktionen verboten, oft der Rauch durch höhere Schornsteine nur noch in einem größeren Umkreis verteilt. Fischerei und Forstwirtschaft waren politisch einflusslos. Als durch die Fäkalien der Menschenballungen akute Gesundheitsgefährdungen entstanden, baute man allerdings in den Großstädten seit den 1840er-Jahren im Laufe der Jahrzehnte mit großem Aufwand Kanalisation und zentrale Wasserversorgung auf; schließlich wollten die tonangebenden Ober- und Mittelschichten physisch überleben. 1920 hatten alle größeren Städte von Industriegesellschaften sicheres Trinkwasser.

Nicht nur standen einige Basisinnovationen am Anfang der Industrialisierung, sondern nun setzte auch geradezu eine Lawine größerer und kleinerer Innovationen ein, welche die Dynamik immer weiter in Gang hielten. Dieses lag wesentlich an der steigenden Zahl der Ingenieure und Techniker, die auch miteinander kommunizierten, nicht zuletzt durch Fachzeitschriften. Alle in diesem Abschnitt (»Ausbruch…«) genannten Erfindungen waren britisch, französisch, deutsch oder US-amerikanisch. Nachdem Dampfmaschine und später Elektromotor verfügbar waren, wurden zahlreiche Arbeitsmaschinen erfunden, die sich dazu kombinieren ließen, um die Produktion zu mechanisieren. Die Kraftmaschinen trieben Spinn- und Webmaschinen an, ebenso Pumpen, Aufzüge und Fördermaschinen sowie Schmiedehämmer und vor allem eine Vielzahl von Werkzeugmaschinen zum Schleifen, Bohren, Spanen, Polieren, Stanzen, Fräsen usw. Durch Dampfmaschinen und Elektromotoren konnte nicht nur die ortsfeste Produktion mechanisiert werden, sondern auch der Verkehr. Zunächst entstanden schienengebundene Verkehrsmittel, da das Rad-Schiene-System aus Metall die Reibungsverluste drastisch verringerte. Nach der Erfindung der Dampflokomotive 1830 wurde die Eisenbahn für den Fernverkehr und mit der elektrischen Lokomotive 1879 die Straßenbahn für den innerstädtischen Verkehr aufgebaut. Der Kraftwagen mit Benzinmotor (seit 1886) machte die Mechanisierung des schienenunabhängigen Landverkehrs möglich, mit Zeppelin 1900 und Flugzeug 1903 fing die Luftfahrt an. Das erste Dampfboot nahm schon 1807 Fahrt auf. Durch die Elektrizität begann Energie allgegenwärtig zu werden, beliebig nutzbar als Wärme, Kraft oder Licht. Sie machte nicht nur mit Elektromotoren eine weitere Kraftmaschine möglich, sondern ließ auch Nachrichten schneller werden als den Verkehr (1837 elektrischer Telegraf, 1876 Telefon) und dehnte den Tag auf Kosten der Nacht aus (ab 1879 brauchbare elektrische Glühbirnen). Außerdem machte sie neue Produktionsverfahren möglich, so die Galvanotechnik und elektrolytische Metallgewinnungsverfahren. Innovationen führten auch zu neuen Materialien: Zement schuf seit 1824 neue Möglichkeiten im Bau, seit 1840 wurde Naturkautschuk durch Vulkanisieren zu Gummi verarbeitet, und ab 1856 destillierte man aus Steinkohlenteer eine wachsende Palette künstlicher Farbstoffe. Überwiegend stammten die Erfindungen von Einzelpersonen mit technischem, aber nicht wissenschaftlichem Hintergrund. In den 1870er-Jahren begannen dann in Deutschland und den USA Elektro- und Chemieindustrie Innovationen zu forcieren, indem sie Entwicklungsteams einrichteten, die gezielt wissenschaftliche Erkenntnisse nutzbar machten um neue Produkte zu schaffen. Im Ersten Weltkrieg übernahmen andere europäische Länder diese Methode, um Engpässe bei bestimmten Kriegsmaterialien zu überwinden.

Angetrieben durch die Machtrivalität zwischen Frankreich, Großbritannien und dann auch Deutschland wurde auch das Kriegswesen wesentlich stärker mechanisiert. Seit etwa 1850 steigerten sich Kaliber, Reichweite und Schussfolge der Geschütze laufend. Die Granate (1837) vergrößerte die Zerstörungswirkung der Artillerie am Ort des Einschlags im Vergleich zu den bisherigen Vollgeschossen, und die Erfindung des Maschinengewehrs 1883 vervielfachte die Schussfolge. Bei den Marinen entstand als Antwort auf die immer durchschlagkräftigere Artillerie ab 1859 das Panzerschiff, dessen Größe ständig weiter wuchs, und 1900 kam das Unterseeboot hinzu. In den 1860er-Jahren wurden zum ersten Mal Eisenbahnen für Truppenaufmärsche und Nachschub, Telegrafen zur Truppenführung und die neue Artillerie eingesetzt, nämlich im amerikanischen Sezessionskrieg und im preußisch-österreichischen Krieg. Militärische Stärke hing zunehmend auch von wirtschaftlich-technischer Leistungsfähigkeit ab. Im Ersten Weltkrieg steigerte sich der Einsatz industriell erzeugten Kriegsmaterials dann in bislang ungeahnte Höhen. Mehrstündiges Trommelfeuer schwerer Artillerie als Angriffsvorbereitung gab den Soldaten im Schützengraben ein Gefühl der Ohnmacht gegenüber dem Material, und zum ersten Mal kamen Flugzeuge, U-Boote, Giftgas (1915) und gepanzerte Kettenfahrzeuge (1916) zum Einsatz. Die Industrialisierung des Kriegs hatte schneidigen Kavallerieattacken und bunten Uniformen endgültig den Garaus gemacht. So wurde also nicht nur das alltägliche Leben durch die neuen Verkehrsmittel, künstliche Beleuchtung und viele andere Erfindungen bequemer, sondern zugleich potenzierte sich auch die Zerstörungskraft der Kriegstechnik in erschreckendem Maße.

Wenn die Gesamtproduktion langfristig stieg, bedeutete das eine ständige Veränderung, und zwar auch von grundlegenden Strukturen und ohne bekanntes Endziel. Da die einzelnen Wirtschaftsbereiche unterschiedlich stark wuchsen, verschoben sich ihre Anteile an der Gesamtwirtschaft. Auf dem Gebiet des Deutschen Reiches stieg zwischen 1849 und 1913 der Anteil der in Industrie und Handwerk (ohne Bergbau) Beschäftigten von 23 auf 35 % und der in Handel, Bankwesen, Gaststätten und Verkehrswesen Beschäftigten von 6 auf 15 %, während der Anteil der in der Landwirtschaft Beschäftigten von 56 auf 35 % sank.[554] Anders formuliert: Die vollurbane Agrargesellschaft verwandelte sich in ein Schwellenland und dann zur Industriegesellschaft. Einen derartig raschen und zugleich tief greifenden Strukturwandel hatte es noch nie gegeben. Wie ist er zu erklären? Mit steigendem Einkommen nahm die Nachfrage der Verbraucher nach Nahrungsmitteln weniger stark zu als die nach anderen Gütern und Dienstleistungen. Jemand, dessen Einkommen sich verdoppelte, aß im Regelfall nicht doppelt so viel Brot und Kartoffeln, sondern war ab einem gewissen Maß gesättigt und verwendete weitere Einkommenszuwächse für andere Dinge. Manche Konsumgüter wurden jetzt von Käufern nachgefragt, die sich diese bisher nicht leisten konnten, und eine Fülle von Produktinnovationen ließ neue Bedürfnisse aufkommen. Deshalb sank der Anteil der Landwirtschaft an der Gesamtwirtschaft, während jener des verarbeitenden Gewerbes stieg. Letzteres wurde noch durch zwei weitere Phänomene verstärkt: Die Verbraucher gingen nun dazu über, manche Konsumgüter fertig zu kaufen, die sie bisher im eigenen Haushalt selbst erstellt hatten, und mit der Industrialisierung wurde der Weg vom Rohstoff bis zum Konsumenten immer komplexer, sodass ein rasch wachsender Teil der Industrie damit beschäftigt war, erst einmal die dafür benötigten Maschinen und Transportmittel herzustellen. Indem Produktion und Konsum von Gütern wuchsen und die arbeitsteilige Spezialisierung sich verstärkte, nahm der Austausch und damit der Transportbedarf gewaltig zu. Folglich wuchsen auch Verkehrswesen und Handel stärker als die Gesamtwirtschaft an.

Dieser ganze Strukturwandel verlief aber ungleichmäßig, und so gab es unter den Regionen und Branchen, den Firmen und Individuen Gewinner und Verlierer. Kleine Webermeister sahen sich in den Ruin getrieben, wogegen beim Aufbau und Betrieb von Eisenbahnen neue Arbeitsplätze und Gewinnchancen entstanden. Die Gesamtzahl der Arbeitsplätze ging nicht zurück, im Gegenteil. Die Ungleichmäßigkeit des Wachstums zwang Menschen und Institutionen aber mehr als zuvor, sich wiederholt an neue Verhältnisse anzupassen. Das war oft mühsam und teilweise auch nicht erfolgreich.

Diese zunehmende Komplexität der Wirtschaftsweise forcierte die funktionale Differenzierung, und das auf allen Ebenen. Immer mehr Gewerbe- und Dienstleistungsbranchen entstanden, und innerhalb einzelner Branchen setzte sich diese Ausdifferenzierung fort, z. B. indem im Handel Spezialgeschäfte und Warenhäuser aufkamen. Als Großbetriebe entstanden, differenzierten sich Vertrieb, Rechnungswesen, Konstruktion usw. als eigene Abteilungen aus, und die vielfältigen Innovationen und Funktionen führten zu zahlreichen neuen Berufen.

Überhaupt ließ die intensivere Einwirkung auf die Umwelt immer aufwendigere technische und institutionelle Apparate heranwachsen, die nun ihrerseits gegenüber den Menschen an Gewicht gewannen und auch neue Abhängigkeiten erzeugten.[555] Diese Ausdifferenzierung von Großsystemen aus der Lebenswelt personengebundener, örtlicher und überschaubarer Einheiten wurde in dreifacher Weise angetrieben – vom technischen Fortschritt, von der Verstädterung und den Machtverhältnissen. Die technischen Anlagen nahmen im Streben nach größerer Leistungsfähigkeit immer gewaltigere Ausmaße an, die Maschinen ebenso wie die Schiffe, die Fabrikhallen genauso wie Bahnhöfe. Die Passagierdampfer auf der Nordatlantikroute, um 1870 durchschnittlich 5000 BRT groß, erreichten mit der 1913 vom Stapel gelaufenen »Vaterland« stolze 55 000 BRT. Mit Eisenbahn und Telegrafennetz entstanden komplexe großtechnische Systeme. Indem sich die Menschen in größeren Städten zusammenballten, wuchs nicht nur deren Fläche, im Innern der großen Städte wurden auch die Häuser höher, die Baublöcke größer und die Hauptstraßen breiter als je zuvor. Ab 1890 entstanden in New York und Chicago Hochhäuser. Durch den Aufbau der unterirdischen Netze von Gas-, Abwasser-, Frischwasser-, Strom- und Telefonleitungen, Straßenbahn- und U-Bahnlinien wurden Großstädte zu einem komplexen Gesamtsystem, von dessen Funktionieren die einzelnen Haushalte zunehmend abhängig waren. London, Paris, New York, Berlin und Chicago waren die Vorreiter. Großbetriebliche Produktionseinheiten hatte es als Manufakturen vereinzelt schon vor der Industrialisierung gegeben; jetzt wurden sie als Fabriken zur Massenerscheinung. Handwerksbetriebe sahen sich in vielen Bereichen durch die billigere Massenproduktion aus dem Felde geschlagen und konnten sich nur mit Spezialprodukten und als Zulieferer behaupten, fanden aber auch bei Wartung und Reparatur neue Aufgaben. Die Konzentration des Kapitalbesitzes drängte noch über das Entstehen von Großbetrieben hinaus, indem Großkapital gegen Ende des 19. Jahrhunderts mehrere Betriebe und Unternehmen zu einem Konzern zusammenfasste. Teilweise nutzten kapitalkräftige Konzerne ihre Marktmacht rücksichtslos zu weiterem Wachstum.

Fabriken und Konzerne entwickelten formale Organisationsstrukturen, in denen die Kompetenzen und Verantwortlichkeiten der einzelnen Angestellten, die Pflichten und Arbeitszeiten der Arbeiter immer mehr durch Fabrik- und Arbeitsordnungen schriftlich festgelegt wurden. Die persönlichen Verhältnisse, wie sie bei kleinbetrieblicher und bäuerlicher Produktion bestanden, wandelten sich zur reinen Sachbeziehung von Arbeitsleistung und Lohnzahlung. Die industriezeitlichen Mittel verselbstständigten sich aber nicht nur gegenüber den Arbeitnehmern, die sich in eine anonyme Struktur eingeordnet fanden, sondern tendenziell auch gegenüber den Unternehmern. Der ungeheure Investitionsbedarf in Industrie und Eisenbahnbau erforderte Finanzmittel, die familiäre Möglichkeiten zunehmend überstiegen. So floss immer mehr fremdes Kapital von stillen Teilhabern, Kreditinstituten und Aktionären in die Produktion, das dort nur Verzinsung erwartete und dessen Besitzer nicht mehr selbst leitend tätig waren. Für große Unternehmen wurden Kapitalgesellschaften üblich, insbesondere in Form von Aktiengesellschaften, deren Gründung seit den 1860er-Jahren in den meisten europäischen Staaten frei war. Sie stellten ein rechtlich selbstständiges Vermögen dar, und ihre Geschäfte waren von der Person des Kapitalbesitzers völlig losgelöst. Die Ausdifferenzierung großer Betriebe war letztlich auch räumlich sichtbar. Anders als im Handwerk, auf dem Bauernhof oder beim herkömmlichen Kaufmann, wo Werkstatt, Ställe und Kontor mit der Wohnung des Betriebsinhabers und der abhängigen Beschäftigten in einem Haushalt zusammengefügt waren, trennten sich in Großbetrieben der Arbeitsplatz einerseits und die Wohnungen der Arbeiter sowie des Besitzers andererseits räumlich voneinander. Damit schied sich auch die Arbeitszeit am Arbeitsplatz von der arbeitsfreien Zeit, der »Freizeit«.

Wo die neuen Strukturen der Industriegesellschaft wirkmächtig wurden, insbesondere in den Großstädten, beeinflussten sie auch die Mentalitäten. Industrielle Massenproduktion führte zu Standardisierungen, z.B. durch technische Normen. Anfang des 19. Jahrhunderts kam die Neigung auf, Sachverhalte mit Zahlen zu erfassen, nicht nur in Unternehmensbilanzen und Naturwissenschaften, sondern auch mit Hausnummern und Schulzensuren sowie dem Aufbau amtlicher Statistik. Der Zeitrhythmus der Landwirtschaft war von natürlicher Tageszeit und Witterung geprägt gewesen, im Handwerk hatte man sich die Zeit frei eingeteilt. In Fabriken und Büros wurde Zeit nun genau gemessen und danach bezahlt, und wo in Großorganisationen Arbeit immer weiter zerlegt oder ein Bahnfahrplan aufgestellt wurde, musste genau koordiniert werden. Ein neuer Geist der Pünktlichkeit und Genauigkeit kam auf, gefördert durch Fabrikordnungen, Schulunterricht und Erziehung im Wehrdienst. Die ungewohnte Arbeitsdisziplin wurde anfangs als Zumutung erlebt, was zu erheblichen Widerständen und zu starker Fluktuation der Arbeiter führte. Uhren, bisher ein Luxusgegenstand, wurden allgegenwärtig.

Zugleich beschleunigten sich Abläufe, einmal aufgrund der höheren Innovationsdichte, welche Prozesse dynamisierte, vom Strukturwandel bis zur Mode, dann auch aufgrund der schnelleren Kommunikationsmittel, welche das Tempo von Ereignisabläufen erhöhte.[556] Im modernen Großstadtleben sorgten Straßenbahn, Auto, Werbung und künstliche Beleuchtung für wesentlich mehr Außenreize als in den beschaulich ruhigen Verhältnissen früherer Zeiten, in denen Eile als unfein gegolten hatte. Manche gewöhnten sich nur schwer daran und klagten über Hektik, Hast und Nervosität der modernen Zeit. Diese Beschleunigung schlug bis auf das individuelle Verhalten der Großstadtmenschen durch; selbst das Sprechtempo stieg. Hatten viele früher dasselbe Buch (oft die Bibel) immer wieder erneut gelesen und es sich intensiv angeeignet, lasen sie jetzt Gedrucktes nur in Teilen und diagonal. Symptomatisch war das Rauchen: War im 18. Jahrhundert die umständlich gehandhabte Pfeife vorherrschend gewesen, erhielt diese Anfang des 19. Jahrhunderts durch die einfachere Zigarre zunehmend Konkurrenz, und schließlich wurden beide durch die seit der Jahrhundertmitte aufkommende schnelle Zigarette weitgehend verdrängt.

Auch die Einstellung zur Natur unterlag einem Wandel. Bis Ende des 18. Jahrhunderts wurde sie in städtischen Agrargesellschaften stets als Objekt angesehen, das vom Menschen zu formen und zu nutzen war, in Europa nicht anders als in China. Die Romantiker entdeckten dann Anfang des 19. Jahrhunderts den Reiz gerade der noch nicht zivilisierten Natur von Wäldern, Hochgebirgen und Meeresküsten. Mit dem Heranwuchern der Großstädte wurden diese zu Zielen eines allmählich entstehenden Tourismus der Oberschichten, ergänzt durch Tagesausflüge des Bürgertums ins ländliche Grün am Stadtrand. Naturerlebnis wurde hier zur Kompensation für die Unbilden des modernen Großstadtlebens.

Warum zuerst Großbritannien?

Der Schritt zur Industriegesellschaft erfolgte nur einmal autochthon. Warum fand er gerade in Großbritannien statt, warum geschah er überhaupt? In der kontroversen Debatte über die Ursachen ist von Historikern vieles in den Blick genommen worden – Kapitalakkumulation, koloniale Ausbeutung und marktwirtschaftliche/kapitalistische Wirtschaftsordnung, Kohlevorkommen, Mechanisierung und Fabrikorganisation, Agrarrevolution, Sektorenverschiebung und Auslandsnachfrage.[557] Wer den Blick dabei zu eng auf das Geschehen in Großbritannien oder Westeuropa richtet, dem kann es nicht gelingen, hier Wesentliches von Unwesentlichem, Ursache von Folge zu trennen. Voraussetzung dafür sind überhaupt erst einmal klare Fragestellungen. Die Frage, warum der autochthone Durchbruch zur Industriegesellschaft überhaupt erfolgte, darf nicht verwechselt werden mit der Frage, warum einige Länder diese Entwicklung, nachdem sie einmal erfolgt war, schneller und andere sie später übernommen haben; ein Transfer geschieht unter anderen Voraussetzungen als eine Innovation. Denkbar war der autochthone Durchbruch zur Industriegesellschaft nur in zentralen, bestenfalls noch vollurbanen Agrargesellschaften; in allen anderen waren der Umfang des Gewerbes, gewerbliches Know-how und Marktentfaltung ohnehin nicht weit genug entwickelt, um die nötigen Innovationen hervorzubringen. Mit Blick auf das Innovationspotenzial kamen ernsthaft auch nur Druckkulturen infrage, Indien also im Grunde nicht. Warum in diesen am weitesten entwickelten Gesellschaften an einer bestimmten Stelle die für eine autochthone Industrialisierung erforderlichen Bedingungen zusammentrafen und an anderen nicht, lässt sich nur durch einen Vergleich zwischen diesen Gesellschaften erkennen.[558] Dabei muss Klarheit darüber bestehen, was der Kern des Übergangs von einer Agrar- zur Industriegesellschaft ist; die nicht nur auf das 18./19. Jahrhundert, sondern auf die gesamte Weltgeschichte gerichtete Theorie des Wandels und der Klassifizierung lässt hierbei den Übergang von regenerativer zu überwiegend fossiler Energie als Basis für mechanische Bewegungsenergie eindeutig als das Entscheidende heraustreten.

Wann fand dieser Übergang in Großbritannien statt? An das ländliche Heimgewerbe knüpfte der Beginn der Industrialisierung kaum an, da dieses keinen Weg zu steigender Arbeitsproduktivität wies, im Gegenteil. Stattdessen gab es lange Ketten kleiner Innovationsschritte in verschiedenen Bereichen, die zunächst gar nichts miteinander zu tun hatten, und als sie zusammentrafen, führten sie zu etwas, was keiner vorhergesehen hatte. Hierzu gehört die Entwicklung der Dampfmaschine, die schon im letzten Kapitel erwähnt ist. Daneben standen die Bemühungen, Eisen mit Kohle anstatt mit Holz zu verhütten; nach etlichen Experimenten zuerst wohl 1709 mit Koks erfolgreich praktiziert, gab es vor 1768 keine ernsthaft brauchbaren Verfahren. Als im Siebenjährigen Krieg Baumwollstoff aus Indien knapp wurde, setzte man Preise aus für Verfahren, die Garnproduktion zu steigern. 1769 erfand Arkwright die erste brauchbare Spinnmaschine, 1779 Crompton eine leistungsfähigere Form.[559] Auf dieser Basis entstanden Ende des Jahrhunderts Fabriken, in denen etliche Spinnmaschinen zusammengefasst waren. Doch es waren weiter Holzmaschinen, die von großen Wasserrädern angetrieben wurden, sodass hier zwar ein weiterer Gewerbebereich mechanisiert wurde, aber gegenüber bisherigen Mühlen, Stampfen usw. kein qualitativer Sprung bestand.[560] Auch waren Fabriken nichts Neues: Eisenwerke, Werften und andere Manufakturen waren schon lange als große Betriebe organisiert. Da mit der Mechanisierung die Garnproduktion stieg, wurden mehr Webereikapazitäten benötigt. Cartwright erfand 1786 die erste Webmaschine, die sich aber erst in den 1830er-Jahren gegen die Handweberei durchsetzte. Versuche, den Wasserradantrieb durch Dampfmaschinen zu ersetzen, gestalteten sich schwierig; erst in den 1820er-Jahren stellten die Textilfabriken durchgehend auf Dampfmaschinen um. In diesen beiden Jahrzehnten löste auch Eisen das Holz als hauptsächliches Konstruktionsmaterial von Maschinen ab. Der Bergbau kannte seit Anfang des 18. Jahrhunderts Holzschienen für die von Pferden gezogenen Kohlenwagen; hieraus wurden Eisenschienen. Seit 1801 gab es Experimente mit Dampfmaschinen als Zugmaschinen, und 1830 begann der Bau der ersten öffentlichen Eisenbahn mit Dampflokomotive. Nachdem in den 1760er-Jahren eine Welle von technischen Innovationen eingesetzt hatte, ging England also in den 1830ern von einer (weit entwickelten) zentralen Agrargesellschaft zur Industriegesellschaft über. Jetzt stieg auch die Wachstumsrate des Sozialprodukts pro Kopf, die in den Jahrzehnten zuvor bei 0,3 % gelegen hatte, deutlich über 1 % an.[561] Der Beschäftigtenanteil des Sekundären Sektors überrundete schon kurz vorher den des Primären (einschl. Bergbau), Ausdruck des autochthonen Wegs zur Industriegesellschaft. Das Potenzial an Wasserkräften war zu diesem Zeitpunkt zwar noch nicht bis zur letzten Möglichkeit ausgebaut, aber bald hatten die jährlich mobilisierten fossilen Energieträger einen Umfang, der mit dem alten Energiesystem nie zu erreichen gewesen wäre, und insbesondere das Transportwesen hätte sich mit ihm auch nie mechanisieren lassen.

Aus diesem Ablauf klären sich die Ursachen. Sie in der starken Stellung des britischen Baumwolltextilienexports auf Auslandsmärkten zu sehen verwechselt Ursache und Wirkung; erst *nachdem* und *weil* das Textilgewerbe zur Industrie geworden war, wurde es im Preiswettbewerb gegenüber den indischen Baumwolltextilien überlegen und konnte diese zunehmend international verdrängen.[562] Aber natürlich hatte es ein Land, das bereits die Handelsverbindungen einer zentralen Agrargesellschaft besaß, hier leichter als andere. Politische Dominanz war dazu nicht nötig; auch ohne diese hatten im 17. Jahrhundert chinesisches Porzellan und indische Baumwolltextilien ihren Weg nach Europa gefunden. Jene Auffassung, welche die wirtschaftliche Entwicklung primär als (kapitalistische) Kapitalakkumulation und deren Eigendynamik vom 16. Jahrhundert an betrachtet, verkennt die Bedeutung von Innovationen, welche die Arbeitsproduktivität steigerten, und den damit verbundenen Wechsel des Energiesystems. Außerdem benötigten die Fabriken bis zum Aufbau des Eisenbahnnetzes nicht besonders viel Investitionskapital und konnten dieses weitgehend im Verwandtschaftskreis aufbringen[563], und Kaufmannskapital investierte auch kaum in die risikoreichen und schmutzigen Fabriken. Insofern spielte es keine Rolle, ob in China durch wiederholte Naturkatastrophen mehr Kapital vernichtet wurde als in Europa[564], und ebenso wenig waren die Gewinne aus dem britischen Überseehandel und Kolonialbesitz des 18. Jahrhunderts entscheidend[565], zumal deren Anteil an der Gesamtkapitalbildung gering war.[566] Nicht Fernhandelskaufleute initiierten die Industrialisierung, sondern das ingenieurmäßige Milieu. Deshalb trifft auch der Blick auf die weniger einflussreiche Stellung der Kaufleute in China[567] nicht das Wesentliche. Im Übrigen hatte auch weder der Ressourcenzustrom aus Übersee nach Spanien im 16. Jahrhundert die gewerbliche Entwicklung forciert, noch hatten Deutschland und die Schweiz bei ihrer Industrialisierung (nennenswerte) Hilfe durch Gewinne aus Kolonien.

Überhaupt ist es wichtig zu unterscheiden zwischen Sachverhalten, die unabdingbare Voraussetzungen für eine autochthone Industrialisierung darstellten, und solchen, die es nicht waren. Dass in den frühen englischen Textilfabriken überwiegend Frauen beschäftigt waren[568], war dafür ebenso wenig notwendig wie der Zugriff Großbritanniens auf überseeische Kolonien als Kalorien- und Rohstofflieferant[569]; hier sind alternative Pfade denkbar. Substanzieller ist der Gedanke, dass Industrialisierung eine Wirtschaftsordnung voraussetzt, die innovativen (gewerblichen) Unternehmern, welche neue Produktionsverfahren einsetzen wollen, genügend Freiraum lässt und die zugleich stark genug ist, das nötige Maß an Ordnung aufrechtzuerhalten. Damit sah es aber in China nicht schlechter aus als in Großbritannien und den Niederlanden, während man für Indien gewisse Abstriche machen muss, wogegen auf dem übrigen europäischen Kontinent Zünfte und merkantilistische Monopole bis 1791 (Frankreich) bzw. Anfang des 19. Jahrhunderts ernste Hemmnisse darstellten. Hinreichend war eine solche Wirtschaftsordnung aber keineswegs, der Weg von ihr zur Industriegesellschaft durchaus nicht zwangsläufig.[570] Dabei gewährte der Staat in Großbritannien mehr als nur Freiraum, nämlich aktive Unterstützung, eine Folge der Machtverhältnisse: Ärzte und Sozialreformer, die Anfang des 19. Jahrhunderts auf das Elend der Arbeiter und die Umweltvergiftung hinwiesen, blieben ungehört, der Aufstand maschinenstürmender Arbeiter 1811–12 wurde mit Truppen niedergeschlagen und Maschinenzerstörung daraufhin mit langjähriger Deportation bedroht, und auch der Infrastrukturaufbau erforderte aktive Unterstützung des Staates.[571] Erforderlich war auch eine ausreichende Zahl an Menschen, die für freie Lohnarbeit verfügbar waren, doch daran fehlte es in den weiter entwickelten Gebieten Europas, Chinas und Indiens nirgends; schließlich war man an der Grenze zur Übervölkerung[572] (das hieß umgekehrt, dass diese in Asien auch kein Hemmnis war[573]). Unabdingbar für die autochthone Industrialisierung waren natürlich verkehrsgünstige Kohlelagerstätten und außerdem die Innovation, deren chemische Energie in mechanische Energie umzuwandeln. Kohlelager waren in Europa nur sehr wenige bekannt, und Newcastle lag mit Abstand am verkehrsgünstigsten. Die Niederländer hatten nur Torf, konnten allerdings Newcastle-Kohle fast genauso günstig wie London kaufen. In China wurden mehrere Kohlelagerstätten genutzt, inwieweit ihre Transportkosten zu einigen der Gewerbezentren zu hoch waren, ist unklar.[574] Im Nahen Osten kannte man vor 1830 überhaupt keine Kohlenlager. Innovationen in mechanischen Dingen[575] waren nun in Großbritannien viel zahlreicher als im übrigen Europa, und in China, Indien und dem Nahen Osten war davon höchst wenig zu sehen. Einfach nur Folge von sich kurzfristig und zufällig ergebenden Sachverhalten war der Beginn der Industrialisierung also nicht; immerhin reichte die besondere Tradition, sich mit Mechanik zu beschäftigen, als Pfad bis in den Hellenismus zurück.[576] Dass China oder gar Indien von sich aus kurz vor dem Schritt zur autochthonen Industrialisierung gestanden hätten, lässt sich dementsprechend erst recht nicht ernsthaft behaupten.

Wer kann den Briten rasch folgen?

Zwangsläufig war der Schritt zur Industriegesellschaft in Großbritannien nicht, sondern Produkt einer besonderen Konstellation, in der sich mehrere Entwicklungen und Gegebenheiten verknüpften. Nachdem er einmal geschehen war, sahen sich allerdings alle anderen Länder früher oder später unter dem Druck zu folgen, wollten sie sich nicht durch die steigende wirtschaftliche Überlegenheit und damit auch politische Macht Großbritanniens in asymmetrischen Beziehungen wiederfinden. Angesichts einer jetzt rasch intensiver vernetzten Welt lief dieses letztlich auf die Frage hinaus: Welche Region würde den Weg zu einer führenden Rolle und zu Wohlstand beschreiten, welche in Armut verharren und in Abhängigkeit geraten? Die umfangreiche Debatte darüber, warum einige Regionen diesen und die anderen jenen Weg gingen, wird von etlichen einseitigen Theorien bevölkert.[577] Kontrovers ist vor allem die Frage, ob die Ursachen in äußeren Umständen oder in inneren Strukturen zu suchen seien. Ersteres meint sowohl die Folgen gewaltsamer Eroberung wie die Art und Weise der wirtschaftlichen Integration in den entstehenden Weltmarkt[578], Letzteres schließt lange Zeiträume bis dahin gelaufener Geschichte mit ein, letztlich bis hin zur Entstehung und Ausbreitung der Landwirtschaft, insofern die Anfang des 19. Jahrhunderts vorhandenen Strukturen deren Ergebnis waren.[579]

Vermeiden wir derartige Einseitigkeiten. Angesichts der britischen Herausforderung lassen sich die übrigen Staaten zunächst in zwei große Gruppen einteilen: einerseits die europäischen und europäischstämmigen, also Europa einschließlich Russland und Amerika, die mit Christentum und europäischen Rechtstraditionen mentale Gemeinsamkeiten hatten und deren politische Unabhängigkeit nach 1825 nicht mehr infrage gestellt wurde, andererseits alle übrigen Staaten, denen Europäer kulturell fremd waren und an deren politischer Unabhängigkeit im Laufe des 19. Jahrhunderts gerüttelt wurde.

Wenden wir uns der ersten Gruppe zu. Wovon hing es ab, welche Regionen die britischen Innovationen schneller und welche sie erst später aufnahmen? Warum kam es zu einer Pluralität der Pfade? (Dabei reden wir bewusst von Regionen, weil bei großen Ländern der Pfad der einzelnen Regionen teilweise recht unterschiedlich war, sodass auf das nationale Ganze bezogene Statistiken irreführend sind.) Grundsätzlich galt: Je höher der bisherige Entwicklungsstand, desto leichter fiel es, Anschluss zu finden. Günstig waren besonders drei Merkmale: erstens höhere Verstädterung und Gewerbeentwicklung, was stärker ausdifferenzierte Märkte und mehr handwerkliches und kommerzielles Know-how bedeutete, zweitens Staaten mit festen Institutionen, die Hemmnisse in Gestalt von Zünften, Grundherrschaft und Binnenzöllen beseitigt hatten, und drittens möglichst weitverbreitete Allgemeinbildung als Basis für produktivere Arbeit, Fachwissen, Flexibilität und Innovationsfähigkeit.[580] Bei den weniger urbanisierten Ländern machten die Machtstrukturen und die daraus resultierenden Vermögens- und Bildungsverhältnisse einen großen Unterschied: Waren in der Gesellschaft Großgrundbesitzer dominant, deren Konsum stark auf Luxuswaren gerichtet war (die dann aus dem Ausland oder aus handwerklicher Einzelanfertigung stammten), die eine aristokratische Herrenmentalität pflegten und industriellen Angelegenheiten zumindest distanziert gegenüberstanden und neben denen es kaum eine Mittelschicht, sondern fast nur noch eine arme und ungebildete Unterschicht gab, oder waren es Siedlerkolonien mit einer breiten Mittelschicht, die mehr an Bildung und Eigeninitiative besaß und mit ihrem Einkommen eher einen Massenmarkt abgab? Die Frage nach dem erforderlichen Kapital lautete weniger, ob es in der Gesellschaft vorhanden war, als vielmehr, was seine Besitzer damit machten. Nahe gelegene Kohlevorkommen spielten als Voraussetzung anfangs eine Rolle, verloren dann aber an Bedeutung, da spätestens ab 1870 englische Kohle in allen einigermaßen küstennahen Gegenden billig verfügbar war. Und schließlich blieb für die rückständigen Regionen der Trost, dass sie nicht alle Innovationen zum zweiten Mal zu machen brauchten, sondern bereits fertige Lösungen übernehmen konnten; das half, Zeit zu sparen, und bot die Chance aufzuholen.

Großbritannien wurde von einer zentralen Agrargesellschaft direkt zur Industriegesellschaft; Länder, welche die Industrialisierung von einer niedrigeren Entwicklungsstufe aus begannen, wurden hingegen erst zu Schwellenländern. Die Versuche der europäischen und europäischstämmigen Regionen, durch Transfer der neuen Techniken Anschluss zu gewinnen, gliedern sich zeitlich in drei Staffeln: die erste wurde um 1850 zu Schwellenländern und erreichte in den 1890er-Jahren das Niveau von Industriegesellschaften, die zweite wurde um 1890 herum zu Schwellenländern und war es auch im Ersten Weltkrieg noch, die dritte wurde bis zum Ersten Weltkrieg noch nicht zu Schwellenländern. Je nach Staffel und Machtverhältnissen, ergänzt durch individuelle Besonderheiten beispielsweise der Ausstattung mit natürlichen Ressourcen, ergaben sich damit eine Reihe unterschiedlicher Industrialisierungspfade.[581]

Die erste Staffel bestand aus Belgien, Nordfrankreich, Westdeutschland (zunächst nur dem Rheinland), der Schweiz und dem Nordosten der USA (»Nordstaaten«). Hier war die Bevölkerung schon 1850 weitgehend alphabetisiert. Hier gab es die engsten Kommunikationsvernetzungen nach Großbritannien: Teile der Bevölkerung hatten die dortigen Entwicklungen schon im 18. Jahrhundert stets im Blick. Zwar war die Ausfuhr britischer Maschinen und Konstruktionszeichnungen zwischen 1781 und 1843 verboten, aber nichtsdestoweniger fanden englische Maschinen (oft samt englischem Techniker) schon seit 1780 ihren Weg in diese Regionen. Indes blieb der Technologietransfer in diesen Jahrzehnten noch ohne Breitenwirkung. Die Kriege infolge der Französischen Revolution unterbrachen den Transfer wie auch den britischen Export vorübergehend; umso drastischer drückte die Konkurrenz des überlegenen englischen Textilgewerbes dann ab 1815 auf den Kontinent. In den genannten europäischen Ländern war zwar eine reiche Gewerbetradition vorhanden, aber die Machtinstitutionen und ererbten Mentalitäten standen den nötigen Innovationen zunächst hemmend im Weg. Umgekehrt im Nordosten der USA: Hier waren

Anteil an der Weltgewerbeproduktion

nach P. Bairoch 1982, S. 292, 299

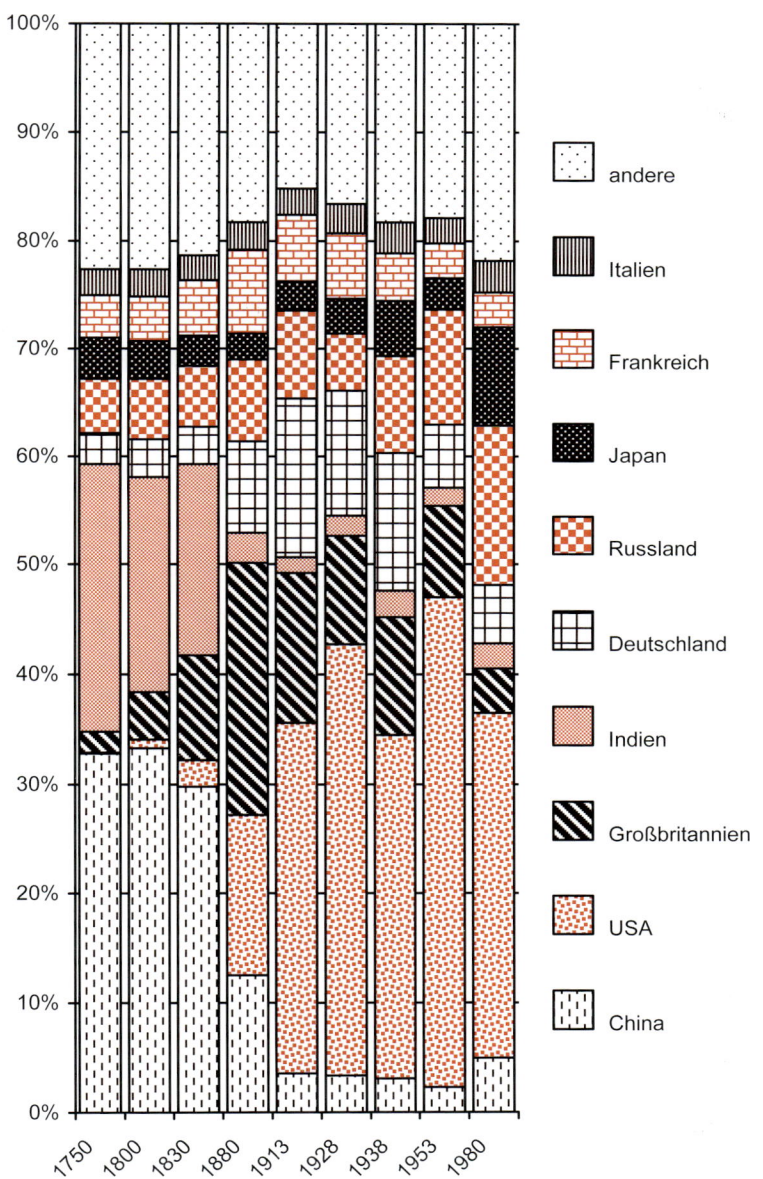

die handwerklichen Traditionen deutlich schwächer entwickelt, aber dafür gab es keine Hemmnisse durch Grundherrschaft oder Zünfte, und die Bewohner bildeten um 1815 wohl die am stärksten individualistische und erwerbsorientierte Gesellschaft der Welt. Während die Industrialisierung in Großbritannien ungeplant aus der Gesellschaft heraus begann, wurde sie, einmal als Vorbild existent, in den Ländern der ersten Staffel von den Regierungen gewünscht und mehr oder minder gefördert. Die Hauptträger waren aber auch hier private Unternehmer. Die Revolution in Frankreich 1789–91, der Export des neuen französischen Ordnungsmodells durch die französische Besatzung der folgenden Jahre und die dadurch angestoßenen eigenständigen Reformen, besonders in Preußen seit 1807, das so seine verlorene Großmachtstellung wiedergewinnen wollte, dieses alles beseitigte bis 1848 die Hemmnisse durch Grundherrschaft, Zünfte und Binnenzölle. Mit dem Deutschen Zollverein 1834 fielen auch die Zölle zwischen den meisten deutschen Staaten. Während der Bahnbau in Großbritannien weitgehend privat organisiert wurde, sah er sich auf dem Kontinent stark vom Staat unterstützt und gefördert. Während die frühen Industriebetriebe in Großbritannien ihr Kapital selbst aufgebracht hatten, da die Banken sich nur mit Handelsfinanzierung, Staatspapieren und Hypotheken beschäftigten, entstand in Frankreich 1852 mit dem Crédit Mobilier eine Bank zur Gewerbefinanzierung. Sie fand in den anderen Ländern rasch Nachahmer. Während die Industrialisierung in Großbritannien von einem autodidaktischen Ingenieurmilieu getragen wurde, bauten die Regierungen in Frankreich ab 1795, in der Schweiz und vor allem in den deutschen Staaten ab 1815 technische Schulen auf, um das fehlende Know-how zu kompensieren.

In den Ländern der ersten Staffel zeigte der Industrialisierungsprozess überall ein breites Spektrum verschiedener Branchen, wies aber auch durchaus unterschiedliche Profile auf. In Belgien standen nach britischem Vorbild besonders Textil- und Schwerindustrie auf heimischer Kohlenbasis im Mittelpunkt. Letztere spielte auch in Deutschland eine zentrale Rolle, und zusätzlich gewann Deutschland dann Ende des Jahrhunderts eine führende Rolle in Elektro- und Chemieindustrie. In der rohstoffarmen Schweiz gab es keine Schwerindustrie, durch flexibles Aufnehmen von Innovationen aber bald einen leistungsfähigen Maschinenbau und dann ebenfalls Elektro- und Chemieindustrie. Diese waren angesichts des begrenzten Binnenmarktes von vornherein exportorientiert. Die französische Industrie entwickelte sich vor allem im Norden und Osten und war verglichen mit der deutschen kleinbetrieblicher und stärker dezentral. Nicht zuletzt angesichts des stärker aristokratisch geprägten Geschmacks spielten qualitativ hochwertige Konsumgüter eine größere Rolle als die Schwerindustrie; dabei waren die Franzosen vielfältig innovativ. Die Industrialisierung in den weiträumigen USA wurde lange stark von der

Nachfrage aus dem Aufbau des riesigen Eisenbahnnetzes geprägt. Bis 1900 produzierte die US-Industrie fast nur für den Binnenmarkt. Da Holz reichlich vorhanden war, überrundete die Kohle das Holz als Maschinentreibstoff erst um 1880.[582] Im Gegensatz zu Frankreich gab es weniger aristokratische Konsumansprüche und weniger traditionellen Handwerkerstolz auf Qualitätsarbeit, dafür viele Familienfarmen und infolge der Knappheit an Arbeitskräften relativ hohe Löhne. Dementsprechend entstand hier eine auf den einfachen Massenbedarf ausgerichtete Massenproduktion eines begrenzten Sortiments. Das führte zu spezifischen Formen arbeitssparender Rationalisierung: In den 70er-Jahren entstand die Produktion mit austauschbaren, weil typisierten Teilen, die in Großserie hergestellt wurden, 1911 entwickelte Taylor die Idee, Arbeitsabläufe in kleine, genau gemessene und standardisierte Einzelheiten zu zerlegen, und 1913 führte Ford in die Automobilproduktion die Fließbandarbeit für Großserien an.

Dass die Länder der ersten Staffel aufholten und Anschluss fanden, bedeutete zugleich, dass Großbritannien seinen Vorsprung als erste Industriegesellschaft verlor und damit relativ zurückfiel. Dazu trug auch bei, dass es von Deutschland und den USA an Innovationskraft überholt wurde, da es sich auf bequemen Märkten in den Kolonien und Lateinamerika eingerichtet und kein vergleichbares technisches Bildungswesen aufgebaut hatte.[583] Bis 1913 wurde es im Bruttoinlandsprodukt pro Kopf nur von den USA überholt, und Deutschland lag mit Frankreich gleichauf[584]; wegen des starken Bevölkerungswachstums war 1913 die Gesamtindustrieproduktion der USA aber fast dreimal so groß wie die britische geworden und die deutsche mehr als doppelt so groß wie die französische.[585]

Die zweite Staffel bestand aus den kleinen Regionen Niederlande, Schweden und Böhmen (dem am weitesten entwickelten Teil Österreich-Ungarns) sowie den Siedlerkolonien Kanada und Australien, die alle gegen 1920 oder wenig später zu Industriegesellschaften wurden, außerdem Russland, Norditalien und Spanien, die dafür noch wesentlich länger brauchten. In den drei kleinen europäischen Regionen stagnierte die Entwicklung in der ersten Jahrhunderthälfte aus unterschiedlichen Gründen, doch dann setzten hier bemerkenswerte Entwicklungen ein, wobei diese ohne den vorangegangenen Ausbau des Bildungswesens nicht möglich gewesen wären. Die rohstoffarmen Niederlande stiegen in die neue und technisch anspruchsvolle Elektro- und Chemieindustrie ein, ohne Schwerindustrie aufzubauen, die schwedische Stahlindustrie konnte sich durch Offenheit für Innovationen mit Qualitätsstahl für den Export profilieren, und in Böhmen entwickelte sich langsam eine durchaus respektable Industrie einschließlich Schwerindustrie. In Kanada und Australien war zunächst die Bevölkerung und damit der Binnenmarkt sehr klein, was sich dann durch den Einwandererstrom allmählich änderte. Dabei entsprach die Bevölkerung im Bildungs- und Lohnniveau den Verhältnissen in Großbritannien

und Nordost-USA. Auf dieser Basis entstand in Südostkanada und Südostaustralien allmählich eine importsubstituierende Konsumgüterindustrie für den heimischen Markt, und um 1900 trat auch Stahlerzeugung
hinzu. In Italien, Russland und Spanien sahen die Voraussetzungen
schlechter aus: Adlige Großgrundbesitzer übten politisch großen Einfluss
aus, die Massen blieben bis zum Ersten Weltkrieg ohne Kaufkraft und vor
allem in Russland und Spanien in beträchtlichen Maße analphabetisch,
und in diesen beiden Ländern waren auch handwerkliche Traditionen relativ gering entwickelt. Dass die russischen Bauern bis 1861 unfrei waren,
wirkte als Mentalität der Trägheit noch länger weiter. So blieb die Industrialisierung in diesen drei Ländern auf wenige Zentren beschränkt, nämlich St. Petersburg, Moskau und Ostukraine, Katalonien, Baskenland und
Nordwestitalien, wogegen der größte Teil des Landes davon kaum berührt
wurde. Anspruchsvollere Industriewaren mussten bis 1914 weitgehend
importiert werden oder zumindest die Konstruktionszeichnungen dafür,
und die Industrieprodukte waren wegen ihrer mäßigen Qualität international nicht wettbewerbsfähig. Da es an privater Unternehmerinitiative
fehlte, versuchte in Italien und noch mehr in Russland der Staat dieses zu
kompensieren. Dabei förderte er einseitig den Aufbau von Eisenbahnen
und Rüstungsindustrie, die in Russland sogar weitgehend vom Staat selbst
finanziert wurden. Wie schon unter Zar Peter I. war es in Russland eine
Initiative des Machtzentrums in einer Gesellschaft, die nicht recht mit-
kam, ja eher widerstrebte; Triebkraft war der Wille des Machtzentrums,
außenpolitisch als Großmacht mithalten zu können. In Spanien engagier-
te sich der Staat dagegen industriepolitisch nur wenig, nicht zuletzt infolge von zerrütteten Staatsfinanzen und Bürgerkriegen. Während die russische Industrie beträchtliche Wachstumsraten erzielen konnte, begann in
Spanien eine nur sehr schleppende Industrialisierung.

　　Die Länder der dritten Staffel waren in starkem Maße durch Großgrundbesitz geprägt, während die Mittelschicht nur schwach entwickelt
war: Lateinamerika, die Südstaaten der USA mit ihren Baumwoll- und
Tabakplantagen, Süditalien und die östliche Hälfte Österreich-Ungarns.
Hier waren auch Verstädterung und Gewerbe deutlich geringer entwickelt
als in den beiden ersten Staffeln. In großen Teilen Lateinamerikas wurde
die Masse der Bevölkerung bis in die 1870er-Jahre von Geldwirtschaft und
Märkten praktisch noch nicht erreicht.[586] Beides lag in Lateinamerika
nicht zuletzt an der geringen Bevölkerungsdichte. Die meisten lateinamerikanischen Staaten litten in den ersten Jahrzehnten nach ihrer Unabhängigkeit unter inneren Kämpfen, waren überhaupt politisch instabil
und noch ohne effiziente Verwaltung. Nicht zuletzt war in allen diesen
Regionen die große Masse der Bevölkerung auch noch im Ersten Weltkrieg analphabetisch. Die Schwarzen in Lateinamerika und den Südstaaten der USA, meist bis 1830/65 Sklaven, und die lateinamerikanischen

Indianer neigten aufgrund ihrer langen Unterdrückung zu einer weithin passiven Haltung. Zum innovativen, dynamischen Element zumindest in Nordargentinien und Südbrasilien wurden Ende des 19. Jahrhunderts die Einwanderer aus Europa. Industrialisierungsansätze seit den 1870er-Jahren in Mexiko, Brasilien und den Südstaaten der USA blieben vereinzelt und auch ohne politische Unterstützung. Die politisch dominierenden Agrareliten setzen auf den Export von Primärgütern, und der Süden der USA und Italiens waren seit den 1860er-Jahren politisch auch vom Norden abhängig. Hier gab es keine machtpolitischen Ambitionen und somit keinen Impuls, eigene Rüstungsindustrie aufzubauen. So verwundert es nicht, dass in den Ländern der dritten Staffel die Industrialisierung zunächst ausblieb. Die Weltmarktintegration durch Primärgüterexport seit dem späten 19. Jahrhundert verstärkte die Schwäche des Gewerbes; verursacht hat sie diese nicht. Es war vielmehr umgekehrt: Der schon bestehende geringe Entwicklungsstand führte zusammen mit den inneren Machtstrukturen zu einer asymmetrischen Weltmarktintegration durch Rohstoffexport.[587]

Hingen Entwicklung und Unterentwicklung auch davon ab, ob eine Politik des Schutzzolls oder des Freihandels betrieben wurde? Die Zeitgenossen in Europa und Amerika haben heftig darüber gestritten, was vorteilhafter sei, und die Wirtschaftswissenschaftler setzen das bis heute fort. Auf der einen Seite stand die sich auf A. Smith und Ricardo[588] berufende liberale Wirtschaftsideologie, die Freihandel nicht nur mit politischer Freiheit verschwistert sah, sondern auch behauptete, dass die Chance auf größere Märkte und verstärkte Arbeitsteilung allen Beteiligten nützen würde. Der (britische) Rat an rückständige Länder, sich nach dem Prinzip komparativer Kostenvorteile auf den Export von schlichten Rohstoffen und Nahrungsmitteln zu konzentrieren und dafür Industriewaren lieber aus den Industrieländern zu beziehen, reservierte aber in der Realität die Vorteile des innovativen und stärker expandierenden Sekundären Sektors, der größere Chancen zu wachsendem Wohlstand und neuen Arbeitsplätzen bot, einseitig für sich selbst. Damit erwies sich die Freihandelslehre als Verschleierung von Interessenpolitik. Auf der anderen Seite standen die an A. Hamilton und List[589] anknüpfenden Verfechter des Schutzzolls, die ohne den hierdurch geschaffenen Schonraum keine Chance sahen, dass eine noch in den Kinderschuhen steckende Industrie gegen die überlegene (britische) Konkurrenz aus dem Ausland überleben und hochkommen könnte. Ihre Anhänger sahen nicht deutlich genug, dass zu viel Schutz jenen Wettbewerbsdruck nahm, der als Ansporn zu leistungssteigernden Innovationen nötig ist. Dabei war die Diskussion insofern schräg, als sie zu wenig berücksichtigte, dass die Binnenmärkte recht unterschiedlich groß waren und Schutzzoll für Länder mit zu kleinen Binnenmärkten grundsätzlich gar keine sinnvolle Option darstellen konnte.

Nachdem im 18. Jahrhundert durchweg merkantilistische Schutzzoll-
politik üblich gewesen war, gingen als Erstes Preußen 1818, motiviert
durch das Interesse seiner Agrarexporteure, und die Schweiz zum Freihandel über, dann setzte das zunehmend industriell überlegen gewordene
Großbritannien diesen in den neuen lateinamerikanischen Staaten durch
und ging 1842/46 selbst zum Freihandel über, und schließlich brachte es
1850 Kanada und Australien und 1860–66 fast alle anderen europäischen
Staaten dazu, ihm zu folgen. Nachdem allerdings durch den billigen
Dampfertransport amerikanisches Getreide den europäischen Landwirten
Konkurrenz zu machen begann und ab 1873 eine Depression einsetzte,
wandten sich seit 1879 fast alle europäischen Staaten, Kanada, Australien
und viele lateinamerikanischen Staaten wieder Schutzzöllen zu. Durchgehend beim Freihandel blieb nur die kleine Schweiz, umgekehrt verharrten die USA von 1816 bis 1945 durchgehend bei Schutzzöllen. In den
USA lieferte der Konflikt zwischen den Schutzzollinteressen der noch jungen Industrie der Nordstaaten und den Freihandelsinteressen der Baum-
wollexporteure der Südstaaten sogar ein wesentliches Motiv für den Ausbruch des Sezessionskrieges 1861.

Die Bedeutung der Alternative von Freihandel (d. h. 0–6 % Zoll) und
Schutzzoll (d. h. meist 20–30 %) für das Wirtschaftswachstum wurde insgesamt im Vergleich zu anderen Faktoren weit überschätzt, besonders zu
Bildung und Qualifikation, überhaupt der Innovationsfähigkeit der Menschen. Eine direkte Auswirkung auf die langfristige Wirtschaftsentwicklung ist nicht nachweisbar.[590] Mäßige und zeitlich befristete Schutzzölle
mögen für eine noch junge Industrie hilfreich sein. Allerdings vollzogen
Preußen (1818–79), die Schweiz und Japan (1854/58–1911) den entscheidenden Einstieg in die Industrialisierung unter Freihandelsbedingungen,
während umgekehrt die sogar recht hohen Schutzzölle die US-amerikanische Industrie nicht gefährdet haben.

Durch Lernen die Unabhängigkeit sichern?

Anders als die europäischen und europäischstämmigen Staaten sahen die
übrigen Länder sich mit einer dreifachen britisch-europäischen Herausforderung konfrontiert, nicht nur wie diese mit der industriellen, sondern
auch mit der imperialistischen und der kulturellen. Die imperialistische
Bedrohung machte es für die Machteliten unabhängiger Staaten geradezu
zur Existenzfrage, von Europa zu lernen, ließ für den Transfer oft aber nur
ein begrenztes Zeitfenster zwischen dem Beginn des Problems und der
Phase massiven Zudringens der Kolonialmächte. Der kulturelle Unterschied erschwerte den Transfer erheblich. Letztlich wurde die industrielle
Herausforderung überwiegend nicht bewältigt. Damit tat sich eine große

Kluft auf[591]: Während 1800 bis 1913 der Anteil Europas (ohne Russland) und der USA an der Weltgewerbeproduktion von 23,3 % auf 80,4 % stieg, schrumpfte jener Chinas und Indiens von 53,0 auf 5,0 %.[592]

Auch hier gilt, dass diejenigen Regionen, in denen Wirtschaft, Staatsapparat und Kultur am weitesten entwickelt waren, die größten Chancen hatten, Anschluss zu gewinnen. Das waren, sieht man von dem kleinen Ägypten ab, China, Indien, Japan und das osmanische Imperium. Vergleichen wir diese vier.[593]

Die militärische Herausforderung war unterschiedlich heftig. Für die Inder kam sie in Gestalt der britischen Ostindiengesellschaft. Einige der indischen Staaten, die auf den Trümmern des Mogul-Imperiums entstanden, übernahmen Ende des 18. Jahrhunderts von den Europäern die gedrillte und uniformierte Armee und bauten erstmals wirkliche patrimonialbürokratische Verwaltungen auf, um diese zu finanzieren – als Erster Haidar Ali von Mysore.[594] Doch sie sahen sich bald alle von der Ostindiengesellschaft überwältigt. Früh wurden auch die Osmanen und Ägypter aufgeweckt: Nach den Niederlagen gegen die Russen 1792 und gegen Napoleon in Ägypten 1798 begriffen die Staatsführungen, dass die islamische Welt nicht, wie bisher geglaubt, überlegen war und dass eine Bedrohung heraufzog, auch wenn diese dann letztlich durch die Rivalität der europäischen Großmächte entschärft wurde. Für China kam die Herausforderung erst später, aber dafür umso heftiger. Nach dem britischen Angriff 1840–42 (Erster Opiumkrieg) glaubte man in Peking noch weiter, es mit den bislang üblichen lästigen Barbaren zu tun zu haben; der britisch-französische Einmarsch in Peking 1860, die Niederlage gegen Japan 1895 und der Einmarsch der verbündeten Westmächte in Peking während des Aufstands der I-ho-dwan (»Boxer«) 1900 ließen dann schrittweise das Bewusstsein wachsen, dass Reformen notwendig waren. Zwar wurde China nicht wirklich besetzt, war aber vor allem nach 1895 nur noch begrenzt Herr im eigenen Haus, und die wiederholt auferlegten »Entschädigungszahlungen« zehrten an den für Investitionen verfügbaren Ressourcen. Vor Japans Küsten tauchten Anfang des 19. Jahrhunderts zunehmend europäische Schiffe auf, von Regierungen entsandt, die mit dem abgeschlossenen Land Kontakt aufnehmen wollten, und als 1853 die Öffnung mit Gewaltandrohung erzwungen wurde, begriffen Samurai in den südlichen Landesteilen, dass Japan militärisch unterlegen war. Von ernsthafteren gewaltsamen Zudringlichkeiten blieb Japan allerdings im Gegensatz zu China verschont, sei es weil es als Markt weniger attraktiv aussah, weil es sich seit 1868 kooperativ zeigte oder weil es seit 1895 sichtbar selbst wehrhaft war.

Jede Reaktion auf die europäische Herausforderung war selektiv. War die Selektion zu eng, blieben die Antworten unzureichend. Nun muss man zwischen den militärischen, den kulturellen und den wirtschaftlichen Eliten unterscheiden. Erstere lernten aus den blutigen Erfahrungen auf dem Schlachtfeld eventuell schnell, wer wem qualitativ überlegen war. Sie waren dann für einen Transfer auf der instrumentellen Ebene relativ offen, ihre Perspektive war aber eben auch darauf verengt. Dagegen hielten die Kultureliten, welche die identitätsstiftenden Wertvorstellungen pflegten, viel zäher an ihrem jahrhundertealten Selbstverständnis fest, selbst die überlegene Kultur zu repräsentieren, und standen Technik und Wirtschaft fremd gegenüber. Im osmanischen Imperium war die treibende Kraft der jeweilige Sultan persönlich, seit 1839 unterstützt durch höhere Beamte mit Auslandserfahrung. Nach zögerlichen Reformanfängen 1793 bis 1807 entledigte er sich 1826 durch einen Massenmord der Janitscharentruppe, dem Stützpfeiler der Konservativen, und begann eine Reformpolitik, verstärkt nach der Niederlage gegen Ägypten 1839. Diese Politik dauerte im Prinzip bis 1914 an. Die Kulturelite, die Ulama, blieb dabei politisch ohne entscheidenden Einfluss. Entsprechend den Traditionen des islamischen Despotismus war die türkische Staatsführung dem militärisch geprägten Machtdenken verhaftet und sah auf Kaufleute und Handwerk mit Verachtung herab. So beschränkte sich die Reformpolitik hier auf den Machtapparat und erkannte die Bedeutung der industriellen Herausforderung überhaupt nicht. China tat sich mit einer angemessenen Reaktion besonders schwer, da die neokonfuzianisch gebildete Beamtenschaft Verwaltungs- und Kulturelite in einem war und zutiefst verinnerlicht hatte, dass die Kultur des »Reiches der Mitte« den umliegenden Barbaren überlegen sei, man von denen also nichts lernen konnte. Verschärfend kam der Zufall hinzu, dass 1861 bis 1908 die monarchische Gewalt faktisch in den Händen der wenig informierten Kaiserinwitwe Ts'ssi lag, die nur an ihrer persönlichen Machtstellung interessiert war und die Größe der Herausforderung schlichtweg nicht begriff, ebenso wenig die Hofkreise um sie herum. Reformbestrebungen gingen stattdessen von den regionalen Militärmachthabern aus, die »Selbststärkungsbewegung« der Jahre 1864 bis 1894; diese waren aber praktisch auf Militärtechnik begrenzt. Ein Reformversuch des jungen Kaisers 1898 wurde von konservativen Hofkreisen nach 100 Tagen gestoppt. Das Eindringen der Europäer löste in breiten Kreisen eine zunehmende Aversion gegen alles Ausländische aus, die in dem fremdenfeindlichen Aufstand der I-ho-dwan 1900 gipfelte. Erst 1905 begann die Zentralregierung mit zaghaften Reformansätzen. Anders in Japan, wo es eine homogene Kulturelite mit ausgeprägtem Eigenbewusstsein so nicht gab, sondern die kulturellen Traditionen eklektischer waren und die Eliten sehr wohl wussten, dass sie im Laufe der Jahrhunderte wiederholt von dem weiterentwickelten Nachbarn China gelernt hatten. Die japanische Elite war nach 1853 über den Kurs zunächst zerstritten, bis dann eine aus Südjapan stammende Reformclique 1868 das Tokugawa-Shogunat stürzte, die Macht ergriff und diese auch gegen den Aufstand konservativer Samurai 1877 behaupten konnte. Mit dem jungen Meiji-Kaiser als Aushängeschild begann sie eine Reformpolitik, die darauf abzielte, das Land militärisch so weit zu stärken, dass es seine Unabhängigkeit bewahren konnte. 1871–73 bereiste nahezu die halbe Regierung fast zwei Jahre Europa und die USA und studierte intensiv die dortigen Verhältnisse. Diese Iwakura-Mission war ein international beispielloser Vorgang, und die Regierung begriff dabei, dass ein auf Machtmittel begrenzter Transfer nicht ausreichte. Daraufhin startete die japanische Machtelite Reformen, die an Breite und Tiefe alle anderen Länder weit übertrafen.

Eine erfolgreiche Reformpolitik setzte auch in den nicht europäischstämmigen Ländern einen handlungsfähigen Staat mit effizienten Institutionen voraus. Der osmanische Sultan drängte in den 1830er- bis 50er-Jahren die autonomen lokalen Machthaber stark zurück und intensivierte den Zugriff seines Machtapparats nach unten, reorganisierte Armee und Zentralverwaltung nach europäischem Muster und führte Gesetzeskodifizierung und staatliche Gerichte ein. Dabei drängte er die islamischen Institutionen zurück. Die japanischen Reformer standen auf dem Weg zum Territorialstaat vor noch größeren Aufgaben. Sie lösten diese aber 1868 bis 1873 zügig, indem sie die Lehen der Daimyos, die Rolle der Samurai als Kriegerstand sowie Binnenzölle und Monopole abschafften und Wehrpflichtarmee, Verwaltung nach europäischem Muster und neue Steuern einführten, so drückend diese auch waren. Chinesische Reformer hatten es schwerer: Ihnen schadeten nicht nur die stärkeren Auslandseingriffe, sondern noch mehr der fehlende Rückhalt im staatlichen Machtgefüge. Steigender Steuerdruck und der Trend zur Übervölkerung lösten schon seit 1774 verschiedene regionale Aufstände aus, was in der 1851 ausbrechenden Taiping-Revolution gipfelte, in der die Revolutionäre große Teile Chinas unter ihre Kontrolle brachten. Von regionalen Kräften aufgestellte Armeen konnten die Revolution zwar bis 1864 niederschlagen, aber dabei kamen nicht nur mindestens 20 Millionen Menschen um[595], es wurden auch große Landstriche völlig verwüstet und ihre Wirtschaftskraft vernichtet, und außerdem verlor die Zentralregierung einen großen Teil ihrer Macht und Steuereinnahmen an die Provinzgouverneure mit ihren Regionalarmeen. So fehlte China in den entscheidenden Jahrzehnten eine einheitlich handelnde Staatsgewalt. Bis 1905 gab es keine Versuche, Verwaltung und Militär effizienter zu organisieren. Nach der Niederlage 1895 verlor die Zentralregierung wegen ihrer Unfähigkeit an Anhang, sodass 1911 nach einer Armeerevolte die Regionalmachthaber der Mandschu-Dynastie die Gefolgschaft aufkündigten. Es war das Ende des Kaisertums. Die tatsächliche Macht geriet danach aber erst recht in die Hände regionaler Machthaber. Die indische Situation war ambivalent: Einerseits übten die Briten eine Fremdherrschaft aus, andererseits bauten sie eine effiziente Bürokratie und Gerichte europäischen Stils auf, die in der zweiten Jahrhun-

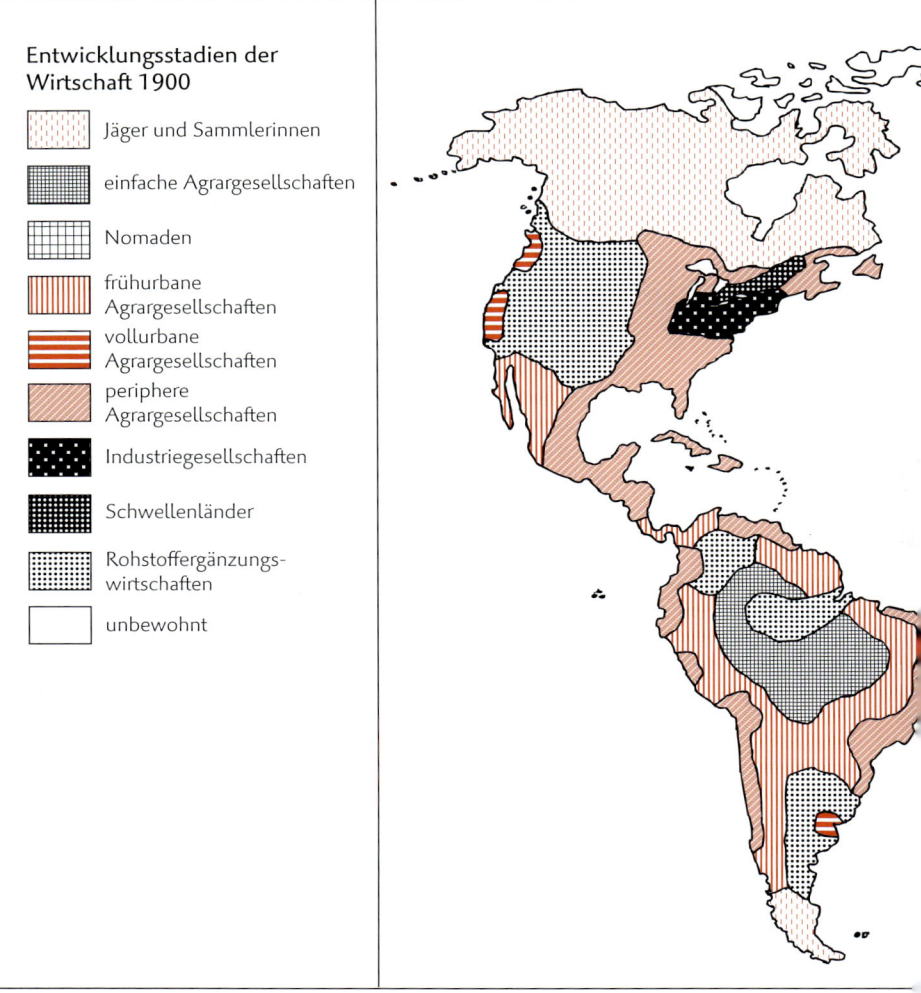

derthälfte für politische Stabilität, Frieden und mehr Rechtssicherheit sorgten.

Für die Fähigkeit, industriell aufzuholen, mussten Transfer und Verbreitung von Know-how eine entscheidende Rolle spielen. Hier unterschied sich Japan deutlich von den drei anderen Fällen. Es hatte nicht nur schon vorher eine wesentlich höhere Alphabetisierung aufzuweisen, sondern führte 1872 die allgemeine Schulpflicht ein und setzte diese in den nächsten drei Jahrzehnten auch um. In den drei anderen Ländern wurde dagegen nichts für die Massenbildung getan. In den 1870er- und 80er-Jahren baute Japan nicht nur etliche Fachschulen mit westlichem Wissensprogramm auf, sondern holte auch Tausende ausländischer Fachleute für

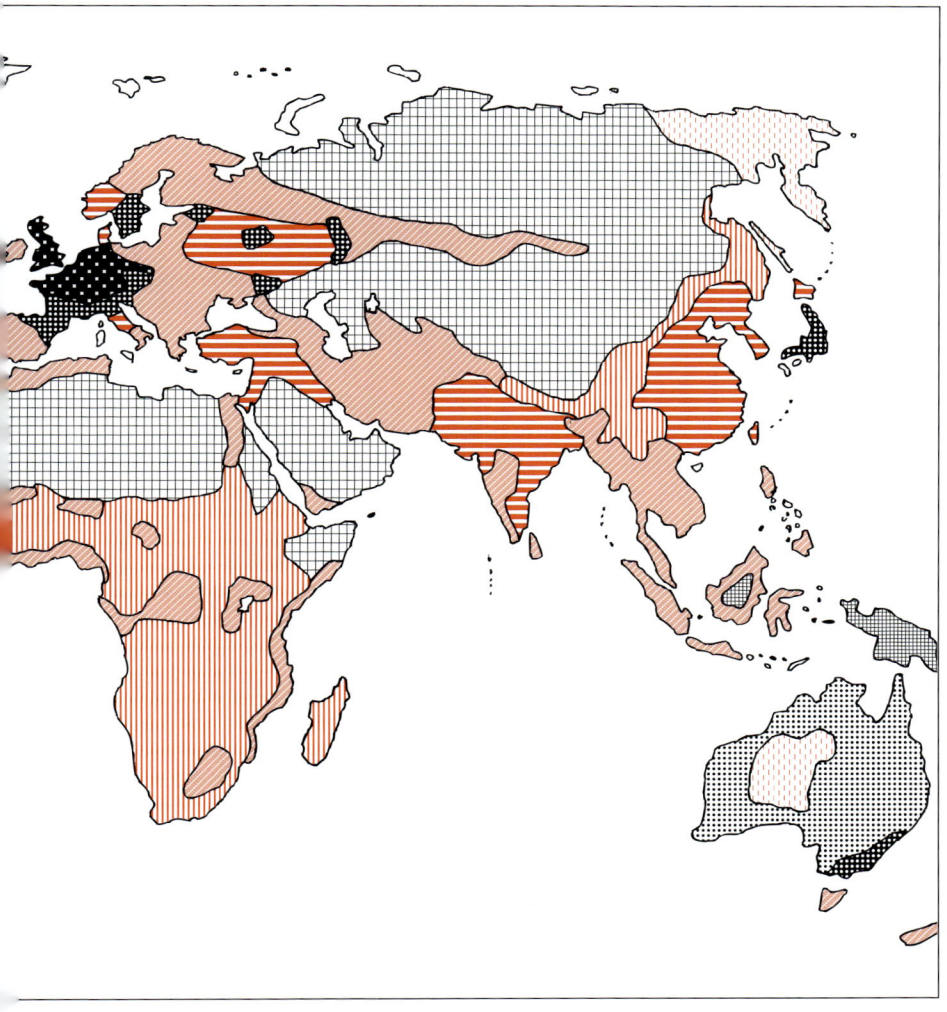

Militär, Verwaltung, Wirtschaft, Technik und Wissenschaft als Berater (aber nie als Leiter von Abteilungen) und schickte Tausende von Offiziellen und Studenten zum Lernen ins Ausland. Dagegen blieben die in China ab 1862 eingerichteten Schulen für westliches Wissen ein technisch orientiertes Nischenprogramm, insbesondere für Offiziere, und erst ab 1895 gingen Chinesen in größerer Zahl zum Studium ins Ausland, und zwar überwiegend nach Japan, das den Chinesen gerade eben brutal seine militärische Überlegenheit demonstriert hatte. Für Beamtenexamen blieb es bis 1905 beim neokonfuzianischen Bildungsstoff. Im osmanischen Imperium produzierten die ab 1838 eingerichteten staatlichen höheren Schulen zwar westlich gebildete Offiziere und Verwaltungsbeamte, aber

diese stellten eine sehr kleine Modernisierungselite dar, die sich der Gesellschaft zunehmend entfremdete. Neben ihr bestanden konservative
Kräfte im Staatsapparat sowie die Ulama mit ihren Madrasas weiter. In Indien sollten die schon ab 1800 eingerichteten Colleges zwar für westlich
gebildete Verwaltungsbeamte sorgen, vermittelten aber kein technisches
Wissen, das entsprechend rar blieb.

Die zentrale Rolle, welche die Nachfrage durch Eisenbahnbau und Rüstung in mehreren Ländern für die Industrialisierung gespielt hatte, konnte
sie im osmanischen Staat und in Indien nicht entfalten. Die Türken bauten zwar ab 1857 ein Bahn- und Telegrafennetz auf, um ihr Herrschaftsgebiet besser kontrollieren zu können, aber dieses blieb nicht nur recht
begrenzt, sondern wurde weitgehend mit Auslandskapital finanziert. Deshalb importierte man alles Eisenbahnmaterial, ebenso die Rüstungsgüter.
Die Briten schufen in Indien ab 1853 sogar ein recht großes Eisenbahnnetz, aber natürlich mit britischem Material (obwohl indische Werke ab
1865 selbst Loks herstellen konnten). In China errichteten einige Regionalmachthaber in der Zeit der Selbststärkungsbewegung hingegen durchaus auch Rüstungsfabriken, Werften und 1890 ein Stahlwerk, doch scheiterten diese Ansätze letztlich an der verbreiteten Korruption, den instabilen
und unkoordinierten Machtverhältnissen, Eingriffen der Bürokratie und
an der Niederlage von 1895. Der Aufbau der Eisenbahnen in China erfolgte
ab 1876 durch ausländisches Kapital und dementsprechend ebenfalls mit
ausländischem Material. Zukunftsweisender war Japan. Um wirklich vom
Ausland unabhängig zu werden, bauten japanische Regierungsstellen zwischen 1852 und 1885 selbst mühsam eine Reihe rüstungsrelevanter
Fabriken auf, die dann privatisiert wurden. 1894 kam auch eine eigene
Stahlerzeugung dazu.

Die Kaufleute und erst recht die anderen Kapitalbesitzer zeigten in allen
vier Regionen zunächst wenig Neigung, sich in den ihnen nicht vertrauten
industriellen Sektor zu begeben. In China änderte sich daran bis 1914
kaum etwas; die nach 1895 vor allem in Schanghai errichtete Konsumgüterindustrie war weitgehend eine Initiative ausländischen Kapitals. Im
osmanischen Imperium entstanden aus Kaufmannskreisen im späten
19. Jahrhundert Ansätze zu Textil- und Nahrungsmittelindustrie für heimische Märkte, vor allem durch Griechen und Armenier, ohne von der
Regierung unterstützt zu werden. In Indien war zwar das heimische Tex-
tilhandwerk Anfang des 19. Jahrhunderts durch die britische Konkurrenz
stark geschrumpft, und der von den Briten eingeführte Freihandel hielt
diesen Konkurrenzdruck aufrecht. Trotzdem bauten indische Kaufleute ab
1854 eine rasch wachsende Baumwollindustrie für den heimischen Markt
auf, die dann um 1880 sogar die britischen Baumwollgarne vom chinesischen Markt vertreiben konnte. Ab 1855 entstand mit englischem Kapital
die Juteindustrie in Bengalen. Nach mehrfachen Anläufen gründete 1907

der indische Textilindustrielle Tata auch ein Stahlwerk. Von der britischen Kolonialmacht wurden diese Anfänge moderner Industrie weder gefördert noch verboten. Die japanische Regierung versuchte dagegen, eine breitere industrielle Basis zu schaffen, und gründete dazu in den 1870er- und 80er -Jahren in verschiedenen Branchen mit importierter Technik Musterfabriken. Als sie diese dann privatisierte, griffen japanische Handelshäuser zu, womit die Grundlage für die späteren Industriekonzerne entstand. Rohseide und dann auch Baumwolle wurden Hauptexportprodukte.

Im Ergebnis tat Japan in den 1890ern den Schritt zum Schwellenland, und zwar als einziges nicht europäisches/europäischstämmiges Land schon vor dem Ersten Weltkrieg, und das obwohl seine Rohstoffbasis dürftiger war als die der drei anderen Vergleichsfälle.

Einen bemerkenswerten Sonderfall stellte das kleine Ägypten dar. Zweimal versuchte die Führung intensiv von Europa zu lernen, wenn auch in ganz unterschiedlicher Weise, und beide Male stellte sich nicht das gewünschte Ergebnis ein. Der erste Versuch erfolgte sehr früh: Mohammed Ali, von 1805 bis 1848 despotischer Herrscher Ägyptens, träumte von Ägypten als Großmacht. Dazu baute er nicht nur ein großes Heer auf, sondern monopolisierte Grundbesitz, Gewerbe und Außenhandel fast ganz in seiner Hand und errichtete mit aus Europa importierten Maschinen ab 1821 staatliche Fabriken für Waffen, Baumwolltextilien (überwiegend für Militärbedarf), Schiffe und anderes. Dazu kamen europäisch orientierte Fachschulen. Aber die ganze Initiative lag beim Herrscher. Die Arbeiter, vielfach zwangsrekrutiert, neigten zu Sabotage und Flucht, und es fehlte an technischem Verständnis. So war die Produktqualität schlecht und der Versuch im Ganzen perspektivlos. Als 1838/40 auf britischen Druck hin die Streitkräfte stark verkleinert und der Markt geöffnet werden musste, brach das Projekt rasch in sich zusammen.[596] In den 1860er- und 70er-Jahren dominierte dann eine inzwischen stark europäisch gebildete Elite Ägypten, die den Aufbau einer Infrastruktur nach europäischem Vorbild betrieb. Doch es wurde kaum versucht, neue Industrie aufzubauen, zumal Mohammed Alis Monopolpolitik das heimische Handwerk stark geschwächt hatte. Die Überschuldung des prunkliebenden Herrschers, durch den Bau des Suezkanals und verschwenderische Hofhaltung verursacht, trieb Ägypten dann in die politische Abhängigkeit von Großbritannien.

Alle anderen nicht europäischen/europäischstämmigen Staaten waren in Märkten und Handwerk, bürokratischen Strukturen und Bildung im Ganzen weniger weit entwickelt als die vier eben näher behandelten Regionen und obendrein an Bevölkerung noch deutlich kleiner als diese. Dementsprechend gelang es ihnen noch weniger, Anschluss zu finden. Industrialisierung versuchte hier ohnehin niemand in Gang zu bringen. Am weitesten gingen die Reformen in dem bis 1809 abgeschlossenen Thailand.

Hier begriff die Herrscherfamilie schon in den 1830er-Jahren, dass sie
von Europa lernen musste, um sich zu behaupten, und begann, europäische Waffen und Berater einzuführen. Doch blieben diese Bestrebungen lange auf einer rein technischen Ebene und waren auch mit Blick auf
die inneren Machtverhältnisse zögerlich. Erst in den 1880er- und 9oer-
Jahren gelang es, durch Verwaltungsreformen, Rechtskodifizierung und
Wehrpflichtarmee die teilbürokratischen Strukturen zu überwinden und
Thailand zum Territorialstaat zu machen. Dabei waren König Rama V. und
seine 27 (!) Brüder selbst die treibende Kraft. In Marokko, Tunis und Iran
unternahmen die Herrscher in der zweiten Hälfte des 19. Jahrhunderts
zaghafte Versuche zu Reformen von Heer und Finanzverwaltung, auch
mithilfe europäischer Berater. Die Reformen beschränkten sich allerdings
hierauf und konnten angesichts des starken Widerstands der autonomen
Stämme und der Ulama nicht einmal den teilbürokratischen Charakter der
Staaten überwinden. In Iran waren die Schahe im Grunde auch nur an
ihrer persönlichen Hofhaltung interessiert und begriffen die heraufzie-
henden Probleme überhaupt nicht. Die Herrscher Vietnams kauften zwar
schon 1839 das erste Dampfschiff, kamen aber in ihrer streng neokonfuzianischen Haltung bis zum Beginn des französischen Protektorats 1883
über einige unzusammenhängende Einzelmaßnahmen nicht hinaus. Ähnliches galt für die Maßnahmen des Königs von Birma, die als Reaktion auf
den Verlust Unterbirmas 1852 einsetzten und mit der Eroberung durch
die Briten 1885 ihr Ende fanden. In Korea war die kurze Spanne zwischen
Öffnung 1876 und Unterwerfung 1910 erfüllt vom fruchtlosen Ringen
zwischen Reformern und Konservativen, Erstere von Japan, Letztere von
China unterstützt.

Bemerkenswert sind drei Staaten, die nach der Einfuhr europäischer
Waffen neu entstanden: Ausgehend von einem Häuptlingstum bzw. kleinen Fürstentum wurden um 1800 alle Hawaii-Inseln und ebenso ganz
Madagaskar und um 1855 das in Teile zerfallene Äthiopien jeweils zu
einem Staat zusammengefasst, der dann mithilfe europäischer Berater
staatliche Strukturen etablierte und sich auch Artillerie zulegte. Ihre Herrscher, die in europäischer Uniform auftraten, wurden auch in Europa
anerkannt. Madagaskar und Hawaii fielen dann aber Ende des Jahrhunderts Frankreich bzw. den USA zum Opfer. Hingegen schlug Äthiopien
1896 den Angriff der Italiener zurück und schaffte es damit als einziger
von den unabhängig gebliebenen Staaten, seine Unabhängigkeit militärisch gegen den Angriff der Europäer erfolgreich zu verteidigen.

In den übrigen schwarzafrikanischen Staaten, von denen keiner Artillerie besaß, den malaiischen Fürstentümern sowie Kambodscha und Laos
gab es bis zum Beginn der Kolonialzeit keinerlei Ansatz einer eigenständigen Modernisierung. Als im Laufe des 19. Jahrhunderts immer massiver
Gewehre nach Schwarzafrika strömten, da die jeweils technisch überholten

Modelle aus Europa und den USA weitergereicht wurden, versuchten in diesem noch überwiegend staatenlosen Raum zahlreiche ehrgeizige Männer Machtnetzwerke zu schaffen. Das führte zu einer Explosion von Gewalt. Vielfach waren es mehr Raubgemeinschaften, zumal die Waffen mit auf Sklavenjagden eingefangenen Menschen oder Elfenbein bezahlt wurden. Nur Weniges konsolidierte sich zum Staat. Eine Chance, erfolgreich auf die europäische Herausforderung zu reagieren, konnten diese rückständigen Strukturen nicht bieten.

Auf dem Weg zur Weltwirtschaft

1851 fand im Londoner Kristallpalast die erste Weltausstellung statt, an der Aussteller aus allen bewohnten Kontinenten teilnahmen. 1873 erschien Vernes Roman *Reise um die Erde in 80 Tagen*. Beides spiegelte wider, dass der Aufwand für die Überwindung von Raum und Zeit drastisch schrumpfte. Seit Mitte des 19. Jahrhunderts intensivierte sich die Arbeitsteilung gewaltig, weil Eisenbahn und Dampfschiff die Transportkosten in wenigen Jahrzehnten auf nur noch 10 bis 20 % derjenigen von Fuhrwerk bzw. Segelschiff senkten. Schon in den 30er-Jahren, also wenige Jahre nach der ersten britischen Dampfeisenbahn, nahmen auch Belgien, Frankreich, Niederlande, Deutschland, Österreich, Russland, Italien, USA und Kanada den Eisenbahnbau auf. Zunächst legten Westeuropa und der Nordosten der USA ein dichtes Eisenbahnnetz an. Dann weitete sich das Netz aus: Seit den 50ern begannen Eisenbahnlinien sich auch in Chile, Brasilien und Argentinien, Indien und Australien von den Häfen aus ins Land hineinzufingern, 1869 erreichte die erste nordamerikanische Transkontinentalbahn die Pazifikküste, 1903 die russische Transsibirische Eisenbahn Wladiwostok am Pazifik. Zugleich entfaltete sich das Netz der Schifffahrtslinien. 1838 nahm die erste transatlantische Dampfschifffahrtslinie ihren Betrieb auf, und um 1870 überholte die Gesamttonnage der Dampfschiffe in der Hochseeschifffahrt die der Segelschiffe. Durch die Kühltechnik konnten seit 1880 Frischfleisch und seit 1901 Bananen über den Ozean transportiert werden. Wichtige Seewege schrumpften erheblich, als 1869 der Suezkanal und 1914 der Panamakanal eröffnet wurden und damit der lange und teilweise sturmgefährdete Weg rund um Afrika bzw. Südamerika entfiel. Zugleich vervielfachte sich auch die Geschwindigkeit des Warentransports, und das galt noch mehr für Nachrichten. Ab 1844 errichtete man in Westeuropa und den östlichen USA zügig elektrische Telegrafennetze, die 1866 durch das erste transatlantische Unterseekabel verknüpft wurden. Von London aus wurden dann rasch auch die überseeischen Zentren vernetzt: 1870–74 erreichten die Telegrafenkabel Bombay, Hongkong, Yokohama, Australien und Südamerika. 1814 hatte es noch neun

Tage gedauert, bis die Einnahme von Paris in Berlin bekannt geworden war, und eine Nachricht von London nach New York brauchte um 1830 als Brief mit Segelschiff 40 Tage, 1880 mit Dampfschiff drei bis fünf Tage und mit der Telegrafie nur noch wenige Stunden. Schließlich begann 1878–82 in den USA und allen westeuropäischen Ländern der Aufbau der Telefonnetze. Außerdem baute man in Europa die bislang oft schlammigen Landstraßen seit 1760 als feste Chausseen aus und pflasterte sie ab 1827 mit Granitquadern. Erleichtert wurde der Warenverkehr auch dadurch, dass die meisten europäischen Länder Mitte des 19. Jahrhunderts die Maße durch das metrische Maßsystem vereinheitlichten und in den 70er-Jahren ihre Währung in eine feste Relation zum Gold setzten, sodass feste Wechselkurse entstanden.

Die neuen Netze aus Eisenbahn, Dampfschifffahrtslinien und Telegrafen wurden bis zum Ersten Weltkrieg im Wesentlichen von Europäern und europäischstämmigen Menschen organisiert, und so sahen sich die verschiedenen Regionen der Welt höchst unterschiedlich intensiv integriert. Während 1914 Europa und das östliche Nordamerika sowie der Raum um den La Plata, die Südspitze Afrikas und Südostaustralien dicht vernetzt waren, bestanden Bahn- und Telegrafenlinien im übrigen Lateinamerika und Afrika weitgehend aus einzelnen Stummeln, welche eher gering frequentierte Schifffahrtslinien ein Stück weit ins Inland fortsetzten, und das dahinter liegende Land war auch durch Straßen erst schlecht erschlossen. Der Norden von Nordamerika und Asien und das Innere Südamerikas, Afrikas und Australiens blieben überhaupt noch praktisch unberührt. 1913 lagen vom Welteisenbahnnetz (in 1000 km) in Nordamerika 451, Europa 249 und Russland 70, in Argentinien/Brasilien 58 und im übrigen Lateinamerika 27, in Indien 56 und im übrigen Asien 41, in Afrika 37 und Australien/Neuseeland 36.[597] 1912 gab es weltweit 12,5 Millionen Telefonanschlüsse, davon 8,4 in den USA, 3,2 in Europa und 0,5 in Kanada und Australien.[598] Auch wenn diese Infrastruktur in Afrika und Asien im europäischen Interesse angelegt wurde – verzichten wollte darauf später niemand mehr.

Das alles führte in den intensiv vernetzten Regionen zu einem gewaltigen Aufschwung der Zirkulation von Gütern, Personen, Nachrichten und Geld. Die Selbstversorgung durch Produktion im eigenen Haushalt, die bisher auch in vollurbanen Agrargesellschaften den größten Teil der Produktion ausgemacht hatte, verlor diesen Vorrang; sie verschwand in den Städten ganz, und auch Bauern kauften in zunehmendem Maße über den Markt Landmaschinen, industriell hergestellte Brennstoffe und Konsumgüter. Die kleinräumig begrenzten Märkte für lang- und mittelfristige Verbrauchsgüter wie Kleidung, Hausrat und Schuhe, die von ortsansässigen Handwerkern gefertigt wurden, brachen unter der Konkurrenz der billigeren Massenware aus fernen oder auch nahen Industriebetrieben zusam-

men. Der überregionale Austausch, der bisher im Vergleich zu Selbstversorgung und kleinräumigen Marktverflechtungen den geringsten Anteil
gehabt hatte, gewann die Oberhand. Die Massenproduktion der Industrie
drängte auf einen weiten Absatzmarkt und fand ihn. An die Stelle der bisherigen örtlichen und regionalen Selbstgenügsamkeit trat ein allseitiger
Verkehr, ein arbeitsteiliges Sich-Ergänzen, eine gegenseitige Abhängigkeit
voneinander. Indem die Transportkosten sanken und es durch die Telegrafie möglich wurde, Preise und Angebote entfernter Orte schnell miteinander zu vergleichen, glichen sich Warenpreise und Zinssätze der Regionen
einander an und begannen sich seit den 1870er-Jahren zunehmend im
Gleichtakt zu bewegen, für börsengängige Welthandelsgüter wie Getreide
und Wolle seit Ausgang des 19. Jahrhunderts sogar weltweit. Für Löhne
galt das nicht, da Arbeitskräfte trotz aller Wanderungen weniger mobil waren als Waren und Kapital, sodass sich das Lohnniveau der sich industriali-
sierenden Länder von jenem der übrigen allmählich abheben konnte. Die
Öffentlichkeit gewöhnte sich daran, in volkswirtschaftlichen Kategorien
zu denken, und seit etwa 1890 sprach man von Weltwirtschaft.

Die ungleichen Bedingungen, unter denen die einzelnen Regionen von
dieser intensiveren Vernetzung erfasst wurden, ließen die wirtschaftliche
Integration asymmetrischer werden als je zuvor. Während ein Teil der
zentralen und vollurbanen Agrargesellschaften zu Schwellenländern oder
auch schon Industriegesellschaften aufstieg, verschlechterte sich für die
zentralen und vollurbanen Agrargesellschaften in Nordindien und China
die Position. Für jene Regionen, die schon im 18. Jahrhundert periphere
Agrargesellschaften gewesen waren, vertiefte sich die interregionale Arbeitsteilung, und durch die neuen Verkehrsmittel wurde in weiteren
Agrargesellschaften die Agrarproduktion für den Export so wichtig, dass
sie sich ebenfalls zu peripheren Agrargesellschaften wandelten. Noch stärker prägte sich der periphere Charakter dort aus, wo weiße Siedler dünn
besiedelte Steppengebiete erschlossen und deren Agrarproduktion ganz
überwiegend auf den Fernabsatz über Bahn (und Schiff) ausrichteten; hier
entstanden jetzt Rohstoffergänzungswirtschaften.

Übernahmen die Peripherien diese Rolle freiwillig oder wurde sie ihnen
von außen aufgezwungen? Auch hier galt, dass wirtschaftliche Periphe-
riestellung und politische Abhängigkeit durchaus nicht parallel liefen. Für
die lateinamerikanischen Staaten zerrissen mit der Unabhängigkeit auch
die wirtschaftlichen Abhängigkeiten von Spanien. Bald entstand eine Partnerschaft: Die Interessen Großbritanniens, das die neuen Staaten z.T.
schon im Unabhängigkeitskrieg mit Krediten unterstützt hatte und neue
Absatzmärkte für seine Fertigwaren suchte, und die Interessen der in
Lateinamerika politisch tonangebenden Großgrundbesitzer, die am Export
von Agrargütern verdienen wollten, passten gut zusammen. Das traditionelle Gewerbe, das nach dem Beginn des Freihandels gegen die britischen

Waren an Boden verlor, konnte sich mit seinen Schutzzollwünschen innenpolitisch langfristig nicht durchsetzen. Nachdem der Außenhandel anfangs gering war, kam er seit den 70er-Jahren durch die neuen Verkehrsmittel in Fahrt; Europas Nachfrage nach Nahrung und Rohstoffen stimulierte neue Produktion. Dabei konzentrierte die jeweilige Region sich meist einseitig auf ein bestimmtes Produkt. Andere Gebiete mit Dominanz von Großgrundbesitzern integrierten sich ebenso als Lieferant pflanzlicher Rohstoffe oder Nahrungsmittel freiwillig in den Weltmarkt, insbesondere die Südstaaten der USA, Ägypten in den 60er-Jahren und Ungarn; sie hatten eben nichts anderes anzubieten. Hier waren also Entwicklungsstand und interne Machtverhältnisse entscheidend, kein Zwang von außen.

Anderswo spielte europäische Macht eine größere Rolle. Osmanischen Gebieten war der Freihandel 1838 aufgezwungen worden, aber ohne dass die nun massiv einströmenden britischen Textilien das heimische Textilgewerbe ruiniert hätten.[599] Schon seit etwa 1825 reagierten einheimische Produzenten mit steigenden Agrarexporten auf die neue europäische Nachfrage. In Schwarzafrika bot sich ein gemischtes Bild. Einerseits wurde besonders das eroberte Zentralafrika von den Kolonialherren um 1900 mit brutalen Methoden erschlossen, allgemein Exportproduktion oft mit Zwangsarbeit in Gang gebracht (die Schwarzen waren noch kaum zu Lohnarbeit bereit) und Märkte überhaupt erst zwangsweise eingeführt durch die Pflicht, Geld zum Steuerzahlen zu erwerben. Andererseits reagierten im wirtschaftlich weiterentwickelten küstennahen Westafrika Bauern im eigenen Interesse auf europäische Nachfrage, indem sie schon Anfang des 19. Jahrhunderts, also vor der Kolonialzeit, verstärkt Palmöl und später Kakao produzierten. Aufs Ganze gesehen waren es bis zum Ersten Weltkrieg aber erst begrenzte, teilweise inselartige Gebiete Schwarzafrikas, die so weit an den Weltverkehr angeschlossen wurden, dass sie zu peripheren Agrargesellschaften gerieten, obwohl ganz Afrika kolonialer Herrschaft unterworfen worden war. Unzweifelhaft förderten die Kolonialherren in Afrika, Südostasien und Indien den Primärgüterexport, nicht das Gewerbe. Auf Java zwangen die Niederländer zwischen 1830 und 1870/82 die Bauern, verstärkt Exportprodukte anzubauen, danach reagierten die Bauern von sich aus auf die Nachfrage aus Europa. In Nordindien schrumpfte Anfang des 19. Jahrhunderts durch die britische Herrschaft das Gewerbe deutlich, da der Exportmarkt für Baumwolltextilien an die mechanisierten britischen Produzenten verloren ging, die nun obendrein mit ihren Produkten auch noch in den indischen Markt eindrangen, und da auch etliche Fürstenhöfe als Nachfrager von Luxusgütern verschwanden. In China ließ die englische Nachfrage seit Ende des 18. Jahrhunderts einen stark wachsenden Tee-Export entstehen, den die Briten nicht anders als mit eingeschmuggeltem Opium bezahlen konnten, das sie in Indien anbauen ließen. In den 1880er-Jahren brach der chinesische Tee-

und Seidenexport angesichts neuer Konkurrenten dann weitgehend weg. Aufgrund ihres politischen Drucks konnten die Europäer schrittweise in den Markt des widerstrebenden China eindringen, massiv seit 1895. Angesichts der fehlenden Exporterlöse und der geringen Massennachfrage wurde China dabei aber weniger eine periphere Agrargesellschaft, als dass eine extreme Verarmung einsetzte. Die westlichen Firmen etablierten sich in den geöffneten Küstenstädten, besonders Schanghai und Hongkong, aber die innerchinesischen Handelsnetze und die landwirtschaftliche Produktion blieben ganz in chinesischen Händen.[600]

Welcher Art waren nun die asymmetrischen Verflechtungen zwischen dominanten Wirtschaften und Peripherien? Die bewaffneten Monopolhandelsgesellschaften des 17./18. Jahrhunderts gingen um 1800 unter; der neue Ordnungsrahmen war freihändlerisch geprägt. Vor allem aus London, das zum dominierenden Finanzzentrum wurde, in zweiter Linie auch aus Frankreich strömte anlagesuchendes Kapital ins Ausland. Bis zur Jahrhundertmitte kaufte es nur Staatsanleihen, danach finanzierte es auch den Aufbau von Infrastruktur, d. h. besonders den Bau von Eisenbahnen und Telegrafenlinien, aber auch von Häfen, innerstädtischen Strom-, Gas- und Telefonnetzen sowie Straßenbahnen. Zielländer waren primär die lateinamerikanischen Staaten und die USA, Spanien, der osmanische Staat und Ägypten, dann die weißen Siedlerkolonien und Indien sowie gegen Ende des Jahrhunderts auch Russland und China. In den meisten der genannten Länder (außer den USA) stand am Vorabend des Ersten Weltkriegs die moderne Infrastruktur zum großen Teil unter ausländischer Kontrolle. In den 1890er-Jahren kamen die USA und Deutschland als Kapitalquellen hinzu, Erstere mit Investitionen in Mittelamerika und Kanada, Letzteres mit Interessen in Richtung auf Südosteuropa und den osmanischen Staat. Japan vermied es dagegen bewusst, ausländische Anleihen und Investitionen hereinzulassen, um unabhängig zu bleiben. Bei diesen Kapitalströmen verband sich das Interesse an Zinsen und Dividenden mit dem Interesse, die betreffenden Staaten funktionsfähig zu erhalten, damit Handelsbeziehungen möglich waren. Die Investitionen waren im Wesentlichen Portfolioinvestitionen. Seit den 1880er-Jahren entstanden auch die ersten multinationalen Konzerne, die mit Plantagen und Bergwerken direkt Produktionsstätten in den Peripherien besaßen und dirigierten; Gewerbeproduktion gehörte noch nicht dazu.

Hauptsächlich bestanden die asymmetrischen Vernetzungen aus Warenverkehr. Dabei waren die Peripherien weitgehend auf bestimmte dominante Zentren bezogen. Die britische Wirtschaft hatte schon im frühen 19. Jahrhundert eine dominante Stellung gegenüber Lateinamerika und Indien erlangt, und dasselbe galt dann auch bezüglich Kanada, Australien und später Südafrika. Das tropische Afrika spielte dagegen keine nennenswerte Rolle, war zum großen Teil für die Europäer wirtschaftlich wertlos. Frankreich dominierte seine Kolonien in Westafrika und Südostasien. Briten und Franzosen zusammen gewannen Einfluss im osmanischen Gebiet und in China. Nun darf man sich nicht durch das übliche Denken in Staaten irritieren lassen, denn großflächige Staaten spalteten sich in mehrere Regionen mit unterschiedlicher Wirtschaftsstruktur. In Italien wurde Süditalien, der sogenannte Mezzogiorno, seit der Zolleinheit 1861 rasch zur agrarischen Peripherie des norditalienischen Gewerbes. Der industriell-urbane Nordosten der USA fand in den traditionellen Plantagenwirtschaften der Südstaaten und den seit den 60er-Jahren erschlossenen bäuerlichen Siedlungsgebieten des Westens zwei unterschiedliche interne Peripherien, bevor er seit den 1890ern auch gegenüber dem mittelamerikanischen Raum dominant wurde und dort Großbritannien ins zweite Glied verdrängte. In Russland bildeten die Getreideexportgebiete des Südwestens ebenso eine interne Peripherie, wie die Russen seit den 1880er-Jahren die zentralasiatischen Gebiete als Baumwolllieferanten dazu (unter-)entwickelten. In Kanada und Australien entstanden mit den dünn besiedelten weitflächigen Ackerbau- und Viehzuchtgebieten gleichfalls von den Kernräumen deutlich unterschiedene Peripherien. Für die USA, Russland, Australien und Kanada spielten diese internen Peripherien gesamtwirtschaftlich eine wichtige Rolle, da sie nicht nur Absatzmärkte für die entstehende Industrie boten, sondern ihre Exporterlöse mit dazu beitrugen, Importe zum Aufbau der Industrie zu finanzieren, die selbst noch nicht international wettbewerbsfähig war. Anders als die europäischen Staaten waren die lateinamerikanischen Staaten und die afrikanischen Kolonien fast gar nicht durch Handelsbeziehungen untereinander verflochten.

Welche Handelsgüter spielten nun eine Rolle? Der Import von tropischen Lebensmitteln, bisher Luxusgüter, nach Europa stieg zwischen 1790 und 1914 von 0,4 auf 18,5 Mill. t an.[601] Um den Nutzen ganz für sich zu haben, übertrugen die Briten 1858 Kakao von Südamerika nach Ghana und ebenso Teeanbau von Südchina 1840 ins indische Assam und 1870 nach Ceylon. Kaffee wurde ab 1774 auch in Brasilien angepflanzt, wo er im Hinterland von São Paulo stark expandierte und den größten Teil des Weltmarktes belieferte, und US-amerikanische Konzerne bauten seit 1880 in Mittelamerika und Kolumbien Bananenplantagen auf. Neu war der in den 1860er-Jahren massiv einsetzende Zustrom von Weizen und seit Aufkommen der Kühlschiffe auch von Rindfleisch nach Europa, und zwar aus der ehemaligen Pampa Argentiniens, den Weiten Australiens und der Ukraine. Ebenso strömten seit den 1860ern Weizen und Rindfleisch aus dem Mittleren Westen der USA auf die Getreidebörse und in die Schlachthäuser Chicagos, Getreide auch von da weiter über den Atlantik. Hinzu kamen die landwirtschaftlichen Rohstoffe, von denen nur drei eine Rolle spielten. Zu dem traditionellen Lieferanten von Rohbaumwolle, den Südstaaten der USA, traten in den 1830ern Indien, seit den 1860er-Jahren

Ägypten und seit den 80ern die Stromoasen Russisch-Zentralasiens. Das trockene Innere Australiens wurde seit den 1830er-Jahren zum wichtigsten Produzenten von Wolle. Nach 1840 nahm das Kautschuksammeln im Amazonasurwald einen gewaltigen Aufschwung, und 1876 schmuggelten die Briten Kautschuksamen aus Brasilien hinaus und legten damit eigene Kautschukplantagen in Ceylon und Malaya an, doch blieben die Mengen hier noch vergleichsweise gering. Andere landwirtschaftliche Rohstoffe wie Palmkerne aus Westafrika (für Seife) blieben sekundär. Bei bergbaulichen Rohstoffen wurde der Bedarf an den beiden entscheidenden, also Eisenerz und Kohle, vollständig aus den Industriegebieten selbst heraus gedeckt, sodass die Peripherien hier keine Rolle spielten. Europa exportierte sogar Kohle. Anders sah es bei einigen Mineralien aus, die aber quantitativ nicht bedeutend waren und auch von nur wenigen Lagerstätten stammten: aus Malaya und Bolivien Zinn, aus Südafrika seit 1867 Diamanten, 1886 Gold und dann auch Kupfer, Letzteres auch aus Chile, woher seit 1880 außerdem Salpeter kam.

Führte der Weg zur peripheren Agrargesellschaft in die Armut? Langfristig bot der Weg zur Industriegesellschaft größere Chancen zu Wohlstand. Das lag aber nicht daran, dass sich die Terms of Trade langfristig verschlechtert hätten oder ständig ungerechterweise Werte übertragen worden wären[602], sondern an dem Strukturwandel auf dem Weg zur Industriegesellschaft, bei dem der Sekundäre (und Tertiäre) Sektor ein größeres Entwicklungspotenzial boten als der Primäre Sektor. Wo Agraroligarchien für den Export produzierten, wurden sie bequem reich, während die Masse arm blieb. Das lag aber an den internen Machtverhältnissen. In den internen Peripherien der USA, Australiens und Kanadas war hingegen das Einkommensniveau nicht geringer als im übrigen Land, lag um 1900 sogar weltweit mit an der Spitze; hier handelte es sich aber um bäuerliche Mittelbetriebe, die auch politisch mitbestimmen konnten. Erhellend ist der Blick auf Dänemark. Seit 1830 entwickelte dieses Land einen stark steigenden Agrarexport, vor allem nach Großbritannien, ohne dass bis zum Ersten Weltkrieg nennenswertes Gewerbe entstand, und trotzdem bildete sich Wohlstand. Das Geheimnis dieses Weges: Hier dominierte Bauerntum, bereits 1788 von der Grundherrschaft befreit, und kein Großgrundbesitz, und die schon 1814 eingeführte allgemeine Schulpflicht und das ab 1844 aufgebaute Volkshochschulwesen ließen eine für Innovationen offene Mentalität entstehen. Als die billigen Importe von Getreide aus den USA und Russland in den 70er-Jahren zur Krise führten, versteckten die Dänen sich nicht defensiv hinter Schutzzöllen, sondern stellten rasch von Getreide auf Schinken, Butter und Eier um. Als sich zeigte, dass die mittelständischen Betriebe diese Veredelungswirtschaft nicht allein organisieren konnten, errichteten sie in den 80er-Jahren in großem Stil Meiereien, Schlachthöfe und Eierexportfirmen auf genossenschaftlicher Basis.[603] Auch die Niederländer verstärkten seit den 70er-Jahren den Agrarexport von Spezialprodukten, besonders veredelte Tierprodukte und Gemüse. Die Rolle als Produzent von Primärprodukten für den Weltmarkt stand dem Weg zu Wohlstand also nicht zwangsläufig entgegen.

Erwachen der Massen

Seit der Zeit archaischer Palastkulturen trennte eine Kluft die Kultur der Eliten mit weiträumiger Kommunikation und verschriftlichtem Wissen von den kleinräumigen, auf unmittelbare Anschauung und mündliche Kommunikation beschränkten Welten des einfachen Volkes. Durch die enorme Intensivierung der Kommunikation änderte sich dieses nun grundlegend: Die Massen erwachten, ein jahrzehntelanger Prozess, der sich als Phase der Mobilisierungskultur bezeichnen lässt. Dieses Erwachen war nur durch Medien möglich, und das Leitmedium jener Zeit für Massenkommunikation, die Zeitung, setzte voraus, dass man lesen konnte. Die Alphabetisierung der Massen über jene etwa 20 % hinaus, die westeuropäische Staaten im 18. Jahrhundert aufwiesen, geschah nicht naturwüchsig, sondern indem Regierungen planvoll Schulen aufbauten und deren Besuch verpflichtend machten. Dabei ging es ihnen nicht darum, Wünschen aus dem Volk entgegenzukommen – die Bauern sahen ihre Kinder lieber als Arbeitskräfte auf dem Hof; es ging auch zunächst nicht um funktionale Erfordernisse der Industrialisierung – auch Unternehmer waren mehr daran interessiert, Kinder als billige Arbeitskräfte ausnutzen zu können. Vielmehr wollten die westeuropäischen Machteliten die Bevölkerung zu loyalen Bürgern und braven Steuerzahlern erziehen, die sich den nationalen Werten verpflichtet fühlten. Einige Staaten sahen verstärkte Bildung auch als Instrument, um eine nachholende Industrialisierung zu beschleunigen, so Preußen und Japan.[604] Dabei waren die Staaten unterschiedlich schnell: Das Niveau von rund 90 % alphabetisierten Erwachsenen erreichten als Erste um 1850 Preußen, Nordost-USA, Schottland, Schweiz, Schweden und Dänemark, gegen 1890 auch Frankreich und England, um 1914 Norditalien; dagegen lagen auch um 1914 Süditalien und Spanien bei erst 40 %.[605]

Doch der Blick darauf, wer seinen Namen schreiben konnte, täuscht insofern, als die Fähigkeit zu lesen von vielen Menschen in der Lebenspraxis zunächst noch kaum verwendet wurde. Für die Frage, wer tatsächlich von weiträumiger Kommunikation erreicht wurde, ist die Verbreitung der Zeitungen aussagekräftiger. Diese wurden wesentlich billiger, als 1843 bzw. 1845 Holzschliffpapier und Rotationsdruck erfunden worden waren, und sie wurden attraktiver, als die Zensur endete. Nachdem Großbritannien 1695 und die USA 1791 mit der Pressefreiheit vorangegangen waren, begann diese 1830 in Frankreich, Belgien und Schweiz und 1848 in den deutschen Staaten (nicht dagegen in Spanien). In der zweiten Hälfte des 19. Jahrhunderts stieg in den Schwellenländern und Industriegesellschaften die Zeitungsauflage drastisch an, und bis zum Ersten Weltkrieg wurden in den voll alphabetisierten Staaten fast alle Haushalte erreicht.[606] Um 1850 entstanden Nachrichtenagenturen, um geschäftsmäßig weltweit Informationen zu sammeln und an die Zeitungen weiterzugeben. Um intensivere Eindrücke wurde die Vorstellungswelt erweitert, indem auch bildliche Darstellungen, bisher eher selten, sich immer mehr verbreiteten; die Lithografie (seit 1798) machte ihre Vervielfältigung billiger, und durch die Fotografie (seit etwa 1850) wurden Abbildungen allgegenwärtig. Seit 1871 gab es Bildplakate, Illustrierte entstanden, ab 1890 nahmen Zeitungen Fotos auf, 1906 kamen die ersten ortsfesten Kinos auf. Bei der Massenverbreitung von Foto und Film gingen die USA voran, und hier wurde auch 1893 der Comic erfunden. Das Grammofon machte 1887 schließlich auch Musik technisch reproduzierbar. Indem durch diese Intensivierung der Medienkommunikation die städtischen und dann auch die ländlichen Mittel- und Unterschichten in die nationale Öffentlichkeit integriert wurden, erfolgte kurz vor dem Ersten Weltkrieg der Schritt zur Massenkultur.

In der Mobilisierungskultur setzte sich die nationale Kommunikationsebene gegenüber den anderen durch, und zugleich wurde die Kluft zwischen der Kultur der Eliten und jener des ungebildeten einfachen Volkes überbrückt. Indem der nationale Kommunikationsraum sich stärker ausprägte, verlor die gesamteuropäische Orientierung des Adels und der katholischen Kirche relativ an Bedeutung. Zugleich wurden die lokalen und regionalen Unterschiede zurückgedrängt. Regionale Bräuche und Trachten, Baustile und Dialekte gerieten in immer breiteren Kreisen außer Kurs. Dazu trug bei, dass Verstädterung Menschen aus dörflichem Brauchtum löste, dass Zeitschriften bürgerliche Vorbilder nahebrachten und dass sich mit industriell gefertigter Massenware deren Gestaltungsformen verbreiteten. Mittels Schule und Wehrdienst wurde diese nationale Homogenisierung von oben bewusst gefördert, besonders die Verbreitung der Hochsprache und eines Grundbestands nationaler Texte, von Geschichtsbewusstsein und nationalen Stereotypen.

Mit dem Übergang zu Transitionsordnungen setzten nicht mehr die Herrscherhöfe die kulturellen Maßstäbe, sondern das gehobene Bürgertum. Das geschah in Großbritannien schon im Laufe des 18. Jahrhunderts, auf dem westeuropäischen Kontinent seit der Französischen Revolution. Die Kunstsammlungen der Herrscher wurden als Museen öffentlich, die Nachfrage des anonymen Marktes wurde für den Kulturbetrieb wichtiger als die Aufträge von Herrscher und Kirche. Die neuen Leitideen von Freiheit und Nützlichkeit waren seit etwa 1800 schon äußerlich sichtbar: Die geometrische Ordnung des barocken Schlossparks wich den naturnahen Formen des englischen Parks, und die festlich bunte Adelskleidung machte dem praktischen Herrenanzug Platz, für den bald nur noch schwarz oder grau übrig blieben. Das gehobene Bürgertum stellte einen repräsentativen Anspruch ebenso wie einen Anspruch auf höhere Bildung. Seinen sichtbaren Ausdruck fand dies in einer Fülle von Theatern und Museen, in ornamentreichen Hausfassaden und prunkvollen Wohnungseinrichtungen, zahlreichen Denkmälern und kunstvoller E-Musik. Dank des steigenden Wohlstands war diese Elitenkultur umfangreicher als jede zuvor, und zugleich setzte sie sich mit ihrem Bildungsanspruch gegenüber der Masse ab.

Aber die Hegemonie bürgerlicher Kultur blieb nicht unangefochten. Wo Massen ein hinreichendes Maß an Lesekompetenz, Geld und Freizeit gewonnen hatten, boten sie den Markt für die neue Massenkultur der Tanzlokale, Groschenhefte, Schlager, kleinen Lustspieltheater, Varietés und Kinos, zunächst in den großen Städten. Hier ging es nicht um Kunstgenuss, sondern um Unterhaltung, an die Stelle artifizieller Formen traten triviale Formen und schnelle, starke Reize. Diese Massenkultur präsentierte sich nicht in steuerfinanzierten öffentlichen Einrichtungen, sondern wurde ganz von privaten Firmen produziert, die auf Gewinn ausgerichtet waren. Die Produktion orientierte sich deshalb am Massengeschmack; hier gab es keinen Platz mehr für Bestrebungen von Kirchen und Bürgertum, erzieherisch auf die Unterschichten einzuwirken. Das städtische Bildungsbürgertum in Westeuropa, insbesondere die künstlerisch-literarische Intelligenz, sah seine kulturelle Hegemonie gefährdet und begann Ende des 19. Jahrhunderts über Verfall und Nivellierung der Kultur durch Vermassung und modernes Großstadtleben zu klagen. Tatsächlich handelte es sich nicht um den Verfall einer räsonierenden bürgerlichen Öffentlichkeit zu einem kulturkonsumierenden Publikum (Reflektion gab es unter Intellektuellen auch weiterhin), sondern die von Intellektuellen geschmähte »Halbbildung« bedeutete den Aufstieg des einfachen Volkes zu mehr kultureller Teilhabe.[607] Die auf breite Volksschichten ausgerichtete Massenkultur konnte sich nirgendwo so rasch durchsetzen wie in den USA, wo breite Mittelschichten und steigende Einkommen eine günstige Basis boten und wo aristokratische und intellektuelle Eliten viel weniger starke Traditionen als in Europa besaßen und deshalb nicht gleicherweise prägend waren.

Wie rasch folgten die anderen Regionen? Gemeint ist hier die Intensivierung der Kommunikation an sich – unabhängig davon, ob sie Inhalte europäischen oder anderen Ursprungs transportierte. Japan, das 1860 schon ein deutlich höheres Alphabetisierungsniveau hatte als jedes andere nicht europäische/europäischstämmige Land, baute in den folgenden Jahrzehnten zügig ein öffentliches Schulwesen und Universitäten auf, und auch das

Pressewesen entfaltete sich rasch. Anders Russland: Hier formierten sich in den 1830er-Jahren eine kritische Intelligenzschicht und vielfältige gedruckte Öffentlichkeit, nicht zuletzt aufgrund neuer Universitäten, sodass man jetzt von einer diskursiven Druckkultur sprechen kann. In den folgenden Jahrzehnten wurde die Alphabetisierung indes nicht weiter vorangetrieben, da die Machteliten Angst hatten, aufwachende Menschen könnten ihre Macht infrage stellen. Erst Ende des Jahrhunderts änderte sich dieses, was den Beginn der Mobilisierungskultur bedeutete.

Alle anderen Regionen waren von diesem Schritt vor dem Ersten Weltkrieg noch mehr oder weniger entfernt. Die lateinamerikanischen Eliten hatten sich zwar Ende des 18. Jahrhunderts den Diskursen der europäischen Aufklärungszeit geöffnet, entwickelten seitdem aber wenig Initiative, Bildung und Kommunikation zu intensivieren. Nur dort, wo besser gebildete Zuwanderer aus Europa prägend wurden, veränderten sich die Verhältnisse, sonst lag die Alphabetisierung 1914 um 30 %.[608] In China dominierte das ganze 19. Jahrhundert über im Kulturleben ein innovationsfeindlicher Geist der Anpassung, und die Elementarbildung stagnierte bei 20 % der Erwachsenen.[609] Dann setzte die diskursive Druckkultur in den Jahren um 1900 ziemlich plötzlich ein, als nach der Niederlage gegen Japan in den großen Städten eine kritisch diskutierende Öffentlichkeit entstand. Hindus und Muslime lagen weiterhin zurück; hier geschah erst jetzt der Schritt zur einfachen Druckkultur, und bis 1914 blieb die Alphabetenrate unter 10 %.[610] In Indien etablierten die Briten Ende des 18. Jahrhunderts Buchdruck und Zeitschriften und allmählich auch englische höhere Bildungseinrichtungen, sodass man ab Anfang des 19. Jahrhunderts von einer einfachen und ab dem späten auch von einer diskursiven Druckkultur sprechen kann; schriftliche Bildung für breite Kreise nahm jedoch nicht zu. Im islamischen Raum wurde Anfang des 19. Jahrhunderts der Buchdruck aufgenommen und bestimmte zunehmend die Verbreitung von Texten, aber nur in Ägypten kam es im späten 19. Jahrhundert zu einer diskutierenden Öffentlichkeit mit vielfältigem intellektuellem Leben. Im osmanischen Staat und in Persien hingegen wurde jede öffentliche Debatte durch die strenge Zensur bis 1908 bzw. 1905 verhindert, türkische Ansätze dazu 1860−76 wurden unterdrückt, Zeitungen waren fast nicht vorhanden. Auch in Südostasien hielt im Laufe des 19. Jahrhunderts der Buchdruck Einzug, aber ohne dass sich die Kommunikation deutlich intensiviert hätte. Die Elementarbildung blieb weitgehend in der Hand der bisherigen Institutionen, und auch für höhere Bildung führten die Kolonialmächte erst nach dem Ersten Weltkrieg europäisch geprägte Einrichtungen ein. In Schwarzafrika, das bis zur Eroberung durch die Europäer von primitiver Kultur oder archaischer Volkskultur geprägt war und nur in der Sahelzone periphere Kultur erreicht hatte, bauten christliche Missionare seit Ende des 19. Jahrhunderts ein Netz von Elementarschulen auf. Diese waren aber

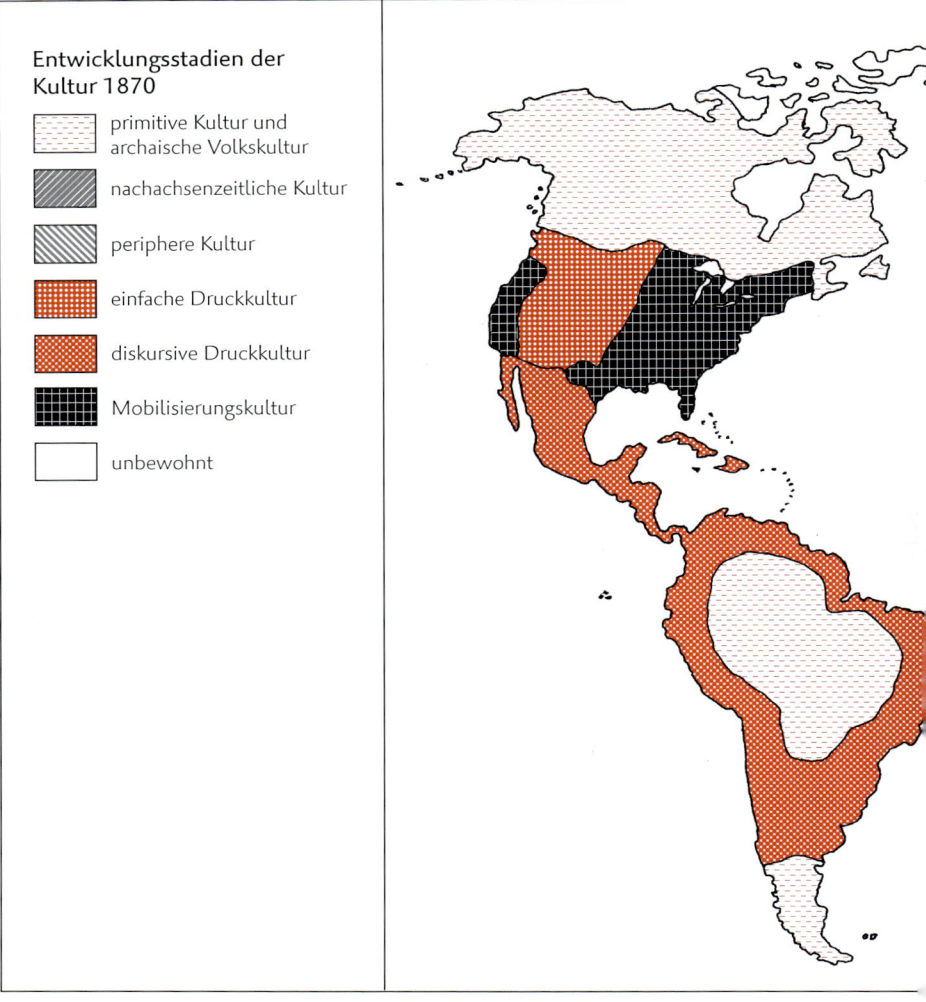

primär auf Glaubensvermittlung ausgerichtet und erfassten auch erst einen kleinen Teil der Jugend. Weiterführende Bildungseinrichtungen für Schwarze entstanden vor dem Ersten Weltkrieg noch nicht.

Entzauberung der Welt?

Was hieß die Intensivierung der Kommunikation nun für Weltdeutung und Ausdrucksformen?

In Regionen, für die der Buchdruck neu war, wurden jetzt massenhaft vor allem religiöse Schriften verbreitet, so wie schon im Europa des 16.

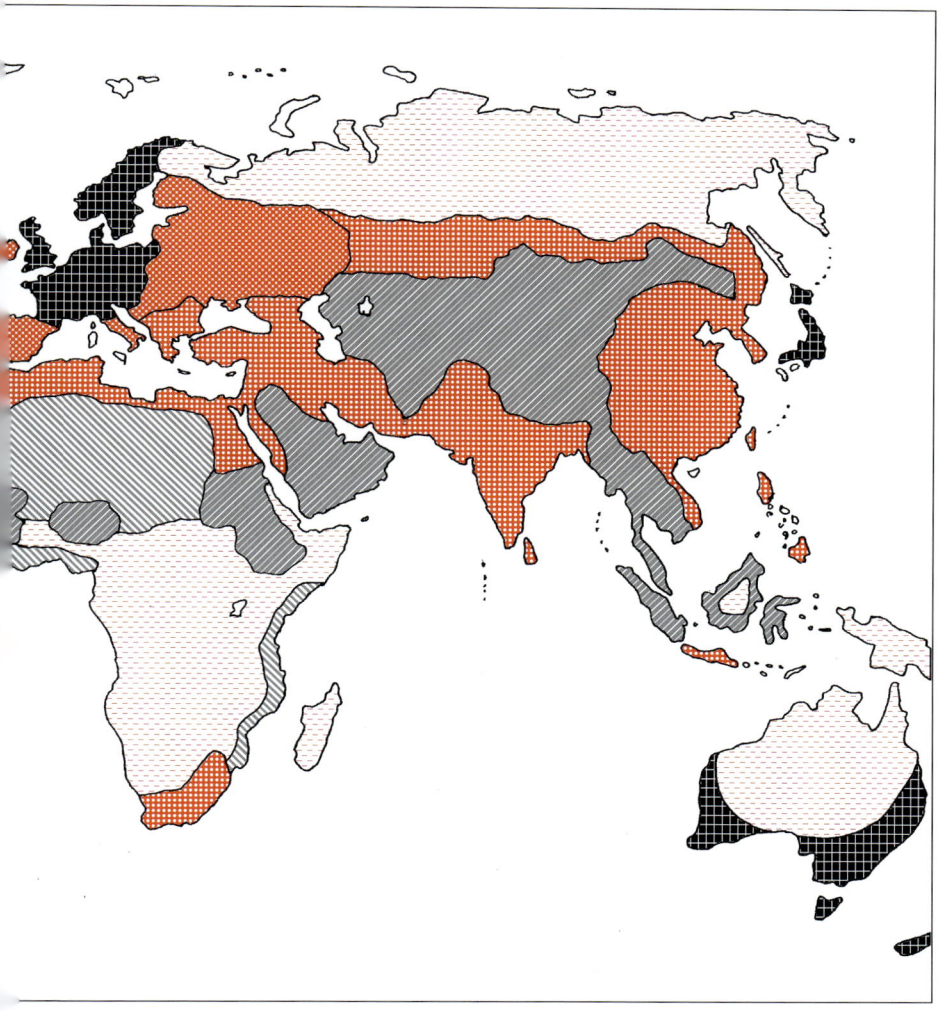

und 17. Jahrhunderts. Zugleich ließ die Verbilligung des Reisens auch die Zahl der Pilgerfahrten stark ansteigen, nicht nur nach Mekka.[611]

Westeuropa war hierüber längst hinaus; hier war die Kommunikation wesentlich intensiver, und mit der Mobilisierungsgesellschaft ließ ein Ausbruch kultureller Innovationen den Umfang des kollektiven Wissens gewaltig anschwellen. Als Folge differenzierten sich immer mehr Teile als eigene Bereiche aus und entwickelten verstärkt ihre eigene Logik, unabhängig von Moral, Glauben und Politik. Das führte letztlich zu einem Zerfall ganzheitlicher Deutungen und allgemeinverbindlicher Ausdrucksformen, sodass sich eine neuartige kulturelle Pluralität entfaltete.

Deutlich sichtbar wurde dieses an den künstlerischen Ausdrucksformen in Europa, seit Mitte des 19. Jahrhunderts einschließlich Russlands, aber noch ohne Amerika, das an die Elitekunst noch keinen Anschluss gefunden hatte. Als sich um 1800 durch das gehobene Bürgertum der Markt für Kunsterzeugnisse erweiterte und damit die Abhängigkeit von kirchlichen und staatlichen Aufträgen sank, überdies auch ständische Kulturnormen verfielen und Subjektivität an Stellenwert gewann, kam die Idee des freien Künstlers und Schriftstellers auf. Sie war verbunden mit der Vorstellung, aus persönlicher Inspiration autonome künstlerische Werke von bleibendem Wert zu schaffen. Jetzt wurde Originalität zum entscheidenden Maßstab für künstlerische Leistungen. Indem der Anspruch des Künstlers an Subjektivität und Kompliziertheit stieg, schrumpfte das Publikum, das hierfür Interesse und Verständnis aufbrachte. Der Typ des einsamen Künstlers entstand. Nachdem Geschmack und Repräsentationsbedürfnis des gehobenen Bürgertums jahrzehntelang die Basis für einen weitgehend einheitlichen Zeitstil gebildet hatten, der sich an Realität und Tradition orientierte, differenzierte sich zwischen 1880 und 1914 Kunst endgültig als autonomer Bereich aus. Bei diesem Durchbruch zur sogenannten »modernen Kunst« löste sich eine elitäre Minderheit gänzlich von tradierter Formensprache, vorherrschendem Geschmack und sichtbarer Wirklichkeit, und indem sie die Innovation der Ausdrucksweisen in Form, Wort und Ton zum Prinzip erhob, trieb sie die Künste in eine Pluralität von oft nur kurzlebigen Stilen und kreativen Einzelpersonen auseinander. Die Naturalisten wandten sich mit geradezu wissenschaftlicher Genauigkeit intensiv auch den Schattenseiten der Realität zu, und die Impressionisten setzten sich mit Fragen der sinnlichen Wahrnehmung auseinander. Andere Künstler machten ihre subjektiven Ängste, Träume und Gefühle zum Thema, insbesondere die Symbolisten, deutschen Expressionisten, französischen Fauves und die italienische Pittura Metafisica. Schließlich wurde das Spiel mit der Form zum Selbstzweck, so im Kubismus und italienischen Futurismus, bis sich mit der Abstraktion die Formen ganz von der Realität lösten. Letzterem entsprach in der Musik der Schritt zur freien Atonalität. Indem die Autonomie der Künste zum Ideal wurde, repräsentierten sie keine politischen und gesellschaftlichen Kräfte mehr, sondern wurden von elitären Sammlern und Kritikern getragen; dem Gewinn an Freiheit entsprach die Funktionslosigkeit intellektuellen Außenseitertums.

Die zunehmende Ausdifferenzierung der Kultur zeigte sich auch an Institutionen. So entstanden öffentliche Museen, zuerst 1753 das Britische Museum, 1769 das Fridericianum in Kassel und 1793 das Louvremuseum. Hier wurden die Gegenstände aus ihrem ursprünglichen Funktionszusammenhang herausgerissen und als nunmehr tote Objekte nach museumseigenen Kriterien geordnet, z. B. nach Kunststilen. Indem Schulbildung auch die bisher analphabetischen Massen erfasste und die Hauslehrererziehung der Oberschichten zurückging, wurde Bildung stärker als je zuvor aus dem lebensweltlichen Kontext des Haushalts auf die Schule als ausdifferenzierte Institution übertragen. Indem man die Lehrerbildung professionalisierte und ein pädagogisches Fachschrifttum entstand, gewann Schule zunehmend an Eigenleben. Das trug ihr teilweise die Kritik ein, sich mit ihren Lernstoffen und Lernsituationen den lebensweltlichen Erfordernissen zu entfremden.

Nirgendwo wurden das drastische Anwachsen des kollektiven Wissens und seine Ausdifferenzierung so sichtbar wie in der Entwicklung der wissenschaftlichen Weltdeutung. Dabei war Wissenschaft, insbesondere Naturwissenschaft, bis zum Ersten Weltkrieg eine westeuropäische Veranstaltung. Die USA fanden um 1900 verstärkt Anschluss, nachdem hier in den 1880er- und 90er-Jahren ebenfalls Universitäten aufgebaut worden waren, wogegen Lateinamerika und alle anderen Regionen abseits standen. Symptomatisch war dafür die Verteilung der 1901 bis 1929 vergebenen naturwissenschaftlichen Nobelpreise: 37% entfielen auf Deutschland und Österreich, 16% auf Großbritannien, 14% auf Frankreich und 22% zusammen auf Niederlande, Schweden, Dänemark, Schweiz und Belgien, dagegen 7% auf die USA und Kanada und nur 4% auf Italien, Spanien und Russland zusammen. Die ansteigende Flut von Spezialwissen spiegelte sich in der hochschießenden Zahl wissenschaftlicher Fachzeitschriften wider, in denen Forschungsergebnisse publiziert wurden: waren es 1750 weltweit erst 10, so betrug ihre Zahl 1850 schon 1000 und stieg bis 1900 auf 10000 an.[612]

Warum kam es zu dieser bis dahin beispiellosen Explosion des Wissens, bei der ein Stück der Welt nach dem anderen entschleiert wurde? Der Grund lag darin, dass sich die Idee ausbreitete, Wissenschaft sei nützlich, und Regierungen deshalb wissenschaftliche Institutionen erheblich ausbauten. Während die wissenschaftlichen Innovationen im 17. und 18. Jahrhundert von Privatpersonen stammten, die Wissenschaft als Hobby betrieben und über Akademien vernetzt waren, wogegen die Universitäten eher Traditionen pflegten, entstanden jetzt zwei neue Modelle für wissenschaftliche Anstalten. Dieses war zunächst die französische École Polytechnique und dann vor allem die preußische Universitätsreform 1810, welche das Prinzip der Einheit von Forschung und Lehre an den Universitäten etablierte und von den anderen Ländern nachgeahmt wurde. Die Zahl der hauptberuflichen Wissenschaftler stieg im Laufe des Jahrhunderts kräftig an, und seit Ende des Jahrhunderts wurden auch spezielle, von den Universitäten unabhängige Forschungsinstitute gegründet. Zugleich forcierte die steigende Zahl der Fachzeitschriften die Kommunikation der Wissenschaftler, ebenso die Fülle der Kenntnisse die Möglichkeit zur innovativen Neukombination.

Die Versuche besonders deutscher Philosophen, alle Daseinsbereiche durch ein zusammenhängendes, aber noch recht spekulatives Theoriegebäude zu erfassen, fanden um 1830 mit Hegel ihren Gipfel und angesichts der sich ausdifferenzierenden einzelnen Erfahrungswissenschaften mit ihren steigenden Anforderungen an methodische und begriffliche Genauigkeit zugleich ihr Ende. Der Philosophie blieben seitdem nur noch wenige ernsthafte Aufgaben übrig, primär die Fragen nach den Bedingungen des Erkennens, nach menschlichen Handlungsnormen und nach ästhetischen Maßstäben sowie ihre eigene Geschichte. Immer neue Gegenstandsbereiche wurden Objekt wissenschaftlicher Forschung, was die allgemeine Verwissenschaftlichung ebenso widerspiegelte wie die Ausdifferenzierung in Einzelwissenschaften, die sich eine nach der anderen an Universitäten etablierten. Im Streben nach Naturerkenntnis konstituierten sich um 1780 die wissenschaftliche Chemie, indem diese mit der Methode der genauen Wägungen bei Experimenten und neuer Terminologie die bisherige Alchemie überwand, 1780 die Elektrizitätslehre und 1785 eine wissenschaftliche Theorie magnetischer Phänomene. Die Medizin wurde Ende des 18. Jahrhunderts durch systematische und genauere Beobachtungen zu einer empirischen Wissenschaft. Weitere neue Bereiche erschlossen später die Bakteriologie ab 1882, die Atomphysik ab 1897 und die Genetik ab 1900. Auch mit Blick auf das Feld menschlichen Zusammenlebens formierten sich mehrere Wissenschaften. Die Volkswirtschaftslehre entstand, indem die Physiokraten seit 1758 den Blick vom Fürstenhaushalt auf Produktion und Güterzirkulation des ganzen Landes erweiterten und dann 1776 der englische Wirtschaftsliberalismus (A. Smith) das Funktionieren preisgesteuerter freier Märkte als Teil der Bürgergesellschaft gleichberechtigter Individuen theoretisch untersuchte. Die Geschichtswissenschaft erfuhr 1819/24 durch neue kritische Methoden der Quellenüberprüfung einen Verwissenschaftlichungsschub, ab 1830 entstand die Soziologie, um den gesellschaftlichen Wandel durch die Industrialisierung theoretisch zu bewältigen, und die Beschäftigung mit außereuropäischen Völkern wurde 1839 zur wissenschaftlichen Ethnologie. Außerdem entstanden als eigenständige Wissenschaften 1786 die vergleichende Sprachwissenschaft, um 1800 die Psychologie, 1813 die klassische Altertumswissenschaft, 1834 Kunstgeschichte und Anfang des 19. Jahrhunderts auch nationale Literaturwissenschaften.

In der Wissenschaftslandschaft zeigte sich eine Pluralität der Paradigmen, die unterschiedliche Potenziale und Probleme aufwiesen. Während wissenschaftliche Theorien des 17. und 18. Jahrhunderts von statischen Modellen ausgegangen waren, sei es als Lehre vom ewigen Naturrecht, der sich wiederholenden Kreisbewegung der Planeten oder als Klassifizierung von Pflanzen und Tieren, deren Arten nach einem einmaligen Schöpfungsakt unverändert seien, kam in den Jahrzehnten um 1800 die Vorstellung von Entwicklung als qualitativer Veränderung auf. Der Anstoß dazu geschah durch den rascheren gesellschaftlichen Wandel und durch Fossilienfunde ausgestorbener Arten. Diese Verzeitlichung reichte von der vergleichenden Sprachwissenschaft, welche die Entfaltung der indoeuropäischen Sprachen aus einer gemeinsamen Wurzel erkannte, über die Vorstellung einer Evolution der Gesteine und einer Evolution der biologischen Arten (Darwin 1859) bis zu Wirtschaftsstufenlehren und zur Idee der Evolution von Gesellschaft sowohl in der Soziologie (Marx, Spencer) wie in der Kulturanthropologie. Bei Letzteren geriet die Evolutionsvorstellung allerdings recht eindimensional, indem Geschichte als Fortschrittsprozess konzipiert wurde. Der experimentelle, quantifizierende Ansatz mit mathematischer Beschreibung erwies sich in Physik und Chemie als sehr fruchtbar, kam hingegen in der komplexeren Biologie erst wenig zum Tragen. Für die Psychologie bedeutete er eine Einengung, die zum Behaviorismus führte und zu Konzepten wie dem Intelligenztest (1905). In ähnlicher Weise wurde in der Medizin Krankheit als Folge eines lokalisierbaren organischen Defekts angesehen, wobei dieser spezialisierende Blick einerseits den Weg zu zahlreichen Erkenntnissen eröffnete, andererseits die Person nicht mehr als Ganzes wahrzunehmen vermochte, auch hinsichtlich psychisch-physischer Zusammenhänge und ihrer sozialen Einbettung. Das Theoriengebäude der klassischen Volkswirtschaftslehre war weitgehend mathematisch-deduktiv aufgebaut, wodurch der empirische Gehalt unterbelichtet blieb. Dem stand eine besonders in Deutschland beheimatete Tradition gegenüber, die Welt verstehend als Ausdruck sinnstiftenden Geistes zu interpretieren, was Kunst- und Literaturwissenschaft befruchtete und ebenso die Psychologie des Untergründigen (u.a. Psychoanalyse), wenngleich dieser Denkansatz Reste spekulativer Neigungen mitschleppte. Biologie, Geografie, Geologie und Ethnologie lebten weiter in beträchtlichem Maße davon, weitgehend untheoretisch über Tier- und Pflanzenarten, Länder und Völker einen Schatz an Fakten zu sammeln, dessen Umfang durch die weltweiten Forschungsreisen drastisch anwuchs. Ähnlich deskriptiv richtete die Geschichtswissenschaft den Blick detailverliebt auf das historisch Einmalige, worüber sie allgemeine Strukturen aus dem Blick verlor.

Wo Aufklärungsdenken vermehrt Anhänger fand, wo wissenschaftliche Erkenntnisse und technisches Können die Welt durchschaubar und manipulierbar machten, schmolz das Gefühl dahin, von übernatürlichen Mächten abhängig zu sein. An Boden verloren jene Deutungen und Praktiken, die sich nicht auf Vernunft und empirisch gesicherte Erkenntnis beriefen, sondern als Religion auf göttliche Offenbarung, als Sitte und Brauch auf unreflektierte Tradition und als Aberglauben auf überholte Annahmen. Wer schwerkrank war, rief nicht mehr den Priester, sondern den Arzt, und Herrschaft legitimierte sich zunehmend über das Volk anstatt durch Berufung auf Gott. Der Glaube an Spuk und Hexerei, magische Praktiken und Anrufung der Heiligen ging stark zurück. Diese Entzauberung der Welt[613] wurde überdies gefördert durch zunehmende Bildung und durch steigende Mobilität, welche traditionelle Gruppenbindungen auflöste; beides ließ neue Denkmöglichkeiten in den Blick geraten und nagte dadurch an alten Selbstverständlichkeiten. So büßten traditionelle Formen von Deutung und Sinnstiftung ihren Einfluss zunächst im gehobenen Bürgertum ein, dann in der übrigen städtischen Bevölkerung und schließlich auch im ländlichen Bereich.

Zwischen der Weltdeutung, die sich auf die Vernunft, und jener, die sich auf göttliche Offenbarung berief, entflammten dabei in Westeuropa heftige Kontroversen. In der Französischen Revolution radikalisierte sich die kirchenkritische Haltung der Aufklärung 1793/94 zum Versuch einer massiven Entchristlichung: Kirchen wurden zerstört, Klosterbibliotheken vernichtet. Nach der französischen Besetzung Deutschlands wurden auch hier die meisten Klöster und katholischen Universitäten aufgelöst. Als Reaktion verband sich die nach 1815 reorganisierte katholische Kirche eng mit den alten Gewalten, mit Monarchie und Adel. Noch mehr als die protestantische und die anglikanische Kirche betonte die katholische nun Hierarchie und Konformismus und machte pauschal Front gegen alle modernen Zeitströmungen, vom Liberalismus über die Wissenschaftsfreiheit bis zum Sozialismus und Darwinismus, der die Schöpfungslehre bestritt. Diese Abwehr gipfelte 1864 in der päpstlichen Enzyklika *Syllabus errorum*, die in der Folgezeit mehrfach bestätigt wurde. Zugleich belebte die katholische Kirche alte Frömmigkeitsformen neu, um die ungebildete Masse an sich zu binden, und hielt Teile der Bevölkerung bewusst von moderner Bildung fern, damit sie den Glauben nicht verloren. In den 1860er- und 70er-Jahren führte diese Haltung in mehreren Ländern zu einem »Kulturkampf« zwischen katholischer Kirche und liberalen Eliten, wobei die Kirche weitgehend ihren Einfluss auf das Schulwesen verlor. Als gesellschaftsprägende Kraft musste die christliche Weltsicht langfristig immer mehr zurückweichen, eine unvermeidliche Folge der Ausdifferenzierung der Kultur. Dennoch kann man nur eingeschränkt von einem zwangsläufigen Trend zur Säkularisierung[614] sprechen, denn inwieweit die etablierten Kirchen an Anhänglichkeit, an Teilnahme bei Kirchgang und anderen Ritualen verloren, hing stark davon ab, ob sie die Bedürfnisse der Menschen ernst nahmen oder nicht. Wo eine reiche Kirche sich gänzlich mit den Interessen der Großgrundbesitzer und monarchischer Machtansprüche verband, überhaupt Modernität blockierte, wuchs neben ihr ein feindseliger Antiklerikalismus herauf, so besonders in Spanien. In Frankreich zog sich die Spaltung in bewusst katholische und in laizistische Kräfte durch das ganze Jahrhundert. In Deutschland, Belgien und der Schweiz bemühte die katholische Kirche sich dagegen mit Erfolg auch um alte Mittelschichten und Arbeiter. Die protestantischen Landeskirchen in Deutschland und die anglikanische Kirche Englands sahen sich zwar nicht so stark angefeindet, verloren in der zweiten Jahrhunderthälfte aber erst recht ihren Einfluss bei liberalen Mittelschichten und städtischer Arbeiterschaft. Anders in den USA, wo Staat und Kirche seit 1791 getrennt waren und die Eliten zunächst stark vom Aufklärungsdenken geprägt wurden. Hier gab es keine bürokratische Staatskirche, und die weitgehend demokratisch organisierten protestantischen Kirchengemeinden konnten in der zweiten Jahrhunderthälfte durch große Kampagnen innerer Mission neuen Massenanhang gewinnen, gerade auch unter den Einwanderern, die aus bisherigen Bindungen entwurzelt waren und oft Halt und Unterstützung suchten.[615]

An die Stelle bisheriger Weltdeutungen traten nur zum Teil wissenschaftliche Erkenntnisse. Durch ihre Spezialisierung konnte Wissenschaft zwar in die Tiefe dringen, aber immer weniger eine zusammenhängende Gesamtdeutung der Welt bieten, erst recht vermochte sie keine Normen für moralisches Verhalten zu begründen und schon gar nicht die Bedürfnisse nach Sinnstiftung und Spiritualität zu befriedigen. Wo etablierte Kirchen an Anhang verloren, machten sich deshalb teilweise neue nichtwissenschaftliche Orientierungsmuster breit.[616] In England und besonders in den USA fanden protestantische Bewegungen und Kirchengründungen starken Anklang, welche die individuelle Beziehung zu Gott betonten und als demokratische Vereinigung Gleicher organisiert werden konnten. Ausdruck emotionaler Religiosität war auch die um die Jahrhundertwende in den USA entstandene Pfingstbewegung. Während diese Gruppierungen der Vernunft distanziert gegenüberstanden, tauchten ebenso Ideologien auf, die sich in das moderne Gewand vorgeblicher Wissenschaft hüllten, tatsächlich aber dem wissenschaftlichen Kenntnisstand ihrer Zeit nicht standhielten. Dafür befriedigten sie das Bedürfnis vieler nach Orientierung und Sinn, indem sie eine umfassende wissenschaftliche Gesamtdeutung versprachen und dabei komplexe Sachverhalte unzulässig vereinfachten. Der Sozialismus, der mit seiner quasireligiösen Zukunftsvision eschatologische Züge aufwies, fand die meiste Resonanz, stand aber nicht allein. So pluralisierten sich auch die Weltanschauungen.

Von diesem Trend zu nichtreligiösen Weltdeutungen waren andere Weltregionen weit entfernt. Das galt besonders für die Neuerungsbewegungen an den Rändern des islamischen Raumes, wo im westafrikanischen Savannengürtel bisher nur die Oberschicht islamisiert, die Masse aber weiter bei Bräuchen primitiver Kultur geblieben war, und im Inneren Arabiens, wo vorislamische Mentalität in der Heiligenverehrung des einfachen Volkes weiterlebte. Seit dem Ende des 18. Jahrhunderts wandten sich in diesen Räumen religiöse Führer gegen die Reste vorislamischer Kultur und predigten den Aufbau strikt islamischer Gesellschaften. Dabei verbanden charismatische Persönlichkeiten missionarischen Eifer mit gewaltsamer Eroberung und Staatsgründung, so in Innerarabien der Klan der Saudis unter dem Einfluss der Reformbewegung der Wahabiten.

Europäisierung der Welt?

Um 1780 bot die Kleidung der Eliten ein sehr pluralistisches Bild, das von der Seidenrobe chinesischer Mandarine über bunten Adelsrock und seidene Kniehose in Frankreich, Turban und Robe bei Türken und japanische Kimonos bis zu spärlicher Kleidung in Teilen Afrikas reichte. Bis 1914 hatten die wichtigen Männer, die in der Öffentlichkeit auftraten, fast alle zum schwarzen Herrenanzug gewechselt und die Herrscher zur Offiziersuniform. Ähnlich stand es bei repräsentativen Gebäuden in großen Städten: Um 1900 präsentierten sich ihre Fassaden nicht nur in den europäischen Kolonien, sondern ebenso in Tokyo und Schanghai in europäischem Stil. Schon diese äußeren Formen spiegelten wider, dass ein weltweiter Transfer europäischer Kultur begann. Indem sich an Wirtschaftskraft und Militärtechnik eine Kluft zwischen Europa und der übrigen Welt auftat, glaubten die Europäer seit etwa 1860 (und dann ebenso die US-Amerikaner) zunehmend, den anderen auch kulturell überlegen zu sein. Um 1900 mehrten sich die Stimmen, die diese Überlegenheit in der biologischen Natur begründet und deshalb für dauerhaft ansahen. In diesem rassistischen Diskurs wurden die Ostasiaten jetzt zu »Gelben«. Europäer entwickelten die Ambition, andere Völker auch mit den Wertvorstellungen ihrer eigenen Kultur beglücken zu sollen, vom Christentum bis zur bürgerlichen Arbeitsmoral. Umgekehrt waren sie fast überhaupt nicht dafür offen, von anderen zu lernen; zwar ließ sich die Jugendstilkunst vom japanischen Farbholzschnitt anregen, und die Engländer übernahmen das Polospiel aus Indien, aber das war schon fast alles. Durch zahlreiche Forschungsreisen stieg sicher das Wissen der Europäer über die außereuropäische Welt stark an, ebenso die Bestände der Zoos und botanischen Gärten an Lebewesen aus aller Welt, aber das war kein Transfer. Den Menschen außerhalb Europas drängte sich hingegen die Frage auf, ob sie nicht nur Techniken übernehmen, sondern sich an Europa auch akkulturieren sollten und wenn ja wie weit. Keine andere Kultur entfaltete in diesem Jahrhundert akkulturierende Kraft, sieht man davon ab, dass der Islam in der Savannenzone durch die missionierenden Aktivitäten von Sufis jetzt erstmals eine nennenswerte Breitenwirkung über Eliten hinaus erzielen konnte.

Transfer europäischer Kulturmuster seit den 1860er-Jahren geschah im Wesentlichen von Großbritannien, Frankreich und Deutschland(-Österreich) aus. Dabei gab es Unterschiede: englische Vorbilder wirkten weltweit, aber vor allem im Empire und in den USA, französische wurden besonders in Lateinamerika, dem Nahen Osten und Teilen Osteuropas rezipiert, und deutsche fanden in Osteuropa und Skandinavien Anklang. Großbritannien sah sich vor allem bei wirtschafts- und techniknahen

Innovationen nachgeahmt, aber auch mit der Sportbewegung, Frankreich setzte bewunderte Standards an feiner Lebensart der Oberschichten, Deutschland hatte besonders im Wissenschaftsbereich Bedeutung.

Der Transfer europäischer Kulturelemente ergoss sich nicht gleichmäßig über die Welt, sondern variierte an Intensität, abhängig vom Maß der Fremdheit, der Machtasymmetrien und dem Gefälle der kulturellen Stadien. Insgesamt hielt sich die kulturelle Homogenisierung noch in engen Grenzen. Am intensivsten waren die Vernetzungen mit dem europäischstämmigen Raum. Geradezu total war der Einfluss in Australien, wohin die überwiegend aus Großbritannien stammenden Einwanderer die gesamte englische Kultur mitnahmen, von der Neugotik bis zum Kricket, ausgenommen Adel und aristokratischen Lebensstil. Die US-Amerikaner überwanden rasch den Groll des Unabhängigkeitskrieges und blieben dem englischen Mutterland mit vielfältigen Fäden der Kommunikation verbunden, verhielten sich überhaupt weitgehend wie eine kulturelle Provinz Europas. Dabei waren die ursprünglichen weißen angelsächsischen Protestanten weiter prägend und entwickelten den Anspruch, dass die später aus Süd- und Osteuropa Zuwandernden sich ihrer Leitkultur zu assimilieren hätten, erst recht die Schwarzen und Indianer. Die kreolische Oberschicht Lateinamerikas wandte sich Mitte des 19. Jahrhunderts vom Kulturmodell der Iberischen Halbinsel ab und wählte als Vorbild stattdessen das weiterentwickelte Großbritannien und noch mehr Frankreich. Ob Lebensstil, Philosophie, Kunst oder Literatur – die lateinamerikanischen Großgrundbesitzer, Kaufleute und Intellektuellen versuchten auf dem Laufenden zu sein und fühlten sich als Teil der westeuropäischen Kultur, ohne eigene Stilrichtungen zu entwickeln. Sie verachteten die mündlichen Traditionen der Masse der Indianer und auch der Schwarzen als Ausdruck von Trägheit, Dummheit und Aberglauben und forderten, dass diese sich der iberisch-europäischen Leitkultur assimilieren sollten. Vor allem wo die indianische Dorfgemeinde durch das Eindringen der Marktwirtschaft und die Privatisierung des Gemeineigentums verfiel, wich die hiervon getragene indianische Kulturtradition zurück. Die Assimilierung blieb jedoch recht unvollständig, zumal die Eliten keine Politik der Massenalphabetisierung betrieben.

In Russland war das Bild noch zwiespältiger. Nachdem die Zaren im 18. Jahrhundert die Übernahme westlicher Kultur gefördert hatten, versuchten sie seit dem Schock der Französischen Revolution ihr Land gegen kritische Ideen aus Westeuropa abzuschirmen. Nichtsdestoweniger beschritt die Intelligenz überwiegend umso mehr den Weg, kritische Denkströmungen aus Westeuropa zu rezipieren. Mitte des Jahrhunderts traten daneben mit den Slawophilen auch Intellektuelle auf, die sich gegen den »zersetzenden« westlichen Rationalismus wandten und stattdessen die »Tiefe« der russischen Seele, die Spiritualität der russischen Tradition als eigene Identität priesen. Aufs Ganze gesehen war die russische Elitenkultur spätestens seit der Jahrhundertmitte in Kunst, Literatur und Lebensweise Teil der europäischen; sie stand damit bis 1914 in deutlichem Kontrast zur unverändert christlich-orthodox geprägten traditionellen Volkskultur.

Deutlich selektiv war der Transfer hingegen dort, wohin europäische Kultur als Fremdes kam. In alle diese Gesellschaften fanden bis 1914 europäische Kleidung und Architektur Eingang. Letztere zeigte sich oft in neuen, planmäßig angelegten Stadtvierteln neben den Altstädten. Und in allen wurde europäische Kultur nur von Eliten und besonderen, mit den Europäern enger verbundenen Gruppen übernommen, z.B. Soldaten und Kaufleuten, während der weitaus größte Teil der Bevölkerung zu dieser Zeit hiervon noch unberührt blieb. Für das Maß an Selektion und Hybridisierung spielten mehrere Faktoren eine Rolle. Wichtig war das Machtgefälle, ob also die Rezeption des Neuen eine ungezwungene Entscheidung in unabhängigen Staaten war oder ob die europäischen Modelle mit Rückendeckung durch die Gewalt der Kolonialmacht daherkamen. Dabei war auch im zweiten Fall die Rezeption oft von den Kolonialisierten bejaht zum wohlkalkulierten eigenen Nutzen und nur teilweise direkt erzwungen. Mindestens ebenso wichtig war der Unterschied zwischen Gesellschaften, die seit Langem eine eigene Elitenkultur von mindestens nachachsenzeitlichem Niveau besaßen, und jenen, die noch nicht so weit entwickelt waren. Nur in Letzteren konnten die Zigtausende christlicher Missionare, die in diesen Jahrzehnten im Auftrag von privaten Missionsgesellschaften in Westeuropa und den USA nach Übersee ausschwärmten, Erfolge verbuchen, also primär in Schwarzafrika. In den anderen Gesellschaften blieben ihre Bemühungen praktisch fruchtlos, abgesehen von Vietnam. Die Japaner, die begriffen hatten, dass es nicht ausreichte, nur tote Technik zu übernehmen, sondern dass man auch das dahinter stehende Wissen und Denken brauchte, wenn man zu Westeuropa aufschließen wollte, diskutierten in den 1870er-Jahren zwar ernsthaft, ob man dabei bis zur Christianisierung gehen müsse, hielten das dann aber doch für vermeidbar. Grundsätzlich kam seit Mitte des 19. Jahrhunderts in allen Regionen mit Bildungseliten die Diskussion über zwei zentrale Fragen auf: Wie weit musste man sich an Europa akkulturieren, um nicht ins Abseits zu geraten? Welche eigenen Kulturtraditionen sollte man um der eigenen Identität willen bewahren? Zugleich wurden europäische Romane und Theater, Malerei und wissenschaftliche Fachliteratur nur da rezipiert, wo schon eine echte Bildungselite bestand. Zeitungen, Zeitschriften und Bücher, Studienreisen nach Europa und Schulen mit westlichem Bildungsprogramm waren die Kanäle für den Transfer europäischen Denkens. Auch der Zeitpunkt variierte, ab dem man sich mit europäischem Denken auseinandersetzte. Bedingt durch die britische Eroberung geschah dies früh in Indien, schon Anfang des 19. Jahrhunderts, in der islamischen Welt auch schon seit den 1830er-Jahren immer mehr, aber nur in kleinen Schritten, in Japan intensiv seit den 1860er-Jahren, in Schwarzafrika mit dem Auftauchen christlicher Missionare seit etwa 1860 und deutlich verstärkt mit Beginn der Kolonialherrschaft, schließlich in China so recht erst nach dem Schock von 1895, dann aber mit sturzflutartiger Heftigkeit.

Bei den islamischen Eliten reichte die Reaktion von den Ulama, die im unerschütterten Glauben an die Überlegenheit des Islam als göttlicher Offenbarung die europäische Kultur fast gänzlich ablehnten, bis zur Oberschicht Ägyptens, die ihre Lebensweise seit den 1860er-Jahren selbst europäisierte und danach strebte, zu einem Teil Europas zu werden. Neben den auf Madrasas und geistliche Gerichte gestützten Ulama ersproß in der zweiten Hälfte des 19. Jahrhunderts aus den neuen staatlichen Schulen eine westlich gebildete Elite. Seit den 1870er-Jahren gab es auch einzelne reformorientierte Intellektuelle, die darüber sinnierten, wie man Vernunftgebrauch und Meinungsfreiheit des Westens aufnehmen und zugleich islamische Identität bewahren könne, wie also ein vom Ballast unnötiger Traditionen befreiter und dadurch gestärkter Islam aussehen könnte, so besonders Al-Afghani († 1897).

In Indien machten orthodoxe Brahmanen unverdrossen weiter wie bisher und ignorierten die europäische Kultur. Aber nicht zuletzt da die indischen Fürstenhöfe – wichtige Auftraggeber besonders für künstlerische Gestaltung – untergingen oder sich umorientierten, verlor die traditionelle indische Kultur zunehmend ihren institutionellen Rückhalt und sah sich auf familiäre und andere informelle Tradierungsketten zurückgedrängt. Die Briten bauten Colleges mit britischem Bildungsprogramm auf und machten 1834 das Englische anstelle von Urdu zur Verwaltungssprache. In den 1830er- bis 1850er-Jahren betrieben sie eine Politik gezielter Europäisierung, doch seit dem Aufstand 1857 tasteten sie indische Religionsgemeinschaften, Kasten und sonstige Gebräuche nicht weiter an, um nicht unnötig Widerstände zu provozieren. Nichtsdestoweniger hatten die neuen Schulen Zulauf junger Hindus, und es erwuchs eine englisch gebildete zweisprachige Elite. Die von den Briten aus der Herrenrolle verdrängten Muslime verhielten sich hingegen recht reserviert. Die Reaktionen der Hindus reichten von der Bewunderung westlichen Denkens und Wissens bis zu neohinduistischen Reformbestrebungen. Letztere kritisierten einerseits Materialismus und mechanistisches Denken der Europäer und beanspruchten demgegenüber eine spirituelle Überlegenheit der Hindu-Traditionen, andererseits wollten sie die traditionellen Kerngedanken im Sinne der Zeiterfordernisse neu interpretieren und wiederbeleben. So dachten schon früh Roy († 1833) und dann um 1900 vor allem Tagore und Vivekananda. Damit entstand im späten 19. Jahrhundert eine Hybridisierung von indischem und europäischem Wissen[617], und auch Hindu-Reformer traten dafür ein, die Kasten abzuschaffen.

Die chinesischen Eliten betonten als Reaktion auf die Taiping-Revolution erst recht die überlieferten neokonfuzianischen Werte und ignorierten die europäische Kultur lange weitgehend als barbarisch. Ab 1896 formierte sich dann in den Küstenstädten, in denen die Europäer präsent waren, eine neue Intellektuellenschicht, die sich jetzt intensiv mit westlicher Kultur auseinandersetzte. Diese Kreise gewannen die Überzeugung, dass das starre Festhalten an den Traditionen die demütigende Niederlage von 1895 verschuldet habe. Umso begieriger sogen sie alle aus dem Westen kommenden Ideen auf. Als 1905 das Beamtenexamen mit seinem neokonfuzianischen Bildungsstoff abgeschafft wurde und 1911 das Kaisertum der Republik weichen musste, verlor der Neokonfuzianismus seinen institutionellen Rückhalt. Seine Betonung der Autorität von Kaiser und Familienoberhaupt war nicht mit Republik und Demokratie vereinbar, seine wolkige Naturphilosophie nicht mit westlicher Wissenschaft. Die Idee einer Synthese hatte hier keine Chance, nicht zuletzt weil der Neokonfuzianismus eng mit den Machtstrukturen verbunden gewesen war. So warfen die chinesischen Intellektuellen 1915–20 die klassischen Gelehrtentraditionen weitgehend als unbrauchbar beiseite und machten sich auf, neue Orientierungen zu suchen. Geradezu umgekehrt verliefen Rezeption und Selektion in Japan, wo die tonangebenden Samurai-Kreise schon im 18. Jahrhundert weltanschaulich eher indifferent waren und religiöse Dinge mehr als rituelle Fragen sahen. Bereits in den 1870er-Jahren stürzten sich diese Kreise begeistert auf westliche Ideen und Lebensformen, um dann in den 80er-Jahren zu einer gezielten Selektion überzugehen. Die Oberschichten verbanden nun in ihrer Lebensführung traditionelle und westliche Elemente. Um sich nach außen abzugrenzen und zugleich die erwachenden Massen in das bestehende Machtgefüge zu integrieren, bauten die Machteliten den alten Shinto-Kult zum Symbol nationaler Identität aus und verbreiteten ihn als Integrationsideologie durch die Schulen.

In Südostasien und Zentralasien begann die geistige Auseinandersetzung der Eliten mit westlichen Ideen und Lebensweisen erst um 1900, weitgehend auch dann erst zaghaft. Im Schwarzafrika primitiver Kultur oder archaischer Volkskultur gab es keine Bildungseliten, die in eine intellektuelle Auseinandersetzung mit westlicher Kultur hätten einsteigen können. Umso mehr traten die christlichen Missionare mit dem Gefühl absoluter Kulturüberlegenheit auf und mit dem Anspruch, die »Wilden« zu »zivilisieren«. In der Praxis konzentrierten sie sich dabei zunächst stark darauf, ihre Moralvorstellungen durchzusetzen, insbesondere »anständige« Kleidung statt »schamloser« Nacktheit, Monogamie statt Polygamie und die häusliche Frauenrolle. Zugleich verbreiteten sie die Sprache der jeweiligen Kolonialmacht. Außerdem bemühten sie sich, zu Arbeitsamkeit, Disziplin und Pünktlichkeit zu erziehen, denn Menschen, welche den Gewinnanreiz durch Märkte nicht kannten, erschienen ihnen als faul, und solche, deren Verhalten noch nicht durch die Erfordernisse formaler Organisationen geformt war, als undiszipliniert. Damit wurden schwarzafrikanische Traditionen entwertet und verdrängt, aber zugleich ergriffen etliche Schwarze das Angebot, in Missionsschulen Lesen und Schreiben zu lernen, als Chance, um als Lehrer, Prediger oder Journalisten in Konkurrenz zu den bestehenden Klanchefs aufsteigen zu können. Die christliche Theologie fand sich bei der Rezeption teilweise modifiziert.[618]

Die große Transition der Herrschaftsordnungen

1780 wurden alle Territorialstaaten Europas absolutistisch regiert, ausgenommen Großbritannien und die Niederlande. 1914 gab es in Europa keinen einzigen absolutistischen Staat mehr. Fast alle hatten sich in konstitutionelle Monarchien verwandelt, und die Schweiz, Frankreich und Norwegen waren demokratische Staaten, ebenso die USA (allerdings in den Südstaaten nur defekt), praktisch auch Australien und Neuseeland. 1919 wurden dann fast alle europäischen Staaten demokratisch. Diese Transition bedeutete im Kern, die Beziehungen im gesamtgesellschaftlichen Machtnetzwerk deutlich zu intensivieren[619], teilweise auch Herrschaftsrollen und Privatbesitz schärfer zu differenzieren. Was heißt das konkret? Hier lassen sich fünf Teilprozesse unterscheiden. Zum einen verloren die Monarchen an der Staatsspitze Macht an andere Gruppen, die durch Parlamente repräsentiert waren, und zum Zweiten lösten sich die traditionellen autonomen Machtnetzwerke der lokalen Ebene auf. Drittens wurden in das Netzwerk des politischen Entscheidungsprozesses der nationalen Ebene immer weitere Gruppen integriert, bis dieses schließlich die ganze Gesellschaft erfasste. Letzteres bedeutete Demokratisierung; dieser Prozess darf nicht mit dem der Parlamentarisierung der Staatsführung verwechselt und vermischt werden.[620] Dabei intensivierte sich die Vernetzung von Regierung und Bevölkerung in beide Richtungen: (viertens) organisierten sich gesellschaftliche Gruppen selbst, um ihre Interessen wahrzunehmen und auf die nationale Ebene einzuwirken, und umgekehrt nahmen (fünftens) Regelungsdichte und Leistungen des Staates von oben nach unten zu, um die durch die Auflösung lokaler Herrschaftsträger erforderlichen Ordnungsaufgaben wahrzunehmen und um neue Ansprüche an politische Regelungen zu befriedigen.

Was war die Ursache für diese gewaltige Transition?[621] Letztlich lag sie darin, dass sich die Machtverteilung in der Gesellschaft verschob.[622] Ungeschminkt offenbart sich dieses im Steuerwesen: Während in Europa in allen Staaten außer Großbritannien im 18. Jahrhundert der Adel als Her renstand steuerfrei war, setzte sich um 1800 die allgemeine Steuerpflicht durch, und zwischen 1850 und 1914 führten sämtliche europäischen Staaten die progressive Einkommensteuer ein, welche die Reicheren überproportional belastete, wenn auch noch auf niedrigem Niveau. Von Natur aus gibt es immer Menschen, deren Dominanzstreben auf asymmetrische Machtverhältnisse drängt, und zugleich das Interesse der anderen, sich nicht oder möglichst wenig beherrschen zu lassen und deshalb das Dominanzstreben durch Kooperation auszubalancieren. In der Frühzeit der Menschen hatten überall die Gleichheitsinteressen die Oberhand, doch als Einzelne aus weiträumigeren Vernetzungen mehr Ressourcen zu mobilisieren vermochten, erst recht sich damit Soldaten zulegen konnten, während die anderen in ihrem Wirkungskreis weitgehend lokal beschränkt und damit voneinander getrennt blieben, waren asymmetrische Machtverhältnisse entstanden, insbesondere Staaten. Jetzt schwang das Pendel zurück: Durch den Diskurs der Aufklärer in Zeitschriften, dann durch Zeitungen und Alphabetisierung erwachten immer breitere Kreise, begannen sich zu organisieren und Solidarität in Macht zu verwandeln, um so zwar nicht Herrschaft als solche abzuschaffen, aber die Asymmetrie politischer Entscheidungsprozesse abzubauen. Dieser kritische Diskurs wurzelte in Großbritannien; die absolutistischen Staaten produzierten ihn nicht aus sich heraus, konnten sich dem Einfluss des einmal entstandenen Diskurses aber nicht entziehen. Zuerst erfasste er die Eliten, dann Kleinbürger und städtische Arbeiter, schließlich auch Bauern, dagegen noch kaum Landarbeiter, Gesinde und Heimarbeiter. Dass es beim Transitionsprozess vor allem auf eine bestimmte soziale Gruppe ankommt, lässt sich nicht sagen.[623] Entscheidend war, dass sich das Bewusstsein veränderte, während demgegenüber die Industrialisierung und die langfristig folgende Wohlstandssteigerung nicht notwendig waren. Allerdings förderte die mit der Industrialisierung verbundene Urbanisierung die Neigung zu kooperieren, indem sie die Menschen aus traditionellen Netzwerken löste und sie in Industriezentren zusammenballte.[624]

Doch das reichte zur Transition noch nicht aus; vielmehr bedurfte es darüber hinaus der Alternativmodelle zur absolutistischen Ordnung. Erfolgreiche Bauernaufstände gab es auch in der chinesischen Geschichte, ebenso Visionen einer gerechteren Gesellschaftsordnung auf dörflicher Ebene, aber nie ein Alternativmodell zur monarchischen Organisation der Staatsspitze. So stellte sich in China nach jedem Zusammenbruch einer Dynastie das Kaisertum in neuem Gewand wieder her. In Europa gab es nicht nur den Rückgriff auf die Bibel (die auch egalitäre Impulse bereithält), besonders in der Reformationszeit, sondern auch ein echtes Potenzial für stärker symmetrische Machtnetzwerke: einmal das in den spätmittelalterlichen Ständen wurzelnde englische Parlament[625], zum anderen die antike Staatsformenlehre mit dem konkreten Beispiel Roms mit Republik, Senat und auf Zeit gewählten Amtsträgern. Letzteres war schon von den europäischen Stadtrepubliken neu aufgegriffen worden, fand sich im aufgeklärten Herrschaftsdiskurs wieder und reichte bis hin zu Begriffen und Symbolen der Französischen Revolution.

Sehen wir näher hin.

Die Entmachtung des patrimonialbürokratischen Monarchen geschah auf zwei verschiedenen Pfaden; schrittweise, wo der Monarch (samt Adel) im Lande residierte, dagegen auf einen Schlag, wo eine ehemalige Kolonie sich vom auswärts residierenden Monarchen lossagte. Auf erstgenanntem Pfad bedeutete es den ersten Schritt, wenn der Staat nicht mehr Erbbesitz der Dynastie war, also auch nicht mehr getauscht oder erheiratet werden konnte, sondern der Monarch zum Organ des Staates wurde und seine Stellung durch ein Alternativmodell infrage gestellt sah; das war mit dem Reformabsolutismus der Fall. Die weitere Entwicklung folgte dem englischen Beispiel, die Macht zwischen Monarchen und Parlament aufzuteilen. Zunächst bekam das Parlament nur Gesetzgebung und Staatshaushalt in die Hände, schließlich auch Wahl und Kontrolle der Regierung, womit der Monarch zur rein repräsentativen Galionsfigur verkümmerte und die Regierung mit der Parlamentsmehrheit verbunden wurde. Dabei ging es nicht nur um die Person des Monarchen, sondern auch darum, den Adel aus den Spitzen von Verwaltung, Offizierskorps und Diplomatie zu verdrängen. Selbst da, wo die Monarchie später ganz beseitigt wurde, blieb bei diesem europäischen Pfad die Doppelung von Staatsoberhaupt und Regierung dauerhaft erhalten. Anders beim amerikanischen Pfad, zuerst in den USA, dann in Lateinamerika: Da schon früh die Monarchie durch die Republik abgelöst wurde, blieb die unzerteilte Regierungsgewalt in den Händen des Präsidenten als eigentlichem politischem Führer erhalten.

Das neue Modell demokratischer Ordnung war nicht auf einen Schlag vorhanden, sondern formierte sich erst im Laufe des Transitionsprozesses aus einer Reihe einzelner Innovationen[626], institutionellen wie ideologischen. Ein wichtiges Element war die geschriebene Verfassung, die das Verhältnis der einzelnen Staatsorgane und der Bürger zueinander umfassend regelt. Die aus dem Spätmittelalter stammende Tradition von Herrschaftsverträgen zwischen Monarch und Ständen führte über die englische Bill of Rights 1689 und die amerikanische Virginia Bill of Rights 1776 dann in den USA 1787 zur ersten Verfassung im modernen Sinn. In Europa folgten als Erste Polen und das revolutionäre Frankreich 1791. Inhaltlich prägte alle modernen Verfassungen die Idee einer Bürgergesellschaft, wie sie im politischen Diskurs der Aufklärung Mitte des 18. Jahrhunderts entstanden war. In Großbritannien stellte sie eine nachträgliche Theoretisierung bereits entstandener Machtverhältnisse dar, in Frankreich war sie nach britischem Vorbild ein Alternativmodell zur bestehenden Ordnung. Um die Bürger gegen monarchische Willkür zu sichern, beinhalteten Verfassungen das Prinzip der Gewaltenteilung, das Montesquieu 1748 als Abstraktion der konstitutionellen Monarchie Großbritanniens formulierte, also die Aufteilung der Staatsgewalt in voneinander unabhängige Exekutive (Monarch bzw. Präsident mitsamt ausführender Verwaltung und Militär), Legislative (Parlament als Vertretung der politisch aktiven Teile der Gesellschaft) und Judikative (Gerichte). Damit die Bürger ihre Angelegenheiten als mündige Individuen selbst regeln können, also ohne Bevormundung durch Monarchen, Feudaladel oder Kirche, proklamierten die Verfassungen grundsätzlich persönliche Freiheit. Konkreter legten sie für die wirtschaftliche Betätigung Eigentumsrecht und die Freiheit von Berufswahl, Gewerbe und Bodenverkehr fest (also keine Zünfte und Monopolprivilegien mehr), formulierten als Voraussetzung für eine kritische Öffentlichkeit Presse-, Meinungs-, Versammlungs- und Glaubensfreiheit (gegen Zensur und konfessionelle Diskriminierung) und forderten außerdem rechtliche Gleichheit (in Ablehnung adliger Standesprivilegien im Alltag und im Zugang zu Staatsämtern).

Die Anhänger dieses politischen Programms firmierten nach 1815 auf dem europäischen Kontinent als Liberale. Es war als Ausdruck der Interessen von männlichen Hausvätern aus der gehobenen Mittelschicht mit nationalem Horizont entstanden, doch besonders auf das allgemeingültig formulierte Gleichheitsprinzip beriefen sich schon während der Französischen Revolution auch andere Gruppen, die man dabei zunächst nicht recht gemeint hatte: Juden, Frauen (Manifest von de Gouges 1791), schwarze Sklaven in der Karibik (Aufstand auf Haiti 1791) und Kleinbürgertum (so die Jakobiner 1793). Die rechtliche Gleichstellung der Juden betraf nur eine kleine Minderheit, sie setzte sich in Europa im frühen 19. Jahrhundert weitgehend durch. Die Gleichstellung der christlichen Konfessionen traf auf erheblichen Widerstand besonders der katholischen Kirche, die hier Wahrheit durch Irrtum gefährdet glaubte; sie war auch Ausdruck zunehmender Entkirchlichung, ja Gleichgültigkeit. Auf die größten Widerstände stieß der Anspruch des Kleinbürgertums der Handwerksmeister, später auch der Bauern und schließlich sogar der lohnabhängigen Unterschichten, politisch teilzuhaben. Vertreter dieses Anspruchs griffen seit der Französischen Revolution auf den griechischen Begriff Demokratie zurück. Das Wahlrecht zum Parlament spiegelte in den folgenden Jahrzehnten das Ringen zwischen den etablierten Kräften, die möglichst keine Macht abgeben wollten, und den von der Macht ausgeschlossenen ärmeren Gruppen, die auf Teilhabe drängten. Beide Seiten produzierten dabei Verfahrensinnovationen. Dabei gab es etliche Tricks, die Macht in den Händen zu behalten: die Bindung des Wahlrechts an eine bestimmte Mindeststeuerleistung oder Besitzgröße (Zensuswahlrecht), die Ausschließung von Lohnabhängigen (weil sie dem Einfluss ihrer Dienstherren ausgesetzt seien) und von Analphabeten (weil ihnen der politische Verstand fehle), bei schon stark ausgeweitetem Wahlrecht die Gewichtung der abgegebenen Stimmen nach Steuerleistung (Klassenwahlrecht, z.B. Preußen 1849 bis 1918), ungleiche Wahlkreiseinteilung, die das Anschwellen der Einwohnerzahl der Industriestädte ignorierte und so den eher konservativen ländlichen Raum bevorzugte, gelegentlich auch Mehrfachstimmen für bestimmte Elitengruppen. Diese Tricks wurden im Laufe des Demokratisierungsprozesses schrittweise zurückgedrängt. Wahlen waren zunächst auch allgemein öffentlich, was Stimmenkauf und andere manipulierende Einflussnahmen möglich machte, z.B. wenn Großgrundbesitzer oder Industrielle die Stimmabgabe ihrer Leute beobachteten. Geheimes Wahlrecht führte zuerst Australien 1856 ein, es kam in Deutschland 1867/71, Großbritannien und Schweiz 1872, USA nach 1888, Frankreich effektiv erst 1913 und Italien und Spanien nicht vor 1919. Die Abgeordnetentätigkeit war zunächst ehrenamtlich, was (absichtlich) alle jene draußen hielt, die von ihrer Hände Arbeit leben mussten; im Laufe der Zeit kamen dann Diäten auf, um auch diese Hürde abzubauen (Frankreich 1852, Deutschland 1906, Großbritannien 1912). Aus der Tradition der in mehrere Kammern gegliederten Ständeversammlungen heraus gab es in einigen Ländern zeitweilig auch eine exklusiv zusammengesetzte, oft erbadlige oder vom Monarchen ernannte zweite Kammer, die ein Gegengewicht zu dem von breiteren Kreisen gewählten Parlament sein sollte. Sie verlor zunehmend an Gewicht, wobei das britische Oberhaus bis 1911 ein Vetorecht gegen Unterhausgesetze besaß.

Viel weniger umkämpft war die Forderung nach Frauenwahlrecht, die seit der Wende zum 20. Jahrhundert an Gewicht gewann. Realisiert wurde es zuerst in einigen Siedlerstaaten: 1892 in Wyoming, 1893 Colorado und Neuseeland, 1894 Südaustralien, 1896 Idaho und Utah, dann in den beiden europäischen Sonderfällen Finnland 1906 und Norwegen 1913.

Die schärfere Ausdifferenzierung von Herrschaft und Privatbesitz traf nicht nur den Monarchen an der Spitze; zugleich lösten sich die lokalen Machtnetzwerke von Großgrundbesitzern auf. Aufs Ganze gesehen differenzierten diese sich im Sinne der Bürgergesellschaft in öffentliche Herrschaftsverhältnisse einerseits, die nicht mehr Erbbesitz sein durften, und in die Privatsphäre von Haushalt, Familie und Firma andererseits, in der die volle Verfügung über das Eigentum und freie Vertragsgestaltungen galten.

Solche lokalen Machtnetzwerke bestanden in Europa vor allem als unterschiedlich intensive Formen von Grundherrschaft. Diese bedeutete nicht einfach wirtschaftliche Abhängigkeiten, sondern die Herren besaßen mit Gerichtsbarkeit und Schutzpflichten Herrschaftsrechte, und teilweise galten Bauern als persönlich unfrei. In England und den Niederlanden hatten diese Abhängigkeiten sich schon im 17. Jahrhundert aufgelöst. Unter dem Einfluss der Aufklärung schafften die Monarchen sie in

Schweden seit 1772 und in Dänemark 1787/88 ab, weil sie weder zum neuen Menschenbild passten noch Frondienste wirtschaftlich effizient waren. Als die französischen Bauern im Sommer 1789 angesichts von bedrohlichen Gerüchten über adlige Konterrevolutionäre die Schlösser der Herren stürmten, erklärten die Abgeordneten der Nationalversammlung schnell den Verzicht auf »feudale« Privilegien, um Schlimmeres zu verhindern. Durch die französischen Revolutionstruppen und eigenständige Reformen der absolutistischen Monarchen wurde in den zwei Jahrzehnten nach 1792 auch in den deutschen und italienischen Staaten, Polen und Spanien Grundherrschaft beseitigt (und damit auch das Potenzial für künftige Bauernrevolutionen). Die bäuerliche Leibeigenschaft in Russland, intensiver als die europäische Grundherrschaft, da auch einzelne Personen unabhängig von ihrem Land verkauft werden durften, fand erst 1861 ihr Ende.

In den amerikanischen Kolonien gab es keine Grundherrschaften, dagegen in den Plantagenwirtschaften vor allem in den Südstaaten der (späteren) USA und in der Karibik unmittelbare Herrschaft in viel krasserer Form, indem Schwarze als Sklaven gehalten wurden. In den 1780er-Jahren entstand in Großbritannien unter dem Einfluss der Aufklärung und auch christlicher Ethik eine Antisklavereibewegung, die dazu führte, dass Großbritannien in den Jahren von 1807 bis 1864 den transatlantischen Sklavenhandel schrittweise unterdrückte. In den ehemals spanischen, britischen und französischen Kolonien wurde die Sklaverei weitgehend in den 1830er- bis 1850er-Jahren aufgehoben, in Brasilien dagegen erst 1888. Indirekte Formen von Zwangsarbeit hielten sich aber noch weiter. In den USA beharrten die Südstaaten zäh auf der Sklaverei und entfremdeten sich dadurch auch zunehmend dem Norden, bis dieser die Sklavenbefreiung den Machteliten des Südens 1863 im Sezessionskrieg aufzwang. In Schwarzafrika und im islamischen Raum blühte die Sklaverei hingegen das ganze 19. Jahrhundert hindurch weiter. Soweit sie in Reichweite der Europäer geriet, unterdrückten diese sie dann in Afrika um 1900. Saudi-Arabien schaffte sie erst 1962 ab.

Das Programm einer Gesellschaft freier und gleicher Individuen wies über den rechtlichen Rahmen hinaus. Wenn sich in Europa die von Zünften, Kleiderordnungen oder Grundherrschaften gestützten ständischen Normen für die Lebensführung auflösten, wenn um 1800 der Einfluss der Eltern auf die Auswahl der Heiratspartner ihrer Kinder schwand, wenn die nach gesellschaftlicher Stellung vielfältig gestuften Anredeformen einer einheitlichen Anrede wichen, wenn Handwerksgesellen im Laufe der Jahrzehnte zunehmend aus dem Haushalt ihrer Meister ausschieden, wenn sich seit etwa 1750 gesteigertes Selbstbewusstsein in einem Boom an Autobiografien mit selbstbezogener Reflexion äußerte, so bedeutete auch dieses alles einen Abbau traditionell vorgegebener asymmetrischer Machtbeziehungen, ein Mehr an selbstbestimmter Lebensweise und damit einen Schub an Individualisierung.

Asymmetrische Machtbeziehungen waren damit aber nicht verschwunden, nicht einmal rechtlich. Unverändert wurden Haushalte nach außen hin vom männlichen Haushaltsvorstand repräsentiert, und ebenso blieben alle mit Macht und Einfluss versehenen außerhäuslichen Funktionen in der Gesellschaft Männern vorbehalten. Einzelne Versuche von Frauen in der Französischen Revolution 1789–92, die gleichen Rechte zu beanspruchen, stießen in der herrschenden Männerwelt auf keine Gegenliebe und wurden bald wieder zurückgedrängt; Frauen waren in ganz Europa weiterhin Männern rechtlich nicht gleichgestellt. Dieser Sachverhalt wurde durch die Industrialisierung faktisch sogar verschärft: Immer mehr Haushalte hatten keine Produktionsfunktion mehr, wie sie für Handwerker und Bauern typisch war, sondern beschränkten sich auf Konsum, Erziehung der Kinder sowie Pflege von Familienangehörigen, und während gleichzeitig die Männer weiterhin die gehobenen außerhäuslichen Berufe für sich beanspruchten, die sich mit dem Ausbau von Bürokratie, Bildungswesen und Firmenverwaltungen vermehrten, sahen sich damit bürgerliche Frauen auf das Hausfrauendasein reduziert. Wie war diese Machtasymmetrie der Geschlechter mit der Idee vereinbar, die von Natur aus gleichen Menschen auch rechtlich gleichzustellen? Als Antwort kam zwischen 1780 und 1850 die Vorstellung auf, Männer und Frauen seien eben von Natur aus gar nicht gleich, sondern hätten einen unterschiedlichen Charakter, der den tatkräftigeren und belastbaren Männern die außerhäusliche Welt und den mehr emotionalen Frauen den familiären Wirkungskreis zuweise.

Auch jenseits rechtlicher Normen lebten asymmetrische Machtbeziehungen zäh weiter. Dazu gehörten Klientelnetzwerke von Großgrundbesitzern. Der Adel verlor zwar seine Standesprivilegien, in Frankreich 1789, im übrigen Europa weitgehend bis 1850, aber auch danach hatte er durch Ausbildung und Beziehungen, nicht zuletzt zum Hof, noch lange weiter einen starken Zugang zu hohen Staatsämtern und Offiziersstellen, der nur allmählich schwand. Seine Lebensführung wirkte auch auf reich gewordene Bürger nachahmenswert, die z.T. durch Nobilitierung integriert wurden.[627] Sich mit Geschmack, Sprechweise und Umgangsformen, überhaupt durch den Lebensstil gegenüber der Masse abzusetzen wirkte als Praxis besonders in Großbritannien und Frankreich in den Oberschichten bis weit ins 20. Jahrhundert hinein.[628] Im späten 19. Jahrhundert entstand dann der Diskurs des Rassismus, der Gleichheitsforderungen abzuwehren suchte, indem er behauptete, bestimmte Großgruppen seien biologisch minderwertig, ihre geringere Stellung deshalb unabänderlich. Das richtete sich gegen die Schwarzen in den Südstaaten der USA, denen in der Alltagspraxis auch nach Abschaffung der Sklaverei die Gleichberechtigung vielfältig verweigert wurde, und es traf die von den Europäern Kolonialisierten besonders in Afrika. Auch der Antisemitismus, den die Kirche im 13. Jahrhundert aus religiösen Motiven initiiert hatte, färbte sich jetzt biologistisch.

Machtasymmetrien durchzogen darüber hinaus das Feld ökonomischer Beziehungen. Gewerbefreiheit wurde in Frankreich 1791, in Mitteleuropa und Skandinavien zwischen 1808 und 1867, in Süd- und Osteuropa zwischen 1860 und 1880 eingeführt. Innere Angelegenheiten der Firmen galten den Liberalen als Privatsache, Arbeitsverhältnisse als freie Vertragsbeziehungen, Märkte als durch Preise zum allgemeinen Besten reguliert, Armut als Folge mangelnder Arbeitsmoral. Doch in der Realität waren Kapitalbesitzer und Industriearbeiter ungleich starke Partner. Im Arbeitsalltag sahen Industriearbeiter sich kontrolliert und diszipliniert, und der Erlös aus der Produktion wurde auf Unternehmer und Arbeiter höchst ungleich verteilt. Vor diesem Hintergrund entstand um 1830 in Frankreich, Großbritannien und im westlichen Teil Deutschlands in kleinen Intellektuellenkreisen außerhalb der Parlamente die Utopie einer sozialistischen Gesellschaftsordnung, welche die Trennung von Kapitalbesitzer und Arbeitnehmer als ausbeuterische Herrschaftsverhältnisse verurteilte und sie überwinden wollte, sei es durch genossenschaftlich organisierte Produktionsformen oder durch Verstaatlichung der Produktionsmittel, insbesondere von Industrie und Großgrundbesitz. Die Sozialisten waren durchweg republikanisch. Sie bekannten sich oft zu revolutionären Methoden (Marx), und ihre Utopie reichte letztlich bis hin zu anarchistischen Träumen, jegliche Herrschaft von Menschen über Menschen aufzuheben. Neue Machtasymmetrien erwuchsen als Folge der Industrialisierung im späten 19. Jahrhundert aber auch zwischen den verschiedenen Unternehmern bzw. zwischen Unternehmern und Konsumenten, als große Konzerne entstanden, die durch ihre starke Stellung am Markt andere unter Druck setzen konnten, bzw. wenn Unternehmen sich zu Kartellen zusammenschlossen. Beides hebelte die Kraft des Wettbewerbs preisregulierter Märkte aus, vor allem in den USA und Deutschland. Der Ölindustrielle Rockefeller bot dafür das markanteste Beispiel.

Selbstorganisation der Gesellschaft – Intensivierung der Staatstätigkeit

In den Freiräumen, die zwischen Staatsapparat und Privathaushalten entstanden, entfaltete sich nicht nur gewinnorientiertes Wirtschaften, sondern hier organisierte sich vielmehr die Gesellschaft auch selbst in Gestalt freiwilliger Zusammenschlüsse gleichberechtigter Bürger. So entstanden im Laufe der Jahrzehnte immer mehr Vereine, Clubs und sonstige Vereinigungen. Für das Machtnetzwerk wurde es wichtig, dass auf diese Weise auch politisch Gleichgesinnte zusammenfanden. Auf dem europäischen Kontinent waren es nach 1815 zunächst die Liberalen, die das Programm des liberalen Verfassungsstaates verwirklichen wollten, getragen vor allem vom gehobenen Bürgertum. Als Reaktion darauf formierten sich dann die Anhänger der alten Ordnung als Konservative im Sinne eines bewussten politischen Programms, teilweise zunächst noch als Befürworter des Absolutismus, dann zunehmend einer konstitutionellen Monarchie mit starker Stellung des Monarchen. Dahinter standen Adelskreise, Kirche und Offizierskorps, denen es darum ging, ihre führende Stellung und die Vielfalt der Traditionen zu bewahren. In katholischen Staaten wiesen die Konservativen teilweise ein stark katholisches Profil auf. In Deutschland führte die konfessionelle Spaltung zur Existenz von zwei konservativen Parteien, dem katholischen Zentrum (seit 1871) und den faktisch protestantischen Konservativen Norddeutschlands. Ein Teil der Liberalen nahm Mitte des 19. Jahrhunderts das demokratische Programm auf. Seit etwa 1860 organisierten sich in Westeuropa und den USA auch die Arbeiter, wobei die Ausdifferenzierung von Staat und privater Gesellschaft zu einer Doppelgleisigkeit der Arbeiterbewegung führte: Gewerkschaften richteten sich an die Unternehmer, um ihnen gegenüber bessere Löhne, Arbeitszeiten und Arbeitsbedingungen durchzusetzen, Arbeiterparteien zielten auf die politische Ebene.

In Großbritannien hatten sich bereits im 18. Jahrhundert innerhalb des Parlaments mit Tories und Whigs zwei einigermaßen stabile Aristokratengruppen gebildet, die aber mehr Klientelnetzwerke waren denn Ausdruck von Ideologien und die sich auch im 19. Jahrhundert nur begrenzt im Sinne der kontinentalen Frontstellungen ideologisierten – die Ersteren konservativ, die Letzteren liberal. In den USA und den lateinamerikanischen Staaten entstanden schon in den 1820er-Jahren Zweiparteiensysteme. Die lateinamerikanischen übernahmen den konservativ-liberalen Gegensatz aus Europa, ohne dass die dahinterstehenden gesellschaftlichen Gruppen den europäischen Verhältnissen entsprachen. Anders die USA: Da die liberale Verfassungsordnung im Kern nicht umstritten war, ergab der europäische Gegensatz keinen Sinn, und so blieben Demokraten und Republikaner ohne deutliches ideologisches Profil. Hier ging es bei Wahlkämpfen mehr um den Zugang zur Postenverteilung.

Als die Politisierung über Oberschichten und gehobenes Bürgertum hinausging und die Massen einbezog, stellte sich die Frage, ob die bestehenden Parteien diese mit integrieren konnten. Konservative vermochten in starkem Maße traditionsverhaftete Bauern, jene Teile der städtischen Mittelschichten, die sich durch Großkapital und Sozialismus bedroht fühlten, und im ländlichen Raum auch Teile der Arbeiter an sich zu binden, in Deutschland und Belgien bei einem deutlich katholischen Profil selbst konfessionell gebundene Industriearbeiter. Die Liberalen Europas, die seit

der Jahrhundertmitte von großbürgerlichen Interessen bis zu Demo-
kraten/Radikalen reichten, gewannen besonders in den städtischen Mittelschichten Anhang und konnten zunächst selbst städtische Arbeiter
für sich gewinnen. So scharte sich unter dem Banner des Liberalismus
eine brüchige Koalition zusammen von Wirtschaftsbürgertum, dem es vor
allem um Marktfreiheit ging, Kleinbürgertum, das eher Schutz vor zu viel
Konkurrenz suchte, und Intellektuellen, denen primär Meinungsfreiheit
wichtig war. Die Integration der politisch erwachenden Industriearbeiter
in das Machtnetzwerk war schwierig, und wo sie nicht gelang, blühte die
Saat des Sozialismus auf. Seine Kritik am Privateigentum an Produktionsmitteln empfanden die Besitzenden als tödliche Bedrohung. Entsprechend
war die Reaktion: Gewerkschaften wurden überall von den Arbeitgebern
zunächst abgelehnt, und Sozialisten waren bis 1914 in keinem europäischen Land in der Regierung vertreten.

Doch es gab erhebliche Unterschiede.[629] Diese hingen zum einen davon
ab, wie stark die wahlberechtigte Arbeiterschaft war, zum anderen, inwieweit die Arbeiter den Eindruck hatten, mit ihren Interessen in Politik und
Gesellschaft angenommen oder ausgegrenzt zu werden. In Frankreich und
Deutschland stießen radikale Arbeiter und das Bürgertum früh hart zusammen, das dadurch erschreckt harsch reagierte: In Frankreich wurde die
Pariser Kommune 1871 zusammengeschossen, die deutschen Sozialisten wurden 1878 bis 1890 durch das Sozialistengesetz verfolgt, und Unternehmer verweigerten Tarifverträge mit Gewerkschaften fast gänzlich.
Hier wuchsen die Sozialisten zur Massenbewegung, zuerst in Deutschland, das deutlichere Industrieballungen aufwies, dann auch in Frankreich.
Dabei war die Rhetorik revolutionärer als die reale Stimmung der Mitglieder. In Großbritannien hingegen blieb nicht nur ein Teil der Arbeiter
bis 1918 vom Wahlrecht ausgeschlossen, sondern die Unternehmer akzeptierten die Gewerkschaften schon 1875, und die Liberalen transportierten
ab 1882 auch Arbeiterinteressen. So wurden die Sozialisten (Labour) erst
ab 1910 zur politischen Kraft. Diese wuchs dann allerdings rasch und überrundete die Liberalen 1918.

In den USA war die gewerkschaftliche Organisation vor dem Ersten Weltkrieg nicht geringer als in Deutschland und Frankreich[630], doch
blieb die sozialistische Partei hier bedeutungslos, und zwar dauerhaft.
Warum konnte der Sozialismus in den USA nicht Fuß fassen?[631] Die Einkommensunterschiede waren hier nicht geringer, die soziale Aufstiegs-
mobilität war auch nicht nennenswert größer als in Westeuropa, trotz aller
gegenteiligen Träume. Und doch: Da es in den USA keinen Adel gab, der
sich durch seinen Lebensstil nach unten abgrenzte und die Macht nur
scheibchenweise aus den Händen ließ, waren unter den Weißen die Unterschiede in Umgangsformen und Geschmack und die Grenzen im Kon-
taktverhalten, war überhaupt das Gefühl der Masse, ausgegrenzt zu sein,

deutlich geringer.[632] Was den europäischen Sozialisten als Schärfe kapitalistischer Klassengrenzen erschien, war in Wirklichkeit z. T. ein Weiterwirken ständischer Abgrenzungstraditionen, während die US-Gesellschaft tatsächlich die reinere Klassengesellschaft darstellte. Dass die US-Arbeiterschaft durch die verschiedenen ethnischen Einwanderergruppen heterogen war, was Solidarität erschwerte, sollte man nicht zu hoch gewichten, denn auch in den europäischen Ländern war die Arbeiterschaft nach Qualifikation, Region und Geschlecht zerteilt. Hinzu kam, dass die politische Dezentralisierung der USA und die Tatsache, dass sie schon vor der Industrialisierung demokratisiert worden war, dazu führten, dass die Parteien eher bereit waren, auf lokaler Ebene auch Arbeiterinteressen zu berücksichtigen.

Das andere Extrem bildeten Spanien, Italien und Russland. In diesen Ländern war die Arbeiterschaft von jeglicher politischen Mitwirkung ausgeschlossen, und die gewerkschaftliche und politische Arbeiterbewegung wurde mit Militär brutal unterdrückt. Hier gab es also keine Hoffnung, in kleinen Schritten auf legalem Wege etwas an der Lage zu ändern. Das trieb zur Radikalisierung: Seit den 1870er-Jahren unternahmen Ungeduldige wiederholt Attentate auf Monarchen und Regierungsmitglieder, und in Russland wurde die Arbeiterbewegung, die bis 1905 nur im Untergrund existieren konnte, revolutionär.

Organisationsstrukturen von Parteien entstanden, indem sich zunächst gleichgesinnte Parlamentsabgeordnete zusammenfanden, die dann um lockere Verbände außerhalb der Parlamente erweitert wurden. Anfangs waren diese nur im Vorfeld der Wahlen stärker aktiv. Konservative und liberale Parteien stellten bis zur Jahrhundertwende Honoratiorenverbände aus örtlich bekannten Persönlichkeiten dar, die beruflich abkömmlich waren, die US-amerikanischen blieben es auch darüber hinaus. Die Sozialisten bauten dagegen straff organisierte Mitgliederparteien auf, in denen regelmäßige Beiträge kassiert wurden, um Parteifunktionäre zu bezahlen. Als die Politisierung breite Kreise erfasste, formierten sich außerdem in Westeuropa und den USA im ausgehenden 19. Jahrhundert auch Interessenverbände, die auf Parteien, Regierungsapparat, Parlament und öffentliche Meinung Einfluss zu nehmen trachteten. Zugleich erstarben vorindustrielle Konfliktformen wie Hungerkrawalle, die spontan und lokal begrenzt waren. Vor allem industrielle Interessen, landwirtschaftliche Produzenten und Industriearbeiter organisierten sich, aber auch Kriegsveteranen, dagegen kaum Landarbeiter und Tagelöhner. Die Frauenbewegung war dabei gespalten, nicht zuletzt da die Interessen der bürgerlichen und der proletarischen Frauen divergierten; Erstere suchten sich Perspektiven höherer Bildung und außerhäuslicher Berufstätigkeit zu erschließen, Letztere drückte die Doppelbelastung durch Haushalt und außerhäusliche Arbeit.

Die Selbstorganisation der Gesellschaft von unten überschnitt sich mit Bestrebungen der Herrschenden, die erwachenden Massen von oben zu integrieren und zu mobilisieren. Hierzu wurde im ausgehenden 19. Jahrhundert die Idee der Nation instrumentalisiert. Das fand vielfältigen Ausdruck, insbesondere in nationalen Festen, Nationalfeiertagen (in Frankreich seit 1880 der 14. Juli als Tag des Sturms auf die Bastille) und anderen Ritualen (z. B. in den USA seit den 1880ern Fahnenverehrung als Schulritual). Das revolutionäre Frankreich führte 1793 die allgemeine Wehrpflicht ein. Diese ersetzte das Heer aus unmotivierten Söldnern, die oft mit Zwang und Tricks angeworben worden waren, durch Bürger, welche sich national motiviert für ihr Land schlugen. Der Krieg wurde vom Spiel der Fürsten zur Sache des Volkes. Auch wenn man in Frankreich und Preußen nach der Restauration 1815 zunächst die Massenmobilisierung wieder zurückdrängte und zu Längerdienenden überging, so breitete sich doch im Laufe des 19. Jahrhunderts das Prinzip der Wehrpflichtarmee in Europa allgemein aus. Im Ersten Weltkrieg führte dies zu einer Massenmobilisierung bisher unbekannten Ausmaßes. Statt einzelner Armeen, die sich in der Weite des Raumes hin- und herbewegten, entstand zum ersten Mal eine geschlossene Frontlinie über Hunderte von Kilometern, und große Teile der Zivilbevölkerung waren in die Rüstungsproduktion einbezogen. Um die Massen bei der Stange zu halten, entfachten alle Regierungen im Weltkrieg durch intensive Propaganda die nationalen Leidenschaften und ideologische Feindschaften. Der solcherart physisch und psychisch entgrenzte Krieg ließ dann keinen Spielraum mehr für Kompromissfrieden. So dauerte er an, bis eine Seite zusammenbrach. Am Ende waren 8,8 Millionen Soldaten gefallen. Ein besonderer Künstler einer Integrationspolitik von oben war Bismarck. Er führte 1867 das allgemeine und gleiche Wahlrecht zum deutschen Reichstag ein, um die konservative ländliche Bevölkerung gegen die liberale Mehrheit zu mobilisieren, und erfand 1883 bis 1889 die Sozialversicherung als Pflichtversicherung für Krankheit, Unfall und Alter, um den Sozialdemokraten die Anhänger abspenstig zu machen. Die innovative Idee einer Sozialversicherung wurde bis 1900 in mehr autoritären Staaten nachgeahmt, danach europaweit, wobei bemerkenswerterweise gerade die Schweiz und die USA als Länder mit nur schwachem Sozialismus erst recht spät folgten. Mit einem bestimmten Industrialisierungsgrad hing der Beginn der Sozialversicherung hingegen nicht zusammen.[633]

Während die patrimonialbürokratischen Monarchien Europas sich zwar als allzuständig sahen, tatsächlich aber nur mit geringer Intensität in die Gesellschaft eingriffen, grenzte das Konzept der liberalen Bürgergesellschaft zwar einerseits Freiräume gegenüber dem Zugriff des Staates aus, aber andererseits intensivierte sich mit der Transition die staatliche Tätigkeit. Dahinter steckten mehrere Triebkräfte.[634] Wo Zwischengewalten wie

Zünfte, Grundherren oder englische Friedensrichter zurückgedrängt oder
beseitigt wurden und wo die Lokalverwaltung durch die steigende Komplexität der Verhältnisse zunehmend überfordert war, drang der Staatsapparat vor. Anfang des 19. Jahrhunderts wurde die staatliche Polizei aufgebaut, erst in Großstädten, dann auch auf dem Lande. Die Kirche musste
die Schulaufsicht abgeben, ebenso die rechtlich verbindliche Eheschließung, indem die staatliche Zivilehe eingeführt wurde. Außerdem wirkte
die Machtkonkurrenz der europäischen Staaten als Antrieb; sie führte
jetzt dazu, dass Regierungen nicht nur für Militär im engeren Sinne sorgten, sondern sich auch verstärkt bemühten, als Machtbasis Gewerbe bzw.
Industrie ihres Landes zu stärken, oder sich um die Gesundheit der Jugend
kümmerten (durch industrielle Kinderarbeit schwachbrüstig Gewordene
waren als Rekruten nicht zu gebrauchen). Drittens war das mit der Industrialisierung erstarkende Wirtschaftsbürgertum, zunehmend auch politisch einflussreich, daran interessiert, dass die für die Industrialisierung
nötige Infrastruktur aufgebaut wurde, einmal in Gestalt von Bahn-, Post-
und Telegrafenverbindungen, ebenso in den expandierenden Großstädten
als Gas-, Wasser- und Stromversorgung sowie Straßenbahn. Dieses geschah meist zunächst durch private Firmen, die in Europa langfristig von
den Gemeinden oder vom Staat aufgekauft wurden. Aber auch bei privatem Infrastrukturaufbau war der Staat mit Trassenplanung und Subventionen beteiligt. Mit der Industrialisierung kamen noch weitere Aufgabenfelder auf den Staat zu, so der Ausbau des Schulwesens zur allgemeinen
Alphabetisierung, die Förderung der Universitäten und das Gesundheitswesen (Aufbau von Krankenhäusern, Förderung der Hygiene und Bau
von Kanalisation). Schließlich hatten Industrialisierung und ungehinderte
Marktkräfte Nebenwirkungen, die relevante Interessen verletzten, sodass
sich der Staat gezwungen sah zu intervenieren, z. B. durch Patentrecht,
technische Schutzbestimmungen, Gewerbeaufsicht (Großbritannien ab
1833, Preußen 1853), Schutzzölle und Sozialversicherung.

Während patrimonialbürokratische Staaten im Wesentlichen aus Streitkräften und Hofhaltung bestanden und ihr Verwaltungsapparat erst gering war, stieg jetzt die Zahl der zivilen Staatsdiener stark an, besonders
im Bereich der kommunalen Leistungsverwaltung und des Bildungswesens, und überrundete Ende des 19. Jahrhunderts die Zahl der Militärpersonen.[635] Der Anteil der Staatsausgaben am Bruttosozialprodukt wies
dagegen bis 1914 noch keinen allgemein steigenden Trend auf und lag
bei 7−15 %.[636] Seit etwa 1800 ließen die Regierenden ihr Staatsgebiet kartografisch genauer erfassen, eine wachsende Zahl vor allem wirtschaftlicher Sachverhalte regelmäßig statistisch erheben und auch die Bevölkerung zunehmend registrieren (Meldepflicht und Wehrdienst). Mit der
Intensivierung staatlicher Regulierung wurden die Lebensbereiche stärker verrechtlicht, wodurch der Umfang der gesetzlichen Regelungen stark

anschwoll. Zugleich wurde der Staatsapparat in ganz West- und Mitteleuropa vom Ende des 18.Jahrhunderts bis um 1870 deutlicher als eigener
Bereich ausdifferenziert.[637] Personale Elemente wie Ämterkäuflichkeit,
Steuerpacht und adlige Klientelbindungen verschwanden weitgehend. Beamte, die das staatliche Amt mit Privatinteressen vermengten, sahen sich
jetzt zunehmend der Korruption bezichtigt. Prüfungen für den Zugang
zum Staatsdienst und Laufbahnregelungen wurden üblich. Der Staats-
betrieb gewann einen systematischeren und stärker formalisierten Charakter, intern indem Berichte und Formblätter Standard wurden, nach
außen indem man den unübersichtlichen Wildwuchs bestehenden Rechts
in Gesetzeskodifizierungen systematisierte und weitere Gesetzesände-
rungen jetzt durch amtliche Gesetzblätter geordnet veröffentlichte.

Vorreiter dieser intensivierten Staatlichkeit war Frankreich in der Revolution und unter Napoleon I., unter dessen Einfluss dann auch die deutschen Staaten. In Italien und Spanien wurden die napoleonischen Anstöße
zur Bürokratisierung nur halb umgesetzt, in Russland nur in der Zentralverwaltung. So blieb in diesen Ländern bis 1914 der Staatsapparat
kleiner und weniger effizient, die personalen Beziehungen bis hin zur Korruption lebendiger. Bürokratisierung war nur z.T. eine Folge der Industrialisierung.[638] Während in Frankreich und Deutschland die absolutistischen
Traditionen die Neigung förderten, Probleme durch staatliches Eingreifen von oben zu lösen, bremsten in Großbritannien und der Schweiz die
Tradition lokaler Selbstverwaltung und bürgerlicher Freiheit den Ausbau
des Staatsapparates. Noch mehr galt das für die extrem individualistischen
USA, wo der Staatsapparat klein blieb und erst ab 1900 professionalisiert
wurde. Hier waren Bahn, Telefon und Versicherungen und andere Aufgaben gänzlich Privatfirmen überlassen, und die Selbsthilfe der Gesellschaft durch freiwillige Vereinigungen und Stiftungen stand hoch im Kurs.
Da staatliche Regulierungen hier gering blieben, konnte sich die menschliche Rücksichtslosigkeit umso mehr austoben, sei es im »Wilden« Westen
oder darin, dass die USA sich mehr Eisenbahnunfälle leisteten als jedes
andere Land.

Vielfältige Pfade in Richtung Parlamentarismus und Demokratie

Im Transitionsprozess der Machtstrukturen gab es weder einen Normal-
weg noch davon abweichende Sonderwege, sondern mehrere Pfade.[639] Das
lag nicht einfach daran, dass Zeitpunkt und Tempo des Erwachens der
Massen unterschiedlich waren – das hätte bedeutet, dass alle denselben
Weg gehen, nur die einen früher, die anderen später. Vielmehr waren
(1.) schon die Machtasymmetrien der Ausgangslage des Transitionspro-

zesses unterschiedlich, bestand also eine Pfadabhängigkeit von der bisher gelaufenen Geschichte: Sie sahen in Nordamerika anders aus als in Lateinamerika, waren in Großbritannien anders als im absolutistischen Europa. (2.) gerieten sodann die Antworten auf die industrielle Herausforderung verschieden, und damit entwickelten sich auch die gesellschaftlichen Strukturen nicht gleichartig. In Großbetrieben zusammengeballte Industrie- oder Bergarbeiter verhielten sich politisch anders als im ländlichen Raum vereinzelte Unterschichten, periphere Agrargesellschaften unterschieden sich von Industriegesellschaften. Eine große Rolle spielte die Tatsache, dass die Transitionsprozesse der einzelnen Staaten nicht unabhängig voneinander verliefen. Das bedeutete (3.) nicht nur, dass gelegentlich konservative Mächte militärisch in die Innenpolitik anderer intervenierten, um eine Transition zu verhindern, so Österreich 1821 in Neapel und Piemont, Frankreich 1823 in Spanien und Russland 1849 in Österreich. Viel wichtiger war (4.) der Transfer neuer politischer Modelle. Die US-amerikanische Verfassungsdiskussion blieb nicht ohne Einfluss auf das europäische Geschehen der 1780er-Jahre[640], und vor allem die französische Menschenrechtserklärung 1789, die beanspruchte, universal gültig zu sein, und die französische Verfassung von 1791 wurden europaweit aufgegriffen. Die US-Verfassung von 1787 und die Ideen der Französischen Revolution dienten auch den unabhängig gewordenen lateinamerikanischen Staaten als Modell. Französische Ordnungsmodelle wurden ab 1793 von den Revolutionstruppen mit missionarischem Elan direkt mit Gewalt exportiert, besonders nach Deutschland und Italien, wo die Herrschenden sie als Reformen von oben durchsetzten, ohne dass ihnen von unten nennenswerte Begeisterung entgegenschlug. Langfristig entfaltete dann die innere Kraft der französischen Freiheitsideen europaweit ihre Wirkung, außer in Großbritannien, das wesentliche Prinzipien bereits realisiert hatte und vielmehr sein eigenes Ordnungsmodell in seine Siedlungskolonien exportierte. Überdies wirkten die französischen Revolutionen von 1830 und 1848 ansteckend und lösten unmittelbar in einigen anderen europäischen Ländern ebenfalls revolutionäre Erhebungen aus, 1848 vor allem in mitteleuropäischen und italienischen Staaten. Schließlich spielte auch die Ereignisebene eine Rolle. So schwächte (5.) Leistungsversagen die herrschenden Kräfte, wer immer das war, insbesondere schwere Kriegsniederlagen, ebenso wie Siege sie stabilisierten. Und (6.) agierten die politischen Akteure mit unterschiedlichem Geschick: Sie konnten Konfliktstoff durch rechtzeitige Reformen entschärfen (preußische Reformen ab 1806) oder durch die dumme Blockade des Unvermeidlichen die Dinge zur revolutionären Entladung treiben (Russland um 1900), durch ungeschicktes Taktieren verspielen, was haltbar gewesen wäre (Ludwig XVI. in Frankreich 1781–92) oder eine Integrationspolitik von oben versuchen (Bismarck).

Aus dem Zusammenspiel dieser sechs Faktoren, nicht zuletzt auch aus ihrer im Zeitablauf verschiedenen Kombination ergaben sich eine Reihe unterschiedlicher Pfade der Transition.[641] Dabei lassen sich Länder mit ähnlichen Merkmalen und Pfaden zu Gruppen zusammenfassen.

Zur ersten Gruppe gehörten die USA und die Schweiz, ferner Australien, Neuseeland und Norwegen. Diese Länder fanden als Erste den Weg zur Demokratie, und zwar durch die breiten Kreise alphabetisierter Kleinbesitzer und im Wesentlichen noch vor der Industrialisierung. Hier waren kein im Lande residierender Monarch und kein Adel zu überwinden, dafür ließ sich an eine ausgeprägte Selbstverwaltungstradition auf der Ebene der Gemeinden und Einzelkolonien/Kantone anknüpfen, meist aus Großbritannien transferiert. In den USA war das Wahlrecht nach der Unabhängigkeit zunächst durch Besitzerfordernisse leicht eingeschränkt und die Wahlbeteiligung gering. In der Politik dominierten Großgrundbesitzer aus dem Süden sowie Kaufleute und Anwälte des Nordens, sodass faktisch eine oligarchische Republik bestand. In den 1820er-/30er-Jahren kam es dann in den USA zu einer Politisierung breiter Kreise, die bereits alphabetisiert waren; die Zensusbeschränkungen fielen, und die Meinung der breiten Schicht der Kleinlandwirte und Handwerker wurde ausschlaggebend. Viele öffentliche Ämter wurden jetzt durch Wahl vergeben statt durch Ernennung. Der ungehobelte Präsident Jackson (1829–37) personifizierte den Übergang der politischen Führung von der Plantagenbesitzerelite zur Mittelschicht. Zwischen 1840 und 1896 lag die Wahlbeteiligung für Präsidentschaftswahlen bei 75–80 %.[642] Trotzdem blieb es eine defekte Demokratie, da in den Südstaaten die Sklaverei bis 1865 weiterbestand und die Schwarzen zwar 1866 Wahlrecht erhielten, es ihnen in den Südstaaten aber in den 1880er- und 1890er-Jahren faktisch in starkem Maße entzogen wurde, indem die Weißen es an Lesefähigkeit und Besitz banden. Die Plantagenbesitzer des Südens wurden im Sezessionskrieg 1861–65 besiegt, sodass sich die Plantagenwirtschaft nicht weiter nach Westen ausdehnte und die liberalen Strukturen des Nordens endgültig zum Mainstream wurden. Es gab keine antidemokratische Koalition zwischen den eher aristokratischen Plantagenbesitzern und der aufkommenden Industrie. Unter den Bedingungen der extrem liberalen Gesellschaftsordnung wurden in den 1880er- und 1890er-Jahren Großindustrie, Eisenbahngesellschaften und Großbanken politisch dominant, mehr als in den europäischen Großstaaten. Bei diesen Machtverhältnissen blieb es bis 1933. Mit Rückendeckung durch unternehmerfreundliche Presse und Richter betrieben die regierenden Republikaner im Interesse des Big Business in diesen Jahrzehnten eine gewerkschaftsfeindliche Politik und gingen auch gewaltsam[643] gegen die organisierte Arbeiterschaft vor. Eine parteiübergreifende, vor allem von der Mittelschicht getragene Bewegung versuchte um die Jahrhundertwende den asymmetrischen Charakter der

Machtverhältnisse abzubauen. Sie erreichte, dass die Anti-Trustgesetze 1890 wettbewerbsbeschränkende Zusammenschlüsse verboten, dass die Parteien Vorwahlen einführten und dass bessere Schutzvorschriften für Fabriken und Lebensmittel eingeführt wurden. Wesentlich konnten sie die Machtstrukturen aber nicht verändern. Die Wahlbeteiligung sank nun deutlich.

In der Schweiz kamen die liberaldemokratischen Kräfte in den 1830er-Jahren in den meisten Kantonen an die Macht, und nachdem die katholisch-konservativen Kräfte im Sonderbundskrieg 1847 besiegt worden waren, wurde 1848 die Gesamtschweiz zur parlamentarischen Demokratie mit allgemeinem Männerwahlrecht. Da großagrarisch-adlige Traditionen fehlten und die Arbeiterbewegung bis zum Ersten Weltkrieg bedeutungslos blieb, nicht zuletzt infolge der geringen Urbanisierung, dominierten langfristig die bürgerlich-liberalen Kräfte. Bürgerliche Wertvorstellungen von Arbeit und Ordnung durchdrangen die Gesellschaft nach und nach in einem Maße wie in keinem anderen europäischen Land. Die demokratische Bewegung konnte in den 60er-/70er-Jahren Elemente direkter Demokratie (Referendum) durchsetzen. Sonderfälle waren die nicht ganz unabhängigen britischen Siedlerkolonien und Norwegen. Nachdem die parlamentarische Monarchie in den 1850er-Jahren von Großbritannien hierher übertragen bzw. vom norwegischen Parlament durchgesetzt worden war, demokratisierten sich die Machtverhältnisse recht zügig. Dabei entstand in Australien eine starke Arbeiterbewegung, und 1908 kam es hier zur weltweit ersten Regierung durch eine Arbeiterpartei.

In allen anderen europäischen Staaten bedeutete Demokratisierung nicht nur, die Macht demokratisch auf die Massen auszuweiten, sondern sie musste überdies erst einmal Monarch (und Adel) entwunden werden. Nun gab es in einigen Staaten zwar einen Monarchen, aber keine absolutistische Tradition, nämlich in Großbritannien, Belgien und den Niederlanden. Hier erfolgte im Transitionsprozess zunächst der Schritt von der konstitutionellen zur parlamentarischen Monarchie, der die Regierung vom Parlament abhängig machte, und zwar wurde er von den Oberschichten durchgesetzt. Erst nachdem diese Regierungsweise sich verfestigt hatte, wurde die politische Beteiligung auf die Massen ausgedehnt. Dabei stellte die Transition nirgendwo einen so langgestreckten und kleinschrittigen Prozess dar wie in Großbritannien. Hier hatte sich die konstitutionelle Monarchie schon Anfang des 18. Jahrhunderts etabliert. 1834 ging das Land zur parlamentarischen Monarchie über, womit das Unterhaus zum Zentrum des politischen Geschehens wurde, zu einem Zeitpunkt, als erst 12 % der Männer wahlberechtigt waren und das Unterhaus noch aristokratischen Charakter hatte. Forderungen nach einer Mittelschichtdemokratie waren 1645–49 mit der Leveller-Bewegung völlig verfrüht hochgekocht und unterdrückt worden, und den Forderungen nach

allgemeinem Wahlrecht Anfang des 19. Jahrhunderts waren die Herrschenden mit der Wahlrechtserweiterung von 1832 nur einen kleinen
Schritt entgegengekommen. Mit den Reformen des Wahlrechts 1867 und
1884 wurde dieses dann schrittweise auf 2/3 der Männer erhöht, mehr von
den Parteien eingeführt, um Anhänger gegen die Konkurrenz zu gewinnen, als von unten erkämpft, bis 1918 das allgemeine Männerwahlrecht
folgte.[644] Hier ging man also erst in einer späten Phase der Industrialisierung und nur langsam zur Demokratie über. Unter diesen Bedingungen konnte die aristokratische Elite langfristig Einfluss bewahren, und
ihr Gentleman-Ideal wirkte bis weit in die Mittelschicht hinein prägend.

Deutlich schneller verlief die Transition in Belgien und den Niederlanden, wo großgrundbesitzende Eliten im Vergleich zum Großbürgertum
nur schwach waren und inzwischen das britische Vorbild vor Augen stand.
Das 1830 gegründete Belgien wurde gleich parlamentarische Monarchie,
in den 1815 wiederhergestellten Niederlanden setzte das Parlament diese
1868 durch, und zwar bei nur 4 bzw. 11 % Wahlberechtigten unter den
Männern.[645] Nach der Zwischenstufe einer Wahlrechtserweiterung 1848
bzw. 1887 wurde das demokratische Wahlrecht 1919 bzw. 1918 eingeführt.

In den bisher genannten Ländern wurde die Demokratie später nie
mehr infrage gestellt. Das sah in den meisten anderen Staaten durchaus
anders aus. In allen übrigen europäischen Ländern musste der Transitionsprozess zunächst den Absolutismus und die adlige Grundherrschaft überwinden. Im Unterschied zu den eben genannten Staaten erfolgte dabei in
Frankreich, Mitteleuropa und Skandinavien die Massenmobilisierung vor
der Parlamentarisierung, was den Weg konfliktbeladener machte.

In Frankreich geriet die politische Ordnung 1789 durch die plötzliche
Massenpolitisierung in heftige Schwingungen und stabilisierte sich erst
1877 wieder wirklich, nachdem sie 14 Mal umgestoßen worden war. Da
Frankreich sich in der Machtrivalität mit Großbritannien übernommen
hatte, war die Regierung in den 1770er-Jahren in eine Finanzkrise geraten. Außerdem sahen die ständischen und absolutistischen Machtstrukturen sich zunehmend aufgeklärter Kritik ausgesetzt, ebenso das genuss-
süchtige Leben des Königshofes. Durchgreifende Reformvorschläge fanden
bei König Ludwig XVI. keine Unterstützung. Dieser sah vielmehr letztlich keinen anderen Weg, als 1788 den Absolutismus aufzugeben und die
Generalstände wieder einzuberufen. Durch seine halben Zugeständnisse
und seine unklare Haltung provozierte er 1789 erst die Vertreter des Dritten Standes der Generalstände, als Nationalversammlung das Heft in die
Hand zu nehmen, dann die Volksmenge in Paris zum Sturm auf die Bastille, einem Symbol der königlichen Macht, und schließlich die Bauern in
der Provinz zum Sturm auf die Schlösser der Herren. Die durch diese
revolutionären Ereignisse eingeführte konstitutionelle Monarchie (Ver-

fassung von 1791 mit hohem Zensus) hatte keine Chance, da Ludwig die ihm darin zugedachte Rolle nicht spielen wollte. Das kostete ihn den Kopf und Frankreich die Möglichkeit, die politischen Verhältnisse durch eine gemeinsame Herrschaft von König und Oberschichten zu stabilisieren. 1787–94 führte eine Flut von Flugschriften und Zeitungen zu einer raschen Politisierung breiter Kreise, die dabei aufbrandenden Kontroversen zu einer Polarisierung: Konterrevolutionäre Priester und Aristokraten konnten in einigen Regionen konservative Bauern gegen die Revolution mobilisieren, die lokalen und regionalen Eliten wehrten sich gegen den verstärkten Zugriff der Pariser Zentrale, und das Pariser Kleinbürgertum der Sansculotten erstrebte eine egalitäre und demokratische Gesellschaft von Kleinbesitzern. Die Jakobiner als Vertreter der Sansculotten versuchten dann 1793/94 ihre republikanischen Ideale mit Terror durchzusetzen und ruinierten dabei die Freiheit. Verschärft wurde das politische Klima dadurch, dass Niederlagen im Krieg gegen auswärtige Monarchen drohten. Wem immer die Sympathien des heutigen Betrachters gehören mögen – angesichts dieser erbitterten inneren Gegensätze, mit einer noch weitgehend analphabetischen Bevölkerung und ohne entwickelte bürgergesellschaftliche Strukturen hatte Demokratie objektiv keine Chancen. Aber auch die Herrschaft des Großbürgertums in den folgenden Jahren ließ sich nicht stabilisieren. So landete man 1799 bei der populistischen Diktatur des erfolgreichsten Generals, Napoleon Bonaparte. Dieser versuchte sich einerseits mit plebiszitären Mitteln Massenanhang zu sichern und hängte sich andererseits 1804 den Mantel des Kaisertums um. Durch den Mangel an traditioneller Legitimität fühlte er sich dazu getrieben, immer neuen militärischen Erfolgen nachzujagen. Das konnte auf Dauer nicht gutgehen. Die Revolution war weder historisch zwangsläufig, noch war das Unternehmertum, die Bourgeoisie, dabei eine wesentliche Triebkraft.[646] Im Ergebnis schrieb Napoleon eine halbierte liberale Ordnung fest: Er garantierte ihre gesellschaftlichen und wirtschaftlichen Prinzipien, aber ohne politische Freiheit und Mitbestimmungsmöglichkeit.

Nach Napoleons politischem Ende 1815 versuchten die französischen Oberschichten den Geist der frühen Massenmobilisierung wieder in die Flasche zu zwingen, doch letztlich vergeblich. Das wiedergekehrte Bourbonenkönigtum regierte als konstitutionelle Monarchie, bei der aufgrund eines extrem hohen Zensus nur Adel und Großbürgertum politisch mitbestimmen konnten. Die Revolution von 1830 fingen die Oberschichten ab, indem sie sich schnell einen liberalen Monarchen aus der Nebenlinie Orleans suchten und die Zensushürde unwesentlich mäßigten. Das Mitbestimmungsstreben des Kleinbürgertums, das schon stärker als in jedem anderen europäischen Land politisiert war, brach sich dann vor dem Hintergrund einer Wirtschaftskrise 1848 durch eine neue Revolution Bahn. Das Ergebnis war die Republik mit allgemeinem und gleichem Wahlrecht.

Transitionsprozess

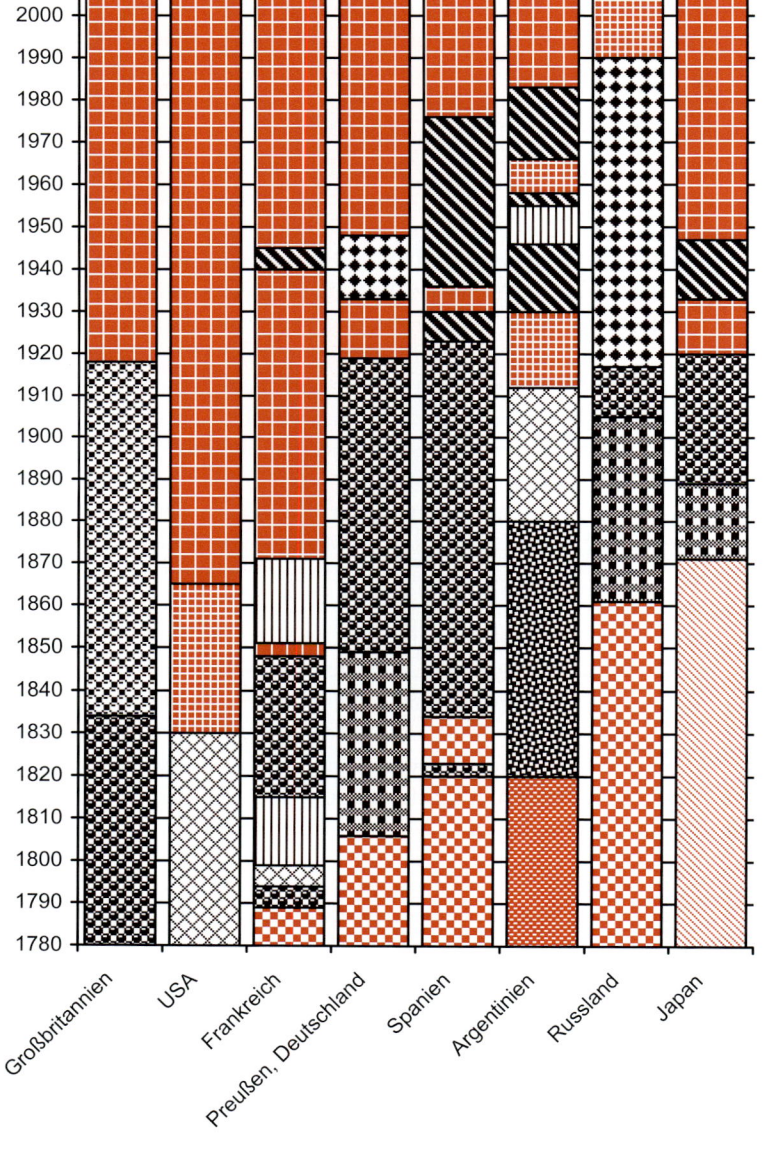

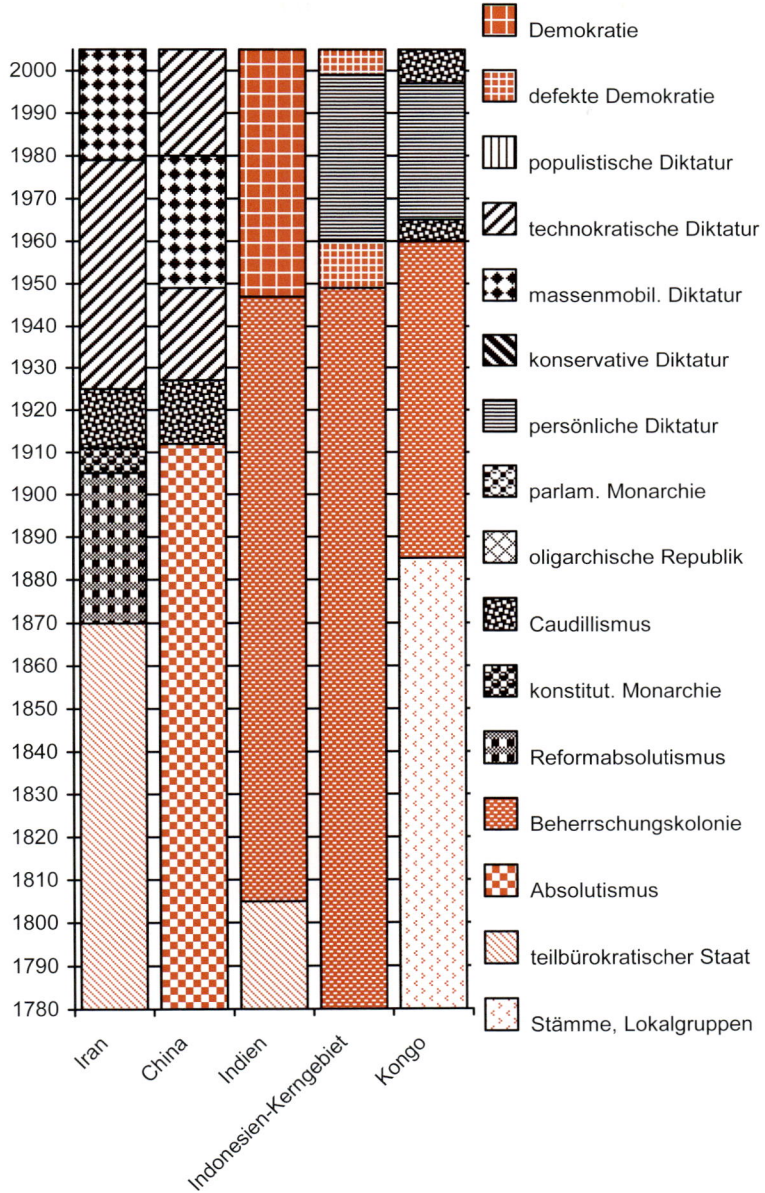

Durch die Forderungen der Arbeiterschaft erschreckt, wählten Bürger und Bauern allerdings Napoleons Neffen zum Präsidenten. Dieser errichtete 1851 hinter der Fassade eines entmachteten Parlaments und von Plebisziten eine populistische Diktatur, die sich erneut als Kaisertum gab, wobei er die einzelnen Interessengruppen gegeneinander ausspielte. Nach dem Untergang des Kaisertums durch die Kriegsniederlage 1871 bestand zunächst faktisch eine konstitutionelle Monarchie mit gewähltem Präsidenten, da es zwei konkurrierende Dynastien gab. Erst ab 1877 waren dann Republik und parlamentarische Demokratie fest etabliert. Nun wichen auch die Oberschichtmitglieder in der Politik zunehmend Vertretern aus der Mittelschicht, und Frankreich wurde bis zum Weltkrieg von der liberalen Mitte her regiert. Dabei blieb das Parteiengefüge noch recht fließend, und die Regierungen waren oft instabil.

In Mitteleuropa und Skandinavien leiteten viele absolutistische Monarchen schon vor 1789 eine Reihe von Reformen ein, ganz im Unterschied zum Reformstau in Frankreich. In den reformabsolutistischen deutschen Staaten wurde die Reformpolitik zwischen 1806 und 1820 forciert, um den Staat leistungsfähiger zu machen und nicht zuletzt um einem Umsturz wie in Frankreich vorzubeugen. Es ist eine verzerrte Perspektive, wenn man bei den deutschen Staaten des frühen 19. Jahrhunderts primär darauf blickt, dass wesentliche Wünsche der Liberalen noch nicht erfüllt waren (»Reaktionszeit«), und dabei übersieht, dass hier die patrimonialbürokratischen Strukturen des 18. Jahrhunderts deutlich überwunden wurden. Ein Teil der deutschen Mittelstaaten ging schon 1814–20 zur konstitutionellen Monarchie über, weitere 1831/33 nach von Frankreich angestoßenen Unruhen, Preußen als Reaktion auf die Revolution 1848/49 und Österreich nach der Kriegsniederlage 1859. Während die politische und gesellschaftliche Führung des Adels bis 1848 unstreitig war, formierte sich in den 1830er-/40er-Jahren allmählich eine liberale Bewegung bürgerlicher Mittelschichten. Der Griff der liberal-demokratischen Mittelschichten nach der Regierungsgewalt in den deutschen Einzelstaaten in der Revolution 1848 scheiterte; allerdings war er vor 1848 auch in noch keinem anderen europäischen Land geglückt. Die deutschen Liberalen hatten nur in einem schmalen Zeitfenster die Chance, eine parlamentarische Monarchie zu erzwingen. Von 1859 bis 1877 besaßen sie in Preußen-Deutschland die Parlamentsmehrheit, doch ihren Griff nach der Regierung wehrte Bismarck im preußischen Verfassungskonflikt 1862–67 rücksichtslos ab, und seine Siege von 1866 und 1871 stabilisierten die bestehende Ordnung.[647] Dann ging die liberale Mehrheit verloren: Im Zuge der zunehmenden Massenpolitisierung konnte zunächst ländliche Bevölkerung von den Konservativen im großgrundbesitzgeprägten Ostelbien und von der Zentrumspartei im katholischen Raum hinzugewonnen werden, dann lief die entstehende Industriearbeiterschaft besonders zu den Sozialdemokraten, während die

Liberalen kaum zusätzliche Wählerschichten erschlossen. In Deutschland erfolgte die Massenpolitisierung eher als in allen anderen europäischen Staaten außer Frankreich[648], bedingt durch das 1867 und damit relativ zeitig eingeführte allgemeine und gleiche Wahlrecht und die frühe Alphabetisierung. Außerdem erschienen die Sozialisten auch deshalb früher und mit größeren Anteilen im Parlament als in allen anderen europäischen Staaten, weil die Industrialisierung hier rasch große Industriegebiete heranwuchern ließ. Nicht Rückständigkeit[649], sondern umgekehrt dieser besonders schnelle und zugleich regional ungleiche Strukturwandel blockierte nun den Schritt zur Parlamentarisierung, für die es in der solcherweise zerstückelten Parteienlandschaft bis zum Ersten Weltkrieg keine Mehrheit mehr gab. Das Großbürgertum hatte als Juniorpartner der adligen Führungsschichten seine wirtschaftspolitischen Wünsche erfüllt bekommen, und alle bürgerlichen Kreise fürchteten sich vor den Sozialdemokraten. Anders in Dänemark, wo Großagrarier und Industrie schwächer waren. Hier bestand seit 1849 eine konstitutionelle Monarchie mit Wahlrecht aller selbstständigen Männer, und nachdem der König lange konservativ gegen eine liberale Mehrheit regiert hatte, musste er schließlich 1901 die Parlamentarisierung zugestehen. Damit kam die kleinbürgerlich-bäuerliche Mehrheit an die Macht. In Österreich hinkte die Transition hinterher und wurde dann durch die zunehmenden Nationalitätenkonflikte blockiert.

Italien, die Iberische Halbinsel und Russland waren nicht nur rückständig, sondern zugleich wurden auch punktuell Elemente aus Nordwesteuropa transferiert.[650] Es gab eine starke Großgrundbesitzerschicht, in Italien und Spanien durch den Verkauf des Kirchenbesitzes noch gestärkt, und die analphabetischen Bauern ließen sich noch lange für die Sache des Monarchen gewinnen. Angesichts der geringen Verstädterung blieben die Mittelschichten schwach, und ebenso entwickelten sich erst spät und wenig bürgergesellschaftliche Strukturen. Andererseits waren die Ideen der Französischen Revolution seit den Napoleonischen Kriegen vorhanden, aber zunächst nur bei kleinen Gruppen, und es entstanden Ende des 19. Jahrhunderts punktuell schon Industriezentren mit einer Industriearbeiterschaft, die sich radikalen Ideen öffnete. Bei diesem zeitlichen Ineinanderschieben von Altem und Neuem polarisierte sich die Gesellschaft stärker als in den bisher genannten Ländern, was in Italien und Spanien noch durch einen massiven Gegensatz zwischen den Liberalen und der katholischen Kirche verschärft wurde. Hier hatte eine schrittweise Entwicklung zur Demokratie keine Chance. Nach dem Ersten Weltkrieg fielen diese Länder dann Diktaturen anheim, und zwar noch vor der Weltwirtschaftskrise.

In Italien gelang zwar der Schritt zur parlamentarischen Regierungsweise relativ früh, doch die Integration der Massen blieb aus. Von 1815 bis

1848 hielten Präsenz und Interventionen Österreichs in den italienischen Staaten die absolutistischen Verhältnisse aufrecht. Mit der Revolution 1848 kam in Piemont-Sardinien die konstitutionelle Monarchie, die nach wenigen Jahren parlamentarisiert wurde und mit der nationalen Einigung 1861 zur Verfassung ganz Italiens wurde. Dabei waren nur 8 % der Männer wahlberechtigt.[651] Da der Papst bis 1904 die Teilnahme an Wahlen verbot, blieben die Konservativen draußen vor der Tür. So herrschten die Liberalen, d. h. das Großbürgertum des Nordens mit den Großgrundbesitzern aus dem Süden als Juniorpartnern, welche die Wahlberechtigten weitgehend klientelistisch an sich banden. Während die Massen des Südens weitgehend analphabetisch und unpolitisch blieben, meldeten die des Nordens zunehmend Mitspracheansprüche an, und hier fanden allmählich auch Demokraten, Republikaner und Sozialisten Resonanz. Indem das Wahlrecht 1882 auf 25 % der Männer erweitert wurde (bei ca. 60 % Wahlbeteiligung), fanden auch insbesondere die Mittelschichten des Nordens Zugang zur Politik. Nun wurden im Parlament durch persönliche Bindungen von Patronage bis Bestechung Regierungsmehrheiten zusammengezimmert. Eine weitere Öffnung trauten die Herrschenden sich bis 1913 nicht. Unruhen von Landarbeitern und Industriearbeitern in Norditalien wurden gewaltsam unterdrückt.

Auf der Iberischen Halbinsel verlief die Entwicklung der Machtverhältnisse chaotisch. Nachdem Spanien schon 1812 unter englisch-französischem Einfluss eine liberale Verfassung erhalten hatte, die aber nach zwei Jahren wieder dem Absolutismus weichen musste, erlebte es zwischen 1820 und 1876 sieben Militärrevolutionen, Putsche und Staatsstreiche, dazu drei Bürgerkriege, die von absolutistischer Seite aus Anlass dynastischer Konkurrenz angezettelt worden waren, außerdem einen Verfassungsumsturz durch Intervention von außen und 1869 und 1873/74 obendrein republikanische und sozialistische Aufstände. Die Anhänger des Liberalismus waren zunächst nur Intellektuelle und Militärs ohne nennenswerten Anhang, für den Absolutismus standen Adel und besonders die katholische Kirche, die auch unter den analphabetischen Bauern Anhang mobilisieren konnte. Das ließ die Liberalen stark antiklerikal werden. Die gemäßigt konservativen Kräfte sahen sich von beiden Seiten bedrängt, und angesichts des fehlenden Fortschritts fanden schließlich republikanische und sozialistische Positionen in den Städten Zulauf. Die nur schwach entwickelten städtischen Mittelschichten spielten keine Rolle. 1876 arrangierten sich dann die Liberalen und Konservativen, hinter denen Militär, Großgrundbesitz und Handelsbürgertum standen, indem sie sich nun bis 1923 absprachegemäß an der Macht abwechselten. Manipulierte Wahlen und Klientelbeziehungen sicherten dieses Verfahren ab, sodass auch der Übergang vom hohen Zensus zum allgemeinen Wahlrecht 1890 bedeutungslos blieb. Unter der in Katalonien entstehenden

Industriearbeiterschaft und den erwachenden Landarbeitern Südspaniens fanden angesichts dieser politischen Ausgrenzung, diesem Fehlen jeder Perspektive, Machtstrukturen legal zu verändern, Republikaner und Anarchisten zunehmend Anklang. Ihre zahlreichen Aufstände wurden mit Militär niedergeschlagen. Die Entwicklung in Portugal verlief strukturell ähnlich, wobei die Phase des Arrangements von 1852 bis 1906 dauerte.

In Russland wuchsen ebenso große Spannungen heran, nur blieben sie länger verdeckt. Seit im Kampf gegen Napoleon 1815 russische Truppen nach Westeuropa vorgedrungen waren, fanden westliche liberale und demokratische Ideen ihren Weg nach Russland. Die autokratischen Zaren versuchten jahrzehntelang, dieses mit allen Mitteln zu verhindern. Nichtsdestoweniger entwickelte sich eine kleine, vom Volk isolierte systemkritische Intelligenz, die sich nicht zuletzt aufgrund der Unterdrückung umso mehr radikalisierte und Ende des Jahrhunderts vom Liberalismus ab- und dem revolutionären Sozialismus zuwandte. Angestoßen durch die Niederlage im Krimkrieg 1856 initiierte der Zar 1861–70 eine Reformphase, welche vor allem die Bauernbefreiung sowie die regionale und städtische Selbstverwaltung brachte. Man kann vom Übergang zum Reformabsolutismus sprechen. Durch die Selbstverwaltung und die Anfänge der Industrialisierung entstand Ende des Jahrhunderts ein liberal eingestelltes Bürgertum, das aber schwach blieb und kaum Strukturen einer Bürgergesellschaft entwickelte. Deutlicher politisierte sich die gleichzeitig entstehende Industriearbeiterschaft, die sich in den beiden Hauptstädten konzentrierte. Die Bauernschaft litt nicht zuletzt durch das starke Bevölkerungswachstum und die ungleiche Besitzverteilung zunehmend Mangel an Land, stand aber weitgehend unpolitisch abseits. Die Niederlage im Krieg gegen Japan 1905 löste dann eine Revolution aus, die der Zar mit dem Zugeständnis einer konstitutionellen Monarchie abfing. In den folgenden Jahren war er aber weder bereit, verfassungsgemäß mit dem Parlament zusammenzuarbeiten, noch die Landfrage ernsthaft zu lösen, und darin wusste er sich mit dem größten Teil des Adels und der Kirche einig. Seit der Revolution gab es allerdings eine politische Öffentlichkeit und Parteien. Dadurch wurde die wachsende Unzufriedenheit der politisch nicht integrierten Gruppen umso deutlicher sichtbar.

Die lateinamerikanischen Staaten legten sich nach ihrer Unabhängigkeit republikanische Verfassungen mit weit gefasstem Wahlrecht zu, und es wurden allgemein auch das ganze Jahrhundert hindurch Wahlen abgehalten. Doch das waren nur Fassaden. Mit der Unabhängigkeit verschwand die ohnehin schwache Kolonialbürokratie, und es gab keine Tradition von Selbstverwaltung. Als Folge der kolonialen Eroberung waren die Machtstrukturen extrem asymmetrisch, indem die kreolische Oberschicht verächtlich auf die abhängigen und ungebildeten Indianer und Schwarzen herabsah. Zwar endeten die Zwangsarbeitsverhältnisse allmählich, aber andererseits wuchs der Großgrundbesitz in der zweiten Hälfte des 19. Jahrhunderts durch den Verkauf von Kirchenland und die Privatisierung von indianischem Gemeindeland und profitierte auch von der aufkommenden Rohstoffexportwirtschaft. Nennenswerte städtische Mittelschichten entstanden nur dort, wo seit der Jahrhundertmitte verstärkt Europäer einwanderten. So bestanden in den ersten Jahrzehnten nach der Unabhängigkeit nur teilbürokratische Machtstrukturen, in denen regionale Führerpersönlichkeiten komplexe Klientelverbände organisierten und mit bewaffneten Gefolgschaften um die Macht rangen. Die Folge war eine Kette von Banden- und Bürgerkriegen, Diktaturen der siegreichen Führer und Militärputsche. Die Regierungen in den Hauptstädten konnten weite Landesteile nicht wirklich kontrollieren. Wahlen wurden zunehmend an Lesefähigkeit und Besitz gebunden, was die Indianer politisch ausschaltete, und in vielfältiger Weise manipuliert. Diese Phase des Caudillismus dauerte in den meisten Staaten bis in die 1870er-/80er-Jahre; nur Brasilien und Chile konnten sich schon 1831/33 stabilisieren. Seit Ende des 19. Jahrhunderts wurden dann bürokratische Strukturen und Verkehrsnetze aufgebaut, mit denen die hauptstädtischen Macheliten ihr Land zunehmend durchdrangen, ebenso eine professionelle Armee. Auch in den jetzt befriedeten Ländern blieben die Machtnetzwerke aber personalistischer als in Westeuropa, Wahlen weithin klientelistische Mobilisierung von Analphabeten. Die meisten südamerikanischen Länder wurden oligarchische Republiken, in denen eine echte politische Öffentlichkeit entstand, wobei die führenden Großgrundbesitzer, Kaufleute und Juristen oft stark mit der Rohstoffexportwirtschaft verbunden waren. In Mexiko und den kleineren mittelamerikanischen Staaten etablierten sich dagegen überwiegend persönliche Diktaturen.

Außerhalb der europäischen/europäischstämmigen Welt erreichten Verfassungsideen erst sehr wenige Staaten und mit nur begrenztem Erfolg. Am frühesten ging das Königreich Hawaii 1840 zur konstitutionellen Monarchie über, wobei es bis zum Untergang des Staates 1894/98 blieb. In Japan kostümierte die Machtelite ihre Herrschaft 1889 mit einer Verfassung nach preußischem Muster und mit hohem Zensuswahlrecht, um in den Augen der europäischen Staatengemeinschaft akzeptabel zu erscheinen. In der islamischen Welt fanden sich die Anfänge konstitutioneller Monarchie alle bereits in der Wiege erstickt. Die tunesische Verfassung von 1861 wurde 1864 auf französischen Druck aufgehoben und die ägyptische 1882 von den Briten nach wenigen Monaten suspendiert. Die 1876 vom osmanischen Sultan erlassene Verfassung wurde von ihm schon nach zwei Jahren kassiert, dann durch einen Militärputsch 1908 wiederhergestellt, nur um 1912 einer Militärdiktatur zu weichen. Die in Persien durch die Revolution von 1905 erzwungene Verfassung fiel 1911 den Russen zum Opfer. Der chinesischen Taiping-Revolution 1851–64, in der die

Bauern sich gegen die großgrundbesitzenden Eliten erhoben und fast die Dynastie umgestoßen hätten, waren westliche Verfassungsideen noch fremd. Allerdings mischten sich hier christliche Glaubensvorstellungen in die traditionellen Gleichheitsutopien dauistischer und buddhistischer Herkunft. Als der chinesische Kaiser 1908–10 Schritte unternahm, eine Verfassung einzuführen, wurde er durch die Militärrevolte von 1911 überrollt. Nach dem Willen der westlichen gebildeten Eliten führte sie zur Republik, allerdings einer rasch diktatorisch verhunzten.

Wachsende Menschheit – schrumpfende Distanzen. 1917 bis heute

Selbstzerstörung Europas und Ende der Imperien

1911 ließ sich der britische König Georg V. in Delhi mit einer überaus prunkvollen Zeremonie zum Kaiser von Indien krönen. Nur 36 Jahre später bemühte sich der letzte britische Vizekönig, die britische Herrschaft in Indien möglichst rasch noch einigermaßen mit Anstand beenden zu können. Dazwischen lagen zwei Weltkriege, in denen die Stellung aller europäischen Großmächte unheilbar erschüttert wurde, und eine innere Aushöhlung der Imperien. Wo der Zugriff der Machtzentrale erlahmte, formierten sich neue Nationalstaaten.

Am Ende des Ersten Weltkriegs traf es zunächst nur dessen Verlierer. So entstand 1918 eine Kette aus sieben neuen europäischen Staaten, die von Finnland bis Ungarn reichte, gegründet von den nichtdeutschen Eliten Österreich-Ungarns und im polnischen Osten Deutschlands sowie den nichtrussischen Eliten am Westrand Russlands. Letztere waren dazu schon im Weltkrieg von Deutschland angestiftet worden und wollten nun den Schrecken der kommunistischen Revolution entkommen. In Osteuropa hatte die Nationalstaatsidee schon vor dem Weltkrieg Wurzeln geschlagen, und hier war es auch den antikommunistischen Siegermächten recht. Andere Unabhängigkeitsbestrebungen scheiterten: Die Ukraine, Georgien, Aserbeidschan und Armenien wurden von den Russen bis 1921 zurückerobert, ebenso die Autonomiebestrebungen der zentralasiatischen Völker Russlands unterdrückt. Aus den Trümmern des osmanischen Imperiums errichteten die Türken unter Führung Kemals 1920–23 gegen westliche Aufteilungspläne einen Nationalstaat mit türkischer Identität. Dagegen wurde der Versuch der arabischen Haschemiten-Dynastie, die arabische Halbinsel zu vereinen, durch Briten und Franzosen vereitelt, die sich stattdessen mit Irak, Syrien, Palästina und Transjordanien willkürlich Gebiete unter ihrer Kontrolle zurechtschnitten. Fast den ganzen Rest der Halbinsel machte der Nomadenclan der Saudis dann zu seinem Staatsgebiet.

In den 1920er- bis 1940er-Jahren wurde die Idee des Imperiums in Asien zunehmend delegitimiert. Ende 1917 hatten Lenin in Russland und drei Monate später US-Präsident Wilson das Selbstbestimmungsrecht der Völker proklamiert. Lenin sah den Imperialismus als letzte Stufe des Kapitalismus an, der bald zusammenbrechen werde, die USA waren selbst aus einer antikolonialen Unabhängigkeitsbewegung hervorgegangen und in ihrem Selbstverständnis antikolonial. So erhielten Briten und Franzosen ihre neuen Herrschaftsgebiete aus der Konkursmasse des osmanischen Imperiums und des deutschen Kolonialimperiums 1920 formal als Völkerbundsmandate mit dem Auftrag, sie zur Unabhängigkeit zu führen. Lenin organisierte Russland 1922 als Union der sozialistischen Sowjetrepubliken, in der die nichtrussischen Völker formal gleichberechtigte Unionsrepubliken erhielten. Faktisch waren sie allerdings seit den 30er-Jahren einer massiven Russifizierungspolitik ausgesetzt.

Langfristig tickte in den imperialen Peripherien Europas ein Sprengsatz, der patrimonialen Imperien fremd gewesen war: Man konnte nicht zu Hause zur demokratischen Machtbeteiligung gleichberechtigter Bürger übergehen, aber in Übersee weiter autokratisch herrschen. Nicht *ob* diese prinzipielle Diskrepanz zur formellen Gleichberechtigung führen würde war die Frage, sondern nur wie und wann. Nun ließen sich zwar weithin menschenleere Gebiete wie Alaska und Sibirien als gleichberechtigt eingliedern, ohne dass es die heimischen Machtverhältnisse änderte, nicht aber Zigmillionen Inder. Die Kolonialmächte hatten sich zwar mit den Resten der alten Eliten arrangiert, doch wo in den Kolonien europäisch gebildete Eliten entstanden waren, die auch die politischen Ideen Europas aufgesogen hatten, erhoben diese zunehmend den Ruf nach Selbstregierung. In Indien waren das vor allem Rechtsanwälte, in Indonesien viele Ingenieure und Ärzte, später in Schwarzafrika besonders Grundschullehrer und Unteroffiziere. Die britischen Siedlerkolonien Kanada, Australien, Neuseeland und Südafrika handelten am Weltkriegsende faktisch unabhängig, was London 1931 auch formell anerkannte, blieben aber im britischen Hegemonialbereich. Dieser firmierte jetzt als Commonwealth of Nations. In Irak und Ägypten verdünnte sich die indirekte Herrschaft der Briten 1932 bzw. 1936 zur Hegemonie. In Indien organisierte Gandhi 1920–22 und 1930–32 zwei Massenkampagnen eines gewaltlosen Boykotts britischer Waren und Verordnungen, wodurch der Nationalkongress von einer Intellektuellenvereinigung zur Massenbewegung anschwoll. Die Briten machten den Mitbestimmungsforderungen der indischen Elite kleinschrittige Zugeständnisse; so wurden 1919/21 ein Teil und 1937 alle Provinzminister Inder und den gewählten Parlamenten verantwortlich, und Beamtenschaft und Offizierskorps wurden zunehmend indisiert. In den südostasiatischen Kolonien entstanden in den 20er-Jahren nationalistische Parteien und Organisationen städtischer Eliten, denen die Kolonialmächte teils repressiv, teils mit dem Zugeständnis gewählter Versammlungen mit recht begrenzten Kompetenzen begegneten. Am liberalsten waren die USA auf den Philippinen, am engherzigsten Franzosen und Niederländer. Die hegemonialen Sonderrechte der Westmächte in Iran, Türkei, China und Thailand fanden zwischen 1923 und 1937 ihr Ende. Nur in Schwarzafrika blieb es bis zum Zweiten Weltkrieg noch ruhig, da selbst die elementare Alphabetisierung noch in den Anfängen steckte und die politischen Ideen Europas noch nicht angekommen waren.

Das System der Großmächte war in der Zeit zwischen den Weltkriegen instabil, da die aktuelle Machtsituation nicht dem langfristigen Trend entsprach. Der Aufstieg der Flügelmächte Russland und USA war gebremst. Das nach Osten zurückgedrängte Russland als einziges kommunistisches Land wurde von den anderen wie eine ansteckende Krankheit isoliert und war durch Bürgerkrieg und Kollektivierungschaos mit sich selbst beschäftigt. Die USA hatten zwar 1922 an Flottenstärke mit Großbritannien gleichgezogen, hielten sich aber 1920 bis 1940 aus den Machthakeleien des europäischen Kontinents weitgehend heraus, da ihnen von dort keine Gefahr drohte, und griffen nur 1924 indirekt in die Reparationsfrage ein. Deutschland war durch den Versailler Friedensvertrag 1919 territorial und besonders militärisch stark gestutzt und zu Reparationszahlungen verpflichtet worden, vor allem im Interesse französischer Sicherheitsbedürfnisse; sein wirtschaftliches und demografisches Potenzial als größte europäische Macht verlor es indes nicht. Als Folge stand Frankreich nach 1919 vorübergehend künstlich stark, aber auch alleine da und war bestrebt, diese Stellung zunächst zu halten, indem es dem sperrigen Deutschland möglichst viel an Reparationen abzupressen versuchte. Das vergiftete das Klima mehr, als dass es Frankreich nutzte, das dann 1925 zu einem friedlichen Umgang mit Deutschland fand.

Auf diesem Nährboden gediehen mehrere Revisionsbestrebungen, die dann zum Zweiten Weltkrieg zusammenflossen. Russland verfolgte langfristig das Ziel, den verlorenen Westrand zurückzugewinnen. Italien glaubte bei den Friedensschlüssen 1919 zu schlecht weggekommen zu sein und eroberte 1935 Äthiopien, mehr aus nationaler Prestigesucht als aus Wirtschaftsinteressen. Deutschland trachtete in den 20er-Jahren geradezu reflexartig danach, die alte Großmachtrolle auf friedlichem Wege wiederzugewinnen, wenngleich vergeblich. Die 1933 an die Macht gekommene Hitler-Regierung ging sofort in Ziel und Methode weit darüber hinaus: Sie rüstete hastig auf, um in Osteuropa auf Kosten von Polen und vor allem Russland neue Kolonien zu erobern, die Hitler insbesondere als bäuerlichen Siedlungsraum für ein vermeintlich stark wachsendes deutsches Volk zu benötigen glaubte. Dieses war die fixe Idee Hitlers, nicht das Anliegen der Industriellen, aber als sich ab 1941 die Chance bot, die eroberten Gebiete auszubeuten, waren sie gerne dabei. In den Augen der rassistischen Nazis waren die slawischen Völker nur dumpfe »Untermenschen«. Tatsächlich war es ein Anachronismus, die auch hier politisch erwachten Massen kolonial unterjochen zu wollen (schon Napoleon hatte die von ihm beherrschten Teile Europas aus gutem Grund formalrechtlich als gleichberechtigt organisiert!). Als Hitler 1933 bis 1938 schrittweise die Bestimmungen des Versailler Vertrags übertrat, nahmen Großbritannien und Frankreich dieses hin, da sie dessen Revisionsbedürftigkeit inzwischen eingesehen hatten, zumal die britischen Machteliten sich durch das Rumoren in ihrem Imperium zur Vorsicht gemahnt sahen.[652] Dass London dann im März 1939 die Unabhängigkeit Polens garantierte, nachdem Hitler mit der Besetzung der Resttschechei die Grenzen legitimierbarer Revisionspolitik überschritten hatte, schreckte diesen nicht ab: Er verabredete im Hitler-Stalin-Pakt überraschend mit Moskau, die Zwischenzone aufzuteilen. Im September 1939 schlugen beide gemeinsam los: Deutschland eroberte Westpolen und die UdSSR besetzte Ostpolen, und Letztere versuchte 1939/40 auch Finnland zu erobern und kassierte 1940 das Baltikum. London und Paris erklärten im Interesse des europäischen Gleichgewichts jetzt zwar Hitler den Krieg (der diesen gegen die Westmächte nicht gewollt hatte), sie versäumten es aber, Deutschland, das im Westen während des Polenfeldzugs kaum abwehrbereit war, durch eine rasche militärische Offensive in die Knie zu zwingen. Somit überließen sie Deutschland die Initiative, und das nutzte seine Chance. Um die Westmächte zu zwingen, die deutschen Ambitionen in Osteuropa zu akzeptieren, unterwarf es im Frühsommer 1940 in kurzen Feldzügen Norwegen, die BeNeLux-Staaten und Frankreich (während diesmal sowjetische Rohstofflieferungen die britische Seeblockade kompensierten) und begann außerdem erneut den U-Boot-Krieg gegen die britischen Seezufuhren.

Auch das rohstoffarme Japan, das auf Rohstoffzufuhren aus Südostasien und Absatzmärkte in den USA und China angewiesen war, versuchte verspätet ein Imperium aufzubauen. Nachdem es 1918/19 vergeblich danach gestrebt hatte, Ostsibirien zu erobern und eine Hegemonie über China zu errichten, handelte es in den 20er-Jahren im Rahmen der bestehenden Ordnung. Als seine Produkte aber 1930 vom US-amerikanischen Absatzmarkt vertrieben wurden und auch in China unter Druck gerieten, eroberte es 1931 die Mandschurei, zunächst eine Eigeninitiative der Armee, und 1937/38 große Teile Chinas. Die US-Regierung sah das deutsche und japanische Vorgehen mit Widerwillen, schon aus ideologischer Abneigung gegen die dortigen Diktaturen, aber ebenso aus wirtschaftlichen Gründen, da die Politik geschlossener kolonialer Großwirtschaftsräume den Interessen der US-Wirtschaft an freiem Marktzugang entgegenstand. Deshalb begann Präsident Roosevelt im Juni 1940 gewaltig aufzurüsten und den Briten, die unter Churchills Führung entschlossen durchhielten, materiell den Rücken zu stärken. Als Washington zusammen mit London durch ein Rohstoffembargo Japan zu zwingen versuchte, sich aus China zurückzuziehen, trat die Regierung in Tokyo die waghalsige Flucht nach vorne an: Im Dezember 1941 griffen die Japaner überraschend die amerikanische Pazifikflotte in Pearl Harbour auf den Hawaii-Inseln an, um sie auszuschalten. Schon im Oktober hatten US-Kriegsschiffe begonnen, deutsche U-Boote im Atlantik zu bekämpfen, womit die USA faktisch in den Krieg gegen Deutschland eingetreten waren.

Der Zweite Weltkrieg war also globaler als der Erste, insofern das außereuropäische Kriegsgeschehen jetzt eine eigenständige Wurzel hatte und wesentlich umfangreicher war. Deutschland, Italien und Japan, seit 1936/37 formell verbündet, waren zusammen an Potenzial der Gegenseite unterlegen, auf der im Wesentlichen Großbritannien (mit Commonwealth), USA, UdSSR und China das Kampfgeschehen trugen. Um ihre Unterlegenheit auszugleichen, setzten die Achsenmächte auf Schnelligkeit: Seit Juni 1941 eroberte die deutsche Wehrmacht rasch ganz Westrussland, bis sie mit Wintereinbruch vor Moskau stecken blieb, und Japan überrannte ab Dezember 1941 in wenigen Monaten die britischen, niederländischen und amerikanischen Kolonien in Südostasien. Dann begann ein zähes Ringen, in dem letztlich die größeren Ressourcen den Ausschlag gaben, der USA vor allem an industrieller Produktionskapazität und Technik, der UdSSR besonders an Menschenzahl. Ab Ende 1942 eroberten die USA den pazifisch-südostasiatischen Raum Insel für Insel zurück. Zur gleichen Zeit begann die Rote Armee die Deutschen immer weiter zurückzudrängen, bis sie sich in Berlin mit den amerikanisch-britischen Streitkräften traf, die seit der Landung im Juni 1944 in der Normandie von Frankreich her vordrangen. 1945 kapitulierten die Deutschen, nachdem Hitler in den Trümmern seiner Reichskanzlei Selbstmord begangen hatte, und die Japaner, nachdem der Abwurf von zwei Atombomben auf Hiroshima und Nagasaki ihnen die Aussichtslosigkeit weiteren Widerstands klargemacht hatte.

Im späten 19. Jahrhundert hatten die Europäer ihre Kolonien mit der linken Hand ohne großen Aufwand erobern können, wogegen die verspäteten Imperien Deutschlands und Japans 55 Millionen Menschen in den Tod rissen. Überdies erwiesen sie sich als höchst kurzlebig. Aber auch die älteren Imperien der Briten, Franzosen und Niederländer waren in Asien erschüttert, ihr Prestige als Kolonialmächte durch die Niederlagen gegen Japan zerstört, die Mächte überschuldet, der Druck der USA auf Unabhängigkeit unmissverständlich. Die USA erklärten die Philippinen 1946 für unabhängig (wahrten aber eine fast hegemoniale Stellung). Die Briten schickten sich ins Unvermeidliche und entließen Indien, Ceylon und Birma 1947 in die Unabhängigkeit. Dabei setzte in Indien die muslimische Minderheit aus Angst, von der Hindu-Mehrheit beiseitegedrückt zu werden, einen eigenen muslimischen Staat Pakistan durch, der aus den mehrheitlich muslimischen Teilen Indiens bestand. Die südostasiatischen Länder erklärten sich nach dem Zusammenbruch des japanischen Imperiums für unabhängig. Der Versuch der Niederlande, ihr Kolonialreich 1947/49 zurückzugewinnen, scheiterte, worauf das Gebiet als Indonesien souverän wurde. Die Franzosen zeigten bei dem entsprechenden Versuch im Indochinakrieg 1946–54 mehr Ausdauer, hatten aber genauso wenig Erfolg. 1946/48 wurden auch die restlichen britisch-französischen Herrschaftsgebiete im Nahen Osten unabhängig. Die Tatsache, dass in den vorangegangenen Jahrzehnten immer mehr Juden nach Palästina eingewandert waren, führte dazu, dass die UNO 1947 die Teilung dieses Landes in einen jüdischen und einen palästinensischen Staat vorsah. Das jüdische Israel entstand, obwohl die angrenzenden Araberstaaten versuchten, dieses durch einen Angriffskrieg zu verhindern. Der palästinensische Staat entstand nicht, da das Gebiet von Jordanien annektiert wurde.

In Schwarzafrika wurde dagegen zwischen 1945 und 1960 die Kolonialverwaltung noch deutlich intensiviert. Zugleich begannen sich jetzt auch hier aus den inzwischen entstandenen neuen Bildungseliten nationalistische Parteien und Verbände zu formieren, die zunehmend Druck ausübten. Als sich in London und Paris die Einsicht durchsetzte, dass man bei einer Unabhängigkeit der schwarzafrikanischen Staaten die eigenen Wirtschaftsinteressen durchaus wahren konnte und obendrein die politische Verantwortung für diese Länder loswurde, zogen die Kolonialherren sich geordnet zurück, fast nirgendwo durch Kriege dazu gezwungen. Fast alle diese Kolonien erhielten von 1960 bis 1964 die Unabhängigkeit, die verschlafenen portugiesischen Kolonien als Nachzügler 1974. Schwierig wurde es dort, wo zahlreiche weiße Siedler im Land waren. Die Algerienfranzosen räumten erst nach dem erbitterten Algerienkrieg 1954–62 das Land. Die Weißen in Südafrika begannen 1948 die Apartheid-Politik einer strikten Rassentrennung bis hin zu separaten Parkbänken, verbunden mit dem Versuch, die Schwarzen in Scheinstaaten (Bantustans) outzusourcen, um die weiße Herrschaft auf Dauer zu stellen, mussten dieses aber 1990/94 angesichts zunehmenden Drucks von innen und außen aufgeben. In den 60er- bis 80er-Jahren trennten die Kolonialmächte sich auch von ihrem Streubesitz an Inseln, mit dem sie nichts mehr anfangen konnten. Da kein anderes Ordnungsmodell verfügbar war, produzierte man damit noch einmal zwei Dutzend formal souveräner Staaten.

Damit gab es auf der ganzen Welt nur noch formal gleichberechtigte und souveräne Staaten mit einer Reihe von Basismerkmalen nach europäischem Muster, abgesehen von den durch Israel seit 1967 besetzten Gebieten. Imperien waren ebenso verschwunden wie vorstaatliche Gesellschaften. Aber anders als Institutionen wie Außenministerium oder Nationalflagge ließ sich die europäische Idee nationalstaatlicher Identität dabei oft nur bedingt transferieren. Mit Juden und indischen Muslimen nahmen religiöse Gruppen das Nationalstaatskonzept für sich in Anspruch. Die Idee einer gesamtarabischen Nation, die nach dem Vorbild der europäischen Sprachnation an die gemeinsame Hochsprache anknüpfte, konnte sich gegen die Eigeninteressen der Machteliten in den einmal etablierten

Einzelstaaten nicht durchsetzen. Sie verblasste in den 70er-Jahren. Viele Staaten waren ethnisch nicht homogen, besonders in Schwarzafrika, Süd- und Südostasien, entweder weil ein alter Herrschaftskern randliche Gruppen integrierte oder weil Politiker in europäischen Hauptstädten Kolonialgrenzen gezogen hatten, ohne die örtlichen Verhältnisse zu kennen. Das musste kein Herrschaftsverhältnis zwischen Regionen bedeuten. Indien ist ethnisch vielfältig, aber auf der Basis demokratischer Gleichberechtigung integriert. Wo aber eine regionale Elite eines größeren Gebiets mit eigener ethnischer Identität kaum Zugang zum politischen Machtzentrum besaß, bedeutete es doch eine klare Machtasymmetrie. Hier konnte sich der Gegensatz bis hin zum separatistischen Versuch einer eigenen Staatsgründung verschärfen. Dies ging öfter schief, so die Unabhängigkeitskriege Katangas vom Kongo (1960–63), Biafras von Nigeria (1967–70) und Südsudans vom Sudan (1955–72, 1983–2005), nicht zuletzt deshalb, weil hier alle umliegenden Staaten dagegen waren aus Angst, das Feuer des Separatismus könnte die eigene Hütte in Brand stecken. Erfolgreich konnte sich dagegen Bangla Desh 1971 von Pakistan abspalten, da es in Indien einen Helfer besaß. Auch ein Erlahmen der Zentralmacht bot Chancen, sich dem Zugriff zu entwinden, so bei der Abspaltung der nichtrussischen Unionsrepubliken der UdSSR 1990/91, der nichtserbischen Teile Jugoslawiens 1990–95 und Eritreas von Äthiopien 1993. Zum separatistischen Ausbruch führten die latenten Machtasymmetrien oft dann, wenn weitere Motive sich hinzugesellten, so z. B. das Bestreben, den Gewinn aus den eigenen Rohstoffvorräten für sich selbst zu behalten (Kupfer in Katanga und Öl in Biafra), der diskriminierende Zugriff der Machtzentrale (Südsudan, Jugoslawien und Eritrea) oder die Rüstungslast der Weltmachtambitionen der Machtzentrale (UdSSR). China versuchte solchen territorialen Verlusten vorzubeugen, indem es in seiner Tradition einer Integration durch Sinisierungspolitik gezielt Chinesen in die Randgebiete umsiedelt und damit dort ethnisch chinesische Bevölkerungsmehrheiten schafft, so seit 1912 in der Inneren Mongolei, seit 1950 in Sinkiang und seit 1959 in Tibet.

Aufs Ganze gesehen stieg die Zahl der rechtlich souveränen Staaten auf der Welt 1914 bis 2003 von 56 auf 198 an.

Zwischen Hegemonie und Einfluss

Das Ende der Imperien bedeutete nicht das Ende asymmetrischer Machtverhältnisse in der internationalen Politik, die jetzt aber nur noch als Hegemonie und Einfluss möglich waren. Während bei patrimonialen Imperien früher hinter der Fassade hochtönenden imperialen Anspruchs manchmal eine Realität stand, die das nicht deckte, so verschleierte jetzt

die Fassade formaler Gleichberechtigung der Staaten teilweise erhebliche
Asymmetrien der Macht.

Nach dem Ende des Zweiten Weltkriegs erblickte die Welt im Sommer
1945 radikal veränderte Machtverhältnisse. Deutschland und Japan waren
besiegt und auf Jahre besetzt, Italien ebenfalls als Kriegsverlierer machtpolitisch bedeutungslos geworden. Großbritannien und Frankreich waren
finanziell erschöpft und nur noch Scheingroßmächte, die ihren Sieg massiven US-amerikanischen Hilfen verdankten und in den nächsten Jahren
ihr Kolonialimperium verloren. Umso mehr hoben sich die USA und die
UdSSR als »Supermächte« von allen anderen Mächten ab, ihnen an militärischer Stärke, Einwohnerzahl und Wirtschaftskraft deutlich überlegen.
Das galt besonders für die USA; sie hatten anders als die schwer kriegs-
zerstörte Sowjetunion keinen feindlichen Soldaten im eigenen Land er-
blickt, erzeugten 1953 über 45 % der Weltindustrieproduktion[653], besaßen
die mit Abstand größte, weltweit operierende Kriegsflotte und verfügten
zunächst als einzige Macht über Atombomben (UdSSR ab 1949). Das
Gleichgewicht des europäischen Staatensystems, für das Großbritannien
1939 in den Krieg gezogen war, erstand nach seiner Zerstörung durch Hitler nicht wieder: Der Kriegsverlauf hatte die beiden großen Flügelmächte
bis in die Mitte Deutschlands hineingesogen, und dort blieben ihre Truppen dieses Mal auf Jahrzehnte stehen.

Schon 1947 verschlechterte sich das Verhältnis zwischen Washington
und Moskau dermaßen, dass man vom Beginn eines »Kalten Kriegs«
sprach, der dann vierzig Jahre lang das Weltgeschehen prägen sollte. War
sein Ausbruch unvermeidlich? Bereits zwischen 1918 und 1923 hatte
Lenin getönt, dass die Weltrevolution demnächst den Kapitalismus in
Westeuropa hinwegfegen würde, und die Westmächte hatten sich revan-
chiert, indem sie 1918/19 mit Truppen und vor allem mit finanzieller
Unterstützung in den russischen Bürgerkrieg eingriffen, um das kommunistische Baby am besten gleich in der Wiege zu erwürgen. Aus beidem
war nichts geworden. In den 30er-Jahren arrangierte man sich zunehmend,
und 1941 fanden die USA und Großbritannien mit der UdSSR angesichts
der Bedrohung durch Hitler über ihre ideologischen Gegensätze hinweg
sogar zu einer Kriegskoalition zusammen. Prinzipiell war 1945 die Weltsicht des sowjetischen Führers, Stalin, mit dem Ordnungsmodell des amerikanischen Präsidenten Roosevelt nicht vereinbar; Ersterer glaubte im
Sinne der marxistischen Ideologie, dass langfristig der Kapitalismus weltweit durch den von Russland ausgehenden Kommunismus vernichtet
werden würde, Letzterer sah die USA als Vorkämpfer von Demokratie und
Freiheit, der persönlichen wie jener des freien Zugangs zu freien Märkten.
Andererseits haben Regierende sich in ihrem konkreten Handeln schon
oft primär am Machbaren orientiert und die abstrakten Prinzipien der
hehren Weltanschauungen passend zurechtgebogen oder sie den Feier-

tagsrednern überlassen. Nun setzen Kooperation und dauerhafte Kompromisse aber voraus, dass man seine Interessen offenlegt und gegenseitiges Vertrauen aufbaut; gerade die gelungenen Beispiele friedlicher Kooperation wie in der EU haben gezeigt, wie wichtig intensive offene Kommunikation dabei ist. Genau dafür war Stalin nun nicht der Mann. Krankhaft misstrauisch, hatte der Diktator innenpolitisch stets rücksichtslos nur sein eigenes Interesse verfolgt, gegen alle vermuteten Gegner zu Drohungen und Gewalt gegriffen, taktiert und seine Karten verdeckt gehalten. Nicht anders machte er Außenpolitik. Um der UdSSR einen Sicherheitsgürtel zu verschaffen, setzte er in den 1944/45 von der Roten Armee besetzten Ländern Osteuropas bis 1948 die Herrschaft der kommunistischen Parteien mit Gewaltmethoden durch; in den freien Wahlen in Ungarn, Tschechoslowakei und der Sowjetischen Besatzungszone Deutschlands 1945/46 hatten sie sich als nicht mehrheitsfähig erwiesen. Stalin versuchte von Nordiran bis ans Mittelmeer jede Gelegenheit zu nutzen, um die russische Machtposition zu verbessern. Mit der Blockade West-Berlins griff er 1948 auch gegenüber den Westmächten zu massivem Druck. Bei alledem blieb oft unklar, was Stalin eigentlich wollte, sodass in den westlichen Hauptstädten die »Kreml-Astrologie« entstand, die stets aufs Neue dessen Absichten zu enträtseln suchte und im Zweifelsfall vorsichtshalber mit den bösesten rechnete. So machte sich vor allem in der US-amerikanischen Öffentlichkeit das Gefühl breit, Stalin habe die Jalta-Vereinbarungen über Osteuropa von 1945 nicht eingehalten, man sei also betrogen worden, und es kam die irrige Ansicht auf, mit einem unersättlichen kommunistischen Expansionsplan konfrontiert zu sein. Die Enttäuschung war umso größer, als während des Weltkriegs die Propaganda eines »Kreuzzugs für die Demokratie« im amerikanischen Bewusstsein übertüncht hatte, mit wem man sich da im Anti-Hitler-Pakt verbündet hatte. Die Moskauer Führung schuf aber nicht nur durch ihre Geheimniskrämerei den Nährboden für Missverständnisse, sondern filterte umgekehrt die ihr verfügbaren Informationen durch ihre marxistische Ideologie. Dadurch gewann sie ihrerseits ein Zerrbild der Wirklichkeit und glaubte, durch die Westmächte bedroht zu sein.[654]

Nach Ausbruch des Kalten Kriegs bemühte sich Moskau ebenso wie Washington, Machteliten anderer Staaten als Bündnispartner zu gewinnen. Die Sowjetunion fand solche 1946 in den kommunistischen Machteliten der osteuropäischen Staaten und Nordkoreas sowie 1950 im kommunistisch gewordenen China, abgesehen von der seit 1921 unter ihre Hegemonie geratenen Mongolei. Die Bindung Osteuropas an die UdSSR wurde 1955 durch das Militärbündnis Warschauer Pakt auch formal organisiert. Die USA fanden wesentlich mehr freiwillige Partner, wobei sie nicht darauf sahen, ob es Demokratien oder Diktaturen waren. Als militärische Beistandspakte gründeten sie 1948 mit allen lateinamerikanischen

Staaten die OAS und 1949 mit den meisten westeuropäischen Staaten und Kanada die NATO. Darüber hinaus banden sie zwischen 1951 und 1955 durch weitere Militärbündnisse die beiden weißen Siedlerstaaten im Pazifik (ANZUS), mehrere südostasiatische Staaten (SEATO) und einige nahöstliche Staaten (CENTO) an sich sowie durch bilaterale Ankommen insbesondere Japan und Südkorea. So gewannen sie ein weltumspannendes Stützpunktnetz. In Deutschland und Korea standen seit dem Waffenstillstand 1945 russische und amerikanische Truppen, und so fanden beide Staaten sich gegen den Willen ihrer Völker 1948/49 geteilt in einen kommunistischen (Nordkorea und DDR) und einen westlichen Staat (Südkorea und die Bundesrepublik Deutschland), ähnlich China, insofern die US-Flotte 1949 das Übersetzen der Kommunisten auf die Insel Taiwan verhinderte, und 1954 auch Vietnam.

In den vier Jahrzehnten des Kalten Kriegs schwankte die Atmosphäre zwischen den beiden Machtblöcken. Nachdem sie in den 50er-Jahren durch aggressive Rhetorik geprägt gewesen war, kehrten im Laufe der 60er-Jahre zivilisierte Umgangsformen ein, die sogenannte Entspannungspolitik, worauf es ab 1979 wieder zu einer verschärften Konfrontation kam. Doch die Grundstrukturen blieben die ganze Zeit über unverändert. Tiefes gegenseitiges Misstrauen vergiftete die Beziehungen, verstärkt durch die Neigung, die Kontakte zwischen den Blöcken stark zu reduzieren, vor allem vonseiten der Russen. Vor diesem Hintergrund verzerrte sich die Einschätzung der jeweils anderen Seite zum Feindbild. Angesichts der wuchernden Bedrohungsängste hielten beide Seiten ihre Militärapparate in hohem Bereitschaftsstand, damit sie innerhalb weniger Stunden, die Luftabwehr sogar in Minutenschnelle einsatzbereit waren. Angesichts von Atomwaffen, deren Zerstörungskraft alles bisher Dagewesene weit übertraf, bemühten sich beide Seiten, die direkte militärische Auseinandersetzung zu vermeiden; zu groß war das Risiko, dass sie in völlig unkalkulierbare Dimensionen eskalieren konnte. Nichtsdestoweniger gerieten Washington und Moskau in der Kubakrise 1962 hart an den Rand eines Atomkriegs, und auch sonst ließen wiederholt Missverständnisse die Situation brenzlig werden. Die Atomkriegsangst hielt beide Seiten aber nicht davon ab, mit indirekten und gewaltfreien Methoden auch in die Innenpolitik der Staaten des jeweils anderen Blocks hineinzuwirken, insbesondere mit Propaganda und heimlich auch mit finanzieller und materieller Unterstützung für die jeweils systemfeindlichen Kräfte. Dabei stand der Westen für solche Einflüsse wesentlich weiter offen als der Osten, der seine quer durch Europa verlaufende Grenze mit Stacheldraht abriegelte, seit 1961 auch mit einer Betonmauer mitten durch Berlin, um zu verhindern, dass Menschen abwanderten und aus dem Westen eindringende Informationen Zweifel säten. An den nicht direkt blockgebundenen Rändern der Einflussbereiche loderten hingegen auch heiße Konflikte auf: Als das kommunistische

Nordkorea mit Rückendeckung aus Moskau 1950 Südkorea überfiel, schlugen die USA den Angriff zurück, der Angriff der Kommunisten in Südvietnam traf von 1964 bis 1973 im Vietnamkrieg ebenso auf das direkte militärische Engagement der USA, und als Moskau 1979 bis 1989 im bisher blockfreien Afghanistan eine kommunistische Regierung zu stabilisieren versuchte, unterstützten die USA deren Gegner materiell. Das peinliche Scheitern der Amerikaner in Vietnam und der Russen in Afghanistan zeigte beiden Supermächten die Grenzen ihrer Macht auf. Wenn sich bei Konflikten in Afrika und Nahost die Kontrahenten Hilfe suchend an die Supermächte wandten, griff mehrfach jede von ihnen je einer der beiden Seiten mit Waffen und Spezialisten unter die Arme.

Machtpolitische Rivalität der beiden mit Abstand größten Mächte oder ideologischer Gegensatz zwischen ihnen – was nährte letztlich den Kalten Krieg? Die handelnden Politiker konnten ihre Motive selbst nicht entwirren, beides verstärkte einander. Nun verschoben sich die Machtrelationen im Laufe dieser Jahrzehnte. Die USA konnten ihre überragende Machtstellung der unmittelbaren Nachkriegszeit nicht halten: Westdeutschland und besonders Japan stiegen aus den Kriegstrümmern wieder auf und wurden bedeutende Wirtschaftsmächte (aber keine militärischen Großmächte), und auch die sowjetische Wirtschaft wuchs bis in die 1970er-Jahre rasch. Dementsprechend schrumpfte das US-amerikanische Wirtschaftspotenzial relativ. Die sowjetische Führung versuchte seit der Kubakrise mit den USA als Weltmacht gleichzuziehen und sie letztlich zu überrunden. Deshalb traten die Sowjets zunehmend weltweit auf, auch indem sie eine starke Kriegsflotte aufbauten. Umgekehrt strebten die USA danach, ihre Rolle als Nummer eins zu bewahren, und setzten dabei darauf, die Überlegenheit der UdSSR an konventionellen Landstreitkräften durch überlegene atomare Waffentechnologie zu kompensieren. Diese Machtrivalität lieferte den Treibstoff für ein dramatisches Wettrüsten, quantitativ wie durch waffentechnische Innovationen. Seit den 60er-Jahren reichte die angehäufte atomare Sprengkraft aus, alles Leben auf der Erde zu vernichten (»overkill«). Nachdem zunächst nur die USA sowjetisches Territorium mit Atomwaffen erreichen konnten, aber nicht umgekehrt, besaß ab 1965 auch die Sowjetunion atomwaffenbestückte Interkontinentalraketen, die sich wegen ihrer hohen Geschwindigkeit nicht abfangen ließen. Sicherheit beruhte seitdem darauf, dass jede Supermacht die andere durch die Androhung eines unabwehrbaren atomaren Vergeltungsschlags davon abschreckte, anzugreifen. 1972 musste die USA den Russen zahlenmäßige Parität an Interkontinentalraketen zugestehen. Ihr Streben, ihre waffentechnologische Überlegenheit zu bewahren, heizte das Wettrüsten indes weiter an, insbesondere als die USA seit 1981 versuchten, ihren Vorsprung hierbei deutlich auszubauen.

Die internationalen Machtasymmetrien im Schatten des Kalten Kriegs nahmen regional sehr unterschiedliche Gestalt an. Am stärksten waren die Asymmetrien innerhalb des Warschauer Paktes. Die Rote Armee war den Streitkräften aller anderen Bündnispartner haushoch überlegen, und die kommunistischen Machteliten Osteuropas konnten sich nicht auf freie Wahlen stützen, sondern brauchten Rückenstärkung durch den »großen Bruder« in Moskau. Mehrfach intervenierte die Sowjetunion militärisch, um die Herrschaft moskautreuer Kräfte aufrecht zu erhalten, so 1953 in der DDR, 1956 in Ungarn und 1968 in der Tschechoslowakei. Im Verhältnis zu China bestand hingegen keine vergleichbare Asymmetrie, denn hier hatten sich die Kommunisten unter Mau Dsödung (Mao Zedong) aus eigener Kraft durchgesetzt. Diese kappten nicht nur 1949 fast jede Bindung zu den ehemals hegemonialen Westmächten, sondern da sie sich dem sowjetischen Führungsanspruch nicht anpassen wollten, ließen sie 1960 auch den Freundschaftsvertrag mit der UdSSR platzen und verzichteten auf deren Hilfe. Der Ton zwischen Peking und Moskau wurde giftig, und 1964 legte China sich eigene Atomwaffen zu. Es war aber zu schwach, um Einfluss auf andere zu gewinnen, obwohl es sich in den 60er-Jahren als Muster für Dritte-Welt-Staaten empfahl. 1972 bis 1979 nahm das selbstisolierte Land dann schrittweise diplomatische Beziehungen mit westlichen Industrieländern auf.

Westeuropa war von den USA weniger abhängig als Osteuropa von der UdSSR. Einerseits waren die USA als Geberland der Marshallplan-Gelder für den Wiederaufbau ab 1948 in der überlegenen Rolle, und die Westeuropäer benötigten stets den amerikanischen »Atomschirm«, um gegen die sowjetische Überlegenheit gewappnet zu sein; andererseits brauchten die westeuropäischen Regierungen innenpolitisch keine militärische Rückendeckung aus Washington, da sie bei Wahlen Mehrheiten errangen, und als Westeuropa sich wirtschaftlich wieder erholte, gewann es in den 60er-Jahren auch wieder an eigenem Gewicht im Bündnis. In ähnlicher Weise war Japan militärisch auf die USA angewiesen, auch für den freien Zugang zu lebenswichtigen Märkten, und erlangte doch nicht minder in den 70er-Jahren deutlich an Eigengewicht. Zugleich vernetzten sich die Macht- und Wirtschaftseliten Westeuropas, der USA und dann auch Japans durch vielfältige Kontakte immer enger. Zwar gab es zwischen ihnen auch weiterhin Konflikte, aber diese wurden nach 1945 nicht mehr mit militärischer Gewalt, sondern mit Mitteln wie Steuerpolitik, Subventionen, Einfuhrquoten usw. ausgetragen.

Für Kanada und Australien lösten die USA in den 50er-Jahren Großbritannien als Schutzmacht ab. In Lateinamerika hatten sie gegenüber den kleinen mittelamerikanischen Staaten unverändert eine hegemoniale Stellung; wenn hier eine Regierung ins kommunistische Lager abzudriften schien, intervenierten die USA militärisch (Dominikanische Republik 1965, Grenada 1983) oder finanzierten gewaltsamen Widerstand von

Oppositionskräften (Guatemala 1954, Kuba 1961, Nicaragua 1981–88, indirekt gilt das auch für Chile 1973). Die größeren lateinamerikanischen Staaten orientierten sich in den 50er- und 60er-Jahren ganz auf die USA, und ihr Militär wurde stark von nordamerikanischen Militärberatern geprägt, obgleich die USA hier letztlich doch nicht nennenswert gestaltend eingreifen konnten (Importsubstitution statt Handelsliberalimus, Scheitern der Allianz für den Fortschritt 1961). Seit etwa 1970 schwammen diese Länder sich dann zunehmend vom politischen Einfluss aus Washington frei. Sie trugen die Kritik der Dritte-Welt-Länder an den übermächtigen Industriestaaten wesentlich mit und diversifizierten ihre außenpolitischen Beziehungen, bauten sie insbesondere zu Westeuropa aus. Seit 2000 traten intensivere Beziehungen zu China hinzu.

Auch die postkoloniale Welt bot in der Zeit des Kalten Krieges kein einheitliches Bild. In den ehemals französischen Kolonien der Sahelzone und im Kongo bewahrte Frankreich auch nach der Unabhängigkeit bis in die 90er-Jahre eine Hegemonialstellung, indem es dort auch weiter militärisch präsent war und die Regime stützte sowie die Länder finanziell an sich band, um die Märkte für französische Firmen zu sichern. Der Versuch Großbritanniens, mit den meisten ehemaligen Kolonien im Rahmen des Commonwealth weiter besondere Beziehungen zu pflegen, hatte dagegen keinen hegemonialen Charakter, sondern stellte mehr eine lockere Konsultationsrunde dar. Tatsächlich hatten die schwarzafrikanischen Staaten außerhalb des französisch dominierten Bereichs in den ersten drei Jahrzehnten nach ihrer Unabhängigkeit viel außenpolitischen Spielraum, zumal sie die Kontrahenten des Kalten Kriegs gegeneinander ausspielen konnten; bot der eine nicht genug Entwicklungshilfe und Waffen, konnte man sich an die Konkurrenz wenden.

Erst recht streifte Indien nach seiner Unabhängigkeit rasch alle einseitigen Beziehungen ab und war anfangs der Motor der 1955 gegründeten Bewegung der Blockfreien, die eine eigenständige Position jenseits von Kolonialherrschaft und Kalter-Krieg-Gefolgschaften suchten. Allerdings führte Indiens Größe dazu, dass es auf dem Subkontinent gegenüber den kleineren Nachbarn zur Dominanz neigte. Das strukturell schwächere Pakistan strebte gegenüber Indien eine paritätische Machtstellung an, was zu einem jahrzehntelangen Wettrüsten führte und schließlich 1998/99 zum offiziellen Atomwaffenbesitz beider Seiten. Diese Rivalität entlud sich auch in mehreren Kriegen um Kaschmir (1947/48, 1965, 1971). Anders in Südostasien: Als hier Niederländer, Briten und Franzosen als Kolonialmächte das Feld räumten, sprangen 1954 die USA in die Bresche und nahmen als Hegemonialmacht insbesondere Philippinen, Thailand und Südvietnam unter ihre Fittiche, um das Vorrücken des Kommunismus einzudämmen. Hingegen steuerte Indonesien einen blockfreien Kurs, und Birma zog sich auf Jahrzehnte ins Schneckenhaus selbstgewählter Isolation zurück. Mitte der 70er-Jahre zerbröselte die Hegemonie der USA hier weitgehend, deren restlicher Einfluss sich nun mit rasch steigendem Einfluss der Japaner und in den 90er-Jahren auch der Chinesen mischte. Dabei gewann die Region auch ein eigenes Gewicht.

Am kompliziertesten entwickelten sich die Machtverhältnisse im Nahen Osten. Mit dem Sturz der Monarchien in Ägypten und Irak 1952 bzw. 1958 durch nationalistische Kräfte und mit der Verfassungskrise in Iran 1953 verschwanden die Pfeiler der britischen Hegemonie in diesem Raum, wie auch in ihrer gescheiterten Suezkanalintervention 1956 sichtbar wurde. Bestehen blieb die seit 1943 existierende Partnerschaft der USA mit Saudi-Arabien, in Nachfolge der abziehenden Briten auch ihr Einfluss in Iran ab 1953 und in den arabischen Kleinstaaten am Persischen Golf ab etwa 1970. Dabei gewannen die Erdölvorkommen rund um den Persischen Golf in den 60er-Jahren für die westlichen Industrieländer existenzielle Bedeutung, und damit stieg das Interesse besonders der USA an der Golfregion. Doch es waren die Streitigkeiten der regionalen Mächte, die dann die konkurrierenden Supermächte immer mehr in die Region hineinzogen. Im Konflikt zwischen Israel und seinen arabischen Nachbarn, die den Judenstaat nicht akzeptierten, gewannen ab 1964 Ägypten und Syrien und dann auch die Palästinenser in der UdSSR einen Partner, und zugleich ergriffen die USA ab 1967 immer einseitiger für Israel Partei, nicht zuletzt aufgrund des Drucks der einflussreichen jüdischen Lobby in Washington. Beide Supermächte halfen mit Waffen und Geld. Als Israel mit dem Präventivkrieg von 1967 die arabischen Teile Palästinas militärisch besetzte und auch hier Siedlungen zu gründen begann, um diese Gebiete auf Dauer zu gewinnen, entstand eine quasikoloniale Herrschaftssituation. Daraufhin nahmen die Palästinenser selbst den Kampf auf, und zwar führten sie zwischen 1968 und 1985 weltweit Anschläge gegen alles durch, was israelisch war. Es war das erste Mal, dass antikoloniale Kämpfe über die betroffene Region hinausgetragen wurden. Parallel dazu begannen am Persischen Golf Iran und Irak um eine regionale Hegemonie zu rivalisieren, wobei der Iran zwischen 1960 und 1979 mit amerikanischer Hilfe stark aufrüstete und der Irak ab 1972 von der UdSSR unterstützt wurde. Nach der iranischen Revolution eskalierte dieses zum Golfkrieg zwischen Iran und Irak, der von 1980 bis 1988 dauerte und mit einem Patt endete. Der Einfluss von USA und UdSSR im Nahen Osten blieb aber unterhalb der Hegemonie. So konnten die arabischen Erdölexportländer 1973 durch einen Teilboykott die westlichen Industrieländer unter Druck setzen, und Ägypten war in der Lage, 1977 ohne Weiteres vom »großen Bruder« Moskau zu dem in Washington zu wechseln.

Der sowjetische Parteichef Gorbatschow leitete 1986 einen drastischen Kurswechsel ein. Er hatte erkannt, dass die wirtschaftlich schwächere UdSSR sich im militärischen Machtwettbewerb mit den USA verhoben hatte. Um die bröckelnde wirtschaftliche Basis für die Weltmacht-stellung der UdSSR zu stärken und langfristig zu sichern, beschloss er, außenpolitischen Ballast abzuwerfen. So gab er die Konfrontations- und Abschottungspolitik gegen den Westen auf und strebte eine umfassende Zusammenarbeit an. Es war die grundsätzliche Abkehr von dem durch Stalin begonnenen Kurs, und dadurch endete hier faktisch der Kalte Krieg.[655] Die Bedrohungsängste schmolzen dahin, und damit öffnete sich die Tür für weitreichende Abrüstungsvereinbarungen auf der Basis einer Parität der beiden Blöcke. Überdies zog Gorbatschow die sowjetischen Truppen aus Afghanistan und Afrika zurück und stellte die Unterstützung der nahöstlichen Kontrahenten ein. Aber er setzte eine unkontrollierte Eigendynamik in Gang. Als die Bevölkerung der osteuropäischen Staaten gewahr wurde, dass Moskau nicht länger bereit war, Waffengewalt einzu-setzen, um die Kontrolle über seine Hegemonialzone aufrechtzuerhal-ten, brachen die kommunistischen Regime dort 1989/90 rasch zusammen. Indem Russland selbst sich 1990 zur parlamentarischen Demokratie be-kannte, verschwand auch der seit 1917 bestehende ideologische Gegensatz Moskaus zum Westen. Der Warschauer Pakt löste sich auf, die Rote Armee räumte Osteuropa. Die DDR vereinte sich 1990 mit Westdeutschland, und die ehemaligen osteuropäischen Bündnispartner sowie die baltischen Staa-ten wandten sich von Russland ab und Westeuropa zu (NATO-Beitritt 1999/2004). Als dann 1991 auch noch die Sowjetunion selbst zerfiel, ver-suchte Moskau alle abgefallenen Staaten (außer den baltischen) durch eine »Gemeinschaft unabhängiger Staaten« zumindest hegemonial weiterhin an Russland zu binden, was aber faktisch scheiterte.

Da Russland in den 90er-Jahren überdies wirtschaftlich eine extreme Schwächephase durchlitt, die auch den Verfall seiner Streitkräfte nach sich zog, standen die USA plötzlich als einzige Weltmacht da. Militärisch waren sie den nächststärksten Staaten der Welt so haushoch überlegen wie in den letzten 2000 Jahren keine andere Macht. Andererseits blieb der Rück-gang des Anteils der USA an der Weltwirtschaft ebenso bestehen wie ihr Außenhandelsdefizit und der daraus folgende Anstieg der Auslandsver-schuldung. Außerdem waren Westeuropa und Japan unverändert wichtige Wirtschaftsmächte, wenngleich die politische Uneinigkeit der Europäer ihr Gewicht nur begrenzt zum Tragen kommen ließ und die Japaner keinen Appetit auf Machtpolitik hatten. Seit der Jahrtausendwende machte sich dann daneben das wirtschaftlich dynamisch wachsende China als neuer Machtfaktor mit steigendem Selbstbewusstsein bemerkbar. Die Fähigkeit, jeden militärisch zusammenschlagen zu können, bedeutete noch keine Fähigkeit, Probleme nach eigenen Vorstellungen lösen zu können. Zwei-fellos stieg der internationale Einfluss der USA durch den Fortfall der kon-kurrierenden Supermacht, doch von einer weltweiten Hegemonie der USA, gar von einem Imperium konnte keine Rede sein.[656] So fanden zwar die neoliberalen Ideen der Wirtschaftsordnung aus den USA weltweit verstärkt Anklang, andererseits konnten die USA vielfach für ihre Vorstellungen international keine Gefolgschaft finden (z. B. Kyoto-Konferenz 1997, Friedensprozess im Nahen Osten, UNO und NATO zum Irakkrieg 2003). Diese Stärke ohne wirkliche Hegemonie führte dazu, dass die USA seit 1997 zunehmend an internationalen Absprachen und Bündnissen vorbei ihre nationalen Interessen im Alleingang durchzusetzen versuchten.

Auf die einzelnen Weltregionen wirkte sich die Machtverschiebung von 1990/91 durchaus unterschiedlich aus. Westeuropa gewann an Handlungsspielraum, weil es sich nicht mehr durch sowjetische Atomraketen bedroht sah und dementsprechend nicht länger auf den amerikanischen Atomschirm angewiesen war. Die schwarzafrikanischen Staaten hingegen konnten jetzt nicht mehr die beiden Supermächte gegeneinander ausspielen, sondern sahen sich nun dem gemeinsamen Druck der westlichen Industrieländer und der von diesen gesteuerten Weltbank ausgesetzt: Für weitere Entwicklungshilfe und Kredite forderten diese jetzt eine Liberalisierung der Wirtschaftsordnung, solidere Staatsfinanzen und »good governance«. Dieser Druck wurde dann seit 2005 schwächer, als sich China als alternativer Partner in Schwarzafrika zu engagieren begann. Auch viele lateinamerikanische Staaten bekamen Druck in Richtung auf wirtschaftliche Liberalisierung zu spüren.

Am weitaus stärksten stieg der Einfluss der USA im Nahen Osten. Als der Irak nach dem Krieg gegen den Iran finanziell ruiniert war, eroberte er 1990 Kuwait, um sich zu sanieren. Aus Sorge um die Ölquellen schlugen die USA ihn jedoch im Bündnis mit etlichen anderen Staaten zurück, und auch danach blieben sie mit Truppen im Aufmarschgebiet Saudi-Arabien präsent. Außerdem gelang es zwar 1993/94 durch europäische Vermittlung, in Oslo ein Friedensabkommen zwischen Israel und den Palästinensern zu erreichen, das einen Weg zu einem palästinensischen Staat aufwies, doch sein Umsetzungsprozess scheiterte bald, da Israel seine Siedlungspolitik forcierte, hierbei der Rückendeckung durch die USA gewiss. Große Teile der arabischen Öffentlichkeit sahen diese Entwicklung als hegemoniales Vordringen der USA (und Israels), was eine antiamerikanische Stimmung aufkommen ließ. Sie bot den Nährboden für eine Serie von Attentaten einer islamistischen Terrororganisation gegen amerikanische Einrichtungen, die am 11. September 2001 in spektakulären Flugzeugattentaten auf das World Trade Center in New York und das US-Verteidigungsministerium gipfelte, verstanden als Symbole des amerikanischen »Imperialismus«. Die USA schlugen rasch zurück, indem sie noch im selben Jahr die islamistische Regierung Afghanistans vertrieben, die den Terroristen ihr Land als Basis zur Verfügung gestellt hatte. Besessen von der fixen Idee, der irakische Diktator Saddam Hussein entwickele Massenvernichtungswaffen, um die saudischen Ölquellen und Israel zu bedrohen, eroberten die USA außerdem 2003 den Irak und stürzten den Diktator. In den besetzten Ländern Afghanistan und Irak konnten die USA zwar proamerikanische Regierungen etablieren, fanden sich aber durch heftige Widerstände in jahrelange Kriege verstrickt. Damit gerieten sie dort faktisch in die Rolle indirekter Herrschaft.

Die militärischen Misserfolge im Irak und die Finanzmarktkrise seit 2008 schwächten dann die internationale Stellung der USA und die Strahlkraft neoliberaler Ideen. Die US-Regierung wurde 2009 wieder kooperationsbereiter.

Letztlich erwiesen sich also sowohl die weltweite Dominanz europäischer Imperien, die in den Jahrzehnten vor dem Ersten Weltkrieg entstanden waren, als auch die bipolare Dominanz zweier Supermächte und ebenso die herausgehobene Rolle der USA in den knapp zwei Jahrzehnten danach als vorübergehend. Stattdessen gewinnt eine multipolare Ordnung mit mehreren Machtzentren Kontur, in der es sowohl zwischen wie innerhalb der Regionen große Machtunterschiede gibt, aber keines der Machtzentren einseitig über alle anderen dominiert.

Anläufe zum ewigen Frieden

Das Entsetzen über die Katastrophe des Ersten Weltkriegs, dessen Massenschlächtereien im Schlamm des Stellungskriegs niemand vorher für möglich gehalten hätte, bereitete unter Politikern den Boden für die Idee, künftig dauerhaften Frieden zu schaffen, und zwar nicht durch die Integration in ein globales Imperium, sondern durch intensivere symmetrische Integration der Staaten auf multilateraler Basis. Auf Initiative von Wilson gründeten 27 Staaten 1920 den Völkerbund mit Sitz in Genf. Schiedsgerichtsverfahren sollten eine gewaltsame Konfliktaustragung zwischen Staaten überflüssig machen, wozu man den Internationalen Gerichtshof in Den Haag einrichtete. Aggressoren sollten durch Sanktionen der Staatengemeinschaft abgeschreckt und unter Druck gesetzt werden. Im Briand-Kellogg-Pakt verpflichteten sich 1928 insbesondere die Großmächte (außer der UdSSR), auf Krieg als Mittel der Politik zu verzichten. Doch die schöne Idee zerschellte an den harten Realitäten. Der Völkerbund litt von Anfang an darunter, dass wichtige Staaten fehlten: Deutschland als Kriegsverlierer war bis 1926 ausgeschlossen, die UdSSR trat erst 1934 bei und die USA überhaupt nicht. Die nationalistische Erbitterung der Kriegszeit wirkte in Europa noch lange weiter, die vorgesehene allgemeine Abrüstung blieb aus. Angesichts der Angriffskriege durch Japan 1931/37, Italien 1935 und Deutschland und UdSSR 1939 blieb der Völkerbund ohnmächtig, zumal er nur einstimmig entscheiden konnte und ihm militärische Zwangsmittel fehlten. Ab 1933 traten nicht nur die drei

Aggressormächte, sondern auch etliche lateinamerikanische Staaten aus, sodass er faktisch zerfiel. Noch schlimmer: Die Welt erlebte mit dem Zweiten Weltkrieg eine Entgrenzung des Kriegs, durch die das kriegsvölkerrechtlich verbindliche Prinzip, Zivilisten und Gefangene soweit wie möglich von Kampfhandlungen zu verschonen, mit Füßen getreten wurde, und zwar nicht durch ungezügelte Frontsoldaten, sondern durch Befehle der höchsten Führungen. Das gilt insbesondere für die von Deutschen aus rassistischen Motiven verübten Massenmorde an Slawen und Juden in Osteuropa, die Massentötungen von Kriegsgefangenen und Zivilisten durch Japaner, ebenso für die gezielt terroristischen Flächenbombardements von Wohnvierteln durch Japaner, Briten und US-Amerikaner und die Atombombenabwürfe der USA.

Am Ende des Zweiten Weltkriegs gründeten 51 Siegermächte auf Initiative Roosevelts 1945 eine verbesserte Neuauflage des Völkerbunds, und zwar in Gestalt der UNO mit Sitz in New York. Kriege zwischen Staaten wurden verboten. Jetzt sollte ein Sicherheitsrat gegen Aggressoren Truppen einsetzen können, die allerdings von den Mitgliedstaaten gestellt werden mussten. Die fünf siegreichen Großmächte (USA, UdSSR, China, Großbritannien und Frankreich) erhielten als »Weltpolizisten« im Sicherheitsrat jeweils einen ständigen Sitz mit Vetorecht. Zwar traten diesmal fast alle Staaten der Weltorganisation bei, aber der Ausbruch des Kalten Kriegs machte die Hoffnungen auf eine umfassende friedensstiftende Rolle der UNO rasch zunichte: Die UdSSR, die sich anfangs einer Mehrheit der westlichen Staaten gegenübersah, blockierte mit ihrem Vetorecht alle Sicherheitsratsanträge, durch die sie ihre Interessen verletzt sah. Ebenso verhielten sich später die USA, nachdem der Eintritt zahlreicher ehemaliger Kolonien die Relationen verschoben hatte. Als der Kalte Krieg endete, entfaltete die UNO plötzlich Aktivitäten wie nie zuvor. Während sie zwischen 1948 und 1987 nur 13 UN-Friedensmissionen (Blauhelmeinsätze) begonnen hatte, waren es in dem nur halb so langen Zeitraum von 1988 bis 2006 schon 48. Unter dem Druck der Öffentlichkeit der westlichen Industrieländer versuchte die UNO angesichts dieses neuen Handlungsspielraums, weltweit verstärkt die Menschenrechtsidee durchzusetzen, die aus der britisch-amerikanisch-französischen Tradition erwachsen und auch in der UN-Charta festgeschrieben war. Dabei kümmerte sie sich nicht nur wie bisher um zwischenstaatliche Konflikte, sondern schob bei einigen schwachen Staaten das Souveränitätsprinzip beiseite (natürlich nur bei diesen!) und griff mit »humanitären Interventionen« auch in Bürgerkriege ein. Bald erwies sie sich jedoch damit als überfordert, z.B. in Bosnien 1992-95 und Somalia 1992-94. Versuche, einzelne Regierungsmitglieder wegen Kriegsverbrechen strafrechtlich zu verfolgen, führten 2002 zur Gründung des Internationalen Strafgerichtshofes.

Die Idee, gemeinsame Probleme durch symmetrische Integration besser bewältigen zu können, reichte weit über Völkerbund und UNO hinaus. Ein Gründungsschub an INGOs nach 1919 setzte sich in der nationalistischen Atmosphäre der 30er- und 40er-Jahre nicht fort, doch ging die bestehende Vernetzung auch nicht zurück.[657] Seit dem Ende des Zweiten Weltkriegs nahmen solche Bestrebungen dann von Europa ausgehend deutlich zu, regional wie global, angetrieben durch die zunehmende Vernetzung von Wirtschaft und Kommunikation. Flugzeuge und Fernsehen lieferten die technischen Voraussetzungen dafür, dass auch eine Gipfeldiplomatie von Spitzenpolitikern entstand, zunächst der Industriestaaten.

Auf globaler Ebene boten nicht nur die UN-Vollversammlung und auch manche Unterorganisationen der UNO Raum für Diskussionen zwischen Regierungen. Seit 1975 treffen sich jährlich die Regierungschefs der sieben größten westlichen Industriestaaten (G7, seit 1999 um Russland erweitert). Parallel dazu vernetzten sich auch Organisationen der Bürgergesellschaft immer stärker weltweit, besonders seit den 70er-Jahren zu Fragen von Umwelt, Entwicklungshilfe und Menschenrechten. Die Zahl der INGOs schnellte 1951–2000 von 1307 auf 25 269 empor.[658] Stark darauf bedacht, auf die internationale Öffentlichkeit einzuwirken, waren z.B. Amnesty International (ab 1961), Greenpeace (1971) und Attac (1998). Nach Anfängen ab 1964 fanden seit 1992 auf Initiative der UNO eine Reihe von Weltkonferenzen statt, auf denen Vertreter fast aller Regierungen ebenso wie zahlreiche Vertreter von Nichtregierungsorganisationen über globale Kernprobleme wie Umwelt, Bevölkerungswachstum, Frauenrechte und Ernährung diskutierten.[659]

Angesichts unterschiedlicher Interessen und Wertvorstellungen waren aber die weltweiten Vernetzungen weitgehend Diskussionsforen, die über unverbindliche Absichtserklärungen kaum hinauskamen, abgesehen von den mehr oder minder hegemonial gesteuerten Militärbündnissen und den rein wirtschaftlich motivierten Integrationen. Immerhin führten sie dazu, dass Politiker die Motive der anderen Akteure besser kennenlernten und dadurch Berechenbarkeit und Vertrauen wuchsen. Insbesondere die zunehmend vernetzten Eliten der europäischen Staaten forcierten diese multilaterale Selbstkoordinierung der Staaten in internationalen Organisationen und durch verbindliche Regelwerke, gerade seit den 90er-Jahren. Sie erkannten, dass die immer stärker transnationalen Probleme, besonders durch Wirtschaftsverflechtung und Umweltschäden, die traditionelle Souveränitätsvorstellung unterhöhlten und sich mit der begrenzten Reichweite nationalstaatlicher Steuerungskapazitäten immer weniger bewältigen ließen. Allerdings waren starke Nationalstaaten wie die USA, China und Russland im Vertrauen auf die eigene Kraft wenig integrationswillig. Von einem Ende der Nationalstaaten konnte ohnehin keine Rede sein, denn weiterhin konnten nur sie Schutz gewähren und die öffentliche Infrastruktur bereitstellen, die spezifischen nationalen Interessen in internationale Regelungen mit einbringen und diese dann verbindlich umsetzen.[660]

Regionale Integrationsversuche boten grundsätzlich eine größere Chance als die globalen, sich auf gemeinsame Grundvorstellungen zu verständigen. Seit dem Zweiten Weltkrieg versuchten Regierungen in fast allen Weltregionen Kooperationsstrukturen aufzubauen. Dabei war die europäische Einigung mit Abstand das erfolgreichste Projekt. Nachdem die europäischen Großmächte sich mit ihrem Nationalismus in zwei Weltkriegen gegenseitig zerfleischt hatten, bemühte man sich nun, alte Feindschaften zu überwinden. Um Sicherheit vor Deutschland zu finden, setzte Frankreich jetzt nicht wieder wie nach 1919 auf eine Niederhaltungspolitik, sondern verfolgte die innovative Idee übernationaler Institutionen, an denen die Mitglieder gleichberechtigt Anteil hatten. So gründete es 1951 zusammen mit Westdeutschland, Italien und den BeNeLux-Staaten die Montanunion, durch die Kohlebergbau und Stahlindustrie, d. h. der Kern der Rüstungswirtschaft, unter die Kontrolle einer übernationalen Behörde gestellt wurden. 1957 gründeten diese Staaten außerdem eine Europäische Wirtschaftsgemeinschaft, die durch engere Wirtschaftsverflechtung Wohlstand und Frieden fördern sollte. Beides verschmolz später und firmierte ab 1992 als Europäische Union. Das Ganze war ein ergebnisoffener Prozess zunehmend intensiverer Integration. Von Anfang an gab es gemeinsame Institutionen, an welche die Mitglieder Hoheitsrechte übertrugen, und zwar in Gestalt des Parlaments, des Ministerrats der nationalen Regierungsvertreter und der Kommission. Die EU-Ebene zog immer mehr Kompetenzen an sich und schuf immer umfangreichere Rechtsnormen, sodass die EU allmählich staatlichen Charakter gewann. Auch wenn der Integrationsprozess oft schwierig und ungleichmäßig war – für die Bürger der EU-Mitglieder wurde Frieden zwischen ihren Staaten zur Selbstverständlichkeit. Neben der Vertiefung der politischen Integration stand die wirtschaftliche; wichtige Schritte waren hierbei, dass bis 1968 die Zölle zwischen den Mitgliedsstaaten abgeschafft und freie Arbeitsplatzwahl eingeführt wurden, 1993 der Schritt zum gemeinsamen Binnenmarkt begann und man 2002 eine gemeinsame Währung einführte. Doch es gab auch Grenzen der Integration. Da die Öffentlichkeiten der Mitgliedsstaaten in ihrer jeweiligen Landessprache kommunizierten und keine gemeinsame europäische Öffentlichkeit entstand, blieb Europa ein eher volksfernes Projekt von Regierungen, Großindustrie und Europabürokratie ohne kollektive europäische Identität. Auch Versuchen, gemeinsame Streitkräfte und eine gemeinsame Außenpolitik zu schaffen, war keine nachhaltige Wirkung beschieden. Immerhin war das Projekt erfolgreich genug, um Beitrittswünsche auszulösen, sodass die EU mehrfach erweitert wurde. Nach dem Verlust seines Überseebesitzes kam 1973 Großbritannien, begleitet von Dänemark und Irland, nach ihrer Demokratisierung traten

1981/85 Griechenland, Spanien und Portugal bei, nach dem Ende des Kalten Kriegs 1995 drei bisher neutrale Staaten und 2004/07 die meisten ehemals kommunistischen Staaten in Osteuropa.

Für Europa bildeten überdies zwischen 1973 und 1989 KSZE-Konferenzen und MBFR-Abrüstungskonferenz gemeinsame Diskussionsforen der demokratischen und der kommunistischen Staaten Europas, welche immerhin halfen, die giftige Atmosphäre der vorangegangenen Jahre zu entspannen.

Außerhalb Europas war die 1945 gegründete Arabische Liga die erste symmetrische Vernetzung zu einer politischen Regionalorganisation, aber sie wurde weitgehend durch nichts anderes als den Hass auf Israel zusammengehalten. Ihre ab 1964 stattfindenden Gipfeltreffen blieben ein reines Diskussionsforum. Beschlüsse zur wirtschaftlichen und militärischen Integration wurden nicht umgesetzt. Da es sich überwiegend um diktatorische Regierungen handelte, die alles unter ihrer eigenen Kontrolle halten wollten, fehlte hier die nötige Kooperationsfähigkeit der Regierungen ebenso wie eine eigendynamische Vernetzung der Bürgergesellschaft. Die 1963 von fast allen afrikanischen Staaten gegründete OAU, die der friedlichen Konfliktregelung dienen sollte, machte im Stolz auf die neu errungene Unabhängigkeit die Nichteinmischung in die inneren Angelegenheiten zum obersten Prinzip. Sie versagte bei den zahlreichen Konflikten zwischen und innerhalb der afrikanischen Staaten. Erst in den 90er-Jahren wurde sie friedenspolitisch aktiver. 2002 wurde sie in die AU transformiert, die sich die EU zum Vorbild nahm. Die von einigen südostasiatischen Staaten 1967 nach dem Vorbild der EWG gegründete ASEAN zeigte einiges an pragmatischer Zusammenarbeit, institutionalisierte aber erst 1995 jährliche Konferenzen. Ihr traten nach Ende des Kalten Kriegs 1995 bis 1999 die übrigen Staaten des südostasiatischen Festlands bei. Der Arabischen Liga, OAU und ASEAN fehlte im Unterschied zur EU auch der Impuls wirtschaftlicher Vernetzung, da ihre Mitglieder viel mehr mit Industriestaaten als untereinander Handel trieben. In Lateinamerika blieb die Integration der OAS wegen der Rolle der Hegemonialmacht USA gering, aber 2008 gründeten die zwölf südamerikanischen Staaten dann nach dem Vorbild der EU die UNASUR. Diese knüpfte an die 1991 von vier Staaten gegründete Wirtschaftsorganisation MERCOSUR an. Als Gegengewicht gegen USA/NATO riefen 1996/2001 China, Russland und zentralasiatische Staaten die SCO ins Leben, die einen Rahmen für intensivere Zusammenarbeit bieten sollte. In Südasien bestand hingegen wegen der überragenden Größe Indiens und der unterschiedlichen politischen Ordnungsvorstellungen keine Basis für eine symmetrische Integration.

Bevölkerungsexplosion

In keiner anderen Epoche stieg die Weltbevölkerung so dramatisch an. Bewohnten 1913 erst 1,79 Milliarden Menschen die Welt, so waren es 2001 schon 6,15.[661] Im 18. Jahrhundert war die Weltbevölkerung um 41 % gestiegen und im 19. Jahrhundert um 72 %, aber im 20. Jahrhundert schnellte sie um 288 % empor![662] Dabei erfasste die Dynamik dieser Bevölkerungswelle die einzelnen Großräume sehr unterschiedlich, sodass sich ihre Anteile an der Weltbevölkerung teilweise erheblich verschoben. Während Europas Anteil 1913–2001 von 19,0 auf 8,3 % absackte, konnten die USA, China und Indien ihre Anteile mit geringen Einbußen oder ganz behaupten, wogegen einige andere Regionen ihre Anteile erheblich ausbauten, so das übrige Asien von 13,2 auf 22,0 %, noch mehr Lateinamerika von 4,5 auf 8,6 und Afrika von 7,0 auf 13,3 %.[663]

Wo lagen die Ursachen für diese Dynamik? Die Lösung ist darin zu suchen, dass die Länder und Regionen den demografischen Übergang von einer agrargesellschaftlichen zu einer industriegesellschaftlichen Bevölkerungsweise zeitversetzt und unter anderen Rahmenbedingungen durchliefen. Europa war im 19. Jahrhundert als erste Region in die Wachstumsphase des demografischen Übergangs eingetreten, weshalb es seinen Anteil an der Weltbevölkerung damals stark gesteigert hatte; es trat jetzt als erste Region in die Phase nach dem Übergang ein, in der sich Geburten- und Sterberate auf niedrigerem Niveau bei geringem Bevölkerungswachstum stabilisierten. Dadurch fiel sein Bevölkerungswachstum nun hinter jenes anderer Regionen zurück. In West- und Nordeuropa setzte diese Phase in den 20er-Jahren ein, in Süd- und Osteuropa weitgehend erst nach 1945. Die Bevölkerungsverluste der beiden Weltkriege entsprachen für Europa als Ganzes etwa dem natürlichen Bevölkerungszuwachs der Kriegsjahre.

In den 70er-Jahren begann dann in Westeuropa eine neue demografische Phase: Jetzt sank die Geburtenrate dauerhaft sogar unter die Sterberate, sodass die Bevölkerung zu schrumpfen begann, es sei denn Zuwanderung kompensierte den Schwund. Bis zur Jahrtausendwende trat diese Phase in allen Industrieländern ein, auch in den USA und in Japan. Die Ursachen lagen in den steigenden Ansprüchen zunehmenden Massenkonsums und im Individualisierungsschub dieser Zeit, die wie ein verstärkter Dichtestress wirkten. Die Aufwendungen für Kinder stiegen, und sie kollidierten zunehmend mit dem Wunsch nach einem eigenen hohen Konsumstandard und abwechslungsreicher Freizeit. Dabei machte sich insbesondere die Emanzipation der Frauen bemerkbar, indem immer mehr Frauen das Rollenbild des außerhäuslich (voll) berufstätigen Mannes als Leitbild übernahmen, ohne dass parallel dazu die bisher von Frauen innerhalb der Familie wahrgenommenen Aufgaben im gleichen Maße von

Männern oder öffentlichen bzw. betrieblichen Institutionen übernommen worden wären. Überdies war weitgehend aus dem Blick geraten, dass für die Alterssicherung eine hinreichend große kommende Generation als Leistungsträger erforderlich ist, seitdem dieses nicht mehr direkt durch die eigenen Kinder geleistet wurde, sondern ausgebaute anonyme Umlagensysteme von Sozialversicherung und Steuern diesen Zusammenhang verschleierten. So schrumpfte die angestrebte Kinderzahl. Dass seit 1964 die Pille zur Empfängnisverhütung existierte, erleichterte es, unerwünschte Kinder zu vermeiden.

Außerhalb Europas und der USA setzte der demografische Übergang meist in den beiden Jahrzehnten zwischen den Weltkriegen ein. Dass er erst nach dem europäischen erfolgte und durch einen Transfer aus Europa angestoßen wurde, modifizierte aber seinen Verlauf erheblich. Hier wurden die medizinischen Kenntnisse und Techniken, welche die Sterberate senkten, nicht erst schrittweise selbst entwickelt, sondern weitgehend von den Europäern aus humanitären Gründen transferiert, sodass die Sterberate deutlich rascher sank als seinerzeit in Europa. Die Europäer führten in ihren schwarzafrikanischen Kolonien in den 50er-Jahren Massenimpfungen und Programme zur Bekämpfung der Malaria mit DDT durch. Der Aufbau einer industriezeitlichen Verkehrsinfrastruktur machte es möglich, bei Missernten Nahrung von außen zuzuführen, um Hungerkatastrophen zu begegnen. Die Geburtenrate hingegen begann später und zögerlicher zu sinken, als nach den europäischen Erfahrungen zu erwarten gewesen wäre. Die für die Absenkung maßgeblichen Faktoren waren weniger als seinerzeit in Europa vorhanden und ließen sich auch nicht so leicht schaffen: Es fehlte die Elementarbildung für alle, insbesondere auch der Frauen (was in Europa schon fast gänzlich realisiert war, bevor die Geburtenrate zu fallen begann), angesichts der nur zögerlichen Industrialisierung entstanden nur geringe städtische Mittelschichten mit höheren Bildungsansprüchen, und erst recht ließ der Aufbau staatlicher Altersversorgung auf sich warten. Die Geburtenrate begann in den meisten südamerikanischen Staaten erst in den 60er-Jahren zu sinken, in Indien und China in den 70ern und in vielen schwarzafrikanischen Staaten, die besonders bildungsfern waren, überhaupt erst nach der Jahrtausendwende. Während die in Indien seit 1952 praktizierte Familienplanung wenig effizient blieb, trat die Regierung Chinas seit 1979 massiv auf die Bremse, indem sie nur noch ein Kind pro Familie erlaubte und dieses mit Zwang durchsetzte, sodass hier die Geburtenrate rascher sank als in jedem anderen Land.

In etlichen Ländern war die Geburtenrate obendrein höher, als sie es in Europa im 19. Jahrhundert je gewesen war. Vor allem in Schwarzafrika und Lateinamerika galten viele Kinder weithin als Zeichen für Manneskraft, nationalistische Politiker in Schwarzafrika in den 60er- und 70er-Jahren, in China 1949 bis 1971 und auch in Lateinamerika befürworteten eine große Bevölkerungszahl als Element staatlicher Macht und lehnten deshalb Programme zur Familienplanung ab, und besonders in Lateinamerika wurde der Griff zu Verhütungsmitteln lange durch die katholische Kirche gehemmt.

Im Ergebnis führten diese Umstände dazu, dass die Schere zwischen sinkender Sterberate und noch hoch bleibender Geburtenrate weiter auseinanderging als seinerzeit in Europa. So stieg die Differenz überall auf über 2 % jährliches Bevölkerungswachstum an, erreichte in Schwarzafrika und Lateinamerika sogar weithin über 3 %, Werte, die deutlich über das hinausgingen, was Europa im 19. Jahrhundert erlebt hatte (nicht über 1 %). Und es gab noch einen weiteren Unterschied: Während die Europäer in den Jahrzehnten um 1900 mit Nord- und Südamerika, Australien und Sibirien Reserveland greifbar hatten, wohin rund ein Drittel des natürlichen Bevölkerungszuwachses abströmen konnte, stand den Nichteuropäern jetzt nichts dergleichen zur Verfügung.

Die auf diese Weise losgetretene Bevölkerungslawine der Nichteuropäer erzeugte einen Druck, der sich u. a. in umfangreichen Wanderungsbewegungen entlud. Allerdings waren nicht alle Wanderungen des 20. Jahrhunderts Folge von Bevölkerungsdruck. Während die im 19. Jahrhundert entstandenen Nationalstaaten dazu geneigt hatten, sich an den ethnischen Grenzen der Siedlungsgebiete zu orientieren, versuchten manche Nationalisten nun, umgekehrt das Siedlungsgebiet gewaltsam den willkürlich gezogenen Staatsgrenzen anzupassen. Den Vorreiter hierbei spielten die Türken, die bei der Gründung des türkischen Nationalstaats 1923 die Griechen von der Westküste Kleinasiens vertrieben (nachdem sie schon zuvor mit dem Massaker an den Armeniern den ersten planmäßigen Völkermord verübt hatten[664]). Dann waren es vor allem die Deutschen, die im Zweiten Weltkrieg in großem Umfang in Osteuropa Menschen deportierten und nach ihrer Niederlage zu 14 Millionen aus den von Deutschland abgetrennten Ostgebieten vertrieben wurden[665], sowie Inder, von denen bei der Staatsgründung von Indien und Pakistan 1947 15 Millionen in das jeweils andere Land flüchteten und den Subkontinent damit entmischten.[666] Flucht vor Diktaturen war zahlenmäßig vor allem eine millionenfache Flucht vor dem Kommunismus, so aus Russland 1918 bis 1922, China und Nordkorea nach 1949, der DDR von 1945 bis 1961 und Südvietnam 1975. Außerdem gab es zahlreiche Menschen, die vor herandonnerndem Kriegsgeschehen flohen, nach 1937 in China und seit den 60er-Jahren besonders vor den Bürgerkriegen in Afrika, meist in der Hoffnung, bald in ihre Heimat zurückkehren zu können.

Deutlich umfangreicher waren die wirtschaftlich motivierten Wanderungen. Noch einmal strömten Siedler in naturnahe Räume, um sie für den Ackerbau zu erschließen. Teilweise machten die Menschen sich im Rahmen von staatlich gelenkten Großprojekten auf wie der sowjetischen

Erschließung der Kasachensteppe 1954 bis 1960, der Erschließung des brasilianischen Amazonasurwalds seit 1960 und der Umsiedlung von Menschen vom dicht besiedelten Java auf andere indonesische Inseln seit 1969; teilweise drangen landhungrige Siedler eigenständig vor, besonders in Trockensavanne und Regenwald Afrikas, aber auch in Indien, dem übrigen Südostasien und Mittelamerika. Doch es waren höchst problematische Gewinne, denn die tropischen Böden waren nährstoffarm und die Savannen und Steppen relativ trocken. In diesen labilen Ökosystemen kam es rasch zu Bodenerosion. Immerhin nahm zwischen 1920 und 1980 die Ackerfläche in Tropisch-Afrika, Lateinamerika und Südostasien von 154 auf 419 Millionen ha zu, wogegen sie in den gemäßigten Breiten seit dem Zweiten Weltkrieg schrumpfte.[667] Während Schwarzafrika und große Teile Südamerikas und Südostasiens Anfang des 20. Jahrhunderts noch wenig bevölkert waren, konnte gegen die Jahrtausendwende das Potenzial an geeignetem Siedlungsland weltweit als erschöpft gelten. In Westafrika und großen Teilen Indiens, wo ländliche Haushalte weitgehend auf Brennholz angewiesen waren, wurde dieses ab etwa 1970 knapp, der Druck auf die restlichen Baumbestände umso höher. Das afrikanisch-asiatische Nomadentum sah sich auf noch trockenere Gegenden abgedrängt und obendrein von den Regierungen zur Sesshaftigkeit gezwungen, sodass es Ende des Jahrhunderts weitgehend verschwand.

Nennenswerte Teile des Bevölkerungszuwachses konnte diese Siedlungspolitik nicht absorbieren. Dementsprechend richteten sich Wanderungen vor allem auf die städtischen Ballungsgebiete, in denen Menschen, die im ländlichen Raum keine ausreichenden Existenzen fanden, ihre Chancen suchten. Sie schwollen dramatisch an. Gab es 1900 weltweit 16 Städte mit mehr als einer Million Einwohner, so stieg ihre Zahl bis 2005 auf 304. 1950 waren die vier größten Agglomerationen New York (12,3 Mill.), Tokyo (11,3), London (8,4) und Paris (6,5), 2005 hießen sie Tokyo (35,3), São Paulo (21,4), Mexico (21,0) und Schanghai (19,4).[668]

Nichtsdestoweniger waren die großräumigen Wanderungen in der Zwischenkriegszeit rückläufig. Die Haupteinwanderungsländer der vorangegangenen Jahrzehnte, also USA, Kanada und Australien, riegelten sich 1921 gegen Zuwanderung aus Osteuropa und Asien weitgehend ab, 1926 verbot die UdSSR die Auswanderung, und mit der Weltwirtschaftskrise endete der europäische Auswandererstrom 1930 endgültig. In den 20er- und 30er-Jahren war nur die chinesische Wanderung nach Südostasien und in die neuen Industriegebiete in der Mandschurei bedeutend.

In der zweiten Jahrhunderthälfte setzten dann aber Wanderungsbewegungen ein, die alles bisher Dagewesene in den Schatten stellten. Dies lag nicht nur an dem steigenden Bevölkerungsüberschuss, sondern auch daran, dass die neuen Massenkommunikationsmedien auch den Menschen bisher abgelegener Provinzen anschaulich vor Augen führten, wie viel besser Menschen anderswo lebten, dass Verkehrsmittel wesentlich billiger wurden und dass z.T. Schlepper den Weg zu den Zielen der Hoffnungen organisierten. In Lateinamerika, Afrika und Südostasien führte das zu einem gewaltigen Zustrom in die wenigen städtischen Zentren an der Küste, die explosionsartig wuchsen. Da der Zuwachs an Menschen jenen an Arbeitsplätzen weit überstieg und da auch der Ausbau von Trinkwasserleitungen, Stromnetzen und Kanalisation nicht Schritt halten konnte, wucherten dort um die Kernstädte herum Slums aus Wellblechhütten und Holzverschlägen. In China wurde diese Landflucht von 1950 bis 1979 weitgehend unterdrückt, aber nach 1979 setzte ein massiver Zustrom von Zigmillionen Menschen in die boomenden Küstenstädte ein, die größte Wanderungsbewegung der Weltgeschichte. Hinzu kamen großräumige Migrationen über Staatengrenzen hinweg. Die USA und Kanada lockerten in den 60er-Jahren ihre restriktive Einwanderungspolitik besonders für Qualifizierte und Reichere. In die USA floss ein steigender Menschenstrom, besonders aus Mittelamerika, dann auch aus Ostasien, großenteils illegal, sodass die bisherige Assimilierungspolitik um 1970 zusammenbrach und die USA zu einem multikulturellen Land wurden. Die westeuropäischen Staaten nördlich der Alpen warben zwischen 1955 und 1973 Gastarbeiter aus dem Mittelmeerraum an. Danach riegelten sie sich zunehmend gegen den steigenden Zuwanderungsdruck ab, vor allem aus Afrika, der aber illegal in gewissem Umfang trotzdem durchsickerte. Auch hier entstand in den 80er-Jahren ein Problem zugewanderter Minderheiten, die rechtlich und kulturell nicht voll integriert waren, vor allem von Nordafrikanern in Frankreich, Türken in der BRD und Pakistanis in Großbritannien. Von den Industriestaaten schloss sich indes Japan gegen Zuwanderung effektiv ab. Mit dem Ölboom ab 1974 setzte auch ein Strom von Gastarbeitern in die arabischen Förderstaaten am Persischen Golf und aus Westafrika nach Nigeria ein. Außerdem gab es nennenswerte Wanderungen aus dem südlichen Afrika in die Bergbau- und Industriegebiete an der Südspitze und seit den 80er-Jahren ins aufstrebende Malaysia.

Massenwohlstand und Umweltausbeutung

In den Industriegesellschaften der USA und Westeuropas waren für einen Durchschnittshaushalt im späten 20. Jahrhundert Auto, Telefon, Fernseher und Radio, Kühlschrank, Waschmaschine und andere elektrische Haushaltsgeräte ebenso wie eine jährliche Urlaubsreise normal; Anfang des 20. Jahrhunderts waren diese Annehmlichkeiten entweder noch nicht erfunden oder ein Luxus der Oberschichten. Dazwischen lag der Weg zum Massenkonsum. Die Instrumente der Massenmotorisierung wirken wie Symbole für seinen Durchbruch: Ford T in den USA, Volkswagen »Käfer«

in der BRD, Citroen »Ente« in Frankreich, Fiat »Topolino« in Italien. Auf diesem Weg übernahmen die USA die Führung, zum einen weil ihre Wirtschaft nicht wie die der europäischen Großmächte durch zwei Weltkriege beschädigt wurde, zum anderen da entscheidende Innovationen hier ihren Ursprung hatten. Die Wirtschaft der USA wuchs zwischen 1913 und 1929 deutlich stärker als die der großen europäischen Länder[669], deren Wirtschaft durch die Auswirkungen des Ersten Weltkriegs in Mitleidenschaft gezogen wurde. In den 20er-Jahren schossen in Manhattan und Chicago die Hochhäuser empor und ließen die charakteristischen Silhouetten entstehen. Während des Weltkriegs hatten die USA mit Deutschland als technisch führendem Land gleichgezogen, beide gefolgt von Großbritannien. Das dynamische Amerika wurde überhaupt zum Inbegriff des technisch Modernen. Das Auto geriet zum amerikanischen Symbol für Massenwohlstand; 1929 fuhren 80 % aller Autos auf US-Straßen.[670] Diese Ansätze zum Massenkonsum wurden dann weitgehend ausgebremst, als 1929 in den USA durch industrielle und landwirtschaftliche Überproduktion eine Krise ausbrach, die sich als Weltwirtschaftskrise weltweit ausbreitete, die Produktion in den Industriestaaten bis 1932 deutlich schrumpfen ließ und die triste Armut der Massenarbeitslosigkeit verbreitete. Die Aufwendungen für Rüstung und die Kriegszerstörungen in Europa durch den Zweiten Weltkrieg verzögerten diesen Weg weiter. Von 1950 bis 1973 erlebten die USA und noch mehr die zurückgeworfenen, jetzt aber wieder aufholenden westeuropäischen Industriegesellschaften dann ein Wirtschaftswachstum, dessen Wachstumsraten mit durchschnittlich 3–5 % (Sozialprodukt pro Kopf) alles Bisherige übertrafen.[671] Den geringeren Teil verwendete man, um die Arbeitszeit zu verkürzen, indem Jahresurlaub und der freie Sonnabend üblich wurden, der größere Teil setzte sich in jährliche Einkommenssteigerungen um. Durch diese wurde dann in den 40er-/50er-Jahren in den USA, in den 60ern in Westeuropa der oben genannte Konsum zur Massenerscheinung (Japan und Osteuropa folgten in den 70ern/80ern). Zugleich wucherte die Werbung, um die steigende Warenfülle den Konsumenten aufzudrängen, rasche Modewechsel sollten den Konsum zusätzlich anheizen und Konsumentenkredite zu überhöhtem Konsum verführen. Die Industriearbeiterschaft fand aus materieller Dürftigkeit zu kleinbürgerlicher Lebenshaltung. Nach 1973 lagen die Wachstumsraten (pro Kopf) der westlichen Industriegesellschaften meist bei 1–2 %, d. h. immer noch leicht über denen der Jahrzehnte vor 1914.

Wo sind die Ursachen für dieses Wirtschaftswachstum und die dahinter stehende Steigerung der Arbeitsproduktivität zu suchen? In der industriellen Fertigung fanden Taylors Arbeitszerlegung und Fords Fließbandproduktion Nachahmer; Letztere wurde in Europa in größerem Umfang nach dem Zweiten Weltkrieg aufgenommen. Die industrielle Fertigung wurde immer stärker mechanisiert und schließlich automatisiert, Letzteres zuerst bei Flüssigkeiten und Gasen in der Chemieindustrie, dann ab 1963 auch mit Robotern zur Montage in der Fließfertigung. Dabei nahmen die kraftaufwendigen Arbeiten und die Belastung durch Hitze, Lärm und Staub in der industriellen Fertigung deutlich ab.

In der Landwirtschaft wurde die Feldarbeit durch Traktoren und Mähdrescher mechanisiert, in den USA ab 1920, in Westeuropa in den 50er- und 60er-Jahren. Dieses erzeugte einen Druck, die Betriebsgrößen ständig weiter zu erhöhen, um die teuren Maschinen auslasten zu können. In der Viehwirtschaft steigerte man die Arbeitsproduktivität durch den Übergang zur fabrikmäßigen Massentierhaltung. Um auch die Bodenproduktivität zu erhöhen, griffen die Landwirte in den USA seit den 30ern, in Westeuropa seit den 50ern verstärkt zu Mineraldünger (statt Fruchtfolgen) und zu Pestiziden gegen Schädlinge. Außerdem wurde seit den 40er-Jahren die Zucht ertragreicherer Sorten forciert. Dadurch entstanden in den USA und Westeuropa in den 70er-Jahren Agrarüberschüsse, welche die Länder nur zu subventionierten Dumpingpreisen auf dem Weltmarkt losschlagen konnten. Zugleich veränderte sich die Funktion von Landwirtschaft grundlegend: Während sie bisher stets dazu gedient hatte, per Saldo Sonnenenergie zu gewinnen und diese in Gestalt von Nahrung verfügbar zu machen, wurden jetzt der Aufwand, um Maschinen und Hilfsmittel zu erzeugen und zu betreiben, sowie die Veredelungsverluste bei der Viehwirtschaft so groß, dass man mehr Energie hineinsteckte, als man an Nahrungsenergie gewann. Landwirtschaft wurde primär zu einem System, um pflanzliche in tierische Biomasse umzuwandeln.[672]

Im Güterfernverkehr über See sanken die Transportkosten, als ab 1966 Container für Stückgut aufkamen und die Schiffsgrößen wuchsen. Im Personenfernverkehr nahm vor allem das Tempo zu: Ab 1919 wurden in Europa und den USA Linienflugnetze aufgebaut, ab 1934 ließen Transatlantikflüge die beiden Kontinente zusammenrücken, und in den 50er-Jahren verdrängten Düsenflugzeuge die Propellermaschinen und die Linienpassagierschifffahrt. Dazu kam eine Vielzahl weiterer grundlegender technischer Innovationen. Beispielsweise wurde 1935 mit PVC der erste echte Kunststoff erfunden, dem nach dem Zweiten Weltkrieg eine Fülle weiterer folgte.

Nicht zuletzt zog der Militärbereich viel an Innovationspotenzial auf sich. Während im Ersten Weltkrieg Infanterie, Artillerie und Pferdefuhrwerke das Bild bestimmten, war der Zweite Weltkrieg voll motorisiert; Panzer, auf Lkw aufgesessene Infanterie und Luftstreitkräfte machten rasche »Blitzkriege« möglich. Seitdem steigerten Raketen Tempo und Reichweiten weiter, und der Golfkrieg 1991 war der erste elektronische Krieg. Während Soldaten im Grabenkampf des Ersten Weltkriegs ihr Gegenüber oft noch als Person wahrnahmen, wurden Kämpfe mit Panzern und Luftbombardements immer mehr zur Maschinenbedienung.

Hinter alledem stand eine bislang beispiellose Flut von Innovationen. Während die Mechanisierung bis zum Zweiten Weltkrieg weitgehend von Ingenieuren vorangetrieben wurde und Naturwissenschaftler an den Universitäten sich primär für die reine wissenschaftliche Erkenntnis interessierten, verbanden sich um 1940 (Natur-)Wissenschaft und Produktion, wodurch Niveau und Häufigkeit von praktisch verwertbaren Innovationen auf eine völlig neue Stufe gehoben wurden. Solche Innovationen waren jetzt auch nicht mehr Frucht einzelner genialer Köpfe, vielmehr stellten Auftraggeber gezielt Teams von Wissenschaftlern, Ingenieuren und Managern zusammen, die für ein bestimmtes Problem innovative Lösungen finden sollten, und investierten dabei erheblich Finanzmittel. Diese Form projektorientierter, großtechnischer Forschung und Entwicklung (FuE) wurde von den Regierungen der industriell führenden Großmächte im Zweiten Weltkrieg unter dem Druck der tödlichen Machtkonkurrenz erfunden.[673] Von den Regierungen beauftragte FuE-Teams betrieben in Deutschland die Entwicklung von Fernraketen, in Großbritannien die Erfindung des Radars und, in viel größerem Maßstab als die anderen, in den USA die Entwicklung der Atombombe. Dieses Konzept, Innovationen wissenschaftsorientiert planmäßig zu organisieren, breitete sich nach dem Zweiten Weltkrieg aus, da der Konkurrenzdruck nicht geringer wurde. Die USA investierten dabei mehr als jedes andere Land und wurden technologisch weltweit führend. Die Ausgaben der USA für Wissenschaft stiegen 1930 bis 1965 von 0,2 auf 3 % des Sozialprodukts.[674] In den 80er- und 90er-Jahren waren 2–3 % des Bruttoinlandsprodukts für industrielle Metropolen normal, während industrielle Sekundärzentren um die 1 % lagen, weniger entwickelte Länder darunter.[675] Unter dem Druck der militärischen Konkurrenz im Kalten Krieg trieben die USA, zweitrangig auch Großbritannien und Frankreich (sowie die UdSSR, während Deutschland hier nach der Niederlage zunächst ausfiel), besonders solche Technologien voran, die effizientere Waffensysteme versprachen: die Weiterentwicklung der Raketentechnik, von Flugzeugen (Düsentriebwerke 1944 in Deutschland erfunden), die Grundlagen der Computertechnik (1940 mit Transistoren, ab 1964 mit integrierten Schaltkreisen, ab 1970 mit Mikroprozessoren) und die Anfänge des Internet (ab 1969). Die Systemkonkurrenz von marktwirtschaftlicher und sozialistischer Wirtschaftsordnung im Kalten Krieg ließ auch Wirtschaftswachstum zu einer politischen Priorität ersten Ranges werden: Wenn man der kommunistischen Idee, die Reichen zu enteignen, um der Masse mehr zu geben, etwas entgegensetzen wollte, musste man die Verteilungsmasse durch Wirtschaftswachstum drastisch steigern, um geben zu können, ohne nehmen zu müssen. Vor diesem Hintergrund investierten die Regierungen der Industriegesellschaften erhebliche Mittel in Grundlagenforschung, von der sie sich Wachstumseffekte versprachen, am meisten in die Atomforschung. Schließlich sahen die Konzerne sich durch den Konkurrenzdruck des Marktes dazu gezwungen, FuE-Abteilungen immer größeren Ausmaßes aufzubauen.

Mit dem Wirtschaftswachstum stiegen zugleich die Energie- und Stoffflüsse stark an. Der Weltverbrauch an fossiler Primärenergie wuchs von 1910 bis 1987 auf das Achtfache[676], obwohl die Energienutzung deutlich effizienter wurde. Dabei veränderte sich die Struktur der Energieversorgung. In der Zwischenkriegszeit erweiterte man in allen Industriegesellschaften die städtischen Stromnetze und baute Überlandnetze auf, sodass Strom fast überall verfügbar wurde. Als Folge ersetzten Elektromotoren und auch Dieselmotoren weitgehend die Dampfmaschinen in Fabriken und bei der Bahn, und die Haushalte konnten elektrifiziert werden. Die Automobilisierung ließ den Ölverbrauch stark steigen, und da nach der Erschließung der nahöstlichen Ölfelder Öl in den 50er-Jahren billiger wurde als Kohle, drängte es diese bei Fabriken und Hausbrand stark zurück.[677] Seit 1954 wurde Strom auch in Kernkraftwerken erzeugt, allerdings ohne dass man ein Konzept besaß, wie der generationenlang radioaktive Abfall dauerhaft entsorgt werden könnte. Nach dem Reaktorunfall von Tschernobyl 1986 wurde die anfangs als »saubere« Energie bejubelte Kernkraft dann kaum weiter ausgebaut. Größere Bedeutung gewann das seit den 60er-Jahren als Energieträger verwendete Erdgas, das bis dahin als nutzlos abgefackelt worden war.

Steigende Stoffflüsse bedeuteten, intensiver auf das Ökosystem zuzugreifen. Die Industriegesellschaften erschlossen im Laufe des 20. Jahrhunderts weltweit laufend neue Lagerstätten, die zumindest bis zum Jahrhundertende ihren Bedarf auch decken konnten. Seit 1960 drangen sie verstärkt in die tropischen Regenwälder ein, was nicht zuletzt durch die Motorsägen möglich wurde, um Hart- und Edelhölzer zu gewinnen oder Viehweiden für Exportrinder zu schaffen. Zusammen mit der Siedlungsbewegung der einheimischen Bevölkerung bewirkten sie damit, dass der tropische Regenwald deutlich schrumpfte. Effizientere Fangmethoden führten nach 1950 dazu, dass die Bestände bestimmter Fischarten überfischt und stark dezimiert wurden. Haushalte, Industrie und Bewässerung verbrauchten auch Wasser in immer größeren Mengen, wobei es in trockenen Teilen der USA knapp wurde und man dort z.T. fossiles Grundwasser anzapfte. In den Industriegesellschaften selbst baute man immer mehr Fläche zu, als infolge der Automobilisierung die kompakten Großstädte ins Umland auseinanderflossen, wo in den Vorstädten die Familienhäuser mit Garten für die Mittelschichten entstanden, und überhaupt immer mehr Flächen für Verkehr benötigt wurden.

Noch kritischer als der steigende Verbrauch von Ressourcen war, dass umgekehrt immer mehr Problemstoffe an die Umwelt abgegeben wurden. Mit dem Massenkonsum der Haushalte fiel auch massenhaft Abfall an, verstärkt durch aufwendigere Verpackungen, wobei ein steigender Anteil aus nicht verrottenden Kunststoffen bestand. Insbesondere nahm nach dem Zweiten Weltkrieg die Emission von giftigen Stoffen in die Umwelt drastisch zu, vor allem als Abwässer, Abgase und Abfälle aus der industriellen Produktion, aber auch als Pestizide in der Landwirtschaft bis hin zum Problem von Kernkraftwerksundichtigkeiten und Ölverseuchungen durch lecke Förderstellen und Tankerunfälle. Während sich die Schadwirkung dieser Giftstoffe im 19. Jahrhundert auf die Industriegebiete beschränkt hatte, breiteten sie sich jetzt aufgrund ihrer schieren Menge großräumig aus, gefördert durch Hochschornsteine und Verklappung im Meer. Im späten 20. Jahrhundert reicherten sich Treibhausgase in der Atmosphäre an, vor allem Kohlendioxid aus der steigenden Verbrennung fossiler Brennstoffe und Methan aus steigender Rinderhaltung und Reisanbau. Diese Treibhausgase schoben eine globale Erwärmung an.[678]

Mehr denn je veränderten die Menschen die Zusammensetzung der Biosphäre um sie herum. Während sie einige Arten als nützlich stark verbreiteten, z. B. Rinder, wurden andere gezielt bekämpft, besonders Viren und Bakterien. Gegen immer mehr von ihnen kamen Impfungen auf, und seit 1940 standen Antibiotika zur Verfügung. Nicht zuletzt deshalb stieg die Lebenserwartung in Westeuropa und den USA zwischen 1900 und 1987 von 50 auf 76 Jahre.[679] Zugleich reduzierten die Menschen unabsichtlich die Bestandszahlen vieler Tier- und Pflanzenarten, teilweise bis hin zum Aussterben, indem sie deren Lebensräume beschnitten. In den Industriegesellschaften geschah dieses durch giftige Abwässer sowie landwirtschaftliche Flurbereinigung und die Drainage von Feuchtgebieten, in den Tropen durch das Zurückdrängen des Regenwalds, der mehr als jedes andere Ökosystem einen Schatz an genetischer Vielfalt darstellt.

Mit Blick auf die materielle Enge und die verbreitete Arbeitslosigkeit, aus der man kam, galt es in der Öffentlichkeit der Industriegesellschaften in den 50er- und 6oer-Jahren als ausgemacht, dass man die Umwelt immer stärker beherrschen und damit steigenden Wohlstand herbeiführen würde. Seit 1972 entstand dann in der Öffentlichkeit Westeuropas, der USA und Japans rasch ein Bewusstsein dafür, dass rasantes Wirtschaftswachstum auch unbeabsichtigte ökologische Neben- und Spätfolgen hatte[680], während die kommunistischen Staaten diese Probleme bis 1990 leugneten. Gerade die USA und die UdSSR neigten in dem Bewusstsein, reichlich Land und Ressourcen zu besitzen, zu einem besonders ressourcenaufwendigen Wirtschaften. In Westeuropa und Japan, weniger in den USA setzte in den 70er-Jahren eine umfangreiche Umweltgesetzgebung ein, durch welche in den Industrieregionen dieser Länder bei vielen Schadstoffen die Belastungen bald sichtbar abnahmen. Der globalen Erwärmung versuchten die meisten Industriestaaten 1997 durch das Kyoto-Protokoll zu steuern, durch das der Ausstoß der wichtigsten Treibhausgase verringert werden sollte. Der Raubbau an den Wäldern der armen Länder durch die Konzerne der Industriegesellschaften ging indes ebenso weiter wie der Export giftigen Abfalls dorthin, ebenso der Raubbau an Meerestieren.

Aufgrund der vielfältigen Prozess- und Produktinnovationen wandelte sich auch die Wirtschaftsstruktur. Da die Arbeitsproduktivität der Landwirtschaft wesentlich stärker stieg als die Nachfrage nach Nahrungsmitteln, schrumpfte ihr Anteil an der Gesamtwirtschaft dramatisch. Während ihr Anteil an den Erwerbstätigen in den USA, Frankreich und Deutschland am Ende des Zweiten Weltkriegs noch ein Viertel bis ein Drittel betrug, waren es 1980 nur noch wenige Prozent. Traditionsorientierte ländliche Milieus lösten sich auf. Innerhalb des industriellen Sektors galten bis in die 60er-Jahre Stahlindustrie und Kohlebergbau als Kernbereich; dann übernahmen Chemie und Elektronik die Führung. Standorte der Montanindustrie mit ihren rauchenden Schloten und gedrängten Arbeitermassen wie Ruhrgebiet, Südbelgien und Pittsburgh verkamen in den 70ern teilweise zu Rostgürteln. Der Anteil des Sekundären Sektors als Ganzes an den Gesamtbeschäftigten erreichte in den 50er-Jahren seinen Gipfel; dann schrumpfte aufgrund der stark gestiegenen Arbeitsproduktivität auch er zugunsten des Dienstleistungssektors, der statistisch bald zum größten wurde. Jedoch wäre es eine Täuschung, hierin den Übergang zu einer Dienstleistungsgesellschaft oder postindustriellen Gesellschaft zu sehen, in der anstelle der Industrie wissensbasierte Dienstleister, anstelle der Güterproduktion Theorieerzeugung den Kern der Wirtschaft ausmachen.[681] Auf der einen Seite unterschätzt die Statistik sogar die Tertiärisierung der Wirtschaft, da auch innerhalb der Industriebetriebe ein wachsender Teil der Arbeitnehmer nicht mehr mit direkter Güterproduktion, sondern mit Entwicklung, Marketing, Datenverarbeitung usw. beschäftigt ist. Auf der anderen Seite ist der Tertiäre Sektor eine Restkategorie, in der unterschiedlichste Tätigkeiten vom Schuhputzer bis zum Rechtsanwalt zusammengefasst werden, von denen ein großer Teil keineswegs besonders qualifiziert ist. Sie wiesen auch unterschiedliche Trends auf; während einige wegrationalisiert wurden (z.B. der Verkehrspolizist auf der Kreuzung durch die Ampel), entfielen andere aufgrund steigender Lohnkosten ersatzlos (durch Selbstbedienung oder Do-it-yourself-Handwerk), wieder andere expandierten, da sie kaum rationalisierbar waren (Unterricht und Pflege). Vor allem war nur der geringere Teil des Dienstleistungssektors direkt verbraucherbezogen, z.B. als Tourismus, Friseurhandwerk oder Gesundheitswesen, der größere Teil diente dagegen dazu, die Produktion und Verteilung von Gütern zu unterstützen, z.B. durch Handel, Werbung, Finanzierung und juristische Beratung. Deshalb sind jene Großregionen, die sich gegenüber anderen Industriegesellschaften dadurch absetzten, dass sie mit technologischen Spitzenprodukten international wettbewerbsfähig waren, besser als industrielle Metropolen charakterisiert.

Nachholende Industrialisierung – echte Chancen?

Während vor dem Ersten Weltkrieg nichteuropäische Eliten auf die Herausforderung durch die Europäer oft eine Antwort gaben, die auf Reformen von Militär und Verwaltungsorganisation verkürzt war, und sie Industrialisierung noch gar nicht für nötig hielten, breitete sich bis in die 1960er-Jahre weltweit bei den Eliten die Auffassung aus, nur Industrialisierung könne in armen Ländern höheren Wohlstand, Arbeitsplätze für die wachsende Bevölkerung und wirtschaftliche Unabhängigkeit vom Ausland schaffen. Die besonders nach dem Zweiten Weltkrieg rasant intensiver werdende Kommunikation transportierte eindringliche Bilder amerikanisch-europäischen Wohlstands in die übrige Welt, machte das Wohlstandsgefälle bewusst und ließ Wünsche wuchern.

Für jene Länder, die zu den Industriegesellschaften aufzuschließen suchten, sahen die Rahmenbedingungen jetzt in einigen wichtigen Punkten allerdings anders aus als für die ersten Länder mit nachholender Industrialisierung in den Jahrzehnten vor 1914. Vielfältige Innovationen der Industriegesellschaften kumulierten immer mehr und ließen Technologien komplexer werden, sodass sich der technologische Abstand zu den Agrargesellschaften drastisch vergrößerte. Damit stieg der Konkurrenzdruck durch die Industrieländer. Nur während der beiden Weltkriege schwand er vorübergehend, als die Industriegesellschaften ihre Industrieproduktion so weit wie möglich in den Dienst des Krieges stellten. In jenen außereuropäischen Ländern, die bereits Anfänge von Industrie besaßen, löste das kleine Schübe importsubstituierender Industrialisierung aus. Da die Technologiekluft sich weitete, war sie auch immer schwieriger zu überspringen. Während alle Regionen, die vor dem Ersten Weltkrieg zu Industriegesellschaften wurden, damit zugleich den Charakter industrieller Metropolen gewannen, wurden jene, die den Schritt zu Industriegesellschaften erst später schafften, zunächst nur zu industriellen Sekundärzentren, die trotz ihrer industriegesellschaftlichen Strukturen bei den technologischen Spitzenprodukten der jeweiligen Zeit auf Lieferungen aus den industriellen Metropolen angewiesen oder mit eigenen Produkten international nicht wettbewerbsfähig waren. Nur wenige von ihnen konnten bis zum ersten Jahrzehnt des 21. Jahrhunderts zur Spitzengruppe aufschließen. Die Technologiekluft verstärkte auch das Problem, dass bei einem Transfer weit entwickelter Produktionsweisen diese inselartig und unverbunden neben älteren Strukturen standen. Erschwerend war zudem, dass in den meisten Agrargesellschaften (und Schwellenländern) das Bevölkerungswachstum wesentlich höher war als in Europa im 19. Jahrhundert und deshalb einen beträchtlichen Teil der Wirtschaftswachstumserfolge aufzehrte. Andererseits gehörte zu den Unterschieden ebenso, dass

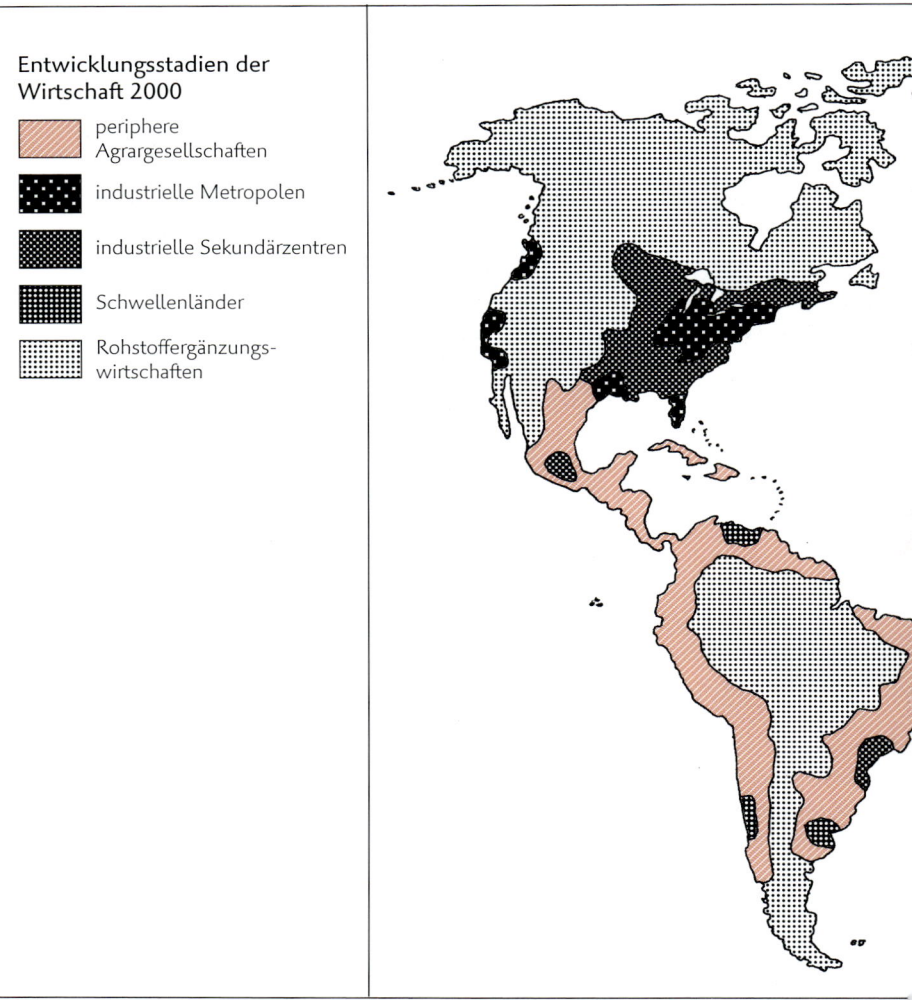

westliche Industrieländer arme Länder mit Entwicklungshilfe unterstützten, besonders in den 60er- bis 80er-Jahren vor dem Hintergrund der Konkurrenzsituation im Kalten Krieg. Dieses war durchaus ambivalent, wie auch die Tatsache, dass zunehmend multinationale Konzerne aus Industriegesellschaften Produktionsstätten in armen Ländern aufbauten und damit deren Entwicklungspfad mitprägten.

Nachdem die ehemaligen Kolonien unabhängig geworden waren, solidarisierten sich viele arme Länder und forderten zwischen 1964 und 1982 als »Entwicklungsländer« gemeinsam eine neue Weltwirtschaftsordnung. Doch die Vorstellung einer Einheit der Entwicklungsländer, die den Industriegesellschaften in einem Nord-Süd-Konflikt gegenüberstehe, erwies

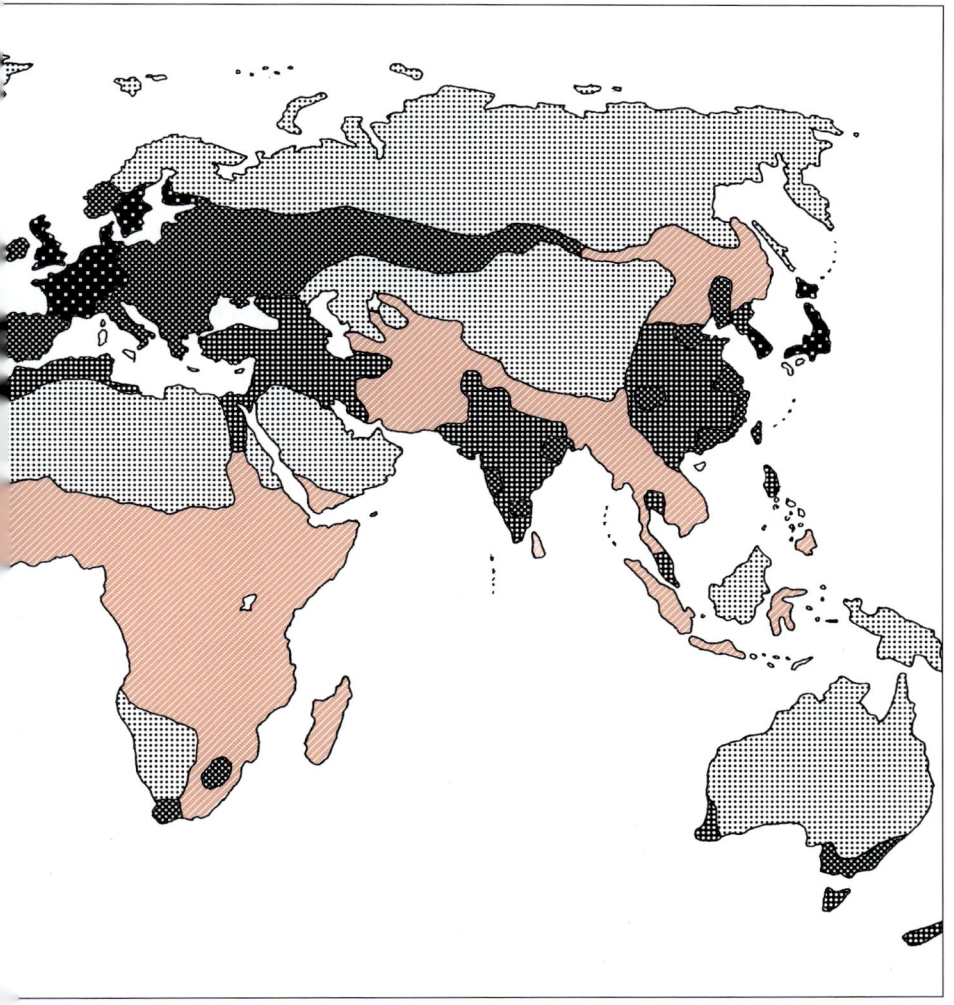

sich bald als Täuschung[682], ihre Entwicklungspfade liefen drastisch auseinander. Während einige immer mehr aufholten, konnten andere bald kaum das kolonialzeitliche Entwicklungsniveau halten. Die Gründe dafür lagen in Unterschieden der Ausgangslage aufgrund ihrer Geschichte und in unterschiedlichen Entwicklungsstrategien. Wie schon im 19. Jahrhundert, so galt auch hier: Je höher der bereits bestehende Entwicklungsstand, desto leichter ließ sich aufholen.[683] Zugleich differierten die angewendeten Entwicklungsstrategien von sinnvoll bis katastrophal. Aus beidem zusammen ergab sich eine Pluralität von Entwicklungspfaden, die sich idealtypisch auf acht reduzieren lässt: den westeuropäischen, den sowjetischen, den japanischen, den lateinamerikanischen, den nahöstlichen und den schwarzafrikanischen Pfad sowie die Pfade Chinas und Indiens, die schon wegen ihrer Größe eine eigene Rolle spielten. Nicht jede Industrialisierung führte zu Wohlstand; eine schlecht gemachte war mehr oder minder mit Armut verbunden. Aber ohne Industrialisierung gab es keinen Pfad zu Wohlstand, es sei denn man gehörte zu jener relativ kleinen Population von Glückspilzen, die auf einem großen Ölvorkommen wie am Persischen Golf saß. Wer immer weiter nur auf die Produktion von Kakao, Bananen und anderen Naturprodukten für den Export setzte, schlug grundsätzlich den falschen Pfad ein; insofern trafen Klagen über den zeitweiligen Verfall von Rohstoffpreisen nicht den Kern der Armutsursache.

Warum waren nun einige Entwicklungspfade erfolgreicher als andere?[684] Der Blick auf drei Bereiche führt zu den entscheidenden Unterschieden. Am wichtigsten war die Qualifikation der Bevölkerung. Das bedeutete nicht nur Massenalphabetisierung, sondern bei steigendem technologischem Niveau kam es auch immer mehr auf höhere Qualifikationen und wissenschaftliche Kompetenzen an, sowohl um den Transfer anspruchsvoller Verfahren bewältigen zu können, wie erst recht um selbst innovativ sein zu können. Nirgendwo werden die Unterschiede so deutlich wie hier: In den 80er-Jahren wiesen die Industriegesellschaften je 100 000 Einwohner 300 bis 700 Wissenschaftler und Ingenieure im FuE-Bereich auf, Südkorea 200, größere lateinamerikanische Länder und Ägypten 37 bis 56 und schwarzafrikanische Länder unter 10.[685] Von den 2006 erteilten Patenten kamen aus Japan 217 364, aus den USA 154 760 und aus der EU 133 831, dagegen aus Lateinamerika 1150, dem arabischem Raum 330 und Schwarzafrika 110.[686] Hier schlugen über Jahrhunderte aufgebaute Unterschiede der Nähe bzw. Ferne zu Bildung und Wissenschaft durch. Zur Qualifikation gehörten aber auch Eigenschaften wie Zuverlässigkeit, Genauigkeit und Pünktlichkeit, die auch in Westeuropa der werdenden Industriearbeiterschaft erst vermittelt werden mussten, was aber schon im 19. Jahrhundert geschehen war, und technisch-handwerkliche Erfahrungen. Zum Zweiten erfordert industrielle Produktion Massenmärkte, je höher die Fixkosten der Entwicklung und Produktion sind, desto mehr. Größere Staaten mit bedeutendem Binnenmarkt waren hier im Vorteil, kleinere mussten zum Ausgleich zu stärkerem Außenhandel bereit sein. Binnenmärkte konnten aber auch eingeschnürt werden, wenn die bäuerliche Massenkaufkraft zu gering blieb, weil es neben Großgrundbesitz nur armen Kleinstbesitz und Landarbeiter gab, bei den Bauern zu viel abgeschöpft wurde oder sie zu schlechte Preise bekamen. Zum Dritten spielte der Staat eine wichtige Rolle. Er musste bestimmte Leistungen erbringen[687], nämlich für einen verlässlichen Rahmen von Rechtssicherheit und Ordnung sorgen und damit für Unternehmer Planungssicherheit schaffen sowie die erforderliche Infrastruktur aufbauen vom Verkehrswesen bis zu Bildung und Wissenschaft. Dabei gerieten Staatseingriffe höchst unterschiedlich: Sie konnten Industrialisierungsansätze und Innovationen initiieren, indem sie angemessene Wettbewerbsbedingungen schufen, mit Anschubfinanzierungen unterstützten und Forschung förderten, und sie konnten diese bürokratisch ausbremsen und durch gewaltsame innere Konflikte schädigen.

Es war eine Illusion, wenn viele Politiker in den 60er-Jahren meinten, man brauche nur in einem »big push« viel Kapital zu investieren, und schon würde sich ein Wirtschaftsaufschwung einstellen wie in Westeuropa nach dem Marshallplan von 1948[688]; in Westeuropa waren zwar zahlreiche Gebäude zerstört, aber qualifizierte Menschen und effiziente Staatsapparate existierten weiter, während es in den gerade unabhängig gewordenen ehemaligen Kolonien tendenziell umgekehrt stand. Keine Rolle spielte für den Erfolg oder Misserfolg des wirtschaftlichen Entwicklungspfads dagegen die Frage, ob ein Land eine Kolonialzeit hinter sich hatte oder nicht (auch wenn es für die versagenden Eliten Afrikas bequem war, dem Kolonialismus die Schuld zuzuschieben), ob es reich an Rohstoffen war oder diese weitgehend fehlten (Letzteres war in allen Staaten mit besonders rasch nachholender Industrialisierung der Fall!), ob es diktatorisch oder demokratisch regiert wurde. Kapital war weniger ein Problem des Mangels an sich als vielmehr seiner Verwendung. Letztere reichte von sinnvollen Investitionen über unrentable Prestigeprojekte bis zu hohem Rüstungsaufwand und Kapitalflucht der Reichen ins Ausland. Wo sich seit den 80er-Jahren untragbare Auslandsschulden einstellten, war dieses primär dadurch verursacht, dass geliehenes Geld falsch verwendet worden war (wer effektiv investiert, kann Schulden gut tragen, wie jedes erfolgreiche Unternehmen in Industriegesellschaften auch). Einmal eingetreten, konnten übermäßige Auslandsschulden allerdings die weitere Entwicklung strangulieren. Bei der Integration in den Weltmarkt lautete die entscheidende Frage nicht, *ob* ein Land sich integrierte, sondern viel eher auf welche Art und Weise. Erstens gab es grundsätzlich für die Wirtschaft unterschiedliche Lern- und Rückkopplungseffekte je nachdem, ob der Export primär aus schlichten Rohstoffen, aus Billigprodukten der ausgelagerten Enklaven ausländischer Multis oder aus komplexen Fertigwaren der eigenen Industrie bestand. Zum Zweiten hatten ressourcen- und menschenreiche große Länder zu Hause andere Möglichkeiten als kleine, und drittens war es nicht dasselbe, ob ein Land eine Exportoffensive bei geschütztem Binnenmarkt startete oder Grenzen freihändlerisch in beide Richtungen durchlässig machte.[689]

Nachholende Industrialisierung: Pluralität der Pfade

Das marktwirtschaftlich geprägte Westeuropa erlebte nach dem Zweiten Weltkrieg einige bemerkenswerte Fälle von Industrialisierung. Finnland, Irland, der größte Teil Spaniens und das Gebiet Israels, das von Zuwanderern aus Europa geformt wurde, waren bis zum Zweiten Weltkrieg Agrargesellschaften. Hier förderten die Regierungen nach dem Krieg massiv die Industrialisierung, und zwar unter marktwirtschaftlichen Bedingungen privaten Unternehmertums, wobei die Industrie angesichts der meist kleinen Binnenmärkte von vornherein darauf angelegt war, sich mit dem Ausland zu verzahnen. In Israel, das sich mit geringen Ressourcen in einer feindlichen außenpolitischen Umgebung nicht zuletzt militärisch behaupten musste, und in Finnland, das seine Unabhängigkeit gegenüber Russland wahren wollte, war dabei am stärksten der Aufbau einer eigenständigen Industrie sichtbar, durch die Israel schon um 1960 und Finnland etwas später zu sekundären Industriezentren wurden. Dabei baute man nicht nur die Massenbildung stark aus, sondern Israel und seit den 90er-Jahren ebenso Finnland investierten viel in Forschung und Entwicklung, auch von Hochtechnologie, sodass sie in den 90ern sogar den Anschluss an die industriellen Metropolen schafften. In Spanien und Irland setzte die Industrialisierung etwas später ein, sodass diese Länder gegen 1970 bzw. 1980 zu industriellen Sekundärzentren wurden, wobei hier die Investitionen ausländischer Firmen eine entscheidende Rolle spielten und die weitere wirtschaftliche Entwicklung stark durch die Integration in die EU gefördert wurde. Bemerkenswert ist der Unterschied zu Italien. Norditalien wurde eigentlich erst in den 50er-Jahren zur Industriegesellschaft. Die italienischen Regierungen versuchten seit 1950 mit großem Aufwand, auch den Süden Italiens zu industrialisieren. Hier blieben die Erfolge jedoch unbefriedigend, da italienische Staatsbetriebe großindustrielle Fertigungsanlagen inselartig in den Süden pflanzten, ohne die Eigeninitiative der Umgebung zu mobilisieren.

In den USA ähnelte der Wandel der Südstaaten von einer Agrar- zur Industriegesellschaft in den Jahrzehnten nach dem Zweiten Weltkrieg dem spanischen Pfad, insofern er maßgeblich durch den Zustrom von Firmen aus dem Norden getragen wurde. Anders an der Pazifikküste der USA: Hier entstanden in den 40er-Jahren Industriegebiete, die rasch zu neuen industriellen Metropolen wurden, nicht zuletzt durch Impulse technologisch anspruchsvollen Militärbedarfs.

Der sowjetische Pfad war davon diametral verschieden. Als die Kommunisten 1917–21 in Russland die Macht errangen, versuchten sie ad hoc den Kommunismus einzuführen, indem sie Industrie und Handel sofort verstaatlichten, ja vorübergehend sogar die Geldwirtschaft abschafften.

Tatsächlich stürzten sie die Wirtschaft ins Chaos. Unternehmer und höher qualifizierte Fachkräfte flüchteten weitgehend oder wurden umgebracht, und hinzu kamen die Wirren des Bürgerkriegs. Als Folge war die Wirtschaft 1921/22 weitgehend zusammengebrochen, und es wütete eine Hungersnot mit Millionen Toten. Unter Stalins Führung betrieben die Kommunisten dann zwischen 1926 und 1940 eine außerordentlich forcierte Industrialisierungspolitik. Ihr Motor war nicht zuletzt die Angst, Russland als einziges kommunistisches Land der Welt laufe Gefahr, von seinen Feinden zermalmt zu werden, wenn es nicht rasch erstarke. Tatsächlich wurde Russland durch Wachstumsraten, welche die aller Industriegesellschaften übertrafen, bis 1940 zum Land mit der zweitgrößten Industrieproduktion der Welt. Auch die Weltwirtschaftskrise ließ das Land ungeschoren, da es kaum Außenhandelsbeziehungen hatte. Im Zweiten Weltkrieg warfen die Verwüstungen Westrusslands die Wirtschaft dann massiv zurück, doch zugleich wurde jetzt auch Industrie in den Ural und nach Südwestsibirien verlegt. In den drei Jahrzehnten nach Kriegsende konnte die Sowjetunion wieder mit überdurchschnittlichen Wachstumsraten gegenüber den westlichen Industriegesellschaften aufholen, doch ihr Ziel, diese an Wohlstand zu überholen, blieb eine Fata Morgana. Stattdessen begann die Wirtschaft seit Mitte der 70er zunehmend zu stagnieren. Während Russland vor 1914 nur wenige Industrieinseln in einem Meer der Agrargesellschaft besessen hatte, erfassten industriegesellschaftliche Strukturen bis gegen 1960 den Westen des Landes weitgehend flächendeckend. Aber es blieb bis zum Ende der UdSSR beim Charakter sekundärer Industriezentren. Der imponierenden Ausweitung der Produktion standen geringe Produktivität und dürftige Qualität sowie Versorgungsengpässe gegenüber. So blieb der Wohlstand deutlich geringer als bei westeuropäischen Ländern vergleichbaren Industrialisierungsgrades. Außer in einem engen Bereich von Militärtechnik waren sowjetische Industrieprodukte international nicht konkurrenzfähig. Als wegen der Ineffizienz der Landwirtschaft seit 1970 verstärkt Getreideimporte nötig wurden, mussten diese ebenso wie Technologieimporte mit dem Export von Öl und Gas aus dem Gebiet der Rohstoffergänzungswirtschaft bezahlt werden.

Nun lagen die Ursachen für die Erfolge und für die Krise des sowjetischen Entwicklungspfads eng beieinander. Zugespitzt wie nirgendwo sonst lag die Initiative bei der Zentrale, die seit 1926 durch Fünfjahrespläne die gesamte Wirtschaft zu steuern versuchte. Das stand zum einen in der russischen Tradition seit Peter I., mangelnde private Initiative durch Staatsaktivitäten zu kompensieren, umso mehr als die kommunistische Revolution die bescheidenen Ansätze von Bürgergesellschaft zerstört hatte. Zugleich war es Ausdruck kommunistischer Ideologie und Machtgier, die das Privateigentum an Produktionsmitteln weitgehend verstaatlichte und die ganze Gesellschaft von oben kontrollieren wollte. Durch diese

Machtkonzentration konnte Stalin 1929 bis 1932 die gewaltsame Kollektivierung durchsetzen, in der die Bauern enteignet und ihre Ländereien in Kolchosen zusammengefasst wurden, um durch die großbetriebliche Produktionsweise die Produktion zu steigern und mehr Ressourcen für die Industrialisierung abschöpfen zu können. Tatsächlich ließ der Widerstand der Bauern aber die Produktion einbrechen, sodass 1932/33 eine Hungersnot mit rund 5 Millionen Toten hereinbrach.[690] Die Wirtschaftspolitik, die in Befehl und Kontrolle dachte, aber nicht zuletzt angesichts willkürlicher staatlicher Preisfestlegungen keinen Indikator für das Verhältnis von Aufwand und Ertrag besaß, verschwendete in gewaltigem Umfang Ressourcen: durch den Verschleiß an menschlichen Arbeitskräften besonders bei der Brachial-Industrialisierung der 30er-Jahre und noch mehr durch Zwangsarbeit in den Lagern in entlegenen Landesteilen in den 30er- bis 50er-Jahren, die ganze Zeit über durch einen unmäßig hohen Einsatz an Energie und Rohstoffen und große Verluste bei Transporten. Der Glaube an die Effizienz großbetrieblicher Produktion und das Interesse der zentralen Planung, alles überschauen zu können, führten dazu, die Wirtschaft stark in riesigen Industriekomplexen zu konzentrieren. Dagegen fehlte die Vielfalt kleinerer und mittlerer Betriebe, wie sie nur aus der Fülle eigenständiger Initiativen erwachsen kann. Die Landwirtschaft blieb seit der Kollektivierung leistungsschwach. In den 20er- und 30er-Jahren litt die sowjetische Industrialisierung unter einem eklatanten Mangel an qualifizierten Kräften und mobilisierte in großem Umfang technikferne Landbevölkerung, die z. T. noch analphabetisch war, als ungelernte Arbeiter für den raschen Industrieaufbau. Obwohl die UdSSR im Laufe der Zeit Allgemeinbildung und technische Kompetenzen erheblich ausbaute, konnte sie bis in die 80er-Jahre an Genauigkeit, Zuverlässigkeit und Verantwortungsbewusstsein der Arbeitnehmer den Stand westlicher Industriegesellschaften nicht erreichen, wodurch Produktionsabläufe ineffizienter und die Qualität der Produkte schlechter blieben. Da ihre Industrialisierung eine nachholende war, stand der Sowjetunion von Anfang an ein Vorbild vor Augen, und es war die Stärke der zentral gelenkten Wirtschaft, alle Kräfte auf ein bekanntes Ziel ausrichten zu können. Vorbild waren die westeuropäischen Industriegesellschaften um 1900, bei denen Kohle, Eisen bzw. Stahl und Elektrizität im Mittelpunkt standen. An diesem Modell hielt die Zentrale dann aber unbeweglich bis zum Ende fest, und sie überspitzte es noch, indem sie die Konsumgüterindustrie vernachlässigte. Als die USA begannen, PCs am Fließband zu produzieren, war man in Moskau noch auf die Tonnenzahl der Stahlproduktion stolz. Als die Wirtschaft immer differenzierter und komplexer wurde, stieg mit den Lieferverflechtungen auch die zu planende Datenmenge explosionsartig an und ging seit den 1960er-Jahren weit über das hinaus, was sich zentral planen ließ. Angesichts der Rückständigkeit der sowjetischen Wirtschaft spielte stets der Transfer von Technologien aus dem weiterentwickelten Ausland eine Rolle, in der Zwischenkriegszeit zunächst vor allem durch Kooperation mit US-amerikanischen Firmen, in der Zeit des Kalten Kriegs besonders durch Industriespionage, da der Westen ab 1949 keine Hochtechnologie mehr lieferte.[691] Hier wird das Kernproblem sichtbar: Trotz beträchtlicher FuE-Ausgaben war die Zentralverwaltungswirtschaft zu wenig fähig, sich durch Innovationen eigenständig weiterzuentwickeln. Diese wurden in mehrfacher Weise stark behindert: durch die Starrheit laufender Pläne, das Fehlen von Wettbewerb zwischen den Betrieben, das Verbot wirtschaftlicher Privatinitiative und die enge Kontrolle der Informationsflüsse, überhaupt die Abschottung gegenüber dem westlichen Ausland. Zwar war Fortschritt erklärtes Ziel der KPdSU, aber vielfältig probierende Schritte in Neuland waren grundsätzlich schlecht vereinbar mit dem Willen des Machtzentrums, umfassend zu planen und zu kontrollieren. Dieser Machtwille bremste überhaupt den Trend zu funktionaler Differenzierung aus, der Wirtschaft und Wissenschaft gegenüber der Politik ebenso wie der Produktpalette. Hier verebbte die Entwicklungsdynamik des sowjetischen Pfads.[692]

Das sowjetische Entwicklungsmodell einer kommunistischen Industrialisierung mit Betonung der Schwerindustrie wurde Ende der 40er-Jahre auch in den von der UdSSR abhängigen osteuropäischen Staaten und in Nordkorea eingeführt. Die bisherigen Agrargesellschaften Polen, Ungarn, Rumänien und Nordkorea wurden auf diese Weise in den nächsten Jahrzehnten ebenfalls zu sekundären Industriezentren (Nordkorea nur Schwellenland). Für die DDR und Tschechien, die bereits industrialisiert waren, bedeutete das sowjetische Modell dagegen nur einen Hemmschuh.

Angesichts der geringen Produktivität und Effizienz der sowjetischen Wirtschaft setzte sich seit 1986 in der Moskauer Führung schrittweise die Erkenntnis durch, dass Reformen nötig seien. Nach dem Zerfall der UdSSR versuchte die russische Regierung 1991–93 auf Anraten amerikanischer Wirtschaftsexperten mit einer Schocktherapie schlagartig die Marktwirtschaft nach Russland zu transferieren. Doch es fehlte an verlässlichen rechtlichen Rahmenbedingungen, einem ausgebauten Bankensystem, betriebswirtschaftlichen Erfahrungen und Wettbewerbsmärkten. So brach die Wirtschaftsleistung auf die Hälfte ein und wuchs erst seit 1999 wieder. Weitgehend rissen sich wendige Elemente der bisherigen Machtelite die hastig privatisierten Betriebe unter den Nagel. Armut und Wirtschaftskriminalität fraßen sich durch die Gesellschaft. Auch die osteuropäischen Staaten, 1990 von der Verpflichtung auf das sowjetische Entwicklungsmodell befreit, stellten in den folgenden Jahren auf eine marktwirtschaftliche Ordnung mit Privatbesitz an Kapital um. Je weiter die industriegesellschaftlichen Strukturen entwickelt, je mehr Ansätze von Bürgergesellschaft bereits vorhanden waren, desto rascher wurde diese

Transformation mit ihrem vorübergehenden Produktionseinbruch bewältigt. Nur Nordkorea hielt trotz schwerer Wirtschaftskrise unbelehrbar an dem sowjetischen Modell fest.

Japan war gleichzeitig mit den frühen Industrieregionen Russlands Ende des 19. Jahrhunderts zum Schwellenland geworden. In der Zwischenkriegszeit begann es auch Schwerindustrie für Rüstungszwecke aufzubauen. Nach dem Rückschlag durch die Kriegszerstörungen erlebte es dann von 1950 bis 1990 ein rasantes Wirtschaftswachstum. Dabei wurde es um 1960 zur Industriegesellschaft und überholte in der Folgezeit die drei großen westeuropäischen Mächte an Industrieproduktion, sodass es zum Land mit der drittgrößten Industrieproduktion aufstieg.[693] In den 8oer-Jahren fand es in Technologieniveau und Massenkonsum den Anschluss an den Standard industrieller Metropolen, wobei seine aggressive Exportoffensive die USA und Westeuropa das Fürchten lehrte. Mit dem Platzen der Spekulationsblase 1990 stellte sich dann ein mäßiges Wirtschafswachstum ein, vergleichbar dem anderer Industriegesellschaften.

Wie konnte Japan diesen rasanten Aufstieg schaffen?[694] Günstige Umstände, dass z.B. die USA seit den 5oer-Jahren Japan als einem wichtigen Verbündeten ihren Heimatmarkt öffneten oder dass der Yen in den 8oer-Jahren unterbewertet war, erwiesen sich als hilfreich, aber nicht entscheidend. Ein niedriges Lohnniveau, gemessen an der Qualifikation der Beschäftigten, spielte nur in der Anfangszeit eine Rolle. Grundlegend war vielmehr die Fähigkeit, durch gezielte Transfers zu lernen und diese innovativ anzupassen und weiterzuentwickeln. Zunächst wurde eine importsubstituierende Industrie für den Binnenmarkt aufgebaut, dann eine immer stärkere Exportindustrie, die angesichts der Rohstoffarmut erforderlich war, um die Rohstoffimporte bezahlen zu können. An der Exportindustrie wird der Anstieg des technologischen Niveaus ablesbar: Konnten in den 2oer- bis 5oer-Jahren nur technisch anspruchslose Konsumgüter wie Textilien und Fahrräder exportiert werden, wurde Japan in den 7oern mit Schiffen und Autos auf dem Weltmarkt präsent und in den 8oern mit Computern. Seit den 2oer-Jahren studierten die Japaner intensiv ausländische Produkte – auch durch ins Ausland geschickte Delegationen –, kopierten sie hemmungslos und passten sie mit schon vorhandenen, aber noch begrenzten eigenen FuE-Kapazitäten kreativ den eigenen Bedürfnissen an. In den 7oer- und 8oer-Jahren wurden dann mit hohen Investitionen die FuE-Kapazitäten stark ausgebaut, sodass Japan auch in den Hochtechnologiebereich vorstoßen konnte. Prägend war bei diesem Pfad die aktive Rolle des Staates, der einen effizienten Apparat besaß. Von den 3oer- bis in die 8oer-Jahre hat er in enger Zusammenarbeit mit den Großkonzernen (Zaibatsu) strategische Aktivitäten gebündelt und ausgerichtet, z.B. bei der Eroberung von Auslandsmärkten, und den Technologietransfer gefördert, besonders durch Einfluss auf die Finanzierung von Investitionen (Kredite, Devisenzuteilung). Außerdem schottete er bis in die 8oer-Jahre den Binnenmarkt gegen Fertigwarenimporte und ausländische Direktinvestitionen weitgehend ab. Der Staat war aber kaum selbst als Unternehmer tätig, und die Unternehmen waren auf dem Binnenmarkt deutlichem Wettbewerbsdruck ausgesetzt. Das Problem des Großgrund-besitzes spielte keine Rolle, nicht zuletzt seit der Enteignung durch die Amerikaner 1945. Wichtig war ebenso die Tatsache, dass Japan als erstes nicht-europäischstämmiges Land Massenalphabetisierung durchgesetzt und Wissenschaftsinstitutionen aufgebaut hatte und dass es außerdem die höhere Schulbildung und das Hochschulwesen nach dem Zweiten Welt-krieg konsequent ausbaute. Hilfreich waren hierbei die neokonfuzianische Hochschätzung von Lernen und Bildung sowie die japanische Tradition, Transfers aus dem Ausland aufzunehmen und anzupassen.[695] Nach 1990 schufen der stärkere Wettbewerbsdruck durch neue Schwellenländer und die von den USA erzwungene stärkere Öffnung des Binnenmarktes eine veränderte Situation, und zu dieser trug auch die Notwendigkeit bei, nach dem Ende nachholender Industrialisierung im Bereich von Basisinnova-tionen kreativer sein zu müssen. Die staatliche Steuerung wurde deshalb seit den 8oer-Jahren stark zurückgefahren.

Südkorea und Taiwan, beide ebenfalls rohstoffarm und als geteilte Län-der in der Systemkonkurrenz des Kalten Kriegs in besonderer Weise unter dem Druck, hohes Wirtschaftswachstum vorweisen zu können, kopierten nach dem Zweiten Weltkrieg den japanischen Wirtschaftsaufstieg in allen wesentlichen Merkmalen.[696] Ihre Kernräume wurden bald nach 1960 zu Schwellenländern und um 1980 zu sekundären Industriezentren, und um 2000 schaffte Südkorea auch den Schritt zur industriellen Metropole. Zeit-gleich bauten auch Hongkong und Singapur eine extrem exportorientierte Industrie auf, wobei hier die Situation als einzelne Stadt und Handelszent-rum abweichende Bedingungen mit sich brachte. Etwas später versuchten dann als nächste Staffel Malaysia, Thailand und die Philippinen Elemente des Erfolgsmodells zu sich zu transferieren. Sie wurden dadurch zwar in den 7oer-Jahren zu Schwellenländern, doch ihre Dynamik blieb geringer, da der erforderliche Unterbau schwächer war. Bis zum Jahrhundertende wurde das Niveau der Breitenbildung nicht vergleichbar ausgebaut, auch die Aufwendungen für FuE blieben minimal. Zwar entstand auch hier eine exportorientierte Industrie, aber im Unterschied zu Japan, Südkorea und Taiwan ging sie in starkem Maße auf ausländische Direktinvestitionen zu-rück. Es waren vor allem aus den genannten drei ostasiatischen Staaten ausgelagerte Fertigungsstätten mit Produktion für den Weltmarkt ohne FuE. Sie wurden durch Sonderwirtschaftszonen mit Privilegien angelockt und blieben oft enklavenartig, ohne den breiten ländlichen Raum zu inte-grieren. Die einheimische Unternehmertätigkeit erfolgte in Südostasien bemerkenswerterweise vor allem durch die chinesische Minderheit dieser

Länder, die transnational bis nach Taiwan hin vernetzt war, während eine echt einheimische Unternehmerschaft weitgehend fehlte. Auch der Staatsapparat war weniger effizient.[697]

Für die lateinamerikanischen Staaten bildete Anfang des 20. Jahrhunderts der Export von Rohstoffen und Agrarprodukten den Motor der Wirtschaft. Als mit der Weltwirtschaftskrise der Erlös aus diesem Export wegbrach und damit auch die Fähigkeit, Konsumgüter für den gehobenen Bedarf zu importieren, gingen die lateinamerikanischen Staaten in den 30er-Jahren zu einer Politik der importsubstituierenden Industrialisierung über. Hinter hohen Schutzzollmauern sollte eine nationale Konsumgüterindustrie entstehen. Im Laufe der Jahrzehnte bildete sich vielerorts etwas Industrie für einfache Konsumgüter, und einige Regionen konnten gegenüber den Industriegesellschaften deutlich aufholen. Aber nur Südostbrasilien und Zentralmexiko gingen in den 70er-Jahren zur Produktion komplexerer Industriegüter über. Während diese damit zu sekundären Industriezentren wurden, waren am Jahrhundertende Nordostargentinien, Uruguay, Chile und Nordvenezuela erst Schwellenländer, wobei Ersteres schon seit Jahrzehnten auf diesem Niveau stagnierte, und die anderen Regionen Lateinamerikas blieben selbst dahinter zurück. Aufs Ganze gesehen waren die Ergebnisse dieser Wirtschaftspolitik unbefriedigend. Obendrein zehrte das starke Bevölkerungswachstum einen großen Teil des Wirtschaftswachstums auf, sodass der Wohlstandsgewinn begrenzt blieb. Das Wachstum der Menschenzahl übertraf auch den Anstieg der Arbeitsplätze, sodass in den Ballungsgebieten ein aufgeblähter Dienstleistungsbereich voll einfachster Tätigkeiten und die Schattenwirtschaft aufblühten. Ab 1982 rutschten viele lateinamerikanische Staaten in eine untragbare Auslandsverschuldung hinein, die zur Wirtschaftskrise führte; sie hatten Kredite oft nicht hinreichend effizient investiert, und internationale Rohstoffpreise und Zinssätze hatten sich zu ihren Ungunsten verändert. Im Zusammenhang mit der Umschuldung erzwangen die USA gemeinsam mit Weltbank und IWF in den 90er-Jahren im Sinne neoliberaler Wirtschaftsideologie Zollsenkungen und Privatisierungen und damit das Ende der bisherigen Wirtschaftspolitik. Einen nennenswerten Gewinn an wirtschaftlicher Dynamik hatte das indes nicht zur Folge, wohl aber verstärkte soziale Ungleichheit.

Warum war die lateinamerikanische Wirtschaftspolitik nicht erfolgreicher? Schon die Märkte blieben eng, zum einen da die Politik sich stark auf die nationalen Märkte konzentrierte und viele Länder nun einmal recht klein sind, zum anderen da die Indios und andere Unterschichten von der Oberschicht in Armut gehalten wurden und die Verteilung von Grundbesitz sehr ungleich blieb, eine Folge von Machtstrukturen aus der Kolonialzeit. Es konnte nicht funktionieren, wenn Uruguay in den 60er-Jahren für die kleine Mittelschicht des 3-Millionen-Landes eine eigene

Autoindustrie hochziehen wollte. Vor allem verkannte die Wirtschaftspolitik bis Ende des Jahrhunderts völlig die Bedeutung von Innovationen und qualifizierter Arbeit für den Aufholprozess.[698] So blieb die Massenbildung dürftig, an den Hochschulen genossen weiter Jura und Geisteswissenschaften Vorrang vor Ingenieurwissenschaften und Betriebswirtschaft, und in eigene FuE wurde kaum investiert. Die geschützten kleinen Binnenmärkte erzeugten keinen Wettbewerbsdruck. Da es an privatem Unternehmertum fehlte, gründete der Staat oft selbst Industriebetriebe, die aber überwiegend wenig effizient wirtschafteten. Bei den dynamischen, technologisch fortschrittlicheren Betrieben handelte es sich meist um Gründungen US-amerikanischer Konzerne seit den 50er-Jahren. So waren lateinamerikanische Industriegüter auf dem Weltmarkt nicht wettbewerbsfähig. Überdies waren die rechtlichen Rahmenbedingungen wenig verlässlich.

Südostkanada und Südostaustralien wirken wie eine Mischung aus westeuropäischem und lateinamerikanischem Pfad. Der Unterbau war Westeuropa ähnlich und damit günstiger als in Lateinamerika, insofern diese Länder bereits einen höheren Bildungsstand, politische Stabilität und eine stärker mittelschichtorientierte Gesellschaft aufwiesen, weshalb die Industrialisierung auch schon vor dem Ersten Weltkrieg eingesetzt hatte. Aber sie blieben aufgrund ihrer importsubstituierenden Industrialisierungspolitik und eher geringen eigenen FuE sekundäre Industriezentren, im Unterschied etwa zu den Niederlanden und Schweden, die gleichzeitig mit der Industrialisierung gestartet waren. Wie in den weiterentwickelten Regionen Lateinamerikas bildete sich eine Struktur aus technologisch schwacher heimischer Industrie, weitgehend in privater Hand, die fast ganz auf den recht engen und bis 1991/94 mit hohen Schutzzöllen bewehrten regionalen Markt ausgerichtet war, und technologisch entwickelteren Großbetrieben, die ausländische Multis seit den 20er-Jahren aufbauten. Hier zeigte sich allerdings auch, dass eine gewichtige Rolle ausländischer Konzerne den Weg zum Massenwohlstand nicht blockieren muss.[699] Die Republik Südafrika, zu einem Drittel ebenfalls eine ehemalige weiße Siedlerkolonie, nahm mit etwas Zeitverzug einen ähnlichen Weg. Als Besonderheit profitierten alle drei Länder von reichlichen Einnahmen aus dem Rohstoffexport.

Eine extrem staatszentrierte Variante der importsubstituierenden Industrialisierung erlebte zeitweise der Nahe Osten. Diese Politik war von sowjetischer Planwirtschaft inspiriert und verstaatlichte teilweise ausländische Unternehmen, tastete aber das heimische Handelsbürgertum und Bauerntum nicht an. Da die heimischen Kapitalbesitzer nicht an Investitionen in die Industrie interessiert waren und man wirtschaftlich von europäischen Mächten unabhängig sein wollte, baute der Staat selbst die Industrie auf, und zwar besonders in Gestalt von Großprojekten mit importierter Technologie. So verfuhr zuerst die Türkei zwischen 1931 und 1950, welche die importsubstituierende Industrialisierung danach weniger staatsbetont fortsetzte, außerdem Iran von 1931 bis 1979 sowie ab ca. 1958 Ägypten, Syrien, Irak und Algerien. Teilweise erleichterten Einnahmen aus dem Erdölexport dieses Projekt, doch zugleich fraß die Hochrüstungspolitik der Araber riesige Ressourcen. Das Problem war aber nicht nur, dass die Binnenmärkte zu eng und weitgehend wettbewerbsfrei waren und der Staat die Wirtschaft stark regulierte. Obwohl das Bildungswesen deutlich ausgebaut wurde, fehlte es eklatant an Fachkräften, an einer Mentalität der Zuverlässigkeit und Pünktlichkeit und erst recht an eigener FuE. So standen die überhasteten Industrialisierungsversuche auf einer völlig unzureichenden Basis, waren wenig effizient und führten zu gewaltigen Fehlinvestitionen. Die genannten Länder wurden auf diese Weise zwar zu Schwellenländern, aber Wohlstand stellte sich dabei nicht ein, zumal auch hier das Bevölkerungswachstum hoch war. In Iran und Irak würgten 1979/80 Revolution und Kriege diese Politik ab, die anderen Länder gingen nach diesen Enttäuschungen im Laufe der 80er-Jahre formal zu einer stärker marktwirtschaftlichen und weltmarktoffeneren Wirtschaftspolitik über; tatsächlich behielten jedoch die Machthaber die Wirtschaft weiter unter ihrer Kontrolle, sodass sich weiterhin keine Wettbewerbsdynamik entfaltete. Auch jetzt wurde die Basis an Qualifikationen und FuE nicht nachdrücklich verbreitert.

Indien konnte erst nach der Unabhängigkeit eine eigene Wirtschaftspolitik verfolgen. Zwischen 1950 und 1990 betrieb es ebenfalls eine importsubstituierende, ganz auf den Binnenmarkt ausgerichtete Industrialisierungspolitik mit extrem hohen Schutzzöllen, auch als Voraussetzung für seine politische Unabhängigkeit. Angesichts der Größe des Binnenmarkts, eigener Rohstoffvorkommen und der industriellen Anfänge aus der Kolonialzeit (der Stahlbedarf konnte schon 1945 fast ganz aus eigener Produktion gedeckt werden) besaß diese Politik hier deutlich bessere Perspektiven. Die kapitalintensive Schwer- und Investitionsgüterindustrie wurde weitgehend als Staatsunternehmen aufgebaut, während heimische Unternehmer eine zunehmend diversifizierte Konsumgüterindustrie entwickelten. Eine Reihe von Regionen mauserte sich zu sekundären Industriezentren, neben denen aber weiterhin die krasse Armut agrargesellschaftlicher Räume stand. Dass Investoren und Importe aus dem Ausland fast gänzlich draußen gehalten wurden, war unschädlich; das praktizierte Japan ebenfalls. Aber die Regierung unterband mit Fünfjahresplänen nach sowjetischem Vorbild und Lizenzen für private Investitionen gezielt den Wettbewerb, es wurde nur wenig in FuE investiert, und auch Massenbildung und Disziplin von Arbeitskräften nahmen nur mäßig zu. Der Staatsapparat gewährleistete zwar Rechtssicherheit, war aber schwerfällig. So war nicht nur oft die Produktqualität mangelhaft, sondern auch das wirtschaftliche Wachstum mäßig, das überdies zu über der Hälfte vom Bevölkerungswachstum aufgezehrt wurde. Unter dem Eindruck der ostasiatischen Wachstumserfolge liberalisierte man Anfang der 90er-Jahre Binnenmarkt und Außenwirtschaft. Für die inzwischen herangewachsenen privatwirtschaftlichen industriellen Strukturen wirkte dies wie eine Entfesselung. Die Wachstumsraten stiegen deutlich.

In keinem anderen Land erlebte die Industrialisierung derartige Wechselbäder wie in China. Trotz der instabilen politischen Verhältnisse und der Konkurrenz durch die in China tätigen ausländischen Firmen entfaltete sich 1915 bis 1936 eine rasch wachsende Industrie, vor allem Textilindustrie für den Binnenmarkt. Das geschah durch chinesische Unternehmer vor allem am unteren Jangtse und dann auch am Perlflussdelta – kein Wunder, waren doch diese Regionen schon vor langer Zeit zu zentralen Agrargesellschaften geworden und hatten während des Ersten Weltkriegs westliche Techniken und Managementmethoden übernommen. Der Krieg gegen die Japaner und dann der zwischen Kommunisten und Nationalisten ruinierten diese Ansätze zwischen 1937 und 1949 aber wieder völlig. Die Reste des chinesischen Unternehmertums flüchteten nach dem Sieg der Kommunisten nach Hongkong und Taiwan. Bemerkenswerterweise errichteten die Japaner von 1934 bis 1945 in der von ihnen besetzten Mandschurei Schwerindustrie, ein Sonderfall unter allen Kolonialgebieten.

Die Kommunisten enteigneten nach ihrem Sieg 1949 rasch Großgrundbesitzer und Unternehmer und führten die Bauern zu Genossenschaften zusammen. Zwischen 1949 und 1978 rangen dann in der chinesischen Führung zwei Gruppen mit alternativen Strategien miteinander. Die eine setzte nach sowjetischem Vorbild auf die bürokratische Leitung durch Fachleute von oben und beabsichtigte, mit zentraler Planung vor allem kapitalintensive Schwerindustrie in den Ballungsgebieten aufzubauen. Mau Dsödung wollte stattdessen die Bauernmassen überall im Land aktivieren und lehnte Hierarchien ab; ideologische Begeisterung in Kollektiven gleichgestellter Menschen sollte Fachkompetenz, materielle Anreize und Investitionskapital ersetzen. Zweimal konnte Mau sich durchsetzen und für wenige Jahre den Kurs bestimmen. Nachdem man sich nach dem Wiederaufbau stark am sowjetischen Vorbild orientiert hatte, versuchte Mau 1958 bis 1960 China mit einem »großen Sprung nach vorn« in kürzester Zeit in die Industriegesellschaft zu stoßen. Dabei wurde die ländliche Bevölkerung zu 26 000 Volkskommunen zusammengefasst, die den Masseneinsatz von Arbeit organisierten und überall im Lande in Minihochöfen Stahl zu kochen begannen, ohne das nötige Know-how zu haben. Dieser völlig überstürzte Schritt führte zu einer dramatischen Wirtschaftskrise, die 27 Millionen Hungertote[700] kostete. 1966–69 entfesselte Mau die Kulturrevolution, in der er Schüler und Studenten mobilisierte, um erneut eine extreme Gleichheit der Arbeits- und Lebensverhältnisse und dabei auch eine Deurbanisierung der Gesellschaft durchzusetzen. Jede private Wirtschaftstätigkeit wurde verboten. Das Ergebnis war eine völlige Desorganisation der Wirtschaft. So ist in der Mau-Zeit aufs Ganze gesehen trotz aller Aufbauerfolge die Wirtschaftsleistung pro Kopf kaum gewachsen.

Als nach Maus Tod der neue starke Mann, Döng Ssjauping, in Südostasien die Erfolge der dort verfolgten Industrialisierungsstrategie kennengelernt hatte, betrieb er zwischen 1978 und 1992 eine Politik schrittweise tastender Reformen: Die Landwirtschaft wurde privatisiert und private Unternehmen waren wieder erlaubt, zentrale Planung zugunsten von Märkten abgebaut und Importe und Direktinvestitionen aus dem Ausland zugelassen. Im Unterschied zu Russland, wo die Marktwirtschaft abrupt eingeführt worden war, kam es hier zu keinem Einbruch. Vielmehr sorgten die vorhandenen und nun entfesselten Kräfte für hohe industrielle Wachstumsraten, jedenfalls in den Küstenregionen, während das weite Binnenland davon nur wenig erfasst wurde. Die bisherige extreme Binnenmarktorientierung wich einem Exportboom besonders von Fertigwaren. Seit 1992 strömten massive Direktinvestitionen aus dem Ausland in die chinesischen Küstenregionen, besonders von chinesischen Unternehmern in Hongkong, Taiwan und Singapur, dann auch japanisches und amerikanisches Kapital. Einem Teil dieses Kapitals ging es darum, den chinesischen Markt durch Produktion vor Ort zu erschließen, ein Teil stellte die Verlagerung von einfachen Produktionen für den Markt der Industriegesellschaften in eine Billiglohngegend dar. Verbunden war mit diesen Auslandsinvestitionen ein starker Technologietransfer nach China. Mit Blick auf die Erfolge des japanischen Pfads forcierten die Chinesen diesen Technologietransfer gezielt, um langfristig die industriellen Sekundärzentren einmal zu industriellen Metropolen zu entwickeln. Chinas Anteil am Welt-Bruttoinlandsprodukt stieg von 1973 bis 2001 von 4,6 auf 12,3 %.[701] Hätte chinesisches Unternehmertum sich schon zwischen 1937 und 1978 frei entfalten können, ohne durch politische Schläge und Fehlsteuerungen beeinträchtigt zu werden, wären die USA wahrscheinlich auch auf der Bühne internationaler Machtpolitik bereits seit den 70er-Jahren mit China als spürbarem Gegengewicht konfrontiert gewesen. Vietnam übernahm ab 1986 die chinesische Reformpolitik.

Von den schwarzafrikanischen Staaten (hier ohne die Republik Südafrika gemeint) schaffte es in den fünf Jahrzehnten nach der Unabhängigkeit keiner, die Agrargesellschaft zu überwinden. Die euphorischen Hoffnungen auf einen Entwicklungssprung, welche die Jahre nach der Unabhängigkeit beflügelten, wichen bald bitterer Enttäuschung. Die Wirtschaftsleistung pro Kopf, 1964 noch etwa gleichauf mit Südkorea, sank langfristig. In den westlichen Medien bestimmten zunehmend Meldungen über Dürren und Hunger mit Bildern hohlwangiger Kinder das Bild von Afrika. Versuche etlicher schwarzafrikanischer Staaten, in den 60er- und 70er-Jahren durch Staatsbetriebe eine importsubstituierende Industrie aufzubauen, scheiterten durchweg. Schon die Voraussetzungen sahen denkbar ungünstig aus. Zwischen 1920 und 1950 waren die Kolonialmächte noch mit ganz Elementarem beschäftigt: Sie bauten Straßen und Bahnen, um überhaupt erst einmal Geldwirtschaft und Marktbeziehungen in Regionen zu tragen, die noch nicht das Stadium der vollurbanen Agrargesellschaft erreicht hatten, und führten bei Menschen weithin primitiver Kultur oder archaischer Volkskultur für wenigstens einen kleinen Teil elementare Schulbildung ein. Industrie und einheimische Unternehmerschaft waren in Schwarzafrika zum Zeitpunkt der Unabhängigkeit fast nicht vorhanden. Die seitherige Politik machte die Dinge nicht gerade besser. Die schwarzafrikanischen Machteliten sahen sich weder durch äußere Bedrohung (wie Japan hundert Jahre zuvor) noch durch die Ost-West-Systemkonkurrenz dem Druck ausgesetzt, die Wirtschaftskraft deutlich zu steigern; stattdessen drängten ihnen von außen Entwicklungshilfe und Anträge von Multis auf Bergbaulizenzen ins Haus, woran sich gut verdienen ließ.[702] Die Binnenmärkte waren minimal, da die meisten Staaten sehr klein waren und sich auch wenig bereit fanden, das durch Kooperation auszugleichen, und da der armen Landbevölkerung die Kaufkraft fehlte. Zwar gab es kein Großgrundbesitzproblem, aber trotzdem konnten die Kleinbauern nur wenig Einkommen auf Märkten erzielen: Ihre geringe Produktivität erlaubte kaum Überschüsse, und aus Angst vor den unruhigen Unterschichten der Hauptstädte hielten die städtischen Machteliten die Preise für Grundnahrungsmittel niedrig und ließen die heruntersubventionierten Getreideüberschüsse aus den USA und der EU ins Land. Die Organisationsleistungen der Staatsapparate blieben schwach, und politische Instabilität und vielfach auch Bürgerkriege sorgten für zusätzliche Probleme. Der Ausbau des Bildungswesens hatte für die Machteliten keine hochrangige Priorität, und so fehlte es so extrem wie in keiner anderen Großregion der Welt an Fachkompetenz, technischem Verständnis und Arbeitsdisziplin. Das hatte zur Folge, dass importierte Maschinentechnik oft nicht beherrscht wurde, weshalb sie rasch verschliss, dass die Arbeitsproduktivität gering war und erst recht eigene Innovationen rar blieben. Zusammen mit den hohen innerafrikanischen Transportkosten führte dieses dazu, dass Multis trotz des extrem niedrigen Lohnniveaus in Schwarzafrika fast nirgends in Industrie investierten, sondern nur in Bergbau und Plantagen. Auch die schwarzafrikanischen Eliten zeigten nach einiger Zeit immer weniger Vertrauen in ihre eigenen Länder; die Reichen legten ihr Kapital lieber im Ausland an, und die dringend benötigten Akademiker wanderten oft in westliche Industrieländer ab oder blieben nach ihrem Auslandsstudium gleich dort. Nach Schwarzafrika floss pro Kopf wesentlich mehr Entwicklungshilfe als in jede andere Weltregion, vor allem aus Westeuropa. Doch die Wirkung entsprach nicht den Erwartungen: Vieles davon landete bei den Mächtigen anstatt bei den Armen, und trotz Erfolgen in Einzelfällen erwies sie sich langfristig eher als süßes Gift, das den Willen zur eigenen Anstrengung lähmte, weil man bequem auf ausländische Hilfe zurückgreifen konnte. Dabei transferierten die Zigtausende (männlicher) Entwicklungshelfer, egal ob aus westlichen oder kommunistischen Industriegesellschaften, zunächst mindestens zwei Jahrzehnte lang unangepasste Modelle, indem sie zu sehr auf Industrie und zu komplexe Technik setzten und dagegen ökologische Besonderheiten sowie die Bedeutung des ländlichen Raumes und der Frauen unterschätzten. Nichts korreliert so stark mit dem Rückgang der Geburtenrate wie Frauenbildung, aber in diese wurde am wenigsten investiert. So übertraf das extreme Bevölkerungswachstum die vorhandenen Wachstumserfolge.

Zwischen Großraumwirtschaft und Globalisierung

Der Begriff »Globalisierung« breitete sich seit Mitte der 90er-Jahre schlagartig aus, von den einen als Allheilmittel gepriesen, von anderen als existenzielle Bedrohung verteufelt. Aber er ist diffus und versucht heftig umstrittene Phänomene auf eine eingängige Formel zu bringen, bei denen es sich tatsächlich um mehrere Prozesse handelte, die miteinander verflochten waren.[703] Dass wirtschaftliche Vernetzungen sich intensivierten, entsprach dem welthistorischen Trend, aber dieser setzte sich im Laufe des 20. Jahrhunderts keineswegs kontinuierlich und gleichmäßig durch.

Was trieb die Globalisierung der Wirtschaft an? Drei Kräfte lassen sich unterscheiden.

Zum einen gab es eine Eigendynamik des Transport- und Nachrichtenwesens, in dem eine Reihe technischer Innovationen die Kosten langfristig immer weiter schrumpfen ließ. Die Kosten für eine Tonne Seefracht sanken zwischen 1920 und 1990 von 95 auf 29 \$, für ein dreiminütiges Telefonat New York – London 1930 bis 1990 von 245 auf 3 \$[704], und eine E-Mail-Nachricht kostete um 2000 fast nichts mehr.

Zum zweiten schob die Intensivierung der Stoffflüsse und der Innovationstätigkeit in den Industriegesellschaften die weiträumige Vernetzung gewaltig an, und zwar in dreierlei Weise. Während die Industriegesellschaften aus ihren Kolonien vor dem Ersten Weltkrieg im Wesentlichen Produkte importiert hatten, die aus klimatischen Gründen nicht zu Hause wuchsen, mussten sie im Laufe des 20. Jahrhunderts immer mehr Erze und Erdöl aus entfernten Gegenden importieren, da die heimischen Lagerstätten nicht mehr ausreichten. Für die Japaner galt das schon in der Zwischenkriegszeit, für Westeuropa und die USA seit 1950 in stark steigendem

Maße. Seit 1957 überstieg in den USA der Erdölverbrauch die Eigenproduktion. Außerdem führte die drastisch steigende Zahl von Innovationen dazu, dass sich das technische Niveau der gehandelten Produktpalette immer mehr spreizte. Beides zusammen bedeutete, dass die wirtschaftliche Vernetzung der Regionen nicht nur intensiver, sondern auch immer asymmetrischer wurde. Es entfaltete sich eine durch Austauschbeziehungen vernetzte Hierarchie; sie reichte von industriellen Metropolen[705], welche verschiedenste Industriegüter bis hin zu den Hightech-Produkten der jeweiligen Zeit entwickeln und produzieren konnten, über industrielle Sekundärzentren, die immerhin schon komplexere, und Schwellenländer, die nur einfache arbeitsintensive Industriewaren entwickeln und fertigen konnten, beides im Regelfall Technologien, die aus den entwickelteren Industriegesellschaften transferiert worden waren, nachdem sie dort gewöhnlich geworden waren, bis hin zu peripheren Agrargesellschaften und Rohstoffergänzungswirtschaften, die in den überregionalen Austausch im Wesentlichen Rohstoffe und Nahrungsmittel einbrachten. Wer sich in der Rolle der extrem außengesteuerten Rohstoffergänzungswirtschaften wiederfand, war eindeutig: Es waren jene riesigen, aber extrem dünn besiedelten Regionen von Nomaden, Jägern und Sammlerinnen und Siedlergesellschaften, in denen jetzt mit industrieller Maschinentechnik Öl, Kohle, Erze und Holzvorräte erschlossen wurden oder die mit mechanisierten Verfahren ausschließlich Getreide und Wolle für die Ausfuhr erzeugten. Sie reichten, oft als innere Peripherien großer Staaten, von Inneraustralien über Innerarabien, die Sahara und die argentinische Pampa bis zu den bewaldeten Teilen und Kältewüsten Sibiriens und Kanadas. So begann die Erdölerschließung in Saudi-Arabien 1938, Algerien 1956, Westsibirien 1964 und Alaska 1968. Einfache und frühurbane Agrargesellschaften wandelten sich immer mehr zu peripheren Agrargesellschaften, wie insbesondere in Schwarzafrika zu beobachten war, das diesen Charakter vor dem Ersten Weltkrieg erst in begrenzten Gebieten angenommen hatte. So wurde in der Zwischenkriegszeit die westafrikanische Kakao- und Erdnussproduktion ebenso wie in der UdSSR die zentralasiatische Baumwollmonokultur stark ausgebaut. Dass das eine privatwirtschaftlich und das andere kommunistisch organisiert wurde, war für den Peripheriecharakter bedeutungslos. Wer welchen Platz in den oberen Stufen einnahm, verschob sich im Laufe des Jahrhunderts, da die einzelnen Industrialisierungsprozesse zeitversetzt abliefen. Neben dieser Intensivierung der asymmetrischen Integration vernetzten sich auch Industriegesellschaften untereinander stärker. Dafür gab es zwei Gründe. Mit dem technologischen Niveau schnellten für viele Produkte Entwicklungsaufwand und damit die Fixkosten drastisch hoch, die sich nur bei Großserien für einen wesentlich größeren Absatzmarkt lohnten (Economies of Scale). Denselben erforderte auch die zunehmende Vielfalt an Spezialprodukten in einer immer breiteren Produktpalette.

Die multinationalen Konzerne waren keine wirklich eigenständige Triebkraft der Entwicklung. Natürlich wollten sie Gewinne machen, aber das war nichts Neues, und sie taten es unter dem Druck der Konkurrenten und der durch die Politik gesetzten Rahmenbedingungen. Damit waren sie mindestens ebenso sehr Getriebene wie Treibende.

Als Drittes trugen allerdings politische Entscheidungen wesentlich dazu bei, dass der Integrationsprozess deutliche Phasen aufwies. Der Erste Weltkrieg zerriss einen großen Teil der Handelsbeziehungen, und sie wurden nach seinem Ende nur halbherzig wiederhergestellt. In Osteuropa waren mit den neuen Staaten 1918/19 neue Zollgrenzen aufgetaucht, das Prinzip der Golddeckung, das für Währungsstabilität gesorgt hatte, war im Krieg wegen der Kriegsfinanzierung aufgegeben worden, und die UdSSR war als kommunistisches Land aus den internationalen Handels- und Kapitalbeziehungen völlig ausgeschieden. Die 1929 in den USA ausgebrochene Weltwirtschaftskrise packte ebenso Europa wie die Rohstoffexporteure in Lateinamerika, Südostasien und Afrika, ein Zeichen dafür, wie weit sich die Vernetzung inzwischen intensiviert hatte. Um wenigstens den heimischen Markt zu sichern, hoben die USA 1930 ihre Zölle drastisch an und lösten damit eine Welle von Zollerhöhungen aus, gefolgt von den Versuchen vieler Staaten, sich durch die Abwertung ihrer Währungen auf Kosten der Nachbarn zu retten. Dadurch schrumpfte der Welthandel drastisch, noch mehr der internationale Kapitalverkehr. Der transatlantische Personenverkehr nahm allerdings weiter deutlich zu. Angesichts dieser Turbulenzen und Desintegration der Weltwirtschaft suchten die großen Wirtschaftsmächte ihr Heil darin, einen eigenen, gegen ausländische Konkurrenten geschützten Großwirtschaftsraum unter ihrer Führung aufzubauen. Großbritannien setzte auf Commonwealth und Kolonien als Sterling-Zone, die USA orientierten sich auf Lateinamerika hin, extremer erstrebte Japan ein neues Kolonialreich in Korea-Mandschurei, und Deutschland schloss Verträge mit den südosteuropäischen Staaten und bereitete mit seiner Autarkiepolitik den Eroberungskrieg vor. Der Zweite Weltkrieg zerriss dann erneut die europäischen Handelsbeziehungen. So nahm der Umfang der Weltwirtschaft in diesen Jahrzehnten langfristig nicht weiter zu; er lag 1913, 1928, 1938 und 1948 etwa gleich hoch.[706] Dabei verschoben sich die Gewichte: Nachdem bisher London der wichtigste Finanzplatz der Welt gewesen war, zog New York im Ersten Weltkrieg gleich, und um 1930 lösten die USA Großbritannien in Kanada und Südamerika als wichtigsten Wirtschaftspartner ab.

Als die USA im Verlauf des Zweiten Weltkriegs zu einer Industrie- und Finanzmacht wurden, die alle anderen überragte, hoben sie 1944 in Bretton Woods eine neue Weltwirtschaftsordnung aus der Taufe. Sie sollte den Weg zu intensiverer internationaler Vernetzung bahnen und damit die Probleme der 30er-Jahre vermeiden. Der Leitgedanke war, den Handel durch Senkung der Zölle und durch feste Wechselkurse zu fördern. In mehreren Verhandlungsrunden des GATT-Vertragssystems, dem sich immer mehr nichtkommunistische Länder anschlossen, wurden die Zölle dann zwischen 1947 und 1967 von durchschnittlich 47 auf 10 % gesenkt. Die Landwirtschaftsgüter der Industriestaaten blieben hiervon allerdings weitgehend ausgenommen. Die USA machten den Dollar zur Leitwährung und schufen eine Basis für feste Wechselkurse, indem sie sich verpflichteten, ausländische Dollarguthaben in Gold umzutauschen. Hinzu kamen der Internationale Währungsfonds (IWF) und die Weltbank; Ersterer sollte helfen, Währungen bei Zahlungsbilanzschwierigkeiten zu stabilisieren, Letztere durch Kredite den Wiederaufbau Europas und später auch die wirtschaftliche Entwicklung armer Länder fördern. Dieses von freihändlerischem Denken geprägte Konzept verfolgte zwei Ziele: Einerseits entsprach es den Interessen der im Wettbewerb überlegenen US-Industrie, Hindernisse des Marktzugangs beiseitegeräumt zu bekommen, andererseits war es Ausdruck der Idee, dass die Volkswirtschaften Westeuropas und Japans besser wieder auf die Beine kämen, wenn sie ihre nationalistischen Markteinengungen überwänden, und dass der Weg zu materiellem Wohlstand die Bevölkerungen dieser Länder zugleich am besten gegen kommunistische Verlockungen immunisieren würde. Den letzten Gedanken führten die Mitglieder der EWG eigenständig weiter, indem sie von 1957 bis 1968 die Zölle untereinander gänzlich beseitigten.

Auf dieser Basis entstand in den drei Jahrzehnten nach Bretton Woods eine innerwesteuropäische und transnordatlantische wirtschaftliche Integration mit dem Nordosten der USA als hegemonialem Zentrum. Amerikanische Wiederaufbaukredite strömten vor allem nach Westeuropa (Marshallplan 1948–52) und Japan. Die zur Organisation des Marshallplans gegründete OEEC, seit 1961 als OECD um nichteuropäische westliche Industriestaaten erweitert, wurde zum Konsultationsnetzwerk von Wirtschaftsexperten. Der Außenhandel der EWG-Staaten untereinander und mit den USA stieg stark an. Nachdem in der Zwischenkriegszeit erste multinationale Konzerne vor allem dadurch entstanden waren, dass Großbritannien in seinen Kolonien und die USA in Lateinamerika durch Direktinvestitionen Bergbauschätze und Plantagen erschlossen hatten, nahmen sie jetzt stark zu und gewannen eine neue Qualität: US-Konzerne bauten in Westeuropa, Kanada und Lateinamerika eine industrielle Fertigung für die dortigen Märkte auf, um auf diese Weise die bestehenden Zollhürden zu umgehen.

Dieser Integrationsprozess erfasste indes keineswegs die ganze Welt. Die UdSSR und die von ihr politisch abhängigen Staaten Osteuropas verweigerten die Teilnahme weitgehend und gründeten 1949 mit dem RGW ein konkurrierendes Wirtschaftsnetzwerk. Dieses entfaltete aber keine vergleichbare Integrationsdynamik, da alles planwirtschaftlich gesteuert wurde. Dabei war die UdSSR zwar durch ihre schiere Größe dominant, aber nicht technologisch. China koppelte sich ab 1949 sogar fast gänzlich von allen außenwirtschaftlichen Vernetzungen ab. Indien konzentrierte sich stark auf sich selbst und verdrängte um 1970 die britischen Multis weitgehend, und auch in einer ganzen Reihe anderer Länder setzte eine auf nationale Unabhängigkeit bedachte Wirtschaftspolitik auf Schutzzölle und drängte die Multis zurück. So nationalisierten etliche größere lateinamerikanische und einige islamische Länder in den 50er- und 60er-Jahren besonders ausländische Bergwerke, und die nahöstlichen Erdölstaaten verstaatlichten 1973/74 die Erdölförderung,

In den Jahren zwischen 1973 und 1992 veränderten vor allem der Wiederaufstieg Westeuropas und der Aufstieg Japans das Bild der globalen Integration. Jetzt flossen zunehmend auch Direktinvestitionen aus Westeuropa und seit 1980 auch aus Japan in die USA, bis sie der Höhe der in umgekehrte Richtung investierten Mittel entsprachen. Die japanische Exportoffensive brachte in den 80er-Jahren besonders die USA in Bedrängnis, und gegenüber Südostasien bewegte Japan sich durch Handel und Direktinvestitionen auf eine hegemoniale Rolle zu. USA und EU reagierten darauf, indem sie vom Freihandelsprinzip abrückten und zunehmend zu nichttarifären Handelshemmnissen griffen (1973 Kontingente durch das Welttextilabkommen). Nichtsdestoweniger erweiterte sich die enge Verflechtung USA(–Kanada) mit der EU nun zur Triade mit Japan(–Südkorea–Taiwan) als drittem Schwerpunkt. Jetzt trieben die Economies of Scale und die Spezialisierung der Industriegüter die Integration der Industriegesellschaften untereinander in neue Höhen. Demgegenüber wuchs der Austausch zwischen den Industriegesellschaften einerseits und den Rohstofflieferanten andererseits wesentlich weniger, wie schon in den 50er- und 60er-Jahren zu beobachten war. Die USA verloren ihre wirtschaftliche Hegemonie. Seit 1976 wiesen sie (bis heute) ein ständig steigendes Außenhandelsdefizit auf, und 1973 mussten sie angesichts geschrumpfter Goldreserven die Goldeinlöseverpflichtung für den Dollar aufgeben, sodass die Wechselkurse seitdem frei schwankten. Finanzinnovationen zur Absicherung von Außenhandelsgeschäften gegen Wechselkursschwankungen (besonders Derivate), international Anlagen suchende nahöstliche Ölmilliarden seit 1973 und die Liberalisierung der Kapitalverkehrsbeschränkungen (USA ab 1974, Großbritannien 1979, EU 1992) ließen globale Kapitalmärkte entstehen.[707] Durch stark spekulative Geschäfte wuchsen diese explosionsartig an und verselbstständigten sich dabei gegenüber den Gütermärkten und ihrem Finanzierungsbedarf, indem sie der Reichtumsumverteilung unter den Mitspielern im Spielkasino zunehmend ähnlicher wurden. Zugleich entzogen sie sich dem Einfluss nationaler Geldmengenpolitik.

Um 1992 erhielten die wirtschaftlichen Verflechtungen durch eine Reihe von politischen Entscheidungen verschiedener Akteure einen neuen Intensivierungsschub. 1990 kam der Washington-Konsens zwischen der US-Regierung, die dabei vor allem das Interesse amerikanischer Konzerne im Auge hatte, IWF und Weltbank zustande, der im Sinne der neoliberalen Ideologie mehr freie Bewegung für Kapital und Leistungen anstrebte. In diesem Sinne setzten in den 90er-Jahren Weltbank und IWF durch, dass die überschuldeten Staaten Lateinamerikas und Schwarzafrikas sich für ausländische Anbieter und Investoren öffneten (aber nicht die Agrarmärkte der USA und EU). 1994 wurde das GATT zur WTO institutionalisiert, der nun fast alle Staaten angehörten, und durch GATS ergänzt, womit man auch den Handel mit Dienstleistungen zu liberalisieren begann. Mit der NAFTA erreichten die USA, dass ab 1994 die Handelsschranken zu ihren beiden Nachbarstaaten abgebaut wurden. Mit dem Zusammenbruch des Kommunismus in Osteuropa integrierte sich auch Russland in das westliche Weltwirtschaftssystem und die osteuropäischen Staaten sogar in die EU. Die EU führte 1993 den Binnenmarkt ein. Außerdem begann jetzt China mit günstigen Bedingungen und niedrigen Löhnen um ausländische Direktinvestitionen zu werben, so wie schon zuvor die Regierungen der südostasiatischen Schwellenländer.

Diese politisch veränderten Wettbewerbsbedingungen führten zusammen mit sinkenden Transportkosten zu einer Intensivierung der Verflechtungen, die den Begriff der »Volkswirtschaft« obsolet werden ließ, aber keineswegs wirklich global war. Sie geschah primär zwischen den industriellen Metropolen der Triade, die nun um Osteuropa, Mexiko, den chinesischen Küstensaum und die südostasiatischen Sonderwirtschaftszonen erweitert wurde. Dagegen erfasste diese neue Dynamik Lateinamerika, Indien und Australien nur mäßig und den Nahen Osten und Afrika gar nicht. Die entfesselten Marktkräfte setzten die Unternehmen unter Druck und feuerten Fusionen an, die von der (oft trügerischen) Hoffnung lebten, durch Synergieeffekte und bessere Präsenz im Ausland wettbewerbsfähiger zu werden. Da plötzlich eine größere Zahl von Schwellenländern und sekundären Industriezentren mit niedrigem Lohnniveau an die OECD-Welt angekoppelt wurde, sahen sich die Standorte der industriellen Metropolen einem neuartigen Konkurrenzdruck ausgesetzt, indem Multis vor allem arbeitsintensive, aber technologisch weniger anspruchsvolle Produktionen für den Markt der Industriegesellschaften in diese Peripherien verlagerten. Dies geschah nach Südostasien (aus Japan) und Nordmexiko (aus den USA) verstärkt schon seit ca. 1980. Zunehmend gingen Multis dazu über, die einzelnen Produktionsschritte eines Produkts weltweit auf verschiedene Standorte zu verteilen. Ein großer Teil der statistisch als »Außenhandel« von Volkswirtschaften erfassten Größen war Güterverkehr zwischen Unternehmen desselben Multis. Die so gewonnene Fähigkeit der Unternehmen, Standorte gegeneinander auszuspielen, setzte Regierungen

und Arbeitnehmer unter Druck, in einen Wettbewerb um billigere Sozialstandards, Umweltstandards und Steuern einzutreten. Seitdem man per
Mausklick extrem kurzfristige Kursschwankungen ausnutzen konnte,
wuchsen die international spekulativ hin- und her geschobenen Finanz-
summen dramatisch an. Das konnte auf die reale Wirtschaft destabilisie-
rend zurückschlagen, wie in der Asienkrise 1997 schlagartig sichtbar wurde. Viele Politiker begannen zu klagen, dass angesichts der Mobilität des
Kapitals ihre Gestaltungsspielräume für Steuer-, Konjunktur, Sozial- und
Umweltpolitik schrumpfen würden. Allerdings war es eine Entscheidung
der EU-Regierungen gewesen, innerhalb der EU die letzten Schranken ein-
zureißen und die osteuropäischen Länder aufzunehmen, ohne gleichzeitig
gemeinsam die Steuersätze und andere Wettbewerbsbedingungen anzu-
gleichen, und es war ebenso unter dem Einfluss mächtiger US-amerikanischer Wirtschaftsinteressen politisch gewollt, hochriskante Wirtschafts-
praktiken, insbesondere der Investmentbanken und Hedgefonds, ohne
angemessene Aufsicht und einschränkende Auflagen zuzulassen.

Als der überhöhte und auf Pump finanzierte Konsum der US-Bürger,
besonders an Immobilien, 2008 eine internationale Finanzmarktkrise auslöste, erlebten die internationalen Finanzverflechtungen und auch der
internationale Güterhandel den stärksten Rückschlag seit 1945.

Massenkultur und Informationsgesellschaft

In den 20er-Jahren etablierte sich in den USA und Westeuropa die Massenkultur, in den 50ern entfaltete sie sich voll. Ihre Basis bestand zum
einen darin, dass mit dem Schritt zum Massenkonsum immer mehr Kaufkraft und Freizeit die Nachfrage nach ihren Produkten anschwellen ließ,
zum anderen, dass eine Reihe von Innovationen für die Massen attraktive
Medien und Gestaltungen schufen. Der schwarzweiße Kinofilm erreichte
in den 20er-Jahren den Durchbruch zum Massenpublikum und wurde
durch den Schritt zum Tonfilm (1927) und Farbfilm (1935) erst recht
attraktiv, die Schallplatten erzielten jetzt Massenverbreitung. In den 20er-
Jahren wurden in den USA, Westeuropa, Japan und der UdSSR rasch
Radiosender aufgebaut. Es folgte das Fernsehen, das seinen Programm-
betrieb in den großen Industriestaaten zwischen 1935 und 1939 aufnahm
und dann, durch den Weltkrieg verzögert, in den USA in den 50er- und in
Westeuropa in den 60er-Jahren zum Massenmedium wurde. Aufgrund
von Satellitentechnik und verbesserter Kabeltechnik ließ sich in den 80er-
Jahren die Zahl der verbreiteten Programme drastisch erhöhen. Durch
bessere Fototechniken kamen seit den 20er-Jahren Illustrierte auf, nach
dem Weltkrieg auch farbig. Dass Massen gelegentlich als solche auch physisch sichtbar wurden, sei es als disziplinierte Masseninszenierungen der

Nazis und der Kommunisten, sei es als quirlige Massentreffen bei Sportgroßveranstaltungen und Popgroßkonzerten, stach zwar den Zeitgenossen ins Auge, war aber nur Symptom.

Das alles hatte vor allem drei bedeutende Folgen. Während man vor dem Ersten Weltkrieg Musik fast nur life vom spielenden Musiker, Schauspiel nur im Theater erleben konnte, wurde beides jetzt reproduzierbar und konnte damit massenhaft verbreitet werden, erreichte Menschen, die es früher selten oder nie erfuhren, und wurde allgegenwärtig. Während Informationen bisher in erster Linie durch Text transportiert wurden und Bilder selten waren, wurden visuelle Informationen zur allgegenwärtigen Umgebung. Während Politiker bis in die 20er-Jahre jenseits des unmittelbaren Erlebnishorizonts der Menschen existierten, wurde mit dem Radio ihre Stimme, mit Kinowochenschauen und erst recht durch das Fernsehen ihre körperliche Erscheinung den Menschen vertraut.

Mit dem Schritt zur Massenkultur verschoben sich auch die prägenden Kräfte. Die repräsentative, bildungsbetonte Kultur des gehobenen Bürgertums, die auch dazu gedient hatte, sich nach unten anzugrenzen, verlor ihre tonangebende Stellung. Der ornamentreiche Repräsentationsstil an Hausfassaden und Gebrauchsgegenständen war mit Ende des Ersten Weltkriegs tot. Oper und Theater mit Bildungsanspruch wurden durch staatliche Subventionen weiter am Leben erhalten, wobei die Oper weitgehend vom Repertoire aus der Zeit vor dem Ersten Weltkrieg lebte; dagegen konnten Musicals und Revuen Zulauf verbuchen. Während in den USA Radio und Fernsehen von Anfang an privaten Firmen überlassen wurden, die sich durch Werbung finanzierten, war in Europa zunächst der Staatsrundfunk die Regel bzw. der gebührenfinanzierte öffentlich-rechtliche Rundfunk/Fernsehen (so in Großbritannien die BBC, nach 1945 auch in der BRD). Während private Sender als Marketinginstrument angesehen wurden, versuchten die anderen im Sinne bildungsbürgerlicher Tradition den Massen die höhere Kultur nahezubringen. Als sich in den 80er-Jahren neben den staatlichen bzw. öffentlich-rechtlichen durch Kabel diverse private Konkurrenten etablieren konnten, mussten sie davon schrittweise Abstriche machen. Die Wiege des Filmwesens hatte im Milieu der Jahrmarktsunterhaltung gestanden, und indem Filme aufwendiger wurden, entwickelten sie sich in der Jahrhundertmitte zum Kern einer kapitalstarken Kulturindustrie. In ihrem Streben nach Markterfolg orientierte diese sich an Geschmack, Interesse und Bewusstsein des zahlungsfähigen Publikums, d.h. der unteren Mitte. Auch Schlager wurden nach dem Zweiten Weltkrieg in ein straffes Vermarktungssystem eingespannt, seit den 1960ern selbst immer mehr Bücher marktstrategisch geplant. Stilprägend wurde seit den 60er-Jahren darüber hinaus die Jugend. Die mit dem allgemeinen Wohlstand steigende Kaufkraft auch der Jugendlichen und längere Ausbildungszeiten boten die Basis, dass sich, ausgehend von den USA und Großbritannien, eine eigene Jugendkultur formierte. Aus ihr erwuchs ein Pluralismus von rasch wechselnden Subkulturen mit eigenen Stilformen an Kleidung, Frisur und Musik, und zugleich strahlte sie immer stärker in die Erwachsenenkultur hinein. Jugendlichkeit wurde zum verbreiteten Leitbild.

Dass sich im Vergleich zur Kulturproduktion des späten 19. Jahrhunderts die Hauptnachfrage gesellschaftlich nach unten verschob, prägte seit der Zwischenkriegszeit den Stil eines Großteils der Kultur von der Filmproduktion bis zur Boulevardzeitung. Nicht gründliche Information und Erbauung, sondern Unterhaltung stand im Mittelpunkt. Schnell wechselnde Szenen bzw. Abschnitte, vielfältige visuelle Reize, Jagd nach Sensationen und Spannung wurden prägend. Die Filmindustrie in Hollywood setzte seit etwa 1930 Maßstäbe in der Innovation von Bildwelten, Spezialeffekten und Sounds. Mit der Ausbreitung von Radio, Wochenschauen und Fernsehen rückten bestimmte Informationen, die bisher Sache kleiner Kreise gewesen waren, und räumlich weit entfernte Ereignisse anschaulich, oft auch eindringlich in den Horizont der Massen und erweiterten ihn. Das reichte von Kriegen bis zu Naturkatastrophen. Politiker begannen in den 30er-Jahren gezielt, die Massen über das Radio direkt werbend anzusprechen, als Erste Hitler mit pompösen Reden ebenso wie Roosevelt mit Kamingesprächen. Seit den 60ern inszenierten führende Politiker sich im Fernsehen immer professioneller, wurden ihre expressiven Kompetenzen immer wichtiger, um für ihre Politik Gefolgschaft zu erringen. Radio und Fernsehen unterstützten von den 20er- bis in die 80er-Jahre durch die Gemeinsamkeit der gesprochenen Hochsprache, Bildwelten und Ideen einen Trend zur Homogenisierung innerhalb der einzelnen Länder. Oberschichten grenzten sich in ihrem Lebensstil weniger als früher nach unten ab, und umgekehrt wurden die proletarische Enge ebenso wie die regionalen Besonderheiten von Bräuchen und Konsumstil der ländlichen Welt zugunsten einer gewissen Verbürgerlichung abgebaut. Danach gewann dann eine Ausdifferenzierung in Teilöffentlichkeiten Oberhand, die von den verschiedenen Gruppen je nach Zeit, Interesse und Kompetenz unterschiedlich genutzt wurden.

Intellektuelle, die sich den Wertvorstellungen des kritischen Diskurses der Aufklärung und eigenständiger Kreativität verpflichtet sahen, kritisierten seit den 30er-Jahren den Film und dann das Fernsehen: Durch Unterhaltung und stereotype Darstellungsweisen würden sie die Massen ablenken und verdummen.[708] Doch diese Kritik übersah, dass Interessen und Bewusstsein der Massen noch nie dem Intellektuellenideal entsprochen hatten und dass das Kulturangebot sich nach der Nachfrage richtete. Dieser Sichtweise stand auch entgegen, dass in der zweiten Hälfte des Jahrhunderts in westlichen Industriestaaten die höheren Bildungsabschlüsse und damit längere Schulzeiten von einer Sache der Eliten zur

Massenerscheinung wurden, womit aufs Ganze gesehen auch die Urteilsfähigkeit stieg. Nur teilweise ging dies darauf zurück, dass gestiegene Anforderungen der Arbeitswelt es erfordert hätten, denn ein großer Teil der Bildungsinhalte war dafür nicht direkt relevant; Triebkräfte waren mehr ein Wettbewerb der Individuen um sozialen Aufstieg und der Staaten um ihre Position in der Weltwirtschaft. Überhaupt nahm die Fülle der verfügbaren Informationen ständig weiter zu und wurde von vielen immer mehr als nicht zu bewältigende Flut empfunden.

Einen qualitativen Sprung erfuhr die Intensivierung der Kommunikation, als seit 1993 das Internet dem allgemeinen Publikum offenstand. Hierdurch war ein wesentlich schnellerer und billigerer Zugriff auf eine ungeheure Menge an Informationen möglich als je zuvor, der zudem jetzt mühelos Ländergrenzen überspringen konnte. Völlig neuartig war, dass die Filterfunktion von Verlagslektoren und Zeitungs- und Fernsehredaktionen aufgehoben wurde, indem jeder über das Internet einem riesigen Adressatenkreis billig Informationen zugänglich machen konnte. Das bot lokalen Vereinigungen und Institutionen ebenso wie Minderheiten und nicht etablierten radikalen Gruppen sowie Privatpersonen Chancen, sich Gehör zu verschaffen. Die Zahl derjenigen, die Informationen verbreiteten, explodierte, und eine wesentlich größere Meinungsvielfalt wurde öffentlich wahrnehmbar. In den ersten Jahren des 21. Jahrhunderts überschritt in den USA, den meisten westeuropäischen Staaten, Japan, Südkorea, Kanada und Australien die Zahl der Internetnutzer die Hälfte der Erwachsenen, sodass man seitdem von Informationsgesellschaften sprechen kann.

Mit den elektronischen Medien und erst recht mit dem Internet überwanden Informationen zwar massenhaft Distanzen wie noch nie zuvor, aber zum globalen Dorf[709] wurde die Welt damit noch lange nicht. Nicht nur blieben Diskurse und damit öffentliches Bewusstsein weiter stark an nationale Sprachen gebunden, die Menschen der verschiedenen Weltregionen hatten an dieser Intensivierung der Kommunikation auch recht unterschiedlich starken Anteil. Fragt man danach, wann das 90%-Niveau der Erwachsenenalphabetisierung von jenen Staaten erzielt wurde, die dieses 1914 noch nicht geschafft hatten, so waren es zunächst die Kommunisten in Russland, die es zwischen 1920 und 1940 mit massiven Alphabetisierungskampagnen durchsetzten. Die osteuropäischen Länder erreichten es in den 50ern, die südeuropäischen in den 70er-Jahren. In Lateinamerika hatte dagegen der Ausbau der Primarschulen keinen hohen Stellenwert, sodass die Länder mit hohem Anteil europäischer Einwanderer an diesen Wert um 1960, die anderen aber weitgehend erst um 2000 heranreichten, und das Niveau der Massenbildung blieb gering. In China kam die Alphabetisierung bis 1949 überhaupt nicht voran, nicht zuletzt angesichts der politischen Instabilität; auch hier gaben dann die Kommunisten der Massenalphabetisierung einen hohen Stellenwert, erreichten aber das 90%-Niveau erst gegen 2005. Die Kolonialherren kümmerten sich in der ersten Jahrhunderthälfte in Südostasien, Indien und der islamischen Welt kaum um die Massenbildung, sondern mehr um den Aufbau des höheren Schulwesens, damit sie einheimisches Verwaltungspersonal heranziehen konnten. In Schwarzafrika galt es in der Kolonialzeit weitgehend, überhaupt erst einmal die ersten Elementarschulen einzurichten. Nach der Unabhängigkeit schrieben zwar alle Regierungen dieser Länder die westliche Idee Massenalphabetisierung auf ihr Programm, um die Bevölkerung in ihren Nationalstaat zu integrieren und die Wirtschaft zu fördern, betrieben sie aber mit sehr unterschiedlichem Elan. Südkorea drückte die Alphabetenquote unter den Erwachsenen in der kurzen Zeitspanne von 1950 bis 1970 durch energische Kampagnen von 22 auf 89% hoch, ein weltweit einmaliges Tempo. Auf dem indischen Subkontinent kümmerten die Eliten sich dagegen relativ wenig um die Volksbildung, sodass die Alphabetisierung hier 1998 erst 56% (Indien) bzw. sogar nur 44% (Pakistan) betrug. 1998 konnten in Südostasien die meisten Staaten das 90%-Niveau noch nicht ganz erreichen, im Nahen Osten lagen die Werte meist bei 54 bis 80% und bei der Hälfte der schwarzafrikanischen Staaten noch niedriger.[710]

Elementare Lesefähigkeiten zu besitzen bedeutete darüber hinaus noch lange nicht, dass die Menschen regelmäßig an der Kommunikation der nationalen Öffentlichkeit teilhatten. In Russland und China waren die Kommunisten nach ihrer Machtübernahme bald intensiv darauf aus, die Massen auch auf den Dörfern in groß angelegten Propagandakampagnen zu mobilisieren und den Graben zwischen Eliten- und Volkskultur zuzuschütten. So kann man wohl für Russland seit den 30er- und China seit den 60er-Jahren von einer Massenkultur sprechen. In den wenig alphabetisierten Gebieten strömten seit den 50er-Jahren Radios ein und ergänzten die Zeitungen als Mittel, die lokale Begrenzung des Horizonts aufzubrechen, ja überholten sie bald. So wurden diese Regionen zwar nach dem Zweiten Weltkrieg zu Mobilisierungskulturen, aber die Intensität ihrer Kommunikation steigerte sich bis 1996 nicht zur Massenkultur. Auf 1000 Einwohner kamen 1996 in Europa 261 Zeitungen und 723 Radios, dagegen in Lateinamerika 101 und 410, den arabischen Staaten 36 und 267, Südasien 33 und 117 und Schwarzafrika 12 und 198.[711] Erst recht zeigte sich das Gefälle beim Internetzugang: 2001 kamen auf 1000 Einwohner bei den 24 führenden Industrieländern 400 Internetnutzer, dagegen in Lateinamerika 49, den arabischen Staaten 16, Schwarzafrika 8 und Südasien 6.[712]

Noch mehr wies der Wissenschaftsbereich ein großes Gefälle auf. Die Sowjetunion baute das Hochschulwesen besonders zwischen 1930 und 1970 stark aus und legte dabei das Schwergewicht auf den naturwissenschaftlichen und technischen Bereich, die der Industrialisierung dienen sollten. In Südostasien, China und dem Nahen Osten entstanden überhaupt erst in der ersten Hälfte des Jahrhunderts Hochschuleinrichtungen nach europäischem Muster. Während in Indien und Lateinamerika die Hochschulen in der zweiten Jahrhunderthälfte im Interesse der Mittel- und Oberschicht stark ausgebaut wurden, obgleich man der Massenbildung nur mäßige Aufmerksamkeit zuwandte, wurden die chinesischen Hochschulen durch die Feindschaft Mau Dsödungs gegen volksfremde Elitenbildung stark zurückgeworfen, in der Zeit der Kulturrevolution sogar jahrelang ganz geschlossen. Nach 1977 bauten die chinesischen Reformer sie dann umso stärker aus. Die schwarzafrikanischen Länder besaßen meist bei ihrer Unabhängigkeit nur wenige Hundert im Ausland ausgebildete Akademiker. Hier richtete man erst in den 50er- und 60er-Jahren Hochschulen ein, die dann bald von der allgemeinen Finanzkrise dieser Länder gebeutelt wurden. Die USA bauten in den ersten Jahrzehnten des Jahrhunderts langsam eine differenzierte Hochschullandschaft auf, überrundeten in den 40er-Jahren Europa in vielen Wissenschaftsbereichen und zogen nun zunehmend Spitzenforscher aus aller Welt an. Nach dem Zweiten Weltkrieg gewann auch Wissenschaft aus Japan, Kanada und Indien international eine gewisse Bedeutung, während dieses allen anderen Ländern bis Anfang des 21. Jahrhunderts nicht gelang. Von den zwischen 1943 und 2007 vergebenen naturwissenschaftlichen Nobelpreisen entfielen 51 % auf die USA, 38 % auf Westeuropa, je 2 % auf Russland und Japan und 6 % auf den ganzen Rest der Welt.

Vernunft und Individuum

In mancher Hinsicht spiegelten die Künste in den Industriegesellschaften im 20. Jahrhundert grundlegende Tendenzen der Weltdeutung sinnlich wider. Der Wille zur rationalen, sachlich-funktionalen Gestaltung äußerte sich in den 20er-Jahren im nüchternen deutschen Bauhausstil. In den 40er- bis 60er-Jahren setzte er sich von den USA aus als Internationaler Stil fort und stellte ornamentlose Bürokästen mit Glas-Stahl-Optik in die Großstädte der westlichen Welt. Auf der anderen Seite fand in der Zwischenkriegszeit die Welt der Träume im Surrealismus, die der Emotionen im Expressionismus ihren Ausdruck. Die sich als Avantgarde verstehende Kunst produzierte in den 20er-Jahren in Frankreich, Deutschland und Russland eine Pluralität der Experimente. In ihrem Streben, sich durch künstlerische Individualität zu profilieren, landete sie schließlich in den 60er-Jahren dabei, alles Mögliche einzubeziehen, vom Strichmännchen über Land Art bis zum Verhüllen, und bescherte der Kunstlandschaft einen hemmungslosen Pluralismus. Dem Elitären der Avantgardekunst traten die russischen Kommunisten und die deutschen Nazis ab 1932/35 mit Gewalt entgegen, indem sie einen allgemeinverständlichen Realismus verbindlich machten; die engherzige Selektion abweichender Gestaltungen verdammte diesen dann weitgehend zur Sterilität.

Der in der Aufklärung wurzelnde Wille, mit Vernunft die Welt zu erkunden, trieb im Laufe des 20. Jahrhunderts immer prächtigere Blüten, vor allem nach dem Zweiten Weltkrieg. Die Zahl der Wissenschaftler und der Fachzeitschriften stieg steil an, und seit 1945 wurde mehr wissenschaftliche Information erzeugt als in der ganzen Weltgeschichte zuvor. Die Naturwissenschaften stießen in Bereiche vor, über die bis dahin nichts oder nur wenig bekannt war, so die Physik seit den 30er-Jahren in die Strukturen des Atomkerns und ab 1950 mit Radioteleskopen, optischen Riesenteleskopen und Raumsonden in den Weltraum, die Biologie ab 1933 in kleinste Strukturen (z. B. Vitamine, Hormone und Viren) und ab 1943 in die Strukturen des genetischen Codes, die Meteorologie nach dem Zweiten Weltkrieg mit Radiosonden und Wettersatelliten in die Atmosphäre. Neben die Fülle neuer Details trat die Aufdeckung komplexer Systemzusammenhänge, z. B. die Verflechtung von Pflanzen, Tieren und Bakterien in der Ökologie oder die Simulation des Klimawandels durch Computer-Klimamodelle. Einerseits wurde Wissenschaft immer spezieller, andererseits verschmolzen Randbereiche der Teildisziplinen (z. B. entdeckte man die elektrische Struktur von Gehirnströmen). Während die Naturwissenschaften eine internationale Veranstaltung waren, pflegten die Humanwissenschaften stärker nationale Diskurse und wiesen dementsprechend deutlicher nationale Profile auf. In den USA hatten sie einen ausgeprägten Hang, Dinge kleinteilig statistisch zu erfassen, wogegen in Deutschland bis in die 50er-Jahre eine starke geisteswissenschaftliche Tradition fortlebte, und auch darüber hinaus war hier ebenso wie in Frankreich ein starker Hang zur Theorie bei manchmal dünner empirischer Basis zu Hause. Im sowjetischen Machtbereich wurde der Marxismus ab 1929 verbindlich, um der kommunistischen Partei eine wissenschaftliche Legitimation zu verschaffen; er verkümmerte zur Klassikerexegese.

Das Streben, die Lebenswelt mit wissenschaftlicher Vernunft auch praktisch zu gestalten, ging vor allem seit den 50er-Jahren weit über den Bereich von Technik und Produktionsverfahren hinaus, wurde von den Menschen nicht nur in Gestalt komplexer Geräte und am Arbeitsplatz erlebt, sondern durchdrang immer mehr die ganze Gesellschaft. Die Zwischenkriegszeit sah eine Politik der Sozialhygiene, welche die Volksgesundheit durch vernünftige Maßnahmen planmäßig zu verbessern suchte.[713] Sie reichte von Konzepten für hygienischen Wohnungsbau, Errichtung von öffentlichen Schwimmbädern und den Einsatz von Sozialarbeitern bei sozialen Problemgruppen bis zur Eugenik, die in mehreren Ländern zu Zwangssterilisierungen von Menschen führte, die als erblich angesehene negative Eigenschaften aufwiesen. Selbst der planmäßige und bürokratisch organisierte Massenmord der Nazis an den Juden 1940–45, die sie für eine schädliche Rasse hielten, der Holocaust, war ein verbrecherischer Auswuchs der Idee eines »social engineering«, kein Aufbrechen atavistischer Leidenschaften.[714] Man versuchte ganze Volkswirtschaften zu steuern, zuerst und ohne die geringste Lernfähigkeit bis zuletzt stark zentralistisch die UdSSR, mit Methoden indirekter Lenkung vor allem keynesianischer Art zuerst Großbritannien und in den 60er- und 70er-Jahren auch andere westliche Industriestaaten, bis diese davon ernüchtert wieder abrückten. Seit den 30er-Jahren breitete sich, von den USA ausgehend, die Methode empirischer Umfragen in Marktforschung und Politik aus, ebenso Tests von Persönlichkeitsmerkmalen im Personalwesen. Psychologische Erkenntnisse gingen in die Gestaltung von Werbung ein, für Produkte genauso wie für Politik. Die Beratung durch wissenschaftliche Experten hielt in den 60er-Jahren in der Politik Einzug und verdrängte Entscheidungen nach gesundem Menschenverstand; dabei boten komplexe Sachfragen mit wissenschaftlichen Kontroversen den Politikern und Interessenverbänden oft die Handhabe, sich Gutachten mit der gewünschten Tendenz zu bestellen. Die Versuche, durch abstrakte Standardisierungen Effizienz und Qualität zu steigern, erfassten die Produktion genauso wie das Gesundheitswesen. Schließlich hielt der Geist planender Steuerung selbst im Sport Einzug, sichtbar an Trainingslehre, Sportmedizin und Doping.

Die bis in die Aufklärung zurückreichende Vorstellung, Vernunft und religiösen Glauben als Gegensatz zu sehen, ließ mit Industrialisierung und Verwissenschaftlichung eine zunehmende Säkularisierung erwarten.[715] Tatsächlich ergaben sich jedoch unterschiedliche Pfade.[716] Die Kommunisten, die sich im Einklang mit wissenschaftlich bewiesenen weltgeschichtlichen Entwicklungsgesetzen wähnten, forcierten diesen Trend gewaltsam, indem sie in der UdSSR die orthodoxe Kirche massiv verfolgten. Fast alle Kirchen wurden in den 20er-Jahren geschlossen, und wenn das Christentum bis 1991 auch nicht ganz abstarb, so wurde es in der russischen Gesellschaft doch zu einer unbedeutenden Randerscheinung. In der Desorientierung nach dem Zusammenbruch des Kommunismus 1991 feierte die orthodoxe Kirche dann fröhliche Auferstehung. In Europa wurde das Christentum – außer von den Nazis – nicht staatlich attackiert, doch kirchliche Bindungen und Teilnahme an religiösen Ritualen gingen im Laufe des 20. Jahrhunderts schrittweise zurück. Die Katastrophe des Zweiten Weltkriegs bescherte den Kirchen zwar vorübergehend eine verstärkte Nachfrage nach Sinngebung, aber seit den 60er-Jahren schwand ihr Einfluss stark dahin, im protestantischen Europa mehr als im katholischen. Religion wurde zur Sache von Minderheiten, und für Sinnkrisen kamen Psychologen und Selbsthilfegruppen in Mode. Gewisse neue Formen religiöser Weltsicht außerhalb der institutionalisierten Kirchen seit den 70er-Jahren blieben marginal und konnten das nicht kompensieren.[717] Die USA waren von dieser Säkularisierung dagegen zwischen 1920 und 1960 nur wenig betroffen und erlebten ab 1960 sogar eine verstärkte Religiosität. Hier blieben christliche Überzeugungen in der Öffentlichkeit lebendig bis hin zur Neigung zu moralisierender Außenpolitik; auch war die Teilnahme an kirchlichen Handlungen weiter hoch. In den USA bestand nicht nur eine Tradition autonomer Kirchengemeinden, die stärker auf die Individuen und ihre emotionalen Bedürfnisse zugeschnitten waren als Kirche in Europa, sondern seit den 60ern entfaltete sich hier auch eine neue, stark charismatisch geprägte Religiosität, die dem individualistischen Streben nach persönlicher Erfahrung und Vollendung entgegenkam. Diese fand seit Ende des Jahrhunderts auch in Lateinamerika zunehmende Resonanz, wo die katholische Kirche traditionell eher mit den Mächtigen in einem Boot saß.

Je mehr berufliche Rollen sich mit der Industrialisierung ausdifferenzierten, je mehr Menschen statt in kleinen Siedlungen in Großstädten lebten, je mehr Massenkommunikation eine Fülle von Informationen und eine Pluralität von Leitbildern vermittelte, desto mehr standen dem Einzelnen in Denken und Handeln Alternativen zur Wahl, verloren tradierte Normen, Verhaltensweisen und Rollenvorstellungen sowie persönliche Bindungen an Primärgruppen ihre verpflichtende Kraft. Die daraus resultierende Individualisierung der Lebensweise[718] entfaltete sich in den westlichen Industriegesellschaften vor allem in zwei Schüben, in den 20er-Jahren und von 1964 bis 1975. Beide Male gingen die Individualisierungsschübe von den USA aus als der ohnehin schon am stärksten individualistischen Gesellschaft der Welt. In den 20er-Jahren gaben vor allem die neuen Unterhaltungsmöglichkeiten der Massenkultur mit Film und Schausport den Anstoß, die von einer Lockerung der Umgangsformen und der Suche nach Leitbildern für emanzipierte Frauen begleitet wurden. Auch in den europäischen Großstädten fand der neue Lebensstil viele begeisterte Anhänger. Mit der Weltwirtschaftskrise ab 1929 verebbten diese Impulse dann. In den 60er-Jahren gaben die Proteste der Jugend den Anstoß. Nicht zuletzt die Fernsehbilder vernetzten sie und transportierten Formen des Protests, aber sie erhielten in den einzelnen Ländern von unterschiedlichen Problemen her Schubkraft; in den USA vom Kriegsdienst in Vietnam, in der BRD durch die Auseinandersetzung mit der NS-Vergangenheit der Elterngeneration, in Frankreich und Italien durch die Verbindung mit Unruhe in der Arbeiterschaft. Der von hier ausgehende Wertewandel[719] durchdrang weite Teile der Gesellschaft. Er forcierte den Anspruch des Einzelnen auf Selbstverwirklichung im privaten Bereich, sichtbar besonders in Hobbys, Kleidungsgewohnheiten und einem freieren Umgang mit der Sexualität. Auch die Bindekraft der Institution Ehe nahm ab, was die Zahl von Scheidungen und unehelichen Lebensgemeinschaften steigen ließ.

Der Optimismus, die Welt mit Vernunft durchschauen und gestalten zu können, und der Hang zu gesteigertem Individualismus fanden in den Industriegesellschaften indes keineswegs ungeteilte Zustimmung. Der marxistische Sozialismus, der in der UdSSR und den von ihr abhängigen Ländern zur Staatsideologie wurde, war zwiespältig. Er vertrat durchgehend die Idee technischen und gesellschaftlichen Fortschritts, bis diese in den 8oer-Jahren mit der wirtschaftlichen Leistungsschwäche nur noch hohl klang; die Vernunft eines kritischen Diskurses erlaubte er hingegen nicht. Indem er Gemeinschaftseinrichtungen von der Krippe bis zum Clubhaus stark ausbaute und für Frauen das Leitbild der Arbeitnehmerin etablierte, zielte er bewusst darauf ab, familiäre Bindungen aufzulösen. Für Individualisierung ließen die totalitären Ansprüche der Parteiorganisationen jedoch keinen Platz.

Sowohl in den USA wie in Europa, insbesondere in Deutschland, fanden die genannten Trends nicht nur Begeisterung, sondern deutlich verstärkt in den 2oer-Jahren ebenso Widerspruch bei denen, die sich verunsichert oder als Verlierer von Urbanisierung und Massengesellschaft fühlten. In den USA waren es die protestantischen ländlichen weißen Mittelschichten besonders der Südstaaten und des Mittleren Westens, die das freizügigere Großstadtleben mit seinem Individualismus als Dekadenz ansahen, ferner die darwinistische Evolutionslehre und überhaupt die Weltsicht liberaler Intellektueller ablehnten. Sie suchten stattdessen Halt bei Familie, Arbeitsamkeit, klaren Ordnungen und einer auf den Wortlaut der Bibel gegründeten Moral. Dabei bedienten sie sich der modernen Medien, um ihre Weltsicht zu verkünden, nach der Herausforderung durch die liberale Welle der 6oer-Jahre verstärkt auch wieder seit den 7oer-Jahren. In Deutschland und dem übrigen Westeuropa waren es außer den kleinstädtischen Mittelschichten vor allem große Teile des Bildungsbürgertums, welche in den 2oer- sowie in den 5oer-Jahren beklagten, die bildungsbürgerlichen Ideale würden durch flache Massenkultur zurückgedrängt, die Hochschätzung des Geistes durch Materialismus und Technisierung, die seelische Tiefe durch äußerlichen Rationalismus. Dieser Kulturpessimismus[720] wurde durch die Nationalsozialisten radikalisiert und mit Antisemitismus und Rassismus verbunden. Die Nazis bedienten sich moderner Mittel, vom Film bis zum Panzer, aber in ihren diffusen Leitbildern griffen sie auf archaische Vorstellungen eines kriegerischen Herrenvolks zurück, sie betonten Glauben und Willen gegenüber dem Verstand, priesen Deutschtum und überindividuelle Bindungen gegenüber »fremden« westlichen Traditionen.

Der Fortschrittsoptimismus, den der wirtschaftliche Aufstieg zum Massenwohlstand in den 5oer- und 6oer-Jahren genährt hatte, verwelkte mit der Ölkrise 1973 angesichts der seitdem chronischen Massenarbeitslosigkeit und der These von den Grenzen des Wachstums. Als Reaktion zogen in den westlichen Industriegesellschaften Strömungen herauf, die als postmodern etikettiert wurden. Sie stellten zwar nicht die Ansprüche der Individuen infrage, neigten vielmehr zu überzogenem Subjektivismus und trieben die kulturelle Pluralisierung bis zur Beliebigkeit, sie zweifelten aber an den Möglichkeiten wissenschaftlicher Erkenntnis und dem Vernunftglauben der Aufklärung, vermissten in der Komplexität der Gegenwart die rechte Orientierung. In der Architektur griffen sie gegenüber dem jetzt als kalt und monoton abgelehnten Internationalen Stil auf ein Sammelsurium an historischen Formen zurück.

Amerikanisierung der Welt?

Die Fastfood-Kette McDonald's begann 1971, auch außerhalb Nordamerikas Restaurants aufzubauen, und bis Ende des Jahrhunderts war sie in fast allen Ländern der Welt vertreten außer in Afrika und dem islamischen Raum. Von den einen geliebt, von den anderen kritisiert, gilt sie vielfach als Symbol für Amerikanisierung, Standardisierung und globale kulturelle Homogenisierung.[721] Nun erlebte kein anderes Jahrhundert so massive weltweite kulturelle Transfers wie das 20., aber war McDonald's dafür wirklich typisch?

Schon in der Zeit zwischen den Weltkriegen war der transkontinentale Kulturtransfer intensiver als je zuvor. Philosophische und wissenschaftliche Deutungen, politische Konzepte vom Parlamentarismus bis zum Marxismus, Organisationsformen von Militär und wissenschaftlichen Einrichtungen, Gattungen expressiver Kultur wie Theater und Stilrichtungen der bildenden Kunst – was sich in dieser Zeit an Elitenkultur transkontinental ausbreitete, stammte fast ausschließlich aus Europa. Rezipienten waren vor allem die Eliten in Asien und Afrika. Auch in die USA gelangte ein Schwall wichtiger Anregungen, als von 1933 bis 1939 aus Deutschland zahlreiche Wissenschaftler vor den Nazis in die USA emigrierten. In den europäischen Kolonien reichte der Einfluss durch Schulen mit europäischem Bildungskanon und durch Studenten, die nach Europa gegangen waren, noch wesentlich tiefer. Das galt besonders für Schwarzafrika, das dem keine mindestens nachachsenzeitliche Kultur entgegensetzen konnte. So stieg zwischen 1910 und 1950 die Zahl der Christen in Afrika von 7 auf 34 Millionen.[722] Dieser Einfluss wirkte auch weit über den Schritt zur politischen Unabhängigkeit hinaus. Wo in den neuen Staaten mehrere Ethnien mit unterschiedlichen Sprachen bestanden, ohne dass eine dominant war, blieb vielfach das Englische Amtssprache, wie in Indien und etlichen afrikanischen Staaten, auch wenn es zunächst nur von einer kleinen Minderheit verstanden wurde. Europäische Kleidungsart verdrängte bis zum Jahrhundertende im größten Teil Afrikas die einheimische Kleidung fast völlig, weniger im islamischen Afrika und Indien.

Mit einem ersten, noch recht begrenzten Schub in den 20er-Jahren, dann mit Macht nach dem Zweiten Weltkrieg wurden die USA zur Quelle kultureller Transfers. Zunächst waren es zentrale Elemente der Massenkultur, und zwar in den 20er-Jahren vor allem Hollywood-Filme mit dem Aufkommen des Kinos und der Jazz, nach dem Zweiten Weltkrieg ergänzt durch den Export von Fernsehserien und die Vorbildfunktion neuer Formate von Fernsehprogrammen. Ab ca. 1970 war in Westeuropa und Lateinamerika der größere Teil der gezeigten Fernseh- und Kinofilme US-amerikanischen Ursprungs. Zwei weitere Bereiche traten seit etwa 1960 hinzu. Die ganze Jugendkultur wurde mit typischen Konsumgütern wie Coca-Cola, Jeans, Comics und Fast Food, mit lässiger Haltung und seit der Rockmusik wechselnden Musikstilen stark aus den USA geprägt. Der technisch-wissenschaftliche Bereich empfing insbesondere bei Computern und Luftfahrt, Naturwissenschaften sowie Management- und Werbemethoden starke Impulse aus den USA. Gerade in den beiden letztgenannten Bereichen wurde die englische Sprache in den 70er-Jahren zum internationalen Standard, und darüber hinaus breiteten sich Anglizismen als (manchmal künstliche) Fremdwörter aus.

Teilweise wirkten westeuropäische und amerikanische Einflüsse auch gemeinsam auf die übrige Welt. Britische Kolonialherrschaft, englische Popkultur und die USA trugen gemeinsam dazu bei, die englische Sprache weltweit zu verbreiten, und die gebildeten Eliten kleiner Länder wurden im späten 20. Jahrhundert weitgehend zweisprachig. Viele INGOs schufen internationale Diskussionsplattformen und formulierten weltweite Standards. Ebenso verbreitete der Entwicklungshilfediskurs seit 1950 westliche Modelle nach Übersee, indem er bestimmte Zustände als unterentwickelt definierte, Armut mit geringem Einkommen pro Kopf gleichsetzte und lokales Wissen als überholte Tradition beiseiteschob. Die Sowjetunion entfaltete dagegen keine vergleichbare Ausstrahlung, da die starken Kontrollen Innovationen ausbremsten. Das galt selbst mit Blick auf das von 1947 bis 1991 machtpolitisch abhängige Osteuropa, sieht man von dem durch die Machthaber als verbindlich durchgesetzten Marxismus-Leninismus und dem sozialistischen Realismus ab.

Hier und da verlief kultureller Transfer auch in die umgekehrte Richtung nach Europa und in die USA, vor allem in der zweiten Jahrhunderthälfte. Lässt man die Migranten beiseite, die ihre Heimatkultur mitnahmen und als Subkultur für Ihresgleichen zu bewahren versuchten, fielen dabei am stärksten die von ihnen betriebenen Restaurants mit ihrer Nationalküche auf. Aber auch auf anderen Ebenen lassen sich in wachsendem Maße Beispiele finden. Um 1920 fand der Tango seinen Weg aus den Armenvierteln von Buenos Aires in die Großstädte Europas, und seit den 50ern findet lateinamerikanische, besonders karibische Musik ihren Weg nach Nordamerika und Europa. Buddhismus mit seinem Versprechen innerer Harmonie stieß teilweise auf Interesse von Menschen, die westliche Weltsicht und Materialismus als unbefriedigend empfanden. Fernöstliche Kampfsportarten sahen sich seit den 70ern in westliche Sportvereine, indische Yogaübungen in Gesundheitsprogramme integriert. Japanische Produktionsverfahren, insbesondere Qualitätszirkel und »just-in-time«, wurden ab 1970 von der Konkurrenz nachgeahmt. Doch kann das über die tief gehende Asymmetrie nicht hinwegtäuschen; so sehr die USA im ausgehenden 20. Jahrhundert die übrige Welt kulturell beeinflussten, so wenig waren sie für Anregungen aus der umgekehrten Richtung offen, ignorierten z. B. ausländische Filme oder wissenschaftliche Diskurse in anderen Sprachen fast völlig.

Über diesen globalen Transfers sollte man nicht jene innerstaatliche Verbreitung dominanter Kultur übersehen, die bewusst betrieben wurde und auf eine kulturelle Homogenisierung innerhalb des eigenen Nationalstaates abzielte. In den lateinamerikanischen Staaten, USA und Kanada verfolgten die herrschenden Weißen in der ersten Jahrhunderthälfte durchweg eine Politik, die verachteten Indianer zu »zivilisieren«. Erst seit den 60er-Jahren wuchs die Bereitschaft, ihnen mehr kulturelle Autonomie einzuräumen. Als in Mexiko nach der Revolution in den 20er-Jahren die indianischen Traditionen als eine Quelle der mestizischen Kultur Mexikos durchaus anerkannt wurden, änderte dieses nichts an der Forderung, dass die Indianer sich in der Gegenwart an diese mestizische Leitkultur anpassen sollten. Nicht anders versuchten die Russen die muslimische Bevölkerung Zentralasiens an die russisch-europäische Kultur zu assimilieren, vor allem zwischen 1924 und 1939, und analog betrieben die Chinesen gegenüber ihren ethnischen Minderheiten eine Sinisierungspolitik.

Warum intensivierte sich der kulturelle Transfer im Laufe des 20. Jahrhunderts in diesem Maße, warum geschah er so asymmetrisch? Hier greift keine Pauschalerklärung. Für die Richtung des Transfers spielten natürlich Machtverhältnisse eine Rolle, insbesondere in der direkten kolonialen Situation, aber auch durch das Prestige der Hegemonialmacht USA.[723] Doch das erklärt nur einen Teil, wie der Blick auf die geringe Ausstrahlung der UdSSR zeigt. Von entscheidender Bedeutung waren die neuen Kommunikationsmöglichkeiten, d. h. Kinofilm, Radio und Fernsehen. Diese neuen Medien transportierten einprägsame Bilder westlicher Lebenswelten selbst dorthin, wo man sie bisher kaum vom Hörensagen kannte; sie wirkten intensiver, als es die »Kulturmission« der Missionare und Kolonialbeamten je vermocht hatte. Dabei sorgten sie zugleich für eine Asymmetrie der Kommunikation. Große Kinofilme und erst recht ein anspruchsvolles eigenes Fernsehprogramm erforderten hohe Investitionen und setzten dementsprechend einen großen Abnehmerkreis voraus, sodass sie außer in den USA nur in den großen europäischen Industriestaaten, in Japan und Indien möglich waren. Die anderen mussten von hier importieren. Viele Länder bauten ihr Fernsehen von vornherein als privates Fernsehen auf, das sich durch Werbung finanzierte, da es anders nicht zu realisieren war; dieses bedeute aber zugleich ein Einfallstor für US-amerikanischen Lebensstil besonders in Nicht-Industrieländern. Die einzigartige Verbreitung der englischen Sprache tat ein Übriges, gerade US-amerikanischen Einflüssen den Weg zu ebnen. Dass besonders die US-amerikanische Massenkultur international solche Resonanz fand, auch in Westeuropa, hatte noch einen anderen Grund. Während die europäischen Bildungseliten bis mindestens in die 50er-Jahre den Wert von ernster, anspruchsvoller Elitenkultur gegenüber primitivem Massenvergnügen betonten, riss man in den USA die Schranken zwischen U und E ein, blieb nicht bei traditioneller Volkskultur stehen, sondern nahm Anregungen des modernen Großstadtlebens auf, ließ sich auch von schwarzafrikanischem und karibischem Erbe inspirieren und verknüpfte die Vielfalt der in die USA eingeströmten Kulturelemente kreativ zu Neuem. Das erfolgreiche Musical »West Side Story« vereinte 1957 Shakespeares »Romeo und Julia«-Stoff mit den Bandenkriegen von Jugendlichengangs in den Straßen von New York. Die auf diese Weise entstehenden innovativen Formen von Massenkultur, oft mit den locker-freiheitlichen Umgangsformen amerikanischen Ursprungs und dem Tempo des Großstadtlebens gewürzt, sprachen ein breiteres Publikum an als kopflastige Produkte europäischer Bildungseliten. Die weltweite Vernetzung der Wissenschaften wurde durch internationale Kongresse und elektronische Kommunikationsmittel gefördert. Für die Asymmetrie des wissenschaftlich-technischen Transfers war natürlich entscheidend, wo die größten FuE-Kapazitäten und die höchste Innovationsdichte angesiedelt waren. Dass außerdem aus den USA auch Werbe- und Managementmethoden den Weg in andere Länder fanden, wird dadurch erklärlich, dass in Nordamerika in der ersten Jahrhunderthälfte die Kommerzialisierung stärker, die Härte individualistischen Wettbewerbs ausgeprägter war als in anderen Gesellschaften.

So intensiv der kulturelle Transfer im Laufe des 20. Jahrhunderts auch wurde, ein globaler Einheitsbrei entstand daraus nicht. Teilweise selektierte schon die Staatsmacht. Die Sowjetunion riegelte sich mit Reiseverboten und Störsendern gegen westliche Einflüsse weitgehend ab, besonders in der Stalinzeit, ebenso das kommunistische China etwa von 1950 bis 1980. Zwar waren die großen Nachrichtenagenturen in westeuropäischer oder amerikanischer Hand und selektierten, welche Auslandsnachrichten weltweit verbreitet werden konnten, aber in vielen Staaten selektierte staatliche Zensur noch einmal. Wo Märkte groß genug waren, boten sie einen Nährboden für eigenständige Kulturproduktion. Indien wurde in den 70er-Jahren zum weltweit größten Filmproduzenten, dessen Absatz aber regional begrenzt blieb. Hier flossen vielfach Stilmerkmale und Werte indischer Tradition in die Gegenwartshandlungen mit ein. Bezeichnenderweise strömten in der Popmusik, die produktionstechnisch weniger aufwendig war als Filme, in viel stärkerem Maße Elemente aus verschiedenen Weltregionen zusammen und wurden innovativ rekombiniert. Wie schon früher fanden nützliche Techniken und praktische Alltagsgegenstände rasch ihren Weg, hingegen Wertvorstellungen und Weltanschauungen viel weniger. Auch islamistische Terroristen trugen Jeans und nutzten Handys. So entstand eine Hybridisierung mit unterschiedlichsten Selektionen, Brechungen und Neukombinationen, insbesondere außerhalb von Europa und den USA.[724] Selbst exportierte westliche Fernsehserien wurden in verschiedenen Ländern je nach kulturellem Hintergrund unterschiedlich wahrgenommen.[725] Multinationale Unternehmen erlebten, dass es nicht erfolgreich war, global mit derselben Werbestrategie aufzutreten, und viele aus den USA ins Ausland geschickte Manager scheiterten, weil sie sich nicht auf die Mentalität des jeweiligen Landes einstellen konnten.

Fremdes wurde also nicht nur selektiv aufgenommen, vielmehr führte der intensivierte Kulturtransfer teilweise dazu, dass die eigene Identität bewusst thematisiert, das Eigene offensiv dem Fremden entgegengesetzt wurde. Das war dann nicht mehr eine selbstverständlich weiterlebende Tradition, sondern ein selektiver Rückgriff auf das kulturelle Erbe, um dadurch Abwehrkräfte zu mobilisieren. Trägergruppen, Intentionen und Resonanz boten dabei ein durchaus pluralistisches Bild. Als für Russland 1990 der Eiserne Vorhang fiel, begrüßten die einen begeistert die hereinströmende Massenkultur aus dem Westen, während andere diese scharf ablehnten, die aus dem 19. Jahrhundert stammende Debatte über das spezifisch Russische wiederbelebten und die orthodoxe Kirche als Ausdruck nationaler kultureller Identität reaktivierten. In Schwarzafrika akkulturierten sich die in der Kolonialzeit neu entstandenen Eliten weitgehend an die westliche Kultur und entfremdeten sich damit den Massen, trugen gewissermaßen weiße Masken auf schwarzer Haut.[726] Nach der Unabhängigkeit proklamierten einige Intellektuelle und Regierungen eine schwarzafrikanische Authentizität (z. B. die Négritude-Ideologie Senghors), welche die europäische Moderne mit (konstruierten) afrikanischen Traditionen verbinden sollte, um die neuen Nationalstaaten ideologisch abzusichern. Sie blieb ein schwächliches Gewächs, das in den Massen nicht verwurzelte. Vielmehr öffnete sich die städtische Bevölkerung Afrikas seit den 60er-Jahren für Einflüsse westlicher Massenkultur. In buddhistischen Ländern gab es neben der Öffnung für westliche Rationalität und Massenkultur auch Bestrebungen, westliche Bildung und tradierte Identität zu verbinden, sei es nach 1947 als buddhistischen Sozialismus oder seit den 70ern als gesellschaftlich engagierten Buddhismus, der sich Ungerechtigkeiten und Umweltproblemen zuwandte. Anknüpfungspunkte wurden dabei besonders im frühen Buddhismus selbstverwalteter Gemeinschaften gesucht. Als dagegen in den 80er-Jahren südostasiatische Regierungen dem westlichem Individualismus »asiatische Werte« entgegensetzten, insbesondere die Bindung an Autoritäten, Familie und Gruppen, war dies nur ein Instrument, um die Teilhabeansprüche neu entstandener Mittelschichten abzuwehren.

In komplizierter Weise verschränkt waren Akkulturation und Abwehr in China. Nachdem der Kaiserhof mit seinen bezopften Mandarinen untergegangen war, wandten sich die Intellektuellen und die Geschäftsleute der Küstenstädte in den 20er-Jahren fast ganz westlichen Weltdeutungen und Lebensstilen zu, während die einfache Bevölkerung hiervon noch unberührt blieb. In den 30er-Jahren versuchte die Regierung Djang Kaischek den Neokonfuzianismus wiederzubeleben, um damit ihre autoritäre Herrschaft abzustützen, während sich unter den Intellektuellen angesichts des Massenelends und des Drucks imperialistischer Mächte besonders marxistische Ideen ausbreiteten. Dass der aus Europa transferierte Kommunismus 1949 an die Macht kam, bedeutete zwar ein Stück Europäisierung, aber indem Mau Dsöding die Industriearbeiter als revolutionäres Subjekt durch die Bauern ersetzte, überhaupt antistädtisch eingestellt war, wurde der Kommunismus zugleich sinisiert. Einerseits sperrten die chinesischen Kommunisten alle weiteren westlichen Kultureinflüsse aus, andererseits zerstörten sie in der Kulturrevolution massenhaft Tempel und Bücher, um die als reaktionär angesehenen chinesischen Traditionen zu beseitigen, sodass das Kulturleben bis auf wenige politisch korrekte Werke austrocknete. Nach der Öffnungspolitik wandten sich in den 80er-Jahren die Intellektuellen westlichen Weltdeutungen und besonders die Jugend der Küstenstädte westlicher Massenkultur zu, während die Führung vorsichtshalber die autoritären neokonfuzianischen Traditionen neu bewertete.

Japan hatte sich zwar schon früher und stärker als China für westliche Einflüsse geöffnet, aber eben deshalb wurde die Frage nach der eigenen Identität dort zum Dauerthema. Seit den 1890er-Jahren gab es die Vorstellung, die Japaner seien sozial homogen und würden bestimmte dauerhafte Wesenszüge kultureller Besonderheit aufweisen, seien überhaupt einzigartig. In der Zwischenkriegszeit wandte sich diese Ideologie, von Intellektuellen und Offizieren getragen, gegen die verstärkt aufgenommenen liberalen, individualistischen Vorstellungen und die Anfänge von Massenkultur aus den USA. Stattdessen forderte sie, sich auf die mythischen Anfänge japanischer Kultur zurückzubesinnen. Nach dem Zusammenbruch des extremen Nationalismus mit der Kriegsniederlage 1945 und mit der amerikanischen Besetzung strömten erneut amerikanische Ideen und Kulturgüter ins Land, und die eigene Kultur wurde angesichts der Katastrophe auch kritisch hinterfragt. Mit dem wirtschaftlichen Wiederaufstieg wurde dann die (konstruierte) Besonderheit der Japaner erneut positiv bewertet, ja ins Modellhafte stilisiert.[727]

In der islamischen Welt des Nahen Ostens wirkte seit den 20er-Jahren die Auseinandersetzung mit dem Westen stark polarisierend. Einerseits zog in der Türkei Kemal Atatürk aus dem Untergang des osmanischen Imperiums den Schluss, dass dieses von Europa zu wenig gelernt habe. Um die wirtschaftliche und militärische Unterlegenheit zu überwinden, begann er deshalb 1924 mit Zwang von oben eine radikale Europäisierung. Andererseits wurde 1928 in Ägypten die islamistische Moslembruderschaft gegründet, welche die islamische Welt von westlichen Einflüssen befreien und die Gesellschaft im Geist des Korans erneuern wollte. Kemal verdrängte die islamische Religion weitgehend aus der Öffentlichkeit, ersetzte Madrasas durch weltliche Staatsschulen, die arabische durch die lateinische Schrift, die Scharia durch Gesetze nach europäischem Muster, traditionelle durch europäische Kleidung. Der Schleier wurde verboten. Damit spaltete sich die türkische Gesellschaft in eine europäisierte städtische Elite aus Offizieren und freien Berufen einerseits und die weiterhin traditionsverbundenen ländlichen Massen. Nach Kemals Vorbild führte der Schah des Iran seit 1928 ähnliche Reformen durch, die sein Sohn bis 1979 fortsetzte. Ein entsprechender Anlauf des Schahs von Afghanistan 1927 endete dagegen schon nach zwei Jahren mit seinem Sturz, woraufhin das Land sich in den nächsten Jahrzehnten wenig entwickelte. In den arabischen Ländern unter europäischer Herrschaft bzw. Hegemonie assimilierten sich in der Zwischenkriegszeit die städtischen Ober- und Mittelschichten ähnlich wie die türkischen an die europäische Kultur, sodass sich auch hier eine Kluft zur Masse der Bevölkerung auftat. Nach der politischen Unabhängigkeit an die Macht gekommen, setzten auch die arabischen Machteliten in den 50er- und 60er-Jahren auf eine laizistische Politik kultureller Europäisierung, wenn auch nicht ganz so radikal. Als die arabischen Staaten 1967 und 1973 Niederlagen gegen Israel einstecken mussten, die sie als erniedrigend empfanden, und als der von der Industrialisierungspolitik erhoffte Wohlstand ausblieb, verblasste der Glanz dieses Entwicklungsmodells. So fanden in den 70er- und 80er-Jahren im ganzen Nahen Osten die Islamisten, die bisher zu einer Randexistenz verdammt gewesen waren, massenhaft Zulauf. Er kam insbesondere aus jenen Unter- und Mittelschichten, die massenhaft in die Städte geströmt und damit den ländlichen Traditionen entwurzelt waren, ohne dass sie sich in den Städten so integrieren konnten, wie sie gehofft hatten. Umso provozierender wirkte auf sie die Korruption der europäisierten Machteliten. Den Frustrierten versprachen die Islamisten eine gerechtere Gesellschaft und bauten ein Netz von Sozialfürsorge, Schulen und Selbsthilfegruppen auf. Sie sahen die Ursache für die aktuellen Probleme in der Abkehr vom Ur-islam und suchten deren Lösung deshalb im Rückgriff auf die kulturellen

Wurzeln. Dementsprechend verurteilten sie die mit der Europäisierung verbundene Freizügigkeit als Unmoral und lehnten das rationalistische und individualistische Menschenbild des Westens ab, wandten sich überhaupt gegen die Ausdifferenzierung von Religion, Wissenschaft, Moral und Politik. Die Regierung Saudi-Arabiens, dem streng konservativen Islam der Wahabiten verpflichtet, förderte diese Bestrebungen finanziell. An die Macht kamen die Islamisten nur in wenigen Fällen, aber auch in den anderen Staaten des Nahen Ostens gewannen religiöse Bindungen im öffentlichen Diskurs wieder ein erhebliches Gewicht; vielfach kehrte der Schleier zurück. Während die türkischen Eliten ab 1970 in die EU drängten, gewissermaßen als Krönung ihrer Europäisierung, hielten die arabischen Regierungen den öffentlichen Diskurs mit Zensurmaßnahmen unter Kontrolle. Er war überhaupt für Ideen aus dem Westen weniger offen als in anderen Weltregionen, kannte z.B. kaum Übersetzungen ausländischer Bücher. Auch in Indonesien erhielten der Islam und eine kritische Sicht auf westliche Leitbilder in den 80er-Jahren Auftrieb vor dem Hintergrund der Verunsicherung durch den raschen sozialen Wandel. Gefördert wurde dies durch stärkere Kontakte der Intellektuellen nach Kairo.

Ähnlich entstand in Indien in den 20er-Jahren eine fundamentalistisch-nationalistische Bewegung, die eine indische Identität unter Rückgriff auf Hindutraditionen proklamierte, gerichtet sowohl gegen europäische Einflüsse wie gegen die indischen Muslime. Lange im Schatten der westlich orientierten Elite des Nationalkongresses und der daraus entstandenen Kongresspartei und relativ bedeutungslos, gewann diese Hindutva-Bewegung in den 80er-Jahren besonders in der unteren Mittelschicht Massenanhang. Auch hier hatten der soziale Wandel und das Eindringen liberaler Wertvorstellungen Verunsicherung ausgelöst.

Global gesehen machten sich also im Laufe des 20. Jahrhunderts Tendenzen der Homogenisierung bemerkbar, aber regional betrachtet stieg, gerade durch die vielfältigen Transfers, *innerhalb* insbesondere der nicht europäischstämmigen Regionen die Heterogenität. Es kann also keine Rede davon sein, dass Kulturregionen sich als homogene Ganzheiten gegenübergestanden oder gar aufeinandergeprallt wären.[728]

Lassen sich die Massen politisch integrieren? (1918 bis 1945)

Die Jahre zwischen den Weltkriegen brachten im langfristigen Transitionsprozess der politischen Ordnungen einen kräftigen Schub. Die breite Masse der Bevölkerung gewann politisch mehr Gewicht als je zuvor. Das bedeutete aber noch nicht zwangsläufig den Übergang zu stabilen demokratischen Ordnungen – die Zeit erlebte ebenso Stalin und Hitler, die

Massenmobilisierung mit Diktatur und gewaltigen Verbrechen verbanden.

Der Erste Weltkrieg forcierte das Erwachen der Massen, förderte ihre Politisierung. Zu Millionen wurden die Menschen für den Kriegsdienst mobilisiert und mit nationalistischer Kriegspropaganda bearbeitet. Der Weltkrieg zog die USA nach Europa hinein und ließ die Kommunisten in Russland an die Macht kommen, und beide verstanden ihre politische Ordnung als Volksherrschaft, die auf dem Gleichheitsprinzip gründete. Beide suchten deshalb das allgemeine und gleiche Wahlrecht zu transferieren. So führten alle Staaten, die vor dem Weltkrieg begonnen hatten, das Wahlrecht schrittweise nach unten auszuweiten, diesen Weg aber noch nicht zu Ende gegangen waren, das Männerwahlrecht also noch in irgendeiner Weise beschränkt hatten, 1918–20 das allgemeine und gleiche Männerwahlrecht ein (1924 auch Japan). Das Gleiche galt für alle am Ende des Ersten Weltkriegs neu entstandenen Staaten sowie dann auch jene Staaten, die in der Zwischenkriegszeit erstmals zu Verfassungen übergingen. Damit waren 1939 von den souveränen Staaten überhaupt nur noch Äthiopien, Saudi-Arabien, Jemen und Nepal ohne Verfassung. Eingeschränkt wurde dieses allerdings auch weiterhin dadurch, dass die Schwarzen in den Südstaaten der USA faktisch ihr Wahlrecht nach wie vor weitgehend nicht ausüben konnten und dass mehrere lateinamerikanische Staaten analphabetische Indianer ausgrenzten.

Diese Demokratisierungswelle erfasste nicht nur sozial niedriger stehende Schichten, die bisher politisch nicht integriert worden waren, sondern auch Frauen. Diese mussten im Ersten Weltkrieg vielfach für die an die Front eingezogenen Männer an deren heimischen Arbeitsplätzen in die Bresche springen und meldeten nun deutlicher als zuvor politische Ansprüche an. Nachdem die skandinavischen Länder schon im Weltkrieg vorangegangen waren, wurde von 1918 bis 1921 in Mitteleuropa, den BeNe-Lux-Staaten, Russland, Osteuropa und Nordamerika das Frauenwahlrecht eingeführt, denen bis 1939 rund die Hälfte der übrigen souveränen Staaten folgte, von Spanien über die Türkei bis Brasilien. Nach dem Zweiten Weltkrieg gab es zwischen 1946 und 1955 einen neuen Schub, die Frauen zur Politik zuzulassen, insbesondere in Frankreich, Italien, Japan, Südosteuropa und den restlichen lateinamerikanischen Staaten sowie auch den großen asiatischen Ländern, die jetzt unabhängig wurden. Später dran waren nur noch die schwarzafrikanischen Staaten, manche islamischen Länder und einige Sonderfälle, von denen die Schweiz (1971) am auffälligsten war. Die Öffnung weiterer Berufe für Frauen folgte dem Frauenwahlrecht schrittweise, bis sie rechtlich völlig gleichgestellt waren. Dass Frauen die Zugangsmöglichkeit zu gehobenen Berufen auch praktisch nutzten, setzte in Europa in größerem Umfang allerdings erst nach dem Zweiten Weltkrieg ein. Hier hemmten die tradierten Rollenvorstellungen der Frauen und ebenso der Widerstand der Männer, Letzterer verstärkt durch die infolge der Weltwirtschaftskrise verschärfte Arbeitsmarktkonkurrenz.

Die neuen Medien Radio und Kinowochenschau förderten die Einbindung der Massen in die Politik. Die Wahlbeteiligung stieg Mitte der 20er-Jahre in fast ganz Europa auf über 60 %, ausgenommen Osteuropa.[729] Während der Schritt zum Frauenwahlrecht die Parteienlandschaft nirgendwo ernstlich veränderte und auch nie im Mittelpunkt der politischen Auseinandersetzungen stand, sah es mit der Integration der unteren Gesellschaftsschichten in die Machtnetzwerke völlig anders aus: Sie lieferte in etlichen Ländern den Konfliktstoff für heftige, ja teils mörderische Auseinandersetzungen. Verschärft wurden die Konflikte durch die ungünstige Wirtschaftslage der meisten europäischen Staaten, in denen es kaum Wirtschaftswachstum zu verteilen gab, dagegen umso mehr die Lasten der kriegsbedingten Staatsverschuldung und Kriegsopferfürsorge sowie von Arbeitsplatzverlusten durch die Weltwirtschaftskrise. Auf der einen Seite existierten in Europa und Lateinamerika weiterhin die alten Machteliten, im Kern Monarch und Hof (sofern noch vorhanden), Großgrundbesitzer, höhere Offiziere und Verwaltungsspitzen, mehr oder minder ergänzt durch Unternehmer (in den USA nur Letztere) und katholische Kirchenführung. Auf der anderen Seite standen als politisch fordernde Massen in den industrialisierten europäischen Staaten die Industriearbeiterschaft und in den osteuropäischen Agrarstaaten die Bauern. Die Gewerkschaften erlebten 1919 in Europa starken Zulauf und mussten jetzt weithin als Vertragspartner anerkannt werden, wenngleich ihre Macht spätestens mit der Massenarbeitslosigkeit der Weltwirtschaftskrise abbröckelte. Den osteuropäischen Bauern machte das Beispiel der kommunistischen Landumverteilung in Russland Mut. Die Mittelschichten waren politisch ambivalent; sie konnten als Partner beider Seiten auftreten. Im noch weniger politisierten Lateinamerika meldeten jetzt die Mittelschichten und einzelne Konzentrationen von Industrie- und Bergarbeitern politische Teilhabeansprüche an.

Wie ließen sich diese Schichten nun in das bestehende Machtnetzwerk integrieren? Prinzipiell gab es fünf konkurrierende Modelle, die auch für den Transfer in andere Staaten zur Verfügung standen. Das eine war das Modell des friedlichen Kompromisses, also die parlamentarische oder präsidiale Demokratie aus französisch-britischer bzw. US-amerikanischer Tradition. Hier boten die ausdifferenzierten Organisationen der Bürgergesellschaft die Basis für einen friedlichen Wettstreit der Interessen. Dabei mussten bürgerliche Parteien entweder selbst so viel Massenanhang für sich mobilisieren, dass sie damit bei Wahlen Mehrheiten gewannen, oder gemeinsam mit Sozialdemokraten regieren. Das war nicht Demokratie im Sinne antiker Volksherrschaft, da weiter die Eliten einflussreich blieben und Wahlversprechen und tatsächliche Politik durchaus Diskrepanzen aufweisen konnten, aber es war eben auch nicht nur ein Feigenblatt für die Herrschaft des Großkapitals, wie die Marxisten meinten. Der Kompromiss mit den Massen war sogar an den öffentlichen Ausgaben konkret erkennbar: Wo in Europa Arbeiterparteien stark waren, lagen in der Zwischenkriegszeit die Ausgaben für soziale Sicherung und Gesundheit deutlich höher als vor dem Ersten Weltkrieg und übertrafen teilweise schon die Militärausgaben.[730]

Wo die Demokratie nicht funktionierte, gleich welche Seite daran Schuld hatte, und es den alten Machteliten gelang, das Heft in der Hand zu behalten, kam es zur konservativen Diktatur, also zu einem Schritt zurück. Meist dominierte dabei ein Präsident, König oder General die politische Szene, der die Interessen der alten Machteliten wahrte. Er schaltete die von unten fordernden politischen Kräfte aus, so weit es ihm nötig schien, und beschnitt dementsprechend Freiheiten und Bürgergesellschaft. Der Herrschende suchte die Bevölkerung möglichst zu entpolitisieren und stützte sich stattdessen nicht zuletzt auf das Militär. Oft wurde der Nationalismus als Integrationsideologie instrumentalisiert, und so weit möglich blieben Parlamente mit (manipulierten) Wahlen als machtlose Fassaden erhalten, um so dem Zeitgeist zu entsprechen.

Wo die alten Eliten beim Nichtfunktionieren der Kompromisspolitik keine konservative Diktatur etablieren konnten oder wollten, nahmen sie hilflos Zuflucht zu den Faschisten oder wurden durch die Kommunisten vertrieben. Das geschah nur zwei- bzw. einmal, wenngleich in wichtigen Ländern.

Die Arbeiterbewegung, die vor dem Ersten Weltkrieg nirgends (außer in Australien) an der Macht beteiligt war und verschiedene Strömungen bündelte, musste Farbe bekennen, als jetzt die Machtbeteiligung in Griffweite rückte. Sollte sie sich auf das Modell des friedlichen Kompromisses einlassen, sich mit einer gewissen Umverteilung über Steuern und Sozialabgaben sowie Regulierungen im Interesse der kleinen Leute begnügen und dafür das Endziel, die Sozialisierung der Produktionsmittel, die in nebelhafte Ferne, faktisch auf den St. Nimmerleinstag verschieben? Das war der sozialdemokratische Weg, den die Mehrheit der Arbeiterbewegung in West-, Mittel- und Nordeuropa und Australien ging. Sollte sie den parlamentarischen Kompromiss mit den alten Machteliten ablehnen, nach der Alleinherrschaft im Staate greifen und als führende Partei ihre sozialistische Utopie einer widerstrebenden Gesellschaft mit Gewalt aufzwingen? Das war der kommunistische Weg, den Lenin nach 1917 in Russland durchsetzte. Nach seinem Vorbild entstanden 1918–20 in fast allen Ländern Europas, Nordamerikas, Ost- und Südostasiens und dann auch in Südamerika kommunistische Parteien. Lenins Hoffnung, dass die Kommunisten auch in europäischen Industriestaaten die Macht ergreifen könnten und damit die kommunistische Weltrevolution ins Rollen käme, entpuppte sich nach wenigen Jahren als Illusion. Die UdSSR blieb bis 1946 das einzige kommunistische Land.[731] In vielen Staaten blieben die Kommunisten bedeutungslose Absplitterungen der sozialdemokratisch orientierten Arbeiterbewegung, in einigen wurden sie bald verboten, in manchen wurden sie aber auch zur bedeutsamen politischen Kraft, so besonders in Deutschland, Frankreich und China. Dazwischen standen jene sozialrevolutionären Kräfte der Arbeiterbewegung, welche die parlamentarische Demokratie als verkappte Herrschaft des Kapitals ablehnten, zugleich aber auch die Herrschaft der kommunistischen Partei als Diktatur verurteilten, sondern stattdessen von einem freien Sozialismus der Arbeiterselbstverwaltung in Betrieben und Räten träumten. Teilweise wurden sie als Syndikalisten bezeichnet. Sie fanden zwar 1917 in Russland, nach 1919 in Mitteleuropa und bis in die 30er-Jahre in Spanien Resonanz, wurden aber letztlich zwischen den anderen beiden Alternativen zerrieben. Die Sozialdemokraten wurden zu den treuesten Verteidigern der Demokratie, noch mehr als die Liberalen, denn im Unterschied zu den alten Machteliten und den Anhängern der Gewaltpolitik gab es für sie keinen anderen Zugang zu politischen Entscheidungen als über das Parlament.

Außerdem traten mit Ende des Ersten Weltkriegs die faschistischen Bewegungen (und verwandte Gruppen) hinzu, und zwar in den meisten europäischen Ländern. Sie blieben aber stets randliche Minderheiten, nur in Italien und Deutschland wurden sie in der Staatskrise plötzlich politisch dominant.

Die Ordnungsvorstellungen der Kommunisten wie der Faschisten waren massenmobilisierende Diktaturen und damit Transitionsordnungen: Sie blieben hinter dem Entwicklungsstadium der Demokratie zurück, da sie die Politik des friedlichen Kompromisses verachteten und die ganze Macht für sich allein forderten, d.h. faktisch gesellschaftliche Differenzierungen rückgängig machten. Sie beanspruchten, möglichst die ganze Gesellschaft zu durchdringen (wie weit sie dieses realisieren konnten, ist eine andere Frage). Deshalb lehnten sie konkurrierende Parteien ab, duldeten Parlamente nur als machtlose Fassaden und gingen gegen politische Gegner mit Gewalt, ja rücksichtslosem Vernichtungswillen vor. Hier zügelten keine traditionellen Normen mehr, weder Solidaritätsgefühl der Adelswelt noch christliche Moral, und die Massenschlächtereien des Ersten Weltkriegs hatten auf viele Kriegsteilnehmer brutalisierend gewirkt. Die Bilanz der von Stalin und Hitler zu verantwortenden Todesopfer war grausig, wobei zu pauschale Summen irreführen[732], da hinter den verschiedenen Todesarten ein unterschiedliches Maß an Vernichtungswillen steckte. Mordbefehle sind nicht dasselbe wie wirtschaftspolitischer Unsinn. Vorsätzlichem Mord fielen unter Stalin über 1 Million und unter Hitler 6,5 Millionen Menschen (überwiegend Juden) zum Opfer, der verbrecherischen Vernachlässigung in Lagern und bei Deportationen unter Stalin 3 und unter Hitler 4 Millionen (hier primär sowjetische Kriegsgefangene), und hinzu kamen 4 bis 5 Millionen Hungertote als Folge der gewaltsamen Kollektivierung Stalins 1932/33.[733] Nicht berücksichtigt sind dabei die 9 bis 10 Millionen russischen Toten[734] von Bürgerkrieg und Hunger der Jahre 1917 bis 1922 und die Opfer der direkten Kriegshandlungen des Zweiten Weltkriegs.

Kommunisten wie Faschisten trieben den Transitionsprozess insofern voran, als sie die alten Machteliten (einschließlich Kirchen) und elitäre Lebensformen zurückdrängten und darauf setzten, die Massen zu mobilisieren und in die Politik zu integrieren, was in der Inszenierung von Massenaufmärschen seinen sichtbaren Ausdruck fand. Überhaupt beanspruchten sie, Politik für die Massen zu machen. Dabei verfolgten die Kommunisten das Gleichheitsprinzip wesentlich radikaler: Durch die Enteignung der Produktionsmittelbesitzer wollten sie die Klassenunterschiede abschaffen, während die Faschisten Klassenschranken zwar auf der psychologischen Ebene niederrissen, aber das Privateigentum an Produktionsmitteln nicht antasteten, vielmehr den Sozialismus schroff bekämpften; während Kommunisten die Männerrolle außerhäuslicher Erwerbstätigkeit zum Leitbild auch für Frauen machten (indes kaum Frauen in politische Führungsämter ließen), belebten Faschisten die traditionelle Rollenverteilung von Männern und Frauen neu; während Erstere den Internationalismus propagierten, grenzten Letztere das eigene Volk extrem nationalistisch als etwas Besseres gegen andere ab, auf den Gipfel getrieben im deutschen Nationalsozialismus durch den Rassismus und Antisemitismus. Anders als konservative Diktaturen konnten Kommunisten und Faschisten dort, wo sie an der Macht waren, eine echte Massenbasis aufbauen; sie stützten sich eben nicht nur auf Terror und Angst, sondern auch auf Hoffnung und Zustimmung. Auch die Ideologien machten die Position im Transitionsprozess deutlich: Während konservative Diktaturen gerne den Schulterschluss mit der Kirche und damit zu Tradition und Religion suchten, propagierten Kommunisten und Faschisten eine nichtreligiöse Weltanschauung, die im Unterschied zum Pluralismus der demokratischen Ordnung mit dem Anspruch auftrat, allgemein verbindlich zu sein. Während die sozialistische Utopie den Fortschrittsglauben des 19. Jahrhunderts konservierte, knüpften die Faschisten an die kulturpessimistische Krisenstimmung bürgerlicher Mittelschichten an und griffen, hierin den Islamisten viel ähnlicher als den Kommunisten, ideologisch auf Frühzeiten zurück.[735] Auch der Antisemitismus der deutschen Nationalsozialisten, der im Massenmord an den osteuropäischen Juden gipfelte, wurde genährt von den Ängsten der Mittelschichten vor den Folgen der »Moderne«, indem die Juden (fälschlicherweise) als Drahtzieher von Bolschewismus, Börsenkapital und »zersetzendem« Liberalismus galten.

Welche Pfade die einzelnen Staaten zwischen den Weltkriegen innenpolitisch gingen, ob sich demokratische Ordnungen etablieren konnten und ob diese, einmal etabliert, Bestand hatten, ist nicht allein durch den Demokratisierungsschub des Ersten Weltkriegs zu erklären. Wichtig war auch, ob Regierungen existenzielle Probleme entsprechend den Erwartungen der Bevölkerung lösen konnten, sie zumindest tatkräftig angingen oder nicht, und ob dann die politischen Ordnungen durch Leistungsversagen diskreditiert wurden, sei es durch eine Kriegsniederlage am Ende des Ersten Weltkriegs, sei es durch die Folgen der Weltwirtschaftskrise ab 1929, die weltweit Regierungen destabilisierte. Natürlich prägte die gesellschaftliche Machtasymmetrie die politische Ordnung, inwieweit also durch die Industrialisierung neue gesellschaftliche Gruppen entstanden waren, wie ungleich der Grundbesitz verteilt war und wie weit neue Gruppen politisch erwacht waren, sich bürgergesellschaftlich organisierten und Teilhabeansprüche anmeldeten. Außerdem stabilisierten gefestigte Traditionen bestehende Ordnungen, ließen sie in den Köpfen der Menschen als selbstverständlich erscheinen, was neuen Ordnungen zunächst stets fehlte. Schließlich spielten auch die Akteure eine Rolle, insbesondere in instabilen Situationen. Die Kraft ihrer Persönlichkeit konnte die Dinge aktiv in eine bestimmte Richtung treiben, sei es Lenin für den russischen Kommunismus, Hitler für den deutschen Nationalsozialismus oder Masaryk für die tschechische Demokratie; umgekehrt konnte ihre Führungsschwäche ebenso entscheidend werden, so die des italienischen Königs 1922 und des deutschen Reichspräsidenten 1933. Aus der Kombination dieser fünf Faktoren ergaben sich verschiedenste Entwicklungspfade, wobei sich ähnliche zusammengruppieren lassen.[736]

Am stabilsten war die politische Ordnung in jenen Ländern, die schon vor dem Ersten Weltkrieg eine gefestigte demokratische Tradition etabliert hatten und keine starken Sozialisten besaßen. In den USA blieb in der Zwischenkriegszeit weiter mit einer Wahlbeteiligung von gut der Hälfte der Wahlberechtigten (Präsidentschaft) die Massenmobilisierung relativ gering. Hier galt die Idee des Sozialismus in den 20er-Jahren angesichts der wirtschaftlichen Prosperität bis in die Arbeiterschaft hinein endgültig als überholt. Die Arbeiterbewegung war schwach und sah sich weitgehend unterdrückt, und die mit dem Großkapital verschwisterten Republikaner waren an der Macht. Die Weltwirtschaftskrise erschütterte dann zwar den Glauben, dass man alles dem Markt überlassen sollte, aber nicht die Grundzüge der politischen Ordnung. Durch die Weltwirtschaftskrise kamen 1932 die Demokraten an die Regierung, und Roosevelt gab das Bild eines Präsidenten, der die Ärmel aufkrempelte und mit seiner Politik des »New Deal« aktiv gegen die Misere vorging. Jetzt entstand in den USA ebenfalls eine den europäischen Industriestaaten vergleichbare staatliche Bürokratie auf Bundesebene, deren Regulierungen in weiten Bereichen des Alltags wirksam wurden, und insbesondere auch eine Sozialgesetzgebung. Gewerkschaften wurden im Laufe der 30er-Jahre von der Großindustrie auf nationaler Ebene als Verhandlungspartner akzeptiert und legten in Industriegebieten stark an Mitgliedern zu. Unter dem Einfluss des New Deal schwang auch in Kanada in den 30er-Jahren das Pendel in Richtung Wohlfahrtsstaat, und zwar noch stärker als in den USA. In der Schweiz gab es zwar Sozialdemokraten, doch waren diese politisch so schwach, dass die regierenden bürgerlichen Parteien sie bis 1943 von der Regierungsbeteiligung fernhalten konnten.

Schwieriger war die politische Situation in Frankreich, das zwar gleicherweise ältere demokratische Traditionen besaß, aber starke politische Gegensätze aufwies. Politisch tragend war die Vertretung der demokratischen bürgerlichen und bäuerlichen Mittelschichten (»radikalsozialistische« Partei); diese pendelte zwischen einer Koalition bzw. Zusammenarbeit mit den konservativen Parteien (1919–24, 1926–29, 1934–35, 1938–40) und mit den Sozialisten (1924–26, 1932–34, 1936–38). Letztere wurde 1936–38 auch noch von den Kommunisten unterstützt, nachdem die Machtergreifung der Nazis in Deutschland diesen den Schrecken in die Glieder gejagt hatte. Die politische Führung war entscheidungsschwach und ineffizient, und obwohl Frankreich von der Weltwirtschaftskrise weniger getroffen wurde als die USA und Deutschland, wurde die politische Szene dadurch zunehmend destabilisiert, sodass die Regierung 1938 zu Sondervollmachten für Sanierungsmaßnahmen griff. Zwischen 1929 und 1939 erlebte das Land 22 Wechsel des Ministerpräsidenten. Aber erst durch die Kriegsniederlage 1940 brach die politische Ordnung dann endgültig zusammen und machte einer konservativen Diktatur Platz.

Durchgehend demokratisch blieben auch jene Staaten, die schon lange vor dem Ersten Weltkrieg parlamentarische Monarchien gefestigt hatten, nämlich Großbritannien und die BeNeLux-Staaten, oder hierzu bis 1917 übergingen, also die skandinavischen Staaten, und die alle schon vor 1914 relativ große Teile der Bevölkerung in diese Ordnung integriert hatten. Mit der Ausweitung zum allgemeinen Wahlrecht wurden die Sozialisten zur bedeutenden politischen Kraft (in Großbritannien verdrängten sie die Liberalen weitgehend), allerdings ohne Mehrheitspartei zu werden, wogegen Kommunisten und (außer in Belgien) Faschisten bedeutungslos blieben. Während sich in den Niederlanden in der Zwischenkriegszeit durchgehend bürgerliche Regierungsmehrheiten fanden, wurden in den anderen Ländern in den 20er-Jahren zeitweise die Sozialisten an der Regierung beteiligt. Um die Weltwirtschaftskrise zu bewältigen, kam es dann zu zwei neuen Lösungsmodellen, die beide auf einem Kompromiss zwischen Bürgertum und Arbeiterschaft beruhten und bis zum Beginn des Zweiten Weltkriegs hielten. In Dänemark begann 1929 die Regierung der Sozialdemokraten mit der Bauernpartei als Juniorpartner, was in Schweden, Norwegen und Finnland nachgeahmt wurde und in Schweden zum Einstieg in den Wohlfahrtsstaat führte. Dagegen griffen Großbritannien

(1931) und Belgien (1935) auf das Krisenbewältigungsmodell aus der Zeit des Ersten Weltkriegs zurück, nämlich eine breite Koalition der nationalen Einheit aus Konservativen, Liberalen und (Teilen der) Sozialisten.

In Mitteleuropa hatte die Demokratie es deutlich schwerer, und dafür gab es mehrere Gründe. Da vor dem Ersten Weltkrieg in Deutschland und Österreich trotz fast gänzlicher Massenpolitisierung konstitutionelle Monarchien bestanden, war die Stellung der alten Eliten noch stark, die autoritäre Tradition noch kräftig. Mit der Kriegsniederlage 1918 mussten die Monarchen unter dem Druck revolutionärer Unruhen das Feld räumen. Den neuen parlamentarischen Demokratien fehlte nicht nur die stabilisierende Kontinuität, im Gegenteil: Sie sahen sich von einem Teil der Bevölkerung prinzipiell infrage gestellt, besonders in Deutschland. Alte Machteliten und große Teile des Bürgertums wünschten sich die autoritäre Ordnung der Kaiserzeit zurück, viele Arbeiter sahen ihre 1918/19 aufgeflammten Hoffnungen auf den Sozialismus enttäuscht. Die Folgen der Kriegsniederlage belasteten die deutsche Republik wirtschaftlich, indem die schwachen Regierungen die Kriegsverschuldung durch die Inflation auf die Ersparnisse des Mittelstands abwälzten und indem die Reparationslast Dauerthema wurde. Das auf die kleine Alpenrepublik geschrumpfte Österreich schien vielen sogar wirtschaftlich überhaupt nicht existenzfähig. Die Kriegsniederlage und ihre Folgen wirkten überdies in Deutschland auch insofern fatal, als die kaiserliche Führung sich aus der Verantwortung stahl und die nationalistischen Kräfte das Versagen im Krieg den Gründern der Demokratie in die Schuhe schoben, da diese durch die Novemberrevolution 1918 der kämpfenden Truppe einen Dolch in den Rücken gestoßen und damit die militärische Niederlage verursacht hätten und da sie den Friedensvertrag von Versailles mit seinen als unerträglich empfundenen Bestimmungen unterschrieben hatten. Obendrein wirkte sich die Weltwirtschaftskrise in Deutschland stärker aus als in den anderen europäischen Industriestaaten.[737]

Österreich wurde in den 20er-Jahren von einer bürgerlichen Mehrheit regiert; als diese unter dem Druck der Weltwirtschaftskrise zu schwinden drohte, gingen die bürgerlichen Eliten zur konservativen Diktatur über. Dagegen wurde die Tschechoslowakei mit Kompromissen von der politischen Mitte her regiert und konnte diesen Kurs trotz eines fragmentierten Parteisystems auch in den 30er-Jahren bewahren, nicht zuletzt da sie mit Masaryk einen starken und eindeutig demokratisch gesinnten Präsidenten besaß.

In Deutschland wurde in der Zeit der sogenannten Weimarer Republik 1919 bis 1930 überwiegend auf der Basis des Kompromisses von bürgerlichen Parteien und Sozialdemokraten regiert.[738] Die demokratische Ordnung überlebte zwar zwischen 1919 und 1923 mehrere Putsche und Aufstände der extremen Linken und extremen Rechten, brach dann aber Ende

1923 faktisch zusammen, insofern die Maßnahmen zur Bewältigung der Finanz- und Währungskrise nicht mehr verfassungsgemäß erfolgten.[739] Auch nach ihrer Wiederbelebung blieben die Regierungen von 1924 bis 1930 instabil. Letztlich scheiterte die Demokratie. Über die Ursachen dafür sind etliche Legenden im Umlauf, von angeblichen Verfassungsmängeln über Parteienzersplitterung bis zur angeblichen Zerstörung durch die extreme Rechte und Linke.[740] Tatsächlich ging sie nicht erst 1933 unter, sondern bereits 1930[741], indem über der Frage, wie die Lasten der Weltwirtschaftskrise verteilt werden sollten, die Kompromissbereitschaft der beiden Lager und damit das Regieren nach den Regeln eines parlamentarischen Systems endete. Dies war Ausdruck der realen Interessengegensätze der Gesellschaft ebenso wie eines zu geringen Machtwillens der Parteien, der aus der Kaiserzeit ererbt war. Die Abgeordneten warfen der Exekutive die Verantwortung vor die Füße und duldeten, dass diese zwischen 1930 und 1933 zunehmend verfassungswidrig mit Notverordnungen regierte[742], so wie sie schon in der Krise im Herbst 1923 vor der Drecksarbeit unpopulärer Sanierungspolitik geflohen waren und auch während des revolutionären Umbruchs November 1918 einfach nach Hause gegangen waren (ganz im Unterschied zu den Abgeordneten Russlands im Februar 1917 und Österreichs Oktober 1918, die in einer vergleichbaren Situation das Heft in die Hand nahmen!). Unter den Wählern breitete sich der Eindruck aus, dass die Parteien versagt hätten. Wähler, die nicht in die Netzwerke der Sozialdemokratie und des Katholizismus eingebunden waren, liefen bei den Reichstagswahlen 1930 und 1932 scharenweise zu den Nationalsozialisten über, die jetzt plötzlich aus einer unbedeutenden Splitterpartei zur stärksten Partei wurden, und auch zu den Kommunisten. Der Reichspräsident steuerte auf eine konservative Diktatur zu, scheute aber, bereits 85-jährig, dann doch den letzten Schritt und ernannte 1933 Hitler zum Kanzler einer Koalitionsregierung aus NSDAP und Konservativen. Die Hoffnung, so den Konservativen eine Massenbasis verschafft zu haben, erwies sich allerdings nach wenigen Monaten als Illusion. Hitler schaltete nicht nur die Arbeiterbewegung aus, sondern verdrängte die Konservativen aus der Regierung und übernahm auch das Amt des verstorbenen Reichspräsidenten. In den folgenden Jahren verselbstständigten der Parteiapparat und die SS als Parteiarmee sich immer mehr, drängten die alten Machteliten in der Gesellschaft an den Rand und zersetzten die staatliche Verwaltung. Die Industrie hat den Aufschwung der Nazis vor 1933 nicht gemacht, aber hinterher nicht zuletzt von der massiven Aufrüstung profitiert. Die Aufrüstung ließ auch die Arbeitslosigkeit schneller als in allen anderen Industriestaaten zurückgehen und trug damit zur Massenloyalität bei. Die Militärführung arrangierte sich; erst als die Kriegsniederlage sich abzeichnete, kam es im Juli 1944 zu einem missglückten Putschversuch einer kleinen Offiziersgruppe.

Japanische Machtstrukturen ähnelten den mitteleuropäischen insofern, als 1919/24 auch hier der Schritt von der konstitutionellen Monarchie zur parlamentarischen Demokratie erfolgte, wenngleich noch mit begrenzter Wählermobilisierung, und diese dann die Weltwirtschaftskrise nicht überlebte. Die Parlamentarisierung der Regierungsweise führte dazu, dass die um den Kaiserhof herum gruppierten Kräfte die politische Führung an liberal-konservative Vertreter von Industrie und Großhandel abgeben mussten. Parteien und Interessenverbände kamen voll zum Tragen, und die politischen Auseinandersetzungen verschärften sich. Angesichts der Notlage vieler Industriearbeiter und Bauern und der Verunsicherung durch die Verwestlichung gewannen Sozialisten ebenso wie faschistische Strömungen Anhang, Letztere besonders von jüngeren Offizieren getragen. Faschistische Putschversuche 1931 bis 1936 scheiterten zwar, aber zwischen 1932 und 1938 verdrängte die Militärführung in Verbindung mit Bürokratie und Großindustrie schrittweise Parteien, Parlament und liberales Gedankengut und machte Japan zu einer konservativen Diktatur. Dabei übernahmen die alten Eliten insofern auch einzelne faschistische Züge, als sie die Gesellschaft auf den Eroberungskrieg ausrichteten und mit einem extremen Nationalismus durchtränkten.

Eher noch weniger konnte die parlamentarische Demokratie in dem Gürtel der osteuropäischen Agrarstaaten Fuß fassen, der von Estland bis Griechenland reichte. Diese Staaten gingen im Laufe der 20er- und 30er-Jahre einer nach dem anderen von der parlamentarischen Demokratie zur konservativen Diktatur über.[743] Wo es einen König gab, führte dieser die Diktatur. Die Demokratie war von außen transferiert worden; es blieben defekte Demokratien, da die Wählermobilisierung in den erst teilweise alphabetisierten Ländern noch recht begrenzt war, demokratisches Gedankengut hier nirgends tiefer reichende Wurzeln besaß und bürgergesellschaftliche Strukturen weitgehend nicht existierten. Soweit diese Staaten erst 1919 aus dem Zerfall Russlands neu entstanden waren, fehlte überhaupt jede parlamentarische Erfahrung. Die Parteien waren eher lose Interessengruppen um bestimmte Persönlichkeiten mit mehr klientelistischer Struktur als mit programmatischem Profil. Hier waren nicht sozialistische Industriearbeiter, sondern Bauern der fordernde Teil. Aus Angst, die kommunistische Revolution könnte überschwappen, kam es zwischen 1917 und 1922 in allen osteuropäischen Agrarstaaten mehr oder minder zu Bodenreformen, ausgenommen Polen und Ungarn. In Ungarn wurde die Demokratie bereits 1919 zwischen kommunistischer Rätediktatur und konservativer Gegenrevolution zerrieben. In Litauen, Polen und Jugoslawien scheiterten die Demokratien schon vor der Weltwirtschaftskrise, nicht zuletzt durch die Rivalitäten der verschiedenen Völker im Staat. Als die Weltwirtschaftskrise die sozialen Spannungen verschärfte und an den beiden politischen Rändern Extremisten aufkommen ließ, gingen von

1934 bis 1938 auch die übrigen osteuropäischen Staaten zur konservativen Diktatur über.

In Italien konnte sich die Demokratie gar nicht erst etablieren. Zwar besaß das Land vor dem Ersten Weltkrieg eine längere Tradition parlamentarischer Monarchie, aber mit relativ begrenztem Teilnehmerkreis. Als dieser mit den Wahlen 1919 schlagartig demokratisiert wurde, funktionierte das System nicht mehr: Die Liberalen verloren die Mehrheit an die katholischen Konservativen und die Sozialisten. Erstere hatten den parlamentarischen Betrieb bisher boykotiert, Letztere witterten vor dem Hintergrund der russischen Revolution Morgenluft und fingen in Norditalien an, Fabriken und Güter der Großgrundbesitzer zu besetzen. Beide Parteien verweigerten sich der Regierungsverantwortung, sodass sich unter den kaum handlungsfähigen liberalen Minderheitsregierungen faktisch ein Machtvakuum auftat. Obendrein waren die italienischen Kriegsgewinne weit hinter den Träumen der Nationalisten zurückgeblieben, sodass diese sich einredeten, Italien sei quasi ein Kriegsverlierer. In dieser Situation nahmen viele Fabrik- und Gutsbesitzer die Hilfe von Mussolinis 1919 gegründeten faschistischen Schlägertrupps an, um gegen die Sozialisten vorzugehen, was zu bürgerkriegsähnlichen Zuständen führte. Der italienische König und die ihn umgebenden Vertreter der alten Machtelite hatten aber nicht den Mut, zur Lösung der Krise die Staatsgewalt durch den Einsatz von Militär zu stabilisieren und eine konservative Diktatur zu errichten, weshalb Mussolini sich ihnen 1922 als Ministerpräsident einer Koalitionsregierung mit bürgerlichen Parteien aufdrängen konnte. In den folgenden vier Jahren wandelten sich die Faschisten in manipulierten Wahlen von einer Splitterpartei zur Massenbewegung und schalteten dann alle übrigen Parteien ganz aus, ebenso Gewerkschaften und überhaupt alle liberalen Praktiken. Immer mehr rissen die Faschisten von der Staatsmacht an sich, ohne damit so weit zu gelangen wie die Nationalsozialisten in Deutschland, da Monarchie, Militär und Kirche als eigenständige Machtfaktoren weiter bestanden, der Faschismus insofern unvollendet blieb.

Noch weniger als in Italien war auf der Iberischen Halbinsel und in Russland eine ernsthafte Chance für die Demokratie zu entdecken. Auch hier hatten sich Ende des 19. Jahrhunderts innenpolitische Gegensätze aufgebaut, in denen Kompromisslösungen nicht gedeihen konnten. In Portugal wurde darüber 1910 die konstitutionelle Monarchie gestürzt, aber die folgende Republik erlebte in einer noch eher oligarchischen als demokratischen politischen Szene einen Zusammenprall des konservativen Blocks aus Großgrundbesitzern und Kirche, der antiklerikalen Republikaner der städtischen Eliten und der anarchosyndikalistischen Arbeiter. Das führte bis 1926 zu 44 Regierungen und 20 Aufständen und Putschen. Seit 1926 stabilisierte dann der Übergang zur konservativen Diktatur die Verhältnisse. In Spanien wurde das oligarchische politische Machtnetzwerk zwischen 1918 und 1923 durch Niederlagen im Marokkokrieg, Autonomiebestrebungen Kataloniens, Landarbeiterunruhen im Süden und das Erstarken sozialistischer Industriearbeiterorganisationen in Katalonien völlig destabilisiert. Die konservative Diktatur eines Generals hielt dann zwar von 1923 bis 1930 vorübergehend den Deckel auf dem brodelnden Topf, aber in der folgenden demokratischen Republik eskalierten die Konflikte rasch. Auf dem einen Flügel stand die extreme Linke, die zügig Massenanhang gewann und sich in Landarbeiterunruhen gegen die Großgrundbesitzer, in atheistischen Brandanschlägen gegen Kirchen und syndikalistischen Forderungen von Gewerkschaften äußerte, auf dem anderen Flügel standen die alten Eliten, die starr an bisherigen Machtverhältnissen festhalten wollten, also Großgrundbesitzer, Offizierskorps und eine reiche Kirche, die auch das Bildungswesen beherrschte. Die bürgerlich-liberale Mitte war hier chancenlos. Als die verschärfte Reformpolitik der Regierung, insbesondere der Versuch von Agrarreformen, 1936 einen Offiziersaufstand auslöste, brach offener Bürgerkrieg aus. Mit Unterstützung aus Deutschland und Italien gewannen die nationalistischen Generäle und errichteten 1939 unter Franco eine konservative Diktatur, die ebenso wie in Portugal bis Mitte der 70er-Jahre hielt. Wie in Portugal wurde auch hier die kleine faschistische Bewegung von den alten Eliten unter Kontrolle gebracht und ins Machtnetzwerk integriert. Einzelne äußerliche Anleihen bei den Faschisten können nicht darüber hinwegtäuschen, dass Militär, Großgrundbesitzer und Kirche im Staate herrschend blieben. Die letztlich selbstmörderische Dynamik des Faschismus kam hier nicht zum Durchbruch.

Das unfähige Zarenregime in Russland galt seit der Revolution von 1905 als reif für den Zusammenbruch. Im Ersten Weltkrieg machten die Niederlagen und die schlechte Versorgungslage der Großstädte sein Versagen offenkundig. Als es im Februar 1917 in St. Petersburg zu Hungerdemonstrationen kam, mit denen die Truppen sich verbrüderten, verschwand die Monarchie sang- und klanglos. Die neue Regierung aus Liberalen und Sozialdemokraten strebte eine parlamentarische Demokratie an. Doch hierfür fehlte nicht nur der bürgergesellschaftliche Unterbau, in diesen Monaten schlagartiger Massenpolitisierung versäumte die Regierung es vielmehr auch, den Wünschen der Massen nach Landverteilung und raschem Frieden nachzukommen. So zerfielen ihre Gefolgschaft und sogar die staatliche Macht selbst: Syndikalistisches Denken ließ überall Arbeiter-, Soldaten- und Bauernräte (Sowjets) entstehen, welche die Macht in Fabriken, Lokalverwaltung und Truppenteilen an sich zogen, und die Bauern fingen von sich aus an, Adelsland aufzuteilen. Lenin, von unbändigem Machtwillen getrieben, wagte den Ritt auf dem Tiger der unkontrollierbaren Massenbewegung und versprach ihr, was sie hören wollte. Durch einen Putsch seiner noch kleinen kommunistischen Kräfte (Bolschewisten) konnte er im Oktober 1917 in der Hauptstadt die Macht an sich reißen. Er jagte wenig später das erste demokratisch gewählte Parlament Russlands (konstituierende Versammlung) auseinander, unterdrückte dann die anderen Parteien und setzte im Bürgerkrieg 1918–21 die Herrschaft der Bolschewisten überall in Russland gegen die Truppen der »Weißen« durch. Adel und Unternehmer flohen, so weit sie nicht umgebracht wurden. Lenin verstaatlichte die Industrie zu Händen einer zentralen staatlichen Leitung und etablierte die Diktatur der kommunistischen Partei im Staat sowie die Diktatur der Parteiführung innerhalb der Partei. Die Sowjets wurden damit zur leeren Hülse. Schließlich schlug er 1920/21 auch Bauern- und Matrosenaufstände gegen die kommunistische Diktatur nieder. Die »Weißen« waren eine in sich zerstrittene Koalition von Bolschewismusgegnern, die sich nie klar zur Bodenreform bekannten und deshalb keinen Massenanhang gewannen, und die Bolschewisten siegten im Bürgerkrieg auch durch ihre Organisationsleistung beim Aufbau der Roten Armee. Damit schied die Alternative der konservativen Diktatur aus.

Anders als die Faschisten in Deutschland und Italien hatten die Kommunisten in Russland von vornherein die gesamte Macht erstritten. Aus den Machtkämpfen nach Lenins Tod 1924 ging Stalin als Sieger hervor, und er hielt die Herrschaft bis zu seinem Tod 1953 eisern in den Händen. Mit der Zwangskollektivierung 1929–32, die den Bauern das Land faktisch wieder abnahm, unterwarf Stalin auch das Dorf der Herrschaft der KPdSU. Um die stark auf seine Person zugeschnittene Herrschaft zu festigen, trat Stalin 1937/38 eine Welle des Massenterrors gegen alle (vermeintlichen) Gegner los, die sich chaotisch verselbstständigte und einen Großteil des Führungspersonals verschlang. Obwohl die Herrschaft der KPdSU eine massenmobilisierende Diktatur war, lebten aus der patrimonialbürokratischen Zarenzeit autoritäre Einstellungen und eine ebenso hierarchische wie entscheidungsschwache Bürokratie fort, deren Institutionen stärker als in Europa noch mit persönlichen Netzwerken versetzt waren. Der emanzipatorische Anspruch, der dem Sozialismus ursprünglich innegewohnt hatte, kam durch die von Lenin eingeführten Herrschaftsmethoden völlig unter die Räder.

Fast gleichzeitig mit Russland erlebte auch Mexiko eine Bauernrevolution von gewaltiger Wucht. Die Verarmung der zunehmend durch Großgrundbesitzer um ihr Land gebrachten Landbevölkerung führte 1910 zum Sturz der persönlichen Diktatur, und erst nach zehn Jahren Bürgerkrieg mit einer Million Opfern konnte eine neue Machtelite aus siegreichen Bürgerkriegsgenerälen den Staat wieder stabilisieren. Sie fingen die Massenmobilisierung auf, indem sie eine Landreform durchführten und die politisierten Massen durch von oben gegründete Gewerkschaften, Bauernorganisationen und eine Einheitspartei integrierten. Die »Partei der institutionalisierten Revolution« konnte diese neue Ordnung mit ihren populistischen Methoden bis 1997 stabilisieren. In Lateinamerika formierten sich in jenen Staaten, die durch die jüngere europäische Einwanderung wirtschaftlich und bildungsmäßig weiterentwickelt waren, also Argentinien, Uruguay und Chile, seit der Jahrhundertwende qualifizierte städtische Mittelschichten der Freiberufler, Beamten und Angestellten sowie Gewerkschaften der Industriearbeiter und forderten politischen Einfluss. Unter ihrem Druck musste 1912 bzw. 1915 in Argentinien und Uruguay die Oligarchie der Demokratie weichen, die allerdings mit der Weltwirtschaftskrise wieder einer konservativen Diktatur zum Opfer fiel; in Chile konnten die neuen Kräfte 1932 die Demokratie durchsetzen. Es waren insofern noch defekte Demokratien, als die noch unpolitische Landbevölkerung kaum integriert war. In Brasilien stürzte die Oligarchie 1930, doch hier folgte eine populistische Diktatur, welche Mittelschichten und Gewerkschaften autoritär von oben zu integrieren suchte. In den anderen lateinamerikanischen Staaten hielten sich in der Zwischenkriegszeit noch weiter die oligarchischen Republiken, in denen die Großgrundbesitzereliten in Gesellschaften ohne Massenpolitisierung mit manipulierten Wahlen das Heft in der Hand behielten, und hier und da kamen auch persönliche Diktaturen vor, besonders in kleinen mittelamerikanischen Staaten.

Außerhalb Europas und Amerikas erwachten in der Zwischenkriegszeit weder Mittel- noch Unterschichten politisch, sodass die dorthin transferierten demokratischen Verfassungstexte zu bloßen Fassaden vor einer andersgearteten Wirklichkeit gerieten. In Ägypten und Irak waren die Mitwirkungsmöglichkeiten der konstitutionellen Monarchie (ab 1922) Instrument der Großgrundbesitzer und Großkaufleute gegenüber dem König, in Thailand (ab 1932) noch enger der verwestlichten militärisch-bürokratischen Elite. In der Türkei wurde nach dem Zusammenbruch am Ende des Ersten Weltkriegs 1922 das Sultanat beseitigt. Die darauf folgende Herrschaft Kemals bedeutete eine technokratische Diktatur, in der die verwestlichte zentrale Bürokratie eine politisch weithin apathische Gesellschaft von oben her in die Moderne treiben wollte, was nach seinem Vorbild ab 1925 ebenso der Iran versuchte.[744]

China war seit 1912 auf dem Papier eine parlamentarische Demokratie, doch tatsächlich bestand zwischen 1915 und 1927 ein Caudillismus von zig miteinander rivalisierenden regionalen Militärmachthabern. 1921/22 wurden nach westlichem Vorbild zwei Parteien mit landesweitem Anspruch gegründet, die Guomindang auf Basis liberaler und nationaler Ideen und die Kommunistische Partei. Die Guomindang baute von Gwangdshou aus einen bürokratischen Apparat und eine Armee auf und konnte 1926-28 unter Djang Kaischek die übrigen Regionalmachthaber ausschalten. Als technokratische Diktatur stützte diese neue gesamtchinesische

Regierung sich vor allem auf die Armee und wollte die Machtstrukturen eines modernen Nationalstaats schaffen. Da das Offizierskorps weitgehend aus den Großgrundbesitzerfamilien stammte und Djang Kaischek sich auch mit der Schanghaier Unternehmerschaft verbündete, vernichtete er die Kommunisten in den Jahren 1927 bis 1934 weitgehend und ließ die angesichts zunehmender Massenverelendung drängende Frage einer Landumverteilung unbeantwortet, zeigte insofern auch Züge einer konservativen Diktatur. Daraufhin machten die Reste der Kommunisten unter dem Einfluss Mau Dsödungs die Landverteilung zu ihrer Kernforderung, was ihnen steigenden Zulauf bescherte. Parallel dazu verlor die Guomindang an Vertrauen, auch wegen der katastrophalen Misserfolge ihrer korrupten und ineffizienten Armee im Kampf gegen die japanischen Eindringlinge ab 1937.

Demokratie oder Kommunismus? (1945 bis 1986)

Nach dem Ende des Zweiten Weltkriegs wurden die Karten 1945 bis 1949 neu gemischt. Faschismus und konservative Diktaturen in Europa (mit Ausnahme der Iberischen Halbinsel) und Japan wurden von den Siegermächten zerschlagen; diese versuchten nun ihre eigene politische Ordnung in die von ihnen 1944/45 militärisch besetzten bzw. befreiten Gebiete zu transferieren. Moskau etablierte kommunistische Diktaturen in Osteuropa und Nordkorea, wogegen Washington und London für parlamentarische Demokratien in Westeuropa und Japan sorgten, und zwar ohne Regierungsbeteiligung der Kommunisten. Während die Kommunisten in Osteuropa nirgends mehrheitsfähig waren, weshalb sie auf dem Weg zur Macht zu allerlei Tricks und Gewalt griffen, trafen die Vorstellungen der Westmächte in den westeuropäischen Ländern und Japan in freien Wahlen auf mehrheitliche Zustimmung. Unter dem Einfluss der USA gingen auch einige Staaten Lateinamerikas[745], die Türkei und die Philippinen zur Demokratie über. Ohne Moskaus Hilfe konnten sich die Kommunisten in China, wo nach der japanischen Niederlage sofort der Bürgerkrieg wieder aufgeflammt war, gegen die abgewirtschaftete Guomindang durchsetzen. Auch in Jugoslawien und Nordvietnam kamen die Kommunisten aus eigener Kraft an die Macht.

Welches Bild boten die politischen Ordnungen beider Seiten nun in den folgenden vier Jahrzehnten? In der kommunistischen Welt hörte in der Sowjetunion mit Stalins Tod der Massenterror auf, und bürokratische Apparate gewannen an Gewicht. Deren geregelte Verfahrensweisen tendierten zunehmend zur Erstarrung. Für die Spitzenfunktionäre gab es abgestufte Privilegien, für die Massen Arbeitsplatzgarantie und subventionierten Grundbedarf. China, obgleich ebenfalls kommunistisch, ähnelte dem nur begrenzt. Nach ihrer Machtergreifung schalteten die Kommunisten dort zwischen 1949 und 1952 Großgrundbesitzer und Guomindang-Anhänger aus, wobei zwei Millionen Menschen umgebracht wurden.[746] Nach sowjetischem Vorbild wie auch chinesischer Tradition bauten die Kommunisten zunächst einen bürokratischen Parteiapparat auf. Das Machtnetzwerk reichte aber wie zuvor nicht wirklich bis nach unten, vielmehr wurden Aufgaben der Daseinsvorsorge weitgehend von den Betrieben mit wahrgenommen, ein Ausdruck weniger differenzierter Lebensverhältnisse. Im chinesischen Kommunismus machten sich spezifisch neokonfuzianische Denktraditionen mit ihrem Glauben an moralisches Vorbild und Erziehung bemerkbar: 1958 wurde der Juristenstand ausgeschaltet und formale Gesetze wurden weitgehend bedeutungslos, und in der Kulturrevolution versuchte man von der richtigen Parteilinie abweichende Menschen massenhaft in Lagern umzuerziehen (anstatt die Fälle nach Stalins Methode mit Genickschuss zu erledigen). Den antihierarchischen Traditionen der chinesischen Bauernschaft verpflichtet, entfesselte Mau Dsöding in der Kulturrevolution eine gewaltige Massenmobilisierung und ließ den Partei- und Staatsapparat weitgehend auflösen, sodass die Armee als einzige Institution übrig blieb. Ab 1970 wurde der Parteiapparat dann rekonstruiert.

Anders als nach dem Ersten Weltkrieg entstanden 1947/49 auch in Westdeutschland, Italien, Japan (und Österreich) dauerhafte Demokratien. Die vernichtende Kriegsniederlage hatte die rechtsgerichteten Kräfte der Diktatur diskreditiert, die Unternehmer akzeptierten jetzt die Demokratie, und entscheidende Stützen antidemokratischer Ordnungen gingen in Deutschland und Japan unter: Militär war von 1945 bis 1954 von den Besatzungsmächten verboten, und ostdeutsche und japanische Großgrundbesitzer fielen der von den Besatzungsmächten initiierten Bodenreform zum Opfer. Außerdem erhielten die neuen Demokratien jetzt massive Rückendeckung durch die USA, nicht zuletzt durch Kredite für den Wiederaufbau. In der BRD wuchs der Demokratie mit dem Wirtschaftsaufschwung der 50er- und frühen 60er-Jahre allmählich allgemeine Solidarität zu, zumal durch die Diktatur in der DDR auch die kommunistische Alternative diskreditiert war. In einem auf wenige Parteien reduzierten Parteiensystem entstanden in Westdeutschland stabile politische Mehrheiten, wobei sowohl die bürgerliche Sammlungspartei CDU wie die Sozialdemokraten Regierungen führten. In Japan kam es zunächst erneut zu einer starken Polarisierung von bürgerlichen und sozialistischen Kräften, aber dann gewann von 1955 bis 1993 durchgehend die konservative Sammlungspartei LDP allein die Mehrheit. Sie war eng mit der sie finanzierenden Industrie und der Ministerialbürokratie verflochten. Auch hier trug das starke Wirtschaftswachstum entscheidend dazu bei, die politischen Verhältnisse zu stabilisieren. Hinter der Fassade einer formal demokratisch funktionierenden Ordnung lebten dabei in Japans gesellschaftlicher Wirklichkeit von Familie, Betrieb und Nachbarschaft noch lange autoritäre, wenig individualistische Einstellungen weiter. Auch in Italien konnte sich 1948 mit der DC eine konservative Sammlungspartei als stärkste Partei etablieren, hier besonders auf das Netzwerk der katholischen Kirche gestützt, und diese Stellung bis 1991 bewahren. Aber sie regierte seit 1953 mit Koalitionspartnern und wurde zunehmend schwächer. Aufgrund der Koalitionen kam es zu häufigen Regierungswechseln, sodass die italienischen Regierungen aufs Ganze gesehen leistungsschwach blieben. Als ab 1967 die politische Linke erstarkte, schien eine Zeit lang die KP an der Schwelle zur Machtbeteiligung zu stehen, was auf deutlichen Widerstand auch der westlichen Verbündeten traf, und jahrelang trugen Terroranschläge von Linksextremen und der Geheimdienste dazu bei, die Innenpolitik weiter zu destabilisieren. Bemerkenswert instabil waren nach 1945 zunächst auch die Regierungskoalitionen in Frankreich, die in einer zersplitterten Parteienlandschaft wieder aus der Mitte heraus gebildet wurden. Als die Regierungen dabei versagten, die unvermeidbare Entkolonialisierung vernünftig zu steuern, brach das System 1958 durch einen Militärputsch zusammen. In der neuen Verfassung wurde die Stellung des Präsidenten gegenüber dem Parlament gestärkt. Diese »5. Republik« funktioniert seitdem dann, wenn Präsident und Parlamentsmehrheit der gleichen Partei zugehören, eher wie eine präsidiale Demokratie, sonst eher wie eine parlamentarische Demokratie.

In den Machtnetzwerken der etablierten Demokratien westlicher Industriestaaten verschoben sich die Gewichte im Laufe der vier Jahrzehnte nach dem Zweiten Weltkrieg tendenziell in Richtung der bisher weniger mächtigen Gruppen, jedenfalls insoweit diese aktiv wurden, sich organisierten bzw. als selbstbewusstes Wählerpotenzial bedeutend wurden. Das betraf zunächst die ärmere Bevölkerung. In fast allen demokratischen Staaten Westeuropas beruhten die Machtverhältnisse seit 1945 auf einem Kompromiss zwischen Kapital und Arbeit. Letztere war jetzt definitiv in das Machtnetzwerk integriert, und zwar durch die sozialdemokratische Arbeiterbewegung, die nun endgültig den Sozialismus aufgab und stattdessen auf Umverteilungspolitik und Lohnerhöhungen setzte, und auch durch christdemokratische Parteien. Ermöglicht durch das starke Wirtschaftswachstum entstand so zwischen 1950 und 1975 der westeuropäische Wohlfahrtsstaat, der immer breitere Kreise erfasste und diese immer umfassender absicherte, insbesondere gegen die existenziellen Risiken von Arbeitslosigkeit, Altersarmut und Krankheit. Der Anteil öffentlicher Ausgaben insgesamt am Bruttoinlandsprodukt stieg 1950 bis 1980 in Westeuropa von 26 auf 49 %.[747] Als infolge der Wachstumsschwäche seit der Ölkrise von 1973 Massenarbeitslosigkeit entstand, wurde diese durch Sozialleistungen praktisch aus dem Arbeitsmarkt herausgekauft, sodass

Staatsquote
Öffentliche Ausgaben incl. Sozialversicherung in % des BIP
nach J. Kohl 1985, S. 220ff., ergänzt nach OECD 83 Table 25

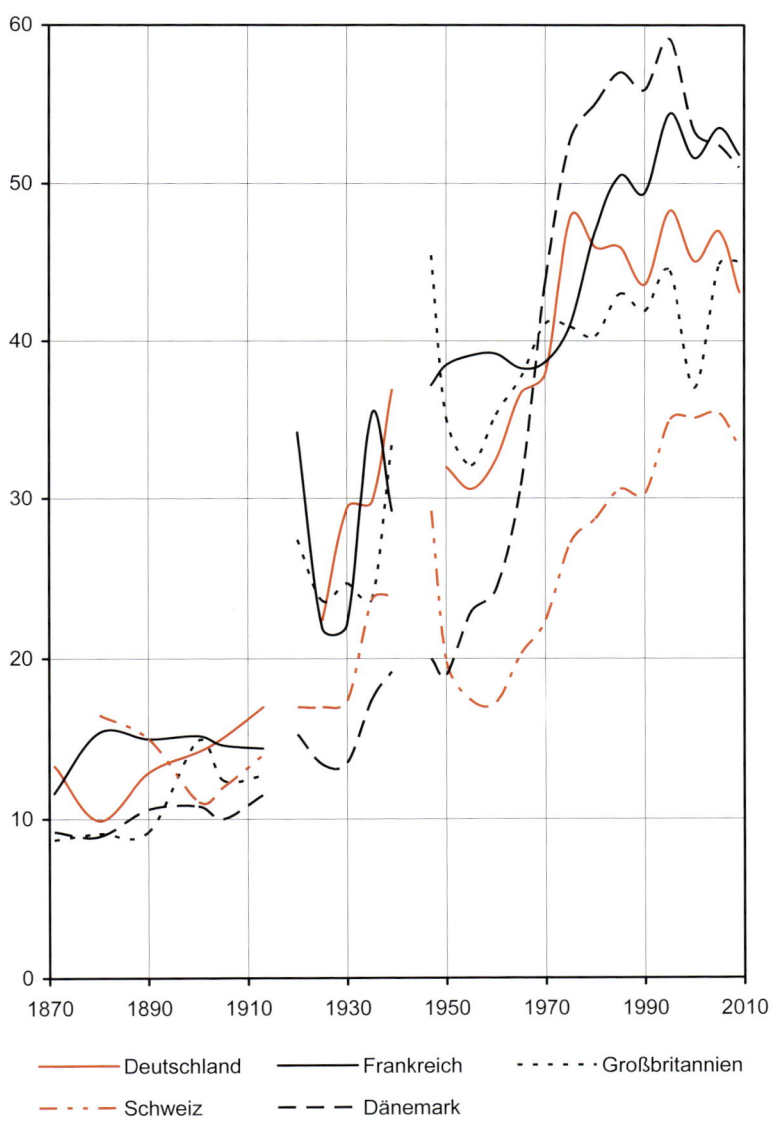

Deutschland   Frankreich   · · · · · Großbritannien

— · — · Schweiz   — — — Dänemark

daraus kein politisches Protestpotenzial entstand. Allerdings konnte der Wohlfahrtsstaat seitdem kaum weiter ausgebaut werden.

Wesentlich zögerlicher wurde der Sozialstaat in der Schweiz, Japan und den USA erweitert, in Letzteren vor allem in den 60er-Jahren. Hier war die Arbeiterbewegung deutlich schwächer (Schweiz), politisch und innerbetrieblich einflusslos (Japan) oder als Partei gar nicht vorhanden und als Gewerkschaft zunehmend bedeutungslos (USA), hier schrumpfte die Wählermobilisierung stark bzw. war deutlich niedriger als in den übrigen westlichen Industriestaaten, und hier konnten sich die Parteien viel weniger auf Mitgliedsbeiträge und Staatsfinanzierung stützen und waren umso mehr von den Spenden des Großkapitals und dessen Wünschen abhängig.[748] In diesen Ländern blieb soziale Absicherung mehr der privaten Initiative des Einzelnen überlassen. Während in Westeuropa die Slums der Industrialisierungszeit weitgehend verschwanden, fraßen sie sich in den Großstädten der USA in neue Stadtteile vor. Über die Machtverhältnisse hinaus wurde diese unterschiedliche Politik auch durch die ideologische Erbschaft gefördert: Während in ehemals absolutistischen Ländern die Neigung bestand, Probleme durch ein Eingreifen des Nationalstaats von oben zu lösen, herrschte in den USA (und der Schweiz) eine Vorstellung von Demokratie, welche die Mitwirkung des Individuums im lokalen Bereich in den Mittelpunkt rückte, wogegen Staatsmacht primär als freiheitsbeschränkend angesehen wurde und dementsprechend möglichst dezentralisiert und schwach sein sollte. Die Interessen der Bauern als eher konservative Kleinbesitzer wurden aber in diesen drei Staaten ebenso wie in Westeuropa von den Regierenden mit Schutzmaßnahmen und Subventionen gut bedient.

Außer kostenträchtigen Maßnahmen gab es auch immer mehr staatliche Regulierungen, um bestimmte Interessen gegen die reinen Marktkräfte zu schützen, außer Arbeitnehmern vor allem auch Verbraucher und Umwelt. Auch dieses geschah in Westeuropa intensiver als in den USA.

Die 60er-Jahre brachten in den westlichen Industriegesellschaften einen weiteren Schub, gesellschaftliche Machtverhältnisse stärker zu demokratisieren. In den USA erhob sich Anfang der 60er-Jahre eine Bürgerrechtsbewegung der Schwarzen gegen die immer noch bestehende offene Rassendiskriminierung in den Südstaaten. 1964 wurde die rechtliche Gleichstellung der Schwarzen gesetzlich durchgesetzt, womit die USA den Makel einer regional noch defekten Demokratie abstreiften. Dann stieß die Studentenbewegung, gipfelnd in der Protestwelle von 1968, in den westeuropäischen Industriestaaten und den USA das konservative gesellschaftliche Klima der 50er- und frühen 60er-Jahre in eine liberalere Richtung. An beide Bewegungen anknüpfend, entstand seit Ende der 60er-Jahre in den USA und Westeuropa eine neue Frauenbewegung, getragen vor allem von Frauen der Mittelschicht, die zunehmend besser qualifiziert waren. Über die inzwischen erfolgte formalrechtliche Gleichstellung der Frauen hinaus erstrebte sie insbesondere ein Ende der Asymmetrien innerhalb der Ehe, wie bisherige Geschlechterrollen sie vorsahen, und ebenso mehr Karrierechancen für verheiratete Frauen, nicht einfach um des Verdienstes willen, sondern als Ausdruck einer selbstständigen Persönlichkeit. Sie machte die Vereinbarkeit von Karriere und Familienleben zum Thema. Die Erfolge der Frauenbewegung waren eine Sache vieler kleiner Schritte im Laufe der nächsten Jahrzehnte.

Nachhaltige Geländegewinne von Kommunismus und Demokratie hielten sich in den vier Jahrzehnten des Kalten Kriegs in engen Grenzen. Man sah sich in Moskau als Spitze einer kommunistischen Weltbewegung, und während die kommunistische Klassenkampflehre für die durchgehend kleinbäuerlichen Gesellschaften Schwarzafrikas uninteressant war, hatte sie in asiatischen Gesellschaften mit einem traditionellen Gegensatz von großgrundbesitzenden, gebildeten städtischen Eliten und bäuerlichen Massen durchaus Chancen, ähnlich in Lateinamerika. Aber die kommunistischen Aufstände in Malaysia, Philippinen und Indonesien zwischen 1948 und 1965 wurden unterdrückt. Nur die durch einen Umsturz an die Macht gekommenen sozialrevolutionären Regierungen Kubas und Äthiopiens wandten sich 1959/61 bzw. 1977 dem Kommunismus zu, und am Ende des Vietnamkriegs 1975 eroberten die Kommunisten auch Kambodscha und Laos.

Auf der anderen Seite wünschten die USA und andere westliche Industriestaaten sich zwar ein demokratisches Umfeld, aber bevor sie das Risiko liefen, Länder an die Kommunisten zu »verlieren«, stützten sie lieber nichtkommunistische Diktaturen. Oft reichten auch die strukturellen Voraussetzungen für Demokratie nicht aus. In Europa gingen Portugal und Spanien 1975 bis 1982 zur parlamentarischen Demokratie über. In Portugal brach die Diktatur zusammen, weil sie im Kolonialkrieg versagte, in Spanien, wo schon zuvor mit der verstärkten Industrialisierung auch bürgergesellschaftliche Organisationen entstanden waren, lief sie mit dem Tod Francos aus. Wirtschaftseliten und Bevölkerungsmehrheit suchten dann den Anschluss an die EU und passten sich deren politischen Strukturen an.

Dagegen erwies sich Lateinamerika für die Pflanze der Demokratie als recht steiniger Boden. In den 40er- bis 70er-Jahren erwachten auch in jenen lateinamerikanischen Staaten, die nicht von weißen Einwanderern geprägt wurden, zunehmend breitere Bevölkerungskreise politisch, bedingt durch fortschreitende Urbanisierung, auch aufgrund der Industrialisierungsanfänge, und Alphabetisierung. Dementsprechend stiegen Wahlbeteiligung und Teilhabeansprüche stark an. Es gelang jedoch fast nirgends, sie in eine stabile Demokratie zu integrieren. Teilweise wurden Strategien einer Integration von oben versucht, sei es durch eine klientelistische Bin-

Entwicklungsstadien der Macht 1970

- patrimonialbürokratische Monarchie
- Beherrschungskolonie
- konstitutionelle Monarchie
- persönliche Diktatur
- konservative Diktatur
- technokratische Diktatur
- kommunistische Diktatur
- andere Diktaturen
- parlamentarische und präsidiale Demokratie
- defekte Demokratie

dung an bestehende Parteien (Kolumbien), eine populistische Diktatur (Argentinien 1944 bis 1955) oder über den Staat als Arbeitgeber und Auftraggeber für die Wirtschaft, was den Staatsapparat stark anschwellen ließ. Wo Bergbauarbeiter sich konzentrierten, kam es zu radikalen Massenparteien, die dann massiven Widerstand der Eliten hervorriefen, sodass die Verhältnisse instabil waren (Peru, Bolivien und Chile). In den meisten Staaten politisierte sich der ausgeprägte Gegensatz zwischen landarmen ländlichen Massen und Großgrundbesitzern. In Bolivien und Kuba führte 1952 bzw. 1959 eine Revolution zur Bodenreform, während sonst die Großgrundbesitzer ihre Stellung zäh verteidigten und friedliche Bodenreformen nirgends nennenswert vorankamen. Inspiriert von der kuba-

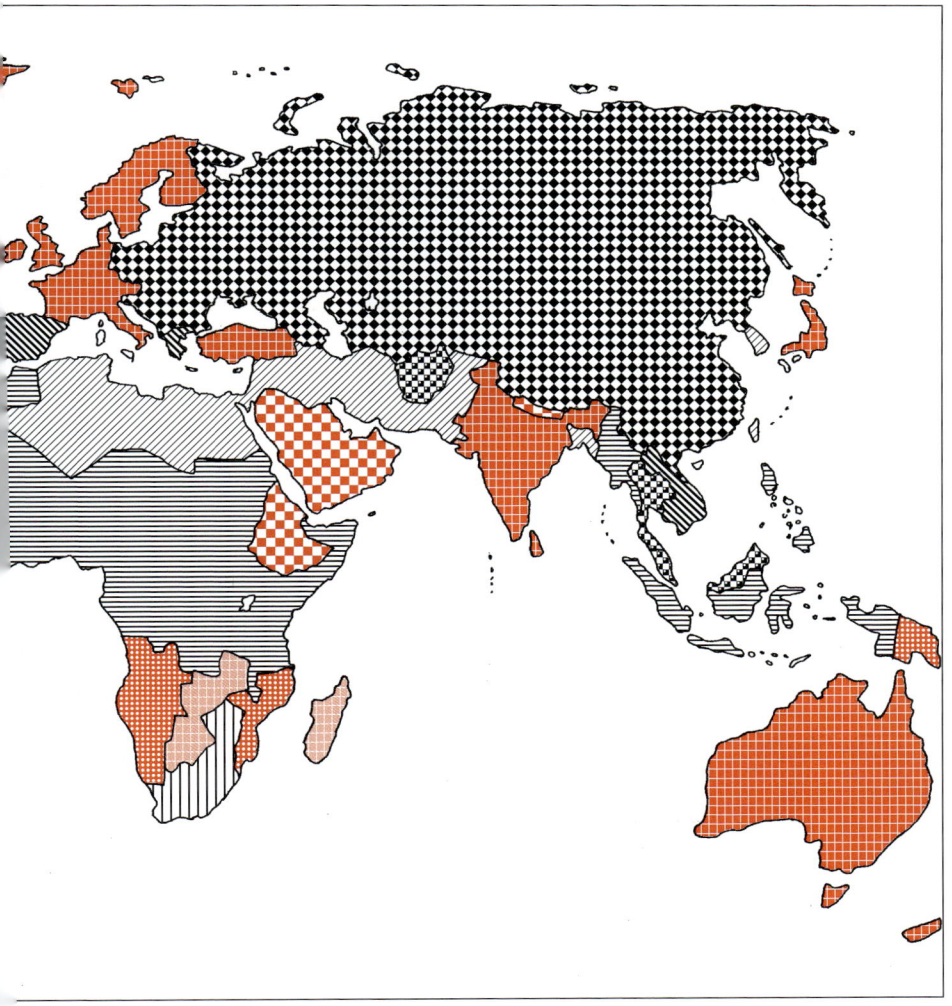

nischen Revolution, fingen in den 60er- und 70er-Jahren zunehmend Intellektuelle aus den städtischen Mittelschichten an, einen ländlichen Guerillakrieg zu organisieren. Der Revolutionsmythos eines Che Guevara darf aber nicht darüber hinwegtäuschen, dass sie außer in Nicaragua nicht wirklichen Massenanhang finden konnten. Aufs Ganze gesehen wurden oligarchische Republiken in den beiden Jahrzehnten nach dem Zweiten Weltkrieg zunehmend von defekten Demokratien abgelöst, teilweise aufgehalten durch vorübergehende Militärdiktaturen und Bürgerkriege. Die demokratischen Regierungen erwiesen sich bei der Lösung der anstehenden Probleme aber oft als wenig effizient. Der Gegensatz zwischen den Forderungen von unten und den widerstrebenden Eliten verschärfte sich letztlich so weit, dass zwischen 1964 und 1976 in fast allen lateinamerikanischen Staaten das Militär konservative Diktaturen errichtete, um die Massenpolitisierung und ihre Ansprüche zurückzudrängen.[749] Seit 1948 durchgehend demokratisch blieb in Lateinamerika nur Costa Rica, in dem durch die Einwanderung des späten 19. Jahrhunderts eine breite bäuerliche Mittelschicht und ein besseres Bildungswesen, also eine ausgeglichenere Sozialstruktur entstanden war, als defekte Demokratie seit 1958 auch Venezuela, wo die Erlöse aus dem Erdölexport die sozialen Konflikte mildern halfen. Kolumbien blieb eher noch oligarchische Republik, und in einigen kleineren Ländern mit weniger entwickelter Wirtschaft und Bildung und dementsprechend erst geringer politischer Mobilisierung hielten sich auch noch weiter persönliche Diktaturen.

Von den erst nach dem Zweiten Weltkrieg unabhängig gewordenen Staaten war in diesen Jahrzehnten fast nur Indien durchgehend demokratisch (von einem kurzen Intermezzo 1975/76 abgesehen). Was war das Geheimnis dieses indischen Weges? Anders als sonst hatten hier schon in der britischen Kolonialzeit Elemente der britischen Demokratie feste Wurzeln schlagen können, d.h. es gab bei der Unabhängigkeit eine westlich gebildete Elite, die von der parlamentarischen Demokratie überzeugt war und parlamentarische Verfahren auch schon jahrelang hatte einüben können, ebenso einen relativ effektiven Staatsapparat mit auf Unabhängigkeit bedachten Gerichten und einer betont unpolitischen Armee. Außerdem existierten auch bürgergesellschaftliche Organisationen. Die aus der Unabhängigkeitsbewegung hervorgegangene Kongresspartei war bestrebt, möglichst vielfältige Gruppen der extrem heterogenen Gesellschaft durch Patronagepolitik, Vergünstigungen und allerlei Kompromisse zu integrieren. Sie stützte sich zunächst vor allem auf Oberschicht und Großbauern (weshalb auch aus der anfangs geplanten Landreform nicht viel wurde und die Massenbildung kein Schwerpunkt war), umwarb aber mit einzelnen sozialen Maßnahmen auch Unterschichtgruppen. Hungerkatastrophen gab es in Indien seit 1947 keine mehr; anders als Diktaturen konnte eine demokratische Regierung sich das nicht leisten.[750] Mit steigender Massenpolitisierung wurde diese Integration schwieriger, sodass die Kongresspartei um 1980 herum ihre dominante Stellung in der Politik verlor und die indische Parteienlandschaft seitdem immer mehr zersplitterte. Obgleich die Bevölkerung anfangs noch überwiegend analphabetisch war, lag die Wahlmobilisierung durchgehend um die 60 %. Trotz formalrechtlicher Gleichheit hatten die vielfältigen Ungleichheiten der Kastengesellschaft allerdings im Alltag ein zähes Nachleben.

In die neuen Staaten Ost- und Südostasiens wurden zwar im Regelfall zunächst demokratische Verfassungen transferiert, aber es gab noch keine breitere politische Mobilisierung und keine bürgergesellschaftlichen Strukturen. Hinzu kam als Belastung ein unterschiedlich gemischter

Cocktail aus schwieriger Wirtschaftslage, separatistischen Bestrebungen einzelner Ethnien, Machtansprüchen alter Eliten und kommunistischer Bedrohung. So wichen die defekten Demokratien hier über kurz oder lang überall Diktaturen, teils mehr technokratisch geprägt (Südkorea zwischen 1961 und 1987 und Taiwan von 1949 bis 1986/92), teils mehr persönlich bestimmt (Südkorea zwischen 1950 und 1960, Philippinen von 1972 bis 1986 und Indonesien 1965 bis 1998) oder als Phasen eher konservativer Diktatur (Thailand).

Im Nahen Osten schlug die islamische Tradition einer stark von der Gesellschaft gelösten Staatsgewalt mächtig durch. Von Algerien bis Irak entstanden zwischen 1952 und 1962 fast überall technokratische Diktaturen, indem verwestlichte Offiziere und Intellektuelle mit städtischkleinbürgerlichem Hintergrund die Macht ergriffen, die Großgrundbesitzerschicht durch Bodenreformen ausschalteten (Unternehmertum spielte hier ohnehin keine Rolle) und, hierin von Kemal angeregt, eine entschiedene Reformpolitik begannen. Sie stützten sich weitgehend auf Armee und Geheimdienst und versuchten die zunächst noch überwiegend unpolitische Gesellschaft, die auch kaum bürgergesellschaftliche Strukturen besaß, durch eine Staatspartei zu integrieren. Diese gewann aber durchweg wenig echten Rückhalt, und teilweise wurden die Öleinnahmen als Machtbasis wichtiger als die Bevölkerung. In jenen großen Teilen der Arabischen Halbinsel, wo durch den Nomadismus Stammesstrukturen bis ins 20. Jahrhundert lebendig geblieben waren, hielten sich sogar noch patrimonialbürokratische Monarchien; mit ihren seit 1973 reichlich sprudelnden Öleinnahmen kauften sie sich Loyalität und verlängerten damit ihre Lebensdauer. Die Türkei wurde 1946 zur parlamentarischen Demokratie, nicht durch Druck von unten, sondern aufgrund der außenpolitischen Orientierung auf die USA. Aber es fehlte der Grundkonsens; die Kemalisten mit ihrem säkularen Staatsmodell standen weiter einer kulturell konservativen Landbevölkerung gegenüber, und mit den Verwerfungen des raschen gesellschaftlichen Wandels formierte sich eine radikale Linke und dann auch eine islamistische Szene. So nahm die türkische Politik besonders in den 60er- und 70er-Jahren bürgerkriegsähnliche Züge an, und dreimal griff die Armee vorübergehend durch Putsche zugunsten der Kemalisten ein. In Pakistan überschnitten sich, seiner geografischen Lage entsprechend, das Konzept einer technokratisch herrschenden Staatsklasse, d.h. faktisch des Militärs, der aus der britischen Kolonialzeit geerbte Parlamentarismus und das Selbstverständnis als islamischer Staat. Das führte jahrzehntelang zu immer neuen Pendelausschlägen der politischen Ordnung.

Als die schwarzafrikanischen Staaten unabhängig wurden, schlüpften die neuen Machthaber in die kolonialen Herrschaftsinstitutionen, die auf autoritäre Kontrolle und Abschöpfen ausgerichtet waren. Die neuen Staa-

ten waren von Briten und Franzosen zur Unabhängigkeit noch rasch mit
Verfassungen ausstaffiert worden, die aber bald zu bloßen Fassaden verkamen; üblich wurden persönliche Diktaturen ohne freien Parteienwett-
bewerb, hier und da durch kurze Phasen nicht funktionierender Demokratien unterbrochen. Drei Viertel aller Machtwechsel in den 6oer- und
7oer-Jahren geschahen durch Putsche, Attentate und andere Gewaltmaß-
nahmen.[751] Nur ein einziger der 42 Staaten blieb durchgehend demokratisch, nämlich Botswana mit seiner kleinen und homogenen Bevölkerung.
Durch den Transfer europäischer Verfassungsideen war der Transitionsprozess bereits eingeleitet, aber ansonsten entsprachen die Machtstrukturen
weitgehend noch patrimonialbürokratischen Verhältnissen, die ja in
den meisten Regionen überhaupt erst in den letzten Jahrzehnten durch
die Kolonialmächte erreicht worden waren.[752] Autonome Lokalgewalten
(»Häuptlinge«) wurden formal beseitigt, bewahrten aber viel informelle
Macht, da der Staatsapparat zwar umfangreicher wurde, aber nicht mehr an
Sicherheit und Infrastruktur zu leisten vermochte. Die Masse der Bevölkerung bestand aus analphabetischen Kleinbauern, die auf ihre Heimatregion
orientiert waren; qualifizierte Mittelschichten und Industriearbeiter waren
zunächst fast nicht vorhanden. Dementsprechend war die Intensität der
politischen Vernetzung gering. Nationale Öffentlichkeit und nationale
Identität gab es ebenso wenig wie Interessenverbände und andere bürgergesellschaftliche Strukturen, und wo sich zeitweise mehrere Parteien bilden
konnten, vertraten diese einzelne Ethnien oder andere Regionalinteressen,
aber nicht nationale Gruppeninteressen. Angesichts der erst begrenzten
Ausdifferenzierung von Institutionen und abstrakten Regeln war das Netzwerk persönlicher Verpflichtungen noch wirkmächtig. Wo vom Staat wenig
zu erwarten war, half dieses im Alltag, und wer ein staatliches Amt ergat-
tert hatte, sorgte mit Jobs und Zuwendungen für Klan, persönliche Gefolgschaft und Leute aus der Herkunftsregion. Institutionen bedeuteten für
persönlichen Machtwillen keine Schranken.[753] Die noch weitgehend unpolitischen Massen erzeugten weder Druck von unten, noch waren sie
angesichts ihrer Armut als Steuerzahler bedeutsam; vielmehr wurden
Staatshaushalte oft in hohem Maße durch Entwicklungshilfe und Abgaben
der Rohstoffexporte finanziert. Damit wurden die Diktaturen von außen
gegenüber ihrer Bevölkerung gestützt und Machtasymmetrien verstärkt.
Dementsprechend waren die Machteliten nicht wirklich daran interessiert,
ihr Staatsgebiet bürokratisch zu durchdringen, und taten auch wenig für
die Massen, von wenigen Ausnahmen abgesehen.[754] Großgrundbesitzer
waren kaum vorhanden und das Unternehmertum schwach, und so steuer-
ten nicht die Reichen die Politik, sondern der Besitz öffentlicher Ämter
diente weithin dazu, Reichtum zusammenzuraffen. Durch den Kontakt mit
finanzkräftigen ausländischen Konzernen war der Strom der Korruptions-
zahlungen dabei höher als im Europa des 18. Jahrhunderts.

Sieg der Demokratie?

Die späten 80er- und frühen 90er-Jahre erlebten überraschend eine weltweite Demokratisierungswelle. Am Anfang standen regional unterschiedliche innere Ursachen. Die Vernetzung durch die Fernsehöffentlichkeiten verlieh den ersten Umstürzen dann Demonstrationscharakter für die enger vernetzte Region, und schließlich machte sich weltweit der Einfluss der Regierungen westlicher Industriestaaten durch Lockungen und soften Druck bemerkbar, z. B. mit Finanzmitteln oder Wahlbeobachtern. Inzwischen hatten sich auch in manchen Ländern Machtasymmetrien verringert, insbesondere durch mehr Kommunikation. Wo das westliche Demokratiemodell transferiert wurde, aber das politische Bewusstsein und die Ausdifferenzierung von Institutionen, d. h. die verbindliche Orientierung an institutionalisierten Verfahrensweisen anstatt an persönlichen Bindungen und der Aufbau bürgergesellschaftlicher Institutionen, nicht weit genug entwickelt waren, wurden daraus oft nur defekte Demokratien. In diesen gab es zwar echte Wahlen, aber beispielsweise wurden die Freiheitsrechte zu wenig geachtet, oder die Exekutive respektierte die Stellung der anderen Staatsgewalten nicht hinreichend.[755] Das wirtschaftliche Entwicklungsniveau war hierfür belanglos.

Der Kommunismus, soweit er von Moskau abhing, brach vollständig zusammen. Je nach historisch ererbten Strukturen, insbesondere dem Grad der politischen Mobilisierung der Bevölkerung, und der Intensität ihrer Westkontakte waren Verlauf und Ergebnis dabei unterschiedlich.[756] Als die Sowjetunion im Zuge der Entspannungspolitik seit den 70er-Jahren ihren Eisernen Vorhang gegen Informationen aus dem Westen etwas liftete, wurden hier (und in Osteuropa) Intellektuelle und Teile der Machteliten zunehmend gewahr, dass nicht nur der Übergang zum kommunistischen Paradies ausgeblieben war, sondern dass der sowjetische Lebensstandard auch gegenüber westlichen Industriegesellschaften peinlich hinterherhinkte. Der Anspruch des Kommunismus, überlegen zu sein, verlor an Glaubwürdigkeit. Gorbatschow erkannte richtig, dass die Innovationsschwäche der sowjetischen Wirtschaft sich nicht beheben ließ ohne einen freieren Informationsfluss, der Missstände aufdeckte und Alternativideen verbreitete. Indem er hierfür ab 1987 zunehmend Freiräume eröffnete, trat er allerdings eine unvorhergesehene Lawine los: Ein Chor kritischer Diskussionen hob an, Parteien formierten sich, und als 1991 ein Putsch konservativer Kräfte den Weg zu Pluralismus und Parlamentarismus stoppen wollte, flüchteten die nichtrussischen Unionsrepubliken aus der UdSSR. Russland erhielt die Verfassung einer präsidialen Demokratie. Parteien und bürgergesellschaftliche Organisationen blieben aber instabil und organisationsschwach, und auch rechtsstaatliche Prinzipien konnten nur schwer einwurzeln, da alledem in Russland jegliche Traditionen fehlten. Umso stärker blieb die Macht des Staatsapparats und der damit verbundenen Großunternehmen, sodass Russland nur zu einer defekten Demokratie geriet. In den ehemals sowjetischen Staaten Zentralasiens, des Kaukasus, in Weißrussland und der Ukraine hielt sich überhaupt die bisherige Machtelite an der Macht und firmierte nur dem Zeitgeist entsprechend auf einen Nationalstaat mit westlicher Fassade um. Hier entstanden angesichts einer weitgehend nichtmobilisierten Gesellschaft Diktaturen mit stark persönlichen Charakter, insbesondere in Zentralasien mit seinen deutlich weiterlebenden Klientel- und Klanbindungen. In Polen, der DDR, der Tschechoslowakei und Ungarn, wo sich seit 1976 zunehmend systemkritische Intellektuelle formiert hatten, erzwang 1989/90 die Bevölkerung, durch die russischen Reformen und den Fortfall von Moskaus eiserner Faust mutig geworden, mit Demonstrationen den Übergang zur parlamentarischen Demokratie. Die bisherigen Machteliten verschwanden dabei weitgehend. Westeuropäische Berater und die Perspektive eines EU-Beitritts führten im Wesentlichen zu einem Transfer westeuropäischer Muster. Dabei entstanden funktionierende Demokratien, trotz der Schmerzen bei der Umstellung der Wirtschaftsordnung. In den weniger entwickelten südosteuropäischen Staaten konnten dagegen die alten Machteliten den Reformprozess stark von oben steuern, sodass sich dort die Transition zur Demokratie länger hinzog.

Die chinesische Bevölkerung blieb von alledem praktisch abgeschirmt. Die Studentenproteste 1989 waren dementsprechend isoliert und aussichtslos. Hier konnte die kommunistische Partei ihr Machtmonopol bewahren, wobei sich ihre Herrschaft durch die Politik der Wirtschaftsreformen und eine Liberalisierung des Kulturlebens in eine technokratische Diktatur verwandelte. 1979 begann man die gesellschaftlichen Beziehungen schrittweise zu verrechtlichen, auch mithilfe des Westens, nicht zuletzt um für die Wirtschaft einen verlässlichen Rahmen zu schaffen. Da zahlreiche Parteifunktionäre aber eine Kontrolle weder durch die Zentrale noch durch eine freie öffentliche Meinung spürten, waren Machtmissbrauch und Korruption endemisch. Die Rechtfertigung der Partei, das riesige China könne sich keinen Pluralismus leisten, da er zu Chaos führen und das den Wirtschaftsaufschwung gefährden würde, blieb nicht ohne Resonanz. Auch im extrem abgeschotteten Nordkorea, in Vietnam und Kuba hielt sich die kommunistische Partei noch an der Herrschaft.

Die südamerikanischen Diktaturen machten im Laufe der 80er-Jahre alle demokratischen Regierungen Platz. Das wurde im Regelfall nicht durch eine Mobilisierung von unten erzwungen, sondern geschah durch einen mit den oppositionellen Eliten ausgehandelten Übergang. Vor allem die Hilflosigkeit angesichts der Wirtschaftskrise bewog die Generäle zum Rückzug in die Kasernen. Da inzwischen die Guerilla besiegt und die kommunistische Alternative verschlissen war, fühlten die Oberschichten sich weniger bedroht. Die einflussreiche katholische Kirche hatte sich ab 1970 von einer Stütze der Oberschicht zum Helfer der Demokratisierung gewandelt, und auch die USA sahen sich mit Ende des Kalten Kriegs nicht mehr veranlasst, antikommunistische Diktaturen zu unterstützen. In der Wählermobilisierung hatte Lateinamerika jetzt an das in Demokratien übliche Niveau Anschluss gefunden, und mangels Alternativen fand sich die Demokratie jetzt in Lateinamerika als Prinzip allgemein akzeptiert. Trotzdem blieben es weitgehend defekte Demokratien. Parteiensysteme und bürgergesellschaftliche Organisationen erwiesen sich meist als wenig integrationsfähig, und die Traditionen personalistischer Politik mit Führung durch einen starken Präsidenten bei schwachen Kontrollinstitutionen wirkten weiter, ließen überhaupt in einigen Ländern populistische Diktatoren an die Macht kommen. Die Enttäuschung der Massen über die angesichts wenig erfolgreicher Wirtschaftspolitik unveränderte Armut, überhaupt über die im globalen Vergleich besonders starke Kluft zwischen Arm und Reich bot hierfür den Nährboden.

In mehreren ost- und südostasiatischen Staaten formierten sich Protestbewegungen, die durch Druck von unten, vor allem mit Massendemonstrationen Demokratisierung einforderten. Getragen wurden sie besonders von Studenten und der großstädtischen Mittelschicht. Erfolgreich waren sie auf den Philippinen 1986, in Südkorea 1987/88, Taiwan 1986 bis 1992, Bangla Desh 1991 und Indonesien 1998/99, dagegen scheiterten sie in Birma 1987 bis 1990 und konnten ihren Erfolg in Thailand 1992 bis 1995 gegen das Militär nicht konsolidieren. Die Ursachen waren intern wie extern. Wo die Wirtschaft rasch gewachsen war, waren auch die Mittelschichten erstarkt; mehr noch hatten die Ausweitung von höherer Bildung, Medieninformationen über das Ausland und Reisekontakte ein kritisches politisches Bewusstsein entstehen lassen. Die USA stützten die Diktaturen nicht mehr, und in Indonesien und den Philippinen sahen diese sich auch durch eine Wirtschaftskrise delegitimiert. In Indonesien, Bangla Desh und den Philippinen blieben es defekte Demokratien mit einer stark personenbezogenen Politik, auch instabil und umsturzgefährdet.

Von der sowjetischen Konkurrenz befreit, begannen die Westeuropäer und noch mehr die USA, deren missionarischer Impuls wieder auflebte, selbstbewusst für eine Demokratisierung der noch bestehenden Diktaturen einzutreten und die Menschenrechte zu propagieren. Die demokratischen Umstürze in Serbien 2000 und der Ukraine 2004 wurden von ihnen verdeckt unterstützt. Gegenüber dem mächtigen China beließen die Politiker es bei Lippenbekenntnissen für die Presse zu Hause, aber die schwarzafrikanischen Staaten sahen sich seit 1991 bei Strafe des Entzugs von Entwicklungshilfe der Forderung ausgesetzt, sich zu demokratisieren. So rollte in den 90er-Jahren eine Demokratisierungswelle durch Afrika.

Dem kamen auch innerafrikanische Entwicklungen entgegen: Inzwischen waren in den Städten kleine informierte Mittelschichten entstanden, und Diktatoren hatten sich weithin durch wirtschaftliches Versagen und Korruption diskreditiert. Die Idee der Demokratie fand in der Bevölkerung zunehmend Anhang. Weiterhin blieb aber die Integrationsfähigkeit von Parteien schwach und die Personenorientierung der Politik stark, ja wo Überschuldung dazu führte, dass Staaten ihre Leistungen für Infrastruktur und Schutz einschränken mussten, gewannen auf lokaler Ebene teilweise autonome Machtnetzwerke oder Entwicklungshilfeorganisationen an Einfluss. Während die Medien der westlichen Industriestaaten ihren Blick einseitig auf Chaos und Völkermord richteten, lief die Entwicklung der einzelnen Staaten tatsächlich auseinander, nicht zuletzt aufgrund der jeweiligen Akteure.[757] Einige wenige mauserten sich tatsächlich zu Demokratien, und zwar unabhängig von ihrem Wohlstandsniveau[758], eine ganze Reihe wurden zu defekten Demokratien, in etlichen behauptete sich die persönliche Diktatur hinter einer Nebelwand manipulierter Wahlen, und einige wenige Staaten fielen in den Caudillismus zurück, indem die Zentralgewalt die Gebietskontrolle weitgehend an bewaffnete Regionalmachthaber verlor.[759] Wo die Intensität der Staatsgewalt in der Nähe der Schifffahrtsrouten abnahm, lebte die Piraterie wieder auf. Irreguläre Machtwechsel fanden kaum noch statt.

Einzig die Diktaturen im islamischen Nahen Osten blieben von der Demokratisierungswelle der 80er- und 90er-Jahre unberührt. Als der Reformimpuls der technokratischen Diktaturen weitgehend verloren gegangen war, hatten die Bürokraten, Militärs und Manager der Staatsbetriebe hier ihre Stellung immer mehr im eigenen Interesse genutzt. Nun nahm auch die Politisierung zu, und seit den 70er-Jahren kam Unmut über die korrupte Machtelite auf, über Massenarmut und soziale Ungerechtigkeit. Allerdings war hier die Offenheit für Ideentransfer aus dem Westen nur gering, bedingt auch durch den verbreiteten Antiamerikanismus. So erblühten aus der Krise keine Demokratien, sondern die Saat der Islamisten ging auf. Im Iran ergriffen sie 1979 durch Revolution die Macht, 1989 im Sudan durch Putsch und 1996 auch in Afghanistan (bis 2001); hingegen wurden die Islamisten in Ägypten und Syrien unterdrückt, und Algerien rutschte, als die herrschenden Militärs 1992 den islamistischen Wahlsieg nicht akzeptierten, in den Bürgerkrieg. Die Herrschaft der Islamisten nahm den Charakter einer massenmobilisierenden Diktatur an, welche dem gesellschaftlichen Alltag bis ins Einzelne die alten Normen des Korans aufzuzwingen versuchte. US-amerikanische Hoffnungen 2003 bis 2006, Demokratie mit Truppen in den Nahen Osten exportieren zu können, scheiterten kläglich.

Paradoxerweise veränderten sich die Machtrelationen in den Demokratien der westlichen Industriestaaten in einer Weise, die man keineswegs als weitere Demokratisierung bezeichnen kann. Mit dem Fortfall der Systemkonkurrenz schwand der äußere Druck, die Unterschichten zufriedenzustellen. In Italien und Japan gelangten illegale Machenschaften der bisher dominierenden Parteien ans Tageslicht, wodurch 1992/93 diese ganz oder teilweise zusammenbrachen. Wichtiger wurden die Impulse aus dem angelsächsischen Raum. Mit Präsident Reagan (1981–89) kamen in den USA die Interessen von Oberschicht und Großkapital verstärkt zum Tragen, indem die Steuern für die Reichen und die Sozialleistungen für die Ärmeren gekürzt wurden und man staatliche Regulierungen, welche die Interessen von sozial Schwachen, Umwelt und Verbrauchern schützen sollten, zugunsten größerer Handlungsfreiheit für Unternehmen abbaute. Damit konnte sich ein auf kurzfristige Gewinnmaximierung ausgerichteter Finanzkapitalismus hemmungslos austoben, jedenfalls bis zur Finanzmarktkrise 2008. Ähnlich reformierte gleichzeitig Thatcher in Großbritannien die Wirtschaftsordnung, wobei hier im Vordergrund stand, Staatsbetriebe zu privatisieren und Gewerkschaften zurückzudrängen. Die zur Rechtfertigung dienende neoliberale Ideologie der Privatisierung und Deregulierung gewann in den 90ern auch auf dem westeuropäischen Festland Einfluss. Das Entstehen von Massenarbeitslosigkeit schwächte nicht nur die Gewerkschaften, sondern erzwang zusammen mit dem nur noch mäßigen Wirtschaftswachstum auch Einschnitte bei den sozialen Leistungen, um den Sozialstaat finanzierbar zu halten, der von Unternehmern zunehmend als Belastung angegriffen wurde. Die steigende Fähigkeit multinationaler Unternehmen, Standorte gegeneinander auszuspielen, zwang Regierungen, ihnen bei Besteuerung und Sozialstandards entgegenzukommen. So wurden besonders in den USA und auch in Westeuropa seit den 80er-Jahren die Einkommensunterschiede zunehmend größer. Die Macht der Parlamente und damit der Wähler verringerte sich insofern, als Regierungen zunehmend im internationalen Rahmen Kompromisspakete von Regelungen aushandelten, welche die nationalen Parlamente dann nur noch abnicken konnten, und indem die EU-Staaten immer mehr Entscheidungskompetenzen an die kaum demokratisch kontrollierte EU-Ebene abgaben. Die Vorstellung, der Staat könne und solle eine keynesianische Politik der Konjunkturglättung betreiben, wich ab 1980 dem neoliberalen Diskurs, demzufolge der Staat sich aus der Wirtschaft möglichst herauszuhalten habe; in der wirtschaftspolitischen Realität versuchten Regierungen aber durchaus weiter, ins Konjunkturgeschehen einzuwirken. In der Finanzmarktkrise 2008 zogen sie dann plötzlich die Notbremse auch massiverer Eingriffe.

Wohin geht die Reise?
Von heute in die Zukunft

Grenzen des Wachstums?

Natürlich kann niemand die Zukunft vorhersehen. Das gilt insbesondere für die Ereignisebene, bis hin zu der Frage, ob nicht irgendwann ein Konflikt den handelnden Politikern völlig außer Kontrolle geraten und bis zum Atomkrieg eskalieren könnte. Trotzdem ist Zukunft nicht beliebig. Die aus der bisherigen Weltgeschichte ererbten Strukturen, je nach historischem Pfad verschieden, begrenzen die Handlungsspielräume, und die weltgeschichtliche Dynamik wird weiter wirksam sein. Was bedeutet das konkret? Gemeint ist hier nicht, was wünschenswert wäre oder was man tun sollte, sondern womit realistischerweise zu rechnen ist. Bei der Antwort auf diese Frage darf man sich die Klarheit des Blicks weder durch naiven Fortschrittsglauben noch durch eine Neigung zu apokalyptischem Pessimismus trüben lassen.

Seit Beginn der Weltgeschichte hat die Menschheit als Ganzes sich vermehrt, sich neue Existenzspielräume erschlossen, nicht zuletzt durch vielfältige Innovationen, und diese schrittweise mit weiterem Bevölkerungswachstum ausgefüllt. Die Bevölkerungslawine und Industrialisierungsprozesse im 19. und 20. Jahrhundert haben diese Entwicklung massiv verstärkt und dazu geführt, dass die Menschen das Ökosystem immer intensiver für sich ausbeuteten. Wird dieser Prozess sich fortsetzen? Der Blick zunächst auf die rein demografischen Eckdaten zeigt, dass das globale Bevölkerungswachstum in nächster Zeit anhalten wird, da zwar nicht in Europa, aber global gesehen starke Geburtenjahrgänge ins reproduktionsfähige Alter vorrücken und die Fruchtbarkeitsrate über dem Reproduktionsniveau liegt. Er zeigt aber auch, dass inzwischen (fast) alle Länder in die zweite Phase des demografischen Übergangs eingetreten sind, in der die Geburten- und damit auch die Wachstumsraten sinken. Deshalb ist damit zu rechnen, dass gegen Mitte des 21. Jahrhunderts die Weltbevölkerung bei neun bis elf Milliarden einen Gipfel erreicht und danach stagniert und langfristig wieder sinkt. Dabei handelt es sich um außerordentlich große Zahlen, sodass selbst Seuchen wie AIDS oder ein Krieg von der Größenordnung des Zweiten Weltkriegs hieran nichts grundlegend ändern würden. Das Wachstum der nächsten Jahrzehnte wird allerdings großregio-

nal sehr unterschiedlich ausfallen: Indien wird China als bevölkerungs-
reichstes Land ablösen, besonders Schwarzafrika und Südostasien werden
stark an Gewicht gewinnen, vor allem Europa und Russland Anteile verlieren.

Zur demografischen muss die ökologische Perspektive treten. Die mit
der Industrialisierung einsetzende Intensivierung des Wirtschaftens hat
den Bevölkerungen der Industrieländer ein jährliches Wachstum des
durchschnittlichen Wohlstands zur Gewohnheit werden lassen. Ist es vorstellbar, dass sich dieses in einer Welt endlicher Ressourcen dauerhaft fortsetzt, oder haben wir es vielmehr mit einer begrenzten und außergewöhn-
lichen Phase der Weltgeschichte zu tun? Hat die dem Menschen gegebene,
keinem Tier verfügbare Fähigkeit, nicht regenerierbare Ressourcen zu
nutzen, die Menschheit in eine Situation hineinlaufen lassen, an deren
Ende die Verknappung endlicher Ressourcen den Kollaps der Bevölkerungszahl erzwingt?[760] Als Lösung wird teilweise das Konzept einer nachhaltigen Wirtschaftsweise angepriesen. Doch ist dieses gut klingende, dabei recht unterschiedlich aufgefasste Konzept[761] nicht nur der Versuch,
ordentlich vom Kuchen zu essen, ohne dass er weniger wird? Wird sich die
globale Tragfähigkeit so weit ausdehnen lassen, dass sie auch für den zu er-
wartenden Bevölkerungsgipfel ausreicht?[762] Diese Fragen nach den Grenzen wirtschaftlichen Wachstums lassen sich sinnvoll nur beantworten,
wenn man vier Teilaspekte auseinanderhält: Wie weit setzt die verfügbare
Nahrungsmittelmenge Grenzen? Bei welchem Konsumniveau stößt die
Menschheit an Grenzen? Wie weit setzt die Menge der Nicht-Nahrungsressourcen Grenzen? Wie weit setzen die bei Produktion und Konsum
anfallenden Emissionen Grenzen?

Global wäre es möglich, auch für den anzunehmenden Gipfel der Menschenzahl genug Nahrung zu produzieren. Die zusätzliche Nahrung wird
sich sicher nicht dadurch gewinnen lassen, dass man die Anbaufläche weiter ausdehnt, im Gegenteil; etliche marginale Anbaugebiete, besonders
an der Trockengrenze, werden kaum zu halten sein. Andererseits besitzen
viele Agrarräume deutliche Produktivitätsreserven, nicht nur in Industriegesellschaften, deren Landwirtschaft ohnehin zur Überproduktion tendiert, sondern auch in armen Ländern, wenn dort Hemmnisse abgebaut
werden. Dazu gehören Mangel an Qualifikation, angepasster und effizienter Technik, Dünger, Kleinkredit und Vermarktungsorganisation ebenso wie fehlerhafte Bewässerungstechniken (die Böden ruinieren), ineffizienter Großgrundbesitz und zu geringe Preise. Erst recht würden große
Nahrungsreserven frei, wenn die Bevölkerung in den Industriegesellschaften ihren Fleischkonsum etwas zurückfahren würde (was dort im Übrigen
auch manchem Übergewichtigen guttäte) und damit bisherige Veredelungsverluste für die Ernährung von Menschen verfügbar würden. Sicher
werden die räumliche Verteilung der Nahrungsmittelproduktion und der

Bevölkerung sich nicht decken, sodass sich nicht alle Länder vollständig selbst versorgen können. Das ist indes angesichts weltweiter Austauschmöglichkeiten auch nicht notwendig. Entgegengesetzte Wünsche sind Ausdruck völlig überholten Autarkiedenkens; auch Großbritannien kann sich seit Langem nur begrenzt aus dem eigenen Land heraus ernähren. Die globale Nahrungsfrage ist auch keine Frage der Verteilung, etwa analog der Verteilung des Überschusses einer Firma zwischen Unternehmer und Arbeitnehmern. Die entscheidende Frage lautet vielmehr, ob alle Menschen die nötige Kaufkraft besitzen, die von ihnen benötigte Nahrung zu kaufen (sofern sie diese nicht selbst produzieren), d.h. ob sie in der Lage sind, diese Einkommen durch andere wirtschaftliche Aktivitäten (im Wesentlichen außerhalb der Landwirtschaft) zu erwerben. Hunger kommt von Armut.

Es ist unwahrscheinlich, dass die mineralischen Ressourcen global ausreichen, um dauerhaft neun Milliarden Menschen auf dem Wohlstandsniveau gegenwärtiger westlicher Industriegesellschaften zu versorgen.[763] Das bedeutet, reduzieren zu müssen, und zwar entweder die Zahl der Weltbevölkerung oder die Konsumansprüche der Menschen der Industriegesellschaften oder die Hoffnungen der Menschen in armen Ländern, irgendwann einmal Anschluss an den Wohlstand in Industriegesellschaften finden zu können. Dabei ist die Frage nach der Höhe des Wohlstands nicht nur eine Frage bloßer Mengen, sondern auch von deren qualitativer Zusammensetzung. Schon bisher hat sich diese mit der Industrialisierung verschoben, indem einerseits durch die Verdichtung der Menschenmenge Dinge, die früher viele hatten, seltener wurden (z.B. größere Gärten oder wohnortnahe freie Landschaft), auf der anderen Seite durch technische Innovationen bisheriger Luxus für viele verfügbar wurde (z.B. schnelle und billige Nachrichtenübermittlung). Dieses wird sich fortsetzen, da sich die Knappheitsrelationen zwischen den einzelnen Teilen der Lebensführung weiter verschieben werden.

Nun lassen sich Reichweite und Knappheit der Nicht-Nahrungsressourcen nur schwer einschätzen. Bei Lagerstätten verbrauchen die Menschen theoretisch von einem endlichen Vorrat, der dadurch abnimmt. Praktisch ist jedoch nur jener Teil der Vorkommen relevant, der sich rentabel abbauen lässt, und dessen Größe hängt von der jeweiligen Fördertechnik und dem Preisniveau ab und erweitert sich deshalb durch effizientere Techniken und steigende Preise tendenziell. Bei stark zunehmender Knappheit stellt sich die Frage, wie weit ein Rohstoff durch einen anderen, reichlicher vorhandenen substituiert werden kann, eventuell auch durch einen heute noch gar nicht genutzten. So lässt sich in der Stromgewinnung Kohle durch Kernkraft substituieren, während für die Nutzung von Öl im Transportbereich noch keine überzeugenden Alternativen existieren und die großen Methanhydratlagerstätten als Energielieferant bisher nicht nutzbar sind. Eine Intensivierung der von den Menschen wirklich genutzten Stoff- und Energieflüsse muss überdies nicht notwendigerweise bedeuten, dass der Stoffwechsel mit der Natur intensiviert wird. Bei Metallen kann verstärktes Recycling die Reichweite deutlich erhöhen. Bei Energie ist zwar grundsätzlich kein Recycling möglich, aber es ist denkbar, den Wirkungsgrad von Maschinen, Heizungen, Kühlanlagen usw. weiter zu steigern. Ob sich einmal Energie in großem Maßstab direkt aus Sonneneinstrahlung gewinnen lassen wird, was das Stadium industriezeitlicher Gesellschaften mit fossiler Energienutzung überwinden würde, bleibt abzuwarten. Zurzeit wirkt von den existenziell wichtigen Ressourcen Öl am stärksten begrenzt, wenn man auf die Relation zwischen den förderwürdigen bekannten Vorkommen und dem Bedarf sieht. Nachwachsende Ressourcen wie Holz und Fischbestände lassen sich im Prinzip nachhaltig bewirtschaften; ob dabei tatsächlich nicht mehr entnommen wird als nachwächst, ist weitgehend eine Frage der Eigentums- und Machtverhältnisse. Süßwasser ist zwar nicht global knapp, da es aber nicht großräumig gehandelt wird, zeichnen sich hier durchaus regionale Knappheiten ab, etwa im relativ trockenen Nahen Osten. Auch in diesem Fall ist das Potenzial nicht unabhängig von den Verfahrensweisen der Menschen, etwa wenn Süßwasser verloren geht, weil es durch Abwässer verunreinigt wird oder in undichten Bewässerungskanälen vorzeitig versickert. Die Ressource Artenvielfalt, deren genetisches Material eine Schatzkiste für später zu entdeckende Nutzungen darstellt, z.B. für medizinische Wirkstoffe, schrumpft durch das Aussterben einzelner Tier- und Pflanzenarten, besonders in den feuchten Tropen, ohne dass hier eine Trendwende abzusehen ist.

Steigende Stoff- und Energieflüsse bedeuten zugleich steigende Emissionen. Je nach Produktions-, Rückhalte- und Entsorgungstechnik können diese regional die Aufnahmefähigkeit des Ökosystems deutlich überlasten und damit dort menschliche Existenzmöglichkeiten verschlechtern. Wie sich das Interesse der Produzenten an billigen Förder- und Herstellungsverfahren und das der dort lebenden Menschen an erträglichen Lebensbedingungen zueinander gewichten, ist nicht zuletzt eine Machtfrage; insbesondere in Rohstoffergänzungswirtschaften, armen Ländern und Diktaturen ist im Regelfall das Produzenteninteresse wesentlich durchsetzungsstärker. Wie stark der durch die Emission von Treibhausgasen angeschobene globale Klimawandel ausfallen wird, hängt auch davon ab, wie ernsthaft und rasch Politiker weltweit gegensteuern. Jede Anpassung an veränderte Klimabedingungen wird zunächst einmal Aufwand kosten, um sich umzustellen. Langfristig wird er sich regional recht unterschiedlich auswirken und Verlierer wie Gewinner sehen; während sich in Küstentiefländern durch steigenden Meeresspiegel und in ohnehin relativ trockenen Räumen durch verringerte Niederschläge Existenzmöglichkeiten einengen werden, Letzteres beispielsweise in der Sahelzone, dem (südlichen) Mittelmeerraum und dem Nahen Osten, werden in bisher zu kühlen nördlichen Breiten durch die Erwärmung die landwirtschaftlichen Nutzungsmöglichkeiten vielfältiger werden.

Das weltgeschichtliche Thema, wie die Menschen durch Innovationen ihren Existenzspielraum erweitern, ist also unverändert aktuell. Die Herausforderung ist größer als je zuvor. Aber auch die Kapazität, innovative Lösungen zu finden, ist größer als jemals in der Weltgeschichte; die Zahl der hiermit befassten Menschen, die Vielfalt der zusammentreffenden Ideen und Kenntnisse, die zu innovativen Lösungen verknüpft werden können, die Intensität und Schnelligkeit der Kommunikation sowie der Wettbewerbsdruck sprechen dafür. Dabei befindet sich dieses Potenzial recht einseitig in den am weitesten entwickelten Regionen. Das führt u. a. dazu, dass es zu wenige Innovationen gibt, die den besonderen ökologischen Bedingungen und Einkommensverhältnissen armer Länder angepasst sind. Die kommunistische Zentralverwaltungswirtschaft scheiterte letztlich, weil sie nicht hinreichend innovativ auf Probleme reagieren konnte. Auch in Zukunft werden manche langfristig sinnvollen Innovationen der Selektion durch die Machtverhältnisse zum Opfer fallen, weil sie die Interessen derjenigen Gruppen verletzen, die mit Blick auf kurzfristige Bequemlichkeit lieber so weitermachen möchten wie bisher. Das Schicksal des Kyoto-Protokolls zeigt dies deutlich. Denn häufigere und grundlegende Innovationen bedeuten auch, dass der wirtschaftliche und gesellschaftliche Wandel sich beschleunigt. Das wird für viele heißen, sich mehrmals im Laufe ihres Berufslebens auf grundlegend Neues einstellen zu müssen, und nicht jedem wird diese Anpassung in gleicher Weise gelingen. Ebenso werden die Intensivierung der Kommunikation und damit die Informationsflut weiter zunehmen und somit auch die Schwierigkeit, hieraus gezielt und effizient auszuwählen.

Homogenisierung der Welt?

Solange die Weltregionen relativ wenige Kontakte miteinander hatten, überwog die Dynamik der Pluralisierung die homogenisierenden Kräfte. Mit der Intensivierung der räumlichen Integration hat sich dieses im Laufe des 19. und 20. Jahrhunderts deutlich geändert. Wie homogen wird die Welt werden? Diese Frage stellt sich in dreifacher Weise: wirtschaftlich, politisch und kulturell.

Die industriellen Metropolen werden versuchen, ihren Wohlstand weiter auszubauen; die Wünsche der Wähler lassen hier auch den Politikern keine andere Wahl. Länder wie Deutschland, die in die Basis von Innovationen, in Wissenschaft und Bildung, weniger investieren als die meisten anderen Staaten dieser Gruppe (als Anteil am Bruttoinlandsprodukt gemessen), werden dabei relativ zurückfallen. Jene industriellen Sekundärzentren und Schwellenländer, die besonders hohe Wachstumsraten der Wirtschaft aufweisen, werden den Abstand zu den industriellen Metropolen (weiter) verringern können. China und Indien sind hier die wichtigsten. Dabei werden die hohen Wachstumsraten der Jahrtausendwende nicht ewig anhalten, selbst wenn man von zeitweiligen konjunkturellen Einbrüchen absieht. Je mehr diese Länder aus der Phase einer nachholenden Industrialisierung, in der Innovationen fertig transferiert werden können, zu einem Entwicklungsniveau gelangen, wo Wachstum primär aus eigenen Innovationen erfolgt, desto mühsamer wird dieses Wachstum, desto geringer werden dementsprechend die Wachstumsraten. Aufgrund ihrer schieren Größe werden China und Indien bis dahin aber gegenüber Europa und den USA dramatisch an wirtschaftlichem Gewicht gewonnen haben. Vor allem periphere Agrargesellschaften, gerade in Schwarzafrika, zeigen hingegen wenig Anzeichen, aufzuholen und die Lücke auch nur tendenziell zu verringern. Sie haben die geringsten Wachstumskapazitäten und müssten vor allem viel mehr in die Köpfe ihrer Menschen investieren, um hieran etwas zu ändern.

Die Kraft eigener Wirtschaftsanstrengungen wird also die regionalen Unterschiede des Wohlstands deutlich verändern, ohne damit zu einer globalen Homogenisierung zu führen. Wenn bestimmte Güter knapp werden, kann dieses durch die Verteuerung am Markt zu einer Umverteilung führen, aber eine Homogenisierung des Einkommens wird auch dieses nicht mit sich bringen, eher im Gegenteil: Nur die wenigen, die eine existenziell wichtige und nicht substituierbare Ressource monopolisieren können, würden davon profitieren, und ansonsten gilt, dass die Nachfragemacht bei den Kaufkräftigen liegt und nicht bei den Armen. Es ist auch nicht damit zu rechnen, dass die Wohlstandsunterschiede nennenswert verringert werden, indem die reicheren Regionen freiwillig verzichten und teilen. »Fair Trade« ist moralisch ehrenwert, aber ein Nischenprogramm ohne Masseneffekte. Dass eine nennenswerte weltweite Umverteilung von den wohlhabenden zu den armen Regionen von Letzteren über politische Entscheidungen erzwungen wird, ist ebenfalls unwahrscheinlich, da Macht in den zwischenstaatlichen Beziehungen eben auch beträchtlich auf wirtschaftlicher Stärke basiert und da gerade die besonders armen Länder keine Macht entfalten können, wie es die Massen innerhalb der Industriegesellschaften des 20. Jahrhunderts konnten, die als Arbeitnehmer gebraucht wurden und vor der Haustür der Etablierten wohnten.

Wenn Existenzmöglichkeiten und Wohlstand räumlich also weiter ungleich sein werden, sich dieses in gewisser Weise noch verstärkt und zugleich die intensivere Kommunikation das Bewusstsein für diesen Sachverhalt schärft, so werden die Wanderungsbewegungen zunehmen. Das gilt zunächst regional: Wo die Menschenzahl stark wächst, wird sich die zusätzliche Bevölkerung primär in Städten anlagern. Die Asymmetrie zwischen den wenigen großen Ballungsräumen und den ländlichen Räumen, erst recht der Abstand zu den Rohstoffergänzungswirtschaften wird sich verstärken. Wo die Wanderungsbestrebungen, die aus armen Regionen herausquollen, auf Staatengrenzen von industriellen Metropolen treffen, wird sich zeigen, inwieweit die Regierungen der Industriestaaten sich dagegen langfristig abschotten wollen und können.

Im Laufe des 20. Jahrhunderts hat sich Demokratie als politische Ordnung immer mehr ausgebreitet. Wird langfristig die ganze Welt demokratisch und damit die politische Ordnung global homogener als je zuvor? Durchaus gegenläufige Tendenzen sind zu beobachten. Es wäre naiv zu meinen, man könnte Demokratie einfach durch Druck oder Gewalt von außen in Diktaturen transferieren; wo die Massen nicht politisch bewusst geworden und die tragenden bürgergesellschaftlichen Strukturen nicht herangewachsen sind, kann sie sich nicht etablieren oder bestenfalls nur als defekte Demokratie. Ebenso irrig wäre es indes, aus dem Hinweis auf autoritäre Traditionen beispielsweise Chinas zu folgern, Demokratie würde dort nie eine Chance haben; auch Europa war im 18. Jahrhundert weithin von patrimonialbürokratischen Strukturen geprägt. Umgekehrt ist die Auffassung, die Liberalisierung der Wirtschaft in China müsse automatisch die politische Liberalisierung nach sich ziehen, nur nach dem Selbstverständnis des Liberalismus schlüssig, der Handlungsfreiheit des Individuums als Grundprinzip für alle Lebensbereiche sieht, nicht indes nach der historischen Realität; auch konservative Diktaturen hatten weithin marktwirtschaftliche Ordnungen, und die Anhänger des politischen Liberalismus waren keineswegs immer wirtschaftsliberal eingestellt. Entscheidend ist vielmehr, dass Internet und Handy sich zunehmend ausbreiten, auch in China und Schwarzafrika, was dazu führt, dass für die Menschen dort auch mehr politische Informationen zugänglich werden, die nicht von den Machthabern gesteuert und kontrolliert werden, und dass sie sich leichter organisieren können. Insofern ist davon auszugehen, dass der Demokratisierungsprozess langfristig auch hier verstärkt zum Tragen kommen wird. Wie zögernd und schrittweise oder schnell dieses geschieht, wird speziell in China auch davon abhängen, ob die bestehende Ordnung wirtschaftspolitisch noch lange Erfolge vorweisen kann oder ob sie plötzlich durch Leistungsversagen in einer Wirtschaftskrise delegitimiert wird, ebenso ob die Formierung von Interessengruppen in dem großen Land nicht nationsweit, sondern regional erfolgt und es damit zu zerreißen droht, was durch Furcht vor dem Chaos die bestehende Ordnung stabilisieren würde. In der arabisch-iranischen Welt schiebt die geringe Außenkommunikation den Demokratisierungsprozess auf. Der Islam als Religion ist aber keineswegs mit Demokratie unvereinbar[764], wie der Blick auf Türkei, Bangla Desh und Indonesien zeigt.

Auf der anderen Seite bedeutet die immer großräumigere Integration, dass relevante Entscheidungen sich auf multinationale Konzerne, zwischenstaatliche Regierungsvereinbarungen und internationale Organisationen verlagern, also weiter weg vom wählenden Bürger, dessen Einfluss sich dadurch verdünnt. Dieses heißt tendenziell, dass bestehende Demokratien langfristig innerlich ausgehöhlt werden. Vorstellbar ist auch, dass die Spannungen zwischen den Gruppeninteressen, seien sie durch Besitzunterschiede, Ideologien, Religion oder regional bedingt, demokratische Kompromisspolitik scheitern lassen und dass demokratische Regierungen in Krisensituationen nicht zu leisten vermögen, was die Bürger von ihnen erwarten, sodass die Wähler sich abwenden. Aber wohin? Ernsthafte Alternativmodelle sind nicht zu sehen.

Kulturell wird die zunehmende Intensivierung weiträumiger Kommunikation und Austauschbeziehungen dazu führen, dass im Laufe des 21. Jahrhunderts ein großer Teil der rund 6000 bestehenden Sprachen ausstirbt, und mit ihnen auch die damit verbundenen Bräuche, Weltsichten und Kenntnisse. Es handelt sich dabei um Ethnien mit relativ wenig entwickelter Lebensweise vor allem in Neuguinea, Australien und Indonesien, Sibirien, Nigeria und Amazonien, die nur jeweils wenige Tausende Menschen zählen und dem durch Radio und Fernsehen vermittelten Akkulturationsdruck der dominierenden Kultur des jeweiligen Staates nicht standhalten können. Umgekehrt ist damit zu rechnen, dass mit dem wirtschaftlichen Aufstieg bestimmter Räume außerhalb Europas und der USA diese zunehmend auch zu Quellen weltweiter Kulturtransfers werden, derartige Transfers also in Zukunft weniger einseitig von Europa und den USA ausgehen werden als bisher. Damit wird das Bild der Hybridisierungen noch vielfältiger werden. Bestrebungen, demgegenüber die eigene Identität zu bewahren, bedeuten den Versuch, etwas einzufrieren, was nie statisch war; manches, was als unveränderliches Identitätsmerkmal gilt, ist oft erst wenige Jahrzehnte alt.

Integration oder Konflikt?

Die intensive wirtschaftliche Integration der industrialisierten Regionen rund um den Globus, zumindest ihrer Gütermärkte, wird sich langfristig fortsetzen, da mit niedrigen Transportkosten, schneller und billiger Kommunikation und dem Zwang zur Großserie die grundlegenden Triebkräfte weiterwirken werden. Das gilt selbst dann, wenn die Politik ihre Gestaltungsspielräume stärker mit Blick auf ihre nationale Wirtschaft nutzen sollte oder konjunkturelle Einbrüche vorübergehend die Nachfrage dämpfen. Dass die Politik dabei wie in der Zwischenkriegszeit die globalen Wirtschaftsverflechtungen erneut stark zurückdrängt, ist wenig wahrscheinlich, gerade weil die Erfahrungen der damaligen Zeit präsent sind. Dementsprechend sind auch die gegenseitigen Abhängigkeiten und Störanfälligkeiten irreversibel. Welche Regionen mit der Triade zusammenwachsen werden, hängt davon ab, welche durch eine nachholende Industrialisierung Anschluss gewinnen können. Die Intensität der Asymmetrie gegenüber den übrigen Weltregionen dürfte sich eher verstärken, nicht zuletzt durch den steigenden Ressourcenbedarf der Industriegesellschaften. Gerade bei den nur spärlich besiedelten Rohstoffergänzungswirtschaften wird sich der Zugriff einseitiger Ressourcenausbeutung immer intensiver ausprägen.

Steigende globale Integration erzeugt verstärkt Probleme, die sich auch nur global lösen lassen, sei es wirtschaftlich, umweltpolitisch oder um den Frieden zu wahren. Das bedeutet, dass sich auch die Machtnetzwerke stärker integrieren müssen. Nun ist nicht anzunehmen, dass dieses zu einem Weltstaat führen wird, der alles überwölbt und das Gewaltmonopol der bisherigen Staaten übernimmt. Die großen Mächte werden freiwillig nicht darin aufgehen wollen, und niemand ist so mächtig, dass er sie dazu zwingen könnte. Auch fehlt angesichts der kulturellen Vielfalt eine gemeinsame Identität, die sich ja selbst in der wesentlich homogeneren EU nicht recht einstellt. Es ist kein für alle akzeptables Entscheidungsverfahren denkbar; gleiche Stimmenzahl für jeden Teilstaat würde bevölkerungsreiche Länder wie China, Indien und die USA mit Kleinstaaten gleichsetzen, was ebenso unrealistisch ist wie eine Gewichtung nach dem »one man – one vote«-Prinzip, wonach die sechs bevölkerungsreichsten Staaten gemeinsam eine Mehrheit hätten. Genauso wenig ist zu erwarten, dass die erforderliche Integrationsleistung durch einen einzelnen Staat erbracht wird, der als globale Hegemonialmacht die Regeln bestimmt. Mit dem wirtschaftlichen Aufstieg Chinas und Indiens werden sich auch die politischen Kräfteverhältnisse von einer solchen Situation noch weiter entfernen. Weltgeschichtlich bedeutet das, jenen wirtschaftlichen, demografischen und damit auch machtpolitischen Vorsprung, den Europa im Laufe des 19. Jahrhunderts und dann auch die USA (und die Sowjetunion) im Laufe der ersten Hälfte des 20. Jahrhunderts errangen, wieder zu überwinden. Es heißt zurückzukehren zu einer Situation, in der mit China, Indien und Europa mehrere zentrale Räume nebeneinander bestehen, jetzt aber durch die USA und auch Japan ergänzt und durch vielfältige Verflechtungen wesentlich enger integriert, wogegen die übrigen Weltregionen wirtschaftlich weniger weit entwickelt und politisch schwächer dastehen. Das Ausbleiben einer globalen Hegemonie schließt aber nicht aus, dass große Mächte gegenüber kleinen Nachbarn regionale Hegemonialpositionen gewinnen. Russland mag zwar zeitweise an Rohstoffexporten gut verdienen, hierin vergleichbar Saudi-Arabien, aber seine industrielle Dynamik ist zu gering, als dass zu erwarten wäre, dass es dauerhaft ein vergleichbares Machtzentrum darstellt. Um die globalen Probleme zu lösen, bleibt also nur, dass die Regierungen der souveränen Staaten intensiver kooperieren und das Erforderliche in gemeinsamer Absprache regeln, die Idee des »global governance«. Sich zusammenzuraufen ist angesichts vielfältiger Interessen höchst mühselig, wie z.B. 1992 die UN-Umweltkonferenz in Rio de Janeiro mit Tausenden Delegierten von 172 Staaten und 1600 INGOs zeigte[765], aber eben ohne echte Alternativen. INGOs können hierbei beratend unterstützen, stellen aber keine Alternative dar, zumal sie nicht demokratisch legitimiert sind.

Förderlich wäre für eine solche Kooperation ein Konsens über Grundwerte. Doch hierfür hat die weltgeschichtliche Pluralisierung der Kulturen keine guten Voraussetzungen geliefert. Eine praktikable Lösung liefert hier weder die eurozentrische Haltung, westliche Werte zur allgemeinverbindlichen Norm machen zu wollen, noch der Kulturrelativismus, der die Wertmaßstäbe aller Kulturen in gleicher Weise akzeptieren will. Das »Projekt Weltethos«, das im Interesse globalen Friedens aus den »Hochreligionen« einen Grundkonsens gemeinsamer verbindlicher Werte herausdestillieren wollte, blieb doch stark an die europäische Tradition gebunden, den freien und gleichberechtigten Menschen im Mittelpunkt zu sehen.[766] Stattdessen ist vorstellbar, dass dort, wo der immer raschere Strukturwandel Großgruppen zu Verlierern werden lässt, nationalistische, fundamentalistische oder antiliberale Weltanschauungen zum Flächenbrand werden. Zu den ideologischen Gegensätzen kommen die harten materiellen Interessenkonflikte hinzu, die sich verschärfen können, wenn Ressourcen knapper werden, etwa als Kampf um Süßwasser oder Öl.

Drohen also Kriege häufiger zu werden? Die erkennbaren Tendenzen sind ambivalent. Mit dem Ende des Kalten Kriegs ist auch die Blockadewirkung durch die gegenseitige Abschreckung des atomaren Patts von USA und UdSSR gefallen, sodass zwischenstaatliche Kriege wieder eher möglich wurden. Auch werden Atomwaffen und andere hochentwickelte Waffen im Laufe der Zeit in den Besitz weiterer Staaten gelangen, so wie sich bisher in der Weltgeschichte jede überlegene Waffentechnik schrittweise immer weiter ausgebreitet hat. Andererseits lässt sich feststellen, dass noch nie zwei demokratische Staaten gegeneinander Krieg geführt haben (wohl aber gegen undemokratische Staaten).[767] Ein Grund könnte darin liegen, dass demokratische Machtnetzwerke darauf angelegt sind, Konflikte gewaltfrei durch Kompromisse zu lösen, innenpolitisch ebenso wie international durch eine besonders starke Einbindung in IGOs. Außerdem sind demokratisch gewählte Regierungen von der Masse der Bevölkerung abhängig, die (im Unterschied zu den Eliten) bei Kriegen immer nur die Last trägt, sodass sie außenpolitisch weniger risikofreudig agieren. Tatsächlich ist die Häufigkeit zwischenstaatlicher Kriege seit den 70er-Jahren rückläufig, und da Demokratien sich tendenziell ausbreiten, bedeutet dieses, dass die zwischenstaatlichen Verhältnisse vermutlich langfristig friedlicher werden. Nun gilt das aber nur für Kriege, in denen Regierungen von Staaten Streitkräfte gegeneinander in Marsch setzen. Die meisten kriegerischen Auseinandersetzungen seit dem Zweiten Weltkrieg waren indes von anderer Art, nämlich der Kampf bewaffneter Gruppen gegen eine Besatzungsmacht beziehungsweise Kolonialmacht oder gegen diktatorische Machthaber. Solche als Guerillas, Partisanen oder Terroristen bezeichneten Kämpfer asymmetrischer Kriege fühlen sich an die Beschränkungen des Kriegsvölkerrechts nicht gebunden. Sie sind mit rein militärischen Methoden nicht zu besiegen, sondern nur mit einer Politik der Integration, die den unzufriedenen Gruppen mit politischen und wirtschaftlichen Zugeständnissen entgegenkommt. Wenn derartige Konflikte zunehmen, ist das Ausdruck der Tatsache, dass mit steigender Massenpolitisierung Bevölkerungsgruppen, die sich unterdrückt fühlen, ihre Situation immer weniger hinnehmen, sie diese vielmehr aktiv zu ändern versuchen.[768] Deshalb werden solche Kampfhandlungen tendenziell häufiger, ihre Aktionen mit der Globalisierung auch weiträumiger.

Chancen und Gefährdungen sind also bunt gemischt, auch je nach Weltregion unterschiedlich. Die Handlungsspielräume sind begrenzt, aber nicht so eng, dass die Sachzwänge die Handelnden aus der Verantwortung für die von ihnen gewählten Optionen entlassen würden.

3 Anhang

Entwicklungsstadien – näher erläutert

Begriffe – Brillengläser des Denkens

Begriffe sind die geistigen Brillengläser, durch die man auf die Wirklichkeit blickt. Sie beeinflussen die Wahrnehmung und Fragestellungen, indem sie in dem unübersichtlichen Knäuel der Wirklichkeit bestimmte Fäden deutlich hervorleuchten und andere als unwichtig zurücktreten lassen, je nachdem, im Zusammenhang mit welchen Interpretationsmustern die Begriffe geprägt worden sind.

Die Kommunikation zwischen Autoren und Lesern kann erheblich gestört werden, wenn verschiedene Darstellungen unterschiedliche Begriffe für z. T. dieselbe Sache verwenden – man denke beispielsweise an den Umgang mit den Begriffen Absolutismus, Autokratie und Despotie – oder denselben Begriff mit unterschiedlichen Bedeutungsinhalten belegen, z. B. den Begriff Kapitalismus.[1] Oft überlappen gängige Begriffe einander auch und passen nicht zusammen, weil sie aus unterschiedlichen Theoriegebäuden stammen, von denen sie Teile als manchmal unreflektiertes Vorverständnis mitschleppen. So fließen unterschiedliche theoretische Vorentscheidungen und Deutungen ein, je nachdem ob z. B. für das 19. Jahrhundert von Hochkapitalismus oder von Industriegesellschaft geredet wird, für das Deutschland der Jahre 1933 bis 1945 von Nationalsozialismus, Hitler-Diktatur, Faschismus oder Totalitarismus. Historiker versuchen diesem Problem gerne zu entgehen, indem sie mit jenen Begriffen arbeiten, die sie in den Quellen vorfinden und die dann mehr umschrieben als definiert sind[2] (und manche Historikerkontroverse lebt dann nicht zuletzt von der Mehrdeutigkeit zentraler Begriffe infolge der geringen Neigung zu begrifflicher Schärfe und Systematik). Solange man sich im Kreis der Spezialisten auf dem eng umgrenzten Feld einer Epoche in einer Region bewegt, mag dieses noch vertretbar sein, obwohl man auch dann leicht an der selektiven Wahrnehmung und subjektiven Deutung der jeweiligen Zeitgenossen kleben bleibt. Bei globalen Betrachtungen führt dies oft zur Verwirrung, weil dann gleichartige Erscheinungen aus verschiedenen Regionen mit unterschiedlichen Begriffen bezeichnet werden, was ihre Gemeinsamkeit verschleiert. Bei Ausführungen über lange Zeiträume hinweg können Quellenbegriffe beim Leser auch dadurch Missverständnisse nahelegen, dass ein und derselbe Begriff im Laufe einer langen Tradition unterschiedliche Wirklichkeiten bezeichnet hat – der »Fürst« (= »princeps«) beispielsweise meint recht Unterschiedliches, je nachdem ob von einem keltischen Häuptling der Frühzeit, einem deutschen Territorialfürsten des späten Mittelalters oder einem Rangtitel des 19. Jahrhunderts die Rede ist. Die Begriffsgeschichte belegt dieses vielfältig.[3] Der »linguistic turn« und die postmoderne Kritik haben verstärkt bewusst gemacht, wie stark gesellschaftswissenschaftliche Aussagen durch die Wahl der Begriffe und Fragestellungen beeinflusst werden und dass Geschichtsbilder insofern ein Konstrukt sind[4], doch es heißt das Kind mit dem Bade auszuschütten, wenn man daraus die überzogene Schlussfolgerung zieht, die Vergangenheit sei hinter dem Diskurs der Wissenschaftler gar nicht greifbar. Dass es Auschwitz gegeben hat, ist kein Konstrukt, sondern trauriges Faktum. Andererseits wäre es naiv, die Probleme dadurch lösen zu wollen, dass man auf Begriffe verzichtet. Der richtige Weg ist vielmehr, die für eine Untersuchung wichtigen Schlüsselbegriffe sorgfältig zu klären und offenzulegen.

Nun sind Begriffe Definitionen und als solche willkürliche Setzungen; sie können also weder wahr noch falsch sein. Insofern sind vielerlei Begriffsbildungen möglich. Begriffsgefüge unterscheiden sich jedoch danach, ob sie sinnvoll und geeignet sind, die Sachverhalte, um die es geht, zu erfassen und zu beschreiben. Dazu müssen die Definitionsmerkmale der Begriffe grundsätzlich operationalisierbar, also empirischer Erfassung zugänglich sein, sonst bleiben die Aussagen spekulativ. Es ist nicht unsere Absicht, komplizierte Wortneuschöpfungen zu erfinden, die nur der Eitelkeit des Verfassers dienen und das Verständnis der Leser erschweren. Vielmehr geht es darum, so weit wie möglich von bestehenden Begriffen ausgehend, die erforderlichen Begriffe in ihrer Abgrenzung gegeneinander zu schärfen, sie in einen sinnvollen Zusammenhang zu setzen und dabei deren oft diffuses Vorverständnis zu klären.

Dabei konstruieren wir nicht Idealtypen, die jeweils durch ein Bündel von mehreren Merkmalen charakterisiert sind, da ihnen die historische Wirklichkeit meist nur begrenzt entspricht; oft weist sie nicht alle Merkmale gleichzeitig auf und bleibt dann als nur halb passend beiseite. Stattdessen entwickeln wir eine Klassifikation, indem wir schrittweise in Gruppen einteilen danach, ob ein bestimmtes Merkmal vorhanden ist oder nicht; dadurch sind eindeutige Zuordnungen zu den Merkmalskombinationen möglich (nur die Varianten zu den Entwicklungsstadien der Macht haben idealtypischen Charakter). Diese Klassifikation wird zwar rein logisch und deduktiv gewonnen, aber die Abgrenzungskriterien werden aus den theoretischen Ausführungen über weltgeschichtliche Prozesse abgeleitet, damit die Begriffe die weltgeschichtlich wichtigen Entwicklungsstadien erfassen und abbilden können.

Begriffe machen Vielfalt überschaubar, indem sie Ähnliches zusammenbündeln, aber die Klassifizierung darf sich nicht auf zu wenige Typen beschränken, sonst wird sie zu grobschlächtig und ihre zu weit gespannten Begriffe sind zu wenig gehaltvoll. Letzteres trifft für alle Typologien mit nur drei oder vier Typen zu, z. B. das zumindest bis in die 1990er-Jahre verbreitete Schema Sklavenhaltergesellschaft – Feudalismus – Kapitalismus – Sozialismus; hierbei wurden alle möglichen vormodernen Gesellschaften als feudalistisch etikettiert, was den Begriff überdehnte und ihn oft zur nichtssagenden Worthülse verkommen ließ. Deshalb entwickeln wir ein differenziertes Gefüge von Entwicklungsstadien.

Zu bedenken ist beim Aufbau einer Klassifikation schließlich auch, für welche Raumeinheiten sie gelten soll. Wir haben hier größere Regionen im Blick. Unsere Kategorien lassen sich nicht auf einzelne Städte anwenden, denn ein so partieller Blick würde Strukturen anders wahrnehmen und beispielsweise Stadtwirtschaften als eigenen Typ ansehen. Der Blick sollte aber auch nicht in der Tradition nationalstaatlichen Denkens von vornherein immer auf das Staatsgebiet als selbstverständliche Ganzheit gerichtet sein. Zwar liefern die Statistiken heutiger Zeit Wirtschaftsdaten üblicherweise auf nationaler Ebene, und Atlaskarten lassen sich leichter zeichnen, wenn man jeweils ganze Staatsgebiete gleichmäßig einfärbt, allerdings vermitteln diese oft eher falsches Bewusstsein als Orientierung. Viele größere Staaten sind räumlich so heterogen, dass es einen Gewinn an analytischer Kraft darstellt, hier in Teilräume mit unterschiedlichen Entwicklungsstadien zu differenzieren. Beispielsweise ist die Diskrepanz zwischen dem Urwaldgebiet am Amazonas und dem Industrieraum um Rio de Janeiro um 2000 zu groß, als dass es sinnvoll wäre, ein Stadium wirtschaftlicher Entwicklung für ganz Brasilien anzunehmen und es einem kleinen und relativ homogenen Land wie z. B. Dänemark gegenüberzustellen. Wo von der Einfuhr und Ausfuhr von Regionen die Rede ist, darf dieses deshalb nicht als Außenhandel einer Volkswirtschaft missverstanden werden.

Die drei zusammenfassenden Übersichten über die Herleitung der Begriffe für Entwicklungsstadien sind am Ende des Kapitels »Welche Richtung nimmt die Weltgeschichte?« zu finden (S. 82–87).

Entwicklungsstadien der Wirtschaft

Im Laufe der Zeit, vor allem im 19. Jahrhundert, aber auch darüber hinaus bis heute, sind eine ganze Reihe von Versuchen unternommen worden, die Entwicklung von Wirtschaft (und Gesellschaft) als Abfolge von Entwicklungsstadien zu erfassen und damit zu strukturieren. Die Ansätze von Archäologen[5] und von Ethnologen[6] konzentrieren sich meist auf historisch frühe Zeiten, wobei ihre Stadien an sich über die Wirtschaft hinaus die Gesellschaft als Ganzes erfassen wollen. Die Stufenschemata von Nationalökonomen[7] haben meist nur Mittelalter und Neuzeit in Europa im Blick und sind enger auf das Wirtschaftliche konzentriert. Die Einteilungen von Geografen[8] stellen eine wichtige Ergänzung dar, weil sie im Unterschied zu fast allen anderen Ansätzen nicht einlinigen Stufenkonzepten verhaftet sind, sondern Unterschiede der Ökosysteme berücksichtigen. Dazu kommen die Stufenfolgen von Soziologen[9], der Sozialphilosophen[10], Historiker[11] und internationalen Statistiken[12], die von ganz unterschiedlichen Kriterien ausgehen. Diese Einteilungen sind fast alle zu undifferenziert, selbst wenn wir jene Ansätze weglassen, die von einer bloßen Dichotomie von zwei Zuständen (und einem undefinierten Übergangszustand) ausgehen, die dann oft als traditionell und modern bezeichnet werden und dabei inhaltlich unterschiedlich gefüllt sind.[13] Auffallend viele dieser Einteilungen gehen von einer Dreiteilung aus. Aber auch wenn keine dieser Stufenfolgen vor den bisher entwickelten theoretischen Überlegungen bestehen kann, enthalten sie doch interessante Gedanken, an die wir anknüpfen können.

Manche Klassifikationen von Entwicklungsstadien sind zwar verbreitet, aber wenig brauchbar. Rein technische Kriterien wie die Differenzierung nach den Werkzeugmaterialien Stein, Bronze und Eisen oder nach den Bodenbearbeitungsgeräten Hacke und Pflug greifen nicht tief genug. Es gibt keinen Sinn, die frühesten Jäger und Sammlerinnen mit den ersten Jahrhunderten des pharaonischen Ägyptens in dasselbe Stadium »Steinzeit« und das anschließende bronzezeitliche Ägypten zusammen mit den bronzezeitlichen Ackerbauern Mitteleuropas in ein anderes Stadium zu packen. Diese Materialunterschiede taugen nur dazu, Werkzeuge im Museum zu ordnen. Auch das Kriterium der Eigentumsordnung ist wenig geeignet, da es den tiefen Einschnitt nicht erfasst, der mit dem Entstehen des Ackerbaus erfolgte, und ebenso wenig den tiefen Bruch durch die Industrialisierung; tatsächlich haben vorindustrielle (handels-)kapitalistische Verhältnisse und industriezeitliche kapitalistische Verhältnisse miteinander weniger gemeinsam als kapitalistische und sozialistische Industriegesellschaften.

Wir gehen bei unserer Klassifikation zunächst von der existenziellen Tatsache aus, dass Menschen durch Arbeit auf das umgebende Ökosystem einwirken, um ihre Bedürfnisse zu befriedigen, und dass dieses mit langfristig *steigender Intensität* geschah. Um den menschlichen Stoffwechsel und damit das Leben zu erhalten sowie um Arbeit zu verrichten, benötigen Menschen Energie, und alle verfügbare Energie entstammt letztlich der Energieeinstrahlung der Sonne. Wichtig ist nun die Art der Energiewandler, welche die eingestrahlte Energie in mechanische Bewegungsenergie umwandeln (also nicht die reine Wärmeerzeugung); hiernach unterscheiden **vorindustrielle Gesellschaften** sich von den **industriezeitlichen Gesellschaften.** Bei vorindustriellen Gesellschaften stammt die mechanische Bewegungsenergie primär aus Muskelkraft, teilweise ergänzt durch hölzerne Maschinen mit Wasser- und Windkraftantrieb, aber sie besitzen keine Energiewandler, mit denen sich die chemische Energie von Holz oder Kohle in mechanische Bewegungsenergie verwandeln lässt. Sie nutzen Letztere also bestenfalls zur Wärmeerzeugung. Muskelkraft von Menschen und Tieren geht auf die in der Nahrung gespeicherten energiehaltigen organischen Verbindungen zurück, in denen die Pflanzen durch Fotosynthese die eingefangene Sonnenenergie gespeichert haben (beziehungsweise auf die im tierischen Eiweiß enthaltene Energie, wenn die Pflanzen an Tiere verfüttert werden und diese dann als Nahrung dienen). Auch die Kräfte von Wind und fließendem Wasser lassen sich auf die Sonne zurückführen: Indem die Sonne verschiedene Teile der Erdoberfläche unterschiedlich stark erwärmt, setzt sie Luftmassen in Bewegung, erzeugt also Wind, und indem die Sonnenstrahlung Wasser verdunstet, hält sie den Wasserkreislauf aus Verdunsten, Abregnen und Abfließen in Gang. In industriezeitlichen Gesellschaften stammt die mechanische Bewegungsenergie in nennenswertem Maß aus schnelllaufenden Metallmaschinen, die primär fossile Energie verwenden. Auch diese geht auf die Sonneneinstrahlung zurück, indem aus Pflanzen und bestimmten Kleinsttieren vor Jahrmillionen durch Fossilierung Kohle, Erdöl und Erdgas entstanden sind, also Lagerstätten konzentriert gespeicherter Energie. Der Schritt zur massenhaften Nutzung fossiler Energie bedeutet, dass die Menge der verfügbaren Energie gewaltig wächst. Damit steigt auch der Stoffwechsel mit der Natur dramatisch an. Die Hauptarbeit der Menschen besteht nun nicht länger darin, Nahrung (und Tierfutter) zu beschaffen, und dementsprechend verändert sich die ganze Wirtschafts- und Sozialstruktur tief greifend. Allerdings kann grundsätzlich Energie im Unterschied zu verschiedensten Stoffen nicht recycelt, sondern nur in eine zerstreutere Form gebracht werden, wie sich aus dem zweiten Hauptsatz der Thermodynamik ergibt. Von biologischen zu fossilen Energieformen zu wechseln heißt deshalb zugleich auch, von Energien, die dauerhaft genutzt werden können, überzugehen zum Abbau von endlichen Lagerstätten.

　　Innerhalb der vorindustriellen Wirtschaftsweise ergeben sich Stufen der Intensität danach, wie die Menschen die benötigte Nahrungsenergie gewinnen. Unterscheiden lässt sich danach, ob Menschen sich einfach aneignen, was ihre Umwelt von sich aus liefert, also Wildtiere jagen und Pflanzenteile sammeln, oder ob sie die benötigte Nahrung überwiegend durch ihre Arbeit selbst produzieren. Mit dem Übergang zur produzierenden Wirtschaftsweise steigt der genutzte Energiefluss je Fläche und damit die mögliche Bevölkerungsdichte dramatisch an, und zugleich wird der Eingriff in die Natur wesentlich intensiver. Da dieser Übergang, wo er autonom erfolgte, sich über mehr als zwei Jahrtausende hinzog, sollte man die aneignende Wirtschaftsweise weiter danach unterteilen, ob die Menschen *ausschließlich* als **Jäger und Sammlerinnen** leben oder ob ein Teil der Nahrung ergänzend von domestizierten Tieren oder Pflanzen kommt, den **domestizierenden Gesellschaften.** Die produzierende Wirtschaftsweise trennt sich nach der Art der verwendeten Nahrungsenergie in jene, bei der die Menschen im Wesentlichen von tierischer Nahrung leben, weil sie aus ökologischen Gründen keine pflanzliche produzieren können, und jene, bei der die Menschen überwiegend pflanzliche Nahrung produzieren und verzehren, das heißt in den **Nomadismus** der nichtsesshaften Hirten einerseits und in die **Agrargesellschaften** mit sesshafter Landwirtschaft andererseits. Letztere sind dadurch gekennzeichnet, dass ihre Produktion überwiegend der hauswirtschaftlichen Selbstversorgung dient. Die weniger intensive Wirtschaftsweise des Nomadismus entwickelt sich nur dort, wo vorindustrielle Agrargesellschaften nicht existieren können, weil es zu trocken oder zu kalt ist, um Grundnahrungsmittel anzubauen. In direkter Konkurrenz ist der Nomadismus dem Ackerbau wirtschaftlich unterlegen, da beim Umweg über das Verfüttern an Tiere rund 90 % der enthaltenen Energie verloren gehen; Nomadismus stellt also ein Energienutzungssystem mit einem geringeren Wirkungsgrad dar und kann schon deshalb deutlich weniger Menschen je Flächeneinheit tragen.

Auch industriezeitliche Gesellschaften weisen Unterschiede in der Intensität auf; sinnvoll ist eine Gruppierung in einerseits jene Gesellschaften, in denen der Anteil der Beschäftigten im Primären Sektor (Gewinnung von Nahrung und Rohstoffen direkt aus der Natur, und zwar einschließlich Bergbau[14]) noch höher ist als jener der Beschäftigten des Sekundären Sektors (Verarbeitung von Primärprodukten, ohne Bergbau), und die außerdem noch nicht in der Lage sind, in nennenswertem Umfang langlebige Konsumgüter bzw. Kapitalgüter zu produzieren, und andererseits die **Industriegesellschaften,** in denen es bereits umgekehrt ist.

Nach dem Intensivierungsprozess kann für die Klassifikation als zweites Kriterium die zunehmende *funktionale Differenzierung* herangezogen werden. Bei Jägern und Sammlerinnen unterscheiden sich die umherziehenden Gruppen **(Wildbeuter)** von jenen, die in Gunsträumen sesshaft werden **(entwickelte Fischer, Sammler und Jäger).** Letztere können aufgrund ihrer Sesshaftigkeit eine differenziertere materielle Kultur entwickeln und spezialisieren sich dabei oft auf bestimmte Nutzungsformen.

Auch das lang andauernde Entwicklungsstadium Agrargesellschaft lässt sich hiernach sinnvoll untergliedern. Wirtschaftswachstum (pro Kopf) vollzog sich in diesen Zeiträumen weniger durch weitere Intensivierung, sondern vor allem durch zunehmende Arbeitsteilung, also funktionale Differenzierung. Zunächst wiesen Agrargesellschaften keine örtlichen Konzentrationen spezialisierter Handwerker auf, waren also **einfache Agrargesellschaften;** erst später entstanden Gesellschaften mit zentralen Orten, an denen sich professionelle Handwerker konzentrierten. Die zunehmende funktionale Differenzierung führte dazu, dass sich Wirtschaft schrittweise als ein eigenständiges Feld aus dem lebensweltlichen Kontext von Haushalt und verwandtschaftlichen Beziehungen herauslöste. Indem die Arbeitenden sich spezialisierten, stiegen ihre Kenntnisse und Fertigkeiten und damit auch die Qualität der Produkte. Für den Austausch differenzierten sich eigene Instrumente und Verfahrensweisen aus, insbesondere Geld (d. h. ein Gegenstand, der in dieser Form ganz überwiegend nur als Tauschmittel dient und nicht zugleich als Gebrauchsgegenstand und der nach Einheiten gezählt, also nicht gewogen wird; das sind also nicht nur Münzen, sondern auch Kaurischnecken und Papiergeld), dann auch kompliziertere Formen wie Wechsel und Giroverkehr. Gesellschaften mit zentralörtlichen Konzentrationen von Handwerkern lassen sich nach dem Maß der Ausdifferenzierung von Märkten und Städten einteilen in **frühurbane Agrargesellschaften** und in **städtische Agrargesellschaften.** Von Letzteren sprechen wir, wenn das Netz der Städte so engmaschig ist, dass die Mehrheit der Haushalte regelmäßig in den Markttausch[15] einbezogen ist, *und* Warentausch sowie Steuerleistungen mehrheitlich[16] durch Geld abgewickelt werden.[17] Bei frühurbanen Gesellschaften handelt es sich oft entweder um Handwerkerkonzentrationen, die überwiegend dazu dienen, die politischen und religiösen Eliten und ihren Apparat zu versorgen, und die dafür aus den (Natural-) Abgaben und Steuern unterhalten werden, oder um Gesellschaften, bei denen der Übergang zu Markt- und Geldwirtschaft noch nicht weit genug gediehen ist. Letzteres können auch (erst) dünn besiedelte Regionen sein, in denen sich Marktnetze nicht voll entwickeln konnten.

Im Allgemeinen streben Regionen mit viel Bevölkerung und stärkerer Urbanisierung, die innovativer sind und deshalb eine intensivere und differenziertere Wirtschaft besitzen, danach, zur Befriedigung ihrer Bedürfnisse die anderen Regionen in ihr wachsendes Netzwerk von Austauschbeziehungen zu integrieren. Dadurch entstehen Beziehungen von Dominanz und Abhängigkeit, von zentralen und peripheren Regionen. Diese Prozesse *asymmetrischer Integration* führen zu Strukturunterschieden, die eine Klassifikation wirtschaftlicher Entwicklungsstufen mitberücksichtigen muss.

Bei vorindustriellen Agrargesellschaften mit einem bedeutenden überregionalen Warenaustausch[18] lassen sich die relevanten Unterschiede am besten anhand der Struktur von Ausfuhr und Einfuhr der Region erfassen und nach diesem Merkmal periphere Agrargesellschaften, vollurbane Agrargesellschaften und zentrale Agrargesellschaften unterscheiden. Wenn bei Gesellschaften mit Städten der durchschnittliche Verarbeitungsgrad der Einfuhr deutlich höher liegt als jener der Ausfuhr, also in erster Linie Fertigwaren eingeführt und Rohstoffe, Edelmetalle und Nahrung ausgeführt werden, sprechen wir von **peripheren Agrargesellschaften.** Von den städtischen Agrargesellschaften nennen wir jene, in denen Bevölkerungsverdichtung und Gewerbeentwicklung so weit fortgeschritten sind, dass die Situation umgekehrt ist, **zentrale Agrargesellschaften,** und jene, bei denen im durchschnittlichen Verarbeitungsgrad von Einfuhr und Ausfuhr kein nennenswerter Unterschied besteht, **vollurbane Agrargesellschaften.** Periphere und zentrale Agrargesellschaften unterscheiden sich deutlich in ihrer sozialen Struktur und in ihrer wirtschaftlichen Dynamik. In zentralen Agrargesellschaften spielen Städte mit Handwerk und Kaufleuten eine entscheidende Rolle, in peripheren Agrargesellschaften dagegen oft Großgrundbesitzer oder auch Kolonialherren. Die städtischen Zentren der zentralen Agrargesellschaften sind die Orte der wirtschaftlichen Dynamik, wogegen die peripheren Agrargesellschaften ein geringeres Entwicklungspotenzial aufweisen. Das heißt aber nicht, dass periphere Agrargesellschaften zwangsläufig in ihrer Entwicklung blockiert wären und sich nicht auch zu Schwellenländern entwickeln könnten, es sagt nichts darüber, ob diese Austauschbeziehungen ausbeuterisch sind, ob diese Strukturunterschiede ihre Ursachen im Inneren haben oder ob sie von außen aufgedrückt worden sind[19] – das sind Fragen empirischer Forschung, nicht der theoretischen Klassifikation.

Asymmetrische Integration prägt sich bei industriezeitlichen Gesellschaften noch schärfer aus. Hier lassen sich die Gesellschaften, in denen der Anteil der Beschäftigten im Primären Sektor noch größer ist als im Sekundären Sektor, ebenfalls anhand der Struktur des überregionalen Austausches untergliedern. Danach zerfallen diese klar in **Schwellenländer,** in denen der Wert von Industrieprodukten jenen von Rohstoffen und Nahrungsmitteln bei der Ausfuhr übersteigt (ersatzweise am Bruttoinlandsprodukt[20]), und **Rohstoffergänzungswirtschaften,** in denen es umgekehrt ist. Während Erstere sich im Industrialisierungsprozess und damit im Übergangszustand zum Industrieland befinden, sind Letztere überwiegend dünn besiedelte Peripherien, deren Wirtschaftsstruktur nur als Zulieferer zu den industriellen Kernen existieren kann und deren Verkehrsinfrastruktur für den Export industriezeitlich geprägt ist (hierin unterscheiden sie sich von peripheren Agrargesellschaften, bei denen die Agrarproduktion für den heimischen Eigenbedarf größer ist als für den Fernabsatz). Für die Einordnung als periphere Agrargesellschaft oder als Rohstoffergänzungsraum ist es dabei belanglos, ob das betreffende Gebiet staatsrechtlich als souveräner Staat, als Kolonie oder als gleichberechtigter Teil innerhalb eines Staates gilt; diese politischen Zuordnungen dürfen nicht den Blick auf die wirtschaftliche Struktur verstellen. Auch zwischen den Industriegesellschaften prägten sich im Laufe der Zeit immer stärker asymmetrische Beziehungen aus; hier setzen **industrielle Metropolen,** die international wettbewerbsfähig sind in Produktion *und* in Forschung und Entwicklung von Produkten, welche den technologischen Spitzenstandard der jeweiligen Epoche repräsentieren, sich ab von den **industriellen Sekundärzentren,** die dazu trotz ihres industriellen Charakters nicht in der Lage sind.[21]

Entwicklungsstadien der Macht

Während es zahlreiche Versuche aus verschiedenen Wissenschaftsgebieten gibt, Stadien der wirtschaftlichen Entwicklung in einer Typologie zu erfassen, sind bisherige Typologien von Herrschaftsformen bemerkenswerterweise in deutlich geringerem Maße an dem Denken in Entwicklungsstadien orientiert, sondern haben überwiegend einen ahistorischen systematischen Zugriff. Jene Typologien, die den Anspruch erheben, die bisher aufgetretenen Herrschaftsformen mehr oder minder für den gesamten Verlauf der Weltgeschichte als historische Typen zu erfassen[22], leiden meist darunter, dass einheitliche und systematische Kriterien für die Abgrenzung fehlen, sodass ihnen eine gewisse Beliebigkeit anhaftet. Eine Sondergruppe stellen die von Ethnologen aufgestellten Typologien von Machtstrukturen dar[23], die zwar deutlicher als alle anderen als Entwicklungsstadien konzipiert sind, sich aber auf den zeitlich begrenzten Bereich der Entstehung von Herrschaft in früher Zeit beschränken. Einige Politikwissenschaftler versuchen, diesen evolutionistischen Ansatz bis zur Moderne auszuweiten.[24] Die größere Zahl der bisherigen politischen Typologien will dagegen nicht die geschichtliche Entwicklung strukturieren, sondern die jeweils gegenwärtig vorhandenen Verhältnisse systematisieren.[25] Das gilt schon für die antiken Typologien der Staatsformen.[26] In den systematischen Typologien des späten 19. und frühen 20. Jahrhunderts werden besonders durch die Staatsrechtler oft auch Herrschaftsformen früherer Jahrhunderte mit einsortiert, jedoch ohne Rücksicht auf ihren Entstehungszusammenhang[27], wogegen die Klassifizierungen durch Politologen seit dem Zweiten Weltkrieg sich weitgehend auf die politischen Systeme des 20. Jahrhunderts beschränken und dementsprechend die historische Tiefe verlieren.[28] Hinzu kommen Typologien der Abhängigkeitsverhältnisse imperial beherrschter Gebiete.[29]

Wir gehen auch bei der Klassifizierung der Machtordnungen von den drei weltgeschichtlichen Entwicklungsprozessen funktionaler Differenzierung, (asymmetrischer) Integration zu größeren Verbänden und sich intensivierender Vernetzung aus.

Um Missverständnisse zu vermeiden, verwenden wir bei den vorindustriellen Herrschaftsordnungen für die verschiedenen Herrschaftsebenen einheitliche Bezeichnungen: Mit Lokalverwaltung ist die Ebene von Dörfern und Städten und mit Regionalverwaltung die Ebene zwischen Lokalverwaltung und politischem Zentrum gemeint, die je nach Größe Kreis (einige Zigtausend Einwohner) oder Provinz (200 000 bis 1 Million Einwohner) genannt wird.

Der Prozess *funktionaler Differenzierung* bedeutet, dass Machtbeziehungen sich schrittweise als eigenständige Rollen aus den personalen Machtbeziehungen wie Verwandtschaft, Gefolgschaft, Klientelverpflichtungen und Lehensbeziehungen, die eng in die allgemeinen Lebenszusammenhänge eingebunden sind, ausdifferenzieren und als Herrschaft und Bürokratie institutionalisieren. Dabei lässt sich zunächst danach unterscheiden, ob das Machtgefüge fast nur personale Bindungen aufweist **(Personenverband)** oder bereits wesentliche bürokratische Elemente bestehen **(Ämterstaat);** ein hinreichender Indikator für Letzteres liegt vor, wenn außerhalb des Palastes eine Regionalverwaltung in Form von Ämtern existiert (d.h. die Machtfunktion wird im Auftrag und maximal lebenslang ausgeübt, ist also nicht erblicher Eigenbesitz), *oder* in der laufenden Verwaltung ein nennenswerter Schriftgebrauch herrscht (also nicht nur für Inschriften) *oder* Ansätze von Geldsteuern vorhanden sind.

Die Personenverbände untergliedern sich danach, ob es ein Machtzentrum gibt, das eigene Institutionen hat, die Gewalt ausüben können, die Ressourcen einziehen und für eigene Zwecke verbrauchen und die sich bei ihrer Machtausübung auch der Dienste von Spezialisten (z.B. Palastwache) bedienen, den **Personenverbandsstaaten,** oder ob zentrale Institutionen sich noch nicht ausdifferenziert haben. Ein Palast ist immer Indikator dafür, dass das Machtzentrum so weit institutionalisiert ist und dementsprechend von einem Staat gesprochen werden kann. Personenverbandsstaaten kommen meist dort vor, wo der beherrschte Raum gemessen an den verfügbaren Herrschaftsmitteln überdehnt ist, sodass er nicht bürokratisch verwaltet werden kann, das heißt vor allem gemessen an den Kommunikationsmöglichkeiten (Grad der Schriftlichkeit) und den verfügbaren materiellen Mitteln (Ausmaß der Geldwirtschaft, Transportmöglichkeiten). Dazu kann es kommen, wenn Eroberungen sehr weit ausgreifen, wenn Häuptlingstümer die Staatsidee aus einem benachbarten Reich übernehmen und mit unzulänglichen Mitteln nachahmen, oder auch als Verfallserscheinung, wenn die Zentrale die Kontrolle über notwendige Ressourcen verliert und eine stärker bürokratische Herrschaft nicht mehr aufrechterhalten kann. Je nach Entstehungsbedingungen kommen mehrere Varianten vor, insbesondere der *Klanstaat,* bei dem ein Königspalast über ein größeres Gebiet herrscht, in dem die Regionalverwaltung aus unterworfenen erblichen Häuptlingen besteht, die teilweise auch durch Verwandte des Königs ersetzt sind[30], der *Nomadenstaat* in der Steppe, bei dem der Herrscherhof primär auf Ressourcen von außerhalb seines Herrschaftsgebiets basiert, wodurch ein großer Herrscherhof ohne bürokratischen Unterbau existieren kann, die _Lehensordnung_, bei welcher der Herrscher sich auf eine Adelsschicht aus Profikriegern stützt, sowie das (archaische) _Fürstentum_, bei dem ein Herrscherpalast in einem mehr oder minder städtischen Zentrum nur ein unmittelbares bäuerliches Umland kontrolliert und es deshalb keine zwischengeschaltete Regionalverwaltung gibt; ferner tritt als nichtmonarchische, also mehr symmetrische Machtstruktur die _frühe Republik_ auf mit erst wenigen, aber dauerhaft institutionalisierten Führungsämtern.

Bei Ämterstaaten unterscheiden wir zwischen **bürokratischen Staaten** und erst **teilbürokratischen Staaten.** Erstere weisen die Kombination von drei Merkmalen auf, nämlich stehende Streitkräfte (Heer oder Flotte), die im Unterschied zum bei Bedarf mobilisierten Volks- oder Ritteraufgebot deutlicher aus der Gesellschaft ausdifferenziert sind und zugleich einen Sprung an Ausdifferenzierung von Bürokratie mit sich bringen, die den laufenden Ressourcenbedarf der Streitkräfte organisieren muss[31], _und_ eine Verwaltung, die in der Zentral- und Regionalverwaltung im Regelfall aus Ämtern besteht _und_ in starkem Maße Schrift verwendet (wogegen auf der lokalen Ebene teilweise weiterhin autonome Machtträger bestehen). Die nur teilbürokratischen Staaten haben mindestens eines dieser drei Merkmale noch nicht entwickelt. Gerade teilbürokratische Herrschaftsordnungen weisen etliche Varianten auf. Unter den Flächenstaaten, die aus Personenverbänden entstanden sind, finden sich die _ständische Monarchie_ Europas mit einer Ständevertretung, die auf der Lehensordnung aufbaut, aber noch ohne stehendes Heer ist, der _frühe Territorialstaat_, bei dem der Monarch zwar durch eine im Regelfall als Ämter organisierte Regionalverwaltung die Fläche gleichmäßig erfassen und direkt auf Abgaben und Arbeitsdienste der Bauernhaushalte zugreifen kann, aber noch nicht über ein stehendes Heer verfügt, und der besonders in Indien und Südostasien verbreitete _Mandalastaat_[32], wo die Machtzentrale zwar ein Kerngebiet mehr bürokratisch verwaltet und manchmal auch Ansätze eines stehenden Heeres besitzt, aber große umliegende Gebiete nur indirekt und oft mehr symbolisch kontrolliert. Als Rückentwicklung aus bürokratischen Staaten kommen der _ethnisch überschichtete Staat_ und der _Caudillismus_ vor. Im erstgenannten Fall erobert ein noch nicht staatlich organisiertes, meist nomadisches Volk einen bürokratischen Staat, verlegt sein Siedlungsgebiet dorthin und mischt den Machtbeziehungen ein starkes personales Element bei, wobei diese Variante unterschiedliche Entwicklungsdynamiken aufweist. Beim Caudillismus ist die bürokratische Macht der republikanischen Zentrale in rivalisierende Regionalmachthaber mit eigenen Truppen und klientelartigem Anhang zerfallen, die aber an der Idee des Gesamtstaates festhalten. Stärker symmetrische Machtbeziehungen kommen in diesem Stadium in Flächenstaaten nicht vor; Städtebünde des mittelalterlichen

Europa erreichten keinen staatlichen Charakter. Anders sieht es bei räumlich kleineren Einheiten aus, wo es praktikabel ist, dass breitere Kreise an Entscheidungsprozessen persönlich teilnehmen: neben dem (patrimonialen) _Fürstentum_ stehen der _Stadtgemeindestaat_ der Antike, in dem die ganze Bevölkerung als Bürgerschaft gilt, und die mittelalterliche _Stadtrepublik_ in Europa, in der die städtische Bürgerschaft das Landgebiet beherrscht. Bei beiden wirken die einzelnen sozialen Gruppen mit unterschiedlichem Gewicht zusammen. Eine Sonderform des Stadtgemeindestaates ist die _direkte Demokratie_. In diesen drei republikanischen Ordnungen sind zwar einerseits Machtfunktionen klar als öffentliche Ämter von privaten Rollen getrennt, doch andererseits herrscht in ihnen eine starke Abneigung dagegen, einen staatlichen Machtapparat von eigenem Gewicht auszudifferenzieren, weshalb dieser klein gehalten wird, nur aus Honoratioren besteht und schon gar kein stehendes Heer aufweist.

Der Prozess der **räumlichen Integration** erlaubt weitere Unterscheidungen. Als nicht zentralisierte Personenverbände bestanden in frühester Zeit nur **Lokalgruppen,** von denen der Integrationsprozess hinführte zu **Stämmen** oder **Ritualzentren** archaischer Kulturen. Mit Ersteren meinen wir Personenverbände von 1000 bis 300000 Mitgliedern, die militärisch als Ganzes nach außen auftreten können und die im Innern nach Verwandtschaftsbeziehungen und Gefolgschaften strukturiert sind und damit die Autorität der Häupter von Verwandtschaftsgruppen (Sippen, Klane) und von Gefolgschaftsführern kennen. Beschlüsse des Stammes werden nach gemeinsamer Beratung gefasst. Dagegen ist bei einem Ritualzentrum ein zentraler Ort mit größerem Einzugsbereich nachweisbar, aber weder Stadt noch Palastanlage oder Herrschergräber, sodass nicht sicher ist, ob der Personenverband nur ein kultischer oder auch ein politischer ist und wie er in sich strukturiert ist. Die Lokalgruppen unterscheiden sich nach dem Maß der Integration und damit der Größe in die **Horden** der Wildbeuter, also kleine Gruppen, in denen Entscheidungen im allgemeinen Konsens getroffen wurden und Autorität bestenfalls als persönliche Eigenschaft vorkam, sowie in die größeren **Dörfer** der Sesshaften und die **nomadischen Lokalgruppen.** Zugleich kann eine Vernetzung z.B. durch Klane, Altersklassen und Kultgemeinschaften auch weit über die Dörfer hinausgreifen, stellt aber keine eigentlich politischen Integrationsformen dar. Zu den Varianten von Stämmen gehören _Häuptlingstümer,_ bei denen es einen ständigen Häuptling oberhalb der lokalen Ebene gibt, _komplexe Häuptlingstümer,_ bei denen mehrere Häuptlingstümer unter einem Oberhäuptling integriert sind, _Stammeskonföderationen,_ bei denen sich mehrere Häuptlingstümer zu einem größeren Verband zusammengeschlossen haben, ohne eine dauerhafte gemeinsame Führung zu institutionalisieren und ohne eine zentrale Stadt zu besitzen, und _aristokratische Stammesgesellschaften_ mit einem Machtgefüge aus etlichen »big man« bzw. Adligen, die einen Anhang aus Gefolgschaften oder auf der Basis von Klientelbindungen besitzen, aber keinen ständigen Häuptling kennen. Durch die Art des Prozesses räumlicher Integration unterscheidet sich überdies bei bürokratischen Staaten das **Imperium** vom **Territorialstaat.** Beim Imperium als Produkt asymmetrischer Integration hat die Bevölkerung (bzw. die Elite) des Kerngebiets einen wesentlich besseren Zugang zum Machtzentrum als jene der umfangreichen abhängigen Gebiete, von denen sie sich meist auch durch ethnische oder kulturelle Merkmale unterscheidet (zu den Minderberechtigten rechnen grundsätzlich auch alle Vasallenstaaten). Meist wird beim Imperium auch die Fläche nicht gleichmäßig erfasst, sodass oft keine klare Außengrenze besteht. Dagegen hat beim Territorialstaat die Bevölkerung fast aller Teilgebiete gleichen Zugang zum Machtzentrum, welches das Staatsgebiet durchgehend kontrolliert, von unbedeutenden Randgebieten abgesehen. Zugang zum Machtzentrum meint die Chance, führende Ämter in Politik, Militär und Verwaltung zu erlangen, sei es durch Karriere oder durch Wahlen.

Weitere Unterschiede ergeben sich aus dem Prozess der *Intensivierung* der Machtverflechtung. Das bedeutet, dass in der Vernetzung von Herrschenden und Beherrschten der Durchfluss größer wird, und zwar einerseits an den von oben geforderten (und von unten geleisteten) Steuern und Dienstleistungen, an der Fähigkeit, die Gesellschaft von oben durch Gesetze und Verordnungen zu steuern, an von oben ausgehenden Ordnungsleistungen und Infrastrukturmaßnahmen, andererseits auch an der von unten nach oben wirkenden politischen Mitbestimmung. Bei Imperien unterscheiden wir zwischen **patrimonialen**[33] **Imperien** einerseits, in denen der Nutzen primär dem zentralen Herrscherhof zufließt (und der meist andere Staaten nicht als gleichberechtigt anerkennt), und andererseits solchen Imperien, in denen die abhängigen Gebiete primär dazu dienen, dass sie von kommerziellen Aktivitäten der Oberschicht genutzt werden (einschließlich der strategischen Absicherung wirtschaftlich wichtiger Gebiete) oder von bäuerlichen Siedlern, die also eine **imperiale Peripherie nichtpatrimonialer Staaten** aufweisen. In dieser Peripherie wird die Herrschaft unterschiedlich intensiv ausgeübt. Im **Handelsreich,** in dem sich Herrschaft auf strategische Punkte und Linien zur Sicherung der Handelsströme beschränkt, geschieht dies weniger als bei formeller Territorialherrschaft, bei Letzterer im Falle einer Herrschaft über unterworfene Bevölkerungen weniger intensiv als in **Siedlerkolonien,** wo die Vorbevölkerung weitgehend verdrängt wird. Die Herrschaft über unterworfene Bevölkerung ist im Falle **indirekter Herrschaft,** wo einheimische Machthaber von staatlichem Charakter bestehen bleiben, weniger intensiv als bei **Beherrschungskolonien,** wo die Zentrale des Imperiums die Verwaltung direkt organisiert und einheimische Kräfte nur noch auf der lokalen

Ebene Einfluss haben. Man sollte sich bei der Einstufung nicht davon irritieren lassen, ob ein abhängiges Gebiet von seinen Herren als Kolonie oder als Protektorat bezeichnet wird, ob es formalrechtlich annektiert ist oder die Konstruktion einer Personalunion vorliegt, sondern man sollte die tatsächlichen Herrschaftsverhältnisse ins Auge fassen. Wo der machtpolitisch abhängige Staat formal souverän ist und über eigenen Gewaltapparat, Verwaltung und Außenpolitik verfügt und die dominante Macht nur gelegentlich gewaltsam in die inneren Angelegenheiten interveniert bzw. nur einzelne Vorrechte besitzt, sollte man nicht von einem Imperium sprechen, sondern von einer *Hegemonie*.[34] Politische Asymmetrien, die noch schwächer sind, stellen bestimmenden *Einfluss* dar.

Bei den Territorialstaaten trennt sich die ältere **patrimonialbürokratische Monarchie** von jenen Ordnungen, in denen die Vernetzung der Bevölkerung mit der Machtzentrale intensiver ist; Letztere unterscheiden sich wiederum in **Demokratien** und in jene, in denen die Intensivierung der Vernetzung noch nicht bis zur Demokratie gelangt ist, die **Transitionsordnungen.**

Bei der patrimonialbürokratischen Monarchie liegt die politische Macht auf zentraler und auf regionaler Ebene nur beim Herrscher (einschließlich Hofcliquen), der sich nach traditionellen Normen legitimiert, und seinen Beauftragten bzw. Klienten, während lokal weiter eigenständige Machthaber existieren, in deren Angelegenheiten der Herrscher nur wenig hineinregiert. Varianten sind beispielsweise der europäische *Absolutismus* mit der erblichen Grundherrschaft des Adelsstandes, die *chinesische Autokratie* mit der Literatenschicht als Basis, die *islamische Despotie* mit ihren Soldaten oft landfremder Herkunft und die *Autokratie* byzantinischer und russischer Prägung.

Die Transition von der patrimonialbürokratischen Monarchie zur Demokratie vollzieht sich in drei Strängen: 1. indem die traditionelle Herrschaftslegitimation des Monarchen zunächst durch die säkularisierten Prinzipien der Aufklärung auf der Diskursebene infrage gestellt wird, der Monarch dann seine Macht nach den Spielregeln einer Verfassung teilen muss und schließlich ganz entmachtet wird, also zur bloßen Galionsfigur gerät oder ganz abgesetzt wird (Republik), sodass in der Demokratie alle relevanten Machtpositionen der Exekutive direkt oder indirekt durch die Wahlergebnisse besetzt bzw. verändert werden, 2. indem das Machtnetzwerk, in welchem sich der Einfluss auf die gesamtstaatliche, nationale Politik vollzieht, nach unten erweitert wird und über die Oberschichten hinaus immer größere Kreise der zuvor unpolitischen Bevölkerung einbezieht, bis in der Demokratie (fast) alle erwachsenen Männer durch Wahlrecht am politischen Prozess teilnehmen dürfen, wobei ihre Stimmen gleich viel zählen[35], *und die Mehrheit dieses Recht auch wahrnimmt* (also nicht nur eine demokratische Fassade allgemeinen Wahlrechts vor oligarchische Machtverhältnisse gehängt wird, bei denen die Massen noch unpolitisch sind), und 3. indem sich eine Bürgergesellschaft[36] entfaltet, d. h. dass zunächst die autonomen Machthaber auch auf lokaler Ebene beseitigt werden, sodass dort freiwillige Vertragsbeziehungen formalrechtlich gleichgestellter und freier Bürger vorherrschen (für die Wirtschaft bedeutet das eine bürgerliche Eigentumsordnung und Marktbeziehungen), dass sich das Netzwerk zentraler Machtorgane bis auf die lokale Ebene verlängert und dass sich dann in diesem Freiraum zwischen dem erweiterten Staatsapparat und den personalen Beziehungen der Lebenswelt ein Netzwerk aus gesellschaftlichen und politischen Institutionen entfaltet, die auf die nationale Ebene bezogen sind, wobei in der Demokratie ein fairer Wettbewerb der politischen Gruppen besteht, zu dem alle relevanten politischen Kräfte Zugang haben und der in regelmäßigen freien Wahlen zum Ausdruck kommt. Demokratien weisen je nach Entstehungspfad mehrere Varianten auf; in der *parlamentarischen Demokratie* sind Zusammensetzung und Bestand der Regierung vom Parlament abhängig, und das vom Monarchen herkommende Amt des Staatsoberhaupts ist auf eine rein repräsentative Funktion geschrumpft, in der *präsidialen Demokratie* ist der Monarch ganz beseitigt und durch einen Präsidenten ersetzt, bei dem die volle Regierungsgewalt liegt und der vom Parlament unabhängig ist, da er vom Volk gewählt wird, und in der *defekten Demokratie* weist der demokratische Prozess gewisse Mängel auf. Bei den Transitionsordnungen vollzieht sich der Wandlungsprozess der drei genannten Stränge nicht gleichmäßig parallel, sondern kann in dem einen weiter vorangeschritten und in anderen weiter zurückgeblieben sein; daraus ergeben sich mehrere Kombinationsmöglichkeiten und damit Varianten, die den einzelnen Entwicklungspfaden ein unterschiedliches Gesicht verleihen. Häufiger auftretende Varianten sind der *Reformabsolutismus*, in dem unter dem Einfluss der Französischen Revolution die Grundherrschaft bereits beseitigt ist und die absolute Monarchengewalt sich zunehmend angezweifelt sieht (Entwicklung von Strang 1 und 3 erster Schritt, 2 noch nicht), die *konstitutionelle Monarchie*, in welcher der Monarch als Chef der Exekutive nach den Spielregeln einer Verfassung die Macht mit dem Parlament als Repräsentanten der Gesellschaft teilt, wobei oligarchische oder allgemeine Machtbeteiligung Unterschiede der gesellschaftlichen Machtverhältnisse widerspiegeln (Strang 1 mittel, 2 und 3 mittel bis weit), die *parlamentarische Monarchie*, in der das Parlament die Regierung bestimmt, aber noch nicht nach demokratischem Wahlrecht gewählt wird (Strang 1 weit, 2 und 3 mittel), die *oligarchische Republik*, in der die Eliten den parlamentarischen Betrieb bestimmen und die Massen noch desinteressiert abseits stehen oder durch Zensuswahlrecht ausgeschlossen werden oder durch Klientelbeziehungen bloße Gefolgschaft der Eliten sind (1 weit, 2 erster Schritt, 3 mittel), die *persönliche Diktatur* mit einer quasi

absolutistischen Machtkonzentration bei noch geringer Durchdringungs-
fähigkeit des Staates in einer noch weitgehend unpolitischen Gesellschaft
(Strang 1 weit, aber 2 und 3 sehr wenig), die *konservative Diktatur*, die als
Notbremse die Machtstellung der alten Eliten vor den Partizipations-
ansprüchen politisierter Massen zu retten sucht, indem sie den politischen
Pluralismus einschränkt und oppositionelle Kräfte ausschaltet (1 mittel
bis weit, 2 und 3 mittel), die *populistische Diktatur*, die mit plebiszitären
Methoden breite Kreise zu integrieren sucht, um eine persönliche Herrschaft abzusichern, und die *technokratische Diktatur*, die auf eine von
oben gesteuerte Modernisierung, besonders Industrialisierung der Gesellschaft abzielt (beide Varianten 1 weit, 2 mittel und 3 eher wenig), sowie
die *massenmobilisierende Diktatur* kommunistischer, faschistischer oder
islamistischer Prägung mit ihrem Anspruch, die ganze Gesellschaft zu
durchdringen und nach einem ideologischen Leitbild umzugestalten, wobei totalitärer Terror meist nur phasenweise auftritt (1 und 2 sehr weit,
3 nur erster Schritt). Da alle diese Diktaturen sich auf keine traditionelle
Legitimierung berufen können, errichten sie meist eine Fassade aus Ver-
fassungstext und manipulierten Wahlen, die machtpolitisch bedeutungslos ist.

Entwicklungsstadien der Kultur

Ebenso wie das wirtschaftliche und das politische wandelte sich im Laufe
der Weltgeschichte auch das kulturelle Netzwerk. Es hat schon mehrere
Versuche gegeben, die Entwicklung der Kommunikationsstrukturen und
Denkweisen als Ganzes oder in Teilbereichen als eine Abfolge von Entwicklungsstadien zu erfassen, vor allem von Soziologen, Ethnologen und
Religionswissenschaftlern sowie auch Medienwissenschaftlern, Philosophen und Psychologen. Die Stufenfolgen, die im 19. Jahrhundert aufgestellt worden sind, meinen alle, dass von primitiven religiösen Denkweisen eine Entwicklung zum modernen europäischen Denken geführt habe;
als Letzteres gelten dann entweder der Monotheismus (beziehungsweise
die heutigen Weltreligionen überhaupt)[37] oder die moderne Wissenschaft
als Überwindung von Religion.[38] Diese Konzeptionen sind nicht nur eurozentrisch und passen nicht auf die indische und chinesische Geschichte,
sondern sie sind auch recht spekulativ, da es an hinreichend genauen
Kenntnissen über frühgeschichtliche Denkformen mangelte und man diesen Mangel durch Informationen über Kulte gegenwärtiger »primitiver«
Völker auszugleichen versuchte. Überdies ist es nicht angemessen, eine
Entwicklungslinie von primitiven Glaubensformen zum wissenschaftlichen Weltbild zu ziehen, insofern die Gegenstandsbereiche des religiösen
und des wissenschaftlichen Denkens nicht deckungsgleich sind. Die von

der neueren Religionssoziologie entwickelten Konzeptionen von Entwicklungsstadien speziell des religiösen Denkens lehnen sich stark an die Stadien allgemeiner gesellschaftlicher Entwicklung an[39], wobei einige als Kriterium eine zunehmende Ausdifferenzierung des Religiösen aus den übrigen gesellschaftlichen Bezügen in den Mittelpunkt rücken.[40] Von ganz anderer Art sind jene Ansätze, die an die Forschungen der Entwicklungspsychologie über den stufenweisen Wandel der Denkstrukturen des einzelnen Menschen auf seinem Weg vom Kleinkind zum Erwachsenen anknüpfen und versuchen, eine ähnliche Entwicklung allgemeiner Denkstrukturen in der Weltgeschichte aufzufinden, insbesondere hinsichtlich der Wirklichkeitserfassung und der Moralentwicklung.[41] Hier wird Weltgeschichte als ein Lernprozess aufgefasst, der sich über einen Anstieg des geistigen Niveaus vollzieht, sodass diese Ansätze beanspruchen, mit ihren Entwicklungsstadien Gesellschaften als Ganzes zu erfassen, obgleich sie sich primär auf die Entwicklung der Kultur beziehen. Es ist ein durchaus fruchtbarer Gedanke, dass die Entwicklung der Denkstrukturen bei der Menschheit als Ganzer und bei jedem einzelnen Menschen einen ähnlichen Ausgangspunkt hat und der gleichen Entwicklungslogik folgt, und zwar je nach gesellschaftlichem Entwicklungsstand unterschiedlich weit. Dies kann sich natürlich nur auf generelle Trends der Denkstrukturen beziehen und heißt nicht, dass die konkreten Ausprägungen sich parallel entwickeln; Erwachsene haben andere Erfahrungen als Kinder. Überdies können die frühen Entwicklungsstufen des Denkens nur bei Kindern vorkommen, weil dieses Niveau selbst in frühesten Gesellschaften nicht ausgereicht hätte, die Lebenserfordernisse der Erwachsenen zu meistern. Es gibt aber auch grundsätzliche Bedenken. Selbst für die Entwicklung der Psyche des einzelnen Menschen ist fraglich, ob die verschiedenen Bereiche wie Logik, Kausalitätsvorstellung, Raumvorstellung, Zeitbegriff, Art der Klassifikationen, Moral usw. sich sozusagen im Gleichschritt entwickeln oder ob die einzelnen Bereiche sich unabhängig voneinander entfalten und damit bei verschiedenen Individuen in unterschiedlichen Kombinationen auftreten, anders gesagt: ob sich wirklich allgemeine, bereichsübergreifende Stufen der Entwicklung der Denkstrukturen erkennen lassen oder nur bestimmte Entwicklungsrichtungen.[42] Außer den genannten Theorien über Entwicklungsstufen von Denkweisen gibt es noch die Konzeptionen von Medienwissenschaftlern, die auf die Veränderung der Kommunikations- und Speichermittel ausgerichtet sind.[43] Hinzu kommen einige andere Ansätze zur Entwicklung von Bewusstseinsformen, die teilweise auch kürzer greifen, indem sie mehr einen bestimmten Umbruch im Denken in den Mittelpunkt rücken.[44]

Stadien der kulturellen Entwicklung sollten nicht auf Religion oder Moral eingeengt, sondern umfassender konzipiert sein, zumal die Unterscheidung von Religion und Philosophie der antik-abendländischen Entwicklung entstammt und für Buddhismus und konfuzianische Traditionen wenig Sinn gibt. Die Entwicklung der Weltanschauung der Weltdeutung der Menschen zugrunde zu legen wäre nun ein naheliegender Gedanke, doch er verführt dazu, sich an der Entwicklung bestimmter Denkmuster in antik-abendländischer Tradition zu orientieren und damit eine eurozentrische Perspektive einzuschmuggeln, die insbesondere die unterschiedlichen asiatischen Denkweisen nicht angemessen erfasst. Ein neutraler und hinreichend offener Ausgangspunkt lässt sich dagegen damit gewinnen, dass dem kulturellen Netzwerk Kommunikationsbeziehungen zugrunde liegen. Auf deren Basis konnten bestimmte Gattungen von Weltbildern entstehen, die dann kulturbedingt verschiedene Varianten aufweisen. Das ist auch wesentlich mehr als bloße Mediengeschichte.

Auch der Informationsfluss in kommunikativen Netzwerken weist langfristig eine *steigende Intensität* auf, indem die Zahl der vernetzten Menschen sowie Dichte und Tempo des Informationsflusses steigen. Dieses wurde besonders vom Anstieg der technischen Möglichkeiten und der menschlichen Kompetenzen geprägt. Dabei markiert das Einsetzen von Schrift zwar einen Sprung für *unseren* Kenntnisstand über eine vergangene Kultur, aber keinen vergleichbaren Einschnitt in *deren* Entwicklung. Das hat zwei Gründe: Zum einen wurde Schrift zunächst nur für marginale Bereiche bzw. für Verwaltung verwendet und erfasste erst in einem jahrhundertelangen Verschriftlichungsprozess schrittweise auch literarische Texte weitgehend, zum anderen ist zu bedenken, dass der entscheidende Sprung zur Reflexivität zwar im Nahen Osten viel später, dagegen in Indien viel früher als die allgemeine Verschriftlichung des Wissens erfolgte. Hingegen ist davon auszugehen, dass der Schritt zur **Druckkultur,** bei der die vorhandenen Texte bereits *überwiegend* gedruckt sind, die Reichweite und die Menge an verfügbaren Informationen und damit auch die Innovationsfähigkeit enorm gesteigert hat gegenüber einer Weitergabe durch mündliche Erzählung oder wenige Handschriftenexemplare. Weiter macht es bei der Druckkultur einen großen Unterschied, ob nur Eliten (vor allem Priester, Beamte und Kaufleute) regelmäßig an der Kommunikation einer überregionalen (z. B. nationalen) Öffentlichkeit teilhaben oder auch nennenswerte Kreise über die Eliten hinaus. Für Letzteres reicht es nicht aus, einmal Lesen gelernt zu haben und dieses dann nur für Unterschrift und Kirchengesangbuch zu nutzen; entscheidend dafür, dass sich das Bewusstsein über den begrenzten lokalen Horizont hinaus erweitert, ist vielmehr, dass diese Fähigkeit auch im genannten Sinne genutzt wird – erst dann kommt es zu einer allgemeinen Mobilisierung, die zu einem qualitativ neuen Kulturleben führt. Trennen lässt sich dabei zwischen Gesellschaften, die sich erst im Übergangsprozess zur Massenkultur befinden **(Mobilisierungskultur),** und solchen, in denen tatsächlich fast alle regelmäßig von Informationen und Diskussionen der nationalen

Öffentlichkeit erreicht werden und fast alle alphabetisiert sind. Bei Letzteren intensiviert sich die Kommunikation noch einmal mit dem Übergang von der **Massenkultur,** bei der die Menschen durch Zeitungen, Rundfunk und bzw. oder Fernsehen erreicht werden, zur **Informationsgesellschaft,** in der die Mehrheit der Erwachsenen durch Internet einen Zugang zu einer wesentlich größeren Fülle an Informationen gewinnt und zugleich die Informationsproduktion nicht mehr so stark kanalisiert wird (insbesondere durch Redaktionen), sondern wesentlich dezentraler erfolgt und darum vielfältiger ist.[45] Dabei schließt die Internetnutzung einen Mindeststandard an Fähigkeiten und Neigung zum Umgang mit Informationen ein.

Als zweites Unterscheidungskriterium lässt sich der Prozess *funktionaler Differenzierung* sinnvoll heranziehen. In der Zeit vor dem Aufkommen der Druckkultur war die Ausdifferenzierung von Trägergruppen der Elitenkultur und damit die Entfaltung komplexerer Kulturformen das Hauptmerkmal kultureller Entwicklung. Unterscheiden lässt sich zwischen Kulturen ohne eine professionelle geistige Elite und damit ohne Elitenkultur **(primitive Kulturen),** und jenen, in denen eine solche sich bereits ausdifferenziert hat. Bei Letzterer kann man wiederum zwei Stadien gegeneinander abgrenzen: In einem Fall besteht nur eine relativ kleine und homogene, nach außen abgeschlossene geistige Elite ohne offenen Diskurs, deren Wissen und Deutungen keine reflexiven Teile beinhaltet, die **archaischen Kulturen,** im anderen Fall ist entweder eine differenziertere Intellektuellenschicht mit einem Diskurs über Welterklärungen auf der Basis allgemeiner Prinzipien entstanden, oder es werden reflexive Texte tradiert, die sich unter solchen differenzierteren Kommunikationsbedingungen herausgebildet haben. Bei den archaischen Kulturen sollte man noch einmal trennen zwischen jenen Gesellschaften, in denen diese geistige Elite ausschließlich aus einer kleinen Gruppe von geistigen Spezialisten wie Priester, Barden und Dichtern besteht, den **archaischen Volkskulturen,** und jenen, wo ein staatlicher Herrscherhof zur Ausdifferenzierung einer komplexeren großen Tradition geführt hat, die sich von den kleinen lokalen Traditionen des Volkes absetzt, den **archaischen Palastkulturen** (dieser Begriff wird dem Begriff frühe Hochkulturen vorgezogen).[46] Im anderen genannten Fall muss unterschieden werden zwischen **achsenzeitlichen Kulturen,** in denen ein Netzwerk von Gebildeten existiert, das in sich differenziert ist und in dem in einem rationalen Diskurs Welterklärungen auf der Basis allgemeiner Prinzipien entstehen, und solchen Kulturen, die darauf aufbauen und zwar hier entstandene reflexive Texte tradieren, aber selbst weniger differenziert sind und deshalb nur einen geringen theoretischen Diskurs aufweisen. Schließlich gliedert sich auch die Druckkultur, in der fast nur die Eliten an einer überregionalen Öffentlichkeit teilhaben, in zwei Formen, nämlich die **diskursive**

Druckkultur, in der sich Institutionen und Netzwerke von Gelehrten mit einem freien öffentlichen Diskurs ausdifferenziert haben, und die **einfache Druckkultur,** wo dieses noch nicht erfolgt ist.

Schließlich führt der Prozess der *asymmetrischen Integration* dazu, dass die Kulturen, in denen achsenzeitliche Texte schwerpunktmäßig tradiert werden, der theoretische Diskurs also gering ist, sich unterscheiden in **nachachsenzeitliche Kulturen** mit einer voll entwickelten Bildungsschicht und **periphere Kulturen** mit nur gering entwickelter Bildungsschicht. Bei Letzteren sind zwar durch Transferprozesse achsenzeitliche Traditionen übernommen worden, bilden aber nur einen dünnen Firnis; hier sind selbst große Teile der Eliten noch analphabetisch und weisen noch weitgehend die Mentalität archaischer Kultur auf.

Verzeichnis der Karten und Grafiken

Nachweis der zitierten Literatur

Abegg, Lily, 1949: Ostasien denkt anders, Zürich

Abramovitz, Moses, 1956: Resource and Output Trends in the United States since 1870, in: American Economic Review 46, S. 5–23

Abramovitz, Moses, 1993: The Search for the Sources of Growth. Areas of Ignorance, Old and New, in: Journal of Economic History 53, S. 217–43

Abramowski, Günter, 1966: Das Geschichtsbild Max Webers. Universalgeschichte am Leitfaden des okzidentalen Rationalisierungsprozesses, Stuttgart

Abu-Lughod, Janet L., 1989: Before European Hegemony. The World System A. D. 1250–1350, Oxford

Acham, Karl, 1974: Analytische Geschichtsphilosophie, München

Ackermann, Rolf, 2001: Pfadabhängigkeit, Institutionen und Regelform, Tübingen

Adams, David K. und Cornelis A. Van Minnen (Hg.), 1994: Reflections on American Exceptionalism, Kiel

Adams, Richard Newbold, 1975: Energy and Structure, Austin

Adams, Richard Newbold, 1988: The Eighth Day. Social Evolution as the Self-Organization of Energy, Austin

Adams, Robert McC., 1966: The Evolution of Urban Society. Early Mesopotamia and Prehistoric Mexico, Chicago

Adshead, Samuel A. M., 1993: Central Asia in World History, Basingstoke

Aertsen, Jan A. und Andreas Speer (Hg.), 1996: Individuum und Individualität im Mittelalter, Berlin

Afflerbach, Holger und David Stevenson (Hg.), 2007: An Improbable War? The Outbreak of World War I and European Political Culture Before 1914, New York

Aghion, Philippe und Peter Howitt, 1998: Endogenous Growth Theory, Cambridge/Mass.

Ahrens, Daniela, 2001: Grenzen der Enträumlichung. Weltstädte, Cyberspace und transnationale Räume in der globalisierten Moderne, Opladen

Akçam, Taner, 2004: Armenien und der Völkermord. Die Istanbuler Prozesse und die türkische Nationalbewegung, Hamburg

Alberuni: Alberuni's India. An Account of the Religion, Philosophy, Literature, Geography, Chronology, Astronomy, Customs, Laws and Astrology of India about A. D. 1030, Hg. Edward C. Sachau, London 1914

Albrecht, Michael, 1994: Eklektik. Eine Begriffsgeschichte mit Hinweisen auf die Philosophie- und Wissenschaftsgeschichte, Stuttgart

Albrow, Martin, 1998: Abschied vom Nationalstaat. Staat und Gesellschaft im globalen Zeitalter, Frankfurt a. M.

Alexander, Jeffrey C., 1983: Theoretical Logic in Sociology, Band 4: The Modern Reconstruction of Classical Thought: Talcott Parsons, Berkeley

Allchin, Bridget und Raymond Allchin, 1982: The Rise of Civilization in India and Pakistan, Cambridge

Almond, Gabriel A. und Bingham Powell und Kaare Strom und Russel J. Dalton, 2000: Comparative Politics Today. A World View, Glencoe Ill. ⁷2000

Altenburg, Tilman und Christian von Haldenwang, 2004: Wirtschaftliche Entwicklung auf breiter gesellschaftlicher Basis – eine Reformagenda für Lateinamerika, in: Dieter Nohlen und Hartmut Sangmeister (Hg.): Macht, Markt, Meinungen. Demokratie, Wirtschaft und Gesellschaft in Lateinamerika, Opladen, S. 125–46

Althoff, Gerd, 1990: Verwandte, Fremde, Getreue. Zum politischen Stellenwert der Gruppenbildung im frühen Mittelalter, Darmstadt

Althoff, Gerd, 2000: Die Ottonen. Königsherrschaft ohne Staat, Stuttgart

Althoff, Gerd, 2003: Die Macht der Rituale. Symbolik und Herrschaft im Mittelalter, Darmstadt

Altmann, Gabriel und Walter A. Koch (Hg.), 1998: Systems. New Paradigms for the Human Sciences, Berlin

Amery, Carl, 1972: Das Ende der Vorsehung. Die gnadenlosen Folgen des Christentums, Reinbek

Andaya, Leonard Y., 1992: Interaction with the Outside World and Adaptation in Southeast Asian Society 1500–1800, in: The Cambridge History of Southeast Asia, Hg. Nicholas Tarling, Bd. 1, Cambridge, S. 341–401

Anderson, Benedict, 1983: Imagined Communities. Reflections on the Origin and Spread of Nationalism, London

Anderson, Perry, 1979: Die Entstehung des absolutistischen Staates, Frankfurt a. M.

Ankersmit, Frank Rudolf, 1981: Narrative Logic. A Semantic Analysis of the Historian's Language, Groningen

Antràs, Pol und Hans-Joachim Voth, 2003: Factor Prices and Productivity Growth during the British Industrial Revolution, in: Explorations in Economic History 40, S. 52–77

Antweiler, Christoph, 1988: Kulturevolution als transgenerationaler Wandel. Zur neueren angloamerikanischen Diskussion um sog. »kulturelle Selektion«, Berlin

Antweiler, Christoph, 1990: Das eine und die vielen Gesichter kultureller Evolution. Eine Orientierung zum begrifflichen Handwerkszeug des Neoevolutionismus, in: Anthropos 85, S. 483–506

Appadurai, Arjun, 1996: Modernity at Large. Cultural Dimensions of Globalization, Minneapolis

Aristoteles: Meteorologie in: Werke, Hg. Ernst Grumach, Bd. 12, Darmstadt ³1984, S. 7–235

Aristoteles: Politik, in: Werke, Hg. Ernst Grumach, Bd. 9, 4 Teile, Darmstadt 1991–96

Armstrong, Karen, 2006: The Transformation. The Beginning of Our Religious Traditions, New York

Arnason, Johann P. und Shmuel Nathan Eisenstadt und Björn Wittrock (Hg.), 2005: Axial Civilizations and World History, Leiden

Arnold, David, 2000: Science, Technology and Medicine in Colonial India (= The New Cambridge History of India, Bd. 3, Tl. 5), Cambridge

Arora, U. P., 2001: Ancient India and Ancient Greece, in: G. C. Pande (Hg.): Life,

Thought and Culture in India (from c. 600 BC to c. AD 300), New Delhi, S.1045–70

Arrighi, Giovanni, 1994: The Long Twentieth Century. Money, Power, and the Origins of Our Times, London

Asch, Ronald G. und Heinz Duchhardt (Hg.), 1996: Der Absolutismus – ein Mythos? Strukturwandel monarchischer Herrschaft, Köln

Assmann, Aleida und Jan Assmann, 1987: Kanon und Zensur, in: dies.: (Hg.): Kanon und Zensur, München, S.7–27

Assmann, Jan, 1988: Kulturelles Gedächtnis und kulturelle Identität, in: ders. und T. Hölscher (Hg.): Kultur und Gedächtnis, Frankfurt a.M., S.9–19

Assmann, Jan, 1991: Stein und Zeit. Mensch und Gesellschaft im alten Ägypten, München

Assmann, Jan, 1992: Große Texte ohne eine Große Tradition: Ägypten als eine vorachsenzeitliche Kultur, in: Shmuel N. Eisenstadt (Hg.): Kulturen der Achsenzeit II. Ihre institutionelle und kulturelle Dynamik, Tl.3, Frankfurt a.M., S.245–80

Assmann, Jan, 1996: Ägypten. Eine Sinngeschichte, München

Assmann, Jan, 2000: Das kulturelle Gedächtnis. Schrift, Erinnerung und politische Identität in frühen Hochkulturen, München ³2000

Assmann, Jan, 2006: Monotheismus und die Sprache der Gewalt, Wien

Atran, Scott, 2002: In Gods we Trust. The Evolutionary Landscape of Religion, Oxford

Atwell, William S., 2001: Volcanism and Short-Term Climatic Change in East Asian and World History, c. 1200–1699, in: Journal of World History 12, S.29–98

Audouin, Rémy und Jean-François Breton und Christian Robin, 1987: Städte und Tempel – die Entstehung der südarabischen Zivilisation, in: Daum, Werner (Hg.): Jemen, Innsbruck, S.74–80

Aunger, Robert (Hg.), 2000: Darwinizing Culture. The Status of Memetics as a Science, Oxford

Austen, Ralph A., 1987: African Economic History. Internal Development and External Dependency, London

Bächtold-Stäubli, Hanns, 1927: Handwörterbuch des deutschen Aberglaubens, 10 Bde., Berlin 1927–42

Backus, Charles Roney, 1978: The Nan-chao Kingdom and Frontier Policy in Southwest China during the Sui and T'ang Periods, Ann Arbor

Baechler, Jean und John A. Hall und Michael Mann (Hg.), 1988: Europe and the Rise of Capitalism, Oxford

Bagley, Robert (Hg.), 2001: Ancient Sichuan. Treasures from a lost Civilization, Princeton

Bagley, Robert, 1999: Shang Archeology, in: The Cambridge History of Ancient China, Bd.1, Cambridge, S.124–231

Bahm, Archie J., 1977: Comparative Philosophy. Western, Indian and Chinese Philosophers Compared, Albuquerque

Baines, John und Norman Yoffee, 1998: Order, Legitimacy, and Wealth in Ancient Egypt and Mesopotamia, in: Gary M. Feinman und Joyce Marcus (Hg.): Archaic States, Santa Fe, S.199–260

Bairoch, Paul, 1981: The Main Trends in National Economic Disparities since the Industrial Revolution, in: Paul Bairoch und Maurice Lévy-Leboyer (Hg.): Disparities in Economic Development since the Industrial Revolution, London, S.3–17

Bairoch, Paul, 1982: International Industrialization Levels from 1750 to 1980, in: Journal of European Economic History 11, S.269–333

Bairoch, Paul, 1993: Economics and World History. Myth and Paradoxes, Chicago

Baldwin, James Mark, 1915: Genetic Theory of Reality, New York

Barendse, R.J., 2003: The Feudal Mutation. Military and Economic Transformations of the Ethnosphere in the Tenth to Thirteenth Centuries, in: Journal of World History 14, www.historycooperative.org/journals/jwh/14.4/barendse.html

Barfield, Thomas Jefferson, 1989: The Perilous Frontier. Nomadic Empires and China, Cambridge

Barfield, Thomas Jefferson, 1991: Tribe and State Relations: The Inner Asian Perspective, in: Philip S. Khoury und Joseph Kostiner (Hg.): Tribes and State Formation in the Middle East, London, S.153–82

Bargatzky, Thomas, 1984: Culture, Environment and the Ills of Adaptationism, in: Current Anthropology 25, S.399–415

Bargatzky, Thomas, 1986: Einführung in die Kulturökologie. Umwelt, Kultur und Gesellschaft, Berlin

Barnard, Alan, 2000: History and Theory in Anthropology, Cambridge

Barnosky, Anthony u.a., 2004: Assessing the Causes of Late Pleistocene Extinctions on the Continents, in: Science 306, S.70–75

Barr, Kenneth, 1979: Long Waves: A Selective, Annotated Bibliography, in: Review 2, S.675–718

Barro, Robert J. und Xavier Sala-i-Martin, 1997: Technological Diffusion, Convergence, and Growth, in: Journal of Economic Growth 2, S.1–27

Barro, Robert J., 1997: Determinants of Economic Growth. A Cross-Cultural Empirical Study, Cambridge/Mass.

Barthélemy, Dominique, 1996: Debate: The »Feudal Revolution«. Comment 1, in: Past and Present 152, S.196–205

Bartlett, Robert, 1996: Die Geburt Europas aus dem Geist der Gewalt. Eroberung, Kolonialisierung und kultureller Wandel von 950 bis 1350, München

Barudio, Günter, 1981: Das Zeitalter des Absolutismus und der Aufklärung 1648–1779, Frankfurt a.M.

Bauer, Wolfgang, 1995: Gläubigkeit und Rationalität. Über das Verblassen von Göttern und Geistern in der zweiten Hälfte des ersten vorchristlichen Jahrhunderts, in: Das alte China. Menschen und Götter im Reich der Mitte 5000 v.Chr. bis 220 n.Chr., Hg. Kulturstiftung Ruhr, Essen, S.147–55

Baumann, Zygmunt, 1992: Dialektik der Ordnung. Die Moderne und der Holocaust, Hamburg

Bavaj, Riccardo, 2003: Die Ambivalenz der Moderne im Nationalsozialismus. Eine Bilanz der Forschung, München

Bayly, Christopher A., 1996: Empire and Information. Intelligence Gathering and Social Communication in India 1780–1870, Cambridge

Bayly, Christopher A., 2006: Die Geburt der modernen Welt. Eine Globalgeschichte 1780–1914, Frankfurt a.M.

Beaujard, Philippe, 2005: The Indian Ocean in Eurasian and African World-Systems before the Sixteenth Century, in: Journal of World History 16, H.4, www.historycooperative.org/journals/jwh/16.4/beaujard.html

Becher, Johann Joachim, 1688: Politischer Diskurs von den eigentlichen Ursachen des Auff- und Abnehmens der Städt, Länder und Republicken …, Frankfurt a. M. ³1688

Beck, Hans, 1997: Polis und Koinon. Untersuchungen zur Geschichte und Struktur der griechischen Bundesstaaten im 4. Jahrhundert v. Chr., Stuttgart

Beck, Ulrich, 1986: Risikogesellschaft. Auf dem Weg in eine andere Moderne, Frankfurt a. M.

Begon, Michael und John L. Harper und Colin R. Townsend, 1991: Ökologie. Individuen, Populationen und Lebensgemeinschaften, Basel

Behringer, Wolfgang, 2005: »Von der Gutenberg-Galaxis zur Taxis-Galaxis«. Die Kommunikationsrevolution – ein Konzept zum besseren Verständnis der Frühen Neuzeit, in: Johannes Burkhardt und Christine Werkstetter (Hg.): Kommunikation und Medien in der Frühen Neuzeit, München, S. 39–54

Behringer, Wolfgang, 2007: Kulturgeschichte des Klimas. Von der Eiszeit bis zur globalen Erwärmung, München

Beinhocker, Eric D., 2007: Die Entstehung des Wohlstands. Wie Evolution die Wirtschaft antreibt, Landsberg

Bell, Daniel, 1976: Die nachindustrielle Gesellschaft, Frankfurt a. M.

Bellah, Robert N., 1964: Religious Evolution, in: American Sociological Review 29, S. 358–74

Bellwood, Peter und Colin Renfrew (Hg.), 2002: Examining the Farming/Language Dispersal Hypothesis, Cambridge

Bellwood, Peter, 1999: Southeast Asia before History, in: The Cambridge History of Southeast Asia, Hg. Nicholas Tarling, Bd. 1, Cambridge, S. 55–136

Bendel, Petra und Aurel Croissant und Friedbert W. Rüb (Hg.), 2002: Zwischen Demokratie und Diktatur. Zur Konzeption und Empirie demokratischer Grauzonen, Opladen

Bender, Peter, 2003: Weltmacht Amerika. Das neue Rom, Stuttgart

Benecke, Norbert, 1994: Der Mensch und seine Haustiere. Die Geschichte einer jahrtausendealten Beziehung, Stuttgart

Bentley, Jerry H. und Herbert F. Ziegler, 2000: Traditions and Encounters. A Global Perspective on the Past, Boston

Bentley, Jerry H., 1993: Old World Encounters. Cross-Cultural Contacts and Exchanges in Pre-Modern Times, Oxford

Benz, Arthur (Hg.), 2004: Governance – Regieren in komplexen Regelsystemen, Wiesbaden

Berg-Schlosser, Dirk (Hg.), 2004: Democratization. The State of the Art, Wiesbaden

Berg-Schlosser, Dirk und Gisèle De Meur, 2002: Reduction of Complexity, in: Dirk Berg-Schlosser und Jeremy Mitchell (Hg.): Authoritarianism and Democracy in Europe, 1919–39. Comparative Analyses, Basingstoke, S. 270–84

Berg-Schlosser, Dirk und Jeremy Mitchell (Hg.), 2000: Conditions of Democracy in Europe 1919–39. Systematic Case-Studies, London

Berg-Schlosser, Dirk, 2002 a: Cross-Sectional and Longitudinal Analysis, in: Dirk Berg-Schlosser und Jeremy Mitchell (Hg.): Authoritarianism and Democracy in Europe, 1919–39. Comparative Analyses, Basingstoke, S. 285–315

Berg-Schlosser, Dirk, 2002 b: Implications for Theories of Democracy, in: Dirk Berg-Schlosser und Jeremy Mitchell (Hg.): Authoritarianism and Democracy in Europe, 1919–39. Comparative Analyses, Basingstoke, S. 319–23

Berger, Peter L. und Samuel P. Huntington (Hg.), 2002: Many Globalizations. Cultural Diversity in the Contemporary World, Oxford

Berlin, Brent, 1992: Ethnobiological Classification. Principles of Categorization of Plants and Animals in Traditional Societies, Princeton

Bernal, Martin, 1987: Black Athena. The Afroasiatic Roots of Classical Civilization, 2 Bde., London 1987–91

Bernbeck, Reinhard, 1995: Die Obed-Zeit: Religiöse Gerontokratien oder Häuptlingstümer?, in: Karin Bartl, Reinhard Bernbeck und Marlies Heinz (Hg.): Zwischen Euphrat und Tigris, Hildesheim, S. 44–56

Bernbeck, Reinhard, 1997: Theorien in der Archäologie, Tübingen

Bernecker, Walther L. und Thomas Fischer, 1995: Entwicklung und Scheitern der Dependenztheorien in Lateinamerika, in: Periplus 5, S. 98–118

Bernier, François, 1670/1934: Travels in the Mogul Empire A.D. 1656–1668, transl. … by A. Constable, London ²1934 (zuerst franz. 1670–71)

Bertelsmann Stiftung: Bertelsmann Transformation Index, www.bertelsmann-transformation-index.de

Bettinger, Robert L., 1992: Hunter-Gatherers. Archaeological and Evolutionary Theory, New York ²1992

Bhaba, Homi K., 1995: The Location of Culture, London

Bickerton, Derek, 1990: Language & Species, Chicago

Bielenstein, Hans, 1987: Chinese Historical Demography A.D. 2–1982. Bulletin of the Museum of Far Eastern Antiquities, Bd. 59, Stockholm

Bierfelder, Wilhelm H., 1994: Innovationsmanagement, München ³1994

Bierstedt, Alexander, 1997: Darwins Erben und die Vielfalt der Kultur. Zur Kausalität kulturellen Wandels aus darwinistischer Sicht, Frankfurt a.M.

Biervert, Bernd und Martin Held (Hg.), 1992: Evolutorische Ökonomik – Neuerungen, Normen, Institutionen, Frankfurt a.M.

Bilde, Per u.a. (Hg.), 1993: Centre und Periphery in the Hellenistic World, Aarhus

Birkhan, Helmut, 1997: Kelten. Versuch einer Gesamtdarstellung ihrer Kultur, Wien

Bisson, Thomas N., 1994: The »Feudal Revolution«, in: Past and Present 142, S. 6–42

Bisson, Thomas N., 1997: Debate. The »Feudal Revolution«, in: Past and Present 155, S. 177–225

Biswas, Arun Kumar, 2000: Minerals and Metals in Medieval India, in: A. Rahman (Hg.): History of Indian Science, Technology and Culture, AD 1000–1800, New Delhi, S. 275–313

Black, Cyril E. u.a. (Hg.), 1975: The Modernization of Japan and Russia. A Comparative Study, London

Blackbourn, David und Geoff Eley, 1984: The Peculiarities of German History. Bourgeois Society and Politics in Nineteenth-century Germany, Oxford

Blanton, Richard E. und Gary M. Feinman und Stephen A. Kowalewski und Peter N. Peregrine, 1996: A Dual-Processual Theory for the Evolution of Mesoamerican Civilization, in: Current Anthropology 37, S. 1–14

Blanton, Richard E., 1998: Beyond Centralization. Steps Toward a Theory of Egalitarian Behavior, in: Gary M. Feinman und Joyce Marcus (Hg.): Archaic States, Santa Fe, S. 135–72

Blaut, James M., 1993: The Colonizer's Model of the World. Geographical Diffusionism and Eurocentric History, New York

Blaut, James M., 2000: Eight Eurocentric Historians, New York

Bleiken, Jochen, 1988: Geschichte der Römischen Republik, München ³1988

Bleiken, Jochen, 1995: Die athenische Demokratie, Paderborn ⁴1995

Blickle, Peter, 2000: Kommunalismus. Skizzen einer gesellschaftlichen Organisationsform, 2 Bde., München

Bloch, Marc, 1939/1982: Die Feudalgesellschaft, Berlin 1982 (franz. ¹1939)

Blotevogel, Hans Heinrich., 2005: Zentrale Orte, in: Handwörterbuch der Raumordnung, Hannover ⁴2005, S. 1307–15

Bobek, Hans, 1959: Die Hauptstufen der Gesellschafts- und Wirtschaftsentfaltung in geographischer Sicht, in: Die Erde 90, S. 259–98

Bodde, Derk, 1956: Feudalism in China, in: Roushton Coulborn (Hg.): Feudalism in History, Princeton, S. 49–92, 101–07

Bodde, Derk, 1991: Chinese Thought, Science, and Society. The Intellectual and Social Background of Science and Technology in Pre-Modern China, Honolulu

Boehm, Christopher, 1999: Hierarchy in the Forest. The Evolution of Egalitarian Behavior, Harvard

Bog, Ingomar, 1978: Kapitalismus, in: Handwörterbuch der Wirtschaftswissenschaften, Bd. 4, Stuttgart, S. 419–32

Böhme, Helmut, 2000: »Primat« und »Paradigma«. Zur Entwicklung einer bundesdeutschen Zeitgeschichtsschreibung am Beispiel des Ersten Weltkrieges, in: Hartmut Lehmann (Hg.): Historikerkontroversen, Göttingen, S. 87–139

Boli, John und Francisco O. Ramirez und John W. Meyer, 1985: Explaining the Origins and Expansion of Mass Education, in: Comparative Education Review 29, S. 145–70

Bordo, Michael D. und Alan M. Taylor und Jeffrey Williamson (Hg.), 2003: Globalization in Historical Perspective, Chicago

Borejsza, Jerzy W., 1999: Schulen des Hasses. Faschistische Systeme in Europa, Frankfurt a. M.

Bornhak, Conrad, 1896: Allgemeine Staatslehre, Berlin

Bornkamm, Günther, 1983: Jesus von Nazareth, Stuttgart ¹³1983

Boserup, Esther, 1966: The Conditions of Agricultural Growth. The Economics of Agrarian Change under Population Pressure, Chicago

Boserup, Esther, 1981: Population and Technological Change. A Study in Long-Term Trends, Chicago

Bourdieu, Pierre, 1987: Die feinen Unterschiede. Kritik der gesellschaftlichen Urteilskraft, Frankfurt a. M.

Boyd, Robert T. und Peter J. Richerson, 1985: Culture and Evolutionary Process, Chicago

Boyden, Stephen, 1992: Biohistory. The Interplay between Human Society and the Biosphere Past and Present, Lancaster

Braudel, Fernand, 1972: The Mediterranean and the Mediterranean World in the Age of Philipp II, 2 Bde., London 1972–73

Braudel, Fernand, 1985: Sozialgeschichte des 15.–18. Jahrhunderts, 3 Bde., München 1985–86

Braun, David P., 1990: Selection and Evolution in Nonhierarchical Organization, in: Steadman Upham (Hg.): The Evolution of Political Systems. Sociopolitics in Small-Scale Sedentary Societies, Cambridge, S. 62–86

Braun, Hans-Joachim, 1992: Technologietransfer. Theoretische Ansätze und historische Beispiele, in: Erich Pauer (Hg.): Technologietransfer Deutschland-Japan von 1850 bis zur Gegenwart, München, S. 16–47

Braun, Hans-Joachim, 1997: Konstruktion, Destruktion und der Ausbau technischer Systeme zwischen 1914 und 1945, in: Propyläen Technikgeschichte, Hg. Wolfgang König, Berlin, Bd. 5, S. 9–279

Bray, Francesca, 1986: The Rice Economies. Technology and Development in Asian Societies, Oxford

Bredekamp, Horst, 2000: Das Mittelalter als Epoche der Individualität, in: Berlin-Brandenburgische Akademie der Wissenschaften. Berichte und Abhandlungen, Bd. 8, Berlin, S. 191–240

Breidenbach, Joana und Ina Zukrigl, 1998: Tanz der Kulturen. Kulturelle Identität in einer globalisierten Welt, München

Brentjes, Burchard, 1988: Die Ahnen Dschingis-Khans, Berlin

Breuer, Stefan, 1985: Staatenkonkurrenz und politische Rationalisierung in Indien und Westeuropa, in: Saeculum 36, S. 151–74

Breuer, Stefan, 1994: Kulturen der Achsenzeit. Leistungen und Grenzen eines geschichtsphilosophischen Konzepts, in: Saeculum 45, S. 1–34

Breuer, Stefan, 1998: Der Staat. Entstehung, Typen, Organisationsstadien, Reinbek

Breysig, Kurt, 1927: Der Stufenbau und die Gesetze der Weltgeschichte, Stuttgart ²1927

Brook, Timothy, 1999: Capitalism and the Writing of Modern History in China, in: Timothy Brook und Gregory Blue (Hg.): China and Historical Capitalism. Genealogies of Sinological Knowledge, Cambridge, S. 110–57

Brubaker, Roger, 1984: The Limits of Rationality. An Essay on the Social and Moral Thought of Max Weber, London

Bruijn, Jaap R. und Femme S. Gaastra (Hg.), 1993: Ships, Sailors and Spices. East India Companies and their Shipping in the 17th and 18th Centuries, Amsterdam

Brun, Patrice, 1995: From Chiefdom to State Organization in Celtic Europe, in: Bettina Arnold und D. Blair Gibson (Hg.): Celtic Chiefdom, Celtic State, Cambridge, S. 13–25

Brunner, Otto und Werner Conze und Reinhard Koselleck (Hg.), 1972: Geschichtliche Grundbegriffe. Historisches Lexikon zur politisch-sozialen Sprache in Deutschland, 8 Bde., Stuttgart 1972–97

Brunner, Otto, 1939: Land und Herrschaft. Grundfragen der territorialen Verfassungsgeschichte Österreichs im Mittelalter, Wien

Bruun, Ole und Arne Kalland (Hg.), 1995: Asian Perceptions of Nature. A Critical Approach, Richmond

Bücher, Karl, 1893: Die Entstehung der Volkswirtschaft, Tübingen

Buchheim, Christoph, 1994: Industrielle Revolutionen. Langfristige Wirtschaftsentwicklung in Großbritannien, Europa und Übersee, München

Buell, Paul, 2000: Mongol Empire and Turkicization. The Evidence of Food and Foodways, in: Reuven Amitai-Preiss und David O. Morgan (Hg.): The Mongol Empire and its Legacy, Leiden, S. 200–33

Bühl, Walter Ludwig, 1987: Kulturwandel. Für eine dynamische Kultursoziologie, Darmstadt

Bühl, Walter Ludwig, 1990: Sozialer Wandel im Ungleichgewicht. Zyklen, Fluktuationen, Katastrophen, Stuttgart

Bulliet, Richard W., 1994: Determinism and Pre-Industrial Technology, in: Merritt

Roe Smith und Leo Marx (Hg.): Does Technology Drive History?, Cambridge/ Mass., S. 201 – 15

Burckhardt, Jacob, 1860: Die Cultur der Renaissance in Italien. Ein Versuch, Basel

Burkert, Walter, 1984: Die orientalisierende Epoche in der griechischen Religion und Literatur, Heidelberg

Burkhardt, Johannes und Christine Werkstetter (Hg.), 2005: Kommunikation und Medien in der Frühen Neuzeit, München

Burmeister, Stefan und Mamoun Fansa (Hg.), 2004: Rad und Wagen – der Ursprung einer Innovation. Wagen im Vorderen Orient und Europa, Mainz

Burns, Tom R. und Thomas Dietz, 1995: Kulturelle Evolution: Institutionen, Selektion und menschliches Handeln, in: Sozialer Wandel, Hg. Hans-Peter Müller und Michael Schmid, Frankfurt a. M.

Buss, David (Hg.), 2005: The Handbook of Evolutionary Psychology, Hoboken

Butler, Judith, 1990: Gender Trouble. Feminism and the Subversion of Identity, New York

Butzer, Karl W., 1976: Early Hydraulic Civilization in Egypt, Chicago

Cahen, Claude, 1968: Der Islam I. Vom Ursprung bis zu den Anfängen des Osmanenreiches, Frankfurt a. M.

Calleo, David P., 1987: Beyond American Hegemony. The Future of the Western Alliance, New York

Cameron, Rondo, 1991: Geschichte der Weltwirtschaft, 2 Bde., Stuttgart 1991 – 92

Cancik-Lindemann, Hildegard und Hubert Cancik, 1987: Zensur und Gedächtnis. Zu Tacitus, Annales IV, 32 – 38, in: Aleida und Jan Assmann (Hg.): Kanon und Zensur, München, S. 169 – 89

Cantner, Uwe und Franco Malerba (Hg.), 2007: Innovation, Industrial Dynamics and Structural Transformation. Schumpeterian Legacies, Berlin

Carey, John, 1996: Haß auf die Masse. Intellektuelle 1880 – 1939, Göttingen

Carneiro, Robert Leonard, 1970: A Theory of the Origin of the State, in: Science 169, S. 733 – 38

Castells, Manuel, 2001: Das Informationszeitalter, 3 Bde., Opladen 2001 – 03

Cavalli-Sforza, Luigi Luca und Francesco Cavalli-Sforza, 1994: Verschieden und doch gleich. Ein Genetiker entzieht dem Rassismus die Grundlage, München

Cavalli-Sforza, Luigi Luca und Paolo Menozzi und Alberto Piazza, 1994: The History and Geography of Human Genes, Princteon

Cavalli-Sforza, Luigi Luca, 1999: Völker, Gene, Sprachen. Die biologischen Grundlagen unserer Zivilisation, Darmstadt

Chakrabarty, Dipesh, 2000: Provincializing Europe, Princeton

Chakravarti, Ranabir, 2001: Introduction, in: ders. (Hg.): Trade in Early India, Oxford, S. 1 – 101

Chakravarti, Ranabir, 2002: Politics and Society in India, in: K. Satchidananda Murty (Hg.): Life, Thought and Culture in India (c. AD 300 – 1000), New Delhi, S. 53 – 169

Champion, Timothy C. (Hg.), 1989: Centre and Periphery. Comparative Studies in Archaeology, London

Chandler, Tertius und Gerald Fox, 1974: 3000 Years of Urban Growth, New York

Chang, Kwang-Chih, 2005: The Rise of Kings and the Formation of City-States, in: Kwang-chih Chang und Xu Pingfang (Hg.): The Formation of Chinese Civilization. An Archaeological Perspective, New Haven, S. 125 – 39

Chase-Dunn, Christopher und Thomas D. Hall (Hg.), 1991: Core/Periphery Relations in Precapitalistic Worlds, Boulder

Chase-Dunn, Christopher und Thomas D. Hall, 1997: Rise and Demise. Comparing World-Systems, Boulder

Chattopadyaya, Brajadulal, 1994: The Making of Early Medieval India, Delhi

Chaudhuri, Kirti N., 1985: Trade and Civilisation in the Indian Ocean. An Economic History from the Rise of Islam to 1750, Cambridge

Cherry, John F. und Colin Renfrew, 1986: Epilogue and Prospect, in: Colin Renfrew und John F. Cherry (Hg.): Peer Polity Interaction and Socio-Political Change, Cambridge, S. 149–58

Chesneaux, Jean, 1981: Ost- und Südostasien im 19. und 20. Jahrhundert. Wirtschaft – Gesellschaft – Ideologien – Politik, Rheinfelden ²1981

Chew, Sing C., 2001: World Ecological Degration. Accumulation, Urbanization, and Deforestation, 3000. B.C. – A.D. 2000, Walnut Creek

Childe, Vere Gordon, 1936: Man makes himself, London

Childe, Vere Gordon, 1975: Soziale Evolution, Frankfurt a.M.

Christaller, Walter, 1933: Die zentralen Orte in Süddeutschland. Eine ökonomisch-geographische Untersuchung über die Gesetzmäßigkeit der Verbreitung und Entwicklung der Siedlungen mit städtischen Funktionen, Jena

Christian, David, 2000: Silk Roads or Steppe Roads? The Silk Roads in World History, in: Journal of World History 2, S. 1–26

Christian, David, 2004: Maps of Time. An Introduction to Big History, Berkeley

Cipolla, Carlo M., 1972: Wirtschaftsgeschichte und Weltbevölkerung, München

Cipolla, Carlo M., 1999: Segel und Kanonen. Die europäische Expansion zur See, Berlin

Claessen, Henri J.M. und Jarich G. Oosten (Hg.), 1996: Ideology and the Formation of the Early States, Leiden

Claessen, Henri J.M. und Peter Skalník (Hg.), 1978: The Early State, The Hague

Claessen, Henri J.M. und Peter Skalník (Hg.), 1981: The Study of the State, The Hague

Claessen, Henri J.M. und Pieter van de Velde (Hg.), 1991: Early State Economics, New Brunswick

Claessen, Henri J.M., 1978: The Early State: A Structural Approach, in: Henri J.M. Claessen und Peter Skalník (Hg.): The Early State, The Hague, S. 533–96

Cohen, Joel E., 1995: How Many People Can the Earth Support?, New York

Cohen, Mark Nathan, 1977: The Food Crisis in Prehistory. Overpopulation and the Origin of Agriculture, New Haven

Cohen, Ronald und Elman Rogers Service (Hg.), 1978: The Origins of the State. The Anthropology of Political Evolution, Philadelphia

Cohen, Wesley, 1995: Empirical Studies of Innovative Activity, in: Paul Stoneman (Hg.): Handbook of the Economics of Innovation and Technological Change, Oxford, S. 182–264

Colinvaux, Paul, 1980: The Fate of Nations. A Biological Theory of History, New York

Comin, Diego und Bart Hobijn, 2006: An Exploration of Technology Diffusion, Cambridge/Mass.

Comparativ. Leipziger Beiträge zur Universalgeschichte, Leipzig seit 1991

Comte, Auguste, 1830: Cours de philosophie positive, 6 Bände, Paris 1830–42

Condorcet, M.J. Antoine N. de, 1794/1963: Entwurf einer historischen Darstellung der Fortschritte des menschlichen Geistes, Hg. Wilhelm Alff, Frankfurt a. M. 1963 (franz. 1794)

Conrad, Christoph und Martina Kessel (Hg.), 1994: Geschichte schreiben in der Postmoderne. Beiträge zur aktuellen Diskussion, Stuttgart

Conrad, Geoffrey W., 1981: Cultural Materialism, Split Inheritance, and the Expansion of Ancient Peruvian Empires, in: American Antiquity 46, S. 3 – 26

Conrad, Sebastian und Andreas Eckert und Ulrike Freitag (Hg.), 2007: Globalgeschichte. Theorien, Ansätze, Themen, Frankfurt a. M.

Conrad, Sebastian und Shalini Randeria (Hg.), 2002: Jenseits des Eurozentrismus. Postkoloniale Perspektiven in den Geschichts- und Kulturwissenschaften, Frankfurt a. M.

Coquery-Vidrovitch, Catherine, 1969: Recherches sur un mode de production africain, in: La Pensée, S. 61 – 78

Cottrell, Fred, 1955: Energy and Society. Relation between Energy, Social Change, and Economic Development, New York

Courtois, Stéphane, 1998: Das Schwarzbuch des Kommunismus, München

Cowan, C. Wesley und Patty Jo Watson (Hg.), 1992: The Origins of Agriculture. An International Perspective, Washington

Crafts, Nicholas und Charles K. Harley, 1992: Output Growth and the British Industrial Revolution. A Restatement of the Crafts-Harley-View, in: Economic History Review 45, S. 703 – 30

Crafts, Nicholas, 2005: The First Industrial Revolution. Resolving the Slow Growth/Rapid Industrialization Paradox, in: Journal of the European Economic Association 3, S. 525 – 34

Crick, Bernard, 1975: Grundformen politischer Systeme. Eine historische Skizze und ein Modell, München

Crone, Patricia, 1992: Die vorindustrielle Gesellschaft. Eine Strukturanalyse, München

Crone, Patricia, 2004: God's Rule. Government and Islam, New York

Crosby, Alfred W., 1972: The Columbian Exchange. Biological and Cultural Consequences of 1492, Westport

Crosby, Alfred W., 1991: Die Früchte des weißen Mannes. Ökologischer Imperialismus 900 – 1900, Frankfurt a. M.

Crosby, Alfred W., 2006: Children of the Sun. A History of Humanity's Unappeasable Appetite for Energy, New York

Crossley, Pamela Kyle, 2007: What is Global History?, Hoboken

Crüsemann, Nicola und Barbara Feller und Marlies Heinz, 1995: Prestigegüter und Politik. Aspekte internationaler Politik im 2. Jt. v. Chr., in: Karin Bartl, Reinhard Bernbeck und Marlies Heinz (Hg.): Zwischen Euphrat und Tigris, Hildesheim, S. 175 – 92

Cumings, Bruce, 1989: Ursprünge und Entwicklung der politischen Ökonomie in Nordasien: Industriesektoren, Produktzyklen und politische Konsequenzen, in: Ulrich Menzel (Hg.): Im Schatten des Siegers: Japan, Bd. 4, Frankfurt a. M., S. 87 – 145

Curtin, Philip D., 1984: Cross-Cultural Trade in World History, Cambridge

Curtin, Philip D., 2000: The World and the West. The European Challenge and the Overseas Response in the Age of the Empire, Cambridge

Dahl, Robert A., 1971: Polyarchy, Participation and Opposition, New Haven

Dale, Peter N., 1986: The Myth of Japanese Uniqueness, Oxford

Damerow, Peter, 1994: Vorüberlegungen zu einer historischen Epistemologie der Zahlbegriffsentwicklung, in: Der Prozeß der Geistesgeschichte, Hg. Günter Dux und Ulrich Wenzel, Frankfurt, S. 248–322

Daniel, Ute, 2006: Kompendium Kulturgeschichte. Theorien, Praxis, Schlüsselwörter, Frankfurt a. M. ⁵2006

Danilewskij, Nikolai, 1871/1920: Rußland und Europa, Stuttgart 1920 (zuerst russ. 1871)

Dann, Otto, 1978: Funktionen des Nationalismus in modernen Gesellschaften, in: Otto Dann (Hg.): Nationalismus und sozialer Wandel, Hamburg, S. 209–22

Dann, Otto, 1996: Nation und Nationalismus in Deutschland 1770–1990, München ³1996

Danto, Arthur C., 1974: Analytische Philosophie der Geschichte, Frankfurt a. M.

Dark, Ken R., 1998: The Waves of Time: Long-Term Change and International Relations, London

Darvill, Timothy C., 2006: Stonehenge. Biography of a Landscape, Stroud

De Martino, Francesco, 1985: Wirtschaftsgeschichte des alten Rom, München

De Solla Price, Derek 1961: Science since Babylon, New Haven

Debeir, Jean-Claude und Jean-Paul Deléage und Daniel Hémery, 1989: Prometheus auf der Titanic. Geschichte der Energiesysteme, Frankfurt a. M.

Dehio, Ludwig, 1948: Gleichgewicht oder Hegemonie. Betrachtungen über ein Grundproblem der neueren Staatengeschichte, Krefeld

Deininger, Jürgen, 1998: Zur Kontroverse über die Lebensfähigkeit der Republik von Rom, in: Peter Kneißl und Volker Losemann: Imperium Romanum. Studien zu Geschichte und Rezeption. Festschrift Karl Christ, Stuttgart, S. 123–36

Del Testa, David W. und Florence Lemoine und John Strickland (Hg.), 2003: Global History. Cultural Encounters from Antiquity to the Present, 4 Bde., New York

Delbeke, Jos, 1983: Recent Long-Wave Theories. A Critical Survey, in: Christopher Freeman, Hg.: Long Waves in World Economy, London, S. 1–12

Demandt, Alexander, 1984: Der Fall Roms. Die Auflösung des römischen Reiches im Urteil der Nachwelt, München

Demandt, Alexander, 1995: Antike Staatsformen. Eine vergleichende Verfassungsgeschichte der Alten Welt, Berlin

Demandt, Alexander, 1996: Hellenismus – die moderne Zeit des Altertums?, in: Bernd Funck (Hg.): Hellenismus. Beiträge zur Erforschung von Akkulturation und politischer Ordnung in den Staaten des hellenistischen Zeitalters, Tübingen, S. 17–27

Demarest, Arthur, 2004: Ancient Maya, The Rise and Fall of a Rainforest Civilization, Cambridge

Demeny, Paul, 1990: Population, in: The Earth as Transformed by Human Action. Global and Regional Changes in the Biosphere over the Past 300 Years, Hg. B. L. Turner, Cambridge, S. 41–54

Denemark, Robert A. und Jonathan Friedman, Barry K. Gills und George Modelski (Hg.), 2000: World-System History. A Social Science of Long-Term Change, London

Deng, Gang, 1999: The Premodern Chinese Economy. Structural Equilibrium and Capitalist Sterility, London

Deng, Kent G., 2004: Why the Chinese Failed to Develop a Steam Engine, in: History of Technology 25, S. 151–72

Deutsch, Karl W., 1972: Nationenbildung, Nationalstaat, Integration, Düsseldorf

Di Cosmo, Nicola, 1999a: State Formation and Periodization in Inner Asian History, in: Journal of World History 10, S.1–40

Di Cosmo, Nicola, 1999b: The Northern Frontier in Pre-Imperial China, in: The Cambridge History of Ancient China, Bd.1, Cambridge, S.885–966

Diakonoff, Igor M., 1974: Structure of Society and State in Early Dynastic Sumer, Malibu

Diamond, Jared, 2000: Arm und Reich. Die Schicksale menschlicher Gesellschaften, Frankfurt a.M.

Diamond, Jared, 2005: Kollaps. Warum Gesellschaften überleben oder untergehen, Frankfurt a.M.

DIE ZEIT Welt- und Kulturgeschichte. Epochen, Fakten, Hintergründe, 20 Bde., Hamburg 2006

Diner, Dan, 2005: Versiegelte Zeit. Über den Stillstand in der islamischen Welt, Berlin

Dirlik, Arif, 1985: The Universalisation of a Concept: »feudalism« to »Feudalism« in Chinese Marxist Historiography, in: T.J. Byres und Harbans Mukhia (Hg.): Feudalism and non-european Societies, London, S.197–227

Dixin, Xu und Wu Chengming (Hg.), 2000: Chinese Capitalism, 1522–1840, Basingstoke

Döbert, Rainer, 1973: Systemtheorie und die Entwicklung religiöser Deutungssysteme. Zur Logik des sozialwissenschaftlichen Funktionalismus, Frankfurt a.M.

Dobesch, Gerhard, 1996: Die römische Kaiserzeit – eine Fortsetzung des Hellenismus?, in: Bernd Funck (Hg.): Hellenismus. Beiträge zur Erforschung von Akkulturation und politischer Ordnung in den Staaten des hellenistischen Zeitalters, Tübingen, S.561–609

Dockrill, Saki Ruth, 2005: The End of the Cold War. The Transformation of the Global Security Order, London

Donagan, Alan, 1964: Historical Explanation. The Popper-Hempel-Theory Reconsidered, in: History and Theory 4, S.3–26

Donald, Diana und Frank O'Gorman (Hg.), 2006: Ordering the World in the Eighteenth Century. Studies in Modern History, Houndmills

Dopfer, Kurt (Hg.), 2001: Evolutionary Economics. Program and Scope, Boston

Dore, Ronald, 1987: Taking Japan Seriously. A Confucian Perspective in Leading Economic Issues, Stanford

Döring, Jörg und Tristan Thielemann (Hg.), 2008: Das Raumparadigma in den Kultur- und Sozialwissenschaften, Bielefeld

Dosi, Giovanni, 1982: Technological Paradigms and Technological Trajectories. A Suggested Interpretation of the Determinants and Directions of Technical Change, in: Research Policy 11, S.147–62

Dow, James, 2006: The Evolution of Religion. Three Anthropological Approaches, in: Method and Theory in the Study of Religion 18, S.67–91

Dowling, Michael und Stefan Hüsig, 2007: Technologische Innovation als Wettbewerbsfaktor. Von Schumpeters »Schöpferischer Zerstörung« bis zur »Disruptive Technology« von Christensen, in: Rolf Walter (Hg.): Innovationsgeschichte, Stuttgart, S.26–33

Downing, Brian M., 1992: The Military Revolution and Political Change. Origins of Democracy and Autocracy in Early Modern Europe, Princeton

Doyle, Michael W., 1983: Kant, Liberal Legacies, and Foreign Affairs, in: Philosophy and Public Affairs 12, H.3, S.205–35, und H.4, S.323–53

Doyle, Michael W., 1986: Empires, Ithaca

Dray, William, 1957: Laws and Explanation in History, Oxford

Drewermann, Eugen, 1991: Der tödliche Fortschritt. Von der Zerstörung der Erde und des Menschen im Erbe des Christentums, Freiburg ⁵1991

Drexhage, Hans-Joachim und Heinrich Konen und Kai Ruffing, 2002: Die Wirtschaft der römischen Kaiserzeit in der modernen Deutung. Einige Überlegungen, in: Karl Strobel (Hg.): Die Ökonomie des Imperium Romanum. Strukturen, Modelle und Wertungen im Spannungsfeld von Modernismus und Neoprimitivismus, St. Katharinen, S. 1–66

Driscoll, Carlos A. u.a., 2007: Near Eastern Origin of the Cat Domestication, in: Science 317, S. 519–23

Duerr, Hans-Peter, 1988: Der Mythos vom Zivilisationsprozeß, 5 Bde., Frankfurt a. M. 1988–2002

Duijn, Jacob J. van, 1983: The Long Wave in Economic Life, London

Dülffer, Jost und Martin Kröger und Rolf-Harald Wippich, 1997: Vermiedene Kriege. Deeskalation von Konflikten der Großmächte zwischen Krimkrieg und Erstem Weltkrieg 1865–1914, München

Dunstan, Helen, 1998: Official Thinking on Environmental Issues and the State's Environmental Roles in Eighteen-Century China, in: Mark Elvin und Liu Ts'ui-jung (Hg.): Sediments of Time. Environment and Society in Chinese History, Cambridge, S. 585–614

Durham, William H., 1991: Coevolution: Genes, Culture and Human Diversity, Stanford

Durkheim, Emile, 1893: De la division du travail social. Étude sur l'organisation des sociétés supérieures, Paris

Durliat, Jean, 1990: Les finances publiques de Dioclétien aux Carolingiens (284–889), Sigmaringen

Dux, Günter, 1982a: Die Logik der Weltbilder. Sinnstrukturen im Wandel der Geschichte, Frankfurt a. M.

Dux, Günter, 1982b: Geschichte als Lernprozeß, in: Saeculum 33, S. 148–60

Dux, Günter, 1994: Die ontogenetische und historische Entwicklung des Geistes, in: Der Prozeß der Geistesgeschichte, Hg. Günter Dux und Ulrich Wenzel, Frankfurt a. M., S. 173–224

Earle, Timothy, 1997: How did Chiefs Come to Power. The Political Economy in Prehistory, Stanford

Eberhard, Wolfram, 1980: Geschichte Chinas. Von den Anfängen bis zur Gegenwart, Stuttgart ³1980

Eder, Klaus, 1973: Komplexität, Evolution und Geschichte, in: Franz Maciejewski (Hg.): Theorie der Gesellschaft oder Sozialtechnologie. Beiträge zur Habermas-Luhmann-Diskussion, Bd. 1, Frankfurt a. M., S. 9–42

Eder, Klaus, 1976: Die Entstehung staatlich organisierter Gesellschaften. Ein Beitrag zu einer Theorie sozialer Evaluation, Frankfurt a. M.

Eder, Klaus, 1977: Zum Problem der logischen Periodisierung von Produktionsweisen. Ein Beitrag zu einer evolutionstheoretischen Rekonstruktion des Historischen Materialismus, in: Urs Jaeggi und Axel Honneth (Hg.): Theorien des Historischen Materialismus, Frankfurt a. M., S. 501–22

Ehret, Christopher, 2001: Bantu Expansions. Re-Envisioning a Central Problem of Early African History, in: International Journal of African Historical Studies 34, S. 5–40

Ehret, Christopher, 2002: The Civilizations of Africa. A History to 1800, Charlottesville

Eibl-Eibesfeldt, Irenäus, 1999: Grundriss der vergleichenden Verhaltensforschung, München ⁸1999

Eich, Peter, 2005: Zur Metamorphose des politischen Systems in der römischen Kaiserzeit. Die Entstehung einer »personalen Bürokratie« im langen dritten Jahrhundert, Berlin

Einzig, Paul, 1966: Primitive Money in its Ethnological, Historical and Economic Aspects, Oxford ²1966

Eisen, Arnold, 1978: The Meanings of Confusions of Weberian »Rationality«, in: British Journal of Sociology 29, S. 57–70

Eisenstadt, Shmuel Nathan (Hg.), 1987: Kulturen der Achsenzeit, Teil I: Ihre Ursprünge und ihre Vielfalt, 3 Bde., Frankfurt a.M.

Eisenstadt, Shmuel Nathan (Hg.), 1992: Kulturen der Achsenzeit. Teil II: Ihre institutionelle und kulturelle Dynamik, 3 Bde., Frankfurt a.M.

Eisenstadt, Shmuel Nathan und Michel Abitbol und Naomi Chazan (Hg.), 1988a: The Early State in African Perspective. Culture, Power and Division of Labour, Leiden

Eisenstadt, Shmuel Nathan und Michel Abitbol und Naomi Chazan, 1988b: State Formation in Africa. Conclusions, in: dies. (Hg.): The Early State in African Perspective. Culture, Power and Division of Labour, Leiden

Eisenstadt, Shmuel Nathan, 1969: The Political System of Empires, New York

Eisenstein, Elizabeth L., 1980: The Printing Press as an Agent of Change. Communications and Cultural Transformations in Early-modern Europe, Cambridge

Ekholm, Kajsa und Jonathan Friedman, 1982: »Capital« imperialism and Exploitation in Ancient World-Systems, in: Review 4, S. 87–109

Elias, Norbert, 1939/1977: Über den Prozeß der Zivilisation. Soziogenetische und psychogenetische Untersuchungen, 2 Bde., Frankfurt a.M. 1977 (¹1939)

Elliott, John H., 1992: A Europe of Composite Monarchies, in: Past and Present 137 (1992), S. 48–71

Elman, Benjamin A., 2005: On their Own Terms. Science in China 1550–1900, Cambridge/Mass.

Elvin, Mark, 1973: The Pattern of the Chinese Past, Stanford

Elvin, Mark, 1987: Hat es in China einen transzendentalen Durchbruch gegeben?, in: Shmuel N. Eisenstadt (Hg.): Kulturen der Achsenzeit I, Tl.2, Frankfurt a.M., S. 134–82

Elvin, Mark, 1988: China as a Counterfactual, in: Jean Baechler, J. A. Hall und Michael Mann (Hg.): Europe and the Rise of Capitalism, Oxford, S. 101–12

Elvin, Mark, 2004: The Retreat of the Elephants. An Environmental History of China, New Haven

Emmanuel, Arghiri, 1969: L'échange inégal, Paris

Engels, Friedrich, 1859/1969: Rezension zu: K. Marx: Zur Kritik der politischen Ökonomie, in: K. Marx und F. Engels: Werke, Band 13, S. 468–77 (zuerst 1859)

Engels, Friedrich, 1875/1969: Soziales aus Rußland, in: K. Marx und F. Engels: Werke, Band 18, Berlin 1969, S. 556–67 (zuerst 1875)

Engels, Friedrich, 1883/1969: Grabrede auf Karl Marx, in: K. Marx und F. Engels: Werke, Band 19, Berlin 1969, S. 335–37 (gehalten 17.3.1883)

Engels, Friedrich, 1884/1969: Der Ursprung der Familie, des Privateigentums und des Staats im Anschluß an Lewis H. Morgans Forschungen, in: K. Marx und F. Engels: Werke, Band 21, S. 21–173 (zuerst Hottingen 1884)

Engels, Friedrich, 1888/1969: Ludwig Feuerbach und der Ausgang der klassischen deutschen Philosophie, in: K. Marx und F. Engels: Werke, Band 21, Berlin 1969, S. 261–307 (zuerst Stuttgart 1888)

Engels, Friedrich, 1890/1967: Brief an Conrad Schmidt, in: K. Marx und F. Engels: Werke, Band 37, Berlin 1967, S. 488–95 (geschrieben 27.10.1890)

Engels, Friedrich, 1893/1968: Brief an Franz Mehring, in: K. Marx und F. Engels: Werke, Band 39, Berlin 1968, S. 96–100 (geschrieben 14.7.1893)

Engels, Jens Ivo und Andreas Fahrmeir und Alexander Nützenadel (Hg.), 2009: Geld – Geschenke – Politik. Korruption im neuzeitlichen Europa, München

Engelsing, Rolf, 1973: Sozial- und Wirtschaftsgeschichte Deutschlands, Göttingen

Erbrich, Paul, 2004: Grenzen des Wachstums im Widerstreit der Meinungen. Leitlinien für eine nachhaltige ökologische, soziale und ökonomische Entwicklung, Stuttgart

Erdkamp, Paul P. M., 2001: Beyond the Limits of the »Consumer City«. A Model of the Urban and Rural Economy in the Roman World, in: Historia 50, S. 332–56

Erdmann, Georg, 1990: Evolutionäre Ökonomik als Theorie ungleichgewichtiger Phasenübergänge, in: Studien zur Evolutorischen Okonomik I, Hg. Ulrich Witt, Berlin, S. 135–61

Erlei, Mathias und Martin Leschke und Dirk Sauerland, 2007: Neue Institutionenökonomik, Stuttgart ²2007

Espagne, Michel und Michael Werner, 1985: Deutsch-französischer Kulturtransfer im 18. und 19. Jahrhundert. Zu einem neuen interdisziplinären Forschungsprogramm des C.N.R.S., in: Francia 13, S. 502–10

Esping-Andersen, Gøsta, 1990: The Three Worlds of Welfare Capitalism, Cambridge

Etemad, Bouda und Jean Luciani, 1991: World Energy Production 1800–1985, Geneve

Evans, Richard J., 1998: Fakten und Fiktionen. Über die Grundlagen historischer Erkenntnis, Frankfurt a. M.

Evers, Tilman T. und Peter von Wogau, 1978: Dependencia: lateinamerikanische Beiträge zur Theorie der Unterentwicklung, in: Das Argument 15, S. 404–54

Fagan, Brian M., 1993: Das Frühe Nordamerika. Archäologie eines Kontinents, München

Fagan, Brian M., 2000: Floods, Famines, and Emperors. El Nino and the Fate of Civilizations, New York

Fagerberg, Jan und David C. Mowery und Richard R. Nelson (Hg.), 2005: The Oxford Handbook of Innovation, Oxford

Fairbank, John King (Hg.), 1968: The Chinese World Order. Traditional China's Foreign Relations, Cambridge/Mass.

Fairservis, Walter A., 1997: Primary Civilization in Asia, in: Ainslee T. Embree und Carol Gluck (Hg.): Asia in Western and World History, London, S. 236–50

Falk, Harry, 1993: Schrift im alten Indien. Ein Forschungsbericht mit Anmerkungen, Tübingen

Fanon, Franz, 1980: Schwarze Haut, weiße Masken, Frankfurt a. M.

Faroqhi, Suraiya, 1995: Kultur und Alltag im Osmanischen Reich. Vom Mittelalter bis zum Anfang des 20. Jahrhunderts, München

Farrington, B., 1962: Science in Antiquity, London ²1962

Fäßler, Peter E., 2007: Globalisierung. Ein historisches Kompendium, Köln

Faulstich, Werner, 1996: Medium und Öffentlichkeiten im Mittelalter 800–1400, Göttingen

Faulstich, Werner, 1998: Medium, in: ders. (Hg.): Grundwissen Medien, München ³1998, S. 21–105

Febvre, Lucien, 1922: La terre et l'évolution humaine: Introduction géographique à l'histoire, Paris

Feinman, Gary M. und Joyce Marcus (Hg.), 1998: Archaic States, Santa Fe

Feldbauer, Peter, 1995 a: Die islamische Welt 600–1250. Ein Frühfall von Unterentwicklung?, Wien

Feldbauer, Peter u.a. (Hg.), 1995 b: Industrialisierung. Entwicklungsprozesse in Afrika, Asien und Lateinamerika, Frankfurt a.M.

Ferguson, Adam, 1767: Essay on the History of Civil Society, Edinburgh

Ferguson, Niall, 2004: Colossus. The Rise and Fall of the American Empire, London

Fernández-Armesto, Felipe, 2001: Civilizations. Culture, Ambition, and the Transformation of Nature, New York

Feuerwerker, Albert, 1990: Chinese Economic History in Comparative Perspective, in: Paul S. Ropp (Hg.): Heritage of China. Contemporary Perspectives on Chinese Civilization, Berkeley, S. 224–41

Finer, Samuel Edward, 1975: States- and Nation-Building in Europe. The Role of the Military, in: Charles Tilly: The Formation of the National States in Western Europe, Princeton, S. 84–163

Finer, Samuel Edward, 1997: History of Government from the Earliest Times, 3 Bde., Oxford

Fingerhut, Eugene R., 1994: Explorers of Pre-Columbian America? The Diffusionist-Inventionist Controversy, Claremont

Finley, Moses I., 1965: Technical Innovation and Economic Progress in the Ancient World, in: Economic History Review 18, S. 29–45

Finley, Moses I., 1983: Die Griechen. Eine Einführung in ihre Geschichte und Zivilisation, München ²1983

Finley, Moses I., 1985: The Ancient Economy, Berkeley ²1985

Fisch, Jörg, 2002: Europa zwischen Wachstum und Gleichgewicht 1850–1914, Stuttgart

Flannery, Kent V., 1972: The Cultural Evolution of Civilizations, in: Annual Review of Ecology and Systematics 3, S. 399–426

Fleischer, Michael, 2001: Kulturtheorie. Systemtheoretische und evolutionäre Grundlagen, Oberhausen

Flon, Christine (Hg.), 1991: Der große Bildatlas der Archäologie, München

Flora, Peter, 1974: Modernisierungsforschung. Zur empirischen Analyse der gesellschaftlichen Entwicklung, Opladen

Flora, Peter, 1975: Indikatoren der Modernisierung. Ein historisches Datenhandbuch, Opladen

Fluck, Richard C. (Hg.), 1992: Energy in Farm Production, Amsterdam

Fog, Agner, 1999: Cultural Selection, Dordrecht

Foner, Eric, 1984: Why is there no Socialism in the United States?, in: History Workshop Journal 17, S. 57–80

Fontville, Louis, 1991: Long Cycle Theory: Dialectical and Historical Analysis, in: Review 14, S. 233–62

Fornet-Betancourt, Raul, 2005: Neue Kolonialismen in den Nord-Süd-Beziehungen. Nuevos colonialismos en las relaciones Norte-Sur New Colonialisms in North-South Relations, Frankfurt a. M.

Foucault, Michel, 1975: Überwachen und Strafen. Die Geburt des Gefängnisses, Frankfurt a. M.

Foucault, Michel, 1983: Der Wille zum Wissen, Frankfurt a. M.

Fourastié, Jean, 1954: Die große Hoffnung des zwanzigsten Jahrhunderts, Köln

Frank, Andre Gunder und Barry K. Gills, 1993, (Hg.): The World System. Five Hundred Years or Five Thousand?, London

Frank, Andre Gunder und Barry K. Gills, 2000: The Five Thousand Year World System in Theory and Praxis, in: Robert A. Denemark, Jonathan Friedman, Barry K. Gills und George Modelski (Hg.): World System History. The Social Science of Long-Term Change, London, S. 3 – 23

Frank, Andre Gunder, 1990: A Theoretical Introduction to 5000 Years of World System History, in: Review 13, S. 155 – 248

Frank, Andre Gunder, 1998: ReOrient. Global Economy in the Asian Age, Berkeley

Franke, Herbert, 1992: Die unterschiedlichen Formen der Eingliederung von Barbaren im Lauf der chinesischen Geschichte, in: Shmuel N. Eisenstadt (Hg.): Kulturen der Achsenzeit II, Tl. 1, Frankfurt a. M., S. 25 – 70

Frank-Landes Debate. »ReOrient« vs. »The Wealth and Poverty of Nations«. 2. Dec. 1998, www.whc.neu.edu/whc/seminar/pastyears/frank-landes/Frank-Landes_01. html

Fraser, Steven (Hg.), 1995: The Bell Curve Wars: Race, Intelligence and the Future of America, New York

Frawley, David, 1995: Myth of Aryan Invasion of India, New Delhi

Frazer, James George, 1900: The Golden Bough. A Study in Magic and Religion, 3 Bände, London ²1900

Freedom House: Freedom in the World, www.freedomhouse.org/template.cfm

Freitag, Klaus, 2007: Ethnogenese, Ethnizität und die Entwicklung der griechischen Staatenwelt in der Antike. Ein Forschungsüberblick, in: Historische Zeitschrift 285, S. 373 – 99

Freyer, Hans, 1954: Weltgeschichte Europas, Stuttgart

Fried, Johannes, 1982: Der karolingische Herrschaftsverband im 9. Jahrhundert zwischen »Kirche« und »Königshaus«, in: Historische Zeitschrift 235, S. 1 – 43

Fried, Johannes, 1991: Die Formierung Europas 840 – 1046, München

Fried, Morton, H., 1967: The Evolution of Political Society. An Essay in Political Anthropology, New York

Friedman, J. und M. J. Rowlands, 1977: Notes toward an Epigenetic Model of the Evolution of »Civilisation«, in: dies. (Hg.): The Evolution of Social Systems, Gloucester Crescent, S. 201 – 76

Friedmann, John, 1973: A Theory of Polarized Development, in: ders.: Urbanization, Planning and National Development, Beverly Hills, S. 41 – 64

Friedmann, John, 1986: The World City Hypothesis, in: Development and Change 17, S. 69 – 83

Friedrich, Carl J., 1970: Politik als Prozeß der Gemeinschaftsbildung, Köln

Friedrich, Ernst, 1907: Allgemeine und spezielle Wirtschaftsgeographie, Leipzig ²1907

Fryde, Natalie und Pierre Monnet und Otto Gerhard Oexle (Hg.), 2002: Die Gegenwart des Feudalismus/Présence du féodalisme et présent de la féodalité/ The Presence of Feudalism, Göttingen

Fuchs, Eckardt und Matthias Middel (Hg.), 2006: Teaching World History, Leipzig (= Comparativ 16, H. 1)

Fuchs, Eckhardt und Benedikt Stuchtey (Hg.), 2003: World History 1800–2000, Oxford

Fuchs, Thomas und Sven Trakulhun (Hg.), 2003: Das eine Europa und die Vielfalt der Kulturen. Kulturtransfer in Europa 1500–1850, Berlin

Fukuyama, Francis, 1992: Das Ende der Geschichte. Wo stehen wir?, München

Gaddis, John Lewis, 1997: We Now Know. Rethinking the Cold War, New York

Gailey, Christine W., 1985: The Kindness of Strangers. Transformations of Kinship in Precapitalistic Class and State Formation, in: Culture 5, S. 3–16

Gallup, John Luke und Jeffrey D. Sachs und Andrew D. Mellinger, 1999: Geography and Economic Development, in: International Regional Science Review 22, S. 179–232

Galtung, Johan, 1972: Eine strukturelle Theorie des Imperialismus, in: Dieter Senghaas (Hg.): Imperialismus und strukturelle Gewalt, Frankfurt a. M., S. 29–104

Garcin, Jean-Claude, 1988: The Mamluk Military System and the Blocking of Medieval Moslem Society, in: Europe and the Rise of Capitalism, Hg. J. Baechler, J. A. Hall und M. Mann, Oxford, S. 113–30

Geary, Dick, 1983: Arbeiterprotest und Arbeiterbewegung in Europa 1848–1939, München

Gebauer, Anne Brigitte und T. Douglas Price (Hg.), 1992: Transitions to Agriculture in Prehistory, Madison

Geis, Anna, 2001: Diagnose: Doppelbefund – Ursache: ungeklärt? Die Kontroverse um den demokratischen Frieden, in: Politische Vierteljahresschrift 42, S. 282–98

Geiss, Imanuel, 1988: Geschichte des Rassismus, Frankfurt a. M.

Geiss, Imanuel, 1994: Great Powers and Empires: Historical Mechanisms of their Making and Breaking, in: Geir Lundestad (Hg.): The Fall of Great Powers. Peace, Stability, and Legitimacy, Oxford, S. 23–43

Gellner, Ernest, 1991: Nationalismus und Moderne, Berlin

Gelman, R. und R. Baillargeon, 1983: A Review of some Piagetian Concepts, in: John H. Flavell und E. M. Markman (Hg.): Handbook of Child Psychology, Band 3, New York, S. 167–230

Georgescu-Roegen, Nicholas, 1971: The Entropy Law and the Economic Process, Cambridge/Mass.

Gernet, Jacques, 1983: Die chinesische Welt. Die Geschichte Chinas von den Anfängen bis zur Jetztzeit, Frankfurt a. M. ³1983

Gerschenkron, Alexander, 1962: Economic Backwardness in Historical Perspective. A Book of Essays, Cambridge/Mass.

Geschichte-Transnational (Internetforum), http://geschichte-transnational.clio-online.net

Giesen, Bernhard, 1986: Evolution und Entwicklung. Eine ideengeschichtliche Skizze, in: Horst Reimann (Hg.): Soziologie und Ethnologie, Opladen, S. 86–95

Gill, Greame, 2000: The Dynamics of Democratization. Elites, Civil Society and the Transition Process, New York

Gills, Barry K. und Andre Gunder Frank, 1992: World Systems Cycles, Crises, and Hegemonial Shifts, 1700 BC to 1700 AD, in: Review 15, S. 621–87

Gills, Barry K. und Andre Gunder Frank, 1993: The 5000-Year World System: An Interdisciplinary Introduction, in: Andre Gunder Frank und Barry K. Gills (Hg.): The World System: Five Hundred Years or Five Thousand?, London S. 3–58

Gimbutas, Marija, 1994: Das Ende Alteuropas. Der Einfall von Steppennomaden aus Südrußland und die Indogermanisierung Mitteleuropas, Budapest

Gipper, Helmut, 1969: Bausteine zur Sprachinhaltsforschung. Neuere Sprachbetrachtung im Austausch mit Geistes- und Naturwissenschaft, Düsseldorf ²1969

Glaser, Elisabeth, 2002: Bridging the Atlantic. The Question of American Exceptionalism in Perspective, Washington

Gledhill, John, Barbara Bender und Mogens Trolle Larsen (Hg.), 1988: State and Society. The Emergence and Development of Social Hierarchy and Political Centralization, London

Goebel, Ted und Michael R. Waters und Dennis H. O'Rourke, 2008: The Late Pleistocene Dispersal of Modern Humans in the Americas, in: Science 319, S. 1497–1502

Goetz, Hans-Werner, 2001: Frühmittelalterliche Grundherrschaften und ihre Erforschung im europäischen Vergleich, in: Michael Borgolte (Hg.): Das europäische Mittelalter im Spannungsbogen des Vergleichs, Berlin, S. 65–87

Goetz, Hans-Werner, 2003: Europa im frühen Mittelalter 500–1050, Stuttgart

Golas, Peter J., 1999: Mining (= Science and Civilisation in China, Hg. Joseph Needham, Bd. 5, Tl. 13), Cambridge

Goldstein, Josuah S., 1988: Long Cycles. Prosperity and War in the Modern Age, New Haven

Goldstein, Robert Justin, 1978: Political Repression in Modern America from 1870 to the Present, Boston

Goldstone, Jack A., 1983: Capitalist Origins of the English Revolution. Chasing a Chimera, in: Theory and Society 12, S. 143–80

Goldstone, Jack A., 1996: Gender, Work, and Culture. Why the Industrial Revolution came Early to England and Late to China, in: Sociological Perspectives 39, S. 1–21

Goldstone, Jack A., 2000: The Rise of the West – or not? A Revision to Socio-Economic History, in: Sociological Theory 18, S. 175–94

Goldstone, Jack A., 2002: Efflorescences and Economic Growth in World History. Rethinking the »Rise of the West« and the Industrial Revolution, in: Journal of World History 13, S. 323–90

Gong, Gerrit, 1984: The Standard of »Civilization« in International Society, Oxford

Goody, Jack und Ian Watt, 1968: The Consequences of Literacy, in: Jack Goody (Hg.): Literacy in Traditional Societies, New York, S. 27–68

Goody, Jack, 1971: Technology, Tradition, and the State in Africa, London

Goody, Jack, 1977: The Domestication of the Savage Mind, Cambridge

Goody, Jack, 1990: Die Logik der Schrift und die Organisation von Gesellschaft, Frankfurt a. M.

Gordon, David, 1991: Inside and Outside the Long Swing: The Endogeneity/ Exogeneity Debate and the Social Structures of Accumulation Approach, in: Review 14, S. 263–312

Grandner, Margarete und Dietmar Rothermund und Wolfgang Schwentker (Hg.), 2005: Globalisierung und Globalgeschichte, Wien

Granet, Marcel, 1934/1985: Das chinesische Denken. Inhalt, Form, Charakter, Frankfurt a. M. (franz. ¹1934)

Grebing, Helga, 1986: Der »deutsche Sonderweg« in Europa. 1806–1945. Eine Kritik, Stuttgart

Green, Abigail, 2001: Fatherlands. State-Building and Nationhood in Nineteenth-Century Germany, Cambridge

Green, Peter, 1990: Alexander to Actium. The Hellenistic Age, London

Greenberg, Dolores, 1982: Reassessing the Power Pattern of the Industrial Revolution. An Anglo-American Comparison, in: American Historical Review 87, S. 1237–61

Greenfield, Patricia M. und Lee C. Reich und Rose R. Olver, 1971: Über Kultur und Äquivalenz II, in: Jerome S. Bruner und Rose R. Olver und Patricia M. Greenfield (Hg.): Studien zur kognitiven Entwicklung, Stuttgart, S. 321–75

Greengus, Samuel, 1995: Legal and Social Institutions of Ancient Mesopotamia, in: Jack M. Sasson (Hg.): Civilizations of the Ancient Near East, Bd. 1, New York, S. 469–84

Grigg, David B., 1974: The Agricultural Systems of the World. An Evolutionary Approach, Cambridge

Grimm, Gunter, 1977: Rezeptionsgeschichte. Grundlegung einer Theorie, München

Grober, Ulrich, 2003: Modewort mit tiefen Wurzeln. Kleine Begriffsgeschichte von »Sustainability« und »Nachhaltigkeit«, in: Jahrbuch Ökologie, S. 167–175

Grossman, Gene M. und Elhanan Helpman, 1991: Innovation and Growth in the Global Economy, Cambridge/Mass.

Grube, Nikolai, 2000: Maya. Gottkönige im Regenwald, Köln

Gumplowicz, Ludwig, 1885: Grundriß der Sociologie, Wien

Gunn, Geoffrey C., 2003: First Globalization. The Eurasian Exchange, 1500–1800, Lanham

Gurjewitsch, Aaron J., 1978: Das Weltbild des mittelalterlichen Menschen, Dresden

Gurr, Ted Robert und Keith Jaggers und Will H. Moore, 1990: The Transformation of the Western State. The Growth of Democracy, Autocracy, and State Power since 1800, in: Studies in Comparative International Development 25, S. 73–108

Haak, Wolfgang u. a., 2005: Ancient DNA from the first European Farmers in 7500-Year-Old Neolithic Sites, in: Science 310, S. 1016–18

Haarmann, Harald, 1990: Universalgeschichte der Schrift, Frankfurt a. M.

Haarmann, Harald, 2006: Weltgeschichte der Sprachen. Von der Fühzeit des Menschen bis zur Gegenwart, München

Haas, Jonathan, 1982: The Evolution of the Prehistoric State, New York

Haas, Jonathan und Winifred Creamer, 2006: Crucible of Andean Civilization. The Peruvian Coast from 3000 to 1800 BC, in: Current Anthropology 47, S. 745–75

Habermas, Jürgen, 1962/1990: Strukturwandel der Öffentlichkeit. Untersuchungen zu einer Kategorie der bürgerlichen Öffentlichkeit, Frankfurt a. M. 1990 (zuerst 1962)

Habermas, Jürgen, 1976: Zum Thema: Geschichte und Evolution, in: Geschichte und Gesellschaft 2, S. 311–57

Habermas, Jürgen, 1981: Theorie des kommunikativen Handelns, 2 Bde., Frankfurt a. M.

Habermas, Jürgen, 1982: Zur Rekonstruktion des Historischen Materialismus, Frankfurt a. M. ³1982

Habib, Irfan 1982: Population, in: The Cambridge Economic History of India, Bd. 1 (c. 1200–c. 1750), Hg. Tapan Raychaudhuri und Irfan Habib, Cambridge, S. 163–171

Hadenius, Axel, 1992: Democracy and Development, Cambridge

Hagemann-White, Carol, 1988: Wir werden nicht zweigeschlechtlich geboren …, in: dies. und Maria S. Rerrich (Hg.): FrauenMännerBilder, Bielefeld, S. 224–35

Hahn, Alois, 1987: Kanonisierungsstile, in: Aleida Assmann und Jan Assmann (Hg.): Kanon und Zensur, München, S. 28–46

Hajnal, John, 1965: European Marriage Patterns in Perspective, in: D. V. Glass und D. E. C. Eversley (Hg.): Population in History, London, S. 101–47

Halbfass, Wilhelm, 1981: Indien und Europa. Perspektiven ihrer geistigen Begegnung, Basel

Hall, Bronwyn H., 2005: Innovation and Diffusion, in: Jan Fagerberg, D. C. Mowery und R. R. Nelson (Hg.): The Oxford Handbook of Innovation, Oxford, S. 459–84

Hall, John A., 1985: Powers and Liberties. The Causes and Consequences of the Rise of the West, Oxford

Hall, John A., 1988: States and Societies. The Miracle in Comparative Perspective, in: Jean Baechler, John A. Hall und Michael Mann (Hg.): Europe and the Rise of Capitalism, Oxford, S. 20–38

Hall, Kenneth R., 1999: Economic History of Early Southeast Asia, in: The Cambridge History of Southeast Asia, Hg. Nicholas Tarling, Bd. 1, Cambridge, S. 183–275

Hallpike, Christopher Robert, 1984: Die Grundlagen primitiven Denkens, Stuttgart

Hallpike, Christopher Robert, 1986: The Principles of Social Evolution, Oxford

Hallpike, Christopher Robert, 1994: Kognitive Entwicklung in Kultur und Individuum, in: Der Prozeß der Geistesgeschichte, Hg. Günter Dux und Ulrich Wenzel, Frankfurt a. M., S. 225–47

Hamilton, Alexander, 1791: Report on the Subject of Manufactures, Philadelphia

Hamilton, Gary G., 1985: Why No Capitalism in China? Negative Questions in Historical Comparative Research, in: Journal of Developing Societies 1, S. 187–211

Hamm, Bernd und Russell Smandych (Hg.), 2005: Cultural Imperialism. Essays on the Political Economy of Cultural Domination, Peterborough

Hampl, Franz, 1975: Universalgeschichte am Beispiel der Diffusionstheorie, in: ders.: Geschichte als kritische Wissenschaft, Bd. 1, Darmstadt, S. 182–236

Hanisch, Ernst, 1996: Die linguistische Wende. Geschichtswissenschaft und Literatur, in: Kulturgeschichte heute, Hg. W. Hardtwig und Hans-Ulrich Wehler, Göttingen, S. 212–30

Hannerz, Ulf, 1996: Transnational Connections. Culture, People, Places, London

Hansen, Klaus P., 2000: Kultur und Kulturwissenschaft. Eine Einführung, Tübingen

Hansen, Mogens Herman, 1989: Was Athens a Democracy? Popular Rule, Liberty and Equalty in Ancient and Modern Political Thought, Copenhagen

Hanson, Victor Davis, 2001: Carnage and Culture. Landmarks in the Rise of Western Power, New York

Harbsmeier, Christoph, 1998: Language and Logic (= Joseph Needham: Science and Civilisation in China, Bd. 7,1), Cambridge

Hardt, Michael und Antonio Negri, 2001: Empire, Cambridge/Mass.

Harner, Michael James, 1970: Population Pressure and the Social Evolution of Agriculturists, in: Southwestern Journal of Anthropology 26, S. 67−86

Harris, Marvin, 1979: Cultural Materialism: The Struggle for a Science of Culture, New York

Harris, Marvin, 1989: Kulturanthropologie. Ein Lehrbuch, Frankfurt a. M.

Harris, William V., 1989: Ancient Literacy, London

Hartwell, Robert, 1967: A Cycle of Economic Change in Imperial China: Coal and Iron in Northeast China 750−1350, in: Journal of the Economic and Social History of the Orient 10, S. 102−59

Hasebroek, Johannes, 1928: Staat und Handel im alten Griechenland, Tübingen

Hasenclever, Andreas und Peter Mayer und Volker Rittberger, 1997: Theories of International Regimes, Cambridge

Hassinger, Hugo, 1953: Geographische Grundlagen der Geschichte, Freiburg ²1953

Haug, Gerald H. et al., 2003: Climate and the Collapse of Maya Civilization, in: Science 299, S. 1731−35

Haushofer, Karl, 1927: Grenzen in ihrer geographischen und politischen Bedeutung, Berlin

Hauska, Günter (Hg.), 2005: Gene, Sprachen und ihre Evolution. Wie verwandt sind die Menschen, wie verwandt sind ihre Sprachen?, Regensburg

Haussig, Hans Wilhelm, 1983: Geschichte Zentralasiens und der Seidenstraße in vorislamischer Zeit, Darmstadt

Havelock, Eric A., 1990: Schriftlichkeit. Das griechische Alphabet als kulturelle Revolution, Weinheim

Hayden, Brian, 1995: A New Overview of Domestication, in: Theron Douglas Price und Anne Brigitte Gebauer (Hg.): Last hunters − first Farmers. New Perspectives on the Prehistoric Transition to Agriculture, Santa Fe, S. 273−99

Heather, Peter J., 2005: The Fall of the Roman Empire. History, London

Hedeager, Lotte, 1987: Empire, Frontier and the Barbarian Hinterland: Rome and Northern Europe AD 1−400, in: Michael J. Rowlands, Mogens Trolle Larsen und Kristian Kristiansen (Hg.): Center and Periphery in the Ancient World, Cambridge, S. 125−40

Hedrich, Reiner, 1994: Die Entdeckung der Komplexität. Skizzen einer strukturwissenschaftlichen Revolution, Frankfurt a. M.

Hegel, Georg Wilhelm Friedrich, 1955: Vorlesungen über die Philosophie der Weltgeschichte, 1. Tl., Hg. J. Hoffmeister (Die Vernunft in der Geschichte. Einleitung in die Philosophie der Weltgeschichte. Auf Grund des aufbehaltenen handschriftlichen Materials), Hamburg ⁵1955

Hegel, Georg Wilhelm Friedrich, 1988: Vorlesungen über die Philosophie der Weltgeschichte, 2. Tl., Hg. Georg Lasson, Hamburg

Heichelheim, Fritz Moritz, 1938: Wirtschaftsgeschichte des Altertums, Leiden 1938

Heideking, Jürgen, 1999: Geschichte der USA, Tübingen

Heine-Geldern, Robert von, 1955: Herkunft und Ausbreitung der Hochkulturen, Wien

Heitmann, Lutz, 2001: Evolution, Kultur und Politik, Norderstedt

Hejl, Peter M., 1992: Selbstorganisation und Emergenz in sozialen Systemen, in: Wolfgang Krohn und Günter Küppers (Hg.): Emergenz. Die Entstehung von Ordnung, Organisation und Bedeutung, Frankfurt a. M., S.269–92

Helbling, Jürg, 2003: Agriculture, Population and State in China in Comparison to Europe, 1500–1900, in: Rolf Peter Sieferle und Helga Breuninger (Hg.): Agriculture, Population and Economic Development in China and Europe, Stuttgart, S.90–199

Helbling, Jürg, 2006: Tribale Kriege. Konflikte in Gesellschaften ohne Zentralgewalt, Frankfurt a. M.

Held, David u.a., 1999: Global Transformations. Politics, Economics and Culture, Cambridge

Heldenberg 2005: »Zeitreise Heldenberg« – Geheimnisvolle Kreisgräber. Katalog der niederösterreichischen Landesausstellung 2005, Horn

Hellpach, Willy, 1911: Geopsyche, Leipzig

Hemmer, Hans Rimbert, 1988: Wirtschaftsprobleme der Entwicklungsländer, München ²1988

Hempel, Carl G., 1942: The Function of General Laws in History, in: Journal of Philosophy 39, S.35–48

Henige, David, 1998: Numbers from Nowhere. The American Indian Contact Population Debate, Norman

Henshall, Nicholas, 1992: The Myth of Absolutism. Change and Continuity in Early Modern European Monarchy, London

Herbst, Jeffrey, 2000: States and Power in Africa. Comparative Lessons in Authority and Control, Princeton

Herman, Arthur, 1998: Propheten des Niedergangs. Der Endzeitmythos im westlichen Denken, Berlin

Herrmann-Pilath, Carsten, 2000: Evolution in Wirtschaft und Kultur, Marburg

Herrmann-Pilath, Carsten, 2002: Grundriß der Evolutionsökonomik, 2 Bde., Stuttgart

Hervieu-Léger, Danièle, 1999: Religiöse Ausdrucksformen der Moderne. Die Phänomene des Glaubens in den europäischen Gesellschaften, in: Hartmut Kaelble und Jürgen Schriewer (Hg.): Diskurse und Entwicklungspfade. Der Gesellschaftsvergleich in den Geschichts- und Sozialwissenschaften, Frankfurt a.M., S.133–61

Herzog, Roman, 1998: Staaten der Frühzeit. Ursprünge und Herrschaftsformen, München

Hess, Henner, 1977: Die Entstehung zentraler Herrschaftsinstanzen durch die Bildung klientärer Gefolgschaft. Zur Diskussion um die Entstehug staatlich organisierter Gesellschaften, in: Kölner Zeitschrift für Soziologie und Sozialpsychologie 29, S.762–78

Heuss, Alfred, 2001: Römische Geschichte, Braunschweig ⁸2001

Higham, Charles, 1996: The Bronze Age of South East Asia, Cambridge

Hildebrand, Bruno, 1864: Natural-, Geld- und Creditwirtschaft, in: Jahrbücher für Nationalökonomie und Statistik, 2, S.1–24

Hildermeier, Manfred, 1998: Geschichte der Sowjetunion 1917–1997. Entstehung und Niedergang des ersten sozialistischen Staates, München

Hildermeier, Manfred, 2001: Die Sowjetunion 1917–1991 (= Oldenbourg Grundriss der Geschichte 31), München

Hilferding, Rudolf, 1910: Das Finanzkapital, Wien

Hind, Robert J., 1984: The Internal Colonial Concept, in: Comparative Studies in Society and History 26, S. 543–68

Hintze, Otto, 1906/1970: Staatsverfassung und Heeresverfassung, in: ders.: Gesammelte Abhandlungen, Bd. 1, Göttingen 1970, S. 52–83 (zuerst 1906)

Hinz, Michael, 2002: Der Zivilisationsprozess: Mythos oder Realität? Wissenschaftssoziologische Untersuchungen zur Elias-Duerr-Kontroverse, Opladen

Hobsbawm, Eric, J., 1989: Das imperiale Zeitalter 1875–1914, Frankfurt a. M.

Hobsbawm, Eric, J., 1998: Das Zeitalter der Extreme. Weltgeschichte des 20. Jahrhunderts, München

Hobson, John Atkinson, 1903: Imperialism. A Study, London

Hobson, John M., 2004: The Eastern Origins of Western Civilization, Cambridge

Hodgson, Geoffrey M., 1993: Economics and Evolution. Bringing Back Life into Economics, Cambridge

Hodgson, Geoffrey M., 2002: Darwinism in Economics. From Analogy to Ontology, in: Journal of Evolutionary Economics 12, S. 259–81

Hoffmann, Rainer, 1987: Traditionelle Gesellschaft und moderne Staatlichkeit. Eine vergleichende Untersuchung der chinesischen und europäischen Entwicklungstendenzen, München

Hoffmann, Walther G., 1965: Das Wachstum der deutschen Wirtschaft seit Mitte des 19. Jahrhunderts, Berlin

Hopkins, Terence und Immanuel Wallerstein, 1977: Patterns of Development of the Modern World System, in: Review 1, S. 111–45

Horkheimer, Max und Theodor W. Adorno, 1944/1969: Kulturindustrie als Massenbetrug, in: dies.: Dialektik der Aufklärung. Philosophische Fragmente, Frankfurt a. M. 1969, S. 128–76 (zuerst 1944)

Hörnigk, Philipp Wilhelm von, 1684: Österreich über alles, wann es nur will, o. O.

Hoskoté, Ranjit und Ilija Trojanow, 2007: Kampfabsage. Kulturen bekämpfen sich nicht – sie fließen zusammen, München

Huang, Philip C. C., 2002: Development or Involution in Eighteenth-Century Britain and China? A Review of Kenneth Pomeranz's The Great Divergence: China, Europe, and the Making of the Modern World Economy, in: Journal of Asian Studies 61, S. 501–38

Huff, Toby E., 1993: The Rise of Early Modern Science. Islam, China, and the West, Cambridge

Hughes, Johnson Donald, 1994: Pan's Travail. Environmental Problems of the Ancient Greeks and Romans, Baltimore

Hull, David, 1988: Science as a Process. An Evolutionary Account of the Social and Conceptual Development of Science, Chicago

Humphreys, Sarah C., 1978: Anthropology and the Greeks, London

Huntington, Ellsworth, 1924: Civilization and Climate, New Haven

Huntington, Ellsworth, 1945: Mainsprings of Civilization, New York

Huntington, Samuel P., 1991: The Third Wave. Democratization in the Late Twentieth Century, London

Huntington, Samuel P., 1996: The Clash of Civilizations and the Remaking of World Order, New York

Hunwick, John D. (Hg.), 2002: Timbuktu & Songhay Empire. Al-Sa`dis Ta'rikh al-sūdān down to 1613 and other Contemporary Documents, Leiden ²2002

Hüttenroth, Wolf und K. Abdulfattah, 1977: Historical Geography of Palestine, Transjordan and South Syria in the Late 16ᵗʰ Century, Erlangen

Ibn Khaldun, 1377/1958: The Muqaddimah. An Introduction in History, übers. von Franz Rosenthal, 3 Bde., New York 1958 (arab. 1377)

Ihsanoğlu, Ekmeleddin, 1997: Ottoman Science, in: Helaine Selin (Hg.): Encyclopedia of the History of Science, Technology, and Medicine in Non-Western Cultures, Dordrecht 1997, S.799–805

Iliffe, John, 1997: Geschichte Afrikas, München

Imbusch, Peter, 1990: Das moderne Weltsystem. Eine Kritik der Weltsystemtheorie Immanuel Wallersteins, Marburg

Inalcik, H., 1975: The Socio-Political Effects of the Diffusion of Firearms in the Middle East, in: V. J. Parry und M. E. Yapp (Hg.): War, Technology, and Society in the Middle East, Oxford, S.195–217

Inglehart, Ronald, 1977: The Silent Revolution. Changing Values and Political Styles Among Western Publics, Princeton

IPCC 2001: Intergovernmental Panel on Climate Change, Climate Change 2001, Working Group I: The Scientific Base, 2.3.3: Was there a »Little Ice Age« and a »Medieval Warm Period«?, www.grida.no/climate/ipcc_tar/wg1/070. htm

IPCC 2007: Intergovernmental Panel on Climate Change, Climate Change 2007, Working Group I: The Physical Science Basis. Summary for Policymakers, http://ipcc-wg1.ucar.edu/wg1/docs/WG1AR4_SPM_PlenaryApproved.pdf

Jacob, Margaret, 1997: Scientific Culture and the Making of the Industrial West, Oxford

Jacobsen, Thorkild, 1957: Early Political Development in Mesopotamia, in: Zeitschrift für Assyriologie 18, S.91–140

Jaeggi, Rahel, 2005: Entfremdung. Zur Aktualität eines sozialphilosophischen Problems, Frankfurt a. M.

Jahn, Ralf G., 2001: Der römisch-germanische Krieg 9–16 n. Chr., Bonn

James, Edward, 1993: Nordeuropa im frühen Mittelalter (400–900), in: George Holmes (Hg.): Europa im Mittelalter, Stuttgart, S.67–116

Jantsch, Erich, 1979: Die Selbstorganisation des Universums. Vom Urknall zum menschlichen Geist, München

Jarausch, Konrad H., 2003: Der nationale Tabubruch. Wissenschaft, Öffentlichkeit und Politik in der Fischer-Kontroverse, in: Martin Sabrow, Ralph Jessen und Klaus Große-Kracht (Hg.): Zeitgeschichte als Streitgeschichte, München, S.9–40

Jaspers, Karl, 1949: Vom Ursprung und Ziel der Geschichte, München

Jencks, Charles, 1990: Was ist Postmoderne?, Zürich

Jesse, Eckhard (Hg.), 1999: Totalitarismus im 20. Jahrhundert. Eine Bilanz der internationalen Forschung, Bonn ²1999

Jha, Sarva Narayan, 2001: Astronomical and Astrological Ideas between the Vedanga-Jyotisa und Aryabhatta, in: G. C. Pande (Hg.): Life, Thought and Culture in India (from c. 600 BC to c. AD 300), New Delhi, S.842–65

Johnson, Allen W. und Timothy K. Earle, 2000: The Evolution of Human Societies, Stanford ²2000

Johnson, Gregory A., 1982: Organization Structure and Scalar Stress, in: Colin Renfrew und M. J. Rowlands und B. A. Segraves (Hg.): Theory and Explanation in Archaeology. The Southhampton Conference, New York, S.389–421

Jones, Eric Lionel, 1988: Growth Recurring. Economic Change in World History, Oxford

Jones, Eric Lionel, 1991: Das Wunder Europa. Umwelt, Wirtschaft und Geopolitik in der Geschichte Europas und Asiens, Tübingen

Journal of Global History, Cambridge seit 2006

Journal of World History, Honolulu seit 1990

Junge, Matthias, 2002: Individualisierung, Frankfurt a. M.

Justi, Johann Heinrich Gottlob von, 1755: Staatswirthschaft oder systematische Abhandlung aller ökonomischen und Cameralwissenschaften, die zur Regierung eines Landes erfordert werden, 2 Bände, Leipzig

Kaelble, Hartmut, 1987: Auf dem Weg zu einer europäischen Gesellschaft. Eine Sozialgeschichte Westeuropas 1880–1980, München

Kaelble, Hartmut, 1992: Soziale Mobilität und Sozialstrukturen der Vereinigten Staaten im 19. und 20. Jahrhundert, in: Knud Krakau (Hg.): Lateinamerika und Nordamerika. Gesellschaft, Politik und Wirtschaft im historischen Vergleich, Frankfurt a. M., S. 107–15

Kaiser, Martin und Norbert Wagner, 1986: Entwicklungspolitik, Bonn

Kaldor, Mary, 2000: Neue und alte Kriege. Organisierte Gewalt im Zeitalter der Globalisierung, Frankfurt a. M.

Kammler, Hans, 1970: Nachbarschaftsrelationen und Bündnispolitik. Ein Nachtrag zur Ideengeschichte der zwischenstaatlichen Beziehungen, in: Zeitschrift für die gesamte Staatswissenschaft 126, S. 496–523

Kant, Immanuel, 1781: Critik der reinen Vernunft, Riga

Karpat, Kemal H., 1964: Mass Media: Turkey, in: Robert E. Ward und Dankwart A. Rustow (Hg.): Political Modernization in Japan and Turkey, Princeton, S. 255–82

Karshenas, Massoud und Paul Stoneman, 1995: Technological Diffusion, in: Paul Stoneman (Hg.): Handbook of the Economics of Innovation and Technological Change, Oxford, S. 265–97

Keefe, Thomas K., 1983: Feudal Assessments and the Political Community under Henry II. and his Sons, Berkeley

Keeley, L., 1988: Hunter-Gatherer Economic Complexity and »Population Pressure«. A Cross-Cultural Analysis, in: Journal of Anthropological Archaeology 7, S. 373–411

Kehrer, Günter, 1988: Einführung in die Religionssoziologie, Darmstadt

Keightley, David N., 1999: The Shang: China's First Historical Dynasty, in: The Cambridge History of Ancient China, Bd. 1, Cambridge, S. 232–91

Kelly, Robert L., 1995: The Foraging Spectrum. Diversity in Hunter-Gatherer Lifeways, Washington

Kelsen, Hans, 1925: Allgemeine Staatslehre, Berlin

Kemp, Barry John, 1989: Ancient Egypt. Anatomy of a Civilization, London

Kennedy, Paul, 1989: Aufstieg und Fall der großen Mächte. Ökonomischer Wandel und militärischer Konflikt von 1500 bis 2000, Frankfurt a. M.

Keohane, Robert O., 1984: After Hegemony. Cooperation and Discord in the World Political Economy, Princeton

Kershaw, Ian, 1999: Der NS-Staat. Geschichtsinterpretationen und Kontroversen im Überblick, Reinbek

Khazanov, Anatolii M., 1981: The Early State among Eurasian Nomads, in: Henri J. M. Claessen und Peter Skalník (Hg.): The Study of the State, The Hague, S. 155–75

Khella, Karam, 1994: Geschichte der arabischen Völker. Von den Anfängen bis zur Gegenwart, Hamburg ⁴1994

Kiechle, Franz, 1969: Sklavenarbeit und technischer Fortschritt im Römischen Reich, Wiesbaden

Kienast, Burkhart, 1994: Die altorientalischen Codices zwischen Mündlichkeit und Schriftlichkeit, in: Hans-Joachim Gehrke (Hg.): Rechtskodifizierung und soziale Normen im interkulturellen Vergleich, Tübingen, S. 13 – 26

Kiesewetter, Hubert, 1996: Das einzigartige Europa. Zufällige und notwendige Faktoren der Industrialisierung, Göttingen

Kim, Linsu, 1993: National System of Industrial Innovation: Dynamics of Capability Building in Korea, in: Richard R. Nelson (Hg.): National Innovation Systems. A Comparative Analysis, Oxford, S. 357 – 83

Kiple, Kenneth F. und Kriemhild Coneè Ornelas (Hg.), 2000: The Cambridge World History of Food, 2 Bde., Cambridge

Kiple, Kenneth F. und Stephen V. Beck (Hg.), 1997: Biological Consequences of the European Expansion 1450 – 1800, Aldershot

Kittsteiner, Heinz D., 1991: Die Entstehung des modernen Gewissens, Frankfurt a. M.

Kleinschmidt, Harald, 1998: Geschichte der internationalen Beziehungen. Ein systemgeschichtlicher Abriß, Stuttgart

Klengel, Horst u. a. (Hg.); 1989: Kulturgeschichte des alten Vorderasien, Berlin

Kloft, Hans, 1992: Die Wirtschaft der griechisch-römischen Welt. Eine Einführung, Darmstadt

Knutsen, Torbjørn, 1999: The Rise and Fall of World Orders, Manchester

Kobishchanov, Iurii M., 1978: Axum, in: Henri J. M. Claessen und Peter Skalník (Hg.): The Early State, The Hague, S. 151 – 67

Kohl, Jürgen, 1982: Zur langfristigen Entwicklung der politischen Partizipation in Westeuropa, in: Peter Steinbach (Hg.): Probleme politischer Partizipation im Modernisierungsprozeß, Stuttgart, S. 473 – 503

Kohl, Jürgen, 1985: Staatsausgaben in Westeuropa. Analysen zur langfristigen Entwicklung der öffentlichen Finanzen, Frankfurt a. M.

Kohl, Karl-Heinz, 2000: Ethnologie – die Wissenschaft vom kulturell Fremden, München ²2000

Kokorz, Gregor und Helga Mitterbauer (Hg.), 2004: Übergänge und Verflechtungen. Kulturelle Transfers in Europa, Bern

Kolb, Raimund, 2003: About Figures and Aggregates. Some Arguments for a More Scrupulous Evaluation of Quantitative Data in the History of Population and Agriculture in China (1644 – 1949), in: Rolf Peter Sieferle und Helga Breuninger (Hg.): Agriculture, Population and Economic Development in China and Europe, Stuttgart, S. 200 – 75

Komlos, John, 1997: Ein Überblick über die Konzeptionen der Industriellen Revolution, in: Vierteljahrschrift für Sozial- und Wirtschaftsgeschichte 84 (1997), S. 461 – 511

Kondratieff, Nikolai D., 1926: Die langen Wellen der Konjunktur, in: Archiv für Sozialwissenschaft und Sozialpolitik 56, S. 473 – 609

Konetzke, Richard, 1965: Süd- und Mittelamerika I. Die Indianerkulturen Altamerikas und die spanisch-portugiesische Kolonialherrschaft, Frankfurt a. M.

Korn-Riedlinger, Karin D. M., 1988: Dian, Nanzhao, Dali – Staatsgründungen auf dem Gebiet der heutigen Provinz Yunnan (VR China), Bonn

Korotayev, Andrey und Artemy Malkov und Daria Khaltourina, 2006: Introduction to Social Macrodynamics. Secular Cycles and Millenial Trends, Moscow

Koselleck, Reinhart, 1972: Einleitung, in: Geschichtliche Grundbegriffe, Hg. Otto Brunner, Werner Conze und Reinhart Koselleck, Bd. 1, Stuttgart, S. XIII–XXVII

Koselleck, Reinhart, 1975: Fortschritt, in: Geschichtliche Grundbegriffe, Hg. Otto Brunner, Werner Conze und Reinhart Koselleck, Bd. 2, Stuttgart, S. 351–423

Koselleck, Reinhart, 2000: Raum und Geschichte, in: ders. (Hg.): Zeitschichten. Studien zur Historik, Frankfurt a. M., S. 78–96

Krader, Lawrence, 1968: Formation of the State, Englewood Cliffs

Krader, Lawrence, 1975: The Asiatic Mode of Production. Sources, Development and Critique in the Writings of Karl Marx, Assen

Krause, Jens-Uwe, 2000: Die Spätantike (284–565 n. Chr.), in: Hans-Joachim Gehrke und Helmuth Schneider (Hg.): Geschichte der Antike. Ein Studienbuch, Stuttgart, S. 377–447

Kreibich, Rolf, 1986: Die Wissenschaftsgesellschaft. Von Galilei zur High-Tech-Revolution, Frankfurt a. M

Kremer, M., 1993: Population Growth and Technological Change. One Million B. C. to 1990, in: Quarterly Journal of Economics 108, S. 681–716

Kroeber, A. L., 1944: Configurations of Culture Growth, Berkeley

Krohn, Wolfgang und Günter Küppers, 1989: Die Selbstorganisation der Wissenschaft, Frankfurt a. M.

Krohn, Wolfgang, Günther Küppers und Helga Nowotny (Hg.), 1990: Selbstorganisation. Aspekte einer wissenschaftlichen Revolution, Wiesbaden

Kron, Thomas (Hg.), 2000: Individualisierung und soziologische Theorie, Opladen

Küchenhoff, Erich, 1967: Möglichkeiten und Grenzen begrifflicher Klarheit in der Staatsformenlehre, 2 Bde., Berlin

Kuhn, Thomas S., 1976: Die Struktur wissenschaftlicher Revolutionen, Frankfurt a. M. ²1976

Kühne, Karl, 1982: Evolutionsökonomie. Grundlagen der Nationalökonomie und der Realtheorie der Geldwirtschaft, Stuttgart

Kuhrt, Amélie, 1995: The Ancient Near East, c. 3000–300 B. C, 2 Bde., London

Kulischer, Josef, 1928: Allgemeine Wirtschaftsgeschichte des Mittelalters und der Neuzeit, 2 Bde, München 1928–29

Kulke, Hermann und Dietmar Rothermund, 1998: Geschichte Indiens. Von der Induskultur bis heute, München

Kulke, Hermann, 1985: Die frühmittelalterlichen Regionalreiche. Ihre Struktur und Rolle im Prozess staatlicher Entwicklung in Indien, in: Hermann Kulke und Dietmar Rothermund (Hg.): Regionale Tradition in Südasien, Stuttgart, S. 77–114

Kulke, Hermann, 1986: The Early and the Imperial Kingdom in Southeast Asian History, in: David G. Marr und A. C. Milner (Hg.): Southeast Asia in the 9th to 14th Centuries, Singapore, S. 1–22

Kulke, Hermann, 1991: Die indische Debatte über Asiatische Produktionsweise und Indischen Feudalismus, in: Hartmut Boockmann und Kurt Jürgensen (Hg.): Nachdenken über Geschichte. In memoriam Karl Dietrich Erdmann, Neumünster, S. 305–20

Kulke, Hermann, 1994: Introductory Essay, in: ders. (Hg.): The State in India 1000–1700, Delhi, S. 1–47

Kulke, Hermann, 2005: Maritimer Kulturtransfer im Indischen Ozean. Theorien zur »Indisierung« Südostasiens im 1. Jahrtausend n. Chr., in: Saeculum 56, S. 173 – 97

Kümmel, Christoph, 2001: Early World Systems. Core-Periphery Models in Archaeology, Rahden

Küng, Hans (Hg.), 2002: Dokumentation zum Weltethos, München

Kuper, Adam, 2005: The Reinvention of Primitive Society. Transformations of an Illusion, London ²2005

Küppers, Günter und Wolfgang Krohn, 1992: Zur Emergenz systemspezifischer Leistungen, in: Wolfgang Krohn und Günter Küppers (Hg.): Emergenz. Die Entstehung von Ordnung, Organisation und Bedeutung, Frankfurt a. M., S. 161 – 88

Kuran, Timur, 1997: Islam and Underdevelopment. An Old Puzzle Revisited, in: Journal of Institutional and Theoretical Economics 153, S. 41 – 75

Kürsat-Ahlers, Elçin, 1994: Zur frühen Staatsbildung von Steppenvölkern. Über die Sozio- und Psychogenese der eurasischen Nomadenreiche am Beispiel der Hsiung-Nu und der Göktürken mit einem Exkurs über die Skythen, Berlin

Lach, Donald F. und Edwin J. Van Kley, 1965: Asia in the Making of Europe, 9 Bde., Chicago 1965 – 93

Lal, Deepak, 1998: Unintended Consequences. The Impact of Factor Endowments, Culture and Politics on Long-Run Economic Performance, Cambrige/Mass.

Lamprecht, Karl, 1891: Deutsche Geschichte, 12 Bände, Berlin 1891 – 1909

Landes, David S., 1993: The Fable of the Dead Horse; or, the Industrial Revolution Revisited, in: Joel Mokyr (Hg.): The British Industrial Revolution. An Economic Perspective, Boulder, S. 132 – 70

Landes, David S., 1999: Wohlstand und Armut der Nationen. Warum die einen reich und die anderen arm sind, Berlin

Lang, Greame, 1997: State Systems and the Origins of Modern Science. A Comparison of Europe and China, in: East-West-Dialogue 2,1, S. 16 – 31

Lapidus, Ira M., 1988: A History of Islamic Societies, Cambridge

Larsen, J. A. O., 1968: Greek Federal States. Their Institutions and History, Oxford

Laszlo, Ervin, 1987: Evolution. Die neue Synthese, Wien

Lattimore, Owen, 1951: Inner Asian Frontiers of China, New York

Laun, Rudolf, 1964: Allgemeine Staatslehre im Grundriß, Schloß Bleckede ⁹1964

Lechner, Frank J. und John Boli, 2005: World Culture. Origins and Consequence, Malden

Lee, Richard B., 1979: The !Kung San. Men, Women and Work in a Foraging Society, Cambridge

Lee, Richard B., 1990: Primitive Communism and the Origin of Social Inequality, in: Steadman Upham (Hg.): The Evolution of Political Systems. Sociopolitics in Small-Scale Sedentary Societies, Cambridge, S. 225 – 45

Lee, Thomas H. C., 2000: Education in Traditional China. A History, Leiden

Lehmann, Hartmut und Guenther Roth (Hg.), 1993: Weber's Protestant Ethic: Origins, Evidence, Contexts, Cambridge

Lehmann, Hartmut, 1996: Max Webers »Protestantische Ethik«. Beiträge aus der Sicht eines Historikers, Göttingen

Lehmann, Hartmut, 2004: Säkularisierung. Der europäische Sonderweg in Sachen Religion, Göttingen

Leipold, Helmut, 2006: Kulturvergleichende Institutionenökonomik. Studien zur kulturellen, institutionellen und wirtschaftlichen Entwicklung, Stuttgart

Lenin, Wladimir Iljitsch, 1917/1972: Der Imperialismus als höchstes Stadium des Kapitalismus, in: Werke, Bd. 22, Berlin 1972, S. 189–309 (russ. 1917)

Lenski, Gerhard, 2005: Ecological-Evolutionary Theory. Principles and Applications, Boulder

Leonard, Jennifer A. u.a., 2002: Ancient DNA Evidence for Old World Origins of New World Dogs, in: Science 298, S. 1613–16

Lerner, Gerda, 1991: Die Entstehung des Patriarchats, Frankfurt a. M.

Leroi-Gourhan, André, 1980: Hand und Wort. Die Evolution von Sprache, Technik und Kunst, Frankfurt a. M.

Levathes, Louise E., 1994: When China Ruled the Seas. The Treasure Fleet of the Dragon Throne, 1405–1433, New York

Levine, Molly M., 1992: Review Article. The Use and Abuse of Black Athena, in: American Historical Review 97, S. 440–60

Lévi-Strauss, Claude, 1968: Das wilde Denken, Frankfurt a. M.

Levy, Marion J., 1966: Modernization and the Structure of Societies. A Setting for International Affairs, Band 1, Princeton

Lévy-Bruhl, Lucien, 1927: Die geistige Welt der Primitiven, München

Lewis, Bernard, 2002: Der Untergang des Morgenlandes. Warum die islamische Welt ihre Vormacht verlor, Bergisch Gladbach

Lewis, Colin, 1992: Industry in Latin America, in: Wolfgang Reinhard und Peter Waldmann (Hg.): Nord und Süd in Amerika. Gemeinsamkeiten – Gegensätze – Europäischer Hintergrund, Freiburg, Bd. 2, S. 739–70

Liancheng, Lu und Yan Wenming, 2005: Society during the three Dynasties, in: Kwang-chih Chang und Xu Pingfang (Hg.): The Formation of Chinese Civilization. An Archaeological Perspective, New Haven, S. 141–201

Lieberman, Victor B., 1997: Transcending East-West Dichotomies. State and Culture Formation in Six Ostensibly Disparate Areas, in: Modern Asian Studies 31, S. 463–546

Lieberman, Victor B., 2003: Strange Parallels. Southeast Asia in Global Context, c. 800–1830, Bd. 1: Interation on the Mainland, Cambridge

Liebes, Tamar und Elihu Katz, 1990: The Export of Meaning. Cross-Cultural Readings of Dallas, New York

Lilie, Ralph-Johannes, 1994: Byzanz. Kaiser und Reich, Köln

Linck, Gudula, 1989: »Die Welt ist ein heiliges Gefäß, wer sich daran zu schaffen macht, wird Niederlagen erleiden« – Konfliktaustrag an der Natur während der Umbrüche in der chinesischen Geschichte, in: Jörg Callies, Jörn Rüsen und Meinfried Striegnitz (Hg.): Mensch und Umwelt in der Geschichte, Pfaffenweiler, S. 327–51

Link, Hannelore, 1976: Rezeptionsforschung. Eine Einführung in Methoden und Probleme, Berlin

Linton, Derek S., 1997a: Asia and the West in the New World Economy – The Limited Thalassocracies: The Portuguese and the Dutch in Asia, 1498–1700, in: Ainslee T. Embree und Carol Gluck (Hg.): Asia in Western and World History, London, S. 63–82

Linton, Derek S., 1997b: Asia and the West in the New World Order – From Trading Companies to Free Trade Imperialism: The British and their Rivals in Asia, 1700–1850, in: Ainslee T. Embree und Carol Gluck (Hg.): Asia in Western and World History, London, S. 83–116

Linz, Juan José und Alfred Stepan (Hg.), 1978: The Breakdown of Democratic Regimes, Bd. 1: Europe, Baltimore

Linz, Juan José, 1975/2000: Totalitäre und autoritäre Regime, Berlin (zuerst engl. 1975, erweitert dt. 2000)

Lipset, Seymour Martin und Kyoung-Ryung Seong und John Charles Torres, 1993: A Comparative Analysis of the Social Requisites of Democracy, in: International Social Science Journal 45, S.155–75

Lipset, Seymour Martin, 1959: Some Social Requisites of Democracy. Economic Development and Political Legitimacy, in: American Political Science Review 53, S.69–105

Lipset, Seymour Martin, 1960: Political Man. The Social Basis of Politics, New York

Lipset, Seymour Martin, 1996: American Exceptionalism. A Double-Edged Sword, New York

List, Friedrich, 1841: Das nationale System der politischen Ökonomie, Stuttgart

Liu, Chun-Yu, 2004: Response to Kent Deng, in: History of Technology 25, S.177–80

Livi-Bacci, Massimo, 1997: A Concise History of World Population, Oxford

Livius, Titus: Römische Geschichte. Lateinisch und deutsch (Sammlung Tusculum), 11 Bde., München 1982–2000

Lloyd, Christopher, 2000: From Universal History to Holocene History. From the Teleologies of Modernism to the Darwinism of Long-Run Societal Transformation (Paper for the World Congress of Historical Sciences), Oslo, www.oslo2000. uio.no/program/papers/m1a/M1a-lloyd.pdf

Lloyd, Geoffrey E.R., 1996a: Adversaries and Authorities. Investigations into Ancient Greek and Chinese Science, Cambridge

Lloyd, Geoffrey E.R., 1996b: Science in Antiquity. The Greek and Chinese Cases and their Relevance to the Problems of Culture and Cognition, in: David R. Olson und Nancy Torrance (Hg.): Modes of Thought. Explorations in Culture and Cognition, Cambridge, S.15–33

Loewe, Michael, 1966: Das China der Kaiser. Die historischen Grundlagen des modernen China, Wien

Londo, Jason P. u.a., 2006: Phylogeography of Asian Wild Rice, Oryza rufipogon, reveals multiple Independent Domestications of Cultivated Rice, Oryza sativa, in: Proceedings of the National Academy of Science of the USA 103, S.9578–83

Lopreato, Joseph und Timothy Crippen, 1999: Crisis in Sociology. The Need for Darwin, Brunswick

Louis, William Roger (Hg.), 1976: The Imperialism: The Robinson and Gallagher Controversy, New York

Lovejoy, Paul E., 2000: Transformations in Slavery. A History of Slavery in Africa, Cambridge ²2000

Löw, Martina, 2001: Raumsoziologie, Frankfurt a.M.

Löwenstein, Karl, 1959: Verfassungslehre, Tübingen

Luard, Evan, 1976: Types of International Society, New York

Lubbock, John, 1870: The Origins of Civilization and the Primitive Condition of Man, London

Lübke, Christian, 2001: Fremde im östlichen Europa. Von Gesellschaften ohne Staat zu verstaatlichten Gesellschaften (9.–11.Jahrhundert), Köln

Ludwig, Karl-Heinz, 1999: Technik im hohen Mittelalter zwischen 1000 und 1350/1400, in: Wolfgang König (Hg.): Propyläen Technikgeschichte, Bd.2, Berlin ²1999, S.9–205

Luhmann, Niklas, 1976: Evolution und Geschichte, in: Geschichte und Gesellschaft 2, S. 284–309

Luhmann, Niklas, 1978: Geschichte als Prozeß und die Theorie sozio-kultureller Evolution, in: Karl Georg Faber und Christian Meier (Hg.): Historische Prozesse, München, S. 413–40

Luhmann, Niklas, 1990: Die Wissenschaft der Gesellschaft, Frankfurt a. M.

Luhmann, Niklas, 1992: Betrachtungen der Moderne, Opladen

Luhmann, Niklas, 1997: Die Gesellschaft der Gesellschaft, 2 Bde., Frankfurt a. M.

Lurija, Aleksandr R., 1986: Die historische Bedingtheit individueller Erkenntnisprozesse, Weinheim

Luttwak, Edward N., 1978: The Grand Strategy of the Roman Empire. From the First Century A. D. to the Third, Baltimore

Lutz, Heinrich, 1964: Christianitas afflicta. Europa, das Reich und die päpstliche Politik im Niedergang der Hegemonie Kaiser Karls V. (1552–1556), Göttingen

Lynn, Martin, 1999: British Policy, Trade, and Informal Empire in the Mid-Nineteenth Century, in: The Oxford History of the British Empire, Bd. 3, Hg. Andrew Porter, Oxford, S. 101–21

Maase, Kaspar, 2001: Grenzenloses Vergnügen. Der Aufstieg der Massenkultur 1850–1970, Frankfurt a. M.

Macfarlane, Alan und Gerry Martin, 2002: Glass. A World History, Chicago

Mackie, Thomas und Richard Rose, 1991: The International Almanac of Electoral History, London ³1991

MacLeod, Christine, 1988: Inventing the Industrial Revolution. The English Patent System, 1660–1800, Cambridge

Maczak, Antoni (Hg.), 1988: Klientelsysteme im Europa der Frühen Neuzeit, München

Maddison, Angus, 1991: Dynamic Forces in Capitalistic Development. A Long-Run Comparative View, Oxford

Maddison, Angus, 1998: Chinese Economic Performance in the Long Run, Paris

Maddison, Angus, 2003: The World Economy. Historical Statistics, Paris

Mahoney, James, 2000: Path Dependence in Historical Sociology, in: Theory and Society 29 (2000), S. 507–48

Maier, Charles S., 2006: Among Empires. American Ascendancy and its Predecessors, Cambridge/Mass.

Maier, Hans (Hg.), 1996: »Totalitarismus« und »Politische Religionen«. Konzepte des Diktaturvergleichs, 3 Bde., Paderborn 1996–2003

Maisels, Charles Keith, 1990: The Emergence of Civilization. From Hunting and Gathering to Agriculture, Cities, and the State in Near East, London

Makdisi, George, 1981: Rise of Colleges. Institutions of Learning in Islam and the West, Edinburgh

Malanima, Paolo, 2006: Energy Crisis and Growth 1650–1850: The European Deviation in a Comparative Perspective, in: Journal of Global History 1, S. 101–22

Malinowski, Bronislaw, 1948: Magic, Science, and Religion and other Essays, Glencoe

Mall, Ram Adhar und Heinz Hülsmann, 1989: Die drei Geburtsorte der Philosophie: China, Indien, Europa, Bonn

Mall, Ram Adhar, 1995: Philosophie im Vergleich der Kulturen. Interkulturelle Philosophie – eine neue Orientierung, Darmstadt

Malthus, Robert, 1798: An Essay on the Principle of Population, London

Mandel, Ernest, 1975; Late Capitalism, London

Mania, Dietrich, 2004: Bilzingsleben V. Homo erectus – seine Kultur und Umwelt. Zum Lebensbild des Urmenschen, Langenweißbach

Mann, Golo, 1979: Plädoyer für die historische Erzählung, in: Theorie und Erzählung in der Geschichte, Hg. Jürgen Kocka und Thomas Nipperdey, München, S. 40 – 56

Mann, Michael, 1990: Geschichte der Macht, 3 Bde., Frankfurt a. M. 1990 – 2000

Mann, Michael, 2003: Die ohnmächtige Supermacht. Warum die USA die Welt nicht regieren können, Frankfurt a. M.

Manning, Patrick, 2003: Navigating World-History. Historians Create a Global Past, New York

Manning, Patrick, 2005: Migration in World History, New York

Manning, Patrick, 2006: Homo sapiens Populates the Earth: A Provisional Synthesis, Privileging Linguistic Evidence, in: Journal of World History 17 H. 2, www.historycooperative.org/journals/jwh/17.2/manning.html

Marcus, Joyce, 1998: The Peaks and Valleys of Ancient States. An Extension of the Dynamic Model, in: Gary M. Feinman und Joyce Marcus (Hg.): Archaic States, Santa Fe, S. 59 – 94

Markoff, John, 1999: Where and When was Democracy Invented?, in: Comparative Studies in Society and History 41, S. 660 – 90

Marks, Robert B., 2006: Die Ursprünge der modernen Welt. Eine globale Weltgeschichte, Darmstadt

Marshall, P. J., 1998: Introduction, in: The Oxford History of the British Empire, Bd. 2, Hg. ders., Oxford, S. 1 – 27

Martin, Harriet P., 1988: Fara. A Reconstruction of the Ancient Mesopotamian City of Shuruppak, Birmingham

Martin, Paul S., 1984: Historic Extinctions. The Gobal Model, in: Paul S. Martin und Richard G. Klein (Hg.): Quarternary Extinctions. A Prehistoric Revolution, Tucson, S. 354 – 403

Marx, Christoph, 2004: Geschichte Afrikas von 1800 bis zur Gegenwart, Paderborn

Marx, Karl und Friedrich Engels, 1846/1969: Die deutsche Ideologie, in: dies.: Werke, Band 3, Berlin 1969, S. 9 – 530 (geschrieben 1846)

Marx, Karl, 1846/1969: Brief an P. W. Annenkow, in: K. Marx und F. Engels: Werke, Band 4, Berlin 1969, S. 547 – 57 (geschrieben 28. 12. 1846)

Marx, Karl, 1847/1969: Die moralisierende Kritik und die kritisierende Moral, in: K. Marx und F. Engels: Werke, Band 4, Berlin 1969, S. 331 – 59 (zuerst 1847)

Marx, Karl, 1853/1970a: Die künftigen Ergebnisse der britischen Herrschaft in Indien, in: K. Marx und F. Engels: Werke, Band 9, Berlin 1970, S. 220 – 26 (zuerst 1853)

Marx, Karl, 1853/1970b: Die britische Herrschaft in Indien, in: K. Marx und F. Engels: Werke, Band 9, Berlin 1970, S. 127 – 33 (zuerst London 1853)

Marx, Karl, 1857/1953: Grundriß der Kritik der politischen Ökonomie (Rohentwurf), Berlin 1953 (geschrieben 1857/58)

Marx, Karl, 1859/1969: Zur Kritik der Politischen Ökonomie, in: K. Marx und F. Engels: Werke, Band 13, Berlin 1969, S. 5 – 160 (zuerst Berlin 1859)

Marx, Karl, 1862/1969: Chinesisches, in: K. Marx und F. Engels: Werke, Band 15, Berlin 1969, S. 514 – 16 (zuerst 1862)

Marx, Karl, 1867/1962: Das Kapital. Kritik der politischen Ökonomie, Band 1 = K. Marx und F. Engels: Werke, Band 23, Berlin 1962 (zuerst Hamburg 1867)

Marx, Karl, 1881/1969: Erster Entwurf einer Antwort auf den Brief von V. I. Sassulitsch, in: K. Marx und F. Engels: Werke, Band 19, Berlin 1969, S. 384–95 (geschrieben 1881)

Masson, Vadim Mihailovič, 1982: Das Land der tausend Städte. Die Wiederentdeckung der ältesten Kulturgebiete in Mittelasien, München

Matthäus, Hartmut, 1993: Zur Rezeption orientalischer Kunst-, Kultur- und Lebensformen in Griechenland, in: K. Raaflaub (Hg.): Anfänge politischen Denkens in der Antike. Die nahöstlichen Kulturen und die Griechen, München, S. 165–86.

Mauss, Marcel, 1925/1968: Die Gabe. Form und Funktion des Austausches in archaischen Gesellschaften, Frankfurt a. M. 1968 (franz. 1925)

Mayntz, Renate, 1988: Funktionelle Teilsysteme in der Theorie sozialer Differenzierung, in: dies. u. a. (Hg.): Differenzierung und Verselbständigung. Zur Entwicklung gesellschaftlicher Teilsysteme, Frankfurt a. M., S. 11–44

Mazlish, Bruce und Ralph Buultjens (Hg.), 1993: Conceptualizing Global History, Boulder

Mazower, Mark, 2002: Der dunkle Kontinent. Europa im 20. Jahrhundert, Frankfurt a. M.

Mc Clellan III, James Edward und Harold Dorn, 1999: Science and Technology in World History. An Introduction, Baltimore

McEvedy, Colin und Richard Jones, 1978: Atlas of World Population History, Harmondsworth

McIntosh, Susan Keech, 1999: Pathways to Complexity. An African Perspective, in: dies. (Hg.): Beyond Chiefdoms. Pathways to Complexity, Cambridge, S. 1–30

McKeown, Adam, 2004: Global Migration, 1846–1940, in: Journal of World History 15, H. 2, www.historycooperative.org/journals/jwh/15.2/mckeown.html

McLuhan, Herbert Marshall und Quentin Fiore, 1968: War and Peace in the Global Village, New York

McLuhan, Herbert Marshall, 1968: Die Gutenberg-Galaxis. Das Ende des Buchzeitalters, Düsseldorf

McNeill, John Robert und William H. McNeill, 2003: The Human Web. A Bird's-Eye View of World History, New York

McNeill, William H., 1963: The Rise of the West. A History of the Human Community, New York

McNeill, William H., 1977: Plagues and Peoples, Oxford

McNeill, William H., 1984: Krieg und Macht. Militär, Wirtschaft und Gesellschaft vom Altertum bis heute, München

Meadows, Dennis L. u. a., 1972: Die Grenzen des Wachstums? Bericht des Club of Rome zur Lage der Menschheit, München

Meier, Christian, 1982: Caesar, München

Meißner, Burkhard, 1999: Die technologische Fachliteratur der Antike. Struktur, Überlieferung und Wirkung in der Antike (ca. 400 v. Chr.– ca. 500 n. Chr.), Berlin

Meissner, Jochen, 1999: Dependenztheorie und lateinamerikanische Geschichtsschreibung, in: Wolfgang Küttler, Jörn Rüsen und Ernst Schulin (Hg.): Geschichtsdiskurs, Bd. 5: Globale Konflikte, Erinnerungsarbeit und Neuorientierungen seit 1945, Frankfurt a. M., S. 106–41

Meleghy, Tamás und Heinz-Jürgen Niedenzu (Hg.), 2003: Soziale Evolution. Die Evolutionstheorie und die Sozialwissenschaften, Opladen

Mende, Erling von, 1982: China und die Staaten auf der koreanischen Halbinsel bis zum 12. Jahrhundert. Eine Untersuchung zur Entwicklung der Formen zwischenstaatlicher Beziehungen in Ostasien, Wiesbaden

Mensching, Günther, 1992: Das Allgemeine und das Besondere. Der Ursprung des modernen Denkens im Mittelalter, Stuttgart

Menzel, Ulrich und Dieter Senghaas, 1983 a: Autozentrierte Entwicklung in historischer Perspektive, in: Hans-Dieter Evers und Dieter Senghaas und Huberta Wienholtz (Hg.): Auf dem Weg zu einer Neuen Weltwirtschaftsordnung?, Baden-Baden, S. 77–96

Menzel, Ulrich und Dieter Senghaas, 1983 b: Autozentrierte Entwicklung im Weltsystem – Versuch einer Typologie, in: Jochen Blaschke (Hg.): Perspektiven des Weltsystems. Materialien zu Immanuel Wallerstein »Das moderne Weltsystem«, Frankfurt a. M., S. 142–88

Menzel, Ulrich und Dieter Senghaas, 1986: Europas Entwicklung und die Dritte Welt. Eine Bestandsaufnahme, Frankfurt a. M.

Menzel, Ulrich, 1994: Nachholende Modernisierung in Ostasien aus entwicklungstheoretischer Perspektive, in: Dieter Nohlen und Franz Nuscheler (Hg.): Handbuch der Dritten Welt, Bd. 8, Bonn ³1994, S. 14–61

Menzies, Gavin, 2004: The Year China Discovered America, New York

Merkel, Wolfgang u. a. (Hg.), 2003: Defekte Demokratien, Bd. 1: Theorie, Opladen

Merkel, Wolfgang, 1999: Systemtransformation. Eine Einführung in die Theorie und Empirie der Transformationsforschung, Opladen

Merton, Robert K., 1957: Science and Economy of 17th Century England, in: ders.: Social Theory and Social Structure, New York, S. 607–27

Meskill, John, 1969: Academies and Politics in the Ming Dynasty, in: Charles O. Hucker (Hg.): Chinese Government in Ming Times, New York, S. 149–74

Metzinger, Udo M., 2000: Die Huntington-Debatte. Die Auseinandersetzung mit Huntingtons »Clash of Civilizations« in der Publizistik, Köln

Meumann, Markus und Ralf Pröve (Hg.), 2004: Herrschaft in der Frühen Neuzeit. Umrisse eines dynamisch-kommunikativen Prozesses, Münster

Meyer, Arno, 1981: The Persistence of the Old Regime. Europe to the Great War, New York

Micheau, Françoise, 1996: The Scientific Institutions in the Medieval Near East, in: Roshdi Rashed (Hg.): Encyclopedia of the History of Arabic Science, Bd. 3, London, S. 985–1007

Middell, Matthias, 2001: Von der Wechselseitigkeit der Kulturen im Austausch. Das Konzept des Kulturtransfers in verschiedenen Forschungskontexten, in: Andrea Langer und Georg Michels (Hg.): Metropolen und Kulturtransfer im 15./16. Jahrhundert. Prag – Krakau – Danzig – Wien, Stuttgart, S. 15–51

Miles, Robert, 1992: Rassismus. Einführung in die Geschichte und Theorie eines Begriffs, Hamburg

Mirow, Jürgen, 1978: Kultur und System. Bemerkungen zu Grundkategorien historischen Fragens und historischer Darstellung, in: Saeculum 29, S. 306–21

Mirow, Jürgen, 2004: Geschichte des deutschen Volkes, 4 Bände, Gernsbach ³2004

Mischung, Roland, 2003: Religionsethnologie, in: Hans Fischer und Bettina Beer (Hg.): Ethnologie, Berlin ⁵2003, S. 197–219

Mitchell, Brian R. (Hg.), 1998a: International Historical Statistics. Africa, Asia and Oceania 1750–1993, New York ³1998

Mitchell, Brian R. (Hg.), 1998b: International Historical Statistics. Europe 1750–1993, Basingstoke ⁴1998

Mitchell, Brian R. (Hg.), 1998c: International Historical Statistics. The Americas and Australasia 1750–1993, Detroit ⁴1998

Mithen, Steven, 1989: Evolutionary Theory and Post-processual Archaeology, in: Antiquity 63, S.483–94

Mitterauer, Michael, 1999: Die Entwicklung Europas – ein Sonderweg?, Wien

Mitterauer, Michael, 2003: Warum Europa? Mittelalterliche Grundlagen eines Sonderwegs, München

Mitterauer, Michael, 2004: Religion und Massenkommunikation. Buchdruck im Vergleich, in: Margarete Grandner und Andrea Komlosy (Hg.): Vom Weltgeist beseelt. Globalgeschichte 1700–1815, Wien, S.243–62

Modelski, George und William Thompson, 1996: Leading Sectors and World Powers. The Co-Evolution of Global Economics and Politics, Columbia

Modelski, George, 1987: Long Cycles in World Politics, Seattle

Modelski, George, 1996: Evolutionary Paradigm for Global Politics, in: International Studies Quarterly 40, S.321–42

Mohl, Robert von, 1859: Enzyklopädie der Staatswissenschaften, Tübingen

Mohr, Hans, 1997: Wissen als Humanressource, in: Günter Clar, Julia Doré und Hans Mohr (Hg.): Humankapital und Wissen. Grundlagen einer nachhaltigen Entwicklung, Berlin, S.13–27

Möhring, Hannes, 2003: Warum verlor die islamische Kultur ihre führende Stellung?, in: Historische Zeitschrift 277, S.655–66

Mokyr, Joel, 1992: The Lever of Riches. Technological Creativity and Economic Progress, New York

Mokyr, Joel, 2000: Innovation and its Enemies: The Economical and Political Roots of Technological Inertia, in: Mancur Olson und Satu Kähkönen (Hg.): A not-so-dismal Science. A Broader View of Economics and Societies, Oxford, S.61–91

Mommsen, Theodor, 1887: Römisches Staatsrecht, 3 Bände, Leipzig 1887–88

Mommsen, Wolfgang Justin, 1977: Imperialismustheorien. Ein Überblick über die neuen Imperialismustheorien, Göttingen

Montesquieu, Charles de, 1748/1951: Vom Geist der Gesetze, Tübingen 1951 (zuerst franz. 1748)

Moore, Barrington, 1969: Soziale Ursprünge von Diktatur und Demokratie, Frankfurt a.M.

Morgan, Lewis Henry, 1877: Ancient Society or Research in the Lines of Human Progress from Savagery through Barbarism to Civilization, New York

Morillo, Stephen, 2003: A »Feudal Mutation«? Conceptual Tools and Historical Patterns in World History, in: Journal of World History 14, www.historycooperative.org/journals/jwh/14.4/morillo.html

Morishima, Michio, 1987: Why has Japan »Succeeded«? Western Technology and the Japanese Ethos, Cambridge

Mörner, Magnus, 1992: Labor Systems and Patterns of Social Stratification in Colonial America: North and South, in: Wolfgang Reinhard und Peter Waldmann (Hg.): Nord und Süd in Amerika. Gemeinsamkeiten – Gegensätze – Europäischer Hintergrund, Freiburg, Bd.1, S.347–63

Morris, Colin, 1972: The Discovery of the Individual 1050–1200, London

Moulder, Frances V., 1979: Japan, China and the Modern World Economy. Towards a Reinterpretation of East Asian Development ca. 1600 to ca. 1918, Cambridge

Muchemblet, Robert, 1984: Kultur des Volks – Kultur der Eliten. Die Geschichte einer erfolgreichen Verdrängung, Stuttgart

Mühlmann, Wilhelm Emil, 1962: Homo Creator, Wiesbaden

Mühlmann, Wilhelm Emil, 1964: Rassen, Ethnien, Kulturen. Moderne Ethnologie, Neuwied

Mukhia, Harbans, (Hg.), 2000: The Feudalism Debate, New Delhi

Müller, Klaus E., 1993: Grundzüge des ethnologischen Historismus, in: Grundfragen der Ethnologie, Hg. Wolfdietrich Schmied-Kowarzik und Justin Stagl, Berlin ²1993, S. 197–232

Müller, Klaus, 1988: Wirtschafts- und Technikgeschichte Japans, Leiden

Müller-Karpe, Hermann, 1998: Grundzüge früher Menschheitsgeschichte, 5 Bde., Stuttgart

Multiple Modernities = Daedalus 129 (2000), H1

Mumford, Lewis, 1934: Technics and Civilization, New York

Münch, Richard, 1991: Dialektik der Kommunikationsgesellschaft, Frankfurt a.M.

Münkler, Herfried, 2002: Die neuen Kriege, Reinbek

Münkler, Herfried, 2005: Imperien. Die Logik der Weltherrschaft. Vom alten Rom bis zu den Vereinigten Staaten, Berlin

Myrdal, Gunnar, 1968: Asian Drama. An Inquiry into the Poverty of Nations, 3 Bde., New York

Najita, Tetsuo und H.D. Harootunian, 1988: Japanese Revolt against the West. Political and Cultural Criticism in the Twentieth Century, in: The Cambridge History of Japan, Bd.6, Cambridge, S. 711–74

Najita, Tetsuo, 1990: History and Nature in Eighteen-Century Tokugawa Thought, in: Cambridge History of Japan, Bd.4, Cambridge, S. 596–659

Nakamura, Hajime, 1960: Ways of Thinking of Eastern Peoples: India, China, Tibet, Japan, Tokyo

Nakamura, Hajime, 1986: A Comparative History of Ideas, London

Nakayama, Shigeru, 1984: Academic and Scientific Traditions in China, Japan, and the West, Tokyo

Needham, Joseph und Lu Gweidjen, 1984: Trans-Pacific Echoes and Resonances. Listening once again, Singapore

Needham, Joseph, 1954: Science and Civilisation in China, Bd. 1–2, Cambridge 1954–56

Needham, Joseph, 1965: Science and Civilisation in China, Bd. 4, Tl. 2: Mechanical Engineering, Cambridge

Needham, Joseph, 1969: The Grand Titration. Science and Society in East and West, London

Needham, Joseph, 1977: Wissenschaftlicher Universalismus. Über Bedeutung und Besonderheit der chinesischen Wissenschaft, Frankfurt a.M.

Needham, Joseph, 1986: Science and Civilisation in China, Bd.6, Tl.1: Botany, Cambridge

Needham, Joseph, 2004: Science and Civilisation in China, Bd.7,2: General Conclusions and Reflections, Cambridge

Nefedov, Sergei, 2003: A Theory of Demographic Cycles and the Social Evolution

of Ancient and Medieval Oriental Societies, http://repositories.cdlib.org/imbs/
socdynb/wp/wp4 (russ. in: Oriens 3, S. 5 – 22)

Nefiodow, Leo A., 1990: Der fünfte Kondratieff. Strategien zum Strukturwandel in Wirtschaft und Gesellschaft, Frankfurt a. M.

Nelson, Benjamin, 1986: Der Ursprung der Moderne. Vergleichende Studien zum Zivilisationsprozeß, Frankfurt a. M.

Nelson, Richard R., 1987: Understanding Technical Change as an Evolutionary Process, Amsterdam

Ng, On-Cho, 2003: The Epochal Concept of »Early Modernity« and the Intellectual History of Late Imperial China, in: Journal of World History 14, www.historycooperative.org/journals/jwh/14.1/onchong.html

Nile, Richard und Christian Clerk, 1995: Australien, Neuseeland und der Südpazifik, München

Nisbett, Richard E., 2005: Heredity, Environment, and Race Differences in IQ, in: Psychology, Public Policy and Law 11, S. 302 – 10

Nissen, Hans J., 1999: Geschichte Alt-Vorderasiens, München

Nitschke, August und Gerhard A. Ritter und Detlev J. K. Peukert und Rüdiger vom Bruch (Hg.), 1990: Jahrhundertwende. Der Aufbruch in die Moderne. 1880 – 1930, 2 Bde., Reinbek

Nitz, Hans-Jürgen (Hg.), 1993a: The Early Modern World-System in Geographical Perspective, Stuttgart

Nitz, Hans-Jürgen, 1993b: The European World-System: A. von Thünen Interpretation of its Eastern Continental Sector, in: Hans-Jürgen Nitz (Hg.): The Early Modern World-System in Geographical Perspective, Wiesbaden, S. 62 – 83

Nohlen, Dieter und Franz Nuscheler, 1993: Handbuch der Dritten Welt, Bd. 1, Bonn ³1993

Noiriel, Gérard, 1994: Foucault and History, in: Journal of Modern History 66, S. 547 – 68

Nöldeke, Theodor, 1879: Geschichte der Perser und Araber zur Zeit der Sasaniden. Aus der arabischen Chronik des Tabari, Leyden

Noll, Elisabeth, 2002: Ethnoarchäologische Studien an Muschelhaufen, Tübingen

Nolte, Hans-Heinrich (Hg.), 1991: Internal Peripheries in European History, Göttingen

Nolte, Hans-Heinrich, 1997: Von Andalusien bis Tatarstan. Innere Peripherien der Frühen Neuzeit im Vergleich, in: Nada Boškovska Leimgruber (Hg.): Die Frühe Neuzeit in der Geschichtswissenschaft. Forschungstendenzen und Forschungserträge, Paderborn, S. 127 – 44

Nolte, Hans-Heinrich, 1998: Kleine Geschichte Rußlands, Stuttgart

Nolte, Hans-Heinrich, 2004: Radikalisierung von Macht und Gegenmacht. Staatswerdung und Rivalitäten, in: Margarete Grandner und Andrea Komlosy (Hg.): Vom Weltgeist beseelt. Globalgeschichte 1700 – 1815, Wien, S. 45 – 71

Nolte, Hans-Heinrich, 2008: Zum Stand der Weltgeschichtsschreibung im deutschen Sprachraum, in: Zeitschrift für Geschichtswissenschaft 9, S. 89 – 113

North, Douglass C. und Robert Paul Thomas, 1973: The Rise of the Western World. A New Economic History, Cambridge

North, Douglass C., 1988: Theorie des institutionellen Wandels. Eine neue Sicht der Wirtschaftsgeschichte, Tübingen

Norton, Heather L. u. a., 2007: Genetic Evidence for the Convergent Evolution of

Light Skin in Europeans and East Asians, in: Molecular Biology and Evolution 24, S. 710–22

Nuscheler, Franz, 2004: Lern- und Arbeitsbuch Entwicklungspolitik, Bonn ⁵2004

Nye, Joseph S., 2002: The Paradox of American Power, Oxford

O'Brian, M. J. und T. Holland, 1990: Variation, Natural Selection and the Archaeological Record, in: Archaeological Method and Theory, Bd. 2, Hg. Michael B. Schiffer, Tucson, S. 31–79

O'Brien, Patrick K., 1982: European Economic Development. The Contribution by the Periphery, in: Economic History Review 35, S. 1–18

O'Brien, Patrick K., 1990: European Industrialization. From the Voyages of Discovery to the Industrial Revolution, in: Hans Pohl (Hg.): The European Discovery of the World and its Economic Effects on Pre-industrial Society, 1500–1800, Stuttgart, S. 154–77

O'Brien, Patrick K., 1998: Imperial, Cultural and Biographical Components in the Technological Transformation of Textile Production in England 1733–1822, in: Olaf Mörke und Michael North (Hg.): Die Entstehung des modernen Europa 1600–1900, Köln, S. 61–71

Obeyesekere, Gananath, 1992: The Apotheosis of Captain Cook. European Mythmaking in the Pacific, Princeton

Odum, Eugene P., 1991: Prinzipien der Ökologie. Lebensräume, Stoffkreisläufe, Wachstumsgrenzen, Heidelberg

Odum, Howard T., 1971: Environment, Power and Society, New York

OECE 83, 2008: OECD Economic Outlook 2008 Nr. 83, General Government Total Outlays, Paris

Oerter, Rolf und Michael Dreher, 1995: Entwicklung des Problemlösens, in: Rolf Oerter und Leo Montada (Hg.): Entwicklungspsychologie. Ein Lehrbuch, Weinheim ³1995, S. 561–622

Oesterdiekhoff, Georg W., 1997: Kulturelle Bedingungen kognitiver Entwicklung. Der strukturgenetische Ansatz der Soziologie, Frankfurt a. M.

Oesterdiekhoff, Georg W., 2000: Zivilisation und Strukturgenese. Norbert Elias und Jean Piaget im Vergleich, Frankfurt a. M.

Oestreich, Gerhard, 1968: Strukturprobleme des europäischen Absolutismus, in: Vierteljahrschrift für Sozial- und Wirtschaftsgeschichte 55, S. 329–47

Ohmae, Kenichi, 1995: The End of Nation State. The Rise of Regional Economics, New York

Oliver, Roland und Anthony Atmore, 2001: Medieval Africa, 1250–1800, Cambridge

Olson, David R., 1977: From Utterance to Text. The Bias of Language in Speech and Writing, in: Harvard Educational Review 47, S. 257–81

Olson, Mancur, 1985: Aufstieg und Niedergang von Nationen, Tübingen

Olson, Mancur, 2000: Big Bills Left on the Sidewalk: Why Some Nations are Rich, and Others Poor, in: Mancur Olson und Satu Kähkönen (Hg.): A Not-so-dismal Science. A Broader View of Economics and Societies, Oxford, S. 37–60

Olson, Steve, 2002: Mapping Human History. Genes, Race, and our Common Origins, Boston

Olsson, Ola und Douglas A. Hibbs, 2005: Biogeography and Long-Run Economic Development, in: European Economic Review 49, S. 909–38

Ong, Walter J., 1982: Orality and Literacy. The Technologizing of the World, London

Oppenheimer, Franz, 1909: Der Staat, Frankfurt a. M.

Ortmayr, Norbert, 2004: Kulturpflanzen. Transfer und Ausbreitungsprozesse im 18. Jahrhundert, in: Margarete Grandner und Andrea Komlosy (Hg.): Vom Weltgeist beseelt. Globalgeschichte 1700–1815, Wien, S. 73–101

Osborne, Anne, 1998: Highlands and Lowlands: Economic and Ecological Interactions in the Lower Yangzi Region under Qing, in: Mark Elvin und Liu Ts'ui-jung (Hg.): Sediments of Time. Environment and Society in Chinese History, Cambridge, S. 203–34

Osterhammel, Jürgen und Nils P. Petersson, 2004: Geschichte der Globalisierung. Dimensionen, Prozesse, Epochen, München

Osterhammel, Jürgen, 1989: China in der Weltgesellschaft vom 18. Jahrhundert bis in unsere Zeit, München

Osterhammel, Jürgen, 1990: Chinesische Revolution und Modernisierung Japans, in: August Nitschke u. a. (Hg.): Jahrhundertwende. Der Aufbruch in die Moderne 1880–1930, Bd. 1, Reinbek, S. 462–85

Osterhammel, Jürgen, 1998: Die Entzauberung Asiens. Europa und die asiatischen Reiche im 18. Jahrhundert, München

Osterhammel, Jürgen, 2001a: Geschichtswissenschaft jenseits des Nationalstaats. Studien zu Beziehungsgeschichte und Zivilisationsvergleich, Göttingen

Osterhammel, Jürgen, 2001b: Kolonialismus. Geschichte, Formen, Folgen, München ³2001

Ostwald, Wilhelm, 1909: Energetische Grundlagen der Kulturwissenschaften, Leipzig

Otremba, Erich, 1969: Der Wirtschaftsraum – seine geographischen Grundlagen und Probleme, Stuttgart

Ottmann, Henning, 1982: Entfremdung, in: Theologische Realenzyklopädie, Bd. 9, Berlin, S. 657–72

Owen, Roger und Bob Sutcliffe (Hg.), 1972: Studies in the Theory of Imperialism, London

Owen, Roger, 1981: The Middle East in the World Economy 1800–1914, London

Packenham, Robert A., 1992: The Dependency Movement. Scholarship and Politics in Development Studies, Cambridge/Mass.

Palma, J. Gabriel, 1978: Dependency. A Formal Theory of Underdevelopment or a Methodology for the Analysis of Concrete Situations of Underdevelopment?, in: World Development 6, S. 881–924

Palmer, R. R., 1970: Das Zeitalter der demokratischen Revolution. Eine vergleichende Geschichte Europas und Amerikas von 1760 bis zur Französischen Revolution, Frankfurt a. M

Parker, Geoffrey, 1988: The Military Revolution. Military Innovation and the Rise of the West, 1500–1800, Cambridge

Parzinger, Hermann, 2006: Die frühen Völker Eurasiens. Vom Neolithikum zum Mittelalter, München

Passarge, Siegfried, 1927: Die Erde und ihr Wirtschaftsleben, Hamburg

Patel, Kiran Klaus, 2005: Transnationale Geschichte – ein neues Paradigma?, http://hsozkult.geschichte.hu-berlin.de/forum/2005-02-001

Paterson, Jeremy, 2000: Hellenistic Economies. The Case of Rome, in: Hellenistic Economies, Hg. Zofia H. Archibald u. a., London, S. 367–78

Patzelt, Werner J. (Hg.), 2007: Evolutorischer Institutionalismus. Theorie und exemplarische Studien zu Evolution, Institutionalität und Geschichtlichkeit, Würzburg

Paulinyi, Akos, 1997: Die Umwälzung der Technik in der Industriellen Revolution zwischen 1750 und 1840, in: Propyläen Technikgeschichte, Hg. Wolfgang König, Berlin, Bd. 3, S. 269–495

Paulmann, Johannes, 1998: Internationaler Vergleich und interkultureller Transfer. Zwei Forschungsansätze zur europäischen Geschichte des 18. bis 20. Jahrhunderts, in: Historische Zeitschrift 167, S. 649–85

Pellech, Christine, 1997: Die ersten Entdecker Amerikas. Der Kulturdiffusionismus, Frankfurt a. M.

Peregrine, Peter N. und Gary M. Feinman (Hg.), 1996: Pre-Columbian World Systems, Madison

Peregrine, Peter, 1996: The Birth of the Gods Revisited. A Partial Replication of Guy Swanson's (1960) Cross-Cultural Study of Religion, in: Cross-Cultural Research 30, S. 84–112

Perroux, François, 1952: Entwurf einer Theorie der dominierenden Wirtschaft, in: Zeitschrift für Nationalökonomie 13, S. 1–25, 242–68

Peterson, Willard, 1998: Confucian Learning in Late Ming Thought, in: The Cambridge History of China, Bd. 8/2 (The Ming Dynasty), Cambridge, S. 708–88

Peukert, Detlev J.K., 1989: Die Genesis der »Endlösung« aus dem Geist der Wissenschaft, in: ders.: Max Webers Diagnose der Moderne, Göttingen, S. 102–21

Pfetsch, Frank R., 1994: Internationale Politik, Stuttgart

Pfister, Christian, 1995: Das 1950er Syndrom. Der Weg in die Konsumgesellschaft, Bern

Philipp, Werner, 1983: Entwurf einer religionsbezogenen Epochengliederung der russischen Geschichte, in: ders.: Ausgewählte Schriften, Berlin, S. 9–18

Piaget, Jean, 1950/1975: Die Entwicklung des Erkennens, 3 Bde., Stuttgart (= Gesammelte Werke Bd. 8–10) (franz. 1950)

Pichot, André, 1995: Die Geburt der Wissenschaft. Von den Babyloniern zu den frühen Griechen, Frankfurt a. M.

Pierenkemper, Toni, 1996: Umstrittene Revolutionen. Die Industrialisierung im 19. Jahrhundert, Frankfurt a. M.

Pijl, Kees van der, 1998: Transnational Classes and International Relations, London

Pilz, Erich, 2004: »Warum nicht China?« Fragen zum »Niedergang« des Reiches der Mitte nach 1800, in: Sepp Linhart und Susanne Weigelin-Schwiedrzik (Hg.): Ostasien 1600–1900. Geschichte und Gesellschaft, Wien, S. 229–44

Pleket, Henri Willy, 1990: Wirtschaft, in: Friedrich Vittinghoff (Hg.): Europäische Wirtschafts- und Sozialgeschichte in der römischen Kaiserzeit (= Handbuch der europäischen Wirtschafts- und Sozialgeschichte, Bd. 1), Stuttgart, S. 25–160

Pluciennik, Mark, 2005: Social Evolution, London

Plumpe, Werner und Jürgen Rosenkranz, 1981: Forschungsbibliographie zum Problem der langen Wellen wirtschaftlicher Entwicklung, in: Dietmar Petzina und Ger van Roon, Hg.: Konjunktur, Krise, Gesellschaft, Stuttgart, S. 379–411

Pohl, Hans, 1996: Die Wirtschaft Hispanoamerikas in der Kolonialzeit (1500–1800), Stuttgart

Pohl, Manfred, 1998: Das »Modell Japan« und die Entwicklung Südostasiens, in:

Werner Draguhn (Hg.): Das asiatisch-pazifische Jahrhundert. Mythos – Bedrohung – Chance?, Hamburg, S. 79–101

Pohl, Walter, 2000: Die Germanen, München

Pohl, Wolfram, 2002: Die Völkerwanderung. Eroberung und Integration, Stuttgart

Polanyi, Karl, 1944/1978: The Great Transformation. Politische und ökonomische Ursprünge von Gesellschaften und Wirtschaftssystemen, Frankfurt a. M. (engl. 1944)

Pollack, Detlef, 2003: Säkularisierung – ein moderner Mythos? Studien zum religiösen Wandel in Deutschland, Tübingen

Pollard, Sidney, 1989: Britain's Prime and Britain's Decline. The British Economy 1870–1914, London

Polybios: The Histories. With an English Translation by W. R. Paton, 6 Bde., London 1954 (Loeb Classical Library)

Pomeranz, Kenneth, 2000: The Great Divergence. China, Europe, and the Making of the Modern World Economy, Princeton

Pomeranz, Kenneth, 2002a: Beyond the East-West Binary. Resituating Development Paths in the Eighteenth-Century World, in: Journal of Asian Studies 61, S. 539–90

Pomeranz, Kenneth, 2002b: Political Economy and Ecology on the Eve of Industrialization: Europa, China, and the Global Conjuncture, in: American Historical Review 107, S. 425–46

Ponting, Clive, 1993: A Green History of the World. The Environment and the Collapse of Great Civilizations, London

Ponting, Clive, 2002: World History. A New Perspective, London

Popper, Karl R., 1976: Logik der Forschung, Tübingen [6]1976

Posner, Daniel N. und Daniel J. Young, 2007: The Institutionalization of Political Power in Africa, in: Journal of Democracy 18,3, S. 126–40

Possehl, Gregory L., 1998: Sociocultural Complexity Without State: The Indus Civilization, in: Gary M. Feinman und Joyce Marcus (Hg.): Archaic States, Santa Fe, S. 261–92

Postgate, J. N., 1992: Early Mesopotamia. Society and Economy at the Dawn of History, London

Postman, Neil, 1985: Amusing Ourselves to Death. Public Discourse in the Age of Show Business, New York

Powell, M. A., 1985: Salt, Seed and Yields in Sumerian Agriculture. A Critique of the Theory of Progressive Salinization, in: Zeitschrift für Assyrologie 75 (1985), S. 7–38

Prasad, S. N., 2002: Introduction, in: ders. (Hg.): Historical Perspectives of Warfare in India. Some Morale and Material Determinants, Delhi, S. 1–42

Prebisch, Raúl, 1959: Commercial Policy in the Underdeveloped Countries, in: The American Economic Review, Papers and Proceedings 49, H. 2, S. 251–73

Prem, Hanns J., 2008: Geschichte Altamerikas, München [2]2008

Price, Theron Douglas und Anne Brigitte Gebauer (Hg.), 1995a: Last Hunters – First Farmers. New Perspectives on the Prehistoric Transition to Agriculture, Santa Fe

Price, Theron Douglas und Anne Brigitte Gebauer, 1995b: New Perspectives in the Transition to Agriculture, in: dies. (Hg.): Last hunters – First Farmers. New Perspectives on the Prehistoric Transition to Agriculture, Santa Fe, S. 3–19

Pross, Harry, 1972: Medienforschung, Darmstadt

Przeworski, Adam und Ferdinand Limongi, 1997: Modernization. Theories and Facts, in: World Politics 49, S. 155–83

Pulleyblank, Edwin G., 1996: Early Contacts between Indo-Europeans and Chinese, in: International Review of Chinese Linguistics 1.1, S. 1–24

Radkau, Joachim, 1997: Das Rätsel der städtischen Brennholzversorgung im »hölzernen Zeitalter«, in: Dietrich Schott (Hg.): Energie und Stadt in Europa. Von der vorindustriellen »Holznot« bis zur Ölkrise der 1970er Jahre, Stuttgart, S. 43–75

Radkau, Joachim, 2000: Natur und Macht. Eine Weltgeschichte der Umwelt, München

Radkau, Joachim, 2003: Exceptionalism in European Environmental History, in: GHI (= German Historical Institute, Washington) Bulletin 33 Herbst, S. 23–44, www.ghi-dc.org./bulletinF03/23.pdf

Ragin, Charles und Daniel Chirot, 1984: The World System of Immanuel Wallerstein: Sociology and Politics as History, in: Theda Skocpol (Hg.): Vision and Method in Historical Sociology, Cambridge, S. 276–312

Rahman, A., 2000a: A Perspective of Indian Science, in: A. Rahman (Hg.): History of Indian Science, Technology and Culture, AD 1000–1800, New Delhi, S. 7–31

Rahman, A., 2000b: A Perspective on Technology in India, in: A. Rahman (Hg.): History of Indian Science, Technology and Culture, AD 1000–1800, New Delhi, S. 241–60

Ralston, David B., 1990: Importing the European Army. The Introduction of European Military Techniques and Institutions into the Extra-European World 1600–1914, Chicago

Ramusack, Barbara N., 2004: The Indian Princes and their States, Cambridge

Raphael, Lutz, 2000: Recht und Ordnung. Herrschaft durch Verwaltung im 19. Jahrhundert, Frankfurt a. M.

Rappaport, Roy A., 1967: Pigs for the Ancestors: Ritual in the Ecology of New Guinea People, New Haven

Rappaport, Roy A., 1979: Ecology, Meaning and Religion, Richmond

Raschke, Hermann, 1954: Das Christusmysterium. Die Wiedergeburt des Christentums aus der Gnosis, Bremen

Ratzel, Friedrich, 1882: Anthropogeographie, Tl. 1, Stuttgart

Rawlinson, H. G., 1975: Early Contacts between India and Europe, in: A Cultural History of India, Hg. A. L. Basham, Oxford, S. 425–41

Rawski, Evelyn Sakakida, 1979: Education and Popular Literacy in Ch'ing China, Ann Arbor

Rawski, Evelyn Sakakida, 1985a: Economic and Social Foundations of Late Imperial Culture, in: David Johnson und Andrew J. Nathan und Evelyn S. Rawski (Hg.): Popular Culture in Late Imperial China, Berkeley, S. 3–33

Rawski, Evelyn Sakakida, 1985b: Problems and Prospects, in: David Johnson und Andrew J. Nathan und Evelyn S. Rawski (Hg.): Popular Culture in Late Imperial China, Berkeley, S. 399–417

Ray, James Lee, 2000: Democracy. On the Level(s). Does Democracy Correlate with Peace?, in: John A. Vasquez (Hg.): What Do We Know About War?, Lanham, S. 299–316

Raychaudhuri, Tapan, 1982: The Moghul Empire: The State and the Economy;

Non-Agricultural Production; Inland Trade, in: The Cambridge Economic History of India, Bd. 1, Cambridge, S. 172–93, 261–307, 325–59

Reckel, Johannes, 1995: Bohai. Geschichte und Kultur eines mandschurisch-koreanischen Königreiches der T'ang-Zeit, Wiesbaden

Reese, Walter, 1980: Literarische Rezeption, Stuttgart

Rehberg, Karl-Siegbert (Hg.), 1996: Norbert Elias und die Menschenwissenschaften. Studien zur Entstehung und Wirkungsgeschichte seines Werkes, Frankfurt a. M.

Reid, Anthony, 1992: Economic and Social Change, c 1400–1800, in: The Cambridge History of Southeast Asia, Hg. Nicholas Tarling, Bd. 1, Cambridge, S. 460–507

Reinhard, Wolfgang, 1996a: Kleine Geschichte des Kolonialismus, Stuttgart

Reinhard, Wolfgang, 1996b: Kriegsstaat – Steuerstaat – Machtstaat, in: Ronald G. Asch und Heinz Duchhardt. (Hg.) Der Absolutismus – ein Mythos? Strukturwandel monarchischer Herrschaft in West- und Mitteleuropa (ca. 1550–1700), Köln, S. 277–310

Reinhard, Wolfgang, 1997a: Humanismus und Militarismus. Antike-Rezeption und Kriegshandwerk in der oranischen Heeresreform, in: ders.: Ausgewählte Abhandlungen, Berlin, S. 179–92

Reinhard, Wolfgang, 1997b: Sozialdisziplinierung – Konfessionalisierung – Modernisierung. Ein historiographischer Diskurs, in: Nada Boškovska Leimgruber (Hg.): Die Frühe Neuzeit in der Geschichtswissenschaft. Forschungstendenzen und Forschungserträge, Paderborn, S. 39–56

Reinhard, Wolfgang, 1999: Geschichte der Staatsgewalt. Eine vergleichende Verfassungsgeschichte Europas von den Anfängen bis zur Gegenwart, München

Reinhardt, Volker, 2002: Jacob Burckhardt und die Erfindung der Renaissance. Ein Mythos und seine Geschichte (Akademievorträge, H. VIII, Hg. Schweizerische Akademie der Geistes- und Sozialwissenschaften), Bern

Reisinger, Nikolaus, 2001: Das Zeitalter des Hochimperialismus – Europas Aufbruch zur Weltwirtschaft, in: Friedrich Edelmayer, Erich Landsteiner und Renate Pieper (Hg.): Die Geschichte des europäischen Welthandels und der wirtschaftliche Globalisierungsprozeß, München, S. 207–218

Remmert, Hermann, 1992: Ökologie. Ein Lehrbuch, Berlin ⁵1992

Renfrew, Colin, 1986: Peer Polity Interaction and Sociopolitical Change, in: Colin Renfrew und John F. Cherry (Hg.): Peer Polity Interaction and Socio-Political Change, Cambridge, S. 1–18

Renfrew, Colin, 1987: Archaeology and Language. The Puzzle of the Indo-European Origins, London

Renfrew, Colin, 2007: Prehistory. Making of the Human Mind, London

Renger, Johannes, 1991: Wirtschaft und Gesellschaft, in: Barthel Hrouda (Hg.): Der alte Orient. Geschichte und Kultur des alten Vorderasien, München S. 187–215

Review. A Journal of the Fernand Braudel Center for the Study of Economics, Historical Systems and Civilizations, Newbury Park seit 1976

Reynolds, Susan, 1994: Fiefs and Vassals. The Medieval Evidence Reinterpretated, Oxford

Ribeiro, Darcy, 1983: Der zivilisatorische Prozeß, Frankfurt a. M.

Ricardo, David, 1817: On the Principles of Political Economy and Taxation, London

Richards, Audrey und Adam Kuper (Hg.), 1971: Councils in Action, Cambridge
Richards, John F., 1990: Land Transformation, in: The Earth as Transformed by
    Human Action. Global and Regional Changes in the Biosphere over the Past
    300 Years, Hg. B.L. Turner, Cambridge, S.163–78
Richerson, Peter J. und Robert Boyd, 2005: Not by Genes alone. How Culture
    Transformed Human Evolution, Chicago
Richter, Rudolf und Eirik G. Furubotn, 2003: Neue Institutionenökonomik. Eine
    Einführung und kritische Würdigung, Tübingen ³2003
Rindos, David, 1984: The Origins of Agriculture. An Evolutionary Perspective,
    New York
Rindos, David, 1986: The Genetics of Cultural Anthropology. Toward a Genetic
    Model for the Origin of the Capacity for Culture, in: Journal of Anthropological
    Archaeology 5, S.1–38
Rittberger, Volker (Hg.), 1993: Regime Theory and International Relations,
    Oxford
Rittberger, Volker und Bernhard Zangl, 2003: Internationale Organisationen. Poli-
    tik und Geschichte, Opladen ³2003
Ritter, James, 1994: Babylon – 1800, in: Michel Serres (Hg.): Elemente einer
    Geschichte der Wissenschaften, Frankfurt a.M., S.39–71
Ritter, Joachim (Hg.), 1971: Historisches Wörterbuch der Philosophie, 12 Bde.,
    Darmstadt 1971–2004
Ritz, E., 1972: Entfremdung, in: Historisches Wörterbuch der Philosophie, Hg.
    Joachim Ritter, Bd. 2, S.509–26, Basel
Ritzer, George, 1995: Die McDonaldisierung der Gesellschaft. Frankfurt a.M.
Roberts, John (Hg.), 2005: The Oxford Dictionary of the Classical World, Ox-
    ford
Robertson, John F., 1995: The Social and Economic Organization of Ancient Meso-
    potamian Temples, in: Jack M. Sasson (Hg.): Civilizations of the Ancient Near
    East, Bd. 1, New York, S.443–54
Robertson, Roland, 1995: Glocalization. Time-Space and Homogeneity-Heteroge-
    neity, in: M. Featherstone und S. Lash und R. Robertson (Hg.): Global Moder-
    nities, London, S.25–44
Rodinson, Maxime, 1971: Islam und Kapitalismus, Frankfurt a.M.
Roemer, Hans Robert, 1989: Persien auf dem Weg in die Neuzeit. Iranische
    Geschichte von 1350–1750, Stuttgart
Rogers, Clifford (Hg.), 1995: The Military Revolution Debate, Boulder
Rogers, Everett M., 2003: Diffusion of Innovations, New York ⁵2003
Romer, Paul M., 1986: Increasing Returns and Long-run Growth, in: Journal of
    Political Economy 94, S.1002–37
Romer, Paul M., 1990: Endogenous Technological Change, in: Journal of Political
    Economy 98, S.71–102
Röpke, Jochen, 1970: Primitive Wirtschaft, Kulturwandel und die Diffusion von
    Neuerungen. Theorie und Realität der wirtschaftlichen Entwicklung aus ethno-
    soziologischer und kulturanthropologischer Sicht, Tübingen
Röpke, Jochen, 1977: Die Strategie der Innovation. Eine systemtheoretische Unter-
    suchung der Interaktion von Individuum, Organisation und Markt im Neue-
    rungsprozeß, Tübingen
Roscher, Wilhelm, 1892: Politik. Geschichtliche Naturlehre der Monarchie, Aristo-
    kratie und Demokratie, Stuttgart

Rose, Hilary und Steven P.R. Rose und Charles Jencks, 2000: Alas, Poor Darwin: Arguments against Evolutionary Psychology, London

Rosenberg, Nathan und L.E. Birdzell, 1986: How the West Grew Rich. The Economic Transformation of the Industrial World, New York

Rosenberg, Nathan, 1994: Exploring the Black Box. Technology, Economics, and History, Cambridge

Rosenstein-Rodan, Paul N., 1961: Notes on the Theory of the »Big Push«, Kap. 3 in: Howard S. Ellis und Henry C. Wallich (Hg.): Economic Development for Latin America, New York

Rosenthal, Franz, 1965: Das Fortleben der Antike im Islam, Zürich

Rosner, Erhard, 1981: Die »Familie der Völker« in der Diplomatiegeschichte Chinas, in: Saeculum 32, S.103–16

Rosner, Erhard, 2004: Renegaten des Imperiums. Zu einem Typus in der Geschichte der Außenbeziehungen Chinas, in: Saeculum 55, S.175–96

Rossi, Paolo, 1997: Die Geburt der modernen Wissenschaft in Europa, München

Rostovtzeff, Michail, 1926: The Social and Economic History of the Roman Empire, Oxford

Rostovtzeff, Michail, 1941: Social and Economic History of the Hellenistic World, 3 Bde., Oxford ²1941

Rostow, Walt W., 1960: The Stages of Economic Growth, Cambridge

Rostow, Walt W., 1978: The World Economy. History and Prospect, Austin

Rothe, Hartmut und Winfried Henke, 2005: Machiavellistische Intelligenz bei Primaten. Sind Sozialsysteme der Menschenaffen Modelle für frühmenschliche Gesellschaften?, in: Bernhard Kleeberg, T. Walter und F. Crivellari (Hg.): Urmensch und Wissenschaften. Eine Bestandsaufnahme, Darmstadt, S.161–94

Rothermund, Dietmar (Hg.), 1999: Aneignung und Selbstbehauptung. Antworten auf die europäische Expansion, München

Rowe, William T., 1990: Modern Chinese Social History in Comparative Perspective, in: Paul S. Ropp (Hg.): Heritage of China, Berkeley, S.242–62

Rowlands, Michael und Mogens Larsen und Kristian Kristiansen, 1987, (Hg.): Centre and Periphery in the Ancient World, Cambridge

Ruben, Walter, 1967: Die gesellschaftliche Entwicklung im alten Indien, 6 Bde., Berlin 1967–73

Rudolph, Kurt, 1971: Das Problem einer Entwicklung in der Religionsgeschichte, in: Kairos 13, S.95–118

Rueschemeyer, Dietrich und Evelyne Huber-Stephens und John D. Stephens, 1992: Capitalist Development and Democracy, Cambridge

Ruhemann, Martin, 1946: Power, London

Ruhlen, Merritt, 1994: The Origin of Language. Tracing the Evolution of the Mother Tongue, New York

Runciman, Walter G., 1989: A Treatise on Social Theory, Bd. 2: Substantive Social Theory, Cambridge

Runciman, Walter G., 1990: Doomed to Extinction. The Polis as an Evolutionary Dead-End, in: Oswyn Murray und Simon Price (Hg.): The Greek City from Homer to Alexander, Oxford, S.347–67

Russo, Lucio, 2005: Die vergessene Revolution oder die Wiedergeburt des antiken Wissens, Berlin

Rüstau, Hiltrud, 1988: Die Genesis der altindischen Philosophie, in: Wie und warum entstand Philosophie in verschiedenen Regionen der Erde?, Hg. Ralf Moritz, Hiltrud Rüstau und Gerd-Rüdiger Hoffmann, Berlin, S.10–57

Rüstow, Alexander, 1950: Ortsbestimmung der Gegenwart. Eine universalgeschichtliche Kulturkritik, Bd.1: Ursprung der Herrschaft, Erlenbach

Rüttermann, Markus, 1999: Pflege und Kritik der »Tradierungen« (denju). Zum Verhältnis zwischen Tradition und Strukturwandel der Öffentlichkeit im Japan der frühen Neuzeit, in: Nachrichten der Gesellschaft für Natur- und Völkerkunde Ostasiens, Hamburg 165/166, S.45–144

Saeculum. Jahrbuch für Weltgeschichte, München seit 1950

Sagan, Carl und Ann Druyan, 1993: Schöpfung auf Raten, München

Sagan, Eli, 1987: Tyrannei und Herrschaft. Die Wurzeln von Individualismus, Despotismus und modernem Staat. Hawaii – Tahiti – Buganda, Reinbek

Sahlins, Marshall D., 1972a: The Original Affluent Society, in: ders.: Stone Age Economics, Chicago, S.1–39

Sahlins, Marshall D., 1972b: On the Sociology of Primitive Exchange, in: ders.: Stone Age Economics, Chicago, S.185–275

Sanderson, Stephen K., 1995: Social Transformations. A General Theory of Historical Development, Oxford

Sanderson, Stephen K., 2001: The Evolution of Human Sociality. A Darwinian Conflict Perspective, Lanham

Sandhu, Gurcham Singh, 2003: A Military History of Medieval India, New Delhi

Sangmeister, Hartmut, 2004: Eine soziale Marktwirtschaft für Lateinamerika, in: Dieter Nohlen und Hartmut Sangmeister (Hg.): Macht, Markt, Meinungen. Demokratie, Wirtschaft und Gesellschaft in Lateinamerika, Opladen, S.111–24

Sassen, Saskia, 1991: The Global City, New York

Saviotti, Pier Paolo und J. Stanley Metcalfe (Hg.), 1991: Evolutionary Theories of Economic and Technological Change. Present Studies and Future Prospects, Reading

Savolainen, Peter u.a., 2002: Genetic Evidence for an East Asian Origin for Domestic Dogs, in: Science 298, S.1610–13

Saxena, R.K., 2002: Medieval Arms and Armour, in: Prasad, S.N. (Hg.): Historical Perspectives of Warfare in India. Some Morale and Material Determinants, Delhi, S.314–35

Schanze, Helmut, 2001: Integrale Mediengeschichte, in: ders. (Hg.): Handbuch der Mediengeschichte, Stuttgart, S.207–80

Scharfe, Hartmut, 2002: Education in Ancient India, Leiden

Scharfstein, Ben-Ami 1978: Three Philosophical Civilizations: A Preliminary Comparison, in: ders. u.a. (Hg.): Philosophy East/Philosophy West. A Critical Comparison of Indian, Chinese, Islamic, and European Philosophy, Oxford, S.48–127

Schilling, Heinz (Hg.),1994: Kirchenzucht und Sozialdisziplinierung im frühneuzeitlichen Europa, Berlin

Schilling, Heinz, 1991: Formung und Gestalt des internationalen Systems in der werdenden Neuzeit – Phasen und bewegende Kräfte, in: Peter Krüger (Hg.): Kontinuität und Wandel in der Staatenwerdung der Neuzeit, Marburg, S.19–46

Schilling, Lothar (Hg.), 2007: Absolutismus, ein unersetzliches Forschungskonzept? Eine deutsch-französische Bilanz, München

Schimank, Uwe, 2007: Theorien gesellschaftlicher Differenzierung, Opladen ³2007

Schluchter, Wolfgang, 1979: Die Entstehung des okzidentalen Rationalismus. Eine Analyse von Max Webers Gesellschaftsgeschichte, Tübingen

Schmidt, Alfred, 1979: Internationale Arbeitsteilung oder ungleicher Tausch. Kontroversen über den Handel zwischen Industrie- und Entwicklungsländern, Frankfurt a. M.

Schmidt, Christoph, 2003: Russische Geschichte 1547–1917, München

Schmidt, Heinrich Richard, 1997: Sozialdisziplinierung? In: Historische Zeitschrift 265, S. 639–82

Schmidt, Klaus, 2006: Sie bauten die ersten Tempel, München

Schmidt, Manfred G., 1997: Demokratietheorien. Eine Einführung, Opladen

Schmidt, Manfred G., 1998: Sozialpolitik in Deutschland. Historische Entwicklung und internationaler Vergleich, Opladen ²1998

Schmidt, Wilhelm, 1912: Der Ursprung der Gottesidee, 12 Bde., Münster 1912–55

Schmidt, Wilhelm, 1937: Handbuch der Methode der kulturhistorischen Ethnologie, Münster

Schmidtchen, Dieter, 1990: Preise und spontane Ordnung – Prinzipien einer Theorie ökonomischer Evolution, in: Studien zur Evolutorischen Ökonomik I, Hg. Ulrich Witt, Berlin, S. 75–113

Schmidt-Glintzer, Helwig, 1990: Geschichte der chinesischen Literatur, Bern

Schmidt-Glintzer, Helwig, 1994: Schrift – Papier – Druck, in: Arne Eggebrecht (Hg.): China – eine Wiege der Weltkultur. 5000 Jahre Erfindungen und Entdeckungen, Mainz, S. 152–64

Schmidt-Glintzer, Helwig, 1997: China. Vielvölkerreich und Einheitsstaat. Von den Anfängen bis heute, München

Schmidt-Glintzer, Helwig, 1999a: Das alte China. Von den Anfängen bis zum 19. Jahrhundert, München ²1999

Schmidt-Glintzer, Helwig, 1999b: Das neue China. Von den Opiumkriegen bis heute, München

Schmidt-Haberkamp, Barbara und Uwe Steiner und Brunhilde Wehinger, 2003: Europäischer Kulturtransfer im 18. Jahrhundert, Berlin

Schmiechen-Ackermann, Detlef, 2002: Diktaturen im Vergleich, Darmstadt

Schmiegelow, Michèle und Hendrik, 1989: Strategic Pragmatism. Japanese Lessons in the Use of Economic Theory, New York

Schmölders, Günter, 1978: Historische Schule, in: Handwörterbuch der Wirtschaftswissenschaft, Hg. Willi Albers u. a., Bd. 4, Stuttgart, S. 69–73

Schmoller, Gustav, 1884: Das Merkantilsystem in seiner historischen Bedeutung. Städtische, territoriale und staatliche Wirtschaftspolitik, in: Jahrbuch für Gesetzgebung, Verwaltung und Volkswirtschaft im Deutschen Reich N. F. 8, S. 15–61

Schneider, Helmuth, 1992: Einführung in die antike Technikgeschichte, Darmstadt

Schneider, Helmuth, 1997: Die Gaben des Prometheus. Technik im antiken Mittelmeerraum zwischen 750 v. Chr. und 500 n. Chr., in: Propyläen Technikgeschichte, Hg. Wolfgang König, Berlin, Bd. 1, S. 17–313

Schneider, Jane, 1977: Was there a Pre-Capitalistic World-System?, in: Peasant Studies 6, S. 20–29

Schneidmüller, Bernd, 2000: Konsensuale Herrschaft. Ein Essay über Formen und Konzepte politischer Ordnung im Mittelalter, in: Paul-Joachim Heinig u. a. (Hg.): Reich, Regionen und Europa in Mittelalter und Neuzeit, Berlin, S. 53–87

Schoenbaum, David, 1968: Die braune Revolution. Eine Sozialgeschichte des Dritten Reiches, Köln

Schoenbrun, David Lee, 1998: A Green Place, a Good Place. Agrarian Change, Gender and Social Identity in the Great Lakes Region to the 15th Century, Portsmouth

Schöffler, Heinz Herbert, 1980: Die Akademie von Gondischapur. Aristoteles auf dem Weg in den Orient, Stuttgart ²1980

Schöllgen, Gregor, 1986: Griff nach der Weltmacht? 25 Jahre Fischer-Kontroverse, in: Historisches Jahrbuch 106, S. 386–406

Schönberg, Gustav, 1890: Volkswirtschaft, in: Handbuch der politischen Ökonomie, Hg. G. Schönberg, Band 1, Tübingen ³1890, S. 1–68

Schrader, Lutz, 2009: Die Theorie des demokratischen Friedens. Innenansichten einer wissenschaftlichen Debatte, Wiesbaden

Schramm, Gottfried, 1983: Fernhandel und frühe Reichsbildungen am Ostrand Europas. Zur historischen Einordnung der Kiewer Rus', in: Staat und Gesellschaft in Mittelalter und früher Neuzeit. Gedenkschrift für J. Leuschner, Hg. Historisches Seminar der Universität Hannover, Göttingen, S. 15–39

Schubert, Klaus, 1995: Politische Netzwerke, Bochum

Schulze, Hagen, 1998: Phoenix Europa. 1740 bis heute, Berlin

Schulze, Winfried, 1987: Gerhard Oestreichs Begriff »Sozialdisziplinierung in der Frühen Neuzeit«, in: Zeitschrift für historische Forschung 14, S. 265–302

Schumpeter, Joseph Alois, 1912: Theorie der wirtschaftlichen Entwicklung. Eine Untersuchung über Unternehmergewinn, Kapital, Kredit, Zins und den Konjunkturzyklus, Leipzig

Schvarcz, Julius, 1895: Elemente der Politik. Versuch einer Staatslehre auf Grundlage der vergleichenden Staatsrechtswissenschaft und Kulturgeschichte, Berlin

Schwartz, Benjamin I. (Hg.), 1975: Wisdom, Revelation and Doubt. Perspectives on the First Millenium B. C. (= Daedalus 104)

Schweinitz, Hellmut von, 1955: Buddhismus und Christentum, München

Schwerhoff, Gerd, 1998: Zivilisationsprozeß und Geschichtswissenschaft. Norbert Elias' Forschungsparadigma in historischer Sicht, in: Historische Zeitschrift 266, S. 561–605

Scott, John, 1991: Social Network Analysis. A Handbook, London

Seckendorff, Veit Ludwig von, 1737: Teutscher Fürsten-Staat. Samt Zugabe, Jena

Segerstrale, Ullica, 2000: Defenders of the Truth. The Battle for Science in the Sociobiology Debate and Beyond, Oxford

Seibt, Ferdinand, 1987: Von der Konsolidierung unserer Kultur zur Entfaltung Europas, in: Handbuch der europäischen Geschichte, Hg. Theodor Schieder, Bd. 2, Stuttgart, S. 6–174

Seidlmayer, Stephan, 1997: Die Entstehung des Staates bis zur 2. Dynastie, in: Regine Schulz und Matthias Seidel (Hg.): Ägypten. Die Welt der Pharaonen, Köln, S. 24–39

Sellnow, Irmgard, 1981: Ways of State Formation in Africa: a Demonstration of Typical Possibilities, in: Henri J. M. Claessen und Peter Skalník (Hg.): The Study of the State, The Hague, S. 303–16

Semple, Ellen Churchill, 1911: Influences of Geographic Environment on the Basis of »Ratzels System of Anthropogeography«, New York

Sen, Amartya, 1999: Development as Freedom, Oxford

Sen, Amartya, 2007: Die Identitätsfalle. Warum es keinen Krieg der Kulturen gibt, München

Service, Elman Rogers, 1962: Primitive Social Organization. An Evolutionary Perspective, New York

Service, Elman Rogers, 1977: Ursprünge des Staates und der Zivilisation. Der Prozeß der kulturellen Evolution, Frankfurt a. M.

Seyfahrt, Constans und Walter M. Sprondel (Hg.), 1973: Religion und gesellschaftliche Entwicklung. Studien zur Protestantismus-These Max Webers, Frankfurt a. M.

Shafer, Byron E. (Hg.), 1991: Is America Different? A New Look at American Exceptionalism, Oxford

Shannon, Thomas R., 1996: An Introduction to the World-System-Perspective, Boulder

Shapin, Steven, 1998: Die wissenschaftliche Revolution, Frankfurt a. M.

Sharma, R. S., 1987: Urban Decay in India 300–1000, New Delhi

Sharma, R. S., 2001: Early Medieval Indian Society. A Study in Feudalization, New Delhi

Sheridan, Richard B. 1987: Eric Williams and Capitalism and Slavery. A Bibliographical and Historigraphical Essay, in: Barbara Solow und Stanley L. Engerman (Hg.): British Capitalism and Caribbean Slavery. The Legacy of Eric Williams, Cambridge, S. 317–45

Sherman, Howard J., 2006: How Man Makes Itself. The Evolution of Political and Economic Institutions, Amonk

Sieferle, Rolf Peter u. a., 2006: Das Ende der Fläche. Zum gesellschaftlichen Stoffwechsel der Industrialisierung, Köln

Sieferle, Rolf Peter, 1997: Rückblick auf die Natur. Eine Geschichte des Menschen und seiner Umwelt, München

Sieferle, Rolf Peter, 2003a: Der europäische Sonderweg. Ursachen und Faktoren, Stuttgart ²2003

Sieferle, Rolf Peter, 2003b: Why did Industrialization Start in Europe (and not in China)?, in: Rolf Peter Sieferle und Helga Breuninger (Hg.): Agriculture, Population and Economic Development in China and Europe, Stuttgart, S. 7–89

Sigrist, Christian, 1967: Regulierte Anarchie, Untersuchungen zum Fehlen und Entstehen politischer Herrschaft in segmentären Gesellschaften Afrikas, Olten

Silberman, Bernard S., 1993: Cages of Reason. The Rise of the Rational State in France, Japan, the United States, and Great Britain, Chicago

Simmons, Ian Gordon, 1989: Changing the Face of the Earth. Culture, Environment, History, Oxford

Singer, Hans W., 1949: Relative Prices of Exports and Imports of Underdeveloped Countries, New York

Sivin, Nathan, 1990: Science and Medicine in Chinese History, in: Paul S. Ropp (Hg.): Heritage of China, Berkeley, S. 164–96

Sivin, Nathan, 1995: Comparing Greek and Chinese Philosophy and Science, in: ders.: Medicine, Philosophy and Religion in Ancient China, Aldershot, S. 1–11

Sjöblom, Tom, 2005: Spandrels, Gazelles, and Flying Buttresses. Religion as Adaption or as a By-Product. A Review of Recent Discussions, www.mv.helsinki.fi/home/ipysrai/index_files/Tom%20Spandrels%20and%20gazelles.doc

Skinner, G. William, 1978: Cities and the Hierarchy of Local Systems, in: A. P. Wolf (Hg.): Studies in Chinese Society, Stanford, S. 1–77

Smith, Adam, 1776: An Inquiry into the Nature and Causes of the Wealth of Nations, 3 Bde, London

Smith, Bruce, 1995: The Emergence of Agriculture, New York

Smith, Grafton Elliot, 1933: The Diffusion of Culture, London

Smith, Paul Jakov, 2003: Problematizing the Song-Yuan-Ming Transition, in: Paul Jakov Smith und Richard von Glahn (Hg.): The Song-Yuan-Ming Transition in Chinese History, Cambridge/Mass., S. 1–34

Snell, Bruno, 1975: Die Entdeckung des Geistes. Studien zur Entwicklung des europäischen Denkens bei den Griechen, Göttingen ⁴1975

Snooks, Graeme Donald, 1996: The Dynamic Society. Exploring the Sources of Global Change, London

Snooks, Greame Donald, 1998: The Laws of History, London

Sodian, Beate, 1995: Entwicklung bereichsspezifischen Wissens, in: Rolf Oerter und Leo Montada (Hg.): Entwicklungspsychologie. Ein Lehrbuch, Weinheim ³1995, S. 622–53

Sofri, Gianni, 1972: Über asiatische Produktionsweise. Zur Geschichte einer strittigen Kategorie der Kritik der politischen Ökonomie, Frankfurt a. M.

Solow, Robert M., 1956: A Contribution to the Theory of Economic Growth, in: Quarterly Journal of Economics 70, S. 65–94

Solow, Robert M., 1957: Technical Change and the Aggregate Production Function, in: Review of Economics and Statistics 39, S. 312–20

Sombart, Werner, 1906: Warum gibt es in den Vereinigten Staaten keinen Sozialismus?, Tübingen

Sombart, Werner, 1916: Der moderne Kapitalismus. Historisch-systematische Darstellung des gesamteuropäischen Wirtschaftslebens von seinen Anfängen bis zur Gegenwart, 3 Bde., München 1916–27

Somit, Albert und Steven A. Peterson, 1997: Darwinism, Dominance, and Democracy. The Biological Bases of Authoritarianism, Westport/Conn.

Sommer, Michael, 2000: Europas Ahnen. Ursprünge des Politischen bei den Phoenikern, Darmstadt

Sorokin, Pitrim A., 1937: Social and Cultural Dynamics. A Study of Change in Major Systems of Art, Truth, Ethics, Law, and Social Relationships, 4 Bde., London 1937–41

Southall, Aidan W., 1956: Alur Society. A Study in Processes and Types of Domination, Cambridge

Spencer, Herbert, 1876: The Principles of Sociology, 3 Bde., London 1876–97

Spengler, Oswald, 1918: Der Untergang des Abendlandes, 2 Bde., München 1918–22

Spenkuch, Hartwin, 2003: Vergleichsweise besonders? Politisches System und Strukturen Preußens als Kern des »deutschen Sonderwegs«, in: Geschichte und Gesellschaft 29, S. 262–93

Speyer, Wolfgang, 1970: Büchervernichtung, in: Jahrbuch für Antike und Christentum 13, S. 123–52

Spiegel, Joachim, 1976: Die Idee vom Totengericht in der ägyptischen Religion, Glückstadt ²1976

Spier, Fred, 1996: The Structure of Big History. From the Big Bang until Today, Amsterdam

Spiess, Karl-Heinz, 1993: Familie und Verwandtschaft im deutschen Hochadel des Spätmittelalters, Stuttgart

Spoerer, Mark und Jörg Braten und Jochen Streb, 2007: Wissenschaftlicher Standort, Quellen und Potentiale der Innovationsgeschichte, in: Rolf Walter (Hg.): Innovationsgeschichte, Stuttgart, S. 39–59

Srivastava, V.C., 2001: India from the 6th Century BC to the 3rd Century AD, in: G.C. Pande (Hg.): Life, Thought and Culture in India (from c. 600 BC to c. AD 300), New Delhi, S. 17–74

Stahl, Michael, 2003: Gesellschaft und Staat bei den Griechen. Archaische Zeit, Paderborn

Stange, Hans O.H., 1950: Chinesische und abendländische Philosophie. Ihr Unterschied und seine geschichtlichen Ursachen, in: Saeculum 1, S. 380–96

Stark, Rodney, 2006: Victory of Reason. How Christianity led to Freedom, Capitalism, and Western Success, New York

Stearns, Peter N., 1998: The Industrial Revolution in World History, Boulder

Stearns, Peter N., 2006: World History: Curriculum and Controversy, in: World History Connected 3, H. 3, www.historycooperative.org/journals/whc/3.3/stearns.html

Stegmüller, Wolfgang, 1969: Probleme und Resultate der Wissenschaftstheorie und Analytischen Philosophie, Bd. 1, Heidelberg

Stein, Burton, 1977: The Segmentary State in South Indian History, in: R.G. Fox (Hg.): Realm and Region in Traditional India, Durham, S. 3–51

Stein, Gil, 1994: Economy, Ritual and Power in 'Ubaid Mesopotamia, in: G. Stein und M.S. Rothman (Hg.): Chiefdoms and Early States in the Near East. The Organizational Dynamics of Complexity, Madison, S. 35–46

Steinberg, David Joel u.a., 1985: In Search of Southeast Asia. A Modern History, Honolulu

Stern, Fritz, 2005: Kulturpessimismus als politische Gefahr. Eine Analyse nationaler Ideologie in Deutschland, Stuttgart

Sternberg, Robert J. (Hg.), 2006: Handbook of Creativity, Cambridge 92006

Steward, Julian Haynes, 1955: The Concept and Method of Cultural Ecology, in: ders. (Hg.): Theory of Cultural Change, Urbana, S. 30–42

Stewart, Charles und Rosalind Shaw (Hg.), 1994: Syncretism/Anti-Syncretism, London

Stojanov, Christo, 2003: Zur Situation der Transformationsforschung, in: Raj Kollmorgen und Heiko Schrader (Hg.): Postsozialistische Transformationen: Gesellschaft, Wirtschaft, Kultur, Würzburg, S. 61–80

Stone, Elizabeth C., 1997: City-States and their Centers. The Mesopotamian Example, in: D. L. Nichols und T. H. Charlton (Hg.): The Archaeology of City-States, Washington, S. 15–26

Stone, Lawrence, 1979: The Revival of the Narrative. Reflections on a New Old History, in: Past and Present 85, S. 3–24

Strauss, Sidney, 1994: Die Einbeziehung der Geschichte in die Theorie der kognitiven Entwicklung, in: Der Prozeß der Geistesgeschichte, Hg. Günter Dux und Ulrich Wenzel, Frankfurt, S. 323–35

Struve, Lynn A. (Hg.), 2004: The Qing Formation in World-Historical Time, Cambridge/Mass.

Subrahmanyam, Sanjay (Hg.), 1990: Merchants, Markets, and the State in Early Modern India, New Delhi

Swamy, Subramanian, 1979: The Response to Economic Challenge. A Comparative Economic History of China and India 1870–1952, in: Quarterly Journal of Economics 93, S.25–46

Swanson, Guy E., 1960: The Birth of the Gods. The Origin of Primitive Beliefs, Ann Arbor

Sylla, Richard und Gianni Toniolo (Hg.), 1992: Patterns of European Industrialization. The Nineteenth Century, London

Tacitus, P. Cornelius: Annalen, Hg. Erich Heller, Darmstadt ²1992

Tainter, Joseph A., 1988: The Collapse of Complex Societies, Cambridge

Tambiah, Stanley J., 1977: The Galactic Polity. The Structure of Traditional Kingdoms in Southeast Asia, in: Annals of the New York Academy of Sciences 293, S.69–97

Tanigawa, Michio, 1987: Problems Concerning the Japanese Periodization of Chinese History, in: Journal of Asian History 21, S.150–68

Taylor, Keith W., 1999: The Early Kingdoms, in: The Cambridge History of Southeast Asia, Hg. Nicholas Tarling, Bd. 1, Cambridge, S.137–82

Temin, Peter, 2001: A Market Economy in the Early Roman Empire, in: Journal of Roman Studies 91, S.169–81

Teschke, Benno, 2007: Mythos 1648. Klassen, Geopolitik und die Entstehung des europäischen Staatensystems, Münster

Testart, Alain, 1982: The Significance of Food Storage among Hunter Gatherers. Residence Patterns, Population Densities and Social Inequalities, in: Current Anthropology 23, S.523–37

Teubner, Günther, 1989: Recht als autopoietisches System, Frankfurt

Tews, Kerstin, 2002: Der Diffusionsansatz in der vergleichenden Policy-Analyse. Wurzeln und Potentiale eines Konzepts. Eine Literaturstudie, Berlin (FFU-Report 02-2002)

Thapar, Romila, 1981: The State as Empire, in: Henri J.M. Claessen und Peter Skalník (Hg.): The Study of the State, The Hague, S.409–26

Thapar, Romila, 2000: Cultural Patterns. Essays in Early Indian History, New Delhi

Thapar, Romila, 2002: Early India. From Origins to A.D. 1300, Berkeley

Thompson, E.A., 1948: A History of Attila and the Huns, Oxford

Thomsen, Christian Jurgensen, 1836: Ledetrad til Nordiske Oldkindighed, Kopenhagen

Thünen, Johann Heinrich von, 1826: Der isolierte Staat in Beziehung auf Landwirtschaft und Nationalökonomie, 3 Bde., Berlin 1826–63

Thurnwald, Richard C., 1936: Gegenseitigkeit im Aufbau und Funktionieren der Gesellungen und deren Institutionen, in: Reine und angewandte Soziologie, Festschrift Tönnies, Leipzig, S.275–97

Tiele, C.P., 1904: Grundzüge der Religionswissenschaft, Tübingen

Tilly, Charles, 1992: Coercion, Capital, and European States, A.D. 990–1992, Cambridge/Mass.

Tilly, Charles, 1993: Die europäischen Revolutionen, München

Tilly, Charles, 2004: Contention and Democracy in Europa, 1650–2000, Cambridge

Todorov, Tzvetan, 1985: Die Eroberung Amerikas. Das Problem des Anderen, Frankfurt a.M.

Tomlinson, B.R., 1985: Writing History Sideways. Lessons for Indian Economic Historians from Meiji Japan, in: Modern Asian Studies 19, S.669–98

Tomlinson, John, 1991: Cultural Imperialism. A Critical Introduction, Baltimore

Torp, Cornelius, 1998: Die Weltsystemtheorie Immanuel Wallersteins. Eine kritische Analyse, in: Jahrbuch für Wirtschaftsgeschichte 1, S. 217–41

Torroni, Antonio u. a., 2001: A Signal, from Human mtDNA, of Postglacial Recolonization in Europe, in: American Journal of Human Genetics 69, S. 844–52

Tosi, Maurizio, 1986: The Archaeology of Early States in Middle Asia, in: Oriens Antiquus 25, S. 153–87

Toynbee, Arnold J., 1934: A Study in History, 12 Bände, London 1934–61

Trauzettel, Rolf, 1990: Denken Chinesen anders? Komparatistische Thesen zur chinesischen Philosophiegeschichte, in: Saeculum 41, S. 79–99

Trigger, Bruce G., 2003: Understanding Early Civilizations. A Comparative Study, Cambridge

Trimberger, Ellen Kay, 1978: Revolution from above. Military Bureaucrats and Development in Japan, Turkey, Egypt and Peru, London

Troitzsch, Ulrich, 1997: Technischer Wandel in Staat und Gesellschaft zwischen 1600 und 1750, in: Propyläen Technikgeschichte, Hg. Wolfgang König, Berlin, Bd. 3, S. 9–267

Tuan, Yi-Fu, 1968: Discrepancies between Environmental Attitude and Behavior. Examples from Europe and China, in: The Canadian Geographer 12, S. 176–91

Turchin, Peter, 2005: Dynamical Feedbacks between Population Growth and Sociopolitical Instability in Agrarian States, in: Structure and Dynamics 1, Issue 1, Artikel 3, http://repositories.cdlib.org/cgi/viewcontent.cgi?article=1001&context=imbs/socdyn/sdeas

Twitchett, Denis, 1994: Druckkunst und Verlagswesen im mittelalterlichen China, Wiesbaden

Tyler, Edward Barnett, 1871: Primitive Culture. Researches into the Development of Mythology, Philosophy, Language, Art and Custom, 2 Bde., London

Ulf, Christoph, 2001: Gemeinschaftsbezug, soziale Stratifizierung, Polis – drei Bedingungen für das Entstehen aristokratischer und demokratischer Mentalität im archaischen Griechenland, in: Dietrich Papenfuß und Volker Michael Strocka (Hg.): Gab es das griechische Wunder?, Mainz, S. 163–86

Ullmann, Manfred, 1970: Die Medizin im Islam, Leiden

Ullmann, Walter, 1974: Individuum und Gesellschaft im Mittelalter, Göttingen

Ullrich, Hartmut, 1978: Bürgertum und nationale Bewegung im Italien des Risorgimento, in: Otto Dann (Hg.): Nationalismus und sozialer Wandel, Hamburg, S. 129–56

UN Pop. Div. 2006: United Nations Population Division: UN World Prospect. The 2006 Revision, Population Database, http://esa.un.org/unpp/p2kodata.asp

UNDP, 2003: Bericht über die menschliche Entwicklung 2003, Hg. Entwicklungsprogramm der Vereinten Nationen (UNDP), Bonn

UNESCO Statistical Yearbook 1999, Paris

Upham, Steadman (Hg.), 1990a: The Evolution of Political Systems. Sociopolitics in Small-Scale Sedentary Societies, Cambridge

Upham, Steadman, 1990b: Decoupling the Processes of Political Evolution, in: ders. (Hg.) The Evolution of Political Systems. Sociopolitics in Small-Scale Sedentary Societies, Cambridge, S. 1–17

Vanhanen Tatu, 1984: The Emergence of Democracy. A Comparative Study of 119 States, 1850–1979, Helsinki

Vanhanen, Tatu (Hg.), 1997: Prospects of Democracy. A Study of 172 Countries, London

Vanhanen, Tatu, 2003: Democratization. A Comparative Analysis of 170 Countries, London

Vansina, Jan, 1990: Paths in the Rainforest, Toward a History of Political Tradition in Equatorial Africa, Madison

Vansina, Jan, 1999: Pathways of Political Development in Equatorial Africa and Neo-evolutionary Theory, in: Susan Keech McIntosh (Hg.): Beyond Chiefdoms. Pathways to Complexity, Cambridge, S. 166–72

Vásáry, István, 1999: Geschichte des frühen Innerasiens, Herne

Vegetti, Mario, 1996: Der Mensch und die Götter, in: Jean-Pierre Vernant (Hg.): Der Mensch der griechischen Antike, Frankfurt a. M., S. 295–333

Verger, Jacques, 1993: Grundlagen, in: Walter Rüegg (Hg.): Geschichte der Universität in Europa. Bd. 1, München, S. 49–80

Vermeer, Eduard B., 1998: Population and Ecology along the Frontier in Qing China, in: Mark Elvin und Liu Ts'ui-jung (Hg.): Sediments of Time. Environment and Society in Chinese History, Cambridge, S. 235–79

Vernant, Jean-Pierre, 1982: Die Entstehung des griechischen Denkens, Frankfurt a. M.

Vico, Giambattista, 1725/1966: Die neue Wissenschaft über die gemeinschaftliche Natur der Völker, nach der Ausgabe von 1744 übersetzt von Erich Auerbach, Reinbek 1966 (zuerst ital. 1725)

Vidal de la Blache, Paul, 1922: Principes de géographie humaine, publiés d'après les manuscrits de l'auteur par Emmanuel de Martonne, Paris

Virkus, Fred, 2004: Politische Strukturen im Guptareich (300–550 n. Chr.), Wiesbaden

Vogel, Hans Ulrich, 1994: Bergbau in China, in: Arne Eggebrecht (Hg.): China – eine Wiege der Weltkultur. 5000 Jahre Erfindungen und Entdeckungen, Mainz, S. 118–22

Voigt, Johannes H., 2000: Australien, München

Voigt, Stefan, 2002: Institutionenökonomik, München

Vollrath, Hanna, 1981: Das Mittelalter in der Typik oraler Gesellschaften, in: Historische Zeitschrift 233, S. 571–94

Voss, Ingrid, 1987: Herrschertreffen im frühen und hohen Mittelalter. Untersuchungen zu den Begegnungen der ostfränkischen und westfränkischen Herrscher im 9. und 10. Jahrhundert sowie der deutschen und französischen Könige vom 11. bis 13. Jahrhundert, Wien

Vowinckel, Gerhard, 1995: Verwandtschaft, Freundschaft und die Gesellschaft des Fremden. Grundlagen menschlichen Zusammenlebens, Darmstadt

Vries, Peer H. H., 2002: Governing Growth. A Comparative Analysis of the Role of the State in the Rise of the West, in: Journal of World History 13, S. 67–138

Vries, Peer H. H., 2003: Via Peking back to Manchester. Britain, the Industrial Revolution, and China, Leiden

Wagner, Siegfried, 1985: Die Entwicklung der exakten Naturwissenschaften von der Antike bis zur Gegenwart. Eine Quantifizierung ihrer Geschichte, 2 Bde., Bielefeld

Waley-Cohen, Joanna, 1999: The Sextants of Beijing. Gobal Currents in Chinese History, New York

Wallace, Anthony F. C., 1966: Religion. An Anthropological View, New York

Wallerstein, Immanuel, 1974: The Modern World System, 3 Bde., New York 1974–89

Wallerstein, Immanuel, 2004: World-Systems Analysis. An Introduction, Durham

Walter, Rolf, 2006: Geschichte der Weltwirtschaft. Eine Einführung, Köln

Walton, Linda A., 1999: Academies and Society in Southern Sung China, Honolulu

Walzer, Richard, 1962: From Greek to Arabic, Cambridge/Mass.

Wang, Yeh-Chien, 1973: Land Taxation in Imperial China, 1750–1911, Cambridge/Mass.

Ward-Perkins, Bryan, 2005: The Fall of Rome and the End of Civilization, Oxford

Washbrook, David, 1988: Progress and Problems. South Asian Economic and Social History c. 1720–1860, in: Modern Asian Studies 22, S. 57–96

Washbrook, David, 1997: From Comparative Sociology to Global History. Britain and India in the Pre-History of Modernity, in: Journal of the Economic and Social History of the Orient 40, S. 410–43

Watson, Adam, 1992: The Evolution of International Society. A Comparative Historical Analysis, London

Weber, Max, 1904/1972: Die protestantische Ethik und der Geist des Kapitalismus, in: ders.: Gesammelte Aufsätze zur Religionssoziologie, Bd. 1, Tübingen, S. 17–206 (zuerst 1904/05)

Weber, Max, 1919/1992: Wissenschaft als Beruf (= Gesamtausgabe, Abtlg. 1, Bd. 17), Tübingen 1992 (zuerst 1919)

Weber, Max, 1920/1972a: Die Wirtschaftsethik der Weltreligionen. Einleitung, in: ders.: Gesammelte Aufsätze zur Religionssoziologie, Bd. 1, Tübingen 1972 (zuerst 1920), S. 237–75

Weber, Max, 1920/1972b: Gesammelte Aufsätze zur Religionssoziologie, 3 Bde., Tübingen 1972 (zuerst 1920–22)

Weber, Max, 1920/1972c: Vorbemerkungen zu den Gesammelten Aufsätzen zur Religionssoziologie, in: Gesammelte Aufsätze zur Religionssoziologie, Bd. 1, Tübingen 1972 (zuerst 1920), S. 1–16

Weber, Max, 1922/1980: Wirtschaft und Gesellschaft. Grundriß der verstehenden Soziologie, Tübingen ⁵1980 (¹1922)

Weber, Wolfgang E. J., 2004: Buchdruck, Repräsentation und Verbreitung von Wissen, in: Richard van Dülmen und Sina Rauschenbach (Hg.): Macht des Wissens. Die Entstehung der Wissensgesellschaft, Köln, S. 65–88

Webster, T. B. L., 1958: From Mycenae to Homer, London

Weeber, Karl-Wilhelm, 1990: Smog über Attika. Umweltverhalten im Altertum, Zürich

Weede, Erich, 2000: Asien und der Westen. Politische und kulturelle Determinanten der wirtschaftlichen Entwicklung, Baden-Baden

Weggel, Oskar, 1989: Die Asiaten. Gesellschaftsordnungen, Wirtschaftssysteme, Denkformen, Glaubensweisen, Alltagsleben, Verhaltensstile, München

Weggel, Oskar, 1993: Perspektiven für die zukünftige Stellung pazifisch-asiatischer Industriekulturen in der Weltwirtschaft, in: Werner Draguhn (Hg.): Neue Industriekulturen im pazifischen Asien. Eigenständigkeiten und Vergleichbarkeit mit dem Westen, Hamburg, S. 223–58

Wehler, Hans-Ulrich, 1975: Modernisierungstheorie und Geschichte, Göttingen

Wehler, Hans-Ulrich, 1987: Deutsche Gesellschaftsgeschichte, 4 Bde., München 1987–2003

Weingart, Peter, 1974: Wissenschaftlicher Wandel als Institutionalisierungsstrategie, in: ders. (Hg.): Wissenschaftssoziologie II: Determinanten wissenschaftlicher Entwicklung, Frankfurt a.M., S.11–35

Weingart. Peter u.a. (Hg.), 1997: Human by Nature. Between Biology and the Social Sciences, Mahwah

Wellman, H.M. und S.A. Gelman, 1992: Cognitive Development: Foundational Theories of Core Domains, in: Annual Review of Psychology 43, S.337–75

Welzel, Christian, 2002: Fluchtpunkt Humanentwicklung. Über die Grundlagen der Demokratie und die Ursachen ihrer Ausbreitung, Wiesbaden

Wendt, Ingeborg Y., 1986: Indien – Japan. Wirtschaft und Gesellschaft im entwicklungsgeschichtlichen Vergleich, Hamburg

Wenskus, Reinhard, 1961: Stammesbildung und Verfassung. Das Werden der frühmittelalterlichen gentes, Köln

Wenskus, Reinhard, 1976: Die germanische Welt am Vorabend des Hunnensturms, in: Handbuch der europäischen Geschichte, Hg. Theodor Schieder, Bd.1, Stuttgart, S.94–106

Wenzel, Horst, 1999: Kulturwissenschaft als Medienwissenschaft: Vom Anfang und vom Ende der Gutenberg-Galaxis, in: Johannes Anderegg und Edith Anna Kunz (Hg.): Kulturwissenschaften. Positionen und Perspektiven, Bielefeld, S.135–54

Werner, Michael und Bénédicte Zimmermann, 2002: Vergleich, Transfer, Verflechtung. Der Ansatz der Histoire croisée und die Herausforderung des Transnationalen, in: Geschichte und Gesellschaft 28, S.607–36

Werner, Michael und Bénédicte Zimmermann, 2006: Beyond Comparison. Histoire Croisée and the Challenge of Reflexity, in: History and Theory 45, S.30–50

Wesel, Uwe, 2001: Geschichte des Rechts. Von den Frühformen bis zur Gegenwart, München

Whaling, Frank, 1995: Introduction, in: Theory and Methods in Religious Studies, Berlin, S.1–39

Wheatcroft, Stephen G., 1999: Ausmaß und Wesen der deutschen und sowjetischen Represssionen und Massentötungen 1930 bis 1945, in: Dittmar Dahlmann und Gerhard Hirschfeld (Hg.): Lager, Zwangsarbeit und Deportation. Dimensionen der Massenverbrechen in der Sowjetunion und in Deutschland 1933 bis 1945, Essen, S.67–109

White, Hayden, 1986: Auch Klio dichtet oder Die Fiktion des Faktischen. Studien zur Tropologie des historischen Diskurses, Stuttgart

White, James W., 1988: State Growth and Popular Protest in Tokugawa Japan, in: Journal of Japanese Studies 14, S.1–25

White, Joyce C., 2004: Comment on Dates from a Resin-Coated Sherd from Spirit Cave, Thailand, in: Antiquity 78, S.184–87

White, Leslie Alvin, 1943: Energy and the Evolution of Culture, in: American Anthropologist 45, S.335–56

White, Leslie Alvin, 1949: The Science of Culture. A Study of Man and Civilization, New York

White, Leslie Alvin, 1954: The Energy Theory of Cultural Development, in: K.M. Kapadia (Hg.): Professor Ghurye Felicitation Volume, Bombay, S.1–10

White, Leslie Alvin, 1959: The Evolution of Culture. The Development of Civilization to the Fall of Rome, New York

White, Lynn, 1967: The Historical Roots of Our Ecological Crisis, in: Science 155, S.1203–07

Whyte, Martin King, 1978: The Status of Women in Preindustrial Societies, Princeton

Wiesehöfer, Josef, 1994: Das antike Persien. Von 550 v.Chr. bis 650 n.Chr., Zürich

Wiesehöfer, Josef, 1997: Der Zusammenbruch des Perserreiches der Achämeniden, in: Alexander Demandt (Hg.): Das Ende der Weltreiche. Von den Persern bis zur Sowjetunion, München, S.9–27

Wieser, Wolfgang, 1989: Vom Werden zum Sein. Energetische und soziale Aspekte der Evolution, Berlin

Wiewelhove, Hildegard, 2002: Tischbrunnen. Forschungen zur europäischen Tischkultur, Berlin

Wilkinson, Endymion, 2000: Chinese History. A Manual, Cambridge, ²2000

Will, Wolfgang, 1986: Alexander der Große, Stuttgart

Williams, Eric, 1944: Capitalism and Slavery, Chapel Hill

Williams, Michael, 2003: Deforesting the Earth. From Prehistory to Global Crisis, Chicago

Willke, Helmut, 1989: Systemtheorie entwickelter Gesellschaften. Dynamik und Riskanz gesellschaftlicher Selbstorganisation, Weinheim

Wilson, Edward O., 1975: Sociobiology. The New Synthesis, Cambridge/Mass.

Wimmer, Hannes, 1996: Evolution der Politik. Von der Stammesgesellschaft zur modernen Demokratie, Wien

Winckelmann, Johannes, 1978: Max Weber. Die Protestantische Ethik, Bd. 2: Kritiken und Antikritiken, Gütersloh ³1978

Winiwarter, Verena und Martin Knoll, 2007: Umweltgeschichte. Eine Einführung, Köln

Winkler, Heinrich August, 2000: Der lange Weg nach Westen, 2 Bde., München

Wippermann, Wolfgang, 1997a: Faschismustheorien. Die Entwicklung der Diskussion von den Anfängen bis heute, Darmstadt ⁷1997

Wippermann, Wolfgang, 1997b: Totalitarismustheorien. Die Entwicklung der Diskussion von den Anfängen bis heute, Darmstadt 1997

Wirz, Albert, 1997: Migrationen. Das Problem der Bantu-Expansion, in: Jan-Georg Deutsch und Albert Wirz (Hg.): Geschichte in Afrika. Einführung in Probleme und Debatten, Berlin, S.35–52

Wischermann, Clemens, 1993: Der Property-Rights-Ansatz und die »neue« Wirtschaftsgeschichte, in: Geschichte und Gesellschaft 19, S.239–58

Wischermann, Clemens und Anne Nieberding, 2004: Die institutionelle Revolution. Eine Einführung in die deutsche Wirtschaftsgeschichte des 19. und frühen 20. Jahrhunderts, Stuttgart

Witt, Ulrich (Hg.), 1992: Explaining Process and Change. Contributions to Evolutionary Economics, Michigan

Witt, Ulrich, 1995: Wirtschaft und Evolution, in: Norbert Berthold (Hg.): Allgemeine Wirtschaftstheorie. Neuere Entwicklungen, München, S.385–410

Wittfogel, Karl August, 1957: Oriental Despotism. A Comparative Study of Total Power, New Haven

Wöhlcke, Manfred und Peter Wogau und Waltraud Martins, 1977: Die neuere entwicklungspolitische Diskussion. Einführende Darstellung und ausgewählte Bibliographie, Frankfurt a.M.

Wolf, Eric R., 1991: Die Völker ohne Geschichte. Europa und die andere Welt seit 1400, Frankfurt a. M.

Wolfe, Patrick, 1997: History and Imperialism. A Century of Theory, from Marx to Postcolonialism, in: American Historical Review 102, S. 388–420

Wolfram, Herwig, 1994: Das Reich und die Germanen. Zwischen Antike und Mittelalter, Berlin

Wolpert, Stanley, 1993: A New History of India, New York ⁴1993

Wolters, Oliver William, 1999: History, Culture and Region in Southeast Asian Perspectives, Ithaca ²1999

Wong, R. Bin, 1997: China Transformed. Historical Change and the Limits of European Experience, Ithaca

Wong, R. Bin, 2002: The Search for European Differences and Domination in the Early Modern World. A View from Asia, in: American Historical Review 107, S. 447–69

Woodside, Alexander, 2006: Lost Modernities. China, Vietnam, Korea, and the Hazards of World History, Cambridge/Mass.

Woolf, Greg, 1991: World-Systems Analysis and the Roman Empire, in: Journal of Roman Archaeology 3, S. 44–58

World History Connected (Online-Zeitschrift), www.historycooperative.org/whcindex.html

World Patent Report 2008. A Statistical Review, Hg. World Intellectual Property Organization, Geneva

World Urbanization Prospects. The 2007 Revision Population Data Base, Panel 2 (Urban Agglomeration), Hg. UN-Department of Economic and Social Affairs, http://esa.un.org/unup/index.asp?panel=2

Wuketits, Franz Manfred, 1990: Gene, Kultur und Moral. Soziobiologie – Pro und Contra, Darmstadt

Wundt, Wilhelm, 1912: Elemente der Völkerpsychologie. Grundlinien der psychologischen Entwicklungsgeschichte der Menschheit, Leipzig

Wunn, Ina, 2002: Die Evolution der Religionen, Hannover

Wunn, Ina, 2005a: Die Entwicklung der Religionen aus evolutionstheoretischer Sicht, in: Zeitschrift für Missionswissenschaft und Religionswissenschaft 89, S. 131–46

Wunn, Ina, 2005b: Religionen in vorgeschichtlicher Zeit, Stuttgart

Wuthe, Gerhard, 1977: Die Lehre von den politischen Systemen, München

Wuthnow, Robert, 1980: The World-economy and the Institutionalization of Science in Seventeenth-century Europe, in: Albert Bergesen (Hg.): Studies of the Modern World-system, New York, S. 25–55

Yesner, David R., 1994: Seasonality and Resource »Stress« among Hunter-Gatherers. Archaeological Signatures, in: E. S. Burch und L. J. Ellanna (Hg.): Key Issues in Hunter-Gatherer Research, Oxford, S. 151–67

YIO, 2007: Yearbook of International Organizations, Hg. Union of International Associations, Ausgabe 2007/08, Bd. 5, München

Yoda, Yoshiie, 1996: The Foundation of Japan's Modernization. A Comparison with China's Path towards Modernization, Leiden

Yoffee, Norman und G. Cowgill (Hg.), 1988: The Collapse of Ancient States and Civilizations, Tucson

Young, Robert C., 2001: Postcolonialism. An Historical Introduction, London

Zaicev, Alexander, 1993: Das griechische Wunder. Die Entstehung der griechischen Zivilisation, Konstanz

Zajev, Alexander, 1996: Das »griechische Wunder« und sein Ende im Hellenismus, in: Bernd Funck (Hg.): Hellenismus. Beiträge zur Erforschung von Akkulturation und politischer Ordnung in den Staaten des hellenistischen Zeitalters, Tübingen, S.693–99

Zapf, Wolfgang und Peter Flora, 1973: Differences in Paths of Development. An Analysis for Ten Countries, in: S.N. Eisenstadt und Stein Rokkan (Hg.): Building States and Nations, Bd.1, Beverly Hills, S.161–211

Zapf, Wolfgang, 1996: Die Modernisierungstheorie und unterschiedliche Pfade der gesellschaftlichen Entwicklung, in: Leviathan 24, S.63–77

Zeitschrift für Weltgeschichte, Frankfurt a.M. seit 2000

Zilsel, Edgar, 1976: Die sozialen Ursprünge der neuzeitlichen Wissenschaft, Hg. Wolfgang Krohn, Frankfurt a.M.

Zitelmann, Rainer, 1990: Hitler. Selbstverständnis eines Revolutionärs, Stuttgart

Zolberg, Aristide R., 1986: How many Exceptionalisms?, in: Ira Katznelson und Aristide R. Zolberg (Hg.): Working-Class Formation. Nineteenth Century Patterns in Western Europe and the United States, Princeton, S.397–455

Zolberg, Aristide R., 1997: Global Movements, Global Walls: Responses to Migration, 1885–1925, in: Wang Gungwu (Hg.): Global History and Migrations, Boulder, S.279–307

Zotz, Volker, 1996: Geschichte der buddhistischen Philosophie, Reinbek

Zubok, Vladislav M. und Constantine Pleshakov, 1996: Inside the Kremlin's Cold War. From Stalin to Khrushchev, Cambridge/Mass.

Zvelebil, Marek, 2002: Demography and Early Farming Populations at the Mesolithic-Neolithic Transition. Linguistic and Genetic Implications, in: Peter Bellwood und Colin Renfrew (Hg.): Examining the Farming/Language Dispersal Hypothesis, Cambridge, S.379–94

Abkürzungsverzeichnis

ANZUS	=	Australia, New Zealand, United States
ASEAN	=	Association of South-East Asian Nations
Attac	=	association pour la taxation des transactions financières pour l'aide aux citoyens
AU	=	African Union
BeNeLux-Staaten	=	Belgien, Niederlande, Luxemburg
CENTO	=	Central Treaty Organization
CVJM (YMCA)	=	Christlicher Verein Junger Menschen (Young Men's Christian Association)
DC	=	Democrazia Cristiana (Italien)
EU	=	Europäische Union
EWG	=	Europäische Wirtschaftsgemeinschaft
FuE	=	Forschung und Entwicklung
GATS	=	General Agreement on Trade in Services
GATT	=	General Agreement on Tariffs and Trade
GUS	=	Gemeinschaft Unabhängiger Staaten
IGO	=	Intergovernmental Organization
INGO	=	International Nongovernmental Organization
IWF	=	Internationaler Währungsfonds
KPdSU	=	Kommunistische Partei der Sowjetunion
KSZE	=	Konferenz über Sicherheit und Zusammenarbeit in Europa
LDP	=	Liberaldemokratische Partei (Japan)
MBFR	=	Mutual Balanced Forces Reductions
MERCOSUR	=	Mercado Común del Sur
NAFTA	=	North American Free Trade Agreement
NATO	=	North Atlantic Treaty Organization
OAS	=	Organization of American States
OAU	=	Organization of African Unity
OECD	=	Organization for Economic Cooperation and Development
OEEC	=	Organization for European Economic Cooperation
RGW	=	Rat für Gegenseitige Wirtschaftshilfe
SCO	=	Shanghai Cooperation Organization
SEATO	=	South-East Asia Treaty Organization
UNASUR	=	Unión de Naciones Suramericanas
UNO	=	United Nations Organization
WTO	=	World Trade Organization

Anmerkungen

Grundlegung

1 Als Einführung zur Frage der historischen Tiefe siehe J. Osterhammel und N.P. Petersson 2004, P.E. Fäßler 2007, analytisch schwächer auch J.R. McNeill und W.H. McNeill 2003, ferner auch R. Walter 2006, M.D. Bordo u.a. 2003.

2 Das kommt u.a. im Entstehen neuer Diskussionsforen zum Ausdruck. Neben den älteren universalgeschichtlichen Zeitschriften (vor allem *Saeculum* und *Review)* neu als Zeitschrift *Journal of World History* (seit 1990), *Comparativ* (seit 1991), *Zeitschrift für Weltgeschichte* (seit 2000), *World History Connected* (seit 2003), *Journal of Global History* (seit 2006), *The New Global Studies* (seit 2007) und als Internetforum *geschichte-transnational*. Als Einführungen in die Diskussion über weltgeschichtliche Perspektiven B. Mazlish und R. Buultjens 1993, J. Osterhammel 2001a, P. Manning 2003, E. Fuchs und B. Stuchtey 2003, M. Grandner u.a. 2005, S. Conrad u.a. 2007, P.K. Crossley 2007.

3 So die kulturmorphologische Betrachtungsweise, am profiliertesten von O. Spengler 1918 und im Grundansatz ebenso bei A. Toynbee 1934.

4 So als transnationale Geschichte (z.B. das Internetforum *geschichte-transnational,* siehe auch K.K. Patel 2005), »connected history« (z.B. die Zeitschrift *World History Connected),* »histoire croisée« (M. Werner und B. Zimmermann 2002 und 2006), »entangled history« (S. Conrad und S. Randeria 2002), Beziehungsgeschichte (J. Osterhammel 2001a) und »encounters« (J.H. Bentley 1993, J.H. Bentley und H.F. Ziegler 2000, D.W. Del Testa u.a. 2003).

5 Das gilt leider auch für die *DIE ZEIT Welt- und Kulturgeschichte* 2006.

6 Diesem Modell bleiben letztlich auch die unterschiedlichen Theorieansätze vom Marxismus über die Weltsystemtheorie (I. Wallerstein 1974 und 2004) bis zu Modernisierungstheorien verhaftet.

7 Beispielsweise J.M. Blaut 1993 und 2000, A.G. Frank 1998, D. Chakrabarty 2000, C. Ponting 2002, J.M. Hobson 2004.

8 So der Titel der Weltgeschichte von H. Freyer 1954.

9 Dies der Titel von E. L. Jones 1991.

10 So extrem A.G. Frank 1998 und tendenziell auch J.M. Hobson 2004.

11 K.R. Popper 1976, S. 31.

12 Gerade manche anspruchsvollen Großtheorien der Soziologie leisten dieses nicht, z.B. N. Luhmann 1976, 1978 und 1997.

13 Als Überblick über die Lehre von Global-/Weltgeschichte siehe E. Fuchs und M. Middell 2006. Zur Etablierung von Weltgeschichte in den USA siehe P. Manning 2003, S. 79 ff., 327 ff., P.N. Stearns 2006, zu den Hintergründen auch M. Gräser 2006. Zur erst geringen Etablierung von Weltgeschichte in der

deutschsprachigen Wissenschaft siehe H.-H. Nolte 2008. Die ersten deutschsprachigen Universitäten mit Studiengängen Global-/Weltgeschichte waren Wien 2005 und Heidelberg 2007.

14 Beide Begriffe haben dieselbe Wurzel; der Begriff *Entwicklung*, in der deutschen Sprache seit 1645 nachweisbar, war zunächst nichts anderes als die Übersetzung des lateinischen Wortes *evolutio*. Das lateinische *evolutio* ebenso wie das französische *développer* sind vom lateinischen *volvere*, wickeln, abgeleitet und bedeuteten ursprünglich das Auswickeln, also die Entwicklung einer Sache, die im eingewickelten Zustand schon vorhanden ist. Der Begriff Entwicklung wurde seit Mitte des 18. Jahrhunderts in der Biologie für Individuen verwendet, die in der Keimzelle schon in Kleinstform vorhanden seien, so wie Blätter und Blüten in einer Knospe. Wenig später wurde er dann auch auf den gesellschaftlichen Bereich übertragen und beinhaltete dabei zunächst die Vorstellung, dass auch Völker sich gewissermaßen wie Lebewesen organisch entwickeln würden oder dass Geschichte als Entfaltung des Geistes aufzufassen sei. Von diesen Annahmen hat der Begriff Entwicklung sich aber inzwischen gelöst; sie sind hier nicht mitgemeint, wenn wir von Entwicklung sprechen, wohl aber die Vorstellung von Verläufen, die gerichtet sind. Die latinisierende Begriffsform Evolution bezeichnete in der Biologie seit dem 19. Jahrhundert den Prozess der Entstehung und Entwicklung der Arten einschließlich der kausalen Gesetzmäßigkeiten dieses Prozesses als Evolutionsfaktoren.

15 Zur Vielfalt und Widersprüchlichkeit der Konzepte kultureller Evolution siehe C. Antweiler 1988, S. 12−76, C. Antweiler 1990 und M. Pluciennik 2005.

16 Der Hinweis von T.S. Kuhn 1976, dass wissenschaftliche Entwicklung sich nicht in Gestalt gleichmäßiger Wissensakkumulation, sondern unter Paradigmenwechseln vollziehe, steht dieser Aussage nicht entgegen, da neue, sich durchsetzende Paradigmen im Regelfall umfassender und leistungsfähiger sind.

17 Das Konzept eines solchen Zivilisationsprozesses vertritt N. Elias 1939/1977; aus der umfangreichen Literatur dazu siehe besonders kritisch H.-P. Duerr 1988, G. Schwerhoff 1998.

18 So im Ansatz schon N. Danilewskij 1871/1920, dann vor allem O. Spengler 1918 und A. Toynbee 1934. Argumente gegen die Analogie von Kultur und biologischem Organismus bei C.R. Hallpike 1986, S. 33 f.

19 So versucht der Soziologe P.A. Sorokin 1937 mit statistischen Methoden Rhythmen im kulturellen Bereich zu entdecken. Ebenso für den kulturellen Bereich (im engeren Sinne) versucht der Ethnologe A.L. Kroeber 1944 Ablaufregelmäßigkeiten zu entdecken. Machtpolitische Hegemonialzyklen meinen die Politologen J.S. Goldstein 1988 und T.L. Knutsen 1999 gefunden zu haben. Alle drei überzeugen im Ergebnis nicht und können keine Wandlungsmechanismen angeben. In den Wirtschaftswissenschaften meint N.D. Kondratieff 1926 einen zyklischen Verlauf der europäischen Wirtschaft des 19. und frühen 20. Jahrhunderts in Gestalt langer Konjunkturwellen entdeckt zu haben. Ähnlich wie bei den anderen genannten Versuchen ist auch hier die Methode recht äußerlich; die betrachteten Veränderungen werden zu sehr aus ihren Zusammenhängen herausgerissen und damit die Erklärungsmöglichkeiten verkürzt beziehungsweise abgeschnitten. Es ist fraglich, ob es sich bei den Schwankungen wirklich um Zyklen, d. h. um Regelmäßigkeiten aufgrund innerer Ur-

sachen handelt und nicht in starkem Maße um Folgen von zufälligen äußeren Einflüssen durch historische Ereignisse (z.B. Weltkriege). Überblicke über die umfangreiche Diskussion zu Kondratieffs Ansatz bei K. Barr 1979, W. Plumpe und J. Rosenkranz 1981, J. Delbeke 1983, J.J. van Duijn 1983, L. Fontville 1991, D. Gordon 1991, A. Maddison 1991, S.85–127. Der Versuch von L.A. Nefiodow 1990, die Kondratieff-Zyklen in die Gegenwart fortzuschreiben, überzeugt wenig, und erst recht gerät der Versuch der Politologen G. Modelski und W. Thompson 1996, weltweite Kondratieff-Zyklen ab 930 v.Chr. nachzuweisen und auf deren Basis Zyklen der Hegemonie der großen Mächte nachzuweisen, recht grobschlächtig und phantasievoll. Der Soziologe W.L. Bühl (1987, S.91 ff. und 1990, S.57 ff.) knüpft an Kondratieff an und erweitert das Konzept von etwa eine Generation langen Zyklen um den kulturellen und sozialen Bereich. Ausgehend vom Weltsystemansatz meinen B.K. Gills und A.G. Frank 1992 und A.G. Frank und B.K. Gills 2000, besonders S.11 ff., über 5000 Jahre hin durchlaufende wirtschaftliche Zyklen für die Weltgeschichte im Ganzen erkennen zu können, die aber an zu großzügigem Umgang mit den Fakten kranken. Substanzieller ist die Theorie säkularer demografischer Zyklen in staatlich organisierten Agrargesellschaften (P. Turchin 2005, A.V. Korotayev u.a. 2006, S. Nefedov 2003), bei denen nach einer 50–150-jährigen Phase von Bevölkerungswachstum und politischer Stabilität eine Phase der Krise mit Staatszusammenbruch, Bürgerkrieg, Seuchen und starkem Bevölkerungsrückgang folgt; zwar besteht eine gewisse Korrelation, aber es ist zu einseitig, die Ursache darin zu sehen, dass die wachsende Bevölkerung die Tragfähigkeitsgrenze überschritten und *dadurch* die allgemeine Krise ausgelöst habe.

20 Die Vorstellung von Weltgeschichte als einem zielgerichteten und *notwendigen* Prozess liegt der Geschichtsphilosophie zugrunde, die G.W.F. Hegel Anfang des 19. Jahrhunderts entwickelte. »Die Weltgeschichte ist der Fortschritt im Bewusstsein der Freiheit – ein Fortschritt, den wir in seiner Notwendigkeit zu erkennen haben« (1955, S.63). Die einzelnen Epochen seien nur notwendige Durchgangsstadien im großen weltgeschichtlichen Prozess. Als treibende Kraft und Subjekt der Geschichte sieht Hegel dabei die Vernunft beziehungsweise den Weltgeist an (1955, S.28, 46), der in der Weltgeschichte schrittweise zum Bewusstsein seiner selbst komme und durch die großen Einzelnen als seine Werkzeuge handle. Weltgeschichte würde durch die Vorsehung regiert (1955, S.38f.). Hinter dieser Auffassung einer zielgerichteten Geschichte steckt letztlich nichts anderes als die in der Aufklärung weitgehend zur innerweltlichen Vernunft säkularisierte Idee göttlicher Vorsehung, die den geschichtlichen Entwicklungsprozess lenke, wie sie G. Vico 1725/1966 entwickelt hatte. Ganz gelegentlich gibt auch Hegel zu erkennen, dass der Weltgeist letztlich niemand anderes als Gott darstellt (1988, S.938). An Hegel knüpfte K. Marx an, wenn er Weltgeschichte als einen sich mit Notwendigkeit vollziehenden Prozess ansieht, der in der Befreiung des Menschen in der klassenlosen Gesellschaft des Kommunismus als höchster und letzter Entwicklungsstufe gipfeln (und damit dort enden) würde. »Auch wenn eine Gesellschaft dem Naturgesetz ihrer Bewegung auf die Spur gekommen ist, kann sie naturgemäße Entwicklungsphasen weder überspringen noch wegdekretieren« (1867/1962, S.16). Die Triebkraft für diesen Prozess sieht er hingegen in den Produktivkräften und dem Widerspruch zwischen ihnen und den Produktionsverhältnissen. Im Detail bleibt die Wirkungsweise der historischen Antriebskräfte bei Marx und Engels

hingegen letztlich unklar, was oft durch die eher metaphorische Rede von der Dialektik der Geschichte zugedeckt wird. Die Vorstellung, dass die Weltgeschichte mit Notwendigkeit in die kommunistische Gesellschaft einmünden würde, ist durch die Geschichte inzwischen hinreichend widerlegt. Indirekt an Hegel schließt auch F. Fukuyama an, der 1992 das »Ende der Geschichte« verkündete: mit dem Sieg der liberalen Idee über den Kommunismus 1989/90 sei die Entwicklung der politischen Ideen und Ordnungssysteme zu ihrem Ende gekommen und das Ende aller Kriege eingeläutet. Wie Hegel sieht er Geschichte als einen einzigartigen Entwicklungsprozess, der auf die Verwirklichung von Freiheit ausgerichtet sei. Diese Sicht hängt bei Fukuyama an der Annahme, dass alle Menschen nach Anerkennung streben würden und Freiheit und Gleichheit allen gemeinsame menschliche Grundbedürfnisse seien – eine insgesamt offensichtlich zu theoretische Konstruktion. Aber auch in der Tradition der Modernisierungstheorien finden sich vergleichbare Vorstellungen, welche die demokratische Industriegesellschaft nordamerikanisch-westeuropäischer Prägung als zwangsläufiges Ziel der Weltgeschichte ansehen, so in jüngerer Zeit dezidiert z. B. C. Welzel 2002.

21 Zur Entstehung des Fortschrittsbegriffs im 18. und 19. Jahrhundert R. Koselleck 1975.

22 Als Beispiel J. Mirow 2004, insbesondere S. 22 f.

23 Es ist eine Schwäche des Kulturevolutionismus in der Ethnologie, dass er dieses nicht gesehen hat, die Frage der Mechanismen vernachlässigte und auf die Konstruktion einer Evolutionsabfolge fixiert war, ohne zu bemerken, dass damit noch nichts erklärt ist und dass auch beim Wirken derselben Dynamik die Entwicklungspfade sehr verschieden sein können. Dazu C. Antweiler 1988, besonders S. 77–121.

24 Ein solches Erklären durch Erzählen von Geschichte als Handlung begründen mit unterschiedlicher Akzentuierung z. B. A. C. Danto 1974, G. Mann 1979, L. Stone 1979, F. R. Ankersmit 1981. Nach einem Boom strukturgeschichtlicher Orientierung in den 1960er- bis 80er-Jahren brachten die 80er- und 90er-Jahre eine gewisse Wiederbelebung des Narrativen.

25 Die Analysen von Karl Marx zu Wertgesetz und Warenzirkulation (wie richtig oder falsch auch immer) betreffen nur die kapitalistische Produktion, nicht die Weltgeschichte als Ganzes. Der späte Engels gibt selbst zu: »Wir alle haben zunächst das Hauptgewicht auf die *Ableitung* der politischen, rechtlichen und sonstigen ideologischen Vorstellungen und durch diese Vorstellungen vermittelten Handlungen aus den ökonomischen Grundtatsachen gelegt und legen müssen. Dabei haben wir dann die formelle Seite über der inhaltlichen vernachlässigt: die Art und Weise, wie diese Vorstellungen etc. zustande kommen« (F. Engels 1893/1968, S. 96). Die Probleme und Unklarheiten in der Erklärungslogik geschichtlicher Entwicklung überhaupt sind darauf zurückzuführen, dass Marx bei der Ausarbeitung seiner Geschichtsphilosophie bei Hegels Vorstellung von Geschichte und Kultur als einer dialektischen *Selbstbewegung* und -*entfaltung* des Geistes ansetzt. Nun ersetzt Marx zwar den Geist durch die materielle Wirklichkeit, aber es bleibt dabei, das Verhältnis zwischen Wirtschaft, Kultur und Politik weniger als ein kausales, weniger als eine Relation zu denken, sondern vielmehr als ein solches von dauerndem Wesen als Kern und letztem Grund der Dinge zu wechselnden Erscheinungen bzw. Formen, in denen es sich äußert (wohinter eine auf Aristoteles zurückzukrei-

chende philosophische Denkfigur sichtbar wird). Entsprechend dieser Denk-
figur heißt es bei Marx, die »Momente der Bewegung des Kapitals« seien als
»aus seinem inneren Wesen hervorgehend« zu erklären (F. Engels, 1859/1969,
S. 475); ähnlich, wenn z. B. die absolute Monarchie als »politische Hülse« der
Feudalgesellschaft bezeichnet wird (K. Marx 1847/1969, S. 347), Ideologien als
»Reflexe« des Seins, ferner Religion und Politik als »Formen« ökonomischer
Motive und die »herrschenden Gedanken ... als der ideelle Ausdruck der herrschenden materiellen Verhältnisse« (K. Marx und F. Engels 1846/1969, S. 26,
39, 46). Der Begriff des Materiellen wird dann von Marx und Engels konkretisiert durch die anthropologische Feststellung, dass Arbeit das Wesen des Menschen ausmache, sodass Arbeit, Produktion und dann auch Austausch als Basis
des Geschichtsprozesses angesehen werden. »Setzen Sie einen bestimmten
Entwicklungszustand der Produktivkräfte der Menschen voraus, und Sie erhalten eine bestimmte Form des Verkehrs und der Konsumtion. Setzen Sie bestimmte Stufen der Entwicklung der Produktion, des Verkehrs und der Konsumtion voraus, und Sie erhalten eine entsprechende soziale Ordnung, eine
entsprechende Organisation der Familie, der Stände oder der Klassen, mit
einem Wort, eine entsprechende Gesellschaft. Setzen Sie eine solche Gesellschaft voraus, und Sie erhalten eine entsprechende politische Ordnung, die
nur der offizielle Ausdruck der Gesellschaft ist ... Dank der einfachen Tatsache,
dass jede neue Generation die von der alten Generation erworbenen Produktivkräfte vorfindet, die ihr als Rohmaterial für neue Produktion dienen, entsteht ein Zusammenhang in der Geschichte der Menschen, entsteht die Geschichte der Menschheit« (K. Marx 1846/1969, S. 548). Und an anderer Stelle
heißt es: »In der gesellschaftlichen Produktion ihres Lebens gehen die Menschen bestimmte, notwendige, von ihrem Willen unabhängige Verhältnisse
ein, Produktionsverhältnisse, die einer bestimmten Entwicklungsstufe ihrer
materiellen Produktivkräfte entsprechen. Die Gesamtheit dieser Produktionsverhältnisse bildet die ökonomische Struktur der Gesellschaft, die reale Basis,
worauf sich ein juristischer und politischer Überbau erhebt, und welcher bestimmte gesellschaftliche Bewusstseinsformen entsprechen. Die Produktionsweise des materiellen Lebens bedingt den sozialen, politischen und geistigen
Lebensprozess überhaupt ... Auf einer gewissen Stufe ihrer Entwicklung geraten die materiellen Produktivkräfte der Gesellschaft in Widerspruch mit den
vorhandenen Produktionsverhältnissen oder, was nur ein juristischer Ausdruck dafür ist, mit den Eigentumsverhältnissen, innerhalb deren sie sich bisher bewegt haben. Aus Entwicklungsformen der Produktivkräfte schlagen diese Verhältnisse in Fesseln derselben um. Es tritt eine Epoche sozialer Revolution
ein. Mit der Veränderung der ökonomischen Grundlage wälzt sich der ganze
ungeheure Überbau langsamer oder rascher um ... Eine Gesellschaftsforma-
tion geht nie unter, bevor alle Produktivkräfte entwickelt sind, für die sie weit
genug ist, und neue höhere Produktionsverhältnisse treten nie an die Stelle,
bevor die materiellen Existenzbedingungen derselben im Schoß der alten Gesellschaft selbst ausgebrütet worden sind« (K. Marx 1859/1969, S. 8 f.). Mit
Blick auf die Erklärungslogik ist die Begrifflichkeit bemerkenswert, mit der
Marx hier die Abhängigkeit des kulturellen und politischen Bereichs von dem
wirtschaftlichen beschreibt: fast nie wird der deutlich kausale Begriff »verursacht« verwendet, dagegen oft von »entspricht« und auch von »bedingt« und
»widerspiegelt« geredet, was vor dem Hintergrund des eingangs Gesagten ver-

ständlich wird. Wirtschaft, Herrschaft und Kultur werden also nicht als relativ
autonome Bereiche gesehen, zwischen denen Wechselwirkungen bestehen,
nach deren Richtung und Art sich fragen lässt, sondern die Entwicklung der
ökonomischen Basis, der Produktivkräfte, die primär im Sinne technischer
Produktionsmittel (und von Arbeitsteilung) gedacht werden, bleibt stark der
Vorstellung der Selbstbewegung und des letzten Grundes verhaftet. Dadurch
wird die Frage, welche Faktoren die Entwicklung der Produktivkräfte beeinflussen und wie die Art der behaupteten Zusammenhänge zwischen den Bereichen genau ist, im gesamten Werk von Marx und Engels stets ausgeblendet,
was eine gravierende Verkürzung von Analysemöglichkeiten bedeutet. Aus der
Idee einer nicht weiter hinterfragbaren Selbstentwicklung der materiellen
Basis folgt die Vorstellung eines für alle Länder gleichlaufenden Entwicklungs-
prozesses: »Das industriell entwickelte Land zeigt den minder entwickelten
nur das Bild der eigenen Zukunft« (K. Marx 1867/1962, S.12). Nun ist auch
Marx und Engels aufgefallen, dass ein solcher Entwicklungsprozess in Indien,
China und Russland nicht stattgefunden hat (»beständige Bewegungslosig-
keit«, K. Marx 1862/1969, S.514, vgl. auch K. Marx 1853/1970a, S.220). Angesichts der sich hier aufdrängenden Frage, welche Faktoren die Entfaltung der
Produktivkräfte im einen Falle gefördert, im anderen Falle blockiert haben,
bleiben Marx und Engels nun aber angesichts ihrer Denkblockaden ratlos und
verdrängen das Problem weitgehend. Die spärlichen Antworten sind entweder
wenig überzeugende Verlegenheitslösungen (»Alles hängt von dem historischen Milieu ab«, ohne dass dies irgendwie näher ausgeführt wird, K. Marx
1881/1969, S.388f.), oder überhaupt tautologisch (»Die dörfliche Isoliertheit
hatte zum Fehlen von Wegen in Indien geführt, und das Fehlen von Wegen
verewigte die dörfliche Isoliertheit. So kam es, dass die Dorfgemeinde das einmal gegebene niedrige Lebensniveau beibehielt« K. Marx 1853/1970a, S.223),
oder sie tendieren zögerlich dazu, es auf naturgeografische Unterschiede zurückzuführen (K. Marx 1853/1970b, S.129, K. Marx 1881/1969, S.390), Versuche, die aber im Gesamtwerk ganz marginal bleiben. Überdies führen die
Probleme der Erklärungslogik gerade beim Blick über die europäische Entwicklung hinaus zu Widersprüchen: So werden die Ackerbaudörfer mit Gemeineigentum am Boden als frühe Entwicklungsstufe aller indogermanischen Völker angesehen (K. Marx 1859/1969, S.21, F. Engels 1875/1969, S.563), zugleich
sollen sie aber die Grundlage für den orientalischen Despotismus sein (bzw. sogar notwendig dazu führen) (K. Marx 1853/1970b, S.132, K. Marx 1881/1969,
S.390, F. Engels 1875/1969, S.563) – logischerweise müsste es dann aber auch
in Europa auf ihrer Grundlage ebenfalls Despotismus gegeben haben (oder es
müsste eben nichtökonomische Faktoren geben, die einen Unterschied in der
Entwicklung verursachen und damit so relevant wären, dass sie nicht ausgeblendet werden dürften).

26 Der von Hegel übernommene Begriff der Dialektik stiftet mehr Verwirrung,
    als dass er zur Erklärungslogik beiträgt. Es ist für die Erklärung von Zusam-
    menhängen unergiebig, wenn es heißt: »Die aus der kapitalistischen Produk-
    tionsweise hervorgehende kapitalistische Aneignungsweise … ist die erste
    Negation des individuellen, auf eigene Arbeit gegründeten Privateigentums.
    Aber die kapitalistische Produktion erzeugt mit der Notwendigkeit eines Na-
    turprozesses ihre eigene Negation. Es ist Negation der Negation …« (K. Marx
    1867/1962, S.791). Während die Dialektik in den Schriften von Marx noch

untergeordnet bleibt, wird sie von Engels stärker betont, ohne an Klarheit zu gewinnen; einerseits wird sie zur angeblichen Wissenschaft von den allgemeinen Bewegungs- und Entwicklungsgesetzen der Menschengesellschaft (F. Engels 1888/1969, S.293), andererseits aber auch zu einem bloßen Etikett für Wechselwirkungen schlechthin (F. Engels 1890/1967, S.494, F. Engels 1893/1968, S.98). – Auf die an Marx und Engels anknüpfende Diskussion marxistischer Denker innerhalb und außerhalb der Sowjetunion kann hier nicht eingegangen werden.

27 Ausführlicher Überblick über die Diskussion hierzu bei J.C. Alexander 1983, als Überblick auch G. Altmann und W.A. Koch 1998.

28 Beispielsweise das Konzept der geordneten adaptiven Struktur von R.A. Rappaport 1979.

29 Zu Modernisierungstheorien als Überblick H.-U. Wehler 1975.

30 Ausführliche Argumentation, dass diese Rahmenbedingungen erst um 1800 herum in England entstanden sind, bei K. Polanyi 1944/1978, für Deutschland C. Wischermann und A. Nieberding 2004, S.30–153.

31 Dieser Vorwurf trifft selbst den Versuch des Wirtschaftshistorikers G. Snooks 1996 und 1998, S.183 ff., 22, Gesetzmäßigkeiten zur Erklärung allgemeiner geschichtlicher Dynamik zu finden, die im Übrigen recht unsystematisch bleiben.

32 Hier rücken schon deutlich die Qualifikation und Mentalität der Arbeitskräfte sowie institutionelle Rahmenbedingungen in den Blick; man lese unter diesem Gesichtspunkt z.B. P.W. von Hörnigk 1684, J.J. Becher 1688, V.L. von Seckendorff 1737, J.H.G. von Justi 1755.

33 Das gilt ebenso für K. Marx (überlebte Produktionsverhältnisse als Hemmnis vorantreibender Produktivkräfte) wie für die sogenannte Historische Schule der Volkswirtschaftslehre (siehe zu Letzterer G. Schmölders 1978, M. Erlei u.a. 2007, S.27–39) und M. Webers kulturvergleichende Studien zur Wirtschaftsethik (1920/1972b).

34 Als Vorreiter D.C. North und R.P. Thomas 1973, M. Olson 1985, D. North 1988, zur Einführung siehe S. Voigt 2002, R. Richter und E.G. Furubotn 2003, H. Leipold 2006, M. Erlei u.a. 2007. Dabei liegt das Schwergewicht darauf, Sicherung der Eigentumsrechte und Verlässlichkeit der Institutionen als Senkung der Transaktionskosten anzusehen.

35 Als Versuch, das Konzept der Pfadabhängigkeit theoretisch zu klären, J. Mahoney 2000. Vergleiche R. Ackermann 2001.

36 J.A. Schumpeter 1912 hat Innovationen als die grundlegende Triebkraft der langfristigen wirtschaftlichen Entwicklung im Kapitalismus erkannt. Dazu gehören nach Schumpeter die Neukombination der Faktoren, die für eine wirtschaftliche Leistung erforderlich sind, sowie der dynamische Unternehmer, der diese Neukombination am Markt durchsetzt. Als Einführung in die an Schumpeter anknüpfende Innovationsökonomik J. Fagerberg 2005 und U. Cantner und F. Malerba 2007. Dabei ist der Blick der Innovationsökonomik auf marktwirtschaftliche Industriegesellschaften gerichtet.

37 Dieser Erklärungsansatz wurde vor allem von C.G. Hempel 1942 vertreten und löste eine umfangreiche geschichtstheoretische Debatte aus, die bezeichnenderweise in der tatsächlichen Geschichtsschreibung keinerlei Niederschlag gefunden hat. Als wichtigste Kritiken sind vor allem W. Dray 1957, S.7 ff., und A.C. Danto 1974, S.321 ff., zu nennen. Zusammenfassungen der Diskus-

sion bei A. Donagan 1964, W. Stegmüller 1969, besonders S.75–96, K. Acham 1974, S.151 ff.

38 Das Konzept Selbstorganisation wird auch unter den Begriffen Synergetik, dissipative Strukturen und Autopoiesis diskutiert. Überblick über Entstehung und Entwicklung des Paradigmas bei W. Krohn u.a. 1990 und R. Hedrich 1994.

39 Anwendung auf soziale Systeme E. Laszlo 1987, H. Willke 1989, P.M. Hejl 1992, G. Küppers und W. Krohn 1992, N. Luhmann 1997; auf das Recht G. Teubner 1989; auf die Wirtschaft K. Kühne 1982, G. Erdmann 1990, D. Schmidtchen 1990; auf die Wissenschaft W. Krohn und G. Küppers 1989 und N. Luhmann 1990.

40 So ist die Unterscheidung zwischen sich reproduzieren und sich selbst erhalten von biologischen nicht auf soziale Systeme übertragbar. Die Aussage, das System würde seine Elemente reproduzieren, ist für soziale Systeme jedenfalls mit Bezug auf die Individuen nicht zutreffend. Veränderungen bzw. Fluktuationen erfolgen in sozialen Systemen auch nicht als Zufallsvariationen wie in biologischen, chemischen oder physikalischen Systemen, sondern mehr als gezielte Problembewältigungsversuche.

41 Argumentiert wird mit Analogien zum Verhalten von Tieren. Angestoßen wurde die Debatte durch E.O. Wilson 1975. Ein Überblick über die Kontroversen bei F.M. Wuketits 1990 und P. Weingart 1997, U. Segerstrale 2000. Vergleiche ferner G. Vowinkel 1995.

42 Als Kompendium der Evolutionspsychologie siehe D. Buss 2005, kritisch zu diesem Ansatz H. Rose u.a. 2000.

43 So im Ansatz schon N. Danilewskij 1871/1920, dann vor allem O. Spengler 1918 und A. Toynbee 1934.

44 So zuerst H. Spencer 1876, dem hierin viele Soziologen und Ethnologen bis in die jüngste Zeit gefolgt sind.

45 N. Luhmann 1976, 1978 und 1997 (wobei seine Ausführungen sehr unscharf und abstrakt bleiben und der Erklärungsanspruch stark zurückgenommen ist.), R. Boyd und P.J. Richerson 1985, B. Giesen 1986, S.90ff., R.N. Adams 1988, C. Antweiler 1988, S.176–238, W.H. Durham 1991, W.G. Runciman 1989, besonders S.37ff., 304ff., T.R. Burns und T. Dietz 1995, S.K. Sanderson 1995 und 2001, A. Bierstedt 1997, J. Lopreato und T. Crippen 1999, A. Fog 1999, C. Lloyd 2000, M. Fleischer 2001, S.241–89, L. Heitmann 2001, G.M. Hodgson 2002, T. Meleghy und H.-J. Niedenzu 2003, P.J. Richerson und R. Boyd 2005.

46 D. Hull 1988, N. Luhmann 1990, S.549ff.

47 H. Wimmer 1996, G. Modelski 1996, W.J. Patzelt 2007.

48 J. Mokyr 1992, besonders S.273ff., und P.P. Saviotti und J.S. Metcalfe 1991 (beide auf technische Neuerungen bezogen), G.M. Hodgson 1993 und überhaupt der Ansatz der evolutionistischen Ökonomik: B. Biervert und M. Held 1992, U. Witt 1992 und 1995, K. Dopfer 2001, C. Herrmann-Pilath 2000 und 2002 und E.D. Beinhocker 2007.

49 I. Wunn 2002 und 2005a.

50 D. Rindos 1984 und 1986, M.J. O' Brian und T. Holland 1990, S. Mithen 1989, D.P. Braun 1990.

51 Siehe z.B. P.J. Richerson und R. Boyd 2005, S.K. Sanderson 2001.

52 Als Versuch einer an die Biologie anknüpfenden, aber nicht einseitig darwinistischen Entwicklungstheorie der Gesellschaft G. Lenski 2005, S.3–80.

53 Solche Versuche z.B. bei E. Jantsch 1979, F. Spier 1996, D. Christian 2004; kaum fruchtbarer auch G. Snooks 1996.

54 Hierzu tendieren Soziobiologie und Evolutionspsychologie. Mit der berechtigten Kritik an ihren Einseitigkeiten ist die Frage nach den biologischen Voraussetzungen von Geschichte aber nicht erledigt.

55 Zu Letzterem tendiert die geisteswissenschaftliche Tradition in der Anthropologie.

56 C. Sagan und A. Druyan 1993, S.479–504, D. Bickerton 1990, S.105 ff., C. Boehm 1999, H. Rothe und W. Henke 2005, besonders S.170 f., 187. Wenn A. Somit und S.A. Peterson 1997 die Möglichkeit zur Überwindung der sich aus dem Dominanzstreben ergebenden autoritären Ordnungen in der Indoktrinierbarkeit sehen, ist das dagegen nicht überzeugend.

57 I. Eibl-Eibesfeld 1999, S.520 ff., H. Rothe und W. Henke 2005, S.187.

58 Die Standardisierung wird betont von K.P. Hansen 2000, S.43–157.

59 C. Sagan und A. Druyan 1993, S.446–55, S.484 f.

60 Als Vertreter der Position, die die Existenz von biologischem Geschlecht (»sex«) bestreitet, z.B. J. Butler 1990, C. Hagemann-White 1988.

61 Die Tatsache, dass die Geschlechtsunterschiede von Chromosomen, äußeren Geschlechtsmerkmalen, Anatomie und Hormonhaushalt im Regelfall zu den beiden Typen »männlich« und »weiblich« kombiniert sind, kann nicht durch den Hinweis auf die seltenen Fälle abweichender Kombinationen widerlegt werden.

62 I. Eibl-Eibesfeld 1995, S.472, 376 ff., 389, 426 ff. Die beim männlichen im Vergleich zum weiblichen Geschlecht größere Neigung zu aggressiverem Verhalten und Dominanzstreben sowie zu Erkundungsverhalten haben die Menschen mit den Primaten gemeinsam.

63 Siehe S. Fraser 1995, R.E. Nisbett 2005; auch L.L. und F. Cavalli-Sforza 1994, R. Miles 1992.

64 Solche Ansätze reichen von O. Spengler 1918 bis zu S.P. Huntington 1996.

65 K. Marx z.B. 1859/1969, S.9, dem hierin viele gefolgt sind. Eigenständige Weiterentwicklung des Konzepts der Produktionsweise z.B. bei E.R. Wolf 1991, C. Chase-Dunn und T.D. Hall 1997, S.29 f.

66 Ein Überblick über die Entwicklung des Netzwerkbegriffs bei J. Scott 1991. Als Versuch, den Netzwerkbegriff auf die Weltgeschichte als Ganzes anzuwenden, J.R. McNeill und W. McNeill 2003.

67 Dies gilt nicht nur für die Theorie des »nation-building« im Rahmen der Modernisierungstheorie.

68 C. Renfrew 1986 und J.F. Cherry und C. Renfrew 1986 haben letztgenanntes Phänomen mit dem Begriff der »peer polity interaction« zu fassen versucht.

69 Diese Sicht entspricht auch dem Machtbegriff von M. Foucault 1983, S.113 ff. Von politikgeschichtlich orientierten Arbeiten beziehen sich z.B. M. Mann 1990 Bd.1, S.13 ff., 26, 33, und C. Tilly 2004, S.13 ff., auf Machtgeflechte. Zur Resonanz des Konzepts von politischen Entscheidungsprozessen als Netzwerk in der Politikwissenschaft siehe K. Schubert 1995. Faktisch trägt für die Politik auch der Governance-Ansatz diesen Sachverhalten Rechnung (siehe A. Benz 2004). Zur heutigen Gesellschaft als Netzwerk auch M. Castells 2001, Bd.1.

70 Zu den Vorteilen dieser Differenzierung ausführlicher J. Mirow 1978, S.310–12, 317–21.

71 Letzteres ist bei den meisten Untersuchungen auf Grundlage der Modernisierungstheorien der Fall, die sehr oft dazu neigen, den Nationalstaat als integrierte Gesamtheit anzusehen und damit die Vernetzungen über die Staatsgrenzen hinaus zu vernachlässigen und die Integration eines Staatsgebildes
von oben zu bejahen.

72 Ausführlicher J. Mirow 1978, S. 313−18.

73 So in einseitiger Zuspitzung K. Marx und F. Engels: »Meine Untersuchung
mündet in das Ergebnis, dass Rechtsverhältnisse wie Staatsformen weder aus
sich selbst zu begreifen sind noch aus der sogenannten allgemeinen Entwicklung des menschlichen Geistes, sondern vielmehr in den materiellen Lebens-
verhältnissen wurzeln« (K. Marx 1859/1969, S. 8); und an anderer Stelle: »Wie
Darwin das Gesetz der Entwicklung der organischen Natur, so entdeckte Marx
das Entwicklungsgesetz der menschlichen Geschichte: ... dass also die Produktion der unmittelbaren materiellen Lebensmittel und damit die jedesmalige
ökonomische Entwicklungsstufe eines Volkes oder eines Zeitabschnitts die
Grundlage bildet, aus der sich die Staatseinrichtungen, die Rechtsanschau-
ungen, die Kunst und selbst die religiösen Vorstellungen der betreffenden
Menschen entwickelt haben, und aus der sie daher auch erklärt werden müssen − nicht, wie bisher geschehen, umgekehrt« (F. Engels 1883/1969, S. 335 f.).
Mit Blick auf politische Ordnung, Rechtsverhältnisse, Volkswirtschaftslehre
und dominierende philosophische Ideen der 1830er- und 1840er-Jahre in Frankreich und Großbritannien, unter deren Eindruck Marx seine Theorien entwickelte, war dieser Gedanke gar nicht abwegig, in seiner Verallgemeinerung
ist er indes unhaltbar. Diese Einseitigkeit findet sich aber nicht nur im Historischen Materialismus, sondern auch im Kulturmaterialismus in der Ethnologie (z. B. M. Harris 1989) und in der Weltsystemtheorie (I. Wallerstein 1974
und 2004, R. Denemark u. a. 2000).

74 Dazu neigt die Neue Kulturgeschichte mit ihrer Tendenz, die übrige Geschichte zu vereinnahmen. Als Überblick zu dieser Richtung U. Daniel 2006.

75 An diesem Problem leiden viele Untersuchungen auf der Basis der Modernisierungstheorien. Erst in neuerer Zeit wird auch von diesem Ansatz aus
deutlicher die Vielfalt der Entwicklungswege gesehen, so z. B. W. Zapf 1996,
Multiple Modernities 2000.

76 Den Zusammenhang von Bevölkerungswachstum und (schrittweise erwei-
terter) ökologischer Nische hat auch der Zoologe P. Colinvaux 1980, besonders S. 231 ff., seiner Skizze einer biologischen Theorie der Weltgeschichte
zugrunde gelegt, die aber verhältnismäßig undifferenziert bleibt. Besonders
betont wird das Bevölkerungswachstum als Triebkraft für wirtschaftliche und
kulturelle Weiterentwicklung von E. Boserup 1966 und 1981 und auch M. N.
Cohen 1977, allerdings ohne danach zu fragen, warum einige Gesellschaften auf diesen Problemdruck mehr und andere weniger innovativ reagiert
haben. Der Wirtschaftswissenschaftler M. Kremer 1993 sieht das Bevölkerungswachstum als entscheidende Triebkraft für den technischen Fortschritt
an, ohne dabei näher auf Mechanismen und regionale Unterschiede einzugehen.

77 Die folgenden Ausführungen über Tierpopulationen stützen sich vor allem auf
M. Begon, J. L. Harper und C. R. Townsend 1991, E. P. Odum 1991, H. Remmert
1992. Für den ökologischen Ansatz der Demografie siehe M. Livi-Bacci 1997,
S. 1−37.

78 So beispielsweise die Frankokanadier im 18. und 19. Jahrhundert (M. Livi-Bacci 1997, S. 61 ff.), die Buren in Südafrika seit dem 17. Jahrhundert und die deutschen Siedler in der Ukraine im 18. und 19. Jahrhundert.

79 M. Harris 1989, S. 106−12, 120.

80 Letzteres hatte R. Malthus 1798 übersehen, wenn er unter dem Eindruck vorindustrieller Agrargesellschaften die Grenzen der Tragfähigkeit betonte.

81 Der Versuch der Memetik, Kulturerscheinungen in Analogie zu Genen als isolierte »Meme« zu betrachten, wird der Komplexität von Kultur dagegen nicht gerecht.

82 C. R. Hallpike 1986, S. 114−22, 140 ff., verdeutlicht, dass die lange verwendeten Problemlösungen oft keineswegs die am besten angepassten, sondern mittelmäßige, irgendwie brauchbare Lösungen sind (ähnlich auch G. M. Hodgson 1993, S. 197 ff.) und dass ein erheblicher Teil an kulturellem Aufwand unter dem Gesichtspunkt der Anpassung an die Umwelt unnötig ist.

83 Dass das Wechselspiel von »challenge« und »response«, von »Herausforderung« und »Antwort« ein Mechanismus kultureller Entwicklung sei, ist auch ein zentraler Gedanke in der Geschichtsphilosophie von A. J. Toynbee 1934, Bd. 1 und 2. Dort wird dieser Gedanke aber auf das Problem der Entstehung von Kulturen eingeengt und nicht als ein ständig weiterwirkender Mechanismus angesehen. Toynbee unterscheidet fünf Anreiztypen. Die Herausforderung dürfe weder zu gering noch zu groß sein, um zur Entstehung einer Kultur zu bewirken, was aber tautologisch bleibt, da hierfür kein vom Erfolg unabhängiger Maßstab besteht. Auch die Art und Weise, wie innovative Antworten entstehen, wird bei Toynbee nicht näher aufgeklärt.

84 Die Voraussetzungen kreativer Leistungen sind durch die Kreativitätsforschung näher untersucht worden (zur Einführung R. J. Sternberg 2006). Diese geht dabei allerdings weitgehend von einem individualpsychologischen Ansatz aus, indem sie für eine bestimmte Gesellschaft danach fragt, aufgrund welcher Charaktereigenschaften die eine Person kreativer ist als eine andere, und sie vergleicht nicht verschiedene Gesellschaften und Kulturen miteinander, sodass sich ihre Ergebnisse auf unsere Problemstellung nicht unmittelbar anwenden lassen. Trotzdem sind sie durchaus hilfreich. − Zu den Ursachen der Häufigkeit speziell technischer Innovationen J. Mokyr 1992, S. 151−92; R. R. Nelson 1987.

85 R. W. Bulliet 1994, besonders S. 214, M. Dowling und S. Hüsig 2007, M. Spoerer u. a. 2007.

86 J. Röpke 1970, S. 74−94, 146 ff., J. Röpke 1977, J. Mokyr 1992, S. 178 ff., N. Rosenberg 1994, S. 87−108, W. Cohen 1995, J. Mokyr 2000.

87 Obwohl diese an sich das Neuerungsverhalten einzelner Personen, Institutionen, Orte usw. im 20. Jahrhundert untersucht, nicht das ganzer Gesellschaften und Kulturen, sind ihre Ergebnisse wichtig. Als Überblick E. M. Rogers 2003, S. 219−99, 365−401.

88 A. und J. Assmann 1987, A. Hahn 1987.

89 R. Robertson 1995, J. Breidenbach und I. Zukrigl 1998, P. Berger und S. P. Huntington 2002.

90 T. R. Burns und T. Dietz 1995, S. 353 ff., W. G. Runciman 1989, besonders S. 37 ff., 304 ff., D. Rindos 1986, W. H. Durham 1991, besonders S. 420−36, A. Fog 1999, besonders Kap. 4.

91 R. K. Merton 1957, S. 623. Eine Auflistung deutscher Erfindungen, die in

Deutschland im 19. Jahrhundert nicht zum Zuge kommen konnten, bringt R. Engelsing 1973, S. 156–59.

92 J. Röpke 1970, S. 14 f., 84.

93 Ausführlich zum Paradigmenwechsel durch wissenschaftlichen Erkenntnis-zuwachs T. S. Kuhn 1976. Dass Naturwissenschaften in Krisenzeiten innova-tiver sind, zeigt S. Wagner 1985, S. 355, 358, 363.

94 Letzteres betont der Property-Rights-Ansatz der Neuen Institutionenökono-mik. Siehe D. C. North 1988, C. Wischermann 1993, M. Erlei u. a. 2007, S. 223 ff., 293 ff., 564 ff.

95 Näheres hierzu beispielhaft von ganz unterschiedlicher Position aus der Wis-senschaftssoziologe P. Weingart 1974, besonders S. 25 ff., und 1976, S. 51 ff., mit Blick auf moderne Wissenschaft und der Ägyptologe J. Assmann 1988 mit einer Theorie des kulturellen Gedächtnisses.

96 Zum Niedergangsproblem als Überblick N. Yoffee und G. Cowgill 1988, recht einseitig dagegen S. C. Chew 2001, J. Diamond 2005 und J. A. Tainter 1988.

97 Wichtige Vertreter eines solchen extremen Diffusionismus in der älteren Ethnologie waren W. Schmidt 1937, G. E. Smith 1933, R. von Heine-Geldern 1955. Kritisch hierzu von ethnologischer Seite z. B. K. E. Müller 1993, S. 201 ff., 220 ff., K. H. Kohl 2000, S. 133 ff., und A. Barnard 2000, S. 47–54, von historischer Seite F. Hampl 1975. Sie haben überdies mehr Einzelfälle be-schrieben als nach den Mechanismen der Diffusion gefragt.

98 Zum ethnologischen Diffusionismus siehe vorherige Anmerkung. Zur sozio-logischen Diffusionsforschung Überblick bei E. M. Rogers 2003, S. 1–135, 219–401. Diese Arbeiten gehen davon aus, dass im Rahmen westlicher In-dustriegesellschaften Innovationen sinnvoll und deren Ausbreitung und Übernahme vernünftig sind, und untersuchen vor diesem Hintergrund pri-mär, warum einige Individuen Innovationen früher und andere sie erst später übernehmen (stets unverändert).

99 Siehe z. B. D. Rothermund 1999. Zur Diskussion unter dem Paradigma Kul-turimperialismus, das einseitig den Zwangscharakter betont, siehe J. Tomlin-son 1991 und B. Hamm und R. Smandych 2005. Als Einführung in die Dis-kussion unter dem Paradigma Postkolonialismus, welches den Blick auf das Fortwirken von Asymmetrien über das Ende der politischen Kolonialherr-schaft hinaus richtet, siehe R. C. Young 2001.

100 Zu diesem aus der französischen Germanistik stammenden Ansatz, der gera-de die Rezeption betont, programmatisch M. Espagne und M. Werner 1985; zur Diskussion dieses Ansatzes J. Paulmann 1998 und M. Middell 2001; siehe auch T. Fuchs und S. Trakulhun 2003, B. Schmidt-Haberkamp u. a. 2003, G. Kokorz und H. Mitterbauer 2004.

101 Siehe zu verschiedenen Ansätzen W. H. Bierfelder 1994, S. 40 ff., R. J. Barro und X. Sala-i-Martin 1997, B. H. Hall 2005.

102 Zur Ausbreitung speziell von Demokratie S. P. Huntington 1991 und die hier-an anschließende Diskussion, grundsätzlich K. Tews 2002.

103 Siehe H.-J. Braun 1992, M. Karshenas und P. Stoneman 1995, D. Comin und B. Hobijn 2006; die Überlegungen sind aber eng auf das spezielle Problem des Transfers industrieller Technologie im 19./20. Jahrhundert orientiert.

104 Siehe G. Grimm 1977, H. Link 1976, W. Reese 1980. Der Blick bleibt hier aber auf das Verhältnis Text-Leser beschränkt, und die näher diskutierten Fragen lassen sich auf andere Bereiche von Transfer kaum sinnvoll übertragen.

105 Als Überblick R. Aunger 2000. Die Memetik geht von der Vorstellung von Memen als Informationseinheiten im Gehirn aus, deren Vermehrung und Ausbreitung in enger Analogie zu Genen oder Viren gesehen wird.

106 Die Bedeutung weltweiter Diffusionsprozesse für die Weltgeschichte betonen besonders W.H. McNeill 1963, F. Lach und E.J. Van Kley 1965, A.W. Crosby 1972, J. Bentley 1993, G.C. Gunn 2003, J.R. McNeill und W. McNeill 2003.

107 Dazu das Peer-Polity-Konzept des Archäologen C. Renfrew 1986.

108 Zu diesem Problembereich siehe z.B. C. Stewart und R. Shaw 1994, M. Albrecht 1994, für die Politik W. Merkel 1999.

109 Aristoteles unterschied zwischen den extrem heißen und darum unbewohnten, den wohltemperierten und bewohnten sowie den zu kalten und deshalb für höhere Kultur ungeeigneten Gegenden (Meteorologica Bd. II, 4.361 a, 5.362 a, 5.362 b.). Ähnliche Vorstellungen finden sich auch bei Hippokrates. In der Neuzeit wiederaufgenommen wurde die Vorstellung vom Einfluss des Klimas auf Geschichte und Gesellschaft von Montesquieu 1748/1951.

110 Solche determinisische Auffassung des Verhältnisses von Naturgeografie und Geschichte bzw. Kultur vertraten in der Geografie F. Ratzel 1882 und in seiner Folge dann u.a. E.C. Semple 1911.

111 Als Beispiel K. Haushofer 1927.

112 So z.B. J.M. Blaut 1993.

113 In der Geografie wandte sich zuerst P. Vidal de la Blache 1922 gegen die deterministischen Auffassungen, ähnlich der Historiker L. Febvre 1922. Speziell mit Bezug auf das Verhältnis von Naturgeografie und Geschichte H. Hassinger 1953, S. 7 ff.

114 Als Beispiele die einflussreiche Studie von R. Rappaport 1967, ferner z.B. J. Steward 1955, M. Harris 1979, 1989; Bibliografie und Kritik zum ethnologischen Konzept von Kulturentwicklung als Umweltanpassung bei T. Bargatzky 1984, T. Bargatzky 1986, S. 174–83. C.R. Hallpike 1986, S. 23, 73–78, 93–138, 140 ff., und P.J. Richerson und R. Boyd 2005, S. 148 ff., weisen darauf hin, dass die kulturelle Entwicklung primitiver Gesellschaften keineswegs zu einer bestmöglichen Anpassung geführt hat, sondern oft mit großem Aufwand viele Institutionen, Sitten usw. hervorgebracht hat, die für eine Anpassung an die natürlichen Gegebenheiten gar keinen Wert besitzen.

115 Siehe z.B. das Konzept einer Biogeschichte bei S. Boyden 1992 und einer Weltgeschichte aus Ökosystemperspektive von I.G. Simmons 1989. Zur Einführung in die Umweltgeschichte V. Winiwarter und M. Kmoll 2007.

116 Eine wichtige Ausnahme unter den Historikern ist F. Braudel 1972 und 1985, Bd. 2 und 3, wobei das Ökosystem aber eine passive Rahmenbedingung bleibt. Als »Entdeckung« der Geografie für die Wirtschaftswissenschaften siehe J. Gallup u.a. 1999, für die Soziologie ansatzweise G. Lenski 2005, besonders S. 59 ff., 84 f. Dagegen sparen selbst neuere Ansätze, die sich von Soziologie und Geschichte her mit Raum beschäftigen (M. Löw 2001, R. Koselleck 2000, als Überblick über die Diskussion J. Döring und T. Thielemann 2008, vgl. auch D. Ahrens 2001, S. 132 ff.) die Ökologie aus, indem sie Raum weitgehend als durch menschliche Handlungen konstruiert ansehen.

117 Auf diese überholte Position fällt F. Fernández-Armesto 2001 wieder zurück.

118 So ausführlich der Geograf E. Huntington 1924 und 1945, auch der Psycho-

loge W. Hellpach 1911. In jüngster Zeit ebenso der Wirtschaftshistoriker D. S. Landes 1999, S. 19–43, besonders S. 22 f., 32.

119 D. S. Landes 1999, besonders S. 23–25, E. L. Jones 1991, S. 7 f.

120 Dies betonen der Biologe J. Diamond 2000, S. 146–207, sowie O. Olsson und D. A. Hibbs 2005. Diamond überzieht aber den Erklärungsanspruch dieses Ansatzes, wenn er ihn zum Universalschlüssel der Weltgeschichte macht und dann z. B. unterschiedliche Innovationsraten, Transfer von Innovationen und hierarchische Integration übersieht und auch die Bedeutung der unterschiedlichen Bodenfruchtbarkeit unterschätzt.

121 Zu dieser Einschätzung siehe IPCC 2001. Dagegen hält W. Behringer 2007 in einer einseitig klimadeterministischen Sicht zu viele gesellschaftliche Sachverhalte für eine Folge der Klimaschwankungen, besonders der Kleinen Eiszeit.

122 Siehe dazu B. M. Fagan 2000.

123 Hierzu siehe W. S. Atwell 2001.

124 Ausführlich zuerst A. Smith 1776, S. 5 ff.

125 Als Erste haben H. Spencer 1876 und E. Durkheim 1893 die Richtung der Entwicklung der Gesellschaft als zunehmende funktionale Differenzierung bzw. Arbeitsteilung beschrieben. Zu einem kritischen Überblick über verschiedene differenzierungstheoretische Ansätze in der Soziologie siehe R. Mayntz 1988, U. Schimank 2007.

126 Bezogen auf die geistige Entwicklung taucht diese Idee als Erstes auf bei M. J. Condorcet 1794; als Schlüsselbegriff abendländischer Besonderheit angesehen und breit ausgeführt wird diese Vorstellung von M. Weber 1922/1980, 1920/1972c. Vergleiche dazu auch W. Schluchter 1979, J. Habermas 1981, Bd. 1, S. 207 f., 225–61, 302.

127 Dies betont richtig R. Münch 1991 als »Interpenetration«.

128 Das Konkurrenzargument als Erklärung findet sich schon bei E. Durkheim 1893.

129 Wenngleich dieser Gedanke in der Geschichtswissenschaft keineswegs selbstverständlich ist, so ist auf ihn doch schon von ganz verschiedenen Seiten hingewiesen worden, teilweise in monokausaler Überspitzung. So schon früh der Chemiker W. Ostwald 1909, der Physiker M. Ruhemann 1946, von ethnologischer Seite L. A. White 1943, 1954 und 1959 und hiervon inspiriert auch R. N. Adams 1975 und 1988, der Soziologe F. Cottrell 1955, unter den Modernisierungstheoretikern M. J. Levy 1966, S. 10 ff., der Wirtschaftswissenschaftler N. Georgescu-Roegen 1971, der Wirtschaftshistoriker C. M. Cipolla 1972, S. 24 ff., der Umwelthistoriker R. P. Sieferle 1997 und 2003b sowie R. P. Sieferle u. a. 2006 mit Betonung auf dem Stoffwechselkonzept, populärer der Umwelthistoriker A. W. Crosby 2006, der Universalhistoriker D. Christian 2004 sowie von ökologischer Seite H. T. Odum 1971 und W. Wieser 1989, besonders S. 43 ff., 75 ff.

130 Für die USA im Zeitraum 1909–49 lassen sich nur 13 % des Wachstums des Sozialprodukts pro Kopf durch die Zunahme der Menge von Kapital und Arbeit erklären; der größte Teil der Ursachen lag also außerhalb der ökonomischen Faktoren im technischen Fortschritt, wie R. M. Solow 1956 und 1957 nachgewiesen hat. Ähnlich M. Abramovitz 1956 für die US-Wirtschaft seit 1870. Vergleiche für Deutschland W. G. Hoffmann 1965, S. 25–30. M. Abramovitz 1993 betont die Schwierigkeit, den Anteil des technischen Fortschritts

am Wachstum zu ermitteln, da er mit der Kapitalakkumulation und der Erhöhung des Bildungsstandards eng verflochten ist. Die neuere Wachstumstheorie versucht, die Akkumulation von Wissen als Humankapital in die mathematischen Modelle der Volkswirtschaftslehre einzubauen, siehe P. M. Romer 1986 und 1990, H. Mohr 1997, P. Aghion und P. Howitt 1998, G. Grossman und E. Helpman 1991.

131 Beispielsweise J. A. Hall 1985, E. L. Jones 1991, D. Landes 1999, M. Mitterauer 1999 und 2003, K. Pomeranz 2000, E. Weede 2000, R. P. Sieferle 2003 a, auch schon M. Weber 1920/1972 b.

132 Beispielsweise A. R. Zolberg 1986, B. E. Shafer 1991, D. K. Adams und C. A. Van Minnen 1994, S. M. Lipset 1996, E. Glaser 2002.

133 Als Überblick dazu H. Grebing 1986, ergänzend H. A. Winkler 2000, Bd. 2, besonders S. 640−57, H.-U. Wehler 1987, Bd. 3, S. 449−86, 1292−95, 1381−84 und H. Spenkuch 2003.

134 Zur Nihonjinron-Diskussion siehe P. Dale 1986.

135 Wir unterscheiden zwischen Transfer, räumlicher Integration (symmetrischer und asymmetrischer) und Wanderungen, da sie von unterschiedlichen Dynamiken bestimmt werden; die Sammelbegriffe transnationale Geschichte, »connected history«, »entangled history«, Beziehungsgeschichte, »histoire croisée« und »encounters« bleiben hier zu undifferenziert und untheoretisch.

136 Der Aspekt der Logistik als Machtfaktor wird von M. Mann 1990, Bd. 1, S. 228 ff., betont.

137 Der Soziologe I. Wallerstein 1974 unterteilt in seiner Geschichte der Entstehung des von Europa ausgehenden kapitalistischen Weltsystems vom 16.−19. Jahrhundert (zur Einführung auch I. Wallerstein 2004, T. Hopkins und I. Wallerstein 1977) in Zentren, Semiperipherien und Peripherien sowie die Außenwelt außerhalb des Systems, wobei Semiperipherien und Peripherien in abhängiger Produktion den Zentren zuarbeiten würden. Die Einteilungskriterien werden aber nicht konstant durchgehalten und bleiben vor allem für die Semiperipherie unscharf; während für das 16. Jahrhundert außer der Art der aus- und eingeführten Waren auch freie Lohnarbeit (Zentrum), Teilpacht (Semiperipherie) und Zwangsarbeit bzw. Sklaverei (Peripherie) herangezogen werden, wird für das 17./18. Jahrhundert nach der relativen Stärke der Staaten eingestuft. Wallersteins Ansatz der Weltsystemanalyse ist in Soziologie und Geschichtswissenschaft breit rezipiert worden. Eine Übertragung auch auf Verhältnisse innerhalb europäischer Staaten der frühen Neuzeit bei H.-H. Nolte 1991 und 1997. Zur Einordnung von Wallersteins Ansatz C. Ragin und D. Chirot 1984. Als Überblick über Wallersteins Ansatz und die Kritik daran siehe T. R. Shannon 1996, P. Imbusch 1990 und C. Torp 1998; ergänzend als Kritik von geografischer Seite H.-J. Nitz 1993 a.

138 So jene Imperialismustheorien, die nach der Ursache der Kolonialexpansion des späten 19. Jahrhunderts fragen und sie in wirtschaftlichen Problemen der Industrieländer (Mangel an Absatzmöglichkeiten und Investitionsmöglichkeiten im eigenen Land) finden zu können meinen, besonders J. A. Hobson 1903, R. Hilferding 1910, W. I. Lenin 1917/1972, denen hierin viele gefolgt sind. Als Überblick W. Mommsen 1977.

139 Hierzu drei getrennte Diskurse: mit Blick besonders auf Schwarzafrika in den

60er-/70er-Jahren unter dem Paradigma Neokolonialismus (als neuere Stimme R. Fornet-Betancourt 2005); theoretisch gehaltvoller und mit Blick primär auf Lateinamerika die sogenannte Dependenztheorie oder Theorie des peripheren Kapitalismus (als kritische Überblicke T.T. Evers und P.v. Wogau 1978, J.G. Palma 1978, M. Wöhlcke u.a. 1977, R.A. Packenham 1992, W.L. Bernecker und T. Fischer 1995, J. Meissner 1999); außerdem auch die Diskussion über »informal empire« (siehe W.R. Louis 1976, M.W. Doyle 1986, S.19–47).

140 Dies verdeutlicht mit vielen Beispielen aus verschiedensten Räumen W.E. Mühlmann 1962, S.348ff., 379ff., W.E. Mühlmann 1964, S.66ff., 144ff., 169ff., 195ff.

141 Wallersteins Ansatz ist von anderen verallgemeinert worden zur Frage nach der Rolle von materiellen Austauschbeziehungen zwischen Räumen unterschiedlicher Komplexität überhaupt und ist auf andere Epochen übertragen worden. Als Einführung in die Grundgedanken und Varianten dieser Theoriebildung R. Denemark u.a. 2000. Z.B. erfolgte die Übertragung auf die Antike (P. Bilde 1993, G. Woolf 1991, K. Ekholm und J. Friedman 1982, M. Rowlands u.a. 1987), auf die Archäologie und frühe Hochkulturen (T.C. Champion 1989, P. Peregrine und G. Feinman 1996, C. Kümmel 2001) und auf vorkapitalistische Verhältnisse überhaupt (J. Schneider 1977, J. Abu-Lughod 1989, C. Chase-Dunn und T.D. Hall 1991, P. Beaujard 2005) und schließlich auf die Weltgeschichte im Ganzen (C. Chase-Dunn und T.D. Hall 1997, G. Modelski und W. Thompson 1996, B.K. Gills und A.G. Frank 1993, A.G. Frank und B.K. Gills 2000, S.C. Chew 2001).

142 F. Perroux 1952 entwickelt eine Theorie der Domination und Subordination; einzelne Länder hätten in der Weltwirtschaft eine überlegene Machtposition aufgrund ihres relativ großen Weltmarktanteils, ihrer starken Verhandlungsmacht, der Art ihrer Produkte (Fertigwaren) und eines weitgehenden Monopols der technischen Innovationen. Hieran knüpft R. Prebisch 1959 mit seinem Zentrum-Peripherie-Modell an, das von der überwiegenden Produktion von Fertigwaren und höherer Technologie im Zentrum ausgeht im Unterschied zur Peripherie, deren Wirtschaft mit der überwiegenden Produktion von Rohstoffen einseitig auf die Bedürfnisse des Zentrums ausgerichtet ist. J. Friedmann 1973 stellt Innovationen in urbanen Systemen, die durch Rückkopplungseffekte einen kumulativen Prozess auslösen, als entscheidendes Merkmal einer räumlich polarisierten Entwicklung heraus. Dabei bleibt, anders als bei Perroux und Prebisch, die Betrachtung nicht auf die Beziehungen zwischen Staaten begrenzt, vielmehr wendet Friedmann sein Modell auch auf Unterschiede zwischen Regionen innerhalb eines Staates an.

143 Als frühen Vorläufer für eine räumliche Perspektive siehe J.H. Thünen 1826, dessen Modell primär von den Folgen von Transportkosten ausgeht. Als Versuch, Thünens Ansatz auf die Zentrum-Peripherie-Beziehungen im frühneuzeitlichen Europa anzuwenden, siehe H.-J. Nitz 1993b. Diese räumliche Perspektive liegt auch der Theorie der zentralen Orte zugrunde (zuerst W. Christaller 1933; zur Diskussion darüber siehe V. Blotevogel 2005), die sich auf den Tertiären Sektor der Wirtschaft bezieht und die Versorgungsfunktion zentraler Orte für ihr Umland analysiert. Als globale Perspektive die Weltstadthypothese von J. Friedmann 1986, welche die Orte globaler Kontrollfunktionen identifizieren will.

144 Zur Erfassung innerstaatlicher Zentrum-Peripherie-Beziehungen als internen Kolonialismus siehe zusammenfassend R. J. Hind 1984 und als interne Peripherie siehe H.-H. Nolte 1991.

145 J. Galtung 1972 sieht politische, kulturelle und wirtschaftliche Abhängigkeit als gleichrangige Abhängigkeitsphänomene und bezieht dies in seinem recht abstrakten Modell sowohl auf zwischenstaatliche wie innerstaatliche Spaltungen in Zentrum und Peripherie, wobei die Zentren der Peripherie die Brückenköpfe für die Zentren der Zentralstaaten seien.

146 Zu theoretischen Ansätzen der Politikwissenschaft zu internationalen Regimen siehe R. O. Keohane 1984, V. Rittberger 1993, A. Hasenclever u. a. 1997.

147 Zur Diskussion der postkolonialen Kulturwissenschaft über das Phänomen der Hybridisierung als Folge kolonialzeitlichen Kultureinflusses, besonders in Indien, siehe besonders H. K. Bhaba 1995. Für Vermischungen religiöser Konzepte wird auch der Begriff Synkretismus gebraucht, der jedoch insofern problematisch ist, da er die Mischung abwertet als Gegensatz zur reinen Lehre.

148 Das gilt für Hegel, Marx, Spencer und für die ethnologischen Evolutionstheorien in gleicher Weise, um nur die wichtigsten zu nennen. Bemerkenswerterweise kamen Marx an seinem Lebensende gewisse Zweifel an der Annahme, alle Länder würden die gleichen Entwicklungsstufen durchlaufen (K. Marx 1881/1969, S. 385, 388 f., 392).

149 Dieser Perspektive blieben auch die (vor allem US-amerikanischen) Modernisierungstheorien der 60er- und 70er-Jahre verhaftet. Zum inzwischen auch hier erfolgten Umdenken siehe Multiple Modernities 2000, W. Zapf 1996. Gleicherweise von eurozentrischer Einlinigkeit ist auch das Konzept von J. Habermas 1981, das im Kern von einer fortschreitenden Differenzierung und Realisierung von Rationalitätspotenzialen ausgeht, und das von N. Luhmann (1976, 1978, 1990, 1997), dem die Vorstellung einer Systemdynamik zu immer mehr Komplexität und Differenzierung zugrunde liegt. Auch im Neoevolutionismus der Ethnologie hat die Idee der einlinigen Höherentwicklung nach dem Zweiten Weltkrieg ein zähes Nachleben gehabt (siehe C. Antweiler 1990, M. Pluciennik 2005).

150 Beispielsweise H. Bobek 1959.

151 Dies hat schon A. Gerschenkron 1962 anhand der unterschiedlichen Industrialisierungsverläufe in Europa gezeigt. Aus der neueren wirtschaftswissenschaftlichen Literatur siehe dazu M. Olson 2000.

152 Das gilt auch, wenn die Vorstellung der Dependenztheorie, Unterentwicklung (vor allem Lateinamerikas, aber auch Afrikas und asiatischer Länder) sei ausschließlich durch äußere (imperialistische) Einwirkung zu erklären, irrig ist.

153 Ein abschreckendes Beispiel ist z. B. die Diskussion um Feudalismus in außereuropäischen Kulturen. Für China siehe dazu D. Bodde 1956 und A. Dirlik 1985, für Indien H. Kulke 1991, H. Mukhia 2000 und die Einführung bei R. S. Sharma 2001.

154 Aus diesem Grund sind auch Kombinationsindikatoren wie der Human Development Index problematisch, da sie unterstellen, dass die Teilbereiche sich in etwa parallel entwickeln.

155 N. Luhmann 1992, S. 15.

156 Beispielsweise G. Mensching 1992, vergleiche auch B. Nelson 1986, S. 30 ff.

157 So sinngemäß zuerst J. Burckhardt 1860, dem hierin viele gefolgt sind.

158 So z. B. die Modernisierungstheorien, aber auch R. Koselleck 1972 mit der »Sattelzeit«.
159 Beispielsweise A. Nitschke u. a. 1990.

Verlauf

1 Zu Letzterem Fundorte Bilzingsleben und Schöningen in Deutschland. Siehe D. Mania 2004.
2 Dass die Gehirngröße des Neandertalers nicht geringer war als die des Homo sapiens, besagt nichts, da die *innere Struktur* des Gehirns viel wichtiger ist als sein *Volumen*. Für die Vermutung, dass Neandertaler Menschen *mit Grabbei-gaben* begruben – und *nur mit diesen* ist es ein Beleg für eine symbolische Vorstellungswelt – oder sakrale Rituale praktizierten, gibt es keine Belege (I. Wunn 2005b, S. 101–09, 453).
3 Die zentrale Rolle von Symbolen und Syntax bei der Menschwerdung betonen D. Bickerton 1990 und W. Calvin und D. Bickerton 2000. Die oft gestellte Frage, ob die Neandertaler sprechen konnten, ergibt keinen Sinn, wenn man nicht die hier angeführte Differenzierung von Sprache berücksichtigt.
4 H. Haarmann 2006, S. 39 f.
5 Die Archäologie kann zwar den Zeitpunkt von gefundenen Relikten menschlichen Tuns relativ genau bestimmen, aber nur schwer Zusammenhänge erkennen (von wem stammen die Funde?).
6 Die Linguistik kann durch das Ausmaß der Unterschiedlichkeit der Sprachen erkennen, welche Populationen sich früher oder später voneinander getrennt haben, aber spätere Sprachübernahmen verwischen das Bild, und die linguistischen Versuche absoluter Datierung (Glottochronologie) überzeugen nicht.
7 Die Genetik kann durch das Ausmaß genetischer Distanz erkennen, wann Populationen sich voneinander getrennt haben, doch das Datenmaterial wird durch spätere Wanderungen und Vermischungen verwischt.
8 T. Goebel u. a. 2008.
9 C. McEvedy und R. Jones 1978, S. 3.
10 H. Norton u. a. 2007.
11 Als integrierender Gesamtüberblick S. Olson 2002, G. Hauska 2005 und P. Manning 2005 (S. 26–69) bzw. 2006. Von primär genetischer Seite besonders L. L. Cavalli-Sforza, P. Menozzi und A. Piazza 1994 (besonders S. 79 ff., 94 ff., 154 ff., 192 ff., 225 ff., 241 f., 295, 300) und L. L. Cavalli-Sforza 1999. Von linguistischer Seite besonders M. Ruhlen 1994, auch H. Haarmann 2006, besonders S. 127 ff. Die Verbindung von Sprachgruppen mit technologischen Traditionen zeigt für Afrika C. Ehret 2002, S. 33–58, auf.
12 Belege für solche Übernahmen bei R. Kelly 1995, S. 24–28.
13 Zur Veränderung der Vorstellungen, die über Jäger und Sammlerinnen bestanden, siehe R. Bettinger 1992. Extrem kritisch zu diesen Vorstellungen A. Kuper 1988.
14 Die These von der ursprünglichen Überflussgesellschaft mit reichlich Freizeit bei M. Sahlins 1972a. Ähnlich R. B. Lee 1979.
15 C. McEvedy und R. Jones 1978, S. 5.
16 R. Kelly 1995, S. 221 ff., bietet dazu zahlreiche Daten.
17 Das zeigen Studien bei Wildbeutern des 20. Jahrhunderts (R. Kelly 1995, S. 22),

und es gibt Indizien, dass dies auch für prähistorische Wildbeuter gilt (D. R. Yesner 1994).

18 R. Kelly 1995, S. 246–53, 258 ff.

19 C. Renfrew 2007 bezeichnet die Tatsache, dass höhere Kulturentwicklung erst so viel später als der genetisch moderne Mensch entstand, als »sapient paradox«. Mit unserem innovationstheoretischen Ansatz ist dies aber ohne Weiteres erklärbar.

20 P. Savolainen u. a. 2002 und J. A. Leonard u. a. 2002.

21 R. Nile und C. Clerk 1995, S. 42.

22 B. M. Fagan 1993, S. 159.

23 J. Voigt 2000, S. 57.

24 Das haben die Europäer schon im 17. Jahrhundert an Indianern beobachtet (siehe z. B. R. Konetzke 1965, S. 274 f., C. Ponting 1993, S. 21), und viele Ethnologen haben seitdem entsprechende Erfahrungen gemacht.

25 Dazu zahlreiche Beispiele bei Jägern und Sammlerinnen des 20. Jahrhunderts bei R. Kelly 1995, S. 67–69, 262 f.

26 R. Kelly 1995, S. 20 f.

27 Stark betont von M. Williams 2003, S. 15 ff.

28 Die These vom Overkill durch den Menschen als Ursache für das Artensterben bezog sich zunächst auf Nordamerika und wurde dann auf die anderen Kontinente ausgedehnt (P. S. Martin 1984, vgl. z. B. auch. J. Diamond 2000, S. 55 ff., 60 f.). Dagegen sprachen jene Forscher, die den Klimawandel als Ursache für die Aussterbewelle ansahen. Als Zusammenfassung der Kontroverse mit einem gewissen Kompromisscharakter siehe A. Barnosky u. a. 2004.

29 G. Vowinckel 1995, S. 47–100.

30 R. Kelly 1995, S. 181 ff.

31 Zu Gegenseitigkeit und Gabentausch als Strukturelement einfacher Gesellschaften grundlegend M. Mauss 1925/1968, R. C. Thurnwald 1936 und M. Sahlins 1972b. Vgl. F. Adloff und S. Mau 2005.

32 R. B. Lee 1979, S. 396–400; J. Diamond 2000, 339, J. Helbling 2006, S. 81 ff.

33 C. Boehm 1999, besonders S. 64 f., 180 f.

34 L. Lévy-Bruhl 1927.

35 C. Lévi-Strauss 1968.

36 Beispielsweise G. Obeyesekere 1992.

37 Als ältere große Beispiele E. B. Tyler 1871, J. G. Frazer 1900, W. Schmidt 1912, die recht spekulativ blieben. Als kurzer Überblick über die neueren ethnologischen Ansätze R. Mischung 2003 und zu den neueren biologistischen Ansätzen T. Sjöblom 2005 und J. W. Dow 2006.

38 Dieser Ansatz knüpft besonders an die Theorie von J. Piaget 1950/1975 über die Entwicklung kognitiver Strukturen bei Kindern an; zu den Modifizierungen Piagets durch die neuere Entwicklungspsychologie R. Oerter und M. Dreher 1995 und B. Sodian 1995. Der entwicklungspsychologische Ansatz bietet einen Ausweg aus dem fruchtlosen Streit, ob und wie weit Rationalität bei primitiven Kulturen fehlt. An diesen Ansatz schließen besonders G. Dux 1982a, 1982b und 1994 (S. 182 ff., 194 ff.), C. R. Hallpike 1984 und 1994 und G. W. Oesterdieckhoff 1997 und 2000 an.

39 Das zeigt die fruchtlose Debatte, inwieweit Buddhismus und die Lehren von Kungfuds' (Konfuzianismus) unter den abendländischen Religionsbegriff fallen.

40 Langfristig erreichen aktiv gemanagte Aktienfonds im Regelfall keine bessere Kursentwicklung als die Benchmark, und die Finanzmarktkrise 2008 hat auch viele Börsenprofis blamiert.

41 R. Nile und C. Clerk 1995, S. 39.

42 Der Unterschied zwischen dem Bereich des sicheren Erfahrungswissens und der Unsicherheit (Magie, Religion) wird deutlich geschildert bei B. Malinowski 1948. Bemerkenswerterweise sahen das auch Lévy-Bruhl 1927, S. 5 ff., und C. Lévi-Strauss 1968, S. 13–20, so, aber sie setzten den Gesamtakzent anders.

43 Grundlegend hierzu A. R. Lurija 1986 und C. R. Hallpike 1984. Vgl. auch M. Greenfield u. a. 1971. Ergänzend auch Untersuchungen über den Mentalitätsunterschied zwischen oralen Kulturen und entwickelten Schriftkulturen, der auch das antike Griechenland und das europäische Mittelalter einbezieht, z. B. D. Olson 1977, W. J. Ong 1982, H. Vollrath 1981, E. A. Havelock 1990, S. 77–142; vgl. zur mittelalterlichen Mentalität auch A. J. Gurewitsch 1978.

44 Dazu besonders G. Dux 1982a, bes. S. 93 ff., 103–28, G. Dux 1982b, C. R. Hallpike 1984, S. Atran 2002. Dux' und Hallpikes entwicklungspsychologischer Erklärungsansatz dieses Deutungsmusters in Piaget-Tradition ist dabei überzeugender als Atrans darwinistischer Erklärungsansatz, der es als Evolutionsprodukt interpretiert, das ursprünglich dazu gedient habe, feindliche Raubtiere zu identifizieren.

45 A. R. Lurija 1986, S. 123 ff.

46 C. R. Hallpike 1984, P. Damerow 1994, S. 282–85.

47 Dazu I. Wunn 2005b, S. 117 f., 145, 176 f.

48 1. Mose, 2–4.

49 V. G. Childe 1936.

50 Zur Problematik der Datierung J. C. White 2004.

51 Zur Debatte über die Abgrenzung dieser Stufe gegen Wildbeuter siehe E. Noll 2002.

52 B. Smith 1995, S. 213, B. Hayden 1995, T. D. Price und A. B. Gebauer 1995 b, S. 8.

53 Dieses wird oft übersehen, indem der Blick zu einseitig auf den Zeitpunkt des ersten Auftretens der jeweiligen Domestizierung gerichtet wird.

54 Domestizierende Gesellschaften dürfen nicht mit Domestikationszentren verwechselt werden; unter Letzteren versteht man Regionen, aus denen viele Kulturpflanzen stammen. Nachdem Agrargesellschaften einmal entstanden waren und sich ausgebreitet hatten, zeigte sich in manchen Gegenden später ein beträchtliches Potenzial an zur Domestikation geeigneten Pflanzen (z. B. Südostasien), ohne dass hier ein autochthoner Übergang zu domestizierenden Gesellschaften stattgefunden hätte.

55 Die Jahreszahlen geben grobe Anhaltspunkte. Sie stützen sich primär auf N. Benecke 1994, K. Kiple und C. Ornelas 2000, Bd. 1, S. 75–617, J. Diamond 2000, C. Ehret 2002, S. 61 ff.

56 Die Domestizierung der Hauskatze erfolgte nur im Nahen Osten; C. A. Driscoll 2007.

57 J. P. Londo 2006.

58 Als Überblick über die umfangreiche und kontroverse Literatur C. W. Cowan und P. J. Watson 1992, A. B. Gebauer und T. D. Price 1992, T. D. Price und A. B. Gebauer 1995a, B. Smith 1995.

59 Eine solche Koevolution betonen D. Rindos 1984, C. K. Maisels 1990, S. 68 ff.

Die Erklärung mit einem Bevölkerungsdruck als primärer Ursache, der eine neue Anpassungsstrategie erfordert habe (E. Boserup 1966, M. Cohen 1977) wird der langen Dauer des Prozesses nicht gerecht und bleibt auch insofern unbefriedigend, als ein Übervölkerungsdruck nicht beweisbar ist.

60 J. Diamond 2000, S. 146–184 (Pflanzen) und 184–207 (Tiere).

61 Wenn sowjetische Forscher mit Bezug auf Sibirien dies schon als neolithisch bezeichnet haben (siehe H. Parzinger 2006, S. 41, 833), ist das irreführend.

62 W. Haak u.a. 2005, A. Torroni u.a. 2001, M. Zvelebil 2002. Die Auffassung, dass durch die Wanderung der Ackerbauern nach Westeuropa die indoeuropäische Sprache verbreitet worden sei (C. Renfrew 1987), ist damit widerlegt.

63 Zur Diskussion um die These, dass die Ausbreitung von Ackerbau und Sprachen Hand in Hand gegangen sei, siehe P. Bellwood und C. Renfrew 2002.

64 W. H. McNeill 1977.

65 Zur Präzisierung die Schätzungen bei R. P. Sieferle u.a. 2006, S. 24–32.

66 Nachweise bei S. Burmeister und M. Fansa 2004.

67 Insofern ist es zu einseitig, den Prozess der Entwaldung prinzipiell negativ als Zerstörung der Umwelt zu bewerten, wie es z.B. S. C. Chew 2001 tut.

68 J. Radkau 2000, S. 162–64.

69 Man hat dieses immer wieder aus Frauenfigurinen mit stark betonten Geschlechtsmerkmalen ableiten wollen, aber die Befunde geben im Ganzen nichts Eindeutiges an die Hand.

70 K. Schmidt 2006. Dass sesshafte Jäger und Sammlerinnen in Gegenden mit reichlichem Nahrungsangebot zu größeren Gemeinschaften mit komplexeren Verwandtschaftsstrukturen heranwachsen können, ist auch historisch gut belegt, nicht nur durch den ethnologischen »Klassiker« Kwakiutl im NW der USA; siehe dazu A. Testart 1982, L. Keeley 1988. Wirtschaftliche Entwicklungsstadien und Stufen politischer Integration liefen also keineswegs eng parallel.

71 Heldenberg 2005, I. Wunn 2005 b, S. 347–53.

72 J. Helbling 2005, S. 206 f.

73 Zur Dynamik der Ethnogenese am Beispiel des frühmittelalterlichen Europa R. Wenskus 1961 und W. Pohl 2002, am Beispiel zentralasiatischer Stämme I. Vásáry 1999.

74 So für Stonehenge T. Darvill 2006.

75 Die Vielfalt der Verbände betonen auch S. Upham 1990b, J. Vansina 1999, bes. S. 171, S. K. McIntosh 1999. Die von E. R. Service 1962 aufgebrachte und besonders in der angelsächsischen Archäologie und Kulturanthropologie weit rezipierte Vorstellung (z.B. auch noch J. Diamond 2000, S. 326 f., H. Leipold 2006, S. 95 ff.), es gäbe eine Abfolge, bei der zunehmende Verbandsgröße, zunehmende politische Hierarchisierung und zunehmende wirtschaftliche und kulturelle Komplexität Hand in Hand gingen, und die sich mit der Begrifflichkeit Horde – Stamm – Häuptlingstum – (monarchischer) Staat erfassen ließe, stellt eine Zwangsjacke dar, die der tatsächlichen Vielfalt nicht gerecht wird. Sie ist entstanden aus der Verknüpfung von mehrdeutigen archäologischen Befunden Mittel- und Südamerikas mit ethnologischen Anschauungen von Pazifikinseln und evolutionistischen Vorurteilen; sie ignoriert die literarische Überlieferung für die frühen Griechen, die Randgebiete des antiken Kulturraums, das europäische Frühmittelalter und das neuzeitliche Schwarzafrika, welche reichlich Belege bringen für Stämme und Häuptlingstümer ohne Ritual-

zentrum, kultische Zentren ohne beigeordnete politische Verbände (Amphik-
tyonien, Beispiele siehe A. Demandt 1995, S.241 f., für Schwarzafrika S.N.
Eisenstadt u.a. 1988b), Stammeskonföderationen ohne hierarchische Führung,
Stadtgemeindestaaten usw. Dieses ist von der evolutionistischen Theoriebildung in der Ethnologie sträflich vernachlässigt worden.

76 M.K. Whyte 1978, S.124 f., 139.

77 C. Sigrist 1967, S.185–203, C.W. Gailey 1985, M. Mann 1990, Bd.1, S.112–21,
H. Wimmer 1996, S.202–18.

78 Die herrschende Gleichheitsideologie kann »big man« dazu zwingen, den sozialen Rang nicht im Begräbnis zum Ausdruck zu bringen, und selbst hoch-
komplexe Begräbnisrituale können ohne archäologisches Zeugnis bleiben,
wenn sie aus Festritualen oder vermoderten Holzkonstruktionen bestehen.
Siehe R. Bernbeck 1997, S.254 ff., 264 ff.

79 G. Stein 1994 nimmt für Ubaid/Mesopotamien ein Häuptlingstum an, doch es
ist ein Irrtum zu glauben, ein Tempelbau könnte nur durch die Führung eines
Häuptlings organisiert werden, da ein Kollegium von Klanältesten oder Priestern dieses ebenso kann (siehe z.B. R. Herzog 1998, S.98). Da Unterschiede der
Grabbeigaben auch Ausdruck einer aristokratischen Stammesgesellschaft sein
können und umgekehrt ein Häuptlingstum in den Grabbeigaben keinen Niederschlag finden muss, ergibt sich die Schlussfolgerung, dass entgegen weit-
verbreiteter Praxis archäologisch-kulturanthropologischer Deutung Häuptlingstümer grundsätzlich rein archäologisch nicht nachweisbar sind. Ebenso
wenig setzt das militärisch gemeinsame Auftreten größerer Verbände ein dau-
erhaftes Häuptlingstum voraus (siehe z.B. R.B. Lee 1990, besonders S.235–42).
R. Bernbeck 1995, besonders S.54, lässt die Frage für Ubaid letztlich offen.

80 C. McEvedy und R. Jones 1978, S.344.

81 M. Elvin 2004.

82 Zur austronesischen und zur austroasiatischen Wanderung P. Bellwood 1999.

83 Als Überblick zu den Kontroversen um die Bantuwanderungen A. Wirz 1997,
C. Ehret 2001.

84 Die linguistischen Gemeinsamkeiten der indoeuropäischen Sprachen zeigen
eindeutig, dass die Ausgangssprache sich erst nach der Domestizierung des
Pferdes und der Erfindung von Wagen und Pflug formiert hat. Die archäologischen Hinweise für die Ausbreitung nach Westen sind dünn; als solche sind
in erster Linie die Ablösung der Sippengräber durch oft überhügelte Einzelgrä-
ber und die Verbreitung des Pferdes anzusehen, da dies auf neue Machtverhältnisse (aristokratische Herrenschicht) und Techniken hinweist; die Keramikver-
zierungen (Schnurbandkeramik und weitgehend ähnliche Glockenbecher) sind
eher eine Frage modischen Stylings und stellen mehr Begleitphänomene dar
(These der Westausbreitung aus dem Steppenraum insbesondere M. Gimbutas
1994). Gegen die von C. Renfrew 1987 aufgebrachte These, die indoeuropäischen Sprachen seien schon durch die Ausbreitung der Ackerbauern von Anatolien nach Europa verbreitet worden, spricht außer linguistischen Argumenten, dass der zahlenmäßige Anteil der bäuerlichen Zuwanderer hierfür
nicht groß genug war (siehe voriges Kapitel), dass vielmehr eine Sprachersetz-
ung durch geringe Zuwandererzahlen nur bei einer klaren Dominanzposition
aus möglich ist sowie dass sie sich mit der Ausbreitung der Indoeuropäer nach
Indien und Zentralasien nicht gut verbinden lässt.

85 Hindunationalistische Kreise bestreiten die Tatsache der Zuwanderung der

Aryas (z.B. D. Frawley 1995). Archäologisch gibt es für sie keine zwingenden Belege, die linguistischen Gemeinsamkeiten und die vedischen Traditionen sprechen aber klar dafür. Dazu R. Thapar 2000, S.1108–40, und R. Thapar 2002, S.104 ff.

86 Besonders in den 1970er- und 80er-Jahren gab es hierzu zahlreiche Veröffentlichungen. Relevante Sammelbände sind R. Cohen und E. Service 1978, H.J.M. Claessen und P. Skalnik 1978 und 1981, J. Gledhill u.a. 1988, S.N. Eisenstadt u.a. 1988a, S. Upham 1990a, H.J.M. Claessen und P. van der Velde 1991, H.J. M. Claessen und J.G. Oosten 1996, G.M. Feinman und J. Marcus 1998. Als wichtige Einzelpositionen sind zu nennen E.R. Service 1962 und 1977, L. Krader 1968, R.L. Carneiro 1970, K. Eder 1973 und 1976, J. Friedman und M.J. Rowlands 1977, H. Hess 1977, J. Haas 1982, H. Wimmer 1996, S.193–308, T. Earle 1997. Einen Überblick über die Debatte geben M. Mann 1990, Bd.1, S.90–123, S.K. Sanderson 1995, S.68–86.

87 Beispielsweise E.R. Service 1962 und 1977, K.V. Flannery 1972.

88 Beispielsweise R.L. Carneiro 1970, auch M. Fried 1967, M.J. Harner 1970.

89 Sogenannte Skalarstress-Theorie von G.A. Johnson 1982.

90 Das gibt auch H.J.M. Claessen 1978, S.588, zu, zieht aber daraus nicht die Konsequenzen für den von ihm breit vertretenen Ansatz des »frühen Staates«. Dass Staatsbildung unabhängig von gesellschaftlicher Komplexitätssteigerung erfolgte, argumentiert für Schwarzafrika J. Vansina 1990, S.105–19, 146–52, 162–65.

91 Zum Zeitpunkt der Staatsentstehung gab es in Ägypten, Mesopotamien und erst recht Nordchina noch reichlich freies Land, und dementsprechend gingen Kriege nicht um den Gewinn von Land, sondern von Menschen und Beute, sodass von durch Bevölkerungsdruck ausgelösten Konkurrenzkämpfen keine Rede sein kann.

92 Herrschaftlich organisierte Gesellschaften fanden Ethnologen schon bei relativ kleinen Gemeinschaften wie den 12 000 Trobriandern, wogegen die 300 000 Nuer und über 1 Million Ibos in Afrika ohne Herrschaft auskamen (U. Wesel 2001, S.51). Außerdem erfolgte die Informationsverarbeitung in frühen Staaten nicht primär über die staatliche Verwaltung.

93 J. Renger 1991, S.188 f. (1:20), M.A. Powell 1985, S.29 f. (1:50).

94 Wenn Ökopessimisten dieses als ökologischen Selbstmord ansehen (z.B. C. Ponting 1993, S.68 ff.), dürfte es übertrieben sein; immerhin hat das System sich im Ganzen jahrtausendelang halten lassen. Vgl. M.A. Powell 1985.

95 Es ist erstaunlich, dass die Idee von der Entstehung des Staates zwar eine lange Ahnenreihe bis zurück zu T. Hobbes' 1651/1984 spekulativer Lehre vom Gesellschaftsvertrag hat, dass aber bis hin zu neueren Autoren, die z.B. mit abstrakten Systemnotwendigkeiten argumentieren (K. Eder 1973, S.17 ff., und 1976, J. Habermas 1982, S.175 ff.), auch hier die Monarchie im Mittelpunkt steht.

96 Der größte Teil der Literatur unterscheidet weder zwischen autochthonen und sekundären Staatsbildungen noch zwischen den Pfaden des Machtstrebens und der Kooperation; deshalb kann er die verschiedenen Ursachen nicht entwirren. Die vom herrschaftskritischen Impuls der 1970er- und 80er-Jahre getragene Diskussion war praktisch gänzlich auf die monarchische Herrschaft fixiert und übersah die kooperativen Herrschaftsformen fast völlig. Dass es zwei verschiedene Pfade gab, wird dagegen richtig von R.E. Blanton u.a. 1996, S.1–8, und

R.E. Blanton 1998 gesehen, der unterschiedliche Weg zum Stadtstaat und zum Flächenstaat wird auch von C.K. Maisels 1990 und B.G. Trigger 2003, S.43 ff., betont, die damit aber ziemlich alleine stehen.

97 Insofern irrt der F. Engels 1884/1969 folgende marxistische Erklärungsansatz, der die Erfahrung des frühen 19. Jahrhunderts, dass der staatliche Machtapparat als Instrument in der Hand der dominanten Besitzklasse dient, zurückprojiziert in eine nach Verwandtschaftsverbänden und nicht nach Klassen organisierte Gesellschaft.

98 Prominente Vertreter der ethnischen Überlagerungsthese als Wurzel von Herrschaft waren Ibn Khaldun 1377/1958, L. Gumplowicz 1885, F. Oppenheimer 1909, A. Rüstow 1950.

99 K.A. Wittfogel 1957, dem hierin viele gefolgt sind, führt das Entstehen von bürokratischen despotischen Herrschaftsapparaten auf die Notwendigkeit zurück, Bewässerungslandwirtschaft zentral zu organisieren (hydraulische Theorie). In Ägypten bestand aber zunächst nur Bewässerung durch natürliche Überflutung, erst später wurden zunächst lokal und dann erst vom Staat organisiert Kanäle gebaut (K.W. Butzer 1976, B.J. Kemp 1989, S.10 ff.). In Mesopotamien gab es zwar schon früh Bewässerungskanäle, die das Wasser der Nebenarme verteilten, aber sie wurden lokal von den Tempeln organisiert, lange bevor das Königtum in Erscheinung trat (R. McC. Adams 1966). In Nordchina bestand vor 500 v.Chr. gar keine künstliche Bewässerung.

100 Mit Bezug auf Prestigegüter J. Friedman und M.J. Rowlands 1977, mehr auf Konsumgüter bezogen und dadurch weniger überzeugend E.R. Service 1962 und 1977.

101 Gefolgschaftstheorie, siehe besonders H. Hess 1977.

102 J. Assmann 1996, S.51, 90 f., B.J. Kemp 1989, S.31–63.

103 Zur Diskussion dieser Frage siehe E.G. Pulleyblank 1996.

104 D.N. Keightley 1999, S.270 ff., 281 f.

105 Zum frühen Ss´tschwan siehe R. Bagley 2001.

106 K.-C. Chang 2005, S.126.

107 S. Greengus 1995, S.479.

108 C.K. Maisels 1990, S.151 f., 156–58, J.N. Postgate 1992, S.94 f., 184.

109 T. Jacobsen 1957, C.K. Maisels 1990, S.219 ff., 270–74, J.N. Postgate 1992, S.80 f., 137, S. Greengus 1995, S.469.

110 Letzteres ist eine bemerkenswerte Tatsache, dazu C.K. Maisels 1990, S.170 ff., 181 f., E.C. Stone 1997.

111 Als Überblick zur Kontroverse, ob es sich um Staaten handelte, G.L. Possehl 1998, S.279–87.

112 B. und R. Allchin 1982, S.192.

113 Zum Indusgebiet H. Kulke und D. Rothermund 1998, S.41 f.

114 Zu diesen frühen Städten und Staaten in Turkmenistan M. Tosi 1986, V.M. Masson 1982, S.21–45, H. Parzinger 2006, S.233–36, 343–45, 431.

115 J. Haas und W. Creamer 2006.

116 Die verbreitete Behauptung, dass es sich hier um Häuptlingstümer handelte, ist ein evolutionistisches Vorurteil ohne jeden Beweis (im Unterschied zu den Olmeken, wo man die Kolossalköpfe als Indiz interpretieren kann); auch andere Formen von Stämmen sind denkbar.

117 Die Bedeutung von mobilisierbaren Ressourcen für vorindustrielle Herrschermacht betont besonders S.N. Eisenstadt 1969.

118 Für das frühdynastische Ägypten S. Seidlmayer 1997, S. 30, für das frühdynastische Mesopotamien H. Klengel 1989, S. 48, für die frühen Schang L. Liancheng und Y. Wenming 2005, S. 157 ff. Das Gleiche begegnet bemerkenswerterweise später auch in Südamerika bei Chimu und Inkas (G. W. Conrad 1981, S. 13, 17).

119 Altes Testament 1. Sam. 8, 11–17.

120 Siehe G. Lerner 1991, M. K. Whyte 1978, S. 57 ff., 136–40, 172 f.

121 Zum Vergleich von Ägypten mit Mesopotamien siehe J. Baines und N. Yoffee 1998.

122 I. M. Diakonoff 1974, H. P. Martin 1988, vgl. auch J. F. Robertson 1995, S. 447 ff.

123 Auch in Ägypten war er aber durchaus vorhanden: B. J. Kemp 1989, S. 248–52, 257–59, A. Kuhrt 1995, S. 150 f., 220 f.

124 Zu diesem oft übersehenen Zwischenstadium zwischen reinem Warentausch und echter Geldwirtschaft, dem sogenannten »Primitivgeld«, siehe P. Einzig 1966, besonders S. 193 ff.

125 Es geht aber viel zu weit, wenn S. K. Sanderson 1995, S. 100 ff., 132 ff., meint, das Innovationstempo städtischer Agrargesellschaften 3000 v. Chr. bis 1500 n. Chr. sei geringer gewesen als in den Gesellschaften vorher.

126 Dies wird für Ägypten stark betont von J. Assmann 1991, S. 16 ff., 26 ff., J. Assmann 2000, S. 167–95.

127 Mesopotamien 5000 v. Chr. (H. J. Nissen 1999, S. 31), Vinča-Kultur auf dem Balkan 5000 (H. Haarmann 1990, S. 70–81), China Mitte 5. Jahrtausend (H. Schmidt-Glintzer 1994, S. 152 f.), für neuzeitliche einfache Gesellschaften siehe K.-H. Kohl 2000, S. 69–71.

128 Für chinesische Bronze ist die Frage Transfer oder autochthone Erfindung nicht unumstritten. Die Tatsache, dass Bronze in China zuerst in der Nordwestecke und zu genau dem Zeitpunkt auftauchte, als durch die Steppenvölker eine Verbindung zum Nahen Osten hergestellt war, spricht sehr für einen Transfer der Bronzetechnik. Siehe R. Bagley 1999, S. 139 f.

129 C. Ehret 2002, S. 160–63, nimmt eine vom Nahen Osten unabhängige Erfindung des Eisens vor 1000 v. Chr. im Raum zwischen Tschadsee und Victoriasee an.

130 Als Überblick zur Diskussion hierüber J. Needham und L. Gweidjen 1984 und E. R. Fingerhut 1994. Auch C. Pellech 1997 kann mit ihrer diffusionistischen Position nicht überzeugen, da sie spekulativ bleibt.

131 Da die lateinische Bezeichnung des Häuptlings in Rom »rex« lautete und als Titel eine Tradition hin zu Königtümern späterer Völker begründet hat, wird hier oft von Königtum gesprochen, doch das ist irreführend: Außer der Person des Häuptlings gab es keine ausdifferenzierten politischen Institutionen, sodass kein Staatscharakter vorlag.

132 Das griechische Wort »basileus« wurde zwar später zum Königstitel, bezeichnete aber im 12. bis 8. Jahrhundert nur »big man« bzw. Aristokraten. C. Ulf 2001, S. 164 f., M. Stahl 2003, S. 126–51.

133 P. Brun 1995, S. 13–15, 22 ff.

134 Diese der Altorientalistik gut bekannten Wortlisten müssen entwicklungspsychologisch interpretiert werden; siehe dazu C. R. Hallpike 1984, S. 447 ff., 474 ff.

135 J. Ritter 1994, S. 56 ff.

136 J. Assmann 1992, S. 251–73.
137 Zu China H. Schmidt-Glintzer 1990, S. 30 f., 48.
138 G. E. Swanson 1960, S. 55 ff., P. Peregrine 1996.
139 So die These von J. Goody und J. P. Watt 1968, D. R. Olson 1977, J. Goody 1977, besonders S. 11 ff., 36 ff., W. J. Ong 1982, J. Goody 1990.
140 B. Kienast 1994, S. 13 f.
141 B. Trigger 2003, S. 605.
142 J. Assmann 1996, S. 453 f.
143 I. Geiss 1988, S. 344.
144 J. Assmann 1996, S. 158 f.
145 Zu Ort und Zeitpunkt N. Di Cosmo 1999b, S. 902.
146 H. Müller-Karpe 1998, Bd. 3, S. 176 f., 179.
147 A. G. Frank 1990, A. G. Frank und B. K. Gills 1993 ebenso wie J. R. McNeill und W. McNeill 2003 gehen von *einem* Netzwerk aus, ohne die Felder zu trennen, was zu entsprechenden Unschärfen und Inkonsistenzen führt; sinnvoller die Unterscheidung von C. Chase-Dunn und T. D. Hall 1997 in vier Netzwerke (Information, Prestigegüter, Massengüter, politisch-militärisch), wobei uns allerdings die scharfe Trennung von Prestige- und Massengütern unpraktikabel erscheint.
148 Zur Steppenzone D. Christian 2000, S. 14.
149 Wenn A. G. Frank und B. K. Gills 1993 und 2000 davon ausgehen, es habe seit 3000 ein »Weltsystem« gegeben, das für die politisch-gesellschaftliche Entwicklung von zentraler Bedeutung gewesen sei, überschätzt dieses die räumliche Integration bei Weitem. Viel differenzierter und realistischer hingegen P. Beaujard 2005, besonders S. 3–5.
150 Dazu N. Crüsemann u. a. 1995.
151 Ausführlich B. J. Kemp 1989, S. 65 ff.
152 T. B. L. Webster 1958, S. 64–90.
153 Zur Bedeutung dieses Orientalisierungsschubs für die griechische Kultur W. Burkert 1984 und H. Matthäus 1993. Extrem betont wird der Transfer von M. Bernal 1987, zur Debatte hierüber M. M. Levine 1992.
154 C. Higham 1996, S. 61–70, R. Bagley 1999, S. 208 ff.
155 Berechnet nach Einzeldaten aus C. McEvedy und R. Jones 1978, siehe besonders S. 124 f., 342–44.
156 Zur Antike differenziert K.-W. Weeber 1990, besonders S. 19–38, 133–51, M. Williams 2003, S. 73 ff., besonders S. 95 ff., auch J. Radkau 2000, S. 160 ff. Dagegen hält J. D. Hughes 1994, besonders S. 194 ff., zu einseitig eine Übernutzung der Natur für ein wesentliches Element eines angeblichen Niedergangs der griechisch-römischen Zivilisation.
157 So zur Einordnung chinesischer Ideologien G. Linck 1989, S. 334 ff., und auch das ganze Buch M. Elvin 2004.
158 M. Elvin 2004, S. 24 f., 30 f.
159 T. Chandler und G. Fox 1974, S. 303.
160 So z. B. De Martino 1985, S. 547 f., B. Farrington 1962, S. 133 ff., R. Cameron 1991, Bd. 1, S. 69 f.
161 F. Kiechle 1969, auch H. Schneider 1997, S. 59.
162 Beispielsweise M. I. Finley 1965.
163 H. Schneider 1992, S. 219–22, L. Russo 2005, S. 302–06.
164 Zur Fachliteratur ausführlich B. Meißner 1999.

165 A. Rahman 2000b, S. 247.

166 Auf die Notwendigkeit räumlicher Differenzierung weist richtig auch J. Paterson 2000, S. 368 f., hin. Die Kontroverse der Fachwissenschaft, wie der
wirtschaftliche Entwicklungsstand der griechisch-römischen Antike einzu-
schätzen sei, lebte teilweise von der mangelnden zeitlichen und räumlichen
Differenzierung und ebenso von ungeeigneten Kategorien. Die ältere Forschung ging (in Auseinandersetzung mit K. Bücher 1893) von der Abfolge
Hauswirtschaft-Stadtwirtschaft-Volkswirtschaft aus und fragte danach, ob
man es schon mit Volkswirtschaft zu tun habe (für die hellenistische Zeit
bejaht von J. Hasebroek 1928 und F. M. Heichelheim 1938, Schlusskapi-
tel), doch tatsächlich bilden die Entfaltung lokaler Märkte und die des Fernhandels nicht zwei aufeinanderfolgende Phasen. Auch der Ansatz, danach
zu fragen, ob in der Antike kapitalistische Verhältnisse vorlagen, war problematisch, da er von keiner präzisen Definition des Begriffs Kapitalismus ausging und sich vor allem auf den wenig griffigen »kapitalistischen Geist« bezog; so wurden nun zeitlich weit gestreute Merkmale der europäischen
Wirtschaft vom 14.–19. Jahrhundert befragt, ob sie schon in der Antike vor-
gelegen haben (fokussiert auf die »noch nicht« vorhandenen S. C. Humphreys 1978, S. 136 ff., M. I. Finley 1985, F. De Martino 1985, S. 363, 530 f.,
eher umgekehrte Blickrichtung M. Rostovtzeff 1926 und 1941). Die Kapi-
talismus-Perspektive ist auch insofern problematisch, da sie die Frage nach
dem *Entwicklungsstand* von Gewerbe, Fernhandelsvolumen usw. vermengt
mit der *ordnungspolitischen* Frage nach der Entfaltung privatwirtschaftlicher
Aktivitäten, die vom Staat unabhängig waren, womit sie den nahöstlichen
staatswirtschaftlichen Aktivitäten nicht gerecht wird. Neuere differenzierter abwägende Arbeiten ohne theoretischen Bezug sind H. W. Pleket 1990,
H. Kloft 1992, J. Paterson 2000, P. Temin 2001, H. J. Drexhage u. a. 2002. Auf
der Ebene der Einzelfakten liegen die in der Gesamteinschätzung kontroversen Positionen gar nicht so weit auseinander. Die Unterscheidung von
frühurbanen, vollurbanen, zentralen und peripheren Agrargesellschaften bietet nun eine bessere Möglichkeit, diese Fakten theorieorientiert einzuordnen.

167 Dieses ist als antike »Konsumentenstadt« thematisiert worden, die im Gegensatz zur europäischen »Produzentenstadt« stehe (so in Anknüpfung an
Max Weber von M. I. Finley 1985, modifiziert auch P. Erdkamp 2001). Das ist
aber kein Merkmal geringerer Entwicklung, vielmehr sah sich das Gewerbe
der europäischen Städte des 14.–16. Jahrhunderts in der Situation, dass es
noch keine absolutistischen Fürstenhöfe gab und der Adel auf dem Lande saß
und sich deshalb die ortsansässige Nachfrage nur begrenzt entfalten konnte.

168 Dieses unterscheidet die Verhältnisse von denen in den Niederlanden und
England im 17. und 18. Jahrhundert (überwiegend Fertigwarenexport, Aktiengesellschaften und Börse). Dass diese beiden Räume eine höhere Entwicklungsstufe erreicht hatten als das übrige Europa dieser Zeit, wird von H. W.
Pleket 1990, S. 32–45, 120 f., verkannt.

169 Diese zeitliche Einordnung auch bei P. Beaujard 2005, S. 5.

170 Zur Vorbildrolle der phönikischen Städte für die griechischen Stadtgemeindestaaten M. Sommer 2000, S. 262 ff.

171 Zur Rolle des mittelmeerischen Einflusses P. Brun 1995, S. 17–21, H. Birkhan 1997, S. 998 ff.

172 Zum Staatsgründungsversuch des Arminius R.G. Jahn 2001.

173 R. Audouin u.a. 1987, S.76f.

174 I. Sellnow 1981, S.304–06, I. Kobishchanov 1978, S.155ff., C. Ehret 2002, S.208ff.

175 Grundsätzliches zur nomadischen Staatsbildung A.M. Khazanov 1981, S.156–58, 163ff., N. Di Cosmo 1999a.

176 E. Kürsat-Ahlers 1994, S.165, 184–228.

177 W. Eberhard 1980, S.85f.

178 Zur Rolle der aus China kommenden Ressourcen T. Barfield 1989, S.8ff., 32ff., 45ff., und T. Barfield 1991, S.168f., zur Rolle des Seidenstraßenhandels E. Kürsat-Ahlers 1994, S.290ff., 304.

179 C. Higham 1996, S.332, vergleiche K. Korn-Riedlinger 1988, S.29–32.

180 Mit einem systematischen und vergleichenden Ansatz zu diesen Staatensystemen E. Luard 1976 (China, Griechenland und späteres Europa), S. Breuer 1985 (Indien und späteres Europa), H. Kammler 1970 (China und Indien).

181 So urteilt auch W.G. Runciman 1990.

182 Der Hof führte erst 361 chinesische Bräuche ein.

183 So im Römischen Reich seit Augustus (A. Heuss 2001, S.299), im Magadha der Nandas (unter Ashoka vielleicht noch wesentlich mehr); auch im Ägypten der Ptolemäer (A. Demandt 1995, S.304); Aufgebotsheere von mehreren Hunderttausenden auch in China unter Wudi (H. Schmidt-Glintzer 1999a, S.118).

184 S.E. Finer 1997, Bd.1, S.297.

185 S. Wolpert 1993, S.59.

186 M. Loewe 1966, S.230.

187 J. Roberts 2005, S.601.

188 Polybios 2,24.

189 Die übliche Bezeichnung »Punischer Krieg« übernimmt undistanziert die römische Begrifflichkeit und damit leicht auch deren Perspektive (Punier = römische Bezeichnung für die Karthager), was hier vermieden werden soll.

190 Zu Triebkräften und Motiven der römischen Expansion abwägend J. Bleicken 1988, S.157ff.

191 Zur Umwandlung der Hegemonie in ein Imperium E.N. Luttwak 1976, besonders S.7–40, 49f., 111–16.

192 Zwar bestanden zeitweilig die Machtbereiche von Kaiser und putschendem Gegenkaiser räumlich nebeneinander, aber dieses dauerte nur Monate, in seltenen Fällen wenige Jahre, und stets beanspruchten beide die Herrschaft des Gesamtreichs.

193 H. Falk 1993, S.293, 295, 339.

194 R. Thapar 1981, S.423f.

195 Einschätzungen des Mauryaimperiums als starker bürokratischer Staat richten den Blick zu sehr auf das Kerngebiet und übersehen die geringe Durchdringung des übrigen Raumes.

196 Dieses betont J. Wiesehöfer 1994, S.119–32, und J. Wiesehöfer 1997.

197 Das hat schon Claudius, ein Intellektueller unter den römischen Kaisern, richtig gesehen (Tacitus, Annalen XI, 24).

198 Zum Wandel der Germanen unter römischem Einfluss A. Demandt 1984, S.591, L. Hedeager 1987, S.138, R. Wenskus 1976, S.102f.

199 H. Wolfram 1994, S.69ff.

200 Dazu z. B. E. von Mende 1982, S. 1 – 12, J. K. Fairbank 1968.

201 Die Einschätzung als aristokratischer Personenverbandsstaat ist sinnvoller, als darüber zu debattieren, inwieweit der Partherstaat den konkreten Merkmalen des europäischen »Feudalismus« entsprach.

202 A. Demandt 1995, S. 115.

203 W. Ruben 1967, Bd. 2, S. 81, Bd. 6, S. 131.

204 W. Will 1986, S. 30 – 32.

205 T. Nöldeke 1879, S. 265, 382.

206 Die gängigen Kategorien Oligarchie/Aristokratie und Demokratie erfassen diese Wirklichkeit nicht. Die echte Aristokratie war eine Frühform mit dem Charakter eines Personenverbandes vor der Ausdifferenzierung des Stadtgemeindestaates; spätere radikale Oligarchien als Herrschaft kleiner Cliquen stellten faktisch eine kollektive Tyrannis dar und waren Sonderfälle, oft vom Ausland gestützt. Die direkte Demokratie Athener Typs stellte eine wirklich eigene Form dar. Alle anderen Ordnungen stellten Machtkompromisse zwischen Aristokratie und Volk dar mit im Einzelnen unterschiedlichen Gewichtungen.

207 Dieses relativiert den Unterschied zwischen einer Abstufung der Rechte nach Zensus (gemäßigte »Oligarchie«) und einer formalen Gleichberechtigung (gemäßigte »Demokratie«) stark.

208 Ausführlich dazu J. Bleicken 1995, S. 55 – 75, 486 – 91.

209 J. Bleicken 1995, S. 99 f., 462.

210 Zur Diskussion, wie demokratisch die direkte Demokratie Athens war, M. H. Hansen 1989.

211 Von der antiken Staatstheorie sind diese Bundesstaaten nicht als etwas qualitativ Neues erkannt worden. Siehe zu diesen Bundesstaaten J. A. O. Larsen 1968, H. Beck 1997, K. Freitag 2007, S. 381 – 99.

212 Gegen solche punktuelle Betrachtung die Argumente bei J. Deininger 1998.

213 Das gilt auch für Caesar, wie C. Meier 1982, S. 530 ff., 539 f., 556 – 61, 565 ff., zeigt.

214 Die Auffassung, dass bis gegen 300 eine gemeinsame Herrschaft von Kaiser und Senat bestanden habe und dann ein Bruch zum Absolutismus (vom »Prinzipat« zum »Dominat«, so T. Mommsen 1887, Bd. 2, S. 760 – 63) oder zum »orientalischen Despotismus« (M. Rostovtzeff 1926) erfolgt sei, verwechselt Herrscherrhetorik und Zeremoniell einerseits mit realen Machtverhältnissen andererseits. Siehe J.-U. Krause 2000, S. 377 ff., zum Bürokratisierungsschub P. Eich 2005, besonders S. 338 ff.

215 Siehe hierzu V. C. Srivastava 2001, S. 24 ff., R. Thapar 2002, S. 146 ff.

216 Die Einschätzung des Übergangs zur Tjin- bzw. Han-Dynastie als Beginn bürokratischer Herrschaft (in einem nicht näher definierten Sinne) sieht richtig, dass ein Unterschied zu den vorangegangenen Verhältnissen besteht, sie übersieht aber die Einschränkungen dieser Bürokratie ebenso wie den Sprung zu wirklich bürokratischen Verhältnissen am Übergang von der Tang- zur Ssung-Dynastie.

217 Der Begriff Achsenzeit stammt von K. Jaspers 1949, S. 19 ff. S. N. Eisenstadt 1987 und 1992 hat diesen Begriff aufgenommen, weitere Beiträge zur Debatte um die Achsenzeit auch in B. I. Schwartz 1975 und J. P. Arnason/S. N. Eisenstadt/B. Wittrock 2005. Jaspers und Eisenstadt sind sprachlich nicht sonderlich präzise, Jaspers durch seine existenzialistisch geprägte Diktion,

Eisenstadt durch seine hochabstrakte Sprache. Beide verfolgen einen geistes-
geschichtlichen Ansatz; die angedeuteten Zusammenhänge zu politischen
und gesellschaftlichen Bedingungen bleiben unklar; hier schärft unsere Theorie der Innovationen den Blick. Jaspers bleibt inkonsequent, indem er zwar
die Überwindung des Mythos durch Reflexion in den Mittelpunkt rückt, andererseits aber die hellenistische Wissenschaft nicht mit einbezieht und stattdessen Zarathustra und die jüdischen Propheten, die doch dem subjektivistischen Weltbild verhaftet blieben und kein der griechischen Philosophie
vergleichbares Mehr an Reflexion bedeuteten. Dieses dürfte daran liegen,
dass Jaspers primär von dem zeitlich gehäuften Auftreten namhafter Denker
ausgeht, die langfristig nachgewirkt haben, und erst sekundär nach den Inhalten fragt. Eisenstadt verschiebt den Kern des Phänomens auf das Entstehen einer Spannung zwischen innerweltlicher Ordnung und transzendenter
Ordnung, womit sich nun China nur noch mit verbalen Pirouetten mit einbeziehen lässt (siehe M. Elvin 1987) und sich auch das Entstehen von Wissenschaft nicht gut mit unterbringen lässt. Unsere Definition, die sich also
nicht mit der Begriffsverwendung bei Eisenstadt deckt, ist konsequent und
operationalisierbar: sie ist kulturneutral auf die Kommunikationssituation
bezogen und löst sich von dem Gefühl, das Entstehen des jüdisch-christlichen
Monotheismus als historischen Fortschritt mit einbeziehen zu müssen (was
Eisenstadts Motiv ist); tatsächlich hat er mit der Entstehung kritischer
Diskurse und einer Weltdeutung auf der Basis abstrakter Prinzipien nichts
zu tun. Eine grobe Verzerrung des Achsenzeitbegriffs stellt es dar, wenn
K. Armstrong 2006 ihn auf das Entstehen von Mitleids-Religion in den vier
Kernräumen verschieben und reduzieren will.

218   Das betont richtig S. Breuer 1994, S. 33.
219   Die Frage nach den Ursachen für den Weg vom Mythos zum Logos bei den
      Griechen ist öfter gestellt und unterschiedlich beantwortet worden (siehe
      z.B. B. Snell 1975, J.-P. Vernant 1982, E.A. Havelock 1990, A. Zaicev 1993,
      A. Pichot 1995, bes. S. 548–57), doch ohne Vergleich mit Indien und China
      und ohne Bezug auf eine Theorie der Innovation bleibt die Perspektive dieser
      Arbeiten begrenzt.
220   J. Spiegel 1976, K. Klengel 1989, S. 414, 416.
221   2. Mose, 19–20.
222   Zu Letzterem V. Zotz 1996, S. 31–33.
223   Insofern irren J. Assmann 2000, S. 291 f., und S. Breuer 1994, S. 29 f., wenn sie
      Schrift für eine notwendige Voraussetzung halten, und erst recht E.A. Have-
      lock 1990, wenn er die Alphabetschrift für einen wichtigen Einflussfaktor
      hält.
224   Zur geringen Verschriftlichung in Indien H. Scharfe 2002, S. 8 ff., 24 f., und
      H. Falk 1993, S. 283. Vergleiche auch H. Rüstau 1988, S. 15 ff.
225   Zu diesen Kommunikationsverweigerungen ausführlich W. Halbfass 1981,
      S. 195–206.
226   Die Rolle der politischen Freiheiten für das Entstehen der Philosophie stark
      betont bei J.-P. Vernant 1982.
227   Diese Rolle der Agonistik für das Entstehen der griechischen Philosophie
      wird von A. Zaicev 1993 recht einseitig betont.
228   Das gilt zumindest für Thales, Pythagoras, Demokritos, Hekataios und Hero-
      dotos.

229 Dass man hier wirklich von Naturwissenschaften reden kann, betont L. Russo 2005.

230 Zur anwendungsorientierten Fachliteratur siehe B. Meißner 1999, besonders S. 345 ff.

231 Die späteren gewaltsamen Folgen dieser Unduldsamkeit betont besonders J. Assmann 2006.

232 Während die Vorstellung, hinter der Vielheit der Welt stehe ein einziges *abstraktes* Prinzip (Monismus), beim Übergang zur achsenzeitlichen Kultur als Ausdruck des Abstraktionsprozesses stets auftauchte und außerdem in deren weiterem Verlauf auch die Konzentration der Verehrung auf nur einen Gott innerhalb eines grundsätzlich weiterbestehenden Polytheismus verbreitet auftrat (Henotheismus), existiert die Auffassung, es *gebe* nur einen einzigen personalen Gott (Monotheismus), nur beim nachexilischen Judentum und seinen Ablegern Christentum und Islam, sie stellt also keine Entwicklungsstufe, sondern einen besonderen Entwicklungspfad dar. Dieses wird auch noch in den evolutionistischen Entwürfen der Religionsgeschichte von R. Bellah 1964 und R. Döbert 1973, S. 116 ff., falsch gesehen.

233 Siehe G. Bornkamm 1983, S. 149–57, 198–202.

234 Siehe H. Raschke 1954, S. 95 ff., 190 f., 218 f.

235 »Hinduismus« ist eine von außerhalb Indiens geprägte Sammelbezeichnung für alle in der vedischen Tradition stehenden weltanschaulichen Richtungen Indiens, er ist ein breiter und vielfach verzweigter Strom, kein systematisierter »-ismus«.

236 Zum Rationalisierungsprozess W. Bauer 1995, S. 148 ff.

237 Die verbreitete rein geistesgeschichtlich orientierte Philosophiegeschichtsschreibung übersieht die Bedeutung dieser Fragen völlig.

238 Die Klage gegen Sokrates wegen Gottlosigkeit war eher eine untypische Ausnahme. M. I. Finley 1983, S. 93 f., 99–102, M. Vegetti 1996, S. 329–33.

239 W. Speyer 1970, S. 130 f., 133 f., 150 f., H. Cancik-Lindemann und H. Cancik 1987.

240 Zahl nach T. H. C. Lee 2000, S. 49 f., 57.

241 Zum Erlahmen der hellenistischen Kreativität differenziert G. Dobesch 1996, S. 586–90, A. Zajev 1996, S. 695 ff.

242 L. Russo 2005, S. 12 ff., 265 ff.

243 Die Rolle des Drucks von oben bei der Durchsetzung betont J.-U. Krause 2000, S. 434–37.

244 Die Literatur, die sich an den schwierigen Vergleich der Denkweise der drei Kulturen wagt, stellt diese meist als unhistorische, über mehr als zwei Jahrtausende unveränderte Wesenheiten gegenüber, so H. Nakamura 1960 und 1986, A. J. Bahm 1977, B.-A. Scharfstein 1978, besonders S. 98–127, R. A. Mall und H. Hülsmann 1989, R. A. Mall 1995, auch M. Granet 1934/1985, besonders S. 253 ff., J. Needham 1969, S. 16 ff., R. Trauzettel 1990, L. Abegg 1949, O. Weggel 1989, S. 187–270. Enger auf die Jahrhunderte der Antike bezogen N. Sivin 1995, G. Lloyd 1996a und 1996b, C. Harbsmeier 1998, S. 412 ff.

245 Zur Debatte um diese These siehe H. Gipper 1963, S. 215–63, D. Bodde 1991, S. 16–96.

246 So H. O. H. Stange 1950, S. 389 ff., N. Sivin 1995.

247 So M. E. Elvin 1987, S. 174 f., C. Harbsmeier 1998, S. 345–53. R. Trauzettel

1990, S. 80, und C. Harbsmeier 1998, S. 358 ff., 414 ff., weisen auch darauf hin, dass im Mittelalter im Chinesischen bei Bedarf durchaus die sprachlichen Mittel für Abstrakta und logische Bezüge geschaffen worden sind, aber eben nur in einem Nischenbereich geistiger Entwicklung.

248 Dazu W. Harris 1989, S. 324 ff.

249 A. Demandt 1996, S. 20.

250 D. Bodde 1991, S. 187.

251 So mit Nachdruck P. Green 1990.

252 S. N. Jha 2001, S. 846 f., U. P. Arora 2001, S. 1061.

253 U. P. Arora 2001, S. 1049.

254 Die mönchische Askese mit Hinweis auf vereinzelte neutestamentliche Stellen als auf Jesus zurückgehende Tradition auszuweisen überzeugt nicht, da das *Gesamtbild* von Jesu Wirken *nicht* asketisch war. Auffälligerweise finden sich dagegen alle Vorläufer/frühe Ansätze zum europäischen Mönchstum (Essener, Therapeutae, christliche Wandereremiten) um das Nordende des Roten Meeres herum, wo die Schifffahrtsverbindung nach Indien auflief.

255 Zu Letzteren H. von Schweinitz 1955, S. 10 ff., 23 ff.; H. G. Rawlinson 1975, S. 436.

256 Livius 22,56.

257 W. Pohl 2000, S. 81 f.

258 Die oft verwendete Bezeichnung »Stadtstaaten« ist irreführend, da sie den falschen Eindruck erweckt, es bestünden Ähnlichkeiten mit antiken und spätmittelalterlichen Stadtgemeindestaaten bzw. Stadtrepubliken. Bloße Größe ist aber kein Strukturmerkmal.

259 H. J. Prem 2008, S. 7, 157.

260 Gräber und Abbildungen von Herrschern scheinen nicht existiert zu haben, sodass dieser Schluss berechtigt erscheint.

261 C. Ehret 2002, S. 229 ff.

262 Für die Germanen der sogenannten »Völkerwanderung« betonen diese Umbildungen R. Wenskus 1961, H. Wolfram 1994, S. 52–64, W. Pohl 2002; zur analogen Ethnogenese zentralasiatischer Stämme I. Vásáry 1999.

263 Die Erklärungsansätze von O. Lattimore 1951 und T. J. Barfield 1989, S. 8 ff., richten sich mehr auf eine gewisse Periodizität der Abläufe an der chinesischen Nomadengrenze als auf den Unterschied zu anderen Epochen.

264 Wenn die Ursache der wiederholten Nomadenausbrüche in Klimaschwankungen gesucht wird (so z. B. B. Brentjes 1988, besonders S. 116, 125), dürfte dies ein Irrtum sein; die für dieses Klima normalen kurzfristigen Instabilitäten (also einzelne Dürrejahre) waren für die nomadische Existenz viel dramatischer als die geringen langfristigen Veränderungen des Klimas selbst.

265 Als Überblick über die umfangreiche Debatte über die Ursachen des Endes des (west-)römischen Reiches A. Demandt 1984, S. 170–617. Demandt selbst, S. 571–600, ebenso P. J. Heather 2005 und B. Ward-Perkins 2005 sehen ebenfalls im Germanenandrang das entscheidende Moment. Die ganze Debatte richtet den Blick erstaunlich eng auf das Gebiet des Römischen Reiches im 3. bis 5. Jahrhundert; eine Blickerweiterung auf die Eroberung großer Teile Ostroms und des ganzen Sasanidenstaates durch die Araber im 7. Jahrhundert, auf das Eindringen der Slawen in den oströmischen Balkan um 600 und auch auf die chinesische Geschichte zeigt, dass die Eroberung einer viel zahlreicheren städtischen Agrargesellschaft durch »Barbaren« durchaus kein

Mirakel darstellt. Entscheidend waren eben die militärischen Kräfteverhältnisse. Der Blick auf die Einwohnerzahlen trügt: Barbaren mit allgemeiner Wehrpflicht mobilisierten 20 bis 25 % der Bevölkerung, patrimonialbürokratische Staaten mit Berufsheer höchstens 1 % der Bevölkerung als Armee; außerdem hatte der Angreifer immer den Vorteil der Konzentration der Kräfte, während der Verteidiger seine verteilen musste. Wenn die hinter den Heeren stehende kaiserliche Finanzkraft in der Osthälfte des Römischen Reiches höher war als in der Westhälfte, so spiegelt dies nur das seit jeher bestehende wirtschaftliche Entwicklungsgefälle wider. Dass die Zivilbevölkerung des Römischen Reiches sich gegenüber den Eindringlingen abwartend verhielt und deren Bekämpfung den regulären Truppen überließ, war kein Zeichen einer besonderen Entfremdung zwischen Staat und Gesellschaft, sondern für patrimonialbürokratische Monarchien normal. Die Zeit des Stadtgemeindestaates der römischen Republik ist hier kein geeigneter Maßstab.

266 M. Elvin 1973, S. 86–90.
267 H. Schmidt-Glintzer 1997, S. 171.
268 Grundsätzlich hierzu A. M. Khazanov 1981, S. 156 ff., T. J. Barfield 1989, S. 6–8, E. Kürsat-Ahlers 1994, S. 315–17, N. Di Cosmo 1999a.
269 E. Rosner 2004, T. J. Barfield 1989, S. 168 ff., H. Franke 1992, S. 50 f.
270 E. Kürsat-Ahlers 1994, S. 65, 321.
271 E. A. Thompson 1948, S. 161–83.
272 Die aus C. McEvedy 1978, S. 41–119, für den Zeitpunkt der Staatsgründung entnehmbaren Daten legen diesen Schluss nahe.
273 Viele Historiker verwenden bei Franken, Iren und anderen den Quellenbegriff »König« (lateinisch »rex«, irisch »ri«), was aber für nicht genau vorgebildete Leser irreführend ist; unsere Verwendung systematisch definierter Begriffe schafft mehr Klarheit.
274 Die Bedeutung dieses Aspekts für das frühmittelalterliche Europa betont E. James 1993, S. 87–89, vgl. auch A. Gurjewitsch 1978, S. 250–74, 281 ff.
275 Zur Bedeutung der Kontakte zum Frankenreich für die Staatsbildung bei den Westslawen siehe C. Lübke 2001, besonders S. 95 f., 300, 315, 333 ff.
276 Zu den Sklavenjagden R. Bartlett 1996, S. 364–66.
277 Zur zentralen Rolle des Fernhandels G. Schramm 1983.
278 Zu Nandshau C. R. Backus 1978, K. Korn-Riedlinger 1988.
279 K. W. Taylor 1999, S. 142–47.
280 Zu Bohai J. Reckel 1995.
281 Nach K. R. Hall 1999 und K. W. Taylor 1999 ergibt sich diese Einordnung. Vergleiche auch S. J. Tambiah 1977. H. Kulke 1986 unterscheidet zwar zwischen »early« und »imperial kingdoms«, doch bezieht sich das mehr auf die Größe als auf das Maß der Ausdifferenzierung von Institutionen.
282 J. Goody 1971, S. 1–20, J. Iliffe 1997, S. 9 f., S. K. McIntosh 1999, S. 22.
283 D. L. Schoenbrun 1998, S. 91 f., 104, 158, 206 f.
284 Betont von C. Coquery-Vidrovitch 1969.
285 R. Oliver und A. Atmore 2001, S. 19.
286 Zweifellos reichen dynastische Traditionen insbesondere in Ile Ife deutlich weiter zurück, aber ob bereits in dieser Zeit eine Ausdifferenzierung von etlichen Ämtern erfolgte, sodass man von einem Staat und nicht mehr von einem komplexen Häuptlingstum sprechen kann, ist fraglich, auch mit Blick auf die Bevölkerungszahl; die Porträtkunst ist kein Gegenargument. In der

Afrikanistik wird oft nicht deutlich genug zwischen dem Beginn (oraler) dynastischer Überlieferung und der Entstehung eines Staates im von uns definierten Sinn unterschieden, was natürlich auch an der dürftigen Quellenlage liegt. Die Redeweise vom afrikanischen Königtum verschleiert, dass es sich weitgehend um komplexe Häuptlingstümer und nicht um Staaten handelte; es ist dasselbe wie z. B. bei frühen Franken und Iren (siehe oben).

287 Von den Büchern des Verzeichnisses der kaiserlichen Palastbibliothek in China aus dem 1. Jahrhundert n. Chr. sind nur 14 % bis heute erhalten (E. Wilkinson 2000, S. 274), von den uns namentlich bekannten antik-griechischen Werken nur rund 10 % (C. Flon 1991, S. 81).

288 Die Frage nach dem Ausmaß von Kontinuität und Bruch im Übergang von Antike zu Mittelalter hat höchst umfangreiche Forscherkontroversen produziert, die zum großen Teil von falschen Verallgemeinerungen leben. Man muss deutlich zwischen Byzanz, dem Gebiet des Weströmischen Reiches mit längerer Fortexistenz römischer Eliten, dem Gebiet des Weströmischen Reiches mit raschem Abzug römischer Eliten und dem außerhalb davon gelegenen Europa (als Bereich des Transfers antiken Erbes) unterscheiden (von kleinräumigeren Differenzierungen ganz zu schweigen), ebenso zwischen staatlichen Strukturen, Kultur und Wirtschaft. Zugleich liefern die von uns betrachteten Prozesse, insbesondere jener der funktionalen Differenzierung, ein Kriterium, zwischen einer Transformation einerseits und einem Rückgang auf ein niedrigeres Niveau andererseits zu unterscheiden, was die in der Debatte gängige Begrifflichkeit von Kontinuität und Bruch nicht leistet.

289 Zu dem komplizierten Umweg griechischer Geistestraditionen über das sasanidische Gondischapur zu den islamischen Arabern siehe H. H. Schöffler 1980, besonders S. 33 f., 92 ff., 134 ff.

290 Zu den rezipierten Erkenntnissen griechischer Wissenschaft und Philosophie im Einzelnen siehe R. Walzer 1962, F. Rosenthal 1965, M. Ullmann 1970, bes. S. 1 ff., 21 f.

291 Insofern ist R. Bartlett 1996 einseitig, wenn er den europäischen Kulturraum nur aus gewaltsamer Eroberung der Ränder durch Ritter entstehen sieht.

292 Dazu W. Philipp 1983, S. 11 f.

293 Der Transfer erfolgte nicht durch militärische Eroberungsinitiativen Indiens oder die Einwanderung von Indern, wie die ältere Forschung meinte, sondern maßgeblich war die Entscheidung der indigenen Eliten für die Rezeption und ihre Selektion. Als Überblick über die Debatte hierüber siehe H. Kulke 2005.

294 Dazu W. H. Haussig 1983, S. 201–41.

295 So eine öfter vertretene These, z. B. H. Schulze 1998, S. 508–10.

296 Dass Timbuktu im 16. Jahrhundert vorübergehend eine gewisse Zentralität besaß, sollte nicht überschätzt werden. Siehe dazu J. D. Hunwick 2002, S. 81.

297 D. Twitchett 1994, S. 6.

298 H. Schmidt-Glintzer 1999a, S. 103.

299 L. A. Walton 1999, S. 13.

300 M. Elvin 1973, S. 193 f.

301 H. Scharfe 2002, S. 24 f.

302 A. Rahman 2000a, S. 19–25, 28 f.

303 M. Mitterauer 2003, S. 246, 258 f., R. W. Bulliet 1994, S. 205 f.

304 D. Diner 2005, S. 112–20.

305 J. E. Mc Clellan und H. Dorn 1999, S. 109.

306 T. E. Huff 1993, S. 179 f., 224.
307 F. Micheau 1996, S. 997.
308 H. Möhring 2003, S. 663.
309 Zur Veränderung der Kommunikationssituation ausführlich W. Faulstich 1996.
310 J. Verger 1993, S. 70 f.
311 Als großen Einschnitt betont dieses z. B. auch B. Nelson 1986, S. 29 f., 36–48, 53–57, 142 ff.
312 So C. Morris 1972, W. Ullmann 1974, F. Seibt 1987, S. 125–37, J. A. Aertsen und A. Speer 1996; vgl. auch H. Bredekamp 2000.
313 Als Hauptgrund sieht dies T. E. Huff 1993, besonders S. 76 ff., 84 ff., 108 ff., 212 ff., 218 ff., ebenso auch G. Makdisi 1981, S. 25 f., 282 ff.
314 Auch T. Kuran 1997, S. 64 ff., sieht im Fehlen öffentlicher Diskurse den Hauptgrund für die Stagnation der islamischen Welt.
315 D. Bodde 1991, S. 191 f.
316 In der Ssung-Zeit war die Zensur außerdem angesichts des Umfangs des Gedruckten faktisch nicht realisierbar (D. Twitchett 1994, S. 46–52).
317 Alberuni, Bd. 1, S. 25.
318 J. Needham 1954, Bd. II, S. 391 f.
319 Gegen J. Needhams Einschätzung, die chinesische Wissenschaft der Ssung-Zeit habe das Niveau erreicht, das die europäische Anfang des 16. Jahrhunderts hatte (z. B. 1977, S. 130), betont T. E. Huff 1993, S. 238 ff., zu Recht die theoretischen Schwächen, übersieht aber das Fachschrifttum, wenn er Needhams Einschätzung nur für Technik gelten lassen will. N. Sivin 1990, S. 169, betont, dass sich chinesische Naturwissenschaft ohne direkten Bezug zur Philosophie entwickelt habe.
320 Berechnet nach C. McEvedy und R. Jones 1978.
321 M. Williams 2003, S. 102, 123 f.
322 Zahlen bei C. McEvedy und R. Jones 1978, S. 171 f., Anteile bei J. Gernet 1983, S. 224.
323 Die Auffassung von L. White 1967, C. Amery 1972 und E. Drewermann 1991, S. 160 ff., dass das jüdisch-christliche Denken für den intensiven Zugriff auf die Umwelt verantwortlich sei, ist nicht haltbar, wie der vergleichende Blick auf Asien, insbesondere China zeigt (so überzeugend Y.-F. Tuan 1968, H. Dunstan 1998, J. Radkau 2000, S. 103–06, und 2003, S. 24 f., M. Elvin 2004, vgl. auch O. Bruun und A. Kalland 1995).
324 Berechnet nach C. McEvedy und R. Jones 1978.
325 P. Feldbauer 1995a, S. 66–81, 412 f.
326 Zu China differenziert P. J. Smith 2003, S. 9.
327 Während R. S. Sharma 1987 die Deurbanisierung stark betont, macht R. Chakravarti 2001, S. 77 ff., 91 ff., deutlich, dass dieses ein auf die Gangesebene beschränktes Phänomen war.
328 Im Zeitansatz folge ich P. Feldbauer 1995a, S. 74 f., 419 ff.
329 Dies begründet ausführlich M. Rodinson 1971 im Gegensatz zu älteren Auffassungen, die der Weltanschauung des Islam die Schuld an der wirtschaftlichen Stagnation geben.
330 M. Rodinson 1971, S. 64 f., 192 ff.
331 C. Cahen 1968, S. 162 f., auch 157 f., M. Williams 2003, S. 129 f.
332 Einseitig als ausschließliche Ursache angesehen z. B. von K. Khella 1994,

S.192, 195 f., 207, dagegen differenziert H.R. Roemer 1989, besonders S.157 f.

333 J.L. Abu-Lughod 1989, S.236 ff., J.-C. Garcin 1988, S.125 f., 128.

334 Diese begriffliche Einordnung ist präziser und gehaltvoller als die Charakterisierung von Ssung-China durch T. Naitō als erster moderner bzw. frühmoderner Gesellschaft (vergleichbar dem Europa der Renaissance; siehe dazu M. Tanigawa 1987), dem hierin etliche Historiker gefolgt sind (z.B. W. McNeill 1984, S.33 ff., A. Feuerwerker 1990, S.228 ff.). Es fehlt der Modernitätsthese an klaren Kriterien und an einer Theorie historischer Entwicklung, und insofern bleiben die in der Diskussion darüber herangezogenen Merkmale beliebig.

335 J. Gernet 1983, S.277. Das chinesische Papiergeld der Ssung-Zeit wird oft falsch eingeordnet: *funktional* entspricht es eher der europäischen Talerprägung seit etwa 1500 als dem europäischen Papiergeld des 18. Jahrhunderts.

336 Dies betont u.a. E.L. Jones 1991, S.XXXII, 12, 260 f., 266.

337 Zu China J. Gernet 1983, S.265 f., W.H. McNeill 1984, S.44 ff.

338 Berechnet nach K.-H. Ludwig 1999, S.77, und C. McEvedy und R. Jones 1978, S.43.

339 R. Hartwell 1967, S.109 ff., 118 ff., 132 ff.

340 Betont wird dieses Handelsnetz von J.L. Abu-Lughod 1989, E.R. Wolf 1991, S.47–110. Die Bildung eines weiträumigen Netzes betonen auch J.R. McNeill und W.H. McNeill 2003, S.82–152, wobei sie aber zwischen den Prozessen des regelmäßigen Warentauschs, der Assimilierung und des Transfers nicht klar unterscheiden, ebenso wenig zwischen den nicht deckungsgleichen wirtschaftlichen, kulturellen und politischen Netzwerken.

341 Hier überschätzen Weltsystemtheoretiker wie B.K. Gills und A.G. Frank 1992, A.G. Frank und B.K. Gills 2000, C. Chase-Dunn und T.D. Hall 1997, P. Beaujard 2005, die ein aufgrund seiner Systemlogik pulsierendes System unterstellen, das Maß der Integration und trennen auch nicht deutlich genug zwischen wirtschaftlichen und politischen Ursachen der Schwankungen.

342 R.A. Austen 1987, S.36, 59.

343 Siehe J. Needham 1954 Bd.1, S.220–23, 239 f., H. Franke 1992, S.38–42.

344 J. Vansina 1990, S.61.

345 Beispiele siehe H.G. Rawlinson 1975, S.438 ff.

346 Dass diese Feuerwaffen in Europa 1326, bei den Osmanen in der Türkei 1364 und in Indien 1360/65 auftauchten, lässt einen Transfer aus China wesentlich wahrscheinlicher erscheinen als eine Parallelerfindung in Europa (für Indien: R.K. Saxena 2002, S.323 f., G.S. Sandhu 2003, S.282 f., 347 f., 351 f., 375).

347 Möglicherweise erfolgte dies vom Nahen Osten aus nach China und Italien; dazu P. Buell 2000.

348 Zu diesen Grenzen ausführlich R.-J. Lilie 1994, S.106–18.

349 Die Trennung der Eliten wird stark betont von P. Crone 2004.

350 Zur Korrektur falscher Vorstellungen von Despotismus, in denen letztlich dessen Charakterisierung durch C. Montesquieu 1748/1951 nachwirkt, siehe J. Osterhammel 1998, S.279–309, 321.

351 J. Gernet 1983, S.264.

352 Die Debatte um die angemessene Charakterisierung der indischen Staaten zwischen 500 und 1200 litt lange an der Verwendung ungeeigneter Kategorien. Die (marxistischen) Versuche, den am europäischen Fall entwickelten

Feudalismusbegriff zu übertragen, leiden an mehreren Fehlern (als Überblick über die Debatte siehe H. Kulke 1991, H. Mukhia 2000, Einführungen bei R. S. Sharma 2001): Sie sehen 1. die Dezentralisierung als Zerfall bürokratischer Strukturen, während tatsächlich die Machtstrukturen auch in den Jahrhunderten zuvor nicht stärker bürokratisiert waren, auch unter den Guptas nicht, sondern die zwischen 500 und 1200 vorhandenen Strukturen vielmehr Ausdruck des Staatenbildungsprozesses waren (dazu F. Virkus 2004, B. Chattopadyaya 1994, besonders S. 35 f., H. Kulke 1985 und 1986); sie sehen 2. die Übertragung lokaler Hoheitsrechte an Brahmanen als grundherrschaftsähnliche Dezentralisierung, während dieses tatsächlich in Regionen stattfand, wo hierdurch überhaupt erst Herrschaftsverhältnisse begründet wurden und es den größten Teil des Landes nicht betraf (siehe R. Chakravarti 2002, S. 136, F. Virkus 2004, S. 78 f.); und sie übersehen 3., dass europäische Vasallen nicht primär militärisch Unterworfene waren und keine Geldtribute leisteten. S. Breuer 1998, S. 139 f., spricht unter Rückgriff auf Max Weber für Indien von präbendalem Pfründenfeudalismus. Der Versuch, den Begriff des segmentären Staates, den A. W. Southall 1956 am Beispiel der ostafrikanischen Alur entwickelt hat, auf Südindien im Ganzen zu übertragen (B. Stein 1977, zur Debatte darüber H. Kulke 1994), ist nur begrenzt hilfreich, weil die Intensivierung der Machtbeziehungen über die rituelle Ebene hinaus von dem Begriff nicht erfasst wird. Unsere Begrifflichkeit des Personenverbandsstaates und des (teilbürokratischen) Mandalastaates ermöglicht es dagegen, sowohl die Entwicklung zu erfassen als auch eine nicht eurozentrische Beschreibung spezifisch indischer Machtstrukturen zu leisten.

353 Nach C. McEvedy und R. Jones 1978, S. 41–119.

354 Ein Blick auf den Deutschen Orden im 14. Jahrhundert, China von der Han- bis zur Tang-Dynastie oder das pharaonische Ägypten zeigt, dass sich regelmäßige Steuern auch naturalwirtschaftlich organisieren lassen, sofern nur die Schriftlichkeit der Verwaltung weit genug entwickelt ist.

355 T. K. Keefe 1983, S. 42, 141.

356 Die Einschätzung ist umstritten; den personalen Charakter betont J. Fried 1982 und 1991, S. 54–56, den Amtscharakter betonen J. Durliat 1990 und G. Althoff 2000, S. 243 ff., ebenso die These einer feudalen Revolution, die erst im 10. Jahrhundert den Amtscharakter zum Zusammenbruch gebracht habe (T. N. Bisson 1994 und 1997, dagegen D. Barthélemy 1996).

357 Zur Vielfältigkeit grundherrlicher Beziehungen siehe H.-W. Goetz 2001, S. 72 ff., 85 ff., H.-W. Goetz 2003, S. 333–40.

358 Die jahrzehntelange Diskussion über die Charakterisierung europäischer Machtverhältnisse im hohen Mittelalter hat sich besonders auf den Feudalismusbegriff gestützt. Dieser ist jedoch alles andere als eindeutig: Während Marxisten primär auf das Verhältnis zwischen grundbesitzendem Adel und (ausgebeuteten) Bauern sehen und Feudalismus für eine Phase auf dem Standardweg weltgeschichtlicher Entwicklung halten, haben andere primär die Lehensbindung zwischen König und Adelsschicht im Blick. Es fördert auch die Klarheit nicht, wenn man den Blick zu sehr auf die Panzerreiter verengt und dann Feudalismus für ein im 9./10. Jahrhundert von Europa über den Nahen Osten bis China vorkommendes Phänomen hält (so R. J. Barendse 2003, kritisch dazu S. Morillo 2003), weil dadurch die Unterschiede in der Ausdifferenzierung von Machtinstitutionen aus dem Blick geraten.

Auch die Konzentration des Blicks auf das Lehensrecht ist irreführend, zum einen, weil es in der eigentlichen Zeit des Personenverbandsstaates noch eher diffus war und erst im 12./13. Jahrhundert von Juristen systematisiert wurde, wobei dann Lehen und Vasallität deutlich aufeinander bezogen wurden (so die Kritik von S. Reynolds 1994, bes. S.477 ff.), zum anderen weil die Lehensbindung nur *ein* Element neben anderen personalen Bindungen war (betont von H.-W. Goetz 2003, S.138–42, 298–300; zur Bedeutung der Verwandtschaftsbeziehungen siehe auch G. Althoff 1990, K.-H. Spiess 1993). Sinnvoller ist es, unter Bezug auf unser Konzept langfristiger weltgeschichtlicher Trends das Verschwinden ausdifferenzierter öffentlicher Amtsgewalt und das Entstehen personaler Bande der Vergesellschaftung in den Mittelpunkt zu rücken; so im Prinzip schon M. Bloch 1939/1982, bes. S.229, 526–31. Als Überblick über die Diskussion über europäischen Feudalismus siehe N. Fryde u.a. 2002.

359   Ausführlich zur politischen Rolle von Ritualen G. Althoff 2003.

360   Ausführlich dazu R. Bartlett 1996, S.91 ff.

361   Dazu B. Schneidmüller 2000.

362   Die Bedeutung der Landgemeinden als Grundelement europäischer Verfassungsentwicklung betont besonders P. Blickle 2000.

363   Stark betont von M. Mitterauer 2003, S.70–108.

364   Siehe E. Rosner 1981, S.105 ff., H. Franke 1992, S.57 ff., J. K. Fairbank 1968.

365   Dazu F. Virkus 2004.

366   Mit Blick auf das Getöse einzelner Literaten wird von Historikern immer wieder ein universaler Herrschaftsanspruch des römisch-deutschen Kaisers behauptet (so z.B. auch H. Kleinschmidt 1998, S.22–126); der Blick auf die konkreten protokollarischen Umgangsformen zeigt jedoch eindeutig die Akzeptanz der Gleichrangigkeit (siehe dazu I. Voss 1987, bes. S.59 ff.).

367   Ohne dass es einen Konsens gibt, konkurrieren in der Diskussion als Ursachenvermutungen miteinander Einbrüche kriegerischer Gruppen von außen, der Zusammenbruch der Fernhandelsverbindungen, ein Überschreiten der ökologisch gegebenen Tragfähigkeitsgrenze durch zu starkes Bevölkerungswachstum (so die »grüne« These, z.B. C. Ponting 1993, S.78–83, J. Diamond 2005), Dürren durch das El-Niño-Phänomen (z.B. B. Fagan 2000, G.H. Haug 2003) und Aufstände zu stark ausgebeuteter Bauern. Als Überblick siehe N. Grube 2000 und A. Demarest 2004.

368   Aus dem archäologischen Nachweis der Verbreitung von Gegenständen gleichen Kunststils folgt nicht zwingend die Existenz eines gemeinsamen Staates, wie ein Blick auf die antiken Griechen zeigt; es sind auch keine Paläste und Herrschergräber nachweisbar.

369   Die Behauptung von G. Menzies 2004, Dshöng Ho sei bis Amerika gefahren, ist falsch und Folge eines unsoliden Umgangs mit den Quellen.

370   Das ist die naheliegendste Erklärung dieses in der Forschung kontroversen Schritts (siehe dazu z.B. L. Levathes 1994), der deshalb so viel Aufmerksamkeit auf sich zieht, weil er oft durch eine oberflächliche Analogie (in die Ferne fahrende Flotte) in eine falsche Parallele zu den europäischen Entdeckungsfahrten gerückt wird. Dabei wird der davon unabhängige chinesische Überseehandel dann übersehen.

371   Die Zahlen sind umstritten; über zehn Millionen dürften mit Blick auf strukturell vergleichbare Fälle in anderen Regionen/Epochen der Weltge-

schichte nicht realistisch sein. Als kritische Einführung in die Diskussion siehe D. Henige 1998.

372 P.H.H. Vries 2002, S.91.

373 Die mentale Überlegenheit wird besonders von T. Todorov 1985 ausführlich dargestellt.

374 Zum demografischen Zusammenbruch siehe K.F. Kiple und S.V. Beck 1997, ferner W.H. McNeill 1977, S.199ff., A.W. Crosby 1991, S.229ff., J. Diamond 2000, S.231–57.

375 H. Pohl 1996, S.41.

376 J. Heideking 1999, S.5.

377 Siehe dazu S.A.M. Adshead 1993, S.178ff.

378 Zu dieser wenig beachteten Besonderheit Europas siehe J.H. Elliott 1992.

379 Dass diese Hegemonie etwas Neues war und kein Wiederaufleben der mittelalterlichen Kaiseridee, zeigt H. Lutz 1964, besonders S.22.

380 Sein Großkanzler hatte ihm empfohlen, die Gelegenheit zu nutzen, das in dieser Zeit noch nicht französischsprachige Südfrankreich unter einem eigenen Herrscher von Frankreich abzuspalten und dieses damit in die Zweitrangigkeit zurückzustoßen, eine durchaus realistische Perspektive (mit dem Connétable von Bourbon stand für diesen auch ein Führer bereit).

381 So mit Blick auf die Politik schon richtig L. Dehio 1948, vergleiche auch z.B. H. Schilling 1991. Es ist irreführend, wenn Autoren wie T. Knutsen 1999 und G. Modelski 1987 und G. Modelski und W. Thompson 1996 behaupten, es sei vom 17. bis 19.Jahrhundert ununterbrochen eine Hegemonialmacht auf die andere gefolgt; hierbei werden politische, wirtschaftliche und kulturelle Aspekte in unklarer Weise zu einem nicht solide definierten Hegemoniebegriff zusammengemischt.

382 Einzige Ausnahme war Russland, das seit 1689 Grenznachbar war.

383 W. Reinhard 1996b und 1999, B.M. Downing 1992, C. Tilly 1992, M. Mann 1990, Bd.2, S.319ff.

384 G. Parker 1988, S.206.

385 Dies betont A. Woodside 2006.

386 Für Europa A. Maczak 1988, W. Reinhard 1999, S.132–40, 205–09, J.I. Engel u.a. 2009, vergleiche auch M. Meumann und R. Pröve 2004; für China J. Gernet 1983, S.416f., für den Osmanenstaat I.M. Lapidus 1988, S.333ff.

387 Die Kritik von N. Henshall 1992 am europäischen Absolutismusbegriff hat dieses stark betont; zur hierdurch angestoßenen Debatte siehe R.G. Asch und H. Duchhardt 1996 und L. Schilling 2007.

388 F. Braudel 1985, Bd.3, S.339 und 344, J. Osterhammel 1989, S.77, P.H.H. Vries 2002, S.94f.

389 Diejenigen, die in Nachfolge Max Webers unscharf vom »modernen Staat« reden, sehen diesen Unterschied nicht klar genug. Weber selbst stand hierbei wohl unter dem Einfluss der borussischen Schule der deutschen Geschichtsschreibung, welche die Modernität Preußens im 18.Jahrhundert überbetonte.

390 Die heftige Debatte um die Frage, ob Tokugawa-Japan feudalistisch (so z.B. P. Anderson 1979) oder absolutistisch (so z.B. J.W. White 1988) gewesen sei, lebte weitgehend von der Tatsache, dass eine brauchbare Zwischenkategorie wie »teilbürokratisch« fehlte.

391 Siehe dazu S.N. Prasad 2002, S.37–39.

392 Für Afrika stark betont von J. Herbst 2000, S. 11–57 (der aber die Rolle von
     Waffen und Exportnachfrage unterschätzt).

393 V. B. Lieberman 1997 und 2003 betont stark die Parallelität dieser Entwick-
     lung zwischen den südostasiatischen und den europäischen Staaten, doch
     bleiben dabei die gravierenden Unterschiede unterbelichtet.

394 Am Beispiel Thailands hat S. J. Tambiah 1977 dieses als »galactic polity« be-
     schrieben.

395 Zu den grundlegenden militärtechnischen Innovationen 1500 bis 1700 siehe
     W. H. McNeill 1984, S. 81–131, G. Parker 1988, C. Rogers 1995.

396 Das sieht im Prinzip auch V. D. Hanson 2001 richtig, wenngleich er auch
     zu plakativ generalisiert.

397 C. M. Cipolla 1999, S. 26 ff., 146 f.

398 W. Reinhard 1997a.

399 Zum Transfer europäischer Militärinnovationen siehe D. B. Ralston 1990,
     G. Parker 1988, S. 108 ff., C. M. Cipolla 1999, L. Y. Andaya 1992, S. 180–86,
     H. Inalcik 1975.

400 K. Müller 1988, S. 200 f.

401 Dieses nicht auseinanderzuhalten ist ein Problem eines großen Teils der ein-
     schlägigen Fachliteratur, welche die Intensivierung der Machtausübung von
     oben nach unten für eine Folge des Absolutismus hält und deshalb mit der
     Tatsache nicht recht umzugehen weiß, dass in England die Intensivierung
     staatlicher Macht ebenfalls stattfand, im Grunde selbst in den Niederlanden,
     obwohl sich Absolutismus in diesen beiden Ländern nicht etablieren konnte.
     Diejenigen Historiker, die stattdessen mit einem unklaren Begriff des »mo-
     dernen Staates« hantieren, handeln sich meist dasselbe Problem ein.

402 Es bringt nichts, den Absolutismusbegriff als dekonstruiert über Bord zu
     werfen (wie z. B. W. Reinhard 1999, S. 51), solange man keinen besseren
     hat.

403 Beispiele für dominante leitende Minister im Absolutismus waren Mazarin
     in Frankreich 1643–61, Brühl in Sachsen 1746–63 und Wartenberg in Bran-
     denburg-Preußen 1697–1710; Beispiele für dezidiert persönlich regierende
     Monarchen Ludwig XIV. von Frankreich 1661–1715 und Friedrich II. von
     Preußen 1740–86.

404 G. Barudio 1981 betont mit Recht die Illegalität vieler Methoden. Wenn
     P. Anderson 1979, besonders S. 17–52, meint, der Absolutismus habe im
     Interesse des Feudaladels gelegen, der nur so seine Klassenherrschaft im
     Übergang zum Kapitalismus habe aufrechterhalten können, verkennt er die
     Eigeninteressen der Monarchen und verliert die ständischen Widerstände
     und die nichtabsolutistischen Staaten weitgehend aus dem Blick. Die auf
     F. Engels 1884/1969, S. 167, zurückgehende Auffassung, der Absolutismus sei
     durch ein Klassengleichgewicht zwischen Feudaladel und Bourgeoisie mög-
     lich geworden, überschätzt die Rolle des Wirtschaftsbürgertums und unter-
     schätzt die des Militärs.

405 Dieses geostrategische Argument schon bei O. Hintze 1906/1970.

406 Zur Frage der gesellschaftlichen Frontlinien in der englischen Revolution
     siehe J. A. Goldstone 1983. Wenn H.-H. Nolte 2004, S. 46 ff., Parlamentaris-
     mus und Absolutismus mit wirtschaftlichem Zentrum-Peripherie-Gefälle er-
     klären will, übersieht er z. B. die Bewahrung der Stände in Polen, Ungarn und
     Neapel.

407 C. Tilly. 1992, S. 2 f., 21, 31, 91–95, 137–51.

408 Der private Charakter der Staatsauffassung wird stark betont von B. Teschke 2007, S. 198–226; vgl. auch G. Barudio 1981.

409 B. M. Downing 1992, besonders S. 246 ff., wendet sich mit Recht gegen die Einseitigkeit, diesen Schritt einfach als Folge eines Aufstiegs der Bourgeoisie zu sehen, überbetont nun aber seinerseits den militärischen Aspekt und die mittelalterlichen Wurzeln.

410 J. Heideking 1999, S. 22.

411 S. K. McIntosh 1999, S. 9 ff., 15 f., zu afrikanischen Räten siehe auch A. Richards und A. Kuper 1971.

412 Dazu vor allem A. W. Crosby 1972; vgl. auch N. Ortmayr 2004. A. W. Crosby 1991 verschiebt die Perspektive des gegenseitigen Austauschs einseitig zu der eines ökologischen Imperialismus der Europäer, wobei er Extrembeispiele herausstellt, ohne zu hinterfragen, wo die Grenzen ihrer Gültigkeit liegen.

413 H. Bielenstein 1987, S. 92 f., 101.

414 A. Osborne 1998, S. 216 ff., E. B. Vermeer 1998, S. 270 ff.

415 M. Elvin 2004, S. 85, E. B. Vermeer 1998, S. 250 f., A. Osborne 1998, S. 209 f., 215 f.

416 C. McEvedy und R. Jones 1978, S. 18, 79.

417 Als europäische Besonderheit erkannt von J. Hajnal 1965.

418 Eine sich immer mehr zuspitzende Holzkrise scheint aber nicht bestanden zu haben; siehe J. Radkau 1997.

419 F. Braudel 1972, Bd. 1, S. 141–43.

420 A. Paulinyi 1997, S. 369.

421 I. Habib 1982, S. 163–67.

422 C. McEvedy und R. Jones 1978, S. 179–81.

423 C. McEvedy und R. Jones 1978, S. 134–43, 153, 220 f., 226 f.

424 C. McEvedy und R. Jones 1978, S. 79.

425 C. McEvedy und R. Jones 1978, S. 190–201, die Größenordnungen entsprechen A. Reid 1992, S. 463.

426 A. Reid 1992, S. 461 ff.

427 M. Mörner 1992, S. 348, C. McEvedy und R. Jones 1978, S. 101.

428 T. Raychaudhuri 1982, S. 291 ff., A. K. Biswas 2000, S. 294, 298 ff., A. Rahman 2000b, S. 247 ff., 259.

429 R. Owen 1981, S. 46.

430 H. U. Vogel 1994, S. 121 f., M. Elvin 1973, S. 203 ff., 285 ff.

431 J.-C. Debeir u. a. 1989, S. 148.

432 F. Braudel 1985, Bd. I, S. 400.

433 Der Erklärungsansatz von M. Elvin 1973, S. 298–315, und M. Elvin 1988, S. 104 ff., China sei durch sein starkes Bevölkerungswachstum in eine Gleichgewichtsfalle geraten, in der das niedrige Lohnniveau den Schritt zu arbeitssparender Technik und damit zum technischen Durchbruch der Industrialisierung verhindert habe, wirkt vor diesem Hintergrund nicht plausibel.

434 C. MacLeod 1988, S. 138–81.

435 So für Indien A. Rahman 2000b, S. 247, 259.

436 T. Raychaudhuri 1982, S. 297 f., 307.

437 A. K. Biswas 2000, S. 308.

438 Zu Entstehung und Bedeutung dieses Bereichs in England M. Jacob 1997, besonders S. 99–164. Vgl. auch J. Mokyr 1992, S. 239 ff.

439 J. Mokyr 1992, S. 233 f., 236 f.

440 J. Needham 1965, S. 170–74.

441 K. Pomeranz 2000, S. 64 ff., meint, der chinesische Bergbau habe weniger ein Wasser- als ein Explosionsproblem gehabt, hingegen meint P. J. Golas 1999, S. 186, es habe doch große Wasserprobleme gegeben. Wegen der eher verkehrsungünstigen Lage der Kohlengruben fand dieses aber in jedem Fall weniger Aufmerksamkeit.

442 Insofern kann J. Needham 1969 nicht überzeugen, der hier einen wesentlichen Faktor sieht.

443 Dies betonen M. Elvin 1988, S. 108–12, C.-Y. Liu 2004, K. G. Deng 2004.

444 Dass es sich hier wirklich um eine auf Heron aufbauende Diskurskette handelt, zeigt H. Wiewelhove 2002, vgl. auch U. Troitzsch 1997, S. 47–60.

445 So z. B. M. Elvin 1988, S. 101 ff., J. Mokyr 1992, S. 219, J. R. McNeill und W. H. McNeill 2003, S. 123.

446 Zu den Bedeutungsvarianten des Begriffs siehe I. Bog 1978. Kapitalismus im Sinne von Gewinnstreben, Geldwirtschaft, Kredit und Handelsreichtum unabhängig vom Staat (so J. Abu-Lughod 1989, S. 15 ff., F. Braudel 1985, Bd. 3, S. 97 ff.) gab es auch im Mittelalter im Nahen Osten, China und Indien; Kapitalismus im Sinne selbstregulierter Märkte (so K. Polanyi 1944/1978) setzte sich auch in Europa weitgehend erst gegen 1800 durch. Verbreitet ist die auf W. Sombart 1916, bes. Bd. 2, S. 118, und auch M. Weber 1920/1972 c zurückgehende Auffassung, der Frühkapitalismus habe sich (nach Anfängen in Oberitalien im 13. Jahrhundert) um 1500 in Mittel- und Westeuropa breit entfaltet, nicht hingegen in außereuropäischen Kulturen, wobei die doppelte Buchführung als Ausdruck von Rechenhaftigkeit und der Trennung von Haushalt und Betrieb zum zentralen Merkmal gemacht wird. Doch dieses Kriterium trägt nicht.

447 Alle Städtedaten berechnet nach T. Chandler und G. Fox 1974, S. 319, 308.

448 F. Braudel 1985, Bd. 3, S. 336, schätzt für den Mittelmeerraum im 16. Jahrhundert Landwirtschaft zu Gewerbe wie 5 : 1; Subsistenzanteil für China 60 bis 80 % (F. V. Moulder 1979, S. 34), Deutschland 70 bis 80 % (J. Mirow 2004, S. 306), Syrien 78 % (W. Hüttenroth und K. Abdulfattah 1977, S. 107).

449 Keine Stagnation, sondern weiteres Wachstum: für Indien K. N. Chaudhuri 1985, D. Washbrook 1988, S. 62 ff., S. Subrahmanyam 1990, D. Washbrook 1997; für China: E. S. Rawski 1985a, J. Osterhammel 1989, S. 50 ff., 67 ff., W. T. Rowe 1990, S. 243 ff., R. B. Wong 1997, S. 16–32, 39–52, 69, T. Brook 1999, X. Dixin und W. Chengming 2000.

450 P. H. H. Vries 2002, S. 86, G. G. Hamilton 1985, S. 194.

451 A. G. Frank 1998, S. 142–49.

452 So M. Weber als Teil des Versuchs, Europas Sonderentwicklung als Ausdruck einer besonderen Rationalität zu verstehen (zusammengefasst 1920/1972 c), dem hierin viele gefolgt sind. Zur systematischen Rekonstruktion seiner Rationalitätsthese siehe W. Schluchter 1979, S. 18 ff., vgl. auch M. Abramowski 1966.

453 Siehe F. Braudel 1985, Bd. 2, S. 29–32. Selbst Adam Smith 1776, S. 461 ff., hielt es für natürlich, dass Kapital lieber in sicheren Landbesitz als in Fernhandel floss.

454 Im Anschluss an M. Weber 1922/1980, bes. S. 788 ff., 805 ff., 810 f., haben etliche Autoren diesem Faktum einen hohen Stellenwert für das Entstehen bzw.

Nichtentstehen des Kapitalismus in Europa eingeräumt (z. B. J. A. Hall 1985, S. 48 ff., 199 ff.).

455 Beispiele bei J. Kulischer 1928, Bd. 2, S. 359–61, 405.

456 F. V. Moulder 1979, S. 63.

457 Die Einschätzung ist umstritten. F. Bernier 1670/1934 hat die These eines orientalischen Despotismus aufgestellt, der die Wirtschaftsentwicklung durch Willkürakte hemmen würde; sie hat dann Schule gemacht bis hin zu plakativen Verallgemeinerungen durch K. A. Wittfogel 1957; so auch noch bei D. S. Landes 1999, S. 175 f, 402 ff. Sie kann als überholt gelten; siehe zu Indien T. Raychaudhuri 1982, S. 185 ff., D. A. Washbrook 1988, S. 62 ff. Dass gar kein Unterschied an Rechtssicherheit bestanden habe (so K. Pomeranz 2000, S. 169 f., 174 ff.), ist aber eher zweifelhaft; siehe z. B. für das osmanische Imperium S. Faroqhi 1995, S. 63 f.

458 G. G. Hamilton 1985, S. 195 ff.

459 Es ist das Verdienst von I. Wallerstein 1974, Zentrum und Peripherie als Analysekategorien für die frühe Neuzeit eingeführt zu haben. Da er aber nicht hinreichend zwischen dem wirtschaftlichen und dem machtpolitischen Feld differenziert, sondern wirtschaftliche Dominanz des Zentrums (bzw. Abhängigkeit der Peripherie), politische Macht (bzw. koloniale Abhängigkeit) und freie Lohnarbeit (bzw. unfreie Arbeit) als festes Merkmalsbündel ansieht, passen seine Kategorien auf viele Regionen/Zeiten nur teilweise, was sich auch mit der unklaren Kategorie der Semiperipherie als Zwischenstufe nicht lösen lässt. Außerdem überzeugt die Erklärung des Phänomens aus einer Eigendynamik kapitalistischer Kapitalakkumulation nicht, zumal sein Kapitalismusbegriff unscharf bleibt.

460 Diese Veränderung der Wirtschaftsordnung haben Marxisten seit Langem als Übergang vom Feudalismus zum Kapitalismus bezeichnet. Ausgehend von der neoklassischen Volkswirtschaftslehre, die auf diesem Auge lange blind war, hat die Neue Institutionenökonomik diesen Sachverhalt dann als Minimierung von Transaktionskosten zu erfassen versucht (D. C. North und R. P. Thomas 1973), die durch das Entstehen von Wettbewerbsmärkten und durch die Sicherung der Eigentumsrechte entstanden sei; dabei bleibt zumindest die Machtfrage unterbelichtet. Einen Versuch, beide Ansätze zu verbinden, stellt H. J. Sherman 2006 dar.

461 M. Weber 1904/1972 hält die theologischen Vorstellungen des Calvinismus für die entscheidende Triebkraft bei der Entstehung des kapitalistischen Geistes und damit des Kapitalismus in den Niederlanden und England, da die Prädestinationslehre zum Streben nach Bestätigung durch rastlose Berufsarbeit als innerweltlicher Askese führe. Doch hier fehlen die empirischen Belege für einen solchen Zusammenhang, und im Argumentationsgang fließen auch Protestantismus im Allgemeinen und Calvinismus im Besonderen in unklarer Weise ineinander. Tatsächlich ist fraglich, inwieweit das reale Bewusstsein von Geschäftsleuten des 17. und 18. Jahrhunderts besonders in England den von Weber zugrunde gelegten Theologenpositionen des 17. Jahrhunderts entsprach. Außerdem ist kapitalistischer Geist auch schon vor Calvin festzustellen, umgekehrt aber nicht in allen protestantischen Gegenden. Sinnvoller als dieser rein psychologische Ansatz ist der Blick auf die Machtstrukturen. Als Einführung in die umfangreiche Diskussion zu Webers These J. Winckelmann 1978, H. Lehmann und G. Roth 1993, C. Sey-

fahrt und W.M. Sprondel 1973, H. Lehmann und M. Quédraogo 2003, H. Lehmann 1996.

462 Das Konzept mehrerer getrennter Handelsnetze (so P.D. Curtin 1984, bes. S. 109–225, F. Braudel 1985, Bd. 2, S. 155–75, Bd. 3, S. 18 ff.) wird den Realitäten mehr gerecht als das Konzept eines um 1500 entstandenen, europäisch zentrierten kapitalistischen Weltsystems nach I. Wallerstein 1974, bei dem die Aktivitäten der restlichen Welt als unbedeutender Außenbereich weit unterschätzt werden, und ebenso mehr als das Konzept eines sinozentrischen Weltsystems, bei dem Europa peripher ist, nach A.G. Frank 1998, S. 52 ff., 116 f., 126 f., das zu einseitig die chinesisch-europäische Waren-/Silberbilanz zum Angelpunkt des Ganzen macht.

463 So z.B. E.L. Jones 1991, S. 232 ff., S.D. Landes 1999, S. 110–15.

464 A.G. Frank 1998, S. 178–85.

465 D.S. Linton 1997a, S. 74, J.R. Bruijn und F.S. Gaastra 1993.

466 Auf diese innerchinesische Differenzierung haben G.W. Skinner 1978 mit seinem Konzept der sieben Makroregionen Chinas, die jeweils in sich Zentrum-Peripherie-Strukturen aufweisen, und Y.-C. Wang 1973, S. 84–89, richtig hingewiesen; diese wird fast immer übersehen, wenn weltgeschichtlich orientierte Autoren »China« anderen Großregionen gegenüberstellen.

467 Alle drei Sklavenzahlen nach P.E. Lovejoy 2000, S. 19, 26, 47, 142, 147.

468 H. Pohl 1996, S. 92–99.

469 Zum Wissenstransfer E. Ihsanoğlu 1997, S. 802 f.

470 Dazu W. Halbfass 1981, bes. S. 203 f., 210 ff., 219 ff.

471 V.B. Lieberman 1997, S. 481 ff., 511 ff., 524 ff., betont recht einseitig die Ähnlichkeiten der Homogenisierungsprozesse in Südostasien und Frankreich.

472 Stark betont bei P. Crone 1992, S. 105–08, 111–15.

473 Aspekte dieses Prozesses sind in verschiedener Weise thematisiert worden: als Sozialdisziplinierung durch den Staat (G. Oestreich 1968; dazu W. Schulze 1987), als Konfessionalisierung durch die Kirchen und als Weg zur Disziplinargesellschaft durch besondere Institutionen (zuerst M. Foucault 1975, dazu G. Noiriel 1994). Zur in Deutschland an die Konzepte Sozialdisziplinierung und Konfessionalisierung anschließenden Diskussion H. Schilling 1994, H.R. Schmidt 1997 und W. Reinhard 1997b. Vergleiche ferner R. Muchembled 1984, und H.-D. Kittsteiner 1991.

474 E. Rawski 1979, S. 29–35, 42, und E. Rawski 1985b, S. 406–08, P.J. Smith 2003, S. 33 f.

475 N. Elias 1939/1977 hat die Tragfähigkeit seiner Beobachtungen an Fürstenhöfen des 16. bis 18. Jahrhunderts in Deutschland und Frankreich überstrapaziert, wenn er annahm, es gäbe einen einheitlichen Zivilisationsprozess, in dem Gewaltbereitschaft, Scham- und Peinlichkeitsschwelle und Manieren sich als ein Ganzes verändern würden. Im Unterschied hierzu kann unsere Interpretation der Verhaltensformung als Ausdruck von vier verschiedenen Kräften auch den Rückgang von Etikette und Sexualmoral im 20. Jahrhundert erklären. Als Einführung in die Diskussion um Elias' Thesen siehe G. Schwerhoff 1998, K.-S. Rehberg 1996, M. Hinz 2002, als gewichtigen Kritiker H.-P. Duerr 1988.

476 Ausführlich zur Asymmetrie des Informationsflusses G.C. Gunn 2003. Zu den seltenen chinesischen Europareisenden J. Waley-Cohen 1999, S. 122–24.

477 Siehe J. Meskill 1969.

478 W. Peterson 1998, S. 715.

479 D. Bodde 1991, S. 187.

480 E. Wilkinson 2000, S. 536 f.

481 Daten nach E. Wilkinson 2000, S. 273 ff.

482 Zur Diskussion um die Kommunikationsintensivierung in der frühen Neuzeit siehe J. Burkhardt und C. Werkstetter 2005.

483 W. Weber 2004, S. 72.

484 Dazu ausführlich E. Eisenstein 1980.

485 Eine Quantifizierung der naturwissenschaftlichen Innovationen für die einzelnen Länder Europas im Zeitverlauf bei S. Wagner 1985, S. 231–60, 273 ff.

486 W. Behringer 2005, S. 41 f., 45 ff.

487 J. Habermas 1962/1990 hat die Bedeutung der Kaffeehäuser und Salons überschätzt.

488 Als Schätzungen: russische Buchproduktion im 18. Jahrhundert 9000 Titel
gegen 500 000 deutsche (C. Schmidt 2003, S. 1), jährliche Buchproduktion
1780er-Jahre Russland 400 gegen Japan 3000 (C. E. Black 1975, S. 109) und
1786 Deutschland 2076 Titel (J. Mirow 2004, S. 595).

489 B. Lewis 2002 liegt neben dem eigentlichen Problem, wenn er die Ursache für
das Zurückfallen der islamischen Welt nur darin sieht, dass sie nicht von Europa lernte, und nicht danach fragt, warum sie die Innovationen nicht aus
sich selbst hervorbrachte, wie er auch wirtschaftliche Aspekte unberücksichtigt lässt.

490 K. H. Karpat 1964, S. 257.

491 D. Diner 2005, S. 107–44.

492 Dafür spricht auch, dass europäischer Typendruck in Japan ab 1590 mit dem
Christentum aufgenommen wurde, aber dann mit diesem auch wieder verschwand. Das Argument, dass Buchdruck nicht mit der kalligrafischen Tradition des Islam vereinbar gewesen sei, ist mit Seitenblick auf die Bedeutung
der Kalligrafie in China wenig überzeugend. M. Mitterauer 2004, 249 ff., will
die Unterschiede in der Rezeption des Buchdrucks stark mit der Religion erklären.

493 Für Indien C. A. Bayly 1996, S. 39.

494 D. J. Steinberg 1985, S. 40: im 18. Jahrhundert über die Hälfte der Männer.
Vergleiche V. B. Lieberman 1997, S. 512 ff.

495 Diese Zusammenhänge und die Bedeutung von Glas für den Vorsprung
europäischer Wissenschaft betonen A. Macfarlane und G. Martin 2002.

496 Darauf weist S. Shapin 1998 hin.

497 P. Rossi 1997, S. 275 f.

498 J. Burckhardt 1860 sah die Renaissance als Durchbruch des modernen Individuums, worin ihm viele gefolgt sind. Doch er hat die gesellschaftliche Reichweite der Neuerungen stark überschätzt; siehe V. Reinhardt 2002. Außerdem
bedeutete die Hinwendung zu antiken statt christlichen Autoritäten keine
Abkehr vom Autoritätsprinzip an sich, und die oft herangezogenen Porträts
sind mehr dem allgemeinen Realismus der Wirklichkeitsdarstellung geschul-
det, der sich genauso auf andere Gegenstände erstreckte.

499 M. Weber (besonders 1920/1972 c, siehe auch 1920/1972 a) steht noch ganz
in der Tradition dieses Selbstverständnisses der Aufklärung und ihrer Berufung auf die »ratio« (Vernunft), wenn er Rationalisierung für ein spezi-
fisches Merkmal des europäischen Geistes hält, das sich in Wirtschaft, Büro-

kratie und Recht, aber auch Musik, Malerei und Naturwissenschaft in gleicher Weise äußere. Ein so weitgespannter Rationalisierungsbegriff gerät zwangsläufig inkonsistent, indem er zwischen zweckrationaler Abwägung der Mittel, Handlungsrationalität i.S. eines Bezugs auf allgemeine Regeln, Systematisierung und Verwissenschaftlichung changiert (dazu A. Eisen 1978, R. Brubaker 1984). Weber spannt unter diesem Begriff Phänomene aus dem 16. bis 19. Jahrhundert und aus ganz verschiedenen Bereichen zusammen, hinter denen unterschiedliche Triebkräfte stecken, aber kein gemeinsamer Geist.

500　J. Mirow 2004, S.469. Zum Nebeneinander von vernunftbetonter und religiös gebundener Weltsicht im 18. Jahrhundert D. Donald und F. O'Gorman 2006. Ausführlich zur Verbreitung von Aberglauben H. Bächtold-Stäubli 1927.

501　Diese Frage ist speziell mit Blick auf die Entstehung der modernen Physik im 17. Jahrhundert öfter gestellt worden. Dabei sind die Fragen nach den Ursachen für den Durchbruch in der Physik in Europa und für sein Ausbleiben in China zwei Seiten derselben Medaille. Die verschiedenen Ansätze weisen jeweils unterschiedliche Blickverengungen auf. Mit Blick auf Europa werden alternativ betont: die Wiederaufnahme von Wissenschaftskonzepten aus dem Hellenismus (L. Russo 2005, S.382–92, 398 ff., 405–32, 444–46), der Zusammenbruch der Barriere zwischen Intellektuellen und Handwerk (E. Zilsel 1976, S.49–65), die Rolle der politischen Konflikte zwischen Absolutismus und Oligarchie (M. C. Jacob 1997, S.34–96). Mit Blick sowohl auf Europa wie China wird das Vorhandensein/Nichtvorhandensein eines autonomen diskursiven Bereichs und von Mathematisierung betont (T. E. Huff 1993, S.237 ff., 289, 307, 316–18) und der europäische Staatenpolyzentrismus, der Ausweichen vor Verfolgungen ermöglicht und dessen Staatenkonkurrenz zur Wissenschaftsförderung geführt habe (G. Lang 1997, vgl. R. Wuthnow 1980; dieses Erklärungsmuster hat wenig Substanz). Mit Blick auf China wird die Diskrepanz zwischen Theorie und Empirie betont (D. Bodde 1991, S.212, 222 ff., 328–32) und von J. Needham, der sich mehr als jeder andere mit diesem Problem befasst hat, im marxistischen Sinn die geringere Stellung der Kaufleute, die in Europa Experimente und Mathematisierung bewirkt hätten (J. Needham vor allem 1969, S.40, 152, 186, 212; 2004, S.209 ff., 229 ff., auch 1977; für die Mathematisierung irrig, für die Hinwendung zur Realität durchaus relevant, wobei Needham nicht deutlich genug zwischen dem Ausmaß der Entwicklung des Kapitalismus einerseits und der politischen Macht von Kaufleuten andererseits differenziert und auch die Entwicklung von Wissenschaft und Technik zu eng verbunden sieht). Alle Ansätze leiden darunter, dass sie letztlich keine Theorie wissenschaftlicher Innovationen besitzen und deshalb nicht zielgerichtet genug analysieren.

502　M. Elvin 2004, S.388 f., S. Nakayama 1984, bes. Kap. 4.

503　Daten nach J. Needham 1977, S.130–43, J. Needham 1986, S.13, J. Needham 2004, S.28–40.

504　T. Najita 1990, S.601 ff., M. Rüttermann 1999.

505　Diese Sicht geht auf G. W. F. Hegel 1988 zurück. Hieran knüpft einerseits K. Marx an, dessen Vorstellung einer stagnierenden »asiatischen Produktionsweise« (im Unterschied zum dynamischen europäischen Kapitalismus) einen langen Diskurs ausgelöst hat (dazu G. Sofri 1972, L. Krader 1975), an-

dererseits zahlreiche nichtmarxistische Autoren, von denen M. Weber 1920/
1972 b einer der einflussreichsten ist, bis hin zu I. Wallerstein 1974, Bd. 1,
S. 57–63, 85, J. A. Hall 1985, J. Baechler u. a. 1988, E. L. Jones 1991, S. K. Sanderson 1995, S. 168–80, D. S. Landes 1999, bes. S. 19 ff., 61 ff., 345 ff., 402 ff.,
E. Weede 2000.

506 Beispielsweise P. Crone 1992, S. 165–96, M. Mann 1990, Bd. 2, D. Lal 1998,
M. Mitterauer 2003, R. Stark 2006.

507 So z. B. A. G. Frank 1998, S. 5 ff., 324 ff., A. G. Frank in: Frank-Landes 1998,
S. 4, J. M. Hobson 2004.

508 K. Pomeranz 2000 und 2002 b, R. B. Wong 2002, ähnlich J. A. Goldstone 2002.

509 Als Beispiele für eine zu großräumliche Gegenüberstellung. E. L. Jones 1991,
besonders abschreckend plakativ M. Blaut 1993, J. M. Hobson 2004.

510 Schon fast hilflos mutet der Versuch an, die Problematik eines Vergleichs
Chinas mit Europa mit der summarischen und undifferenzierten Kategorie
»frühmodern« in den Griff zu bekommen; so die Beiträge in L. A. Struve
2004.

511 Die Gleichheit zwischen Westeuropa und den asiatischen Kernregionen betont besonders K. Pomeranz 2000, S. 31 ff., 49 ff., 114 ff., eine deutliche Überlegenheit Westeuropas dagegen z. B. D. S. Landes 1999, bes. S. 183. Die
Kontroverse um diese Frage erscheint angesichts der Unsicherheiten der
Informationsbasis aber recht fragwürdig, da trotz unterschiedlicher Akzentuierung weitgehend ein Konsens besteht, dass der Unterschied nicht größer als
1:2 war. Siehe zu diesen gesamtgesellschaftlichen Quantifizierungsversu-
chen vor allem P. Bairoch 1981 und 1993, S. 101–10, A. Maddison 1998 und
2003, S. 249–55. Parallel gelagert ist die Kontroverse zwischen K. Pomeranz
2002 a und P. C. C. Huang 2002 über den Vergleich der dahinter stehenden
Arbeitskraftproduktivität Westeuropas und Chinas im späten 18. Jahrhundert.

512 Dabei sind zu dieser Frage recht unterschiedliche Erklärungsansätze entwickelt worden. Einerseits wird die Ursache im Bereich der Mentalitäten gesucht: M. Weber 1920/1972 b, Bd. 1 und 2, sieht sie in den theologischen
Grundpositionen der großen Weltreligionen (Hinduismus, Buddhismus, Konfuzianismus, und Taoismus), weshalb sich dort im Unterschied zum Protestantismus kein kapitalistischer Geist entwickelt habe, andere sehen sie in der
bürgerlichen Arbeitsmoral Westeuropas (z. B. D. S. Landes 1999, bes. S. 195 ff.,
263, 283, 289 ff.). Andererseits werden die Ursachen in den politischen Institutionen gesucht: Im Unterschied zu den wirtschaftsfördernden europäischen
Staaten seien die asiatischen despotisch und ausbeuterisch bzw. für eine Wirtschaftsförderung zu schwach (z. B. J. A. Hall 1985, S. 42, 56 ff., 76 ff., 80, 82,
109, E. Weede 2000, S. 86 ff., 176 ff., 201), diese Staaten werden als Folge von
Nomadeneinfällen angesehen (E. L. Jones 1991, S. XXVIII–XXX, 184–92,
198, 260 f., 266 f., E. L. Jones 1988, S. 130–35, 145 f., 176 ff., kritisch dagegen
P. H. H. Vries 2002, S. 94 ff.), die Folgen des europäischen Feudalismus hätten
Kaufleuten mehr Spielräume eröffnet (z. B. P. Crone 1992, S. 178 f.), insbeson-
dere auch in Gestalt der Selbstverwaltung der Städte (zuerst M. Weber
1922/1980, bes. S. 788 ff., 805 ff., 811), und die Machtkonkurrenz europäischer
Staaten habe im Unterschied zu den asiatischen Großreichen Kreativität und
Wirtschaftswachstum gefördert (z. B. J. A. Hall 1985, S. 135 f., und 1988, S. 38,
N. Rosenberg und L. E. Birdzell 1986, A. Feuerwerker 1990, S. 238 f., E. L. Jones

1991, S.138f., 144, J. Mokyr 1992, Kap.9, M. Mann 1994, Bd.2, S.404, und D.S. Landes 1999, S.55f., stark relativierend zu diesem Ansatz dagegen P.H.H. Vries 2002, S.70–92). Auch auf den Ressourcenzufluss aus Übersee wird verwiesen (siehe dazu im nächsten Kapitel).

513 C.A. Bayly 2006, S.99–102, unterschätzt dies, wenn er in seinem Streben, die großen Kulturregionen auf eine Stufe zu stellen, in China, Indien und islamischer Welt analoge Erscheinungen zur europäischen Wissenschaft sieht. Auch B.A. Elman 2005 unterschätzt diesen Unterschied, wenn er tendenziell davon ausgeht, chinesische Wissenschaft sei nicht rückständig, sondern nur auf einem anderen Pfad gewesen. Dagegen macht O.-C. Ng 2003 die Begrenztheit der geistigen Innovationen Chinas deutlich.

514 Beispiele bei J. Osterhammel 1989, S.25–29, vgl. J. Osterhammel 1998, S.16ff., 27ff., 51ff., 57ff., 72ff.

515 Diese Interdependenz überschätzen sowohl Marx als auch die Modernisierungstheorie.

516 Modernisierungstheoretische Erklärungen der Entstehung von Nationen (z.B. K.W. Deutsch 1972, O. Dann 1978) betonen als Ursache einseitig die steigende überlokale Kommunikation; damit können sie aber nicht erklären, wer mit wem eine gemeinsame Identität ausbildete und warum so viele Nationalstaatsgründungen durch Separatismus aus einer größeren politischen Einheit erfolgten. Sie übersehen die Bedeutung der politischen Teilhabe/ Nichtteilhabe, worauf (im Unterschied zu vielen anderen) richtig E.J. Hobsbawm 1989, S.192ff. hinweist.

517 Den Konstruktcharakter von Nationen betonen besonders B. Anderson 1983 und E. Gellner 1991, S.77ff.

518 Für die Erklärung der *Entstehung* von Nationen (nicht der erst später aufkommenden Rolle des Nationalismus als manipulatives Integrationsinstrument) ist der Hinweis auf die zersetzende Wirkung der Industrialisierung, die eine neue Integration erfordert habe (so E. Gellner 1991), irrig, da die Nationenentstehung durchweg in vorindustrielle Zeiten fiel. Auch das Argument, großräumigere Wirtschaftsverflechtung habe größere Staatsräume erfordert, trägt nicht, da die meisten Nationenbildungen durch Abspaltung zu kleineren Staaten und Wirtschaftsräumen führten, und selbst im deutschen Fall des Zusammenschlusses zu einem größeren Staat standen beim Krieg 1866 die süddeutschen Staaten, obwohl wirtschaftlich seit Gründung des Zollvereins immer enger mit Preußen verbunden, aufseiten Österreichs.

519 Dass die gesamtnationalen Vorstellungen zunächst in ernsthafter Konkurrenz zur Fokussierung auf die größeren Einzelstaaten standen und erst durch die Partizipationsverweigerung zum Zuge kamen, betonen für Deutschland O. Dann 1996, S.96ff., 111ff., und A. Green 2001, für Italien H. Ullrich 1978, besonders S.148.

520 Dazu G. Gong 1984.

521 V. Rittberger und B. Zangl 2003, S.84.

522 International Governmental Organizations, International Non-Governmental Organizations.

523 F.R. Pfetsch 1994, S.76.

524 Zu Gewichtsverlagerungen 1870–1914 ausführlich P. Kennedy 1989, S.306–78.

525 Siehe dazu J. Dülffer u.a. 1997.

526 Der Anteil Deutschlands am Kriegsausbruch war in der deutschen Geschichtsschreibung der 1960er- bis 1980er-Jahre Gegenstand heftiger Kontroversen; zur Einführung siehe G. Schöllgen 1986, H. Böhme 2000 und K.H. Jarausch 2003.

527 Siehe H. Afflerbach und D. Stevenson 2007.

528 Als Überblick über diese sogenannten Imperialismustheorien siehe R. Owen und B. Sutcliffe 1972, W. J. Mommsen 1977, ergänzend P. Wolfe 1997.

529 Zur Relativierung der überzogenen These, dass Großbritannien 1815–80 ein »informal empire« besessen habe, siehe P. J. Marshall 1998, M. Lynn 1999.

530 Zur zentralen Bedeutung der waffentechnischen Lücke siehe P. D. Curtin 2000, S. 19–37.

531 C. McEvedy und R. Jones 1978, S. 342.

532 Berechnet nach C. McEvedy und R. Jones 1978, S. 18, 79, 159, 191–203, 270, 329, 342.

533 Zum demografischen Übergang ausführlich M. Livi-Bacci 1997, S. 112 ff.

534 Die Holzknappheit war sowohl real wie konstruiert. Siehe dazu J. Radkau 1997, K. Pomeranz 2000, S. 220 ff. P. Malanima 2006 hält die Holzknappheiten W- und N-Europas für größer als in anderen Agrargesellschaften.

535 B. R. Mitchell 1998b, S. 74–76.

536 M. Livi-Bacci 1997, S. 136.

537 A. W. Crosby 1972, S. 216, M. Livi-Bacci 1997, S. 136.

538 A. Maddison 2003, S. 81 f, 121 f.

539 H.-H. Nolte 1998, S. 505 f.

540 W. Reinhard 1996a, S. 165.

541 J. F. Richards 1990, S. 164.

542 I. G. Simmons 1989, S. 288–90.

543 J. Gernet 1983, S. 469, 514f.

544 R. Kolb 2003, S. 245.

545 A. McKeown 2004, S. 61.

546 A. Maddison 2003, S. 160–62.

547 J. Chesneaux 1981, S. 105.

548 A. R. Zolberg 1997, S. 288.

549 D. B. Grigg 1974, S. 100.

550 C. Marx 2004, S. 19 f.

551 A. Maddison 1991, S. 6 f.

552 Errechnet nach B. Mitchell 1998a, S. 352 ff., 417 ff., 1998b, S. 426 ff., 458 ff., 1998c, S. 311 ff., 359 ff.

553 Dazu R. P. Sieferle u.a. 2006, S. 178–80.

554 W. G. Hoffmann 1965, S. 204 f.

555 Die Philosophie hat dieses seit Marx als Entfremdung thematisiert, doch ist dieser Begriff unscharf und mehrdeutig geblieben, weshalb wir hier auf ihn verzichten. Zur Einführung siehe E. Ritz 1972, H. Ottmann 1982, als Rettungsversuch R. Jaeggi 2005. Dabei handelt es sich um ein Phänomen von Industrialisierung, nicht der politisch-gesellschaftlichen Ordnung, es trat also in »kapitalistischen« genauso wie in »sozialistischen« Gesellschaften auf.

556 Zur Beschleunigung aller Lebensbereiche siehe P. Borscheid 2004.

557 Als Einstieg in die Debatte R. P. Sieferle 2003b.

558 Von der »Einzigartigkeit« Europas zu reden, ohne ernsthaft mit anderen zu vergleichen (wie H. Kiesewetter 1996), muss in die Irre führen.

559 D. S. Linton 1997b, S. 98 f.

560 J. Komlos 1997, S. 482 f., 497 ff., R. P. Sieferle u. a. 2006, S. 130 ff., vgl. auch D. Greenberg 1982.

561 Zur Debatte um die Wachstumsraten siehe N. Crafts und C. K. Harley 1992, P. Antràs und H.-J. Voth 2003, N. Crafts 2005.

562 P. Bairoch 1993, S. 82 ff.

563 J. Komlos 1997, S. 488 f., K. Pomeranz 2000, S. 181 f.

564 So ein wichtiges Argumentationselement von E. L. Jones 1991, S. 25–47, 259, das überdies von J. Helbling 2003, S. 94–96, in Zweifel gezogen wird.

565 Die Auffassung, die britische Industrialisierung sei hinsichtlich der Kapitalbildung durch Gewinne aus Überseehandel, Kolonialausbeutung und Sklavenhandel angeschoben worden, während die technischen Innovationen demgegenüber nebensächlich seien, findet sich im Prinzip schon bei K. Marx, 1867/1962, S. 779 ff.; in jüngerer Zeit z. B. E. Williams 1944 (dazu R. B. Sheridan 1987), J. M. Blaut 1993, S. 59, 187 ff., 199–206, A. G. Frank 1998, S. 206 ff., 294 ff., J. M. Hobson 2004, bes. S. 312, G. Lenski 2006, S. 172–78, 182 f.

566 P. K. O'Brien 1982 und 1990, besonders S. 171, 176 f.

567 Dieses als Kernargument dafür, dass China nicht den Weg zur Industrialisierung fand, z. B. bei R. Hoffmann 1987, G. Deng 1999, S. 122 ff., 196 ff., 325.

568 Wenn J. A. Goldstone 1996, S. 7–18, argumentiert, die Industrialisierung sei in China nicht erfolgt, weil die chinesischen Frauen stärker an das Haus gebunden und nicht für Fabriken verfügbar gewesen seien, so klebt er zu sehr am britischen Beispiel.

569 K. Pomeranz 2000, S. 22 ff., 264 ff., macht die für Großbritannien in Übersee verfügbaren Produktionsflächen zu einem zentralen Argument, warum Großbritannien seit 1800 einen wirtschaftlichen Aufschwung nehmen konnte und China nicht. Doch die Berechnungen überzeugen nicht. Der Zuckerimport war zur Ernährung nicht erforderlich; hätten die Briten weniger (in der Produktion flächenaufwendiges) Rindfleisch gegessen und sich stärker vegetarisch ernährt (was nicht einmal so extrem sein musste wie in China), wären sie auch bequem ohne diese Kalorienzufuhr ausgekommen, und für die Nutzholzproduktion gab es im Ostseeraum Reserven (das war im Vergleich zu Nordostamerika mehr eine Preisfrage). Hinsichtlich des Rohstoffs Baumwolle waren China und Indien insofern nicht im Nachteil, weil sie ihn schließlich im eigenen Lande anbauen konnten (hier waren die Europäer die klimatisch Benachteiligten!) – weder in China noch in Indien ist zu dieser Zeit die Entwicklung des Textilgewerbes durch Mangel an Rohbaumwolle behindert worden, und selbst wenn sich hier in China durch Flächenkonkurrenz Probleme ergeben hätten, hätten die Chinesen Rohbaumwolle aus Indien importieren können (die Briten hatten zum Zeitpunkt des Opiumkriegs schließlich das Problem, dass sie beim besten Willen nicht wussten, was sie den Chinesen verkaufen könnten außer dem Teufelszeug Opium). Großbritannien hingegen war für die Industrialisierung nicht auf die Baumwolle aus Übersee angewiesen; hätte es diese nicht gegeben, hätte man diese auch durch Flachs oder Wolle substituieren können, und die benötigten Mengen hätten sich, wenn auch nicht in Großbritannien, so doch durchaus in den

peripheren Agrargesellschaften Osteuropas produzieren lassen. Weil Pomeranz' Erklärung aber so passend scheint, um Europa klein zu reden, ist sie von manchem gerne aufgenommen worden; siehe z. B. R. B. Marks 2006, S. 131 f. 142 f.

570 Die Rolle der Wirtschaftsordnung wird einerseits von Marx und den in seiner Tradition Stehenden (Kapitalismus statt Feudalismus), andererseits von D. C. North und R. P. Thomas 1973, N. Rosenberg und L. E. Birdzell 1986 und den ihnen Folgenden, also dem institutionenökonomischen Ansatz, viel zu einseitig betont. Der große Unterschied zwischen dem Handelskapitalismus der frühneuzeitlichen Agrargesellschaft einerseits und der Industriegesellschaft andererseits wird dabei verkannt. Derselbe Einwand gilt auch für den eher am »kapitalistischen Geist« orientierten Kapitalismusbegriff von W. Sombart 1916 und M. Weber (1920/1972a, 1922/1080, S. 35−121).

571 Diese aktive Rolle des Staates in Abgrenzung gegen eine zu liberale Sicht betont zu Recht P. H. H. Vries 2003, S. 5−7, 34.

572 Die These von F. Bray 1986, der Reisanbau habe so viel Arbeit (und Kapital) aufgesogen, dass für das Gewerbe nicht genug übrig geblieben sei, ist vor diesem Hintergrund nicht nachvollziehbar und verträgt sich auch nicht damit, dass Japan schon im 19. Jahrhundert den Weg zur Industriegesellschaft einschlagen konnte. Nicht besser steht es mit der These von G. Deng 1999, S. 68−71, 254, es habe in China an Arbeitskräften für die Industrialisierung gefehlt, da die Bauern nicht vom Land getrennt worden seien.

573 Da der Übergang zum Maschineneinsatz zunächst einmal darauf abzielte, Kräfte und Produktionsmengen zu erhöhen, aber nicht Arbeiter einzusparen, können Übervölkerung und daraus resultierende Billiglöhne hierfür als entscheidende Barriere in China (wie M. Elvin 1973, S. 298−315, glaubt, ihm folgend z. B. A. G. Frank 1998, S. 298 ff.) und Indien (D. A. Washbrook 1988) nicht angesehen werden, zumal auch in Großbritannien am Beginn der Industrialisierung reichlich billige Arbeitskräfte vorhanden waren (P. K. O'Brien 1998, S. 65, P. N. Stearns 1998, S. 27 f., 34, 38).

574 K. Pomeranz 2000, S. 62 ff., und 2002a, S. 580 f., hält die Entfernung zu den Gewerbezentren am unteren Jangtse für zu groß; P. C. C. Huang 2002, S. 533, bestreitet dies, und auch R. Kolb 2003, S. 204−06, hält den Zugang für zumindest einen Teil der Gewerbezentren für gegeben.

575 Besonders betont wird die Rolle der technischen Innovationen von J. Mokyr 1992, S. 239 ff., D. S. Landes 1993 und 1999, S. 218 ff., 232 ff., 283, 289 ff., P. K. O'Brien 1998, J. A. Goldstone 2002. Dagegen verkennt K. Pomeranz 2000 ihre Bedeutung.

576 K. Pomeranz 2000 betont die Zufälligkeit der »windfall profits« Kohle und Kolonien, welche den Europäern die Industrialisierung ermöglicht hätten, J. A. Goldstone 2000 und 2002, S. 366 ff., mit anderer Argumentation das erst kurzfristige und zufällige Auftreten der relevanten Konstellation. Diese Verzeichnungen ergeben sich daraus, dass die Autoren die Frage, ob Westeuropa im 18. Jahrhundert wirtschaftlich überlegen war (im Sinne einer Abfolge von Entwicklungsstadien), nicht zu trennen vermögen von der Tatsache, dass Westeuropa und China in mancher Hinsicht verschiedene Entwicklungspfade gingen. Als Einführung zur Debatte um Pomeranz und andere Historiker der »California school« siehe E. Pilz 2004.

577 Die Dritte-Welt-Problematik lieferte den Impuls für die theorieorientierte

Debatte, die vor allem in Volkswirtschaftslehre und Politologie lief (und läuft), weniger bei Historikern; was Ersteren oft an differenzierten Fakten fehlte, fehlte Letzteren oft an Theoriebewusstsein.

578 Der Akzent auf Eroberung findet sich in den sogenannten Imperialismustheorien, der Akzent auf der Art der Integration in den Weltmarkt in den Debatten über Schaden und Nutzen von Freihandel, Terms of Trade und »informal empire«, in Dependenztheorie und Weltsystemtheorie.

579 Die oft ausschließliche Betonung endogener Ursachen für Unterentwicklung findet sich in verschiedenen Varianten von Modernisierungstheorie, wobei die erheblichen Unterschiede der historischen Situation oft in einem diffusen Pauschalbegriff von Tradition verschwimmen.

580 Ähnlich und ausführlich C. Buchheim 1994, S. 84–90.

581 Als Reaktion auf die unilinear denkenden Modernisierungstheorien (bes. die Stadientheorie von W. W. Rostow 1960) hat A. Gerschenkron 1962 die Unterschiede der Industrialisierungspfade Großbritanniens, Deutschlands und Russlands herausgearbeitet. Seine stark russlandzentrierte Sicht ist durch den Vergleich von mehr Ländern erweitert z. B. bei U. Menzel und D. Senghaas 1983a, 1983b und 1986, R. Sylla und G. Toniolo 1992, T. Pierenkemper 1996.

582 Im Nordosten für mechanische Energie – der Blick auf die gesamten USA und einschließlich Hausbrand ergibt einen noch späteren Zeitpunkt. Siehe M. Williams 2003, S. 313–60.

583 Zur Debatte über die Ursachen des relativen Abstiegs Großbritanniens, die schon unter den Zeitgenossen begonnen hatte, siehe S. Pollard 1989.

584 A. Maddison 2003, S. 262.

585 P. Bairoch 1982, S. 296.

586 C. Lewis 1992, S. 748.

587 Die Dependenztheorie hat die Ursachen für die Unterentwicklung besonders Lateinamerikas zu einseitig in der asymmetrischen Weltmarktintegration gesucht und die Rolle der inneren Strukturen nicht wahrhaben wollen; objektiv wurde sie damit zur bequemen Ausrede für das Versagen der lateinamerikanischen Eliten. Zur Kritik an diesem Theorieansatz siehe R. A. Packenham 1992, W. Bernecker und T. Fischer 1995, J. Meissner 1999.

588 A. Smith 1776, D. Ricardo 1817.

589 A. Hamilton 1791, F. List 1841.

590 Zur Entwicklung der Zollpolitik P. Bairoch 1993, S. 16–43, zur Einschätzung derselben als relativ wirkungslos S. 44–51.

591 K. Pomeranz 2000 spricht von der »Great Divergence«.

592 P. Bairoch 1982, S. 296.

593 Insbesondere zu den Fragen, warum Japan relativ erfolgreich abschnitt und inwieweit Indiens wirtschaftliche Situation Schuld der britischen Kolonialmacht war, gibt es eine riesige Literatur, die sich aber zum Teil schwertut, die relevanten Faktoren von anderen Sachverhalten zu unterscheiden. Am aufschlussreichsten sind hier direkte Vergleiche, z. B. Japan – China (F. V. Moulder 1979, J. Osterhammel 1990, Y. Yoda 1996), Japan – Indien (B. R. Tomlinson 1985, I. Y. Wendt 1986), Japan – Türkei – Ägypten (E. K. Trimberger 1978), Japan – Russland (C. E. Black u. a. 1975), China – Indien (S. Swamy 1979). Vgl. auch D. S. Landes 1999.

594 B. Ramusack 2004, S. 41 ff.

595 J. Gernet 1983, S.469.
596 R. Owen 1981, S.65–76.
597 B. Mitchell 1998a, S.673 ff., 1998b, S.675 ff., 1998c, S.540 ff.
598 N. Reisinger 2001, S.213.
599 R. Owen 1981, S.93 ff., 289.
600 Zur Begrenztheit des chinesischen Marktes und europäischen Eindringens
     J. Osterhammel 1989, S.171–201.
601 P. Bairoch 1993, S.93.
602 Zu diesem Problembereich existiert eine umfangreiche und komplizierte
     Debatte. H.W. Singer 1949 und R. Prebisch 1959 sehen die Ursache für die
     Unterentwicklung der Peripherien darin, dass sich die Terms of Trade, d.h.
     das Verhältnis des Indexes der Ausfuhrpreise zum Index der Einfuhrpreise,
     im Laufe des 20. Jahrhunderts *langfristig* und *generell* für die Länder des
     Zentrums (Exporteure von Industriegütern) immer weiter verbessern und
     dementsprechend für die Peripherie (Exporteure von Rohstoffen und Nah-
     rungsmitteln) verschlechtern würden, sodass Letztere immer weniger Indus-
     triegüter für den Export derselben Menge Rohstoffe und Nahrungsmittel
     eintauschen könnten. Diese These hat sich aber letztlich empirisch nicht be-
     stätigen lassen, statt eines säkularen Trends bestehen vielmehr eher Wellen-
     bewegungen (M. Kaiser und N. Wagner 1986, S.205 ff., H.-R.Hemmer 1988,
     S.227 ff.). A. Emmanuel 1969 geht davon aus, dass aus der Peripherie ständig
     versteckt Werte in die Zentren transferiert würden, da der Handel zwischen
     beiden durch einen *ungleichen Tausch* geprägt sei, weil das Lohnniveau in
     den Industrieländern höher als das in den Entwicklungsländern ist und des-
     halb unterschiedlich große Arbeitsmengen ausgetauscht würden. E. Mandel
     1975 sieht dagegen in der unterschiedlichen Arbeitsproduktivität der Arbei-
     ter von Zentrum und Peripherie die Ursache des ungleichen Tausches. Diese
     Auffassung einer Wertübertragung durch ungleichen Tausch überzeugt aber
     nicht nur deshalb nicht, weil sie an die Annahmen der marxistischen Arbeits-
     wertlehre gebunden ist; zur Kritik siehe u.a. A. Schmidt 1979. Beide Theo-
     rien bilden aber wichtige Bausteine für die Theorie des peripheren Kapitalis-
     mus bzw. die Dependenztheorie, und auch die in marxistischer Denktradition
     stehenden Weltsystemtheoretiker gehen von einer ausbeuterischen Ressou-
     cenübertragung von der Peripherie an das Zentrum aus. Nun ist »Ausbeu-
     tung« als politischer Begriff, der Kritik und Forderungen impliziert, durchaus
     nachvollziehbar; ein wissenschaftlicher Begriff ist er hingegen nicht, da sich
     eine Norm, die als Maß für gerechte Verteilung dient, nicht objektiv bestim-
     men lässt.
603 C. Buchheim 1994, S.101–04.
604 Zu den Motiven siehe J. Boli u.a. 1985.
605 P. Flora 1974, S.148 f., 170–73, für Italiens Nord-Süd-Differenz J. Fisch 2002,
     S.188.
606 Daten siehe P. Flora 1975, S.186–89.
607 So K. Maase 2001, S.16, 29 ff., gegen die Verfallsthese, die z.B. auch J. Haber-
     mas 1962/1990 einflussreich intoniert hat.
608 P. Flora 1974, S.170 f.
609 E.S. Rawski 1979, S.23 ff.
610 P. Flora 1974, S.171, W. Zapf und P. Flora 1973, S.196.
611 Ausführlich C.A. Bayly 2006, S.410 ff., 434 ff., der aber den Entwicklungs-

abstand zu Westeuropa verkennt, wenn er hiermit gegen die Säkularisie-
rungsthese argumentiert.

612 D. de Solla Price 1961, S. 96 f.

613 So die Formulierung von M. Weber 1919/1992, S. 86 f.

614 Die These, mit der Moderne käme es zwangsläufig zur Säkularisierung, wird
von A. Comte 1830 über K. Marx und M. Weber 1919/1992 bis zur Modernisierungstheorie der 1960er-Jahre vertreten. Zur Kritik daran siehe H. Lehmann 2004.

615 H. Lehmann 2004, S. 19 f., 65, 131 ff., 145.

616 Die These, es habe gar keine Säkularisierung gegeben, überzieht indes kräftig, indem sie alles Mögliche unter dem Begriff »religiös« subsumiert.

617 Siehe D. Arnold 2000.

618 Zur aktiven und selektierenden Rolle der Schwarzen bei der Aufnahme siehe
C. Marx 2004, S. 90 ff., 208 ff.

619 So im Prinzip auch C. Tilly 2004, S. 13 f., 22, 35. Vergleiche die Betonung
zunehmender Interpenetration bei R. Münch 1991.

620 Etliche Untersuchungen halten das nicht auseinander, von B. Moore 1969
über große Teile der deutschen Sonderwegsdiskussion bis zum modernisie-
rungstheoretischen Ansatz der Demokratietheorie (z. B. C. Welzel 2002).

621 Während Historiker ihren Blick meist auf nationalstaatliche Abläufe verengen (eine beachtenswerte Ausnahme ist C. Tilly 2004), ist der vergleichende
Ansatz der Politikwissenschaft für die Ursachenfrage fruchtbarer (zur Einführung in deren umfangreiche Debatten M. G. Schmidt 1997, S. 292–321,
T. Vanhanen 2003, S. 7–24).

622 So richtig T. Vanhanen 1984, S. 18–24, D. Rueschemeyer u. a. 1992, C. Tilly
2004, wogegen der modernisierungstheoretische Ansatz die Machtfrage aus
dem Blick verliert.

623 Wenn B. Moore 1969 die Bourgeoisie, S. M. Lipset 1959 und 1960 die Mittelschicht und D. Rueschemeyer u. a. 1992 die Arbeiterklasse für entscheidend
halten, sind dieses jeweils unzulässige Verallgemeinerungen, so richtig es in
Einzelfällen auch ist.

624 Die modernisierungstheoretische Politikwissenschaft, die quantifizierbare
Strukturdaten vieler Länder durch Korrelationsanalyse mit dem Demokratisierungsgrad in Beziehung setzt, kann zwar eine gewisse Korrelation zwischen Bruttoinlandsprodukt/Kopf und Demokratie zeigen, aber das ist keine
theoretische Erklärung; die dahintersteckenden Ursachen sind kontrovers.
Im Anschluss an S. M. Lipset 1959 und 1960, S. 27–64, wird die (sinnvolle)
These, dass Wohlstand für die *Aufrechterhaltung* von Demokratie wichtig sei, in der Diskussion oft vermengt mit der Frage nach der *Ursache für
die Entstehung* von Demokratie (dazu A. Przeworski und F. Limongi 1997).
Weder die Erweiterung dieser These durch die Einbeziehung anderer Sachverhalte zur Vorstellung einer Koevolution derselben als allgemeiner Modernisierungsprozess (z. B. S. M. Lipset u. a. 1993, C. Welzel 2002) noch die Vorstellung einzelner unabhängiger Faktoren (z. B. A. Hadenius 1992) führen
weiter, weil alles rein statistische Befunde sind, ohne die Möglichkeit zu erkennen, wo welche Kausalitäten bestehen; Korrelation und Verursachung
sind nicht dasselbe.

625 Auf die Bedeutung der Ständestaatstradition weist B. M. Downing 1992, S. 10,
zu Recht hin.

626 Dazu J. Markoff 1999.
627 Zur Fortdauer des Einflusses aristokratischer Eliten in Frankreich und Groß-
    britannien bis zum Ersten Weltkrieg A. Meyer 1981.
628 Dieses hat für das Frankreich der 1960er-Jahre P. Bourdieu 1987 eingehend
    nachgewiesen.
629 Ein vergleichender Blick lässt die Dinge z.T. in einem anderen Licht erschei-
    nen als ein national verengter Blick; zur vergleichenden Perspektive siehe
    A.R. Zolberg 1986, M. Mann 1990, Bd. 3, S. 125–75, D. Geary 1983, S. 50 ff.
630 Konkrete Zahlen bei M. Mann 1990, Bd. 3, S. 125, A.R. Zolberg 1986, S. 398,
    426.
631 Diese Frage hat schon W. Sombart 1906 aufgeworfen, und sie ist seitdem im-
    mer wieder untersucht worden. Dabei leiden etliche Antworten darunter, dass
    sie nicht wirklich genau mit den tatsächlichen europäischen Verhältnissen
    vergleichen und deshalb Sachverhalte für US-spezifisch halten, die dieses
    nicht sind, und dass sie nicht deutlich zwischen Gewerkschaften und sozialis-
    tischen Parteien unterscheiden. Als Überblick über die Diskussion E. Foner
    1984.
632 H. Kaelble 1987, S. 56 ff., 95, H. Kaelble 1992.
633 Kritisch abwägend zu den Erklärungsansätzen für die Einführung der Sozial-
    versicherung M.G. Schmidt 1998, S. 178–89.
634 Seit A. Wagner 1876 die These vom »Gesetz der zunehmenden Staatsausga-
    ben« formulierte, hält die Debatte über die Ursachen an. Dazu J. Kohl 1985,
    S. 26 ff.
635 M. Mann 1990, Bd. 3, S. 238.
636 Daten M. Mann 1990, Bd. 3, S. 206 f., 198 f., 210, 241, J. Kohl 1985, S. 187–218,
    220, 222.
637 Max Webers Kriterien der rationalen Bürokratie wurden erst jetzt Realität.
    Dazu M. Mann 1990, Bd. 3, S. 298 ff., L. Raphael 2000, S. 37 ff.
638 Gegen Max Weber, der den preußischen Fall zu sehr verallgemeinert, siehe
    die vergleichende Untersuchung von B.S. Silberman 1993, S. 7 ff.
639 R. Dahl 1971, S. 7 ff., 33 ff., unterscheidet drei Wege zur Demokratie. B. Moore
    1969 unterscheidet drei Wege in die Moderne, die er vom Ergebnis der
    1930er-Jahre her (Demokratie, Kommunismus und Faschismus) rückwärts
    konstruiert, was nicht ohne Fehleinschätzungen abgeht. Wesentlich überzeu-
    gender in der Verbindung von systematischem Vergleich und Offenheit für
    Vielfalt sind D. Rueschemeyer u.a. 1992. Die Verschiedenheit der Wege be-
    tont auch C. Tilly 2004. Die Diskussion um den deutschen Sonderweg leidet
    darunter, dass ihr Blick auf Deutschland eingeengt ist und sie die deutsche
    Entwicklung gegen einen aus der westeuropäischen Entwicklung konstruier-
    ten Idealweg hält, aber nicht wirklich solide vergleicht. Zur Einführung in die
    Diskussion über den deutschen Sonderweg H. Grebing 1986, ergänzend
    H. Spenkuch 2003, H.-U. Wehler 1987, Bd. 3, S. 449–86, 1292–95, 1381–84.
640 Dieser Einfluss wird stark betont von R.R. Palmer 1970, S. 257 ff.
641 Jene politologische Forschung, die den Blick ausschließlich auf quantifizier-
    bare Strukturmerkmale richtet und dann durch korrelationsanalytische Ver-
    fahren die verschiedenen Länder vergleichend einbezieht (besonders Demo-
    kratieindizes von T. Vanhanen 1984 und 2003 und T. Gurr u.a. 1990), greift
    zu kurz, weil sie diese Faktoren und damit auch historische Abläufe nicht ein-
    bezieht. Deshalb kann sie die verschiedenen Pfade nicht oder nur unzurei-

chend erklären. Mit Abstrichen gilt das selbst für den klassenanalytischen Ansatz von B. Moore 1969.

642 T. Mackie und R. Rose 1991, Tabelle 25.

643 In den USA wurden bei Arbeitskämpfen wesentlich mehr Arbeiter getötet als in Deutschland, Frankreich und Großbritannien. M. Mann 1990, Bd. 3,2, S.131–34. Ausführlich R.J. Goldstein 1978, S.1–102, 548.

644 Daten J. Kohl 1982, S.500, 502.

645 Daten J. Kohl 1982, S.500, 502.

646 Marx hat unzulässigerweise den französischen Fall zu einem allgemeingültigen Übergang vom »Feudalismus« zum »Kapitalismus« durch eine »bürgerliche Revolution« verallgemeinert, obwohl die Revolution tatsächlich das Produkt eines spezifisch französischen Reformstaus war.

647 Auch ein früherer Wechsel des konservativen Königs Wilhelm I. zu seinem Nachfolger Friedrich III., welcher der politischen Vorstellungswelt der Liberalen nahestand, hätte zur Parlamentarisierung führen können; immerhin war Wilhelm 1871 schon 73 Jahre alt, hatte schon 1862 kurz vor dem Rücktritt gestanden, und die beiden Attentate auf ihn 1878 hätten genauso gut tödlich ausgehen können.

648 Siehe die Daten zum Anteil der Wähler an der erwachsenen Bevölkerung bei J. Kohl 1982, S.501.

649 Darauf weisen D. Blackbourn und G. Eley 1984 hin. Auch der statistische Strukturvergleich mit zahlreichen Ländern bei T. Vanhanen 1984, S.137–59, zeigt, dass um 1870 tatsächlich in Deutschland die Demokratisierung strukturell fällig gewesen wäre.

650 Dieses Ineinanderschieben kann auch die statistische Methode von T. Vanhanen 1984 und 1997 nicht erfassen.

651 Daten zu Italien J. Kohl 1982, S.502.

652 Diese »Appeasementpolitik« ist oft kritisiert worden, doch die Alternative war weder ein starres Verweigern durchaus vertretbarer deutscher Ansprüche noch ein Präventivkrieg, vielmehr hätte Großbritannien während des Polenfeldzugs 1939 kämpfen müssen. Allerdings verhinderte die Selbsttäuschung über Hitlers wahre Ziele, sich besser darauf vorzubereiten.

653 P. Bairoch 1982, S.304.

654 Die Ursachen des Kalten Kriegs waren lange umstritten. Sowohl die offizielle zeitgenössische westliche Auffassung, die UdSSR habe ein weltrevolutionäres Expansionsprogramm gehabt, als auch die marxistische (»revisionistische«) Schuldzuweisung an hegemoniale US-amerikanische Exportinteressen sind überholt. Treffender ist der (»postrevisionistische«) Hinweis auf die gegenseitigen Fehlwahrnehmungen, wobei nach Öffnung der Moskauer Archive deutlich geworden ist, dass der Grund hierfür primär in Stalins Unfähigkeit zur Kooperation lag. Siehe vor allem J.L. Gaddis 1997, bes. S.13–25, vgl. auch V.M. Zubok und C. Pleshakov 1996.

655 Wann der Kalte Krieg endete, ist umstritten (siehe S.R. Dockrill 2005, S.11 ff.); eine überzeugende Lösung gewinnt man nur, wenn man diese Frage mit einem klaren Blick für die Ursachen seines Ausbruchs verknüpft.

656 In der öffentlichen Debatte neigten viele Stimmen dazu, mittelfristige Trends gewaltig zu überzeichnen. Während in den 80er-Jahren angesichts der Konkurrenz durch die japanische Wirtschaft der »Decline of America« diskutiert wurde (als Beispiele seien nur genannt R.O. Keohane 1984, D.P. Calleo 1987,

P. Kennedy 1989, S. 758 ff.), glaubten vor allem nach 2001 viele, ein neues Imperium zu sehen (als wichtige, in der Position kontroverse Beispiele aus der Debatte J.S. Nye 2002, P. Bender 2003, M. Mann 2003, N. Ferguson 2004, H. Münkler 2005, S. 224 ff., C.S. Maier 2006). Letztgenannte Kontroverse lebte nicht zuletzt davon, dass undefinierte oder unterschiedlich definierte Begrifflichkeiten von Hegemonie und Imperium verwendet und dabei politische Macht, wirtschaftliche Überlegenheit und kulturelle Ausstrahlung in unklarer Weise vermischt wurden. Die Unklarheit der Begriffe lässt sich dann instrumentalisieren, die Dinge entsprechend dem jeweiligen politischen Standort zu sehen, der vom amerikanischen Selbstverständnis als antikoloniale Macht bis zur linken Kritik am Imperialismus der kapitalistischen USA reicht. Wir unterscheiden demgegenüber politische, wirtschaftliche und kulturelle Asymmetrien und verwenden für Erstere Imperium, Hegemonie und Einfluss als klar definierte und unterschiedene Begriffe; dadurch ergibt sich ein klares Bild. Mit der Finanzmarktkrise 2008 und dem Ausbleiben von durchschlagenden Erfolgen in Irak und Afghanistan schwappte die Einschätzung vielfach wieder in die Richtung, die USA auf dem absteigenden Ast zu sehen.

657 YIO 2007, S. 250.
658 F. Lechner und J. Boli 2005, S. 130.
659 Zu den Weltkonferenzen siehe F. J. Lechner und J. Boli 2005, S. 81–108.
660 Das Gerede vom Ende des Nationalstaats (extrem z.B. M. Albrow 1998, K. Ohmae 1995) überzeichnet diese Entwicklungstrends, ebenso die marxistische Annahme, es sei die Herrschaft einer transnationalen Klasse aus Managern der USA, EU und Japans entstanden, hinter der die Nationalstaaten zurücktreten (letzteres z.B. K. v. d. Pijl 1998, ähnlich das nebelhafte Buch von M. Hardt und A. Negri 2001).
661 A. Maddison 2003, S. 256.
662 Berechnet nach P. Demeny 1990, S. 42 und A. Maddison 2003, S. 232.
663 Berechnet nach A. Maddison 2003, S. 256.
664 Dazu ausführlich T. Akçam 2004.
665 J. Mirow 2004, S. 1116.
666 D. Held 1999, S. 297.
667 J. F. Richards 1990, S. 164.
668 World Urbanization Prospects.
669 Index des realen Sozialprodukts 1929 (1913 = 100): USA 165, Großbritannien 112, Deutschland 120, Frankreich 131. J. Mirow 2004, S. 933.
670 J. Heideking 1999, S. 278.
671 C. Buchheim 1994, S. 15.
672 Siehe R. C. Fluck 1992, R. P. Sieferle u. a. 2006, S. 296.
673 Ausführlich dazu R. Kreibich 1986, S. 243–417, 605–20.
674 J. E. McClellan und H. Dorn 1999, S. 364.
675 UNESCO Statistical Yearbook 1999.
676 B. Etemad und J. Luciani 1991, S. 262.
677 Den sinkenden Ölpreis zur Haupterklärung für den Übergang zum Massenkonsum zu machen (so C. Pfister 1995) ist allerdings eine einseitig verzerrte Sicht.
678 Siehe dazu IPCC 2007.
679 A. Maddison 1991, S. 241.

680 Diese Bewusstseinsänderung spiegelt U. Beck 1986 mit der populär gewordenen Formel der »Risikogesellschaft« wider; er unterschätzt aber die überwundenen vorindustriellen Risiken von Hungerkatastrophen und Seuchenzügen und stellt großtechnische Risiken und Individualisierungsfolgen in einen Zusammenhang, der so eng nicht ist.

681 Die These von der Dienstleistungsgesellschaft vertritt mit großer Resonanz zuerst J. Fourastié 1954 und noch überzogener D. Bell 1976.

682 Ein Großteil der Aussagen über »die Entwicklungsländer«, die in der ausufernden Diskussion zu diesem Thema zu finden sind, treffen in Wahrheit nur auf eine bestimmte Gruppe davon zu.

683 Sowohl die Modernisierungstheorien, die alle vorindustriellen Strukturen undifferenziert als »traditionell« zusammenfassten, wie auch die in den 70er-Jahren verbreitete Dependenztheorie, welche ganz auf die Außenbeziehungen fixiert war, ignorierten die Unterschiede des historischen Erbes völlig. Zu dieser Fehlwahrnehmung trugen – und tragen – auch die UN-Statistiken bei, deren Indikatoren das jahrhundertelange Vorhandensein/Nichtvorhandensein gewerblicher Traditionen städtischer Agrargesellschaft und intellektueller Traditionen achsenzeitlicher bzw. nachachsenzeitlicher Prägung nicht erfassen.

684 Über die Ursachen der Armut der Entwicklungsländer setzte etwa 1960 eine unübersehbare und höchst kontroverse entwicklungstheoretische Debatte ein (zur Einführung siehe D. Nohlen und F. Nuscheler 1993, ergänzend F. Nuscheler 2004). Als in den 80ern das Auseinanderlaufen der Entwicklungspfade sichtbar wurde, entzog dies den pauschalen Antworten auf die Frage, warum »die Entwicklungsländer« unterentwickelt waren, faktisch den Boden (Modernisierungstheorien: hemmende Traditionen der Entwicklungsländer, Dependenztheorie und Kolonialismuskritiker: Folgen der [neo-]kolonialen Ausbeutung). Der Neoliberalismus der 80er-Jahre, der die Ursache pauschal bei der Lähmung durch zu viel Staat sah, war im Übrigen nicht besser. Wesentlich fruchtbarer war dann der Ansatz, Länder zu vergleichen, sei es deskriptiv (z. B. P. Feldbauer u. a. 1995b) oder korrelationsanalytisch (z. B. R. J. Barro 1997, bes. S. 19 ff., 26 ff., 49 ff.). Während die Beiträge der Ökonomen oft eng ökonomisch waren, nahmen Soziologen und Politologen auch den Einfluss von Macht und Kultur mehr in den Blick. Die historische Perspektive war dagegen unterbelichtet, z. B. Vergleiche mit den Pfaden einzelner westeuropäischer Länder und den USA im 19. Jahrhundert und auch der Blick auf den historischen Wandel kultureller Traditionen (die meist als feste Größe angesehen wurden). So wurde die Bedeutung des langfristigen historischen Erbes oft nicht richtig eingeschätzt.

685 S. K. Sanderson 1995, S. 322.

686 Nach World Patent Report 2008, S. 64–66.

687 Das Problem der unzureichenden Leistungen des Staatsapparats als Wirtschaftshemmnis hat schon G. Myrdal 1968 erkannt, und es wird in der Good-Governance-Debatte der 90er-Jahre wiederentdeckt. Dagegen verkennt die neoliberale Kritik der 80er- und 90er-Jahre besonders an der Misswirtschaft schwarzafrikanischer Staaten die Notwendigkeit staatlicher Leistungen, wenn sie einseitig auf marktwirtschaftliche Lösungen statt auf staatliche Steuerung setzt.

688 Die Big-Push-Theorie geht zurück auf P. N. Rosenstein-Rodan 1961.

689 Die unterschiedliche Art der Weltmarktintegration (und ihre Ursachen) ebenso wie die Bedeutung der Landesgröße für diese Frage wird sowohl von den Kritikern der Weltmarktintegration der dependenztheoretischen Tradition wie von den neoliberalen Befürwortern der Integration viel zu wenig berücksichtigt.

690 M. Hildermeier 1998, S. 400.

691 Zur Bedeutung des Technologietransfers siehe H.-J. Braun 1997, S. 239–47.

692 Ausführlich dazu M. Hildermeier 1998, S. 1079–92, bes. S. 1090 f.

693 P. Bairoch 1982, S. 304.

694 Vor allem in den 8oer-Jahren ist hierzu eine Flut von Büchern und Artikeln erschienen. Mangels einer Theorie von wirtschaftlich-gesellschaftlicher Entwicklung neigen viele dazu, alles aufzulisten, was aus europäisch-amerikanischer Sicht Besonderheiten Japans darstellt, ohne selektieren zu können, welche davon für Japans Wirtschaftsaufstieg wirklich relevant waren. Manche Beobachtungen, wie z.B. die hohe Investitionsquote, erklären auch für sich genommen gar nichts, sind vielmehr auf ihre Ursachen zu hinterfragen.

695 Die Kontroverse, ob die Ursache hauptsächlich spezifisch ostasiatische und deshalb nicht kopierbare Mentalitäten waren, insbesondere der Konfuzianismus (so z.B. R. Dore 1987, M. Morishima 1987), oder ob (im Sinne Schumpeters) die Innovationsfähigkeit entscheidend war (so z.B. M. und H. Schmiegelow 1989, bes. S. 62–79), ist eher eine Scheinkontroverse. Die Bedeutung der Innovationen ist aufgrund der allgemeinen Theorie der Weltgeschichte ohnehin nicht bestreitbar. Der Konfuzianismus stellt eine Mischung dar aus Elementen, welche die Innovationsfähigkeit verstärken (Bildungsorientierung und Lernbereitschaft), und solchen, die zumindest ambivalent sind: Die Neigung zur Einordnung in die Gruppe und zur Betonung von Konsens erleichterte zwar das mit der Industrialisierung erforderliche disziplinierte Verhalten innerhalb eines Großbetriebs, vermindert aber die Bereitschaft, individualistisch durch *eigene* grundlegende Innovationen anders zu sein, die mit zunehmender Entwicklung an Bedeutung gewinnt. Traditionelle Merkmale des Konfuzianismus wie Klassikerorientierung sind sicher nicht förderlich. Bestimmte Merkmale des chinesischen Konfuzianismus, z.B. Familienorientierung und Bürokratismus, sind in Japan auch nie wirklich rezipiert worden.

696 Gemeinsamkeiten und Zusammenhang herausgestellt von B. Cumings 1989 und U. Menzel 1994.

697 Zu den Unterschieden Südostasiens gegenüber Japan und Südkorea siehe M. Pohl 1998, zur Rolle der chinesischen Minderheit S. 64. Siehe auch O. Weggel 1993, S. 223–42.

698 Während die entwicklungspolitische Debatte in Lateinamerika in den 6oer- bis 8oer-Jahren weitgehend in der Dominanz ausländischer Konzerne die Ursache für die unbefriedigende Entwicklung sah (Dependenztheorie, die besonders Gewinntransfer, Zinsen für Auslandskredite und sich verschlechternde Terms of Trade anprangerte), kreiste die wirtschaftspolitische Diskussion der 9oer in Lateinamerika um Neoliberalismus kontra Staatsdirigismus. Beide übersahen das Innovations- und Qualifikationsproblem. Zu Letzterem siehe T. Altenburg und C. v. Haldenwang 2004, S. 134 ff., H. Sangmeister 2004, S. 112–15.

699 Die dependenztheoretische Debatte in Lateinamerika in den 6oer- und 7oer-

Jahren verortete die Ursachen für die verbreitete Armut in Lateinamerika eben immer an der falschen Stelle.

700   H. Schmidt-Glintzer 1999b, S. 15.

701   A. Maddison 2003, S. 261.

702   Die Kritik der Good-Governance-Debatte an dem Egoismus schwarzafrikanischer Machteliten übersieht, dass im 19. Jahrhundert auch die Machteliten Japans oder der islamischen Staaten mit ihren Modernisierungsansätzen oder die preußischen Reformer durchaus egoistisch handelten, aber das Umfeld und dessen Interpretation eine andere waren.

703   Letzteres machen D. Held u. a. 1999 deutlich. Versuche, Globalisierung theoretisch als Einheit zu erfassen (z. B. M. Albrow 1998, M. Hart und A. Negri 2001), geraten recht abstrakt und verlieren an empirischer Bodenhaftung.

704   D. Held u. a. 1999, S. 170.

705   Die Versuche, die Gipfel der Hierarchie als Gobal Cities zu erfassen (J. Friedmann 1986, S. Sassen 1991), sind zu sehr auf bestimmte Dienstleistungen verengt und haben eine unzureichende empirische Basis.

706   Daten W. W. Rostow 1978, S. 669.

707   Zur Entstehung der globalen Finanzmärkte D. Held u. a. 1999, S. 189–235.

708   Breit rezipiert wurde besonders die Kritik von M. Horkheimer und T. Adorno 1944/1969 und N. Postman 1985, die aber beide empirisch kaum abgesichert waren.

709   Der Begriff wurde durch M. McLuhan und Q. Fiore 1968 zum geflügelten Wort.

710   Datenüberblick 1910–65 bei P. Flora 1974, S. 170 ff., Datenüberblick 1998 bei T. Vanhanen 2003, S. 233 ff., Südkorea nach L. Kim 1993, S. 359, Russland nach M. Hildermeier 1998, S. 544 f., 1179.

711   UNESCO Statistical Yearbook 1999.

712   UNDP 2003.

713   Hierzu M. Mazower 2002, S. 117–56.

714   So Z. Baumann 1992, S. 27, D. J. K. Peukert 1989.

715   So eine auf A. Comte 1830, K. Marx und M. Weber 1919/1992 zurückgehende und bis zu den Modernisierungstheorien reichende Denkweise.

716   Zur Unterschiedlichkeit ausführlich H. Lehmann 2004.

717   Die These, dass sich zwar die Kirchen leeren, aber das Religiöse boome (als Überblick dazu D. Hervieu-Léger 1999), ist für Europa falsch; siehe D. Pollack 2003, H. Lehmann 2004.

718   Als Einführung in die Debatte um die kontroverse Bewertung der Individualisierung siehe T. Kron 2000 und M. Junge 2002.

719   R. Inglehart 1977 überzieht die Interpretation des von ihm entdeckten Wertewandels; langfristig hatte zwar das Mehr an Selbstverwirklichung Bestand, aber nicht ein Weniger an Materialismus und Konsumorientierung, was er in seinem Konstrukt »postmaterialistischer Werte« irrigerweise zusammengefasst hatte.

720   Zu diesen kulturpessimistischen Strömungen in Westeuropa A. Herman 1998, speziell zu deutschen F. Stern 2005 und speziell zu englischen J. Carey 1996. Siehe auch K. Maase 2001, bes. S. 115 ff., 152 ff., 170 ff.

721   Sehr dezidiert vertreten von G. Ritzer 1995.

722   J. Iliffe 1997, S. 303.

723   Der Ansatz, der sich dem Paradigma Kulturimperialismus verpflichtet weiß,

hat nicht völlig unrecht, verabsolutiert aber diesen Aspekt unzulässigerweise.

724 Zu den lokalen Brechungen der entstehenden Weltkultur ausführlich J. Breidenbach und I. Zukrigel 1998 und P.L. Berger und S.P. Huntington 2002; R. Robertson 1995 spricht von Glo*k*alisierung. Stärker auf die unterschiedlichen Herkunftsländer der sich mischenden Einflüsse blicken U. Hannerz 1996, der von Kreolisierung spricht, und A. Appadurai 1996.

725 Dazu T. Liebes und E. Katz 1990 am Beispiel der US-Serie »Dallas«.

726 So der Titel von F. Fanon 1980, der massiv den Identitätsverlust durch die Kolonialisierung beklagt.

727 Zu diesem sog. Nihonjinron-Diskurs seit 1945 siehe P.N. Dale 1986, zum Nipponismus der Zwischenkriegszeit T. Najita und H.D. Harootunian 1988.

728 Die viel diskutierte These von S.P. Huntington 1996, es gäbe am Ende des Jahrhunderts einen (weithin gewaltsamen) Zusammenprall von acht über die Religion definierten Kulturräumen (Zivilisationen), wird von ihm selbst empirisch nicht ernsthaft abgesichert und entspricht nicht der komplexen Realität. Sowohl die Prägekraft der Religion wie die Homogenität der Kulturräume werden weit überschätzt (z.B. ignoriert er die Spanne von europäisierten Muslimen bis zu Islamisten), und die tatsächlichen *politischen* Konfliktlinien laufen weitgehend quer zu den von ihm benannten Kulturräumen. Zur Debatte siehe U.M. Metzinger 2000, ergänzend als Kritiken auch A. Sen 2007 und R. Hoskoté und I. Trojanow 2007.

729 J. Kohl 1982, S.501.

730 Daten siehe J. Kohl 1985, S.228−31.

731 Abgesehen von der 1929 unter ihrem Machteinfluss kommunistisch gewordenen Mongolei.

732 So z.B. das Zusammenaddieren zu plakativ hohen Opferzahlen der Kommunisten bei S. Courtois 1998.

733 Nach S.G. Wheatcroft 1999, S.70, 74−77, 80f., 85−91, 107.

734 M. Hildermeier 2001, S.21.

735 Die historische Einordnung des Kommunismus und noch mehr des Faschismus ist kontrovers und von politischen Interessen kontaminiert. Das Erlebnis vieler Demokraten, insbesondere liberaler Intellektueller, in der Zwischenkriegszeit, das Interesse des Westens in der Zeit des Kalten Krieges, die kommunistische Konkurrenz des Ostblocks zu delegitimieren, und die sich nach 1989 in Osteuropa artikulierenden Erfahrungen der Bedrückungen der kommunistischen Zeit führten dazu, vor allem die Gemeinsamkeit intensiver Unterdrückung durch Kommunisten und Faschisten zu sehen und mit dem Begriff des Totalitarismus zu fassen. Dabei blieben die Unterschiede (u.a. Eigentumsfrage) ebenso unberücksichtigt wie der nachstalinistische, weniger terroristische Kommunismus, der neben dem Terrorismus bestehende Konsens und der Wirrwarr innerhalb des eben nicht monolithischen Staatsapparates. Außerdem liefert die Beschreibung eines Merkmalsbündels weder eine Erklärung noch eine Einordnung in einen historischen Entwicklungsprozess (als Überblick W. Wippermann 1997b, E. Jesse 1999, D. Schmiechen-Ackermann 2002, S.30−49, 78−82, 87ff., 145ff.). Die vom Marxismus herkommende »Faschismustheorie« machte umgekehrt die Eigentumsfrage zum zentralen Kriterium, um so Faschismus und Demokratie zusammenzurücken und den Sozialismus als Alternative zu legitimieren (zur Diskussion

darüber W. Wippermann 1997a, S.1–50, 58–70). Eine eher partielle Sicht
stellt die Einordnung von Kommunismus und Faschismus als Ersatzreligio-
nen dar (dazu H. Maier 1996). Weiterführend sind dagegen die Versuche,
Faschismus in den Modernisierungsprozess einzuordnen, wobei die einsei-
tige Betonung von beabsichtigten und unbeabsichtigten Modernisierungsef-
fekten des Faschismus (besonders D. Schoenbaum 1968, R. Zitelmann 1990)
wegen des positiven Beigeschmacks des Modernitätsbegriffes auch auf politisch motivierte Ablehnung traf (als Überblick zur Diskussion R. Bavaj 2003,
I. Kershaw 1999, S.246–78, 364–72). Durchgehende Probleme der Diskussion sind einerseits die starke Verengung des Blicks auf Stalinismus und
Hitler-Zeit (und Mussolinis Italien), während das kommunistische China
und der islamistische Fundamentalismus praktisch ausgeblendet sind und
schon der poststalinistische Kommunismus weitgehend unberücksichtigt
bleibt; andererseits die mangelnde Unterscheidung zwischen Faschismus als
(europaweiter) Bewegung (dazu ausführlich vergleichend J.W. Borejsza
1999) und der (meist ausschließlich betrachteten) realen Herrschaftsordnung
Hitlers und Mussolinis (die einen Kompromiss mit den alten Machteliten
darstellte, also noch gar keinen Faschismus in Reinkultur; insofern lässt sich
auch nur begrenzt von Merkmalen des realen geringen Sozialstrukturwan-
dels der wenigen Jahre des Dritten Reichs gegen die modernisierenden
Impulse des Faschismus als Bewegung argumentieren). Durch diese Blickverengungen werden die Fallzahlen so gering, dass man es eher mit Einzelfallbeschreibungen als mit einem echten Typus (den die Begrifflichkeiten
suggerieren) zu tun hat. Der Begriff der massenmobilisierenden Diktatur
mit seinen Varianten ist demgegenüber weiter und schließt eine Einordnung
in den Transitionsprozess anhand klar benannter allgemeiner Kriterien ein
(während die Diskussion über Modernisierung und Nationalsozialismus
auch daran leidet, dass der Modernisierungsbegriff unklar und unterschiedlich verwendet wird).

736 Dieses Mehrfaktorenmodell bietet ein theoretisches Werkzeug, um die verschiedenen Entwicklungspfade der politischen Ordnungen zu erklären (vgl.
auch vorheriges Kapitel). Zu diesem Themenfeld gibt es diverse Ansätze
aus verschiedenen Richtungen, die aber alle partiell bleiben und blinde Fle-
cken aufweisen. Es gibt einerseits historische Einzelfallbeschreibungen (z.B.
die umfangreiche Literatur zum Übergang von der Weimarer Republik zum
NS-Staat), die daran leiden, mangels Vergleich teilweise nicht die relevanten Faktoren von den anderen trennen zu können. Daneben existieren vergleichende Untersuchungen, die von verschiedenen Perspektiven ausgehen.
Einen Bereich bilden jene Demokratietheorien, welche die Entstehung von
Demokratien aus sozialökonomischen Strukturdaten erklären wollen (und
damit Akteure und Außeneinwirkung übersehen). Sie argumentieren entweder einseitig mit bestimmten Klassenkonstellationen (B. Moore 1969
betont die demokratiegefährdende Rolle von Bauern und Großgrundbesitzern, D. Rueschemeyer u.a. 1992 die demokratiefördernde der Arbeiterschaft), sehen Demokratie als Folge steigenden wirtschaftlichen Wohlstands
(S.M. Lipset 1959 und abgeschwächt S.M. Lipset u.a. 1993), wobei sich Letzteres als wenig überzeugend herausgestellt hat, oder sehen Demokratisierung
wesentlich treffender als Folge gleichmäßigerer Machtressourcenverteilung
(T. Vanhanen 1984, S.18ff., und 2003). Zu den vergleichenden Ansätzen ge-

hören auch jene, die den Blick speziell auf den Zusammenbruch von Demokratien in den 20er-/30er-Jahren richten und durch diese Blickverengung zu einer einseitig akteursorientierten Perspektive neigen (D. Berg-Schlosser und J. Mitchell 2000, J. J. Linz und A. Stepan 1978), der den Indikatorenansatz, der von messbaren Indikatoren ausgeht und daraus formal Supervariable konstruiert, dessen Indikatoren aber nicht unbedingt die relevanten Sachverhalte richtig greifen (D. Berg-Schlosser und G. De Meur 2002, D. Berg-Schlosser 2002a und 2002b), die Revolutionsforschung, die sich auf die dramatischen Umbrüche konzentriert und darüber den friedlichen Wechsel und langfristigen Wandel außen vor lässt (z. B. C. Tilly 1993), und die Transformations- bzw. Transitionsforschung, die ihren Blick auf den Ablauf der Demokratisierungen in den 70er- bis 90er-Jahren einengt (zur Einführung G. Gill 2000, W. Merkel 1999, auch D. Berg-Schlosser 2004). Die Parteienstruktur hat sich im Vergleich nicht als relevanter Erklärungsansatz erwiesen.

737 Das gilt sowohl mit Blick auf Arbeitslosenquoten (A. Maddison 1991, S. 260 f., P. Bairoch 1993, S. 11) wie auf das Produktionsniveau in Relation zu 1913 (P. Kennedy 1989, S. 422 f.).

738 Als Reichsregierung 1919–25, 1926–27 und 1928–30 als Koalition oder als Duldung einer bürgerlichen Minderheitsregierung durch die SPD, in Preußen (mit 2/3 des Reichs der größte Bundesstaat) 1919–32 als Koalition.

739 De-facto-Gesetze durch Notverordnungen des Reichspräsidenten nach Art. 48 und Verordnungen der Reichsregierung aufgrund von zwei Ermächtigungsgesetzen verletzten die Gewaltenteilung. J. Mirow 2004, S. 1027.

740 Angebliche Verfassungsmängel: überstarker Reichspräsident, während tatsächlich im Vergleich mit anderen Verfassungen jener Zeit keine besonders starke Stellung bestand, das Problem vielmehr im Ausfall des Reichstags und im verfassungswidrigen Verhalten des Präsidenten nach 1930 lag; bei Artikel 48 (siehe unten) war ebenfalls nicht der Artikel, sondern dessen Missbrauch das Problem; Gesetzgebung durch das Volk, obwohl tatsächlich alle Volksbegehren/-entscheide gescheitert sind. Fragmentiertes Parteisystem: Dieses war z. B. in Frankreich, Tschechoslowakei und den Niederlanden nicht weniger fragmentiert, umgekehrt nicht nur in Großbritannien, sondern auch in Österreich und Italien wenig fragmentiert. Fülle von Splitterparteien: Die meisten kandidierenden Splitterparteien kamen gar nicht in den Reichstag, und die dort vertretenen machten nur einen sehr kleinen Teil der Abgeordneten aus, das Problem lag, wenn schon, in der Existenz mehrerer mittelgroßer Fraktionen, sodass also auch eine 5 %-Klausel in der Art der BRD nicht nennenswert genutzt hätte. Zerstörung durch Angriffe von rechts und links: Die Nazis stiegen erst auf, *nachdem* (und weil) die parlamentarische Regierungsweise ihr Ende gefunden hatte.

741 Ein großer Teil der umfangreichen Literatur zum Ende der Weimarer Republik leidet darunter, dass er nicht sauber trennt zwischen den Fragen, (1.) warum 1930 das Regieren im Rahmen des parlamentarischen Systems endete, (2.) warum *danach* die Nazis hochkamen und (3.) warum der Weg in die konservative Diktatur abgebrochen und den Nazis die Macht übertragen wurde.

742 Notverordnungen nach Artikel 48 Weimarer Verfassung waren für den Fall innerer Unruhen möglich, nicht für den Fall fehlender Mehrheiten, und das

Parlament hatte das Recht, sie aufzuheben, um einen Missbrauch zu verhindern.

743 Estland und Lettland waren insofern Sonderfälle, als hier nicht die alten Machteliten, sondern die Vertreter der bäuerlichen Mittelschichten die Diktatur errichteten.

744 Man darf sich nicht dadurch täuschen lassen, dass in Iran der durch einen Putsch an die Macht gekommene General den Schah-Titel annahm; eine von traditioneller Legitimität gestützte Monarchie war das nicht.

745 Zwischen 1942 und 1952 wurden Uruguay, Brasilien, Ecuador, Venezuela, Costa Rica und Bolivien (meist defekte) Demokratien.

746 J. Osterhammel 1989, S. 344.

747 J. Kohl 1985, S. 255.

748 Zu den treibenden Kräften für den Aufbau des Wohlfahrtsstaates bzw. ihrem Fehlen im Ländervergleich siehe M.G. Schmidt 1998, S. 191−96, 200−11, 220 ff., 237 ff. Vgl G. Esping-Andersen 1990.

749 Die sozialreformerische Militärdiktatur in Peru 1968−75 stellte einen Sonderfall dar.

750 Zu diesem grundlegenden Zusammenhang A. Sen 1999.

751 Siehe D. N. Posner und D. J. Young 2007.

752 Das in der politischen Diskussion verbreitete Schlagwort vom »schwachen Staat« in Afrika ist schwammig und ohne historische Einordnung, sodass oft der Eindruck eines afrikanischen Spezifikums besteht; unsere präzise definierte und in einem vergleichenden Kontext stehende Begrifflichkeit schafft mehr Klarheit.

753 Die Verortung afrikanischer Strukturen in dieser weltgeschichtlichen Entwicklungsrichtung ist entscheidend; die Argumentation, eine spezifisch afrikanische Tradition des Despotismus würde Demokratie unmöglich machen, geht ebenso in die Irre wie die Meinung, afrikanische »Palaverdemokratie« der Stämme stelle eine eigene Demokratietradition dar.

754 Seltene Beispiele volksorientierter Reformpolitiker waren vor allem Nyerere 1967 bis 1985 in Tansania, Rawlings 1981 bis 2001 in Ghana und Sankara 1983 bis 1987 in Burkina Faso.

755 Nachdem die Politikwissenschaft sie anfangs für eine kurze Übergangsphase hielt, haben die »hybriden Systeme« mit zunehmender Dauerhaftigkeit das verstärkte Interesse der Politikwissenschaft auf sich gezogen. Zur Einführung P. Bendel u. a. 2002 und W. Merkel u. a. 2003. Als Versuche, das Maß an Demokratisierung über ein Indikatorenbündel zu messen, siehe die Indizes von Freedom House und (differenzierter) Bertelsmann Stiftung, vgl. auch T. Vanhanen 2003.

756 Hierüber ist rasch eine umfangreiche Transformationsforschung entstanden (als kritische Einführung C. Stojanov 2003, W. Merkel 1999), die ihren Blick aber eng auf dieses Phänomen fixiert und stark modernisierungstheoretisch ausgerichtet ist, sodass sie eine historisch vergleichende Perspektive (z. B. mit Lateinamerika im 19./20. Jahrhundert und Osteuropa in der Zwischenkriegszeit) weitgehend vermissen lässt und auch Unterschiede der historischen Erfahrung zu wenig berücksichtigt.

757 Siehe dazu die Einstufungen der einzelnen Staaten bei Bertelsmann Stiftung und Freedom House.

758 Mit Mali und Benin wurden gerade zwei der ärmsten Länder demokratisch.

759 Letzteres gilt für Liberia zwischen 1989 und 2003, Somalia ab 1991 und Zaire von 1996 bis 2006. Doch es waren eher Sonderfälle. Die in den 90er Jahren aufgekommene Debatte über »failed states« vermischt diesen Caudillismus unzulässigerweise mit separatistischen Bestrebungen aufgrund regionaler Machtasymmetrien.

760 Darauf liefen die Modellszenarien in der weithin beachteten Studie von D. Meadows 1972 hinaus, insoweit sie ein weiterlaufendes Wachstum von Bevölkerung und Industrieproduktion annahmen.

761 Zu Herkunft und Schwammigkeit des Begriffs siehe U. Grober 2002.

762 Die Frage nach der Tragfähigkeit ist nicht neu; J. E. Cohen 1995 analysiert 93 verschiedene Tragfähigkeitsschätzungen.

763 Dazu detailliert z. B. P. Erbrich 2004.

764 Dies ist gegen S. P. Huntington 1996, S. 114, festzuhalten.

765 F. J. Lechner und J. Boli 2005, S. 106.

766 Zur Debatte über das »Weltethos-Projekt« siehe H. Küng 2002.

767 Zur kontroversen Debatte über den von M. W. Doyle 1983 beobachteten Befund des »demokratischen Friedens« siehe A. Geis 2001, J. L. Ray 2000 und L. Schrader 2009.

768 Der um 2000 modisch gewordene Begriff der »neuen Kriege« (M. Kaldor 2000, H. Münkler 2002) für diese asymmetrische Kampfführung wirft antikolonial motivierte Gewalt (z. B. im Nahen Osten oder von separatistischen Rebellen), das Ringen um die politisch-gesellschaftliche Ordnung innerhalb eines Staates (z. B. Algerien, Kolumbien) und vereinzelte Rückfälle in den Caudillismus undifferenziert in einen Topf und offenbart einen Mangel an historischem Gedächtnis, wenn er diese Phänomene für neu hält.

Anhang

1 Zu den Bedeutungsvarianten des Begriffs Kapitalismus siehe I. Bog 1978.

2 So z. B. sehr betont von O. Brunner 1939.

3 Umfangreiches Material dazu bei O. Brunner, W. Conze und R. Koselleck 1972 sowie J. Ritter 1971.

4 Den Konstruktcharakter geschichtswissenschaftlicher Aussagen betonen z. B. H. White 1986 und R. J. Evans 1998; zur Debatte siehe auch E. Hanisch 1996, C. Conrad 1994. Den Kern der Sache hat allerdings I. Kant 1781 auch schon richtig gesehen, und angesichts dieser Tatsache wirken sowohl die bis ins späte 20. Jahrhundert teilweise anzutreffende Naivität historiografischer Praxis wie auch das postmoderne Getöse der 1980er- und 90er-Jahre erstaunlich.

5 Aus dem Erfordernis, archäologische Sammlungsbestände für Ausstellungen zu ordnen, entwickelte C. J. Thomsen 1836 die Einteilung in Steinzeit, Bronzezeit und Eisenzeit.

6 Von besonderem Einfluss war L. H. Morgan 1877, dessen Stufenfolge sich primär an der Veränderung der Methode der Nahrungsgewinnung und Technik orientierte. Er unterscheidet die Stufe 1. der Wildheit (Sammler und Jäger), unterteilt in die Phase 1.1. des bloßen Sammelns, 1.2. mit Feuer und Jagd und 1.3. mit Pfeil und Bogen, 2. der Barbarei, unterteilt in die Phase 2.1. mit Töpferei, 2.2. mit Nutzung von Pflanzen, Tierzucht, Bewässerung und 2.3. mit Eisenwerkzeugen und 3. der Zivilisation (mit Schrift). An Morgan

knüpften u.a. auch F. Engels 1884/1969 und der Prähistoriker V.G. Childe
1975, S.34 ff., an. Engels fasste dabei Wildheit und Barbarei zur Urgesellschaft
zusammen (auf die dann die Epochen der Sklaverei, des Feudalismus, des Kapitalismus und des Kommunismus folgen würden). Childe setzte Wildheit gleich
mit Jägern und Sammlern, Barbarei mit Ackerbau und Viehzucht und Zivilisation mit Beginn der Schrift. L.A. White 1949 und 1959 legt den Grad der
Nutzung der Energiequellen zugrunde und unterteilt danach in Wildheit (Jagen und Sammeln), Barbarei (Sonnenenergie durch Pflanzenanbau, bis Ende
18. Jahrhundert) und Industriegesellschaft (fossile Kohle). D. Ribeiro 1983, besonders S.39 f., geht bei seiner Einteilung von technologischen Revolutionen
aus, wobei er sich von anderen darin unterscheidet, dass seine Einteilung differenzierter und vor allem dass sie nicht einlinig ist, insbesondere auch spezielle
koloniale Formen berücksichtigt.
Es folgen nach der *Agrarrevolution* undifferenzierte Gartenbaudörfer und
nomadisierende Hirtenhorden, nach der *Urbanen Revolution* ländliche Hand-
werkerstaaten und nomadisierende Hirtenstämme, nach der *Revolution der
Bewässerung* theokratische Bewässerungsreiche, nach der *Metallurgischen
Revolution* Merkantilistisch-Sklavistische Reiche, nach der *Hirtenrevolu-
tion* Despotisch-Salvationistische Reiche, nach der Merkantilen Revolution
Merkantil-Salvationistische Reiche, Sklavistische Kolonien, Merkantil-Kapita-
listische Reiche, Handelskolonien und Einwandererkolonien, nach der *Industriellen Revolution* Industrieller Imperialismus, Neokolonialismus, Revolutionärer Sozialismus und Evolutionärer Sozialismus, nach der *Thermonuklearen
Revolution* zukünftige Gesellschaften.

7 Eine Reihe verschiedener Stufenlehren entstammen der sogenannten historischen Schule der deutschen Nationalökonomie des 19. Jahrhunderts. F. List
1841 unterscheidet nach der Gütererzeugung die Abfolge wilder Zustand, Hir-
tenstand, Agrikulturstand, Agrikultur-Manufakturstand und Agrikultur-Ma-
nufaktur-Handelsstand. B. Hildebrand 1864 unterscheidet dagegen nach der
Form des Tauschverkehrs Naturalwirtschaft, Geldwirtschaft und Kreditwirt-
schaft. G. Schönberg 1890, S.29 ff., stellt nach der Produktion die Abfolge
Jäger- und Fischervolk, Hirten- und Nomadenvolk, reines Ackerbauvolk, Ge-
werbe- und Handelsvolk, Industrievolk auf. G. Schmoller 1884 gliedert nach
den sich ausweitenden Wirtschaftsverflechtungen in Dorfwirtschaft, Stadtwirtschaft, Territorialwirtschaft und Volkswirtschaft. K. Bücher 1893 gliedert
nach dem Austausch in geschlossene Hauswirtschaft (ohne Austausch; Antike
und Mittelalter bis 12. Jahrhundert), Stadtwirtschaft (unmittelbarer Austausch;
bis 18. Jahrhundert) und Volkswirtschaft (Güterumlauf). Dazu kommen jüngere Stufeneinteilungen. J. Fourastié 1954 unterscheidet – auf den Umbruch der
Industrialisierung in älteren Industriestaaten fokussiert – eine Abfolge von
drei Phasen danach, dass das wirtschaftliche Schwergewicht erst im Primären
Sektor, dann im Sekundären Sektor und schließlich im Tertiären Sektor liegt.
Ebenfalls auf die (europäische) Industrialisierung orientiert ist die Gliederung
von W.W. Rostow 1960 nach dem Ausmaß des technischen Fortschritts und
der Höhe der Investitionsquote in 1. traditionelle Gesellschaft, 2. Anlaufperio-
de, 3. Phase des »take-off« (d.h. Beginn des dynamischen Wirtschaftswachstums), 4. Entwicklung zum Reifestadium und 5. Zeitalter des Massenkonsums.
Auf die Landwirtschaft begrenzt stellt die Agrarwissenschaftlerin E. Boserup
1966, S.15 ff., eine Abfolge zunehmender agrarischer Intensität auf: Jäger und

Sammler, Ackerbau mit langjähriger Waldbrache mit Grabstock/Hacke, Ackerbau mit mehrjähriger Buschbrache, Ackerbau mit kurzer Brache und Pflug,
jährlicher Ackerbau, Ackerbau mit mehreren Ernten im Jahr.

8 So gliedert E. Friedrich 1907 nach dem Grad der Naturabhängigkeit in eine
reflexive oder tierische Wirtschaftsstufe (d.h. Bedürfnisse werden direkt ohne
Produktion befriedigt), instinktive Wirtschaft (primitiver Ackerbau und Tierzucht), traditionelle Wirtschaft (größerer Erfahrungsschatz der frühen Hochkulturen, Halbkulturvölker und Nomaden) und wissenschaftlich-technische
Wirtschaftsstufe (weitgehende Beherrschung der Natur). S. Passarge 1927
unterscheidet zehn Kulturstufen: Jäger und Sammler, Mehlsammelkultur,
Fischerkultur, Eskimokultur, Pflanzenbaukultur, Pflugkultur, Bewässerungs-
kultur, Hirtenkultur, Handwerkerkultur, Maschinenkultur. H. Bobek 1959 gliedert in Wildbeuterstufe, Stufe der spezialisierten Sammler, Jäger und Fischer,
Stufe des Sippenbauerntums mit dem Seitenzweig des Hirtennomadismus,
Stufe der herrschaftlich organisierten Agrargesellschaften, Stufe des älteren
Städtewesens und des Rentenkapitalismus, Stufe des produktiven Kapitalismus, der Industriegesellschaft und des jüngeren Städtewesens. E. Otremba
1969, S. 210 f., unterscheidet 1. Wirtschaft und Gesellschaft der Primitiven, unterteilt in 1.1. Sammelwirtschaft mit nur gelegentlichem Anbau, 1.2. nomadische Viehwirtschaft und 1.3. Brandrodungswirtschaft mit Wechselfeldern,
2. bäuerliche Gesellschaft und Wirtschaft, 3. Industriegesellschaft, unterteilt in
3.1. Industriegesellschaft im engeren Sinne mit Verstädterung und Industrie,
3.2. Rohstoffergänzungswirtschaft, die noch mal in 3.2.1. solche des Bergbaus
und 3.2.2. solche der Landwirtschaft (Plantagen, Farmen, Forstwirtschaft für
den Weltmarkt) zu unterscheiden sei.

9 D. Bell 1976 unterscheidet nach dem dominanten Wirtschaftssektor vorindustrielle Gesellschaft, Industriegesellschaft und postindustrielle Gesellschaft.
U. Beck 1988, S. 121 f., unterscheidet nach der Art der Risiken vorindustrielle
Hochkultur (mit offener Unsicherheit durch nicht vermeidbare Naturkatastrophen), klassische Industriegesellschaft (mit örtlich und zeitlich begrenzten,
kalkulierbaren und individuell vermeidbaren Risiken und Unfällen durch die
industrielle Entwicklung) und industrielle Risikogesellschaft (mit hochbrisan-
ten Gefahren durch weiträumige künstliche Katastrophen, die auf Kollektiv-
entscheidungen zurückgehen, und Selbstgefährdungen). C. Jencks 1990, S. 47,
unterscheidet (wobei er Wirtschaft, Gesellschaft und Kultur verbindet) Prämo-
derne (10000 v. Chr.–1450: Agrarkultur, Handwerk, dezentralisierte Strukturen, Herrschaft der Könige, Priester und Krieger, aristokratische Kultur),
Moderne (1450–1960: Fabrik, Massenproduktion, zentralisierte Strukturen,
Herrschaft der Bourgeoisie, bürgerliche Kultur und Massenkultur) und Postmoderne (seit 1960: Büro, dezentralisierte Strukturen, Büroangestellte, Ge-
schmackskultur). G. Lenski 2005, S. 81 ff., unterscheidet Jäger- und Sammler-
gesellschaft, Fischergesellschaft, Gartenbaugesellschaft, Agrargesellschaft,
maritime Gesellschaft, Viehzüchtergesellschaft, Industriegesellschaft, Postindustrielle Gesellschaften.

10 A. Ferguson 1767 unterscheidet in die Abfolge Wildheit (Jäger, Fischer und
Sammler, ohne Eigentum), Barbarei (Ackerbau und Hirten, mit Eigentum) und
Zivilisation. K. Marx 1857/1953, S. 375 ff., gliedert nach Produktionsweisen,
insbesondere Eigentumsverhältnissen in die Stufen 1. Urgesellschaft (Gemeineigentum), danach die drei sich parallel entwickelnden Formen 2.1. asiatische

Produktionsweise (Gemeineigentum am Boden), 2.2 antike Produktionsweise (staatliches und privates Eigentum am Boden, Stadt als Zentrum) und 2.3. germanische Produktionsweise (weitgehend Individualeigentum am Boden), dann 3. Feudalismus (feudale Eigentumsformen), 4. Kapitalismus (bürgerliches Privateigentum) und 5. Kommunismus (Gemeineigentum). An anderer Stelle (1859/1969, S.9, 21) bezeichnet Marx dann allerdings asiatische und antike Produktionsweise als aufeinander folgende Stufen. L. Mumford 1934 teilt die europäische Geschichte nach Energieformen ein in Zeit der Ekotechnik (Holz, 1000–1750), Paläotechnik (Gipfel um 1870, Kohle) und Neotechnik (Elektrizität).

11 W. Sombart 1916 unterscheidet vorkapitalistische Wirtschaft, Frühkapitalismus (= Handelskapitalismus), Hochkapitalismus (= Industriekapitalismus) und Spätkapitalismus (= Monopolkapitalismus). K. Polanyi 1944/1978 unterscheidet nach der Art des dominierenden Güteraustauschs die Abfolge: Reziprozität (Gütertausch auf Gegenseitigkeit zwischen einander direkt kontaktierenden Gruppen), Redistribution (ein politisches Zentrum saugt Überschüsse an und verteilt oder verbraucht sie) und Marktwirtschaft (Austausch über preisbildende Märkte). Von Energiesystemen geht R.P. Sieferle 1997 und R.P. Sieferle u.a. 2006 aus, wobei er das unmodifizierte Solarenergiesystem der Jäger- und Sammlergesellschaften, das kontrollierte Solarenergiesystem der Agrargesellschaften und das auf der Nutzung fossiler Energieträger beruhende Industriesystem unterscheidet.

12 UNO-Statistiken arbeiten seit 1971 mit der Einteilung in Industrieländer, neuindustrialisierende Länder (NIC, Schwellenländer), weniger entwickelte Länder (LDC) und am wenigsten entwickelte Länder (LLDC), wobei sie von einem Index aus mehreren Wirtschaftsstrukturdaten ausgehen, bei dem das Bruttoinlandsprodukt pro Kopf der wichtigste Einzelindikator ist. Seit 1990 wird auch der komplexere Human Development Index verwendet. Da die Indizes ein Kontinuum liefern, ist die Festsetzung der Schwellenwerte zwischen den Entwicklungsstufen willkürlich, und darüber hinaus erfassen die summarischen Zahlen wichtige Strukturunterschiede nicht.

13 Dies gilt für fast die ganzen Modernisierungstheorien (siehe H.U. Wehler 1975, besonders S.14f.), so sehr sie sonst auch anregend sind.

14 Auch wenn der Bergbau meist in großen Betrieben erfolgt und damit in der Betriebsorganisation der Industrie ähnelt, handelt es sich trotzdem um die Gewinnung von Primärprodukten.

15 Markttausch meint hier, dass es entsprechende Orte des Austauschs gibt; es bedeutet nicht, dass diese Märkte nach den Prinzipien von Marktwirtschaft organisiert sein müssen, also nach freier Preisbildung aufgrund von Angebot und Nachfrage funktionieren; oft bestanden vielfältige Regulierungen.

16 Das bloße *Vorhandensein* von Münzen reicht nicht, da diese oft durch Initiative des Herrschers für seinen Bedarf (z.B. Sold für Militär, Repräsentation) entstanden und z.T. lange nur in einem marginalen Bereich des Wirtschaftslebens verwendet wurden.

17 Diese Kriterien erfassen die Breite des Wirtschaftsgeschehens besser als der Blick auf den kleinen Bereich des Fernhandels. Dessen Entwicklung weist überdies keine deutlichen Entwicklungsstufen auf; die z.T. angeführte Unterscheidung zwischen Luxus- und Massengütern erweist sich empirisch als nicht brauchbar. Unsere Kriterien sind auch besser operationalisierbar als das unter

dem Begriff Kapitalismus gehandelte und je nach Autor variierende Kriterienbündel.

18 Für Gesellschaften, die noch kein Städtenetz ausgebildet haben, ergibt eine Klassifizierung auf der Basis asymmetrischer Integration keinen Sinn, da die Rolle der Austauschbeziehungen für die gesamte Wirtschaft zu gering ist, um prägend zu sein; die Weltsystemtheorie überzieht hier die Erklärungskraft des Zentrum-Peripherie-Ansatzes.

19 Die Dependenztheorie ebenso wie die Weltsystemtheorie weisen mit Recht nachdrücklich darauf hin, dass die Peripherien nicht einfach eine frühere Entwicklungsstufe darstellen, sondern etwas qualitativ anderes. Wenn die Dependenztheorie indes die Ursachen für die Unterentwicklung der Peripherien ausschließlich in der mit deren Außenwirtschaftsbeziehungen verbundenen Abhängigkeit und Ausbeutung sieht, durch welche die Peripherien überhaupt entwicklungsunfähig würden, so ignoriert sie dabei die inneren Ursachen für Unterentwicklung ebenso wie die Tatsache, dass sich z. B. die ehemaligen weißen Siedlerkolonien und die sogenannten Tigerstaaten in Ostasien von Peripherien zu Industriestaaten entwickeln konnten. Wallerstein 1974 und die meisten sich ihm anschließenden Weltsystemtheoretiker sehen dagegen durchaus die Möglichkeit, dass einzelne Regionen innerhalb der Hierarchie von Zentren-Semiperipherien-Peripherien auf- oder absteigen.

20 Bei stark auf importsubstituierende Industrialisierung ausgerichteter Wirtschaftspolitik mittelgroßer Staaten.

21 Zur Differenzierung zwischen den Industriegesellschaften wird hier nicht die Höhe des Anteils des Tertiären Sektors (angeblicher Übergang zur »Dienstleistungsgesellschaft«) verwendet, da Dienstleistungen das Forschungsinstitut in New York genauso einbeziehen wie den unterbeschäftigten Schuhputzer und Losverkäufer in Rio und da keine überzeugende und statistisch praktikable Ausgliederung des höherentwickelten Teils (etwa als »Quartärer Sektor«) gelingt. Außerdem dient ein großer Teil gerade der höherentwickelten Dienstleistungen der Unterstützung industrieller Aktivitäten.

22 R. von Mohl 1859 unterscheidet 1. Theokratie, 2. Despotie, 3. patriarchalischer Staat (dem die hausväterliche Gewalt zugrunde liegt), 4. Rechtsstaat der Neuzeit (untergliedert in 4.1. Fürstenherrschaft mit der Unterteilung in unbeschränkte Fürstenherrschaft, ständische Fürstenherrschaft, Fürstenherrschaft mit Volksvertretung, 4.2. Regierung der Vornehmen, 4.3. Volksherrschaft mit der Unterteilung in reine Volksherrschaft, repräsentative Volksherrschaft), 5. Patrimonialstaat (u.a. militärischer Lehensstaat), 6. klassischer oder antiker Staat (unterteilt in 6.1. Monarchie, 6.2. Aristokratie und 6.3. Demokratie). W. Roscher 1892 sieht die Entwicklungsfolge 1. patriarchalisch-volksfreies Königtum, 2. Aristokratie, 3. absolute Monarchie, 4. Demokratie, 5. Plutokratie, 6. Cäsarismus. S. N. Eisenstadt 1969, S. 10, unterscheidet 1. primitive politische Systeme, 2. patrimoniale Reiche, 3. nomadische oder auf Eroberung beruhende Reiche, 4. Stadtstaaten, 5. Feudalsysteme, 6. zentralisierte historische bürokratische Reiche, 7. moderne Gesellschaften verschiedenen Typs (demokratisch, autokratisch, totalitär, unterentwickelt). C. J. Friedrich 1970, S. 57, unterscheidet 1. Anarchie (fragmentarische Herrschaft), 2. Stammesherrschaft eines Priesterkönigs, 3. Despotismus monarchischer Art, 4. Oligarchie des Adels, 5. Oligarchie der Reichen, 6. Oligarchie einer Priesterschaft (Theokratie), 7. unmittelbare Demokratie, 8. Tyrannis, 9. bürokratische Herrschaft unter einem erblichen

Monarchen, 10. parlamentarische Kabinettsregierung mit den Unterformen aristokratisch oder demokratisch, 11. Präsidialregierung, 12. Militärdiktatur, 13. totalitäre Diktatur. B. Crick 1975 unterscheidet 1. primitives Regierungssystem (akephal, Häuptlingstümer), 2. frühe Reiche, 3. griechische Stadtstaaten, 4. das republikanische Rom, 5. das imperiale Rom, 6. orientalischer Despotismus, 7. Feudalherrschaft, 8. frühe moderne Staaten (Europa 16.–18. Jahrhundert), 9. moderner Nationalstaat, 10. moderne Autokratie, 11. moderne Republiken (Regierung durch Wahlen legitimiert), 12. totalitäre Regierungssysteme. Erwähnen kann man hier noch die Stufentheorie des Historikers K. Breysig 1927, der annimmt, alle Völker würden dieselben sechs (primär politisch unterschiedenen) Stufen durchlaufen, wobei Europa mit den Griechen/Römern und den germanisch-romanischen Völkern diese Abfolge zweimal durchlaufen habe, während andere Völker auf früheren Stufen stehen geblieben seien: Horde, Siedlerschaftsstaat, Geschlechterverband, Altertum (mit Aufkommen des Königtums), Mittelalter (Adelszeit), Neuzeit (moderner Staat). An sich gehören auch die Produktionsweisen von K. Marx 1857/1953, S. 375 ff., hierher, insofern sie Ausbeutungsverhältnisse erfassen sollen: Urgesellschaft (ohne Ausbeutung), antike Produktionsweise (Sklavenhaltung), Feudalismus (Arbeit höriger Bauern), Kapitalismus (ausgebeutetes Proletariat) und Kommunismus (ohne Ausbeutung). An Marx anknüpfend unterscheidet E. R. Wolf 1991, S. 110–51, verwandtschaftliche, tributgebundene und kapitalistische Produktionsweise. Der Historiker S. Finer 1997 (zusammenfassend Bd. 1, S. 78 f.) spricht zwar von einer Typologie, tatsächlich verknüpft er seine vier Variablen mit jeweils mehreren Untertypen aber nicht zu einer Gesamttypologie.

23 E. R. Service 1962 und 1977 geht aus von der Abfolge Horde (patrilineare Jagdschar), Stamm (patri- oder matrilineare Lineages durch stammesweite Verbände verbunden), Häuptlingstümer (mehrere Lineages und Clans unter einem politischen Oberhaupt zusammengefasst), primitive Staaten (Königreiche). M. H. Fried 1967 stellt die Reihenfolge 1. egalitäre Gesellschaft, 2. Ranggesellschaft, 3. stratifizierte Gesellschaft und 4. Staat auf, wobei die segmentierten Stammesgesellschaften und die Stammeshäuptlingstümer keine Entwicklungsstufen zwischen 2. und 3. seien, sondern sekundäre Formen, die unter dem Einfluss der sich ausbreitenden Staaten entstünden. J. Friedman und M. J. Rowlands 1977 sehen die Sequenz Stamm, asiatischer Staat, Prestigegütersystem, Territorial- und Stadtstaat. E. Sagan 1987, S. 15 f., stellt nach politischen und psychologischen Kriterien die Abfolge primitive Gesellschaft, frühe Monarchie, komplexe Monarchie, archaische Zivilisation, klassische Zivilisation und Staat auf. A. W. Johnson und T. Earle 2000 sehen nach der zunehmenden Größe gesellschaftlicher Einheiten die Stufen 1. Familiengruppe, 2. Lokalgruppe, untergliedert in akephale Lokalgruppe und Big-Man-Kollektiv, und 3. Regionalherrschaft, untergliedert in Häuptlingstum, frühen Staat und agraren Nationalstaat. Ähnlich K. R. Dark 1998, S. 147 ff., mit der Untergliederung nach Gruppengröße und Komplexität in verwandtschaftsbasierte Gesellschaften, regierte (»governed«) Gesellschaften mit der Untergliederung in Häuptlingstum und Über-Häuptlingstum sowie Staaten.

24 W. G. Runciman 1989, S. 148–71, sieht eine fünfstufige Evolution mit mehreren Untertypen: 1. Jäger- und Sammlergruppen, 2. Big Man, 3. Halbstaaten, 4. Staaten, unterteilt in Staaten der Stadtbürger, der Krieger, der monarchischen Bürokratien, den Feudalismus und der bourgeisen Gesellschaft, 5. Staa-

ten der modernen Welt, untergliedert in autoritäre und andere. H. Wimmer 1996 klassifiziert in seiner »Evolution der Politik« in 1. Segmentäre Gesellschaften mit 1.1. Konflikten zwischen Segmenten, 1.2. Big-Man-Systeme und 1.3. Chiefdoms, 2. hierarchisch stratifizierte Gesellschaften, und zwar 2.1. politisch dezentralisierte (Feudalismus u.a.) und 2.2. staatlich organisierte (Stadtstaat, Imperien) und 3. funktionaldifferenzierte Gesellschaften mit 3.1. bürokratisch-autokratischen Regimen, Militärdiktaturen usw. und 3.2. Demokratien. S. Breuer 1998 entwickelt (in Anlehnung an M. Weber) explizit »Organisationsstadien«, nämlich 1. Häuptlingstum, 2. charismatischer Staat (unterteilt in konischer Klanstaat, archaisches Prestigegütersystem), 3. traditionaler Staat (unterteilt in patrimoniales Stadtkönigtum, Stadtgemeindestaat, primäre Imperien, sekundäre Imperien, Feudalismus), und 4. rationaler Staat (der Neuzeit; ohne weitere Unterteilung).

25 Ein Überblick zum Problem der Typologie mit verschiedenen Versuchen findet sich bei G. Wuthe 1977, S. 206–24. Eine ausführliche Diskussion älterer Typologien bei E. Küchenhoff 1967, Bd. 1. Die zahlreichen dichotomischen Modelle (z. B. konstitutionell – autokratisch, demokratisch – totalitär, pluralistisch – monistisch, autoritär – demokratisch) können hier außer Betracht bleiben, da sie ohnehin viel zu undifferenziert sind.

26 Klassisch die Gliederung in der Politik des Aristoteles, der nach der Zahl der Teilhaber an der Macht einteilt und dabei jeweils eine gemeinwohlorientierte und eine eigennutzorientierte Variante unterscheidet: Monarchie bzw. Tyrannis, Aristokratie bzw. Oligarchie, Politie bzw. Demokratie (Politik III, 7). Der größte Teil der Typologien aus dem 19. und frühen 20. Jahrhundert stellt Modifizierungsversuche der aristotelischen Dreiteilung dar.

27 J. Schvarcz 1895 entwickelt nach verschiedenen Kriterien zehn teilweise sehr differenzierte Klassifizierungen von Staatsformen, die hier nicht alle wiedergegeben werden können. C. Bornhak 1896 unterteilt in 1. Staaten der monarchischen Souveränität und 2. Staaten der Volkssouveränität, untergliedert in 1.1. absolute Monarchie, 1.2. konstitutionelle Monarchie, 2.1. Republik, 2.2. parlamentarische Monarchie und 2.3. demokratische Tyrannis, nochmals untergliedert in 1.1.1. Monarchie des Geschlechterstaats, 1.1.2. Monarchie des Orients und 1.1.3. Monarchie der europäischen Staaten, 2.1.1. bäuerliche Landsgemeinde, 2.1.2. Stadtrepublik, 2.1.3. ständische Republik, 2.1.4. Republik in europäischen Staaten, 2.1.5. Republik in selbstständig gewordenen Kolonialstaaten. M. Weber 1922/1980 unterscheidet nach der Art der Legitimität der Herrschaft die Grundformen rationale Herrschaft (u.a. moderner Rechtsstaat, Repräsentativverfassung), traditionale Herrschaft (u.a. Ständestaat, Monarchie, Patrimonialismus, traditionelle Honoratiorenverwaltung) und charismatische Herrschaft. H. Kelsen 1925 gliedert in unbeschränkte Monarchie (unterteilt in absolute Monarchie, Despotismus), beschränkte Monarchie (unterteilt in Lehensmonarchie, ständische Monarchie, konstitutionelle Monarchie), Aristokratie, Oligarchie, Demokratie (unterteilt in unmittelbare Demokratie, repräsentative Demokratie). Streng dichotomisch aufgebaut ist die Klassifikation von R. Laun 1964: er unterteilt zunächst in 1. monokratische und 2. kollektive Träger der Kompetenzhoheit, dann nach Erblichkeit/ Nichterblichkeit in 1.1. absolute Monarchie, 1.2. Diktatur, 2.1. beschränkte Monarchie und 2.2. Republik, dann weiter in 2.1.1. ständische Monarchie und 2.1.2. konstitutionelle Monarchie (diese wiederum in aristokratische und

demokratische Form mit weiteren Unterteilungen), 2.2.1. aristokratische Republik, 2.2.2. ständische Republik und 2.2.3. moderne Republik (diese wiederum in aristokratische und demokratische Form mit weiteren Unterteilungen).

28 Unter den Neueren im Grundansatz der aristotelischen Einteilung ähnlich R. A. Dahl 1971: Polyarchie, kompetitive Oligarchie und Hegemonie. W. Merkel 1999, S.23–28, unterscheidet Demokratie, Autoritäres System und Totalitäres System. Differenzierter K. Löwenstein 1959 mit 1. Polykratien und 2. Monokratien und 1.1. unmittelbare Demokratie, 1.2. Versammlungsdemokratie (Parlament politisch führend), 1.3. Parlamentarismus, 1.4. Kabinettsregierung, 1.5. Präsidentialismus, 1.6. Direktorialregime auf Basis einer Kollegialregierung sowie 2.1. autoritäre Regime mit 2.1.1. absoluter Monarchie, 2.1.2. plebiszitärer Cäsarismus und 2.1.3. Neopräsidentialismus und 2.2. totalitäre Regime. G. A. Almond u. a. 2000, S.153–55, treffen die Hauptunterscheidung in 1. vorindustrielle/sich industrialisierende Nation und 2. Industriestaat, mit der Ausdifferenzierung in 1.1. demokratische Übergangsregime und 1.2. autoritäre Regime, wobei Letztere noch einmal in neotraditionelle Herrschaft, persönliche Herrschaft, klerikale Mobilisierungsregime, technokratisch-repressive, technokratisch-distributive und technokratisch-mobilisierende untergliedert werden, sowie in 2.1. demokratische (und zwar marktorientierte und sozialdemokratische) und 2.2. autoritäre (konservative und radikale). D. Rueschemeyer u. a. 1992, S.303 f., unterscheiden nach Demokratisierungsgrad autoritäre Regime, konstitutionelle Oligarchien, beschränkte Demokratien und volle Demokratien. Freedom House klassifiziert seit 1973 regelmäßig auf Basis eines Index in freie, teilweise freie und unfreie Staaten. J. J. Linz 1975/2000 unterscheidet nichtdemokratische Regime des 20. Jahrhunderts in 1. traditionell legitimiertes Regime, 2. persönliche Herrschaft mit 2.1. sultanistischem Regime und 2.2. Caudillos (starker Klientelismus), 3. totalitäres Regime und 4. autoritäres Regime mit 4.1. bürokratisch-militärischem Regime, 4.2. organischer Staat (Korporatismus), 4.3. mobilisierendes postdemokratisches Regime (z.B. italienischer Faschismus), 4.4. postkoloniales Mobilisierungsregime, 4.5. Rassen-»Demokratie« und 4.6. posttotalitäres Regime (späte UdSSR).

29 J. Osterhammel 2001b, S.16–18, 25 f., unterscheidet 1. Kolonialherrschaft mit den Formen 1.1. Beherrschungskolonien, 1.2. Stützpunktkolonien und 1.3. Siedlungskolonien mit den Varianten neuenglischer, afrikanischer und karibischer Typ, 2.»informal empire« und 3. nichtkolonialer bestimmender Einfluss. I. Geiss 1994, S.34, differenziert für Imperien: Reichskern, Provinzen der Reichsnation, Provinzen verwandter Völker, äußere Provinzen (erobert unter direkter Herrschaft), Vasallenstaaten und Klientelstaaten. A. Watson 1992, S.14–16, gliedert Abhängigkeiten im Staatensystem in Reiche, Dominion, Suzeränität (lockere Oberhoheit ohne große praktische Bedeutung) und Hegemonie. C. Chase-Dunn und T.D. Hall 1997, S.42 f., kommen ausgehend von der Weltsystemtheorie zur Abfolge 1. Dominanz von Verwandtschaftsbeziehungen, 2. Dominanz von Tributbeziehungen mit 2.1. primären staatenbasierten Weltsystemen, 2.2. primären Reichen, 2.3. multizentrierten Weltsystemen aus mehreren Staaten, 2.4. kommerzialisierten staatenbasierten Weltsystemen sowie 3. Dominanz kapitalistischer Beziehungen mit 3.1. eurozentrischem System und 3.2. globalem modernen Weltsystem.

30 Dies entspricht in etwa dem segmentären Staat von A. Southall 1956.

31 Siehe dazu für das Römische Reich P. Eich 2005, für Europa in der Frühen Neuzeit W. Reinhard 1996b, S. E. Finer 1975.

32 Begriff von O. W. Wolters 1999. Dies entspricht inhaltlich der »galactic polity« von S. J. Tambiah 1977.

33 Zum Begriff patrimonialer Herrschaft ausführlich M. Weber 1922/1980, S. 580 ff., 607 ff., 636 ff.

34 In der Literatur besteht oft keine klare Abgrenzung zwischen Imperium und Hegemonie; siehe dazu z. B. H. Münkler 2005, S. 67–77. Zur Verwirrung trägt auch bei, dass einige Autoren (z. B. G. Modelski und W. R. Thompson 1996) auch da von Hegemonie reden, wo zwar wirtschaftliche Dominanz oder kulturelle Ausstrahlung, aber keine politische Vorherrschaft besteht, während wir der Klarheit halber einen rein politischen Hegemoniebegriff verwenden. Der Begriff des »informal empire« versucht ebenfalls diese indirekte Abhängigkeit zu erfassen und zugleich aus linkskritischer Motivation begrifflich an Imperium und Imperialismus heranzurücken, dabei vermischt er politische Abhängigkeit und wirtschaftliche Asymmetrie und bleibt dadurch unscharf (siehe dazu W. R. Louis 1976, M. W. Doyle 1986, S. 19–47).

35 Da die Frauen sich mehr mit ihrer Klasse als mit anderen Frauen identifizierten und deshalb die Ausweitung der politischen Mitbestimmung auf Mittel- und Unterschichten meist mit heftigen Auseinandersetzungen verbunden war, die Ausweitung des Männer- zum Frauenwahlrecht aber viel weniger, ist das allgemeine und gleiche Männerwahlrecht hier Kriterium für Demokratie ohne Rücksicht auf die Frauen.

36 In Anlehnung an den antiken Begriff »societas civilis«, d. h. der Bürgergemeinde der Polis, entstand im 18. Jahrhundert im Deutschen der Begriff »bürgerliche Gesellschaft«, der in die marxistische Tradition einmündete und von ihr verschlissen wurde, und im Englischen der Begriff »civil society«, der in den 1980er-Jahren als »Zivilgesellschaft« ins Deutsche zurückkehrte, eine recht unglückliche Übersetzung. Deshalb wird hier der Begriff »Bürgergesellschaft« vorgezogen.

37 Der Ethnologe E. B. Tyler 1871 nimmt eine universale Abfolge von Animismus (also Seelenglaube) über Fetischismus und dann Polytheismus zum Monotheismus an. Der Ethnologe J. Lubbock 1870 stellt folgende Stufenfolge auf: Atheismus, Fetischismus, Naturanbetung oder Totemismus, Schamanismus, Idolatrie oder Anthropomorphismus, Glaube an Gott als Urheber der Natur (ohne ein Teil davon zu sein), Religion mit moralischen Verpflichtungen. Der Religionswissenschaftler C. P. Tiele 1904 sieht eine Entwicklung der Religion in der Stufenfolge: niedere Naturreligionen (Animismus und Fetischismus), höhere Naturreligionen (Polytheismus), höchste Naturreligionen (therianthropisch-magische und anthropische Religionen), partikularistische ethische Religionen, universalistische ethische Religionen (Missionsreligionen). Der Psychologe W. Wundt 1912 nimmt die gesetzmäßige Stufenfolge von Animismus, Totemismus, Helden- und Götterzeitalter und zuletzt der Humanität der Weltreligionen an.

38 Der Philosoph A. Comte 1830 unterteilt die geistige Entwicklung der Menschheit in drei Stadien: 1. das theologische , das die Erscheinungen aus den Willen übernatürlicher Wesen erklärt, untergliedert in die Stadien 1.1. Animismus, 1.2. Polytheismus und 1.3. Monotheismus, 2. das metaphysische Stadium, das die Erscheinungen aus abstrakten Wesenheiten und Ideen (anstelle von Göt-

tern) erklärt, 3. das positive Stadium, das die konstanten Relationen (Naturgesetze) zwischen den Erscheinungen erforscht und auf Metaphysik verzichtet. Der Ethnologe J. G. Frazer 1900 fragt nach der Art des Bestrebens, die
Umwelt zu kontrollieren, und behauptet eine Stufenfolge von der Magie und
Zauberei der Primitiven über die Religion (der Mensch erkennt die Unwirk-
samkeit der Magie und nimmt übernatürliche Götter an) zur wissenschaftlichen Weltbeherrschung (womit die Religion grundsätzlich erledigt sei).

39 K. Rudolph 1971, S. 116, schlägt folgende Abfolge von Entwicklungsstadien
vor: Religion der Sammler und Jäger, Religion der Pflanzer, Religion der Viehzüchter, Religion der Pflugbauern, Religion der Hochkulturen, Weltreligionen.
R. Döbert 1973 sieht die Entwicklung des religiösen Bewusstseins als Manifes-
tation eines Reflexionsprozesses, innerhalb dessen die Menschheit sich in zunehmendem Maße über ihr eigenes Wesen Klarheit verschafft und sich von
dem naturwüchsigen Zwang herrschender Normensysteme befreit, und verfolgt dies in den Stadien: Religion der Jäger/Sammler und einfachen Gartenbaugesellschaften, Religion der fortgeschrittenen Gartenbaugesellschaften,
Religion der agrarischen hochkulturellen Gesellschaften, moderne Religion
(industrielle Gesellschaften). G. Kehrer 1988, S. 67 ff., rückt das Verhältnis von
Religion und Herrschaft in den Mittelpunkt und leitet daraus folgende Entwicklungsstadien ab: Religion in vorstaatlichen Gesellschaften (Religion in allgemeine gesellschaftliche Bezüge integriert), Religion bei der Herausbildung
staatlicher Herrschaft (Ansätze religiöser Systembildung), Religion in vormodernen staatlich organisierten Gesellschaften (ausdifferenziertes religiöses
System in enger Verbindung mit politischer Herrschaft), Religion im europäischen Mittelalter, Religion in der modernen Gesellschaft (religiöse Pluralisierung). F. Whaling 1995, S. 28 ff., skizziert (ohne einheitliche Kriterien) die Stufenfolge paläolithische Religion, neolithische Religion, Religion städtischer
Zivilisationen (religiöse Spezialisierungen), Religionen der Achsenzeit (Auftreten großer religiöser Führer und Denker), Religionsgeschichte der Neuzeit
(Ausbreitung europäischer Religion), Gegenwart.

40 R. N. Bellah 1964 sieht eine Entwicklung von Religion als Ausdifferenzierung
immer komplexerer Stadien religiöser Weltdeutung: primitive Religion (ohne
klare Trennung Sakrales – Profanes), archaische Religion (echte Kulte, strukturiertes System von Göttern, Priester), historische Religion (religiöse Organisationen, Entstehen der Erlösungsreligionen), frühmoderne Religion (mit dem
Protestantismus, allgemeines Priestertum), moderne Religion (subjektive
Sinnsuche, dadurch Symbolsystem vielfältiger und weniger allgemeinverbind-
lich). Stärker auf das Organisatorische bezogen bei dem Ethnologen A. F. C.
Wallace 1966: individualistische Kulte (jeder führt religiöse Rituale selbst aus),
schamanistische Kulte (mit Teilzeitspezialisten für religiöse Belange), Gemein-
dekulte (zusätzlich zum Schamanen sorgen Laien für die Durchführung der
Riten) und kirchliche Kulte (Existenz einer berufsmäßigen Priesterschaft).

41 Hierbei wird von soziologischer Seite angeknüpft an die entwicklungspsychologischen Stufentheorien von Jean Piaget 1950/1975 [Stufen des logischen Denkens: sensumotorisch, präoperational *(4–7 Jahre)*, konkret-opera-
tional *(7–11 Jahre)*, formal-operational *(ab 11 Jahre)*] und Lawrence Kohlberg
(Stufen moralischer Entwicklung: 1. vormoralisches Niveau, 1.1. Orientierung
an Bestrafung und Gehorsam, 1.2. instrumentelle Orientierung, 2. konventionelle Moral, 2.1. Orientierung an Erwartungen, 2.2. autoritätsgestützte Moral,

3. postkonventionelle Moral). J. Habermas 1976, S.135, 172 f., entwickelt eine
Stufenfolge von Moral und Recht (die Erläuterung ist hier nur sehr verkürzt
möglich): vorhochkulturelle Gesellschaften (Verschränkung von Handlungssystem und Deutungssystem, Bewertung von Handlungen nach den Folgen),
archaische Hochkulturen (explizite Ebenendifferenzierung, konventionell
strukturiertes Handlungssystem), entwickelte Hochkulturen (vollständige
Ausdifferenzierung von Handlung, Normensystem und Weltbild, Konfliktregelung nach entwickelter konventioneller Moral), frühe Moderne (post-
konventionell strukturierte Handlungsbereiche, Formalrecht und prinzipien-
geleitete Privatmoral). J. Habermas 1976, S.18 f., konstruiert außerdem eine
Stufenfolge der Entwicklung logischer Strukturen: 1. Mythos (narrative Erklärungen mithilfe exemplarischer Geschichten), 2. kosmologische Weltbilder,
Philosophien und Hochreligionen (deduktive Erklärungen aus nicht hinterfragbaren obersten Prinzipien), 3. moderne Wissenschaften (nomologische Erklärungen mithilfe von revisionsfähigen Theorien). J. Habermas 1981, Bd. 2,
S.284 ff., führt dies mit einer Stufenfolge der Verständigungsformen fort und
unterscheidet archaische Gesellschaften (Ritus, Mythos, partikularistisch ge-
bundenes Handeln), Hochkulturen (Sakrament/Gebet, religiöse und metaphysische Weltbilder, normativ geregeltes Handeln), frühmoderne Gesellschaften
(kontemplative Vergegenwärtigung auratischer Kunst, religiöse Gesinnungs-
ethik und rationales Naturrecht, normativ entbundenes Handeln). Ähnlich ist
die Skizze von K. Eder 1977 mit der Stufenfolge archaisches Organisationsprinzip der Gesellschaft (präkonventionelle Symbolisierungen), traditionelles
Organisationsprinzip (konventionelle Moralisierung von Normen) und moderne Organisationsprinzipien (Prinzipalisierung der Geltungsgründe von
Normen). Bei Habermas wie bei Eder ist das Verhältnis der entwicklungslogisch
konstruierten Stufen zur tatsächlichen historischen Entwicklung nicht ganz
klar. Während G. Dux 1982 a zwar interessante Aspekte der Entwicklungslogik
ausführt, aber in der genauen Abgrenzung der einzelnen Stufen gegeneinander
unscharf bleibt, orientiert G. Dux 1994 sich eng an Piagets Entwicklungsstufen
des logischen Denkens; er sieht Jäger und Sammler an der Schwelle zur kon-
kret-operationalen Struktur, frühe Agrargesellschaften bei beginnender kon-
kret-operationalen Struktur, bei Hochkulturen den weiteren Ausbau der kon-
kret-operationalen Struktur und in der griechischen Antike die Weiterbildung
zur formal-operationalen Struktur. Ebenfalls an Piaget anknüpfend, aber im
Grunde auf die Scheide zwischen konkret-operationaler und formal-operatio-
naler Denkstruktur reduziert G.W. Oesterdiekhoff 1997 und 2000. Ein Vorläufer in der Auffassung, dass zwischen der Entwicklung der Handlungsmuster
des Individuums und der Kulturentwicklung eine Parallele bestehe, ist J.M.
Baldwin 1915; er postuliert die Abfolge: prälogische Stufe (mystisches Handlungsmuster in mythischer und religiöser Gestalt), logische Stufe (spekulatives
Handlungsmuster in wissenschaftlichen Formen), hyperlogische Stufe (Handlungsmuster in Gestalt fortgeschrittener philosophischer Theorien).

42 Die neuere Entwicklungspsychologie sieht diese Trends kognitiver Entwicklung bei Kindern und Jugendlichen stärker bereichsspezifisch und inhaltsge-
bunden; einen Überblick hierüber geben H.M. Wellman und S.A. Gelman
1992 und S.A. Gelman und R. Baillargeon 1983. Zu grundsätzlichen theoretischen Fragen des Zusammenhangs von individueller und kultureller kognitiver Entwicklung siehe S. Strauss 1994.

43 W. Faulstich 1998, S. 29 ff., unterteilt in die Abfolge Dominanz der Primär (= Mensch)-Medien, der Sekundär(= Druck)-Medien, der Tertiär(= elektronischen)-Medien und der Quartär(= digitalen)-Medien. Die ersten drei Stufen ähnlich schon bei H. Pross 1972. H. M. McLuhan 1968 geht von der Abfolge orale Stammeskultur, literale Manuskriptkultur, Zeitalter Gutenbergs (Druck) und Zeitalter Marconis (elektronische Medien) aus. A. Leroi-Gourhan 1980 sieht kulturelle Tradierung nacheinander durch mündliche Überlieferung (bis Buchdruck), schriftliche Überlieferung, Aufzeichnung auf Karteikarten und Lochkarten, mechanische Aufzeichnungen (Schreibmaschinen) und elektronische Aufzeichnungen bestimmt, wogegen H. Wenzel 1999 das Langzeitgedächtnis der Gesellschaft als Körpergedächtnis, Schriftgedächtnis, Druckgedächtnis und elektronisches Gedächtnis abgrenzt. Nach H. Schanze 2001 folgen als Aufzeichnungssysteme auf die Vorgeschichte (Bild, Zahl, Buchstabe) die primären Medien (Theater, Forum, Scriptorium, Bibliothek), die Typografie (Buchdruck mit beweglichen Lettern), neue Grafien (Fotografie, Telefon, Film), analoge Medien (Fernsehen) und Digitalmedien.

44 Der Historiker K. Lamprecht 1891 sieht Geschichte als eine Stufenfolge sozialpsychologischer Zustände, als eine Entwicklung des kollektiven Seelenlebens, die zu immer höherer seelischer Intensität führen würde und die er als Urzeit, Symbolismus, Typismus, Konventionalismus, Individualismus und Subjektivismus bezeichnet; diese Folge von Kulturzeitaltern, der keine systematischen Kriterien zugrunde liegen, wird zwar am Beispiel der deutschen Geschichte entwickelt, sei aber auf andere Völker übertragbar. Der Philosoph K. Jaspers 1949 gliedert die Weltgeschichte in die Stadien 1. der Vorgeschichte, 2. der alten Hochkulturen, 3. der mit der Achsenzeit (um 800–200 v. Chr.) beginnenden geistigen Grundlegung der Menschheit und 4. des wissenschaftlich-technischen Zeitalters. Der Soziologe B. Nelson 1986, S. 76 ff., geht von einer Abfolge von drei Bewusstseinstufen aus: sakro-magische Bewusstseinsstruktur mit kollektiver Orientierung, glaubensförmiger Bewusstseinstyp (individueller Glaube), rationalisierte Bewusstseinstruktur.

45 Diese Definition deckt sich nicht mit dem Begriff der Informationsgesellschaft bei M. Castells 2001, der damit die Gesamtgesellschaft (einschließlich wirtschaftlicher Aspekte) charakterisieren will und ihn so überdehnt.

46 Der Begriff Hochkultur unterstellt ein enges Zusammenspiel von Schriftkultur, Staat, Stadt, Priestertum und Monumentalarchitektur, das so eng nicht gegeben ist, schon gar nicht außerhalb des Nahen Ostens. Zur Kritik des Begriffs siehe auch W. A. Fairservis 1997, S. 236–38, 248–50.

Bildnachweis

Der Verlag hat sich bemüht, alle Rechtegeber ausfindig zu machen. Nicht in allen Fällen ist es uns gelungen. Für Hinweise sind wir dankbar.

Abb. 1.1: Jürgen Liepe, Berlin; 1.2: Bayerisches Nationalmuseum, München; 2.1: Museum of Modern Art, Boston; 2.2: Birkhäuser Verlag AG, Basel; 2.3: bpk Bildagentur für Kunst, Kultur und Geschichte, Berlin; 2.4: ThyssenKrupp, Duisburg; 3.1: bpk Bildagentur für Kunst, Kultur und Geschichte, Berlin; 3.4: Bayer AG, Leverkusen/Unternehmensgeschichte/Archiv (die kommerzielle Weitergabe an Dritte ist unzulässig); 4.1: Corbis; 4.2: Privatbesitz des Autors; 4.3: Kunsthistorisches Museum, Wien; 4.4: dpa Picture alliance, Frankfurt; 5.1: Privatbesitz des Autors; 6.3: The Royal Society, London; 6.4: Institut für Zeitungsforschung, Düsseldorf; 7.1/7.2./7.3: Corbis; 7.4/8.1: Privatbesitz des Autors; 8.2: bpk Bildagentur für Kunst, Kultur und Geschichte, Berlin; 8.4: Privatbesitz des Autors; 9.2: Bundesregierung, Berlin

Register